Großkommentare der Praxis

Strafgesetzbuch
Leipziger Kommentar

Großkommentar

13., neu bearbeitete Auflage

herausgegeben von
Gabriele Cirener, Henning Radtke, Ruth Rissing-van Saan,
Thomas Rönnau, Wilhelm Schluckebier

Fünfzehnter Band
§§ 267 bis 283d

Bearbeiter:
§§ 267–282: Frank Zieschang
§§ 283–283d: Christian Brand
Sachregister: Christian Klie

DE GRUYTER

ISBN 978-3-11-048892-0
e-ISBN (PDF) 978-3-11-049022-0
e-ISBN (EPUB) 978-3-11-048917-0

Library of Congress Control Number: 2023933755

Bibliografische Information der Deutschen Nationalbibliothek
Die Deutsche Nationalbibliothek verzeichnet diese Publikation in der Deutschen Nationalbibliografie; detaillierte bibliografische Daten sind im Internet über http://dnb.dnb.de abrufbar.

Satz: Meta Systems Publishing & Printservices GmbH, Wustermark
Druck und Bindung: CPI books GmbH, Leck

www.degruyter.com

Verzeichnis der Bearbeiter der 13. Auflage

Dr. **Philipp Ambach**, Chief, Victim Participation and Reparations, Section Registry, International Criminal Court
Gerhard Altvater, Bundesanwalt beim Bundesgerichtshof (Abteilungsleiter) a.D., Karlsruhe
Elisabeth Baier, LL.M., Rechtsanwältin, Berlin
Dr. **Christoph Barthe**, Oberstaatsanwalt beim Bundesgerichtshof, Richter am Sondergerichtshof für den Kosovo (Kosovo Specialist Chambers), Karlsruhe/Den Haag
Dr. **Alexander Baur**, Rechtsanwalt, Postdoc an der Universität Augsburg
Dr. **Gloria Berghäuser**, Akademische Rätin a.Z., Habilitandin an der Friedrich-Alexander-Universität Erlangen-Nürnberg
Dr. **René Börner**, Professor an der BSP Business & Law School, Berlin, apl. Professor an der Universität Potsdam, Rechtsanwalt, Potsdam
Dr. **Christian Brand**, Universität Konstanz
Dr. **Dominik Brodowski**, LL.M. (UPenn), Universitätsprofessor an der Universität des Saarlandes
Dr. **Christoph Burchard**, LL.M. (NYU), Universitätsprofessor an der Goethe-Universität Frankfurt am Main
Dr. **Jens Bülte**, Universitätsprofessor an der Universität Mannheim
Dr. **Tobias Ceffinato**, PD, Richter am Amtsgericht Bayreuth
Gabriele Cirener, Vorsitzende Richterin am Bundesgerichtshof, Leipzig
Dr. **Christoph Coen**, Oberstaatsanwalt beim Bundesgerichtshof, Karlsruhe
Dr. Dr. h.c. **Gerhard Dannecker**, Seniorprofessor an der Ruprecht-Karls-Universität Heidelberg
Dr. **Tobias Engelstätter**, Oberstaatsanwalt beim Bundesgerichtshof, Karlsruhe
Dr. **Robert Esser**, Universitätsprofessor an der Universität Passau
Dr. **Julia Gebhard**, Deputy Head, Democratization Department, OSZE Büro für Demokratische Institutionen und Menschenrechte (OSZE/ODIHR)
Dr. **Oliver Harry Gerson**, Habilitand an der Universität Passau
Dr. **Ferdinand Gillmeister**, Rechtsanwalt, Freiburg, Honorarprofessor an der Universität Bayreuth
Dr. **Ingke Goeckenjan**, Universitätsprofessorin an der Ruhr-Universität Bochum
Dr. **Luís Greco**, LL.M., Universitätsprofessor an der Humboldt-Universität zu Berlin
Anette Greger, Richterin am Bayerischen Obersten Landesgericht
Dr. **Andreas Grube**, Richter am Bundesgerichtshof, Karlsruhe
Dr. **Anette Grünewald**, Universitätsprofessorin an der Friedrich-Schiller-Universität Jena
Dr. **Georg-Friedrich Güntge**, Leitender Oberstaatsanwalt bei der Generalstaatsanwaltschaft in Schleswig, Honorarprofessor an der Christian-Albrechts-Universität zu Kiel
Dr. **Michael Heghmanns**, Universitätsprofessor an der Westfälischen Wilhelms-Universität Münster, Vorsitzender Richter am Landgericht Münster
Gregor Herb, Vorsitzender Richter am Landgericht Berlin
Dr. **Mayeul Hiéramente**, Rechtsanwalt, Hamburg
Dr. Dr. **Eric Hilgendorf**, Universitätsprofessor an der Julius-Maximilians-Universität Würzburg
Dr. **Tatjana Hörnle**, Direktorin am Max-Planck-Institut zur Erforschung von Kriminalität, Sicherheit und Recht, Freiburg, Honorarprofessorin an der Humboldt-Universität zu Berlin
Dr. **Kristian Hohn**, Privatdozent an der Bucerius Law School Hamburg
Dr. **Jutta Hubrach**, Vorsitzende Richterin am Oberlandesgericht Düsseldorf
Dr. **Florian Jeßberger**, Universitätsprofessor an der Humboldt-Universität zu Berlin
Dr. **Johannes Koranyi**, Richter am Landgericht Bonn
Dr. **Peter König**, Richter am Bundesgerichtshof a.D., Honorarprofessor an der Ludwig-Maximilians-Universität München
Thomas Körner, Associate Legal Officer, Chambers, International Criminal Court; Senior International Crimes Investigation Analyst (a.i.), EUAM Ukraine
Dr. **Ralf Krack**, Universitätsprofessor an der Universität Osnabrück
Juliane Krause, Richterin am Bayerischen Obersten Landesgericht, Bamberg

https://doi.org/10.1515/9783110490220-202

Dr. **Matthias Krauß**, Bundesanwalt beim Bundesgerichtshof, Karlsruhe
Dr. **Christoph Krehl**, Richter am Bundesgerichtshof, Karlsruhe, Honorarprofessor an der Goethe-Universität Frankfurt am Main
Dr. **Helena Krüger**, Legal Expert, Sondergerichtshof für den Kosovo (Kosovo Specialist Chambers), Den Haag
Dr. **Matthias Krüger**, Universitätsprofessor an der Universität München
Dr. Dr. h.c. **Michael Kubiciel**, Universitätsprofessor an der Universität Augsburg
Dr. **Hans Kudlich**, Universitätsprofessor an der Friedrich-Alexander-Universität Erlangen-Nürnberg
Dr. **Michael Lindemann**, Universitätsprofessor an der Universität Bielefeld
Dr. **Alexander Linke**, Richter am Landgericht Köln
Kai Lohse, Bundesanwalt beim Bundesgerichtshof, Karlsruhe
Dr. **Manfred Möhrenschlager**, Ministerialrat a.D., Bonn
Dr. **Andreas Mosbacher**, Richter am Bundesgerichtshof, Leipzig, Honorarprofessor an der Universität Leipzig
Dr. **Svenja Münzner**, Staatsanwältin beim Bundesgerichtshof, Karlsruhe, Lehrbeauftragte an der Justus-Liebig-Universität Gießen
Dr. **Uwe Murmann**, Universitätsprofessor an der Georg-August-Universität Göttingen
Dr. **Nina Nestler**, Universitätsprofessorin an der Universität Bayreuth
Dr. **Jens Peglau**, Vorsitzender Richter am Oberlandesgericht Hamm
Dr. **Andreas Popp**, M.A., Universitätsprofessor an der Universität Konstanz
Dr. **Henning Radtke**, Richter des Bundesverfassungsgerichts, Karlsruhe, Honorarprofessor an der Leibniz Universität Hannover
Dr. **Ruth Rissing-van Saan**, Vorsitzende Richterin am Bundesgerichtshof a.D., Bochum, Honorarprofessorin an der Ruhr-Universität Bochum
Dr. **Thomas Rönnau**, Universitätsprofessor an der Bucerius Law School Hamburg
Dr. **Henning Rosenau**, Universitätsprofessor an der Martin-Luther-Universität Halle-Wittenberg
Dr. h.c. **Wilhelm Schluckebier**, Richter des Bundesverfassungsgerichts a.D., Karlsruhe
Dr. **Wilhelm Schmidt** (†), Bundesanwalt beim Bundesgerichtshof a.D., Karlsruhe
Dr. **Ursula Schneider**, Richterin am Bundesgerichtshof a.D., Leipzig
Daniel Scholze, Vorsitzender Richter am Landgericht Ravensburg
Dr. Dres. h.c. **Friedrich-Christian Schroeder**, em. Universitätsprofessor an der Universität Regensburg
Dr. Dr. h.c. mult. **Bernd Schünemann**, em. Universitätsprofessor an der Ludwig-Maximilians-Universität München
Dr. **Jan C. Schuhr**, Universitätsprofessor an der Ruprecht-Karls-Universität Heidelberg
Dr. **Christoph Sowada**, em. Universitätsprofessor an der Universität Greifswald
Dr. **Mark Steinsiek**, Ministerialrat, Niedersächsisches Ministerium für Wirtschaft, Arbeit, Verkehr und Digitalisierung
Dr. **Brian Valerius**, Universitätsprofessor an der Universität Passau
Dr. **Torsten Verrel**, Universitätsprofessor an der Universität Bonn
Dr. Dr. Dr. h.c. **Thomas Vormbaum**, Universitätsprofessor i.R. an der Fern-Universität in Hagen
Dr. **Tonio Walter**, Universitätsprofessor an der Universität Regensburg, Richter am Bayerischen Obersten Landesgericht
Dr. **Thomas Weigend**, em. Universitätsprofessor an der Universität zu Köln
Jochen Weingarten, Bundesanwalt beim Bundesgerichtshof, Karlsruhe
Lienhard Weiß, Bundesanwalt beim Bundesgerichtshof, Karlsruhe
Dr. **Gerhard Werle**, Universitätsprofessor an der Humboldt-Universität zu Berlin
Stefan Wiedner, Richter am Oberlandesgericht Koblenz
Dr. **Kilian Wegner**, Universitätsprofessor an der Europa-Universität Viadrina Frankfurt (Oder)
Dr. **Gereon Wolters**, Universitätsprofessor an der Ruhr-Universität Bochum, Mitglied des Verfassungsgerichtshofes für das Land Nordrhein-Westfalen

Dr. **Frank Zieschang**, Universitätsprofessor an der Julius-Maximilians-Universität Würzburg
Dr. **Georg Zimmermann**, Vorsitzender Richter am Landgericht Bielefeld
Kathrin Zitzelsberger, Universität Passau

Vorwort

Der vorliegende Band 15 des Großkommentars der Praxis, den der Unterzeichner im Kreis der Herausgeber als Bandredakteur betreut hat, umfasst die Erläuterungen des 23. Abschnitts des StGB (Urkundenfälschungsdelikte, §§ 267–282) und des 24. Abschnitts (Insolvenzstraftaten, §§ 283–283d). Sie sind für die Sicherheit und Zuverlässigkeit des Rechtsverkehrs und die Sicherung der Insolvenzmasse im Interesse der Gesamtheit der Gläubiger, aber auch für die von einer Insolvenz bedrohten Personen von großer Bedeutung.

Die Urkundsdelikte (§§ 267–282) werden auch in der aktuellen Auflage von Prof. Dr. Frank Zieschang in bewährter Weise erläutert. Hier sind die aktuelle Rechtsprechung und Literatur sowie Gesetzesänderungen berücksichtigt und eingearbeitet. In der Folge der Corona-Pandemie hat das Gesetz zur Änderung des Infektionsschutzgesetzes und weiterer Gesetze vom 22.11.2021 zur Änderung einiger Tatbestände geführt, die vornehmlich den Schutz vor unrichtigen Impfausweisen und unrichtigen Gesundheitszeugnissen betreffen. Die Diskussion um die sich daraus ergebenden Fragen erfährt durch die Kommentierung entscheidende Impulse.

Die §§ 283 ff. haben ihr Aussehen in den letzten Jahren zwar weitgehend bewahrt. Indessen ist aus dem Insolvenzrecht in den letzten beiden Jahrzehnten eine „gesetzgeberische Großbaustelle" geworden (so *Brand* Vor §§ 283, Entstehungsgeschichte). Erst am 1.1.2022 trat das Gesetz zur Fortentwicklung des Sanierungs- und Insolvenzrechts (SanInsFoG) in Kraft, das auch die Legaldefinitionen der Überschuldung sowie der drohenden Zahlungsunfähigkeit konkretisiert und die gesellschaftsrechtlichen Zahlungsverbote nach Eintritt von Zahlungsunfähigkeit oder Überschuldung in § 15b InsO zusammenfasst. Mit Dr. Christian Brand hat ein bestens ausgewiesener Kenner der insolvenzstrafrechtlichen Materie die Bearbeitung dieses schwierigen Rechtsgebiets von Prof. Dr. Klaus Tiedemann, einem der früheren Mitherausgeber dieses Kommentars, übernommen. Seine gründliche und tiefgehende Neubearbeitung, die auch aktuelle Entwicklungen im Wirtschaftsleben aufgreift, wird den Nutzern des Werkes weiterführende Hinweise auch bei speziellen Fragestellungen geben können.

Der Dank des Verlags und der Herausgeber gilt dem verstorbenen früheren Mitherausgeber und Autor der Erläuterungen zum Insolvenzstrafrecht Klaus Tiedemann, aber auch den Bearbeitern. Mit großer Kraftanstrengung haben sie das Erscheinen des Bandes in dem vorgesehenen Zeitfenster ermöglicht.

Der Anspruch des Gesamtwerks, eine erschöpfende Darstellung der Entwicklung und des gegenwärtigen Standes von Rechtsprechung und Literatur mit entsprechenden Kommentierungen zur Verfügung zu stellen, wird auch hier verfolgt. Jeder Autor trägt individuell die wissenschaftliche Verantwortung für seine Erläuterungen.

Der Band hat durchweg den Bearbeitungsstand vom November 2022. Teilweise konnte auch noch spätere Rechtsprechung und Literatur berücksichtigt werden.

Karlsruhe, im November 2022 — Wilhelm Schluckebier

https://doi.org/10.1515/9783110490220-203

Vorwort

Inhaltsverzeichnis

Abkürzungsverzeichnis

AA	Auswärtiges Amt
a.A.	anderer Ansicht
a.a.O.	am angegebenen Ort
Abb.	Abbildung
AbfG	Gesetz über die Vermeidung und Entsorgung von Abfällen (Abfallgesetz)
AbfVerbrG	Gesetz über die Überwachung und Kontrolle der grenzüberschreitenden Verbringung von Abfällen (Abfallverbringungsgesetz)
Abg.	Abgeordneter
AbgO	Reichsabgabenordnung
abgedr.	abgedruckt
Abk.	Abkommen
abl.	ablehnend
ABl.	Amtsblatt
ABl.EU	Amtsblatt der Europäischen Union (ab 2003); Ausgabe C: Mitteilungen und Bekanntmachungen; Ausgabe L: Rechtsvorschriften
ABl.KR	Amtsblatt des Kontrollrats
Abs.	Absatz
Abschn.	Abschnitt
abw.	abweichend
AbwAG	Abwasserabgabengesetz
AcP	Archiv für civilistische Praxis (zit. nach Band u. Seite)
AdVermiG	Gesetz über die Vermittlung der Annahme als Kind und über das Verbot der Vermittlung von Ersatzmüttern (Adoptionsvermittlungsgesetz)
AE	Alternativ-Entwurf eines StGB, 1966 ff.
a.E.	am Ende
AEUV	Vertrag über die Arbeitsweise der Europäischen Union
AfP	Zeitschrift für das gesamte Medienrecht/Archiv für Presserecht
ÄndG	Änderungsgesetz
ÄndVO	Änderungsverordnung
a.F.	alte Fassung
AFG	Arbeitsförderungsgesetz
AfP	Archiv für Presserecht
AG	Amtsgericht; in Verbindung mit einem Gesetz: Ausführungsgesetz
AGBG/AGB-Gesetz	Gesetz zur Regelung des Rechts der Allgemeinen Geschäftsbedingungen
AHK	Alliierte Hohe Kommission
AIDP	Association Internationale de Droit Pénal
AJICJ	African Journal on International Criminal Justice
AJIL	American Journal of International Law
AktG	Gesetz über Aktiengesellschaften und Kommanditgesellschaften auf Aktien (Aktiengesetz)
AktO	Anweisung für die Verwaltung des Schriftguts bei den Geschäftsstellen der Gerichte und der Staatsanwaltschaften (Aktenordnung)
Akt Urol	Aktuelle Urologie
allg.	allgemein
allg.M.	allgemeine Meinung
Alt.	Alternative
a.M.	anderer Meinung
A&R	Arzneimittel und Recht (Zeitschrift für Arzneimittel und Arzneimittelpolitik)
AMG	Arzneimittelgesetz
amtl. Begr.	amtliche Begründung
and.	anders
Angekl.	Angeklagte(r)
Anh.	Anhang
AnhRügG	Gesetz über die Rechtsbehelfe bei Verletzung des Anspruchs auf rechtliches Gehör (Anhörungsrügengesetz)

https://doi.org/10.1515/9783110490220-205

Anl.	Anlage
Anm.	Anmerkung
Annalen	Annalen des Reichsgerichts
AnwBl.	Anwaltsblatt
ao	außerordentlich
AO 1977	Abgabenordnung
AöR	Archiv des öffentlichen Rechts
AOStrÄndG	Gesetz zur Änderung strafrechtlicher Vorschriften der Reichsabgabenordnung und anderer Gesetze
AP	Arbeitsrechtliche Praxis (Nachschlagewerk des Bundesarbeitsgerichts)
APuZ	Aus Politik und Zeitgeschichte
AR	Arztrecht
ArchKrim.	Archiv für Kriminologie
ArchPF	Archiv für das Post- und Fernmeldewesen
ArchPR	Archiv für Presserecht
ArchPT	Archiv für Post und Telekommunikation
ARSP	Archiv für Rechts- und Sozialphilosophie
Art.	Artikel
ASR	Anwalt/Anwältin im Sozialrecht
AT	Allgemeiner Teil des Strafgesetzbuches
AtG/AtomG	Gesetz über die friedliche Verwendung der Kernenergie und den Schutz gegen ihre Gefahren (Atomgesetz)
AÜG	Arbeitnehmerüberlassungsgesetz
Auff.	Auffassung
aufgehob.	aufgehoben
Aufl.	Auflage
Aufs.	Aufsatz
AUILR	American University International Law Review
AuR	Arbeit und Recht
ausdrückl.	ausdrücklich
ausführl.	ausführlich
AusfVO	Ausführungsverordnung
ausl.	ausländisch
AuslG	Ausländergesetz
AusnVO	Ausnahmeverordnung
ausschl.	ausschließlich
AV	Allgemeine Verfügung
AVG	Angestelltenversicherungsgesetz
AWG	Außenwirtschaftsgesetz
AWG/StÄG	Gesetz zur Änderung des Außenwirtschaftsgesetzes, des Strafgesetzbuches und anderer Gesetze
Az.	Aktenzeichen
BA/Blutalkohol	Blutalkohol, wissenschaftliche Zeitschrift für die medizinische und die juristische Praxis
BAG	Bundesarbeitsgericht
BAGE	Entscheidungen des Bundesarbeitsgerichts (zit. nach Band u. Seite)
BAK	Blutalkoholkonzentration
BÄK	Bundesärztekammer
BÄO	Bundesärzteordnung
BAnz.	Bundesanzeiger
BauFordSiG	Bauforderungssicherungsgesetz
BauGB	Baugesetzbuch
BauR	Zeitschrift für das gesamte öffentliche und private Baurecht
Bay., bay.	Bayern, bayerisch
BayBS	Bereinigte Sammlung des Bayerischen Landesrechts (1802–1956)
BayJagdG	Bayerisches Jagdgesetz
BayLSG	Bayerisches Landessozialgericht
BayObLG	Bayerisches Oberstes Landesgericht

BayObLGSt	Sammlung von Entscheidungen des Bayerischen Obersten Landesgerichts in Strafsachen
BayPAG	Bayerisches Polizeiaufgabengesetz
BayVBl.	Bayerische Verwaltungsblätter
BayVerf	Verfassung des Freistaates Bayern
BayVerfGHE	s. BayVGHE
BayVerwBl.	Bayerische Verwaltungsblätter
BayVGH	Bayerischer Verwaltungsgerichtshof
BayVGHE	Sammlung von Entscheidungen des Bayerischen Verwaltungsgerichtshofs mit Entscheidungen des Bayerischen Verfassungsgerichtshofs, des Bayerischen Dienststrafhofs und des Bayerischen Gerichtshofs für Kompetenzkonflikte
BayZ	Zeitschrift für Rechtspflege in Bayern (1905–1934)
BB	Betriebs-Berater
BBG	Bundesbeamtengesetz
Bbg	Brandenburg
BBodSchG	Gesetz zum Schutz vor schädlichen Bodenveränderungen und zur Sanierung von Altlasten (Bundes-Bodenschutzgesetz)
B.C. Third World L.J.	Boston College Third World Law Journal
Bd., Bde.	Band, Bände
BDH	Bundesdisziplinarhof
BDO	Bundesdisziplinarordnung
BDSG	Bundesdatenschutzgesetz
Bearb.	Bearbeitung
BeckRS	Beck-Rechtsprechung
begl.	beglaubigt
BegleitG zum TKG	Begleitgesetz zum Telekommunikationsgesetz
Begr.,	begr. Begründung, begründet
Bek.	Bekanntmachung
Bekl.,	bekl. Beklagter, beklagt
Bem.	Bemerkung
ber.	Berichtigt
Berliner AnwBl.	Berliner Anwaltsblatt
bes.	besonders, besondere(r, s)
Beschl.	Beschluss
Beschw.	Beschwerde
Bespr.	Besprechung
Best.	Bestimmung
BestechungsVO	Bestechungsverordnung
bestr.	bestritten
betr.	betreffend
BeurkG	Beurkundungsgesetz
BewH	Bewährungshilfe
BezG	Bezirksgericht
BFH	Bundesfinanzhof
BFHE	Entscheidungen des Bundesfinanzhofs (zit. nach Band u. Seite)
BfJG	Gesetz über die Errichtung des Bundesamtes für Justiz = Art. 1 des Gesetzes zur Errichtung und zur Regelung der Aufgaben des Bundesamtes für Justiz
BG	Bundesgericht (Schweiz)
BGB	Bürgerliches Gesetzbuch
BGBl. I, II, III	Bundesgesetzblatt Teil I, II und III
BGE	Entscheidungen des Schweizerischen Bundesgerichts (amtliche Sammlung)
BGH	Bundesgerichtshof
BGHGrS	Bundesgerichtshof, Großer Senat
BGHR	BGH-Rechtsprechung
BGHSt	Entscheidungen des Bundesgerichtshofes in Strafsachen
BGHZ	Entscheidungen des Bundesgerichtshofes in Zivilsachen
BG Pr.	Die Praxis des Bundesgerichts (Entscheidungen des schweizerischen Bundesgerichts)

BilMoG	Gesetz zur Modernisierung des Bilanzrechts
BImSchG	Bundes-Immissionsschutzgesetz
BImSchVO	Bundes-Immissionsschutzverordnung
BinSchG/ BinnSchiffG	Gesetz betr. die privatrechtlichen Verhältnisse der Binnenschiffahrt (Binnenschiffahrtsgesetz)
BiRiLiG	Bilanzrichtlinien-Gesetz
BJagdG	Bundesjagdgesetz
BJIL	Berkeley Journal of International Law
BJM	Basler Juristische Mitteilungen
BK	Basler Kommentar zum Strafgesetzbuch; auch: Bonner Kommentar zum Grundgesetz
BKA	Bundeskriminalamt
BKAG/BKrimAG	Gesetz über die Einrichtung eines Bundeskriminalpolizeiamtes (Bundeskriminalamtes)
BLJ	Bucerius Law Journal, juristisches Online Journal
Bln.	Berlin
Bln.GVBl.Sb.	Sammlung des bereinigten Berliner Landesrechts, Sonderband I (1806–1945) und II (1945–1967)
BlStSozArbR	Blätter für Steuern, Sozialversicherung und Arbeitsrecht
BMI	Bundesminister(ium) des Inneren
BMJ	Bundesminister(ium) der Justiz
BMJV	Bundesministerium der Justiz und für Verbraucherschutz
BNatSchG	Gesetz über Naturschutz und Landschaftspflege (Bundesnaturschutzgesetz)
BNotÄndG	Drittes Gesetz zur Änderung der Bundesnotarordnung und anderer Gesetze
BNotO	Bundesnotarordnung
BPolG	Bundespolizeigesetz
BR	Bundesrat
BRAGO	Bundesgebührenordnung für Rechtsanwälte
BRAK	Bundesrechtsanwaltskammer
BranntwMG/ BranntwMonG	Branntweinmonopolgesetz
BRAO	Bundesrechtsanwaltsordnung
BRAOÄndG	Gesetz zur Änderung der Bundesrechtsanwaltsordnung, der Patentrechtsanwaltsordnung und anderer Gesetze
BRD	Bundesrepublik Deutschland
BR-Drs./BRDrucks.	Bundesrats-Drucksache
BReg	Bundesregierung
Brem.	Bremen
BremPolG	Bremisches Polizeigesetz
BRJ	Bonner Rechtsjournal
BRProt.	Protokolle des Bundesrates
BRRG	Beamtenrechtsrahmengesetz
BRStenBer.	Verhandlungen des Bundesrates, Stenographische Berichte (zit. nach Sitzung u. Seite)
BS	Sammlung des bereinigten Landesrechts
BSeuchG	Bundes-Seuchengesetz
BSG	Bundessozialgericht
BSGE	Entscheidungen des Bundessozialgerichts (zit. nach Band u. Seite)
BSHG	Bundessozialhilfegesetz
Bsp.	Beispiel
bspw.	beispielsweise
BStBl.	Bundessteuerblatt
BT	Besonderer Teil des StGB; auch: Bundestag
BT-Drs./BTDrucks.	Bundestags-Drucksache
BtMG	Gesetz über den Verkehr mit Betäubungsmitteln (Betäubungsmittelgesetz)
BTProt.	s. BTVerh.
BTRAussch.	Rechtsausschuss des Deutschen Bundestags
BTStenBer.	Verhandlungen des deutschen Bundestages, Stenographische Berichte (zit. nach Wahlperiode u. Seite)
BTVerh.	Verhandlungen des Deutschen Bundestages
Buchst.	Buchstabe

BVerfG	Bundesverfassungsgericht
BVerfGE	Entscheidungen des Bundesverfassungsgerichts
BVerfGG	Gesetz über das Bundesverfassungsgericht
BVerwG	Bundesverwaltungsgericht
BVerwGE	Entscheidungen des Bundesverwaltungsgerichts
BVV	Beitragsverfahrensverordnung
BVwVfG	(Bundes-)Verwaltungsverfahrensgesetz
BW	Baden-Württemberg
bzgl.	bezüglich
BZR	Bundeszentralregister
BZRG	Gesetz über das Bundeszentralregister und das Erziehungsregister (Bundeszentralregistergesetz)
bzw.	beziehungsweise
ca.	circa
CCZ	Corporate Compliance Zeitschrift
ChemG	Gesetz zum Schutz vor gefährlichen Stoffen (Chemikaliengesetz)
Chinese J. Int. Law	Chinese Journal of International Law
CHRLR	Columbia Human Rights Law Review
CILJ	Cambridge International Law Journal
CJB	Criminal Justice and Behavior
CJTL	Columbia Journal of Transnational Law
CLF	Criminal Law Forum
CR	Computer und Recht
CWRJIL	Case Western Reserve Journal of International Law
CWÜAG	AusführungsG zum Chemiewaffenübereinkommen
DA	Deutschland Archiv
DÄBl.	Deutsches Ärzteblatt
dagg.	dagegen
DAR	Deutsches Autorecht
DAV	Deutscher Anwaltsverein
DB	Der Betrieb
DDevR	Deutsche Devisen-Rundschau (1951–1959)
DDR	Deutsche Demokratische Republik
DDT-G	Gesetz über den Verkehr mit DDT (DDT-Gesetz)
Def.	Definition
DepotG	Gesetz über die Verwahrung und Anschaffung von Wertpapieren (Depotgesetz)
ders./dies.	derselbe/dieselbe(n)
dgl.	dergleichen
DGVZ	Deutsche Gerichtsvollzieher-Zeitung
d.h.	das heißt
Dickinson J. Int. Law	Dickinson Journal of International Law
Diff., diff.	Differenzierung, differenzierend
Diss.	Dissertation
DJ	Deutsche Justiz, Rechtspflege und Rechtspolitik
DJCIL	Duke Journal of Comparative and International Law
djb	Deutscher Juristinnenbund
DJT	Deutscher Juristentag
DJZ	Deutsche Juristenzeitung (1896–1936)
DLJ	Duke Law Journal
DMW	Deutsche Medizinische Wochenschrift
DNA-AnalysG	Gesetz zur Novellierung der forensischen DNA-Analyse
DNutzG	Gesetz zur effektiven Nutzung von Dateien im Bereich der Staatsanwaltschaften
DÖV	Die Öffentliche Verwaltung
DOGE	Entscheidungen des Deutschen Obergerichts für das Vereinigte Wirtschaftsgebiet
DR	Deutsches Recht, Wochenausgabe (vereinigt mit Juristische Wochenschrift) (1931–1945)

DRechtsw.	Deutsche Rechtswissenschaft (1936–1943)
DRiB	Deutscher Richterbund
DRiG	Deutsches Richtergesetz
DRiZ	Deutsche Richterzeitung
DRM	Deutsches Recht, Monatsausgabe (vereinigt mit Deutsche Rechtspflege)
DRpfl.	Deutsche Rechtspflege (1936–1939)
Drs./Drucks.	Drucksache
DRsp.	Deutsche Rechtsprechung, hrsg. von Feuerhake (Loseblattsammlung)
DRZ	Deutsche Rechts-Zeitschrift (1946–1950)
DSB	Datenschutzberater
DStR	ehemals Deutsches Strafrecht (1934–1944); jetzt: Deutsches Steuerrecht
DStrZ	Deutsche Strafrechts-Zeitung (1914–1922)
DStZ A	Deutsche Steuerzeitung, bis Jg. 67 (1979): Ausgabe A
dt.	deutsch
DtZ	Deutsch-Deutsche Rechts-Zeitschrift
DuD	Datenschutz und Datensicherheit
DuR	Demokratie und Recht
DV	Datenverarbeitung
DVBl.	Deutsches Verwaltungsblatt
DVJJ	Deutsche Vereinigung für Jugendgerichte und Jugendgerichtshilfen e.V.
DVO	Durchführungsverordnung
DVollzO	Dienst- und Vollzugsordnung
DVP	Deutsche Verwaltungspraxis
DVR	Datenverarbeitung im Recht (bis 1985, danach vereinigt mit IuR)
DWW	Deutsche Wohnungswirtschaft
DZWIR	Deutsche Zeitschrift für Wirtschafts- und Insolvenzrecht
E	Entwurf; auch: Entscheidung
E 1927	Entwurf eines Allgemeinen Deutschen Strafgesetzbuches nebst Begründung (Reichstagsvorlage) 1927
E 62	Entwurf eines Strafgesetzbuches mit Begründung 1962
EAO	Entwurf einer Abgabenordnung
ec	electronic cash
ebd.	ebenda
EBM	Einheitlicher Bewertungsmaßstab
ebso.	ebenso
ed(s)	editor(s)
EDV	Elektronische Datenverarbeitung
EEGOWiG	Entwurf eines Einführungsgesetzes zum Gesetz über Ordnungswidrigkeiten
EEGStGB	Entwurf eines Einführungsgesetzes zum Strafgesetzbuch (EGStGB)
EFG	Entscheidungen der Finanzgerichte
EG	Einführungsgesetz bzw. Europäische Gemeinschaft(en) bzw. Erinnerungsgabe
EGBGB	Einführungsgesetz zum Bürgerlichen Gesetzbuch
EG-FinanzschutzG/ EGFinSchG	Gesetz zum Übereinkommen v. 26.8.1995 über den Schutz der finanziellen Interessen der Europäischen Gemeinschaften
EGGVG	Einführungsgesetz zum Gerichtsverfassungsgesetz
EGH/EhrenGHE	Ehrengerichtliche Entscheidungen der Ehrengerichtshöfe der Rechtsanwaltschaft des Bundesgebiets und des Landes Berlin
EGInsO	Einführungsgesetz zur Insolvenzordnung
EGInsOÄndG	Gesetz zur Änderung des Einführungsgesetzes zur Insolvenzordnung und anderer Gesetze
EGKS	Europäische Gemeinschaft für Kohle und Stahl
EGMR	Europäischer Gerichtshof für Menschenrechte
EGOWiG	Einführungsgesetz zum Gesetz über Ordnungswidrigkeiten
EGStGB	Einführungsgesetz zum Strafgesetzbuch
EGStPO	Einführungsgesetz zur Strafprozeßordnung
EGV	Vertrag zur Gründung der Europäischen Gemeinschaft

EheG	Ehegesetz
ehem.	ehemalig
Einf.	Einführung
eingeh.	eingehend
einschl.	einschließlich
einschr.	einschränkend
Einl.	Einleitung
EJF	Entscheidungen aus dem Jugend- und Familienrecht (1951–1969)
EJIL	European Journal of International Law
EKMR	Europäische Kommission für Menschenrechte
EmmingerVO	Verordnung über Gerichtsverfassung und Strafrechtspflege
EMRK	Europäische Menschenrechtskonvention
entgg.	entgegen
Entsch.	Entscheidung
entspr.	entsprechend
Entw.	Entwurf
Erg.	Ergebnis bzw. Ergänzung
ErgBd.	Ergänzungsband
ErgThG	Ergotherapeutengesetz
Erl.	Erläuterung
Erw.	Erwiderung
ESchG	Embryonenschutzgesetz
EssGespr.	Essener Gespräche zum Thema Staat und Kirche
EStG	Einkommensteuergesetz
etc.	et cetera
Ethik Med.	Ethik in der Medizin
ETS	European Treaty Series
EU	Europäische Union
EU-ABl.	Amtsblatt der Europäischen Union
EUBestG	Gesetz zum Protokoll v. 27.9.1996 zum Übereinkommen über den Schutz der finanziellen Interessen der Europäischen Gemeinschaften (EU-Bestechungsgesetz)
EuCLR	European Criminal Law Review
eucrim	The European Criminal Law Associations' Forum
EuGH	Gerichtshof der Europäischen Gemeinschaft
EuGHE	Entscheidungen des Gerichtshofs der Europäischen Gemeinschaften – Amtliche Sammlung
EuGRZ	Europäische Grundrechte-Zeitschrift
EuHbG	Gesetz zur Umsetzung des Rahmenbeschlusses über den Europäischen Haftbefehl und die Übergabeverfahren zwischen den Mitgliedstaaten der Europäischen Union (Europäisches Haftbefehlsgesetz – EuHbG)
EuR	Europarecht
EurGHMR	Europäischer Gerichtshof für Menschenrechte
EurKomMR	Europäische Kommission für Menschenrechte
europ.	europäisch
EuropolG	Europol-Gesetz
EUV	Vertrag über die Europäische Union
EuZW	Europäische Zeitschrift für Wirtschaftsrecht
EV	Vertrag zwischen der Bundesrepublik Deutschland und der Deutschen Demokratischen Republik über die Herstellung der Einheit Deutschlands – Einigungsvertrag
EV I bzw. II	Anlage I bzw. II zum EV
evtl.	eventuell
EWG	Europäische Wirtschaftsgemeinschaft
EWGV	Vertrag zur Gründung der Europäischen Wirtschaftsgemeinschaft
EWIR	Entscheidungen zum Wirtschaftsrecht
EWiV	Europäische wirtschaftliche Interessenvereinigung
EWR	Schriftenreihe zum europäischen Weinrecht; auch: Europäischer Wirtschafts-Raum
EzSt	Entscheidungssammlung zum Straf- u. Ordnungswidrigkeitenrecht, hrsg. von Lemke

f., ff.	folgende, fortfolgende
FA	Fachanwalt für Arbeitsrecht
FAG	Gesetz über Fernmeldeanlagen
FamRB	Familien-Rechtsberater
FamRZ	Ehe und Familie im privaten und öffentlichen Recht, Zeitschrift für das gesamte Familienrecht
FAO	Fachanwaltsordnung
FAZ	Frankfurter Allgemeine Zeitung
FD-StrafR	Fachdienst Strafrecht
Festschr.	Festschrift
FG	Finanzgericht; auch: Festgabe
FGG	Gesetz über die Angelegenheiten der freiwilligen Gerichtsbarkeit
FGO	Finanzgerichtsordnung
FILJ	Fordham International Law Journal
fin.	finanziell
FinDAG	Finanzdienstleistungsaufsichtsgesetz
FinVerwG/FVG	Gesetz über die Finanzverwaltung
FlaggRG/FlRG	Gesetz über das Flaggenrecht der Seeschiffe und die Flaggenführung der Binnenschiffe (Flaggenrechtsgesetz)
FLF	Finanzierung, Leasing, Factoring
FlRV	Flaggenrechtsverordnung
FMStG	Finanzmarktstabilisierungsgesetz
Fn.	Fußnote
Forens Psychiatr Psychol Kriminol	Forensische Psychiatrie, Psychologie, Kriminologie
Fortschr Neurol Psychiat	Fortschritte der Neurolog. Psychiatrie
FPR	Familie Partnerschaft Recht
fragl.	fraglich
FS	Festschrift
G bzw. Ges.	Gesetz
G 10	Gesetz zur Beschränkung des Brief-, Post- und Fernmeldegeheimnisses (Gesetz zu Artikel 10 Grundgesetz)
GA	Goltdammer's Archiv für Strafrecht, zit. nach Jahr u. Seite (bis 1933: Archiv für Strafrecht und Strafprozeß, zit. nach Band u. Seite)
GAA	Geldausgabeautomat
GBA	Generalbundesanwalt
GBG	Gesetz über die Beförderung gefährlicher Güter
GBl.	Gesetzblatt
GbR	Gesellschaft bürgerlichen Rechts
geänd.	geändert
GebFra	Geburtshilfe und Frauenheilkunde
GedS	Gedächtnisschrift
gem.	gemäß
Gemeinsame-Dateien-Gesetz	Gesetz zur Errichtung gemeinsamer Dateien von Polizeibehörden und Nachrichtendiensten des Bundes und der Länder
GenG	Gesetz betreffend die Erwerbs- und Wirtschaftsgenossenschaften
GenStA	Generalstaatsanwalt
GerS	Der Gerichtssaal
GeschlKG/GeschlkrG	Gesetz zur Bekämpfung der Geschlechtskrankheiten
GeschO	Geschäftsordnung
gesetzl.	gesetzlich
GesO	Gesamtvollstreckungsordnung
GesR	Gesundheitsrecht (Zeitschrift für Arztrecht, Krankenrecht, Apotheken- und Arzneimittelrecht)
GesRZ	Der Gesellschafter
GewArch	Gewerbearchiv, Zeitschrift für Gewerbe- und Wirtschaftsverwaltungsrecht

GewO	Gewerbeordnung
GewVerbrG	Gesetz gegen gefährliche Gewohnheitsverbrecher und über Maßregeln der Sicherung und Besserung
gg.	gegen
GG	Grundgesetz für die Bundesrepublik Deutschland
ggf.	gegebenenfalls
GjS/GjSM	Gesetz über die Verbreitung jugendgefährdender Schriften und Medieninhalte
GKG	Gerichtskostengesetz
GKÖD	Gesamtkommentar Öffentliches Dienstrecht
gl.	gleich
GLJ	German Law Journal
GmbHG	Gesetz betreffend die Gesellschaften mit beschränkter Haftung
GmbHR/GmbH-Rdsch	GmbH-Rundschau (vorher: Rundschau für GmbH)
GMBl.	Gemeinsames Ministerialblatt
GnO	Gnadenordnung (Landesrecht)
GOÄ	Gebührenordnung für Ärzte
GoB	Grundsätze ordnungsmäßiger Buchführung
GoBi	Grundsätze ordnungsmäßiger Bilanzierung
GP	Global Policy
grdl.	grundlegend
grds.	grundsätzlich
GrS	Großer Senat
GrSSt	Großer Senat in Strafsachen
GRUR	Gewerblicher Rechtsschutz und Urheberrecht
GS	Der Gerichtssaal (zit. nach Band u. Seite); auch: Gedächtnisschrift
GSNW	Sammlung des bereinigten Landesrechts Nordrhein-Westfalen (1945–1956)
GSSchlH	Sammlung des schleswig-holsteinischen Landesrechts, 2 Bde. (1963)
GÜG	Gesetz zur Überwachung des Verkehrs mit Grundstoffen, die für die unerlaubte Herstellung von Betäubungsmitteln mißbraucht werden können (Grundstoffüberwachungsgesetz)
GV	Gemeinsame Verfügung (mehrerer Ministerien) (auch: Grundlagenvertrag)
GVBl.	Gesetz- und Verordnungsblatt
GVBl. I–III	Sammlung des bereinigten Hessischen Landesrechts
GVG	Gerichtsverfassungsgesetz
GWB	Gesetz gegen Wettbewerbsbeschränkungen
GwG	Gesetz über das Aufspüren von Gewinnen aus schweren Straftaten (Geldwäschegesetz)
h.A.	herrschende Ansicht
HaagLKO/HLKO	Haager Abkommen betr. die Gesetze und Gebräuche des Landkriegs
HAG	Heimarbeitsgesetz
Hamb.	Hamburg
HambJVBl.	Hamburgisches Justizverwaltungsblatt
HambSOG	Hamburger Sicherheits- und Ordnungsgesetz
HaMiPla	Handchirurgie Mikrochirurgie Plastische Chirurgie
HannRpfl	Hannoversche Rechtspflege
Hans.	Hanseatisch
HansGZ bzw. HGZ	Hanseatische Gerichtszeitung (1889–1927)
HansJVBl.	Hanseatisches Justizverwaltungsblatt (bis 1946/47)
HansOLGSt	Entscheidungen des Hanseatischen Oberlandesgerichts in Strafsachen (1879–1932/33)
HansRGZ	Hanseatische Rechts- und Gerichtszeitschrift (1928–43), vorher: HansRZ Hanseatische Rechtszeitschrift für Handel, Schiffahrt und Versicherung, Kolonial- und Auslandsbeziehungen sowie für Hansestädtisches Recht (1918–1927)
Hdb.	Handbuch
HdbStR	Isensee/Kirchhof (Hrsg.), Handbuch des Staatsrechts der Bundesrepublik Deutschland
HeilPrG	Gesetz über die berufsmäßige Ausübung der Heilkunde ohne Bestallung (Heilpraktikergesetz)
Hess.	Hessen
HessSOG	Hessisches Sicherheits- und Ordnungsgesetz

HESt	Höchstrichterliche Entscheidungen, Sammlung von Entscheidungen der Oberlandesgerichte und der Obersten Gerichte in Strafsachen (1948–49)
HFR	Höchstrichterliche Finanzrechtsprechung
HGB	Handelsgesetzbuch
HILJ	Harvard International Law Journal
hins.	hinsichtlich
Hinw.	Hinweis
HJGL	Hastings Journal on Gender and the Law
h.L.	herrschende Lehre
h.M.	herrschende Meinung
HöchstRR	Höchstrichterliche Rechtsprechung auf dem Gebiete des Strafrechts, Beilage zur Zeitschrift für die gesamte Strafrechtswissenschaft (1 zu Bd. 46, 2 zu Bd. 47, 3 zu Bd. 48)
HRQ	Human Rights Quarterly
HRR	Höchstrichterliche Rechtsprechung (1928–1942), bis 1927: Die Rechtsprechung, Beilage zur Zeitschrift Juristische Rundschau
HRRS	Höchstrichterliche Rechtsprechung im Strafrecht
Hrsg., hrsg.	Herausgeber, herausgegeben
h.Rspr.	herrschende Rechtsprechung
Hs./Hbs.	Halbsatz
HWiStR	Krekeler/Tiedemann/Ulsenheimer/Weinmann (Hrsg.) Handwörterbuch des Wirtschafts- und Steuerstrafrechts
i.Allg.	im Allgemeinen
i.allg.S.	im allgemeinen Sinne
ICLR	International Criminal Law Review
i.d.F.	in der Fassung
i.d.R.	in der Regel
i.d.S.	in diesem Sinne
i.E./i.Erg.	im Ergebnis
i.e.S.	im engeren Sinne
IGH	Internationaler Gerichtshof
i.gl.S.	im gleichen Sinne
i.Grds.	im Grundsatz
IHK	Industrie- und Handelskammer
i.H.v.	in Höhe von
i.B.	in Bezug
IJHR	The International Journal of Human Rights
ILC	International Law Commission
ILM	International Legal Materials
IM	Innenminister(ium)
IMT	International Military Tribunal (Nürnberg)
inl.	inländisch
insb./insbes.	insbesondere
insges.	insgesamt
InsO	Insolvenzordnung
IntBestG	Gesetz zur Bekämpfung internationaler Bestechung
inzw.	inzwischen
IPBPR	Internationaler Pakt über bürgerliche und politische Rechte
IPRB	IP-Rechts-Berater, Der Informationsdienst für das Recht des geistigen Eigentums
i.R.d.	im Rahmen der/des
i.R.v.	im Rahmen von
i.S.	im Sinne
i.S.d.	im Sinne der/des
i.S.e.	im Sinne einer(s)
IsrLR	Israel Law Review
IStGH	(ständiger) Internationaler Strafgerichtshof (Den Haag)

IStGH-Statut	Internationaler Strafgerichtshof – Statut
IStR	Internationales Strafrecht
i.S.v.	im Sinne von
i.techn.S.	im technischen Sinne
ITRB	IT-Rechtsberater
i.U.	im Unterschied
i.Üb.	im Übrigen
IuKDG	Gesetz zur Regelung der Rahmenbedingungen für Informations- und Kommunikationsdienste (Informations- und Kommunikationsdienstegesetz)
IuR	Informatik und Recht
iuris	Rechtsportal der iuris-GmbH
iurisPR	iuris-Praxis-Report (Anmerkungen)
i.V.m.	in Verbindung mit
i.W.	im Wesentlichen
i.w.S.	im weiteren Sinne
i.Z.m.	im Zusammenhang mit
JA	Juristische Arbeitsblätter für Ausbildung und Examen
JahrbÖR	Jahrbuch des öffentlichen Rechts der Gegenwart
JahrbPostw.	Jahrbuch des Postwesens (1937–1941/42)
JA-R	Juristische Arbeitsblätter – Rechtsprechung
JArbSchG	Gesetz zum Schutze der arbeitenden Jugend (Jugendarbeitsschutzgesetz)
J Ästhet Chir	Journal für Ästhetische Chirurgie
JAVollzO	Jugendarrestvollzugsordnung
JBeitrO	Justizbeitreibungsordnung
JBl.	Justizblatt; auch: Juristische Blätter (Österreich)
JBlRhPf.	Justizblatt Rheinland-Pfalz
JBl. Saar	Justizblatt des Saarlandes
JbVerkR	Jahrbuch Verkehrsrecht
JCLC	Journal of Criminal Law & Criminology
jew.	jeweils
JFGErg.	Entscheidungen des Kammergerichts und des Oberlandesgerichts München in Kosten-, Straf-, Miet- und Pachtschutzsachen (Jahrbuch für Entscheidungen in Angelegenheiten der freiwilligen Gerichtsbarkeit und des Grundbuchrechts, ErgBd.)
JGG	Jugendgerichtsgesetz
JICJ	Journal of International Criminal Justice
JICL	Journal of International Criminal Law
JILPAC	Journal of International Law of Peace and Armed Conflict (JILPAC)
JK	Jura-Kartei
JKomG	Gesetz über die Verwendung elektronischer Kommunikationsformen in der Justiz (Justizkommunikationsgesetz)
JM	Justizminister(ium)
jM	Juristische Monatszeitschrift; juris – Die Monatszeitschrift
JMBlNRW/JMBlNW	Justizministerialblatt für das Land Nordrhein-Westfalen
JMS	Jugend Medien Schutz-Report
JMStV	Jugendmedienschutz-Staatsvertrag
JÖSchG	Gesetz zum Schutze der Jugend in der Öffentlichkeit
JOR	Jahrbuch für Ostrecht
JöR	Jahrbuch des öffentlichen Rechts der Gegenwart
JR	Juristische Rundschau
JRE	Jahrbuch für Recht und Ethik
JSt	Journal für Strafrecht
JStGH	Internationaler Strafgerichtshof für das ehemalige Jugoslawien
JStGH-Statut	Internationaler Strafgerichtshof für das ehemalige Jugoslawien – Statut
JTHE	Journal of Trafficking and Human Exploitation
JuMoG	Erstes Gesetz zur Modernisierung der Justiz (1. Justizmodernisierungsgesetz)

JuMoG2	Zweites Gesetz zur Modernisierung der Justiz (2. Justizmodernisierungsgesetz)
JurA	Juristische Analysen
Jura	Juristische Ausbildung
JurBl./JBl.	Juristische Blätter
jurisPR-StrafR	juris PraxisReport Strafrecht
JurJahrb.	Juristen-Jahrbuch
JurPC	Internet-Zeitschrift für Rechtsinformatik und Informationsrecht
JuS	Juristische Schulung, Zeitschrift für Studium und Ausbildung
Justiz	Die Justiz, Amtsblatt des Justizministeriums von Baden-Württemberg
JuV	Justiz und Verwaltung
JVA	Justizvollzugsanstalt
JVBl.	Justizverwaltungsblatt
JVKostO	Gesetz über Kosten im Bereich der Justizverwaltung
JVollz.	Jugendstrafvollzugsordnung; s. auch JAVollzO
JW	Juristische Wochenschrift
JWG	Jugendwohlfahrtsgesetz
JZ	Juristenzeitung
JZ-GD	Juristenzeitung – Gesetzgebungsdienst
Kap.	Kapitel
KastG/KastrG	Gesetz über die freiwillige Kastration
KE	Kommissionsentwurf
KFG	Gesetz über den Verkehr mit Kraftfahrzeugen
Kfz.	Kraftfahrzeug
KG	Kammergericht bzw. Kommanditgesellschaft
KGJ	Jahrbuch für Entscheidungen des Kammergerichts in Sachen der freiwilligen Gerichtsbarkeit, in Kosten-, Stempel- und Strafsachen (1881–1922)
KindRG	Gesetz zur Reform des Kindschaftsrechts
KJ	Kritische Justiz
KKZ	Kommunal-Kassen-Zeitschrift
KO	Konkursordnung
KOM	(EU-)Kommission
KorBekG/KorrBekG/KorrBG	Gesetz zur Bekämpfung der Korruption
K&R	Kommunikation und Recht
KRABl.	s. ABlKR
KreditwesenG/KWG	Gesetz über das Kreditwesen
KRG	Kontrollratsgesetz
KriegswaffKG/KWKG	Gesetz über die Kontrolle von Kriegswaffen
KrimAbh.	Kriminalistische Abhandlungen, hrsg. von Exner
KrimGwFr	Kriminologische Gegenwartsfragen (zit. nach Band u. Seite)
Kriminalistik	Kriminalistik, Zeitschrift für die gesamte kriminalistische Wissenschaft und Praxis
KrimJournal	Kriminologisches Journal
KriPoZ	Kriminalpolitische Zeitschrift
KriPoZ JuP	Kriminalpolitische Zeitschrift Junges Publizieren
krit.	kritisch
KritJ/Krit. Justiz	Kritische Justiz
KritV/KritVj	Kritische Vierteljahresschrift für Gesetzgebung und Rechtsprechung
KrW-/AbfG	Gesetz zur Förderung der Kreislaufwirtschaft und Sicherung der umweltverträglichen Beseitigung von Abfällen (Kreislaufwirtschafts- und Abfallgesetz)
KTS	Konkurs-, Treuhand- und Schiedsgerichtswesen (jetzt: Zeitschrift für Insolvenzrecht)
KunstUrhG/KUrhG	Kunsturhebergesetz
KuT	Konkurs-, Treuhand- und Schiedsgerichtswesen
KuV/k+v/K+V	Kraftfahrt und Verkehrsrecht, Zeitschrift der Akademie für Verkehrswissenschaft, Hamburg
KWG	s. KreditwesenG
LegPer.	Legislaturperiode

Lfg.	Lieferung
LFGB	Lebens- und Futtermittelgesetzbuch
LG	Landgericht
lit.	littera (Buchstabe)
Lit.	Literatur
LJIL	Leiden Journal of International Law
LKRZ	Zeitschrift für Landes- und Kommunalrecht Hessen/Rheinland-Pfalz/Saarland
LM	Nachschlagewerk des Bundesgerichtshofs, hrsg. v. Lindenmaier/Möhring u.a. (zit. Nach Paragraph und Nummer)
LMBG	Gesetz über den Verkehr mit Lebensmitteln, Tabakerzeugnissen, kosmetischen Mitteln und sonstigen Bedarfsgegenständen (Lebensmittel- und Bedarfsgegenständegesetz)
LPG	Landespressegesetz
LPK	Lehr- und Praxiskommentar
LRA	Landratsamt
LRE	Sammlung lebensmittelrechtlicher Entscheidungen
LRO	Laryngo-Rhino-Otologie
LS	Leitsatz
lt.	laut
LT	Landtag
Ltd.	Limited (Private company limited by shares)
LuftSiG	Gesetz zur Neuregelung von Luftsicherheitsaufgaben (Luftsicherheitsgesetz)
LuftVG	Luftverkehrsgesetz
LuftVO/LuftVVO	Verordnung über den Luftverkehr
LuftVZO	Luftverkehrs-Zulassungs-Ordnung
LVerf.	Landesverfassung
LVwG SH	Landesverwaltungsgesetz Schleswig-Holstein
LZ	Leipziger Zeitschrift für Deutsches Recht (1907–1933)
m.	mit
m. Anm.	mit Anmerkung
Mat.	Materialien zur Strafrechtsreform (1954). Band I: Gutachten der Strafrechtslehrer. Band II: Rechtsvergleichende Arbeiten
m.a.W.	mit anderen Worten
m. Bespr.	mit Besprechung
MdB	Mitglied des Bundestages
MdL	Mitglied des Landtages
MDR	Monatsschrift für Deutsches Recht
MDStV	Staatsvertrag über Mediendienste
MedR	Medizinrecht
MedSach	Der Medizinische Sachverständige
medstra	Zeitschrift für Medizinstrafrecht
Melb. J. Int. Law	Melbourne Journal of International Law
MEPolG	Musterentwurf eines einheitlichen Polizeigesetzes
MfS	Ministerium für Staatssicherheit
Mich. J. Int. Law	Michigan Journal of International Law
min.	mindestens
mit Nachw.	mit Nachweisen
MiStra	Anordnung über Mitteilungen in Strafsachen
missverst.	missverständlich
Mitt.	Mitteilung
MittIKV	Mitteilungen der Internationalen Kriminalistischen Vereinigung (1889–1914; 1926–1933)
MK	Münchener Kommentar zum Strafgesetzbuch
m. krit. Anm.	mit kritischer Anmerkung (von)
MLR	Marburg Law Review
MLR	Minnesota Law Review
MMR	MultiMedia und Recht

MMW	Münchner Medizinische Wochenschrift
MoMiG	Gesetz zur Modernisierung des GmbH-Rechts und zur Bekämpfung von Missbräuchen
MRG	Militärregierungsgesetz
MschrKrim./ MonKrim.	Monatsschrift für Kriminologie und Strafrechtsreform
MschrKrimBiol/ MonKrimBiol.	Monatsschrift für Kriminalbiologie und Strafrechtsreform
MschrKrimPsych/ MonKrimPsych.	Monatsschrift für Kriminalpsychologie und Strafrechtsreform (1904/05–1936)
MStGO	Militärstrafgerichtsordnung
m.w.N.	mit weiteren Nachweisen
m.W.v.	mit Wirkung vom
m. zust./abl. Anm.	mit zustimmender/ablehnender Anmerkung
Nachtr.	Nachtrag
Nachw.	Nachweis
NATO-Truppen-statut/NTS	Abkommen zwischen den Parteien des Nordatlantikvertrags v. 19.6.1951 über die Rechtsstellung ihrer Truppen (NATO-Truppenstatut)
Nds.	Niedersachsen
NdsRpfl./Nds.Rpfl	Niedersächsische Rechtspflege
NdsSOG	Niedersächsisches Sicherheits- und Ordnungsgesetz
NEhelG	Gesetz über die Rechtsstellung der nichtehelichen Kinder
NetzDG	Gesetz zur Verbesserung der Rechtsdurchsetzung in sozialen Netzwerken (Netzwerkdurchsetzungsgesetz)
n.F.	neue Fassung
Niederschr./ Niederschriften	Niederschriften über die Sitzungen der Großen Strafrechtskommission
Nieders.GVBl. (Sb. I, II)	Niedersächsisches Gesetz- und Verordnungsblatt, Sonderband I und II, Sammlung des bereinigten niedersächsischen Rechts
NJ	Neue Justiz
NJOZ	Neue Juristische Online-Zeitschrift
NJW	Neue Juristische Wochenschrift
NJW-CoR	Computerreport der Neuen Juristischen Wochenschrift
NJW-RR	NJW-Rechtsprechungs-Report Zivilrecht
NK	Nomos-Kommentar zum Strafgesetzbuch
NKrimP	Neue Kriminalpolitik
NPA	Neues Polizei-Archiv
Nr./Nrn.	Nummer(n)
NRW	Nordrhein-Westfalen
NStE	Neue Entscheidungssammlung für Strafrecht, hrsg. von Rebmann, Dahs und Miebach
NStZ	Neue Zeitschrift für Strafrecht
NStZ-RR	NStZ-Rechtsprechungs-Report Strafrecht
NuR	Natur und Recht
NVwZ	Neue Zeitschrift für Verwaltungsrecht
NWB	Neue Wirtschaftsbriefe für Steuer- und Wirtschaftsrecht
NWVBl	Nordrhein-Westfälische Verwaltungsblätter
NZA	Neue Zeitschrift für Arbeits- und Sozialrecht
NZA-RR	NZA-Rechtsprechungsreport Arbeitsrecht
NZBau	Neue Zeitschrift für Baurecht und Vergaberecht
NZG	Neue Zeitschrift für Gesellschaftsrecht
NZI	Neue Zeitschrift für das Recht der Insolvenz und Sanierung
NZM	Neue Zeitschrift für Miet- und Wohnungsrecht
NZS	Neue Zeitschrift für Sozialrecht
NZV	Neue Zeitschrift für Verkehrsrecht
NZWehrr/NZWehrR	Neue Zeitschrift für Wehrrecht
NZWiSt	Neue Zeitschrift für Wirtschafts-, Steuer- und Unternehmensstrafrecht

o.	oben
o.ä.	oder ähnlich
ob.dict.	obiter dictum
OBGer	Obergericht (Schweizer Kantone)
öffentl.	öffentlich
OECD	Organisation for Economic Cooperation and Development
ÖJZ/ÖstJZ	Österreichische Juristenzeitung
Öst OGH	Österreichischer Oberster Gerichtshof; ohne Zusatz: Entscheidung des Öst OGH in Strafsachen (zit. nach Band und Seite)
o.g.	oben genannt
OG	Oberstes Gericht der DDR
OGDDR	Entscheidungen des Obersten Gerichts der DDR
OGH	Oberster Gerichtshof (Österreich)
OGHBrZ	Oberster Gerichtshof für die Britische Zone
OGHSt	Entscheidungen des Obersten Gerichtshofes für die Britische Zone in Strafsachen (1949/50)
OHG	Offene Handelsgesellschaft
OLG	Oberlandesgericht
OLGSt	Entscheidungen der Oberlandesgerichte zum Straf- u. Strafverfahrensrecht (zit. Nach Paragraph u. Seite, n.F. nach Paragraph u. Nummer)
OR	Obligationenrecht (Schweiz)
o.R.	ohne Rechnung
OrgK	Organisierte Kriminalität
OrgKG	Gesetz zur Bekämpfung des illegalen Rauschgifthandels und anderer Erscheinungsformen der Organisierten Kriminalität
OrgKVerbG	Gesetz zur Verbesserung der Bekämpfung der Organisierten Kriminalität
OVG	Oberverwaltungsgericht
OWiG	Gesetz über Ordnungswidrigkeiten
Pacific Rev.	The Pacific Review
PartG	Gesetz über die politischen Parteien (Parteiengesetz)
PartGG	Partnerschaftsgesellschaftsgesetz
PatG	Patentgesetz
PAuswG	Gesetz über Personalausweise
PersV	Die Personalverwaltung
PflanzenSchG/ PflSchG	Gesetz zum Schutz der Kulturpflanzen (Pflanzenschutzgesetz)
PharmR	PharmaRecht
PHI	Produkthaftpflicht International
PIF	Protection des Intérêts Financiers (EU)
PIN	Personal Identification Number
PKS	Polizeiliche Kriminalstatistik
PlProt.	Plenarprotokoll
PolG	Polizeigesetz
polit.	politisch
Polizei	Die Polizei (seit 1955: Die Polizei – Polizeipraxis)
PolV/PolVO	Polizeiverordnung
PostG	Gesetz über das Postwesen (Postgesetz)
PostO	Postordnung
Pr., pr.	Preußen, preußisch
PrG	Pressegesetz
PrGS	Preußische Gesetzessammlung (1810–1945)
ProdSG	Produktsicherheitsgesetz
Prot.	Protokolle über die Sitzungen des Sonderausschusses für die Strafrechtsreform
Prot. BT-RA	Protokolle des Rechtsausschusses des Deutschen Bundestages (zit. nach Nummern)
Pr. OT	Preußisches Obertribunal
PrOVG	Preußisches Oberverwaltungsgericht

PrPVG	Preußisches Polizeiverwaltungsgesetz
PrZeugnVerwG	Gesetz über das Zeugnisverweigerungsrecht der Mitarbeiter von Presse und Rundfunk
PStG	Personenstandsgesetz
PStR	Praxis Steuerstrafrecht
psych.	psychisch
PsychThG	Gesetz über die Berufe des psychologischen Psychotherapeuten und des Kinder- und Jugendlichenpsychotherapeuten (Psychotherapeutengesetz)
PTV	Polizei, Technik, Verkehr
PVT	Polizei, Verkehr und Technik
qualif.	qualifizierend
R	Rechtsprechung des Reichsgerichts in Strafsachen (zit. nach Band u. Seite)
RabgO/RAO	Reichsabgabenordnung
RAussch.	Rechtsausschuss
RBerG	Gesetz zur Verhütung von Mißbrauch auf dem Gebiet der Rechtsberatung
RdA	Recht der Arbeit
RdErl.	Runderlass
RdJB	Recht der Jugend und des Bildungswesens
RdK	Das Recht des Kraftfahrers, Unabhängige Monatsschrift des Kraftverkehrsrechts (1926–43, 1949–55)
Rdn.	Randnummer
Rdschr./RdSchr.	Rundschreiben
RDStH	Entscheidungen des Reichsdienststrafhofs (1939–41)
RDStO	Reichsdienststrafordnung
RDV	Recht der Datenverarbeitung
Recht	Das Recht, begründet von Soergel (1897–1944)
RechtsM	Rechtsmedizin
rechtspol.	rechtspolitisch
RechtsTh	Rechtstheorie
rechtsvergl.	rechtsvergleichend
RefE	Referentenentwurf
Reg.	Regierung
RegBl.	Regierungsblatt
RegE	Regierungsentwurf
rel.	relativ
RfStV	Rundfunkstaatsvertrag
RG	Reichsgericht
RGBl., RGBl. I, II	Reichsgesetzblatt, von 1922–1945 Teil I und Teil II
RGRspr.	Rechtsprechung des Reichsgerichts in Strafsachen (1879–1888)
RGSt	Entscheidungen des Reichsgerichts in Strafsachen
RGZ	Entscheidungen des Reichsgerichts in Zivilsachen
RHG	Rechnungshofgesetz
RHilfeG/RHG	Gesetz über die innerdeutsche Rechts- und Amtshilfe in Strafsachen
RhPf.	Rheinland-Pfalz
RiAA	Grundsätze des anwaltlichen Standesrechts – Richtlinien gem. § 177 Abs. 2 Satz 2 BRAO
RIDP	Revue internationale de droit pénal
RiJGG	Richtlinien der Landesjustizverwaltungen zum Jugendgerichtsgesetz
RiOWiG	Gemeinsame Anordnung über die Zuständigkeit der Staatsanwaltschaft zur Verfolgung von Ordnungswidrigkeiten und über die Zusammenarbeit mit den Verwaltungsbehörden
RiStBV	Richtlinien für das Strafverfahren und das Bußgeldverfahren
RiVASt	Richtlinien für den Rechtshilfeverkehr mit dem Ausland in strafrechtlichen Angelegenheiten
RIW	Recht der Internationalen Wirtschaft
RJagdG	Reichsjagdgesetz
RKG/RKnappschG	Reichsknappschaftsgesetz
RKGE	Entscheidungen des Reichskriegsgerichts
RMBl.	Reichsministerialblatt, Zentralblatt für das Deutsche Reich (1923–45)

RMG/RMilGE	Entscheidungen des Reichsmilitärgerichts (zit. nach Band u. Seite)
RöntgVO/RöV	Röntgenverordnung
ROW	Recht in Ost und West. Zeitschrift für Rechtsvergleichung und interzonale Rechtsprobleme
R&P	Recht und Psychiatrie
Rpfleger	Der Deutsche Rechtspfleger
RpflG	Rechtspflegergesetz
RPostG	Reichspostgesetz
RPsych	Rechtspsychologie, Zeitschrift für Familienrecht, Strafrecht, Kriminologie und Soziale Arbeit
Rspr.	Rechtsprechung
RStGB	Reichsstrafgesetzbuch
RStGH	Internationaler Strafgerichtshof für Ruanda
RStGH-Statut	Internationaler Strafgerichtshof für Ruanda – Statut
RT	Reichstag
RTDrucks.	Drucksachen des Reichstages
RTVerh.	Verhandlungen des Reichstages
RuP	Recht und Politik. Vierteljahreshefte für Rechts- und Verwaltungspolitik
RVG	Rechtsanwaltsvergütungsgesetz
RVO	Reichsversicherungsordnung
s.	siehe
S.	Seite oder Satz
s.a.	siehe auch
SA	Sonderausschuss für die Strafrechtsreform
SaarPolG	Saarländisches Polizeigesetz
SaarRZ	Saarländische Rechts- und Steuerzeitschrift
SaBremR	Sammlung des bremischen Rechts (1964)
SächsArch.	Sächsisches Archiv für Rechtspflege, seit 1924 (bis 1941/42), Archiv für Rechtspflege in Sachsen, Thüringen und Anhalt
SächsOLG	Annalen des Sächsischen Oberlandesgerichts zu Dresden (1880–1920)
SächsPolG	Sächsisches Polizeigesetz
Sarl	Societé à responsabilité limitée
SchAZtg	Schiedsamts-Zeitung
ScheckG/SchG	Scheckgesetz
SchiedsmZ	Schiedsmannszeitung (1926–1945), seit 1950 Der Schiedsmann
SchKG	Gesetz zur Vermeidung und Bewältigung von Schwangerschaftskonflikten (Schwangerschaftskonfliktgesetz)
SchlH	Schleswig-Holstein
SchlHA	Schleswig-Holsteinische Anzeigen
Schriften der MGH	Schriften der Monumenta Germanicae Historica
SchwangUG	(DDR-)Gesetz über die Unterbrechung der Schwangerschaft
SchwarzArbG	Schwarzarbeitsbekämpfungsgesetz
schweiz.	schweizerisch
SchwJZ	Schweizerische Juristen-Zeitung
SchwZStr.	Schweizer Zeitschrift für Strafrecht
SDILJ	San Diego International Law Journal
SeeArbG	Seearbeitsgesetz
SeemannsG	Seemannsgesetz
SeeRÜbk./SRÜ	Seerechtsübereinkommen der Vereinten Nationen; Vertragsgesetz
Sen.	Senat
SeuffBl.	Seufferts Blätter für Rechtsanwendung (1836–1913)
SexualdelikteBekG	Gesetz zur Bekämpfung von Sexualdelikten und anderen gefährlichen Straftaten (Sexualdeliktebekämpfungsgesetz)
SFHÄndG	Schwangeren- und Familienhilfeänderungsgesetz
SFHG	Gesetz zum Schutz des vorgeburtlichen/werdenden Lebens, zur Förderung einer kinderfreundlicheren Gesellschaft, für Hilfen im Schwangerschaftskonflikt und zur Regelung des Schwangerschaftsabbruchs (Schwangeren- und Familienhilfegesetz)

SG/SoldatG	Gesetz über die Rechtsstellung der Soldaten
SGB I, III, IV, V, I	Sozialgesetzbuch, Allgemeiner Teil
SGB VIII, X, XI III	Sozialgesetzbuch, Arbeitsförderung
SGB IV	Sozialgesetzbuch, Gemeinsame Vorschriften für die Sozialversicherung
SGB V	Sozialgesetzbuch, Gesetzliche Krankenversicherung
SGB VIII	Sozialgesetzbuch, Kinder- und Jugendhilfe
SGB X	Sozialgesetzbuch, Verwaltungsverfahren, Zusammenarbeit der Leistungsträger und ihre Beziehung zu Dritten
SGB XI	Soziale Pflegeversicherung
SGb.	Sozialgerichtsbarkeit
SGG	Sozialgerichtsgesetz
SGV.NW	Sammlung des bereinigten Gesetz- und Verordnungsblatts für das Land Nordrhein-Westfalen (Loseblattsammlung)
SichVG	Gesetz zur Rechtsvereinheitlichung der Sicherungsverwahrung
SJZ	Süddeutsche Juristen-Zeitung (1946–50), dann Juristenzeitung
SK	Systematischer Kommentar zum Strafgesetzbuch
Slg.	Sammlung der Rechtsprechung des EuGH
s.o.	siehe oben
sog.	sogenannt(e)
Sonderausschuss	Sonderausschuss des Bundestages für die Strafrechtsreform, Niederschriften zitiert nach Wahlperiode und Sitzung
SortenSchG	Gesetz über den Schutz von Pflanzensorten (Sortenschutzgesetz)
SozVers	Die Sozialversicherung
spez.	speziell
SprengG/ SprengstoffG	Gesetz über explosionsgefährliche Stoffe (Sprengstoffgesetz)
SpuRT	Zeitschrift für Sport und Recht
SSt	Entscheidungen des österreichischen Obersten Gerichtshofes in Strafsachen und Disziplinarangelegenheiten
StA	Staatsanwalt(schaft)
StaatsGH	Staatsgerichtshof
StaatsschStrafsG	Gesetz zur allgemeinen Einführung eines zweiten Rechtszuges in Staatsschutz-Strafsachen
StÄG	s. StRÄndG
StAZ	Das Standesamt, Zeitschrift für Standesamtswesen, Personenstandsrecht, Ehe- u. Kindschaftsrecht, Staatsangehörigkeitsrecht
StB	Der Steuerberater
Stbg	Die Steuerberatung, Zeitschrift
StenB/StenBer	Stenographischer Bericht
StGB	Strafgesetzbuch
StPO	Strafprozeßordnung
str.	streitig, strittig
StrAbh.	Strafrechtliche Abhandlungen
StRÄndG	Strafrechtsänderungsgesetz (1. vom 30.8.1951) 18. ~ – Gesetz zur Bekämpfung der Umweltkriminalität 27. ~ – Kinderpornographie 28. ~ – Abgeordnetenbestechung 31. ~ – Zweites Gesetz zur Bekämpfung der Umweltkriminalität 37. ~ – §§ 180b, 181 StGB 40. ~ – Gesetz zur Strafbarkeit beharrlicher Nachstellungen 41. ~ – Bekämpfung der Computerkriminalität 42. ~ – Anhebung der Höchstgrenze des Tagessatzes bei Geldstrafen 49. ~ – Umsetzung europäischer Vorgaben zum Sexualstrafrecht 50. ~ – Verbesserung des Schutzes der sexuellen Selbstbestimmung 57. ~ – Versuchsstrafbarkeit des Cybergroomings 59. ~ – Verbesserung des Persönlichkeitsschutzes bei Bildaufnahmen

	60. ~ – Modernisierung des Schriftenbegriffs und anderer Begriffe sowie Erweiterung der Strafbarkeit nach den §§ 86, 86a, 111 und 130 des Strafgesetzbuches bei Handlungen im Ausland
StraffreiheitsG/ StrFG	Gesetz über Straffreiheit
StraFo	Strafverteidigerforum
strafr.	strafrechtlich
StrafrAbh.	Strafrechtliche Abhandlungen, hrsg. von Bennecke, dann von Beling, v. Lilienthal und Schoetensack
StraßVerkSichG	1. Gesetz zur Sicherung des Straßenverkehrs (Straßenverkehrssicherungsgesetz – StraßenVSichG)
StrEG	Gesetz über die Entschädigung für Strafverfolgungsmaßnahmen
StREG	Gesetz über ergänzende Maßnahmen zum 5. StrRG (Strafrechtsreformergänzungsgesetz)
StrlSchuV/StrlSchVO	Strahlenschutzverordnung
StRR	Strafrechtsreport
StrRG	Gesetz zur Reform des Strafrechts (1. ~, 2. ~, ... 6. ~)
st.Rspr.	ständige Rechtsprechung
StS	Strafsenat
StudZR	Studentische Zeitschrift für Rechtswissenschaft
StuR	Staat und Recht
StV/StrVert.	Strafverteidiger
StVE	Straßenverkehrsentscheidungen, hrsg. von Cramer, Berz, Gontard, Loseblattsammlung (zit. nach Paragraph u. Nummer)
StVG	Straßenverkehrsgesetz
StVGÄndG	Gesetz zur Änderung des Straßenverkehrsgesetzes und anderer Gesetze
StVj/StVJ	Steuerliche Vierteljahresschrift
StVK	Strafvollstreckungskammer
StVO	Straßenverkehrsordnung
StVollstrO	Strafvollstreckungsordnung
StVollzÄndG	Gesetz zur Änderung des Strafvollzugsgesetzes
StVollzG	Gesetz über den Vollzug der Freiheitsstrafe und der freiheitsentziehenden Maßregeln der Besserung und Sicherung (Strafvollzugsgesetz)
StVollzK	Blätter für Strafvollzugskunde (Beilage zur Zeitschrift „Der Vollzugsdienst“)
StVRG	Erstes Gesetz zur Reform des Strafverfahrensrechts
StVRErgG	Erstes Gesetz zur Ergänzung des 1. StVRG
StVZO	Straßenverkehrs-Zulassungs-Ordnung
s.u.	siehe unten
SubvG	Subventionsgesetz
SV	Sachverhalt
Tab.	Tabelle
TDG	Gesetz über die Nutzung von Telediensten
TerrorBekG	Gesetz zur Bekämpfung des internationalen Terrorismus (Terrorismusbekämpfungsgesetz)
TerrorBekErgG	Gesetz zur Ergänzung des Terrorismusbekämpfungsgesetzes (Terrorismusbekämpfungsergänzungsgesetz)
ThürPAG	Thüringisches Polizeiaufgabengesetz
TierschG/ TierschutzG	Tierschutzgesetz
Tit.	Titel
TKG	Telekommunikationsgesetz
TPG	Gesetz über die Spende, Entnahme und Übertragung von Organen (Transplantationsgesetz)
TV	Truppenvertrag
Tz.	Textziffer, -zahl
u.	unten (auch: und)
u.a.	unter anderem (auch: andere)
u.ä.	und ähnliche
u.a.m.	und anderes mehr

UdG	Urkundsbeamter der Geschäftsstelle
Üb.	Überblick; Übersicht
Übereink./Übk.	Übereinkommen
ÜbergangsAO	Übergangsanordnung
ü.M.	überwiegende Meinung
UFITA	Archiv für Urheber-, Film-, Funk- und Theaterrecht
UG	Unternehmergesellschaft
U-Haft	Untersuchungshaft
UMAG	Gesetz zur Unternehmensintegrität und Modernisierung des Anfechtungsrechts
umf.	umfassend
umstr.	umstritten
UmwRG	Umweltrahmengesetz der DDR
UNO	United Nations Organization (Vereinte Nationen)
UNTS	United Nations Treaty Series
unv.	unveröffentlicht
UPR	Umwelt- und Planungsrecht
UrhG	Gesetz über Urheberrecht und verwandte Schutzrechte (Urheberrechtsgesetz)
UStG	Umsatzsteuergesetz
usw.	und so weiter
UTR	Umwelt- und Technikrecht, Schriftenreihe des Instituts für Umwelt- und Technikrecht der Universität Trier, hrsg. von Rüdiger Breuer u.a.
u.U.	unter Umständen
UVNVAG	Ausführungsgesetz v. 23.7.1998 (BGBl. I S. 1882) zu dem Vertrag v. 24.9.1996 über das umfassende Verbot von Nuklearversuchen – Zustimmungsgesetz
UWG	Gesetz gegen den unlauteren Wettbewerb
UZwG	Gesetz über den unmittelbaren Zwang bei Ausübung öffentlicher Gewalt durch Vollzugsbeamte des Bundes
UZwGBw	Gesetz über die Anwendung unmittelbaren Zwanges und die Ausübung besonderer Befugnisse durch Soldaten der Bundeswehr und zivile Wachpersonen
v.	von, vom
VAE	Verkehrsrechtliche Abhandlungen und Entscheidungen
VAG	Versicherungsaufsichtsgesetz
Var.	Variante
v.A.w.	von Amts wegen
VBlBW	Verwaltungsblätter für Baden-Württemberg
VD	Verkehrsdienst
VDA bzw. VDB	Vergleichende Darstellung des deutschen und ausländischen Strafrechts, Allgemeiner bzw. Besonderer Teil
VE	Vorentwurf
VerbrBekG	Gesetz zur Änderung des Strafgesetzbuches, der Strafprozeßordnung und anderer Gesetze (Verbrechensbekämpfungsgesetz)
VerbringungsG/VerbG	Gesetz zur Überwachung strafrechtlicher und anderer Verbringungsverbote
VereinfVO	Vereinfachungsverordnung ~ –, VO über Maßnahmen auf dem Gebiet der Gerichtsverfassung und Rechtspflege ~ –, VO zur weiteren Vereinfachung der Strafrechtspflege ~ –, Dritte VO zur Vereinfachung der Strafrechtspflege ~ –, Vierte VO zur Vereinfachung der Strafrechtspflege
VereinhG	Gesetz zur Wiederherstellung der Rechtseinheit auf dem Gebiete der Gerichtsverfassung, der bürgerlichen Rechtspflege, des Strafverfahrens und des Kostenrechts
VereinsG	Gesetz zur Regelung des öffentlichen Vereinsrechts (Vereinsgesetz)
VerfGH	Verfassungsgerichtshof
VerglO	Vergleichsordnung
Verh.	Verhandlungen des Deutschen Bundestages (BT), des Deutschen Juristentages (DJT) usw.
VerjährG	Gesetz über das Ruhen der Verjährung bei SED-Unrechtstaten

VerjährG,	Gesetz zur Verlängerung strafrechtlicher Verjährungsfristen vom 27.9.1993
VerjährG,	Gesetz zur weiteren Verlängerung strafrechtlicher Verjährungsfristen vom 22.12.1997
VerkMitt./VM	Verkehrsrechtliche Mitteilungen
VerkProspektG	Wertpapiere-Verkaufsprospektgesetz
vermitt.	vermittelnd
VerpflG	Gesetz über die förmliche Verpflichtung nichtbeamteter Personen (Verpflichtungsgesetz) d.F.v. Art. 42 EGStGB
VerschG	Verschollenheitsgesetz
VersG	Gesetz über Versammlungen und Aufzüge (Versammlungsgesetz)
VersR	Versicherungsrecht, Juristische Rundschau für die Individualversicherung
VerwArch.	Verwaltungsarchiv
VG	Verwaltungsgericht
VGH	Verwaltungsgerichtshof
vgl.	vergleiche
Vhdlgen	s. Verh.
VJIL	Virginia Journal of International Law
VJTL	Vanderbilt Journal of Transnational Law
VJZ	Zeitschrift für Vermögens- und Immobilienrecht
VN	Vereinte Nationen
VN-Satzung	Satzung der Vereinten Nationen
VO	Verordnung
VOBl.	Verordnungsblatt
VOR	Zeitschrift für Verkehrs- und Ordnungswidrigkeitenrecht
Voraufl.	Vorauflage
Vorbem.	Vorbemerkung
VorE	Vorentwurf
vorgen.	vorgenannt
VRS	Verkehrsrechts-Sammlung, Entscheidungen aus allen Gebieten des Verkehrsrechts
VStGB	Völkerstrafgesetzbuch
VVDStRL	Veröffentlichungen der Vereinigung deutscher Staatsrechtslehrer (zit. nach Heft u. Seite)
VVG	Gesetz über den Versicherungsvertrag
VwGO	Verwaltungsgerichtsordnung
VwVfG	Verwaltungsverfahrensgesetz
VwVG	Verwaltungsvollstreckungsgesetz
VwZG	Verwaltungszustellungsgesetz
WaffG/WaffenG	Waffengesetz
Warn./WarnRspr.	Sammlung zivilrechtlicher Entscheidungen des RG, hrsg. von Warneyer (zit. nach Jahr und Nummer)
WBl.	Wirtschaftsrechtliche Blätter (Österreich)
WD	Wissenschaftliche Dienste des Bundestags
WDO	Wehrdisziplinarordnung
WehrpflG	Wehrpflichtgesetz
WeimVerf./WV	Verfassung des Deutschen Reichs (sog. „Weimarer Verfassung“)
WeinG	Weingesetz
weitergeh.	weitergehend
WHG	Gesetz zur Ordnung des Wasserhaushalts (Wasserhaushaltsgesetz)
WiB	Wirtschaftsrechtliche Beratung
WiKG	1. Gesetz zur Bekämpfung der Wirtschaftskriminalität
WiKG	2. Gesetz zur Bekämpfung der Wirtschaftskriminalität
WissR	Wissenschaftsrecht
WiStG	Gesetz zur weiteren Vereinfachung des Wirtschaftsstrafrechts (Wirtschaftsstrafgesetz 1954)
wistra	Zeitschrift für Wirtschaft, Steuer, Strafrecht, dann: Zeitschrift für Wirtschafts- und Steuerstrafrecht
WiVerw	Wirtschaft und Verwaltung
WK	Wiener Kommentar zum Strafgesetzbuch
WM	Wertpapier-Mitteilungen

w.N.b.	weitere Nachweise bei
WoÜbG	Gesetz zur Umsetzung des Urteils des Bundesverfassungsgerichts vom 3. März 2004 (akustische Wohnraumüberwachung) v. 24.6.2005
WuM	Wohnungswirtschaft und Mietrecht
WPg	Die Wirtschaftsprüfung
WpHG	Gesetz über Wertpapierhandel
WRP	Wettbewerb in Recht und Praxis
WStG	Wehrstrafgesetz
WZG	Warenzeichengesetz
YJIL	Yale Journal of International Law
YJLF	Yale Journal of Law and Feminism
YLJ	Yale Law Journal
z.	zur, zum
(Z)	Entscheidung in Zivilsachen
ZAG	Zahlungsdiensteaufsichtsgesetz
ZahlVGJG	Gesetz über den Zahlungsverkehr mit Gerichten und Justizbehörden
ZAkDR	Zeitschrift der Akademie für Deutsches Recht (1934–1944)
ZaöRV	Zeitschrift für ausländisches öffentliches Recht und Völkerrecht
z.B.	zum Beispiel
ZBB	Zeitschrift für Bankrecht und Bankwirtschaft
ZbernJV/ZBJV	Zeitschrift des Bernischen Juristenvereins
ZBl. f. Verk. Med.	Zentralblatt für Verkehrsmedizin, Verkehrspsychologie, Luft- und Raumfahrtmedizin
ZDG	Gesetz über den Zivildienst der Kriegsdienstverweigerer (Zivildienstgesetz)
ZfB	Zeitschrift für Binnenschifffahrt und Wasserstraßen
ZfBR	Zeitschrift für deutsches und internationales Baurecht
Z.f.d. ges. Sachverst.wesen	Zeitschrift für das gesamte Sachverständigenwesen
ZFIS	Zeitschrift für innere Sicherheit
ZfISt/ZfIStw	Zeitschrift für Internationale Strafrechtswissenschaft (ehem. ZIS Zeitschrift für Internationale Strafrechtsdogmatik)
ZfJ	Zentralblatt für Jugendrecht
ZfL	Zeitschrift für Lebensrecht
zfm	Zeitschrift für Medienwissenschaft
ZfmE	Zeitschrift für medizinische Ethik
ZfRSoz	Zeitschrift für Rechtssoziologie, The German Journal of Law and Society
ZfRV	Zeitschrift für Rechtsvergleichung, Internationales Privatrecht und Europarecht
ZfS/ZfSch	Zeitschrift für Schadensrecht
ZfStrVo	Zeitschrift für Strafvollzug und Straffälligenhilfe
ZfW	Zeitschrift für Wasserrecht
ZfWG	Zeitschrift für Wett- und Glücksspielrecht
ZfZ	Zeitschrift für Zölle und Verbrauchssteuern
ZG	Zeitschrift für Gesetzgebung
ZGR	Zeitschrift für Unternehmens- und Gesellschaftsrecht
ZHR	Zeitschrift für das gesamte Handelsrecht und Wirtschaftsrecht, begr. v. Goldschmidt
Zif./Ziff.	Ziffer(n)
ZInsO	Zeitschrift für das gesamte Insolvenzrecht
ZIP	Zeitschrift für Wirtschaftsrecht
ZIS	Zeitschrift für Internationale Strafrechtsdogmatik; s. auch ZfISt
zit.	zitiert
ZJS	Zeitschrift für das Juristische Studium
ZMR	Zeitschrift für Miet- und Raumrecht
ZNER	Zeitschrift für Neues Energierecht
ZollG	Zollgesetz
ZParl	Zeitschrift für Parlamentsfragen

ZPO	Zivilprozessordnung
ZRP	Zeitschrift für Rechtspolitik
ZSchwR	Zeitschrift für Schweizerisches Recht
ZStW	Zeitschrift für die gesamte Strafrechtswissenschaft
z.T.	zum Teil
ZUM	Zeitschrift für Urheber- und Medienrecht/Film und Recht
zusf.	zusammenfassend
zust.	zustimmend
ZustErgG	Gesetz zur Ergänzung von Zuständigkeiten auf den Gebieten des Bürgerlichen Rechts, des Handelsrechts und des Strafrechts (Zuständigkeitsergänzungsgesetz)
ZustG	Zustimmungsgesetz
ZustVO	Verordnung über die Zuständigkeit der Strafgerichte, die Sondergerichte und sonstige strafverfahrensrechtliche Vorschriften
z.V.b.	zur Veröffentlichung bestimmt
ZVG	Gesetz über die Zwangsversteigerung und die Zwangsverwaltung (Zwangsversteigerungsgesetz)
ZVS	Zeitschrift für Verkehrssicherheit
zw.	zweifelhaft (auch: zweifelnd)
ZWehrR	Zeitschrift für Wehrrecht (1936/37–1944)
ZWH	Zeitschrift für Wirtschaftsstrafrecht und Haftung im Unternehmen
z.Z.	zur Zeit
ZZP	Zeitschrift für Zivilprozess

Schrifttum und abgekürzt zitierte Literatur

Das Schrifttum zum Kernstrafrecht sowie sämtliche strafrechtlich relevanten Festschriften und vergleichbare Werke finden sich unter 1. Es folgt in alphabetischer Reihenfolge das Schrifttum zum Nebenstrafrecht und zu nichtstrafrechtlichen Gebieten: 2. Betäubungsmittelstrafrecht, 3. Bürgerliches Recht einschließlich Versicherungsrecht, 4. DDR-Strafrecht, 5. Europäisches Recht, 6. Handelsrecht einschließlich Bilanz- und Gesellschaftsrecht, 7. Jugendstrafrecht, 8. Kriminologie, 9. Ordnungswidrigkeitenrecht, 10. Presserecht, 11. Rechtshilfe, 12. Rechtsmedizin und Medizinstrafrecht, 13. Strafprozess- und Strafvollzugsrecht, 14. Straßenverkehrsrecht, 15. Verfassungsrecht und Verwaltungsrecht, 16. Wettbewerbs- und Kartellrecht, 17. Wirtschafts- und Steuerstrafrecht, 18. Zivilprozess- und Insolvenzrecht, 19. Sonstiges (einschließlich Arbeits- und Sozialrecht, Völkerrecht und Waffenrecht).

1. Strafrecht (StGB) und Festschriften

Zitier-Abk.	Werk
AK	Kommentar zum Strafgesetzbuch – Reihe Alternativkommentare, hrsg. v. Wassermann, Bd. 1 (1990), Bd. 3 (1986)
Ambos	Internationales Strafrecht, 5. Aufl. (2018)
AnwK	AnwaltKommentar StGB, hrsg. v. Leipold/Tsambikakis/Zöller, 3. Aufl. (2020)
Appel	Verfassung und Strafe (1998)
Arzt/Weber/Heinrich/Hilgendorf BT	Strafrecht, Besonderer Teil, Lehrbuch, 4. Aufl. (2021)
v. Bar	Gesetz und Schuld im Strafrecht, Bd. 1 (1906), Bd. 2 (1907), Bd. 3 (1909)
Baumann	Strafrecht, Allgemeiner Teil, 7. Aufl. (1975)
Baumann/Weber/Mitsch/Eisele	Strafrecht, Allgemeiner Teil, Lehrbuch, 13. Aufl. (2021)
BeckOK	Beck'scher Online-Kommentar StGB, hrsg. v. Heintschel-Heinegg, 54. Edition (2022)
Beling	Die Lehre vom Verbrechen (1906)
Beulke-Symposion	Strafverteidigung – Grundlagen und Stolpersteine, Symposion für Werner Beulke, hrsg. v. Engländer/Fahl/Satzger/Swoboda (2012)
Binding, Grundriß	Grundriß des Deutschen Strafrechts, Allgemeiner Teil, 8. Aufl. (1913)
Binding, Handbuch	Handbuch des Strafrechts (1885)
Binding, Lehrbuch I, II	Lehrbuch des gemeinen Deutschen Strafrechts, Besonderer Teil, 2. Aufl., Bd. 1 (1902), Bd. 2 (1904/05)
Binding, Normen	Die Normen und ihre Übertretung, 2. Aufl., 4 Bände (1890–1919)
BK	Basler Kommentar Strafrecht I und II, hrsg. v. Niggli/Wiprächtiger, 4. Aufl. (2019) (s. aber auch 15. Verfassungsrecht)
Blei I, II	Strafrecht I, Allgemeiner Teil, 18. Aufl. (1983); Strafrecht II, Besonderer Teil, 12. Aufl. (1983)
Bochumer Erläuterungen	Bochumer Erläuterungen zum 6. Strafrechtsreformgesetz, hrsg. v. Schlüchter (1998)
Bock BT 1, 2	Strafrecht, Besonderer Teil 1: Nichtvermögensdelikte (2018), Besonderer Teil 2: Vermögensdelikte (2018)
Bockelmann BT 1, 2, 3	Strafrecht, Besonderer Teil, Bd. 1: Vermögensdelikte, 2. Aufl. (1982); Bd. 2: Delikte gegen die Person (1977); Bd. 3: Ausgewählte Delikte gegen Rechtsgüter der Allgemeinheit (1980)
Bockelmann/Volk	Strafrecht, Allgemeiner Teil, 4. Aufl. (1987)
Bringewat	Grundbegriffe des Strafrechts, 3. Aufl. (2018)
Bruns, Reflexionen	Neues Strafzumessungsrecht? „Reflexionen" über eine geforderte Umgestaltung (1988)
Bruns, Strafzumessungsrecht	Strafzumessungsrecht: Gesamtdarstellung, 2. Aufl. (1974)
Bruns/Güntge	Das Recht der Strafzumessung, 3. Aufl. (2018)
Burgstaller	Das Fahrlässigkeitsdelikt im Strafrecht (1974)
Coimbra-Symposium	s. Schünemann/de Figueiredo Dias

https://doi.org/10.1515/9783110490220-206

Dahs	Handbuch des Strafverteidigers, 8. Aufl. (2015)
Dalcke/Fuhrmann/Schäfer	Strafrecht und Strafverfahren, 37. Aufl. (1961)
Dölling/Duttge/König/Rössner	s. HK-GS
Ebert	Aktuelle Probleme der Strafrechtspflege: Beiträge anläßlich eines Symposiums zum 60. Geburtstag von E.W. Hanack, hrsg. v. Ebert (1991)
Ebert AT	Strafrecht, Allgemeiner Teil, 4. Aufl. (2001)
Einführung 6. StrRG	Einführung in das 6. Strafrechtsreformgesetz (1998) (bearb. v. Dencker u.a.)
Eisele BT 1, BT 2	Strafrecht – Besonderer Teil I: Straftaten gegen die Person und die Allgemeinheit, 6. Aufl. (2021); Strafrecht – Besonderer Teil II: Eigentumsdelikte und Vermögensdelikte, 6. Aufl. (2021)
Erbs/Kohlhaas	Strafrechtliche Nebengesetze, Loseblattausgabe, 241. EL (2022)
Erinnerungsgabe Grünhut	Erinnerungsgabe für Max Grünhut (1965)
Eser et al., Rechtfertigung und Entschuldigung I–IV	Rechtfertigung und Entschuldigung: rechtsvergleichende Perspektiven. Beiträge aus dem Max-Planck-Institut für ausländisches und internationales Strafrecht, Bd. 1, hrsg. v. Eser/Fletcher (1987); Bd. 2, hrsg. v. Eser/Fletcher (1988); Bd. 3: Deutsch-Italienisch-Portugiesisch-Spanisches Strafrechtskolloquium 1990 in Freiburg, hrsg. v. Eser/Perron (1991); Bd. 4: Ostasiatisch-Deutsches Strafrechtskolloquium 1993 in Tokio, hrsg. v. Eser/Nishihara (1995)
Festgabe BGH 25	25 Jahre Bundesgerichtshof
Festgabe BGH 50	50 Jahre Bundesgerichtshof, Festgabe aus der Wissenschaft, Bd. 4: Straf- und Strafprozeßrecht (2000)
Festgabe Frank	Festgabe für Reinhard von Frank zum 70. Geburtstag, 2 Bde. (1930)
Festgabe Graßhoff	Der verfasste Rechtsstaat, Festgabe für Karin Graßhoff (1998)
Festgabe Kern	Festgabe für Eduard Kern zum 70. Geburtstag (1957)
Festgabe Paulus	Festgabe für Rainer Paulus zum 70. Geburtstag (2009)
Festgabe Peters	Wahrheit und Gerechtigkeit im Strafverfahren: Festgabe für Karl Peters aus Anlaß seines 80. Geburtstages (1984)
Festgabe RG I–VI	Die Reichsgerichtspraxis im deutschen Rechtsleben: Festgabe der juristischen Fakultäten zum 50-jährigen Bestehen des Reichsgerichts (1929)
Festgabe Schultz	Lebendiges Strafrecht: Festgabe zum 65. Geburtstag von Hans Schultz (1977)
Festgabe Schweizer JT	Festgabe zum Schweizerischen Juristentag (1963)
Festschrift Achenbach	Festschrift für Hans Achenbach zum 70. Geburtstag (2011)
Festschrift Amelung	Grundlagen des Straf- und Strafverfahrensrechts: Festschrift für Knut Amelung zum 70. Geburtstag (2009)
Festschrift Androulakis	Festschrift für Nikolaos Androulakis zum 70. Geburtstag (2003)
Festschrift Augsburg	Recht in Europa: Festgabe zum 30-jährigen Bestehen der Juristischen Fakultät Augsburg (2002)
Festschrift Baumann	Festschrift für Jürgen Baumann zum 70. Geburtstag (1992)
Festschrift Bemmann	Festschrift für Günter Bemmann zum 70. Geburtstag (1997)
Festschrift Beulke	Ein menschengerechtes Strafrecht als Lebensaufgabe: Festschrift für Werner Beulke zum 70. Geburtstag (2015)
Festschrift BGH 50	Festschrift aus Anlaß des fünfzigjährigen Bestehens von Bundesgerichtshof, Bundesanwaltschaft und Rechtsanwaltschaft beim Bundesgerichtshof (2000)
Festschrift Blau	Festschrift für Günter Blau zum 70. Geburtstag (1985)
Festschrift Bockelmann	Festschrift für Paul Bockelmann zum 70. Geburtstag (1979)
Festschrift Böhm	Festschrift für Alexander Böhm zum 70. Geburtstag (1999)
Festschrift Böttcher	Festschrift für Reinhard Böttcher zum. 70 Geburtstag (2007)
Festschrift Boujong	Verantwortung und Gestaltung: Festschrift für Karlheinz Boujong zum 65. Geburtstag (1996)
Festschrift Brauneck	Ehrengabe für Anne-Eva Brauneck (1999)
Festschrift Bruns	Festschrift für Hans-Jürgen Bruns zum 70. Geburtstag (1978)
Festschrift Burgstaller	Festschrift für Manfred Burgstaller zum 65. Geburtstag (2004)
Festschrift v. Caemmerer	Festschrift für Ernst von Caemmerer zum 70. Geburtstag (1978)

Festschrift Celle I	Göttinger Festschrift für das Oberlandesgericht Celle: zum 250-jährigen Bestehen des Oberlandesgerichts Celle (1961)
Festschrift Celle II	Festschrift zum 275-jährigen Bestehen des Oberlandesgerichts Celle (1986)
Festschrift Dahs	Festschrift für Hans Dahs zum 70. Geburtstag (2005)
Festschrift Dencker	Festschrift für Friedrich Dencker zum 70. Geburtstag (2012)
Festschrift Diestelkamp	Geschichte der Zentraljustiz in Mitteleuropa: Festschrift für Bernhard Diestelkamp zum 65. Geburtstag (1994)
Festschrift DJT	Hundert Jahre deutsches Rechtsleben: Festschrift zum hundertjährigen Bestehen des Deutschen Juristentages 1860–1960, 2 Bde. (1960)
Festschrift Dreher	Festschrift für Eduard Dreher zum 70. Geburtstag (1977)
Festschrift Dünnebier	Festschrift für Hans Dünnebier zum 75. Geburtstag (1982, Nachdruck 2014)
Festschrift Eisenberg (2009)	Festschrift für Ulrich Eisenberg zum 70. Geburtstag (2009)
Festschrift Eisenberg (2019)	Festschrift für Ulrich Eisenberg zum 80. Geburtstag (2019)
Festschrift Engisch	Festschrift für Karl Engisch zum 70. Geburtstag (1969)
Festschrift Ermacora	Fortschritt im Bewußtsein der Grund- und Menschenrechte: Festschrift für Felix Ermacora zum 65. Geburtstag (1988)
Festschrift Eser	Menschengerechtes Strafrecht: Festschrift für Albin Eser zum 70. Geburtstag (2005)
Festschrift Europa-Institut	Europäische Integration und Globalisierung: Festschrift zum 60-jährigen Bestehen des Europa-Instituts (2011)
Festschrift Fezer	Festschrift für Gerhard Fezer zum 70. Geburtstag (2008)
Festschrift Fiedler	Verfassung – Völkerrecht – Kulturgüterschutz: Festschrift für Wilfried Fiedler zum 70. Geburtstag (2011)
Festschrift Fischer	Festschrift für Thomas Fischer (2018)
Festschrift Friebertshäuser	Festgabe für den Strafverteidiger Dr. Heino Friebertshäuser (1997)
Festschrift Frisch	Grundlagen und Dogmatik des gesamten Strafrechtssystems: Festschrift für Wolfgang Frisch zum 70. Geburtstag (2013)
Festschrift Fuchs	Festschrift für Helmut Fuchs zum 65. Geburtstag (2014)
Festschrift GA	140 Jahre Goltdammer's Archiv für Strafrecht: eine Würdigung zum 70. Geburtstag von Paul-Günter Pötz (1993)
Festschrift Gallas	Festschrift für Wilhelm Gallas zum 70. Geburtstag (1973)
Festschrift von Gamm	Festschrift für Otto-Friedrich Frhr. von Gamm (1990)
Festschrift Gauweiler	Recht und Politik: Festschrift für Peter Gauweiler zum 60. Geburtstag (2009)
Festschrift Geerds	Kriminalistik und Strafrecht: Festschrift für Friedrich Geerds zum 70. Geburtstag (1995)
Festschrift Geilen	Bochumer Beiträge zu aktuellen Strafrechtsthemen: Festschrift für Gerd Geilen zum 70. Geburtstag (2003)
Festschrift Geiß	Festschrift für Karlmann Geiß zum 65. Geburtstag (2000)
Festschrift Geppert	Festschrift für Klaus Geppert zum 70. Geburtstag (2011)
Festschrift Germann	Rechtsfindung – Beiträge zur juristischen Methodenlehre: Festschrift für Oscar Adolf Germann zum 80. Geburtstag (1969)
Festschrift Gleispach	Gegenwartsfragen der Strafrechtswissenschaft: Festschrift zum 60. Geburtstag von Graf W. Gleispach (1936, Nachdruck 1995)
Festschrift Gollwitzer	Weltpolitik, Europagedanke, Regionalismus: Festschrift für Heinz Gollwitzer zum 65. Geburtstag (1982)
Festschrift Göppinger	Kriminalität, Persönlichkeit, Lebensgeschichte und Verhalten: Festschrift für Hans Göppinger zum 70. Geburtstag (1990)
Festschrift Gössel	Festschrift für Karl Heinz Gössel zum 70. Geburtstag (2002)
Festschrift Grünwald	Festschrift für Gerald Grünwald zum 70. Geburtstag (1999)
Festschrift Grützner	Aktuelle Probleme des internationalen Strafrechts – Beiträge zur Gestaltung des internationalen und supranationalen Strafrechts: Heinrich Grützner zum 65. Geburtstag (1970)
Festschrift Hamm	Festschrift für Rainer Hamm zum 65. Geburtstag (2008)
Festschrift Hanack	Festschrift für Ernst-Walter Hanack zum 70. Geburtstag (1999)
Festschrift Hanauer	Festschrift für Rudolf Hanauer aus Anlass seines 70. Geburtstages (1978)
Festschrift Hassemer	Festschrift für Winfried Hassemer zum 70. Geburtstag (2010)
Festschrift Heidelberg	Richterliche Rechtsfortbildung: Festschrift der Juristischen Fakultät zur 600-Jahr-Feier der Universität Heidelberg (1986)

Festschrift Heinitz	Festschrift für Ernst Heinitz zum 70. Geburtstag (1972)
Festschrift Heintschel-Heinegg	Festschrift für Bernd von Heintschel-Heinegg zum 70. Geburtstag (2015)
Festschrift Heinz	Festschrift für Wolfgang Heinz zum 70. Geburtstag (2012)
Festschrift Henkel	Grundfragen der gesamten Strafrechtswissenschaft: Festschrift für Heinrich Henkel zum 70. Geburtstag (1974)
Festschrift v. Hentig	Kriminologische Wegzeichen: Festschrift für Hans v. Hentig zum 80. Geburtstag (1967)
Festschrift Herzberg	Strafrecht zwischen System und Telos: Festschrift für Rolf Dietrich Herzberg zum 70. Geburtstag (2008)
Festschrift Herzog	Staatsrecht und Politik: Festschrift für Roman Herzog zum 75. Geburtstag (2009)
Festschrift Heusinger	Ehrengabe für Bruno Heusinger (1968)
Festschrift Hilger	Datenübermittlungen und Vorermittlungen: Festgabe für Hans Hilger (2003)
Festschrift Hirsch	Festschrift für Hans Joachim Hirsch zum 70. Geburtstag (1999)
Festschrift Honig	Festschrift für Richard M. Honig zum 80. Geburtstag (1970)
Festschrift Hruschka	Jahrbuch für Recht und Ethik: Festschrift für Joachim Hruschka zum 70. Geburtstag (2006)
Festschrift Hubmann	Beiträge zum Schutz der Persönlichkeit und ihrer schöpferischen Leistung: Festschrift für Heinrich Hubmann zum 70. Geburtstag (1985)
Festschrift Hübner	Festschrift für Heinz Hübner zum 70. Geburtstag (1984)
Festschrift Jakobs	Festschrift für Günther Jakobs zum 70. Geburtstag (2007)
Festschrift Jauch	Wie würden Sie entscheiden? Festschrift für Gerd Jauch zum 65. Geburtstag (1990)
Festschrift Jescheck	Festschrift für Hans-Heinrich Jescheck zum 70. Geburtstag, 2 Bde. (1985)
Festschrift Jung	Festschrift für Heike Jung zum 65. Geburtstag (2007)
Festschrift JurGes. Berlin	Festschrift zum 125-jährigen Bestehen der Juristischen Gesellschaft zu Berlin (1984)
Festschrift Kaiser	Internationale Perspektiven in Kriminologie und Strafrecht: Festschrift für Günther Kaiser zum 70. Geburtstag, 2 Bde. (1998)
Festschrift Kargl	Festschrift für Walter Kargl zum 70. Geburtstag (2015)
Festschrift Arthur Kaufmann (1989)	Jenseits des Funktionalismus: Arthur Kaufmann zum 65. Geburtstag (1989)
Festschrift Arthur Kaufmann (1993)	Strafgerechtigkeit: Festschrift für Arthur Kaufmann zum 70. Geburtstag (1993)
Festschrift Kern	Tübinger Festschrift für Eduard Kern (1968)
Festschrift Kerner	Kriminologie – Kriminalpolitik – Strafrecht: Festschrift für Hans-Jürgen Kerner zum 70. Geburtstag (2013)
Festschrift Kirchberg	Festschrift für Christian Kirchberg zum 70. Geburtstag (2017)
Festschrift Kleinknecht	Strafverfahren im Rechtsstaat: Festschrift für Theodor Kleinknecht zum 75. Geburtstag (1985)
Festschrift Klug	Festschrift für Ulrich Klug zum 70. Geburtstag, 2 Bde. (1983)
Festschrift Koch	Strafverteidigung und Strafprozeß: Festgabe für Ludwig Koch (1989)
Festschrift Kohlmann	Festschrift für Günter Kohlmann zum 70. Geburtstag (2003)
Festschrift Kohlrausch	Probleme der Strafrechtserneuerung: Eduard Kohlrausch zum 70. Geburtstage dargebracht (1944, Nachdruck 1978)
Festschrift Köln	Festschrift der Rechtswissenschaftlichen Fakultät zur 600-Jahr-Feier der Universität zu Köln (1988)
Festschrift Krause	Recht und Kriminalität: Festschrift für Friedrich-Wilhelm Krause zum 70. Geburtstag (1990)
Festschrift Krey	Festschrift für Volker Krey zum 70. Geburtstag (2010)
Festschrift Küper	Festschrift für Wilfried Küper zum 70. Geburtstag (2007)
Festschrift Kühne	Festschrift für Hans-Heiner Kühne zum 70. Geburtstag (2013)
Festschrift Lackner	Festschrift für Karl Lackner zum 70. Geburtstag (1987)
Festschrift Lampe	Jus humanum – Grundlagen des Rechts und Strafrecht: Festschrift für Ernst-Joachim Lampe zum 70. Geburtstag (2003)
Festschrift Lange	Festschrift für Richard Lange zum 70. Geburtstag (1976, Nachdruck 2017)
Festschrift Laufs	Humaniora, Medizin – Recht – Geschichte: Festschrift für Adolf Laufs zum 70. Geburtstag (2006)
Festschrift Leferenz	Kriminologie – Psychiatrie – Strafrecht: Festschrift für Heinz Leferenz zum 70. Geburtstag (1983)
Festschrift Lenckner	Festschrift für Theodor Lenckner zum 70. Geburtstag (1998)

Festschrift Lüderssen	Festschrift für Klaus Lüderssen zum 70. Geburtstag (2002)
Festschrift Maihofer	Rechtsstaat und Menschenwürde: Festschrift für Werner Maihofer zum 70. Geburtstag (1988)
Festschrift Maiwald	Festschrift für Manfred Maiwald zum 75. Geburtstag (2010)
Festschrift Mangakis	Strafrecht – Freiheit – Rechtsstaat: Festschrift für Georgios Mangakis (1999)
Festschrift Maurach	Festschrift für Reinhart Maurach zum 70. Geburtstag (1972)
Festschrift H. Mayer	Beiträge zur gesamten Strafrechtswissenschaft: Festschrift für Hellmuth Mayer zum 70. Geburtstag (1966)
Festschrift Mehle	Festschrift für Volkmar Mehle zum 65. Geburtstag (2009)
Festschrift Merkel	Festschrift für Reinhard Merkel zum 70. Geburtstag (2020)
Festschrift Meyer-Goßner	Festschrift für Lutz Meyer-Goßner zum 65. Geburtstag (2001)
Festschrift Mezger	Festschrift für Edmund Mezger zum 70. Geburtstag (1954)
Festschrift Middendorff	Festschrift für Wolf Middendorff zum 70. Geburtstag (1986)
Festschrift Miyazawa	Festschrift für Koichi Miyazawa: dem Wegbereiter des japanisch-deutschen Strafrechtsdiskurses (1995)
Festschrift E. Müller (2003)	Opuscula Honoraria: Egon Müller zum 65. Geburtstag (2003)
Festschrift E. Müller (2008)	Festschrift für Egon Müller zum 70. Geburtstag (2008)
Festschrift Müller-Dietz (1998)	Das Recht und die schönen Künste: Heinz Müller-Dietz zum 65. Geburtstag (1998)
Festschrift Müller-Dietz (2001)	Grundlagen staatlichen Strafens: Festschrift für Heinz-Müller-Dietz zum 70. Geburtstag (2001)
Festschrift Nehm	Strafrecht und Justizgewährung: Festschrift für Kay Nehm zum 65. Geburtstag (2006)
Festschrift Neumann	Rechtsstaatliches Strafrecht: Festschrift für Ulfrid Neumann zum 70. Geburtstag (2017)
Festschrift Nishihara	Festschrift für Haruo Nishihara zum 70. Geburtstag (1998)
Festschrift Nobbe	Entwicklungslinien im Bank- und Kapitalmarktrecht: Festschrift für Gerd Nobbe zum 65. Geburtstag (2009)
Festschrift Odersky	Festschrift für Walter Odersky zum 65. Geburtstag (1996, Nachdruck 2018)
Festschrift Oehler	Festschrift für Dietrich Oehler zum 70. Geburtstag (1985)
Festschrift Otto	Festschrift für Harro Otto zum 70. Geburtstag (2007)
Festschrift Paarhammer	In mandatis meditari: Festschrift für Hans Paarhammer zum 65. Geburtstag (2012)
Festschrift Paeffgen	Strafe und Prozess im freiheitlichen Rechtsstaat: Festschrift für Hans-Ullrich Paeffgen zum 70. Geburtstag (2015)
Festschrift Pallin	Strafrecht, Strafprozeßrecht und Kriminologie: Festschrift für Franz Pallin zum 80. Geburtstag (1989)
Festschrift Partsch	Des Menschen Recht zwischen Freiheit und Verantwortung: Festschrift für Karl Josef Partsch zum 75. Geburtstag (1989)
Festschrift Peters	Einheit und Vielfalt des Strafrechts: Festschrift für Karl Peters zum 70. Geburtstag (1974)
Festschrift Ch. Pfeiffer	Kriminologie ist Gesellschaftswissenschaft: Festschrift für Christian Pfeiffer zum 70. Geburtstag (2014)
Festschrift Pfeiffer	Strafrecht, Unternehmensrecht, Anwaltsrecht: Festschrift für Gerd Pfeiffer zum Abschied aus dem Amt als Präsident des Bundesgerichtshofes (1988)
Festschrift Pfenniger	Strafprozeß und Rechtsstaat: Festschrift zum 70. Geburtstag von H. F. Pfenniger (1976)
Festschrift Platzgummer	Festschrift für Winfried Platzgummer zum 65. Geburtstag (1995)
Festschrift Pötz	s. Festschrift GA
Festschrift Puppe	Strafrechtswissenschaft als Analyse und Konstruktion: Festschrift für Ingeborg Puppe zum 70. Geburtstag (2011)
Festschrift Rasch	Die Sprache des Verbrechens – Wege zu einer klinischen Kriminologie: Festschrift für Wilfried Rasch (1993)
Festschrift Rebmann	Festschrift für Kurt Rebmann zum 65. Geburtstag (1989)
Festschrift Reichsgericht	Die Reichsgerichtspraxis im deutschen Rechtsleben: Festgabe der juristischen Fakultäten zum 50-jährigen Bestehen des Reichsgerichts, Bd. 5: Strafrecht und Strafprozeß (1929)
Festschrift Reichsjustizamt	Vom Reichsjustizamt zum Bundesministerium der Justiz: Festschrift zum 100-jährigen Gründungstag des Reichsjustizamtes am 1.1.1877 (1977)
Festschrift Rengier	Festschrift für Rudolf Rengier zum 70. Geburtstag (2018)
Festschrift Richterakademie	Justiz und Recht: Festschrift aus Anlaß des 10-jährigen Bestehens der Deutschen Richterakademie in Trier (1983)

Festschrift Rieß	Festschrift für Peter Rieß zum 70. Geburtstag (2002)
Festschrift Richter	Verstehen und Widerstehen: Festschrift für Christian Richter II zum 65. Geburtstag (2006)
Festschrift Rissing-van Saan	Festschrift für Ruth Rissing-van Saan zum 65. Geburtstag (2011)
Festschrift Rittler	Festschrift für Theodor Rittler zu seinem 80. Geburtstag (1957)
Festschrift Rogall	Systematik in Strafrechtswissenschaft und Gesetzgebung: Festschrift für Klaus Rogall zum 70. Geburtstag am 10. August 2018 – Reihe Schriften zum Strafrecht (2018)
Festschrift Rolinski	Festschrift für Klaus Rolinski zum 70. Geburtstag (2002)
Festschrift Rosenfeld	Festschrift für Ernst Heinrich Rosenfeld zu seinem 80. Geburtstag (1949)
Festschrift Rössner	Über allem: Menschlichkeit: Festschrift für Dieter Rössner zum 70. Geburtstag (2015)
Festschrift Roxin (2001)	Festschrift für Claus Roxin zum 70. Geburtstag (2001)
Festschrift Roxin (2011)	Strafrecht als Scientia Universalis: Festschrift für Claus Roxin zum 80. Geburtstag (2011)
Festschrift Imme Roxin	Festschrift für Imme Roxin zum 75. Geburtstag (2012)
Festschrift Rudolphi	Festschrift für Hans-Joachim Rudolphi zum 70. Geburtstag (2004)
Festschrift Salger	Straf- und Strafverfahrensrecht, Recht und Verkehr, Recht und Medizin: Festschrift für Hannskarl Salger zum Abschied aus dem Amt als Vizepräsident des Bundesgerichtshofes (1995)
Festschrift Samson	Recht – Wirtschaft – Strafe: Festschrift für Erich Samson zum 70. Geburtstag (2010)
Festschrift Sarstedt	Festschrift für Werner Sarstedt zum 70. Geburtstag (1981, Nachdruck 2014)
Festschrift Sauer	Festschrift für Wilhelm Sauer zu seinem 70. Geburtstag (1949)
Festschrift G. Schäfer	NJW-Sonderheft für Gerhard Schäfer zum 65. Geburtstag (2002)
Festschrift K. Schäfer	Festschrift für Karl Schäfer zum 80. Geburtstag (1980, Nachdruck 2019)
Festschrift Schaffstein	Festschrift für Friedrich Schaffstein zum 70. Geburtstag (1975)
Festschrift Schewe	Medizinrecht – Psychopathologie – Rechtsmedizin: diesseits und jenseits der Grenzen von Recht und Medizin: Festschrift für Günter Schewe zum 60. Geburtstag (1991)
Festschrift W. Schiller	Festschrift für Wolf Schiller zum 65. Geburtstag (2014)
Festschrift Schleswig-Holstein	Strafverfolgung und Strafverzicht: Festschrift zum 125-jährigen Bestehen der Staatsanwaltschaft Schleswig-Holstein (1992)
Festschrift Schlothauer	Festschrift für Reinhold Schlothauer zum 70. Geburtstag (2018)
Festschrift Schlüchter	Freiheit und Verantwortung in schwieriger Zeit: kritische Studien aus vorwiegend straf(prozeß-)rechtlicher Sicht zum 60. Geburtstag von Ellen Schlüchter (1998)
Festschrift N. Schmid	Wirtschaft und Strafrecht: Festschrift für Niklaus Schmid zum 65. Geburtstag (2001)
Festschrift R. Schmid	Recht, Justiz, Kritik: Festschrift für Richard Schmid zum 85. Geburtstag (1985)
Festschrift Eb. Schmidt	Festschrift für Eberhard Schmidt zum 70. Geburtstag (1961)
Festschrift Schmidt-Leichner	Festschrift für Erich Schmidt-Leichner zum 65. Geburtstag (1977)
Festschrift Schmitt	Festschrift für Rudolf Schmitt zum 70. Geburtstag (1992)
Festschrift Schneider	Kriminologie an der Schwelle zum 21. Jahrhundert: Festschrift für Hans Joachim Schneider zum 70. Geburtstag (1998, Nachdruck 2011)
Festschrift Schöch	Festschrift für Heinz Schöch zum 70. Geburtstag (2010)
Festschrift Schreiber	Strafrecht, Biorecht, Rechtsphilosophie: Festschrift für Hans-Ludwig Schreiber zum 70. Geburtstag (2003)
Festschrift Schroeder	Festschrift für Friedrich-Christian Schroeder zum 70. Geburtstag (2006)
Festschrift Schünemann	Streitbare Strafrechtswissenschaft: Festschrift für Bernd Schünemann zum 70. Geburtstag (2014)
Festschrift Schüler-Springorum	Festschrift für Horst Schüler-Springorum zum 65. Geburtstag (1993)
Festschrift Schwind	Kriminalpolitik und ihre wissenschaftlichen Grundlagen: Festschrift für Hans-Dieter Schwind zum 70. Geburtstag (2006)
Festschrift Schwinge	Persönlichkeit in der Demokratie: Festschrift für Erich Schwinge zum 70. Geburtstag (1973)
Festschrift Seebode	Festschrift für Manfred Seebode zum 70. Geburtstag (2008)
Festschrift Sendler	Bürger – Richter – Staat: Festschrift für Horst Sendler zum Abschied aus seinem Amt (1991)
Festschrift Spendel	Festschrift für Günter Spendel zum 70. Geburtstag (1992)
Festschrift Spinellis	Die Strafrechtswissenschaft im 21. Jahrhundert: Festschrift für Dionysios Spinellis, 2 Bde. (2001)

Festschrift Steinhilper	Kriminologie und Medizinrecht: Festschrift für Gernot Steinhilper zum 70. Geburtstag (2013)
Festschrift Stock	Studien zur Strafrechtswissenschaft: Festschrift für Ulrich Stock zum 70. Geburtstag (1966)
Festschrift Stöckel	Strafrechtspraxis und Reform: Festschrift für Heinz Stöckel zum 70. Geburtstag (2010)
Festschrift Stree/Wessels	Beiträge zur Rechtswissenschaft: Festschrift für Walter Stree und Johannes Wessels zum 70. Geburtstag (1993)
Festschrift Stutte	Jugendpsychiatrie und Recht: Festschrift für Hermann Stutte zum 70. Geburtstag (1979)
Festschrift Tiedemann	Strafrecht und Wirtschaftsstrafrecht: Dogmatik, Rechtsvergleich, Rechtstatsachen; Festschrift für Klaus Tiedemann zum 70. Geburtstag (2008)
Festschrift Trechsel	Strafrecht, Strafprozessrecht und Menschenrechte: Festschrift für Stefan Trechsel zum 65. Geburtstag (2002)
Festschrift Triffterer	Festschrift für Otto Triffterer zum 65. Geburtstag (1996)
Festschrift Tröndle	Festschrift für Herbert Tröndle zum 70. Geburtstag (1989, Nachdruck 2020)
Festschrift Tübingen	Tradition und Fortschritt im Recht: Festschrift gewidmet der Tübinger Juristenfakultät zu ihrem 500-jährigen Bestehen 1977 von ihren gegenwärtigen Mitgliedern (1977)
Festschrift Venzlaff	Forensische Psychiatrie – Entwicklungen und Perspektiven: Festschrift für Ulrich Venzlaff zum 85. Geburtstag (2006)
Festschrift Volk	In dubio pro libertate: Festschrift für Klaus Volk zum 65. Geburtstag (2009)
Festschrift Vormbaum	Strafrecht und Juristische Zeitgeschichte: Symposium anlässlich des 70. Geburtstages von Thomas Vormbaum (2014)
Festschrift Waseda	Recht in Ost und West: Festschrift zum 30-jährigen Jubiläum des Instituts für Rechtsvergleichung der Waseda-Universität (1988)
Festschrift Wassermann	Festschrift für Rudolf Wassermann zum 60. Geburtstag (1985)
Festschrift v. Weber	Festschrift für Hellmuth von Weber zum 70. Geburtstag (1963)
Festschrift Weber	Festschrift für Ulrich Weber zum 70. Geburtstag (2004)
Festschrift Welzel	Festschrift für Hans Welzel zum 70. Geburtstag (1974)
Festschrift Widmaier	Strafverteidigung, Revision und die gesamten Strafrechtswissenschaften: Festschrift für Gunter Widmaier zum 70. Geburtstag (2008)
Festschrift Wolf	Mensch und Recht: Festschrift für Erik Wolf zum 70. Geburtstag (1972)
Festschrift Wolff	Festschrift für E. A. Wolff zum 70. Geburtstag (1998)
Festschrift Wolter	Festschrift für Jürgen Wolter zum 70. Geburtstag (2013)
Festschrift Würtenberger	Kultur, Kriminalität, Strafrecht: Festschrift für Thomas Würtenberger zum 70. Geburtstag (1977)
Festschrift Würtenberger II	Verfassungsstaatlichkeit im Wandel: Festschrift für Thomas Würtenberger zum 70. Geburtstag (2013)
Festschrift Würzburger Juristenfakultät	Raum und Recht: Festschrift 600 Jahre Würzburger Juristenfakultät (2002)
Festschrift Yamanaka	Rechtsstaatliches Strafen. Festschrift für Keiichi Yamanaka zum 70. Geburtstag (2017)
Festschrift Zeidler	Festschrift für Wolfgang Zeidler (1987)
Festschrift Zoll	Rechtsstaat und Strafrecht: Festschrift für Andrzej Zoll zum 70. Geburtstag (2012)
Festschrift Zweibrücken	175 Jahre Pfälzisches Oberlandesgericht: 1815 Appellationshof, Oberlandesgericht 1990 (1990)
Fischer	Strafgesetzbuch mit Nebengesetzen, Kurzkommentar, 69. Aufl. (2022)
Forster/Joachim	Alkohol und Schuldfähigkeit (1997)
Frank	Das Strafgesetzbuch für das Deutsche Reich nebst dem Einführungsgesetz, 18. Aufl. (1931)
Freiburg-Symposium	s. Tiedemann
Freund/Rostalski AT	Strafrecht, Allgemeiner Teil, 3. Aufl. (2019) (vormals Freund)
Frisch, Vorsatz und Risiko	Vorsatz und Risiko: Grundfragen des tatbestandsmäßigen Verhaltens und des Vorsatzes (1983)
Frisch, Tatbestandsmäßiges Verhalten	Tatbestandsmäßiges Verhalten und Zurechnung des Erfolgs (1988)
Frister	Strafrecht, Allgemeiner Teil, 9. Aufl. (2020)
Gallas, Beiträge	Beiträge zur Verbrechenslehre (1968)
Gedächtnisschrift Delitala	Gedächtnisschrift für (Studi in memoria di) Giacomo Delitala, 3 Bde. (1984)

Gedächtnisschrift Joecks	Strafrecht – Wirtschaftsstrafrecht – Steuerrecht: Gedächtnisschrift für Wolfgang Joecks (2018)
Gedächtnisschrift Armin Kaufmann	Gedächtnisschrift für Armin Kaufmann (1989)
Gedächtnisschrift H. Kaufmann	Gedächtnisschrift für Hilde Kaufmann (1986)
Gedächtnisschrift Keller	Gedächtnisschrift für Rolf Keller (2003)
Gedächtnisschrift Meurer	Gedächtnisschrift für Dieter Meurer (2002, Nachdruch 2014)
Gedächtnisschrift K. Meyer	Gedächtnisschrift für Karlheinz Meyer (1990, Nachdruck 2019)
Gedächtnisschrift Noll	Gedächtnisschrift für Peter Noll (1984)
Gedächtnisschrift H. Peters	Gedächtnisschrift für Hans Peters (1967)
Gedächtnisschrift Radbruch	Gedächtnisschrift für Gustav Radbruch (1968)
Gedächtnisschrift Schlüchter	Gedächtnisschrift für Ellen Schlüchter (2002)
Gedächtnisschrift Schröder	Gedächtnisschrift für Horst Schröder (1978)
Gedächtnisschrift Seebode	Im Zweifel für die Freiheit: Gedächtnisschrift für Manfred Seebode (2015)
Gedächtnisschrift Tjong	Gedächtnisschrift für Zong Uk Tjong (1985)
Gedächtnisschrift Vogler	Gedächtnisschrift für Theo Vogler (2004)
Gedächtnisschrift E. Weßlau	Gedächtnisschrift für Edda Weßlau (2016)
Gedächtnisschrift Zipf	Gedächtnisschrift für Heinz Zipf (1999)
Gimbernat et al.	Internationale Dogmatik der objektiven Zurechnung und der Unterlassungsdelikte: Spanisch-Deutsches Symposium zu Ehren von Claus Roxin, hrsg. v. Gimbernat et al. (1995)
Gössel I, II	Strafrecht, Besonderer Teil, Bd. 1: Delikte gegen immaterielle Rechtsgüter des Individuums, 2. Aufl. (1999); Bd. 2: Straftaten gegen materielle Rechtsgüter des Individuums (1996)
Gössel/Dölling	Strafrecht, Besonderer Teil, Bd. 1: Straftaten gegen Persönlichkeits- und Gemeinschaftswerte, 2. Aufl. (2004)
Gropp/Sinn AT	Strafrecht, Allgemeiner Teil, 5. Aufl. (2020) (vormals Gropp)
Gropp Sonderbeteiligungen	Deliktstypen mit Sonderbeteiligung (1992)
Grützner/Jakob	Compliance von A-Z, 2. Aufl. (2015)
Grundfragen	Grundfragen des modernen Strafrechtssystems, hrsg. v. Schünemann (1984)
Haft AT, BT II	Strafrecht, Allgemeiner Teil, 9. Aufl. (2004); Besonderer Teil II, 8. Aufl. (2005)
Hanack-Symposium	s. Ebert
Hefendehl	Empirische Erkenntnisse, dogmatische Fundamente und kriminalpolitischer Impetus: Symposium für Bernd Schünemann zum 60. Geburtstag, hrsg. v. Hefendehl (2005)
Hefendehl Kollektive Rechtsgüter	Kollektive Rechtsgüter im Strafrecht (2002)
Heghmanns BT	Strafrecht Besonderer Teil, Strafrecht für alle Semester, 2. Aufl. (2021)
Heinrich	Strafrecht, Allgemeiner Teil, 7. Aufl. (2022)
vHH	Strafgesetzbuch, Kommentar, hrsg. v. von Heintschel-Heinegg, 4. Aufl. (2021)
v. Heintschel-Heinegg	s. vHH
Hilgendorf/Kudlich/Valerius BT I, II	Handbuch des Strafrechts, Bd. 4: Strafrecht Besonderer Teil I (2019); Bd. 5: Strafrecht, Besonderer Teil II (2020)
Hilgendorf/Valerius	Strafrecht, Besonderer Teil II, 2. Aufl. (2021) (vormals Haft/Hilgendorf)
v. Hippel I, II	Deutsches Strafrecht, Bd. 1 (1925); Bd. 2 (1930)
HK-GS	Dölling/Duttge/König/Rössner, Gesamtes Strafrecht, Handkommentar, 5. Aufl. (2022)
Hoffmann-Holland	Strafrecht, Besonderer Teil (2015)
Hohmann/Sander	Strafrecht, Besonderer Teil, 4. Aufl. (2021)
Hruschka	Strafrecht nach logisch-analytischer Methode, 2. Aufl. (1988, Nachdruck 2011)
Jäger BT	Examens-Repetitorium Strafrecht Besonderer Teil, 9. Aufl. (2021)
Jakobs AT	Strafrecht, Allgemeiner Teil, 2. Aufl. (1993, Nachdruck 2011)
Jescheck, Beiträge I, II	Strafrecht im Dienste der Gemeinschaft: ausgewählte Beiträge zur Strafrechtsreform, zur Strafrechtsvergleichung, zum internationalen Strafrecht, 1953–1979 (1980) (I); Beiträge zum Strafrecht, 1980–1998 (1998) (II), jew. hrsg. v. Vogler
Jescheck/Weigend	Lehrbuch des Strafrechts, Allgemeiner Teil, 5. Aufl. (1996)
Joecks/Jäger	Strafgesetzbuch, Studienkommentar, 13. Aufl. (2021) (vormals Joecks)

Kienapfel/Höpfel/Kert	Strafrecht, Allgemeiner Teil, 16. Aufl. (2020) (vormals Kienapfel)
Kienapfel, Urkunden	Urkunden und andere Gewährschaftsträger im Strafrecht (1967)
Kindhäuser/Zimmerman	Strafrecht, Allgemeiner Teil, 10. Aufl. (2021)
Kindhäuser/Schramm	Strafrecht, Besonderer Teil I: Straftaten gegen Persönlichkeitsrechte, Staat und Gesellschaft, 10. Aufl. (2021)
Kindhäuser/Böse	Strafrecht, Besonderer Teil II: Straftaten gegen Vermögensrechte, 12. Aufl. (2022)
Kindhäuser/Hilgendorf	Strafgesetzbuch, Lehr- und Praxiskommentar, 9. Aufl. (2022)
Kindhäuser, Gefährdung	Gefährdung als Straftat (1989)
Kindhäuser/Neumann/Paeffgen	s. NK
Klesczewski AT, BT I/II/III	Strafrecht, Allgemeiner Teil, 3. Aufl. (2017); Besonderer Teil I: Straftaten gegen die Person (2010); Besonderer Teil II: Vermögensdelikte (2011); Besonderer Teil III: Straftaten gegen Kollektivrechtsgüter (2012)
Klesczewski BT	Strafrecht Besonderer Teil – Lehrbuch zum Strafrecht der Bundesrepublik Deutschland (2016)
Köhler AT	Deutsches Strafrecht, Allgemeiner Teil (1997)
Kohlrausch/Lange	Strafgesetzbuch mit Erläuterungen und Nebengesetzen, 43. Aufl. (1961, Nachdruck 2019)
Krey/Esser	Deutsches Strafrecht, Allgemeiner Teil, 7. Aufl. (2022)
Krey/Hellmann/Heinrich BT 1, 2	Strafrecht, Besonderer Teil, Bd. 1: Besonderer Teil ohne Vermögensdelikte, 17. Aufl. (2021); Bd. 2: Vermögensdelikte, 18. Aufl. (2021)
Kühl AT	Strafrecht, Allgemeiner Teil, 8. Aufl. (2017)
Küper/Zopfs BT	Strafrecht, Besonderer Teil, 11. Aufl. (2022)
Küpper/Börner	Strafrecht, Besonderer Teil, Bd. 1: Delikte gegen Rechtsgüter der Person und Gemeinschaft, 4. Aufl. (2017) (vormals Küpper)
Lackner/Kühl/Heger	Strafgesetzbuch, Kommentar, 30. Aufl. (2023)
Leipold/Tsambikakis/Zöller	s. AnwK
Leitner/Rosenau	s. NK-WSS
v. Liszt, Aufsätze	Strafrechtliche Aufsätze und Vorträge, 2 Bde. (1925)
v. Liszt/Schmidt AT, BT	Lehrbuch des deutschen Strafrechts, Allgemeiner Teil, 26. Aufl. (1932); Besonderer Teil, 25. Aufl. (1925)
LK	Strafgesetzbuch, Leipziger Kommentar, 12. Aufl. hrsg. v. Laufhütte/Rissing-van Saan/Tiedemann (2006 ff.); 13. Aufl. hrsg. v. Cirener/Radtke/Rissing-van Saan/Rönnau/Schluckebier (2018 ff.)
Lutz	Strafrecht AT, 16. Aufl. (2021)
Madrid-Symposium	s. Schünemann/Suárez
Manoledakis/Prittwitz	Strafrechtsprobleme an der Jahrtausendwende: Deutsch-Griechisches Symposium in Rostock 1999, hrsg. v. Manoledakis/Prittwitz (2000)
Matheus	Strafrecht BT 2, Nichtvermögensdelikte, 13. Aufl. (2021)
Matt/Renzikowski	Strafgesetzbuch, Kommentar, 2. Aufl. (2020)
Maurach AT, BT	Strafrecht, Allgemeiner Teil, 4. Aufl. (1971); Besonderer Teil, 5. Aufl. (1969) mit Nachträgen von 1970/71
Maurach/Zipf/Jäger	Strafrecht, Allgemeiner Teil, Teilbd. 1: Grundlehren des Strafrechts und Aufbau der Straftat, 9. Aufl. (2022)
Maurach/Gössel/Zipf	Strafrecht, Allgemeiner Teil, Teilbd. 2: Erscheinungsformen des Verbrechens und Rechtsfolgen der Tat, 8. Aufl. (2014)
Maurach/Schroeder/Maiwald	Strafrecht, Besonderer Teil, Teilbd. 2: Straftaten gegen Gemeinschaftswerte, 10. Aufl. (2012)
Maurach/Schroeder/Maiwald/Hoyer/Momsen	Strafrecht, Besonderer Teil, Teilbd. 1: Straftaten gegen Persönlichkeits- und Vermögenswerte, 11. Aufl. (2019)
H. Mayer AT	Strafrecht, Allgemeiner Teil (1953)
H. Mayer, Strafrecht	Das Strafrecht des deutschen Volkes (1936)
H. Mayer, Studienbuch	Strafrecht, Allgemeiner Teil, Studienbuch (1967)
Mezger, Strafrecht	Strafrecht, Lehrbuch, 3. Aufl. (1949) (ergänzt durch: Moderne Wege der Strafrechtsdogmatik [1950])

Mitsch BT	Strafrecht, Besonderer Teil 2: Vermögensdelikte, 3. Aufl. (2015)
MK	Münchener Kommentar zum Strafgesetzbuch, hrsg. von Joecks/Miebach, 3. Aufl. (2017), 4. Aufl. (2020 ff.)
MK-StPO	Münchener Kommentar zur Strafprozessordnung, hrsg. v. Knauer/Kudlich/Schneider, 1. Aufl. (2014 ff.); 2. Aufl. (2023 ff.)
Naucke	Strafrecht, Eine Einführung, 10. Aufl. (2002)
Niederschriften I–XIV	Niederschriften über die Sitzungen der Großen Strafrechtskommission, 14 Bde. (1956–1960)
Niethammer	Lehrbuch des Besonderen Teils des Strafrechts (1950)
Niggli/Queloz	Strafjustiz und Rechtsstaat: Symposium zum 60. Geburtstag von Franz Riklin und José Hurtado Pozo, hrsg. v. Niggli/Queloz (2003)
NK	Nomos-Kommentar zum Strafgesetzbuch, hrsg. von Kindhäuser/Neumann/Paeffgen, 5. Aufl. (2017)
NK-WSS	Nomos-Kommentar zum Wirtschafts- und Steuerstrafrecht, hrsg. v. Leitner/Rosenau, 2. Aufl. (2022)
Oehler	Internationales Strafrecht, 2. Aufl. (1983)
v. Olshausen	Kommentar zum Strafgesetzbuch für das Deutsche Reich, 12. Aufl. (§§ 1–246), bearb. v. Freiesleben u.a. (1942 ff.); sonst 11. Aufl. bearb. v. Lorenz u.a. (1927)
Otto AT, BT	Grundkurs Strafrecht: Allgemeine Strafrechtslehre/Die einzelnen Delikte, jew. 7. Aufl. (2005)
Pfeiffer/Maul/Schulte	Strafgesetzbuch, Kommentar an Hand der Rechtsprechung des Bundesgerichtshofes (1969)
Preisendanz	Strafgesetzbuch, Lehrkommentar, 30. Aufl. (1978)
Puppe	Strafrecht, Allgemeiner Teil, im Spiegel der Rechtsprechung, 5. Aufl. (2023)
Rengier AT, BT 1, 2	Strafrecht, Allgemeiner Teil, 14. Aufl. (2022); Besonderer Teil, Bd. 1: Vermögensdelikte, 24. Aufl. (2022); Bd. 2: Delikte gegen die Person und die Allgemeinheit, 23. Aufl. (2022)
Riklin-Hurtado-Symposium	s. Niggli/Queloz
Rostock-Symposium	s. Manoledakis/Prittwitz
Roxin/Greco AT I	Strafrecht, Allgemeiner Teil, Bd. 1: Grundlagen – Der Aufbau der Verbrechenslehre, 5. Aufl. (2020) (vormals Roxin)
Roxin AT II	Strafrecht, Allgemeiner Teil, Bd. 2: Besondere Erscheinungsformen der Straftat (2003)
Roxin TuT	Täterschaft und Tatherrschaft, 11. Aufl. (2022)
Roxin/Arzt/Tiedemann	Einführung in das Strafrecht und Strafprozessrecht, 6. Aufl. (2014)
Roxin-Symposium	s. Gimbernat
Sack	Umweltschutz-Strafrecht, Erläuterung der Straf- und Bußgeldvorschriften, Loseblattausgabe, 47. Aktualisierung (April 2022)
Safferling	Internationales Strafrecht (2011)
Satzger/Schluckebier/Widmaier	s. SSW
Sauer AT, BT	Allgemeine Strafrechtslehre, 3. Aufl. (1955); System des Strafrechts, Besonderer Teil (1954)
Schäfer/v. Dohnanyi	Die Strafgesetzgebung der Jahre 1931 bis 1935 (1936) (Nachtrag zur 18. Aufl. v. Frank: das Strafgesetzbuch für das Deutsche Reich [1931])
Schmidt AT, BT I, BT II	Strafrecht, Allgemeiner Teil, Besonderer Teil I und II, jew. 22. Aufl. (2021)
Schmidt-Salzer	Produkthaftung, Bd. 1: Strafrecht, 2. Aufl. (1988)
Schmidhäuser	Einführung in das Strafrecht, 2. Aufl. (1984)
Schmidhäuser AT, BT, StuB	Strafrecht, Allgemeiner Teil, 2. Aufl. (1975); Besonderer Teil, 2. Aufl. (1983); Studienbuch: Allgemeiner Teil, 2. Aufl. (1984)
Schöch	Wiedergutmachung und Strafrecht: Symposium aus Anlaß des 80. Geburtstages von Friedrich Schaffstein, hrsg. v. Schöch (1987)
Schönke/Schröder	Strafgesetzbuch, Kommentar, 30. Aufl. (2019)
Schramm	Internationales Strafrecht, 2. Aufl. (2018)

Schramm II	Strafrecht, Besonderer Teil II, 2. Aufl. (2020)
Schroth BT	Strafrecht, Besonderer Teil, 5. Aufl. (2010)
Schünemann	Leipziger Praxiskommentar Untreue – § 266 StGB (2017)
Schünemann/de Figueiredo Dias	Bausteine des Europäischen Strafrechts: Coimbra-Symposium für Claus Roxin, hrsg. v. Schünemann/de Figueiredo Dias (1995)
Schünemann/Suárez	Bausteine des europäischen Wirtschaftsstrafrechts: Madrid-Symposium für Klaus Tiedemann, hrsg. v. Schünemann/Suárez (1994)
Sieber	Verantwortlichkeit im Internet (1999)
Sieber/Cornils	Nationales Strafrecht in rechtsvergleichender Darstellung, hrsg. v. Sieber/Cornils (2008 ff.)
SK	Systematischer Kommentar zum Strafgesetzbuch, 10. Aufl. (2023 f.)
sLSK	Systematischer Leitsatzkommentar zum Sanktionenrecht, hrsg. v. Horn, Loseblattausgabe (1983 ff.)
Sonnen	Strafrecht, Besonderer Teil (2005)
SSW	Strafgesetzbuch, Kommentar, hrsg. v. Satzger/Schluckebier/Widmaier, 5. Aufl. (2020)
Stratenwerth/Kuhlen AT	Strafrecht, Allgemeiner Teil – Die Straftat, 6. Aufl. (2011)
Tendenzen der Kriminalpolitik	Neuere Tendenzen der Kriminalpolitik, Beiträge zu einem deutsch-skandinavischen Strafrechtskolloquium, hrsg. v. Cornils/Eser (1987)
Tiedemann	Wirtschaftsstrafrecht in der Europäischen Union, Rechtsdogmatik – Rechtsvergleich – Rechtspolitik (Freiburg-Symposium), hrsg. v. Tiedemann (2002)
Tiedemann, Anfängerübung	Die Anfängerübung im Strafrecht, 4. Aufl. (1999)
Tiedemann, Tatbestands-funktionen	Tatbestandsfunktionen im Nebenstrafrecht (1969)
Tiedemann-Symposium	s. Schünemann/Suárez
Walter	Der Kern des Strafrechts (2006)
v. Weber	Grundriß des deutschen Strafrechts, 2. Aufl. (1948)
Welzel, Strafrecht	Das Deutsche Strafrecht, 11. Aufl. (1969)
Welzel, Strafrechtssystem	Das neue Bild des Strafrechtssystems, 4. Aufl. (1961)
Wessels/Beulke/Satzger	Strafrecht, Allgemeiner Teil, 52. Aufl. (2022)
Wessels/Hettinger/Engländer	Strafrecht, Besonderer Teil 1: Straftaten gegen Persönlichkeits- und Gemeinschaftswerte, 46. Aufl. (2022)
Wessels/Hillenkamp/Schuhr	Strafrecht, Besonderer Teil 2: Straftaten gegen Vermögenswerte, 45. Aufl. (2022)
WK	Wiener Kommentar zum Strafgesetzbuch – StGB, hrsg. v. Höpfel/Ratz, Loseblattausgabe, 2. Aufl. (2022)
Wohlers Deliktstypen	Deliktstypen des Präventionsstrafrechts – zur Dogmatik „moderner" Gefährdungsdelikte (2000)
Wolters	Das Unternehmensdelikt (2001)
Zieschang AT	Strafrecht, Allgemeiner Teil, 6. Aufl. (2020)
Zieschang BT 1	Strafrecht, Besonderer Teil 1, 1. Aufl. (2022)
Zieschang BT 2	Strafrecht, Besonderer Teil 2, 1. Aufl. (2021)
Zieschang, Gefährdungsdelikte	Die Gefährdungsdelikte (1998)
Zöller BT 1	Strafrecht Besonderer Teil 1: Vermögensdelikte, 2. Aufl. (2015)

2. Betäubungsmittelstrafrecht

BeckOK-BtMG	Beck'scher Online-Kommentar BtMG, hrsg. v. Bohnen/Schmidt, 15. Edition (2022)
Franke/Wienroeder	Betäubungsmittelgesetz, Kommentar, 3. Aufl. (2008)
Joachimski/Haumer	Betäubungsmittelgesetz (mit ergänzenden Bestimmungen), Kommentar, 7. Aufl. (2002)
Patzak/Volkmer/Fabricius	Betäubungsmittelgesetz, Kurzkommentar, 10. Aufl. (2022)
Webel	Betäubungsmittelstrafrecht (2003)
Weber/Kornprobst/Maier	Betäubungsmittelgesetz, Kommentar, 6. Aufl. (2021)

3. Bürgerliches Recht einschließlich Versicherungsrecht

Bruck/Möller	Großkommentar zum Versicherungsvertragsgesetz, 9. Aufl. (2008 ff.), 10. Aufl. (2021 ff.)
Erman	Handkommentar zum Bürgerlichen Gesetzbuch, 16. Aufl. (2020)
Jauernig	Bürgerliches Gesetzbuch – BGB, 18. Aufl. (2021)
Larenz/Wolf	s. Wolf/Neuner
MK-BGB	Münchener Kommentar zum Bürgerlichen Gesetzbuch, 8. Aufl. (2019 ff.), 9. Aufl. (2021 ff.), jew. hrsg. v. Säcker/Rixecker/Oetker/Limperg
MK-VVG	Münchener Kommentar zum Versicherungsvertragsgesetz, hrsg. v. Langheid/Wandt, 2. Aufl. (2016 ff.), 3. Aufl. (2022 ff.)
Neuner	Allgemeiner Teil des Bürgerlichen Rechts, 12. Aufl. (2020)
Grüneberg	Bürgerliches Gesetzbuch mit Einführungsgesetz (Auszug), 81. Aufl. (2022) (vormals Palandt)
Prütting/Wegen/Weinreich	BGB-Kommentar, 17. Aufl. (2022)
RGRK	Das Bürgerliche Gesetzbuch, Kommentar, mit besonderer Berücksichtigung der Rechtsprechung des Reichsgerichts und des Bundesgerichtshofes (Reichsgerichtsrätekommentar), hrsg. v. Mitgliedern des Bundesgerichtshofes, 12. Aufl. (1975–1999)
HK-BGB	Schulze/Dörner/Ebert/Hoeren/Kemper/Saenger/Scheuch/Schreiber/Schulte-Nölke/Staudinger/Wiese, Bürgerliches Gesetzbuch, Handkommentar, 11. Aufl. (2022)
Soergel	Bürgerliches Gesetzbuch mit Einführungsgesetz und Nebengesetzen, 13. Aufl. (1999 ff.), 14. Aufl. (2021 ff.)
Staudinger	J. von Staudingers Kommentar zum Bürgerlichen Gesetzbuch mit Einführungsgesetz und Nebengesetzen, 13. Aufl. Bearbeitungen (1993 ff.)

4. DDR-Strafrecht

StGB-Komm.-DDR	Strafrecht der Deutschen Demokratischen Republik, Kommentar, 5. Aufl. (1987)
StGB-Lehrb.-DDR AT, BT	Strafrecht der DDR, Lehrbuch: Allgemeiner Teil, 2. Aufl. (1976); Besonderer Teil (1981)
StGB-Lehrb.-DDR 1988	Strafrecht der DDR, Lehrbuch, Allgemeiner Teil (1988)
StPO-Komm.-DDR	Strafprozeßrecht der Deutschen Demokratischen Republik, Kommentar, 3. Aufl. (1989)
StPO-Lehrb.-DDR	Strafverfahrensrecht, Lehrbuch, 3. Aufl. (1987)

5. Europäisches Recht

Bleckmann	Europarecht, 6. Aufl. (1997)
Geiger/Khan/Kotzur	s. GKK
GKK	EUV/AEUV, Kommentar, hrsg. v. Geiger/Khan/Kotzur/Kirchmair, 7. Aufl. (2023)
GKN	Das Recht der Europäischen Union, Kommentar, Loseblattausgabe, hrsg. v. Grabitz/Hilf/Nettesheim, 76. Lfg. (September 2022)
Grabitz/Hilf/Nettesheim	s. GKN
Hailbronner/Klein/Magiera/Müller-Graff	s. HKMM
HKMM	Handkommentar zum Vertrag über die Europäische Union (EUV/EGV), hrsg. v. Hailbronner/Klein/Magiera/Müller-Graff, Loseblattausgabe (1991 ff.)
HdEuropR	Handbuch des Europäischen Rechts, Loseblattausgabe, hrsg. v. Ehlermann/Bieber/Haag, 714. Lfg. (2020)
Hecker	Europäisches Strafrecht, 6. Aufl. (2021)
Hobe/Fremuth	Europarecht, 10. Aufl. (2020) (vormals Fremuth)
IM EG	Wettbewerbsrecht, Bd. 1: EU, 2 Teilbände, hrsg. v. Immenga/Mestmäcker, 6. Aufl. (2019 ff.)
Immenga/Mestmäcker EG	s. IM EG
Satzger	Internationales und Europäisches Strafrecht, 10. Aufl. (2022)

Schwarze	EU-Kommentar, hrsg. v. Schwarze/Becker/Hatje/Schoo, 4. Aufl. (2019)
Schweitzer/Hummer	Europarecht, 6. Aufl. (2008)
Sieber/Satzger/ v. Heintschel-Heinegg	s. SSvHH
SSvHH	Europäisches Strafrecht, hrsg. v. Sieber/Satzger/v. Heintschel-Heinegg, 2. Aufl. (2014)
Streinz	Europarecht, 11. Aufl. (2019)

6. Handelsrecht einschließlich Bilanz- und Gesellschaftsrecht

Hopt	Handelsgesetzbuch: HGB mit GmbH & Co., Handelsklauseln, Bank- und Börsenrecht, Transportrecht, 41. Aufl. (2022) (vormals Baumbach/Hopt)
Ebenroth/Boujong/Joost/ Strohn	Handelsgesetzbuch, 4. Aufl. (2020)
Großfeld/Luttermann	Bilanzrecht, 4. Aufl. (2005)
Habersack/Casper/Löbbe	GmbHG, Großkommentar in 3 Bänden, hrsg. v. Habersack/Casper/Löbbe, Bd. 1: Einleitung, §§ 1–28, Bd. 2: §§ 29–523. Aufl. (2019 f.)
Hachenburg	GmbHG, Kommentar, 8. Aufl. (1993 bis 1997)
Heymann	HGB, Kommentar, 2. Aufl. (2004), 3. Aufl. (2019 ff.)
GK-AktG	Großkommentar zum Aktiengesetz, 4. Aufl. hrsg. v. Hopt/Wiedemann (1992 ff.); 5. Aufl. hrsg. v. Hirte/Mülbert/Roth (2015 ff.)
Koch	Aktiengesetz – AktG, Kommentar, 16. Aufl. (2022)
MK-HGB	Münchener Kommentar zum Handelsgesetzbuch, hrsg. v. K. Schmidt, 4. Aufl. (2016 ff.), 5. Aufl. (2021 ff.)
Schmidt/Lutter	AktG, Kommentar in 2 Bänden, 4. Aufl. (2020)
Scholz	Kommentar zum GmbH-Gesetz in 3 Bänden, 13. Aufl. (2022 ff.)
Staub	Großkommentar zum HGB, 5. Aufl. (2008 ff.), 6. Aufl. (2021 ff.)
Ulmer/Habersack/Löbbe	s. UHL
UHL	GmbHG, Großkommentar in 2 Bänden, hrsg. v. Ulmer/Habersack/Löbbe, 2. Aufl. (2016)

7. Jugendstrafrecht

AK JGG	Kommentar zum Jugendgerichtsgesetz – Reihe Alternativkommentare, hrsg. v. Wassermann (1987)
Beulke/Swoboda	Jugendstrafrecht, 16. Aufl. (2020) (vormals Schaffstein/Beulke/Swoboda)
Brunner	Jugendgerichtsgesetz, Kommentar, 9. Aufl. (1991)
Brunner/Dölling	Jugendgerichtsgesetz, Kommentar, 13. Aufl. (2017)
Böhm/Feuerhelm	Einführung in das Jugendstrafrecht, 4. Aufl. (2004)
Diemer/Schatz/Sonnen	Jugendgerichtsgesetz mit Jugendstrafvollzugsgesetzen, Kommentar, 8. Aufl. (2020)
Eisenberg/Kölbel JGG	Jugendgerichtsgesetz, Kommentar, 23. Aufl. (2022)
Laubenthal/Baier/Nestler	Jugendstrafrecht, 3. Aufl. (2015)
Ostendorf JGG	Jugendgerichtsgesetz, Kommentar, 11. Aufl. (2021)
Streng	Jugendstrafrecht, 5. Aufl. (2020)
Walter/Neubacher	Jugendkriminalität: eine systematische Darstellung, 4. Aufl. (2011)

8. Kriminologie

Albrecht	Kriminologie, 4. Aufl. (2010)
Dittmann/Jehle	Kriminologie zwischen Grundlagenwissenschaften und Praxis, hrsg. v. Dittmann/Jehle (2003)
Eisenberg/Kölbel	Kriminologie, 7. Aufl. (2017) (vormals Eisenberg)
Göppinger/Bock	Kriminologie, hrsg. v. Göppinger/Bock, 6. Aufl. (2008)

HwbKrim	Handwörterbuch der Kriminologie, hrsg. v. Sieverts/Schneider, Bd. 1–3, Ergänzungsband (Bd. 4), Nachtrags- und Registerband (Bd. 5), 2. Aufl. (1966–1998)
IntHdbKrim	Internationales Handbuch der Kriminologie, hrsg. v. H.-J. Schneider, Bd. 1 (2007); Bd. 2 (2009)
Kaiser/Schöch/Kinzig	Kriminologie, Jugendstrafrecht, Strafvollzug, hrsg. v. Schöch/Kinzig, 8. Aufl. (2015)
Kaiser, Einführung	Kriminologie: eine Einführung in die Grundlagen, 10. Aufl. (1997)
Kunz/Singelstein	Kriminologie, 8. Aufl. (2021)
Meier	Kriminologie, 6. Aufl. (2021)
Mezger, Kriminologie	Kriminologie, Studienbuch (1951)
Schneider	Kriminologie, Lehrbuch, 3. Aufl. (1992)
Schneider, Kriminologie	Kriminologie: Ein internationales Handbuch (2014)
Schwind	Kriminologie und Kriminalpolitik, 24. Aufl. (2021)

9. Ordnungswidrigkeitenrecht

Bülte	Ordnungswidrigkeitenrecht, 6. Aufl. (2020) (vormals Bohnert/Bülte)
Göhler	Gesetz über Ordnungswidrigkeiten, Kurzkommentar, 18. Aufl. (2021)
HK-OWiG	Heidelberger Kommentar zum Ordnungswidrigkeitengesetz, hrsg. v. Lemke u.a., 2. Aufl. (2005)
KK-OWiG	Karlsruher Kommentar zum Gesetz über Ordnungswidrigkeiten: OWiG, hrsg. v. Mitsch, 5. Aufl. (2018)
Krenberger/Krumm	OWiG Ordnungswidrigkeitengesetz, Kommentar, 7. Aufl. (2022) (vormals Bohnert/Krenberger/Krumm)
Mitsch, OWiG	Recht der Ordnungswidrigkeiten, 2. Aufl. (2005)
Rebmann/Roth/Hermann	Gesetz über Ordnungswidrigkeiten, Kommentar, Loseblattausgabe, 32. Aktualisierung (Juni 2022)

10. Presserecht

Groß	Presserecht, 3. Aufl. (1999)
Löffler	Presserecht, Kommentar, 6. Aufl. (2015)
Löffler HdB	s. Ricker/Weberling
Ricker/Weberling	Handbuch des Presserechts, begr. v. Löffler, hrsg. v. Ricker/Weberling, 7. Aufl. (2021)
Soehring/Hoene	Presserecht, 6. Aufl. (2019) (vormals Soehring)

11. Rechtshilfe

Grützner/Pötz/Kreß/Gazeas	Internationaler Rechtshilfeverkehr in Strafsachen, Loseblattausgabe, 53. Aktualisierung (Juli 2022)
Schomburg/Lagodny	Internationale Rechtshilfe in Strafsachen = International Cooperation in Criminal Matters, 6. Aufl. (2020)
Vogler/Wilkitzki	Gesetz über die Internationale Rechtshilfe in Strafsachen (IRG), Kommentar, Loseblattausgabe (1992 ff.) als Sonderausgabe aus Grützner/Pötz, Internationaler Rechtshilfeverkehr in Strafsachen, 2. Aufl. (1980 ff.)

12. Rechtsmedizin und Medizinstrafrecht

Forster	Praxis der Rechtsmedizin (1986)
Forster/Ropohl	Rechtsmedizin, 5. Aufl. (1989)

Frister/Lindemann/Peters	Arztstrafrecht (2011)
HfPsych Bd. 1–5	Handbuch der forensischen Psychiatrie, hrsg. v. Kröber/Dölling/Leygraf/Saß, Bd. 1: Strafrechtliche Grundlagen der Gutachtenerstellung im Strafverfahren (2007); Bd. 2: Psychopathologische Grundlagen und Praxis der forensischen Psychiatrie im Strafrecht (2011); Bd. 3: Psychiatrische Kriminalprognose und Kriminaltherapie (2006); Bd. 4: Kriminologie und forensische Psychiatrie (2009); Bd. 5: Forensische Psychiatrie im Privatrecht und Öffentlichen Recht (2009)
Hilgendorf	Einführung in das Medizinstrafrecht, 2. Aufl. (2019)
HK-AKM	Heidelberger Kommentar Arztrecht Krankenhausrecht Medizinrecht, hrsg. v. Dahm/Katzenmeier/Stellpflug/Ziegler, Loseblattausgabe, 88. Aktualisierung (Dezember 2021) (vormals Rieger)
Laufs	Fortpflanzungsmedizin und Arztrecht (1992)
Laufs/Katzenmeier/Lipp	Arztrecht, hrsg. v. Katzenmeier/Lipp, 8. Aufl. (2021)
Laufs/Kern/Rehborn	Handbuch des Arztrechts, hrsg. v. Kern/Rehborn, 5. Aufl. (2019)
Prütting	Medizinrecht, Kommentar, hrsg. v. Prütting, 6. Aufl. (2022)
Roxin/Schroth	Handbuch des Medizinstrafrechts, hrsg. v. Roxin/Schroth, 4. Aufl. (2010)
Saliger/Tsambikakis	Strafrecht der Medizin, hrsg. v. Saliger/Tsambikakis (2022)
Spickhoff	Medizinrecht, hrsg. v. Spickhoff, 4. Aufl. (2022)
Tsambikakis/Rostalski	Medizinstrafrecht, hrsg. v. Tsambikakis/Rostalki (2022)
Ulsenheimer/Gaede	Arztstrafrecht in der Praxis, 6. Aufl. (2020) (vormals Ulsenheimer)
Venzlaff/Foerster/Dreßing/Habermeyer	Psychiatrische Begutachtung, hrsg. v. Dreßing/Habermeyer, 7. Aufl. (2020)
Wenzel	Medizinrecht, hrsg. v. Wenzel, 4. Aufl. (2019)

13. Strafprozess- und Strafvollzugsrecht

AK-StPO	Kommentar zur Strafprozeßordnung – Reihe Alternativkommentare, hrsg. v. Wassermann, Bd. 1 (1988), Bd. 2 Teilbd. 1 (1992), Bd. 2 Teilbd. 2 (1993), Bd. 3 (1996)
AK-StVollzG	Kommentar zum Strafvollzugsgesetz – Reihe Alternativkommentare, hrsg. v. Wassermann, 3. Aufl. (1990)
Arloth/Krä	Strafvollzugsgesetze, Kommentar, 5. Aufl. (2021)
BeckOK-StPO	Beck'scher Online-Kommentar StPO, hrsg. v. Graf, 45. Edition (2022)
Beulke	Strafprozessrecht, 13. Aufl. (2016)
Beulke/Swoboda	Strafprozessrecht, 16. Aufl. (2022)
Bringewat	Strafvollstreckungsrecht: Kommentar zu den §§ 449–463d StPO (1993)
Calliess/Müller-Dietz	s. Laubenthal/Nestler/Neubacher/Verrel
Eisenberg	Beweisrecht der StPO, Spezialkommentar, 10. Aufl. (2017)
Hamm/Pauly	Die Revision in Strafsachen, 8. Aufl. (2020)
HK-StPO	Heidelberger Kommentar zur Strafprozessordnung, hrsg. v. Gercke/Julius/Temming/Zöller, 6. Aufl. (2019)
Isak/Wagner	s. Röttle/Wagner
Joecks/Jäger	Studienkommentar StPO, 5. Aufl. (2022) (vormals Jäger)
Kamann	Handbuch für die Strafvollstreckung und den Strafvollzug, 2. Aufl. (2008)
Kammeier/Pollähne	Maßregelvollzugsrecht, Kommentar, 4. Aufl. (2018)
Kissel/Mayer	Gerichtsverfassungsgesetz, 10. Aufl. (2021)
KK	Karlsruher Kommentar, Strafprozessordnung – GVG, EGGVG, EMRK, hrsg. v. Hannich, 9. Aufl. (2023)
Kleinknecht/Meyer-Goßner	s. Meyer-Goßner/Schmitt
KMR	Kleinknecht/Müller/Reitberger (Begr.), Kommentar zur Strafprozeßordnung, Loseblattausgabe, 8. Aufl. (1990 ff.), ab 81. Lfg. hrsg. von v. Heintschel-Heinegg/Bockemühl
Kramer	Grundlagen des Strafverfahrensrechts: Ermittlung und Verfahren, 9. Aufl. (2021)
Kühne	Strafprozessrecht (ehem. Strafprozeßlehre), 9. Aufl. (2015)

Laubenthal/Nestler/ Neubacher/Verrel	s. LNNV
LNNV	Strafvollzugsgesetz, Kurzkommentar, hrsg. v. Laubenthal/Nestler/Neubacher/Verrel, 12. Aufl. (2015) (begr. und bis zur 11. Aufl. fortgeführt von Callies/Müller-Dietz)
LR	Löwe-Rosenberg, Die Strafprozeßordnung und das Gerichtsverfassungsgesetz mit Nebengesetzen, Großkommentar, 26. Aufl. (2006 ff.), 27. Aufl. (2016 ff.)
Marschner/Lesting/Stahmann	Freiheitsentziehung und Unterbringung, 6. Aufl. (2019) (vormals Marschner/Volckart/ Lesting; Saage/Göppinger)
Meyer-Goßner/Schmitt	Strafprozessordnung mit GVG und Nebengesetzen, Kurzkommentar, 65. Aufl. (2022) (vormals Kleinknecht/Meyer-Goßner)
Müller	Beiträge zum Strafprozessrecht (2003)
Peters	Strafprozeß, Ein Lehrbuch, 4. Aufl. (1985)
Pfeiffer	Strafprozeßordnung und Gerichtsverfassungsgesetz, 5. Aufl. (2005)
Pohlmann/Jabel/Wolf	Strafvollstreckungsordnung, Kommentar, 9. Aufl. (2015)
Putzke/Scheinfeld/Putzke	Strafprozessrecht, 9. Aufl. (2012) (vormals Putzke/Scheinfeld)
Röttle/Wagner	Strafvollstreckung, 8. Aufl. (2009); (vormals Wetterich/Hamann; Isak/Wagner)
Roxin/Schünemann	Strafverfahrensrecht, 30. Aufl. (2022)
Roxin/Arzt/Tiedemann	Einführung in das Strafrecht und Strafprozessrecht, 6. Aufl. (2014)
Saage/Göppinger	s. Marschner/Volckart
Sarstedt/Hamm	s. Hamm
Satzger/Schluckebier/Widmaier	s. SSW-StPO
Schäfer, Strafverfahren	Die Praxis des Strafverfahrens, 6. Aufl. (2000)
Schäfer/Sander/van Gemmeren	Die Praxis der Strafzumessung, 6. Aufl. (2017)
Schätzler	Handbuch des Gnadenrechts, 2. Aufl. (1992)
Eb. Schmidt, Lehrkommentar I–III	Strafprozeßordnung, Lehrkommentar, Bd. 1: Die rechtstheoretischen und die rechtspolitischen Grundlagen des Strafverfahrensrechts, 2. Aufl. (1964); Bd. 2: Erläuterungen zur Strafprozeßordnung und zum Einführungsgesetz zur Strafprozeßordnung (1957) (mit Nachtragsband 1 [1967] und 2 [1970]); Bd. 3: Erläuterungen zum Gerichtsverfassungsgesetz und zum Einführungsgesetz zum Gerichtsverfassungsgesetz (1960)
Schwind/Böhm/Jehle/ Laubenthal	Strafvollzugsgesetze, Kommentar, 7. Auflage (2020)
SK-StPO	Systematischer Kommentar zur Strafprozessordnung mit GVG und EMRK, hrsg. v. Wolter (1986 ff., 5. Aufl. 2016 ff.)
SSW-StPO	Strafprozessordnung, Kommentar, hrsg. v. Satzger/Schluckebier/Widmaier, 5. Aufl. (2022)
Ulrich	Der gerichtliche Sachverständige, 12. Aufl. (2007) (vormals Jessnitzer/Ulrich)
Volckart/Grünebaum	Maßregelvollzug, 8. Aufl. (2015)
Volk/Engländer	Grundkurs StPO, 10. Aufl. (2021)
Walter, Strafvollzug	Strafvollzug, 2. Aufl. (1999)

14. Straßenverkehrsrecht

Bär/Hauser/Lehmpuhl	Unfallflucht, Kommentar, Loseblattausgabe (1978 ff.)
Beck/Berr/Schäpe	OWi-Sachen im Straßenverkehrsrecht, 8. Aufl. (2022) (vormals Beck/Berr)
Berz/Burmann	Handbuch des Straßenverkehrsrechts, hrsg. von Burmann/Heß, Loseblattausgabe, 45. Lfg. (Juni 2022)
Burmann/Heß/Hühnermann/ Jahnke	Straßenverkehrsrecht, Kommentar, 27. Aufl. (2022), hrsg. v. Burmann/Heß/Hühnermann/ Jahnke (vormals Jagow/Burmann/Heß)
Cramer	Straßenverkehrsrecht, Bd. 1: StVO, StGB, 2. Aufl. (1977)
Full/Möhl/Rüth	Straßenverkehrsrecht, Kommentar (1980) mit Nachtrag (1980/81)
Haus/Krumm/Quarch	Gesamtes Verkehrsrecht, hrsg. von Haus/Krumm/Quarch, 3. Aufl. (2021)
Hentschel	Trunkenheit, Fahrerlaubnisentziehung, Fahrverbot im Straf- und Ordnungswidrigkeitenrecht, 10. Aufl. (2006)
Hentschel/Born	Trunkenheit im Straßenverkehr, 7. Aufl. (1996)

Hentschel/Krumm	Fahrerlaubnis – Alkohol – Drogen im Straf- und Ordnungswidrigkeitenrecht, 7. Aufl. (2018)
Himmelreich/Hentschel	Fahrverbot, Führerscheinentzug, Bd. 1: Straf- und Ordnungswidrigkeitenrecht, 8. Aufl. (1995)
Himmelreich/Staub/Krumm/Nissen	Verkehrsunfallflucht: Verteidigerstrategien im Rahmen des § 142 StGB – mit Auslandsteil, 7. Aufl. (2019) (vormals Himmelreich/Bücken/Krumm)
HKD	Straßenverkehrsrecht, hrsg. v. Hentschel/König/Dauer, 47. Aufl. (2023) (vormals Jagusch/Hentschel)
HK-StVR	Heidelberger Kommentar zum Straßenverkehrsrecht, hrsg. v. Griesbaum u.a. (1993)
Hentschel/König/Dauer	s. HKD
Janker	Straßenverkehrsdelikte: Ansatzpunkte für die Verteidigung (2002)
Jagow/Burmann/Heß	s. Burmann/Heß/Hühnermann/Jahnke
Jagusch/Hentschel	s. HKD
Janiszewski	Verkehrsstrafrecht, 5. Aufl. (2004)
Janiszewski/Jagow/Burmann	s. Burmann/Heß/Hühnermann/Jahnke
JBH	s. Burmann/Heß/Hühnermann/Jahnke
MK-StVR	Münchener Kommentar zum Straßenverkehrsrecht, hrsg. von Bender/König (2016 ff.)
Müller I–III	Straßenverkehrsrecht, Großkommentar, 22. Aufl., Bd. 1 (1969) mit Nachtrag 1969; Bd. 2 (1969); Bd. 3 (1973)
Rüth/Berr/Berz	Straßenverkehrsrecht, Kommentar, 2. Aufl. (1988)

15. Verfassungsrecht und Verwaltungsrecht

AK-GG	Grundgesetz – Reihe Alternativkommentare, hrsg. v. Wassermann, 3. Aufl. (2001)
Battis	Bundesbeamtengesetz, Kommentar, 6. Aufl. (2022)
BK	Bonner Kommentar zum Grundgesetz (Bonner Kommentar), Loseblattausgabe, hrsg. v. Kahl/Waldhoff/Walter, 216. Lfg. (September 2022)
Clemens/Scheuring/Steingen/Wiese	s. TVöD
Dreier I–III	Grundgesetz, Kommentar, 3. Aufl. (Bd. 1: 2013; Bd. 2: 2015; Bd. 3: 2018)
Dürig/Herzog/Scholz	Grundgesetz, Kommentar, Loseblattausgabe, 7. Aufl. (1991 ff.) (bearb. v. Badura u.a.), 98. Lfg. (März 2022) (vormals Maunz/Dürig)
Friauf	Kommentar zur Gewerbeordnung – GewO, Gewerberechtlicher Teil, Loseblattausgabe (1991 ff.), hrsg. v. Friauf
Fuhr/Stahlhacke	s. Friauf
HdStR I–XIII	Handbuch des Staatsrechts der Bundesrepublik Deutschland, hrsg. v. Isensee/Kirchhof, 3. Aufl (Bd. 1: 2003; Bd. 2: 2004; Bd. 3: 2005; Bd. 4: 2006; Bd. 5: 2007; Bd. 6: 2009; Bd. 7: 2009; Bd. 8: 2010; Bd. 9: 2011; Bd. 10: 2012; Bd. 11: 2013; Bd. 12: 2014; Bd. 13: 2015)
Jarass/Pieroth	Grundgesetz für die Bundesrepublik Deutschland, Kommentar, 17. Aufl. (2022)
Kopp/Ramsauer	Verwaltungsverfahrensgesetz, 23. Aufl. (2022)
Landmann/Rohmer I, II	Gewerbeordnung und ergänzende Vorschriften, Kommentar, Loseblattausgabe, Bd. 1: Gewerbeordnung; Bd. 2: Ergänzende Vorschriften, jew. 87. Aufl. (2021)
v. Mangoldt/Klein/Starck	Kommentar zum Grundgesetz, Bd. 1 (Art. 1–19), Bd. 2 (Art. 20–82), Bd. 3 (Art. 83–146), 7. Aufl. (2018); früherer Titel: Das Bonner Grundgesetz
v. Münch/Kunig	Grundgesetz, Kommentar, Gesamtwerk in 2 Bänden, 7. Aufl. (2021)
Plog/Wiedow	Kommentar zum Bundesbeamtengesetz, mit Beamtenversorgungsgesetz. Loseblattausgabe (1991 ff.)
Sachs	Grundgesetz-Kommentar, 9. Auflage (2021)
Schmidt-Bleibtreu	Kommentar zum Grundgesetz, 15. Aufl. (2021) (vormals Schmidt-Bleibtreu/Hofmann/Henneke)
Schmidt-Bleibtreu/Klein/Bethge	s. SBKB (vormals MSBKB)
SBKB	Bundesverfassungsgerichtsgesetz, Kommentar, Loseblattausgabe, hrsg. v. Schmidt-Bleibtreu/Klein/Bethge, 61. Lfg. (Juli 2021) (vormals Maunz/Schmidt-Bleibtreu/Klein/Bethge)
Klein/Ulsamer	nunmehr: Schmidt-Bleibtreu/Klein/Bethge

Schoch	Besonderes Verwaltungsrecht (2018)
Schoch[15]	Besonderes Verwaltungsrecht, 15. Aufl. (2013) (vormals Schmid-Aßmann/Schoch)
Stern/Sodan/Möstl I–IV	Das Staatsrecht der Bundesrepublik Deutschland im europäischen Staatenverbund, Bd. I–IV, 2. Aufl. (2022) (vormals Stern)
TVöD	Kommentar zum Tarifvertrag öffentlicher Dienst (TVöD), hrsg. v. Clemens/Scheuring/Steingen/Wiese, Loseblattausgabe, 136. Lfg. (August 2022)
Wolff/Bachof/Stober/Kluth	Verwaltungsrecht, Bd. 1, 13. Aufl. (2017)

16. Wettbewerbs- und Kartellrecht

Baumbach/Hefermehl	s. Köhler/Bornkamm
Dreher/Kulka	Wettbewerbs- und Kartellrecht, 11. Aufl. (2021) (vormals Rittner/Dreher/Kulka)
Emmerich/Lange, Kartellrecht	Kartellrecht, Studienbuch, 15. Aufl. (2021) (vormals Emmerich)
Emmerich/Lange, Lauterkeitsrecht	Lauterkeitsrecht, Studienbuch, 12. Aufl. (2022), bis zur 11. Aufl. unter dem Titel: Unlauterer Wettbewerb
FK Kartellrecht GWB	Frankfurter Kommentar zum Kartellrecht, mit Kommentierung des GWB, des EG-Kartellrechts und einer Darstellung ausländischer Kartellrechtsordnungen, hrsg. v. Glassen u.a., Loseblattausgabe, 103. Lfg. (September 2022), bis zur 44. Lfg. unter dem Titel: Frankfurter Kommentar zum Gesetz gegen Wettbewerbsbeschränkungen
Fezer/Büscher/Obergfell	Lauterkeitsrecht, Kommentar zum UWG, 2 Bände, 3. Aufl. (2016)
Immenga/Mestmäcker GWB	Wettbewerbsrecht, Kommentar, hrsg. v. Immenga/Mestmäcker, 6. Aufl. (2020 f.)
Köhler/Bornkamm/Feddersen	Gesetz gegen den unlauteren Wettbewerb UWG, mit GeschGehG, PAngV, UKlaG, DL-InfoV, P2B-VO, 40. Aufl. (2022) (vormals Köhler/Bornkamm)
Köhler/Piper	s. Ohly/Sosnitza
Ohly/Sosnitza	UWG – Gesetz gegen den unlauteren Wettbewerb, Kommentar, 7. Aufl. (2016)
Rittner/Dreher	Europäisches und deutsches Wirtschaftsrecht, 3. Aufl. (2008)

17. Wirtschafts- und Steuerstrafrecht

Achenbach/Ransiek/Rönnau	s. ARR
ARR	Handbuch Wirtschaftsstrafrecht, hrsg. v. Achenbach/Ransiek/Rönnau, 5. Aufl. (2019)
B	s. Bockemühl
Belke/Oehmichen	Wirtschaftskriminalität – aktuelle Fragen des Wirtschaftsstrafrechts in Theorie und Praxis (1983)
Bender/Möller/Retemeyer	Steuerstrafrecht – Mit Schwerpunkt Zoll- und Verbrauchssteuerstrafrecht, Loseblattausgabe, 56. Lfg. (Oktober 2022)
Bittmann	Insolvenzstrafrecht, hrsg. v. Bittmann, 2. Aufl. (2017)
Bockemühl	Handbuch des Fachanwalts Strafrecht, 8. Aufl. (2021)
Böttger	Wirtschaftsstrafrecht, 3. Aufl. (2023)
Dannecker/Knierim/Smok	Insolvenzstrafrecht, 3. Aufl. (2018) (vormals Dannecker/Knierim/Hagemeier)
Eidam	Unternehmen und Strafe, 5. Aufl. (2018)
Esser/Rübenstahl/Saliger/Tsambikakis	Wirtschaftsstrafrecht, Kommentar mit Steuerstrafrecht und Verfahrensrecht, hrsg. v. Esser/Rübenstahl/Saliger/Tsambikakis (2017)
Franzen/Gast/Joecks	s. JJR
Geilen, Aktienstrafrecht	Erläuterungen zu §§ 399–405 AktG von Gerd Geilen, Erläuterungen zu § 408 AktG von Wolfgang Zöllner (1984) (Sonderausgabe aus der 1. Aufl. des Kölner Kommentars zum Aktiengesetz)
G/J/W	Wirtschafts- und Steuerstrafrecht, hrsg. v. Graf/Jäger/Wittig, 2. Aufl. (2017)
Graf/Jäger/Wittig	s. G/J/W
Graf-Schlicker	InsO, hrsg. v. Graf-Schlicker 6. Aufl. (2022)
Greeve/Leipold	Handbuch des Baustrafrechts (2004)
HambK	Hamburger Kommentar zum Insolvenzrecht, hrsg. v. A. Schmidt, 9. Aufl. (2021)
Hellmann	Wirtschaftsstrafrecht, 5. Aufl. (2021) (vormals Hellmann/Beckemper)

Hübschmann/Hepp/Spitaler	s. HHS
HHS	Abgabenordnung, Finanzgerichtsordnung, Kommentar, Loseblattausgabe, bearb. v. Söhn u.a., 263. Lfg. (Juli 2021)
HWiStR	Handwörterbuch des Wirtschafts- und Steuerstrafrechts, Loseblattausgabe (1985–1990), hrsg. v. Krekeler/Tiedemann/Ulsenheimer/Weinmann
Ignor/Mosbacher	Handbuch Arbeitsstrafrecht, 3. Aufl. (2016)
Joecks/Jäger/Randt	Steuerstrafrecht – mit Zoll- und Verbrauchssteuerstrafrecht, Kommentar zu §§ 369–412 AO; § 32 ZollVG, 9. Aufl. (2023)
JJR	s. Joecks/Jäger/Randt
Kempf/Lüderssen/Volk	Die Handlungsfreiheit des Unternehmers, hrsg. v. Kempf/Lüderssen/Volk (2009)
Klein	AO – Abgabenordnung, Kommentar, 16. Aufl. (2022)
Kohlmann	Steuerstrafrecht, Kommentar zu den §§ 369–412 AO, Loseblattausgabe, 76. Lfg. (Oktober 2022)
Kohlmann GmbH	Die strafrechtliche Verantwortlichkeit des GmbH-Geschäftsführers, 1. Aufl. (1990)
Krekeler/Tiedemann/Ulsenheimer/Weinmann	s. HWiStR
Kudlich/Oğlakcıoğlu	Wirtschaftsstrafrecht, 3. Aufl. (2020)
Kühn/von Wedelstädt	s. KvW
KvW	Abgabenordnung und Finanzgerichtsordnung, hrsg. v. Kühn/v. Wedelstädt, 22. Aufl. (2018)
MAH	Münchener Anwaltshandbuch: Verteidigung in Wirtschafts- und Steuerstrafsachen, hrsg. v. Volk/Beukelmann, 3. Aufl. (2020)
MG	Wirtschaftsstrafrecht, hrsg. v. Müller-Gugenberger, 7. Aufl. (2020)
Minkoff/Sahan/Wittig	Konzernstrafrecht (2020)
Momsen/Grützner	Wirtschafts- und Steuerstrafrecht, 2. Aufl. (2020)
M/G	s. Momsen/Grützner
Müller-Gugenberger	s. MG
Otto, Aktienstrafrecht	Erläuterungen zu den §§ 399–410 AktG (1997, Nachdruck 2012) (Sonderausgabe aus der 4. Aufl. des Großkommentars zum Aktiengesetz)
Park	Kapitalmarktstrafrecht, Handkommentar, 5. Aufl. (2019)
Petri	Arbeitsstrafrecht, 3. Aufl. (2021)
Ransiek	Unternehmensstrafrecht (1996)
Rolletschke	Steuerstrafrecht, 5. Aufl. (2021)
C. Schröder	Handbuch Kapitalmarktstrafrecht, 4. Aufl. (2020)
Tiedemann, GmbH-Strafrecht	GmbH-Strafrecht (§§ 82–85 GmbHG und ergänzende Vorschriften), 5. Aufl. (2010) (Sonderausgabe aus der 10. Aufl. des Kommentars zum GmbHG von Scholz, Bd. 3, 2010)
Tiedemann, Wirtschaftsstrafrecht	Wirtschaftsstrafrecht, 5. Aufl. (2017)
Tiedemann, Wirtschaftsstrafrecht EU	Wirtschaftsstrafrecht in der Europäischen Union. Rechtsdogmatik – Rechtsvergleich – Rechtspolitik (Freiburg-Symposium), hrsg. v. Tiedemann (2002)
Tipke/Kruse	Abgabenordnung, Finanzgerichtsordnung. Kommentar zur AO und FGO inkl. Steuerstrafrecht, Loseblattausgabe, 172. Lfg. (Dezember 2022)
Tipke/Lang	Steuerrecht, 24. Aufl. (2021)
Volk/Beukelmann	s. MAH
Wabnitz/Janovsky/Schmitt	Handbuch des Wirtschafts und Steuerstrafrechts, 5. Aufl. (2020) (vormals Wabnitz/Janovsky)
Weyand/Diversy	Insolvenzdelikte, 10. Aufl. (2016)
Wittig	Wirtschaftsstrafrecht, 5. Aufl. (2020)
W/J/S	s. Wabnitz/Janovsky/Schmitt
Ziouvas	Das neue Kapitalmarktstrafrecht (2006)

18. Zivilprozessrecht und Insolvenzrecht

Anders/Gehle	s. AG (vormals BLHAG)
AG	Zivilprozessordnung, 80. Aufl. (2022) (vormals Anders/Gehle/Baumbach/Lauterbach/Hartmann)

FK-InsO	Frankfurter Kommentar zur Insolvenzordnung, hrsg. v. Bornemann, 10. Aufl. (2023)
HK-InsO	Heidelberger Kommentar zur Insolvenzordnung, hrsg. v. Kayser/Thole, 11. Aufl. (2023)
Jaeger	Insolvenzordnung, Großkommentar, hrsg. v. Henckel/Gerhardt, 1. Aufl. (2004 ff.); 2. Aufl. (2021 f.)
KPB	InsO – Kommentar zur Insolvenzordnung, hrsg. v. Kübler/Prütting/Bork, Loseblattausgabe, 93. Aktualisierung (September 2022)
Kübler/Prütting/Bork	s. KPB
Leonhardt/Smid/Zeuner	Insolvenzordnung (InsO) mit Insolvenzrechtlicher Vergütungsverordnung (InsVV), Kommentar, hrsg. v. Leonhardt/Smid/Zeuner, 3. Aufl. (2010)
MK-InsO	Münchener Kommentar zur Insolvenzordnung, 4. Aufl. (2019 ff.)
MK-ZPO	Münchener Kommentar zur ZPO, 6. Aufl. (2020 f.)
Musielak/Voit	ZPO – Zivilprozessordnung, Kommentar, 19. Aufl. (2022)
Rattunde/Smid/Zeuner	Insolvenzordnung (InsO), Kommentar, hrsg. v. Rattunde/Smid/Zeuner, 4. Aufl. (2018) (vormals Leonhard/Smid/Zeuner)
Rosenberg/Schwab/Gottwald	Zivilprozessrecht, 18. Aufl. (2018)
Stein/Jonas	Kommentar zur Zivilprozeßordnung, 23. Aufl. (2014 ff.)
Thomas/Putzo	ZPO – Zivilprozessordnung, 43. Aufl. (2022)
Zöller	Zivilprozessordnung, Kommentar, 34. Aufl. (2022)

19. Sonstiges (einschließlich Arbeits- und Sozialrecht, Völkerrecht und Waffenrecht)

Aronson/Wilson/Sommers	Social Psychology, 10. Aufl. (2021)
Bieneck	Handbuch des Außenwirtschaftsrechts mit Kriegswaffenkontrollgesetz, hrsg. v. Bieneck, 2. Aufl. (2005)
Bierhoff	Sozialpsychologie, 6. Aufl. (2006)
Brownlie	Principles of Public International Law, 9. Aufl. (2019)
Corpus Juris	The implementation of the Corpus Juris in the Member States/La mise en œuvre du Corpus Juris dans les Etats Membres, hrsg. v. Delmas-Marty/Vervaele (2000); Deutsche Version der Entwurfsfassung von 1997: Delmas-Marty (Hrsg.), Corpus Juris der strafrechtlichen Regelungen zum Schutz der finanziellen Interessen der Europäischen Union, Deutsche Übersetzung von Kleinke und Tully, Einführung von Sieber (1998)
Dahm/Delbrück/Wolfrum	Völkerrecht, 2. Aufl., Band I/1 (1989), Band I/2 (2002, Nachdruck 2012), Band I/3 (2002, Nachdruck 2012)
Dreier/Schulze	Urheberrechtsgesetz, Kommentar, hrsg. v. Dreier/Schulze, 7. Aufl. (2022)
Duden Dt. Universalwörterbuch	Duden, Deutsches Universalwörterbuch: Das umfassende Bedeutungswörterbuch der deutschen Gegenwartssprache, hrsg. v. Dudenredaktion, 9. Aufl. (2019)
ErfK	Erfurter Kommentar zum Arbeitsrecht, 22. Aufl. (2022)
Fuchs/Preis/Brose	Sozialversicherungsrecht und SGB II, 3. Aufl. (2020) (vormals Fuchs/Preise)
Gerold/Schmidt	Rechtsanwaltsvergütungsgesetz, 25. Aufl. (2021)
Götz/Tolzmann	Bundeszentralregistergesetz, Kommentar, 4. Aufl. (2000); Nachtrag (2003)
Günther/Taupitz/Kaiser	Embryonenschutzgesetz, Juristischer Kommentar mit medizinisch-naturwissenschaftlichen Grundlagen, 2. Aufl. (2014)
Hanau/Adomeit	Arbeitsrecht, 14. Aufl. (2007)
Hauck/Noftz	Sozialgesetzbuch – Gesamtkommentar, hrsg. v. Hauck/Noftz, Loseblattausgabe, (2020)
Herdegen	Völkerrecht, 21. Aufl. (2022)
Hoeren/Sieber/Holznagel	s. Multimedia-Recht
HwbRW I–VIII	Handwörterbuch der Rechtswissenschaft, hrsg. v. Stier-Somlo u.a., Bd. 1 (1926), Bd. 2 (1927), Bd. 3 (1928), Bd. 4 (1927), Bd. 5 (1928), Bd. 6 (1929), Bd. 7 (1931), Bd. 8 (1937) (unter dem Titel: Die Rechtsentwicklung der Jahre 1933 bis 1935/36)
Ipsen	Völkerrecht, 7. Aufl. (2018)
KassKomm	Kasseler Kommentar Sozialversicherungsrecht, Loseblattausgabe, 117. Lfg. (Dezember 2021)
Keller/Günther/Kaiser	Embryonenschutzgesetz, Kommentar (1992)
Kröger/Gimmy	Handbuch zum Internetrecht, 2. Aufl. (2013)
Lingens/Korte	Wehrstrafgesetz, Kommentar, 5. Aufl. (2012) (vormals Schölz/Lingens)

Lüder/Vormbaum	Materialien zum Völkerstrafgesetzbuch: Dokumentation des Gesetzgebungsverfahrens (2002)
Multimedia-Recht	Handbuch Multimedia-Recht, hrsg. v. Hoeren/Sieber/Holznagel, Loseblattausgabe, 58. Lfg. (März 2022)
Pschyrembel Online	Pschyrembel Online. Medizinisches Fachinformationsangebot des Verlags Walter de Gruyter, hrsg. v. Pschyrembel-Redaktion, verfügbar unter: https://www.pschyrembel.de
Rebmann/Uhlig	Bundeszentralregister, Gewerbezentralregister, Verkehrszentralregister und ergänzende Bestimmungen, Kommentar (1985)
Schricker/Loewenheim	Urheberrecht, 6. Aufl. (2020)
Seidl-Hohenveldern	Lexikon des Rechts – Völkerrecht, 3. Aufl (2001)
Shaw	International Law, 9. Aufl. (2021)
Steindorf	Waffenrecht, Kurzkommentar, 11. Aufl. (2022)
Stein/von Buttlar/Kotzur	Völkerrecht, 14. Aufl. (2017) (vormals Seidl-Hohenveldern/Stein)
Strupp/Schlochauer	Wörterbuch des Völkerrechts, 2. Aufl., Bd. 1 (1960), Bd. 2 (1961), Bd. 3 (1962)
Thüsing	AÜG – Arbeitnehmerüberlassungsgesetz, Kommentar, hrsg. v. Thüsing, 4. Aufl. (2018)
Tolzmann	Bundeszentralregistergesetz, 5. Aufl. (2015)
Ulsamer LdR	Lexikon des Rechts: Strafrecht, Strafverfahrensrecht, hrsg. v. Ulsamer, 2. Aufl. (1996)
Verdross/Simma	Universelles Völkerrecht, 3. Auflage (2010)
Vitzthum/Proelß	Völkerrecht, 8. Aufl. (2019)
Waltermann/Schmidt/Chandna-Hoppe	Sozialrecht, 15. Aufl. (2022) (vormals Waltermann)
Wannagat	Sozialgesetzbuch I, hrsg. v. v.Koppenfels-Spies/Wenner, 2. Aufl. (2018); Sozialgesetzbuch IV, hrsg. v. v.Koppenfels-Spies/Wenner, 3. Aufl. (2022); Sozialgesetzbuch X, hrsg. v. v.Koppenfeld-Spies/Wenner, 3. Aufl. (2020)
Weber	Rechtswörterbuch, hrsg. v. Weber, 24. Aufl. (2022) (vormals Creifelds)
Werle/Jeßberger	Völkerstrafrecht, 5. Aufl. (2020)

Strafgesetzbuch

vom 15.5.1871 (RGBl. S. 127)
neugefasst durch Bek. v. 13.11.1998 (BGBl. I S. 3322);
zuletzt geändert durch Gesetz v. 11.7.2022 (BGBl. I S. 431)

BESONDERER TEIL

DREIUNDZWANZIGSTER ABSCHNITT **Urkundenfälschung**

Vorbemerkungen zu den §§ 267 ff.

Bei den im 23. Abschnitt des StGB geregelten Urkundendelikten geht es nach zutreffender Sicht um den **Schutz des Rechtsverkehrs** mit Urkunden im Sinne des Beweisverkehrs.[1] Insoweit steht mit dem Rechtsverkehr ein **Allgemeinrechtsgut** in Rede, über das der Einzelne nicht zu disponieren vermag. 1

Eine **Ausnahme** bildet hiervon lediglich die **Urkundenunterdrückung** gemäß § 274, die **individualschützenden** Charakter hat und damit im Hinblick auf das geschützte Rechtsgut einen „Fremdkörper" im Rahmen der Urkundendelikte bildet.[2] Andererseits geht es in § 274 neben dem Bestandsschutz letztlich auch ebenso wie insbesondere in den §§ 267, 268, 269 um **Echtheitsschutz**. 2

Dagegen betrifft § 271 – wie im Übrigen auch der damit im Zusammenhang stehende § 348 – die inhaltliche Richtigkeit, zielt also auf **Wahrheitsschutz** ab. Das ist im Übrigen auch der Fall bei § 278.[3] 3

Die §§ 277, 278, 279 wiederum stellen spezielle Regelungen in Bezug auf **Gesundheitszeugnisse** dar, bei denen es sich auch um Urkunden handelt. Dabei geht es in § 277 letztlich auch um Echtheitsschutz.[4] 4

Spezielle Regelungen des Schutzes des Rechtsverkehrs in Bezug auf **amtliche Ausweise**, die ebenfalls Urkunden darstellen, enthalten die §§ 273, 275, 276, wobei die letzteren beiden Vorschriften durch § 276a ergänzt werden. Auch in **§ 281** geht es im Hinblick auf den Umgang mit **Ausweispapieren** um den Schutz des Rechtsverkehrs. Andererseits ist mit § 281 kein Urkundendelikt im klassischen Sinne verbunden, denn eine Einwirkung auf das Tatobjekt selbst etwa im Sinne eines Herstellens, Verfälschens oder einer sonstigen Manipulation findet insoweit nicht statt. 5

Außerhalb des 23. Abschnitts ist bereits auf § 348 als Urkundendelikt hingewiesen worden, das kraft Sachzusammenhangs bei den Amtsdelikten verortet worden ist. **Spezielle Regelungen** finden sich im achten Abschnitt des StGB, in dem es um die Geld- und Wertzeichenfälschung geht (§§ 146 bis 152b). Zudem sind § 107b Abs. 1 Nr. 1, Abs. 2 sowie § 283 Abs. 1 Nr. 6 zu erwähnen. Ferner besitzen im Nebenstrafrecht insbesondere die §§ 22, 22a, 22b StVG eine Nähe zu den Urkundendelikten.[5] Zu beachten sind weiterhin § 74 Abs. 2 IfSG sowie § 75a IfSG. Schließlich ist auch auf § 402 AktG sowie auf § 19 Abs. 2a TPG hinzuweisen. 6

---

1 Eine Ausnahme stellt lediglich § 274 dar, dazu sogleich im Text. Siehe im Einzelnen die Ausführungen zum geschützten Rechtsgut bei den jeweiligen Vorschriften, dort auch zu Gegenauffassungen im Schrifttum.

2 Hinzu kommt, dass § 274 Abs. 1 Nr. 3 auch bloße Augenscheinsobjekte betreffen kann.

3 Auch bei § 279 geht es darum, soweit dort von Gesundheitszeugnissen im Sinne des § 278 Gebrauch gemacht wird. Siehe zudem § 74 Abs. 2, 75a IfSG.

4 Ebenfalls ist dies bei § 279 der Fall, sofern der Gebrauch von Gesundheitszeugnissen gemäß § 277 in Rede steht.

5 *Erb* MK Rdn. 5.

https://doi.org/10.1515/9783110490220-001

§ 267 Urkundenfälschung

(1) Wer zur Täuschung im Rechtsverkehr eine unechte Urkunde herstellt, eine echte Urkunde verfälscht oder eine unechte oder verfälschte Urkunde gebraucht, wird mit Freiheitsstrafe bis zu fünf Jahren oder mit Geldstrafe bestraft.

(2) Der Versuch ist strafbar.

(3) [1]In besonders schweren Fällen ist die Strafe Freiheitsstrafe von sechs Monaten bis zu zehn Jahren. [2]Ein besonders schwerer Fall liegt in der Regel vor, wenn der Täter

1. gewerbsmäßig oder als Mitglied einer Bande handelt, die sich zur fortgesetzten Begehung von Betrug oder Urkundenfälschung verbunden hat,

2. einen Vermögensverlust großen Ausmaßes herbeiführt,

3. durch eine große Zahl von unechten oder verfälschten Urkunden die Sicherheit des Rechtsverkehrs erheblich gefährdet oder

4. seine Befugnisse oder seine Stellung als Amtsträger oder Europäischer Amtsträger mißbraucht.

(4) Mit Freiheitsstrafe von einem Jahr bis zu zehn Jahren, in minder schweren Fällen mit Freiheitsstrafe von sechs Monaten bis zu fünf Jahren wird bestraft, wer die Urkundenfälschung als Mitglied einer Bande, die sich zur fortgesetzten Begehung von Straftaten nach den §§ 263 bis 264 oder 267 bis 269 verbunden hat, gewerbsmäßig begeht.

Schrifttum

Baier Klausur Strafrecht: Urkundsdelikte, Sachbeschädigung und Betrug, JuS **2004** 56; *Beck* Kopien und Telefaxe im Urkundenstrafrecht, JA **2007** 423; *Beckemper* Anmerkung zum Urteil des OLG Zweibrücken vom 3.4.1998 – 1 Ss 34/98, NJW 1998, 2918, JuS **2000** 123; *Benfer* Verdeckte Ermittlungen durch Polizeibeamte, MdR **1994** 12; *Bettendorf* Der Irrtum bei den Urkundendelikten (1997); *Beulke* Anmerkung zum Urteil des BGH vom 1.9.1992 – 1 StR 281/92 – BGHSt 38, 345, JR **1994** 116; *Biletzki* Strafrechtlicher Gläubigerschutz bei fehlerhafter Buchführung durch den GmbH-Geschäftsführer, NStZ **1999** 537; *Blei* Besprechung des Aufsatzes von Schröder, GA 1974, 225, JA **1974** 673; *Bode/Ligocki* Ungelöste Probleme des Urkundenbegriffs, JuS **2015** 989; *Boldt* Anmerkung zum Urteil des RG vom 9.12.1940 – 2 D 355/40 – RGSt 75, 46, DR **1941** 992; *Bosch* Konsumtion einer Urkundenunterdrückung durch eine Urkundenfälschung, JK **2020** 407; *Böse* Rechtsprechungsübersicht zu den Urkundendelikten, NStZ **2005** 370; *Bott* Anmerkung zum Beschluss des OLG Köln vom 1.10.2013 – 1 RVs 191/13 – NStZ 2014, 276, NZWiSt **2014** 225; *Brandt* Werkzeug des Historikers, 18. Aufl. (2012); *Brockhaus* Die Urkundenfälschung und die Straflosigkeit der „schriftlichen Lüge“, ZIS **2008** 556; *Brodmann* Die Urkunde besonders im Strafrecht (1904); *Brüning* Zum Ausstellen gefälschter Kunstwerke und dem Verkauf echter Bilder unter erfundener Provenienz, ZJS **2021** 538; *Bruns* Anmerkung zum Urteil des RG vom 8.1.1942 – 3 D 573/41 – RGSt 76, 28, ZAkDR **1942** 190; *Bruns* Urkundenfälschung an Stimm- und Wahlzetteln? NJW **1954** 456; *ders.* Nochmals: Urkundenfälschung an Stimm- und Wahlzetteln? Ein notwendiges Wort der Erwiderung zur Methode der Rechtsfindung im Strafrecht, NJW **1954** 948; *Claus* Anmerkung zum Beschluss des OLG Hamburg vom 24.4.2013 – 1 Ss 202/12 – NStZ-RR 2013, 278, NStZ **2014** 66; *Cramer* Anmerkung zum Beschluss des BayObLG vom 18.4.1967 – RReg. 3a St 5/67 – BayObLGSt 1967, 62, JZ **1968** 30; *Dedy* Anmerkung zum Beschluss des OLG Köln vom 15.9.1998 – Ss 395/98 – NJW 1999, 1042, NZV **1999** 136; *dies.* Klausur Strafrecht: Preiswert Wohnen und Trinken, Jura **2002** 137; *Diener/Hoffmann-Holland* Klausur Strafrecht: Sportliche Leistung, Jura **2009** 946; *Dreher* Klausur Strafrecht: Verkehrserziehung als Eingriff, Strafverteidigung durch Beleidigung und Urkunden am Strand, JuS **2007** 459; *Dzatkowski* Hausarbeit Strafrecht: „Zwei Fälscher und ein Promille“, JA **2019** 36; *Ebermayer* Urkundenfälschung, Festgabe Frank (1930) 418; *Eiden* Klausur Strafrecht: Vom falschen Schwimmlehrer, der lieber baden ging, Jura **2013** 288; *Eisele* Klausur Strafrecht: Der untreue Neffe, Jura **2002** 59; *Engert/Franzmann/Herschlein* Fotokopien als Urkunden, § 267 StGB, JA **1997** 31; *Ennuschat* Der Einfluß des Zivilrechts auf die strafrechtliche Begriffsbestimmung am Beispiel der Urkundenfälschung gemäß § 267 StGB (1998); *Erb* Urkunde und Fotokopie – kritische Bemerkungen zum Versuch einer funktionalistischen Ausweitung des Urkundenstrafrechts, GA **1998** 577; *ders.* Besprechung des Lehrbuchs von Georg Freund, Urkundenstraftaten (1996), GA **1999** 344; *ders.* Anmerkung zum Beschluss des OLG Düsseldorf vom 14.9.2000 – 2 b Ss 222/00 64/00 I – NJW 2001, 167, NStZ **2001** 317; *ders.* Die Unvereinbarkeit der „Zufallsurkunde“ mit einem dogmatisch konsistenten Urkundenbegriff, Festschrift Puppe (2011) 1107; *ders.* Anmerkung zum Beschluss des BGH vom 8.5.2019 – 5 StR 146/19, NStZ 2019, 675, und zum Beschluss des BGH vom 4.12.2019 – 4 ARs 14/19, NStZ-RR 2020, 106, JR **2020** 450; *Eßer* Der strafrechtliche Schutz des qualifizierten elektronischen Signaturverfahrens (2006); *Fahl* Anmerkung zum Urteil des OLG Düsseldorf vom 3.2.1997 – 2 Ss 267/96 – 73/96 III – NJW 1997, 1793, JA **1997** 925; *ders.* Hausarbeit Strafrecht: „Verteidigerhonorar

https://doi.org/10.1515/9783110490220-002

stinkt nicht“, JA **2004** 624; *ders.* Klausur Strafrecht: Variationen eines Diebstahls, JuS **2004** 885; *ders.* Anmerkung zum Beschluss des BGH vom 21.8.2019 – 3 StR 7/19, BeckRS 2019, 30105, NStZ-RR **2020** 177; *Fahrner* Hausarbeit Strafrecht: „Fantasie-Reich“, JA **2019** 499; *Fischer-Lescano/Horst* Das Pönalisierungsverbot aus Art. 31 I GFK, ZAR **2011** 81; *Frank* Zur Lehre vom Zeichnen mit fremdem Namen, ZStW **32** (1911) 82; *Freund* Anmerkung zum Beschluss des BayObLG vom 27.7.1990 – RReg. 3 St 116/90 – NJW 1990, 3221, JuS **1991** 723; *ders.* Grundfälle zu den Urkundendelikten, JuS **1993** 731, 1016; *ders.* Grundfälle zu den Urkundendelikten, JuS **1994** 30, 125; *ders.* Anmerkung zum Beschluss des OLG Düsseldorf vom 29.7.1999 – 2 b Ss 60/99 – 32/99 I – StV 2001, 233, StV **2001** 234; *Gehrig* Der Absichtsbegriff in den Straftatbeständen des Besonderen Teils des StGB (1986); *Geppert* Zum Verhältnis der Urkundendelikte untereinander, insbesondere zur Abgrenzung von Urkundenfälschung und Urkundenunterdrückung (§§ 267 und 274 I Nr. 1 StGB), Jura **1988** 158; *ders.* Zur Urkundsqualität von Durchschriften, Abschriften und insbesondere Fotokopien, Jura **1990** 271; *ders.* Zum Begriff „Zur Täuschung im Rechtsverkehr“, JK **1999** StGB § 267/25; *ders.* Verkehrszeichen als Urkunde, JK **1999** StGB § 267/27; *ders.* Grundzüge der Konkurrenzlehre (§§ 52 bis 55 StGB), Jura **2000** 651; *ders.* Ein Telefax ist keine „Urkunde“! JK **2010** StGB § 267/34; *Gerhold* Zur Person des Ausstellers einer Urkunde in Fällen offener Stellvertretung – Ein Beitrag zum Urkundenstrafrecht, Jura **2009** 498; *Greiser* Die Briefwahlunterlagen als Gesamturkunde, NJW **1978** 927; *Grimm* Die Problematik der Urkundenqualität von Fotokopien (1994); *Grohmann* Dunkelfeld „Missbrauch roter Kennzeichen“, DAR **2001** 57; *Gustafsson* Die scheinbare Urkunde (1993); *Gutmann* Anmerkung zum Beschluss des OLG Köln vom 1.10.2013 – 1 RVs 191/13 – NStZ 2014, 276, MMR **2014** 315; *Hardtung* Per Fax in die Freiheit – Ein Bericht über eine strafrechtliche Hausarbeit, JuS **1998** 719; *Hartl* Das nationalsozialistische Willensstrafrecht (2000); *Hartmann* Neue Herausforderungen für das Urkundenstrafrecht im Zeitalter der Informationsgesellschaft (2004); *Hassemer* Anmerkung zum Urteil des BGH vom 7.9.1976 – 1 StR 390/76 – NJW 1976, 2271, JuS **1977** 196; *Haurand* Urkundenfälschung, Kriminalistik **2004** 63; *Hecker* Anmerkung zum Beschluss des OLG Köln vom 10.8.2001 – Ss 264/01 – NJW 2002, 527, JuS **2002** 224; *ders.* Herstellung, Verkauf, Erwerb und Verwendung manipulierter Telefonkarten, JA **2004** 762; *ders.* Anmerkung zum Beschluss des OLG Hamm vom 12.5.2016 – 1 RVs 18/16 – NJOZ 2016, 1757, JuS **2016** 1039; *ders.* Anmerkung zum Beschluss des OLG Karlsruhe vom 13.3.2019 – 1 Rv 3 Ss 691/18 – BeckRS 2019, 12710, JuS **2019** 819; *Hefendehl* Kollektive Rechtsgüter im Strafrecht (2002); *B. Heinrich* Mißbrauch gescannter Unterschriften als Urkundenfälschung, CR **1997** 622; *ders.* Die zusammengesetzte Urkunde, JA **2011** 423; *U. Heinrich* Urkundenfälschung und artverwandte Delikte im Straßenverkehr, Kriminalistik **2006** 758; *Heinrichs* Beweiszeichen und Kennzeichen (1996); *Helle* Die nachträgliche Veränderung einer Urkunde durch ihren Aussteller (2001); *Hellmann/Beckemper* Klausur Strafrecht: „Zahlung mit dem guten Namen“, JA **2004** 891; *Herbe* Die Gesamturkunde (2005); *Hertel* Tatort Umweltzone? SVR **2015** 121; *Herzberg* Die Problematik der „besonderen persönlichen Merkmale“ im Strafrecht, ZStW **88** (1976) 68; *Hirsch* Zum Spannungsverhältnis von Theorie und Praxis im Strafrecht, Festschrift Tröndle (1989), 19; *ders.* Gefahr und Gefährlichkeit, Festschrift Arth. Kaufmann (1993) 545; *Höfler* Terminologische und inhaltliche Unterschiede zwischen Zivil- und Strafrecht (2009); *Hölzel* Gibt es „Tätigkeitsdelikte“? (2016); *Honig* Der gefälschte Meisterbrief, GewArch **1995** 144; *Hörich/Bergmann* Anmerkung zum Beschluss des BVerfG vom 8.12.2014 – 2 BvR 450/11 – NVwZ 2015, 361, NVwZ **2015** 367; *Hoven* Anmerkung zum Beschluss des BGH vom 23.8.2017 – 1 StR 173/17 – NJW 2018, 87, NJW **2018** 89; *Jäger* Anmerkung zum Beschluss des OLG Koblenz vom 19.5.2016 – 4 Ss 158/15 – NStZ-RR 2016, 388, JA **2017** 231; *ders.* Anmerkung zum Beschluss des BGH vom 21.8.2019 – 3 StR 7/19, BeckRS 2019, 30105, JA **2020** 310; *Jahn* Anmerkung zum Beschluss des OLG Köln vom 15.9.1998 – Ss 395/98 – NJW 1999, 1042, JA **1999** 98; *ders.* Anmerkung zum Beschluss des BGH vom 27.1.2010 – 5 StR 488/09 – NStZ 2010, 703, JuS **2010** 556; *ders.* Anmerkung zum Beschluss des OLG Celle vom 25.7.2011 – 31 Ss 30/11 – NJW 2011, 2983, JuS **2011** 1136; *ders.* Anmerkung zum Beschluss des OLG Naumburg vom 23.4.2012 – 1 Ws 48/12, NStZ 2013, 533, JuS **2012** 950; *ders.* Anmerkung zum Beschluss des OLG Bamberg vom 23.10.2012 – 2 Ss 63/12 – BeckRS 2013, 1135, JuS **2013** 566; *ders.* Anmerkung zum Beschluss des BayObLG vom 20.1.2020 – 207 StRR 2737/19 – BeckRS 2020, 257, JuS **2020** 698; *Jakobs* Urkundenfälschung (2000); *ders.* Bemerkungen zur Urkundenfälschung, Festschrift Küper (2007) 225; *Jenny/Stratenwerth* Zur Urkundenqualität elektronischer Aufzeichnungen, SchwZStR **1991** 197; *Jescheck* Die Rechtsprechung des Bundesgerichtshofs in Strafsachen, GA **1955** 97; *Jung* Anmerkung zum Urteil des BGH vom 24.6.1993 – 4 StR 570/92 – NJW 1993, 2759, JuS **1994** 174; *Kargl* Urkundenfälschung durch den Aussteller (§ 267 StGB), JA **2003** 604; *Arm. Kaufmann* Die Urkunden- und Beweismittelfälschung im Entwurf 1959, ZStW **71** (1959) 409; *Keller* Anmerkung zum Beschluss des BayObLG vom 11.5.1992 – 5 St RR 16/92 – BayObLGSt 1992, 52, JR **1993** 300; *Kienapfel* Urkunden im Strafrecht (1967); *ders.* Klausur Strafrecht: Fuchs auf Abwegen, JuS **1968** 519; *ders.* „Absichtsurkunden“ und „Zufallsurkunden“, GA **1970** 193; *ders.* Urkundenbegriff und „Rechtserheblichkeit“, ZStW **82** (1970) 344; *ders.* Anmerkung zum Urteil des BGH vom 11.5.1971 – 1 StR 387/70 – NJW 1971, 1812, NJW **1971** 1781; *ders.* Neue Horizonte des Urkundenstrafrechts, Festschrift Maurach (1972) 431; *ders.* Grundfragen des strafrechtlichen Urkundenbegriffs, JZ **1972** 394; *ders.* Anmerkung zum Urteil des OLG Saarbrücken vom 19.12.1974 – Ss 83/74 – NJW 1975, 658, JR **1975** 515; *ders.* Urkunden und Beweiszeichen, Festschrift Würtenberger (1977) 187; *ders.* Zur Abgrenzung von Urkundenfälschung und Urkundenunterdrückung, Jura **1983** 185; *ders.* Anmerkung zum Urteil des OLG Celle vom 8.4.1986 – 1 Ss 12/86 – NJW 1986, 2772, NStZ **1987** 28; *Klose* Konkurrenzen und prozessualer Tatbegriff bei Urkundsdelikten im Straßenverkehr, NZV **2022** 507; *Koch/Exner* Klausur Strafrecht: „Bücherklau" – Die Jugendsünden des Professors, JuS **2007** 40; *Kohler* Klausur Strafrecht: Disko-Besuch mit Verzehrkarte, Jura **2011** 468; *Krack* Anmerkung zum Beschluss des OLG Düsseldorf vom 3.2.1997 – 2 Ss 267/96 – 73/96 III – NJW 1997, 1793, NStZ **1997** 602; *ders.* Anmerkung zum Beschluss des OLG Düsseldorf vom 11.9.1997 – 5 Ss 210/97 – 62/97 I – NJW 1998, 692, JR **1998** 479; *ders.* Anmerkung zum Beschluss des BGH vom 21.9.1999 – 4 StR 71/99 – NJW 2000, 229, NStZ **2000** 423; *ders.* Zur Relevanz externer Umstände für die Auslegung einer Urkunde, ZStW **133** (2021) 962; *Krell* Zur Beweisfunktion der Urkunde, GA **2019** 325; *ders.* Anmerkung zum Urteil des BGH vom 5.9.2017 – 1 StR 198/17 – NZWiSt 2018, 66, JZ **2019** 208; *Kretschmer* Rechtsprechungsübersicht zum Ausländerstrafrecht, NStZ **2013** 570; *ders.* Anmerkung zum Urteil des BGH vom 8.3.2017 – 5 StR 333/16 – NJW 2017, 1624, NJW **2017** 1625; *ders.* Anmerkung zum Beschluss des BGH vom 21.8.2019 – 3 StR 7/19, BeckRS 2019, 30105, JR **2020** 491; *Ma. Krüger* Anmerkung zum Urteil des BGH vom 7.10.2003 – 1 StR 274/03 – NJW 2004, 169, wistra **2005** 247; *Mi. Krüger* Strafbarkeit rund um den sog. „Reichsführerschein", NZV **2008** 611; *Kucera* Anmerkung zum Beitrag von Martin, JuS 1999, 611, JuS **2000** 208; *Kudlich* Anmerkung zum Beschluss des BGH vom 21.9.1999 – 4 StR 71/99 – NJW 2000, 229, JZ **2000** 426; *ders.* Die strafrechtliche Aufarbeitung des „Organspende-Skandals", NJW **2013** 917; *ders.* Anmerkung zum Urteil des BGH vom 4.5.2017 – 3 StR 69/17 – NStZ 2018, 286, NStZ **2018** 288; *ders.* Urkundsdelikte und Straßenverkehr, JA **2019** 272; *ders.* Anmerkung zum Urteil des BGH vom 17.10.2019 – 3 StR 521/18 – NJW 2020, 1080, NJW **2020** 1083; *ders.* Anmerkung zum Beschluss des BayObLG vom 20.1.2020 – 207 StRR 2737/19 – BeckRS 2020, 257, JA **2020** 470; *Kühl* Grundfälle zu Vorbereitung, Versuch, Vollendung und Beendigung, JuS **1980** 650; *ders.* Anmerkung zum Beschluss des BGH vom 21.12.1984 – 3 StR 184/84 – BGHSt 33, 105, JR **1986** 297; *ders./Lange* Klausur Strafrecht: (Computer-) Betrug und Urkundsdelikte – Bankgeschäfte, JuS **2010** 42; *ders./Brutscher* Klausur Strafrecht: Vermögensdelikte – Die reparierte Stereoanlage, JuS **2011** 335; *ders./Hoffmann-Holland* Klausur Strafrecht: Ausflug ins Grüne, Jura **2013** 408; *Kulhanek* Datenurkundenqualität von E-Mail-Anhängen, StV **2015** 725; *ders.* „Digitales Urkundenstrafrecht", wistra **2021** 220; *Lampe* Die sogenannte Gesamturkunde und das Problem der Urkundenfälschung durch den Aussteller, GA **1964** 321; *ders.* Zusammengesetzte und abhängige Urkunden, NJW **1965** 1746; *ders.* Die strafrechtliche Behandlung der sog. Computer-Kriminalität, GA **1975** 1; *ders.* Der strafrechtliche Schutz der Geisteswerke, Ufita **1978** 15; *ders.* Anmerkung zum Urteil des OLG Köln vom 4.7.1978 – 1 Ss 231/78 – NJW 1979, 729, JR **1979** 214; *ders.* Anmerkung zum Beschluss des OLG Düsseldorf vom 3.2.1997 – 2 Ss 267/96 – NJW 1997, 1793, JR **1998** 304; *Lenckner* Zum Begriff der Täuschungsabsicht in § 267 StGB, NJW **1967** 1890; *von Lewinski* Klausur Straf-, Arbeits- und Zivilrecht: Der unehrliche Bewerber, JuS **2005** 718; *Lickleder* Urkunden im Straßenverkehr (und anderswo) – Wer erklärt eigentlich was rechtsverbindlich? JA **2014** 110; *Lieb/Wende* Hausarbeit Strafrecht: Wissenschaftlicher Mitarbeiter auf Abwegen, Jura **2013** 1186; *Lindemann* Zur systematischen Interpretation des § 274 I Nr. 1 StGB im Verhältnis zum § 267 I Var. 2 StGB, NStZ **1998** 23; *Löffler* Künstlersignatur und Kunstfälschung, NJW **1993** 1421; *Maiwald* Besprechung des Lehrbuchs von Otto: Grundkurs Strafrecht Bd. 2. Die einzelnen Delikte (1977), ZStW **91** (1979) 947; *Matzky* Die Strafbarkeit täuschenden Verhaltens beim Nichtentrichten kommunaler Parkgebühren, Jura **2003** 191; *Meurer* Urkundenfälschung durch Verwendung des eigenen Namens, NJW **1995** 1655; *Mewes* Urkundenfälschung bei Personalienmanipulationen im Versandhandel, NStZ **1996** 14; *Meyer* Anmerkung zum Urteil des BGH vom 11.5.1971 – 1 StR 387/70 – NJW 1971, 1812, MDR **1973** 9; *ders.* Das Beisichführen und Vorzeigen eines ge(ver)fälschten Führerscheins als Gebrauchmachen von einer falschen Urkunde, MDR **1977** 444; *Miehe* Zum Verhältnis des Fälschens zum Gebrauchmachen im Tatbestand der Urkundenfälschung, GA **1967** 270; *Mitsch* Anmerkung zum Beschluss des BayObLG vom 11.5.1992 – 5 St RR 16/92 – NJW 1992, 3311, NStZ **1994** 88; *Mohrbotter* Anmerkung zum Urteil des OLG Düsseldorf vom 23.12.1965 – (1) Ss 630/65 – NJW 1966, 749, NJW **1966** 1422; *D. Müller* Rechtsfolgen von Manipulationen bei theoretischen Fahrerlaubnisprüfungen, NZV **2021** 514; *H. E. Müller* Anmerkung zum Urteil des BGH vom 17.3.2011 – 1 StR 407/10 – NJW 2011, 2448, NStZ **2012** 149; *Nestler* Zur Urkundenqualität von Fotokopien und (Computer-)Faxen, ZJS **2010** 608; *Neuhaus* Der endgültige Täuschungsentschluß – eine Strafbarkeitsvoraussetzung der Urkundenfälschung? GA **1994** 224; *Niese* Wie verhält sich das „Gebrauchmachen" zum „Fälschen" in § 267 StGB? DRiZ **1951** 177; *Obermaier* Die Abgrenzung der Beweiszeichen von den Kennzeichen (1999); *Oehmichen* Anmerkung zum Urteil des AG Nienburg vom 16.5.2013 – 4 Cs 519 Js 24060/12 (319/12) – BeckRS 2013, 15697, FD-StrafR **2013** 352023; *Oetker* Das Gebrauchmachen von falschen, verfälschten Urkunden, Festschrift Binding (1911) 60; *Ohr* Anmerkung zum Urteil des OLG Düsseldorf vom 23.12.1965 – (1) Ss 630/65 – NJW 1966, 749, JuS **1967** 255; *Otto* Die Probleme der Urkundenfälschung (§ 267 StGB) in der neueren Rechtsprechung und Lehre, JuS **1987** 760; *ders.* Anmerkung zum Beschluss des BayObLG vom 20.2.1989 – RReg. 5 St 165/88 – NJW 1989, 2142, JR **1990** 252; *ders.* Bedingter Vorsatz beim Weiterreichen gefälschter Urkunden durch Verteidiger, JK **1993** StGB § 267/17; *ders.* Das Strafbarkeitsrisiko berufstypischen, geschäftsmäßigen Verhaltens, JZ **2001** 436; *ders.* Veränderung eines ausgedruckten Parkscheins erfüllt den Tatbestand des § 267, nicht den des (versuchten) Betruges, JK **2002** StGB § 267/29; *ders.* Merkmale der Urkunde; Wahndelikt oder untauglicher Versuch bei Fehlvorstellung des Täters, JK **2002** StGB § 267/30; *Paeffgen* Klausur Strafrecht, Jura **1980** 479; *ders.* Anmerkung zum Beschluss des BGH vom 21.3.1985 – 1 StR 520/84 – BGHSt 33, 159, JR **1986** 114; *Park* Klausur Strafrecht: Das Revierderby, JuS **1999** 887; *Peglau* Die Regelbeispiele des § 263 Abs. 3 Nr. 2 StGB, wistra **2004** 7; *Peters* Klausur Strafrecht: Konflikt mit der „BRD-GmbH“, JuS **2019** 33; *Prechtel* Urkundendelikte (§§ 267 ff. StGB) (2005); *Puppe* Die Fälschung technischer Aufzeichnungen (1972); *dies.* Die Bedeutung der Geistigkeitstheorie für die Feststellung des Urkundenausstellers bei offengelegtem Handeln für einen anderen, NJW **1973** 1870; *dies.* Anmerkung zum Urteil des OLG Stuttgart vom 16.9.1977 – 3 Ss 497/77 – NJW 1978, 715, JR **1978** 206; *dies.* Urkundenfälschung, Jura **1979** 630; *dies.* Erscheinungsformen der Urkunde, Jura **1980** 18; *dies.* Unzulässiges Handeln unter fremdem Namen als Urkundenfälschung, JR **1981** 441; *dies.* Zur Abgrenzung von Urkunden-„Echtheit“ und Urkundenwahrheit in Fällen von Namenstäuschung, Jura **1986** 22; *dies.* Die neue Rechtsprechung zu den Fälschungsdelikten – Teil 1, JZ **1986** 938; *dies.* Anmerkung zum Urteil des OLG Celle vom 8.4.1986 – NJW 1986, 2772, JuS **1987** 275; *dies.* Urkundenechtheit bei Handeln unter fremden Namen und Betrug in mittelbarer Täterschaft, JuS **1989** 361; *dies.* Die neue Rechtsprechung zu den Fälschungsdelikten, JZ **1991** 447, 550; *dies.* Die neue Rechtsprechung zu den Fälschungsdelikten, JZ **1997** 490; *dies.* Urkundenschutz im Computerzeitalter, Festgabe BGH (2000) 569; *dies.* Anmerkung zum Beschluss vom 14.9.2000 – 2 b Ss 222/00-64/00 I – NJW 2000, 167, NStZ **2001** 482; *dies.* Das Recht auf Wahrheit im Strafrecht, ZStW **130** (2018) 649; *dies.* Vorsatz und überschießende Innentendenzen, JZ **2022** 454; *Putzke* Klausur Strafrecht: Auszugshilfe, JuS **2019** 1094; *Radtke* Neue Formen der Datenspeicherung und das Urkundenstrafrecht, ZStW **115** (2003) 26; *Ransiek* Aussteller einer Urkunde und Täter der Falschangabedelikte, Festschrift Puppe (2011) 1269; *Rheineck* Zueignungsdelikte und Eigentümerinteresse (1979); *Richter* Urkundenfälschung an Stimm- und Wahlzetteln. Ein Wort zur Methode der Rechtsfindung, NJW **1954** 664; *Rojas* Dogmengeschichte der Urkundenfälschung, Festschrift Frisch (2013) 925; *Rönnau* Durchblick: Der Irrtum und seine Rechtsfolgen, JuS **2004** 667; *Rotsch* Klausur Strafrecht: Urkundenfälschung, Diebstahl und Betrug, JuS **2004** 607; *Saal* Anmerkung zum Urteil vom 8.10.1997 – 8 Ns 703 Js 48239/96 – NJW 1998, 2544, NZV **1998** 218; *Samson* Fälschung von Beweiszeichen? GA **1969** 353; *ders.* Grundprobleme der Urkundenfälschung, JuS **1970** 369; *ders.* Grundprobleme der Urkundenfälschung, JA **1979** 526, 658; *Sander/Fey* Anmerkung zum Urteil des BGH vom 29.6.1994 – 2 StR 160/94 – BGHSt 40, 203, JR **1995** 209; *Sättele* Anmerkung zum Beschluss des OLG Düsseldorf vom 14.9.2000 – 2 b Ss 222/00 – 64/00 I – NJW 2001, 167, StV **2001** 238; *Satzger* Die Europäisierung des Strafrechts (2001); *ders.* Der Begriff der „Urkunde“ im Strafgesetzbuch, Jura **2012** 106; *ders.* Herstellung und Gebrauchen einer gefälschten einfachen Urteilsabschrift als Urkundenfälschung, JK **2016** 1339; *Sax* Das rechtliche Verhältnis fälschlicher Herstellung (Verfälschung) und Gebrauchen einer Urkunde in § 267 StGB, MDR **1951** 587; *ders.* Probleme des Urkundenstrafrechts, Festschrift Peters (1974) 137; *Schäfer* Anmerkung zum Beschluss des BayObLG vom 1.4.1998 – 5 StRR 16/98 – NStZ-RR 1998, 331, NStZ **1999** 191; *Scheffler* Anmerkung zum Urteil des BGH vom 1.9.1992 – 1 StR 281/92 – BGHSt 38, 345, StV **1993** 470; *Schilling* Der strafrechtliche Schutz des Augenscheinsbeweises (1965); *ders.* Reform der Urkundenverbrechen (1971); *Schöning* Telegramm und Fernschreiben im Urkundenstrafrecht (1985); *Schröder* Anmerkung zum Urteil des BGH vom 12.1.1965 – 1 StR 480/64 – NJW 1965, 642, JR **1965** 232; *ders.* Anmerkung zum Urteil des BGH vom 11.5.1971 – 1 StR 387/70 – NJW 1971, 1812, JR **1971** 469; *Schroeder* Die Herbeiführung einer Unterschrift durch Täuschung oder Zwang, GA **1974** 225; *ders.* Urkundenfälschung durch Examenstäuschung? JuS **1981** 417; *ders.* Urkundenfälschung mit Auslandsberührung, NJW **1990** 1406; *ders.* Urkundenstraftaten an entwerteten Fahrkarten, JuS **1991** 301; *K. Schumann* Die elektronische Geldbörse auf Chipkartenbasis (2004); *Seier* Der Gebrauch falscher Namen und unzutreffender Zusatzbezeichnungen, JA **1979** 133; *Sieber* Computerkriminalität und Strafrecht, 2. Aufl. (1980); *Sieg* Zur Strafbarkeit der Änderung von Betriebsratsprotokollen, Festschrift Weber (2004) 347; *Sippel* Hehlerei an durch Scheckeinreichung erlangtem Bargeld? NStZ **1985** 348; *Sonnen* Anmerkung zum Urteil des OLG Köln vom 20.8.1980 – 3 Ss 553/80 – NJW 1981, 64, JA **1981** 309; *Stein* Anmerkung zum Beschluss des BayObLG vom 27.3.2002 – 5 St RR 71/02 – NJW 2003, 78, JR **2002** 39; *Steinberg/Bonnin* Übungsfall: „Heiße Quellen“, ZJS **2017** 342; *Steinmetz* Der Echtheitsbegriff im Tatbestand der Urkundenfälschung (§ 267 StGB) (1991); *Stoffers* Überblick über die Rechtsprechung zum Schutz ausländischer Rechtsgüter durch das deutsche Strafrecht, insbesondere im Bereich der Aussage- und Urkundendelikte, JA **1994** 76; *Stollenwerk* Gegenblitzanlagen und Radarwarngeräte, VD **1998** 182; *Streng* Das „Wahndelikt“ – ein Wahn? GA **2009** 529; *Stuckenberg* Zur Strafbarkeit von „Phishing“, ZStW **118** (2006) 878; *Stumpf* Gibt es im materiellen Strafrecht ein Verteidigerprivileg? NStZ **1997** 7; *Trentmann* Die behördliche Stempelung von Kfz-Kennzeichen – „keine bloße Formsache“, NZV **2014** 298; *Vahle* Strafrechtlicher Schutz urkundenmäßiger Informationsträger, DuD **1996** 73; *Vehslage* Digitale Aktenführung in der Verwaltung, VR **2001** 374; *M. Vormbaum* Das Handeln „zur Täuschung im Rechtsverkehr“, GA **2011** 167; *ders.* „Reichsbürger“ und Strafrecht, JR **2017** 503; *T. Vormbaum* Einführung in die moderne Strafrechtsgeschichte, 3. Aufl. (2016); *Waider/Madea* Zur ärztlichen und rechtlichen Problematik bei mehrfacher Todesbescheinigung, ArchKrim **1992** 176; *Walter* Klausur Strafrecht: Jupitersinfonie und Schlagerparade, Jura **2002** 415; *Weber* Fälschungsdelikte in Beziehung auf den Führerschein, Jura **1982** 66; *Wegschneider* Strafrechtlicher Urkundenbegriff und Informationsverarbeitung, CR **1989** 996; *Weidemann* Erstellen fingierter Fremdkostenbelege durch den faktischen Betriebsinhaber: Urkundenfälschung? NJW **1986** 1976; *Weigend* Strafrecht durch internationale Vereinbarungen – Verlust an nationaler Strafrechtskultur? ZStW **105** (1993) 774; *Weiß* Das abredewidrig ausgefüllte Blankett – echte oder unechte Urkunde? Jura **1993** 288; *Welp* Die Urkunde und ihr Duplikat, Festschrift Stree/Wessels (1993) 511; *Widmaier* Unechte oder scheinbare technische Aufzeichnungen? NJW **1970** 1358; *Wiese* Verwendung eines Kraftfahrzeugkennzeichens auf einer Klebefolie als Urkundenfälschung, JA **2016** 426; *Winkelbauer* Computerkriminalität und Strafrecht, CR **1985** 40; *Wohlers* Anmerkung zum Beschluss des OLG Düsseldorf vom 29.7.1999 – 2b Ss 60/99 – 32/99 I – JR 2001, 82, JR **2001** 83; *ders.* Strafverteidigung vor den Schranken der Strafgerichtsbarkeit, StV **2001** 420; *Wrage* Anmerkung zum Beschluss des OLG Köln vom 15.9.1998 – Ss 395/98 – NJW 1999, 1042, NStZ **2000** 32; *Wurm* Blanketterklärung und Rechtsscheinhaftung, JA **1986** 577; *Zaczyk* „Kopie" und „Original" bei der Urkundenfälschung, NJW **1989** 2515; *Zielinski* Urkundenfälschung durch Computer, Gedächtnisschrift Arm. Kaufmann (1989) 605; *ders.* Urkundenfälschung durch den vollmachtslosen Stellvertreter? wistra **1994** 1; *ders.* Urkundenfälschung durch Telefax, CR **1995** 286; *Zieschang* Die Gefährdungsdelikte (1998); *ders.* Besonders schwere Fälle und Regelbeispiele – ein legitimes Gesetzgebungskonzept? Jura **1999** 561; *ders.* Klausur Strafrecht: „Urkundentricks", JA **2008** 192; *ders.* Der Schutz des Einzelnen im materiellen Strafrecht vor unzulässigen Vernehmungsmethoden, Gedächtnisschrift Blumenwitz (2008) 313; *ders.* Urkundenfälschung beim Missbrauch vorhandener Befugnisse, Festgabe Paulus (2009) 197; *ders.* Das Konkurrenzverhältnis von Zustands- und Dauerdelikt, Festschrift Rissing-van Saan (2011) 787; *ders.* Anmerkung zum Beschluss des BGH vom 27.7.2012 – 1 StR 238/12 – NStZ-RR 2012, 343, HRRS **2013** 49; *ders.* Anmerkung zum Urteil des OLG Karlsruhe vom 23.1.2017 – 2 (4) Ss 401/16 – NJOZ 2018, 914, medstra **2017** 240; *ders.* Die Urkundenfälschung gemäß § 267 StGB, AD LEGENDUM **2020** 73; *ders.* Überlegungen zur Reform der §§ 277 bis 279 StGB, ZIS **2021** 481; *ders.* Preußenadler auf dem blauen Euro-Feld eines Kfz-Kennzeichens als Missbilligung der Europäischen Union – Strafbarkeit wegen Urkundenfälschung? Festschrift Sieber (2021) 357; *ders.* Die Reform der §§ 275, 277 bis 281 StGB durch das Gesetz zur Änderung des Infektionsschutzgesetzes und weiterer Gesetze anlässlich der Aufhebung der Feststellung der epidemischen Lage von nationaler Tragweite, ZFISTW **2022** 140.

Entstehungsgeschichte

Bereits das RStGB von 1871 enthielt in den §§ 267 ff. a.F. RStGB Vorschriften zur Urkundenfälschung.[1] § 267 a.F. RStGB hatte folgenden Wortlaut:

> *„Wer in rechtswidriger Absicht eine inländische oder ausländische öffentliche Urkunde oder eine solche Privaturkunde, welche zum Beweise von Rechten oder Rechtsverhältnissen von Erheblichkeit ist, verfälscht oder fälschlich anfertigt und von derselben zum Zwecke einer Täuschung Gebrauch macht, wird wegen Urkundenfälschung mit Gefängniß bestraft."*

Flankiert wurde diese Bestimmung durch die §§ 268 bis 270 a.F. RStGB.

§ 268 a.F. RStGB lautete:

> *„Eine Urkundenfälschung, welche in der Absicht begangen wird, sich oder einem Anderen einen Vermögensvortheil zu verschaffen oder einem Anderen Schaden zuzufügen, wird bestraft, wenn*
> 1. *die Urkunde eine Privaturkunde ist, mit Zuchthaus bis zu fünf Jahren, neben welchem auf Geldstrafe bis zu Eintausend Thalern erkannt werden kann;*
> 2. *die Urkunde eine öffentliche ist, mit Zuchthaus bis zu zehn Jahren, neben welchem auf Geldstrafe von funfzig bis zu zweitausend Thalern erkannt werden kann.*
>
> *Sind mildernde Umstände vorhanden, so tritt Gefängnißstrafe ein, welche bei der Fälschung einer Privaturkunde nicht unter Einer Woche, bei der Fälschung einer öffentlichen Urkunde nicht unter drei Monaten betragen soll. Neben der Gefängnißstrafe kann zugleich auf Geldstrafe bis zu Eintausend Thalern erkannt werden."*

§ 269 a.F. RStGB betraf die Blankettfälschung. Er lautete:

> *„Der fälschlichen Anfertigung einer Urkunde wird es gleich geachtet, wenn Jemand einem mit der Unterschrift eines Anderen versehenen Papiere ohne dessen Willen oder dessen Anordnungen zuwider durch Ausfüllung einen urkundlichen Inhalt gibt."*

§ 270 a.F. RStGB hatte folgenden Wortlaut:

> *„Der Urkundenfälschung wird es gleich geachtet, wenn Jemand von einer falschen oder verfälschten Urkunde, wissend, daß sie falsch oder verfälscht ist, zum Zwecke einer Täuschung Gebraucht macht."*

---

1 Vgl. zur historischen Entwicklung auch *Brockhaus* ZIS **2008** 556 ff.; *Prechtel* S. 7 ff.; *Puschke* Hb StrafR Bd. 5 § 42 Rdn. 5 f.; zudem *Rojas* FS Frisch 925.

Angelehnt war diese Systematik der Urkundendelikte im RStGB an das prStGB von 1851,[2] welches bereits die Urkundendelikte vom Betrug trennte.[3] § 247 prStGB lautete:

> *„Wer in der Absicht, sich oder Anderen Gewinn zu verschaffen oder Anderen Schaden zuzufügen, eine Urkunde verfälscht oder fälschlich anfertigt, und von derselben zum Zwecke der Täuschung Gebrauch macht, begeht eine Urkundenfälschung.*
> *Unter Urkunde ist jede Schrift zu verstehen, welche zum Beweise von Verträgen, Verfügungen, Verpflichtungen, Befreiungen oder überhaupt von Rechten oder Rechtsverhältnissen von Erheblichkeit ist.“*

Die Blankettfälschung war in § 248 prStGB geregelt, in § 249 prStGB der Gebrauch falscher oder verfälschter Urkunden. Die §§ 250, 251 prStGB sahen die Strafen vor, die sich insbesondere danach richteten, ob Gegenstand der Tat eine Privaturkunde oder eine öffentliche Urkunde war.

Die Regelungen zur Urkundenfälschung im RStGB blieben über siebzig Jahre lang unverändert. Eine grundlegende Neugestaltung der Vorschriften zur Urkundenfälschung erfolgte dann durch die Strafrechtsangleichungsverordnung des Reichsministers der Justiz[4] vom 29.5.1943.[5] Dass das Strafgesetz durch eine Verordnung geändert werden konnte, beruhte dabei letztlich auf dem Ermächtigungsgesetz vom 24.3.1933,[6] nach dessen ersten Artikel Reichsgesetze auch von der Reichsregierung beschlossen werden konnten.[7]

Durch die Strafrechtsangleichungsverordnung erhielt § 267 im Grundsatz seine heutige Gestalt. An die Stelle der §§ 267 bis 270 a.F. RStGB trat nunmehr allein § 267 a.F., der folgenden Wortlaut hatte:

> *„Wer zur Täuschung im Rechtsverkehr eine unechte Urkunde herstellt, eine echte Urkunde verfälscht oder eine unechte oder verfälschte Urkunde gebraucht, wird wegen Urkundenfälschung mit Gefängnis bestraft.*
> *Der Versuch ist strafbar.*
> *In schweren Fällen ist die Strafe Zuchthaus.“*

Die Strafrechtsangleichungsverordnung lehnte sich hierbei an den Strafgesetzentwurf 1936 an und damit an die Arbeit der amtlichen Strafrechtskommission.[8] Die 1943 in Kraft getretene Regelung zur Urkundenfälschung stimmt fast wörtlich mit § 386 E 1936[9] überein.

Seitdem spricht der Text nur noch von der „Urkunde“, ohne dass eine Differenzierung zwischen öffentlichen und Privaturkunden erfolgt. In der Begründung zum E 1936 ist insofern ausgeführt, für den Rechtsverkehr sei nicht ausschlaggebend, ob eine Urkunde eine öffentliche oder eine private ist.[10] Auch unterscheidet der Gesetzeswortlaut nicht mehr zwischen inländischen und ausländischen Urkunden. Zudem wurde der frühere Passus „zum Beweis von Rechten oder Rechtsverhältnissen von Erheblichkeit“ gestrichen. War in der Vorgängerregelung von „zum Zwecke einer Täuschung“ die Rede, lautet nun die Formulierung des besonderen subjektiven Merkmals „zur Täuschung“, zudem ist nicht mehr von „rechtswidriger Absicht“ die Rede.[11] Anders als vorher ist der Versuch strafbar.

War § 267 a.F. RStGB bis 1943 ein zweiaktiges Delikt, indem die Bestimmung zur Vollendung verlangte, dass nicht nur verfälscht oder fälschlich angefertigt, sondern auch von dieser Urkunde Gebrauch gemacht wird, genügt seitdem zur Vollendung allein das Herstellen einer unechten Urkunde oder das Verfälschen einer echten Urkunde oder das Gebrauchen einer unechten oder verfälschten Urkunde. In der Begründung zum E 1936 wird insofern ausgeführt, das Strafwürdige liege bei dieser Straftat schon in dem Fälschen, wie ja auch der Sprachgebrauch die Fälschung als das

---

2 *Brockhaus* ZIS **2008** 556, 563; *Vormbaum* S. 48.

3 Der Betrug war in § 241 prStGB geregelt.

4 Siehe insofern den „Erlaß des Führers über besondere Vollmachten des Reichsministers der Justiz“ vom 20.8.1942, RGBl. I, 535.

5 RGBl. I, 339; siehe dazu auch *Prechtel* S. 179 f.; *Vormbaum* S. 6 ff., 16 ff.

6 RGBl. I, 141 („Gesetz zur Behebung der Not von Volk und Reich“). Das Gesetz trat nach seinem Art. 5 zwar am 1.4.1937 außer Kraft. Es wurde jedoch mehrfach verlängert (RGBl. I 1937, 105; RGBl. I 1939, 95; RGBl. I 1943, 295).

7 *Vormbaum* S. 6, 9.

8 *Hartl* S. 319, 331; siehe zu dieser Kommission *Hartl* S. 71 ff.

9 § 386 E 1936 lautete: *„Wer zur Täuschung im Rechtsverkehr eine unechte Urkunde herstellt, eine echte Urkunde verfälscht oder eine unechte oder verfälschte Urkunde gebraucht, wird mit Gefängnis bestraft. In besonders schweren Fällen, insbesondere bei gewerbsmäßiger Begehung der Tat, ist die Strafe Zuchthaus.“*

10 Begründung zum E 1936, S. 238.

11 Siehe dazu schon Vorentwurf zu einem deutschen Strafgesetzbuch, Begründung, Besonderer Teil, 1909, S. 792: Wenig klares Merkmal, das dem Richter die Anwendung des Gesetzes erschwere.

Entscheidende betone.[12] Die Fälschung gefährde bereits das allgemeine Vertrauen in die Zuverlässigkeit des Urkundenbeweises, sie schaffe die Gefahr für die Sicherheit des Rechtsverkehrs.[13] Denn selbst wenn der Fälscher von der falschen Urkunde keinen Gebrauch macht, könne sie doch als Werkzeug zur Begehung der verschiedensten rechtswidrigen Handlungen auch dadurch wirksam werden, dass sie von einem Gutgläubigen straflos genutzt wird.[14]

Die Begründung des E 1936 führt weiter aus:[15] „Diese Änderung entspricht auch den Grundsätzen des Willensstrafrechts; denn bereits die Fälschung wird in der Regel offenbaren, daß ein strafwürdiger Wille sich betätigt. Voraussetzung ist jedoch, daß die Fälschung zum Zweck der Täuschung im Rechtsverkehr vorgenommen wird." Insofern kommt also hier nationalsozialistisches Gedankengut („Willensstrafrecht") zum Tragen. Andererseits muss man beachten und betonen, dass auch schon mehrere Strafgesetzentwürfe weit vor 1933 vorgeschlagen hatten, die Urkundenfälschung zum einaktigen Delikt umzugestalten.[16]

So sah erstmals der Vorentwurf zum StGB aus dem Jahr 1909 (E 1909) eine einaktige Ausgestaltung der Urkundenfälschung vor. § 282 E 1909 lautete:

> *„Wer eine Urkunde fälschlich anfertigt oder verfälscht, um sie zur Täuschung eines anderen über Rechte oder Rechtsverhältnisse zu gebrauchen, wird mit Gefängnis bis zu zwei Jahren, bei mildernden Umständen mit Haft bis zu zwei Jahren oder mit Geldstrafe bis zu dreitausend Mark bestraft.*
> *Wer in der gleichen Absicht von einer falschen Urkunde Gebrauch macht, wird mit Gefängnis bestraft.*
> *Bezweckte der Täter, sich oder einem anderen unrechtmäßigen Gewinn zu verschaffen oder einem anderen rechtswidrig Nachteil zuzufügen, so ist die Strafe Zuchthaus bis zu zehn Jahren, bei mildernden Umständen Gefängnis."*

In der Begründung zum Vorentwurf 1909 werden insofern mehrere Gesichtspunkte zugunsten einer einaktigen Ausgestaltung ausgeführt.[17] So folge man dem Vorbild zahlreicher Gesetze des Auslands. Zudem sei es widersprüchlich, dass bei § 267 a.F. RStGB die bloße Fälschung straflos bleibt, hingegen bei § 275 Nr. 2 a.F. RStGB das Fälschen ohne Gebrauchen genügt.[18] Weiterhin stehe dies im Einklang mit dem Sprachgebrauch, der „in charakteristischer und zutreffender Weise" die „Urkundenfälschung" als das Entscheidende betone.[19] Die Handlung des Fälschens sei sehr oft der bei weitem schwierigere Teil[20] des Delikts, denn nur dadurch werde ein Gebrauchmachen ermöglicht. Auch könne das Falsifikat als Werkzeug zur Begehung von Taten selbst dann wirksam werden, wenn es von einem Gutgläubigen straflos gebraucht werde.[21] Eine zu starke Ausdehnung der Strafbarkeit sei nicht zu befürchten, da dem Täter nachgewiesen werden müsse, dass er bei der Herstellung die Absicht gehabt hat, damit einen anderen über Rechte oder Rechtsverhältnisse zu täuschen. Dieser Nachweis sei nicht leicht zu führen; dadurch würden alle harmlosen Fälle aus dem Anwendungsbereich des Gesetzes ausscheiden. Liege hingegen die Täuschungsabsicht vor, sei die innere Rechtfertigung der Strafbarkeit schon mit der vollendeten Fälschung gegeben.[22]

Das Reichsjustizministerium hatte in seiner Begründung zur Strafrechtsangleichungsverordnung 1943 in Bezug auf die Urkundenfälschung angeführt, die bisherige deutsche Regelung sei sehr verwickelt und habe die Rechtspre-

---

12 Begründung zum E 1936, S. 237.

13 Begründung zum E 1936, S. 237 f.

14 Begründung zum E 1936, S. 238.

15 Begründung zum E 1936, S. 238.

16 Siehe bereits § 282 E 1909; (anders aber wieder § 209 E 1911 und § 237 E 1919); § 186 E 1922; § 187 E 1925; § 203 E 1927; § 203 E 1930; *Hartl* S. 331.

17 Siehe Vorentwurf zu einem deutschen Strafgesetzbuch, Begründung, Besonderer Teil, 1909, S. 790 f. Siehe auch die Begründung zum E 1925, S. 98 f. sowie die Begründung zum E 1927, RTDrucks. III/Nr. 3390 vom 19.5.1927 S. 106 f.

18 § 275 Nr. 2 a.F. RStGB lautete in der Ursprungsfassung: *„Mit Gefängniß nicht unter drei Monaten wird bestraft, wer... 2. unechtes Stempelpapier, unechte Stempelmarken, Stempelblankette oder Stempelabdrücke für Spielkarten, Kalender, Pässe, Zeitungen oder sonstige Drucksachen oder Schriftstücke, ingleichen wer unechte Post- oder Telegraphen-Freimarken oder gestempelte Briefcouverts in der Absicht anfertigt, sie als echt zu verwenden, ..."* Hingewiesen wird in der Begründung des Vorentwurfs u.a. auch auf §§ 271, 278, 348, 363 a.F. RStGB.

19 Vorentwurf zu einem deutschen Strafgesetzbuch, Begründung, Besonderer Teil, 1909, S. 791.

20 Im heutigen Verständnis: „schwerwiegendere Teil", „strafwürdigere Teil"; siehe insofern auch Begründung zum E 1925, S. 98.

21 Vorentwurf zu einem deutschen Strafgesetzbuch, Begründung, Besonderer Teil, 1909, S. 791.

22 Vorentwurf zu einem deutschen Strafgesetzbuch, Begründung, Besonderer Teil, 1909, S. 791. Andererseits wird angeführt, dass „ein wirklicher Schaden" immer erst durch das Gebrauchmachen eintreten kann. Daher belegte man im Entwurf 1909 die Fälschung als solche mit einer niedrigeren Strafe als das Gebrauchmachen.

chung durch unnötige Unterscheidungen und durch unzweckmäßige Beschränkungen der Entscheidungsfreiheit des Richters bei der Strafzumessung stark behindert.[23]

Im Hinblick auf die Formulierung des Herstellens einer unechten Urkunde führt die Begründung zum E 1936 aus, dadurch werde ohne sachliche Änderung die Art der strafbaren Tätigkeit deutlicher gekennzeichnet als mit der Wendung „fälschlich anfertigen".[24] Beim Verfälschen werde klargestellt, dass es sich um die nachträgliche Änderung einer echten Urkunde handelt.[25] Unecht sei sie, wenn sie nicht von dem angeblichen Aussteller herrührt oder falls der richtige Aussteller sie unbefugt ändert, nachdem sie in den Rechtsverkehr gelangt ist oder sonst seiner Verfügungsgewalt dadurch entzogen ist, dass ein anderer ein Recht auf die Unversehrtheit der Urkunde erlangt hat.[26]

Die Regelung in § 268 a.F. RStGB, also die Urkundenfälschung in Bereicherungs- oder Schädigungsabsicht, wurde gestrichen. Derartige Fälle seien nur zu einem kleinen Teil zuchthauswürdig.[27] Dafür sah § 267 a.F. in seinem dritten Absatz seit 1943 „in schweren Fällen" Zuchthaus vor. Auch die Blankettfälschung in § 269 a.F. RStGB wird nicht mehr ausdrücklich normiert, was einsichtig ist, denn sie fällt bereits unter § 267.[28] § 270 a.F. RStGB (Gebrauchmachen von einer falschen oder verfälschten Urkunde) bedurfte es nicht mehr, da § 267 seit 1943 bereits zur Vollendung das Gebrauchmachen als solches genügen lässt.

Nach dem Zweiten Weltkrieg wurde die Umgestaltung des § 267 durch die Strafrechtsangleichungsverordnung 1943 nicht wieder rückgängig gemacht.

Das 1. StrRG vom 25.6.1969[29] veränderte in § 267 Abs. 1 a.F. lediglich die Strafandrohung von „Gefängnis" in „Freiheitsstrafe bis zu fünf Jahren". § 267 Abs. 3 a.F. sah seitdem „Freiheitsstrafe nicht unter einem Jahr" vor.

Das EGStGB vom 2.3.1974[30] versah die Vorschrift mit der gesetzlichen Überschrift „Urkundenfälschung" und ergänzte § 267 Abs. 1 a.F. dahingehend, dass auch zu einer Geldstrafe verurteilt werden kann.[31] Der dritte Absatz erhielt die Formulierung „In besonders schweren Fällen ...".

Das 6. Strafrechtsreformgesetz vom 26.1.1998[32] gab dem heutigen dritten und vierten Absatz des § 267 ihre Prägung. Erst durch das Gesetz zur Bekämpfung der Korruption vom 20.11.2015[33] wurde aber in § 267 Abs. 3 Satz 2 Nr. 4 der Europäische Amtsträger aufgenommen.

Wegen der „maßstabbildenden Bedeutung"[34] der Regelbeispiele für die tatrichterliche Strafzumessung ergänzte das 6. StrRG u.a. den bis dato unbenannten besonders schweren Fall in § 267 Abs. 3 a.F. durch Regelbeispiele.[35] Für Fälle der Organisierten Kriminalität wurde der Verbrechenstatbestand des § 267 Abs. 4 eingeführt. Als Vorbild diente dafür § 260a.[36] Die Einstufung als Verbrechen führe zur Anwendung des § 30 und damit zu einer Strafbarkeit bereits im Vorfeld der Tatbegehung.[37]

Seit der Ergänzung des § 267 Abs. 3 durch das Korruptionsbekämpfungsgesetz 2015 ist § 267 unverändert geblieben.

---

23 Abgedruckt bei *Vormbaum* S. 82. Weiter wird ausgeführt, dem österreichischen Strafrecht seien die schwer übersehbaren und unzweckmäßigen Unterscheidungen des deutschen Rechts nicht bekannt. Es empfehle sich daher, in Anlehnung an die Regelung des österreichischen Strafgesetzbuchs den Tatbestand der Urkundenfälschung weitgehend zu vereinfachen. Insoweit ist aber anzumerken, dass das österreichische StGB von 1852 die Urkundenfälschung noch als einen Fall des Betrugs behandelte (§ 197 öStGB 1852). Erwähnt wurde die Urkundenfälschung ausdrücklich nur in § 201 Satz 1 a öStGB 1852. Es handelte sich hierbei um einen Umstand, der den Betrug bei einem höheren Schaden als 25 Gulden zum Verbrechen machte („wer falsche Privaturkunden verfertigt oder echte verfälscht").

24 Begründung zum E 1936, S. 238.

25 Begründung zum E 1936, S. 238.

26 Begründung zum E 1936, S. 238.

27 Begründung zum E 1936, S. 238.

28 So auch die Begründung zum E 1936, S. 239: „Das bedeutet keine sachliche Änderung". Ebenso die Blankettfälschung für überflüssig erachtend bereits Vorentwurf zu einem deutschen Strafgesetzbuch, Begründung, Besonderer Teil, 1909, S. 791 f. Siehe in diese Richtung etwa auch BGHSt **5** 295, 296 f.; RGSt **48** 342, 344; *von Hippel* Lehrbuch 1932, S. 346; *R. Schmidt* Strafrecht 1931, S. 325; siehe dazu auch Rdn. 155 ff.

29 BGBl. I, 645.

30 BGBl. I, 469.

31 Im Text des § 267 Abs. 1 a.F. strich man den Passus „wegen Urkundenfälschung".

32 BGBl. I, 164.

33 BGBl. I, 2025.

34 BGHSt **28** 318, 320.

35 BTDrucks. 13/8587 S. 42.

36 BTDrucks. 13/8587 S. 43.

37 BTDrucks. 13/8587 S. 43.

Übersicht

Alphabetische Übersicht

I. Allgemeine Bemerkungen

1. Geschütztes Rechtsgut

1 Nach ständiger Rechtsprechung[38] und überwiegender Ansicht im Schrifttum[39] schützt § 267 die **Sicherheit und Zuverlässigkeit des Rechtsverkehrs mit Urkunden im Sinne des Beweisverkehrs**. Der Rechtsverkehr muss und soll sich insbesondere darauf verlassen können, dass eine bestimmte körperlich fixierte Erklärung auch von demjenigen stammt, der aus der Urkunde als Erklärender her-

---

38 BGHSt **2** 50, 52; BGHSt **9** 44, 45; BGHSt **40** 203, 206; BGH BeckRS **2019** 30105; BGH BeckRS **2020** 36546; RGSt **50** 420, 421; RGSt **56** 235, 236; RGSt **76** 233, 234; BGHZ **100** 13, 15; BayObLG NJW **1998** 2917; VGH München BeckRS **2021** 7429.

39 *Bock* BT 1 S. 431, 433; *Brehmeier-Metz* AK Vor § 267 Rdn. 2; *Eisele* BT I Rdn. 781; *ders.* Computerstrafrecht § 44 Rdn. 1; *Fischer* Rdn 1; *Gössel/Dölling* BT 1 § 52 Rdn. 1; *Gribbohm* LK[11] Rdn. 1; *Sch/Schröder/Heine/Schuster* Rdn. 1 (die aber auch den Einzelnen als geschützt ansehen); *Heinrichs* S. 25; *Hohmann/Sander* BT § 17 Rdn. 1; *Jäger* BT Rdn. 626; *Joecks/Jäger* Vor § 267 Rdn. 1; *Krey/Hellmann/Heinrich* BT 1 Rdn. 1129; *Kulhanek* StV **2015** 725; *ders.* wistra **2021** 220; Lackner/Kühl/*Heger* Rdn. 1; *Otto* BT § 69 Rdn. 1; *Rengier* BT II § 33 Rdn. 1; *Sieg* FS Weber 347, 357; *Wessels/Hettinger/Engländer* BT 1 Rdn. 775; *Zieschang* FG Paulus 197, 208; vgl. zudem *Sieber* S. 251 ff., 265 ff., 272 f. Siehe auch *Maurach/Schroeder/Maiwald* BT 2 § 65 Rdn. 5 f. (Angriff auf das öffentliche Vertrauen und die Möglichkeit, Reinheit und Zuverlässigkeit des Urkundenbeweises; Zuverlässigkeit des Gewährschaftsträgers Urkunde).

vorgeht.[40] Er steht für diese Erklärung ein und kann für sie verantwortlich gemacht werden, sodass die Urkunde eine entsprechende Beweisfunktion zum Schutz des Rechtsverkehrs hat. Der Begriff des **Rechtsverkehrs** ist dabei **umfassend** zu verstehen; er betrifft sowohl den privaten als auch insbesondere den geschäftlichen, behördlichen und gerichtlichen Rechtsverkehr. Die Sicherheit des Rechtsverkehrs als **Kollektivwert** wird geschützt.[41] Das bedeutet gleichzeitig, dass ein **Allgemeinrechtsgut** in Rede steht.[42] Der Einzelne ist darüber **nicht dispositionsbefugt**.[43]

2 Dagegen wird die **inhaltliche Wahrheit** von § 267 **nicht geschützt**.[44] Vielmehr handelt es sich insoweit um einen Aspekt, der bei den Urkundendelikten nur bei besonderen Urkunden, nämlich den öffentlichen Urkunden (§§ 271, 348) sowie den Gesundheitszeugnissen (§ 278), eine Rolle spielt.[45]

3 Die hier dargestellte Rechtsgutskonzeption wird zum Teil im **Schrifttum kritisch** gesehen. So meinen etwa *Puppe/Schumann*, die Formel „Sicherheit und Zuverlässigkeit des Rechtsverkehrs mit Urkunden" sei teils pleonastisch (Sicherheit und Zuverlässigkeit), teils tautologisch (die Urkundendelikte schützen den Rechtsverkehr mit Urkunden).[46] Es gehe vielmehr in § 267 um das Interesse des Rechtsverkehrs, nicht über die Tatsache getäuscht zu werden, dass eine bestimmte Person eine Erklärung bestimmten Inhalts abgegeben hat.[47] Es bestehe ein eminentes Interesse aller Teilnehmer am Rechtsverkehr, von Scheinerklärungen verschont zu bleiben. Dies sei die Garantiefunktion der Urkunde.[48] Hierbei handele es sich um ein **Interesse des Einzelnen**, dem gegenüber die Urkunde gebraucht wird, und nicht um ein Rechtsgut der Allgemeinheit.[49] Es gehe um den Schutz der **individuellen Dispositionsfreiheit**,[50] also um den Schutz des Einzelnen vor der Gefahr, durch die Vorlage unechter Urkunden im Rechtsverkehr zu für ihn nachteiligen Dispositionen veranlasst zu werden.[51]

4 Zunächst ist festzustellen, dass die Umschreibung des geschützten Rechtsguts durch die h.M. nicht tautologisch ist. Wenn durch § 267 wie erläutert der Rechtsverkehr davor bewahrt werden soll, dass verkörperte Erklärungen nicht von demjenigen stammen, der sie anscheinend abgegeben hat, also Beweismittelschutz erfolgt, dann ist diese Umschreibung nicht tautologisch. Eher ist der Vorwurf des Pleonasmus nicht ganz von der Hand zu weisen, sofern man „Sicherheit" und „Zuverlässigkeit" als gleichbedeutende Wörter auffassen sollte. Andererseits betont der Begriff „Sicherheit" mehr den Aspekt, dass der Rechtsverkehr vor den mit unechten Urkunden verbundenen Risiken bewahrt werden soll und auf echte angewiesen ist,[52] hingegen betrifft das Wort „Zu-

---

40 *Zieschang* BT 1 Rdn. 768. Zu dem Gesichtspunkt, dass nach zutreffender Ansicht auch der Aussteller der Urkunde nach Verlust seiner Abänderungsbefugnis § 267 Abs. 1 Var. 2 verwirklichen kann, siehe unten Rdn. 173 ff.

41 *Klesczewski* BT § 17 Rdn. 4; *Puschke* Hb StrafR Bd. 5 § 42 Rdn. 15 f.; *Zieschang* AD LEGENDUM **2020** 73.

42 BGH BeckRS **2019** 30105; *Eisele* BT I Rdn. 781; *Kienapfel* Jura **1983** 185, 187; *Zieschang* FS Sieber 357, 361.

43 BayObLG NJW **1988** 1401; *Bock* BT 1 S. 431; *Eisele* BT I Rdn. 781; *Maurach/Schroeder/Maiwald* BT 2 § 65 Rdn. 8; *Zieschang* BT 1 Rdn. 769.

44 BGHSt **9** 44, 45; BGH bei Holtz MDR **1979** 806; *Brockhaus* ZIS **2008** 556; *Eisele* BT I Rdn. 780; *Sch/Schröder/Heine/Schuster* Rdn. 1a; Lackner/Kühl/*Heger* Rdn. 1; SSW/*Wittig* Rdn. 1.

45 Siehe zudem im Nebenstrafrecht §§ 74 Abs. 2, 75a IfSG.

46 *Puppe/Schumann* NK Rdn. 1 f.; *Puppe* ZStW **130** (2018) 649, 651, 660; kritisch auch *Erb* MK Rdn. 1 ff., 5; *Freund* Urkundenstraftaten Rdn. 3 ff.; *ders.* MK § 274 Rdn. 3; *Hoyer* SK Vor § 267 Rdn. 8 ff.; *Kienapfel* Jura **1983** 185, 187.

47 *Puppe/Schumann* NK Rdn. 4.

48 *Puppe/Schumann* NK Rdn. 6; siehe auch *Puppe* (1972) S. 175; *dies.* FG BGH (2000) 569, 570 ff.; *Schumann* S. 40; zustimmend *Erb* MK Rdn. 2 ff.

49 *Puppe/Schumann* NK Rdn. 8.

50 Siehe zu einem individualschützenden Ansatz Arzt/Weber/Heinrich/Hilgendorf BT § 30 Rdn. 1; *Erb* MK Rdn. 2 ff.; *Eßer* S. 27 ff., 34; *Freund* Urkundenstraftaten Rdn. 3 ff.; *Hoyer* SK Vor § 267 Rdn. 11 ff.; *Jakobs* S. 95; *Kargl* JA **2003** 604, 609; *Koch* HK-GS Rdn. 1; *Puppe/Schumann* NK Rdn. 8; *Puppe* Jura **1979** 630, 632; *dies.* JZ **1991** 550, 552; *dies.* FS BGH (2000) 569 ff.; *dies.* ZStW **130** (2018) 649, 662 f.; vgl. auch *Hefendehl* S. 244.

51 *Erb* MK Rdn. 2.

52 Unabhängig davon ist zu beachten, dass der Begriff „Sicherheit" für sich genommen offen ist und allein keine strafrechtliche Regelung zu rechtfertigen vermag, da dann tatsächlich nicht mehr von Rechtsgüterschutz gesprochen werden kann; *Zieschang* S. 354 ff.

verlässigkeit" mehr den Gesichtspunkt, dass der Aussteller für die verkörperte Erklärung einzustehen hat, er folglich als Garant hinter der Erklärung steht. Während also der Begriff „Sicherheit" eher die Allgemeinheit im Blick hat, geht es bei der Zuverlässigkeit insbesondere um den Aspekt der Bindungswirkung des Ausstellers. Auf diese Weise wird die Beweistauglichkeit hergestellt. Von daher kann man durchaus unterschiedliche Nuancen mit beiden Begriffen verbinden, was den Vorwurf des Pleonasmus entkräftet.

Weiterhin machen die vorangegangenen Überlegungen bereits hinreichend deutlich, dass es **nicht überzeugen kann**, § 267 **individualschützend** zu verstehen. Wenn der Rechtsverkehr vor unechten Urkunden bewahrt werden soll, verbietet es sich, dass der Einzelne darüber disponieren kann. Urkunden haben Beweismittelfunktion im Rechtsverkehr, die bei einer individualschützenden Betrachtung ausgehöhlt wird, unabhängig davon, dass der Begriff der „Dispositionsfreiheit" sehr vage ist.[53] Auch *Puppe/Schumann* sprechen im Übrigen vom „Interesse des Rechtsverkehrs",[54] also von nichts anderem als einem Allgemeinrechtsgut. Das **Funktionieren des Rechtsverkehrs** steht **nicht zur Disposition** des Einzelnen.[55] Zwar mag die Urkunde (zunächst) nur gegenüber einer bestimmten Person gebraucht werden, jedoch kann sie später auch in anderen, davon ganz unabhängigen mannigfaltigen Zusammenhängen (man denke etwa nur an Nachlassfragen oder Schadensersatzprozesse) Bedeutung gewinnen. Folglich besteht ein **Interesse der Allgemeinheit** an der Echtheit der Urkunde, sodass eine rein individualschützende Sicht nicht zu überzeugen vermag. Das steht im Übrigen auch im Einklang mit der **historischen Entwicklung** der Urkundenfälschung, indem insofern auf den Schutz des Rechtsverkehrs abgestellt worden ist,[56] was durch den **Wortlaut** des § 267 („wer zur Täuschung im Rechtsverkehr ...") untermauert wird. Der Individualschutz ist nicht mehr als bloßer Rechtsreflex.[57] Wenn *Kindhäuser/Schramm* ausführen, es gehe um das „institutionelle Interesse an der Urkunde als Beweismittel",[58] verdeutlichen sie damit nochmals, dass richtigerweise ein Allgemeinrechtsgut in Rede steht. 5

Daran ändert sich auch nichts durch den Umstand, dass § 267 Abs. 3 Satz 2 Nr. 1 von der Bande spricht, „die sich zur fortgesetzten Begehung von Betrug oder Urkundenfälschung verbunden hat", und § 267 Abs. 3 Satz 2 Nr. 2 den „Vermögensverlust großen Ausmaßes" betrifft.[59] Dadurch wird § 267 nicht zum individualschützenden Delikt, insbesondere **nicht** (auch) zum Vermögensdelikt.[60] So handelt es sich ohnehin nur um bloße Strafzumessungsfaktoren, welche für die Rechtsnatur der Vor- 6

---

53 Vgl. auch *Kindhäuser/Schramm* BT I § 55 Rdn. 5: „diffus".

54 *Puppe/Schumann* NK Rdn. 4.

55 *Zieschang* FS Sieber 357, 361.

56 Siehe etwa nur die Ausführungen zur Urkundenfälschung in der Begründung zum E 1936, auf den die Änderungen durch die Strafrechtsangleichungsverordnung von 1943 zurückgehen: „Der eigentlich strafwürdige Gehalt der Urkundenfälschung liegt in der Gefährdung des Rechtsverkehrs, in der Bedrohung der Sicherheit und Zuverlässigkeit der Beweismittel, deren er bedarf"; Begründung zum E 1936, S. 236. Das hat im Übrigen nichts mit nationalsozialistischem Gedankengut zu tun. Vgl. auch Begründung zum E 1962, BTDrucks. IV/650 S. 473: Die eigentliche Aufgabe der Urkundenstraftaten liegt darin, das Vertrauen, das im Rechtsverkehr in die Urkunden und ähnliche Beweismittel gesetzt wird, zu schützen. Das will der E 1962 auch dadurch zum Ausdruck bringen, dass er die Urkundenstraftaten in den Abschnitt „Straftaten gegen die öffentliche Ordnung" einstellt.

57 *Gribbohm* LK[11] Rdn. 2.

58 *Kindhäuser/Schramm* BT I § 55 Rdn. 4; kritisch dazu wiederum *Puppe/Schumann* NK Rdn. 2.

59 Beide Gesichtspunkte ziehen *Puppe/Schumann* NK Rdn. 8 zur Stützung ihrer These heran; sie formulieren: Zu einem Tatbestand, der ein Rechtsgut der Allgemeinheit schützen soll, „passt das nicht so recht".

60 Letzteres nehmen jedoch an: *Fischer* Rdn. 1; *Hohmann/Sander* BT § 17 Rdn. 1; *Matt/Renzikowski/Meier* Rdn. 1; wohl auch Spickhoff/*Schuhr* § 267 Rdn. 1; **dagegen** zu Recht *Erb* MK Rdn. 4; *Sch/Schröder/Heine/Schuster* Rdn. 1a; *Kargl* JA **2003** 604, 610 mit Fn. 65; *Maurach/Schroeder/Maiwald* BT 2 § 65 Rdn. 6; *Prechtel* S. 268 f.; SSW/*Wittig* Rdn. 2. Dass die Urkundendelikte unmittelbar nach dem 22. Abschnitt „Betrug und Untreue" geregelt sind, zeigt zwar immer noch die historisch bedingte Nähe der Urkundenfälschung zum Betrug, jedoch hat sich zwischenzeitlich richtigerweise die Einsicht durchgesetzt, dass § 267 vom Betrug zu unterscheiden ist, es insbesondere bei § 267 nicht um Vermögensschutz geht. Siehe *Maurach/Schroeder/Maiwald* BT 2 § 65 Rdn. 5: „In der modernen Auffassung ist die **Eigenständigkeit der Urkundenstraftaten** anerkannt" (Hervorhebung im Original).

schrift nicht maßgeblich sind;[61] zwar können sich Regelbeispiele auf das geschützte Rechtsgut einer Vorschrift beziehen, das muss aber nicht so sein. Entsprechend hat der Gesetzgeber in Bezug auf die Formulierung dieser Regelbeispiele in § 267 Abs. 3 ausgeführt, man knüpfe an tat- oder täterbezogene Umstände an, die nach der Rechtsprechung oder Literatur bereits auf der Grundlage des geltenden Rechts als besonders schwere Fälle gewertet werden und auch in anderen Strafzumessungsvorschriften bekannt sind,[62] ohne dass hierbei auch nur im Ansatz ersichtlich ist, dass der Gesetzgeber die Rechtsgutskonzeption des § 267 verändern wollte. Dass nicht der Individualschutz maßgeblich ist, zeigt sich im Übrigen auch daran, dass der Gebrauch einer inhaltlich wahren, jedoch unechten Urkunde nach § 267 strafbar ist.[63] In dieser Konstellation kann der Einzelne nämlich gar nicht zu nachteiligen Dispositionen verleitet werden. § 267 will vielmehr unabhängig vom Individualschutz vermeiden, dass selbst Wahres mit unechten Urkunden bewiesen wird. Zudem ist zu beachten, dass die Geistigkeitstheorie nicht eingreift, wenn zwar der Hintermann zustimmt, jedoch eine Vertretung unzulässig ist, wie dies zum Beispiel beim Anfertigen einer Klausur der Fall ist.[64] Ebenfalls hieran zeigt sich, dass keine Individual-, sondern Allgemeininteressen geschützt werden, über die der Einzelne nicht disponieren kann. Folglich ist § 267 auch kein Schutzgesetz im Sinne des § 823 Abs. 2 BGB[65] und scheidet im Übrigen als Vortat der Hehlerei aus.[66]

7 Natürlich geht § 267 nicht selten insbesondere einher mit Straftaten gegen das Vermögen (insbesondere § 263, aber etwa auch § 266) oder gegen andere Rechtsgüter.[67] Dadurch ändert sich aber an der Rechtsgutsbestimmung des § 267 nichts.[68] Um dies an einem Beispiel zu verdeutlichen: Wenn jemand einen anderen tötet und hierbei gleichzeitig Sachen beschädigt werden, bleibt es dabei, dass § 212 das Leben schützt und nicht auch das Eigentum anderer. Ebenso verhält es sich bei § 267: Die Tatsache, dass durch eine Urkundenstraftat auch andere Rechtsgüter betroffen sein können, ändert an der Rechtsgutsbestimmung des § 267 nichts.

8 Bis 1943 sprach der Gesetzestext von einer inländischen und ausländischen öffentlichen Urkunde sowie von einer solchen Privaturkunde, welche zum Beweise von Rechten oder Rechtsverhältnissen von Erheblichkeit ist. Damit waren folglich auch ausländische Urkunden umfasst, was sich durch die Neufassung im Jahr 1943 nicht geändert hat.[69] § 267 erfasst folglich auch **ausländische Urkunden**.[70] In der Konsequenz wird man nicht nur den **inländischen**, sondern **auch** den **ausländischen Rechtsverkehr** als geschützt anzusehen haben.[71] Mit dem Wortlaut des § 267 ist das vereinbar. Nicht selten gestaltet sich im Übrigen der Rechtsverkehr grenzüberschreitend, so-

---

61 *Zieschang* FS Sieber 357, 362.
62 BTDrucks. 13/8587 S. 42.
63 *Sch/Schröder/Heine/Schuster* Rdn. 1.
64 Siehe Rdn. 83.
65 Ebenso BGHZ **100** 13, 15; BGH NJW **2004** 1949, 1950; OLG Düsseldorf FamRZ **1994** 441, 442; *Sch/Schröder/Heine/Schuster* Rdn. 1a; SSW/*Wittig* Rdn. 2; **anders** aber *Erb* MK Rdn. 4; *Fischer* Rdn. 1; *Matt/Renzikowski/Maier* Rdn. 2; *Puppe/Schumann* NK Rdn. 8; *Puppe* JZ **1991** 550, 552 f.
66 *Sippel* NStZ **1985** 348, 349; SSW/*Wittig* Rdn. 2.
67 Siehe Arzt/Weber/Heinrich/Hilgendorf BT § 30 Rdn. 4 ff.
68 *Sch/Schröder/Heine/Schuster* Rdn. 1a; *Maurach/Schroeder/Maiwald* BT 2 § 65 Rdn. 6.
69 Vgl. dazu auch Begründung zum E 1936, S. 238.
70 Siehe BayObLG NJW **1980** 1057, 1058; BayObLG NJW **1990** 264, 265; OLG Hamm NStZ-RR 1998 331; OLG Stuttgart DAR **2012** 221; *Gribbohm* LK[11] Rdn. 1; Lackner/Kühl/*Heger* Rdn. 1 f.; *Matt/Renzikowski/Maier* Rdn. 3; *Schroeder* NJW **1990** 1406; *Stoffers* JA **1994** 76, 80; SSW/*Wittig* Rdn. 4. Siehe auch BGH NJW **1989** 3104; BGH NStZ-RR **2019** 125, wo ausgeführt wird, es bedürfe näherer Feststellungen zur konkreten Beschaffenheit eines ausländischen Kennzeichens an einem Kfz, um die Eigenschaft als (zusammengesetzte) Urkunde im Sinne des § 267 zu bejahen. Damit wird aber im Grundsatz anerkannt, dass auch ausländische Urkunden von § 267 erfasst sein können.
71 Für den Schutz des ausländischen Rechtsverkehrs auch *Sch/Schröder/Heine/Schuster* Rdn. 1b; *Matt/Renzikowski/Meier* Rdn. 3; *Satzger* S. 579; *Schroeder* NJW **1990** 1406, 1407; siehe auch KG JR **1981** 37; kritisch hingegen *Weigend* ZStW **105** (1993) 774, 780.

dass es auch sinnvoll erscheint, den ausländischen Rechtsverkehr einzubeziehen. Der Rechtsverkehr ist ein staatsunabhängiger Gemeinschaftswert.[72]

2. Rechtsnatur

Es handelt sich bei § 267 um ein **abstraktes Gefährdungsdelikt**, denn es ist nicht vorausgesetzt, dass das geschützte Rechtsgut tatsächlich beeinträchtigt ist.[73] Selbst wenn im Einzelfall von dem Falsifikat keinerlei Gefahr für den Rechtsverkehr ausgeht, ist die Vorschrift dennoch durch etwa das Herstellen der unechten Urkunde erfüllt, das typischerweise für den Rechtsverkehr gefährlich ist. Damit stellt sich auch für § 267 wie bei anderen abstrakten Gefährdungsdelikten, die man treffender – da allein ein Handeln in Rede steht – als abstrakte Gefährlichkeitsdelikte bezeichnen sollte,[74] das **Problem der Ungefährlichkeit im Einzelfall.**[75] Es ist unvereinbar mit dem Schuldprinzip, ein Verhalten zu bestrafen, das für ein Rechtsgut im konkreten Fall ungefährlich ist. Mildern ließe sich das Problem bei § 267 **de lege ferenda** durch eine Rückkehr zu einer zweiaktigen Ausgestaltung, indem objektiv allein die Herstellung einer unechten oder Verfälschung einer echten Urkunde für sich nicht genügt, sondern zusätzlich das Gebrauchen vorausgesetzt wird. Dann würden Fälle der absoluten Ungefährlichkeit zwar nicht gänzlich ausgeschlossen, da ja für das Gebrauchen bereits genügt, dass die Urkunde einem anderen bloß zugänglich gemacht wird,[76] wohl aber minimiert. Möglich wäre auch, die Vorschrift de lege ferenda zu einem konkreten Gefährlichkeitsdelikt[77] umzugestalten, indem es im Einzelfall aus der Sicht ex ante nicht ausgeschlossen sein darf, dass die Sicherheit und Zuverlässigkeit des Rechtsverkehrs beeinträchtigt wird. Erreichen ließe sich das etwa dadurch, dass man § 267 mit einer Eignungsklausel verknüpft („Wer in einer Weise, die geeignet ist, die Sicherheit und Zuverlässigkeit des Rechtsverkehrs zu beeinträchtigen, zur Täuschung im Rechtsverkehr ..."). Dadurch könnten Fälle der Ungefährlichkeit im Einzelfall tatbestandlich ausgeschieden werden. 9

De lege lata ist das Problem jeweils bei der **Auslegung der einzelnen Tatbestandsmerkmale** zu berücksichtigen. So ist etwa zu beachten, dass in Fällen der Ungefährlichkeit im Einzelfall bereits die Beweiseignung fehlen kann und damit gar keine Urkunde im Sinne des § 267 vorliegt.[78] 10

§ 267 ist ein **Jedermanndelikt** und stellt damit keine besonderen Anforderungen an die Täterqualität. Als Täter kommt folglich jede natürliche Person in Betracht. Dass mit § 348 in Bezug auf bestimmte Amtsträger hinsichtlich der Urkundendelikte ein echtes Sonderdelikt normiert ist, hat keine Auswirkungen auf § 267. Auch Amtsträger sind taugliche Täter des § 267,[79] ebenso etwa 11

72 *Gribbohm* LK[11] Rdn. 1; *Maurach/Schroeder/Maiwald* BT 2 § 64 Rdn. 9; *Schroeder* NJW **1990** 1406, 1407.

73 *Fischer* Rdn. 1; *Kindhäuser/Schramm* BT I § 55 Rdn. 4; *Zieschang* AD LEGENDUM **2020** 73 f.; *ders.* FS Sieber 357, 362; siehe auch BGHZ **100** 13, 15 f. Nur bezüglich § 267 Abs. 1 Var. 1 und 2 ein abstraktes Gefährdungsdelikt annehmend, dagegen die dritte Variante als konkretes Gefährdungsdelikt erachtend, *Freund* Urkundenstraftaten Rdn. 4 mit Fn. 11, 12; *Koch* HK-GS Rdn. 2; SSW/*Wittig* Rdn. 2. In der dritten Variante sogar von einem Verletzungsdelikt ausgehend *Puschke* Hb StrafR Bd. 5 § 42 Rdn. 22. Jedoch muss auch in der dritten Variante keine Situation eingetreten sein, bei der es nur noch vom Zufall abhängt, ob das geschützte Rechtsgut verletzt wird oder nicht, was indes die konkrete Gefährdung kennzeichnet; auch ist erst recht keine Rechtsgutsverletzung erforderlich. Der Adressat muss lediglich die Möglichkeit der Kenntnisnahme des Falsifikats haben; *Zieschang* FS Sieber 357, 362. Damit ist § 267 insgesamt ein abstraktes Gefährdungsdelikt und somit Tätigkeitsdelikt, woran sich nichts dadurch ändert, dass es sich bei der hergestellten Urkunde um ein „Außenweltereignis" handelt, denn geschützt wird die Sicherheit und Zuverlässigkeit des Rechtsverkehrs mit Urkunden, der durch die Existenz der Urkunde nicht stets automatisch beeinträchtigt ist; im Grundsatz abweichend und ein Tätigkeitsdelikt verneinend *Hölzel* S. 124 ff.

74 *Hirsch* FS Arth. Kaufmann 545, 550, 558; *Zieschang* S. 26, 172.

75 Dazu bereits *Zieschang* S. 349 ff., 374 ff.

76 Siehe insofern etwa *Hoyer* SK Rdn. 2.

77 Siehe zu dieser Deliktskategorie im Einzelnen *Zieschang* S. 53 ff.

78 Siehe Rdn. 56 f.

79 Beachte insofern auch § 267 Abs. 3 Satz 2 Nr. 4.

Ärzte und andere approbierte Medizinalpersonen, selbst wenn für diese wiederum mit § 278 ein Sonderdelikt existiert.

3. Bedeutung in der Praxis

12 In der Praxis bewegt sich die Anzahl der Verurteilungen wegen Urkundenfälschung gemäß § 267 Abs. 1 im unteren fünfstelligen Bereich (2009: 17.095; 2010: 16.801; 2011: 16.970; 2012: 16.711; 2013: 16.286; 2014: 16.088; 2015: 15.385; 2016: 15.928; 2017: 17.508; 2018: 18.375; 2019: 17.749; 2020: 17.573; 2021: 17.367).[80] Im Vergleich dazu wird wegen Urkundenfälschung in einem besonders schweren Fall (§ 267 Abs. 1, Abs. 3) sowie wegen des Verbrechenstatbestands gemäß § 267 Abs. 4 eher selten verurteilt (2009: 217; 2010: 217; 2011: 194; 2012: 222; 2013: 223; 2014: 209; 2015: 189; 2016: 210; 2017: 224; 2018: 205; 2019: 192; 2020: 210; 2021: 241).[81] Die Anzahl der erfassten Fälle von Straftaten nach § 267 liegt in den letzten Jahren im mittleren fünfstelligen Bereich.[82] Die Aufklärungsquote ist im Schnitt bei 87 % anzusiedeln. Die Anzahl der Tatverdächtigen liegt aktuell im mittleren fünfstelligen Bereich (2009: 34.575; 2010: 35.704; 2011: 37.837; 2012: 37.465; 2013: 36.652; 2014: 35.309; 2015: 35.747; 2016: 39.139; 2017: 45.624; 2018: 46.056; 2019: 43.396; 2020: 45.381; 2021: 48.698).

II. Der Begriff der Urkunde

13 Zentrales Merkmal des § 267 ist das der **Urkunde**, indem die Vorschrift das Herstellen einer unechten, das Verfälschen einer echten oder den Gebrauch einer unechten oder verfälschten Urkunde in Täuschungsabsicht pönalisiert. Der Gesetzgeber selbst definiert dabei den Begriff der Urkunde nicht.

14 Dagegen hatte der E 1962 in § 303 Abs. 3 E 1962 bestimmt:[83] „Urkunde ist eine in einer Schrift verkörperte Erklärung, die allgemein oder für Eingeweihte verständlich ist und den Aussteller erkennen läßt und die zum Beweis einer rechtlich erheblichen Tatsache bestimmt ist, gleichviel ob ihr die Bestimmung schon bei der Ausstellung oder erst später gegeben wird."[84]

15 Nach ständiger **Rechtsprechung**[85] und **herrschender Meinung im Schrifttum**[86] sind mit dem Urkundenbegriff **drei Voraussetzungen** verbunden: Danach ist eine **Urkunde eine verkör-**

---

80 Statistisches Bundesamt, Rechtspflege, Strafverfolgung, Fachserie 10 Reihe 3 für die Jahre 2009 bis 2021. Abgeurteilte: 2009: 20.461; 2010: 20.261; 2011: 20.338; 2012: 19.958; 2013: 19.182; 2014: 18.908; 2015: 17.978; 2016: 18.592; 2017: 20.155; 2018: 21.357; 2019: 20.337; 2020: 20.364; 2021: 20.156; siehe zur Häufigkeit auch die Angaben bei *Erb* MK Rdn. 11, 13.

81 Statistisches Bundesamt, Rechtspflege, Strafverfolgung, Fachserie 10 Reihe 3 für die Jahre 2009 bis 2021. Abgeurteilte: 2009: 249; 2010: 254; 2011: 228; 2012: 263; 2013: 253; 2014: 249; 2015: 204; 2016: 242; 2017: 257; 2018: 246; 2019: 225; 2020: 247; 2021: 281.

82 Laut PKS 2009: 41.428; 2010: 43.579; 2011: 44.957; 2012: 44.180; 2013: 44.037; 2014: 44.299; 2015: 44.444; 2016: 48.856; 2017: 54.193; 2018: 55.967; 2019: 53.826; 2020: 56.188; 2021: 59.965.

83 BTDrucks. IV/650 S. 60.

84 Hinzuweisen ist darauf, dass nach § 304 E 1962 eine Erweiterung erfolgte, indem eine in einem Tonträger oder in einem anderen technischen Mittel verkörperte Erklärung sowie Beweiszeichen den Urkunden gleichgestellt wurden.

85 BGHSt **3** 82, 84 f.; BGHSt **4** 284, 285; BGHSt **13** 235, 238 f.; BGHSt **16** 94, 96; BGHSt **17** 297, 298; BGHSt **24** 140, 141; BGHSt **45** 197, 200; BGH StV **1994** 18; BGH NStZ **2010** 703, 704; BGH NStZ **2011** 91; BGH NStZ-RR **2011** 213 f.; BGH NStZ **2013** 105; OGHSt **1** 253, 255; OGHSt **1** 373, 374; BayObLG NJW **1966** 748; BayObLG NJW **1989** 2553; BayObLG NStZ-RR **2002** 305; BayObLG BeckRS **2022** 22869; OLG Bremen NJW **1962** 1455; OLG Celle NJW **1960** 880; OLG Celle NStZ-RR **2008** 76; OLG Düsseldorf NJW **2001** 167; OLG Hamburg HESt **2** 21, 22; OLG Hamburg StV **2019** 394, 396; OLG Karlsruhe BeckRS **2019** 12710; OLG Koblenz NJW **1995** 1624, 1625; OLG Köln NJW **1999** 1042; OLG München NStZ-RR **2010** 173; OLG München BeckRS **2018** 23716; OLG Rostock BeckRS **2003** 18131; OLG Stuttgart NJW **1950** 197; OLG Stuttgart NJW **1954** 486; OLG Stuttgart NJW **2006** 2869.

86 *Baier* JuS **2004** 56; *Bock* BT 1 S. 433; *Brandt* S. 98; *Dreher* JuS **2007** 459, 463; *Eisele* BT I Rdn. 784; *ders.* Computerstrafrecht § 44 Rdn. 3; *Fischer* Rdn. 2; *Gössel/Dölling* BT 1 § 52 Rdn. 2; *Haurand* Kriminalistik **2004** 63; *Sch/Schröder/Heine/Schuster* Rdn. 2; *Hilgendorf/Valerius* BT I § 10 Rdn. 7; *Hohmann/Sander* BT § 17 Rdn. 3; *Jäger* BT Rdn. 628; *Jahn* JuS **2010**

perte Gedankenerklärung, die geeignet und bestimmt ist, im Rechtsverkehr Beweis zu erbringen, und ihren Aussteller erkennen lässt. Bereits das Reichsgericht hat den Begriff der Urkunde so verstanden[87] und der BGH ist dem gefolgt. Bei der verkörperten Gedankenerklärung geht es um die **Perpetuierungsfunktion**, bei der Beweisbestimmung und -eignung um die **Beweisfunktion** und bei der Erkennbarkeit des Ausstellers um die **Garantiefunktion** der Urkunde.[88]

Die angeführte Definition macht deutlich, dass sie **nicht nur schriftliche Urkunden** betrifft, 16
sondern auch **Beweiszeichen.**[89] Der Urkundenbegriff umfasst also nicht nur Worte, sondern auch Zeichen und Symbole können eine Gedankenerklärung darstellen. Dieser Urkundenbegriff des materiellen Strafrechts ist folglich auch vom prozessualen zu unterscheiden, bei dem es gemäß § 249 Abs. 1 StPO insbesondere um die Verlesbarkeit geht.

Abweichend von dem hier dargestellten Urkundenbegriff wird zum Teil in der Lehre ein 17
engerer Urkundenbegriff befürwortet, der sich auf aus sich selbst heraus verständliche **Schriftstücke** beschränkt.[90] Danach sind Urkunden nur schriftliche Gedankenerklärungen, wie dies etwa bei einem Testament, bei Zeugnissen, schriftlichen Verträgen oder Urteilen der Fall ist. Wenn sich eine Gedankenerklärung in Kreuzen, Kreisen oder Strichen erschöpfe, sei die Grenze des Sprachgebrauchs des täglichen Lebens in Bezug auf den Urkundenbegriff überschritten, sodass einer Einbeziehung der Grundsatz „nulla poena sine lege" entgegenstehe.[91] Auch die Historie wird zur Stützung der Auffassung angeführt; so bezeichnet § 247 Abs. 2 prStGB die Urkunde als „Schrift". Folglich fallen nach dieser Auffassung bloße Beweiszeichen nicht unter den Urkundenbegriff.

Insoweit ist jedoch zunächst einzuwenden, dass es nicht ungewöhnlich ist, wenn der juristische 18
vom natürlichen Sprachgebrauch abweicht, man denke nur an Begriffe wie „Besitz" und „Eigentum". Abgesehen davon wird man schon gar nicht sagen können, dass nach dem natürlichen Sprachgebrauch nur Schriftstücke Urkunden darstellen. Vor allem aber gebietet der doch allgemein gehaltene Wortlaut des § 267 („Urkunde") nicht diese Einengung des Urkundenbegriffs.[92] Weiterhin ist zu bedenken, dass sich etwa über den Schriftcharakter eines Autokennzeichens oder eines Künstlerzeichens durchaus streiten lässt.[93] Der Begriff der Schriftlichkeit ist also insbesondere auch im Hinblick auf Abkürzungen selbst relativ.[94] Abgekürzte Texte, aber auch Symbole und Zeichen können durchaus visuell wahrnehmbare Gedankenerklärungen enthalten. Letztlich sind Schriftzeichen im Übrigen auch

---

556, 557; *Kargl* JA **2003** 604, 606; *Kindhäuser/Schramm* BT I § 55 Rdn. 8; *Klesczewski* BT § 17 Rdn. 10; *Krey/Hellmann//Heinrich* BT 1 Rdn. 1113; *Küper/Zopfs* BT Rdn. 540; Lackner/Kühl/*Heger* Rdn. 2; *Maurach/Schroeder/Maiwald* BT 2 § 65 Rdn. 15; *Matt/Renzikowski/Maier* Rdn. 5; *Meurer* NJW **1995** 1655; *Nestler* ZJS **2010** 608; *Puschke* Hb StrafR Bd. 5 § 42 Rdn. 34; *Rengier* BT II § 32 Rdn. 1; *Satzger* Jura **2012** 106; Spickhoff/*Schuhr* § 267 Rdn. 5; *Weidemann* BeckOK Rdn. 3; *Wessels/Hettinger/Engländer* BT 1 Rdn. 776; SSW/*Wittig* Rdn. 7; *Zieschang* FG Paulus 197, 198; *ders.* JA **2008** 192, 194; *ders.* ZFISTW **2022** 140, 144; siehe zum Urkundenbegriff auch *Helle* S. 99 ff.; *Otto* BT § 70 Rdn. 2 ff.

87 Siehe RGSt **1** 162, 164; RGSt **17** 103, 106 f.; RGSt **17** 282, 283; RGSt **23** 236, 237; RGSt **34** 53 f.; RGSt **40** 261; RGSt **42** 97, 98; RGSt **53** 141; RGSt **61** 161; RGSt **64** 48, 49; RGSt **76** 205, 206; RGSt **77** 275, 277.

88 *Brehmeier-Metz* AK Rdn. 3 ff.; *Eisele* BT I Rdn. 784; *Hohmann/Sander* BT § 17 Rdn. 3; *Kindhäuser/Hilgendorf* LPK Rdn. 3; *Kindhäuser/Schramm* BT I § 55 Rdn. 9; *Küper/Zopfs* BT Rdn. 542 ff.; Lackner/Kühl/*Heger* Rdn. 1; *Matt/Renzikowski/Maier* Rdn. 6; *Satzger* Jura **2012** 106; *Weidemann* BeckOK Rdn. 4; *Wessels/Hettinger/Engländer* BT 1 Rdn. 776; *Zieschang* AD LEGENDUM **2020** 73, 74.

89 Siehe dazu Rdn. 101 ff.; BGHSt **9** 235, 236; BGHSt **16** 94, 97; RGSt **17** 352, 354; RGSt **34** 435, 438 f.; RGSt **76** 205, 206; BayObLG NJW **1966** 748 f.; BayObLG NJW **1980** 1057; OLG Karlsruhe BeckRS **2019** 12710; OLG Köln NJW **1999** 1042; *Bode/Ligocki* JuS **2015** 989, 990; *Erb* MK Rdn. 41 ff.; *Fischer* Rdn. 5; *Sch/Schröder/Heine/Schuster* Rdn. 20 f.; *Krey/Hellmann/Heinrich* BT 1 Rdn. 1116; Lackner/Kühl/*Heger* Rdn. 9.

90 *Binding* Lehrbuch BT Bd. 2 S. 180, 185; *Kienapfel* Urkunden S. 116 f.; *ders.* FS Würtenberger 187, 197 f.; *Mosiek* S. 94, 117 f.; *Otto* JuS **1987** 761, 762 f.; *ders.* BT § 70 Rdn. 9; *Samson* JuS **1970** 369, 372; *ders.* JA **1979** 526, 530; *Schilling* Augenscheinsbeweis S. 86 ff.; *Schmidhäuser* BT 14/10; *Welzel* § 59 II 1; vgl. auch *Hirsch* FS Tröndle 19, 31 f.

91 Siehe etwa *Samson* JuS **1970** 369, 372.

92 *Erb* MK Rdn. 42.

93 *Rengier* BT II § 32 Rdn. 21; *Zieschang* FG Paulus 197, 200.

94 *Maurach/Schroeder/Maiwald* BT 2 § 65 Rdn. 14.

nichts anderes als Symbole, die historisch zur Übermittlung von Erklärungen gewachsen sind.[95] Darüber hinaus verharrt der enge Urkundenbegriff zu stark in der Historie und beachtet nicht hinreichend das alltägliche Rechtsleben.[96] Im Rechtsverkehr werden beweiserhebliche Informationen vielfach in nichtschriftlicher Form, jedoch visuell erkennbar, festgehalten, denen der Rechtsverkehr ebenso Vertrauen entgegenbringt.[97] Der Echtheitsschutz greift unabhängig davon, ob eine Erklärung schriftlich oder über Symbole und Zeichen fixiert wird.[98] Hinzu kommt, dass in historischer Sicht der Gesetzgeber gerade nicht die Definition in § 247 Abs. 2 prStGB ins StGB übernommen hat, da nicht nur Schriften, sondern auch Beweiszeichen vom Urkundenbegriff erfasst sein sollten.[99]

19 Andere Autoren definieren die Urkunde als Verkörperung von schriftlichen Erklärungen, die ihren Aussteller erkennen lassen;[100] die Aspekte der Beweisbestimmung und -eignung seien entbehrlich, da inhaltsleer.[101] Insofern ist indes einzuwenden, dass beiden Merkmalen durchaus eine Eingrenzungsfunktion zukommen kann: So kann bei rein privaten Aufzeichnungen die Beweisbestimmung zu verneinen sein.[102] Über die fehlende Beweiseignung wiederum werden offensichtliche Manipulationen aus dem Urkundenbegriff ausgeschieden.[103] Beide Gesichtspunkte haben daher ihre **eigenständige Bedeutung**.

20 Auch *Puppe/Schumann* lehnen das Kriterium der Beweiseignung und -bestimmung ab. Für sie ist eine Urkunde eine Erklärung im Rechtsverkehr, die in dauerhaften Zeichen verkörpert ist und die Identität des Erklärenden (des Ausstellers) erkennen lässt.[104] Danach fielen insbesondere Zufallsurkunden aus dem Urkundenbegriff heraus.[105] Zudem sei eine unechte Urkunde schon gar keine Urkunde, so wie etwa unechtes Geld jedenfalls auch kein Geld sei.[106]

21 Letzteres ist aber bereits mit dem **Wortlaut** des § 267 **nicht vereinbar**, denn dann müsste § 267 Abs. 1 Var. 1 eher lauten „Wer ... eine scheinbare Urkunde herstellt ...". Wenn der Gesetzeswortlaut die Formulierung wählt „Wer ... eine unechte Urkunde herstellt ...", wird gerade zum Ausdruck gebracht, dass auch die unechte Urkunde eine solche ist. Eine derartige Sicht verstößt zudem gegen die **Systematik** der Urkundendelikte, denn in der Konsequenz wäre das Verfälschen einer echten Urkunde (§ 267 Abs. 1 Var. 2) in der Regel eine Urkundenunterdrückung, also in § 274 anzusiedeln, was gerade nicht der Fall ist. Für den Rechtsverkehr, der durch § 267 geschützt werden soll, stellt sich die verkörperte Gedankenerklärung auch dann als Urkunde dar, wenn der hervorgehende Aussteller nicht der wahre ist; sie ist eben nur nicht echt. Gerade vor solchen Urkunden soll der Rechtsverkehr bewahrt werden.[107]

---

95 *Erb* MK Rdn. 45; *Obermaier* S. 80; *Puppe* Jura **1980** 18, 20; *Zieschang* FS Sieber 357, 359.

96 Vgl. auch *Sch/Schröder/Heine/Schuster* Rdn. 21.

97 *Rengier* BT II § 32 Rdn. 21; *Zieschang* FG Paulus, 197, 200; vgl. auch *Klesczewski* BT § 17 Rdn. 14 f.

98 Vgl. auch *Puppe/Schumann* NK Rdn. 54; *Zieschang* FS Sieber 357, 359.

99 Siehe die Motive zum Strafgesetzbuch für den Norddeutschen Bund S. 79; RGSt **17** 352, 354.

100 So *Kienapfel* ZStW **82** (1970) 344, 376; siehe auch ähnlich *Otto* BT § 70 Rdn. 24. Zu dem Umstand, dass der Urkundenbegriff entgegen dieser Definition nicht nur Schriftstücke umfasst, siehe bereits Rdn. 16 ff.

101 *Kienapfel* ZStW **82** (1970) 344, 374 f., 378; *Otto* JuS **1987** 761, 762; *ders.* BT § 70 Rdn. 18 ff.; *Schmidhäuser* BT 14/8.

102 Ihnen kann aber durchaus nachträglich eine Beweisbestimmung gegeben werden; siehe Rdn. 65 ff.

103 Siehe Rdn. 56 f.

104 *Puppe/Schumann* NK Rdn. 17; *Puppe* Jura **1979** 630, 636; auch *Erb* MK Rdn. 25.

105 *Erb* MK Rdn. 34 ff.; *ders.* FS Puppe 1107, 1113; *Puppe/Schumann* NK Rdn. 9 ff.; *Puppe* Jura **1979** 630, 633 f.; die Zufallsurkunde ebenfalls ablehnend etwa *Eßer* S. 36 f.; *Kargl* JA **2003** 604, 606; *Klesczewski* BT § 17 Rdn. 19 f.; *Schilling* Urkundenverbrechen S. 53 ff., 60; *Hoyer* SK Rdn. 39; *Jakobs* S. 56 f.

106 *Puppe/Schumann* NK Rdn. 18; *Puppe* JZ **1986** 938; *dies.* Jura **1986** 22, 23; die unechte Urkunde als Nicht-Urkunde auffassend ebenfalls *Binding* Lehrbuch BT Bd. 2 S. 230; *Erb* MK Rdn. 27 ff.; *ders.* GA **1998** 577, 586; *Freund* Urkundenstraftaten Rdn. 128; *Gustafsson* S. 100; *Puschke* Hb StrafR Bd. 5 § 42 Rdn. 42; *Welp* FS Stree/Wessels 511, 524; *Widmaier* NJW **1970** 1358, 1359; *Zielinski* CR **1995** 286, 289.

107 Bei der unechten Urkunde die Urkundeneigenschaft ebenfalls bejahend etwa *Ennuschat* S. 20; *Hoyer* SK Rdn. 5 f.; *Küper/Zopfs* BT Rdn. 543; *Mitsch* NStZ **1994** 88, 89.

Im Hinblick auf die Zufallsurkunde[108] ist anzumerken, dass es vor dem Hintergrund des von § 267 geschützten Rechtsguts – die Sicherheit und Zuverlässigkeit des Rechtsverkehrs mit Urkunden im Sinne des Beweisverkehrs – durchaus Sachlagen gibt, dass ein Schriftstück erst nachträglich Beweisbedeutung erlangt. Die besondere Bedeutung einer verkörperten Gedankenerklärung für den Rechtsverkehr muss eben nicht von Anfang an gegeben sein. So mögen zunächst rein private Aufzeichnungen etwa in einem späteren gerichtlichen Verfahren erst Beweisrelevanz erhalten. Ab diesem Zeitpunkt ist es für den Rechtsverkehr von besonderer Bedeutung, dass die Erklärung von demjenigen stammt, der als Erklärender aus der Urkunde hervorgeht. Ebenso wie es möglich ist, dass die Beweisbestimmung bei Urkunden nachträglich wegfallen kann, so etwa bei zum Einstampfen vorgesehenen Bahnfahrkarten,[109] kommt umgekehrt in Betracht, dass die Beweisbestimmung erst später entsteht. Letztlich ist das nichts anderes als eine Konsequenz aus der Rechtsgutskonzeption des § 267. Für diese – also für den Rechtsverkehr – spielt es nämlich keine Rolle, wann die Erklärung beweiserheblich wird, also von vornherein oder erst später. Es verhält sich ebenso wie bei der technischen Aufzeichnung im Sinne des § 268 Abs. 2, die ausweislich der Legaldefinition zum Beweis einer rechtlich erheblichen Tatsache bestimmt sein muss, „gleichviel ob ihr die Bestimmung schon bei der Herstellung oder erst später gegeben wird".[110] Sinn und Zweck des § 267 sowie die Gesetzessystematik sprechen folglich dafür, auch sogenannte Zufallsurkunden anzuerkennen. 22

Während nach der herrschenden Meinung eine dauerhaft verkörperte sowie zum Beweis geeignete und bestimmte Gedankenerklärung tatsächlich vorliegen muss, will *Hoyer* es für die Urkundenfälschung ausreichen lassen, dass auch diese Merkmale nur scheinbar gegeben sind.[111] Ebenfalls ein mit sich verflüchtigender Geheimtinte geschriebener Brief ist danach tauglicher Gegenstand einer Urkundenfälschung. Insoweit ist zunächst anzumerken, dass an die Dauerhaftigkeit keine zu hohen Anforderungen zu stellen sind. So reicht eben dafür etwa auch schon eine Bleistiftnotiz aus, selbst wenn sie unproblematisch ausradiert werden kann.[112] Ebenfalls bei verblassender oder sich verflüchtigender Tinte kann daher durchaus tatsächlich Dauerhaftigkeit gegeben sein. Unabhängig davon vermag jedoch die von *Hoyer* vollzogene Ausweitung nicht zu überzeugen. Wenn nämlich der hinter der Urkundenfälschung maßgebliche Gedanke ist, dass derjenige, welcher als Aussteller hervortritt, an seiner Erklärung festgehalten werden können soll, er als Garant hinter einer bestimmten fixierten Erklärung steht, dann muss aber zunächst als Mindestanforderung überhaupt auch tatsächlich eine perpetuierte und zum Beweis geeignete sowie bestimmte Erklärung vorliegen und dies nicht nur scheinbar der Fall sein. Die Perpetuierung macht gerade das Besondere und die Bedeutung der Urkunde aus, hieraus ergibt sich ihr Wert für den Rechtsverkehr.[113] Das ist der Anknüpfungspunkt für den Echtheitsschutz; dieser greift eben nur unter Mindestvoraussetzungen, und dazu zählt die Dauerhaftigkeit sowie Beweisbestimmung und -eignung. Von daher kann die von *Hoyer* vorgeschlagene Ausweitung nicht befürwortet werden, ganz unabhängig von dem Umstand, dass ihr ohnehin kaum Praxisrelevanz zukommen dürfte. 23

Jakobs versteht unter der Urkunde „jede verkörperte Erklärung, die Rechtswirkungen hervorzurufen prätendiert ...".[114] Hierbei befürwortet er einen relativen Urkundenbegriff, wobei er die Akzessorietät der Urkundenfälschung zum Zivilrecht herausstellen möchte.[115] Verspreche jemand einem anderen eine Leistung, binde er sich damit gegenüber diesem; nur dessen Recht wird durch 24

108 Siehe dazu im Einzelnen Rdn. 65 ff.

109 BGHSt **4** 284, 285.

110 Ebenso *Kindhäuser/Schramm* BT I § 55 Rdn. 25; *Matt/Renzikowski/Maier* Rdn. 7. Siehe auch § 303 Abs. 3 E 1962, bei dem in der Urkundendefinition die nachträgliche Beweisbestimmung ausdrücklich enthalten ist.

111 *Hoyer* SK Rdn. 6 ff.; ebenso *Gustafsson* S. 103; *Joecks/Jäger* Rdn. 16.

112 *Blei* II S. 310; *Puschke* Hb StrafR Bd. 5 § 42 Rdn. 43.

113 *Samson* JuS **1970** 369, 370 f.

114 *Jakobs* S. 51; vgl. auch *dens.* FS Küper 225, 231.

115 *Jakobs* S. 44; siehe auch *dens.* FS Küper 225, 229 ff.

den Umgang mit einer unechten Urkunde verletzt. Dritte Personen können in der Regel daraus keine Ansprüche herleiten.[116] Indessen wird bei einer solchen Sicht der Eigenständigkeit der strafrechtlichen Beurteilung gegenüber dem Zivilrecht nicht hinreichend Rechnung getragen. Zudem erscheinen die verwendeten Begrifflichkeiten („Rechtswirkungen hervorzurufen prätendiert") kaum praxistauglich. Der von *Jakobs* befürwortete Urkundenbegriff ist darüber hinaus weder im Wortlaut des § 267 angelegt, noch gibt es dafür Anhaltspunkte in systematischer, teleologischer oder historischer Sicht. Im Gegenteil geht es bei § 267 um den Schutz des Rechtsverkehrs zu Beweiszwecken, der umfassend gilt und gerade keine Relativierungen zulässt.[117]

III. Die einzelnen Merkmale des Urkundenbegriffs

25 Die bisherigen Erläuterungen haben ergeben, dass der von der Rechtsprechung und überwiegenden Ansicht im Schrifttum vertretene Urkundenbegriff zu befürworten ist und davon abweichende Standpunkte nicht zu überzeugen vermögen. Es geht also bei der **Urkunde** um eine **verkörperte Gedankenerklärung, die zum Beweis im Rechtsverkehr geeignet und bestimmt ist und ihren Aussteller erkennen lässt**. Erfasst werden dabei nicht nur **inländische**, sondern auch **ausländische** Urkunden,[118] zudem spielt es für § 267 keine Rolle, ob es sich um **private** oder um **öffentliche** Urkunden[119] handelt.[120]

1. Die verkörperte Gedankenerklärung

26 Bei diesem ersten Merkmal des dreigliedrigen Urkundenbegriffs geht es um die **Perpetuierungsfunktion** der Urkunde.[121] Nur wenn eine menschliche Gedankenerklärung hinreichend stofflich fixiert ist, greift die Beweismittelfunktion zum Schutz des Rechtsverkehrs ein.

27 **a) Die Gedankenerklärung.** Es muss sich um die Erklärung eines menschlichen Gedankens handeln.[122] Eine Erklärung ist dadurch gekennzeichnet, dass sie über ihr körperliches Dasein hinausgeht und aufgrund ihres geistigen Inhalts auf das Verständnis anderer einwirkt.[123]

28 Unproblematisch liegt eine **menschliche** Erklärung vor, falls diese von einer natürlichen Person handschriftlich aufgesetzt wird. Regelmäßig benutzt der Betreffende dabei zur Fixierung der Erklärung Hilfsmittel (Füllfederhalter, Kugelschreiber, Tintenroller, Bleistift), wenn das auch nicht zwingend ist, man denke etwa an das mit dem Fingernagel erfolgende Einritzen von Erklärungen in eine druckempfindliche Unterlage.

29 Möglich ist auch, dass der Betreffende ein Schreiben über die Tastatur eines **Computers** erstellt, das dann ausgedruckt wird. Zwar findet dann eine elektronische Datenverarbeitung statt, indem u.a. ein Schreibprogramm benutzt wird und die Informationen an den Drucker übermittelt werden, dennoch ändert das am Vorliegen der menschlichen Gedankenerklärung nichts: Maßgeb-

---

116 *Jakobs* FS Küper 225, 233.

117 Siehe auch *Kindhäuser/Schramm* BT I § 55 Rdn. 5 f.

118 Siehe bereits Rdn. 8.

119 Siehe zu diesem Begriff *Zieschang* LK § 348 Rdn. 12 ff.

120 *Sch/Schröder/Heine/Schuster* Rdn. 47; *Wessels/Hettinger/Engländer* BT 1 Rdn. 800.

121 *Koch* HK-GS Rdn. 6; *Rengier* BT II § 32 Rdn. 1; *Wiese* JA **2016** 426.

122 *Hohmann/Sander* BT § 17 Rdn. 4 f. Das Merkmal „menschlich" dient dazu, noch deutlicher die Abgrenzung zu rein technisch ablaufenden Aufzeichnungsvorgängen durchzuführen, die sich kein Mensch zu eigen macht; vgl. *Krey/Hellmann/Heinrich* BT 1 Rdn. 1114.

123 RGSt 17 103, 106; *Brehmeier-Metz* AK Rdn. 4; *Fischer* Rdn. 3; *Weidemann* BeckOK Rdn. 5; *Zieschang* AD LEGENDUM **2020** 73, 74.

lich ist nämlich, dass das Schreiben von dem Betreffenden **autorisiert** ist, er **es sich zu eigen** macht.[124] Die Tastatur ist damit letztlich vergleichbar mit dem Stift, der Drucker entspricht der Mine im Stift. Es handelt sich um Fälle der **technischen Schreibhilfe**.[125] Auch beim Einsatz von digitalen Hilfsmitteln kann folglich eine menschliche Gedankenerklärung vorliegen.

Der Gesichtspunkt der Autorisierung ist auch entscheidend, falls ein eigenständiger Verarbei- 30
tungsprozess in dem Sinne stattfindet, dass aus den eingegebenen Informationen neue selbständige Informationen produziert werden. Wenn etwa der Sachbearbeiter im Finanzamt die steuerrelevanten Daten eingibt und das Computerprogramm die festzusetzende Steuer ermittelt, fragt sich, ob es sich bei dem Steuerbescheid noch um eine menschliche Gedankenerklärung handelt. Hierbei darauf abzustellen, dass die maßgeblichen Daten auf ein menschliches Handeln zurückgehen,[126] sodass man noch von einer Gedankenerklärung sprechen kann, erscheint als Kriterium zu vage, gehen doch derzeit jedenfalls (noch) regelmäßig Programmierungen ursprünglich auf menschliches Handeln zurück. Auch hier ist daher entscheidend auf die **Autorisierung** durch den Menschen abzustellen; einer Gedankenerklärung steht folglich nicht der Umstand entgegen, dass sie in einem automatisierten Verfahren hergestellt wird.[127] Entsprechendes gilt, wenn der Sachbearbeiter einer Personalabteilung Gehaltsdaten eines Mitarbeiters in den Computer eingibt, wobei dann selbständig das Nettogehalt ausgerechnet und der Gehaltsauszug produziert wird; ebenfalls sind zu nennen automatisch erstellte Gas-, Strom-, Wasser- und Telefonabrechnungen sowie Kontoauszüge oder Bußgeldbescheide. Richtig hat das OLG Köln in Bezug auf einen durch einen Automaten ausgeworfenen Parkschein ausgeführt, der Betreiber der Parkscheinautomaten könne sich als eigene Erklärung auch das Ergebnis einer Datenverarbeitung zu eigen machen, selbst wenn ihm die Überprüfung wegen der Art der maschinellen Verarbeitung nicht möglich ist, er könne das Ergebnis im Voraus autorisieren.[128]

Wird beim Online-Wechsel des Gas- oder Stromanbieters angeboten, dass mit „nur einem 31
Klick" der aktuelle Vertrag gekündigt wird, ist das vollautomatisch erstellte und an den bisherigen Gas- oder Stromlieferanten gesendete Schreiben, falls es ausgedruckt und damit stofflich fixiert wird, eine verkörperte Gedankenerklärung, da es von dem Kunden autorisiert wurde. Die Nutzung automatischer Verarbeitungsprozesse bedeutet also keineswegs, dass es an einer verkörperten Gedankenerklärung fehlen muss.

Auch wenn folglich – um ein weiteres Beispiel zu nennen – beim Abwiegen von Obst der 32
Preis nach Eingabe der Obstsorte automatisch ermittelt wird, geht es bei dem Ausdruck um eine autorisierte und stofflich fixierte Gedankenerklärung des Supermarktbetreibers. Gleichzeitig macht diese Konstellation wie etwa auch der Parkscheinfall[129] deutlich, dass im Einzelfall hinsichtlich ein- und desselben Schriftstücks sowohl eine verkörperte Gedankenerklärung als auch eine

---

124 Siehe zu dieser Art von Urkunden BTDrucks. 10/318 S. 32; OLG Köln NJW **2002** 527, 528; OLG München JZ **1977** 408, 410; *Erb* MK Rdn. 106; *Hartmann* S. 12 f.; *Kindhäuser/Schramm* BT I § 55 Rdn. 28; *Koch* HK-GS Rdn. 8; Lackner/Kühl/*Heger* Rdn. 4; *Matt/Renzikowski/Maier* Rdn. 9; *Puppe/Schumann* NK Rdn. 29 ff.; *Puppe* Jura **1979** 630, 636; *Radtke* ZStW **115** (2003) 26, 44 f.; *Weidemann* BeckOK Rdn. 6; *Welp* FS Stree/Wessels 511, 516; *Winkelbauer* CR **1985** 40, 41 f.; SSW/*Wittig* Rdn. 14; *Zielinski* GS Armin Kaufmann 605, 607 ff.; kritisch *Lampe* GA **1975** 1, 8 f.

125 *Gribbohm* LK[11] Rdn. 15; SSW/*Wittig* Rdn. 14; *Zieschang* BT 1 Rdn. 777.

126 Siehe *Sch/Schröder/Heine/Schuster* Rdn. 4; *Hoyer* SK Rdn. 20; *Koch* HK-GS Rdn. 8.

127 OLG Köln NJW **2002** 527, 528. Da das Vorliegen einer Urkunde nicht voraussetzt, dass sie unterschrieben ist (sofern sich der Aussteller im Übrigen unter Zuhilfenahme der Urkunde ermitteln lässt), liegt auch dann eine Urkunde vor, wenn der Hinweis erfolgt, das Schreiben sei „maschinell erstellt und ohne Unterschrift gültig"; siehe *Gribbohm* LK[11] Rdn. 137.

128 OLG Köln NJW **2002** 527, 528; siehe auch *Erb* MK Rdn. 106; *Gössel/Dölling* BT 1 § 52 Rdn. 3; *Sch/Schröder/Heine/Schuster* Rdn. 4; *Hecker* JuS **2002** 224, 225; *Kindhäuser/Hilgendorf* LPK Rdn. 17; *Matzky* Jura **2003** 191, 192; *Otto* JK 6/02 StGB § 267/29; *Zielinski* GS Armin Kaufmann 605, 611; vgl. ferner *Hoyer* SK Rdn. 20; **anders** *Krey/Hellmann/Heinrich* BT 1 Rdn. 1190: Der Parkschein sei nur technische Aufzeichnung.

129 Rdn. 30.

technische Aufzeichnung im Sinne des § 268 vorliegen kann, nämlich dann, wenn gleichzeitig die Aufzeichnung als Gedankenerklärung vom Aussteller übernommen wird.[130]

33 Keine Gedankenerklärungen sind jedoch bloße automatische Aufzeichnungsvorgänge wie dies zum Beispiel beim Seismographen, beim Fahrtenschreiber oder einer Windmessanlage der Fall ist. In diesen Konstellationen handelt es sich regelmäßig um **technische Aufzeichnungen** im Sinne des § 268 Abs. 2, aber es fehlt an einer über die bloßen Messdaten hinausgehenden selbständigen menschlichen Gedankenerklärung.[131]

34 Dementsprechend fallen bloße **Augenscheinsobjekte** mangels Gedankenerklärung aus dem Urkundenbegriff heraus.[132] Sie erklären nichts über ihre bloße Existenz und Beschaffenheit hinausgehendes, es fehlt folglich an einem menschlichen Gedanken.[133] Beispiele dafür sind neben den genannten Aufzeichnungsvorgängen[134] etwa Einschüsse, Finger- oder Fußabdrücke, Fahrzeugspuren, der Leichnam,[135] DNA- oder Blutspuren. Das Verändern eines Tatorts ist folglich keine Urkundenfälschung.[136]

35 Bei Augenscheinsobjekten geht es lediglich um die sinnliche Wahrnehmung,[137] sie erschöpfen sich in ihrer Gegenständlichkeit,[138] eine Urkunde hingegen wirkt wie erläutert darüber hinaus vermöge ihres geistigen Inhalts auf das Verständnis anderer ein.[139] Natürlich ist es möglich, dass eine vordergründig bloß als Augenscheinsobjekt erscheinende Spur (z.B. ein Farbstrich) tatsächlich eine Gedankenerklärung enthält, dann nämlich etwa, wenn nach Gesetz, Verkehrssitte oder Vereinbarung der Beteiligten damit eine bestimmte Aussage verbunden ist. Wird etwa die Schnittfläche von geschlagenen Bäumen mit einem Zeichen (Waldhammerschlag) versehen, mit dem nach der Vereinbarung der Vertragspartner oder nach Herkommen der Übergang des Eigentums an den Erwerber erwiesen wird, dann liegt darin eine menschliche Gedankenerklärung.[140] Auch kann zum Beispiel ein Fingerabdruck durchaus nach entsprechender Vereinbarung als Beleg für die Teilnahme an einer Wahl dienen und so eine entsprechende Gedankenerklärung darstellen. Ebenso mag sich bloß aus der Verwendung einer bestimmten Farbe eine sinnvolle Gedankenerklärung ergeben.[141]

36 An einer eigenständigen Gedankenerklärung fehlt es regelmäßig bei einer bloßen Visitenkarte, da sie nicht über die bloße Aufzählung von Identitätsmerkmalen hinausgeht.[142] Auch eine reine Namenszeichnung (Autogramm) bringt regelmäßig noch keine bestimmte Gedankenerklärung mit

---

130 *Rengier* BT II § 34 Rdn. 22.

131 Vgl. BayObLG NJW **1981** 774; OLG Hamm NJW **1959** 1380; OLG Karlsruhe NStZ **2002** 652, 653; OLG Stuttgart NJW **1959** 1379; *Eisele* BT I Rdn. 788; *Fischer* Rdn. 10.

132 RGSt **17** 103, 106; RGSt **53** 141; RGSt **55** 97, 98; Arzt/Weber/Heinrich/Hilgendorf BT § 31 Rdn. 7; *Bode/Ligocki* JuS **2015** 989, 991; *Eisele* BT I Rdn. 786 f.; *Fischer* Rdn. 3; *Sch/Schröder/Heine/Schuster* Rdn. 4; *Kindhäuser/Schramm* BT I § 55 Rdn. 26; *Klesczewski* BT § 17 Rdn. 12; Lackner/Kühl/*Heger* Rdn. 4; *Rengier* BT II § 32 Rdn. 2; *Wessels/Hettinger/Engländer* BT 1 Rdn. 779; SSW/*Wittig* Rdn. 12. Siehe auch *Puppe/Schumann* NK Rdn. 27: Keine Verkörperung einer menschlichen Äußerung, sondern bloßes Resultat einer menschlichen Handlung.

133 *Hohmann/Sander* BT § 17 Rdn. 5; *Joecks/Jäger* Rdn. 17, 21; *Kindhäuser/Hilgendorf* LPK Rdn. 15; *Küpper/Börner* BT 1 § 6 Rdn. 4; *Puppe* Jura **1979** 630, 635 f.; SSW/*Wittig* Rdn. 12.

134 Rdn. 33.

135 RGSt **17** 103, 106.

136 *Koch* HK-GS Rdn. 7.

137 *Sch/Schröder/Heine/Schuster* Rdn. 4.

138 *Satzger* Jura **2012** 106, 107; *Zieschang* AD LEGENDUM **2020** 73, 74.

139 Siehe BGHSt **17** 297, 298; RGSt **17** 103, 106; *Sch/Schröder/Heine/Schuster* Rdn. 4; Lackner/Kühl/*Heger* Rdn. 4; SSW/*Wittig* Rdn. 8.

140 Siehe dazu BGH MDR **1958** 140; BGHSt **9** 235, 238 f.; RGSt **14** 175, 180; RGSt **25** 244, 245; RGSt **39** 147 sowie Rdn. 105.

141 Siehe etwa zur farblichen Gestaltung der Prüfplakette am Kfz-Kennzeichen BayObLG NJW **1966** 748; AG Waldbröl NJW **2005** 2870, 2871.

142 *Sch/Schröder/Heine/Schuster* Rdn. 5; *Vahle* DuD **1996** 73; *Weidemann* BeckOK Rdn. 6.1.

sich.[143] Nach dem Reichsgericht handelt es sich bei dem Geschosseinschlag auf einer Zielscheibe beim Preisschießen nicht um eine Gedankenerklärung.[144]

Noch keine Urkunden sind bloße **Blankette** und **unausgefüllte Formulare** (Vordrucke), denn sie erlangen erst durch das Ausfüllen einen bestimmten gedanklichen Inhalt.[145] Bei einer Parkberechtigungskarte, in der der Name des Berechtigten nicht eingetragen ist, fehlt es folglich wie beim Blankoformular schon an einer Erklärung[146] und nicht erst an der Beweiseignung.[147] 37

Richtigerweise wird man entgegen der Rechtsprechung[148] und mancher Stimmen im Schrifttum[149] bei **Wertzeichen** wie Rabattmarken und Bons die Urkundenqualität zu bejahen haben, wobei die verkörperte Erklärung darin liegt, dass der Aussteller unter einzelnen Voraussetzungen zu einer bestimmten Leistung (etwa einem Rabatt von 15 %) verpflichtet ist.[150] Ebenso wie Geld sind daher Wertzeichen Urkunden.[151] 38

Die Erklärung muss **allgemein** oder zumindest für **Eingeweihte verständlich** sein.[152] Dabei ist bereits erläutert worden, dass nach zutreffendem Verständnis Urkunden **nicht nur** aus sich selbst heraus verständliche **Schriftstücke** sind.[153] Auch etwa Zeichen, Symbole, Kürzel, Geheimschriften oder ein privat vereinbarter Code genügen, soweit sie nicht ausschließlich für den Aussteller verständlich sind, sondern auch für einen anderen mittels Auslegungshilfe über ihr Dasein hinaus eine Gedankenäußerung offenbaren.[154] Es muss also neben dem Erklärenden mindestens eine weitere Person existieren, die den Code kennt.[155] Gemeinverständlichkeit ist eben nicht vorausgesetzt.[156] Die Verständlichkeit kann nicht nur aus Gesetz oder einer Vereinbarung,[157] sondern auch aus der Verkehrssitte resultieren.[158] Möglich ist, dass sich die Erklärung auch erst aus der 39

---

143 RGSt **23** 213, 214; *Bruns* ZAkDR **1942** 190, 191. Dagegen verneint RGSt **76** 28, 30 beim Autogramm in der Regel die Beweiseignung und -bestimmung. Siehe auch RGSt **67** 419, 422: Keine Urkunde stellt der Entwertungsvermerk auf der Steuermarke dar, wenn diese aus dem zugehörigen Einlagebogen herausgelöst ist, da aus ihm nicht zu entnehmen ist, auf welche Steuerschuld er sich bezieht.

144 RGSt **42** 97, 98. Siehe auch RGSt **40** 261, 262: Keine Gedankenerklärung sei beim Schusszähler am Webstuhl gegeben.

145 BGH WKRS **1953** 10486; BayObLG NStZ-RR **1998** 331; OLG Karlsruhe medstra **2017** 233, 234; OLG Rostock BeckRS **2003** 18131; LG Berlin wistra **1985** 241, 242 f.; *Fischer* Rdn. 16; *Hohmann/Sander* BT § 17 Rdn. 5; *Maurach/Schroeder/Maiwald* BT 2 § 65 Rdn. 16; *Matt/Renzikowski/Maier* Rdn. 10; *Otto* BT § 70 Rdn. 7; SSW/*Wittig* Rdn. 10.

146 Siehe BayObLG NStZ-RR **1998** 331; anders *Schäfer* NStZ **1999** 191 f.

147 So aber etwa SSW/*Wittig* Rdn. 30; beim unausgefüllten Vordruck die Beweisbestimmung verneinend BGHSt **13** 235, 238; BGH MDR **1978** 625; RGSt **75** 318, 319. Siehe auch BGH WKRS **1978** 12519: Unausgefüllten, nicht unterschriebenen Scheckvordrucken fehle „der wesentliche beweiserhebliche Inhalt". Ergänzend BGH WKRS **1977** 12323: Zudem sei der Aussteller nicht erkennbar.

148 RGSt **62** 203, 205 f.; RG JW **1935** 1786; BayObLG JR **1980** 122.

149 *Gribbohm* LK[11] Rdn. 90; *Matt/Renzikowski/Maier* Rdn. 32; SSW/*Wittig* Rdn. 19.

150 Für Urkundenqualität auch etwa RGSt **48** 278, 279 f.; KG BeckRS **2014** 9152; *Erb* MK Rdn. 41, 84; *Sch/Schröder/Heine/Schuster* Rdn. 4; *Maurach/Schroeder/Maiwald* BT 2 § 65 Rdn. 30; *Otto* JuS **1987** 760, 763; *Puppe* JZ **1986** 938, 939; *Puppe/Schumann* NK Rdn. 35, 53; *Rengier* BT II § 32 Rdn. 26.

151 *Maurach/Schroeder/Maiwald* BT 2 § 65 Rdn. 30.

152 OLG Rostock BeckRS **2003** 18131; Arzt/Weber/Heinrich/Hilgendorf BT § 31 Rdn. 8; *Erb* MK Rdn. 46; *Fischer* Rdn. 3; *Hohmann/Sander* BT § 17 Rdn. 4; *Joecks/Jäger* Rdn. 19; *Kindhäuser/Hilgendorf* LPK Rdn. 4; *Kindhäuser/Schramm* BT I § 55 Rdn. 11; Lackner/Kühl/*Heger* Rdn. 10; *Maurach/Schroeder/Maiwald* BT 2 § 65 Rdn. 22; *Puppe/Schumann* NK Rdn. 53; *Zieschang* FG Paulus 197, 199 f.; Siehe insofern auch § 303 Abs. 3 E 1962.

153 Siehe Rdn. 17 f.

154 Siehe BayObLG NJW **1980** 1057; OLG Karlsruhe DAR **2002** 229; Lackner/Kühl/*Heger* Rdn. 10; *Hohmann/Sander* BT § 17 Rdn. 8; SSW/*Wittig* Rdn. 22.

155 *Hoyer* SK Rdn. 12; *Joecks/Jäger* Rdn. 19; *Matt/Renzikowski/Maier* Rdn. 11. Dagegen meint *Samson* JuS **1970** 369, 372; *ders.* JA **1979** 526, 530, der Zugang dürfe nicht auf einen kleinen Personenkreis beschränkt sein.

156 *Sch/Schröder/Heine/Schuster* Rdn. 7.

157 RG JW **1939** 624.

158 BGHSt **16** 94, 97; RGSt **62** 261, 262.

hinreichend festen Verbindung mit einem Gegenstand ergibt, wie dies zum Beispiel bei einem am Hemd angebrachten Preisetikett der Fall ist.[159]

40 Wenn es auch für die Frage der Unechtheit der Urkunde keine Rolle spielt, ob die in der Urkunde enthaltene Erklärung wahr oder falsch ist, muss man dennoch beachten, dass es für den Erklärungsinhalt nicht auf den Wort-, sondern auf den Sachsinn ankommt.[160] Bei einer Prüfungsarbeit wird also etwa erklärt, dass der Prüfungsteilnehmer diese persönlich angefertigt hat und sich so wie niedergeschrieben die Lösung der Aufgabe vorstellt,[161] nicht hingegen, dass es sich bei den Ausführungen tatsächlich um die richtige Lösung handelt. Sie erbringt vielmehr Beweis für den Leistungsstand des Bearbeiters.[162]

41 Erforderlich für die Annahme einer Gedankenerklärung ist ein **Erklärungswille** des Entäußerers,[163] also das Bewusstsein des Betreffenden, dass er überhaupt Gedanken äußert.[164] Das ist bereits ein Erfordernis des objektiven Tatbestands, denn anderenfalls liegt schon gar keine Erklärung vor. Der Betreffende muss sich also zum einen darüber bewusst sein, dass er **überhaupt eine Erklärung abgibt**, zum anderen muss er sich darüber im Klaren sein, dass seine Äußerung einen **Erklärungsgehalt** besitzt. Ersteres fehlt, wenn jemand um ein Autogramm gebeten wird und unter das Blatt ohne sein Wissen eine Durchschrift gelegt wird, die einen Kaufvertrag darstellt. Bezüglich der Durchschrift mangelt es dann dem scheinbaren Aussteller am Erklärungswillen.[165] Der Hintermann begeht in diesem Fall Urkundenfälschung in mittelbarer Täterschaft gemäß §§ 267 Abs. 1 Var. 1, 25 Abs. 1 Alt. 1, falls die Erklärung tatsächlich von ihm stammt.[166]

42 Auch beim bloßen **Entwurf** fehlt der Erklärungswille. Die Urkundeneigenschaft von Entwürfen scheitert also bereits daran[167] und nicht erst an der mangelnden Beweisbestimmung,[168] die im Übrigen aber auch nicht vorliegt.[169] Es kann sich selbst noch um einen Entwurf handeln, wenn die Erklärung schon vollständig ausformuliert und mit der Austellerangabe versehen ist.[170] Folglich genügt die bloße Unterzeichnung des notariellen Hauptversammlungsprotokolls der Aktionärshauptversammlung durch den Notar noch nicht, um von einer Urkunde auszugehen, sondern

---

159 Siehe zur zusammengesetzten Urkunde Rdn. 107 ff.

160 *Gribbohm* LK[11] Rdn. 17.

161 Siehe BGHSt **17** 297, 298; RGSt **68** 240, 241; BayObLG NJW **1981** 772, 773; AG Pfaffenhofen NStZ-RR **2004** 170; *Hohmann/Sander* BT § 17 Rdn. 4; *Maurach/Schroeder/Maiwald* BT 2 § 65 Rdn. 16; *Schroeder* JuS **1981** 417, 418.

162 Siehe *Hohmann/Sander* BT § 17 Rdn. 15; *Klesczewski* BT § 17 Rdn. 17; *Wessels/Hettinger/Engländer* BT 1 Rdn. 781; ablehnend *Erb* MK Rdn. 75 f.; *Jakobs* S. 53 mit Fn. 88.

163 BGHSt **3** 82, 85; *Fischer* Rdn. 16; *Gribbohm* LK[11] Rdn. 18; *Hoyer* SK Rdn. 14 (der jedoch für die Urkundenqualität wie erläutert [Rdn. 23] nicht überzeugend bereits den äußeren Anschein einer Gedankenerklärung ausreichen lässt); *Joecks/Jäger* Rdn. 18, 20; *Matt/Renzikowski/Maier* Rdn. 8; *Puppe/Schumann* NK Rdn. 44; *Schilling* Urkundenverbrechen S. 66 f.; SSW/*Wittig* Rdn. 9; *Zieschang* AD LEGENDUM **2020** 73, 74; **anders** *Rheineck* S. 152: Das fehlende Erklärungsbewusstsein schade nicht.

164 *Hohmann/Sander* BT § 17 Rdn. 4.

165 Siehe RGSt **50** 179, 180; RGSt **73** 243, 245; RG JW **1931** 2248, 2249; *Erb* MK Rdn. 64; *Eisele* BT I Rdn. 800; *Hoyer* SK Rdn. 14. Das gilt auch dann, wenn er kein Autogramm gibt, sondern eine rechtserhebliche Unterschrift leistet wie etwa bei der Unterzeichnung eines Protokolls, er aber von der Durchschrift (Kaufvertrag) gar nichts weiß.

166 *Eisele* BT I Rdn. 800; *Erb* MK Rdn. 120; *Sch/Schröder/Heine/Schuster* Rdn. 98; *Maurach/Schroeder/Maiwald* BT 2 § 65 Rdn. 62; *Rengier* BT II § 33 Rdn. 35; *Schroeder* GA **1974** 225, 227; ausgehend von seinem Urkundenbegriff **abweichend** *Hoyer* SK Rdn. 15.

167 Ebenso BGHSt **3** 82, 85; Arzt/Weber/Heinrich/Hilgendorf BT § 31 Rdn. 5; *Erb* MK Rdn. 85; *Joecks/Jäger* Rdn. 20; *Puppe/Schumann* NK Rdn. 44; SSW/*Wittig* Rdn. 10.

168 Auf die fehlende Beweisbestimmung abstellend etwa BGHSt **13** 235, 238; RGSt **61** 161; RGSt **75** 318; *Bock* BT 1 S. 439; *Eisele* BT I Rdn. 796; *Sch/Schröder/Heine/Schuster* Rdn. 37; *Hohmann/Sander* BT § 17 Rdn. 18; *Kindhäuser/Hilgendorf* LPK Rdn. 11; *Küper/Zopfs* BT Rdn. 545; *Maurach/Schroeder/Maiwald* BT 2 § 65 Rdn. 34; *Weidemann* BeckOK Rdn. 12; *Wessels/Hettinger/Engländer* BT 1 Rdn. 799. Die Beweiseignung ablehnend OLG Bremen NJW **1962** 1455; *Brehmeier-Metz* AK Rdn. 8.

169 BGHSt **3** 82, 85; *Krey/Hellmann/Heinrich* BT 1 Rdn. 1141; *Rengier* BT II § 32 Rdn. 11; SSW/*Wittig* Rdn. 35.

170 Siehe RGSt **23** 205, 206; RGSt **64** 136, 137; *Eisele* BT I Rdn. 796; *Erb* MK Rdn. 85, aber auch Rdn. 122; *Sch/Schröder/Heine/Schuster* Rdn. 14; **anders** *Kienapfel* Urkunden S. 203 mit Fn. 201; zweifelnd *Koch* HK-GS Rdn. 17.

dieses Protokoll muss in den Verkehr gegeben werden.[171] Eine verkörperte Gedankenerklärung kann also auch erst nach ihrer Anfertigung Urkundencharakter erhalten.[172] Urkundenqualität erlangen Entwürfe, wenn sie nach dem Willen des Ausstellers zur Herausgabe in den Verkehr fertig gestellt sind.[173]

Verwendet jemand den (vollständig ausformulierten) Entwurf eines anderen, dann stellt er durch die Benutzung eine unechte Urkunde im Sinne des § 267 Abs. 1 Var. 1 her, denn vorher lag mangels Erklärungswillens gar keine Gedankenerklärung und damit keine Urkunde vor.[174] Der Erklärungswille muss beim Entäußerer persönlich vorliegen und kann nicht unabhängig von ihm von einem Dritten beigelegt werden.[175] Bei der unechten Urkunde ist der Wille des wirklichen Ausstellers maßgeblich, nicht derjenige, von dem sie angeblich stammen soll. 43

Das Bewusstsein, dass das Entäußerte einen Erklärungsgehalt hat, fehlt etwa, wenn ein Schreibunkundiger Wörter abzeichnet, ohne zu wissen, dass sie eine Bedeutung im Sinne einer Erklärung haben.[176] Schreibt dagegen jemand einen Text in einer von ihm nicht beherrschten Sprache ab, liegt eine Gedankenerklärung vor, auch wenn er nicht versteht, was er schreibt, sofern ihm nur klar ist, dass er eine Erklärung äußert. Rechtsverbindlichkeit der Erklärung ist nicht erforderlich,[177] es genügt bereits das Bewusstsein, dass er Gedanken äußert. 44

Der Erklärungswille ist **unabhängig vom Zivilrecht**.[178] Das Strafrecht ist nicht an die Vorgaben des Zivilrechts gebunden, was schon daraus resultiert, dass Strafrecht einerseits und Zivilrecht andererseits im Grundsatz unterschiedliche Ziele verfolgen.[179] Er ist folglich auch bei **Anfechtbarkeit** der Erklärung und **schwebender Unwirksamkeit** gegeben.[180] Er ist **nicht akzessorisch** zur zivilrechtlichen **Nichtigkeit**.[181] Der natürliche Wille genügt. 45

Der Erklärungswille **liegt auch vor**, wenn der Betreffende über den Inhalt der Erklärung **getäuscht** worden ist und sich folglich in einem Irrtum befindet, sofern er nur weiß, dass er eine Gedankenerklärung abgibt.[182] Glaubt jemand also aufgrund einer Täuschung irrtümlich, einen Mietvertrag zu unterzeichnen, obwohl es sich in Wahrheit um ein Schuldanerkenntnis handelt, liegt der Erklärungswille vor. Es handelt sich folglich um eine echte Urkunde.[183] Auch bei einer unter **Drohung** oder **vis compulsiva** geschriebenen Erklärung ist der Erklärungswille gegeben.[184] Wird jedoch jemand mit **vis absoluta** dazu gezwungen, einen bestimmten Text zu Papier zu bringen, indem ihm etwa von einem anderen mittels körperlichen Zwangs die Hand geführt wird, fehlt es an einer Gedankenerklärung.[185] Das resultiert daraus, dass vis absoluta gerade **willens-** 46

---

171 Siehe BGH ZIP **2009** 460, 462; LG Frankfurt/M NJW **2008** 91, 92; **anders** OLG Frankfurt NJW **2007** 1221, 1222.

172 Siehe etwa RGSt **26** 138, 143.

173 RGSt **64** 136, 137; *Fischer* Rdn. 15.

174 Ebenso *Gribbohm* LK[11] Rdn. 23, 140; kritisch *Erb* MK Rdn. 122.

175 BGHSt **3** 82, 85. Vertretung ist aber zulässig. Nicht möglich ist hingegen, dass der Aussteller oder ein anderer den vorhandenen Erklärungswillen nachträglich wegfallen lassen kann; siehe dazu *Erb* MK Rdn. 90.

176 *Hoyer* SK Rdn. 14; siehe auch *Erb* MK Rdn. 64.

177 *Otto* BT § 70 Rdn. 6.

178 *Zieschang* AD LEGENDUM **2020** 73, 74.

179 Siehe *Zieschang* FG Paulus 197, 208 f.

180 *Erb* MK Rdn. 62; *Hoyer* SK Rdn. 43.

181 *Erb* MK Rdn. 63; ausgehend von seinem spezifischen Urkundenbegriff anders *Jakobs* S. 62 ff.

182 Siehe Arzt/Weber/Heinrich/Hilgendorf BT § 31 Rdn. 19; *Joecks/Jäger* Rdn. 81; RGSt **5** 410, 412.

183 RGSt **5** 410, 412 f.; *Sch/Schröder/Heine/Schuster* Rdn. 55; *Joecks/Jäger* Rdn. 81; *Maurach/Schroeder/Maiwald* BT 2 § 65 Rdn. 62; SSW/*Wittig* Rdn. 63.

184 *Fischer* Rdn. 28; *Sch/Schröder/Heine/Schuster* Rdn. 55; *Hoyer* SK Rdn. 43; *Joecks/Jäger* Rdn. 78; *Puppe/Schumann* NK Rdn. 71; *Rengier* BT II § 33 Rdn. 35; **anders** zur Drohung *Klesczewski* BT § 17 Rdn. 43.

185 Arzt/Weber/Heinrich/Hilgendorf BT § 31 Rdn. 19; *Erb* MK Rdn. 67; *Sch/Schröder/Heine/Schuster* Rdn. 55; *Hoyer* SK Rdn. 14, 43; *Joecks/Jäger* Rdn. 77; *Puppe/Schumann* NK Rdn. 71. Hier geht es dann um unmittelbare Täterschaft desjenigen, der die Hand führt; *Blei* JA **1974** 673; *Joecks/Jäger* Rdn. 77; *Schroeder* GA **1974** 225, 228; dagegen von mittelbarer Täterschaft ausgehend *Bock* BT 1 S. 458; *Rengier* BT II § 33 Rdn. 35.

ausschließende Gewalt darstellt. Derjenige, welcher die Hand führt, stellt folglich eine unechte Urkunde her.[186]

47 Der Erklärungswille ist von der Beweisbestimmung zu unterscheiden. Auch bei einem Liebesbrief, dem (zunächst) keine Beweisbestimmung zukommt, ist er gegeben, denn der Betreffende ist sich bewusst, dass er eine Gedankenerklärung abgibt. Erfolgt bei der Zufallsurkunde die nachträgliche Beweisbestimmung durch einen Dritten, liegt also aufgrund des vorhandenen Erklärungswillens eine Urkunde vor, sodass ihre Veränderung dem § 267 Abs. 1 Var. 2 unterfällt.

48 Selbst wenn sich der Erklärende später möglicherweise gar nicht an seiner Erklärung festhalten lassen möchte, was etwa bei der **Deliktsurkunde** der Fall sein kann, indem zum Beispiel der Betreffende mit der Urkunde eine Täuschung im Sinne des § 263 vornimmt, ist der Erklärungswille gegeben.[187] Auch in diesem Fall hat er nämlich das Bewusstsein, dass er Gedanken äußert.

49 **b) Die Verkörperung.** Rein mündliche Erklärungen fallen aus dem Urkundenbegriff heraus.[188] Die Gedankenerklärung muss vielmehr mit einem körperlichen Gegenstand hinreichend fest verbunden sein.[189] In Betracht kommen **unterschiedliche Träger** wie natürlich oftmals Papier, jedoch auch bei in Stein gemeißelten Erklärungen oder bei solchen auf der Haut ist eine entsprechende Verkörperung gegeben. Die Art und Weise der Verkörperung ist also grundsätzlich nicht maßgeblich.[190]

50 Es muss jedoch zu einer **visuell wahrnehmbaren Fixierung** der Erklärung selbst gekommen sein.[191] Auf digitalen oder sonstigen Speichermedien abgelegte Erklärungen (etwa auf USB-Sticks, Festplatten, im E-Mail-Postfach,[192] auf Telefonkarten,[193] auf CDs, DVDs, Videokassetten, Tonbändern oder Schallplatten) genügen dem nicht, denn es fehlt dann an der optischen Wahrnehmbarkeit.[194] Allein digital archivierte Unterschriften auf elektronischen Lesegeräten reichen folglich nicht.[195]

51 Dass die Erklärung erst mit Hilfsmitteln (z.B. Lupe, Mikroskop, spezielles Licht, spezielle Tinktur, Lesegerät für Mikrofilme) wahrnehmbar wird, schadet nicht.[196] Es müssen aber stets die die Erklärung verkörpernden **Zeichen selbst visuell wahrgenommen** werden können.[197] Der Computer ist deswegen ein solches Hilfsmittel nicht, da die dort gespeicherten Daten erst über

---

186 *Fischer* Rdn. 28; *Hohmann/Sander* BT § 17 Rdn. 39; *Krey/Hellmann/Heinrich* BT 1 Rdn. 1163.

187 *Puppe/Schumann* NK Rdn. 45.

188 *Wessels/Hettinger/Engländer* BT 1 Rdn. 778.

189 BGHSt **5** 75, 79; BGHSt **34** 375, 376; OLG Koblenz NJW **1995** 1624, 1625; *Erb* MK Rdn. 39; *Freund* Urkundenstraftaten Rdn. 71; *Sch/Schröder/Heine/Schuster* Rdn. 6; *Höfler* S. 71; *Hohmann/Sander* BT § 17 Rdn. 8; Lackner/Kühl/*Heger* Rdn. 6; *Weidemann* BeckOK Rdn. 7; SSW/*Wittig* Rdn. 20; kritisch zur Verkörperung *Gutmann* MMR **2014** 315 f.

190 Vgl. auch *Erb* MK Rdn. 39.

191 *Sch/Schröder/Heine/Schuster* Rdn. 6; *Hohmann/Sander* BT § 17 Rdn. 8; *Hoyer* SK Rdn. 28; *Krey/Hellmann/Heinrich* BT 1 Rdn. 1115; Lackner/Kühl/*Heger* Rdn. 6; *Matt/Renzikowski/Maier* Rdn. 11; *Otto* BT § 70 Rdn. 7; *Weidemann* BeckOK Rdn. 9; *Zieschang* ZFISTW **2022** 140, 144.

192 Dazu BGH BeckRS **2017** 113600; *Brandt* S. 98 f.; *Stuckenberg* ZStW **118** (2006) 878, 885; *Weidemann* BeckOK Rdn. 7.

193 *Hecker* JA **2004** 762, 763; Lackner/Kühl/*Heger* Rdn. 4.

194 *Gössel/Dölling* BT 1 § 52 Rdn. 4; *Hohmann/Sander* BT § 17 Rdn. 8; *Hoyer* SK Rdn. 28; *Puppe/Schumann* NK Rdn. 51; *Rengier* BT II § 32 Rdn. 3; *Wessels/Hettinger/Engländer* BT 1 Rdn. 780; SSW/*Wittig* Rdn. 21; *Zieschang* ZFISTW **2022** 140, 144; vgl. auch *Radtke* ZStW **115** (2003) 26, 27 ff.

195 OLG Köln NStZ **2014** 276, 277; OLG Schleswig SchlHA **2016** 285; *Bott* NZWiSt **2014** 225; *Gutmann* MMR **2014** 315, 316; *Krey/Hellmann/Heinrich* BT 1 Rdn. 1115; Lackner/Kühl/*Heger* Rdn. 7; SSW/*Wittig* Rdn. 20. Das OLG Köln NStZ **2014** 276, 277 meint dabei, dass auch der Ausdruck keine Urkunde sei, da es sich um eine bloße Kopie des elektronisch gespeicherten Dokuments handele. Aber dies ist zu undifferenziert: Der Ausdruck kann den Anschein eines Originals erwecken (vgl. Rdn. 124), an die Stelle eines Originals treten (Rdn. 126) oder jemand kann sich den Ausdruck zu eigen machen (Rdn. 30), sodass dann von einer Urkunde auszugehen ist.

196 Arzt/Weber/Heinrich/Hilgendorf BT § 31 Rdn. 9; *Koch* HK-GS Rdn. 9; *Puppe/Schumann* NK Rdn. 51.

197 *Puppe/Schumann* NK Rdn. 51.

Rechenvorgänge in Schriftzeichen auf dem Bildschirm umgewandelt werden müssen.[198] Gerade § 269 soll die Lücke schließen, die dadurch entsteht, dass es für § 267 mangels visueller Wahrnehmbarkeit nicht ausreicht, wenn Daten über Rechenvorgänge im Computer sichtbar gemacht werden.[199]

Darüber hinaus ist erforderlich, dass die körperliche Fixierung eine gewisse **Dauerhaftigkeit** 52
aufweist,[200] ohne dass man damit zu hohe Anforderungen verbinden darf.[201] Bei abgebrochenen Zweigen fehlt dies regelmäßig. Auch die bloß lockere Verbindung eines Hemdes mit einer Klarsichthülle, auf der sich das Preisetikett befindet, genügt nicht.[202] Erst recht ist nicht ausreichend, wenn ein Preisschild lediglich neben einer Ware aufgestellt wird. Häufig findet man die Aussage, dass Schriftzeichen im Sand oder Schnee die Dauerhaftigkeit fehlt,[203] was grundsätzlich zutrifft, andererseits mag es durchaus im Einzelfall vorkommen, dass derartigen Zeichen angesichts der jeweiligen Witterungsverhältnisse bereits Dauerhaftigkeit zukommen kann.[204] Letzteres ist anzunehmen, wenn die Fixierung auf absehbare Zeit zumindest bloßen Naturgewalten wie Wind und Regen standzuhalten verspricht.[205] Es darf also nicht die Wahrscheinlichkeit bestehen, dass die Zeichen binnen kurzer Zeit von selbst wieder verschwinden.[206]

An der Dauerhaftigkeit **ändert** sich auch **nichts** dadurch, dass die Erklärung **leicht beseitigt** 53
werden kann. So mögen Ausführungen mit Kreide auf einer Tafel oder ausradierbaren Erklärungen mit Bleistift durchaus hinreichende Fixierung zukommen.[207] Entsprechendes gilt für Kreidezeichen auf Strandkörben, die eine gewisse Witterungsbeständigkeit aufweisen, oder für den als Eintrittsnachweis dienenden Stempelaufdruck auf der Haut, der zumindest für eine bestimmte Zeit beständig ist.[208] Bei Anzeigen auf einem (Computer)Bildschirm wird mitunter die Dauerhaftigkeit verneint,[209] jedoch scheitert dann § 267 nicht erst an der möglicherweise nicht vorhandenen Dauerhaftigkeit, sondern bereits an der fehlenden visuellen Wahrnehmbarkeit der Daten; die Computerdaten werden nämlich erst über Rechenvorgänge in eine Anzeige umgewandelt, sodass schon mangels visueller Wahrnehmbarkeit dieser Daten selbst keine Urkunde vorliegt.[210] Eine stoffliche Fixierung ist auch gegeben bei auf Thermopapier gedruckten Belegen oder bei Erklärungen mit Tinte, welche mit der Zeit (etwa bei intensiver Sonneneinstrahlung) verblassen oder verschwinden.

Kein Erfordernis der Urkunde ist jedoch die räumliche Überschaubarkeit,[211] sodass es nicht 54
überzeugen vermag, wenn das OLG Köln den Urkundencharakter von Verkehrszeichen in Verbin-

---

198 *Zieschang* ZFISTW **2022** 140, 144 f.

199 BTDrucks. 10/5058 S. 33; *Puppe/Schumann* NK Rdn. 51; *Wegschneider* CR **1989** 996, 999 f.; *Zieschang* ZFISTW **2022** 140, 145; vgl. auch *Kindhäuser/Schramm* BT I § 55 Rdn. 18. Dagegen verhält es sich anders, falls ein Ausdruck einer Datei erfolgt und der Betreffende sich diesen zu eigen macht; siehe dazu Rdn. 30.

200 *Gössel/Dölling* BT 1 § 52 Rdn. 4; Lackner/Kühl/*Heger* Rdn. 6; *Puppe* Jura **1980** 18; *Puppe/Schumann* NK Rdn. 52.

201 *Rengier* BT II § 32 Rdn. 3.

202 OLG Köln NJW **1979** 729, 730; *Sch/Schröder/Heine/Schuster* Rdn. 6; *Heinrich* JA **2011** 423, 425; *Weidemann* BeckOK Rdn. 7.

203 Siehe *Erb* MK Rdn. 39; *Sch/Schröder/Heine/Schuster* Rdn. 6; *Hohmann/Sander* BT § 17 Rdn. 8; *Kindhäuser/Schramm* BT I § 55 Rdn. 16; *Kindhäuser/Hilgendorf* LPK Rdn. 13; *Krey/Hellmann/Heinrich* BT 1 Rdn. 1115; *Rengier* BT II § 32 Rdn. 4; kritisch *Freund* JuS **1993** 1016, 1017.

204 Vgl. auch *Maurach/Schroeder/Maiwald* BT 2 § 65 Rdn. 20: Erklärung des erfrierenden Bergsteigers im Schnee des Hochgebirges.

205 Siehe *Erb* MK Rdn. 39; *Hoyer* SK Rdn. 26; *Joecks/Jäger* Rdn. 22.

206 *Erb* MK Rdn. 39; *Zieschang* AD LEGENDUM **2020** 73, 74.

207 *Freund* JuS **1993** 1016, 1018; *Dreher* JuS **2007** 459, 463; *Matt/Renzikowski/Maier* Rdn. 12.

208 Siehe *Dreher* JuS **2007** 463; *Rengier* BT II § 32 Rdn. 4.

209 Etwa *Hoyer* SK Rdn. 28; *Joecks/Jäger* Rdn. 23; siehe auch *Eiden* Jura **2013** 288, 289; *Vehslage* VR **2001** 374, 377 (fehlende Verkörperung).

210 Rdn. 51.

211 *Böse* NStZ **2005** 370, 371; *Dedy* NZV **1999** 136, 137; *Erb* MK Rdn. 39; *Geppert* JK **99** StGB § 267/27; *Maurach/Schroeder/Maiwald* BT 2 § 65 Rdn. 43; *Rengier* BT II § 32 Rdn. 29; SSW/*Wittig* Rdn. 21; siehe auch *Kucera* JuS **2000** 208; *Lickleder* JA **2014** 110, 112 f.; *Wrage* NStZ **2000** 32.

dung mit einem Straßenstück mangels räumlicher Überschaubarkeit des Augenscheinsobjekts, auf das sich die Gedankenerklärung bezieht, verneint.[212] Eine Urkunde muss eben nicht auf einen Blick überschaubar sein.

2. Die Beweiseignung und Beweisbestimmung

55 Zweites Element des Urkundenbegriffs im Sinne des materiellen Strafrechts ist die **Beweisfunktion**, also die **Beweiseignung und Beweisbestimmung im Rechtsverkehr**,[213] wenn es auch wie erwähnt durchaus Stimmen im Schrifttum gibt, welche diese beiden Erfordernisse ablehnen,[214] da die Merkmale konturen- und inhaltslos sowie überflüssig seien.[215]

56 Hierbei wird von den Kritikern aber nicht hinreichend beachtet, dass über das erste Element, also die **Beweiseignung**, bestimmte Konstellationen aus dem Urkundenbegriff ausgeschieden werden können, sodass diesem Merkmal durchaus Relevanz zukommt.[216] Falls etwa jemand eine schriftliche Erklärung ausschneidet und auf ein Blatt Papier klebt und ebenso mit einer ausgeschnittenen Unterschrift eines anderen Schriftstücks verfährt, handelt es sich bei dieser Collage zwar aufgrund des Aufklebens um eine körperlich fixierte Gedankenerklärung. Geschieht die Manipulation jedoch so unsorgfältig, dass sie **für jedermann sofort erkennbar** ist, ist sie von vorneherein zum Beweis im Rechtsverkehr ungeeignet.[217] Schon vom äußeren Anschein her fehlt dann **„auf den ersten Blick“**[218] die Beweiseignung.[219] Folglich ist das Merkmal nicht überflüssig, denn es lassen sich darüber offensichtliche Manipulationen ausscheiden.[220]

---

212 OLG Köln NJW **1999** 1042, 1043; dem OLG Köln zustimmend *Baier* JuS **2004** 56, 59; *Sch/Schröder/Heine/Schuster* Rdn. 36a; *Jahn* JA **1999** 98, 100; *Koch* HK-GS Rdn. 10; *Matt/Renzikowski/Maier* Rdn. 37, 40.

213 BGHSt **4** 60, 61; BGHSt **4** 284, 285; BGHSt **5** 295, 296; BGHSt **13** 235, 239; BGHSt **13** 382, 385; BGHSt **16** 94, 96; BGHSt **24** 140, 141; BGH GA **1971** 180; RGSt **17** 103, 105; RGSt **26** 413, 416; OGHSt **1** 253, 255; OGHSt **1** 373, 374; BayObLG NStZ-RR **2002** 305; OLG Bremen NJW **1962** 1455; OLG Celle NJW **1960** 880; *Bock* BT 1 S. 436; *Eisele* BT I Rdn. 791; *Fischer* Rdn. 12; *Gössel/Dölling* BT 1 § 52 Rdn. 2, 8; *Sch/Schröder/Heine/Schuster* Rdn. 8; *Hilgendorf/Valerius* BT I § 10 Rdn. 10; *Joecks/Jäger* Rdn. 25; *Kindhäuser/Schramm* BT I § 55 Rdn. 9, 19; *Klesczewski* BT § 17 Rdn. 16; Lackner/Kühl/*Heger* Rdn. 11; *Maurach/Schroeder/Maiwald* BT 2 § 65 Rdn. 33 f.; *Matt/Renzikowski/Maier* Rdn. 15; *Obermaier* S. 44 ff.; *Rengier* BT II § 32 Rdn. 5 f.; *Weidemann* BeckOK Rdn. 10; *Wessels/Hettinger/Engländer* BT 1 Rdn. 781; SSW/*Wittig* Rdn. 25.

214 Kritisch etwa *Erb* MK Rdn. 33 ff.; *Jakobs* S. 51 f.; *Kienapfel* ZStW **82** (1970) 344, 376; *ders.* GA **1970** 193, 206, 214; *ders.* FS Maurach 431, 440; *Krell* GA **2019** 325, 330, 334 ff.; *Otto* BT § 70 Rdn. 18 ff.; *ders.* JuS **1987** 761, 762; *Puppe* Jura **1979** 630, 633 f., 636; *Puppe/Schumann* NK Rdn. 9 ff.; *Schmidhäuser* BT 14/8.

215 So etwa *Otto* BT § 70 Rdn. 18 ff.

216 *Zieschang* AD LEGENDUM **2020** 73, 75.

217 Siehe ebenfalls *Rengier* BT II § 32 Rdn. 6. Zur Collage beachte auch BGH bei Holtz MDR **1976** 813; BGH wistra **1993** 341; BGH StV **1994** 18; BGH NStZ **2003** 543; OLG Düsseldorf NJW **2001** 167; OLG Zweibrücken NJW **1998** 2918. Werden einzelne Teile von verschiedenen Blättern lediglich auf dem Fotokopiergerät lose zusammengelegt, um diese zu kopieren, fehlt bei einer solchen Collage bereits die hinreichend feste körperliche Fixierung der Erklärung. Die angefertigte Fotokopie selbst, die als solche erkennbar ist, stellt mangels Ausstellererkennbarkeit keine Urkunde dar; siehe Rdn. 123.

218 Siehe zu diesem Begriff OLG Celle NStZ-RR **2008** 76 f.; OLG Nürnberg NStZ-RR **2010** 108 f., die bei einem „zum Verwechseln ähnlichen“ Ausweisdokument, bei dem folglich die Manipulation nicht auf den ersten Blick erkennbar war, die Beweiseignung bejahen; bei einem „Ausweis“ mit der Überschrift „Republik Freies Deutschland“ die Beweiseignung bejahend OLG München BeckRS **2018** 23716. Vgl. auch *Fahrner* JA **2019** 499, 501 f. sowie *Freund* Urkundenstraftaten Rdn. 172; *Koch* HK-GS Rdn. 18: Keinerlei ernstzunehmende Gefahr einer Irreführung.

219 Siehe OLG München NStZ-RR **2010** 173, 174, das bei einer offensichtlichen Manipulation („Kennkarte des Deutschen Reichs“ mit Ausstellungsdatum 8.5.2007, ohne optisch an den Personalausweis angelehnt zu sein) die Beweiseignung verneint; ebenso OLG Bamberg BeckRS **2013** 01135 mit Anm. *Jahn* JuS **2013** 566; siehe in diese Richtung auch RG Rspr. **6** 552, 553 f.; BayObLG NJW **1992** 3311, 3312; *Bock* BT 1 S. 437; *Brehmeier-Metz* AK Rdn. 8; *Eisele* BT I Rdn. 795; *Fischer* Rdn. 14; *Sch/Schröder/Heine/Schuster* Rdn. 12; *Jahn* JuS **2013** 566, 567; *Kindhäuser/Hilgendorf* LPK Rdn. 9; *Krey/Hellmann/Heinrich* BT 1 Rdn. 1141; *Matt/Renzikowski/Maier* Rdn. 19; *Rengier* BT II § 32 Rdn. 7; *Schäfer* NStZ **1999** 191, 192; *Vormbaum* JR **2017** 503, 509; SSW/*Wittig* Rdn. 28.

220 *Zieschang* AD LEGENDUM **2020** 73, 75.

57 Dargelegt worden ist bereits, dass § 267 ein **abstraktes Gefährlichkeitsdelikt** ist, bei dem vor dem Hintergrund des Schuldprinzips die Notwendigkeit besteht, die Norm bei **Ungefährlichkeit im Einzelfall** nicht anzuwenden.[221] Wenn es sich nun aber um eine körperliche Gedankenerklärung handelt, bei der die Manipulation für jedermann auf den ersten Blick erkennbar ist, diese also offensichtlich ist, besteht keinerlei Gefahr für die Sicherheit und Zuverlässigkeit des Rechtsverkehrs.[222] Diese Konstellationen können über den Gesichtspunkt der fehlenden Beweiseignung ausgeschieden werden. Das Merkmal der Beweiseignung dient damit dazu, den Anwendungsbereich des abstrakten Gefährlichkeitsdelikts des § 267 einzuschränken, und ist folglich **unverzichtbar**.[223]

58 Auch das Merkmal der **Beweisbestimmung** hat eine eigenständige Bedeutung und ist **nicht überflüssig**. Das ergibt sich aus der Rechtsgutskonzeption des § 267. Der Rechtsverkehr mit Urkunden als Beweismittel ist auch dann zu schützen, wenn einer verkörperten Gedankenerklärung erst nachträglich eine Beweisbedeutung zukommt.[224] Ein Liebesbrief etwa ist zunächst für den Rechtsverkehr unerheblich.[225] Er kann jedoch nachträglich für ihn von Bedeutung sein, etwa wenn diese Aufzeichnungen in einem Prozess als Beweismittel vorgelegt werden.[226] Ab diesem Zeitpunkt hat der Rechtsverkehr ein besonderes Interesse daran, dass an diesem Brief keine Manipulationen vorgenommen werden. Geht es um den **Schutz des Rechtsverkehrs**, ist es folglich ohne Bedeutung, ob eine Erklärung von vornherein oder erst später Beweiserheblichkeit erlangt und ob diese spätere Beweisbestimmung durch den Aussteller oder einen Dritten erfolgt. Es geht nicht darum, wann die Urkunde für den Rechtsverkehr Bedeutung erlangt, sondern **dass sie dafür von Relevanz ist**.[227]

59 **a) Die Beweiseignung.** Bei der Beweiseignung handelt es sich um ein **objektives Merkmal**.[228] Hierbei ist zu untersuchen, ob die Gedankenerklärung zum Beweis für eine rechtserhebliche Tatsache geeignet ist. Dabei wird auf die **abstrakte Eignung** abgestellt.[229] Dem ist vor dem Hintergrund, dass § 267 ein abstraktes Gefährlichkeitsdelikt ist, im Grundsatz zuzustimmen, jedoch wird man zur notwendigen Einschränkung des Delikts wie ausgeführt eine **Ausnahme** machen müssen bei **offensichtlicher Ungefährlichkeit im Einzelfall**, wenn also die Manipulation für jedermann[230] auf den ersten Blick erkennbar ist.[231] Im Übrigen ist aber aufgrund der Abstraktheit des

---

221 Rdn. 9.
222 *Zieschang* AD LEGENDUM **2020** 73, 75.
223 *Zieschang* FS Sieber 357, 363. Es überzeugt daher nicht, wenn Lackner/Kühl/*Heger* Rdn. 12 meint, die Beweiseignung habe keine ins Gewicht fallende tatbestandseinschränkende Wirkung.
224 *Zieschang* AD LEGENDUM **2020** 73, 75.
225 Dagegen nicht überzeugend RG GA Bd. **50** (1903) 146: Ein Brief mit der auf einen falschen Namen lautenden Bitte um finanzielle Unterstützung sei nicht rechtserheblich.
226 Daher nicht überzeugend die Beweisbestimmung ablehnend BGH bei Holtz MDR **1979** 806: Obwohl ein Schreiben mit einem falschen Diktatzeichen im Zivilverfahren vorgelegt wurde, sei ein Diktatzeichen nur für den internen Gebrauch, nicht aber zum Beweis nach außen bestimmt. Unabhängig davon ist die Frage zu untersuchen, ob die Urkunde unecht ist (bei einer Schreibkraft ist nach der Geistigkeitstheorie der Diktierende der Aussteller).
227 Vgl. auch *Matt/Renzikowski/Maier* Rdn. 23.
228 BGH GA **1971** 180; BayObLG NJW **1981** 772, 773; OLG München NStZ-RR **2010** 173, 174; OLG Rostock BeckRS **2003** 18131; *Fischer* Rdn. 14; *Sch/Schröder/Heine/Schuster* Rdn. 9; *Hohmann/Sander* BT § 17 Rdn. 14; *Joecks/Jäger* Rdn. 27; Lackner/Kühl/*Heger* Rdn. 12; *Maurach/Schroeder/Maiwald* BT 2 § 65 Rdn. 33; *Rengier* BT II § 32 Rdn. 5; *Schäfer* NStZ **1999** 191; *Weidemann* BeckOK Rdn. 11; *Wessels/Hettinger/Engländer* BT 1 Rdn. 781; SSW/*Wittig* Rdn. 27.
229 RGSt **67** 117, 119; RGSt **67** 246, 248; *Klesczewski* BT § 17 Rdn. 17; *Matt/Renzikowski/Maier* Rdn. 17; *Satzger* Jura **2012** 106, 109; SSW/*Wittig* Rdn. 27; siehe auch OLG München NStZ **2010** 173, 174: es fehle „jedwede Beweiseignung".
230 Abzustellen ist dabei nicht nur auf eine deutsche Durchschnittsperson, sondern, da von § 267 ebenfalls der ausländische Rechtsverkehr geschützt ist, auch auf die Betrachtung durch einen Ausländer. Auch für ihn muss die Manipulation (etwa bei Ausweispapieren oder Kfz-Kennzeichen) offensichtlich sein; siehe dazu im Einzelnen *Zieschang* FS Sieber 357, 363 f.
231 Dazu Rdn. 56 f.

Begriffs unerheblich, wenn sich etwa nachträglich offenbart, dass eine Urkunde gefälscht ist, oder ob der Beweis auch tatsächlich in der konkreten Situation geführt werden kann.[232] Die Beweiseignung bestimmt sich nach Gesetz,[233] der Verkehrssitte[234] oder der Vereinbarung der Beteiligten.[235] Nicht entscheidend ist der Wille des Urhebers der Urkunde oder eines Dritten, der ein Beweisinteresse hat.[236] Die Erklärung muss objektiv geeignet sein, auf die Bildung der Überzeugung mitbestimmend einzuwirken.[237]

60 Zwar fehlt die Beweiseignung, wenn es sich um eine offensichtliche Manipulation handelt, eine solche also auf der Hand liegt.[238] Aber allein aus dem Umstand, dass bei einer Urkunde zivilrechtliche Nichtigkeit vorliegt, folgt nicht die fehlende Beweiseignung.[239] Trotz Nichtigkeit kann sie sich für die Beweisführung eignen. Das gilt erst recht für bedingt wirksame verkörperte Erklärungen. Auch hier gilt also die **Eigenständigkeit des Strafrechts**.[240] Hinzu kommt, dass ein zivilrechtlich fehlerhaftes Schriftstück durchaus in einem anderen Zusammenhang Beweiseignung aufweisen kann.[241] So mag ein formunwirksamer Grundstückskaufvertrag etwa im Rahmen eines Schadensersatzprozesses[242] oder eines Strafprozesses, bei dem es zum Beispiel um den Vorwurf der Steuerhinterziehung geht, als Beweismittel Bedeutung erlangen. Denn nicht erforderlich ist, dass die Urkunde zum Beweis des Rechtsverhältnisses herangezogen wird, für das sie ursprünglich bestimmt war.[243]

61 Auch wird nicht verlangt, dass die Urkunde allein den vollen Beweis erbringt.[244] Es genügt, wenn dies gemeinsam mit außerhalb ihrer selbst liegenden Tatsachen erfolgt. Der Beweis einzelner Tatsachen eines Rechtsverhältnisses reicht also aus.[245]

62 Die Erklärung muss geeignet sein, für ein Rechtsverhältnis Beweis zu erbringen,[246] also rechtserheblich sein.[247] Das kam in § 267 a.F. RStGB schon im Wortlaut der Norm zum Ausdruck.[248] Nach der Rechtsprechung liegt Rechtserheblichkeit „dann vor, wenn die Erklärung allein oder in Verbindung mit anderen Beweismitteln für die Entstehung, Erhaltung, Veränderung oder das Erlöschen eines Rechts oder Rechtsverhältnisses öffentlicher oder privater Natur von Bedeutung ist".[249]

---

232 Vgl. *Kindhäuser/Hilgendorf* LPK Rdn. 9.

233 Siehe etwa § 274 StPO (Beweiskraft des Sitzungsprotokolls); § 892 BGB (Grundbuch); § 2366 BGB (Erbschein); § 54 PStG (Personenstandsregister).

234 RGSt **62** 261, 262.

235 *Gribbohm* LK[11] Rdn. 79; *Sch/Schröder/Heine/Schuster* Rdn. 9; *Maurach/Schroeder/Maiwald* BT 2 § 65 Rdn. 33; *Weidemann* BeckOK Rdn. 11; SSW/*Wittig* Rdn. 27.

236 *Sch/Schröder/Heine/Schuster* Rdn. 9; SSW/*Wittig* Rdn. 27.

237 OLG Bamberg BeckRS **2013** 01135; OLG Celle NStZ-RR **2008** 76 f.; OLG München NStZ-RR **2010** 173, 174; *Eisele* BT I Rdn. 792; *Fischer* Rdn. 14; *Sch/Schröder/Heine/Schuster* Rdn. 11; *Hohmann/Sander* BT § 17 Rdn. 14 f.; *Hoyer* SK Rdn. 30; *Joecks/Jäger* Rdn. 26; *Koch* HK-GS Rdn. 12; *Krüger* NZV **2008** 611, 612; *Matt/Renzikowski/Maier* Rdn. 16; *Wessels/Hettinger/Engländer* BT 1 Rdn. 782; SSW/*Wittig* Rdn. 28.

238 Rdn. 56.

239 Siehe BGH GA **1971** 180; RG LZ **1916** 1445; RG JW **1929** 1469; *Hoyer* SK Rdn. 33; *Kienapfel* JZ **1972** 394; *Küper/Zopfs* BT Rdn. 544; Lackner/Kühl/*Heger* Rdn. 12; SSW/*Wittig* Rdn. 26; **anders** von seinem Urkundenbegriff ausgehend *Jakobs* S. 62; **anders** auch RGSt **8** 351, 353; RG LZ **1916** 246; RG HRR **1936** Nr. 774; RG DJ **1938** 597; RGSt **43** 231, 236.

240 Siehe dazu auch Rdn. 24, 45, 77.

241 *Sch/Schröder/Heine/Schuster* Rdn. 9.

242 Siehe RG LZ **1916** 1445; *Matt/Renzikowski/Maier* Rdn. 20.

243 RGSt **19** 113, 114; RGSt **32** 56; RGSt **40** 78 f.; RGSt **67** 117, 119; RGSt **67** 246, 248; *Sch/Schröder/Heine/Schuster* Rdn. 11; *Joecks/Jäger* Rdn. 27; *Matt/Renzikowski/Maier* Rdn. 17; SSW/*Wittig* Rdn. 27.

244 RGSt **67** 246, 248; *Hohmann/Sander* BT § 17 Rdn. 15; *Hoyer* SK Rdn. 30; *Rengier* BT II § 32 Rdn. 5; SSW/*Wittig* Rdn. 28.

245 RGSt **1** 293, 295 f.; Arzt/Weber/Heinrich/Hilgendorf BT § 31 Rdn. 10; *Sch/Schröder/Heine/Schuster* Rdn. 11.

246 *Sch/Schröder/Heine/Schuster* Rdn. 12.

247 BGH GA **1971** 180; SSW/*Wittig* Rdn. 26.

248 Siehe Entstehungsgeschichte: „... zum Beweise von Rechten oder Rechtsverhältnissen von Erheblichkeit ...".

249 So OLG Rostock BeckRS **2003** 18131; siehe auch RGSt 7 47, 51.

Die Beweiseignung muss sich nicht unbedingt auf ein gegenwärtiges Rechtsverhältnis beziehen. Entgegen verbreiteter Ansicht[250] können also auch **historische Dokumente** beweisgeeignet sein.[251] Insofern kann aber durchaus die Beweisbestimmung entfallen.[252] Auch wird vertreten, die im „stern“ veröffentlichten angeblichen „Hitler-Tagebücher“ seien nicht als Urkunde anzusehen.[253] Aber selbst in diesen Fällen kann die Beweiseignung gegeben sein. So besitzen etwa die angeblichen Tagebücher durchaus im Schadensersatzverfahren gegen den Fälscher Beweiseignung. 63

Nach der Rechtsprechung des Reichsgerichts muss die Urkunde geeignet sein, eine außerhalb ihrer selbst liegende Tatsache zu beweisen, also eine solche Tatsache, die nicht lediglich in der Gedankenäußerung selbst besteht.[254] Bezweckt ist damit die Abgrenzung zum Augenscheinsobjekt.[255] Gegen dieses Erfordernis spricht jedoch, dass sehr oft bei einer Dispositivurkunde[256] nicht mehr als die in ihr verkörperte Erklärung selbst bewiesen wird.[257] Im Übrigen gibt es auch Augenscheinsobjekte, die Beweis für außerhalb ihrer selbst liegende Tatsachen erbringen können.[258] So beweist etwa eine Fußspur, dass eine bestimmte Person eine bestimmte Strecke gegangen ist, oder eine Blutprobe, dass eine Person zu einem bestimmten Zeitpunkt einen bestimmten Blutalkoholgehalt gehabt hat.[259] Das Kriterium ist daher untauglich und abzulehnen. 64

b) Die Beweisbestimmung. Das Erfordernis der **Beweisbestimmung** hatte bereits das RG neben der Beweiseignung statuiert,[260] da das Merkmal der Beweiseignung sehr weit sei und es daher einer zusätzlichen Voraussetzung bedürfe.[261] Die verkörperte Gedankenerklärung muss also dazu bestimmt sein, im Rechtsverkehr Beweis zu erbringen.[262] Insoweit handelt es sich um ein **subjektives Merkmal.**[263] Wird der verkörperten Gedankenerklärung von vornherein beim Herstellen durch den Aussteller eine Beweisbestimmung beigegeben, spricht man von einer **Absichtsurkunde.**[264] Erfolgt die Beweisbestimmung erst nachträglich durch den Aussteller oder einen Dritten, handelt es sich um eine sogenannte **Zufallsurkunde.**[265] Es ist insofern bereits erläutert worden, 65

---

250 OLG Rostock BeckRS **2003** 18131; *Erb* MK Rdn. 110; *Gribbohm* LK[11] Rdn. 80; *Haft* BT II S. 187; *Sch/Schröder/Heine/Schuster* Rdn. 12; *Klesczewski* BT § 17 Rdn. 17; *Matt/Renzikowski/Maier* Rdn. 17; SSW/*Wittig* Rdn. 29.

251 Siehe auch *Kienapfel* FS Maurach 431, 446.

252 Siehe dazu Rdn. 72.

253 *Sch/Schröder/Heine/Schuster* Rdn. 12; SSW/*Wittig* Rdn. 29.

254 RGSt **17** 103, 107; RGSt **17** 282, 283; RGSt **19** 62, 68; RGSt **30** 329, 331 f.; RGSt **32** 116, 117; RGSt **36** 317, 319; RGSt **40** 78; RGSt **60** 402, 403; RGSt **64** 97 f.; ebenso *Ebermayer* FG Frank 418, 420 f.; *Eisele* BT I Rdn. 791; *ders.* Computerstrafrecht § 44 Rdn. 5; *Fischer* Rdn. 12; *Schilling* Augenscheinsbeweis S. 83 ff.; *Weidemann* BeckOK Rdn. 10.

255 *Gribbohm* LK[11] Rdn. 81.

256 Dazu Rdn. 68.

257 *Sch/Schröder/Heine/Schuster* Rdn. 13.

258 *Sch/Schröder/Heine/Schuster* Rdn. 13.

259 Siehe zu diesen Beispielen *Puppe/Schumann* NK Rdn. 27.

260 Seit RGSt **17** 103, 105; ebenso RGSt **26** 413, 416; RGSt **69** 271, 272. Nach RGSt **22** 60, 61 sowie RGSt **42** 97, 98 und RGSt **76** 28, 30 kommt es darauf an, dass die Erklärung zum Beweis bestimmt oder geeignet ist. Allein auf die Beweisbestimmung abstellend RGSt **4** 4, 6.

261 Siehe RGSt **17** 103, 105 f.

262 BGHSt **4** 60, 61; RGSt **64** 48, 49; RGSt **67** 90, 91 f.; *Fischer* Rdn. 12; *Sch/Schröder/Heine/Schuster* Rdn. 14; *Maurach/Schroeder/Maiwald* BT 2 § 65 Rdn. 34.

263 OLG Rostock BeckRS **2003** 18131; *Gribbohm* LK[11] Rdn. 63; *Hohmann/Sander* BT § 17 Rdn. 16; *Klesczewski* BT § 17 Rdn. 18; Lackner/Kühl/*Heger* Rdn. 13; *Rengier* BT II § 32 Rdn. 8; SSW/*Wittig* Rdn. 31; kritisch etwa *Hoyer* SK Rdn. 38 f.

264 *Fischer* Rdn. 13; *Kindhäuser/Schramm* BT I § 55 Rdn. 22; *Rengier* BT II § 32 Rdn. 8.

265 Siehe BGHSt **13** 235, 238; RGSt **16** 262, 266; RGSt **17** 103, 108 f.; Arzt/Weber/Heinrich/Hilgendorf BT § 31 Rdn. 10; *Eisele* BT I Rdn. 798; *Fischer* Rdn. 13; *Sch/Schröder/Heine/Schuster* Rdn. 15; *Hohmann/Sander* BT § 17 Rdn. 16; *Koch* HK-GS Rdn. 12; *Küper/Zopfs* BT Rdn. 540; *Matt/Renzikowski/Maier* Rdn. 23; *Nestler* ZJS **2010** 608; *Rengier* BT II § 32 Rdn. 8; *Samson* JuS **1970** 369, 373; *Weidemann* BeckOK Rdn. 12. Die Unterscheidung findet sich bereits bei *Binding* Lehrbuch BT Bd. 2 S. 187 ff.

dass auch die Zufallsurkunde als Urkunde im Sinne des § 267 entgegen einiger Stimmen im Schrifttum anzuerkennen ist.[266]

66 Nicht selten wird angemerkt, die Unterscheidung zwischen Absichts- und Zufallsurkunden sei **terminologisch missverständlich** und sachlich entbehrlich.[267] Diese Kritik hat durchaus ihre Berechtigung, denn zum einen bedarf es bei der „Absichtsurkunde" keiner Absicht im Sinne eines „Erstrebens",[268] zum anderen wird die „Zufallsurkunde" nicht „zufällig" eine Urkunde, sondern es geht darum, dass erst nachträglich bewusst die Beweisbestimmung getroffen wird. Treffender ist daher das Begriffspaar „originäre und nachträgliche Urkunde".[269] Für die Praxis resultieren aus der Unterscheidung im Übrigen keine Konsequenzen,[270] denn insofern ist nur maßgeblich, ob man es im Zeitpunkt der Tatbegehung mit einer Urkunde zu tun hat, also Perpetuierungs-, Beweis- und Garantiefunktion gegeben sind.

67 Bei der Konstellation, dass eine verkörperte Gedankenerklärung von vornherein dazu bestimmt ist (Absichtsurkunde, originäre Urkunde), Beweis im Rechtsverkehr zu erbringen, handelt es sich um den Regelfall.[271] Da die Beweisbestimmung nicht erstrebt zu werden braucht, sondern der Aussteller sich nur bewusst sein muss, dass die Erklärung zum Beweis dienen kann,[272] fallen auch **Deliktsurkunden** hierunter.[273] Hierbei geht es um Urkunden mit einem strafrechtlich relevanten Inhalt wie etwa eine Beleidigung, Täuschung oder Erpressung, bei denen regelmäßig der Aussteller eben nicht die Absicht hat, dass dem Adressaten hierdurch ein Beweis dieser Tat verschafft wird.[274]

68 Möglich ist bei den Absichtsurkunden, dass die Urkunde Beweismittel für einen vollzogenen Rechtsakt ist. Dann spricht man von Beweisurkunden oder **Zeugnisurkunden**.[275] Sie berichten über rechtserhebliche Tatsachen.[276] Das ist etwa der Fall beim notariellen Protokoll über die Aktionärshauptversammlung, bei Registereintragungen oder Sachverständigengutachten.[277] Daneben gibt es aber auch Absichtsurkunden, die Recht schaffen, so zum Beispiel eine solche, die eine amtliche Verfügung wie einen Verwaltungsakt enthält, oder aber auch eine Kündigung oder Vertragsannahme. Auch das Testament fällt hierunter. Es geht hierbei also um konstitutive oder deklaratorische Erklärungen, die Rechtsverhältnisse begründen, aufheben oder ändern können.[278] Hier spricht man von **Dispositivurkunden** oder Tatbestandsurkunden.[279]

69 Bei der erst nachträglichen Urkunde (Zufallsurkunde) wird einer verkörperten Gedankenerklärung erst im Nachhinein die Beweisbestimmung beigemessen.[280] Dies kann durch den **Aussteller-**

---

266 Siehe Rdn. 22.

267 Etwa *Maurach/Schroeder/Maiwald* BT 2 § 65 Rdn. 35; *Wessels/Hettinger/Engländer* BT 1 Rdn. 783; SSW/*Wittig* Rdn. 32.

268 *Sch/Schröder/Heine/Schuster* Rdn. 14; SSW/*Wittig* Rdn. 33.

269 Vgl. auch *Fischer* Rdn. 13; *Gribbohm* LK[11] Rdn. 67, 70; *Krey/Hellmann/Heinrich* BT 1 Rdn. 1138; *Küper/Zopfs* BT Rdn. 545; *Maurach/Schroeder/Maiwald* BT 2 § 65 Rdn. 35; *Rengier* BT II § 32 Rdn. 8; SSW/*Wittig* Rdn. 33 f.

270 Vgl. auch *Küper/Zopfs* BT Rdn. 545; *Brehmeier-Metz* AK Rdn. 7.

271 Siehe *Koch* HK-GS Rdn. 12; SSW/*Wittig* Rdn. 33.

272 *Eisele* BT I Rdn. 797; *Sch/Schröder/Heine/Schuster* Rdn. 14; *Hohmann/Sander* BT § 17 Rdn. 17; *Joecks/Jäger* Rdn. 29; *Kindhäuser/Hilgendorf* LPK Rdn. 10; *Klesczewski* BT § 17 Rdn. 18; *Rengier* BT II § 32 Rdn. 10; *Samson* JuS **1970** 369, 373; *Wessels/Hettinger/Engländer* BT 1 Rdn. 784.

273 Arzt/Weber/Heinrich/Hilgendorf BT § 31 Rdn. 10; *Erb* MK Rdn. 73; *Gössel/Dölling* BT 1 § 52 Rdn. 9; *Rengier* BT II § 32 Rdn. 10.

274 Siehe BGH LM § 267 Nr. 18; RGSt **32** 56; *Eisele* BT I Rdn. 797; *Sch/Schröder/Heine/Schuster* Rdn. 14; *Hohmann/Sander* BT § 17 Rdn. 17; *Joecks/Jäger* Rdn. 29; *Rengier* BT II § 32 Rdn. 10; *Wessels/Hettinger/Engländer* BT 1 Rdn. 785; SSW/*Wittig* Rdn. 33; zweifelnd *Krey/Hellmann/Heinrich* BT 1 Rdn. 1143: „fragwürdige Ansicht".

275 SSW/*Wittig* Rdn. 33.

276 *Erb* MK Rdn. 69; *Sch/Schröder/Heine/Schuster* Rdn. 15.

277 Siehe auch die Beispiele bei *Erb* MK Rdn. 69.

278 *Gribbohm* LK[11] Rdn. 68; *Sch/Schröder/Heine/Schuster* Rdn. 15.

279 SSW/*Wittig* Rdn. 33.

280 *Kindhäuser/Hilgendorf* LPK Rdn. 10 f.

ler oder auch durch einen **Dritten** geschehen.[281] Bestimmte Formerfordernisse sind damit nicht verbunden.[282] So kann etwa ein persönlicher Liebesbrief dadurch erst eine Beweisbestimmung erhalten, dass er von dem Empfänger im Rahmen eines Gerichtsverfahrens vorgelegt wird, [283] man denke zum Beispiel an ein Strafverfahren, in dem der Vorwurf der Nachstellung gemäß § 238 erhoben wird. Ein persönlicher Brief mag auch bei Familien- oder Erbstreitigkeiten erst nachträglich etwa in einem Prozess eine Beweisbestimmung erhalten.

Die nachträgliche Beweisbestimmung kann nach zutreffender Sicht auch durch einen bloßen internen Akt erfolgen, muss also nicht zwingend nach außen erkennbar in Erscheinung treten.[284] Oftmals wird der Beweisinteressent natürlich seinen Entschluss äußern, indem er zum Beispiel das Schriftstück einer Behörde oder einem Gericht übergibt[285] oder insofern eine Beschlagnahmeanordnung ergeht.[286] Möglich ist etwa auch, dass die Beweisbestimmung dadurch erfolgt, dass ein Gericht die verkörperte Erklärung im Beweisbeschluss bezeichnet.[287] 70

Entwürfen fehlt wie erläutert nach richtiger Ansicht bereits deswegen die Urkundenqualität, da es am Erklärungswillen des Betreffenden mangelt, sodass hier nicht mehr auf die fehlende Beweisbestimmung abgestellt zu werden braucht, die aber ebenfalls nicht vorliegt.[288] Mangels Erklärungswillens kann ein Dritter einem Entwurf keine Urkundenqualität verleihen, indem er ihn zum Beweis für irgendeine Tatsache bestimmt.[289] Ist der Entwurf bereits vollständig ausformuliert und wird er nun von einem Dritten unberechtigt benutzt, handelt es sich folglich um das Herstellen einer unechten Urkunde gemäß § 267 Abs. 1 Var. 1.[290] 71

Möglich ist, dass die Beweisbestimmung als subjektives Merkmal **nachträglich entfällt**.[291] Das ist etwa der Fall bei zum Einstampfen vorgesehenen Bahnfahrkarten.[292] Die Beweisbestimmung kann auch fehlen bei vom Brief losgelösten abgestempelten Briefmarken[293] oder bei einem abgelaufenen Parkschein.[294] In Betracht kommt aber, dass nachträglich wieder der verkörperten Erklärung eine (andere) Beweisbestimmung gegeben wird,[295] also eine Zufallsurkunde entsteht. 72

---

281 RGSt **17** 103, 108 f.; *Fischer* Rdn. 13; *Gribbohm* LK[11] Rdn. 70; *Sch/Schröder/Heine/Schuster* Rdn. 14; ablehnend etwa *Erb* MK Rdn. 34 ff.; *Puppe/Schumann* NK Rdn. 9 ff.; *Puppe* ZStW **130** (2018) 649, 661 f. mit Fn. 42; siehe zu dem Umstand, dass die Zufallsurkunde anzuerkennen ist, bereits Rdn. 22.

282 *Gribbohm* LK[11] Rdn. 73; *Sch/Schröder/Heine/Schuster* Rdn. 14.

283 Vgl. BGHSt **13** 235, 238; RGSt **32** 56; RGSt **56** 114, 115; RGSt **62** 218, 220; *Weidemann* BeckOK Rdn. 11.

284 Siehe *Binding* Lehrbuch BT Bd. 2 S. 190; anders *Gribbohm* LK[11] Rdn. 73. BGHSt **3** 82, 86 stützt die Gegenansicht nicht, denn dort geht es maßgeblich um den Erklärungswillen.

285 Vgl. BGHSt **13** 235, 238.

286 Siehe RGSt **17** 103, 108; *Krey/Hellmann/Heinrich* BT 1 Rdn. 1139.

287 RGSt **16** 262, 266.

288 Siehe Rdn. 42.

289 BGHSt **3** 82, 85.

290 Siehe bereits Rdn. 43.

291 OLG Köln MDR **1960** 946; *Fischer* Rdn. 13; *Joecks/Jäger* Rdn. 31; *Kindhäuser/Hilgendorf* LPK Rdn. 11; *Kindhäuser/Schramm* BT I § 55 Rdn. 23; Lackner/Kühl/*Heger* Rdn. 13; *Maurach/Schroeder/Maiwald* BT 2 § 65 Rdn. 36; *Rengier* BT II § 32 Rdn. 12; *Weidemann* BeckOK Rdn. 12; *Wessels/Hettinger/Engländer* BT 1 Rdn. 786; SSW/*Wittig* Rdn. 35; anders *Erb* MK Rdn. 90; *Kienapfel* GA **1970** 193, 206.

292 BGHSt **4** 284, 285; OLG Köln MDR **1960** 646 (zur Vernichtung bestimmte Reisepässe).

293 RGSt **58** 136; RG LZ **1921** 659 verneinen neben der Beweisbestimmung auch die Beweiseignung. *Sch/Schröder/Heine/Schuster* Rdn. 12 verneinen die Beweiseignung für ein gegenwärtiges Rechtsverhältnis. Wie erläutert, muss es sich aber nicht zwingend um ein gegenwärtiges Rechtsverhältnis handeln; siehe Rdn. 63; allgemein zur Urkundenqualität von Brief- und Paketmarken siehe BGH BeckRS **2019** 4014.

294 Siehe *Rengier* BT II § 32 Rdn. 13; das OLG Köln NJW **2002** 527 jedoch geht auch noch nach Ablauf von einer Urkunde aus.

295 Siehe BGHSt **4** 284, 285 (benutzte Bahnfahrkarten werden noch zur Überwachung des inneren Dienstes ausgewertet); ferner OLG Koblenz BeckRS **2016** 15816; dazu *Jäger* JA **2017** 231, 233; siehe aber auch RGSt **67** 430, 433 f. (Vermerken des Auftraggebers auf dem Lastschriftzettel fehle die Beweisbestimmung, sie dienten in der Regel nur der Ordnung des inneren Betriebes) sowie BGH bei Holtz MDR **1979** 806 (ein Diktatzeichen sei nur für den internen Gebrauch bestimmt).

73 Ist die Beweisbestimmung nicht mehr vorhanden und wird nun eine Manipulation vorgenommen, geht es nicht um § 267 Abs. 1 Var. 2, sondern um § 267 Abs. 1 Var. 1.[296]

3. Die Erkennbarkeit des Ausstellers

74 Von einer Urkunde im Sinne des materiellen Strafrechts kann nur gesprochen werden, wenn neben der verkörperten Gedankenerklärung, die zum Beweis im Rechtsverkehr geeignet und bestimmt ist, auch ein **Aussteller der Erklärung erkennbar** ist.[297] Hierbei spielt es für die Urkundeneigenschaft keine Rolle, ob dieser Aussteller der wahre ist. Auch unechte Urkunden sind Urkunden.[298] Maßgeblich ist allein, dass ein Aussteller erkennbar ist. Folglich liegt auch dann eine Urkunde vor, wenn der erkennbare Aussteller tatsächlich gar nicht existiert.[299] Er kann auch schon verstorben sein oder die als Aussteller aus der Urkunde hervorgehende Behörde mag inzwischen aufgelöst sein.[300]

75 **a) Der Aussteller.** Die Urkunde erhält ihren Beweiswert gerade dadurch, dass ein **Aussteller als Garant hinter der Erklärung** steht.[301] Hierbei handelt es sich um die **Garantiefunktion** der Urkunde.[302] Dabei ist für die Frage, wer Aussteller ist, nicht letztentscheidend, wer die Erklärung eigenhändig hergestellt hat, wie es die frühere **Körperlichkeitstheorie** vertreten hat.[303] Denn diese Theorie führt dazu, dass im Fall der verdeckten zulässigen Stellvertretung, bei dem jemand für einen anderen im Einklang mit dessen Willen einen Text schreibt und mit dessen Namen unterzeichnet (Zeichnen unter fremdem Namen), eine unechte Urkunde vorliegen würde, obwohl diese Art der Stellvertretung anerkannt ist.[304] Auch beim im Auftrag maschinell erstellten Schreiben versagt die Körperlichkeitstheorie.[305] Sie geht damit an den Gepflogenheiten des Rechtsverkehrs vorbei.[306] Maßgeblich ist vielmehr, von wem die Erklärung **geistig herrührt**. Das bringt die **Geistigkeitstheorie** (materielle Urheberlehre) hinreichend zum Ausdruck, die in Rechtsprechung[307] und Schrifttum[308] vertreten wird. So ist zwar in der Regel der körperliche Hersteller

---

296 Vgl. *Rengier* BT II § 32 Rdn. 13.

297 RGSt **17** 282, 283; RGSt **61** 161; *Fischer* Rdn. 11; *Hohmann/Sander* BT § 17 Rdn. 19; *Klesczewski* BT § 17 Rdn. 21; *Koch* HK-GS Rdn. 13; Lackner/Kühl/*Heger* Rdn. 14; siehe auch *Mitsch* NStZ **1994** 88, 89: Erforderlich sei eine erkennbare Ausstellerbezeichnung oder Ausstellerangabe.

298 Siehe dazu bereits Rdn. 21.

299 BGHSt **2** 50 f.; BGHSt **5** 149, 151; BGH wistra **2003** 20, 21; OLG Bamberg BeckRS **2014** 12279; OLG Koblenz NStZ-RR **2008** 120, 121; OLG München BeckRS **2018** 23716; *Bock* BT 1 S. 440; *Eisele* BT I Rdn. 802; *Erb* MK Rdn. 148; *Fahrner* JA **2019** 499, 501; *Fischer* Rdn. 11; *Koch* HK-GS Rdn. 15; Lackner/Kühl/*Heger* Rdn. 14; *Matt/Renzikowski/Maier* Rdn. 25, 27; *Maurach/Schroeder/Maiwald* BT 2 § 65 Rdn. 57; *Rengier* BT II § 32 Rdn. 14.

300 *Gribbohm* LK[11] Rdn. 163.

301 *Sch/Schröder/Heine/Schuster* Rdn. 16; *Obermaier* S. 49 ff.; SSW/*Wittig* Rdn. 36.

302 *Joecks/Jäger* Rdn. 32; *Küper/Zopfs* BT Rdn. 543; *Weidemann* BeckOK Rdn. 13; *Wessels/Hettinger/Engländer* BT 1 Rdn. 787.

303 *Boldt* DR **1941** 992, 993; *Brodmann* S. 57; *Frank* ZStW **32** (1911) 82, 93 f.; *ders.* StGB § 267 Anm. V 1b; für eine modifizierte Körperlichkeitstheorie *Steinmetz* S. 50, 243 ff.

304 *Puppe/Schumann* NK Rdn. 62.

305 *Erb* MK Rdn. 124; *Sch/Schröder/Heine/Schuster* Rdn. 61.

306 *Zieschang* FG Paulus 197, 202, 208.

307 Siehe BGHSt **13** 382, 385; BGHSt **33** 159, 160; BGH WKRS **1952** 11606; BGH NStZ **1994** 486; RGSt **8** 92, 97 ff.; RGSt **26** 270, 271; RGSt **43** 348, 349; RGSt **75** 46, 47; RGSt **76** 125, 126; BayObLG NJW **1981** 774; BayObLG NJW **1988** 2190; OLG Düsseldorf NJW **1993** 1872, 1873; OLG Düsseldorf NZV **1994** 199; OLG Düsseldorf wistra **1999** 233, 234; OLG Karlsruhe medstra **2017** 233, 235; OLG Koblenz NJW **1995** 1624, 1625; OLG Nürnberg BeckRS **2013** 13614.

308 *Bock* BT 1 S. 439; *Böse* NStZ **2005** 370, 372; *Brehmeier-Metz* AK Rdn. 9; *Eisele* BT I Rdn. 799; *Erb* MK Rdn. 125 ff.; *Fischer* Rdn. 11; *Sch/Schröder/Heine/Schuster* Rdn. 16, 55; *Höfler* S. 83 f.; *Hohmann/Sander* BT § 17 Rdn. 19; *Hoyer* SK Rdn. 41; *Jäger* BT Rdn. 632, 638 ff.; *Joecks/Jäger* Rdn. 33, 60; *Koch* HK-GS Rdn. 13; *Krey/Hellmann/Heinrich* BT 1

auch der Aussteller, dies muss aber keineswegs so sein. Wenn eine Schreibkraft den von dem Vorgesetzten diktierten Text niederschreibt, dann ist Aussteller nicht diese, sondern der Vorgesetzte, da der Text von ihm geistig herrührt.[309] Beim Vernehmungsprotokoll ist nicht der aufnehmende Polizeibeamte oder die Polizeibehörde Aussteller, sondern der das Protokoll unterschreibende Zeuge oder Beschuldigte.[310] Bei Strichen auf dem Bierdeckel ist der Wirt der Aussteller, selbst wenn die Bedienung die Striche vermerkt hat.[311] Beim heute kaum noch praxisrelevanten Telegramm ist Aussteller des Aufgabe- und auch des Ankunftstelegramms der Absender, also derjenige, von dem das Telegramm herrührt.[312]

Dabei ist zuzugeben, dass die Formulierung „geistiges Herrühren" ungenau ist,[313] denn es 76
kommt nicht darauf an, wer der geistige Schöpfer ist, sondern darauf, als wessen Erklärung sie im Rechtsverkehr aufzufassen ist. Dementsprechend ist nicht der Rechtsanwalt, welcher einen Vertragstext vorformuliert, Aussteller, sondern es sind die Vertragsparteien.[314] Man kann sich eine fremde geistige Leistung, etwa durch Unterzeichnung, **zu eigen** machen.[315]

Teilweise wird die Geistigkeitstheorie als **Zurechnungstheorie** verstanden.[316] Darin ist als 77
wahrer Kern der Gesichtspunkt enthalten, dass jeweils zu ermitteln ist, wer der eigentliche Urheber der Erklärung ist. Nur sollte man sich angesichts der mit Zurechnungsprinzipien verbundenen Unbestimmtheiten[317] stets davor hüten, vermeintlich gefühlsmäßig als gerecht empfundene Ergebnisse über den vagen Begriff der Zurechnung zu legitimieren. Auch eine teilweise im Schrifttum[318] befürwortete **zivilrechtsbezogene Theorie** zur Ermittlung des Ausstellers vermag **nicht zu überzeugen**.[319] Dies beachtet nämlich nicht hinreichend die Eigenständigkeit des Strafrechts. Es bestünde die Gefahr, dass Haftungsgrundsätze, die im Zivilrecht ihre Berechtigung haben – wie zum Beispiel die zivilrechtliche Rechtsscheinhaftung – dann zur Ermittlung des Ausstellers auf das Strafrecht übertragen würden, obwohl sie dort gar nicht oder so nicht passen. Es geht nicht um eine zivilrechtliche Haftungszurechnung, sondern um die Frage, wen der Rechtsverkehr als geistigen Hersteller der Urkunde ansieht. So wird etwa dem geistig verwirrten Betreuten die Erklärung des Betreuers zivilrechtlich zugerechnet, dennoch erachtet der durchschnittlich Beteiligte in einem solchen Fall den Betreuer als Aussteller, hinter den der Betreute zurücktritt.[320]

Rdn. 1151; Lackner/Kühl/*Heger* Rdn. 14; *Matt/Renzikowski/Maier* Rdn. 24; *Ohr* JuS **1967** 255, 256 f.; *Otto* BT § 70 Rdn. 10; *Puschke* Hb StrafR Bd. 5 § 42 Rdn. 40; *Rengier* BT II § 32 Rdn. 15; *Samson* JuS **1970** 369, 375; *Satzger* Jura **2012** 106, 108; *Weidemann* BeckOK Rdn. 13; *Wessels/Hettinger/Engländer* BT 1 Rdn. 787; SSW/*Wittig* Rdn. 41; *Zieschang* FG Paulus 197, 202, 208; *ders.* AD LEGENDUM **2020** 73, 75; teilweise abweichend *Rheineck* S. 130; vgl. auch *Zielinski* wistra **1994** 1.

309 Vgl. auch BGH bei Holtz MDR **1979** 806.

310 *Sch/Schröder/Heine/Schuster* Rdn. 16; *Koch* HK-GS Rdn. 13; Lackner/Kühl/*Heger* Rdn. 14; *Putzke* JuS **2019** 1094, 1100; *Saal* NZV **1998** 218, 219; **anders** hingegen LG Dresden NZV **1998** 217; *Hohmann/Sander* BT § 17 Rdn. 20.

311 Siehe *Eisele* BT I Rdn. 801; *Rengier* BT II § 32 Rdn. 19; vgl. ferner zum Bieruntersetzer RG DStrZ **1916** 77; zweifelnd *Koch* HK-GS Rdn. 16; beachte zum Bierdeckel auch *Bode/Ligocki* JuS **2015** 989, 991 ff., die mangels hinreichend fester Verbindung zum Gast eine zusammengesetzte Urkunde ablehnen.

312 *Gribbohm* LK[11] Rdn. 32; *Krey/Hellmann/Heinrich* BT 1 Rdn. 1155.

313 Kritisch etwa *Küper/Zopfs* BT Rdn. 543; *Puppe* NJW **1973** 1870, 1871; *dies.* Jura **1979** 630, 637; *Puppe/Schumann* NK Rdn. 63 f.; *Ransiek* FS Puppe 1269, 1271.

314 *Puppe/Schumann* NK Rdn. 63; *Ransiek* FS Puppe 1269, 1271 f.

315 Arzt/Weber/Heinrich/Hilgendorf BT § 31 Rdn. 19.

316 Siehe Arzt/Weber/Heinrich/Hilgendorf BT § 31 Rdn. 15; *Eisele* BT I Rdn. 799; *Erb* Rdn. 125; *Freund* JuS **1993** 1016, 1020 f.; *Sch/Schröder/Heine/Schuster* Rdn. 16; *Hoyer* SK Rdn. 42; *Joecks/Jäger* Rdn. 33; *Kindhäuser/Hilgendorf* LPK Rdn. 5; *Kindhäuser/Schramm* BT I § 55 Rdn. 12; Lackner/Kühl/*Heger* Rdn. 14; *Matt/Renzikowski/Maier* Rdn. 24; *Otto* BT § 70 Rdn. 11 f.; *ders.* JuS **1987** 761, 764; *ders.* JR **1990** 252, 253; *Paeffgen* JR **1986** 114, 115; *Puppe/Schumann* NK Rdn. 64; *Ransiek* FS Puppe 1269, 1271; *Wessels/Hettinger/Engländer* BT 1 Rdn. 787; SSW/*Wittig* Rdn. 41; *Zielinski* wistra **1994** 1, 4.

317 Siehe zur Kritik auch *Zieschang* AT Rdn. 86.

318 So etwa *Maurach/Schroeder/Maiwald* BT 2 § 65 Rdn. 48; *Schroeder* GA **1974** 225, 230; siehe auch *Gerhold* Jura **2009** 498, 499 ff.; *Puppe* JuS **1989** 361.

319 Vgl. insofern auch *Weiß* Jura **1993** 288, 290 ff.

320 Siehe *Zieschang* FG Paulus 197, 209.

78 Beim **Zeichnen unter fremdem Namen**, also im Fall der verdeckten Stellvertretung, sind mit der Geistigkeitstheorie **drei Voraussetzungen** verbunden:[321] Erstens ist erforderlich, dass der **Unterzeichnende** den Namensträger **vertreten will**, zweitens muss sich der **Namensträger vertreten lassen wollen** und drittens muss die **Vertretung rechtlich zulässig** sein.

79 Problematisch sind hierbei Fälle, in denen nach außen der Eindruck erweckt werden soll, dass der Vertretene die Vertretung gar nicht will, diese aber **tatsächlich intern seinem Willen** entspricht. Dies ist etwa der Fall, wenn der Vertretene dem Vertreter seine Kreditkarte überlässt, dieser damit Einkäufe tätigt und mit dem Namen des Vertretenen unterschreibt, wobei der Vertretene die Karte als angeblich gestohlen meldet. Richtigerweise wird man hier darauf abzustellen haben, dass die Vertretung tatsächlich gewollt war, sodass aus der Urkunde hervorgehender und tatsächlicher Aussteller der Kreditkarteninhaber ist. Zutreffend hat daher das OLG Düsseldorf unter Zugrundelegung eines solchen Sachverhalts § 267 verneint,[322] wenn auch das OLG zur Begründung darauf abstellt, ob dem Kreditkarteninhaber die Unterschrift zivilrechtlich zuzurechnen sei, obwohl es auf zivilrechtliche Zurechnungen wie erläutert nicht maßgeblich ankommt.[323] Anders hat das BayObLG in einem Fall entschieden, bei dem ein Kontoinhaber einem anderen Eurocheque-Vordrucke mit der Scheckkarte übergeben hatte, dieser mit Einverständnis des Kontoinhabers die Schecks mit dem Namen des Kontoinhabers unterschrieb und einlöste, wobei letzterer die Schecks als (angeblich) gestohlen meldete.[324] Das BayObLG meint, aus den Umständen könne entnommen werden, dass ein rechtsgeschäftliches Vertretungsverhältnis unter den Beteiligten nicht bestand und auch nicht gewollt war. Es sollte nur der Anschein erweckt werden, als habe der Kontoinhaber die Schecks unterzeichnet. Das Einverständnis des Kontoinhabers stehe daher der Anwendung des § 267 nicht entgegen.[325] Hierbei wird aber nicht hinreichend beachtet, dass tatsächlich der Wille des Kontoinhabers vorhanden war, dass Schecks mit seinem Namen unterzeichnet werden, und nur letztlich nach außen im Nachhinein ein anderer Anschein erweckt werden sollte. In Wirklichkeit hat er den anderen zur Abgabe der Erklärung ermächtigt. Liegt indes diese Zustimmung des Kontoinhabers vor, ist die Unterzeichnung mit dessen Namen kein Fall des § 267.[326] Ebenso ist entgegen der Auffassung des BayObLG[327] keine Urkundenfälschung gegeben, wenn jemand im Einverständnis mit dem Namensinhaber eine Lohnbescheinigung mit dessen Namen unterzeichnet, um dem Finanzamt oder einer Sozialversicherungsbehörde die Aushilfstätigkeit einer anderen Person vorzuspiegeln und dadurch den Lohn für von ihm selbst geleistete Arbeit ohne Abzüge ausbezahlt zu bekommen. Ist der Namensinhaber tatsächlich einverstanden, muss dies auch entsprechend Berücksichtigung finden. Allein der Umstand, dass die Personen zur Täuschung kollusiv zusammenwirken, führt eben nicht schon zur Bejahung der Urkundenfälschung.

---

321 BGH WKRS **1952** 11606; BGH WKRS **1954** 12300; BGHSt **33** 159, 161 f.; RGSt **75** 46, 47; RGSt **76** 125, 126; BayObLG NJW **1988** 1401; BayObLG JR **1990** 251; BayObLGSt **1993** 160, 161; OLG Düsseldorf NJW **1993** 1872, 1873; *Brehmeier-Metz* AK Rdn. 11; *Eisele* BT I Rdn. 821 ff.; *Gössel/Dölling* BT 1 § 52 Rdn. 16; *Sch/Schröder/Heine/Schuster* Rdn. 58; *Hohmann/Sander* BT § 17 Rdn. 34; *Jäger* BT Rdn. 638; Lackner/Kühl/*Heger* Rdn. 18; *Matt/Renzikowski/Maier* Rdn. 29; *Maurach/Schroeder/Maiwald* BT 2 § 65 Rdn. 50 ff.; *Rengier* BT II § 33 Rdn. 17; *Wessels/Hettinger/Engländer* BT 1 Rdn. 816; *Zieschang* FG Paulus 197, 211; kritisch etwa Arzt/Weber/Heinrich/Hilgendorf BT § 31 Rdn. 17; *Otto* JuS **1987** 761, 764; *Paeffgen* JR **1986** 114, 117. Nach OLG Nürnberg NStZ **2013** 543, 545, gelten diese Grundsätze nur bei rechtsgeschäftlichen Erklärungen, nicht aber etwa bei ärztlichen Attesten. Insofern könnte man aber auch sagen, dass die Vertretung in diesem Fall rechtlich unzulässig ist; *Sch/Schröder/Heine/Schuster* Rdn. 59.

322 OLG Düsseldorf NJW **1993** 1872, 1873.

323 Siehe Rdn. 77. Daher fehlt auch bei einem Missbrauch der Vertretungsbefugnis der Wille des Vertretenen, sich vertreten zu lassen; anders *Rengier* BT II § 33 Rdn. 20.

324 BayObLG NJW **1988** 1401.

325 BayObLG NJW **1988** 1401; siehe auch BGH WKRS **1952** 11606; *Erb* MK Rdn. 137 ff.

326 Die Unterzeichnung des Schecks mit fremden Namen ist auch rechtlich zulässig. Die Entscheidung des BayObLG ablehnend auch *Jakobs* S. 9 Fn. 20; *Puppe* JuS **1989** 361 f.; *dies.* JZ **1991** 447, 449; *Puppe/Schumann* NK Rdn. 67; SSW/*Wittig* Rdn. 66.

327 BayObLG JR **1990** 251; ablehnend auch *Otto* BT § 70 Rdn. 38; *Puppe* JZ **1991** 447, 450.

Nach der Rechtsprechung soll der Wille des Unterzeichners, den Namensträger zu vertreten, trotz dessen Zustimmung fehlen, wenn der Unterzeichner sich selbst als Träger des Namens ausgibt.[328] Aber auch das überzeugt nicht. So handelt es sich insoweit um einen Aspekt, der den Anwendungsbereich des Handelns unter fremdem Namen zu stark einschränkt bis aushöhlt. Für dieses ist es gerade typisch und Wesensmerkmal, dass die Vertretung nicht offengelegt wird.[329] So gibt sich doch der Unterzeichner auch im Scheck- und ebenfalls im Kreditkartenfall[330] als der Namensträger bei der Unterzeichnung aus. In Wirklichkeit vertritt er aber wie mit dem Namensträger tatsächlich vereinbart diesen nur, was auch seinem Willen entspricht. 80

Die vorstehenden Erwägungen verdeutlichen bereits, dass es allein auf den tatsächlich vorhandenen Willen der Beteiligten ankommt, wonach der Hersteller im Namen des anderen agiert. Der Namensträger muss wissentlich und willentlich zugestimmt haben und der Hersteller handelt in diesem Bewusstsein. Nicht maßgeblich ist folglich, ob sich der Aussteller an die Erklärung „gebunden fühlt“[331] oder beide darin einig sind, dass die Erklärung den Namensträger binden soll und er sich zu ihr bekennt.[332] Hierbei handelt es sich um nicht relevante Aspekte, welche die maßgeblichen Gesichtspunkte eher verschleiern als erhellen. 81

Hinzuweisen ist darauf, dass eine **nachträgliche Genehmigung** seitens des Namensträgers im Strafrecht für die Frage der Echtheit der Urkunde **keine Relevanz** hat. Es kommt jeweils auf die Sachlage im Zeitpunkt der Tatbegehung an. Die nachträgliche Genehmigung macht also eine Urkunde nicht rückwirkend echt.[333] Ebenso wenig genügt ein bloßes vermutetes Einverständnis.[334] 82

Überwiegend wird beim Handeln unter fremdem Namen wie erläutert neben dem beiderseitigen Willen zusätzlich verlangt, dass die Vertretung **rechtlich zulässig** ist.[335] So hat das RG entschieden, bei der Versicherung an Eides statt gemäß § 294 Abs. 1 ZPO sei ein Zeichnen unter fremdem Namen unzulässig.[336] Dies gilt auch hinsichtlich der Unterschriftsleitung bei der Steuererklärung[337] sowie beim eigenhändigen Testament gemäß § 2247 Abs. 1 BGB.[338] Schreibt ein anderer das Testament und wird es dann vom Erblasser eigenhändig unterzeichnet, liegt aber eine echte Urkunde vor, die jedoch mangels Eigenhändigkeit des Textes zivilrechtlich formnichtig ist.[339] Unzulässig ist die Vertretung auch bei allen öffentlichen Urkunden.[340] Die rechtliche Unzulässigkeit kann sich neben gesetzlichen Vorschriften auch aus Vereinbarung oder Herkommen ergeben. So ist das Zeichnen in fremdem Namen unzulässig bei Prüfungsarbeiten.[341] Wird indes die Prü- 83

---

328 Siehe etwa RGSt **26** 220, 221; RGSt **68** 240, 242; vgl. auch *Maurach/Schroeder/Maiwald* BT 2 § 65 Rdn. 51.

329 Der Ermächtigte braucht im Übrigen auch in der Urkunde weder seinen Namen dem des Vertretenen hinzufügen noch seine Vertretungsmacht kenntlich machen; *Gribbohm* LK[11] Rdn. 43.

330 Rdn. 79.

331 So aber etwa BayObLG NJW **1981** 774, 775; *Sch/Schröder/Heine/Schuster* Rdn. 55.

332 Vgl. RGSt **76** 125, 126.

333 *Erb* MK Rdn. 146; *Gribbohm* LK[11] Rdn. 39; *Sch/Schröder/Heine/Schuster* Rdn. 60a.

334 BayObLG NStZ **1988** 313; *Bock* BT 1 S. 457; *Fischer* Rdn. 28.

335 BGH WKRS **1952** 11606; BGHSt **33** 159, 161 f.; BGH BeckRS **2020** 36546; RGSt **43** 348, 351 f.; RGSt **75** 46, 47; OLG Stuttgart NJW **1951** 206; *Fischer* Rdn. 28; Lackner/Kühl/*Heger* Rdn. 18; *Maurach/Schroeder/Maiwald* BT 2 § 65 Rdn. 50 f.; *Rengier* BT II § 33 Rdn. 19; **kritisch** *Erb* MK Rdn. 141 ff.; *Hoyer* SK Rdn. 48 ff.; *Kindhäuser/Schramm* BT I § 55 Rdn. 56; *Paeffgen* JR **1986** 114, 117; *Puppe* JR **1981** 441, 443 f.; *Puppe/Schumann* NK Rdn. 69; *Samson* JuS **1970** 369, 375; *Weidemann* NJW **1986** 1976, 1978.

336 RGSt **69** 117, 119; *Eisele* BT I Rdn. 824; *Maurach/Schroeder/Maiwald* BT 2 § 65 Rdn. 51; SSW/*Wittig* Rdn. 67.

337 BGH BeckRS **2020** 36546.

338 BGH BeckRS **2020** 36546; RGSt **57** 235 f.; *Hohmann/Sander* BT § 17 Rdn. 35; *Maurach/Schroeder/Maiwald* BT 2 § 65 Rdn. 51; *Wessels/Hettinger/Engländer* BT 1 Rdn. 817; SSW/*Wittig* Rdn. 67.

339 OLG Hamm ZEV **2016** 644, 646 (Zivilsenat); LG Bonn BeckRS **2020** 6202 (Zivilkammer); *Gössel/Dölling* BT 1 § 52 Rdn. 16; Lackner/Kühl/*Heger* Rdn. 18; *Sch/Schröder/Heine/Schuster* Rdn. 59; *Mohrbotter* NJW **1966** 1422; *Otto* BT § 70 Rdn. 42; *Wessels/Hettinger/Engländer* BT 1 Rdn. 817; *Zieschang* AD LEGENDUM **2020** 73, 75; **anders** OLG Düsseldorf NJW **1966** 749; *Freund* Urkundenstraftaten Rdn. 154.

340 *Maurach/Schroeder/Maiwald* BT 2 § 65 Rdn. 51.

341 Vgl. zu Prüfungsarbeiten auch RGSt **68** 240, 241 f.; VGH München BeckRS **2021** 42492; *Hohmann/Sander* BT § 17 Rdn. 35; *Klesczewski* BT § 17 Rdn. 36; SSW/*Wittig* Rdn. 67.

fungsarbeit von einem anderen verfasst, aber von dem Prüfling selbst unterschrieben, handelt es sich um eine echte Urkunde,[342] denn der Prüfling ist dann selbst Aussteller und geht auch als Aussteller aus der Urkunde hervor.[343] Rechtlich unzulässig ist nach dem BayObLG die mit seiner Zustimmung erfolgende Eintragung des Unternehmers statt des Fahrers auf der Diagrammscheibe nach der VO EWG Nr. 3821/85.[344]

84 Alleine aufgrund von Allgemeinen Geschäftsbedingungen folgt nicht unbedingt die rechtliche Unzulässigkeit. So ist nach dem BayObLG die Urkunde nicht unecht, wenn ein Überweisungsträger mit Wissen und Wollen des Kontoinhabers von einem anderen mit dessen Namen unterschrieben wird, selbst wenn das nach den Bedingungen der Bank unzulässig ist.[345] Auch der Umstand, dass eine Zustimmung zur Zeichnung in fremdem Namen aus dem Motiv heraus erteilt wird, einen Betrug zu begehen, macht die Urkunde nicht automatisch unecht.[346]

85 Das Erfordernis der rechtlichen Zulässigkeit des Zeichnens im fremden Namen ist zu befürworten. Es gibt bestimmte Bereiche, man denke etwa an das eigenhändige Testament, bei denen der Rechtsverkehr in besonderem Maße erwartet, dass die Unterschrift persönlich von dem Namensträger stammt.[347]

86 Eine verkörperte Erklärung kann durchaus auch **mehrere Aussteller** haben,[348] man denke etwa an das gemeinschaftliche eigenhändige Testament gemäß § 2267 BGB oder an ein Vertragsdokument mit verschiedenen Erklärungen der jeweiligen Vertragsparteien. Verhält sich ein Aussteller absprachewidrig, kann er in Bezug auf den anderen Aussteller eine unechte Urkunde herstellen.[349]

87 Als Aussteller kommen nach zutreffender Sicht nicht nur **natürliche Personen** in Betracht, sondern auch **juristische Personen** oder sonstige Personenvereinigungen.[350] Entsprechendes gilt für **Behörden**.[351]

88 Zwei Dinge sind dabei zu unterscheiden:[352] Zunächst geht es darum, wer nach außen als (scheinbarer) Aussteller aus der Urkunde hervorgeht. Da bei § 267 der Schutz des **Rechtsverkehrs** in Rede steht, beurteilt sich dies nach **dessen Anschauungen**, sodass auf die Sicht eines **durchschnittlichen Beteiligten** abzustellen ist. Sofern danach ein bestimmter Aussteller erkennbar ist,

---

342 BayObLG NJW **1981** 772, 773; *Hohmann/Sander* BT § 17 Rdn. 31; *Krey/Hellmann/Heinrich* BT 1 Rdn. 1154; *Maurach/Schroeder/Maiwald* BT 2 § 65 Rdn. 51; *Otto* JuS **1987** 761, 764; *Schroeder* JuS **1981** 417, 418; *Sonnen* JA **1981** 366, 367; *Wessels/Hettinger/Engländer* BT 1 Rdn. 812; *Zieschang* AD LEGENDUM **2020** 73, 75 f.; anders *Ohr* JuS **1967** 255, 257. Abweichend bezüglich der theoretischen Fahrerlaubnisprüfung *Müller* NZV **2021** 514, 517.

343 Die mit der Prüfungsarbeit verbundene unwahre Erklärung, er habe die Prüfungsarbeit selbst angefertigt, ist eine tatbestandslose schriftliche Lüge; *Wessels/Hettinger/Engländer* BT 1 Rdn. 812; siehe auch *Lieb/Wende* Jura **2013** 1186, 1187.

344 BayObLGSt **1993** 160, 161 f.; siehe auch BayObLG NJW **1988** 2190; BayObLG wistra **1992** 113; OLG Karlsruhe BeckRS **1999** 04672; *Brehmeier-Metz* AK Rdn. 11. Nach BayObLG NJW **1981** 774, 775 ist jedoch im Anwendungsbereich des § 57a Abs. 1, 2 StVZO der Halter als Aussteller des Fahrtschreiberschaublatts anzusehen (ebenso OLG Düsseldorf NZV **1994** 199; OLG Karlsruhe NJW **1986** 2773; OLG Stuttgart VRS **74** 437, 438; KG VRS **57** 121, 122 f.; *Bachmeier/Müller/Rebler* § 57a StVZO Rdn. 21; König/*Dauer* § 57a StVZO Rdn. 20); er könne sich bei der Ausstellung vertreten lassen.

345 BayObLG StV **1999** 320 f.; *Fischer* Rdn. 28; *Sch/Schröder/Heine/Schuster* Rdn. 59.

346 RGSt **43** 348, 352; RGSt **75** 46, 48; *Gribbohm* LK[11] Rdn. 42.

347 Siehe auch BGH BeckRS **2020** 36546.

348 Arzt/Weber/Heinrich/Hilgendorf BT § 31 Rdn. 6; *Bock* BT 1 S. 440; *Sch/Schröder/Heine/Schuster* Rdn. 17; *Matt/Renzikowski/Maier* Rdn. 25; *Maurach/Schroeder/Maiwald* BT 2 § 65 Rdn. 32.

349 Arzt/Weber/Heinrich/Hilgendorf BT § 31 Rdn. 6.

350 BGHSt **9** 44, 46; BGHSt **17** 11, 13; RGSt **61** 161; OLG Koblenz NStZ-RR **2008** 120, 121; Arzt/Weber/Heinrich/Hilgendorf BT § 31 Rdn. 11; *Brehmeier-Metz* AK Rdn. 9; *Erb* MK Rdn. 130; *Sch/Schröder/Heine/Schuster* Rdn. 17a; *Hohmann/Sander* BT § 17 Rdn. 19; *Matt/Renzikowski/Maier* Rdn. 28; *Puppe/Schumann* NK Rdn. 75; *Rengier* BT II § 33 Rdn. 27; SSW/*Wittig* Rdn. 36, 42.

351 BGHSt 7 149, 152; BGHSt **9** 44, 46; BGHSt **17** 11, 13; *Joecks/Jäger* Rdn. 32; *Kindhäuser/Schramm* BT I § 55 Rdn. 12; *Krey/Hellmann/Heinrich* BT 1 Rdn. 1157; *Puppe/Schumann* NK Rdn. 75; *Satzger* Jura **2012** 106, 108; *Wessels/Hettinger/Engländer* BT 1 Rdn. 787, 809.

352 *Zieschang* FG Paulus 197, 208 ff.

wird die zweite Frage bei dem Erfordernis der Echtheit der Urkunde relevant. Es geht insofern darum, wer der wahre Aussteller ist. Hierbei sind jeweils die mit der Geistigkeitstheorie verbundenen besonderen Voraussetzungen zu beachten.[353]

Beim Steuerbescheid etwa geht nach außen als Aussteller **grundsätzlich** nicht der bearbeitende Sachbearbeiter, sondern das **Finanzamt** hervor. Parallel dazu ist Aussteller eines Schulzeugnisses nicht der einzelne Lehrer, sondern in der Regel die **Schule**.[354] Von ihr rührt die Erklärung geistig her. Beim Prüfbericht des TÜV ist dieser Aussteller, nicht der einzelne Prüfingenieur.[355] 89

Zwar wird zum Teil vertreten, nur natürliche Personen könnten Aussteller sein.[356] Das geht jedoch an der Rechtswirklichkeit vorbei. Juristische Personen nehmen eigenständig am Rechtsleben teil. Für den Rechtsverkehr, auf dessen Anschauung es ankommt, ist regelmäßig die juristische Person entscheidend, nicht der Unterzeichnende.[357] Entsprechendes gilt bei Behörden.[358] 90

b) Die Erkennbarkeit. Für die **Erkennbarkeit** ist es zwar der **Normalfall**, aber nicht zwingend erforderlich, dass der Aussteller aus der Urkunde **für jedermann** erkennbar ist.[359] Es genügt nämlich, dass der Aussteller nur für eine bestimmte beteiligte Personengruppe oder lediglich **für Eingeweihte** erkennbar ist.[360] Das ist etwa der Fall bei Verwendung eines Spitznamens unter Bekannten.[361] Ebenfalls liegt eine Urkunde vor, wenn eine bestimmte Person unter einem Pseudonym auftritt, mit dem sie in Verbindung gebracht wird.[362] Auch mag bei einer unleserlichen Unterschrift Erkennbarkeit gegeben sein, sofern sie (etwa für Eingeweihte) einer bestimmten Person zugeordnet werden kann.[363] Ohnehin ist eine Unterschrift oder zum Beispiel ein Briefkopf, die den Aussteller erkennbar machen, nicht zwingend erforderlich.[364] Auch aus dem **sonstigen Inhalt** der Urkunde kann der Aussteller erkennbar sein.[365] Er muss sich zudem nicht unbedingt ausschließlich aus der Urkunde selbst ergeben. Es ist ausreichend, wenn er aus der Urkunde unter Heranziehung von **Begleitumständen** ermittelt werden kann.[366] Solche Umstände können sich 91

353 Dazu Rdn. 78 ff.
354 *Rengier* BT II § 32 Rdn. 18.
355 *Zieschang* FG Paulus 197, 199; abweichend *Puppe/Schumann* NK Rdn. 77.
356 *Otto* JuS **1987** 761, 766 f.; *Samson* JA **1979** 658, 659 f.
357 Siehe BGHSt 7 149, 152; *Zieschang* FG Paulus 197, 199.
358 Siehe dazu auch Rdn. 94 ff.
359 Siehe zum Erfordernis der Erkennbarkeit auch *Krack* ZStW **133** (2021) 962, 963 ff.
360 BGHSt **5** 75, 78; BGHSt **13** 382, 385; BGH GA **1963** 16, 17; RGSt **40** 217, 218; RGSt **52** 312, 313; OLG Köln NJW **2002** 527, 528; *Brehmeier-Metz* AK Rdn. 10; *Fischer* Rdn. 11; *Sch/Schröder/Heine/Schuster* Rdn. 17; *Joecks/Jäger* Rdn. 36; *Matt/Renzikowski/Maier* Rdn. 24; SSW/*Wittig* Rdn. 37.
361 *Fischer* Rdn. 11; *Kindhäuser/Hilgendorf* LPK Rdn. 8.
362 *Koch* HK-GS Rdn. 15.
363 Siehe BGH NJW **1953** 1358; RGSt **41** 425, 426; *Sch/Schröder/Heine/Schuster* Rdn. 18; *Kindhäuser/Hilgendorf* LPK Rdn. 8; *Rengier* BT II § 32 Rdn. 17. Nach RGSt **67** 419, 420 und BayObLG NJW **1981** 772, 773 genügt es aber nicht, dass der Aussteller nur im Wege eines Schriftvergleichs mit anderen Schriftstücken ermittelbar ist; so auch *Krack* ZStW **133** (2021) 962, 976 f.; *Matt/Renzikowski/Maier* Rdn. 27.
364 BGH GA **1963** 16, 17; BayObLG NJW **1981** 774; BayObLG NJW **1988** 2190; *Sch/Schröder/Heine/Schuster* Rdn. 17; *Joecks/Jäger* Rdn. 34; *Koch* HK-GS Rdn. 16; *Matt/Renzikowski/Maier* Rdn. 26; *Maurach/Schroeder/Maiwald* BT 2 § 65 Rdn. 32; *Rengier* BT II § 32 Rdn. 14; *Wessels/Hettinger/Engländer* BT 1 Rdn. 788; SSW/*Wittig* Rdn. 37.
365 RGSt **26** 270, 271; RGSt **66** 124, 125; OLG Karlsruhe BeckRS **2019** 12710.
366 BGH GA **1963** 16, 17; RGSt **46** 297, 299; RGSt **52** 312, 313; RGSt **59** 38, 40; RGSt **76** 205, 207; BayObLG NJW **1966** 748; OLG Köln NJW **2002** 527, 528; *Hoyer* SK Rdn. 53; *Kindhäuser/Hilgendorf* LPK Rdn. 7; *Kindhäuser/Schramm* BT I § 55 Rdn. 14; *Koch* HK-GS Rdn. 16; Lackner/Kühl/*Heger* Rdn. 14; *Matt/Renzikowski/Maier* Rdn. 25; SSW/*Wittig* Rdn. 37; *Zieschang* FG Paulus 197, 201; zu eng OLG Stuttgart NStZ-RR **2001** 370: Bei einer manipulierten Stempelplakette fehle die Erkennbarkeit des Ausstellers, wenn nur das „Landratsamt" angeführt wird, nicht aber der Name der Zulassungsstelle; vgl. insoweit auch *Otto* JK **7/02** StGB § 267/30.

aus gesetzlichen Regelungen, Herkommen oder Vereinbarung ergeben.[367] So ist bei einem Verkehrszeichen der Aussteller kraft Gesetzes erkennbar.[368] Bei einem Parkschein aus einem Parkscheinautomaten ergibt sich aus § 6a Abs. 6 Satz 1 StVG, dass Aussteller für den Bereich von Ortsdurchfahrten die Gemeinde, im Übrigen der Träger der Straßenbaulast ist.[369] Die Inventurliste einer Firma ist eine Urkunde, selbst wenn der Aussteller erst durch außerhalb der Urkunde liegende Umstände zu ermitteln ist, auf die jedoch der Urkundeninhalt hinweist.[370] Auch bei einer Fahrkarte ergibt sich der Aussteller in der Regel aus dem Kontext, sofern er nicht schon auf der Fahrkarte vermerkt ist.[371] Das gilt auch für Eintrittskarten wie zum Beispiel Theaterkarten.[372] Entsprechend ist bei Preisauszeichnungen der jeweilige Geschäftsinhaber Aussteller.[373] Bei massenhaft verschickten Gewinnmitteilungen ist Ausstellererkennbarkeit ebenfalls angenommen worden.[374] Kraft (stillschweigender) Vereinbarung ist bei Strichen auf dem Bierdeckel der Wirt als Aussteller anzusehen.[375] Ergibt sich aber der Aussteller erst aus **völlig außerhalb der Urkunde liegenden Umständen**, genügt das für die Erkennbarkeit **nicht**.[376] So lassen abgetrennte Abschnitte einer Bezugskarte den Aussteller nicht mehr erkennen.[377] Das gilt auch für als Spielmarken verwendete Holzplättchen ohne jede Kennzeichnung.[378] Kein Aussteller ist erkennbar bei ungestempelten oder entstempelten Kfz-Kennzeichen.[379] Maßgeblich ist stets, ob eine bestimmbare Person zu erkennen ist, die als Garant hinter der Erklärung steht.

92 Der Aussteller ist nicht erkennbar im Fall der **offenen Anonymität**.[380] In dieser Konstellation bringt der Betreffende – wie zum Beispiel bei einer anonymen Anzeige oder Drohung – klar zum Ausdruck, dass er nicht erkannt werden will. Es erfolgt **keine Urheberangabe**.[381] Die Anonymität ist also ohne weiteres erkennbar.[382] Aber auch bei **versteckter Anonymität** fehlt die Ausstellererkennbarkeit.[383] In diesem Fall findet sich zwar in der Urkunde eine Angabe, jedoch kann diese ersichtlich nicht mit einer konkreten Person in Beziehung gebracht werden, weil zum Beispiel ein Allerweltsname ohne individualisierenden Zusatz benutzt wird („Müller“) oder der eines Prominenten („Heidi Klum“).[384] Hier wird deutlich erkennbar, dass niemand als Garant hinter der Erklä-

---

367 BGHSt **12** 108, 112; BayObLG NJW **1980** 1057 f.; BayObLG NJW **1988** 2190; OLG Karlsruhe DAR **2002** 229; OLG Köln NJW **2002** 527, 528; *Bock* BT 1 S. 440; *Brehmeier-Metz* AK Rdn. 10; *Sch/Schröder/Heine/Schuster* Rdn. 16; *Matt/Renzikowski/Maier* Rdn. 26; *Maurach/Schroeder/Maiwald* BT 2 § 65 Rdn. 32; *Weidemann* BeckOK Rdn. 13; SSW/*Wittig* Rdn. 37.

368 OLG Köln NJW **1999** 1042, 1043.

369 OLG Köln NJW **2002** 527, 528; *Heinrich* Kriminalistik **2006** 758, 762; SSW/*Wittig* Rdn. 38.

370 BGH GA **1963** 16, 17.

371 *Rengier* BT II § 32 Rdn. 18; siehe auch RGSt **20** 6, 7.

372 *Sch/Schröder/Heine/Schuster* Rdn. 29.

373 *Hoyer* SK Rdn. 53; *Rengier* BT II § 32 Rdn. 19.

374 OLG Oldenburg BeckRS **2013** 09957.

375 RG DStrZ **1916** 77.

376 Siehe BGHSt **12** 108, 112; BGHSt **13** 382, 384 f.; RGSt **40** 217, 218; RGSt **52** 312, 313; RG LZ **1920** 926, 927; *Fischer* Rdn. 11; *Sch/Schröder/Heine/Schuster* Rdn. 17; *Weidemann* BeckOK Rdn. 13; SSW/*Wittig* Rdn. 37; *Zieschang* AD LEGENDUM **2020** 73, 76; anders und großzügiger etwa noch RGSt **11** 183, 186. Siehe zur Rechtsprechung des RG auch die Darlegungen bei *Gribbohm* LK[11] Rdn. 46 ff.

377 BGHSt **13** 235, 238; OLG Schleswig SchlHA **1949** 295; *Sch/Schröder/Heine/Schuster* Rdn. 19, 29; SSW/*Wittig* Rdn. 38.

378 Siehe RGSt **55** 97, 98 f.; *Sch/Schröder/Heine/Schuster* Rdn. 19, 29.

379 OLG Koblenz BeckRS **2016** 15816; *Jäger* JA **2017** 231, 233; *Joecks/Jäger* Rdn. 32; *Rengier* BT II § 32 Rdn. 18.

380 Siehe RGSt **40** 217, 218; Arzt/Weber/Heinrich/Hilgendorf BT § 31 Rdn. 11; *Eisele* BT I Rdn. 803; *Erb* MK Rdn. 151; *Hoyer* SK Rdn. 52; *Sch/Schröder/Heine/Schuster* Rdn. 18; *Hohmann/Sander* BT § 17 Rdn. 22; *Joecks/Jäger* Rdn. 35; Lackner/Kühl/*Heger* Rdn. 14; *Matt/Renzikowski/Maier* Rdn. 27; *Otto* BT § 70 Rdn. 17; *Puppe/Schumann* NK Rdn. 77; *Weidemann* BeckOK Rdn. 13; SSW/*Wittig* Rdn. 39; *Zieschang* BT 1 Rdn. 808.

381 *Fischer* Rdn. 11.

382 *Sch/Schröder/Heine/Schuster* Rdn. 18.

383 RGSt **46** 297, 301; *Zieschang* AD LEGENDUM **2020** 73, 76.

384 Siehe RGSt **46** 297, 301; *Erb* MK Rdn. 152; *Fischer* Rdn. 11; *Hohmann/Sander* BT § 17 Rdn. 23; *Hoyer* SK Rdn. 52; *Kindhäuser/Hilgendorf* LPK Rdn. 8; Lackner/Kühl/*Heger* Rdn. 14; *Puppe/Schumann* NK Rdn. 77; SSW/*Wittig* Rdn. 40.

rung stehen will und soll.[385] Die Erklärung könnte auch gar nicht unterzeichnet sein.[386] Es handelt sich folglich nicht um Urkunden. Zwar ist es natürlich möglich, dass auch bei der Benutzung von Allerweltsnamen und von Prominentennamen wirksam Urkunden entstehen;[387] maßgeblich ist dabei aber dann, dass diese Person erkennbar (zum Beispiel über eine Adresse) als Garant hinter der Erklärung stehen soll,[388] wohingegen bei versteckter Anonymität durch die Verwendung des Namens ersichtlich ist, dass sich niemand an der Erklärung festhalten lassen will.[389] Folglich fehlt es auch an einem erkennbaren Aussteller, wenn ein für jedermann ersichtlicher Phantasie- oder Kunstnamen verwendet wird („Micky Maus").[390] Im Übrigen kann hier dann auch schon die Beweiseignung im Rechtsverkehr abzulehnen sein.[391] Ebenfalls ist kein Aussteller erkennbar, wenn offensichtlich historische Namen („Napoléon Bonaparte") oder solche aus der Literatur („Effi Briest") benutzt werden oder lediglich ein unleserliches Gekritzel, ohne dass zusätzliche Angaben auf einen Aussteller hinweisen.[392] Wird aber ein unleserliches Gekritzel auf eine Empfangsbescheinigung gesetzt, ist der Aussteller über die Empfängerangabe erkennbar.[393] Ist also aus der Urkunde im Übrigen in Verbindung mit den Begleitumständen ein Aussteller deutlich, liegt eine Urkunde vor.[394]

Mangelnde Erkennbarkeit ist auch anzunehmen, wenn nicht zuzuordnende Bezeichnungen 93
verwendet werden („ein aufmerksamer Bürger")[395] oder ein Aussteller aufgrund einer Sammelbezeichnung nicht hinreichend individualisierbar ist („die Schüler des Gymnasiums X").[396] Nicht ausreichend ist eben, wenn der Aussteller nur der Gattung nach, nicht aber als individuelle Person erkennbar ist.[397] So ist ein angekreuzter Wahlschein keine Urkunde, da selbst unter Heranziehung der Wählerliste kein individueller Aussteller erkennbar ist.[398] Nach dem BGH soll jedoch die Gesamtheit der Stimmzettel innerhalb der Wahlurne zusammen mit der Wählerliste eine Gesamturkunde[399] bilden,[400] was nicht zu überzeugen vermag, da bezüglich der Stimmzettel nach wie vor individuelle Aussteller nicht erkennbar sind.[401] Dagegen ist bei „anonymisierten" Prüfungsarbei-

385 OLG Koblenz NStZ-RR **2008** 120, 121; *Eisele* BT I Rdn. 803 f.; *Erb* MK Rdn. 152; *Sch/Schröder/Heine/Schuster* Rdn. 18; *Krey/Hellmann/Heinrich* BT 1 Rdn. 1149; *Rengier* BT II § 32 Rdn. 16; *Weidemann* BeckOK Rdn. 13; SSW/*Wittig* Rdn. 40.

386 *Sch/Schröder/Heine/Schuster* Rdn. 18. Vor diesem Hintergrund vermag es nicht zu überzeugen, wenn *Kienapfel* Urkunden S. 267, 271 f., meint, bei versteckter Anonymität sei bei Zeichnung mit einem Namen die Urkundenqualität zu bejahen; gegen die Auffassung von *Kienapfel* auch *Gribbohm* LK[11] Rdn. 60; *Seier* JA **1979** 133, 134.

387 Siehe RGSt **46** 297, 300; *Sch/Schröder/Heine/Schuster* Rdn. 18; *Satzger* Jura **2012** 106, 108.

388 Siehe RGSt **46** 297, 300; *Kühl/Brutscher* JuS **2011** 335, 338; *Satzger* Jura **2012** 106, 108.

389 OLG Koblenz NStZ-RR **2008** 120, 121; Arzt/Weber/Heinrich/Hilgendorf BT § 31 Rdn. 11; *Erb* MK Rdn. 152; *Sch/Schröder/Heine/Schuster* Rdn. 18; Lackner/Kühl/*Heger* Rdn. 14; *Otto* BT § 70 Rdn. 17; *Weidemann* BeckOK Rdn. 13; *Wessels/Hettinger/Engländer* BT 1 Rdn. 788; siehe auch *Seier* JA **1979** 133, 135 f.

390 Siehe OLG Bamberg BeckRS **2014** 12279; OLG Koblenz NStZ-RR **2008** 120, 121; *Eisele* BT I Rdn. 803; *Fischer* Rdn. 11; *Otto* BT § 70 Rdn. 17; SSW/*Wittig* Rdn. 37.

391 Siehe zur offensichtlichen Manipulation bereits Rdn. 56 f.

392 *Erb* MK Rdn. 153; *Krey/Hellmann/Heinrich* BT 1 Rdn. 1150; Lackner/Kühl/*Heger* Rdn. 14; *Maurach/Schroeder/Maiwald* BT 2 § 65 Rdn. 58; *Ohr* JuS **1967** 255, 256; *Weidemann* BeckOK Rdn. 13.

393 Arzt/Weber/Heinrich/Hilgendorf BT § 31 Rdn. 11.

394 BGH NJW **1953** 1358; BGH NStZ-RR **2003** 20, 21.

395 RGSt **46** 297, 301: „Ein Bürger der Stadt", „ein Mitglied der Gemeinde".

396 RGSt **35** 94, 95 f.; *Bock* BT 1 S. 440; *Seier* JA **1979** 133, 136; SSW/*Wittig* Rdn. 39.

397 RGSt **46** 103, 106; RGSt **46** 297, 301; RGSt **76** 205, 207; *Gössel/Dölling* BT 1 § 52 Rdn. 11; *Sch/Schröder/Heine/Schuster* Rdn. 17; *Maurach/Schroeder/Maiwald* BT 2 § 65 Rdn. 32.

398 BGHSt **12** 108, 112; OLG Koblenz NStZ **1992** 134; *Bruns* NJW **1954** 456, 457 f.; *ders.* NJW **1954** 948; *Erb* MK Rdn. 24; *Sch/Schröder/Heine/Schuster* Rdn. 17; *Maurach/Schroeder/Maiwald* BT 2 § 65 Rdn. 32; *Puppe/Schumann* NK Rdn. 77; **anders** aber RGSt **22** 182, 184; OLG Stuttgart NJW **1954** 486; *Richter* NJW **1954** 664 f.

399 Siehe dazu Rdn. 113 ff.

400 BGHSt **12** 108, 112; ebenso *Fischer* Rdn. 24; *Greiser* NJW **1978** 927; siehe auch OLG Koblenz NStZ **1992** 134.

401 Eine Gesamturkunde ebenfalls ablehnend etwa Lackner/Kühl/*Heger* Rdn. 5; *Sch/Schröder/Heine/Schuster* Rdn. 31; *Maurach/Schroeder/Maiwald* BT 2 § 65 Rdn. 41.

ten der jeweilige Aussteller über die Prüfungsnummer (Kennziffer, Platznummer) ermittelbar und somit der Aussteller erkennbar.[402]

94 Problematisch ist, wer als Aussteller einer Urkunde hervorgeht, wenn jemand in **offener Stellvertretung** für einen anderen handelt.[403] Nach der Rechtsprechung ist insoweit zwischen der Vertretung von natürlichen Personen einerseits und der Vertretung von Behörden, Firmen oder juristischen Personen andererseits zu unterscheiden.

95 So soll im letzteren Fall nicht der jeweilige Unterzeichnende (Sachbearbeiter), sondern die **Behörde** oder **Firma** selbst als Aussteller aus der Urkunde hervorgehen. Unecht sei damit die Urkunde nur, wenn der Betreffende überhaupt nicht befugt war, für diese tätig zu werden, dagegen nicht beim bloßen Missbrauch vorhandener Befugnisse.[404] Dagegen meint der BGH in Bezug auf die offene Stellvertretung **natürlicher Personen**, hier weise die Urkunde als Aussteller grundsätzlich nicht den Vertretenen, sondern den **Erklärenden** aus.[405] Folglich liege selbst dann keine unechte Urkunde vor, wenn der Vertreter überhaupt keine Vertretungsmacht hat.

96 Auch das Schrifttum folgt überwiegend dieser Rechtsprechung und geht davon aus, dass bei Personenvereinigungen und Behörden bei nicht vorhandener Zuständigkeit des Vertreters eine unechte Urkunde anzunehmen sei, nicht aber dann, wenn lediglich eine vorhandene Befugnis missbraucht werde.[406] Aussteller sei die Personenvereinigung oder Behörde.[407] Bei natürlichen Personen hingegen liege im Fall der unwahren Angabe eines Vertretungsverhältnisses lediglich eine schriftliche Lüge vor,[408] denn die Erklärung rühre nicht vom Vertretenen, sondern vom Vertreter her.[409]

97 Es gibt aber durchaus auch Stimmen im Schrifttum, welche der Unterscheidung zwischen Behörden und Firmen einerseits sowie natürlichen Personen andererseits kritisch gegenüberstehen.[410]

98 In Bezug auf diese Differenzierung ist aus hiesiger Sicht zunächst einzuwenden, dass es sich bei der Gruppe „Firma oder Behörde“ einerseits und „natürliche Person“ andererseits gar nicht zwingend um ein Gegensatzpaar handeln muss,[411] was sich allein daraus ergibt, dass die Firma durchaus eine natürliche Person sein kann. Unabhängig davon gilt allgemein, dass die Frage, wer der aus der Urkunde hervorgehende Aussteller ist, unter Berücksichtigung des von

---

402 Vgl. *Eisele* BT I Rdn. 801.

403 Siehe hierzu und zum Folgenden bereits *Zieschang* FG Paulus 197, 203 ff.

404 Siehe BGHSt 7 149, 152; BGHSt **9** 44, 47; BGHSt **17** 11, 12; BGHSt **26** 9, 10; BGH StV **1993** 307; OLG Düsseldorf wistra **1999** 233, 234; OLG München NStZ-RR **2010** 173, 174; OLG Stuttgart NJW **1981** 1223; vgl. aber auch BGHSt **33** 159, 161. Siehe zur Rechtsprechung *Zieschang* FG Paulus 197, 202 ff.

405 BGH NJW **1993** 2759.

406 Siehe *Eisele* BT I Rdn. 821 ff.; *Gössel/Dölling* BT 1 § 52 Rdn. 17; *Sch/Schröder/Heine/Schuster* Rdn. 17a, 52, 54; *Hoyer* SK Rdn. 46; *Joecks/Jäger* Rdn. 69; *Koch* HK-GS Rdn. 14; Lackner/Kühl/*Heger* Rdn. 19; *Rengier* BT § 33 Rdn. 20 ff.; *Weidemann* BeckOK Rdn. 23; SSW/*Wittig* Rdn. 42. Ebenso in Bezug auf die missbräuchliche Eingabe von Daten in eine EDV-Anlage *Radtke* ZStW **115** (2003) 26, 49 f.; *Zielinski* GS Kaufmann 605, 612 ff. *Eisele* BT I Rdn. 823 und *Rengier* BT II § 33 Rdn. 20 bejahen auch im Fall der Kollusion eine unechte Urkunde, *Eisele* a.a.O. zusätzlich, wenn der Missbrauch für den Geschäftspartner evident sei. *Puppe* JZ **1986** 938, 943 sowie *Otto* JuS **1987** 761, 765 nehmen an, unwahre Erklärungen seien nicht zuzurechnen, wenn der Betreffende gewissermaßen als Bote inhaltlich präzise bestimmte Erklärungen abzugeben hatte. *Erb* MK Rdn. 133 will dagegen beim Missbrauch einer dem Beauftragten vom Dienst- oder Geschäftsherrn eingeräumten Befugnis eine unechte Urkunde bejahen.

407 *Sch/Schröder/Heine/Schuster* Rdn. 17a; *Hohmann/Sander* BT § 17 Rdn. 37; *Hoyer* SK Rdn. 46; *Koch* HK-GS Rdn. 13; *Matt/Renzikowski/Maier* Rdn. 28; *Puppe/Schumann* NK Rdn. 75 f.; *Rengier* BT II § 32 Rdn. 18, § 33 Rdn. 26; SSW/*Wittig* Rdn. 42.

408 Siehe *Bock* BT 1 S. 455; *Eisele* BT I Rdn. 825 f.; *Fischer* Rdn. 29; *Gössel/Dölling* BT 1 § 52 Rdn. 16; *Hohmann/Sander* BT § 17 Rdn. 36; *Joecks/Jäger* Rdn. 67; *Kindhäuser/Schramm* BT I § 55 Rdn. 51; *Wessels/Hettinger/Engländer* BT 1 Rdn. 817.

409 *Hohmann/Sander* BT § 17 Rdn. 36; *Hoyer* SK Rdn. 44; *Kindhäuser/Schramm* BT I § 55 Rdn. 51; *Rengier* BT II § 33 Rdn. 26; SSW/*Wittig* Rdn. 41 f.

410 *Jung* JuS **1994** 174; *Rengier* BT II § 33 Rdn. 29; *Zielinski* wistra **1994** 1, 2 ff.; siehe auch *Erb* MK Rdn. 166 ff.; *Satzger* Jura **2012** 106, 109.

411 *Zielinski* wistra **1994** 1, 2 f.; vgl. auch *Rengier* BT II § 33 Rdn. 29.

§ 267 geschützten Rechtsguts zu beantworten ist: Entscheidend ist, **wer** jeweils **im Einzelfall** nach den **Anschauungen des Rechtsverkehrs als Aussteller** anzusehen ist.[412] Hierbei besteht **vom Ausgangspunkt** in der Beurteilung **kein Unterschied**, ob der (scheinbar) Vertretene eine natürliche Person oder eine Firma oder Behörde ist, denn maßgeblich ist stets die Sicht des Rechtsverkehrs.

Immerhin wird man dann aber sagen können, dass bei Nennung einer **Personenvereinigung** 99
oder **Behörde** im Briefkopf nach den Anschauungen des Rechtsverkehrs diese **normalerweise** auch der **Aussteller** ist, denn der Name des Unterschriftleistenden hat für den Rechtsverkehr in der Regel nur untergeordnete Bedeutung. Dagegen ist bei **natürlichen Personen** im Fall der offenen Stellvertretung nach den Anschauungen des Rechtsverkehrs **im Grundsatz** der **Vertreter als Aussteller** anzusehen sein. Dennoch entbindet diese Regel nicht davon, im Einzelfall zu überprüfen, ob ausnahmsweise ein davon abweichendes Ergebnis geboten ist. Wenn zum Beispiel eine Sprechstundenhilfe ein Attest unter Verwendung des Briefkopfes des Arztes sowie von dessen Stempel benutzt und mit dem eigenen Namen und dem Zusatzes „i.A." unterschreibt,[413] sieht der Rechtsverkehr den Arzt, nicht aber die Sprechstundenhilfe als Aussteller.[414] Ebenso verhält es sich, wenn jemand bei einem Quittungsvordruck neben seine Unterschrift, welcher der Vermerk „i.V." vorangestellt ist, noch den Stempel eines Rechtsanwalts setzt.[415] Diese Umstände im konkreten Fall deuten darauf hin, im Gegensatz zur Auffassung des BGH[416] den Rechtsanwalt nach außen als Aussteller anzusehen und nicht den Vertreter.[417]

Geht im konkreten Fall nach außen der **Vertretene als Aussteller** der Urkunde hervor, wie 100
dies regelmäßig etwa bei Behörden der Fall ist, hat nun jedoch der körperlich Handelnde tatsächlich **überhaupt keine Befugnis**, für den Vertretenen zu handeln, stellt dieser eine **unechte Urkunde** her, denn dann ist das erläuterte zweite Erfordernis der Geistigkeitstheorie, wonach der Vertretene sich vertreten lassen will,[418] nicht erfüllt. Aber auch, wenn der Handelnde seine **Vertretungsbefugnis überschreitet** und **missbraucht**, will der Vertretene so nicht vertreten werden. Ebenfalls in dieser Konstellation stellt folglich der Handelnde entgegen der überwiegenden Auffassung eine **unechte Urkunde** her.[419] Nach außen geht zwar der Vertretene aus der Urkunde hervor, dagegen ist bei der Frage nach dem wahren Aussteller im Innenverhältnis entscheidend, ob sich der Vertretene so vertreten lassen wollte.[420] Der Wille deckt aber nur ein solches Verhalten, das sich im Rahmen der Anweisung hält, sodass bei einer Überschreitung eine unechte Urkunde vorliegt, denn es handelt sich nur um eine scheinbare Erklärung des aus der Urkunde nach außen hervorgehenden Ausstellers.[421] Es verhält sich ebenso wie im Fall der Blankettfälschung, bei dem der Ausfüllende den Anweisungen zuwider das Blankett ausfüllt und damit eine unechte Urkunde herstellt.[422]

---

412 BGHSt **17** 11, 13; BGH NJW **1993** 2759; *Zieschang* FG Paulus 197, 208 f.

413 Siehe OLG Frankfurt NStZ **2009** 700.

414 In diese Richtung auch *Rengier* BT II § 33 Rdn. 33.

415 So die Sachverhaltskonstellation bei BGH NJW **1993** 2759.

416 BGH NJW **1993** 2759.

417 Siehe *Zieschang* FG Paulus 197, 205 f.; *ders.* BT 1 Rdn. 810.

418 Rdn. 78.

419 Parallel dazu liegt eine unechte Urkunde vor, wenn aus Datenfälschungen (Input-Manipulationen) von für die Dateneingabe unzuständigen Mitarbeitern oder Externen oder an sich zuständigen Mitarbeitern, die ihre Befugnis überschreiten, Ausdrucke hervorgehen; siehe *Erb* MK Rdn. 133; *Zieschang* FG Paulus 197 ff.; enger *Radtke* ZStW **115** (2003) 26, 47 ff., 50 f.; *Winkelbauer* CR **1985** 40, 42, die den zuletzt genannten Kreis ausnehmen wollen. Nur bei Externen Urkundenfälschung bejahend *Puppe/Schumann* NK Rdn. 71; ähnlich *Jenny/Stratenwerth* SchwZStR **1991** 197, 208 f.

420 *Zieschang* FG Paulus 197, 211.

421 *Zieschang* FG Paulus 197, 213; *ders.* JA **2008** 192, 196.

422 *Erb* MK Rdn. 133; *Zieschang* FG Paulus 197, 212 f. Siehe zur Blankettfälschung Rdn. 155 ff.

IV. Besondere Formen der Urkunde

1. Beweiszeichen

101 Wie bereits erläutert,[423] fallen nach zutreffender herrschender Auffassung nicht nur Schriftstücke unter den Urkundenbegriff des § 267, sondern auch solche verkörperte Gedankenerklärungen, die durch Symbole und Zeichen zum Ausdruck gebracht werden, also die **Beweiszeichen.**[424] Der Rechtsverkehr verlässt sich hier ebenso wie bei schriftlichen Erklärungen darauf, dass sie von demjenigen stammen, der als Aussteller hervorgeht. Sehr oft ergibt sich dabei die Gedankenerklärung erst aus der hinreichend festen Verbindung mit einem Gegenstand, sodass es sich dann um eine zusammengesetzte Urkunde handelt.[425] Das ist etwa der Fall bei der mit der Ware fest verbundenen Preisauszeichnung.

102 Zuzugeben ist zwar, dass die **Abgrenzung der Beweiszeichen** von den bloßen **Kennzeichen,** die keine Urkunden darstellen,[426] im Einzelfall sehr schwierig sein kann.[427] Vor allem auch die Rechtsprechung vermittelt kein einheitliches Bild und ist nicht widerspruchsfrei.[428] Nach dieser sind **Beweiszeichen** solche, die geeignet und bestimmt sind, wenn auch nur mit Auslegungshilfen, über ihr Dasein hinaus eine Gedankenäußerung zu vermitteln und für eine rechtliche Beziehung Beweis zu erbringen.[429] Ihnen kommt also kraft **Gesetzes, Verkehrssitte** oder **Vereinbarung** der Beteiligten ein bestimmter **Erklärungsgehalt** zu.[430] Die **Kennzeichen** hingegen hätten lediglich Aufzählungs-, Erkennungs-, Identitäts-, Kontroll-, Ordnungs-, Unterscheidungs-, Sicherungs- oder Verschlussfunktionen, würden aber keinen Gedanken verkörpern.[431]

103 Eine solche Unterscheidung führt aber zu **erheblichen Abgrenzungsproblemen,** sodass die Gegenüberstellung des Begriffspaars „Beweiszeichen – Kennzeichen" nicht sehr weiterführend ist. Oftmals ist kaum nachvollziehbar und teilweise auch widersprüchlich, warum die Rechtsprechung in einem Fall von einer Urkunde, in einem anderen dagegen von einem bloßen Kennzeichen ausgeht.[432] Andererseits hat die Schwierigkeit, Beweiszeichen von Kennzeichen abzugrenzen, nicht zur Konsequenz, Beweiszeichen ganz aus dem Urkundenbegriff herauszunehmen. Der Schwierigkeitsgrad, der mit einer Rechtsfrage verbunden ist, darf nicht dazu führen, der Einfachheit halber ganz auf die Lösung dieser Frage zu verzichten und so über Nichtstrafbarkeit oder

---

423 Rdn. 16 f.

424 BGHSt **9** 235, 236 ff.; BGHSt **13** 235, 239; BGHSt **16** 94, 96; RGSt **17** 352, 354; RGSt **34** 435, 439; RGSt **64** 48, 49; BayObLG NJW **1966** 748 f.; BayObLG NJW **1980** 1057; OLG Köln NJW **1999** 1042; Arzt/Weber/Heinrich/Hilgendorf BT § 31 Rdn. 9; *Bode/Ligocki* JuS **2015** 989, 990; *Brehmeier-Metz* AK Rdn. 4; *Erb* MK Rdn. 41 ff.; *Fischer* Rdn. 5; *Gössel/Dölling* BT 1 § 52 Rdn. 5; *Gribbohm* LK[11] Rdn. 85; *Sch/Schröder/Heine/Schuster* Rdn. 20 f.; *Hilgendorf/Valerius* BT I § 10 Rdn. 15; *Hohmann/Sander* BT § 17 Rdn. 10; *Jäger* BT Rdn. 629; *Joecks/Jäger* Rdn. 54; *Kindhäuser/Hilgendorf* LPK Rdn. 20 f.; *Kindhäuser/Schramm* BT I § 55 Rdn. 31; *Krey/Hellmann/Heinrich* BT 1 Rdn. 1116; Lackner/Kühl/*Heger* Rdn. 9; *Rengier* BT II § 32 Rdn. 21; *Satzger* Jura **2012** 106, 107; *Wessels/Hettinger/Engländer* BT 1 Rdn. 790. Siehe zum (überflüssigen) Begriff der „verkürzten Urkunde" *Gribbohm* LK[11] Rdn. 94 f.

425 *Kindhäuser/Schramm* BT I § 55 Rdn. 33; *Kindhäuser/Hilgendorf* LPK Rdn. 20; siehe zu dieser Urkundenform Rdn. 107 ff.

426 Siehe dazu Rdn. 105.

427 Arzt/Weber/Heinrich/Hilgendorf BT § 31 Rdn. 23; *Sch/Schröder/Heine/Schuster* Rdn. 20.

428 Siehe dazu Rdn. 104 ff. Kritisch zur Rechtsprechung etwa auch Arzt/Weber/Heinrich/Hilgendorf BT § 31 Rdn. 23 ff.; *Sch/Schröder/Heine/Schuster* Rdn. 22; *Kindhäuser/Hilgendorf* LPK Rdn. 23; Lackner/Kühl/*Heger* Rdn. 9; *Maurach/Schroeder/Maiwald* BT 2 § 65 Rdn. 26; *Rotsch* JuS **2004** 607, 608; *Walter* Jura **2002** 415, 418; *Weidemann* BeckOK Rdn. 8; SSW/*Wittig* Rdn. 17.

429 Siehe BGHSt **9** 235, 237 f.; RGSt **34** 435, 439; RGSt **41** 315, 316 f.; RGSt **50** 191; RGSt **55** 97, 98; RGSt **56** 357; RGSt **67** 230, 232 f.; RGSt **75** 306, 307; RGSt **76** 205, 206; BayObLG NJW **1980** 1057; *Fischer* Rdn. 5; *Hoyer* SK Rdn. 36; Lackner/Kühl/*Heger* Rdn. 9.

430 *Fischer* Rdn. 5; *Kindhäuser/Hilgendorf* LPK Rdn. 20.

431 Siehe BGHSt **2** 370, 371; RGSt **34** 435, 439; RGSt **36** 15, 16 f.; RGSt **58** 16, 17; RGSt **64** 48, 49; RGSt **75** 306, 309; RGSt **76** 205, 206; RG GA Bd. **62** (1916) 490; *Fischer* Rdn. 8; Lackner/Kühl/*Heger* Rdn. 9; *Rengier* BT II § 32 Rdn. 22.

432 Siehe Rdn. 106.

Strafbarkeit zu entscheiden. Zur sachgerechten Klärung der Probleme ist vielmehr in jedem **Einzelfall** der Frage nachzugehen, ob bei der Verwendung von Zeichen oder Symbolen **sämtliche Merkmale des Urkundenbegriffs erfüllt** sind,[433] ohne dass auf den diffusen Begriff des Kennzeichens zu rekurrieren ist. Entscheidend ist vor allem, ob sie für einen anderen als den Aussteller über ihr bloßes Dasein hinaus – gegebenenfalls unter Heranziehung von Auslegungshilfen – eine Gedankenäußerung beinhalten;[434] natürlich müssen sie auch zum Beweis geeignet und bestimmt sein[435] und den Aussteller erkennen lassen,[436] sodass alle Elemente des Urkundenbegriffs vorzuliegen haben.[437] Auch hier genügt es im Übrigen nicht, dass sich die Ausstellererkennbarkeit aus völlig außerhalb des Beweiszeichens liegenden Umständen ergibt.[438] Sie muss vielmehr in dem Zeichen zumindest angelegt sein.

In der Rechtsprechung wurden als **Beweiszeichen** und damit als Urkunde angesehen: Abnahmestempel auf Eisenbahnschienen,[439] ein Amtssiegel des Weinprüfers auf der Weinprobe,[440] der Eichstempel[441] und ein Etikett mit einer aufgedruckten Nummer zur Kennzeichnung von Produkten zusammen mit der Ware,[442] Auch das Fabrikschild an Kraftfahrzeugen gemäß § 59 Abs. 1 StVZO, das u.a. Auskunft über Hersteller, Fahrzeugtyp, Baujahr und zulässiges Gesamtgewicht des Fahrzeugs gibt, ist ein Beweiszeichen.[443] Das gilt ebenfalls für die Fahrzeug-Identifizierungsnummer (früher Fahrgestellnummer),[444] welche Angaben über Hersteller, Baureihe und Motortyp enthält. Weiterhin werden als Beweiszeichen eingestuft: Die Gewichtsangabe auf einem Frachtbrief zu Eisenbahnwaggons,[445] das gestempelte amtliche Kennzeichen am Kfz,[446] welches die Erklärung der Zulassungsstelle verkörpert, dass das Fahrzeug unter diesem Kennzeichen für einen bestimmten Halter zum öffentlichen Verkehr zugelassen worden ist,[447] eine Kontrollnummer auf einer Fabrikpackung (Aspirinpackung),[448] der Korkbrand (eingebrannter Stempel auf dem Korken) bei **104**

433 Vgl. RGSt **64** 48, 49; *Zieschang* AD LEGENDUM **2020** 73, 76.

434 *Küper/Zopfs* BT Rdn. 553.

435 RGSt **64** 48, 49; RGSt **67** 230, 232. Die Beweisbestimmung ist in den meisten Fällen bei Beweiszeichen von vornherein gegeben; *Gribbohm* LK[11] Rdn. 92; *Sch/Schröder/Heine/Schuster* Rdn. 27.

436 *Sch/Schröder/Heine/Schuster* Rdn. 25.

437 *Krey/Hellmann/Heinrich* BT 1 Rdn. 1116.

438 *Sch/Schröder/Heine/Schuster* Rdn. 29.

439 RGSt **17** 352, 354 ff.

440 RGSt **41** 315, 316 f.; *Koch* HK-GS Rdn. 16; *Weidemann* BeckOK Rdn. 8.1.

441 RGSt **56** 355, 356; *Fischer* Rdn. 6; *Kindhäuser/Hilgendorf* LPK Rdn. 21.

442 OLG Karlsruhe BeckRS **2019** 12710.

443 Siehe zum Fabrikschild (Typenschild, Datenplatte) BGH VRS **5** 135; BGHSt **16** 94, 95; RGSt **68** 94, 96; RGSt **69** 200, 202; RG JW **1935** 2636; RG HRR **1940** Nr. 191; anders nur RGSt **55** 39, 40.

444 BGH HRRS **2020** Nr. 124; siehe auch BGHSt **9** 235, 238; BGHSt **16** 94, 95 f.; BGH NJW **1955** 876; RGSt **58** 16, 17; RGSt **68** 94, 95; KG VRS **105** 215, 216; *Fischer* Rdn. 6; *Joecks/Jäger* Rdn. 54; *Koch* HK-GS Rdn. 16; **ablehnend** etwa *Erb* MK Rdn. 79; *Hoyer* SK Rdn. 34; *Klesczewski* BT § 17 Rdn. 27; *Puppe* Jura **1980** 18, 19; *Schilling* Augenscheinsbeweis S. 122 f.

445 BGH NJW **1953** 1840.

446 BGHSt **16** 94, 95; BGHSt **18** 66, 70; BGHSt **45** 197, 200; BGH NStZ **2014** 272; BGH NStZ **2018** 468; BayObLGSt **1977** 115, 116; OLG Stuttgart NStZ-RR **2001** 370; *Baier* JuS **2004** 56, 57; *Brehmeier-Metz* AK Rdn. 4; *Brüning* ZJS **2021** 538, 544; *Erb* MK Rdn. 80; *ders.* FS Puppe 1107, 1112 f.; *Fischer* Rdn. 7; *Klesczewski* BT § 17 Rdn. 28; *Kühl/Hoffmann-Holland* Jura **2013** 408, 410; *Wiese* JA **2016** 426, 427; *Zieschang* FS Sieber 357, 358; nicht aber bei ungestempelten oder entstempelten Kennzeichen; BGHSt **11** 165, 167; BGHSt **18** 66, 70; BGH NJW **1989** 3104; BGH NJW **2018** 87, 88; OLG Koblenz NStZ-RR **2016** 388; *Hoven* NJW **2018** 89; *Trentmann* NZV **2014** 298, 301. Keine Urkunden sollen auch die roten Kennzeichen sein; BGHSt **34** 375, 376; BGH NStZ **2018** 205, 206; OLG Stuttgart VRS **47** 25 f.; *Grohmann* DAR **2001** 57, 58; **anders** *Erb* MK Rdn. 80; vgl. auch *Puppe* JZ **1991** 447; siehe dazu Rdn. 112. Zu Versicherungskennzeichen siehe BayObLGSt **1977** 74; OLG Koblenz BeckRS **2016** 15816. Bei ausländischen Kennzeichen ist nach dem BGH insbesondere zu prüfen, ob sie von der dortigen Zulassungsbehörde einem bestimmten Fahrzeug zugeordnet sind; BGH NJW **1989** 3104; BGH NStZ-RR **2019** 125.

447 BGHSt **45** 197, 200; BGH NJW **2018** 87, 88; OLG München BeckRS **2019** 4553; *Peters* JuS **2019** 33, 37; *Trentmann* NZV **2014** 298, 301.

448 RG HRR **1929** Nr. 1973.

einer Flasche Wein[449] und ein Künstlerzeichen auf einem Gemälde,[450] das zum Ausdruck bringt, dass der Namensträger das Gemälde hergestellt und sein Werk für vollendet und verkehrsreif erklärt hat. Auch die Motornummer (Fabriknummer am Motor) fasst die Rechtsprechung als Beweiszeichen auf, da damit die Beweiskraft der Angaben auf dem Fabrikschild unterstützt wird und ein Kraftfahrzeug als dasjenige erkannt werden kann, das der Hersteller in der ursprünglichen Gestalt und Zusammensetzung ausgeliefert hat.[451] Weiterhin werden als Beweiszeichen angesehen: Ohrenmarken an einem Tier,[452] der Poststempel,[453] das Preisschild, welches mit der Ware hinreichend fest verbunden ist,[454] die Prüfplakette in Verbindung mit dem amtlich zugelassenen Kennzeichen am Fahrzeug,[455] die Fabriknummer am Rahmengestell beim Fahrrad,[456] Schuhe mit aufgedrucktem Firmennamen und Preis[457] sowie der Stempel im Fahrzeugschein über erhaltene Benzingutscheine.[458] Striche auf dem Bierdeckel[459] sind dazu bestimmt und geeignet, eine Erklärung über die Anzahl der konsumierten Getränke zu liefern. Zudem ist der Tauglichkeitsstempel des Fleischbeschauers zu nennen.[460] Ebenfalls ordnet teilweise die Rechtsprechung Verschlussplomben an geeichten Zählern und sonstigen Messgeräten hier ein,[461] was überzeugt, sofern sie nicht nur als bloßer Verschluss dienen, sondern ihnen eine Gedankenerklärung entnommen werden kann, etwa in dem Sinne, dass der verplombte Zähler für den jeweiligen Verbrauch maßgeblich sein soll.[462]

---

449 RGSt **76** 186, 188; BGHSt **9** 235, 238; *Weidemann* BeckOK Rdn. 8.1.

450 BGH WKRS **1960** 12297; BGH BeckRS **2020** 28772; RGSt **34** 53; RGSt **56** 357, 358; RGSt **76** 28, 29; OLG Frankfurt NJW **1970** 673, 674; Arzt/Weber/Heinrich/Hilgendorf BT § 31 Rdn. 25; *Dzatkowski* JA **2019** 36, 37; *Erb* MK Rdn. 82; *Fischer* Rdn. 6; *Sch/Schröder/Heine/Schuster* Rdn. 27; *Joecks/Jäger* Rdn. 54; *Kindhäuser/Hilgendorf* LPK Rdn. 21; *Kindhäuser/Schramm* BT I § 55 Rdn. 32; *Lampe* Ufita **1978** 15, 25; *Löffler* NJW **1993** 1421, 1423; *Rengier* BT II § 32 Rdn. 23; *Weidemann* BeckOK Rdn. 8.1.

451 BGHSt **16** 94, 95 ff.; BGH NJW **1955** 876; RGSt **68** 94, 95 f.

452 RG HRR **1935** Nr. 1635; *Fischer* Rdn. 6.

453 RGSt **30** 381, 382 f.; RGSt **62** 11, 12 f.; RG HRR **1937** Nr. 211.

454 RGSt **53** 237, 238; RGSt **53** 327, 329; OLG Düsseldorf NJW **1982** 2268; OLG Köln NJW **1979** 729; *Fischer* Rdn. 6; *Kindhäuser/Hilgendorf* LPK Rdn. 21; *Rengier* BT II § 32 Rdn. 23; siehe auch OLG Köln NJW **1973** 1807.

455 Siehe BGHSt **26** 9, 11; BayObLG NJW **1966** 748; BayObLG BeckRS **2020** 257 (danach Urkunde nur in Verbindung mit der Eintragung in der Zulassungsbescheinigung Teil I); OLG Celle NZV **1991** 318, 319; OLG Celle NJW **2011** 2983, 2984; OLG Karlsruhe DAR **2002** 229; *Claus* NStZ **2014** 66, 67; *Jahn* JuS **2011** 1136 f.; *ders.* JuS **2020** 698 f.; *Joecks/Jäger* Rdn. 54; *Kindhäuser/Hilgendorf* LPK Rdn. 21; *Kindhäuser/Schramm* BT I § 55 Rdn. 32; *Kudlich* JA **2019** 272, 273; *Rengier* BT II § 32 Rdn. 23; auch in ihrer farblichen Gestaltung BayObLG NJW **1966** 748; AG Waldbröl NJW **2005** 2870, 2871; *Jahn* JuS **2020** 698.

456 Zumindest als möglich erachtend RKG **1** 211, 213 f.

457 RGSt **53** 237, 238.

458 BayObLG NJW **1980** 1057 f.; *Rengier* BT II § 32 Rdn. 23.

459 RG DStrZ **1916** 78; Arzt/Weber/Heinrich/Hilgendorf BT § 31 Rdn. 9; *Krey/Hellmann/Heinrich* BT 1 Rdn. 1120; *Satzger* Jura **2012** 106 f.; kritisch *Bode/Ligocki* JuS **2015** 989, 991 ff.; *Erb* MK Rdn. 24; *Sch/Schröder/Heine/Schuster* Rdn. 27; *Puppe/Schumann* NK Rdn. 52. Siehe ferner auch *Dreher* JuS **2007** 459, 463; *Weidemann* BeckOK Rdn. 8.1: Urkunde beim Kreidezeichen auf dem Strandkorb als Ausdruck von bezahlter Miete.

460 RGSt **29** 67, 68; RGSt **64** 136; RGSt **74** 26, 30; *Kindhäuser/Hilgendorf* LPK Rdn. 21; *Kindhäuser/Schramm* BT I § 55 Rdn. 32; *Weidemann* BeckOK Rdn. 8.1.

461 Für den Stromzähler: RGSt **50** 191, 192 f.; RG HRR **1938** Nr. 1324; siehe auch RGSt **13** 193, 194; RGSt **15** 214, 216; RG LZ **1916** 1253 (Zollplombe); RGSt **67** 230, 232 (Postsackverschluss); **anders** RGSt **64** 48, 50; RG LZ **1930** 1327 (Bleiplomben an Branntweinmessuhren).

462 Aus dem Schrifttum die Urkundeneigenschaft von Verschlussplomben bejahend etwa Arzt/Weber/Heinrich/Hilgendorf BT § 31 Rdn. 23; *Erb* MK Rdn. 83 (sofern nicht bloßer Sicherungszweck); *Kindhäuser/Hilgendorf* LPK Rdn. 21 (sofern nicht bloße Sicherungsfunktion); *Matt/Renzikowski/Maier* Rdn. 35 (sofern nicht nur Sicherungsfunktion); *Obermaier* S. 127; *Rengier* BT II § 32 Rdn. 23 (sofern nicht bloßer Sicherungszweck); SSW/*Wittig* Rdn. 18 (sofern nicht bloßer Sicherungszweck); **ablehnend** dagegen *Fischer* Rdn. 6, 8; *Sch/Schröder/Heine/Schuster* Rdn. 26a; *Hoyer* SK Rdn. 17; *Puppe/Schumann* NK Rdn. 39 f.

Zu den bloßen **Kennzeichen**, die **keine Urkundenqualität** haben, werden etwa Bibliotheksstempel (Eigentümerzeichen) in Büchern oder Dienststempel in Diensthosen der Polizei gezählt.[463] Weiterhin wurden hier Namenszeichen auf Tieren eingeordnet.[464] Auch Wäschemonogramme seien bloße Kennzeichen,[465] ebenso der Waldhammerschlag, der nicht den Eigentumsübergang erweise, sondern als bloßes Eigentumszeichen diene.[466] Ebenfalls Fabriknummern auf Produkten (Identifizierungszeichen) wurden als Kennzeichen eingestuft.[467] Weiterhin ist die Rechtsprechung bei einem Firmennamen auf einer Heringstonne[468] (Herstellerzeichen) oder Firmenzeichen auf Stiften (Warenzeichen, Marken) von bloßen Kennzeichen ausgegangen.[469] Ebenfalls Garderobenmarken sollen darunter fallen.[470] Auch Zeichen auf zur Bahnbeförderung benutzten Kisten wurden als Kennzeichen eingestuft.[471] 105

Insoweit kann man aber in Bezug auf Namenszeichen (Eigentümerkennzeichen) auf Tieren, in Büchern, auf Bäumen oder auf Wäsche oder Kleidung durchaus auch anderer Auffassung sein. So wird damit nämlich erklärt, dass der betreffende Gegenstand einer bestimmten Person als Eigentümer zugeordnet ist.[472] Das stünde zudem damit im Einklang, dass etwa Ohrenmarken an Tieren als Beweiszeichen angesehen wurden. Auch erscheint es widersprüchlich, bei Künstlerzeichen auf dem Bild ein Beweiszeichen anzunehmen, nicht aber beim Firmennamen auf einer Heringstonne oder einem Stift, obwohl in allen Fällen eine Aussage über die Herkunft der Ware (Herstellerzeichen) getroffen wird.[473] Für den Rechtsverkehr ist auch in diesem Bereich der Echtheitsschutz von besonderer Bedeutung. Sind folglich die drei Aspekte einer Urkunde im Sinne der Perpetuierungs-, Beweis- und Garantiefunktion erfüllt, muss das in der Konsequenz zur Bejahung der Urkundeneigenschaft führen. Schließlich ist es schwer verständlich, dass das Fabrikschild und die Fahrzeug-Identifizierungsnummer am Kfz sowie die Kontrollnummer auf einer Medikamentenpackung Beweiszeichen sein sollen, nicht aber die Fabriknummer an anderen Waren, sofern sie Angaben zum Hersteller enthält.[474] 106

2. Zusammengesetzte Urkunde

Schon im Zusammenhang mit den Beweiszeichen wurde darauf hingewiesen, dass sich eine verkörperte Gedankenerklärung oftmals erst aus dem Zusammenspiel eines Zeichens oder Sym- 107

---

463 RG GA Bd. 77 (1933) 202; *Eisele* BT I Rdn. 794; *Sch/Schröder/Heine/Schuster* Rdn. 27; *Hoyer* SK Rdn. 34; *Joecks/Jäger* Rdn. 55; *Kindhäuser/Schramm* BT I § 55 Rdn. 34; *Koch/Exner* JuS **2007** 40, 43; *Wessels/Hettinger/Engländer* BT 1 Rdn. 792; SSW/*Wittig* Rdn. 16.

464 RGSt **34** 439; RGSt **36** 15, 16 f.; *Erb* MK Rdn. 81; *Sch/Schröder/Heine/Schuster* Rdn. 27.

465 *Joecks/Jäger* Rdn. 55; *Kindhäuser/Hilgendorf* LPK Rdn. 22; *Wessels/Hettinger/Engländer* BT 1 Rdn. 792; SSW/*Wittig* Rdn. 16.

466 RGSt **25** 244, 245; RGSt **39** 147 f.; siehe bereits Rdn. 35.

467 RG GA Bd. **59** (1912) 352, 353 (im Klavier angebrachte Fabriknummer); *Puppe/Schumann* NK Rdn. 32.

468 RGSt **17** 282, 284.

469 BGHSt **2** 370; *Sch/Schröder/Heine/Schuster* Rdn. 28; *Kindhäuser/Hilgendorf* LPK Rdn. 22; *Matt/Renzikowski/Maier* Rdn. 33; **anders** OLG Düsseldorf JMBlNRW **1951** 207, 208 (Einwickelpapier einer holländischen Markenbutter); *Erb* MK Rdn. 82; *Puppe/Schumann* NK Rdn. 36.

470 *Fischer* Rdn. 8; *Kindhäuser/Hilgendorf* LPK Rdn. 22; *Kindhäuser/Schramm* BT I § 55 Rdn. 34; *Rengier* BT II § 32 Rdn. 24; *Weidemann* BeckOK Rdn. 8.2; SSW/*Wittig* Rdn. 16; **anders** *Erb* MK Rdn. 41.

471 RG JW **1924** 975, 976.

472 Siehe dazu auch *Freund* JuS **1993** 1016, 1019 f.; *Heinrichs* S. 93 ff.; *Hoyer* SK Rdn. 36; *Klesczewski* BT § 17 Rdn. 29; *Puppe/Schumann* NK Rdn. 37; *Rengier* BT II § 32 Rdn. 25.

473 Kritisch ebenfalls *Sch/Schröder/Heine/Schuster* Rdn. 22; *Klesczewski* BT § 17 Rdn. 30; *Puppe/Schumann* NK Rdn. 36 f. Für die Frage der Urkundenqualität spielt es zwar keine Rolle, ob es sich um eine Marke (Warenzeichen) im Sinne des Markengesetzes handelt oder nicht; vgl. *Erb* MK Rdn. 82. Man wird jedoch den Vorschriften des MarkenG auf der Ebene der Konkurrenzen den Vorrang einräumen müssen; siehe dazu BGHSt **2** 370; *Sch/Schröder/Heine/Schuster* Rdn. 28; *Obermaier* S. 113 ff.; *Hoyer* SK Rdn. 36; vgl. auch RGSt **17** 282, 284.

474 Siehe insofern auch die Kritik von *Puppe/Schumann* NK Rdn. 32 ff.

bols mit einem Bezugsobjekt ergibt. Das ist etwa der Fall beim Preisetikett, das mit der Ware verbunden ist.[475] Aber auch ein Schriftstück kann mit einem Bezugsobjekt verbunden sein wie bei einem amtlichen Ausweis mit eingeklebtem Foto.[476] Hier spricht man von einer **zusammengesetzten Urkunde**. Es geht hier um eine **räumlich feste Verbindung einer Erklärung mit einem Bezugsobjekt zu einer Beweiseinheit**.[477] Der Erklärungsinhalt richtet sich auf das Bezugsobjekt.[478] Beide vereinigen sich zu einem einheitlichen eigenständigen Beweis- und Erklärungswert.[479] Folglich ist diese Art der Urkunde in ihrer Gesamtheit zu betrachten.[480] Konsequenz daraus ist, dass nicht nur die **Veränderung der Erklärung** als solcher, sondern auch die **Auswechselung des Bezugsobjekts** eine Urkundenfälschung darstellt.[481] Stets muss für § 267 nach der Manipulation aber noch eine hinreichend feste Verbindung zwischen Erklärung und einem (ausgetauschten) Bezugsobjekt bestehen;[482] ansonsten kommt nur § 274 in Betracht. Bezugsobjekt ist bei der Preisauszeichnung die jeweilige Ware, bei hinreichender Verbindung mit dem Preisetikett ergibt sich daraus in der Gesamtschau die Gedankenerklärung, dass die Ware den auf dem Etikett angegebenen Preis hat.

108 Eine zusammengesetzte Urkunde liegt einmal vor, wenn mehrere Teile, die für sich genommen keine Urkundenqualität haben, zu einer Urkunde verbunden werden.[483] Das ist etwa der Fall bei Preisetikett und Ware. In Betracht kommt zum anderen aber auch, dass ein Teil der zusammengesetzten Urkunde bereits isoliert Urkundencharakter hatte und durch die Verbindung mit einem Augenscheinsobjekt nunmehr ein weiterer Beweiswert als zusammengesetzte Urkunde entsteht. Dies wäre etwa der Fall, wenn ein Blutentnahmeprotokoll, das schon für sich genommen Urkundencharakter hat, nunmehr hinreichend fest mit einer Blutprobe verbunden wird. Möglich ist weiterhin, dass sämtliche Teile der zusammengesetzten Urkunde schon isoliert Urkundenqualität hatten und durch ihre Verbindung eine neue selbständige beweiserhebliche Gedankenerklärung entsteht.[484] Das ist zum Beispiel gegeben, falls jemand unter einen Kaufvertrag noch eine Bürgschaftserklärung setzt.[485] Die Bürgschaftserklärung als Urkunde nimmt dann auf eine andere Urkunde, den Kaufvertrag, Bezug. Hier spricht man dann von einer **abhängigen Urkunde**.[486] Wird der Inhalt des Kaufvertrags verändert, bedeutet das auch ein Verfälschen der dort niedergeschriebenen Bürgschaftserklärung als zusammengesetzte Urkunde, denn diese bezieht sich mit

---

475 OLG Köln NJW **1979** 729; *Matt/Renzikowski/Maier* Rdn. 38; *Rengier* BT II § 32 Rdn. 28; *Zieschang* AD LEGENDUM **2020** 73, 77.

476 BGHSt **17** 97, 98; *Eisele* BT I Rdn. 806; *Sch/Schröder/Heine/Schuster* Rdn. 36a; *Kindhäuser/Schramm* BT I § 55 Rdn. 30; Lackner/Kühl/*Heger* Rdn. 8; *Lampe* NJW **1965** 1746; *Matt/Renzikowski/Maier* Rdn. 38; SSW/*Wittig* Rdn. 46; siehe auch LG Bremen NStZ-RR **1999** 362, 363: Kein § 267 beim Sozialversicherungsausweis, bei dem das Foto nicht von der Versicherungsanstalt eingesetzt wurde.

477 BGHSt **5** 75, 79; BGHSt **34** 375, 376; BGH NStZ **1984** 73, 74; OLG Köln NJW **1979** 729; OLG Stuttgart NJW **1978** 715; *Bock* BT 1 S. 441; Arzt/Weber/Heinrich/Hilgendorf BT § 31 Rdn. 21; *Sch/Schröder/Heine/Schuster* Rdn. 36a; *Heinrich* JA **2011** 423 f.; *Hohmann/Sander* BT § 17 Rdn. 8; *Koch* HK-GS Rdn. 10; *Krey/Hellmann/Heinrich* BT 1 Rdn. 1131; *Küper/Zopfs* BT Rdn. 554; Lackner/Kühl/*Heger* Rdn. 8; *Obermaier* S. 91; *Otto* BT § 70 Rdn. 26; *Rengier* BT II § 32 Rdn. 27; *Satzger* Jura **2012** 106, 110; *Wessels/Hettinger/Engländer* BT 1 Rdn. 803; *Zieschang* AD LEGENDUM **2020** 73, 77.

478 SSW/*Wittig* Rdn. 44.

479 *Eisele* BT I Rdn. 806; *Hohmann/Sander* BT § 17 Rdn. 8; *Joecks/Jäger* Rdn. 39; *Klesczewski* BT § 17 Rdn. 24.

480 *Gribbohm* LK[11] Rdn. 101; *Matt/Renzikowski/Maier* Rdn. 37.

481 OLG Karlsruhe BeckRS **2019** 12710; Arzt/Weber/Heinrich/Hilgendorf BT § 31 Rdn. 32a; Lackner/Kühl/*Heger* Rdn. 22; SSW/*Wittig* Rdn. 45; *Zieschang* AD LEGENDUM **2020** 73, 76; **anders** aber etwa *Hoyer* SK Rdn. 69 ff., 73 ff.; *Lampe* NJW **1965** 1746, 1747; *Schilling* Augenscheinsbeweis S. 113 ff.; *Samson* GA **1969** 353, 361 ff.; *ders.* JuS **1970** 369, 375; *Sax* FS Peters 137, 138 ff., 144 ff. Insofern wird aber nicht hinreichend die Eigenheit der zusammengesetzten Urkunde, ihr eigener Beweiswert, beachtet.

482 Arzt/Weber/Heinrich/Hilgendorf BT § 31 Rdn. 32a; *Kindhäuser/Hilgendorf* LPK Rdn. 51.

483 *Rengier* BT II § 32 Rdn. 27.

484 Lackner/Kühl/*Heger* Rdn. 8; *Rengier* BT II § 32 Rdn. 27.

485 Vgl. *Sch/Schröder/Heine/Schuster* Rdn. 36b.

486 Siehe KG wistra **1984** 233; *Fischer* Rdn. 23; *Sch/Schröder/Heine/Schuster* Rdn. 36b; *Hohmann/Sander* BT § 17 Rdn. 9; *Küper/Zopfs* BT Rdn. 554; *Lampe* NJW **1965** 1746, 1748; *Matt/Renzikowski/Maier* Rdn. 41; SSW/*Wittig* Rdn. 44.

ihrem eigenen Beweiswert auf den Inhalt des Kaufvertrags. Die Manipulation am Primärtext bedeutet folglich auch ein Verfälschen der zusammengesetzten Urkunde. Entsprechendes ist anzunehmen bei einem Kontrollvermerk (sachlich richtig) auf einer Rechnung oder bei einem Wechsel. Die Vorverlegung des Verfalldatums eines Wechsels ändert demnach auch den Erklärungsinhalt des Akzepts.[487] Möglich ist, dass nur ein Teil der Erklärung in Bezug genommen wird. Falls sich etwa ein Beglaubigungsvermerk nur auf die Unterschrift auf einem Schreiben bezieht, ist die Veränderung des Textes selbst keine Manipulation der zusammengesetzten Urkunde.[488]

Neben den bereits erwähnten Konstellationen sind weiterhin als zusammengesetzte Urkunden beispielsweise aufzufassen: Der Beglaubigungsvermerk auf einer Fotokopie,[489] der besagt, dass die Kopie mit dem Original übereinstimmt, die Feinstaubplakette an der Windschutzscheibe des Kfz,[490] ein Etikett mit einer aufgedruckten Nummer zur Kennzeichnung von Waren zusammen mit der Ware,[491] das gestempelte amtliche Kennzeichen an Kraftfahrzeugen,[492] die Prüfplakette auf dem amtlichen Kennzeichen des Kraftfahrzeugs.[493] Ebenfalls eine technische Aufzeichnung kann mit einer Gedankenerklärung verbunden werden, so etwa das Fahrtenschreiberdiagramm mit dem Namen des Fahrers.[494] Auch das Verkehrszeichen mit dem ihm zugeordneten Straßenraum ist eine zusammengesetzte Urkunde; im Gegensatz zur Auffassung des OLG Köln, das insofern die Urkundenqualität verneint hat,[495] ist nämlich die „räumliche Überschaubarkeit" kein Wesensmerkmal der (zusammengesetzten) Urkunde.[496] 109

Da sich der Inhalt der Gedankenerklärung eben auch aus dem Bezugsobjekt ergibt – ein isoliertes Preisetikett ohne räumliche Verbindung mit der Ware beinhaltet keine erkennbare Gedankenerklärung[497] – ist erforderlich, dass dieses mit den anderen Teilen **räumlich fest verbunden** ist.[498] Eine bloße funktionale Zusammengehörigkeit reicht nicht.[499] Nur so wird der Perpetuierungsfunktion der Urkunde Genüge getan. Es ist jeweils zu prüfen, ob die Verbindung tatsächlich so fest ist, dass ein eigener Beweiswert erzeugt wird.[500] Andererseits ist nicht verlangt, dass beide Teile untrennbar miteinander verbunden sind.[501] So reicht etwa die Verbindung des Preisetiketts mit der Ware über ein Plastikband.[502] Auch wird man die Verbindung über eine Tackernadel 110

---

487 OLG Saarbrücken NJW **1975** 658 f.

488 *Erb* MK Rdn. 50.

489 *Eisele* BT I Rdn. 806; *Rengier* BT II § 32 Rdn. 28; *Satzger* Jura **2012** 106, 112; *Wessels/Hettinger/Engländer* BT 1 Rdn. 803.

490 Siehe VGH München BeckRS **2016** 55029; *Sch/Schröder/Heine/Schuster* Rdn. 36a; *Hertel* SVR **2015** 121, 125 f.; *Weidemann* BeckOK Rdn. 7.2; SSW/*Wittig* Rdn. 48.

491 OLG Karlsruhe BeckRS **2019** 12710; *Hecker* JuS **2019** 819, 821.

492 Etwa BGHSt **18** 66, 70; BGHSt **45** 197, 200; BGH NJW **2018** 87, 88; BGH HRRS **2020** Nr. 977; BGH BeckRS **2020** 21096; BayObLG NJW **1998** 2917; OLG Frankfurt NStZ **2020** 619; OLG München BeckRS **2019** 4553; OLG Stuttgart NStZ-RR **2001** 370; *Böse* NStZ **2005** 371; *Brehmeier-Metz* AK Rdn. 4; *Eisele* BT I Rdn. 806; *Sch/Schröder/Heine/Schuster* Rdn. 36a; *Fischer* Rdn. 23; *Klose* NZV **2022** 507; *Krey/Hellmann/Heinrich* BT 1 Rdn. 1132; *Matt/Renzikowski/Maier* Rdn. 38; *Rengier* BT II § 32 Rdn. 28; SSW/*Wittig* Rdn. 48; bezüglich des roten Kennzeichens ablehnend BGHSt **34** 375, 376 f.; siehe dazu Rdn. 112. Hinsichtlich ab- oder ungestempelter Kennzeichen ablehnend etwa BGH NJW **2018** 87, 88.

493 OLG Celle NJW **2011** 2983, 2984; OLG Karlsruhe DAR **2002** 229; *Eisele* BT I Rdn. 806; *Sch/Schröder/Heine/Schuster* Rdn. 36a; *Matt/Renzikowski/Maier* Rdn. 38; *Wessels/Hettinger/Engländer* BT 1 Rdn. 803; siehe bereits Rdn. 104.

494 BayObLG NJW **1981** 774; BayObLG NJW **1988** 2190; BayObLG NZV **1994** 36, 37; OLG Düsseldorf NZV **1994** 199; OLG Karlsruhe VRS **97** 166, 167; OLG Karlsruhe NStZ **2002** 652, 653; Lackner/Kühl/*Heger* Rdn. 8; *Puppe/Schumann* NK Rdn. 57; *Weidemann* BeckOK Rdn. 7.2.

495 OLG Köln NJW **1999** 1042, 1043.

496 Siehe bereits Rdn. 54.

497 *Erb* MK Rdn. 47.

498 *Sch/Schröder/Heine/Schuster* Rdn. 36a; *Hoyer* SK Rdn. 72; *Kindhäuser/Hilgendorf* LPK Rdn. 19.

499 BGHSt **34** 375, 377; SSW/*Wittig* Rdn. 47; siehe auch OLG Köln NJW **1979** 729, 730.

500 Vgl. BGH NStZ **1984** 73, 74; *Lampe* JR **1979** 214, 216: tatsächliche und normative Betrachtung.

501 Arzt/Weber/Heinrich/Hilgendorf BT § 31 Rdn. 21; *Heinrich* JA **2011** 423, 424 f.; *Hohmann/Sander* BT § 17 Rdn. 8; *Küper/Zopfs* BT Rdn. 554; SSW/*Wittig* Rdn. 46; *Wessels/Hettinger/Engländer* BT 1 Rdn. 803.

502 OLG Hamm StraFo **1998** 239.

genügen lassen müssen.[503] Nicht ausreichend ist aber, wenn die Verbindung zwischen Erklärung und Bezugsobjekt sich binnen kurzer Zeit von selbst löst. Andererseits ist nicht zu verlangen, dass eine gewisse Sicherheit gegen absichtliche Trennung gewährleistet ist.[504] Es gelten insofern die bereits dargelegten Grundsätze zur Dauerhaftigkeit.[505]

111 Es reicht demnach nicht, wenn etwa ein Hemd einer Plastiktüte mit Preisetikett problemlos entnommen werden kann[506] oder das Preisetikett lediglich auf die Ware gelegt wird. Ebenso fehlt es an einer zusammengesetzten Urkunde, wenn eine Blutprobe und ein Blutentnahmeprotokoll nur lose zueinander gelegt werden[507] oder ein Zettel bloß auf die Windschutzscheibe gelegt wird.[508]

112 Der BGH lehnt beim **roten Kennzeichen** (§ 16 FZV) eine zusammengesetzte Urkunde ab.[509] Zum einen sei insoweit die Abstempelung nicht Teil eines Zulassungsverfahrens für ein bestimmtes Fahrzeug, zum anderen müssten diese am Fahrzeug nicht fest angebracht sein, sodass es an einer räumlich festen Verbindung zu einer Beweiseinheit fehle.[510] Selbst wenn im Einzelfall eine feste Montage erfolge, sei nicht von einer zusammengesetzten Urkunde auszugehen, denn eine solche könne nicht ohne Kenntnis und Willen des Ausstellers, also des Straßenverkehrsamts, durch eine zufällige willkürliche Handlung des Verwenders entstehen.[511] Dem BGH ist darin zuzustimmen, dass keine zusammengesetzte Urkunde anzunehmen ist, sofern es an einer festen Verbindung von Kennzeichen und Fahrzeug fehlt. Problematisch erscheint jedoch die Konstellation, dass eine feste Verbindung etwa eines durch Zeitablauf ungültig gewordenen roten Kennzeichens mit einem Fahrzeug erfolgt. Insofern überzeugt die Argumentation des BGH nicht: Es ist gerade typisch für die Herstellung einer unechten Urkunde, dass diese ohne Kenntnis und Willen des scheinbaren Ausstellers erfolgt. Die Gedankenerklärung besteht in diesem Fall darin, dass das Fahrzeug gültig amtlich gekennzeichnet ist, also die Inbetriebnahme zu Prüfungs-, Probe- oder Überführungsfahrten (§ 16 FZV) erlaubt ist. Als Aussteller tritt das Straßenverkehrsamt hervor, tatsächlich ist es jedoch derjenige, der das ungültige Kennzeichen anbringt.

3. Gesamturkunde

113 Rechtsprechung und überwiegende Auffassung im Schrifttum erkennen als besondere Urkundenform die **Gesamturkunde** an. Eine solche liegt vor, wenn **mehrere Einzelurkunden dauerhaft zu einem einheitlichen Ganzen** verbunden werden, sodass sie nach Gesetz, Herkommen oder Vereinbarung einen **selbständigen**, über die Summe der **Einzelurkunden hinausgehenden Erklärungsinhalt** aufweisen und das **vollständige** und **abschließende** Bild bestimmter Rechtsbeziehungen vermitteln.[512] Diese Urkunde beweist dabei nicht nur das Zustandekommen der in sie

---

503 Anders LG Bonn BeckRS **2007** 15107 bei der Verbindung einer Karteikarte mit einem Kaufbeleg über eine Tackernadel.

504 *Puppe/Schumann* NK Rdn. 52. *Erb* MK Rdn. 54 verlangt eine Substanzveränderung.

505 Siehe Rdn. 52 f.

506 OLG Köln NJW **1979** 729, 730; *Heinrich* JA **2011** 423, 425; *Joecks/Jäger* Rdn. 40; *Kindhäuser/Hilgendorf* LPK Rdn. 19; *Weidemann* BeckOK Rdn. 7.

507 BGHSt **5** 75, 79; *Sch/Schröder/Heine/Schuster* Rdn. 36a; *Klesczewski* BT § 17 Rdn. 24; *Krey/Hellmann/Heinrich* BT 1 Rdn. 1133; *Matt/Renzikowski/Maier* Rdn. 39; *Weidemann* BeckOK Rdn. 7.2. Das Blutentnahmeprotokoll selbst ist aber eine Urkunde.

508 Vgl. OLG Hamburg JR **1964** 228 f.; *Heinrich* JA **2011** 423, 424.

509 BGHSt **34** 375, 376 f.; BGH NStZ **2018** 205, 206; OLG Stuttgart VRS **47** 25 f.; *Fischer* Rdn. 23; *Grohmann* DAR **2001** 57, 58; *Krey/Hellmann/Heinrich* BT 1 Rdn. 1132 mit Fn. 55; *Matt/Renzikowski/Meier* Rdn. 53; **anders** *Erb* MK Rdn. 80; vgl. auch *Puppe* JZ **1991** 447.

510 BGHSt **34** 375, 376.

511 BGHSt **34** 375, 376 f.

512 So *Küper/Zopfs* BT Rdn. 556; SSW/*Wittig* Rdn. 49; siehe dazu weiterhin BGHSt **4** 60, 61; RGSt **60** 17, 19 f.; RGSt **67** 245; OLG Jena wistra **2010** 111, 113 f.; Arzt/Weber/Heinrich/Hilgendorf BT § 31 Rdn. 22; *Fischer* Rdn. 23; *Geppert* Jura **1988** 158, 162; *Gössel/Dölling* BT 1 § 52 Rdn. 6; *Sch/Schröder/Heine/Schuster* Rdn. 30; *Hohmann/Sander* BT § 17 Rdn. 6;

aufgenommenen Vorgänge, sondern auch das Nichtzustandekommen der nicht aufgenommenen Vorgänge.[513] Konsequenz daraus ist, dass das Hinzufügen oder das Entfernen von Einzelurkunden im Hinblick auf die Gesamturkunde § 267 unterfällt. Daneben können natürlich im Einzelfall gleichzeitig die §§ 267 ff. bezüglich der jeweiligen Einzelurkunden in Betracht kommen.[514]

Erforderlich ist auch für die Gesamturkunde, dass die Verbindung der Einzelurkunden eine **gewisse Festigkeit** aufweist.[515] Das bloße lose Zusammenlegen von Schriftstücken in einen Umschlag reicht folglich nicht.[516] Entgegen der überwiegenden Ansicht[517] und in Erweiterung der angegebenen Definition wird man es aber auch für eine Gesamturkunde ausreichen lassen müssen, dass im Einzelfall durch eine einseitige Willensbestimmung eines Beteiligten eine Gesamturkunde entsteht so wie auch sonst ein Beteiligter einer Erklärung einseitig eine konkrete Beweisbestimmung beimessen kann. 114

In der Rechtsprechung sind als **Gesamturkunden** angesehen worden: Bierlieferungsbücher des Bierkutschers,[518] das Einwohnermeldeverzeichnis,[519] kaufmännische Handelsbücher,[520] das Kostenregister der Gerichtskasse,[521] Krankenakten,[522] Personalakten,[523] das Posteinlieferungsbuch,[524] Sparkassenbücher,[525] Steuerkontokarten,[526] das Trödlerbuch,[527] die Ungültigkeitserklärung eines ausländischen Führerscheins[528] sowie abgegebene Stimmzettel in der Wahlurne zusammen mit der Wählerliste.[529] Gegen letzteres ist aber einzuwenden, dass die Stimmzettel mangels Ausstellererkennbarkeit keine Einzelurkunden darstellen und folglich auch keine Gesamturkunde vorliegen kann,[530] zudem fehlt es an der hinreichenden Festigkeit der Verbindung. 115

Dagegen ist die Eigenschaft als Gesamturkunde abgelehnt worden bei den Handakten eines Rechtsanwalts[531] und beim Reisepass hinsichtlich dort aufgebrachter Vermerke;[532] so habe der Reisepass insbesondere nicht die Funktion, Art und Umfang der Reisetätigkeit des Passinhabers 116

Jäger BT Rdn. 653; *Joecks/Jäger* Rdn. 37; *Kindhäuser/Schramm* BT I § 55 Rdn. 35 f.; *Kindhäuser/Hilgendorf* LPK Rdn. 24; *Klesczewski* BT § 17 Rdn. 23; *Krey/Hellmann/Heinrich* BT 1 Rdn. 1121; *Otto* BT § 70 Rdn. 25; *Puschke* Hb StrafR Bd. 5 § 42 Rdn. 49 f.; *Rengier* BT II § 32 Rdn. 32; *Satzger* Jura **2012** 106, 110 f.; Spickhoff/*Schuhr* § 267 Rdn. 16; *Wessels/Hettinger/Engländer* BT 1 Rdn. 802.

513 BGHSt **4** 60, 61; RGSt **51** 36, 38; *Eisele* BT I Rdn. 808; *Gribbohm* LK[11] Rdn. 96; *Küper/Zopfs* BT Rdn. 556; *Rengier* BT II § 32 Rdn. 33; SSW/*Wittig* Rdn. 49.

514 *Matt/Renzikowski/Maier* Rdn. 43.

515 OLG Jena wistra **2010** 111, 114 f.; *Eisele* BT I Rdn. 808; *Sch/Schröder/Heine/Schuster* Rdn. 33; *Joecks/Jäger* Rdn. 38; *Krey/Hellmann/Heinrich* BT 1 Rdn. 1121; *Satzger* Jura **2012** 106, 111; SSW/*Wittig* Rdn. 49; anders *Greiser* NJW **1978** 927 f.

516 Vgl. RGSt **60** 17, 19 ff.; *Sch/Schröder/Heine/Schuster* Rdn. 33; *Maurach/Schroeder/Maiwald* BT 2 § 65 Rdn. 41.

517 Siehe RGSt **43** 52, 54; *Sch/Schröder/Heine/Schuster* Rdn. 32; *Krey/Hellmann/Heinrich* BT 1 Rdn. 1121; *Obermaier* S. 87; *Satzger* Jura **2012** 106, 111.

518 RGSt **31** 175, 177; RGSt **51** 36, 38.

519 BGH JR **1954** 308.

520 RGSt **50** 420, 421; RGSt **51** 36, 38.

521 RGSt **23** 236, 237.

522 Siehe OLG Koblenz NJW **1995** 1624, 1625; vgl. dazu auch (zweifelnd) *Kudlich* NJW **2013** 917, 919 sowie ablehnend Spickhoff/*Schuhr* § 267 Rdn. 25 f.

523 OLG Düsseldorf NStZ **1981** 25, 26.

524 RG LZ **1931** 259.

525 BGHSt **19** 19, 21; RG JW **1927** 1376 f.; siehe auch RGSt **63** 259, 261 (Depotbuch).

526 RG HRR **1935** Nr. 767.

527 BGH MDR **1954** 309, 310; OLG Stuttgart JR **1960** 191.

528 OLG Köln NStZ **2010** 520, 521 (wohl gemeint im Sinne einer zusammengesetzten Urkunde).

529 BGHSt **12** 108, 112; siehe auch OLG Koblenz NStZ **1992** 134, 135; zustimmend *Greiser* NJW **1978** 927; ablehnend u.a. *Maurach/Schroeder/Maiwald* BT 2 § 65 Rdn. 41.

530 Siehe bereits Rdn. 93 m.w.N.

531 BGHSt **3** 395, 399 (Die einzelnen in den Handakten enthaltenen Schriftsätze seien nicht zu einer Gesamterklärung vereint und verkörperten keine selbständige Gedankenäußerung); RGSt **48** 406, 407 ff.

532 BayObLG NJW **1990** 264, 265; OLG Hamm NStZ-RR **1998** 331.

zu dokumentieren.[533] Auch bei einer Postanweisung[534] sowie bei Vergabeakten wurde eine Gesamturkunde abgelehnt.[535] Zudem seien Karteien, die lediglich der Ordnung und Übersichtlichkeit halber angelegt werden, keine Gesamturkunden.[536] Bei einer Verfahrensakte bei Gericht[537] hat der BGH im Fall der Umfoliierung eines Aktenblatts § 267 verneint, da die Foliierung der Verfahrensakte nicht den Erklärungsgehalt habe, die einzelnen Blätter seien in bestimmter Reihenfolge eingegangen oder zu den Akten genommen worden.[538]

117 Ein nicht unerheblicher Anteil des **Schrifttums lehnt** die Urkundenform der **Gesamturkunde ab.**[539] Die mit ihr verbundene angebliche Gedankenerklärung sei bloße Fiktion.[540] Insoweit wird jedoch nicht hinreichend berücksichtigt, dass durch die Zusammenfügung mehrerer Einzelurkunden sich durchaus ein über die jeweiligen Urkunden hinausgehender eigenständiger Erklärungswert ergeben kann, dem im Rechtsverkehr eine entsprechende Beweisfunktion zukommt. Das hat sich bereits im Bereich der zusammengesetzten Urkunde gezeigt. So kann etwa eine personifizierte Fahrkarte mehrere Erklärungen enthalten und eine zusammengesetzte Urkunde darstellen, gleichzeitig bringt aber ein solcher Ausweis über die einzelnen Erklärungen hinaus die Berechtigung des Betreffenden zum Ausdruck, ein bestimmtes Verkehrsmittel über eine bestimmte Strecke benutzen zu dürfen. Dass also die Zusammenfügung von Einzelurkunden eine zusätzliche Erklärung hervorbringt, ist für Urkunden nicht ungewöhnlich und keine Fiktion. Diese Erklärung kann dann durchaus auch darin liegen, dass eine bestimmte Zusammenfassung von Einzelurkunden vollständig und abschließend ist. Ob von einer solchen Erklärung auszugehen ist, muss dabei im jeweiligen Einzelfall ermittelt werden.

4. Abschriften, Ausfertigungen, Durchschriften, Fotokopien und weitere besondere Schriftstücke

118 Werden Vervielfältigungsstücke hergestellt, kommt es für die Frage der Urkundenqualität vor allem darauf an, ob der Aussteller erkennbar ist.[541]

119 Einfachen **Abschriften** fehlt die Urkundenqualität, denn sie lassen den Aussteller nicht erkennen.[542] Es wird lediglich der Inhalt eines anderen Schriftstücks wiedergegeben. Das Herstellen unrichtiger Abschriften oder solcher, bei denen gar kein Original existiert, wird folglich nicht von

533 OLG Hamm NStZ-RR **1998** 331; *Rengier* BT II § 32 Rdn. 33.

534 BGHSt **4** 60, 61 (kein über den Inhalt der Einzelurkunden hinausgehender Gedankeninhalt); OLG Köln NJW **1967** 742.

535 Siehe OLG Jena wistra **2010** 111, 113 ff., sofern im konkreten Fall kein zusätzlicher Erklärungsinhalt besteht oder es an einer festen Verbindung mangelt.

536 OLG Hamburg NJW **1951** 813.

537 Eine Gesamturkunde ablehnend, da die Verfahrensakte nicht die Funktion habe, den Umfang der Verfahrensergebnisse vollständig zu dokumentieren, *Dzatkowski* JA **2019** 36, 41.

538 BGH BeckRS **1996** 31091283. Soweit der BGH weiter ausführt, ein Aussteller einer solchen Erklärung wäre schon gar nicht erkennbar, ist anzumerken, dass erkennbarer Aussteller der Verfahrensakte das Gericht oder eventuell auch die Bußgeldbehörde oder Staatsanwaltschaft sein kann.

539 *Erb* MK Rdn. 58; *Herbe* S. 53 ff., 59 ff.; *Hoyer* SK Rdn. 80; *Kienapfel* JuS **1968** 519, 520; *ders.* Jura **1983** 185, 192; *Lampe* GA **1964** 321, 323 ff.; *Puppe* Jura **1980** 18, 22; *Puppe/Schumann* NK Rdn. 41 ff.; *Samson* JuS **1970** 369, 375 f.; *Schmidhäuser* BT 14/15.

540 Siehe etwa *Erb* MK Rdn. 58.

541 *Hohmann/Sander* BT § 17 Rdn. 24.

542 Siehe BGHSt **1** 117, 120; BGHSt **2** 50, 51; BGHSt **24** 140, 141; RGSt **26** 270, 271; RGSt **35** 145, 146; OLG Hamm StV **2017** 448; *Erb* MK Rdn. 93; *Geppert* Jura **1990** 271, 272; *Hecker* JuS **2016** 1039, 1040; *Sch/Schröder/Heine/Schuster* Rdn. 40; *Hohmann/Sander* BT § 17 Rdn. 26; *Joecks/Jäger* Rdn. 43; *Kindhäuser/Schramm* BT I § 55 Rdn. 38; *Krey/Hellmann/Heinrich* BT 1 Rdn. 1169; *Küper/Zopfs* BT Rdn. 546; Lackner/Kühl/*Heger* Rdn. 16; *Puppe/Schumann* NK Rdn. 24, 47; *Puppe* FG BGH 569, 574; *Rengier* BT II § 32 Rdn. 37; *Satzger* JK **2016** 1339; *Weidemann* BeckOK Rdn. 15; *Wessels/Hettinger/Engländer* BT 1 Rdn. 796; SSW/*Wittig* Rdn. 54.

§ 267 erfasst. Ebenso wenig ist das Verfälschen einer ursprünglich richtigen Abschrift tatbestandsmäßig. Man wird jedoch – in Parallele zur Fotokopie[543] – dann von einer Urkunde auszugehen haben, wenn mit der Abschrift der **Anschein einer Originalurkunde** erweckt wird.[544] Darüber hinaus kann eine einfache Abschrift ausnahmsweise Urkundenqualität erlangen, wenn die Abschrift die **Stelle des Originals einnimmt** und somit als Urschrift gilt,[545] so insbesondere bei einem Verlust des Originals. Dieses „Aufrücken" kann aufgrund des Willens des Ausstellers erfolgen,[546] der damit der Abschrift eine Beweisbestimmung gibt, ist aber auch denkbar kraft Gesetzes,[547] Verkehrssitte oder Vereinbarung.

Handelt es sich indes um eine **beglaubigte Abschrift**, ist von einer Urkunde auszugehen,[548] 120
wobei sich die Urkundenqualität aus dem **Beglaubigungsvermerk** mit der **Abschrift als Bezugsobjekt** ergibt. Es handelt sich also um eine zusammengesetzte Urkunde.[549] Aussteller dieser Urkunde ist der Beglaubigende.[550] Wird die Abschrift einer unechten Urkunde beglaubigt, ist folglich die Beglaubigung echt.[551] Möglich ist zum einen, dass die Richtigkeit der gesamten Abschrift beglaubigt wird, zum anderen, dass lediglich eine Unterschrift beglaubigt wird, sodass eine Veränderung des Textes nicht § 267 unterfällt, sofern der Text nicht aus anderen Gründen Urkundencharakter hat.

Ausfertigungen etwa von notariellen Urkunden (§ 47 BeurkG)[552] oder Zweitausfertigungen 121
von Bescheinigungen haben Urkundenqualität.[553] Sie vertreten das Original im Rechtsverkehr.

Unstreitig kommt der – etwa mittels Kohlepapier – erstellten **Durchschrift Urkundenquali-** 122
tät zu.[554] Insoweit wird zeitgleich nicht nur die Erstschrift, sondern auch eine weitere identische Schrift hergestellt, die ebenso wie die Erstschrift (Urschrift) sämtliche Begriffsmerkmale der Urkunde erfüllt. Sie stellt eine weitere Verkörperung der Originalerklärung des Ausstellers dar.[555] Bei **Mehrfachfertigungen** (z.B. bei mehreren Computerausdrucken)[556] ist hinsichtlich **jedes ein-**

---

543 Rdn. 124.

544 *Hoyer* SK Rdn. 23.

545 Siehe BGHSt **1** 117, 120; BGHSt **2** 35, 38; RGSt **26** 270, 271; RGSt **59** 13, 16; RGSt **69** 228, 229; OLG Hamm StV **2017** 448, 449; *Fischer* Rdn. 17; *Sch/Schröder/Heine/Schuster* Rdn. 40a; *Gössel/Dölling* BT 1 § 52 Rdn. 13; *Küper/Zopfs* BT Rdn. 546; Lackner/Kühl/*Heger* Rdn. 16; SSW/*Wittig* Rdn. 55; vgl. auch *Maurach/Schroeder/Maiwald* BT 2 § 65 Rdn. 38 f. Zur Rechtsprechung des RG siehe *Gribbohm* LK[11] Rdn. 106.

546 *Erb* MK Rdn. 93.

547 Siehe § 238 Abs. 2 HGB.

548 RGSt **34** 360, 361 f.; *Sch/Schröder/Heine/Schuster* Rdn. 40a; *Hoyer* SK Rdn. 24; *Joecks/Jäger* Rdn. 44; *Maurach/Schroeder/Maiwald* BT 2 § 65 Rdn. 39; *Wessels/Hettinger/Engländer* BT 1 Rdn. 796; SSW/*Wittig* Rdn. 56; zur beglaubigten Übersetzung siehe RGSt **76** 332, 333.

549 *Eisele* Computerstrafrecht § 44 Rdn. 7; *Kindhäuser/Hilgendorf* LPK Rdn. 26; *Küper/Zopfs* BT Rdn. 546; *Puppe/Schumann* NK Rdn. 47; SSW/*Wittig* Rdn. 56.

550 *Rengier* BT II § 32 Rdn. 37.

551 BGHSt **1** 117, 119.

552 Siehe etwa auch §§ 317, 724 ZPO.

553 RGSt **66** 132, 135; *Beck* JA **2007** 423, 424; *Eisele* BT I Rdn. 809; *Klesczewski* BT § 17 Rdn. 22; *Krey/Hellmann/Heinrich* BT 1 Rdn. 1170; Lackner/Kühl/*Heger* Rdn. 15; *Weidemann* BeckOK Rdn. 15; *Wessels/Hettinger/Engländer* BT 1 Rdn. 795.

554 Siehe BGHSt **2** 35, 38; BGHSt **24** 140, 141; RG JW **1937** 2902; RG JW **1938** 1161; OLG Hamm NJW **1973** 1809, 1810; KG wistra **1984** 233; Arzt/Weber/Heinrich/Hilgendorf BT § 31 Rdn. 12; *Eisele* BT I Rdn. 809; *Erb* MK Rdn. 91; *Geppert* Jura **1990** 271; *Sch/Schröder/Heine/Schuster* Rdn. 41; *Hohmann/Sander* BT § 17 Rdn. 25; *Hoyer* SK Rdn. 23; *Kindhäuser/Hilgendorf* LPK Rdn. 25; *Krey/Hellmann/Heinrich* BT 1 Rdn. 1170; *Küper/Zopfs* BT Rdn. 547; Lackner/Kühl/*Heger* Rdn. 15; *Maurach/Schroeder/Maiwald* BT 2 § 65 Rdn. 39; *Otto* BT § 70 Rdn. 27; *Rengier* BT II § 32 Rdn. 36; *Satzger* Jura **2012** 106, 111; *Weidemann* BeckOK Rdn. 15; *Wessels/Hettinger/Engländer* BT 1 Rdn. 794.

555 *Joecks/Jäger* Rdn. 42; *Küper/Zopfs* BT Rdn. 547; SSW/*Wittig* Rdn. 53.

556 OLG Oldenburg BeckRS **2013** 09957: Massenhaft versandte Gewinnmitteilungen.

zelnen Ausdrucks Urkundenqualität zu bejahen, sofern die Anforderungen des Urkundenbegriffs im Übrigen erfüllt sind.[557] Hier ist jeder Ausdruck ein Original.[558]

123 **Fotokopien**, die nach außen **als solche erscheinen**, fehlt nach der Rechtsprechung und überwiegenden Ansicht im Schrifttum mangels Ausstellererkennbarkeit die Urkundenqualität.[559] Es wird lediglich auf das Vorhandensein eines Originals hingewiesen, ohne dass erkennbar ist, wer Aussteller eben dieser Kopie ist.[560] Das kann der Aussteller des Originals sein, muss dies aber keineswegs sein. Es verhält sich so wie mit Abschriften. Man hat es bloß mit der bildlichen Wiedergabe der in einem anderen Schriftstück verkörperten Erklärung zu tun.[561] Daher überzeugt die Auffassung, welche Fotokopien insbesondere angesichts ihrer Üblichkeit im Rechtsverkehr und ihrer Schutzwürdigkeit Urkundenqualität beimessen will,[562] nicht. Fehlt ein konstitutives Erfordernis der Urkunde, hier die Ausstellererkennbarkeit, ist dies zwingend zu berücksichtigen und kann daher nicht aus Praxisgründen ignoriert werden.[563] Ist die Kopie als solche erkennbar, bedarf es im Übrigen insoweit des Schutzes des Rechtsverkehrs nicht.[564]

124 Anders ist jedoch der Fall zu beurteilen, dass mit der Fotokopie der **Anschein der Originalurkunde** erweckt wird. In dieser Konstellation nimmt die Fotokopie die Rolle des Originals ein. Dementsprechend ist der Aussteller erkennbar. Folglich ist in dieser Fallgestaltung von einer **Urkunde** auszugehen.[565] Teilweise wird hierbei darauf abgestellt, ob nach dem **Willen des Herstellers** im Rechtsverkehr der Anschein der Originalurkunde erweckt werden soll.[566] Selbst bei leicht erkennbaren Manipulationen wäre dann abstellend auf den Willen des Herstellers eine Urkunde

---

557 *Eisele* BT I Rdn. 810; *Sch/Schröder/Heine/Schuster* Rdn. 41; *Küper/Zopfs* BT Rdn. 547; Lackner/Kühl/*Heger* Rdn. 15; *Matt/Renzikowski/Meier* Rdn. 47; *Welp* FS Stree/Wessels 511, 519; *Wessels/Hettinger/Engländer* BT 1 Rdn. 794.

558 Siehe LG Paderborn NJW **1989** 178, 179; *Erb* MK Rdn. 91; *Rengier* BT II § 32 Rdn. 35.

559 BGHSt **5** 291, 293; BGHSt **24** 140, 141 f.; BGH StV **1994** 18; BGH NStZ **2010** 703, 704; BGH NStZ-RR **2011** 213 f.; BayObLG NJW **1990** 3221; BayObLG NJW **1992** 3311; OLG Dresden wistra **2001** 360; OLG Düsseldorf NJW **2001** 167; OLG Düsseldorf StV **2001** 233; OLG Köln StV **1987** 297; OLG Stuttgart MDR **1987** 253; Arzt/Weber/Heinrich/Hilgendorf BT § 31 Rdn. 12; *Beckemper* JuS **2000** 123, 124 f.; *Dedy* Jura **2002** 137, 138; *Erb* MK Rdn. 97; *ders.* GA **1998** 577, 586 f.; *Fischer* Rdn. 19; *Gössel/Dölling* BT 1 § 52 Rdn. 13; *Grimm* S. 28 f.; *Sch/Schröder/Heine/Schuster* Rdn. 42a; *Klesczewski* BT § 17 Rdn. 22; *Krey/Hellmann/Heinrich* BT 1 Rdn. 1172; Lackner/Kühl/*Heger* Rdn. 16; *Matt/Renzikowski/Meier* Rdn. 45; *Meyer* MDR **1973** 9, 11; *Nestler* ZJS **2010** 608; *Otto* BT § 70 Rdn. 28; *Satzger* Jura **2012** 106, 111; *Welp* FS Stree/Wessels 511, 522; *Wessels/Hettinger/Engländer* BT 1 Rdn. 797; SSW/*Wittig* Rdn. 57; *Wohlers* JR **2001** 83 f.; *Zaczyk* NJW **1989** 2515, 2516.

560 BGHSt **24** 140, 141; *Rengier* BT II § 32 Rdn. 38; SSW/*Wittig* Rdn. 57.

561 BGHSt **24** 140, 141; *Joecks/Jäger* Rdn. 47.

562 Für Urkundenqualität von Fotokopien (mit Unterschieden im Detail): *Engert/Franzmann/Herschlein* JA **1997** 31, 37; *Freund* JuS **1991** 723, 725 f.; *ders.* StV **2001** 234, 236; *Honig* GewArch **1995** 144, 145 f.; *Koch* HK-GS Rdn. 17; *Krell* JZ **2019** 208, 211; *Mitsch* NStZ **1994** 88, 89 (für bestimmte Bereiche, etwa bei Bewerbungen, wo die Fotokopie die gleiche Akzeptanz genieße wie die Urschrift); *Schröder* JR **1965** 232; *ders.* JR **1971** 469; im Grundsatz auch *Puppe/Schumann* NK Rdn. 21 ff., 49 f.; *Puppe* NStZ **2001** 482 f.; *Puschke* Hb StrafR Bd. 5 § 42 Rdn. 51 ff.

563 Vgl. auch OLG Oldenburg NStZ **2009** 391.

564 Vgl. auch *Kienapfel* NJW **1971** 1781, 1784; *Meyer* MDR **1973** 9, 11; siehe aber auch *Welp* FS Stree/Wessels 511, 514.

565 Siehe BGH wistra **2001** 360; BGH NStZ **2010** 703, 704; BGH NStZ-RR **2011** 213, 214; BGH NStZ **2013** 105; BGH StV **2013** 192; BayObLG NJW **1989** 2553, 2554; BayObLG NJW **1990** 3221; OLG Dresden wistra **2001** 360; OLG Düsseldorf NJW **2001** 167; OLG Nürnberg BeckRS **2006** 27929; OLG Stuttgart NJW **2006** 2869; Arzt/Weber/Heinrich/Hilgendorf BT § 31 Rdn. 12; *Beck* JA **2007** 423, 424; *Eisele* Jura **2002** 59, 63; *ders.* BT I Rdn. 812; *Erb* MK Rdn. 96, 170 ff.; *ders.* GA **1998** 577, 587; *Fischer* Rdn. 20; *Gössel/Dölling* BT 1 § 52 Rdn. 13; *Haurand* Kriminalistik **2004** 63, 65; *Sch/Schröder/Heine/Schuster* Rdn. 42b; *Heinrich* CR **1997** 622, 626; *Hilgendorf/Valerius* BT I § 10 Rdn. 25; *Hohmann/Sander* BT § 17 Rdn. 27; *Hoyer* SK Rdn. 22; *Joecks/Jäger* Rdn. 49; *Kühl/Lange* JuS **2010** 42, 44; Lackner/Kühl/*Heger* Rdn. 16; *von Lewinski* JuS **2005** 718, 719; *Matt/Renzikowski/Maier* Rdn. 77; *Maurach/Schroeder/Maiwald* BT 2 § 65 Rdn. 39; *Nestler* ZJS **2010** 608, 609; *Otto* BT § 70 Rdn. 30; *Park* JuS **1999** 887, 888; *Rengier* BT II § 32 Rdn. 41; *Satzger* Jura **2012** 106, 112; *Welp* FS Stree/Wessels 511, 524; *Wiese* JA **2016** 426, 427 f.; *Wohlers* JR **2001** 83 f.; *Zaczyk* NJW **1989** 2515, 2517; *Zieschang* AD LEGENDUM **2020** 73, 77; **anders** *Keller* JR **1993** 300 f. Die Fotokopie ist dann Urkunde und nicht bloß scheinbare Urkunde.

566 So etwa OLG Stuttgart NJW **2006** 2869 f.; Lackner/Kühl/*Heger* Rdn. 16; *Maurach/Schroeder/Maiwald* BT 2 § 65 Rdn. 39.

gegeben.[567] Demgegenüber wird überwiegend geprüft, ob die Fotokopie einer Originalurkunde **objektiv** so ähnlich sieht, dass im Rechtsverkehr die Möglichkeit der Verwechslung besteht.[568] Letzteres überzeugt, denn des Schutzes des Rechtsverkehrs bedarf es nicht, wenn die Manipulation leicht erkennbar ist. Es geht folglich **nicht allein** um den Willen des Herstellers, sondern auch um die objektive Ausgestaltung der Urkunde, bei der eine Verwechselung mit einem Original nicht ausgeschlossen werden kann. Der Täter muss aber zudem in subjektiver Hinsicht natürlich vorsätzlich handeln und Täuschungsabsicht aufweisen.[569]

Der Anschein der Originalurkunde kann durch die ganz besondere Qualität der Reproduktion, 125
aber auch durch schriftliche Zusätze oder eine Unterschrift hervorgerufen werden oder zum Beispiel auch durch das Aufkleben eines Passfotos.[570] In Betracht kommt auch das Herstellen einer Collage, indem mehrere Teile von Schriftstücken zusammengelegt und fotokopiert werden, sofern dann die Fotokopie einem Original zum Verwechseln ähnlich sieht.[571]

Natürlich liegt auch eine (zusammengesetzte) Urkunde vor, wenn die Fotokopie beglaubigt 126
wird,[572] wobei diese dann das Bezugsobjekt für den **Beglaubigungsvermerk** darstellt. Es verhält sich ebenso wie bei beglaubigten Abschriften. Schließlich ist im Übrigen wie bei den Abschriften[573] **auch möglich**, dass die Fotokopie an die **Stelle des Originals** tritt („Aufrücken") und selbst als Urschrift gilt.[574]

Von der Frage der Urkundenqualität von Fotokopien ist das Problem zu unterscheiden, ob 127
man durch die Vorlage der Fotokopie einer unechten Urkunde von der Urschrift Gebrauch machen kann, was die Rechtsprechung bejaht,[575] jedoch inkonsequent erscheint und abzulehnen ist.[576]

Auch Ausdrucken von **fotografierten**[577] oder **gescannten Dokumenten**[578] fehlt grundsätzlich 128
die Urkundenqualität, denn in diesem Fall ist wie bei der Fotokopie der Austeller nicht erkennbar. Anders ist dies aber wiederum, wenn mit ihnen der Anschein der Originalurkunde hervorgerufen wird.[579]

Beim **Telefax** ist die Urkundenqualität des vom Empfangsgerät produzierten Ausdrucks um- 129
stritten. Zum Teil wird davon ausgegangen, der Ausdruck des Empfangsgeräts trete an die Stelle

---

567 OLG Stuttgart NJW **2006** 2869 f.; zustimmend *Fischer* Rdn. 20.

568 BGH wistra **2001** 360; BGH NStZ **2010** 703, 704; BGH NStZ-RR **2011** 213, 214; BGH NStZ **2013** 105; BayObLG NJW **1989** 2553, 2554; OLG Dresden wistra **2001** 360; *Eisele* BT I Rdn. 812; *Joecks/Jäger* Rdn. 49; *Krey/Hellmann/Heinrich* BT 1 Rdn. 1173; *Satzger* Jura **2012** 106, 112; *Weidemann* BeckOK Rdn. 17; *Wohlers* JR **2001** 83, 84. U.a. *Bock* BT 1 S. 449; *Sch/Schröder/Heine/Schuster* Rdn. 42b; *Hohmann/Sander* BT § 17 Rdn. 27 sowie *Zaczyk* NJW **1989** 2515, 2517 stellen darauf ab, ob es sich um eine bei durchschnittlicher Aufmerksamkeit nicht erkennbare Manipulation handelt. *Erb* GA **1998** 577, 591; *ders.* MK Rdn. 176, verlangt für den Urkundencharakter einer Fotokopie, dass die Anfertigung nicht „auf den ersten Blick" vom Original unterschieden werden kann. Vor dem Hintergrund des Schutzes des Rechtsverkehrs dagegen zu eng *Matt/Renzikowski/Maier* Rdn. 47: Erforderlich sei eine Fälschungsqualität, aufgrund derer das Falsifikat einer Prüfung durch den scheinbaren Aussteller standhält; siehe auch *Matt/Renzikowski/Maier* Rdn. 78 (nicht oder kaum vom Original unterscheidbar).

569 *Rengier* BT II § 32 Rdn. 41.

570 Siehe *Sch/Schröder/Heine/Schuster* Rdn. 42b.

571 Siehe *Sch/Schröder/Heine/Schuster* Rdn. 42b. Nicht ausreichend ist eben, dass die Fotokopie als solche erkennbar ist; OLG Düsseldorf NJW **2001** 167.

572 *Erb* MK Rdn. 96; *Eisele* BT I Rdn. 811; *Joecks/Jäger* Rdn. 45; *Matt/Renzikowski/Maier* Rdn. 48; SSW/*Wittig* Rdn. 58.

573 Rdn. 119.

574 BayObLG NJW **1990** 3221; OLG Düsseldorf StV **2001** 233; *Erb* MK Rdn. 96; *Sch/Schröder/Heine/Schuster* Rdn. 42b; *Küper/Zopfs* BT Rdn. 548; *Zieschang* AD LEGENDUM **2020** 73, 77.

575 BGHSt **5** 291, 292; BGHSt **24** 140, 142; BGH NJW **1965** 642, 643; BGH wistra **1998** 106, 107 f.; KG JR **1980** 516, 517.

576 Siehe dazu Rdn. 192 ff.

577 BayObLG NJW **1989** 2553, 2554.

578 BGH NStZ **2010** 703, 704; BGH NStZ-RR **2011** 213, 214; LG Essen BeckRS **2021** 10657; *Brehmeier-Metz* AK Rdn. 12; *Hohmann/Sander* BT § 17 Rdn. 26.

579 BGH NStZ **2010** 703, 704; BGH NStZ-RR **2011** 213, 214; *Joecks/Jäger* Rdn. 50. Möglich ist auch ein Zueigenmachen; siehe dazu Rdn. 30.

des Originals und sei daher Urkunde.[580] Dagegen wird jedoch eingewendet, der Ausdruck sei wie eine Fotokopie lediglich die bildliche Wiedergabe der im Original verkörperten Erklärung und damit keine Urkunde.[581] Vielfach wird differenziert:[582] Soweit das Telefax dazu bestimmt sei, neben oder anstelle des Originals zu treten, sei die Urkundenqualität zu bejahen; würden mit dem Faxgerät lediglich andere Urkunden, die nicht vom Absender stammen, übermittelt, stünde das Schriftstück einer Fotokopie gleich und sei keine Urkunde.

130 Richtigerweise wird man dem Empfängertelefax vom Ausgangspunkt die Urkundenqualität abzusprechen haben, denn es handelt sich dabei wie bei der Fotokopie um nichts anderes als um die bloße bildliche Wiedergabe des Originals, ohne dass der Aussteller erkennbar ist. Das gilt im Besonderen im Hinblick auf die bloße Übermittlung bereits vorhandener Unterlagen, etwa in Form einer Anlage.[583]

131 Erweckt jedoch ein Empfängerfax den Anschein eines **Originals**[584] oder tritt es an die Stelle des Originals („Aufrücken"), wird man – wiederum in Parallele zur Fotokopie – die Urkundenqualität zu bejahen haben. Hierbei ist zu beachten, dass im Geschäftsleben oftmals der Faxverkehr die Stelle des üblichen Schriftwechsels übernommen hat, sodass das Empfängerfax dann als Original in den Verkehr gebracht wird und ihm folglich Urkundenqualität zukommt.[585]

132 Wenn teilweise jedoch vertreten wird, der Aufdruck der Kurzbezeichnung des Absenders auf dem Telefax sei einer beglaubigten Kopie gleichzusetzen,[586] vermag das nicht zu überzeugen, denn dieser Aufdruck bestätigt nicht die inhaltliche Richtigkeit des versandten Schriftstücks.[587]

133 Beim **Computerfax** gibt es kein Absenderfax, also keine Faxvorlage, vielmehr wird der Text in den Computer unmittelbar eingegeben, übermittelt und dann (gegebenenfalls) beim Empfänger ausgedruckt. Hier wird zum Teil vertreten, der Ausdruck des Computerfaxes sei als vom Absender hergestellte Urkunde aufzufassen.[588] Andere Autoren verneinen hingegen die Urkundenqualität.[589] In diesem Zusammenhang ist zu beachten, dass heute nicht selten Schreiben in rein digitalisierter Form hergestellt werden, die dann von anderen – etwa von Personen im Sekretariat oder von der Geschäftsstelle – über deren Computer aufgerufen und ausgedruckt werden. Diese Personen sind in diesem Fall im Hinblick auf den Ausdruck als unvorsätzlich handelnde Werkzeuge des Erstellers des Schreibens anzusehen.[590] Nichts anderes gilt letztlich beim Computerfax. Es findet eine digitale Übermittlung statt, der Empfänger druckt als Werkzeug das Empfangene aus.

---

580 Für Urkundenqualität (mit im Einzelnen unterschiedlicher Begründung) etwa *Erb* MK Rdn. 89; *Freund* Urkundenstraftaten Rdn. 127 mit Fn. 136; *Geppert* JK 9/10 StGB § 267/34; *Hardtung* JuS **1998** 719, 722; *Hoyer* SK Rdn. 21 f.; *Matt/Renzikowski/Meier* Rdn. 50; *Zielinski* CR **1995** 286, 291; siehe auch OLG Köln (Zivilsenat) NJW **1992** 1774.

581 Gegen Urkundenqualität BGH NStZ **2010** 703, 704; OLG Hamburg NStZ-RR **2013** 110; OLG Oldenburg NStZ **2009** 391; OLG Zweibrücken NJW **1998** 2918; *Fischer* Rdn. 21; *Hohmann/Sander* BT § 17 Rdn. 28; Lackner/Kühl/*Heger* Rdn. 16; *Nestler* ZJS **2010** 608, 610 f.; *Otto* BT § 70 Rdn. 29.

582 Siehe Arzt/Weber/Heinrich/Hilgendorf BT § 31 Rdn. 13; *Beckemper* JuS **2000** 123, 127 f.; *Eisele* BT I Rdn. 813 f.; *Gribbohm* LK[11] Rdn. 122 ff.; *Sch/Schröder/Heine/Schuster* Rdn. 43; *Hellmann/Beckemper* JA **2004** 891, 896; *Krey/Hellmann/Heinrich* BT 1 Rdn. 1176; *Rengier* BT II § 32 Rdn. 43 ff.; *Satzger* Jura **2012** 106, 113.

583 *Gribbohm* LK[11] Rdn. 125; *Zielinski* CR **1995** 286, 291 f.

584 Das ist aber regelmäßig bei einem Empfängerfax nicht der Fall.

585 *Eisele* BT I Rdn. 814; *Gribbohm* LK[11] Rdn. 123; *Joecks/Jäger* Rdn. 51; *Krey/Hellmann/Heinrich* BT 1 Rdn. 1176.

586 *Sch/Schröder/Cramer/Heine*[28] Rdn. 43.

587 So auch BGH NStZ **2010** 703, 704; SSW/*Wittig* Rdn. 60.

588 Siehe *Brehmeier-Metz* AK Rdn. 14; *Erb* MK Rdn. 89 (bei automatischem Ausdruck); *Fischer* Rdn. 22; *Gribbohm* LK[11] Rdn. 128 (wenn und soweit der Ausdruck in den beteiligten Verkehrskreisen üblich sei); *Joecks/Jäger* Rdn. 52 (wenn und soweit der Ausdruck in den beteiligten Verkehrskreisen üblich sei); *Klesczewski* BT § 17 Rdn. 22; *Küper/Zopfs* BT Rdn. 550; *Matt/Renzikowski/Meier* Rdn. 52 (bei automatischem Ausdruck); *Nestler* ZJS **2010** 608, 612; *Rengier* BT II § 32 Rdn. 44; *Satzger* Jura **2012** 106, 113; *Weidemann* BeckOK Rdn. 20; *Wessels/Hettinger/Engländer* BT 1 Rdn. 798; SSW/*Wittig* Rdn. 60.

589 *Hohmann/Sander* BT § 17 Rdn. 28.

590 Vor dem Ausdruck fehlt es an der visuell wahrnehmbaren Fixierung der Erklärung; siehe Rdn. 51.

Vor diesem Hintergrund wird man den Ausdruck als Urkunde anzusehen haben.[591] Das nicht sicher ist, ob überhaupt ein Ausdruck erfolgt, ändert an dieser Betrachtung nichts. Insoweit geht es nur um die Frage, ob es zur Vollendung der Tat kommt – so, wenn der Ausdruck erfolgt – oder möglicherweise nur Versuch vorliegt. Im Übrigen wird man in subjektiver Hinsicht regelmäßig davon ausgehen können, dass der Täter bezüglich der Möglichkeit des Ausdrucks mit dolus eventualis handelt. Hinzukommen muss dann natürlich noch die Täuschungsabsicht.

Auch bei der ausgedruckten **E-Mail** ist strittig, ob von einer Urkunde auszugehen ist. Teilweise 134
findet sich die Ansicht, es sei nicht erkennbar, wer Aussteller ist, sodass keine Urkunde vorliege.[592] Zudem habe der Absender keine Tatherrschaft, da der Ausdruck nicht in seiner Hand liege.[593] Die Gegenposition bejaht die Urkundenqualität, falls der Ausdruck erkennen lasse, von wem die E-Mail geistig herrührt.[594] Aber auch insoweit gelten entsprechende Überlegungen wie beim Computerfax.[595] Wird die E-Mail nicht ausgedruckt, fehlt es an einer visuell wahrnehmbaren Fixierung und damit an einer Urkunde. Insofern kommt aber eine Strafbarkeit nach § 269 in Betracht. Erfolgt ein Ausdruck der E-Mail, benutzt der Täter den diesen Ausdruck Erstellenden als unvorsätzlich handelndes Werkzeug und stellt insofern eine Urkunde her. Der Absender hat also durchaus Tatherrschaft über das Geschehen. Werden jedoch mit der E-Mail **Anlagen** von bereits vorhandenen Unterlagen übersendet, gelten die zur **Fotokopie** dargelegten Grundsätze.

Beim **Telegramm** sind sowohl das Aufgabe- als auch das Ankunftstelegramm Urkunden, wo- 135
bei der Absender Aussteller ist, also derjenige, von dem der Text geistig herrührt.[596]

5. Weitere Beispiele für Urkunden

Die bisherigen Erläuterungen haben bereits hinreichend deutlich gemacht, dass Urkunden im 136
Sinne des § 267 in unterschiedlichster Form und Gestalt gegeben sein können. Neben den bereits erwähnten Konstellationen sollen hier nur einzelne weitere **Beispiele** genannt sein, in denen die Rechtsprechung von einer **Urkunde** ausgegangen ist:[597] So bei der Absenderangabe auf einem Brief,[598] der Anschrift auf einer Postsendung,[599] bei einem Anzeigenauftrag an eine Zeitung[600] und einem Entschuldigungsschreiben für die Schule,[601] bei Fototüten mit dem Namen des Bestellers, den Auftragsdaten und dem Preis,[602] bei der bahnamtlichen Gewichtsangabe auf einem

591 Siehe *Krey/Hellmann/Heinrich* BT 1 Rdn. 1177; *Wessels/Hettinger/Engländer* BT 1 Rdn. 798: Es handelt sich um die „Fernanfertigung eines Originals". Anders ist dies nur zu beurteilen, wenn mittels Computerfax lediglich eine (angebliche) Kopie eines Schreibens übermittelt werden soll; vgl. *Nestler* ZJS **2010** 608, 613. Dann gelten die zur Fotokopie dargelegten Grundsätze.

592 Gegen Urkundenqualität *Erb* MK Rdn. 89; *Sch/Schröder/Heine/Schuster* Rdn. 43a; *Hohmann/Sander* BT § 17 Rdn. 28; *Weidemann* BeckOK Rdn. 18.

593 *Gribbohm* LK[11] Rdn. 132.

594 *Krey/Hellmann/Heinrich* BT 1 Rdn. 1178; SSW/*Wittig* Rdn. 61; für Urkundenqualität auch *Brehmeier-Metz* AK Rdn. 14; vgl. auch Arzt/Weber/Heinrich/Hilgendorf BT § 31 Rdn. 13: Urkundenqualität, wenn der Versender den Ausdruck erwartet habe; so auch *Joecks/Jäger* Rdn. 53.

595 Rdn. 133.

596 Siehe bereits Rdn. 75. Anders *Schöning* S. 232, 340 für das Aufgabetelegramm.

597 Weitere Fälle bei *Gribbohm* LK[11] Rdn. 142 ff.; *Sch/Schröder/Heine/Schuster* Rdn. 44.

598 RG GA Bd. **51** (1904) 185 f.; OLG Hamm JMBlNRW **1950** 222.

599 RGSt **50** 213, 214 (Anschrift und Poststempel); RGSt **55** 269; RGSt **56** 240; RGSt **56** 329, 330; RGSt **76** 385, 386; OLG Stuttgart NJW **1950** 197 (mit Anschrift, Poststempel und Kontrollnummer versehener Einschreibebrief).

600 Siehe RGSt **40** 78; RG GA Bd. **51** (1904) 192; RG LZ **1920** 661.

601 RGSt **21** 187, 189.

602 OLG Düsseldorf NJW **1989** 115, 116.

Frachtbrief,[603] bei einem Geständnis,[604] einem Gutachten,[605] bei einem Inventarverzeichnis einer Handelsfirma,[606] einer Klagerücknahme,[607] bei einem Kassenzettel,[608] Kontoauszug,[609] Personalausweis,[610] Rezept,[611] bei einer Speisekarte,[612] Strafanzeige[613] sowie bei der Unfallnachricht auf der Windschutzscheibe.[614]

V. Herstellen einer unechten Urkunde gemäß § 267 Abs. 1 Var. 1

137 § 267 enthält **drei Tatvarianten**: erstens das Herstellen einer unechten Urkunde, zweitens das Verfälschen einer echten Urkunde und drittens das Gebrauchen einer unechten oder verfälschten Urkunde. Dagegen wird der Erwerb unechter Urkunden nicht erfasst.[615] Die Verwirklichung nur einer der Varianten für sich genommen genügt bereits zur Erfüllung des objektiven Tatbestands. Anders als bis 1943[616] ist also schon das ausschließliche Herstellen oder Verfälschen, ohne dass der Täter eine solche unechte oder verfälschte Urkunde auch gebrauchen muss, unter Strafe gestellt. Es ist folglich jeweils auf die einzelnen Varianten isoliert einzugehen.

138 Der objektive Tatbestand des § 267 Abs. 1 Var. 1 verlangt das **Herstellen einer unechten Urkunde**.

1. Herstellen

139 Unter dem **Herstellen** ist die Anfertigung der körperlichen Erklärung zu verstehen, die zum Beweis geeignet und bestimmt ist und einen Aussteller erkennen lässt. Das kann auf unterschiedliche Art und Weise erfolgen. Möglich ist natürlich, dass die Urkunde handschriftlich erstellt wird. Ebenso aber etwa kommt auch die Anfertigung mittels Maschinen oder eines Computers unter Verwendung von Bildbearbeitungssoftware in Betracht.[617] Auch kann ein Stempel benutzt werden.[618] Weiterhin mag bei der zusammengesetzten Urkunde bloß das Augenscheinsobjekt ausgewechselt oder bei der Gesamturkunde eine Einzelurkunde entnommen werden. Die Urkunde kann komplett angefertigt werden, möglich ist aber etwa auch, dass ein unfertiger Entwurf bloß ergänzt und zur unechten Urkunde wird.[619] Grundlage für das Herstellen mag auch eine unechte Urkunde sein, indem deren Erklärungsinhalt oder die Ausstellerangabe verändert wird.[620]

---

603 BGH NJW **1953** 1840.
604 RGSt 7 47, 50 f.
605 RGSt **67** 117, 120.
606 BGH WKRS **1961** 11450.
607 RG GA Bd. **41** (1893) 37.
608 RG LZ **1923** 65.
609 RG DJ **1938** 78.
610 BGH GA **1956** 182; OLG Celle NStZ-RR **2008** 76.
611 BGH BeckRS **2020** 6530; RGSt **18** 149; RG GA Bd. **37** (1890) 190.
612 RGSt **52** 179.
613 RGSt **28** 75 f.; RGSt **32** 133; RG LZ **1918** 573; siehe auch BGHSt **15** 18, 23.
614 OLG Celle GA **1966** 247; siehe auch OLG Hamburg JR **1964** 228.
615 *Bock* BT 1 S. 459; *Eisele* BT I Rdn. 827.
616 Siehe Entstehungsgeschichte.
617 BGH NStZ **1999** 620; BGH NStZ **2010** 703, 704; BGH JZ **2019** 206, 208; BGH BeckRS **2020** 26240; *Hohmann/Sander* BT § 17 Rdn. 30; *Matt/Renzikowski/Maier* Rdn. 65; *Puschke* Hb StrafR Bd. 5 § 42 Rdn. 82; *Rengier* BT II § 33 Rdn. 5.
618 Vgl. RGSt **12** 17; RG LZ **1924** 645.
619 *Erb* MK Rdn. 178.
620 Vgl. RGSt **68** 94, 96; *Erb* MK Rdn. 179; **anders** *Maurach/Schroeder/Maiwald* BT 2 § 65 Rdn. 67: Die Änderung einer unechten Urkunde sei straflos.

Das Herstellen kann in **Mittäterschaft** erfolgen.[621] Da Eigenhändigkeit nicht verlangt ist,[622] kommt auch **mittelbare Täterschaft** in Betracht.[623] 140

Teilweise wird davon ausgegangen, ein **Herstellen durch Unterlassen** sei nicht möglich.[624] 141
Diese Sicht erscheint zu pauschal. Zwar wird § 267 Abs. 1 Var. 1 regelmäßig durch positives Tun erfüllt, es ist jedoch auch **denkbar**, dass die Vorschrift (ausnahmsweise) **durch Unterlassen** verwirklicht wird. Erstellt etwa jemand einen fertigen Entwurf, der versehentlich in den Rechtsverkehr gelangt, und unternimmt er nun nichts, obwohl er die Möglichkeit hätte, kommt durchaus §§ 267 Abs. 1 Var. 1, 13 in Betracht.

2. Unechtheit

Unecht ist eine Urkunde dann, wenn der aus der Urkunde hervorgehende Aussteller nicht der 142
wahre ist. **Sie rührt also tatsächlich nicht von demjenigen her, der sich aus der Urkunde als Aussteller ergibt.**[625] Der BGH[626] formuliert dies so: „Eine Urkunde ist unecht, wenn sie nicht von demjenigen stammt, der aus ihr als Aussteller hervorgeht, wenn also der Anschein erweckt wird, ihr Aussteller sei eine andere Person als diejenige, von der sie herrührt." Der Rechtsverkehr muss damit von einem Aussteller ausgehen, der es in Wirklichkeit gar nicht ist.[627] Echt ist die Urkunde im Umkehrschluss folglich dann, wenn der sich aus der Urkunde ergebende Aussteller derjenige ist, von dem sie tatsächlich stammt.[628] Entfernt also jemand von einer Urkunde die Unterschrift eines anderen und unterschreibt er dann mit seinem Namen, liegt eine echte Urkunde vor, sodass sich der Täter nicht nach § 267 strafbar macht.[629] Insofern kommt dann aber bezüglich des Entfernens der ursprünglichen Unterschrift § 274 in Betracht.[630]

Es geht folglich bei § 267 um **Echtheitsschutz**, dagegen nicht um Wahrheitsschutz. Die **schriftliche Lüge ist nicht tatbestandlich.**[631] Gibt also jemand eine unzutreffende verkörperte Erklärung ab, wobei der Erklärende auch als Aussteller erkennbar ist, dann mögen u.a. etwa §§ 164, 258, 263 oder 143

---

621 BGH NStZ **2010** 342, 343; BGH NStZ-RR **2013** 168, 169; BGH BeckRS **2022** 45238; Lackner/Kühl/*Heger* Rdn. 17; *Weidemann* BeckOK Rdn. 21.1.

622 BGH NStZ-RR **2013** 168, 169; BGH BeckRS **2022** 45238.

623 *Bock* BT 1 S. 458; *Eisele* BT I Rdn. 828; *Erb* MK Rdn. 178; *Fischer* Rdn. 30; *Zieschang* BT 1 Rdn. 824.

624 SSW/*Wittig* Rdn. 64; siehe auch *Trentmann* NZV **2014** 298, 301; zurückhaltender LG Verden NStZ-RR **2012** 282 (genügt regelmäßig nicht); *Sch/Schröder/Heine/Schuster* Rdn. 63 (genügt regelmäßig nicht); Lackner/Kühl/*Heger* Rdn. 17 (in der Regel nicht).

625 Siehe BayObLG BeckRS **2022** 22869; OLG Bamberg BeckRS **2013** 1135; OLG München NStZ-RR **2010** 173; *Eisele* BT I Rdn. 815; *Hilgendorf/Valerius* BT I § 10 Rdn. 29; *Hohmann/Sander* BT § 17 Rdn. 30; *Joecks/Jäger* Rdn. 57; *Koch* HK-GS Rdn. 18; *Kohler* Jura **2011** 468, 472; *Küper/Zopfs* BT Rdn. 570; *Lickleder* JA **2014** 110, 111; *Matt/Renzikowski/Maier* Rdn. 63; *Otto* BT § 70 Rdn. 32; *Rengier* BT II § 33 Rdn. 6; *Satzger* Jura **2012** 106, 108; Spickhoff/*Schuhr* § 267 Rdn. 29; *Weidemann* BeckOK Rdn. 21; *Wessels/Hettinger/Engländer* BT 1 Rdn. 808; *Zieschang* AD LEGENDUM **2020** 73, 78. Zu dem Umstand, dass auch die unechte Urkunde nach zutreffender Auffassung eine Urkunde ist, siehe bereits Rdn. 21.

626 BGHSt **40** 203; siehe auch etwa BGHSt **1** 117, 121; BGHSt **9** 44, 45; BGHSt **33** 159, 160; BGHSt **41** 117, 121; BGH StV **2013** 387, 388; BGH HRRS **2021** Nr. 239 Rdn. 18.

627 BGHSt **33** 159, 160; *Rengier* BT II § 33 Rdn. 6; SSW/*Wittig* Rdn. 62.

628 *Brehmeier-Metz* AK Rdn. 16; *Gribbohm* LK[11] Rdn. 160; *Hohmann/Sander* BT § 17 Rdn. 30; *Klesczewski* BT § 17 Rdn. 36; *Küper/Zopfs* BT Rdn. 571; *Wessels/Hettinger/Engländer* BT 1 Rdn. 808.

629 BGH NJW **1954** 1375; BGH NStZ **2003** 543, 544; BayObLG NJW **1981** 772, 773; *Fischer* Rdn. 33; *Sch/Schröder/Heine/Schuster* Rdn. 72; *Kindhäuser/Schramm* BT I § 55 Rdn. 49, 60; Lackner/Kühl/*Heger* Rdn. 20; *Maurach/Schroeder/Maiwald* BT 2 § 65 Rdn. 58; SW/*Wittig* Rdn. 63; anders *Matt/Renzikowski/Maier* Rdn. 64.

630 *Hohmann/Sander* BT § 17 Rdn. 41; *Wessels/Hettinger/Engländer* BT 1 Rdn. 813.

631 Siehe BGHSt **9** 44, 45; BGH NStZ-RR **2008** 83, 84; BGH NStZ **2011** 91; BGH StV **2013** 387, 388; RGSt **8** 187, 189; RGSt **48** 406, 408; *Brehmeier-Metz* AK Rdn. 16; *Eisele* BT I Rdn. 816; *Hohmann/Sander* BT § 17 Rdn. 31; *Kindhäuser/Hilgendorf* LPK Rdn. 35; *Koch* HK-GS Rdn. 18; *Krey/Hellmann/Heinrich* BT 1 Rdn. 1145; *Küper/Zopfs* BT Rdn. 571; *Küpper/Börner* BT 1 § 6 Rdn. 27; Lackner/Kühl/*Heger* Rdn. 17; *Matt/Renzikowski/Maier* Rdn. 66; *Otto* BT § 70 Rdn. 32; *Rengier* BT II § 33 Rdn. 7; SSW/*Wittig* Rdn. 63; *Zieschang* AD LEGENDUM **2020** 73, 78.

§ 370 AO im Einzelfall erfüllt sein, § 267 ist aber nicht verwirklicht, denn derjenige, der als Aussteller aus der Urkunde hervorgeht, ist es tatsächlich auch, sodass **mangels Identitätstäuschung** eine echte Urkunde vorliegt. Obwohl etwas Unwahres bezeugt wird, ist die Urkunde echt.[632]

144 Maßgeblich ist bei § 267 Abs. 1 Var. 1 die **Identitätstäuschung**.[633] Daher kann eine Urkunde, die eine **inhaltlich wahre** Erklärung enthält, **unecht** sein, sofern der aus der Urkunde hervorgehende Aussteller nicht der tatsächliche Aussteller ist.[634] Unerheblich ist im Übrigen für die Unechtheit der Urkunde, wer ihr Eigentümer ist.

145 Auch falsche Angaben etwa über Zeit und Ort der Errichtung der Urkunde machen sie nicht unecht, solange keine Identitätstäuschung vorliegt.[635] Der BGH hatte einen Fall zu entscheiden, in dem ein ehemaliger Beamter eine öffentliche Urkunde zu einem Zeitpunkt errichtete, als er nicht mehr Amtsträger war, jedoch auf ein Datum zurückdatierte, als er diese Stellung noch inne hatte; hier hat der BGH Urkundenfälschung verneint, da der Betreffende zu dem in der Urkunde angegebenen Zeitpunkt noch zuständiger Amtsträger gewesen sei.[636] Das erscheint indes nicht überzeugend, denn im Zeitpunkt der Tathandlung hatte er diese Stellung nicht mehr inne und war folglich gar nicht zuständig, für die Behörde als aus der Urkunde hervorgehender Aussteller zu handeln. Anders wäre dies nur zu beurteilen, wenn er persönlich aus der Urkunde als Aussteller hervorgeht. Dann läge eine straflose schriftliche Lüge vor.

146 Um die Frage zu beantworten, ob eine Urkunde unecht ist, muss man in **zwei Schritten** vorgehen.[637] **Zunächst** ist zu klären, wer als **Aussteller aus der Urkunde hervorgeht**. Dies ist, da § 267 den Schutz des Rechtsverkehrs im Umgang mit Urkunden in ihrer Beweisfunktion bezweckt, aus der Sicht eines **durchschnittlichen Beteiligten** des Rechtsverkehrs zu ermitteln, wobei etwaiges Sonderwissen zu berücksichtigen ist. **Im Anschluss** daran bedarf es der Beantwortung der Frage, wer denn **tatsächlicher Aussteller der Urkunde** ist. In diesem Zusammenhang ist die **Geistigkeitstheorie**[638] von besonderer Relevanz. Falls nach diesen Grundsätzen im Ergebnis der aus der Urkunde erkennbare Aussteller und der tatsächliche Aussteller nicht identisch sind, ist die Urkunde aufgrund der Identitätstäuschung unecht.[639]

147 Zwar erfolgt die Identitätstäuschung regelmäßig durch den Gebrauch eines **falschen Namens**, zwingend ist dies aber nicht. Eine Urkunde kann **selbst dann unecht** sein, wenn jemand mit seinem eigenen **richtigen Namen** unterzeichnet, jedoch nach den Anschauungen des Rechtsverkehrs ein anderer als Aussteller der Urkunde angesehen wird.[640] Stellt etwa jemand ein Schreiben her, welches den Anschein erweckt, dass es von einer Behörde stammt (Verwendung eines entsprechenden Briefkopfes oder Stempels[641]), und unterschreibt es mit seinem eigenen Namen, dann sieht der Rechtsverkehr regelmäßig die Behörde als Aussteller der Urkunde an und nicht

---

632 *Joecks/Jäger* Rdn. 62; *Wessels/Hettinger/Engländer* BT 1 Rdn. 810.

633 Siehe BGHSt **1** 117, 121; BGHSt **9** 44, 45; BGHSt **33** 159, 160; BGHSt **40** 203, 204; BGH NStZ **2008** 396; *Eisele* BT I Rdn. 815; *Fischer* Rdn. 27; *Joecks/Jäger* Rdn. 58; *Kindhäuser/Hilgendorf* LPK Rdn. 35; *Klesczewski* BT § 17 Rdn. 41; *Krey/Hellmann/Heinrich* BT 1 Rdn. 1145; *Matt/Renzikowski/Maier* Rdn. 63; *Weidemann* BeckOK Rdn. 21; *Wessels/Hettinger/Engländer* BT 1 Rdn. 808; SSW/*Wittig* Rdn. 62.

634 *Sch/Schröder/Heine/Schuster* Rdn. 54; *Hohmann/Sander* BT § 17 Rdn. 31; *Joecks/Jäger* Rdn. 62; *Klesczewski* BT § 17 Rdn. 37; *Wessels/Hettinger/Engländer* BT 1 Rdn. 810; SSW/*Wittig* Rdn. 63. Typisches Beispiel dafür ist, dass der Darlehensnehmer das Darlehen zurückgezahlt hat und nun, da er die Quittung verloren hat, eine Quittung erstellt, die er mit dem Namen des Darlehensgebers ohne dessen Zustimmung unterzeichnet; vgl. etwa RGSt **17** 200 f.; *Hohmann/Sander* BT § 17 Rdn. 31.

635 BGHSt **9** 44, 45; BayObLG NJW **1988** 2190; OLG Jena wistra **2010** 111, 112; *Gribbohm* LK[11] Rdn. 162; *Sch/Schröder/Heine/Schuster* Rdn. 54; *Matt/Renzikowski/Maier* Rdn. 66.

636 BGH WKRS **1953** 10486.

637 Siehe bereits Rdn. 88.

638 Rdn. 75.

639 *Zieschang* AD LEGENDUM **2020** 73, 78.

640 BGHSt **40** 203, 205; siehe auch BGHSt **7** 149, 152 f.; BGHSt **9** 44, 46; BGHSt **17** 11, 13; *Bock* BT 1 S. 454; *Brehmeier-Metz* AK Rdn. 17; *Fischer* Rdn. 27; *Sch/Schröder/Heine/Schuster* Rdn. 52; *Kindhäuser/Schramm* BT I § 55 Rdn. 50; *Steinmetz* S. 218 f.; *Wessels/Hettinger/Engländer* BT 1 Rdn. 814; SSW/*Wittig* Rdn. 69 f.; *Zieschang* AD LEGENDUM **2020** 73, 78.

641 Siehe BGHSt **7** 149, 150; *Fischer* Rdn. 30; Lackner/Kühl/*Heger* Rdn. 19; *Matt/Renzikowski/Maier* Rdn. 64.

den Unterzeichnenden.[642] Da es aber tatsächlich nicht von der Behörde stammt, hat der Handelnde eine **unechte Urkunde** hergestellt.[643]

Es liegt eine unechte Urkunde vor, wenn jemand seinen eigenen Namen benutzt, der Rechtsverkehr aber aufgrund der sonstigen Umstände von einem anderen Aussteller ausgeht. So stellt derjenige eine unechte Urkunde her, welcher seinen richtigen Namen verwendet, aber aufgrund eines Zusatzes (etwa „sen."; „Dr. med.") im Rechtsverkehr den Eindruck erweckt, eine andere Person sei Aussteller.[644] Relativ geringfügige Änderungen können entsprechend für eine Identitätstäuschung ausreichen.[645] Dabei muss jedoch der Zusatz Eingang in die Urkunde gefunden haben, darf sich also nicht bloß aus ganz außerhalb der Urkunde selbst liegenden Umständen ergeben.[646] 148

Auch bei der Angabe des **richtigen Namens** kann also die Urkunde **unecht** sein, wenn der Eindruck erweckt wird, die Urkunde stamme von einer anderen Person als derjenigen, die sie tatsächlich hergestellt hat.[647] So hatte der BGH[648] den Fall zu entscheiden, dass jemand im **Versandhandel** bei der Bestellung zwar seinen richtigen Namen benutzte, aber zur Umgehung von Bonitätsprüfungen einen weiteren, bislang nicht benutzten Vornamen, ein falsches Geburtsdatum oder eine abweichende Lieferanschrift verwendete. Der BGH führt aus, dass diesen Angaben häufig keine Bedeutung im Hinblick auf die Identität zukomme, jedoch müsse anderes gelten, wenn die beteiligten Verkehrskreise eine Summe von Merkmalen zur Kennzeichnung einer bestimmten Person verwenden. Dies sei im Versandhandel der Fall. Um festzustellen, ob eine Identitätstäuschung vorliegt, komme es auf den Verwendungszweck der Urkunde, ihre Beweisrichtung und den Kreis der Beteiligten an.[649] Im Versandhandel habe nun aber auch die Angabe des Vornamens, des Geburtsdatums sowie der Anschrift eine wesentliche Bedeutung als Identitätsmerkmal. Daher wurde vom BGH das Herstellen einer unechten Urkunde bejaht.[650] 149

Umgekehrt ist die Angabe eines dem Betreffenden familienrechtlich **nicht zukommenden (unrichtigen, falschen) Namens** dann **nicht tatbestandsmäßig**, wenn dennoch der Aussteller der Urkunde so gekennzeichnet ist, dass über seine Person kein Zweifel besteht, also **keine Identitätstäuschung** vorliegt.[651] Lebt folglich jemand unter falschem Namen,[652] der zum Identitätsmerkmal der Person geworden ist,[653] oder benutzt er einen Deck-, Künstler- oder Spitznamen, liegt keine Identitätstäuschung vor, solange die Identität der Person nicht zweifelhaft ist und er somit über diesen Namen im Rechtsverkehr identifizierbar ist.[654] Maßgeblich ist nämlich die Täuschung 150

642 Siehe bereits Rdn. 90.

643 BGHSt 7 149, 152; *Sch/Schröder/Heine/Schuster* Rdn. 17a; *Küper/Zopfs* BT Rdn. 572; *Puppe/Schumann* NK Rdn. 76.

644 *Hohmann/Sander* BT § 17 Rdn. 37; *Hoyer* SK Rdn. 59; *Zieschang* ZIS **2021** 481, 484. Es kommt dabei jeweils auf den Einzelfall an. So wird eine Urkunde allein durch die bloße Anmaßung eines akademischen Titels, ohne dass damit eine Identitätstäuschung einhergeht, nicht unecht; RG GA Bd. **55** (1908) 310, 311.

645 *Gribbohm* LK[11] Rdn. 169; siehe insofern auch OLG Frankfurt NJW **1970** 673, 674: Signatur auf einem Gemälde weist auf anderen Maler hin, obwohl sie Bestandteile des eigenen Namens des Malers enthält.

646 *Erb* MK Rdn. 163. Unterschreibt jemand mit seinem richtigen Namen, genügt der bloße Wunsch, möglicherweise mit einer anderen namensgleichen Person verwechselt zu werden, nicht, es sei denn, die Urkunde selbst deutet auf einen Namensvetter hin.

647 BGHSt **40** 203, 205; siehe schon RGSt **4** 157 f.; RGSt **13** 171, 174; RGSt **37** 196, 197; RGSt **55** 173, 174.

648 BGHSt **40** 203; vgl. auch bereits BGH WKRS **1964** 10979.

649 BGHSt **40** 203, 206; siehe auch RGSt **48** 238, 241.

650 BGHSt **40** 203; *Eisele* BT I Rdn. 819; Lackner/Kühl/*Heger* Rdn. 19; *Meurer* NJW **1995** 1655, 1657; *Rengier* BT II § 33 Rdn. 16; *Weidemann* BeckOK Rdn. 23; SSW/*Wittig* Rdn. 70; **anders** *Erb* MK Rdn. 165; *Hohmann/Sander* BT § 17 Rdn. 38; *Mewes* NStZ **1996** 14, 17; *Puppe* JZ **1997** 490, 491 f.; *Puppe/Schumann* NK Rdn. 73; *Sander/Fey* JR **1995** 209 f.

651 BGHSt **1** 117, 121; BGHSt **40** 203, 204; BGH StraFo **2003** 253 f.; BGH HRRS **2021** Nr. 239 Rdn. 18; RGSt **48** 238, 241; *Wessels/Hettinger/Engländer* BT 1 Rdn. 815; *Zieschang* AD LEGENDUM **2020** 73, 78.

652 Siehe BGH NStZ-RR **1997** 358, 359 (Asylbewerber, der sich ständig unter falschem Namen im Inland aufhält: Der falsche Name sei zu seinem Identitätsmerkmal geworden).

653 *Fischer* Rdn. 31.

654 Siehe auch *Brehmeier-Metz* AK Rdn. 17; *Sch/Schröder/Heine/Schuster* Rdn. 50; *Kienapfel* NStZ **1987** 28; *Matt/Renzikowski/Maier* Rdn. 73 f.; *Otto* BT § 70 Rdn. 45; *Weidemann* BeckOK Rdn. 22; SSW/*Wittig* Rdn. 65.

über die Identität des Ausstellers, nicht über seinen Namen, sodass bei dieser Art von Namenslüge der objektive Tatbestand entfällt.[655] Andererseits liegt eine Identitätstäuschung vor, wenn jemand unter einem falschen Namen lebt, nun aber seinen richtigen Namen benutzt.[656]

151 Rechtsprechung und Teile des Schrifttums gehen weiterhin vom Fehlen der objektiven Tatbestandsvoraussetzungen des § 267 aus,[657] wenn jemand einen falschen Namen benutzt, die Richtigkeit der Namensangabe jedoch unter Berücksichtigung des Verwendungszwecks der Urkunde **ohne Bedeutung** sei[658] oder der Betreffende sich an seiner **Erklärung festhalten lassen wolle**.[659] Unterschreibt dementsprechend jemand, um unerkannt zu bleiben, im Hotel mit einem falschen Namen, will sich jedoch an seinen Verpflichtungen festhalten lassen, sei der objektive Tatbestand des § 267 nicht verwirklicht.[660] Ebenso liege keine Identitätstäuschung vor, wenn jemand mit dem richtigen Vornamen, jedoch mit dem Nachnamen des Freundes einen Scheck unterschreibt, auf dem der Name des Freundes aufgedruckt ist.[661] Entsprechendes gelte, wenn eine unverheiratete Frau mit dem Nachnamen ihres Freundes einen Mietvertrag unterzeichne, um lediglich das nichteheliche Verhältnis zu verschleiern.[662] Die Straflosigkeit hänge in solchen Fällen von den Intentionen des Täters ab.[663]

152 Tatsächlich wird jedoch in dieser Konstellation für den Rechtsverkehr **auf eine andere Person hingewiesen**, ohne dass dies den Beteiligten klar ist, sodass der Betreffende über den Namen nicht identifizierbar ist. Mit der Urkunde kann der Empfänger nicht beweisen, dass die Erklärung vom tatsächlichen Aussteller herrührt.[664] Dass der Aussteller sich an seinen Erklärungen festhalten will, ist kein objektiver, sondern ein subjektiver Aspekt. Darauf kommt es jedoch für die Unechtheit, die nach objektiven Maßstäben zu beurteilen ist, nicht an.[665] Richtigerweise liegt daher in solchen Fällen eine **unechte Urkunde** vor.[666] Dem Täter kann jedoch die Täuschungsabsicht als besonderes subjektives Merkmal fehlen, sofern er sich an seinen Erklärungen festhalten lassen will.[667] Im Übrigen ist im Hinblick auf den Aspekt des fehlenden Interesses an dem Namen anzumerken: Auch wenn aktuell die Richtigkeit der Namensangabe möglicherweise ohne Bedeutung sein sollte, kann sie später durchaus immer noch Relevanz erhalten, man denke etwa an die (spätere) Geltendmachung von Schadensersatzansprüchen, sodass auch eine solche Einschränkung nicht überzeugt. Die Frage der Echtheit kann zudem nicht von der Zufälligkeit abhängig gemacht werden, ob jemand, dem gegenüber die Urkunde gebraucht wird, nun ein Interesse an

---

655 BGHSt **33** 159, 160; BGHSt **40** 203, 204; BGH HRRS **2013** Nr. 61.

656 RG LZ **1915** 549; siehe auch *Freund* Urkundenstraftaten Rdn. 163 f.; *Koch* HK-GS Rdn. 18.

657 BGHSt **33** 159, 160 f.; BGHSt **40** 203, 204; *Eisele* BT I Rdn. 818; *Hohmann/Sander* BT § 17 Rdn. 33; *Krey/Hellmann/Heinrich* BT 1 Rdn. 1147; *Küpper/Börner* BT 1 § 6 Rdn. 35; *Otto* JuS **1987** 761, 768; *Rengier* BT II § 33 Rdn. 15. BGHSt **33** 159, 160 f. ergänzt: Im Übrigen fehle auch die Täuschungsabsicht; vgl. insofern auch *Krey/Hellmann/Heinrich* BT 1 Rdn. 1147: Die Täuschungsabsicht sei zumindest in der Regel nicht erfüllt. Nach OLG Celle NJW **1986** 2772 f. ist „jedenfalls im subjektiven Bereich" das Unrecht der Urkundenfälschung nicht gegeben.

658 BGHSt **33** 159, 160 f.; BGHSt **40** 203, 204; Arzt/Weber/Heinrich/Hilgendorf BT § 31 Rdn. 14; *Matt/Renzikowski/Maier* Rdn. 71; *Otto* BT § 70 Rdn. 44 f.; *Weidemann* BeckOK Rdn. 22.

659 Vgl. RGSt **48** 238, 240.

660 *Rengier* BT II § 33 Rdn. 13 ff.

661 Siehe OLG Celle NJW **1986** 2772 (mit dem Hinweis, dass „jedenfalls im subjektiven Bereich" § 267 entfalle); anders aber RGSt **30** 43, 45 in Bezug auf einen Wechsel.

662 RG JW **1934** 3064; anders und Urkundenfälschung bejahend RG LZ **1917** 881 f.

663 *Rengier* BT II § 33 Rdn. 14; kritisch *Puppe/Schumann* NK Rdn. 70; *Wessels/Hettinger/Engländer* BT 1 Rdn. 815.

664 *Hoyer* SK Rdn. 57.

665 *Sch/Schröder/Heine/Schuster* Rdn. 48.

666 *Erb* MK Rdn. 157; *Sch/Schröder/Heine/Schuster* Rdn. 48 ff.; *Hoyer* SK Rdn. 56 f.; *Kienapfel* NStZ **1987** 28 f.; *Kindhäuser/Schramm* BT I § 55 Rdn. 53; *Kindhäuser/Hilgendorf* LPK Rdn. 40; *Küper/Zopfs* BT Rdn. 573; *Ohr* JuS **1967** 255, 256; *Puppe* JuS **1987** 275, 278; *Puppe/Schumann* NK Rdn. 70; *Samson* JuS **1970** 369, 374; *Seier* JA **1979** 133, 136 f.; *Steinberg/Bonnin* ZJS **2017** 342, 343; *Steinmetz* S. 121. Auch allein der Umstand, dass die Urkunde in Gegenwart des Adressaten erstellt oder unterzeichnet wird, genügt nicht, um bei Verwendung eines unrichtigen Namens die Unechtheit zu verneinen; RGSt **13** 245, 246 f.; RGSt **30** 43, 44; anders *Matt/Renzikowski/Maier* Rdn. 71.

667 Siehe insoweit auch *Erb* MK Rdn. 208.

dem wirklichen Namen hat oder nicht.[668] Das würde das Erfordernis der Unechtheit nicht überzeugend relativieren; die Unechtheit steht eben nicht zur Disposition einzelner Teilnehmer des Rechtsverkehrs.

Das **Handeln unter fremdem Namen** ist bereits erläutert worden. Auf diese Ausführungen ist zu verweisen.[669] Auch die **offene Stellvertretung** ist bereits angesprochen worden.[670] 153

Für die Frage der Unechtheit der Urkunde ist auf den **Zeitpunkt ihrer Errichtung** abzustellen.[671] Eine Urkunde wird allein durch ihren bloßen Gebrauch ohne Veränderung nicht unecht. Natürlich ist es möglich, dass etwa ein Schriftstück, das (noch) keine Urkundenqualität hat, überhaupt erst durch seinen Gebrauch zur unechten Urkunde wird: Verwendet etwa der Täter einen fertigen, vollständig von einem anderen ausgefüllten Entwurf, der ja mangels Erklärungswillens noch keine Urkundenqualität hat, im Rechtsverkehr, dann stellt er durch die Benutzung eine unechte Urkunde her.[672] 154

Das Herstellen einer unechten Urkunde liegt auch bei der **Blankettfälschung** vor.[673] Das ist der Fall, wenn jemand entweder **ganz ohne Erlaubnis** oder aber **weisungswidrig** ein Formular ausfüllt, zum Beispiel bei einem unterschriebenen Scheckformular abredewidrig einen zu hohen Betrag einsetzt. Vor dem Ausfüllen handelt es sich noch nicht um eine Urkunde, denn es fehlt an einer verkörperten Gedankenerklärung. Erst durch das Ausfüllen erlangt das Blankett einen gedanklichen Inhalt.[674] Wird nun ein solches Formular ohne den oder entgegen dem Willen des Unterzeichnenden ausgefüllt, stellt der Handelnde eine unechte Urkunde her.[675] 155

Das RStGB hatte in § 269 a.F. RStGB ausdrücklich die Blankettfälschung normiert.[676] Doch sah man diese Vorschrift seit jeher als überflüssig an, da diese Konstellationen bereits von § 267 erfasst werden.[677] In der Konsequenz hob schließlich die Strafrechtsangleichungsverordnung vom 29.5.1943[678] die Vorschrift auf. Handelt nämlich jemand gegen oder ohne den Willen dessen, der unter das Blankett seine Unterschrift gesetzt hat, dann stammt die Erklärung anders als es scheint nicht vom Unterschriftleistenden, sondern von demjenigen, der das Blankett ausgefüllt hat. Derjenige stellt eine unechte Urkunde her, wer einem Blankett gegen die Anordnungen der als Urheber erscheinenden Rechtspersönlichkeit einen urkundlichen Inhalt gibt.[679] Die Erklärung steht im Widerspruch zum Willen des aus der Urkunde nach außen hervorgehenden Ausstellers.[680] Es handelt sich nur um dessen scheinbare Erklärung, in Wirklichkeit ist es diejenige des Ausfüllenden. Folglich ist § 267 Abs. 1 Var. 1 erfüllt. 156

Die Blankettfälschung kommt in Betracht in Bezug auf ein ergänzungsbedürftiges, mit Urheberangabe (z.B. Unterschrift, Briefkopf, Stempel) versehenes Formular.[681] Beispiel ist etwa 157

668 Siehe *Puppe/Schumann* NK Rdn. 70.
669 Rdn. 78 ff.
670 Rdn. 94 ff.
671 *Gribbohm* LK[11] Rdn. 180.
672 Rdn. 43.
673 BGHSt **5** 295, 296; OLG Karlsruhe medstra **2017** 233, 234 f.; OLG Köln NJW **1967** 742; *Brehmeier-Metz* AK Rdn. 18; *Erb* MK Rdn. 121; *Fischer* Rdn. 32; *Sch/Schröder/Heine/Schuster* Rdn. 62; *Hohmann/Sander* BT § 17 Rdn. 40; *Joecks/Jäger* Rdn. 73; *Kindhäuser/Schramm* BT I § 55 Rdn. 57; *Koch* HK-GS Rdn. 19; *Krey/Hellmann/Heinrich* BT 1 Rdn. 1161; Lackner/Kühl/*Heger* Rdn. 19; *Matt/Renzikowski/Maier* Rdn. 79; *Maurach/Schroeder/Maiwald* BT 2 § 65 Rdn. 60; *Weidemann* BeckOK Rdn. 25; *Weiß* Jura **1993** 288, 293; *Wessels/Hettinger/Engländer* BT 1 Rdn. 819; SSW/*Wittig* Rdn. 71; *Zieschang* BT 1 Rdn. 839 f.; **anders** *Jakobs* S. 75 f.; *Puppe/Schumann* NK Rdn. 81; *Puschke* Hb StrafR Bd. 5 § 42 Rdn. 84.
674 Rdn. 37.
675 *Rengier* BT II § 33 Rdn. 34.
676 Siehe zum Wortlaut der Norm die Entstehungsgeschichte.
677 Siehe nur Vorentwurf zu einem deutschen Strafgesetzbuch, Begründung, Besonderer Teil, 1909, S. 791 f.; BGHSt **5** 295, 296 f.; RGSt **48** 342, 344; *von Hippel* Lehrbuch 1932, S. 346; *R. Schmidt* Strafrecht 1931 S. 325.
678 RGBl. I, 339.
679 BGHSt **5** 295, 296 f.
680 *Zieschang* FG Paulus 197, 213.
681 *Gribbohm* LK[11] Rdn. 187.

ein bis auf den Geldbetrag oder Kaufpreis bereits vorausgefüllter und unterzeichneter Scheck oder Kaufvertrag. Nach dem Ausfüllen müssen sämtliche Merkmale des Urkundenbegriffs erfüllt sein.

158 Die Blankettfälschung umfasst sowohl den Fall, dass ein abredewidriges Ausfüllen erfolgt,[682] als auch die Konstellation, dass jemand ganz ohne den Willen des Blankettgebers handelt.[683]

159 Beim abredewidrigen Ausfüllen geht es um den **Missbrauch der Ausfüllungsvollmacht**.[684] In diesem Fall deckt der Erklärungswille des Vollmachtgebers nur eine solche Vervollständigung, die sich im Rahmen der Anweisung hält.[685] Es bedarf folglich genauer Prüfung, welchen Umfang die Vollmacht einnimmt.[686] Sie kann ausdrücklich, jedoch auch konkludent begrenzt werden.[687] Typisch ist etwa, dass bei einem Scheck ein höherer Preis als vereinbart eingetragen wird.[688] Aber selbst dann, wenn das Formular mit einem niedrigeren Preis als verabredet ausgefüllt wird, kann § 267 gegeben sein, wenn dies den Interessen des Auftraggebers widerspricht.[689] Da die Frage der Unechtheit der Urkunde losgelöst vom Zivilrecht zu beantworten ist, entfällt § 267 nicht deshalb, weil sich möglicherweise der Vollmachtgeber zivilrechtlich an der urkundlichen Erklärung festhalten lassen muss.[690]

160 Ein Handeln ohne den Willen des Unterzeichneten liegt vor, wenn zum Beispiel ein Bezugsschein mit dem Namen des Täters versehen wird.[691] In Betracht kommt auch, dass bei einem unvollständigen Wechsel ohne Wissen und Willen des Ausstellers ein Wechselnehmer eingesetzt wird.[692]

VI. Verfälschen einer echten Urkunde gemäß § 267 Abs. 1 Var. 2

161 Neben dem Herstellen einer unechten Urkunde listet § 267 als zweite selbständige mögliche Tathandlung das Verfälschen einer echten Urkunde auf.

1. Verfälschen

162 Unter dem **Verfälschen** versteht man vom Ausgangspunkt die **nachträgliche Veränderung** des **gedanklichen Inhalts** und damit der **Beweisrichtung** der Urkunde.[693] Hierbei wird der Eindruck erweckt, dass die Urkunde bereits von vornherein den ihr erst nachträglich beigelegten Inhalt

682 Siehe BGHSt **5** 295, 296; RGSt **63** 39, 40; RG GA Bd. **47** (1900) 378.
683 Siehe RG DR **1940** 1828 f.; vgl. bereits den Wortlaut des § 269 a.F. RStGB („ohne dessen Willen oder dessen Anordnungen zuwider").
684 *Gribbohm* LK[11] Rdn. 189; *Zieschang* medstra **2017** 240.
685 *Erb* MK Rdn. 121. Da der Vollmachtgeber selbst unterzeichnet, stellt sich beim Blankett nicht die Frage der rechtlichen Zulässigkeit des Handelns unter fremdem Namen; siehe OLG Karlsruhe medstra **2017** 233, 235; *Zieschang* medstra **2017** 240, 241.
686 Vgl. BGHR § 267 Abs. 1 Blankovollmacht 1; *Matt/Renzikowski/Maier* Rdn. 79.
687 RG Bd. **46** (1898, 1899) 423.
688 Vgl. auch RGSt **15** 67, 71; RGSt **51** 166.
689 Siehe RG HRR **1926** 264; *Gribbohm* LK[11] Rdn. 189.
690 Vgl. *Ennuschat* S. 123 ff.; *Erb* MK Rdn. 121; *Gribbohm* LK[11] Rdn. 190; *Wurm* JA **1986** 577, 584; **anders** Arzt/Weber/Heinrich/Hilgendorf BT § 31 Rdn. 18; *Paeffgen* JR **1986** 114, 117 mit Fn. 19; *Puppe/Schumann* NK Rdn. 81.
691 RG DR **1940** 1828 f.
692 BGH WKRS **1960** 14241.
693 BGHSt **45** 197, 201 f.; RGSt **62** 11, 12; BayObLG BeckRS **2022** 22869; OLG Hamm NJW **1969** 625; OLG Koblenz NJW **1995** 1624, 1625; OLG Köln NStZ **2010** 520, 521; OLG Saarbrücken NJW **1975** 658 f.; *Fischer* Rdn. 33; *Klesczewski* BT § 17 Rdn. 44; *Wessels/Hettinger/Engländer* BT 1 Rdn. 828; SSW/*Wittig* Rdn. 73.

gehabt hat.[694] Der Inhalt scheint vom Aussteller der Urkunde herzurühren.[695] Manipulationen nur der Ausstellerangabe erfüllen § 267 Abs. 1 Var. 2 nicht,[696] sondern unterfallen neben dem möglicherweise verwirklichten § 274 dem § 267 Abs. 1 Var. 1, sofern sich der Täter nicht selbst als Aussteller einträgt, denn dann stellt er eine echte Urkunde her.

Grundsätzlich wird das Verfälschen durch positives Tun verwirklicht, es kann jedoch auch ausnahmsweise ein **Unterlassen** vorliegen.[697] Denkbar ist etwa, dass ein beaufsichtigungspflichtiger Garant die Einwirkung auf die Urkunde durch den Beaufsichtigten nicht verhindert, obwohl es ihm möglich wäre. Unterlassen kommt auch insofern in Betracht, als dass bei der Gesamturkunde Einzelurkunden vom Garanten nicht hinzugefügt werden.[698] **163**

Auf welche Weise die Manipulation erfolgt, spielt kein Rolle.[699] Die Veränderung kann sich nur auf einzelne Teile beziehen oder aber auch auf die gesamte Erklärung. Wird nur ein Teil verfälscht, mag der unverfälschte Teil echt bleiben, falls er selbständige Bedeutung hat. Andererseits kann in dem Gebrauch selbst des unverfälschten Teils auch ein Gebrauch des verfälschten liegen, wenn auch dieser dadurch notwendigerweise einem anderen zugänglich gemacht wird. Hat jemand also zum Beispiel seinen Autoführerschein so manipuliert, dass er zum Führen eines Motorrads berechtigt ist, dann ist § 267 Abs. 1 Var. 3 verwirklicht, wenn er nun beim Führen eines Autos, wozu er berechtigt ist, im Rahmen einer Verkehrskontrolle den Führerschein vorlegen muss.[700] Die Verfälschung kann im Übrigen auch zur Wahrheit hin erfolgen,[701] jedoch fehlt dann möglicherweise die Täuschungsabsicht. **164**

Das Verfälschen ist durch (handschriftliche) **Ergänzungen** durchführbar,[702] aber auch etwa ein **(teilweises) Abschneiden, Ausradieren, Durchstreichen** oder **Überkleben** kommt in Betracht,[703] solange eine Veränderung der Beweisrichtung erfolgt und das Resultat immer noch **alle Urkundenmerkmale erfüllt**. Die Manipulationsmöglichkeiten sind also vielfältig.[704] Möglich ist ebenfalls, dass Urkundenteile ausgetauscht werden. Nicht ausreichend ist aber etwa, wenn lediglich ein Teil der Urkunde (Gedankenerklärung) lose mit einem Blatt überdeckt wird, denn dann entsteht keine dauerhaft verkörperte neue Gedankenerklärung.[705] Daher genügt es auch nicht, wenn ein anderes Schriftstück verändert wird, auf das die Urkunde Bezug nimmt, wenn dieses mit der Urkunde nicht fest verbunden ist.[706] Die Änderung eines außerhalb der Urkunde liegenden Bezugsobjekts reicht folglich nicht.[707] Auch die Veränderung oder Beseitigung eines Datums kann bereits genügen.[708] **165**

---

694 BGHSt **9** 235, 238; BGH GA **1963** 16, 17; BayObLG NJW **1980** 1057; OLG Köln NJW **1983** 769; OLG Köln NStZ **2010** 520, 521; KG wistra **1984** 233; AG Waldbröl NJW **2005** 2870, 2871; Arzt/Weber/Heinrich/Hilgendorf BT § 31 Rdn. 31; *Eisele* BT I Rdn. 829; *Erb* MK Rdn. 180; *Sch/Schröder/Heine/Schuster* Rdn. 64; *Hohmann/Sander* BT § 17 Rdn. 41; *Joecks/Jäger* Rdn. 84; *Kindhäuser/Schramm* BT I § 55 Rdn. 59; *Koch* HK-GS Rdn. 20; *Küper/Zopfs* BT Rdn. 574; Lackner/Kühl/*Heger* Rdn. 20; *Rengier* BT II § 33 Rdn. 37; *Weidemann* BeckOK Rdn. 26; *Wessels/Hettinger/Engländer* BT 1 Rdn. 828; SSW/*Wittig* Rdn. 72.

695 *Matt/Renzikowski/Maier* Rdn. 80.

696 *Eisele* BT I Rdn. 830; *Rengier* BT II § 33 Rdn. 38.

697 Anders und zu pauschal SSW/*Wittig* Rdn. 72: „Ein Verfälschen durch Unterlassen ist nicht möglich". Zurückhaltender LG Verden NStZ-RR **2012** 282 (genügt regelmäßig nicht).

698 **Anders** *Fischer* Rdn. 35.

699 *Fischer* Rdn. 33; SSW/*Wittig* Rdn. 73.

700 Siehe BGHSt **33** 105, 109; dazu auch Rdn. 189, 213.

701 RGSt **3** 324 f.; RG LZ **1918** 779; *Fischer* Rdn. 33; *Gribbohm* LK[11] Rdn. 196; *Klesczewski* BT § 17 Rdn. 44.

702 Siehe etwa RGSt **43** 140, 141.

703 Siehe zu einzelnen Tathandlungen etwa BGHSt **17** 297; RGSt **3** 370, 371; RGSt **20** 6, 9; RGSt **34** 114, 118; RGSt **52** 103, 104; RGSt **60** 187; RG LZ **1918** 779; OLG Köln NJW **2002** 527.

704 *Erb* MK Rdn. 182.

705 Vgl. dazu OLG Köln NJW **1983** 769 f. (es lässt diese Frage offen); *Gribbohm* LK[11] Rdn. 192.

706 *Erb* MK Rdn. 184; *Hoyer* SK Rdn. 70.

707 *Sch/Schröder/Heine/Schuster* Rdn. 65.

708 BGH LM § 267 Nr. 22; RGSt **62** 11, 12; RGSt **67** 246, 248; RG JW **1925** 625; OLG Saarbrücken NJW **1975** 658.

166 Ist eine Urkunde hinsichtlich eines Teils bereits verfälscht worden, liegt § 267 Abs. 1 Var. 2 vor, falls der noch echte Urkundenteil geändert wird.[709] Die wiederholte Verfälschung eines bereits verfälschten Teils unterfällt dagegen § 267 Abs. 1 Var. 1.[710] Ist in einem Schriftstück eine Geldsumme sowohl in Ziffern als auch ausgeschrieben angegeben, genügt zum Verfälschen bereits die Veränderung eines von beiden.[711] Das ist selbst dann anzunehmen, wenn nur die Ziffernangabe verändert wird, jedoch das ausgeschriebene Zahlwort maßgeblich sein soll,[712] denn auch dann ist die Urkunde in ihrem gedanklichen Teil und auch in ihrer Beweisrichtung teilweise verändert. Der Beweisgehalt ist ein anderer im Vergleich zu der Situation, dass beide Angaben übereinstimmen. Hinzu kommt, dass nicht maßgeblich ist, ob die Verfälschung gerade für ein ganz bestimmtes Rechtsverhältnis von Bedeutung ist, solange die Veränderung überhaupt für ein Rechtsverhältnis von Bedeutung sein kann,[713] denn es kommt auf die abstrakte Beweiseignung an.[714]

167 Handelt es sich im Einzelfall um eine offensichtliche Manipulation, die für jedermann auf „den ersten Blick" erkennbar ist, fehlt der Urkunde die Beweiseignung.[715] Insofern gilt nichts anderes als beim Herstellen einer unechten Urkunde. Es geht hierbei also um eine Einschränkung des Tatbestands bei Ungefährlichkeit im Einzelfall. In Betracht kommen kann dann aber möglicherweise Versuch.[716]

168 Bei der **zusammengesetzten Urkunde** ist § 267 Abs. 1 Var. 2 erfüllt, wenn Manipulationen am Beweiszeichen vorgenommen werden, indem zum Beispiel ein Preisschild verändert oder beim Kraftfahrzeugkennzeichen Zahlen oder Buchstaben überklebt werden.[717] Aber auch der Austausch des Bezugsobjekts erfüllt nach zutreffender Auffassung § 267, denn das entspricht der Eigenart der zusammengesetzten Urkunde.[718] Findet nun bei einer zusammengesetzten Urkunde der Austausch des Bezugsobjekts statt, geht es letztlich bei der notwendigen Gesamtbetrachtung um § 267 Abs. 1 Var. 2, obwohl die zunächst erfolgende Beseitigung der Verbindung regelmäßig § 274 erfüllt und es sich bei der erneuten Herstellung der festen Verbindung mit einem anderen Objekt um eine Konstellation des § 267 Abs. 1 Var. 1 handelt. Um den einheitlichen Vorgang jedoch nicht aufzuspalten, ist das Gesamtverhalten als ein Fall des § 267 Abs. 1 Var. 2 aufzufassen.[719]

169 Es erfüllt ebenfalls etwa § 267 Abs. 1 Var. 2, wenn jemand das Passbild des Reisepasses oder einer Zeitkarte austauscht,[720] ein Bild übermalt, jedoch das Künstlerzeichen stehen lässt,[721] oder Manipulationen an einem Beglaubigungsvermerk vornimmt.[722]

---

709 BGH LM § 267 Nr. 22; RGSt **4** 69, 71; *Erb* MK Rdn. 181; *Sch/Schröder/Heine/Schuster* Rdn. 66; *Hoyer* SK Rdn. 68.

710 Rdn. 139.

711 Siehe RG Rspr. **4** 248, 251; RG GA Bd. **37** (1890) 435 f.

712 Siehe etwa Art. 6 Abs. 1 WG. **Anders** für diesen Fall *Gribbohm* LK[11] Rdn. 195; *Sch/Schröder/Heine/Schuster* Rdn. 67.

713 Vgl. zu diesem Aspekt RGSt **36** 167, 170; RGSt **67** 246, 248.

714 Siehe bereits Rdn. 59.

715 Siehe Rdn. 56. Der BGH GA **1963** 16, 17 bejaht gleichwohl eine Fälschung; ebenso *Erb* MK Rdn. 182; vgl. ferner BGH WKRS **1961** 11450.

716 Siehe *Sch/Schröder/Heine/Schuster* Rdn. 67.

717 BGHR § 267 Abs. 1 Urkunde 2; BayObLG NZV **1999** 213, 214. Siehe auch BGHSt **9** 235; BGHSt **16** 94 f. (Manipulationen bezüglich der Fahrgestellnummer).

718 Siehe bereits Rdn. 107 sowie OLG Karlsruhe BeckRS **2019** 12710; *Eisele* BT I Rdn. 832; *Sch/Schröder/Heine/Schuster* Rdn. 65a; *Kindhäuser/Schramm* BT I § 55 Rdn. 66; *Weidemann* BeckOK Rdn. 28.

719 Siehe dazu BGHSt **9** 235; BGHSt **16** 94; OLG Düsseldorf NJW **1982** 2268; *Eisele* BT I Rdn. 832; *Küpper/Börner* BT 1 § 6 Rdn. 41; *Puppe/Schumann* NK Rdn. 85; *Rengier* BT II § 33 Rdn. 47; *Wessels/Hettinger/Engländer* BT 1 Rdn. 831; SSW/*Wittig* Rdn. 72; **anders** *Fahl* JuS **2004** 885, 887: Herstellen einer unechten Urkunde.

720 BGHSt **17** 97, 98; BGH LM § 267 Nr. 22; RGSt **46** 412, 413; *Lampe* NJW **1965** 1746, 1747; siehe aber auch LG Bremen NStZ-RR **1999** 362, 363.

721 BGH WKRS **1960** 12297.

722 Siehe BGHSt **1** 117, 120 f.

Bei der **Gesamturkunde** ist von § 267 Abs. 1 Var. 2 auszugehen, wenn Einzelurkunden aus der Gesamturkunde ausgetauscht oder entfernt oder weitere Urkunden hinzugefügt werden.[723] Dann wird die übergeordnete Beweisfunktion der Gesamturkunde verändert.[724] 170

Stets ist darauf zu achten, worauf sich die **Beweisrichtung** und der gedankliche Inhalt der Urkunde bezieht. So scheidet nach Auffassung des BGH eine Strafbarkeit gemäß § 267 Abs. 1 Var. 2 aus, wenn jemand das Kraftfahrzeugkennzeichen mit einer farblosen Flüssigkeit versieht, die dazu führt, dass das Kennzeichen bei Blitzaufnahmen reflektiert und nicht lesbar ist, da der Beweisinhalt des Kennzeichens in dem Sinne, dass das Fahrzeug unter diesem Kennzeichen für einen bestimmten Halter für den Verkehr zugelassen ist, dadurch nicht beeinträchtigt sei, sondern nur die Ablesbarkeit des Kennzeichens unter bestimmten Voraussetzungen.[725] Das Kennzeichen enthält – trotz § 10 Abs. 2 FZV – nicht die Gedankenerklärung der ständigen und uneingeschränkten Lesbarkeit.[726] Entsprechendes muss dann für eine Antiblitzfolie gelten.[727] Auch ist § 267 Abs. 1 Var. 2 mangels Veränderung der Beweisrichtung nicht erfüllt, wenn jemand das Entwertungsfeld einer Fahrkarte vor der Entwertung mit Klarsichtfolie überklebt oder mit einer Wachsschicht versieht, um später den Entwertungsstempel wegwischen zu können.[728] Wird der Stempel später abgewischt, kommen aber möglicherweise § 267 oder § 274 in Betracht.[729] Andererseits liegt beim Überstreichen der Zeichen eines Versicherungskennzeichens mit Farbe § 267 Abs. 1 Var. 2 vor, wenn dadurch das Bestehen einer Versicherung deutlich gemacht wird.[730] Keine Änderung der Beweisrichtung liegt vor bei bloßen Rechtschreibkorrekturen.[731] 171

Voraussetzung für die 2. Variante ist immer, dass trotz und nach der Manipulation weiterhin **alle Urkundenmerkmale erfüllt** sind.[732] Ist das nicht der Fall, kommt nicht § 267, jedoch § 274 in Betracht. Wird also die Ausstellererkennbarkeit oder die Gedankenerklärung vollständig beseitigt, ist § 267 Abs. 1 Var. 2 nicht verwirklicht.[733] Das gilt etwa, wenn ein behördlicher Aufkleber, der Urkundenqualität hat (zusammengesetzte Urkunde), aus einem ausländischen Führerschein vollständig entfernt,[734] die Klassenbezeichnung im Führerschein unleserlich gemacht[735] oder ein Zurückweisungsstempelabdruck in einem Reisepass unkenntlich gemacht wird.[736] 172

---

723 Siehe BGHSt **12** 108, 112; RGSt **50** 246, 248 f.; RGSt **51** 36, 38 f.; RGSt **60** 152, 157; OLG Koblenz NStZ **1992** 134; *Eisele* BT I Rdn. 833; *Fischer* Rdn. 35; *Joecks/Jäger* Rdn. 95; SSW/*Wittig* Rdn. 72.

724 *Rengier* BT II § 33 Rdn. 54.

725 BGHSt **45** 197, 202; BayObLG NZV **1999** 213, 214; *Fischer* Rdn. 33; *Krack* NStZ **2000** 423; *Kudlich* JZ **2000** 426; *Küper/Zopfs* BT Rdn. 579; *Matt/Renzikowski/Maier* Rdn. 86; siehe ferner *Erb* MK Rdn. 187; *Hohmann/Sander* BT § 17 Rdn. 41; Lackner/Kühl/*Heger* Rdn. 20; *Maurach/Schroeder/Maiwald* BT 2 § 65 Rdn. 64.

726 *Fischer* Rdn. 33; *Kudlich* JA **2019** 272, 274; *Weidemann* BeckOK Rdn. 26.

727 **Anders** OLG Düsseldorf NJW **1997** 1793, 1794; *Stollenwerk* VD **1998** 182; dagegen wiederum *Fahl* JA **1997** 926, 927; *Krack* NStZ **1997** 602 f.; *Lampe* JR **1998** 304, 305.

728 OLG Düsseldorf NJW **1983** 2341, 2342; *Hohmann/Sander* BT § 17 Rdn. 41; *Puppe/Schumann* NK Rdn. 84; *Schroeder* JuS **1991** 301, 303; siehe auch OLG Düsseldorf NJW **1990** 924.

729 RG HRR **1942** Nr. 45; RG HRR **1942** Nr. 460; siehe zur Fahrkarte auch *Zieschang* LK § 274 Rdn. 17.

730 OLG Koblenz VRS **60** 436, 438; siehe auch BayObLG MDR **1966** 168; AG Waldbröl NJW **2005** 2870 f.: Übermalen der Prüfplakette mit einer anderen Farbe, was den Anschein eines späteren Jahres der Hauptuntersuchung hervorruft; dazu auch *Kudlich* JA **2019** 272, 273 f.

731 *Sch/Schröder/Heine/Schuster* Rdn. 67. Anders natürlich, wenn es sich um eine Prüfungsarbeit handelt.

732 *Brehmeier-Metz* AK Rdn. 19; *Eisele* BT I Rdn. 830; *Sch/Schröder/Heine/Schuster* Rdn. 67, 72; *Matt/Renzikowski/Maier* Rdn. 82; *Rengier* BT II § 33 Rdn. 38; *Weidemann* BeckOK Rdn. 26; SSW/*Wittig* Rdn. 73.

733 Siehe BayObLG NJW **1990** 264, 265; OLG Frankfurt NStZ **2020** 619; *Rengier* BT II § 33 Rdn. 38; SSW/*Wittig* Rdn. 73.

734 OLG Köln NStZ **2010** 520, 521 (Aufkleber der Straßenverkehrsbehörde, dass der Führerschein in Deutschland ungültig ist); SSW/*Wittig* Rdn. 73.

735 OLG Braunschweig NJW **1960** 1120; siehe auch OLG Köln VRS **59** 342 (Entfernung des Gültigkeitsdatums auf der Fahrkarte).

736 BayObLG NJW **1990** 264, 265.

2. Verfälschen durch den Aussteller?

173 Mit der zweiten Variante ist zumindest klargestellt, dass § 267 nicht nur dann erfüllt ist, wenn jemand eine unechte Urkunde vollständig neu herstellt, sondern auch dann, falls der Täter, der nicht Aussteller ist, Manipulationen an einer schon vorhandenen echten Urkunde vornimmt, wodurch diese unecht wird. Anderseits muss man betonen, dass die 2. Variante überflüssig wäre, falls sie nur diesen Fall erfassen würde, denn das Verfälschen einer echten Urkunde hin zu einer unechten ist immer auch Herstellen einer unechten Urkunde gemäß § 267 Abs. 1 Var. 1.[737] Die Urkunde stammt nämlich dann von einem anderen Aussteller als demjenigen, der aus der Urkunde hervorgeht. Die Nennung der zweiten Variante wäre sogar schädlich, weil damit der Eindruck erweckt wird, bei der Manipulation an unechten Urkunden sei § 267 nicht erfüllt, wie es denn zum Teil sogar vertreten wurde und wird;[738] richtigerweise ist dieser Fall jedoch von § 267 Abs. 1 Var. 1 erfasst.[739]

174 Damit stellt sich die Frage, ob § 267 Abs. 1 Var. 2 überhaupt einen gegenüber der 1. Variante eigenständigen, selbständigen Bedeutungsgehalt aufweist, also Konstellationen erfasst, die nicht auch gleichzeitig die 1. Variante des § 267 erfüllen. Das wäre **nur dann der Fall**, wenn auch der **ursprüngliche Aussteller** der Urkunde **Täter der 2. Variante** sein könnte. Er ist nämlich nicht Täter der ersten Variante, da die Urkunde selbst nach einer inhaltlichen Veränderung durch ihn echt bleibt, solange er als Aussteller aus der Urkunde hervorgeht.

175 Nach **ständiger Rechtsprechung**[740] und vielen Stimmen im **Schrifttum**[741] kann § 267 Abs. 1 Var. 2 auch dadurch erfüllt sein, dass der **ursprüngliche Aussteller** nach dem **Erlöschen seiner ausschließlichen Abänderungsbefugnis** nunmehr nachträglich Änderungen an der Urkunde vornimmt. Die stark im Schrifttum vertretene **Gegenauffassung**[742] lehnt dies mit dem Argument ab, dass auch § 267 Abs. 1 Var. 2 wie die 1. Variante eine Identitätstäuschung voraussetze, die dann nicht vorliege. Danach macht sich der Aussteller nicht nach § 267 Abs. 1 Var. 2 strafbar; vielmehr komme eine Strafbarkeit gemäß § 274 in Betracht.

176 Insofern ist aber zu bedenken, dass § 274 keinen vollumfassenden Schutz bietet. Fehlt dem Täter nämlich etwa die Nachteilszufügungsabsicht, greift § 274 nicht. Weist er also bezüglich des Nachteils lediglich dolus eventualis auf, der für die Nachteilszufügungsabsicht nach zutreffender

---

737 *Sch/Schröder/Heine/Schuster* Rdn. 64; Lackner/Kühl/*Heger* Rdn. 21; *Rengier* BT II § 33 Rdn. 42; *Wessels/Hettinger/Engländer* BT 1 Rdn. 834; SSW/*Wittig* Rdn. 74; siehe auch BGH bei Dallinger MDR **1975** 21, 23.

738 RGSt **4** 69, 71; *Maurach/Schroeder/Maiwald* BT 2 § 65 Rdn. 67.

739 Zutreffend Arzt/Weber/Heinrich/Hilgendorf BT § 31 Rdn. 31; *Erb* MK Rdn. 179, 181; *Sch/Schröder/Heine/Schuster* Rdn. 66; *Wessels/Hettinger/Engländer* BT 1 Rdn. 830; vgl. auch RGSt **68** 94, 96; OLG Köln NJW **2002** 527, 528; siehe schon Rdn. 139, 166.

740 BGHSt **13** 382, 386 f.; BGH GA **1963** 16, 17; BGH wistra **1989** 100, 101; BGH NStZ **2015** 651; RGSt **52** 78, 79 f.; RGSt **60** 187; RGSt **69** 396, 398; RGSt **74** 341, 343; OLG Koblenz NJW **1995** 1624, 1625; OLG Naumburg NStZ **2013** 533, 535; OLG Stuttgart NJW **1978** 715 f.; KG wistra **1984** 233, 234; AG Pfaffenhofen NStZ-RR **2004** 170.

741 *Brehmeier-Metz* AK Rdn. 21; *Diener/Hoffmann-Holland* Jura **2009** 946, 947; *Fischer* Rdn. 34; *Geppert* Jura **1988** 158, 160; *ders.* Jura **1990** 271 f.; *Gössel/Dölling* BT 1 § 52 Rdn. 19; *Jakobs* S. 67 mit Fn. 106; *Kargl* JA **2003** 604, 607 f.; *Kindhäuser/Schramm* BT I § 55 Rdn. 62; *Kindhäuser/Hilgendorf* LPK Rdn. 48; Lackner/Kühl/*Heger* Rdn. 21; *Maurach/Schroeder/Maiwald* BT 2 § 65 Rdn. 65; *Paeffgen* Jura **1980** 479, 487; *Rengier* BT II § 33 Rdn. 42; *Sax* FS Peters 137, 148 ff.; Spickhoff/*Schuhr* § 267 Rdn. 35; *Zieschang* JA **2008** 192, 195; *ders.* AD LEGENDUM **2020** 73, 78; wohl auch *Jahn* JuS **2012** 950, 951; *Sieg* FS Weber 347, 360 f.; *Wessels/Hettinger/Engländer* BT 1 Rdn. 833 f.; im Grundsatz auch *Matt/Renzikowski/Maier* Rdn. 87.

742 *Bock* BT 1 S. 462; *Erb* MK Rdn. 191 ff.; *Freund* Urkundenstraftaten Rdn. 29 ff., 188; *ders.* JuS **1993** 731, 734; *ders.* JuS **1994** 30, 34; *Sch/Schröder/Heine/Schuster* Rdn. 64, 68; *Helle* S. 82, 152; *Hohmann/Sander* BT § 17 Rdn. 44; *Hoyer* SK Rdn. 83; *Joecks/Jäger* Rdn. 90; *Arm. Kaufmann* ZStW **71** (1959) 409, 411; *Kienapfel* JR **1975** 514, 515; *ders.* Jura **1983** 185, 191, 193; *Klesczewski* BT § 17 Rdn. 45; *Koch* HK-GS Rdn. 21; *Krack* JR **1998** 479 mit Fn. 1; *Küpper/Börner* BT 1 § 6 Rdn. 43; *Lampe* GA **1964** 321, 328, 330; *Maiwald* ZStW **91** (1979) 947, 958; *Otto* JuS **1987** 761, 768 f.; *ders.* BT § 70 Rdn. 49; *Puppe* JR **1978** 206, 207; *dies.* Jura **1979** 630, 640; *dies.* JZ **1991** 550, 551; *dies.* ZStW **130** (2018) 649, 660 mit Fn. 39; *Puppe/Schumann* NK Rdn. 89; *Puschke* Hb StrafR Bd. 5 § 42 Rdn. 90; *Samson* JuS **1970** 369, 375; *ders.* JA **1979** 658, 661 f.; *Schilling* Augenscheinsbeweis S. 112 mit Fn. 266; SSW/*Wittig* Rdn. 77.

Sicht nicht genügt,[743] kann er nicht nach § 274 bestraft werden. Andererseits ist natürlich im Hinblick auf Art. 103 Abs. 2 GG ein bloßes Bedürfnis, ein bestimmtes Verhalten unter Strafe zu stellen, kein Argument, derartige Verhaltensweisen dem § 267 Abs. 1 Var. 2 zuzuordnen. Vielmehr ist unter Heranziehung der klassischen Auslegungsmethoden zu ermitteln, welcher Ansicht der Vorzug gebührt.

Der **Wortlaut** der Norm steht der Anwendung der zweiten Variante auf den Aussteller nach 177
dem Verlust seiner Abänderungsbefugnis nicht entgegen. Aus dem Begriff des Verfälschens folgt nicht zwingend, dass der ursprüngliche Aussteller als Täter ausscheidet. Dieser Begriff bedeutet lediglich wie erläutert eine Veränderung der Beweisrichtung und des gedanklichen Inhalts der Urkunde, was durchaus auch durch den Aussteller erfolgen kann. Wenn unter dem Verfälschen die nachträgliche Veränderung des gedanklichen Inhalts der Urkunde zu verstehen ist, wodurch der Anschein erweckt wird, der Aussteller habe die Erklärung von Anfang an so abgegeben, kann durchaus auch der ursprüngliche Aussteller Täter sein. Damit ist diese Auslegung mit dem Gesetzeswortlaut **vereinbar**.

In **systematischer** Hinsicht unterscheidet § 267 Abs. 1 ausdrücklich zwischen dem Herstellen 178
einer unechten Urkunde einerseits und dem Verfälschen einer echten Urkunde andererseits. Das indiziert, dass beide Varianten durchaus auch unterschiedliche Fälle erfassen. Der Gesetzgeber benutzt den Begriff „unecht" im Sinne der Täuschung über die Identität beim Verfälschen gerade nicht. Selbst in der dritten Variante wird die Unterscheidung zwischen unechter und verfälschter Urkunde aufrechterhalten. Hinzu kommt, dass § 267 Abs. 1 Var. 2 **keinen eigenständigen Bedeutungsgehalt hätte**, wenn er nicht auf den Fall der Fälschung durch den Aussteller anwendbar wäre.[744] § 267 Abs. 1 Var. 2 wäre überflüssig. Dies jedoch spricht für die Auffassung, dass § 267 Abs. 1 Var. 2 die Verfälschung auch durch den Aussteller erfasst.[745] Im Übrigen ist zu beachten, dass bei der Verfälschung durch den Aussteller § 274 nicht automatisch erfüllt ist, denn der Täter muss Nachteilszufügungsabsicht aufweisen. Hinzu kommt, dass §§ 267 Abs. 1 Var. 2, 26, 27 gegeben ist, wenn der ursprüngliche Aussteller einen anderen zur Verfälschung der Urkunde anstiftet oder ihm dabei Hilfe leistet.[746] Dann wäre es aber widersprüchlich, ihn nicht selbst als Täter des § 267 Abs. 1 Var. 2 anzusehen, wenn er selbst den gedanklichen Inhalt verändert.[747]

Auch die **Gesetzeshistorie** spricht dafür, dass § 267 Abs. 1 Var. 2 auf die Verfälschung durch den 179
Aussteller anwendbar ist. So ist bereits erläutert worden, dass die heutige Fassung des § 267 maßgeblich auf die Strafrechtsangleichungsverordnung vom 29.5.1943[748] zurückgeht.[749] Dabei stimmt die 1943 in Kraft getretene Regelung zur Urkundenfälschung fast wörtlich mit § 386 E 1936[750] überein. In der Begründung zum E 1936 ist wiederum ausgeführt, beim Verfälschen werde klargestellt, dass es sich um die nachträgliche Änderung einer echten Urkunde handelt.[751] Unecht sei sie, wenn sie nicht von dem angeblichen Aussteller herrührt oder falls der richtige Aussteller sie unbefugt ändert, nachdem sie in den Rechtsverkehr gelangt ist oder sonst seiner Verfügungsgewalt dadurch entzogen ist, dass ein anderer ein Recht auf die Unversehrtheit der Urkunde erlangt hat.[752] Unabhängig davon, dass hierbei eine unsaubere Benutzung des Begriffs „unecht" erfolgt, bringt das hinreichend deutlich

---

743 Siehe dazu *Zieschang* LK § 274 Rdn. 60.

744 Siehe auch *Rengier* BT II § 33 Rdn. 42.

745 Natürlich muss dann in subjektiver Hinsicht neben dem Vorsatz die Täuschungsabsicht gegeben sein.

746 **Anders** aber wohl *Sch/Schröder/Heine/Schuster* Rdn. 72.

747 *Gribbohm* LK[11] Rdn. 212.

748 RGBl. I, 339; siehe dazu auch *Prechtel* S. 179 f.; *Vormbaum* S. 6 ff., 16 ff.

749 Siehe dazu im Einzelnen die Entstehungsgeschichte.

750 § 386 E 1936 lautete: „Wer zur Täuschung im Rechtsverkehr eine unechte Urkunde herstellt, eine echte Urkunde verfälscht oder eine unechte oder verfälschte Urkunde gebraucht, wird mit Gefängnis bestraft. In besonders schweren Fällen, insbesondere bei gewerbsmäßiger Begehung der Tat, ist die Strafe Zuchthaus.".

751 Begründung zum E 1936, S. 238.

752 Begründung zum E 1936, S. 238. Nicht unerwähnt soll aber bleiben, dass in der Begründung zum E 1909, der in § 282 E 1909 die Urkundenfälschung regelte, ausgeführt wird, dass das „Verfälschen" lediglich als Unterfall des „Fälschlich Anfertigen" anzusehen sei; siehe Vorentwurf zu einem deutschen Strafgesetzbuch, Begründung, Besonderer Teil, 1909, S. 791.

den **Willen des historischen Gesetzgebers zum Ausdruck**, dass auch der **Aussteller** nach Verlust der Abänderungsbefugnis **Täter des Verfälschens** ist. Das verkörpert im Übrigen auch kein nationalsozialistisches Gedankengut.[753]

180 Richtig ist zwar, dass bei der Fälschung durch den Aussteller keine Identitätstäuschung erfolgt. Man darf jedoch den Anwendungsbereich des § 267 nicht allein auf diesen Gesichtspunkt reduzieren. Es ist bereits erläutert worden, dass es bei § 267 um den **Schutz des Rechtsverkehrs** im Umgang mit Urkunden als **Beweismittel** geht. Wenn nun aber der Aussteller seine Abänderungsbefugnis verloren hat und dann der Urkunde einen anderen gedanklichen Inhalt gibt, verändert er die Beweisrichtung der Urkunde. Das aber will § 267 gerade verhindern. Es geht bei § 267 darum, dass jemand als Garant hinter der Erklärung steht, die er abgegeben hat. Verliert der Aussteller aber nun seine Abänderungsbefugnis, muss er sich an der ursprünglichen Erklärung festhalten lassen, sodass eine Änderung der Erklärung ein Verfälschen darstellt. Bei der unbefugten Änderung durch den Aussteller werden die Sicherheit und Zuverlässigkeit des Rechtsverkehrs im Umgang mit Urkunden als Beweismittel ebenso wie beim Herstellen einer unechten Urkunde beeinträchtigt.[754] Auch ausgehend vom **Sinn und Zweck des § 267** ist daher die 2. Variante der Vorschrift richtigerweise ebenfalls auf die Konstellation anwendbar, dass der Aussteller die Urkunde verändert, nachdem er seine Abänderungsbefugnis verloren hat. Er steht dann der Urkunde wie ein Außenstehender, also wie ein beliebiger Dritter, gegenüber.[755]

181 Es hängt jeweils von den **Umständen des Einzelfalls** ab, **wann** die **Abänderungsbefugnis** des Ausstellers endet.[756] Die Rechtsprechung stellt darauf ab, ob der Aussteller die Urkunde dem Rechtsverkehr zugänglich gemacht hat,[757] oder ob er in sonstiger Weise die Verfügungsgewalt verloren hat, sodass ein legitimes Beweisinteresse eines anderen besteht.[758] Der Wille des Handelnden allein, die Urkunde als Beweismittel zu gebrauchen, genügt hierfür nicht.[759] Entscheidend ist, ob ein anderer einen **Anspruch auf unverfälschten, unversehrten Fortbestand der Urkunde** erlangt hat.[760] Bis zu diesem Zeitpunkt darf er die Urkunde nachträglich ändern.

182 So ist etwa bei **Prüfungsarbeiten** davon auszugehen, dass der jeweilige Bearbeiter nach Abgabe seiner Arbeit seine Abänderungsbefugnis verliert.[761] Würde er also nachträglich Änderungen vornehmen, verwirklicht er § 267 Abs. 1 Var. 2. Das Änderungsrecht des Künstlers an dem von ihm signierten Bild erlischt mit der Veräußerung des Bildes.[762] Änderungen des Leichenschaubefundes durch den Arzt nach Beschlagnahme der Leiche sind ebenfalls unbefugt.[763] § 267 Abs. 1 Var. 2 ist erfüllt, wenn der Geschäftsführer einer GmbH nachträglich Änderungen der Buchführungsunterlagen der Gesellschaft vornimmt.[764] Der Verlust der Abänderungsbefugnis kann auch aus gesetzlichen Vorschriften resultieren. So bestimmt etwa § 275 Abs. 1 Satz 3 StPO, dass die

753 Siehe etwa zur Befürwortung der Verfälschung durch den Aussteller aus der älteren Literatur *Frank* StGB § 267 Anm. V 1 a.

754 *Gribbohm* LK[11] Rdn. 212.

755 *Diener/Hoffmann-Holland* Jura **2009** 946, 947; *Zieschang* JA **2008** 192, 195.

756 *Gribbohm* LK[11] Rdn. 207; *Maurach/Schroeder/Maiwald* BT 2 § 65 Rdn. 65; *Wessels/Hettinger/Engländer* BT 1 Rdn. 835.

757 Siehe BGHSt **13** 382, 387; RGSt **50** 420, 421; RGSt **56** 235, 236; RGSt **64** 394, 396 f.

758 OLG Jena wistra **2010** 111, 112; OLG Naumburg NStZ **2013** 533, 535; OLG Stuttgart NJW **1978** 715, 716; aus der Literatur siehe etwa *Fischer* Rdn. 34; *Kargl* JA **2003** 604, 610; *Weidemann* BeckOK Rdn. 27.

759 RGSt **67** 245, 246; *Gribbohm* LK[11] Rdn. 204.

760 Vgl. RGSt **37** 83, 84 f.; RGSt **50** 420, 421 f.; RGSt **74** 341, 343; *Wessels/Hettinger/Engländer* BT 1 Rdn. 835; *Zieschang* JA **2008** 192, 195.

761 Vgl. AG Pfaffenhofen NStZ-RR **2004** 170 (Verlust der Abänderungsbefugnis mit Schluss der Prüfungszeit); *Wessels/Hettinger/Engländer* BT 1 Rdn. 836.

762 *Gribbohm* LK[11] Rdn. 204; *Löffler* NJW **1993** 1421, 1425.

763 *Waider/Madea* ArchKrim **1992** 176, 181.

764 *Biletzki* NStZ **1999** 537, 541; *Gribbohm* LK[11] Rdn. 206; *Tiedemann* LK[12] § 283 Rdn. 107; siehe zu Änderungen im Kassenbuch, nachdem die Steuerbehörde Interesse an den Eintragungen gezeigt hat, RGSt **50** 166, 169; weiterhin RGSt **50** 420, 422 (ein Revisionsbeamter begehrt Einsicht in die Handelsbücher). Vgl. ferner RG GA Bd. **37** (1890) 193, 194: Änderungen von Bucheintragungen nach Prüfung.

Urteilsgründe nach Ablauf bestimmter Fristen nicht mehr geändert werden dürfen.[765] Auch das Einsichtsrecht nach § 810 BGB kann zum Verlust der Abänderungsbefugnis führen.[766]

In der **Rechtsprechung** ist § 267 Abs. 1 Var. 2 bei **Veränderungen durch den Aussteller** 183 angenommen worden etwa bei der Manipulation an Inventurlisten, nachdem sie dem Aufsichtsrat vorgelegt worden waren.[767] Ebenso wurde die 2. Variante bejaht bei Änderungen an Fahrtenschreiberblättern, nachdem eine Sicherstellungsanordnung der Staatsanwaltschaft ergangen war,[768] sowie bei der Änderung der Durchschrift eines Handelsbriefs, nachdem dieser abgeschickt worden war.[769] Änderungen im Grundbuch nach Abschluss der Eintragung, um diese mit der wirklichen Rechtslage in Einklang zu bringen, ohne die Voraussetzungen für eine Berichtigung einzuhalten, stellen nach der Rechtsprechung ein Verfälschen dar.[770] Ebenso ist die Vorschrift erfüllt, wenn ein Beamter ein Pfändungsprotokoll nachträglich ändert.[771] Der Arzt darf Laborwerte des Patienten in der Krankenakte nicht nachträglich ändern, selbst wenn er als Aussteller der Urkunde anzusehen ist.[772] Diese Fälle zeigen im Übrigen, dass das von der Gegenansicht mitunter angeführte Argument, der Aussteller könne ja die ursprüngliche Urkunde vernichten und eine neue Urkunde erstellen, was nicht nach § 267 strafbar ist,[773] nicht verfängt, denn nicht selten ist die Erstellung einer neuen Urkunde tatsächlich gar nicht möglich.

VII. Gebrauchen einer unechten oder verfälschten Urkunde gemäß § 267 Abs. 1 Var. 3

Die dritte Variante des § 267 Abs. 1 betrifft das **Gebrauchen einer unechten oder verfälschten** 184 **Urkunde**. Täter kann dabei – wie dies oftmals der Fall ist – derjenige sein, welcher die unechte Urkunde hergestellt oder die echte Urkunde verfälscht hat, das ist indes nicht zwingend. Der Täter kann an diesen Taten gänzlich unbeteiligt sein. In Betracht kommt aber auch, dass er an der 1. oder 2. Variante des § 267 Abs. 1 als Teilnehmer mitgewirkt hat. Da es für das Gebrauchen allein auf das Produkt „unechte oder verfälschte Urkunde" ankommt, ist es schließlich ebenfalls möglich, dass sich weder der Hersteller noch der Verfälscher strafbar gemacht haben. Auch eine unvorsätzlich hergestellte unechte Urkunde genügt.

Für die Frage der Täterschaft spielt es keine Rolle, ob die Handlung etwa nach den Regeln 185 des Prozessrechts oder zivilrechtlichen Vertretungsrechts wirksam vorgenommen worden ist. Die Frage, ob jemand Täter des Gebrauchens ist, richtet sich vielmehr allein nach den strafrechtlichen Regeln zu Täterschaft und Teilnahme.[774] Es überzeugt daher nicht, wenn das OLG Stuttgart in einem Fall der Vorlage einer verfälschten Urkunde im Prozess ein Gebrauchen verneint, da der Betreffende die Prozesshandlung nicht wirksam habe vornehmen können.[775]

---

765 Siehe auch BGH StV **2014** 16, 17 ff.; BGH StV **2017** 397, 398; OLG Naumburg NStZ **2013** 533, 535; *Jahn* JuS **2012** 950, 951; *Wessels/Hettinger/Engländer* BT 1 Rdn. 835.

766 RGSt **69** 396, 398.

767 BGHSt **13** 382.

768 OLG Stuttgart NJW **1978** 715; vgl. auch OLG Stuttgart Justiz **1988** 315 f. (Abänderungsbefugnis erlösche mit Fahrtantritt).

769 RGSt **35** 145, 146 f.; siehe auch KG wistra **1984** 233 (Änderung von Rechnungsdurchschriften nach Abschluss einer steuerlichen Außenprüfung).

770 RG DR **1944** 155, 156.

771 RGSt **3** 324 f.

772 OLG Koblenz NJW **1995** 1624, 1625.

773 Etwa *Erb* MK Rdn. 192; *Koch* HK-GS Rdn. 21; *Puppe/Schumann* NK Rdn. 91.

774 *Gribbohm* LK^{11} Rdn. 221; *Puppe* JZ **1991** 550, 552.

775 OLG Stuttgart NJW **1989** 2552, 2553; *Matt/Renzikowski/Maier* Rdn. 92, 97.

1. Gebrauchen

186 Die Urkunde wird gebraucht, wenn sie demjenigen, der durch sie getäuscht werden soll, so zugänglich gemacht wird, dass dieser die Möglichkeit hat, die unechte oder verfälschte Urkunde wahrzunehmen.[776] Der Betreffende muss die Urkunde nicht zwingend tatsächlich zur Kenntnis nehmen, es genügt bereits die Möglichkeit zur Kenntnisnahme.[777] Es muss auch nicht tatsächlich zu einem Irrtum bei dem Adressaten kommen.[778]

187 Das Gebrauchen kann geschehen etwa durch **Hinterlegung**, **Übergabe**, **Übersendung**, **Veröffentlichung** oder **Vorlage**.[779] Andererseits liegt noch kein Gebrauch vor, wenn bloß darauf hingewiesen wird, dass sich die Urkunde im Besitz eines anderen befindet, jedoch nicht die Möglichkeit zur tatsächlichen Inaugenscheinnahme eingeräumt wird.[780] An einem Gebrauchen fehlt es auch, wenn sich jemand lediglich darauf beruft, dass er die Urkunde besitzt[781] oder sich nur zur Vorlage bereit erklärt.[782] Die Urkunde muss zumindest in den Machtbereich des zu Täuschenden gelangt sein.[783] Er muss unabhängig von dem Täter oder einem Dritten Kenntnis von der Urkunde nehmen können.[784] Eine Verlesung der Urkunde genügt folglich nur, wenn ebenfalls die Möglichkeit der visuellen Einsichtnahme besteht.[785] Befindet sich die Urkunde bereits in der Sphäre des Täuschungsadressaten, kann ein Hinweis des Täters darauf als Gebrauchen genügen, sofern der Täuschungsadressat keine Kenntnis von der Urkunde hatte und ihm so die Kenntnisnahme ermöglicht wird.[786] Auch aus einer Pflicht zur Vorlage einer Urkunde kann sich das Gebrauchen ergeben.[787]

188 Ausgehend von diesen Grundsätzen genügt für das Gebrauchen schon, dass jemand mit einem **gefälschten Kennzeichen** am Straßenverkehr teilnimmt.[788] Der Beweisadressat muss keine bestimmte individualisierbare Einzelperson sein.[789] Auch das Legen eines unechten Parkscheins hin-

776 BGHSt **36** 64, 65; siehe auch BGHSt **1** 117, 120; BGH GA **1973** 179; BGH StV **2013** 192; BGH NJW **2014** 871; BGH BeckRS **2017** 124954; BGH HRRS **2020** Nr. 124; RGSt **41** 144, 146 f.; RGSt **66** 298, 312 f.; RGSt **72** 369, 370; *Bock* BT 1 S. 464; *Eisele* BT I Rdn. 834; *Erb* MK Rdn. 195; *Fischer* Rdn. 36, 38; *Sch/Schröder/Heine/Schuster* Rdn. 73; *Hilgendorf/Valerius* BT I § 10 Rdn. 45; *Hölzel* S. 124 f.; *Joecks/Jäger* Rdn. 96; *Kindhäuser/Hilgendorf* LPK Rdn. 52; *Kindhäuser/Schramm* BT I § 55 Rdn. 68; *Klesczewski* BT § 17 Rdn. 46; *Koch* HK-GS Rdn. 22; *Küper/Zopfs* BT Rdn. 558; Lackner/Kühl/*Heger* Rdn. 23; *Matt/Renzikowski/Maier* Rdn. 91; *Otto* JuS **1987** 761, 769; *Puppe/Schumann* NK Rdn. 94; *Rengier* BT II § 33 Rdn. 57; *Weidemann* BeckOK Rdn. 29; *Wessels/Hettinger/Engländer* BT 1 Rdn. 837; SSW/*Wittig* Rdn. 78; *Zieschang* AD LEGENDUM **2020** 73, 79.

777 BGH GA **1973** 179; BGHSt **36** 64, 65; BGH NStZ **2019** 675, 676; RGSt **16** 228, 230; RGSt **63** 259, 262; RGSt **64** 394, 397 f.; *Sch/Schröder/Heine/Schuster* Rdn. 76; *Hohmann/Sander* BT § 17 Rdn. 45; *Hoyer* SK Rdn. 85; *Krey/Hellmann/Heinrich* BT 1 Rdn. 1125; Lackner/Kühl/*Heger* Rdn. 23; *Maurach/Schroeder/Maiwald* BT 2 § 65 Rdn. 70; *Rengier* BT II § 33 Rdn. 57; SSW/*Wittig* Rdn. 78.

778 *Freund* Urkundenstraftaten Rdn. 200; *Koch* HK-GS Rdn. 22.

779 *Fischer* Rdn. 36; SSW/*Wittig* Rdn. 78.

780 BGHSt **36** 64, 65; *Fischer* Rdn. 36; *Kindhäuser/Hilgendorf* LPK Rdn. 53; *Rengier* BT II § 33 Rdn. 57; siehe dazu auch RG GA Bd. **37** (1890) 205, 206 f. Zu weit aber RGSt **14** 242, 245: Es genüge zum Gebrauchen der Hinweis an das Zivilgericht, welches eine Abschrift erhält, dass die Originalurkunde sich bei den Strafprozessakten befinde.

781 RG GA Bd. **45** (1897) 273; *Brehmeier-Metz* AK Rdn. 22; *Eisele* BT I Rdn. 835.

782 RG Rspr. **8** 319, 321; *Sch/Schröder/Heine/Schuster* Rdn. 76.

783 Siehe BGHSt **2** 50, 52; BGHSt **36** 64, 66; BGH GA **1973** 179; RGSt **46** 224, 225; RGSt **66** 298, 313; RGSt **72** 369, 370; Arzt/Weber/Heinrich/Hilgendorf BT § 31 Rdn. 33; *Gössel/Dölling* BT 1 § 52 Rdn. 21; *Puppe/Schumann* NK Rdn. 94; *Wessels/Hettinger/Engländer* BT 1 Rdn. 838.

784 *Erb* MK Rdn. 197; *Sch/Schröder/Heine/Schuster* Rdn. 73; *Hoyer* SK Rdn. 85.

785 *Erb* MK Rdn. 198; *Sch/Schröder/Heine/Schuster* Rdn. 76; *Hoyer* SK Rdn. 87; **anders** RGSt **15** 110, 111 f.; RGSt **69** 228, 230.

786 *Sch/Schröder/Heine/Schuster* Rdn. 76.

787 RGSt **52** 88, 92; RGSt **70** 12, 16 f.; OLG Hamm GA **1973** 184; *Sch/Schröder/Heine/Schuster* Rdn. 76.

788 BGHSt **18** 66, 70 f.; BGH BeckRS **2017** 103450; RGSt **72** 369, 370; BayObLG NJW **1998** 2917; *Sch/Schröder/Heine/Schuster* Rdn. 76; *Hohmann/Sander* BT § 17 Rdn. 45; *Küper/Zopfs* BT Rdn. 560; *Weidemann* BeckOK Rdn. 29.

789 Vgl. RGSt **12** 17, 19; *Gribbohm* LK[11] Rdn. 227; *Maurach/Schroeder/Maiwald* BT 2 § 65 Rdn. 71.

ter die Windschutzscheibe eines Pkws erfüllt die Voraussetzungen des Gebrauchens.[790] Entsprechendes gilt für die Ausstellung eines gefälschten Bildes im Verkaufsraum einer Galerie[791] oder für das Auslegen einer gefälschten Speisekarte.[792]

Andererseits liegt noch kein Gebrauchen vor, falls der Täter einen gefälschten **Führerschein** 189
lediglich bei sich führt.[793] Erst wenn er ihn bei einer eventuellen Kontrolle vorzeigt, ist § 267 Abs. 1 Var. 3 erfüllt. Wer dabei seinen Führerschein auf die die (alte) Klasse 1 „erweitert“, obwohl er nur Inhaber der Fahrerlaubnis der (alten) Klassen 3 und 4 ist, und bei Benutzung eines Fahrzeugs der Klasse 3 den Führerschein einem Beamten vorzeigt, gebraucht die verfälschte Urkunde im Sinne des § 267 Abs. 1 Var. 3,[794] denn der kontrollierende Polizeibeamte erhält die Möglichkeit der Kenntnisnahme der Manipulation.[795]

Nicht ausreichend ist für das Gebrauchen, dass die Urkunde einer Person übergeben wird, 190
die Kenntnis von der Unechtheit oder Verfälschung hat,[796] oder jemandem die Urkunde als unecht vorgelegt wird.[797] Ist jedoch die Urkunde einer gutgläubigen Mittelsperson (Werkzeug) ausgehändigt worden, die getäuscht werden soll, damit es letztlich zur Täuschung eines anderen kommt, genügt für das Gebrauchen bereits die Überlassung an das gutgläubige Werkzeug.[798] So reicht etwa die Übergabe an einen Notar, wenn dieser bereits über die Echtheit der Urkunde getäuscht werden soll, auch wenn es dem Täter letztlich um die Täuschung seines Vertragspartners geht.[799] Ebenso ist § 267 Abs. 1 Var. 3 gegeben, falls jemand einem Rechtsanwalt zur Klageerhebung einen unechten Wechsel aushändigt, wobei der Anwalt bereits getäuscht werden soll.[800] Gleiches gilt bei der Übergabe gefälschter Belege an den gutgläubigen Steuerberater zur Erstellung der Steuererklärung.[801] Erfolgt hingegen die Übergabe, ohne dass der Empfänger getäuscht werden soll, liegt noch kein Gebrauchen vor. Die Aufgabe zur Post reicht folglich nicht zur Vollendung. In diesem Fall liegt erst ein Gebrauchen vor, wenn der Adressat die Möglichkeit der Wahrnehmung der Sendung erhält. Auch die Übergabe an einen (gut- oder bösgläubigen) Boten ist dementsprechend noch kein Gebrauchen.[802]

Das Gebrauchen kann auch im Wege des **Unterlassens** verwirklicht werden,[803] so etwa, wenn 191
ein Garant nicht verhindert, dass ein anderer die unechte oder verfälschte Urkunde einem Täuschungsadressaten zugänglich macht.[804] Wird eine Urkunde etwa staatsanwaltschaftlich beschlagnahmt,[805] kann ebenfalls §§ 267 Abs. 1 Var. 3, 13 in Betracht kommen.

790 OLG Köln NJW **2002** 527; *Matt/Renzikowski/Maier* Rdn. 96.

791 *Löffler* NJW **1993** 1421, 1425. Entgegen *Löffler* a.a.O. genügt indes die bloße Aufnahme des Bildes in einen Verkaufskatalog nicht, da die Urkunde nach zutreffender Auffassung selbst unmittelbar sinnlich wahrnehmbar sein muss; siehe Rdn. 194.

792 RGSt **52** 179, 180.

793 BGH GA **1973** 179; BGH StV **1989** 304; *Fischer* Rdn. 36; *Sch/Schröder/Heine/Schuster* Rdn. 76; *Hoyer* SK Rdn. 85; *Kindhäuser/Schramm* BT I § 55 Rdn. 70; *Matt/Renzikowski/Maier* Rdn. 97; *Maurach/Schroeder/Maiwald* BT 2 § 65 Rdn. 70.

794 BGHSt **33** 105, 110; *Wessels/Hettinger/Engländer* BT 1 Rdn. 837; **anders** OLG Hamm NJW **1976** 2222; siehe bereits Rdn. 164.

795 Siehe auch Rdn. 213.

796 BGHSt **36** 64, 66; siehe auch BGH StV **2008** 188, 189; RGSt **1** 230; RG JW **1922** 586; *Erb* MK Rdn. 196; *Sch/Schröder/Heine/Schuster* Rdn. 78; *Weidemann* BeckOK Rdn. 29.

797 RGSt **28** 130.

798 BGHSt **36** 64, 67; BGH BeckRS **2015** 15694; RGSt **5** 437, 440; *Fischer* Rdn. 38; *Sch/Schröder/Heine/Schuster* Rdn. 78.

799 Siehe BGHSt **36** 64, 67.

800 RGSt **5** 437, 440 f.; siehe auch RGSt **16** 228, 229.

801 Siehe BGH wistra **2015** 476.

802 RG HRR **1940** Nr. 1272; siehe auch RGSt **46** 224, 226 f.; OLG Stuttgart NJW **1989** 2552, 2553; *Erb* MK Rdn. 196; *Hoyer* SK Rdn. 84.

803 BGH WKRS **1957** 12642; *Sch/Schröder/Heine/Schuster* Rdn. 77.

804 Siehe RG JR Rspr. **1925** Nr. 1591.

805 Die Rechtsprechung verneint bei einer Beschlagnahme ein Gebrauchen (durch positives Tun); BGH WKRS **1954** 12130; RGSt **19** 215, 217; RGSt **66** 298, 312.

2. Gebrauchen der Urkunde durch Vorlage einer Fotokopie?

192 Umstritten ist, ob es für das Gebrauchen ausreicht, wenn lediglich eine **mittelbare** Wahrnehmung der unechten oder verfälschten Urkunde durch **Vorlage einer Fotokopie, die als solche erkennbar ist,**[806] erfolgt. Die ständige **Rechtsprechung bejaht** dies und meint, bei der **Vorlage einer Kopie der Urkunde** handele es sich um ein **Gebrauchen des Falsifikats selbst.**[807] Der BGH meint sogar, die Übertragung dieser Urkunden auf elektronischem Weg mittels E-Mail-Anhang[808] sei Gebrauchmachen der unechten Urkunde selbst.[809]

193 Nicht ausreichend ist jedoch auch nach der Rechtsprechung, dass etwa Blätter lose auf dem Kopiergerät zusammengelegt werden, denn dann gibt es beim Gebrauch der Kopie mangels hinreichend fester körperlicher Fixierung der Erklärung **gar keine unechte Urkunde**. Mit anderen Worten muss auch nach der **Rechtsprechung** die **Urschrift Urkundenqualität** haben.[810] Ebenfalls Teile des Schrifttums befürworten die Ansicht der Rechtsprechung.[811] Sie trage dem Strafbedürfnis Rechnung, gewisse Manipulationen mit Fotokopien immerhin zum Teil als Urkundenstraftaten zu erfassen.[812]

194 **Überwiegend** steht jedoch das **Schrifttum** dieser Auffassung **ablehnend** gegenüber.[813] In der Tat missachtet und umgeht die Rechtsprechung mit einem Kunstgriff letztlich den Umstand, dass Fotokopien[814] wie erläutert im Grundsatz nicht als Urkunden anzusehen sind.[815] Der Rechtsverkehr kann und darf sich nicht auf bloße als solche erkennbare Fotokopien verlassen. Nicht nur in der ersten und zweiten Variante des § 267, sondern auch bei der 3. Variante bezieht sich das von § 267 geschützte Vertrauen allein auf das Original.[816] Nur die Urkunde selbst ist verlässliche Grundlage und strafrechtlich geschützt.[817] Ebenso wie der bloße Hinweis auf die Existenz einer

---

806 Erweckt die Fotokopie den Anschein des Originals, ist sie selbst Urkunde (siehe Rdn. 124) und kann natürlich auch gebraucht werden.

807 BGHSt **5** 291, 292 f.; BGHSt **24** 140, 142; BGH NJW **1965** 642, 643; BGH NJW **1978** 2042, 2043; BGH wistra **1993** 341, 342; BGH StV **2001** 624 f.; BGH NJW **2005** 2720, 2722; BGH NJW **2016** 884, 886; BGH NStZ **2019** 675, 676; BGH BeckRS **2020** 26240; RGSt **69** 228, 230 f.; BayObLG NJW **1990** 3221; BayObLG NJW **1991** 2163; OLG Düsseldorf JR **2001** 82 f.; OLG Hamburg NStZ-RR **2013** 110; OLG Köln StV **1987** 297; KG JR **1980** 516, 517.

808 Dieser Anhang ist wie eine Fotokopie zu behandeln; siehe Rdn. 134.

809 BGH JZ **2019** 206, 208 mit kritischer Anmerkung *Krell* JZ **2019** 208; OLG Hamburg NStZ-RR **2013** 110.

810 BGH bei Holtz MDR **1976** 813; BGH wistra **1993** 225; BGH wistra **1993** 341, 342; BGH NStZ **2003** 543, 544; BGH NStZ **2010** 703, 704; BayObLG NJW **1992** 3311, 3312; OLG Düsseldorf NJW **2001** 167. Folglich kommt auch dann etwa § 267 Abs. 1 Var. 3 nicht in Betracht, wenn jemand Fotokopien von Rechnungen verfälscht und davon wieder Kopien anfertigt und letztere vorlegt; BGH wistra **1993** 225.

811 *Gribbohm* LK[11] Rdn. 217, 220; *Kienapfel* NJW **1971** 1781, 1783; *Kindhäuser/Schramm* BT I § 55 Rdn. 44, 69; *Kulhanek* wistra **2021** 220, 221; *Rengier* BT II § 33 Rdn. 62; wohl auch Arzt/Weber/Heinrich/Hilgendorf BT § 31 Rdn. 33.

812 *Rengier* BT II § 33 Rdn. 62.

813 *Bock* BT 1 S. 466; *Erb* MK Rdn. 198 ff.; *ders.* GA **1998** 577, 590 f.; *ders.* JR **2020** 450 ff.; *Grimm* S. 56 ff., 70 f.; *Gustafson* S. 38 ff., 42 f.; *Sch/Schröder/Heine/Schuster* Rdn. 42, 74; *Hohmann/Sander* BT § 17 Rdn. 46; *Hoyer* SK Rdn. 88; *Jescheck* GA **1955** 97, 105; *Joecks/Jäger* Rdn. 96; *Klesczewski* BT § 17 Rdn. 47; *Küpper/Börner* BT 1 § 6 Rdn. 25; *Matt/Renzikowski/Maier* Rdn. 94 f.; *Maurach/Schroeder/Maiwald* BT 2 § 65 Rdn. 69; *Meyer* MDR **1973** 9, 11 f.; *Otto* JuS **1987** 761, 769 f.; *Puppe* Jura **1979** 630, 640 f.; *Wessels/Hettinger/Engländer* BT 1 Rdn. 837 f.; SSW/*Wittig* Rdn. 81; *Wohlers* JR **2001** 83; *Zielinski* CR **1995** 286, 289, 296; sowie BGHSt **20** 17 zu § 281; auch bei § 281 die Vorlage einer Kopie als Gebrauch genügen lassend dagegen der 5. Strafsenat des BGH; BGH NStZ **2019** 675; BGHSt **65** 98, 99 ff.; siehe dazu *Zieschang* LK § 281 Rdn. 18; kritisch zur Rechtsprechung auch *Puppe/Schumann* NK Rdn. 95; siehe zudem zweifelnd an der Rechtsprechung Lackner/Kühl/*Heger* Rdn. 23.

814 Auch bezüglich E-Mail-Anhängen gelten die Grundsätze zur Fotokopie; siehe Rdn. 134.

815 Siehe Rdn. 123, dort ebenfalls zu den hiervon zu machenden Ausnahmen. So hat die Fotokopie insbesondere Urkundenqualität, wenn sie den Anschein der Originalurkunde erweckt. Es ist im Übrigen widersprüchlich, wenn die Rechtsprechung meint, die Vorlage einer Abschrift genüge nicht, BGHSt **2** 50, 53; RGSt **16** 228, 231; RGSt **26** 270, 272; RGSt **46** 224, 225; RGSt **69** 228, 229; RGSt **70** 130, 133, jedoch bei Vorlage einer Kopie den Gebrauch des Originals annimmt.

816 *Hohmann/Sander* BT § 17 Rdn. 46; *Zieschang* AD LEGENDUM **2020** 73, 79.

817 *Hoyer* SK Rdn. 87.

Urkunde ohne tatsächliche Wahrnehmungsmöglichkeit nicht genügt,[818] reicht folglich die Vorlage der Fotokopie nicht aus.[819] Ein etwaiges Strafbarkeitsbedürfnis ändert daran nichts. Daher ist in der Konsequenz im **Gebrauchen der Fotokopie kein Gebrauchen des Originals** zu sehen. Es bedarf vielmehr der unmittelbaren sinnlichen Wahrnehmung der unechten oder verfälschten Urkunde selbst. Folglich genügt es zum Gebrauchen ebenfalls nicht, dass die Urkunde lediglich an eine Leinwand projiziert[820] oder nur eine Abschrift vorgelegt wird.

VIII. Subjektiver Tatbestand des § 267 Abs. 1

Der subjektive Tatbestand des § 267 enthält zwei Voraussetzungen. Zum einen muss der Täter **Vorsatz** aufweisen (§ 15), zum anderen ist mit § 267 als besonderes subjektives Merkmal die **Täuschungsabsicht** verbunden. 195

1. Der Vorsatz

Im Hinblick auf sämtliche objektiven Tatbestandsmerkmale des § 267 genügt jede Vorsatzform, also auch **dolus eventualis**.[821] Das gilt auch in Bezug auf die Unechtheit oder Verfälschtheit der Urkunde. Andererseits wird man beim Gebrauchen einer unechten Urkunde nicht schon dann dolus eventualis annehmen können, wenn der Täter bloß an der Echtheit der Urkunde zweifelt. So handelt ein Verteidiger, der Urkunden, die ihm sein Mandant zur Verfügung gestellt hat, dem Gericht vorlegt, selbst wenn er Zweifel an deren Echtheit hat,[822] nicht mit dolus eventualis, wenn er auf die Echtheit vertraut.[823] Hat der Täter hingegen beim Handeln unter fremdem Namen Zweifel, ob sich sein Handeln noch innerhalb der Ermächtigung hält, und findet er sich nun damit ab, dass dies eventuell nicht der Fall ist, liegt dolus eventualis vor.[824] 196

Der Vorsatz muss neben der Tathandlung **sämtliche Merkmale** umfassen, **welche die Urkundeneigenschaft begründen**.[825] Da es sich bei dem Begriff der „Urkunde" und auch bei der „Unechtheit" und dem „Verfälschen" um normative, wertausfüllungsbedürftige Merkmale handelt,[826] bedarf es im Einzelfall gegebenenfalls einer vertieften Auseinandersetzung mit der 197

818 BGHSt **36** 64, 65.

819 Ist die Fotokopie beglaubigt, gilt Folgendes: Ist der Beglaubigungsvermerk echt, liegt in der Vorlage der beglaubigten Fotokopie einer unechten Urkunde kein Gebrauch dieser unechten Urkunde (anders von dem abzulehnenden Ausgangspunkt der Rechtsprechung BGH StV **2001** 624, 625). Die beglaubigte Fotokopie selbst ist eine echte Urkunde. Ist der Beglaubigungsvermerk gefälscht, liegt in der Vorlage ein Gebrauchen einer unechten Urkunde, denn Beglaubigungsvermerk und Fotokopie bilden dann eine unechte zusammengesetzte Urkunde; vgl. auch BGHSt **1** 117, 120.

820 *Hoyer* SK Rdn. 87; anders eben die Rechtsprechung, RGSt **69** 228, 230 f.

821 BGHSt **38** 345, 348; BGH NStZ **1999** 619, 620; OLG Bamberg BeckRS **2013** 01135; OLG Düsseldorf NJW **2001** 167, 168; OLG München NStZ-RR **2010** 173, 174; Arzt/Weber/Heinrich/Hilgendorf BT § 31 Rdn. 38; *Brehmeier-Metz* AK Rdn. 27; *Eisele* BT I Rdn. 839; *Erb* MK Rdn. 201; *Fischer* Rdn. 41; *Sch/Schröder/Heine/Schuster* Rdn. 83; *Hoyer* SK Rdn. 89; *Joecks/Jäger* Rdn. 97; *Kindhäuser/Schramm* BT I § 55 Rdn. 71; *Klesczewski* BT § 17 Rdn. 49; *Koch* HK-GS Rdn. 23; Lackner/Kühl/*Heger* Rdn. 24; *Otto* BT § 70 Rdn. 52; *Puppe/Schumann* NK Rdn. 97; *Rengier* BT II § 33 Rdn. 67; *Weidemann* BeckOK Rdn. 30; SSW/*Wittig* Rdn. 82.

822 Siehe BGHSt **38** 345, 349 f.; dazu *Beulke* JR **1994** 116; *Fahl* JA **2004** 624; *Otto* JZ **2001** 436, 437 f.; *Puppe* JZ **1997** 490, 493 f.; *Scheffler* StV **1993** 470; *Wohlers* StV **2001** 420, 421 f.; siehe dazu auch Rdn. 210, 223 f.

823 Im Übrigen fehlt die Täuschungsabsicht, die nach zutreffender Auffassung (Rdn. 204 ff.) zumindest dolus directus 2. Grades verlangt; siehe auch Rdn. 210, 223 f.

824 Vgl. auch *Puppe/Schumann* NK Rdn. 97.

825 BGH NStZ **1999** 619 f.; *Erb* MK Rdn. 201; *Hohmann/Sander* BT § 17 Rdn. 47; *Otto* BT § 70 Rdn. 52; *Wessels/Hettinger/Engländer* BT 1 Rdn. 822.

826 Siehe BGH BeckRS **2020** 36546; Arzt/Weber/Heinrich/Hilgendorf BT § 31 Rdn. 37; *Sch/Schröder/Heine/Schuster* Rdn. 83; *Joecks/Jäger* Rdn. 97; *Zieschang* AT Rdn. 116 f.; **anders** *Puppe/Schumann* NK Rdn. 98.

Frage, ob der Täter tatsächlich Vorsatz bezüglich dieser Erfordernisse hatte. So ist dem juristischen Laien die Definition der Urkunde im Sinne des § 267 regelmäßig nicht geläufig. Er wird nicht ohne Weiteres davon ausgehen, dass eine (zusammengesetzte) Urkunde vorliegt, wenn etwa ein Preisetikett mit einer Ware (zum Beispiel einem Hemd) hinreichend fest verbunden ist. Andererseits muss der Täter zur Bejahung des Vorsatzes die exakte strafrechtliche Definition auch gar nicht kennen. Vielmehr reicht es aus, wenn er den **Bedeutungsgehalt des Merkmals nach Laienart zutreffend erfasst**.[827] Diese **Parallelwertung in der Laiensphäre** genügt.[828] Weiß also der Täter, um das Beispiel des Hemdes mit Preisetikett aufzunehmen, dass dadurch erklärt wird, welchen Verkaufspreis das Hemd hat, hat er Vorsatz bezüglich der verkörperten Gedankenerklärung. Ist er sich darüber im Klaren, dass das Preisetikett dazu geeignet und bestimmt ist, den konkreten Preis des Hemdes (an der Kasse) festzustellen, ist dies ebenfalls im Hinblick auf die Erfordernisse der Beweiseignung und -bestimmung der Fall. Ist der Täter sich schließlich auch darüber bewusst, dass der Warenhausbetreiber diesen Preis festgelegt hat (Erkennbarkeit des Ausstellers), dann hat er in der Laiensphäre sämtliche Elemente zutreffend erfasst und handelt bezüglich des Merkmals „Urkunde" vorsätzlich.

198 Nimmt ein Täter irrtümlich Tatsachen an, unter deren Zugrundelegung keine Urkunde vorliegt, handelt er ohne Vorsatz.[829] Ebenso fehlt der Vorsatz, falls ein Täter irrtümlich davon ausgeht, beim Handeln unter fremdem Namen sei die Vertretung zulässig.[830]

199 Erkennt der Täter zutreffend die Tatsachen, zieht daraus jedoch falsche rechtliche Schlussfolgerungen, indem er irrtümlich meint, es liege eine Urkunde vor, handelt es sich um ein strafloses Wahndelikt.[831] Wenn also jemand bei zutreffender Tatsachenkenntnis rechtsirrig meint, bei einem Entwurf oder einer Kopie, die als solche erkennbar ist, handele es sich um eine Urkunde, liegt ein strafloses Wahndelikt vor.

200 Ist der Täter umgekehrt bei zutreffender Tatsachenkenntnis rechtsirrig der Auffassung, es liege keine Urkunde vor, handelt es sich um einen Subsumtionsirrtum, der den Vorsatz unberührt lässt. Es kommt aber im Einzelfall ein Verbotsirrtum in Betracht, sofern die Einsicht fehlt, Unrecht zu tun.[832] Nimmt dagegen der Täter in tatsächlicher Hinsicht irrtümlich Umstände an, bei deren Vorliegen der Tatbestand erfüllt wäre, geht es um einen untauglichen Versuch.

2. Täuschungsabsicht

201 Wenn das Gesetz davon spricht, dass der Täter „zur Täuschung im Rechtsverkehr" handelt, dann ist damit nichts anderes gemeint, als dass er neben dem Vorsatz ein besonderes subjektives Merkmal aufweisen muss, nämlich die **Täuschungsabsicht**. Sie wird in Bezug auf alle drei Varianten des § 267 zusätzlich zum Vorsatz verlangt. Da es sich um eine „überschießende

---

827 Siehe BayObLG NJW **1998** 2917; *Weidemann* BeckOK Rdn. 30; *Zieschang* AT Rdn. 118; vgl. auch *Erb* MK Rdn. 201; kritisch *Koch* HK-GS Rdn. 23.

828 OLG Düsseldorf NJW **2001** 167, 168; Arzt/Weber/Heinrich/Hilgendorf BT § 31 Rdn. 37; *Brehmeier-Metz* AK Rdn. 27; *Eiden* Jura **2013** 288, 291; *Sch/Schröder/Heine/Schuster* Rdn. 83; *Hoyer* SK Rdn. 89; *Joecks/Jäger* Rdn. 97; *Klesczewski* BT § 17 Rdn. 49; *Krey/Hellmann/Heinrich* BT 1 Rdn. 1179; *Rönnau* JuS **2004** 667, 668 f.; SSW/*Wittig* Rdn. 82; *Zieschang* AT Rdn. 118; **kritisch** *Puppe* NStZ **2001** 482, 484 f.; vgl. im Übrigen auch *Bettendorf* S. 286 ff., 292 f.

829 Siehe BGH WKRS **1961** 11450.

830 OLG Hamm NJW **1957** 638, 639; vgl. auch RGSt **51** 30, 31; BayObLG NZV **1991** 481; *Maurach/Schroeder/Maiwald* BT 2 § 65 Rdn. 72; *Puppe/Schumann* NK Rdn. 98; SSW/*Wittig* Rdn. 82.

831 Siehe BGHSt **13** 235, 240 f.; RGSt **66** 124, 126; BayObLG BeckRS **2020** 257; *Böse* NStZ **2005** 370; *Erb* NStZ **2001** 317, 318; *Sch/Schröder/Heine/Schuster* Rdn. 83; *Joecks/Jäger* Rdn. 97; *Krey/Hellmann/Heinrich* BT 1 Rdn. 1180; *Kudlich* JA **2020** 470, 472; Lackner/Kühl/*Heger* Rdn. 24; *Puppe* NStZ **2001** 482, 483; *Puppe/Schumann* NK Rdn. 98; *Sättele* StV **2001** 238, 240; *Satzger* Jura **2012** 106, 112; *Streng* GA **2009** 529, 531 f.; *Weidemann* BeckOK Rdn. 33; SSW/*Wittig* Rdn. 82; **unzutreffend** OLG Düsseldorf NJW **2001** 167, 168; *Mitsch* NStZ **1994** 88.

832 *Zieschang* AT Rdn. 118. Zur Frage der Vermeidbarkeit eines etwaigen Verbotsirrtums siehe OLG München BeckRS **2010** 37619.

Innentendenz" handelt,[833] die kein Pendant in objektiver Hinsicht hat, muss der Täter zwar aus diesem Grunde heraus handeln, also in seinem Opfer die Fehlvorstellung hervorrufen wollen, die Urkunde sei echt oder unverfälscht, objektiv ist aber nicht erforderlich, dass tatsächlich eine andere Person getäuscht und damit ein Irrtum erregt wird und ein rechtserhebliches Verhalten erfolgt.[834] Vielmehr muss sich allein die Vorstellung des Täters darauf richten, dass durch den Gebrauch der Urkunde bei einem anderen ein **Irrtum** über die **Echtheit** oder **Unverfälschtheit** herbeigeführt und dieser dadurch zu einem **rechtserheblichen Verhalten** veranlasst werden soll.[835]

a) Täuschung. Notwendig ist, dass die Täuschungsabsicht im Zeitpunkt der Tathandlung vorliegt.[836] Da lediglich über die **Echtheit** oder **Unverfälschtheit**, nicht aber über die Wahrheit getäuscht werden soll, ist die Täuschungsabsicht nicht dadurch ausgeschlossen, dass die Urkunde inhaltlich zur Wahrheit hin geändert wird.[837] In diesem Zusammenhang ist auch zu beachten, dass der intendierte Täuschungserfolg an sich nicht rechtswidrig sein muss.[838] Da der Begriff „Täuschung" verwendet wird, weist das besondere subjektive Merkmal einen personalen Bezug auf. Hat die unechte oder verfälschte Urkunde ausschließlich für einen Datenverarbeitungsvorgang ohne menschliche Kontrolle Relevanz, fehlt die Absicht zur Täuschung, jedoch greift dann die Gleichstellungsklausel des § 270.[839] 202

Nicht unbedingt erforderlich ist im Übrigen, dass derjenige getäuscht werden soll, der an dem Rechtsverhältnis beteiligt ist, zu dessen Zweck die Urkunde ursprünglich hergestellt worden war.[840] Sie kann auch zu ganz anderen Zwecken eingesetzt werden. Ebenfalls genügt, dass nicht der Täter selbst, sondern ein Dritter die Urkunde zu Täuschungszwecken benutzen soll.[841] Wenn also jemand für einen anderen eine unechte Urkunde herstellt, der damit im Rechtsverkehr täuschen will, handelt (auch) der Hersteller der Urkunde mit Täuschungsabsicht. Auch muss sich der Täter beim Fälschen nicht vorgestellt haben, dass eine ganz bestimmte Person getäuscht wird.[842] Es genügt, irgendjemanden irreführen zu wollen und zu einem rechtserheblichen Verhalten zu veranlassen.[843] Andererseits fehlt die Täuschungsabsicht, wenn die Urkunde einem in die Umstände eingeweihten verdeckten Ermittler übergeben wird.[844] 203

---

833 *Erb* MK Rdn. 202; *Hoyer* SK Rdn. 90; *Klesczewski* BT § 17 Rdn. 50; siehe zu diesem Begriff *Zieschang* AT Rdn. 176. Eine objektive Dimension annehmend *Freund* JuS **1994** 125, 126 f., was jedoch weder mit dem Wortlaut des § 267 noch mit der Gesetzeshistorie vereinbar ist; siehe zudem die Kritik an dem Ansatz von *Freund* bei *Erb* GA **1999** 344, 345.

834 Siehe *Sch/Schröder/Heine/Schuster* Rdn. 86; *Rengier* BT II § 33 Rdn. 68.

835 Siehe BGHSt **5** 149, 150 f.; BGHSt **33** 105, 109; *Fischer* Rdn. 42; *Sch/Schröder/Heine/Schuster* Rdn. 85, 90; *Joecks/Jäger* Rdn. 98; *Kindhäuser/Schramm* BT I § 55 Rdn. 71; *Krey/Hellmann/Heinrich* BT 1 Rdn. 1124; Lackner/Kühl/*Heger* Rdn. 25; *Matt/Renzikowski/Maier* Rdn. 99; *Otto* BT § 70 Rdn. 53; *Wessels/Hettinger/Engländer* BT 1 Rdn. 822; *Zieschang* AD LEGENDUM **2020** 73, 79. Der letztgenannte Aspekt (Veranlassung zu einem rechtserheblichen Verhalten) betrifft die Täuschung „im Rechtsverkehr"; dazu Rdn. 211 ff.

836 Lackner/Kühl/*Heger* Rdn. 25.

837 Siehe RGSt **47** 199; RGSt **60** 187, 188; RG LZ **1918** 779; RG DStrZ **1921** 246, 247; *Erb* MK Rdn. 204; *Hoyer* SK Rdn. 94; *Krack* JR **1998** 479, 480; Lackner/Kühl/*Heger* Rdn. 25; *Otto* JuS **1987** 761, 770; *Puppe/Schumann* NK Rdn. 99; **anders** OLG Düsseldorf NJW **1998** 692.

838 RGSt **60** 187, 188; BayObLG MDR **1958** 264; *Gribbohm* LK[11] Rdn. 270; *Sch/Schröder/Heine/Schuster* Rdn. 87b; *Koch* HK-GS Rdn. 24.

839 Siehe *Zieschang* LK § 270 Entstehungsgeschichte.

840 RGSt **3** 337, 341; BayObLG NStZ-RR **2002** 305; *Erb* MK Rdn. 207; *Kindhäuser/Schramm* BT I § 55 Rdn. 72; *Kindhäuser/Hilgendorf* LPK Rdn. 56; *Küper/Zopfs* BT Rdn. 501.

841 OLG Stuttgart NJW **1978** 715, 716; *Brehmeier-Metz* AK Rdn. 28; *Erb* MK Rdn. 203; *Sch/Schröder/Heine/Schuster* Rdn. 92; *Maurach/Schroeder/Maiwald* BT 2 § 65 Rdn. 73.

842 BGHSt **5** 149 f.; RGSt **75** 19, 25.

843 BGHSt **5** 149, 151 f.; *Gribbohm* LK[11] Rdn. 259; *Matt/Renzikowski/Maier* Rdn. 100.

844 BGH StV **2008** 188, 189.

204 Umstritten ist, welche **Vorsatzform** das Merkmal „zur Täuschung im Rechtsverkehr“ fordert. Vereinzelt wird dolus directus 1. Grades verlangt,[845] die Rechtsprechung und überwiegende Ansicht im Schrifttum lassen dagegen dolus directus 2. Grades genügen.[846] Mitunter erachten einzelne Stimmen im Schrifttum schon dolus eventualis für ausreichend.[847]

205 Insofern gibt der **Wortlaut** der Norm („zur Täuschung“) keine sicheren Anhaltspunkte.[848] Die Wendung „zur Täuschung“ lässt zwar die subjektive Ausgestaltung erkennen, verbietet es aber nicht, darunter das gesamte Vorsatzspektrum zu fassen. Immerhin kann man feststellen, dass anders als in sonstigen Vorschriften[849] zumindest der Begriff „Absicht“ nicht benutzt wird. Aber auch das besagt nicht viel, denn "Absicht“ heißt nicht zwingend, dass darunter nur dolus directus 1. Grades fällt.[850] In **systematischer** Hinsicht ist festzustellen, dass § 316a vergleichbar wie § 267 Abs. 1 formuliert ist. Dort verlangt man hinsichtlich des besonderen subjektiven Merkmals dolus directus 1. Grades.[851] Selbst daraus kann man indes keine sicheren Rückschlüsse ziehen, denn dort zielt die Absicht anders als bei § 267 auf die Begehung von Vermögensstraftaten. Hinzu kommt, dass es ohnehin jeweils von dem **konkret in Rede stehenden Delikt** abhängt, wie das besondere subjektive Merkmal auszufüllen ist.[852] Allgemeingültige Aussagen gibt es insofern nicht.

206 Was die **Entstehungsgeschichte** anbetrifft, wies § 267 a.F. ursprünglich bis 1943 die Formulierungen auf „Wer in rechtswidriger Absicht ...“ sowie „zum Zwecke einer Täuschung“.[853] Dabei war das Verhältnis beider Formulierungen zueinander wenig klar. Das Reichsgericht hatte sich zudem nicht immer eindeutig dazu geäußert, welche Vorsatzform mit der rechtswidrigen Absicht verbunden war.[854] Die Tendenz ging aber wohl in Richtung dolus directus 1. Grades.[855] In der Literatur wurde teilweise Absicht im Sinne von dolus directus 1. Grades verlangt,[856] andere verstanden unter „rechtswidriger Absicht“ lediglich das Wollen und Wissen aller Deliktsmerkmale, also den Vorsatz.[857]

---

845 So ursprünglich BayObLG NJW **1967** 1476, 1477; aus dem Schrifttum *Klesczewski* BT § 17 Rdn. 51; *Vormbaum* GA **2011** 167 ff. (zumindest für das Herstellen und Verfälschen); siehe auch *Hoyer* SK Rdn. 91 f.: Bezüglich der Täuschungskomponente dolus directus 1. Grades, bezüglich des rechtserheblichen Verhaltens dolus eventualis; ebenso *Koch* HK-GS Rdn. 24.

846 BGH NStZ **1999** 619, 620; BayObLG NJW **1998** 2917 (unter Aufgabe von BayObLG NJW **1967** 1476); OLG Bamberg BeckRS **2013** 01135; OLG Karlsruhe Justiz **2003** 270, 272; OLG München NStZ-RR **2010** 173, 174; OLG Saarbrücken NJW **1975** 658, 659; *Cramer* JZ **1968** 30, 33; *Dzatkowski* JA **2019** 36, 37; *Eiden* Jura **2013** 288, 291; *Gehrig* S. 79 ff., 92; *Gössel/Dölling* BT 1 § 52 Rdn. 24; *Hohmann/Sander* BT § 17 Rdn. 47; *Kindhäuser/Schramm* BT I § 55 Rdn. 71; *Küpper/Börner* BT 1 § 6 Rdn. 48; Lackner/Kühl/*Heger* Rdn. 25; *Lenckner* NJW **1967** 1890, 1894; *Matt/Renzikowski/Maier* Rdn. 103; *Otto* BT § 70 Rdn. 54; *Weidemann* BeckOK Rdn. 31; *Zieschang* FS Sieber 357, 368 f.

847 *Erb* MK Rdn. 209; *ders.* GA **1999** 344, 345 f.; *Sch/Schröder/Heine/Schuster* Rdn. 91; *Herzberg* ZStW **88** (1976) 68, 95 f.; *Neuhaus* GA **1994** 224, 233; *Puppe* JZ **2022** 454, 456 f.; *Puppe/Schumann* NK Rdn. 103 f.; vgl. auch *Freund* Urkundenstraftaten Rdn. 212 ff., 216 ff.

848 Ebenso *Erb* MK Rdn. 209; anders *Geppert* JK **99** StGB § 267/25; *Hoyer* SK Rdn. 91.

849 Siehe etwa §§ 242, 257.

850 So wird bekanntlich beim Diebstahl bezüglich der Aneignungskomponente zwar dolus directus 1. Grades verlangt, hingegen genügt für die Enteignungskomponente bereits dolus eventualis.

851 BGHSt **10** 320, 322; BGH NStZ **1997** 236, 237; *Sch/Schröder/Hecker* § 316a Rdn. 16; *Zieschang* NK § 316a Rdn. 47.

852 Siehe *Zieschang* AT Rdn. 177; *ders.* GS Blumenwitz 313, 328.

853 Siehe Entstehungsgeschichte.

854 Nicht hinreichend klar etwa RGSt **1** 293, 294; RGSt **3** 337, 339; RGSt **8** 92, 94; RGSt **47** 87, 90; siehe zur Rechtsprechung des RG auch *Gehrig* S. 82 f.

855 Siehe RGSt **47** 199; RGSt **50** 420, 422; RGSt **53** 157; RGSt **64** 95, 96; RGM LZ **1915** 640; siehe auch zu § 268 a.F. RStGB RGSt **59** 13, 18: Die Verschaffung des Vermögensvorteils müsse Beweggrund für das Handeln des Täters sein.

856 *Frank* StGB § 267 VI 3; *v. Hippel* Lehrbuch § 85 I 6 d; *Schwarz* StGB § 267 5 C; siehe auch *Gerland* Reichsstrafrecht S. 438 f.

857 Siehe *Binding* Normen I S. 215 ff. sowie S. 215 Fn. 15; *ders.* Lehrbuch BT Bd. 2 § 160 V; *Oetker* FS Binding 60, 74; differenzierend *v. Liszt/Schmidt* Lehrbuch § 161 II: Beim Fälschen müsse die Absicht Beweggrund sein, beim Gebrauchen hingegen gehe es lediglich um das Bewusstsein, dass man von der Urkunde zum Zwecke der Täuschung Gebrauch mache.

Ab 1943 erhielt die Vorschrift die heutige Formulierung „Wer zur Täuschung …". Dabei enthalten die Gesetzesmaterialien keine eindeutige Aussage zu der Frage, welche Vorsatzform damit gemeint ist. Immerhin lässt sich feststellen: Das seit 1943 einaktige Delikt des § 267, wonach Herstellung, Verfälschung oder Gebrauchen zur Tatbestandsverwirklichung jeweils als solche schon genügen, sollte **gerade durch das Erfordernis der Täuschungsabsicht** neben dem Vorsatz wiederum eine gewisse **Einschränkung** erfahren.[858] Dem widerspricht es, für dieses Merkmal schon dolus eventualis genügen zu lassen.[859] 207

Auf der anderen Seite sprechen gegen eine Begrenzung allein auf dolus directus 1. Grades **Sinn und Zweck** des § 267, der den Beweisverkehr mit Urkunden schützen soll. Wenn nämlich der Täter im Sinne von dolus directus 2. Grades sicher weiß, dass sein Verhalten zur Störung des Beweisverkehrs mit Urkunden im Rechtsverkehr führt, erscheint der Schutz des Rechtsverkehrs ebenso erforderlich wie in dem Fall, dass der Täter die Täuschung erstrebt.[860] Das spricht dafür, für die Täuschungsabsicht **nicht notwendig dolus directus 1. Grades** zu verlangen, sondern auch den **dolus directus 2. Grades einzubeziehen.** 208

Die Vorsatzform des dolus eventualis genügen zu lassen, erscheint indes nicht überzeugend. Wenn zugunsten der Erweiterung auf dolus eventualis angeführt wird, der professionelle Fälscher könne so zuverlässig erfasst werden, da er weder dolus directus 1. noch 2. Grades aufweisen müsse,[861] ist zu entgegnen, dass ein professioneller Fälscher regelmäßig unechte Urkunden als Auftragsarbeit für Kunden anfertigt, welche diese Urkunden ja gerade benutzen wollen, sodass im Normalfall beim Fälscher dolus directus 2. Grades gegeben sein wird.[862] Abgesehen davon kann eine Strafbarkeit des professionellen Fälschers insbesondere nach den §§ 273, 274 sowie §§ 275, 276 – auch in Verbindung mit § 276a – in Betracht kommen.[863] 209

Hinzu kommt, dass § 267 wie erläutert ein abstraktes Gefährlichkeitsdelikt darstellt, wobei die Probleme dieser Deliktsstruktur wohlbekannt sind. Dann ist aber zumindest zur gebotenen Einschränkung in subjektiver Hinsicht bei der Täuschungsabsicht dolus directus 1. oder 2. Grades zu verlangen, sodass dolus eventualis nicht ausreicht. Der Täter muss also die Täuschung im Rechtsverkehr erstreben oder als sichere Folge seines Handelns voraussehen.[864] So kann etwa auch eine Strafbarkeit des Verteidigers gemäß § 267, der dem Gericht Urkunden seines Mandanten vorlegt, an deren Echtheit er Zweifel hat, wobei er sich mit der Unechtheit abfindet, mangels Täuschungsabsicht, die zumindest sicheres Wissen verlangt, ausgeschieden werden, denn diese Gewissheit hat der Verteidiger dann nicht.[865] 210

b) Im Rechtsverkehr. Nach der Vorstellung des Täters soll der Täuschungsadressat aufgrund des Irrtums über die Unechtheit oder Unverfälschtheit der Urkunde **zu einem rechtserheblichen Verhalten veranlasst** werden.[866] Dieses kann in einem **positiven Tun** oder auch in einem **Unterlassen** bestehen,[867] so etwa, wenn mit dem Falsifikat eine Strafverfolgung verhindert werden soll.[868] Der Tä- 211

858 Siehe Entstehungsgeschichte sowie Begründung zum E 1936, S. 238; Vorentwurf zu einem deutschen Strafgesetzbuch, Begründung, Besonderer Teil, 1909, S. 790 f.; vgl. auch *Vormbaum* GA **2011** 167, 172 f.

859 *Zieschang* AD LEGENDUM **2020** 73, 79; *ders.* FS Sieber 357, 368.

860 *Zieschang* AD LEGENDUM **2020** 73, 79.

861 Siehe etwa *Erb* MK Rdn. 209; *Freund* Urkundenstraftaten Rdn. 216 f.; *Sch/Schröder/Heine/Schuster* Rdn. 91; *Puppe/Schumann* NK Rdn. 104.

862 *Zieschang* FS Sieber 357, 368 f.

863 Zudem ist die mögliche Teilnahmestrafbarkeit an den Taten des Auftraggebers zu beachten.

864 BayObLG NJW **1998** 2917; *Hohmann/Sander* BT § 17 Rdn. 47.

865 Siehe zu dieser Konstellation Rdn. 196 sowie Rdn. 223 f.

866 Siehe BGHSt **5** 149 f.; BGHSt **33** 105, 109; *Hohmann/Sander* BT § 17 Rdn. 48; *Hoyer* SK Rdn. 95; *Puppe/Schumann* NK Rdn. 100; *Seier* JA **1979** 133; *Weidemann* BeckOK Rdn. 31.

867 BGH NJW **1953** 955; BGH bei Dallinger MDR **1975** 541, 543 f.; BGHSt **33** 105, 109; RG JW **1935** 3389, 3390; *Kindhäuser/Schramm* BT I § 55 Rdn. 72.

868 BGH NJW **1953** 955.

ter will also mit der unechten oder verfälschten Urkunde irgendwie auf das Rechtsleben einwirken,[869] wenn das auch **nicht der einzige Zweck** sein muss.[870] Zudem muss die Täuschungsabsicht **nicht das dominierende Motiv** sein.[871]

212 Die Täuschungsabsicht ist demnach etwa zu bejahen beim Austauschen von Kfz-Kennzeichen, selbst wenn dies primär zum Scherz oder aus Imponiergehabe erfolgt, denn der Täter weiß sicher, dass er die Identifizierungsmöglichkeiten des Fahrzeugs beeinträchtigt.[872] Es kann daher nicht überzeugen, wenn das OLG München meint, beim Überkleben des blauen Euro-Feldes (Sternenkranz mit Erkennungsbuchstaben D) am Kennzeichen mit einem Reichsadler (Preußenadler) fehle die Täuschungsabsicht im Rechtsverkehr, da der Betreffende lediglich seine Missbilligung der EU zum Ausdruck bringen wollte.[873] Auch in diesem Fall weiß nämlich der Täter, dass er die Identifizierung des Fahrzeugs aus einem Mitgliedstaat der EU herrührend beeinträchtigt.[874]

213 Gibt jemand beim Standesamt eine Urkunde mit gefälschtem Geburtsdatum ab, liegt die Täuschungsabsicht vor, auch wenn es dem Täter primär darum geht, gegenüber dem Partner jünger zu wirken.[875] Ebenfalls beim Übermalen der Farbe der Prüfplakette, um einen späteren Termin der Hauptuntersuchung vorzutäuschen, ist das besondere subjektive Merkmal gegeben.[876] Es liegt vor bei Bestellungen unter falschem Namen.[877] Auch wenn ein 15-Jähriger das Geburtsdatum in einer Zeitkarte der Verkehrsbetriebe ändert, um den Zutritt zu Diskotheken ohne Begleitung Erziehungsberechtigter ab 16 Jahren zu erreichen, erfolgt im Hinblick auf §§ 5 Abs. 1, 28 Abs. 1 Nr. 6 JuSchG ein Handeln zur Täuschung im Rechtsverkehr.[878] Das ist ebenfalls anzunehmen, wenn eine gefälschte Quittung vorgelegt wird, um das angebliche Eigentum an einem Buch nachzuweisen.[879] Die Täuschungsabsicht ist zu bejahen, falls eine Frau ein gefälschtes Schwangerschaftsattest vorlegt, um einen Mann zur Ehe zu bewegen.[880] Auch wenn jemand die (alte) Fahrerlaubnisklasse 1 in seinem Führerschein hinzumanipuliert, obwohl er nur Inhaber der (alten) Klassen 3 und 4 ist, und kontrolliert wird, als er ein Fahrzeug der Klasse 3 führt, besitzt er Täuschungsabsicht,[881] denn er hat es in diesem Fall nicht in der Hand, die Prüfung des Führerscheins durch den Beamten bloß auf den unverfälschten Teil zu beschränken; vielmehr wird der Führerschein von dem Beamten vollständig und damit in seiner Gesamtheit geprüft.[882]

---

869 BGHSt **33** 105, 109; *Sch/Schröder/Heine/Schuster* Rdn. 87b; *Rengier* BT II § 33 Rdn. 69. Siehe zu Beispielen aus der Rechtsprechung auch *Gribbohm* LK[11] Rdn. 263.

870 BGH LM § 267 Nr. 18.

871 *Zieschang* FS Sieber 357, 369.

872 BayObLG NJW **1998** 2917 f.; *Eisele* BT I Rdn. 840; *Geppert* JK **99** StGB § 267/25; *Koch* HK-GS Rdn. 24; Lackner/Kühl/*Heger* Rdn. 25; *Rengier* BT II § 33 Rdn. 70; SSW/*Wittig* Rdn. 85.

873 OLG München BeckRS **2019** 4553.

874 Siehe dazu im Einzelnen *Zieschang* FS Sieber 357, 369 f. Bei einem auf den ersten Blick erkennbaren Falsifikat fehlt hingegen objektiv die Beweiseignung; siehe dazu Rdn. 56.

875 *Sch/Schröder/Heine/Schuster* Rdn. 93; siehe auch RG Rspr. **4** 466.

876 AG Waldbröl NJW **2005** 2870, 2872.

877 BayObLG NJW **1994** 208; siehe auch BGHSt **40** 203.

878 BayObLG NStZ-RR **2002** 305, 306; *Kindhäuser/Schramm* BT I § 55 Rdn. 72; Lackner/Kühl/*Heger* Rdn. 25; *Rengier* BT II § 33 Rdn. 70; *Weidemann* BeckOK Rdn. 31; SSW/*Wittig* Rdn. 85; siehe weiterhin BGH WKRS **1952** 11762 (Besuch einer Spielbank mit verfälschter Kennkarte); BayObLG MDR **1980** 951; **kritisch** *Erb* MK Rdn. 186, 207; *Stein* JR **2002** 39.

879 LG Bonn BeckRS **2007** 1510.

880 *Sch/Schröder/Heine/Schuster* Rdn. 87b.

881 BGHSt **33** 105, 109 f.; OLG Düsseldorf VRS **66** 448; *Erb* MK Rdn. 204; *Fischer* Rdn. 44; *Meyer* MDR **1977** 444, 446; *Otto* JuS **1987** 761, 770; *Puppe/Schumann* NK Rdn. 100; *Rengier* BT II § 33 Rdn. 70; *Weber* Jura **1982** 66, 76 f.; SSW/*Wittig* Rdn. 85; **anders** BayObLG MDR **1958** 264 (Reisepass); OLG Hamm JMBlNRW **1956** 45 f.; OLG Hamm NJW **1976** 2222; *Sch/Schröder/Heine/Schuster* Rdn. 88; *Hoyer* SK Rdn. 96; *Kühl* JR **1986** 297, 299; Lackner/Kühl/*Heger* Rdn. 25; *Maurach/Schroeder/Maiwald* BT 2 § 65 Rdn. 75; *Sonnen* JA **1981** 309, 310; siehe auch OLG Köln NJW **1981** 64, 65; *Puppe* JZ **1986** 938, 947 f.: § 267 wird beim Verfälschen der eingetragenen Klasse bejaht, nicht aber beim Hinzufügen einer weiteren Klasse.

882 Siehe auch Rdn. 164, 189.

Die Absicht zur Täuschung soll fehlen, wenn allein zwischenmenschliche Beziehungen betroffen sind,[883] indem etwa Angehörige lediglich beruhigt werden sollen[884] oder jemand gegenüber dem Partner einer Liebesbeziehung jünger erscheinen will.[885] Nicht überzeugend erscheint es jedoch, wenn das BayObLG meint, die Täuschungsabsicht sei nicht ohne weiteres zu bejahen, wenn jemand auf eingereichten Schecks entsprechend einer innerdienstlichen Anordnung unterschreibt, dabei jedoch den Namen eines Kollegen benutzt, was zur Verdeckung der Täterschaft dienen soll.[886] Insofern steht nämlich durchaus ein rechtserhebliches Verhalten im Raum, selbst, wenn es um innerdienstliche Anordnungen geht, man denke nur an die eventuelle Geltendmachung von Schadensersatzansprüchen, an arbeitsrechtliche Konsequenzen oder an die Strafverfolgung.[887] Wer nämlich mit der Vorstellung agiert, die Polizei bei der Strafverfolgung fehlzuleiten, handelt zur Täuschung im Rechtsverkehr.[888] Das ist im Übrigen auch der Fall, wenn jemand Mitarbeiter der Steuerbehörden bei einer Betriebsprüfung täuschen will.[889] Andererseits ist zu bedenken: Da ein subjektives Merkmal in Rede steht und es folglich um die Vorstellung des Täters geht, fehlt die Täuschungsabsicht, wenn keinerlei rechtliche Folgen erstrebt oder sicher erwartet werden. 214

Die Täuschungsabsicht ist zu verneinen, wenn jemand eine unechte Urkunde allein deswegen herstellt, um davon eine Kopie zu fertigen, die dann gebraucht wird.[890] 215

Der Täter muss sich schließlich **vorstellen**, durch die intendierte Täuschung für das rechtserhebliche Verhalten des Opfers **(mit-)ursächlich** zu werden.[891] Ob dies objektiv gelingt, ist hingegen wiederum unerheblich.[892] 216

Zu der Regelung des § 270 (Gleichstellung der fälschlichen Beeinflussung einer Datenverarbeitung im Rechtsverkehr) siehe die Erläuterungen zu dieser Vorschrift. 217

IX. Rechtswidrigkeit

Auch im Hinblick auf die Urkundenfälschung kann im Grundsatz eine Rechtfertigung des Verhaltens über einzelne Rechtfertigungsgründe in Betracht kommen. 218

Dabei scheidet jedoch eine Rechtfertigung über **Notwehr** aus, denn es geht nach zutreffender Sicht bei § 267 um den Schutz der **Sicherheit und Zuverlässigkeit des Rechtsverkehrs mit** 219

---

883 BGHSt **33** 105, 109; RGSt **64** 95, 96; RG LZ **1915** 640; BayObLG MDR **1958** 264; siehe auch *Erb* MK Rdn. 206; *Fischer* Rdn. 43; *Gehrig* S. 80; *Hassemer* JuS **1977** 196, 197; *Puppe/Schumann* NK Rdn. 100; *Rengier* BT II § 33 Rdn. 71.

884 RG LZ **1920** 803; RGSt **47** 199, 200 f.; Arzt/Weber/Heinrich/Hilgendorf BT § 31 Rdn. 40; *Hoyer* SK Rdn. 95; *Klesczewski* BT § 17 Rdn. 50; *Koch* HK-GS Rdn. 24; Lackner/Kühl/*Heger* Rdn. 25; SSW/*Wittig* Rdn. 83. Darunter fällt auch, dass der Sohn seinen sich sorgenden Eltern ein gefälschtes Abschlusszeugnis vorlegt, es sei denn, daran knüpft ein rechtserhebliches Verhalten wie etwa eine Geldzuwendung an; siehe *Sch/Schröder/Heine/Schuster* Rdn. 87a; *Maurach/Schroeder/Maiwald* BT 2 § 65 Rdn. 75.

885 BayObLG MDR **1958** 264; ferner RG Rspr. 7 681, 682; Arzt/Weber/Heinrich/Hilgendorf BT § 31 Rdn. 40; *Kindhäuser/Hilgendorf* LPK Rdn. 56. Nicht überzeugend ist es aber, wenn das BayObLG MDR **1958** 264 meint, dies gelte selbst dann, wenn die Altersangabe im Pass geändert und von dem Pass beim Grenzübertritt Gebrauch gemacht wird; kritisch insofern auch *Brehmeier-Metz* AK Rdn. 29.

886 BayObLG NStZ-RR **1997** 6; siehe auch RG JW **1931** 660 f.; RG JW **1935** 3389, 3390; OLG Celle NJW **1961** 1880; Lackner/Kühl/*Heger* Rdn. 25; *Maurach/Schroeder/Maiwald* BT 2 § 65 Rdn. 75.

887 Siehe auch *Erb* MK Rdn. 206; *Puppe/Schumann* NK Rdn. 100.

888 BGH NJW **1953** 955; BGH GA **1954** 274, 275; OLG Hamm NJW **1969** 625, 626; *Weidemann* BeckOK Rdn. 31; *Wessels/Hettinger/Engländer* BT 1 Rdn. 823; SSW/*Wittig* Rdn. 85.

889 BGHSt **5** 149, 151.

890 *Erb* MK Rdn. 203; *ders.* GA **1998** 577, 590 f. Zu der abzulehnenden Auffassung vornehmlich der Rechtsprechung, wonach die Vorlage einer Kopie das Gebrauchen der unechten Urkunde sein soll, siehe Rdn. 192 ff.

891 *Sch/Schröder/Heine/Schuster* Rdn. 88; *Hoyer* SK Rdn. 96.

892 RGSt **2** 42, 43; vgl. auch RGSt **59** 394, 395 f.

Urkunden im Sinne des Beweisverkehrs,[893] also um ein Rechtsgut der Allgemeinheit, sodass es keinen individuellen Angreifer gibt, gegen den sich die Tat wendet. Wenn einzelne Autoren dennoch meinen, § 32 sei anwendbar,[894] liegt das darin begründet, dass diese Autoren § 267 individualschützend interpretieren. Wie aufgezeigt, überzeugt jedoch eine solche Rechtsgutskonzeption nicht.[895]

220 Da es um ein **Allgemeinrechtsgut** geht, kommt richtigerweise auch eine **Einwilligung** mangels Dispositionsbefugnis des Einzelnen als Rechtfertigung nicht in Betracht.[896] Das gilt sowohl für die ausdrückliche als auch für die mutmaßliche[897] Einwilligung.[898] Der Adressat der Täuschung kann nicht über das geschützte Rechtsgut verfügen.

221 Zu beachten ist indes, dass bereits der **Tatbestand** des § 267 ausscheidet, wenn die Voraussetzungen für ein zulässiges Handeln unter fremdem Namen erfüllt sind.[899] Auch kann der ursprüngliche Aussteller der Urkunde bis zum Verlust seiner Abänderungsbefugnis[900] tatbestandslos Änderungen selbst vornehmen oder durch einen anderen, sofern dies zulässig ist, vornehmen lassen.[901]

222 Eine Rechtfertigung über den **Notstand gemäß § 34** kommt regelmäßig nicht in Betracht. Selbst wenn jemand beispielsweise wegen einer unberechtigten Forderung verklagt wird und er nun eine Quittung erstellt, die wahr ist, weil er die Forderung bereits erfüllt hatte, aber unecht, da sie tatsächlich nicht vom Gläubiger stammt, scheidet eine Rechtfertigung gemäß § 34 aus: Insofern muss nämlich der Einzelne zur Abwehr solcher Forderungen das staatlich geregelte Verfahren (etwa das Zivilverfahren mit seinen Beweisgrundsätzen) einhalten,[902] das nicht unter Berufung auf einen rechtfertigenden Notstand umgangen werden darf, sodass eine Rechtfertigung § 34 spätestens im Rahmen der Interessenabwägung entfällt.[903] Entsprechend ist der Schutz vor Verfolgung im Ausland über die entsprechenden asyl- und ausländerrechtlichen Verfahren zu suchen, die man nicht durch Vorlage falscher Ausweispapiere über § 34 umgehen kann.[904]

223 Kontrovers wird erörtert, ob ein **Strafverteidiger** im Prozess ihm vom Angeklagten überlassene entlastende Urkunden vorlegen darf, obwohl der Verteidiger Zweifel an der Echtheit hat. Der BGH hat dies als Problem des Eventualvorsatzes angesehen.[905] Habe der Verteidiger Zweifel an der Echtheit, sei er nicht befugt, ein Beweismittel zurückzuhalten. Anderenfalls würde er in Kauf nehmen, ein möglicherweise echtes, entlastendes Beweismittel zu unterdrücken. In der Regel sei davon auszugehen, dass ein Verteidiger, der sich darauf beschränkt, ihm von seinem Mandanten zur Verfügung gestellte Beweismittel in ein gerichtliches Verfahren einzubringen, strafbares Verhalten nicht billigt, selbst bei erheblichen Zweifeln an der Richtigkeit und Zuverlässigkeit der Beweismittel.[906] Im Regelfall verwende der Verteidiger solche Beweismittel mit dem inneren Vorbehalt, das Gericht werde sie seinerseits einer kritischen Prüfung unterziehen und ihre Fragwür-

---

893 Rdn. 1.

894 *Erb* MK Rdn. 211; *Puppe/Schumann* NK Rdn. 106.

895 Rdn. 5.

896 Vgl. RGSt **36** 167, 168; *Eisele* BT I Rdn. 842; *Sch/Schröder/Heine/Schuster* Rdn. 81; *Klesczewski* BT § 17 Rdn. 48; *Weidemann* BeckOK Rdn. 32.

897 Dazu BayObLG NStZ **1988** 313, 314.

898 Zumindest im Ergebnis auch *Erb* MK Rdn. 210; *Puppe/Schumann* NK Rdn. 105; **anders** *Hoyer* SK Rdn. 110 f.

899 Siehe dazu Rdn. 78 ff. Eine mutmaßliche Zustimmung reicht hierfür nicht; BayObLG NStZ **1988** 313.

900 Siehe insofern Rdn. 173 ff.

901 Siehe insoweit BGHR StGB § 267 Abs. 1 Verfälschen 1, wo jedoch die Befugnis zur Änderung nicht mehr bestand.

902 Parallel liegt es bei strafgerichtlichen Verfahren.

903 Siehe *Zieschang* LK § 34 Rdn. 162. Im Einzelfall kann die Gefahr auch schon anders abwendbar sein. Dagegen erst die Angemessenheit im Sinne des § 34 Satz 2 ablehnend *Erb* MK Rdn. 211; *Hoyer* SK Rdn. 112; *Puppe/Schumann* NK Rdn. 107.

904 Siehe dazu *Zieschang* LK § 34 Rdn. 162 sowie AG Nienburg FD-StrafR **2013** 352023.

905 BGHSt **38** 345, 350; dazu *Beulke* JR **1994** 116; *Fahl* JA **2004** 624, 629; *Matt/Renzikowski/Maier* Rdn. 104; *Otto* JZ **2001** 436, 437 f.; *ders.* JK **93** StGB § 267/17; *Puppe* JZ **1997** 490, 493 f.; *Scheffler* StV **1993** 470; *Stumpf* NStZ **1997** 7; *Wohlers* StV **2001** 420; siehe bereits Rdn. 196, 210.

906 BGHSt **38** 345, 350.

digkeit nicht übersehen. Etwas anderes könne sich dann ergeben, wenn der Verteidiger über zusätzliche Informationen verfügt, etwa, falls ihm der Mandant mehr oder weniger deutlich zu erkennen gegeben hat, die Beweismittel seien gefälscht.[907]

Manche Autoren meinen, eine großzügige Verneinung des dolus eventualis sei im Hinblick auf die damit verbundenen Unsicherheiten nicht ausreichend.[908] Vielmehr sei von einer objektiven Rechtfertigung des Verteidigers auszugehen, sofern er sich zuvor im Rahmen des Zumutbaren bemüht habe, sicheres Wissen zu erlangen.[909] Es fragt sich jedoch, ob es im Rahmen des § 267 überhaupt der Annahme einer solchen Rechtfertigung bedarf. Wenn es auch für den Vorsatz des Verteidigers nicht maßgeblich darauf ankommt, wie sich das Gericht zu den Beweismitteln verhält, entfällt die Strafbarkeit des Verteidigers dennoch bereits mangels Vorsatzes, falls er trotz Zweifeln auf die Echtheit der Urkunden vertraut.[910] Sollte dies einmal nicht so sein, er also die Unechtheit billigend in Kauf nehmen, ist weiterhin zu beachten, dass der Täter neben dem Vorsatz auch **Täuschungsabsicht** aufweisen muss, wofür wie ausgeführt nach richtiger Auffassung zumindest dolus directus 2. Grades vorliegen muss.[911] Hat er nun aber Zweifel an der Echtheit, kann von einem sicheren Wissen nicht ausgegangen werden, sodass die Täuschungsabsicht fehlt, ohne dass es Überlegungen zur Rechtfertigung bedarf. 224

Ein besonderer Rechtfertigungsgrund[912] für Verdeckte Ermittler (§ 110a Abs. 2 StPO) ist in § 110a Abs. 3 StPO vorgesehen. Er erlaubt den Gebrauch falscher Ausweise, Führerscheine und Zeugnisse.[913] 225

X. Schuld

Im Rahmen der Schuld ist zu beachten, dass ein entschuldigender Notstand gemäß § 35 regelmäßig nicht in Betracht kommt. Selbst wenn einem Unschuldigen eine langjährige Haftstrafe droht, darf er diese nicht durch die Vorlage einer unechten Urkunde abwenden. Ihn trifft eine Duldungspflicht im Sinne des § 35 Abs. 1 Satz 2, denn er hat den in einem rechtsstaatlich durchgeführten Strafverfahren erzielten Urteilsspruch richtiger Auffassung nach zu dulden.[914] Auch sind asyl- und ausländerrechtliche Verfahren einzuhalten. Davon ist nur dann eine Ausnahme zuzulassen, wenn jemandem der sichere Tod droht, den niemand hinnehmen muss. So hat das AG Nienburg ausgeführt, ein afghanischer Flüchtling, der sich in unmittelbarer Lebensgefahr befindet und über Drittstaaten mit falschen Papieren einreist, könne über § 35 entschuldigt sein.[915] Insofern ist aber fraglich, ob die Gefahr bei der Einreise nach Deutschland über einen Drittstaat noch immer bestand und ob sie nicht schon anders abwendbar war.[916] 226

XI. Art. 31 Abs. 1 GFK

Art. 31 Abs. 1 GFK sieht u.a. vor, dass die vertragsschließenden Staaten „wegen unrechtmäßiger Einreise... keine Strafen gegen Flüchtlinge verhängen, die unmittelbar aus einem Gebiet kom- 227

---

907 BGHSt **38** 345, 350 f.

908 *Erb* MK Rdn. 212; *Puppe* JZ **1997** 490, 494.

909 So *Erb* MK Rdn. 212; siehe in Richtung einer Rechtfertigung auch etwa *Otto* JK **93** StGB § 267/17; *Puppe/Schumann* NK Rdn. 107; vgl. auch *Stumpf* NStZ **1997** 7, 11 (es komme auf die prozessuale Zulässigkeit an).

910 Siehe bereits Rdn. 196.

911 Siehe Rdn. 204 ff.

912 *Gribbohm* LK[11] Rdn. 248.

913 Vgl. auch *Benfer* MDR **1994** 12, 13.

914 Siehe dazu *Zieschang* LK § 35 Rdn. 89 m.w.N. Natürlich stehen ihm die vom Gesetz vorgesehenen Rechtsbehelfe zur Verfügung.

915 AG Nienburg FD-StrafR **2013** 352023.

916 Vgl. auch OLG München BeckRS **2010** 37619; *Oehmichen* FD-StrafR **2013** 352023.

men, in dem ihr Leben oder ihre Freiheit im Sinne von Artikel 1 bedroht waren und die ohne Erlaubnis in das Gebiet der vertragsschließenden Staaten einreisen..., vorausgesetzt, dass sie sich unverzüglich bei den Behörden melden und Gründe darlegen, die ihre unrechtmäßige Einreise ... rechtfertigen". Bei § 31 Abs. 1 GFK handelt es sich nach Auffassung des BVerfG[917] und des BGH[918] um einen persönlichen Strafaufhebungsgrund.[919] Umstritten ist nun, ob Art. 31 Abs. 1 GFK nur die unerlaubte Einreise als solche betrifft oder sich auch auf damit verbundene Begleittaten wie insbesondere Urkundendelikte erstreckt. Teils wird die Anwendung auf Begleittaten befürwortet,[920] andere hingegen lehnen diese Ausdehnung ab.[921] Eine dritte Auffassung verweigert die Anwendung auf Begleittaten jedenfalls dann, wenn deren Begehung für die Einreise nicht erforderlich war.[922] Das BVerfG hat sich eher gegen die Ausdehnung ausgesprochen, jedoch letztlich die Frage offengelassen, da „eine notstandsähnliche Unmöglichkeit oder Unzumutbarkeit", die jedenfalls Voraussetzung der Erstreckung auf andere Delikte wäre, im zu entscheidenden Fall nicht vorlag.[923]

228 Unmittelbar zu dem letztgenannten Aspekt ist jedoch einzuwenden, dass das Abstellen auf „notstandsähnliche Unmöglichkeit oder Unzumutbarkeit" bereits Fragen der Anwendung von § 34 (Unmöglichkeit) und insbesondere des § 35 (Unmöglichkeit, Unzumutbarkeit) betrifft, so dass die Verknüpfung mit Art. 31 Abs. 1 GFK nicht überzeugend erscheint.[924] Art. 31 Abs. 1 GFK soll – schon vom **Wortlaut** – die Pönalisierung des Grenzübertritts als solchen unterbinden, nicht aber (sonstige) staatliche Interessen gefährden.[925] Bereits das spricht für eine enge Auslegung. Würde man ihn auf Begleittaten erstrecken, müsste in letzter Konsequenz auch die Verletzung oder sogar Tötung etwa von Grenzbeamten mitumfasst sein, falls anders eine Einreise nicht möglich wäre. Eine derartige Konsequenz ist aber sicher nicht mit Art. 31 Abs. 1 GFK intendiert. Hinzu kommt, dass gerade die wahre Identität des Flüchtlings für den Aufnahmestaat von besonderem Interesse ist, insbesondere auch für die Prüfung, ob überhaupt die Voraussetzungen des Art. 31 Abs. 1 GFK erfüllt sind.[926] Darüber hinaus würden die Voraussetzungen von §§ 34, 35 umgangen, falls man Art. 31 Abs. 1 GFK auf Begleittaten ausdehnt.[927] Insgesamt ist Art. 31 Abs. 1 GFK nach zutreffender Sicht daher nicht auf Begleittaten wie § 267 anwendbar.

---

917 BVerfG NVwZ **2015** 361, 362 f.

918 BGH NStZ **1999** 409; BGH NStZ-RR **2015** 184, 186; BGHSt **60** 205, 212; BGH NStZ **2018** 286, 287.

919 Ebenso etwa OLG München BeckRS **2010** 37619; AG Kehl BeckRS **2016** 07863; AG Nienburg FD-StrafR **2013** 352023; *Brehmeier-Metz* AK Rdn. 32a; *Gericke* MK § 95 AufenthG Rdn. 123; *Kretschmer* NStZ **2013** 570, 573; *ders.* NJW **2017** 1625, 1626; *Kudlich* NStZ **2018** 288, 289; *Oehmichen* FD-StrafR **2013** 352023; *Senge* Erbs/Kohlhaas § 95 AufenthG Rdn. 68; dagegen von einem Rechtfertigungsgrund ausgehend AG Korbach InfAuslR **2013** 43; *Fischer-Lescano/Horst* ZAR **2011** 81, 90. Die Norm weist zwar gewisse notstandsähnliche Inhalte auf (Bedrohung von Leben oder Freiheit), andererseits wird die Straffreistellung auch daran geknüpft, dass eine unverzügliche Meldung bei der Behörde mit Angabe von Gründen erfolgt, was gegen die Einordnung als (rechtfertigender oder entschuldigender) Notstand spricht.

920 AG Frankfurt a.M. StV **1988** 306; AG Kehl BeckRS **2016** 07863; AG Korbach InfAuslR **2013** 43, 44; AG Minden StV **1988** 306, 307; *Brehmeier-Metz* AK Rdn. 32a; *Fischer-Lescano/Horst* ZAR **2011** 81, 89; *Kretschmer* NStZ **2013** 570, 573; *Oehmichen* FD-StrafR **2013** 352023.

921 OLG München BeckRS **2010** 37619; *Gehricke* MK § 95 AufenthG Rdn. 123; *Sch/Schröder/Heine/Schuster* Rdn. 81; *Senge* Erbs/Kohlhaas § 95 AufenthG Rdn. 68; vgl. auch LG Landshut BeckRS **2017** 136512; LG Offenburg BeckRS **2017** 117375.

922 OLG Bamberg BeckRS **2014** 20098. Das OLG Bamberg ZAR **2014** 134, hatte die Frage der Anwendung auf Begleittaten dem EuGH vorgelegt, der sich jedoch für unzuständig erklärt hat; EuGH BeckRS **2014** 81211.

923 BVerfG NVwZ **2015** 361, 364 ff.

924 Siehe auch *Hörich/Bergmann* NVwZ **2015** 367, 368.

925 OLG München BeckRS **2010** 37619.

926 OLG München BeckRS **2010** 37619.

927 Verfehlt daher AG Kehl BeckRS **2016** 07863, das offenlässt, ob die Voraussetzungen der §§ 34, 35 vorliegen, da Art. 31 GFK greife.

XII. Urkundenfälschung in einem besonders schweren Fall gemäß § 267 Abs. 3

Seit dem 6. Strafrechtsreformgesetz vom 26.1.1998[928] listet die **Strafzumessungsvorschrift**[929] des § 267 **Abs. 3** in **Satz 2 Nr. 1 bis 4 Regelbeispiele** für besonders schwere Fälle auf. Grund für ihre Einfügung war die „maßstabbildende Bedeutung" der Regelbeispiele für die tatrichterliche Strafzumessung.[930] Sind sie erfüllt, besteht eine **Indizwirkung**[931] für einen besonders schweren Fall, das heißt regelmäßig ist ein solcher anzunehmen, aufgrund besonderer mildernder Umstände im Einzelfall kann der Richter aber dennoch auch einen besonders schweren Fall ablehnen.[932] Dann müssen die Tat oder mit der Person des Täters verbundene Umstände die Anwendung des erhöhten Strafrahmens im Wege einer Gesamtabwägung als unangemessen erscheinen lassen.[933] Sind die Regelbeispiele nicht erfüllt, ist es dem Richter umgekehrt erlaubt, dennoch über § 267 Abs. 3 Satz 1 einen unbenannten besonders schweren Fall anzunehmen.[934] Das kommt in Betracht, wenn der Unrechts- und Schuldgehalt der Tat bei einer Gesamtabwägung vergleichbar mit den Regelbeispielen erhöht ist.[935] Die vor dem Hintergrund des Art. 103 Abs. 2 GG sehr zweifelhaften besonders schweren Fälle[936] eröffnen daher dem Richter Flexibilität bei der Strafrahmenwahl auf Kosten der Rechtssicherheit. Wird ein besonders schwerer Fall bejaht, verschärft sich der Strafrahmen; er beträgt dann Freiheitsstrafe von sechs Monaten bis zu zehn Jahren. Auch die Urkundenfälschung in einem besonders schweren Fall ist Vergehen (§ 12 Abs. 2, 3). 229

1. § 267 Abs. 3 Satz 2 Nr. 1

Nr. 1 listet zwei **alternative** Konstellationen auf, in denen das Regelbeispiel erfüllt ist. Einmal ist dies möglich, falls der Täter **gewerbsmäßig** handelt. Zum anderen kommt es in Betracht, wenn der Täter als **Mitglied einer Bande** agiert, die sich **zur fortgesetzten Begehung von Betrug oder Urkundenfälschung** verbunden hat. 230

Gewerbsmäßig handelt derjenige, der sich aus einer wiederholten Tatbegehung eine Einnahmequelle von einigem Umfang und einiger Dauer verschaffen will.[937] Die erstmalige Tatbegehung kann genügen.[938] Es kommt nur auf die entsprechende Absicht des Täters an. 231

Die erstrebten Einnahmen müssen nicht unbedingt unmittelbar aus den Urkundendelikten resultieren, es genügt, dass durch § 267 andere Delikte ermöglicht werden sollen, die auf Gewinnerzielung gerichtet sind.[939] Ausreichend ist also, dass der Täter sich mittelbare Vorteile verspricht.[940] 232

---

928 BGBl. I, 164.

929 *Sch/Schröder/Heine/Schuster* Rdn. 101; *Hoyer* SK Rdn. 97; *Koch* HK-GS Rdn. 26; SSW/*Wittig* Rdn. 97.

930 BTDrucks. 13/8587 S. 42.

931 BTDrucks. 13/8587 S. 42; BGH NJW **2004** 2394, 2395; *Sch/Schröder/Heine/Schuster* Rdn. 101; *Hoyer* SK Rdn. 97; *Koch* HK-GS Rdn. 26; *Weidemann* BeckOK Rdn. 56; SSW/*Wittig* Rdn. 97.

932 BTDrucks. 13/8587 S. 42; BGH NJW **1987** 2450; *Sch/Schröder/Heine/Schuster* Rdn. 101; SSW/*Wittig* Rdn. 97.

933 Siehe BGHSt **20** 121, 124 f.; BGH wistra **2001** 303 f.; BGH BeckRS **2016** 12688; *Weidemann* BeckOK Rdn. 56; SSW/*Wittig* Rdn. 97.

934 BTDrucks. 13/8587 S. 42; BGHSt **29** 319, 322; *Sch/Schröder/Heine/Schuster* Rdn. 101; *Hoyer* SK Rdn. 97.

935 Siehe BGHSt **28** 318, 320; *Sch/Schröder/Heine/Schuster* Rdn. 101; SSW/*Wittig* Rdn. 97.

936 Zur Kritik an den besonders schweren Fällen und Regelbeispielen allgemein siehe bereits *Zieschang* Jura **1999** 561.

937 BGHSt **1** 383; BGH NStZ **2014** 85; *Eisele* BT I Rdn. 844; *Sch/Schröder/Heine/Schuster* Rdn. 104; *Hoyer* SK Rdn. 98; *Joecks/Jäger* Rdn. 101; *Kindhäuser/Schramm* BT I § 55 Rdn. 75; *Puppe/Schumann* NK Rdn. 115.

938 BGH NStZ **1995** 85; *Sch/Schröder/Heine/Schuster* Rdn. 104; *Hoyer* SK Rdn. 98; *Puppe/Schumann* NK Rdn. 115.

939 BGH NStZ **2016** 28; *Eisele* BT I Rdn. 844; *Erb* MK Rdn. 225; *Fischer* Rdn. 49; *Sch/Schröder/Heine/Schuster* Rdn. 104; SSW/*Wittig* Rdn. 86.

940 BGH BeckRS **2020** 21096; OLG München BeckRS **2018** 23716.

233 Unter einer **Bande** versteht man den Zusammenschluss von mindestens **drei Personen**,[941] die sich durch ausdrückliche oder konkludente Vereinbarung zur fortgesetzten Begehung von **Betrug** oder **Urkundenfälschung** verbunden haben. Damit sind § 263 sowie § 267 gemeint, fraglich ist aber, ob auch weitere Taten erfasst werden wie insbesondere §§ 263a, 264, 268, 269.[942] Dagegen spricht bereits der Wortlaut der Norm. Hinzu kommt in systematischer Hinsicht, dass § 267 Abs. 4 ausdrücklich diese Delikte aufzählt; im Umkehrschluss werden sie von § 267 Abs. 3 Satz 2 Nr. 1 nicht erfasst. Davon unberührt bleibt natürlich, dass in solchen Fällen ein unbenannter besonders schwerer Fall vorliegen kann.

234 **Fortgesetzte** Begehung bedeutet, dass sich die Bande zur Begehung einer Mehrzahl von selbständigen, nicht notwendig schon bestimmten Taten des Betrugs oder der Urkundenfälschung verbunden hat.[943] Der Begriff „fortgesetzt" hat also von vornherein nichts zu tun mit der (faktisch) abgeschafften Figur[944] der fortgesetzten Handlung. Nicht erforderlich ist, dass tatsächlich bereits mehrere dieser Delikte begangen wurden.[945]

235 Anders als bei der Qualifikation des § 244 Abs. 1 Nr. 2 muss der Betreffende bei § 267 Abs. 1, 3 Satz 2 Nr. 1 nicht unter Mitwirkung eines anderen Bandenmitglieds handeln. Vielmehr braucht die Tat nur im Zusammenhang mit der Bande stehen,[946] der Täter muss also **als Mitglied** der Bande gehandelt haben.[947] Hat sich ein Bandenmitglied an einer Tat nicht beteiligt, genügt alleine dessen Mitgliedschaft in der Bande für eine Zurechnung natürlich nicht.[948] Vielmehr ist für jeden Einzelnen zu bestimmen, ob er sich als Täter oder Teilnehmer an der Tat beteiligt hat.[949]

236 Auf die Gewerbsmäßigkeit wird § 28 Abs. 2 (entsprechend) angewendet.[950] Auch die Bandenmitgliedschaft ist besonderes persönliches Merkmal.[951]

2. § 267 Abs. 3 Satz 2 Nr. 2

237 Das Regelbeispiel ist erfüllt, falls der Täter einen **Vermögensverlust großen Ausmaßes** herbeiführt. Dies ist objektiv zu bestimmen.[952] Die Beweggründe des Täters spielen keine Rolle. Auch ist nicht maßgeblich, ob der Täter selbst einen großen Vermögensvorteil erlangt.[953] Der Verlust muss durch eine Tat oder zumindest durch tateinheitlich zusammentreffende Taten herbeigeführt worden sein.[954] Es ist unerheblich, ob der Verlust im Einzelfall für das konkrete Opfer erheblich ist.[955] Der Verlust muss aber tatsächlich eingetreten sein.[956]

---

941 So die Entscheidung des Großen Senats für Strafsachen, BGHSt **46** 321, 328 ff.

942 Ablehnend *Erb* MK Rdn. 225; *Puppe/Schumann* NK Rdn. 116.

943 *Zieschang* in Park, Kapitalmarktrecht, Kap. 3.1 § 263 Rdn. 78; siehe auch *Joecks/Jäger* Rdn. 102.

944 BGHSt **40** 138.

945 *Hoyer* SK Rdn. 99.

946 Siehe *Erb* MK Rdn. 225; *Fischer* Rdn. 49.

947 *Sch/Schröder/Heine/Schuster* Rdn. 105.

948 BGHSt **47** 214, 218; BGH StV **2004** 21, 22; BGH wistra **2007** 100, 101; *Erb* MK Rdn. 225; *Matt/Renzikowski/Maier* Rdn. 106.

949 BGH HRRS **2020** Nr. 124; BGH NJW **2020** 559, 560; SSW/*Wittig* Rdn. 88.

950 *Dzatkowski* JA **2019** 36, 38 f.; *Hoyer* SK Rdn. 101.

951 BGHSt **12** 220, 226; BGHSt **46** 120, 128; *Eisele* BT I Rdn. 846; *Hoyer* SK Rdn. 101; *Kudlich* NJW **2020** 1083 f.; **anders** BGHSt **6** 260, 262; *Sch/Schröder/Heine/Schuster* Rdn. 106; *Roxin* LK[11] § 28 Rdn. 73.

952 *Kindhäuser/Hilgendorf* LPK Rdn. 60.

953 Siehe *Erb* MK Rdn. 226; *Gribbohm* LK[11] Rdn. 304, 306.

954 Vgl. auch *Puppe/Schumann* NK Rdn. 118.

955 *Fischer* Rdn. 51.

956 *Eisele* BT I Rdn. 847; *Fischer* Rdn. 51.

Von einem Vermögensverlust großen Ausmaßes wird ab einem Betrag von **50.000 €** ausgegangen.[957] Der Verlust tritt regelmäßig durch den Gebrauch der unechten oder verfälschten Urkunde ein.[958] Jedenfalls muss der Täter kausal für den Verlust geworden sein, mag er auch erst durch das an die Tat anknüpfende Verhalten der Opfer oder Dritter entstehen. 238

3. § 267 Abs. 3 Satz 2 Nr. 3

Diese Konstellation betrifft den Fall, dass der Täter durch eine **große Zahl von unechten oder verfälschten Urkunden** die **Sicherheit des Rechtsverkehrs erheblich gefährdet**. Beide Merkmale haben eine eigenständige Bedeutung und müssen kumulativ vorliegen. So gibt es Konstellationen, dass selbst bei einer großen Zahl von Urkunden die Sicherheit des Rechtsverkehrs nicht erheblich gefährdet ist, so, wenn sie nur gegenüber einer Person verwendet werden.[959] Man kann also nicht von einer großen Zahl automatisch auf eine erhebliche Gefährdung schließen. 239

Es ist eine konkrete Gefährdung der Sicherheit des Rechtsverkehrs erforderlich.[960] Sie ist erst dann erheblich gefährdet, wenn für die Allgemeinheit aus den unechten oder verfälschten Urkunden nicht mehr beherrschbare Risiken im Beweisverkehr resultieren. Es muss also der Eintritt einer gravierenden Störung des allgemeinen Vertrauens in die Beweiskraft von Urkunden naheliegen.[961] Ob etwa (auch) Vermögensrisiken bestehen, spielt hingegen keine Rolle;[962] dies ist vielmehr bei § 267 Abs. 3 Satz 2 Nr. 2 relevant. Nach dem BGH kann eine erhebliche Gefährdung im Hinblick auf Art und Qualität der Fälschungen zu verneinen sein.[963] 240

Unterschiedlich wird beurteilt, wann von einer großen Zahl auszugehen ist. Manche Autoren sehen dies bei ca. 20[964] oder 50[965] oder 100 Urkunden[966] als gegeben an.[967] Andere erachten die Unübersehbarkeit des Empfängerkreises für maßgeblich.[968] Der **BGH** hat jedenfalls bei 55 Urkunden eine große Zahl bejaht[969] und im Jahr 2018 in einer Entscheidung konkretisiert, dass die **Mindestzahl auf 25 Urkunden** festzusetzen sei.[970] Im Hinblick auf die Vergleichbarkeit mit den sonstigen Regelbeispielen und die Höhe der Strafdrohung erscheint eine noch weitergehende restriktive Handhabung dieses sehr vagen Merkmals vorzugswürdig. Daher sollte auf die Mindestzahl von **50 Urkunden** abgestellt werden. Sie darf nicht nur tatmehrheitlich vorliegen.[971] 241

---

957 BTDrucks. 13/8587 S. 43; BGHSt **48** 360, 361 ff.; *Brehmeier-Metz* AK Rdn. 34; *Eisele* BT I Rdn. 847; *Kindhäuser/Hilgendorf* LPK Rdn. 60; *Kindhäuser/Schramm* BT I § 55 Rdn. 76; *Krüger* wistra **2005** 247; *Matt/Renzikowski/Maier* Rdn. 124; SSW/*Wittig* Rdn. 99.

958 *Fischer* Rdn. 52; SSW/*Wittig* Rdn. 99; vgl. auch *Sch/Schröder/Heine/Schuster* Rdn. 107.

959 *Gribbohm* LK[11] Rdn. 307; *Kühl/Lange* JuS **2010** 42, 46.

960 *Eisele* BT I Rdn. 848; *Fischer* Rdn. 54; *Hohmann/Sander* BT § 17 Rdn. 49; *Kindhäuser/Hilgendorf* LPK Rdn. 61; *Koch* HK-GS Rdn. 29; Lackner/Kühl/*Heger* Rdn. 26; *Matt/Renzikowski/Maier* Rdn. 125; *Otto* BT § 70 Rdn. 56; *Weidemann* BeckOK Rdn. 45.

961 *Bock* BT 1 S. 470 f.; *Brehmeier-Metz* AK Rdn. 35; *Eisele* BT I Rdn. 848; *Fischer* Rdn. 54; *Kindhäuser/Hilgendorf* LPK Rdn. 61; *Weidemann* BeckOK Rdn. 45.

962 Anders *Fischer* Rdn. 54; *Hoyer* SK Rdn. 104 f.; *Weidemann* BeckOK Rdn. 45.

963 BGH NStZ-RR **2019** 11, 13.

964 *Bock* BT 1 S. 470; *Fischer* Rdn. 54; *Weidemann* BeckOK Rdn. 45 (jedoch nicht schematisch); SSW/*Wittig* Rdn. 100.

965 *Joecks/Jäger* Rdn. 104; *Kühl/Lange* JuS **2010** 42, 46.

966 *Hohmann/Sander* BT § 17 Rdn. 49.

967 Kritisch im Hinblick auf Art. 103 Abs. 2 GG *Peglau* wistra **2004** 7, 9 f.

968 *Sch/Schröder/Heine/Schuster* Rdn. 108; *Hoyer* SK Rdn. 103; *Puppe/Schumann* NK Rdn. 119.

969 BGH BeckRS **2013** 3738.

970 BGH NStZ-RR **2019** 11, 13.

971 BGH NStZ **2012** 148, 149; *Kindhäuser/Hilgendorf* LPK Rdn. 61.

4. § 267 Abs. 3 Satz 2 Nr. 4

242 Dieses Regelbeispiel ist erfüllt, wenn der Täter seine **Befugnisse** oder seine **Stellung als Amtsträger** oder **Europäischer Amtsträger missbraucht**.

243 Der Begriff des Amtsträgers ist in § 11 Abs. 1 Nr. 2 legaldefiniert, derjenige des Europäischen Amtsträgers in § 11 Abs. 1 Nr. 2a. Das Gesetz zur Bekämpfung der Korruption vom 20.11.2015[972] hat den Europäischen Amtsträger in die Nr. 4 aufgenommen. Ziel ist dabei der Schutz der finanziellen Interessen der Europäischen Union.[973]

244 Von einem Missbrauch der **Befugnisse** ist auszugehen, wenn der Täter zwar innerhalb seiner an sich gegebenen Zuständigkeit handelt, jedoch seine materiellen Dienstpflichten verletzt.[974] Ein Missbrauch seiner **Stellung** liegt vor, wenn er zwar außerhalb seines Zuständigkeitsbereichs handelt, aber unter Ausnutzung der durch das Amt gegebenen tatsächlichen Handlungsmöglichkeiten.[975]

245 Der Täter muss das Amt tatsächlich innehaben, es genügt nicht, dass er dies nur vorgibt.[976] Auch in Bezug auf die Amtsträgereigenschaft wird § 28 Abs. 2 (entsprechend) herangezogen.[977]

XIII. Qualifikation gemäß § 267 Abs. 4

246 Die Qualifikation des § 267 Abs. 4 wurde eingeführt durch das 6. Strafrechtsreformgesetz vom 26.1.1998[978] im Kampf gegen die Organisierte Kriminalität.[979] Die Urkundenfälschung wird danach zum **Verbrechen** heraufgestuft, wenn die Urkundenfälschung (Herstellen, Verfälschen oder Gebrauchen) **kumulativ** als **Mitglied einer Bande**, die sich zur fortgesetzten Begehung der §§ 263 bis 264 oder 267 bis 269 verbunden hat, sowie **gewerbsmäßig** begangen wird. Anders als bei § 267 Abs. 3 Nr. 1 ist der Katalog der Straftaten nicht auf §§ 263, 267 begrenzt, sondern umfasst neben §§ 263, 267 auch §§ 263a, 264, 268, 269. Im Hinblick auf Art. 103 Abs. 2 GG genügen andere Taten jedoch nicht. Auch die Qualifikation des § 267 Abs. 4 muss nicht unter Mitwirkung eines Bandenmitglieds verwirklicht werden, jedoch wird verlangt, dass der Betreffende Mitglied einer Bande ist und als Mitglied der Bande agiert, also wiederum ein inhaltlicher Zusammenhang besteht.

247 Der Begriff der Bande sowie derjenige der Gewerbsmäßigkeit sind bereits erläutert worden.[980] Beide Merkmale (Bandenmitgliedschaft,[981] Gewerbsmäßigkeit[982]) sind nach richtiger Sicht besondere persönliche Merkmale im Sinne des § 28, sodass § 28 Abs. 2 greift.

---

972 BGBl. I, 2025.

973 BTDrucks. 18/4350 S. 20; *Koch* HK-GS Rdn. 30; SSW/*Wittig* Rdn. 101.

974 BGH NStZ-RR **2013** 344; *Erb* MK Rdn. 228; *Sch/Schröder/Heine/Schuster* Rdn. 109; *Hoyer* SK Rdn. 105; SSW/*Wittig* Rdn. 101.

975 BGH NStZ-RR **2013** 344; *Brehmeier-Metz* AK Rdn. 36; *Erb* MK Rdn. 228; *Fischer* Rdn. 55; *Sch/Schröder/Heine/Schuster* Rdn. 109; SSW/*Wittig* Rdn. 101; *Zieschang*, in: Park, Kapitalmarktrecht, Kap. 3.1 § 263 Rdn. 82.

976 BGH NStZ-RR **2013** 344; *Sch/Schröder/Heine/Schuster* Rdn. 109; *Koch* HK-GS Rdn. 30.

977 *Eisele* BT I Rdn. 849; *Fischer* Rdn. 55; *Sch/Schröder/Heine/Schuster* Rdn. 109; *Hoyer* SK Rdn. 105; *Klesczewski* BT § 17 Rdn. 55.

978 BGBl. I, 164.

979 Siehe Entstehungsgeschichte sowie *Gribbohm* LK[11] Rdn. 232.

980 Siehe Rdn. 231 f. sowie Rdn. 233.

981 BGHSt **46** 120, 128; BGHSt **47** 214, 216; BGH NStZ **2007** 526; BGH NStZ **2013** 102, 103; BGH NStZ-RR **2013** 210; BGH HRRS **2020** Nr. 124; SSW/*Kudlich* § 244a Rdn. 9; *Schmitz* MK § 244 Rdn. 72; *Schünemann* LK[12] § 28 Rdn. 68; **anders** BGHSt **8** 205, 208; *Hoyer* SK § 263 Rdn. 282; *Kindhäuser* NK § 244 Rdn. 48.

982 BGH NStZ **2009** 95; BGH NJW **2012** 325, 328; BGH HRRS **2020** Nr. 124; *Sch/Schröder/Heine/Weißer* § 28 Rdn. 14; *Hoyer* SK § 263 Rdn. 282; *Schünemann* LK[12] § 28 Rdn. 66.

Der **Verbrechenscharakter** des § 267 Abs. 4 bleibt auch dann bestehen, wenn es sich um einen **minder schweren Fall** handelt, der Freiheitsstrafe von sechs Monaten bis zu fünf Jahren vorsieht, was sich aus § 12 Abs. 3 ergibt. Er kommt in Betracht, wenn etwa der Schaden gering ist oder der Beteiligte möglicherweise nur Randfigur des Geschehens war. Zu beachten ist, dass neben der Versuchsstrafbarkeit, die sich aus der Verbrechensnatur des § 267 Abs. 4 ergibt (§ 23 Abs. 1 Alt. 1), für den vierten Absatz auch § 30 von Relevanz ist. 248

XIV. Vollendung und Versuch

1. Vollendung

Seit 1943 genügt für § 267 zur Deliktserfüllung das bloße Herstellen oder Verfälschen, ohne dass es auch zu einem Gebrauch der unechten oder verfälschten Urkunde kommen muss.[983] Fraglich ist, ob nicht dennoch möglicherweise mit dem Herstellen und dem Verfälschen zumindest ein Begebungsakt zur Vollendung verbunden sein sollte. Das wird teilweise verneint;[984] auch bei der echten Urkunde sei eine Begebung in der Regel nicht erforderlich, wenn der Erklärungswille gegeben sei.[985] 249

Zu bedenken ist indes, dass die Reform aus dem Jahr 1943[986] mit der Aufgabe der Zweiaktigkeit durchaus zu einer starken Vorverlagerung der Strafbarkeit geführt hat. Hinzu kommt der Umstand, dass § 267 die problematische Deliktsstruktur eines abstrakten Gefährlichkeitsdelikts aufweist. Vor diesem Hintergrund erscheint es vorzugswürdig, die Vorschrift teleologisch einzuschränken und in objektiver Hinsicht im Fall des Herstellens und Verfälschens einen **Entäußerungsakt** (Begebungsakt) zu verlangen.[987] Erst dann ist die unechte Urkunde als hergestellt oder verfälscht anzusehen. Damit wird § 267 nicht wieder zum zweiaktigen Delikt, was dem Gesetzeswortlaut und der Intention des Gesetzgebers widerspräche, denn „Entäußerung" oder „Begebung" bedeutet nicht automatisch „Gebrauchen" der Urkunde. Eine Begebung liegt vielmehr schon vor, wenn anderen, die gar nicht getäuscht werden sollen, die Urkunde zugänglich gemacht wird, sodass solche Personen sie wahrnehmen können. Begebung wäre dementsprechend etwa das Überlassen der Urkunde an eine bösgläubige Person, obwohl dies kein Gebrauchen im Sinne der dritten Variante darstellt. Die hier vertretene Sicht entspricht auch dem mit § 267 verfolgten Schutz. Es geht um die Sicherheit des Rechtsverkehrs mit Urkunden als Beweismittel. Solange sich jedoch die Urkunde noch im ausschließlichen Verfügungsbereich des Täters befindet, bedarf es dieses Schutzes nicht. Folglich ist beim Herstellen und Verfälschen zur Vollendung ein Entäußerungsakt zu verlangen. Das steht im Übrigen im Einklang mit der Auffassung von Rechtsprechung und überwiegendem Schrifttum zum Begriff des „Beurkundens" bei der Falschbeurkundung im Amt gemäß § 348.[988] 250

Beim Gebrauchen liegt Vollendung vor, wenn die unechte Urkunde demjenigen, der durch sie getäuscht werden soll, so zugänglich gemacht wird, dass dieser die Möglichkeit hat, die unechte oder verfälschte Urkunde wahrzunehmen.[989] Er braucht sie nicht bereits tatsächlich wahrgenommen haben. 251

983 Vgl. auch BGHSt 5 291, 293.
984 *Gribbohm* LK[11] Rdn. 276; Voraufl.
985 *Gribbohm* LK[11] Rdn. 277.
986 Siehe Entstehungsgeschichte.
987 Eine entsprechende Anwendung von Vorschriften zur Tätigen Reue, die zum Teil erwogen wird – etwa *Sch/Schröder/Eser/Bosch* § 24 Rdn. 116; *Freund* Urkundenstraftaten Rdn. 8a – erübrigt sich damit.
988 Siehe dazu *Zieschang* LK § 348 Rdn. 40 f.
989 Rdn. 186.

2. Versuch

252 Bei der Urkundenfälschung gemäß § 267 Abs. 1 handelt es sich um ein Vergehen gemäß § 12 Abs. 2. Daran ändert sich auch nichts, wenn es sich um eine Urkundenfälschung in einem besonders schweren Fall handelt (§ 12 Abs. 3). Die nach § 23 Abs. 1 Alt. 2 erforderliche Versuchsstrafbarkeitsandrohung enthält § 267 Abs. 2.

253 § 267 Abs. 4 ist Verbrechen im Sinne des § 12 Abs. 1. Das gilt auch dann, wenn lediglich ein minder schwerer Fall anzunehmen ist (§ 12 Abs. 3). Gemäß § 23 Abs. 1 Alt. 1 ist der Versuch eines Verbrechens stets strafbar.

254 Beim unmittelbaren Ansetzen gemäß § 22 muss der Täter sowohl mit Tatvorsatz als auch mit Täuschungsabsicht im Sinne von dolus directus 1. oder 2. Grades handeln. Unabhängig davon wird das abstrakte Gefährlichkeitsdelikt des § 267 natürlich durch die Anordnung der Versuchsstrafbarkeit noch weiter in das Vorfeld der Tatbegehung verlagert.[990]

255 Bei **§ 267 Abs. 1 Var. 1** muss zum Herstellen einer unechten Urkunde angesetzt worden sein. Das Verschaffen von Vordrucken oder Anfertigen von Formularen genügt hierfür regelmäßig noch nicht,[991] es sei denn, sie sollen unmittelbar zu Fälschungszwecken ausgefüllt werden.[992] Vorbereitung ist auch der bloße Erwerb von Maschinen, um dann Falsifikate herzustellen. Ebenso ist das reine Verschaffen einer Blankounterschrift noch kein Versuch.[993] Der Versuch des Herstellens beginnt, wenn der Täter Handlungen vornimmt, die nach seiner Vorstellung ohne weitere wesentliche Zwischenschritte in die Tatbestandsverwirklichung einmünden sollen.[994]

256 **§ 267 Abs. 1 Var. 2** setzt für den Versuch voraus, dass der Täter mit der Manipulation beginnt. Das bloße Sichverschaffen der Urkunde, die verfälscht werden soll, ist grundsätzlich Vorbereitung, es sei denn, der Fälschungsakt schließt sich unmittelbar an.

257 Bei **§ 267 Abs. 1 Var. 3** muss nach der Tätervorstellung unmittelbar angesetzt worden sein, dem Täuschungsadressaten die Einsichtnahme zu ermöglichen,[995] also mit der Vorlagehandlung begonnen worden sein.[996] Der reine Erwerb eines Falsifikats ist also noch kein Versuchsbeginn.[997] Das bloße Einführen in die eigene Buchhaltung reicht ebenfalls nicht.[998] Auch das reine Mitführen des gefälschten Führerscheins genügt nicht, sofern der Täter nicht zur Vorlage unmittelbar ansetzt.[999] Versuchsbeginn liegt dagegen regelmäßig vor, wenn das Falsifikat adressiert an den zu Täuschenden zur Post gegeben wird.[1000]

258 Wird bereits durch die versuchte Tat ein Regelbeispiel vollständig verwirklicht, kann der Täter wegen versuchter Urkundenfälschung in einem besonders schweren Fall bestraft werden.[1001] Ist ein Regelbeispiel nur teilverwirklicht, genügt dies nach umstrittener, jedoch zutreffender Sicht nicht, um die Indizwirkung auszulösen.[1002] In Betracht kommt dann allenfalls ein unbenannter besonders schwerer Fall.

---

990 Siehe *Sch/Schröder/Heine/Schuster* Rdn. 96; *Maurach/Schroeder/Maiwald* BT 2 § 65 Rdn. 56.

991 Siehe BGH NJW **1995** 594, 595; *Otto* JuS **1987** 761, 770; zu weit gehend BGH bei Hürxthal DRiZ **1979** 311; *Weidemann* BeckOK Rdn. 35: Versuch schon mit Beginn des Herstellens der Vordrucke, selbst wenn sie erst bei Bedarf ausgefüllt werden sollen.

992 BGH NJW **1965** 594, 595; *Kühl* JuS **1980** 650; *Otto* JuS **1987** 761, 770; kritisch *Erb* MK Rdn. 214; *Sch/Schröder/Heine/Schuster* Rdn. 96.

993 BGH JZ **1965** 544; *Sch/Schröder/Heine/Schuster* Rdn. 96; *Klesczewski* BT § 17 Rdn. 53.

994 Vgl. *Erb* MK Rdn. 214.

995 *Erb* MK Rdn. 215.

996 *Fischer* Rdn. 46.

997 *Erb* MK Rdn. 213; *Sch/Schröder/Heine/Schuster* Rdn. 97.

998 Siehe BGHSt **31** 225, 226; *Erb* MK Rdn. 215.

999 Vgl. BGH StV **1989** 304; *Erb* MK Rdn. 215; *Fischer* Rdn. 36; *Weber* Jura **1982** 66, 73; anders *Meyer* MDR **1977** 444, 445; siehe dazu auch KG JR **1981** 37, 38.

1000 *Erb* MK Rdn. 215; *Paeffgen* Jura **1980** 479, 488 f.

1001 Zutreffend *Hoyer* SK Rdn. 108.

1002 Siehe dazu *Zieschang* Jura **1999** 561, 565 f. m.w.N. Das gilt auch bei vollendeter Urkundenfälschung.

XV. Täterschaft und Teilnahme

Bei § 267 Abs. 1 kommt in allen drei Varianten Alleintäterschaft, Mittäterschaft sowie mittelbare Täterschaft in Betracht. Die Urkundenfälschung ist kein eigenhändiges Delikt.[1003] Auch kann sich eine Person als Anstifter oder Gehilfe an der Tat beteiligen. 259

Die Abgrenzung von Täterschaft und Teilnahme folgt dabei den allgemeinen Grundsätzen.[1004] Jeder Täter muss selbst den Vorsatz sowie die Täuschungsabsicht aufweisen. Verwirklicht jemand sämtliche Tatbestandsmerkmale in seiner Person, ist er gemäß § 25 Abs. 1 Alt. 1 zwingend **Täter.**[1005] **Mittäterschaft** ist möglich durch ein Zusammenwirken beim Fälschungs- oder Gebrauchsakt,[1006] aber auch in der Form, dass vereinbarungsgemäß der eine die unechte Urkunde herstellt und der andere sie gebraucht.[1007] Die Mittäter müssen sich nicht zwingend persönlich kennen,[1008] sofern nur ein gemeinsamer Tatplan und eine gemeinsame Tatausführung vorliegen. 260

Mittelbare Täterschaft ist etwa anzunehmen, wenn jemand einen Darlehensvertrag unterzeichnet und unter das Blatt ohne sein Wissen eine Durchschrift gelegt worden ist, die einen Kaufvertrag darstellt. Bezüglich der Durchschrift mangelt es dann dem scheinbaren Aussteller am Erklärungswillen.[1009] Der Hintermann begeht in diesem Fall Urkundenfälschung in mittelbarer Täterschaft gemäß §§ 267 Abs. 1 Var. 1, 25 Abs. 1 Alt. 1, falls die Erklärung tatsächlich von ihm stammt.[1010] Wird jedoch jemand mit **vis absoluta** dazu gezwungen, einen bestimmten Text zu Papier zu bringen, indem ihm etwa von einem anderen mittels körperlichen Zwangs die Hand geführt wird, geht es um **unmittelbare Täterschaft** desjenigen, der die Hand führt.[1011] Dieser stellt folglich eine unechte Urkunde her.[1012] Unzutreffend geht das AG Pfaffenhofen[1013] von einer mittelbaren Täterschaft des Lehrers aus, der einem strafunmündigen Schüler erlaubt, nach Abschluss der Prüfungszeit die Schulaufgabe zu ändern. Vielmehr verwirklicht der Schüler § 267 Abs. 1 Var. 2,[1014] wobei der Lehrer Teilnehmer an der Tat ist. Aufgrund der limitierten Akzessorietät der Teilnahme hindert die Strafunmündigkeit des Schülers die Bestrafung des Lehrers wegen Teilnahme nicht. 261

Anstiftung ist etwa anzunehmen, wenn jemand ein Falsifikat in Auftrag gibt.[1015] **Beihilfe** kommt in Betracht von der Vorbereitung bis zur Vollendung der Haupttat, sofern man richtiger- 262

1003 *Hohmann/Sander* BT § 17 Rdn. 51; jeweils zum Herstellen: BGH NStZ **2010** 342, 343; BGH NStZ-RR **2013** 168, 169; *Kindhäuser/Hilgendorf* LPK Rdn. 64; *Matt/Renzikowski/Maier* Rdn. 108; *Rengier* BT II § 33 Rdn. 73; *Weidemann* BeckOK Rdn. 51; SSW/*Wittig* Rdn. 89; zum Herstellen und Gebrauchen: BGH BeckRS **2022** 45238.

1004 BGH bei Dallinger MDR **1967** 547, 548; *Erb* MK Rdn. 213; *Sch/Schröder/Heine/Schuster* Rdn. 97; *Kindhäuser/Hilgendorf* LPK Rdn. 64; *Rengier* BT II § 33 Rdn. 73; SSW/*Wittig* Rdn. 88.

1005 Siehe auch BGH GA **1965** 149; OLG Stuttgart NJW **1978** 715, 716; *Fischer* Rdn. 47; *Sch/Schröder/Heine/Schuster* Rdn. 97; *Kindhäuser/Hilgendorf* LPK Rdn. 64; SSW/*Wittig* Rdn. 89; unzutreffend BGH WKRS **1972** 12114.

1006 Vgl. RGSt **58** 279.

1007 BGH WKRS **1963** 11630; BGH BeckRS **2022** 45238; RGSt **70** 12, 15 f.; *Erb* MK Rdn. 213; *Sch/Schröder/Heine/Schuster* Rdn. 97; *Kindhäuser/Hilgendorf* LPK Rdn. 64; *Kindhäuser/Schramm* BT I § 55 Rdn. 82.

1008 BGH NStZ **2010** 342, 343; OLG Nürnberg NStZ-RR **2010** 108.

1009 Siehe RGSt **50** 179, 180; RGSt **73** 243, 245; RG JW **1931** 2248, 2249; *Erb* MK Rdn. 64; *Eisele* BT I Rdn. 800; siehe bereits Rdn. 41.

1010 Siehe Rdn. 41. *Eisele* BT I Rdn. 800; *Erb* MK Rdn. 120; *Sch/Schröder/Heine/Schuster* Rdn. 98; *Maurach/Schroeder/Maiwald* BT 2 § 65 Rdn. 62; *Rengier* BT II § 33 Rdn. 35; *Schroeder* GA **1974** 225, 227; ausgehend von seinem Urkundenbegriff **abweichend** *Hoyer* SK Rdn. 15.

1011 *Blei* JA **1974** 673; *Sch/Schröder/Heine/Schuster* Rdn. 98; *Joecks/Jäger* Rdn. 77; *Schroeder* GA **1974** 225, 228; dagegen von mittelbarer Täterschaft ausgehend *Bock* BT 1 S. 458; *Hohmann/Sander* BT § 17 Rdn. 51; *Rengier* BT II § 33 Rdn. 35; siehe bereits Rdn. 46.

1012 *Fischer* Rdn. 28; *Hohmann/Sander* BT § 17 Rdn. 39; *Krey/Hellmann/Heinrich* BT 1 Rdn. 1163.

1013 AG Pfaffenhofen NStZ-RR **2004** 170; *Fischer* Rdn. 47.

1014 Unbefugte Änderung durch den Aussteller; siehe dazu Rdn. 173 ff.

1015 BGH NStZ-RR **2008** 371, 372; *Erb* MK Rdn. 213; siehe ferner OLG Hamm NStZ **1988** 26.

weise den Zeitraum zwischen Vollendung und materieller Beendigung der Tat entgegen Rechtsprechung und Teilen des Schrifttums[1016] der Begünstigung vorbehält.[1017]

XVI. Rechtsfolgen

263 Das Vergehen des § 267 Abs. 1 sieht für alle drei Tatvarianten gleichermaßen als Rechtsfolge Freiheitsstrafe bis zu fünf Jahre oder Geldstrafe vor. Handelt es sich um eine Urkundenfälschung in einem besonders schweren Fall, ist Freiheitsstrafe von sechs Monaten bis zu zehn Jahren angedroht. Damit sind die Strafen wie beim Betrug ausgestaltet. Andererseits findet sich bei der Urkundenfälschung eine ähnliche Regelung wie in § 263 Abs. 4 nicht. Auch ist für § 267 Abs. 1 kein minder schwerer Fall vorgesehen. Insofern ist die Urkundenfälschung relativ streng ausgestaltet, obwohl das Delikt weit in das Vorfeld hineinreicht.

264 Der Verbrechenstatbestand des § 267 Abs. 4 sieht Freiheitsstrafe von einem Jahr bis zu zehn Jahren vor. In minder schweren Fällen der gewerbs- und bandenmäßigen Urkundenfälschung ist Freiheitsstrafe von sechs Monaten bis zu fünf Jahren angeordnet.

265 § 282 regelt die Möglichkeit der Einziehung.

XVII. Konkurrenzen

1. Verhältnis der Tatvarianten des § 267 Abs. 1 untereinander

266 Der Unrechtsgehalt der einzelnen Tatvarianten im Vergleich zueinander wird unterschiedlich gesehen. Gesetzeshistorisch war ein Grund dafür, dass es zu einer einaktigen Ausgestaltung der Norm kam,[1018] der Aspekt, dass das Strafwürdige schon in dem Fälschen liege, wie ja auch der Sprachgebrauch die Fälschung als das Entscheidende betone.[1019] Die Fälschung gefährde bereits das allgemeine Vertrauen in die Zuverlässigkeit des Urkundenbeweises, sie schaffe die Gefahr für die Sicherheit des Rechtsverkehrs.[1020] Die Handlung des Fälschens sei sehr oft der bei weitem schwerwiegendere Teil des Delikts, denn nur dadurch werde ein Gebrauchmachen ermöglicht.[1021] Liege die Täuschungsabsicht vor, sei die innere Rechtfertigung der Strafbarkeit schon mit der vollendeten Fälschung gegeben.[1022] Andererseits wird betont, dass „ein wirklicher Schaden“ immer erst durch das Gebrauchmachen eintreten kann.[1023] Daher belegte man im Entwurf 1909 die Fälschung als solche mit einer niedrigeren Strafe als das Gebrauchmachen.

267 Im Schrifttum wird vergleichbar teilweise das Schwergewicht bei der Fälschungshandlung angesiedelt,[1024] andere sehen darin lediglich die (mildere) Vorbereitungshandlung für das Gebrauchen.[1025] Es gibt aber auch die Auffassung, wonach die jeweiligen Varianten als gleichwertig zu erachten sind.[1026]

268 Sicher mag im Einzelfall das Schwergewicht unterschiedlich verteilt sein, indem es einmal beim Herstellen oder Verfälschen, ein anderes Mal beim Gebrauchen liegt. Auch ist zu bedenken,

---

1016 BGHSt **3** 40, 43 f.; BGHSt **4** 132, 133; *Krey/Esser* AT Rdn. 1088.

1017 So etwa *Roxin* AT II § 26 Rdn. 259 ff.; *Zieschang* AT Rdn. 761.

1018 Siehe Entstehungsgeschichte.

1019 Begründung zum E 1936, S. 237; Vorentwurf zu einem deutschen Strafgesetzbuch, Begründung, Besonderer Teil, 1909, S. 791.

1020 Begründung zum E 1936, S. 237 f.

1021 Vorentwurf zu einem deutschen Strafgesetzbuch, Begründung, Besonderer Teil, 1909, S. 791.

1022 Vorentwurf zu einem deutschen Strafgesetzbuch, Begründung, Besonderer Teil, 1909, S. 791.

1023 Vorentwurf zu einem deutschen Strafgesetzbuch, Begründung, Besonderer Teil, 1909, S. 791.

1024 *Weismann* VDB BT VII S. 365.

1025 *Geppert* Jura **2000** 651, 654 f.; *Miehe* GA **1967** 270, 279.

1026 Siehe OLG Nürnberg MDR **1951** 53; *Lenckner* NJW **1967** 1890, 1892.

dass durch die Tatbestandsvariante des Herstellens die Strafbarkeit in das Vorfeld gerückt ist. Dennoch wird man festhalten müssen: Der Gesetzgeber behandelt **alle drei Varianten des § 267 gleichwertig**, was sich schon an der identischen Strafandrohung zeigt. Diese Entscheidung ist de lege lata zu akzeptieren. Es verbietet sich folglich, etwa das Herstellen als bloße mitbestrafte Vortat zum Gebrauchen aufzufassen.[1027]

Stellt der Täter von vornherein eine unechte Urkunde mit dem **Willen her**, diese auch zu bestimmten Täuschungszwecken **zu gebrauchen**, was dann so auch geschieht, macht er sich richtigerweise nur wegen **einer Straftat nach § 267 Abs. 1** strafbar. Das entspricht der Auffassung von Rechtsprechung[1028] und Schrifttum.[1029] Die mit dem Fälschungsakt vollendete Tat werde erst mit dem Gebrauch beendet.[1030] Es gehe insoweit nicht um unterschiedliche Angriffe auf das geschützte Rechtsgut.[1031] Damit wird die einaktige Ausgestaltung des § 267 nicht umgangen, vielmehr handelt es sich insofern um einen Fall der **natürlichen Handlungseinheit**, welche die mehrfache Verwirklichung derselben Strafvorschrift **zu einer Tat im Rechtssinne** zusammenfasst.[1032] Es geht insoweit um eine unselbständige Intensivierung desselben Unrechts. Es verhält sich nicht anders als bei mehrfachen im Zusammenhang ausgesprochenen Beleidigungen oder mehreren Schlägen. Dann liegt jeweils nur eine Tat gemäß § 185 oder eine Tat gemäß § 223 im Sinne einer Gesetzesverletzung vor. Dementsprechend geht es um ein Delikt im Rechtssinne gemäß § 267 Abs. 1. 269

Angesichts des Umstands, dass die verschiedenen Varianten des § 267 von Gesetzes wegen wie erläutert[1033] als gleichwertig zu erachten sind, überzeugt es hingegen nicht, wenn angeführt wird, der Herstellungs- oder Verfälschungsakt trete als mitbestrafte Vortat hinter das Gebrauchen zurück.[1034] Ebenso wenig ist das Gebrauchen mitbestrafte Nachtat zum Herstellen oder Verfälschen.[1035] Es ist vielmehr von einer deliktischen Einheit auszugehen. 270

Fasst der Täter den **Entschluss**, die unechte oder verfälschte Urkunde konkret in einer bestimmten Weise zu gebrauchen, **erst nach dem Herstellungs- oder Verfälschungsakt**,[1036] beruht also der spätere konkrete Gebrauch auf einem **neuen Entschluss**, liegt hingegen **Tatmehrheit** 271

1027 *Gribbohm* LK[11] Rdn. 290.

1028 BGHSt **5** 291, 293; BGH GA **1955** 245, 246; BGH BeckRS **1989** 31099817; BGH wistra **2008** 182; BGH NStZ-RR **2013** 168, 169; BGH NJW **2014** 871; BGH NStZ **2018** 205; BGH NStZ **2018** 468; BGH NStZ-RR **2019** 7, 8; BGH HRRS **2020** Nr. 977; BGH BeckRS **2020** 28809; BGH BeckRS **2022** 11211; BayObLG NJW **1965** 2166; OLG Braunschweig GA **1954** 315, 316; OLG Koblenz BeckRS **2018** 23511; vgl. auch KG StraFo **2012** 375 f.

1029 *Brehmeier-Metz* AK Rdn. 38; *Eiden* Jura **2013** 288, 292 f.; *Eisele* BT I Rdn. 837; *Erb* MK Rdn. 217; *Fischer* Rdn. 58; *Freund* JuS **1994** 125, 128 f.; *Geppert* Jura **1988** 158, 163; *Sch/Schröder/Heine/Schuster* Rdn. 79; *Hohmann/Sander* BT § 17 Rdn. 52; *Joecks/Jäger* Rdn. 110; *Koch* HK-GS Rdn. 32; *Matt/Renzikowski/Maier* Rdn. 116; *Maurach/Schroeder/Maiwald* BT 2 § 65 Rdn. 79; *Miehe* GA **1967** 270, 274 f.; *Puppe/Schumann* NK Rdn. 108; *Rengier* BT II § 33 Rdn. 64; *Weidemann* BeckOK Rdn. 37; SSW/*Wittig* Rdn. 91; *Zieschang* AD LEGENDUM **2020** 73, 80.

1030 BGHSt **5** 291, 293; BGH NStZ **2006** 100; Arzt/Weber/Heinrich/Hilgendorf BT § 31 Rdn. 34; *Wessels/Hettinger/Engländer* BT 1 Rdn. 839.

1031 *Erb* MK Rdn. 217.

1032 Siehe auch *Otto* BT § 70 Rdn. 58. Die natürliche Handlungseinheit setzt nach dem BGH voraus, dass der Täter einen einheitlichen Willen durch eine Mehrheit gleichgearteter Akte betätigt und diese einzelnen Akte aufgrund ihres räumlichen und zeitlichen Zusammenhangs objektiv erkennbar derart zusammengehören, dass sie nach der Auffassung des Lebens eine Handlung bilden; so etwa BGHSt **10** 230, 231. Dagegen kann die von der Rechtsprechung (etwa BGHSt **22** 67, 76; BGH StV **2018** 430 f.) über die Figur der natürlichen Handlungseinheit ebenfalls erfolgende tateinheitliche Zusammenfassung unterschiedlicher Strafvorschriften nicht überzeugen; zur Kritik siehe bereits *Zieschang* FS Rissing-van Saan 787, 800 ff.

1033 Rdn. 268.

1034 So aber *Hoyer* SK Rdn. 114; *Niese* DRiZ **1951** 177, 178; in diese Richtung auch *Wessels/Hettinger/Engländer* BT 1 Rdn. 839.

1035 So jedoch OLG Düsseldorf JMBlNRW **1951** 207, 208 f.; OLG Nürnberg MDR **1951** 53; *Sax* MDR **1951** 587, 589 ff.

1036 Er hat also keine bestimmten Vorstellungen über den späteren Gebrauch, sondern plant die Verwendung nur in allgemeinen Umrissen; vgl. BGHSt **17** 97, 99; BGH NStZ-RR **2019** 7, 8.

zwischen dem Herstellungs- oder Verfälschungstatbestand und § 267 Abs. 1 Var. 3 vor.[1037] Denn dann fehlt es an dem erforderlichen einheitlichen Willen von Beginn an, der zur Zusammenfassung zu einer Tat erforderlich ist. Der konkrete Vorsatz hinsichtlich des späteren Gebrauchs ist dann nicht gegeben.[1038] Das gilt auch, wenn der Täter die Urkunde zu einem bestimmten Gebrauch herstellt und er sich später entschließt, die Urkunde zu einer **weiteren Täuschung** zu gebrauchen.[1039] Tatmehrheit liegt zudem vor, wenn die Urkunde zu einem bestimmten Täuschungszweck hergestellt worden ist, nun aber zu einer **anderen Täuschung** gebraucht wird.[1040]

272 Da auch eine unechte Urkunde taugliches Tatobjekt des § 267 Abs. 1 Var. 1 sein kann,[1041] kommt sie **wiederholt als Tatobjekt** in Betracht. Nach der (faktischen) Aufgabe der Figur der fortgesetzten Handlung[1042] stehen diese Manipulationen dann zueinander in Tatmehrheit,[1043] sofern keine natürliche Handlungseinheit und damit eine Tat vorliegt.[1044] Entsprechend ist Realkonkurrenz beim **mehrmaligen Gebrauchen** einer unechten oder verfälschten Urkunde gegeben,[1045] es sei denn, es liegt wiederum eine natürliche Handlungseinheit vor, das heißt der Wille des Täters war von vornherein auf den mehrfachen Gebrauch ausgerichtet.[1046] Dann ist von **einer Urkundenfälschung** auszugehen.[1047]

273 Parallele Grundsätze gelten bei **mehreren Urkunden**: Stellt der Täter mehrere unechte Urkunden von vornherein mit dem Willen her, diese gegenüber einem oder mehreren Personen zu gebrauchen, was dann so auch geschieht, ist unter den Voraussetzungen der natürlichen Handlungseinheit insgesamt **von einer Urkundenfälschung** auszugehen.[1048] Werden mehrere Urkunden gefälscht, wobei der Gebrauch nur in groben Umrissen geplant ist, und kommt es dann später über einen neuen Entschluss zum Gebrauch, liegt zwischen Herstellen und Gebrauch Tatmehrheit vor. Erfolgt der Gebrauch der mehreren Urkunden entsprechend dem Willen des Täters in einem einzigen Akt, ist **bezüglich des Gebrauchens** wiederum nur eine Urkundenfälschung gegeben.

274 Im Hinblick auf die Beteiligung ist Folgendes zu beachten: Bilden Herstellen und Gebrauchen eine Tat, dann verdrängt die schwerere Beteiligungsform die schwächere. Beihilfe zum Gebrau-

---

1037 BGHSt **5** 291, 293 f.; BGHSt **17** 97, 99; BGH BeckRS **1989** 31099817; BGH NStZ-RR **1998** 269, 270; Arzt/Weber/Heinrich/Hilgendorf BT § 31 Rdn. 34; *Brehmeier-Metz* AK Rdn. 38; *Eisele* BT I Rdn. 838; *Erb* MK Rdn. 218; *Fischer* Rdn. 58; *Geppert* Jura **1988** 158, 163; *Sch/Schröder/Heine/Schuster* Rdn. 79b; Lackner/Kühl/*Heger* Rdn. 27; *Matt/Renzikowski/Maier* Rdn. 116 f.; *Otto* BT § 70 Rdn. 58; *Rengier* BT II § 33 Rdn. 63; *Weidemann* BeckOK Rdn. 38; *Wessels/Hettinger/Engländer* BT 1 Rdn. 839; SSW/*Wittig* Rdn. 91; *Zieschang* AD LEGENDUM **2020** 73, 80.

1038 SSW/*Wittig* Rdn. 91.

1039 BGH BeckRS **1989** 31099817; BGH NStZ-RR **2019** 7, 8.

1040 BGHSt **5** 291, 293 f.; BGHSt **17** 97, 99; BGH NStZ-RR **1998** 269, 270; BGH NStZ-RR **2019** 7, 8.

1041 Rdn. 139.

1042 BGHSt **40** 138.

1043 Siehe BGH NStZ-RR **1998** 269, 270; BayObLG wistra **1996** 236 f.; *Puppe/Schumann* NK Rdn. 109.

1044 Lackner/Kühl/*Heger* Rdn. 28.

1045 BGHSt **17** 97, 100 f.; BGH BeckRS **2021** 11567; *Rengier* BT II § 33 Rdn. 66; *Wessels/Hettinger/Engländer* BT 1 Rdn. 839.

1046 Siehe auch *Kindhäuser/Hilgendorf* LPK Rdn. 66; *Matt/Renzikowski/Maier* Rdn. 116 f.

1047 Siehe BGH wistra **2004** 417; BGH wistra **2005** 35; BGH BeckRS **2012** 5739; BGHR StGB § 267 Abs. 1 Konkurrenzen 3; BGH wistra **2014** 349; BGH BeckRS **2015** 13754; BGH DAR **2015** 702, 703; BGH wistra **2015** 107; BGH NStZ-RR **2017** 26; BGH NJW **2018** 87, 88; BGH BeckRS **2018** 8008; BGH NStZ **2018** 468; BGH NStZ-RR **2019** 29, 30; BGH HRRS **2020** Nr. 977; BGH NStZ-RR **2020** 384, 385; BGH BeckRS **2021** 4031.

1048 Siehe BGH wistra **2008** 182 f.; BGH wistra **2015** 17; BGH wistra **2016** 151, 152; RGSt **15** 290. Das gilt auch für die Anstiftung zur Herstellung, wenn der Anstifter den Gebrauch der Urkunde von vornherein plant; BGH BeckRS **2022** 16354. Nicht überzeugend ist es, wenn BGH NStZ **2006** 100 sowie BGH BeckRS 2022 11965 beim Gebrauch mehrerer Urkunden in einem Akt von Tateinheit im Sinne des § 52 ausgehen; es handelt sich vielmehr nur um ein Delikt der Urkundenfälschung. Siehe aus dem Schrifttum zum Gebrauch mehrerer Urkunden *Erb* MK Rdn. 217; *Sch/Schröder/Heine/Schuster* Rdn. 79b, 79c; *Joecks/Jäger* Rdn. 111; *Koch* HK-GS Rdn. 32; Lackner/Kühl/*Heger* Rdn. 27; *Weidemann* BeckOK Rdn. 39; SSW/*Wittig* Rdn. 91.

chen tritt also etwa hinter das täterschaftliche Herstellen oder Verfälschen zurück.[1049] Die Anstiftung wiederum verdrängt die Beihilfe.[1050]

2. Verhältnis von § 267 Abs. 1 zu § 267 Abs. 4

275 Der Verbrechenstatbestand des vierten Absatzes enthält sämtliche Merkmale des ersten Absatzes und darüber hinaus zusätzliche Erfordernisse, die zu einer Erhöhung der Strafe führen. § 267 Abs. 4 ist mit anderen Worten Qualifikation des § 267 Abs. 1 und geht diesem als lex specialis vor. Das gilt auch, wenn es sich um eine Urkundenfälschung in einem besonders schweren Fall gemäß § 267 Abs. 1, Abs. 3 handelt, die Vergehen bleibt (§ 12 Abs. 3).

3. Verhältnis von § 267 zu anderen Vorschriften

276 §§ 146 bis 149 gehen als Spezialgesetze vor.[1051] Das gilt auch für § 152a[1052] sowie § 152b.[1053] § 275 tritt als Vorbereitungsdelikt hinter § 267 zurück.[1054] Aufgrund seiner ausdrücklichen Subsidiaritätsklausel wird § 273 von § 267 verdrängt. Das gilt ebenfalls für die §§ 277, 279 gegenüber § 267.

277 § 268 und § 267 können in Idealkonkurrenz stehen.[1055] Das ist ebenfalls möglich mit § 269[1056] und § 271.[1057] Im Hinblick auf § 274 ist zu beachten, dass die regelmäßig mit einer Verfälschung im Sinne des § 267 Abs. 1 Var. 2 einhergehende Beschädigung der Urkunde gemäß § 274 vom Unrechtsgehalt des § 267 Abs. 1 Var. 2 mit abgegolten ist, sodass § 274 von § 267 konsumiert wird.[1058] § 267 verdrängt also die Urkundenunterdrückung.[1059] Liegt hingegen nach der Manipulation gar keine Urkunde mehr vor, gewinnt § 274 Bedeutung.[1060] § 276 tritt hinter § 267 zurück.[1061] Nach zutreffender Sicht verdrängt § 267 den § 281.[1062]

1049 BGH NStZ **2013** 40; *Erb* MK Rdn. 219; *Sch/Schröder/Heine/Schuster* Rdn. 80.

1050 *Gribbohm* LK[11] Rdn. 291.

1051 *Erb* MK Rdn. 221; *Fischer* Rdn. 59; *Gössel/Dölling* BT 1 § 52 Rdn. 79; *Puppe/Schumann* NK Rdn. 111; SSW/*Wittig* Rdn. 92.

1052 Seit seiner Neufassung: BTDrucks. 15/1720 S. 9; *Fischer* § 152a Rdn. 21; zu § 152a a.F. Tateinheit annehmend BGHSt **46** 48, 52.

1053 BGH NStZ **2005** 329.

1054 OLG Köln NStZ **1994** 289; Lackner/Kühl/*Heger* § 275 Rdn. 4; SSW/*Wittig* Rdn. 92.

1055 *Erb* MK Rdn. 221; *Puppe/Schumann* NK Rdn. 111; SSW/*Wittig* Rdn. 93.

1056 *Erb* MK Rdn. 221; SSW/*Wittig* Rdn. 93; *Zieschang* HRRS **2013** 49, 53.

1057 RGSt **61** 410, 412; *Puppe/Schumann* NK Rdn. 112.

1058 BGH BeckRS **2019** 30105; *Bosch* JK **2020** 407; *Hohmann/Sander* BT § 17 Rdn. 52; Lackner/Kühl/*Heger* § 274 Rdn. 8; *Maurach/Schroeder/Maiwald* BT 2 § 65 Rdn. 79; *Zieschang* FS Sieber 357, 370; siehe dazu auch Arzt/Weber/Heinrich/Hilgendorf BT § 31 Rdn. 43 (Subsidiarität); *Erb* MK Rdn. 221; *Fahl* NStZ-RR **2020** 177, 178; *Jäger* JA **2020** 310, 312 (Subsidiarität); *Joecks/Jäger* Rdn. 107 (Subsidiarität); *Kretschmer* JR **2020** 491, 493; *Puppe/Schumann* NK Rdn. 110; kritisch *Schilling* Urkundenverbrechen S. 27 ff., 47 ff. *Geppert* Jura **1988** 158, 160, *Kühl/Hoffmann-Holland* Jura **2013** 408, 411 sowie *Lindemann* NStZ **1998** 23, 25 wollen § 274 tatbestandlich ausscheiden, wenn sich die Absicht des Täters nicht gegen den Bestand der Urkunde richtet. Diese Auffassung beachtet jedoch nicht hinreichend den Gesetzeswortlaut des § 274, wonach Nachteilszufügungsabsicht genügt. Für Idealkonkurrenz von § 267 und § 274 etwa *Fischer* § 274 Rdn. 11; *Krey/Hellmann/Heinrich* BT 1 Rdn. 1129.

1059 § 274 hat aber eigenständige Bedeutung, wenn neben der Verfälschung und unabhängig davon selbständige Teile des Urkundeninhalts entfernt werden; *Erb* MK Rdn. 221.

1060 Vgl. BGH NJW **1954** 1375; RGSt **3** 370, 371; RGSt **20** 6 f.

1061 BGHR StGB § 276 Konkurrenzen 1; BGH BeckRS **2017** 146499; *Kindhäuser/Hilgendorf* LPK Rdn. 67; **anders** BGH wistra **2003** 351, 352 f.: Tateinheit.

1062 Anders BGH GA **1956** 181, 182, der Tateinheit annimmt.

278 Dagegen ist vor dem Hintergrund, dass es in § 348 um Wahrheitsschutz geht, bei § 267 jedoch um Echtheitsschutz, zwischen beiden Vorschriften Idealkonkurrenz anzunehmen.[1063] Aufgrund ihrer unterschiedlichen Schutzrichtungen scheidet im Übrigen entgegen der Auffassung des OLG Karlsruhe[1064] mangels rechtsethischer Vergleichbarkeit eine echte Wahlfeststellung aus.[1065]

279 **Tateinheit** der Urkundenfälschung kommt etwa in Betracht mit Verwahrungsbruch gemäß § 133,[1066] Wahlfälschung gemäß § 107a,[1067] Wehrpflichtentziehung durch Täuschung gemäß § 109a,[1068] Unerlaubtem Entfernen vom Unfallort gemäß § 142,[1069] Vortäuschen einer Straftat gemäß § 145d,[1070] Meineid gemäß § 154,[1071] Falscher Versicherung an Eides Statt gemäß § 156,[1072] Falscher Verdächtigung gemäß § 164,[1073] Beleidigung gemäß § 185,[1074] Diebstahl gemäß § 242,[1075] Erpressung gemäß § 253,[1076] mit Betrug gemäß § 263,[1077] Untreue gemäß § 266[1078] sowie mit Bankrott gemäß § 283.[1079]

280 Zwischen § 267 und § 21 StVG besteht Tateinheit, falls jemand mit gefälschtem Kfz-Kennzeichen sowie ohne Fahrerlaubnis ein Fahrzeug führt.[1080] Aufgrund seiner formellen Subsidiaritätsklausel tritt dagegen § 22 StVG mit seiner im Vergleich zur Urkundenfälschung niedrigeren Strafandrohung hinter § 267 zurück, falls auch die Voraussetzungen der Urkundenfälschung vorliegen.[1081] Das gilt ebenfalls für § 402 AktG und § 107 UrhG. Dagegen kommt mit § 370 AO Tateinheit in Betracht.[1082]

281 **Tatmehrheit** besteht zwischen dem vorhergehenden Diebstahl oder der Unterschlagung einer Urkunde und ihrer späteren Verfälschung.[1083] Im Normalfall ist § 267 keine mitbestrafte Nachtat, sondern selbständig, wenn die Urkundenfälschung im Anschluss an ein Delikt mit einem

1063 SSW/*Wittig* Rdn. 92.

1064 OLG Karlsruhe medstra **2017** 233, 239; ebenso *Weidemann* BeckOK § 348 Rdn. 20; SSW/*Wittig* Rdn. 92.

1065 *Zieschang* medstra **2017** 240, 242.

1066 BGHSt **5** 295, 296; *Fischer* Rdn. 59.

1067 OLG Hamm NJW **1957** 638; OLG Koblenz NStZ **1992** 134; OLG Köln NJW **1956** 1609. Siehe aber auch BGH NStZ **2012** 147, 148: Tatmehrheit bei Urkundenfälschung auf Briefwahlanträgen und nachfolgender Wahlfälschung; vgl. insoweit ebenfalls *Müller* NStZ **2012** 149.

1068 AG Bochum MDR **1967** 852; *Puppe/Schumann* NK Rdn. 112.

1069 BGH bei Hürxthal DRiZ **1974** 350, 351; *Gribbohm* LK11 Rdn. 296.

1070 *Erb* MK Rdn. 222; *Puppe/Schumann* NK Rdn. 112.

1071 RGSt **60** 353, 354; *Weidemann* BeckOK Rdn. 40.

1072 RGSt **52** 74; RGSt **69** 117, 120.

1073 RGSt 7 47, 50.

1074 BGH LM § 267 Nr. 18; RGSt **50** 55, 56.

1075 BGH NJW **2014** 871; BGH NStZ **2018** 205; BGH NJW **2018** 87, 88; BGH BeckRS **2020** 28809; BGH Beschluss vom 19.8.2021 – 4 StR 137/21; BGH BeckRS **2022** 35436; BayObLGSt **1996** 76, 78.

1076 BGH bei Hürxthal DRiZ **1978** 84, 85; BGH NJW **2014** 871.

1077 BGH BeckRS **1989** 31099817; BGH wistra **2006** 65 f.; BGHR StGB § 52 Abs. 1 Handlung, dieselbe 12; BGH wistra **2015** 17; *Puppe/Schumann* NK Rdn. 112; SSW/*Wittig* Rdn. 93; zum Fall der Tatmehrheit siehe BGH wistra **1992** 181, 183. Tateinheit ist auch möglich mit §§ 264, 264a, 265a, 265b; *Klesczewski* BT § 17 Rdn. 58.

1078 BGH WKRS **1980** 20614; *Fischer* Rdn. 59; *Gribbohm* LK11 Rdn. 296; zu einem Fall der Tatmehrheit RG LZ **1915** 1026.

1079 *Tiedemann* LK12 § 283 Rdn. 240.

1080 BGHSt **18** 66, 70 f.; BGHR StGB § 267 Abs. 1 Konkurrenzen 1; BGH NStZ-RR **2020** 384, 385; BGH BeckRS **2020** 28809.

1081 BayObLGSt **1998** 51, 54.

1082 BGH wistra **1982** 111, 112; BGH wistra **1988** 345; BGH wistra **1999** 341; BGH NStZ **2004** 582; BGH JZ **2019** 206, 208; *Fischer* Rdn. 61; *Matt/Renzikowski/Maier* Rdn. 121; zum Fall der Tatmehrheit siehe BGH wistra **1994** 268.

1083 Siehe BGH StV **1992** 272; *Erb* MK Rdn. 223; *Puppe/Schumann* NK Rdn. 113; dagegen Tateinheit annehmend BGH bei Holtz MDR **1985** 282, 283; LG Wuppertal MDR **1992** 887.

anderen geschützten Rechtsgut begangen wird.[1084] Tatmehrheit ist u.a. angenommen worden mit Hehlerei gemäß § 259[1085] sowie mit Bestechlichkeit gemäß § 332.[1086]

1084 Siehe BGH BeckRS **1957** 00025; BGH StV **1992** 272; RGSt **60** 371, 372 f.; *Erb* MK Rdn. 222; *Gribbohm* LK[11] Rdn. 297; *Sch/Schröder/Heine/Schuster* Rdn. 99; **anders** *Puppe/Schumann* NK Rdn. 113; SSW/*Wittig* Rdn. 94.
1085 BGHR StGB § 267 Abs. 1 Konkurrenzen 2; BGH NStE StGB § 52 Nr. 51.
1086 BGH NStZ **1987** 326, 327.

§ 268 Fälschung technischer Aufzeichnungen

(1) Wer zur Täuschung im Rechtsverkehr
1. eine unechte technische Aufzeichnung herstellt oder eine technische Aufzeichnung verfälscht oder
2. eine unechte oder verfälschte technische Aufzeichnung gebraucht,
wird mit Freiheitsstrafe bis zu fünf Jahren oder mit Geldstrafe bestraft.

(2) Technische Aufzeichnung ist eine Darstellung von Daten, Meß- oder Rechenwerten, Zuständen oder Geschehensabläufen, die durch ein technisches Gerät ganz oder zum Teil selbsttätig bewirkt wird, den Gegenstand der Aufzeichnung allgemein oder für Eingeweihte erkennen läßt und zum Beweis einer rechtlich erheblichen Tatsache bestimmt ist, gleichviel ob ihr die Bestimmung schon bei der Herstellung oder erst später gegeben wird.

(3) Der Herstellung einer unechten technischen Aufzeichnung steht es gleich, wenn der Täter durch störende Einwirkung auf den Aufzeichnungsvorgang das Ergebnis der Aufzeichnung beeinflußt.

(4) Der Versuch ist strafbar.

(5) § 267 Abs. 3 und 4 gilt entsprechend.

Schrifttum

Blei Lösung zur schriftlichen Aufgabe Strafrecht, JA **1971** 723; *ders.* Strafschutzbedürfnis und Auslegung, Festschrift Henkel (1974) 109; *Bosch* Anmerkung zum Urteil des BGH vom 16.4.2015 – 1 StR 490/14 – NStZ 2016, 42, JK 10/15 StGB § 268; *Duchstein* Die Strafbarkeit von Fahrerkartenmanipulationen, NZV **2013** 367; *Erb* Anmerkung zum Beschluss des BGH vom 16.4.2015 – 1 StR 490/14 – NStZ 2016, 42, StV **2016** 366; *Geppert* Fälschung technischer Aufzeichnungen durch Gegenblitzanlage? DAR **2000** 106; *Haft* Das Zweite Gesetz zur Bekämpfung der Wirtschaftskriminalität (2. WiKG) – Teil 2 Computerdelikte, NStZ **1987** 6; *Hartmann* Neue Herausforderungen für das Urkundenstrafrecht im Zeitalter der Informationsgesellschaft (2004); *Hecker* Anmerkung zum Beschluss des OLG Köln vom 10.8.2001 – Ss 264/01 – NJW 2002, 527, JuS **2002** 224; *ders.* Herstellung, Verkauf, Erwerb und Verwendung manipulierter Telefonkarten, JA **2004** 762; *Hefendehl* Kollektive Rechtsgüter im Strafrecht (2002); *Heinrich* Mißbrauch gescannter Unterschriften als Urkundenfälschung, CR **1997** 622; *Hellmann* Zur Strafbarkeit der Entwendung von Pfandleergut und der Rückgabe dieses Leerguts unter Verwendung eines Automaten, JuS **2001** 353; *Hilgendorf* Grundfälle zum Computerstrafrecht, JuS **1997** 323; *Hirsch* Besprechung von Puppe, Die Fälschung technischer Aufzeichnungen (1972), ZStW **85** (1973) 721; *Jakobs* Urkundenfälschung (2000); *Kargl* Urkundenverfälschung durch den Aussteller (§ 267 StGB), JA **2003** 604; *Arm. Kaufmann* Die Urkunden- und Beweismittelfälschung im Entwurf 1959, ZStW **71** (1959) 409; *Kienapfel* Urkunden und technische Aufzeichnungen, JZ **1971** 163; *ders.* Zur Urkundenqualität von Fotokopien, Xerokopien und Abschriften, NJW **1971** 1781; *ders.* Anmerkung zum Beschluss des BGH vom 6.2.1979 – 1 StR 648/78 – BGHSt 28, 300, JR **1980** 347; *Kitz* Examensrelevante Bereiche „moderner Kriminalität", JA **2001** 303; *Kudlich* Anmerkung zum Urteil des OLG München vom 15.5.2006 – 4 St RR 053/06 – NStZ 2006, 576, JA **2007** 72; *ders.* Urkundsdelikte und Straßenverkehr, JA **2019** 272; *Kunz* Klausur Strafrecht: Die prestigefördernde Computer-Manipulation, JuS **1977** 604; *Lampe* Fälschung technischer Aufzeichnungen, NJW **1970** 1097; *ders.* Die strafrechtliche Behandlung der sog. Computer-Kriminalität, GA **1975** 1; *Matzky* Die Strafbarkeit täuschenden Verhaltens beim Nichtentrichten kommunaler Parkgebühren, Jura **2003** 191; *Otto* Anmerkung zum Beschluss des OLG Köln vom 10.8.2001 – Ss 264/01 – NJW 2002, 527, JK 6/02 StGB § 267/29; *Peters* Klausur Strafrecht: Konflikte mit der „BRD-GmbH", JuS **2019** 33; *Preuß* Klausur Strafrecht: „Parkfreuden", JA **2013** 433; *Puppe* Die Fälschung technischer Aufzeichnungen (1972); *dies.* Störende Einwirkung auf einen Aufzeichnungsvorgang, NJW **1974** 1174; *dies.* Die neue Rechtsprechung zu den Fälschungsdelikten – Teil 1, JZ **1986** 938; *dies.* Anmerkung zum Beschluss des OLG Stuttgart vom 8.3.1993 – 3 Ss 569/92 – JR 1993, 328, JR **1993** 330; *dies.* Die neue Rechtsprechung zu den Fälschungsdelikten, JZ **1997** 490; *dies.* Das Recht auf Wahrheit im Strafrecht, ZStW **130** (2018) 649; *Rahmlow* Anmerkung zum Urteil des AG Berlin-Tiergarten vom 11.11.1998 – 340 DS 169/98 – JR 2000 386, JR **2000** 388; *Schilling* Fälschung technischer Aufzeichnungen (§ 268 StGB) (1970); *Schneider* Das Fälschen technischer Aufzeichnungen (§ 268 StGB), Jura **1970** 243; *Schröder* Anmerkung zum Urteil des BGH vom 11.5.1971 – 1 StR 387/70 – BGHSt 24, 140, JR **1971** 469; *Sieber* Computerkriminalität und Strafrecht, 2. Aufl. (1980); *Sonnen* Anmerkung zum Urteil des BGH vom 9.5.1978 – StR 104/78 – NJW 1978, 2042, JA **1979** 168; *Steinke* Die Kriminalität durch Beeinflussung von Rechnerabläufen, NJW **1975** 1867; *Wachter* Klausurrelevante Probleme aus dem Bereich der Cyberkriminalität, JA **2019** 827; *Welp* Strafrechtliche Aspekte der digitalen Bildbearbeitung, CR **1992** 291; *Widmaier* Unechte oder scheinbare technische Aufzeichnungen? NJW **1970**

https://doi.org/10.1515/9783110490220-003

1358; *Winkelbauer* Computerkriminalität und Strafrecht, CR **1985** 40; *Zielinski* Urkundenfälschung durch Computer, Gedächtnisschrift Arm. Kaufmann (1989) 605.

Entstehungsgeschichte

Ursprünglich war in § 268 a.F. RStGB eine Qualifikation der Urkundenfälschung normiert, bis die Strafrechtsangleichungsverordnung vom 29.5.1943[1] die Urkundenfälschung nur noch in einer Vorschrift (§ 267) regelte.[2]

Das 1. Strafrechtsreformgesetz vom 25.6.1969[3] führte mit Wirkung zum 1.9.1969 die Fälschung technischer Aufzeichnungen gemäß § 268 in das StGB ein. Vom 1.9.1969 bis zum 31.3.1970 sah § 268 Abs. 1 a.F. als Sanktion Gefängnis vor, ab dem 1.4.1970 Freiheitsstrafe bis zu fünf Jahren.

Das EGStGB vom 2.3.1974[4] versah die Vorschrift zum 1.1.1975 mit der gesetzlichen Überschrift „Fälschung technischer Aufzeichnungen". Zudem ergänzte es den ersten Absatz dahingehend, dass auch eine Geldstrafe („oder mit Geldstrafe") verhängt werden kann.

Das 6. Strafrechtsreformgesetz vom 26.1.1998,[5] das § 267 Abs. 4 eingeführt hat, nahm im fünften Absatz des § 268 den Verweis auf diese Regelung auf. Seitdem ist § 268 unverändert geblieben. Damit ist die Strafbestimmung seit ihrer Einführung im Jahr 1969 insgesamt nur marginal modifiziert worden.

Die Vorschrift ist sehr stark angelehnt an § 306 Abs. 1 E 1962.[6] In der Begründung zum E 1962 ist ausgeführt, die Strafbestimmung habe die Aufgabe, auf technischem Wege hergestellte Beweismittel strafrechtlich zu sichern. Man hielt eine Strafnorm für notwendig, da in Industrie und Wirtschaft in zunehmendem Maße rechtlich erhebliche Umstände durch selbsttätig arbeitende technische Geräte festgehalten würden.[7] Verwende man solche Aufzeichnungen im Rechtsverkehr zum Beweis, bestehe angesichts ihres Beweiswertes ein Bedürfnis, sie strafrechtlich vor Missbrauch zu schützen.[8] Ohne diese Strafnorm würde der Schutz des Rechts- und Beweisverkehrs dort empfindlich verkürzt, wo der Beweis durch technische Aufzeichnungen den Urkundenbeweis verdrängt.[9] Der Sinn und Zweck des § 268 besteht also darin, den strafrechtlichen Schutz des Rechtsverkehrs an – im Zeitpunkt der Einführung – neue Entwicklungen anzupassen.[10] Es sollten Strafbarkeitslücken vermieden werden.[11]

Übersicht

1 RGBl. I, 339.
2 Siehe dazu *Zieschang* LK § 267 Entstehungsgeschichte.
3 BGBl. I, 645.
4 BGBl. I, 469.
5 BGBl. I, 164.
6 Abgedruckt in BTDrucks. IV/650 S. 60. § 306 Abs. 1 E 1962 („Fälschung und Unterdrückung technischer Aufzeichnungen") ist im Wortlaut identisch mit § 268 Abs. 1 mit Ausnahme der Strafdrohung (Gefängnis bis zu drei Jahren oder Strafhaft). § 306 Abs. 2 E 1962 enthält die Unterdrückung technischer Aufzeichnungen, § 306 Abs. 3 E 1962 eine dem § 268 Abs. 2 vergleichbare Definition der technischen Aufzeichnung. § 306 Abs. 4 und 5 E 1962 sind identisch mit § 268 Abs. 3 und 4.
7 BTDrucks. IV/650 S. 481 f.
8 BTDrucks. IV/650 S. 481; siehe auch BGHSt **29** 204, 209 f.
9 BTDrucks. IV/650 S. 482.
10 BTDrucks. IV/650 S. 482.
11 Vgl. *Brehmeier-Metz* AK Rdn. 1; SSW/*Hilgendorf* Rdn. 1; *Joecks/Jäger* Rdn. 2; *Kindhäuser/Schramm* BT I § 56 Rdn. 1; *Maurach/Schroeder/Maiwald* BT 2 § 65 Rdn. 81; *Rengier* BT II § 34 Rdn. 1. Kritisch zur Ausgestaltung des § 268 etwa *Haft* NStZ **1987** 6, 7 („sprachliches Monstrum"); *Puppe/Schumann* NK Rdn. 5 ff.

Alphabetische Übersicht

I. Allgemeine Bemerkungen

1. Geschütztes Rechtsgut

§ 268 ist eingeführt worden, um Strafrechtsschutz auch dann zu gewährleisten, falls ein Beweis im Rechtsverkehr nicht durch Urkunden im Sinne des § 267, sondern mittels technischer Aufzeichnung geführt wird. Es handelt sich damit lediglich um ein anderes **Beweisführungsmittel**, im Übrigen ist die Vorschrift aber an § 267 angeglichen.[12] Folglich gelten die Überlegungen zum geschützten Rechtsgut des § 267 für § 268 entsprechend.[13] Es geht daher bei § 268, wie Rechtsprechung[14] und überwiegende Ansicht im Schrifttum[15] zu Recht betonen, um den **Schutz der Sicherheit und Zuverlässigkeit des Rechtsverkehrs mit technischen Aufzeichnungen im Sinne des Beweisverkehrs**. Dies bringt den Gleichklang mit § 267 noch deutlicher zum Ausdruck als die Aussage, geschütztes Rechtsgut sei die Sicherheit der Informationsgewinnung durch technische 1

12 Vgl. auch BGHSt **29** 204, 208 f.

13 Siehe dazu *Zieschang* LK § 267 Rdn. 1.

14 So BGHSt **29** 204, 209; BGH NStZ **2016** 42, 44; OLG Stuttgart NStZ-RR **2000** 11, 12.

15 Siehe Arzt/Weber/Heinrich/Hilgendorf BT § 32 Rdn. 1; *Bosch* JK **2015** 1137; *Brehmeier-Metz* AK Rdn. 1; *Eisele* BT I Rdn. 851, 868; *ders.* Computerstrafrecht § 45 Rdn. 11; *Fischer* Rdn. 2; *Haft* BT II S. 194; *Sch/Schröder/Heine/Schuster* Rdn. 3; SSW/*Hilgendorf* Rdn. 2; *Hilgendorf/Valerius* BT I § 10 Rdn. 53; *Hohmann/Sander* BT § 18 Rdn. 1; *Kindhäuser/Schramm* BT I § 56 Rdn. 1; *Koch* HK-GS Rdn. 1; *Krey/Hellmann/Heinrich* BT 1 Rdn. 1184; Lackner/Kühl/*Heger* Rdn. 1; *Rengier* BT II § 34 Rdn. 1; *Wachter* JA **2019** 827, 829; *Weidemann* BeckOK Rdn. 2; *Wessels/Hettinger/Engländer* BT 1 Rdn. 846; *Zieschang* BT 1 Rdn. 868; kritisch *Hefendehl* S. 247 f.

Geräte,[16] wenngleich diese Formulierung verdeutlicht, dass § 268 das Vertrauen des Rechtsverkehrs darauf schützt, dass die technische Aufzeichnung **ohne störende Einwirkung in einem automatisierten Verfahren** entstanden ist.[17]

2 Ebenso wie bei § 267 geht es bei dem Schutz des Rechtsverkehrs um ein **Allgemeinrechtsgut**, dagegen nicht um Individualschutz. Auf die diesbezüglichen Ausführungen zu § 267 wird insoweit verwiesen.[18]

3 Da mit § 268 keine Abweichung vom grundsätzlichen Konzept des § 267 intendiert ist, eben nur der Schutz auf technische Aufzeichnungen ausgedehnt wird, ist letztlich ebenfalls bei § 268 der **Echtheitsschutz** maßgeblich, dagegen **nicht der Schutz der inhaltlichen Wahrheit**.[19] Der Echtheitsschutz wird aber im Vergleich zu § 267 **modifiziert** und ist anders als dort nicht auf einen bestimmten Aussteller bezogen.[20] Entscheidend ist vielmehr, dass **ein von menschlicher Hand ungestörter Herstellungs- und Aufzeichnungsvorgang erfolgt und das Ergebnis so tatsächlich aus einem selbsttätig arbeitenden Aufzeichnungsgerät stammt**.[21] Darin ist bei § 268 der besondere Beweiswert begründet.[22] Es geht um die Authentizität des automatisierten Herstellungsverfahrens.[23]

4 Die inhaltliche Richtigkeit (Wahrheit) wird dadurch zwar im Grundsatz **mittelbar** geschützt, sodass der vielfach im Zusammenhang mit § 268 erwähnte Aspekt der „Vermutung inhaltlicher Richtigkeit"[24] eine gewisse Berechtigung besitzt. Das darf aber nicht zu der verfehlten Schlussfolgerung verleiten, § 268 diene dem Wahrheitsschutz. Auf die inhaltliche **Richtigkeit** kommt es bei § 268 **nicht entscheidend** an. So gibt es Fälle der inhaltlichen Unrichtigkeit von technischen Aufzeichnungen, bei denen § 268 gar nicht einschlägig ist. Arbeitet ein Aufzeichnungsgerät etwa unbeeinflusst aufgrund eines Eigendefekts fehlerhaft, liegt trotz inhaltlicher Unrichtigkeit keine unechte technische Aufzeichnung vor, sodass § 268 Abs. 1 Nr. 2 nicht verwirklicht wird, falls je-

---

16 So BGHSt **40** 26, 30; ebenso BayObLG NStZ-RR **1996** 36, 37; OLG Karlsruhe NStZ **2002** 652, 653; Arzt/Weber/Heinrich/Hilgendorf BT § 32 Rdn. 1; *Sch/Schröder/Heine/Schuster* Rdn. 3; *Kindhäuser/Schramm* BT I § 56 Rdn. 1; *Kindhäuser/Hilgendorf* LPK Rdn. 1; *Otto* BT § 74 Rdn. 1; *Rengier* BT II § 34 Rdn. 1; *Sieber* S. 303.

17 Vgl. etwa OLG Karlsruhe NStZ **2002** 652; Arzt/Weber/Heinrich/Hilgendorf BT § 32 Rdn. 1; *Fischer* Rdn. 2; *Sch/Schröder/Heine/Schuster* Rdn. 4; *Hirsch* ZStW **85** (1973) 721, 724; *Hoyer* SK Rdn. 3; *Joecks/Jäger* Rdn. 1; *Kudlich* JA **2019** 272, 276; Lackner/Kühl/*Heger* Rdn. 2; *Weidemann* BeckOK Rdn. 2; *Wessels/Hettinger/Engländer* BT 1 Rdn. 846.

18 *Zieschang* LK § 267 Rdn. 1 ff. Dagegen auch hier auf den Schutz der individuellen Dispositionsfreiheit vor manipulierten Beweismitteln im Rechtsverkehr abstellend *Erb* MK Rdn. 1; *Hoyer* SK Rdn. 1; vgl. auch *Puppe* ZStW **130** (2018) 649, 666 (Täuschung eines Einzelnen im Rechtsverkehr). Das überzeugt ebenso wenig wie bei § 267. Beim Schutz des Rechtsverkehrs handelt es sich um ein nicht disponibles Allgemeinrechtsgut. Sowohl den Rechtsverkehr als auch die Beweis- und Vermögensinteressen des Individuums als geschützt ansehend *Matt/Renzikowski/Maier* Rdn. 2; siehe zudem *Fischer* Rdn. 2 (in Absatz 5 auch Vermögensschutz). Der Schutz des Individuums ist indessen bloßer Rechtsreflex. Zudem geht es nicht um Vermögensschutz; vgl. insoweit bereits im Einzelnen *Zieschang* LK § 267 Rdn. 5 ff.

19 Vgl. *Gribbohm* LK[11] Rdn. 2; SSW/*Hilgendorf* Rdn. 2; *Koch* HK-GS Rdn. 1; *Kunz* JuS **1977** 604, 606; **anders** hingegen *Haft* BT II S. 194: Es gehe letztlich um Wahrheitsschutz; *Klesczewski* BT § 17 Rdn. 61 (Interesse des Rechtsverkehrs an der inhaltlichen Richtigkeit); *Puppe* ZStW **130** (2018) 649, 666 (Schutz der Wahrheit des Aufzeichnungsergebnisses); *Puppe/Schumann* NK Rdn. 7 (Interesse des Rechtsverkehrs an der Wahrheit des Beweisergebnisses); kritisch zum Echtheitsschutz auch *Jakobs* S. 69.

20 Begründung zum E 1962, BTDrucks. IV/650 S. 482.

21 BGH NStZ **2016** 42, 44; siehe auch *Hecker* JuS **2002** 224, 225; *Sch/Schröder/Heine/Schuster* Rdn. 4; *Hellmann* JuS **2001** 353, 356; SSW/*Hilgendorf* Rdn. 2; *Kargl* JA **2003** 604, 610; *Kienapfel* JZ **1971** 163; *Koch* HK-GS Rdn. 1; Lackner/Kühl/*Heger* Rdn. 2.

22 Vgl. Begründung zum E 1962, BTDrucks. IV/650 S. 482.

23 *Fischer* Rdn. 15; *Krey/Hellmann/Heinrich* BT 1 Rdn. 1197; *Kunz* JuS **1977** 604, 606.

24 BGHSt **28** 300, 304; BGHSt **40** 26, 30; BayObLG wistra **1995** 316, 317; OLG Karlsruhe NStZ **2002** 652; OLG Stuttgart NStZ-RR **2000** 11, 12; Arzt/Weber/Heinrich/Hilgendorf BT § 32 Rdn. 1; *Eisele* BT I Rdn. 851; *Hecker* JuS **2002** 224, 225; *Sch/Schröder/Heine/Schuster* Rdn. 4; *Joecks/Jäger* Rdn. 1; *Rengier* BT II § 34 Rdn. 1; *Wessels/Hettinger/Engländer* BT 1 Rdn. 846.

mand diese Aufzeichnung gebraucht.[25] Weiterhin ist § 268 auch dann etwa nicht erfüllt, wenn das Gerät bloß mit unzutreffenden Informationen „gefüttert“ wird, also zum Beispiel falsche Daten in den Computer eingegeben werden, in den Aufzeichnungsvorgang selbst aber kein Eingriff erfolgt.[26] Umgekehrt stellt eine von Hand erstellte Aufzeichnung, die den Anschein erweckt, aus einem technischen Gerät zu stammen, eine unechte technische Aufzeichnung im Sinne des § 268 dar, selbst wenn sie inhaltlich richtig sein sollte.[27]

Auch § 268 Abs. 3 ändert nichts daran, dass der Echtheitsschutz maßgeblich ist, denn es handelt es sich bei der im dritten Absatz beschriebenen Konstellation lediglich um einen **Unterfall des Herstellens** einer unechten technischen Aufzeichnung.[28] 5

2. Rechtsnatur

§ 268 setzt nicht voraus, dass es tatsächlich im Einzelfall zu einer Beeinträchtigung des Rechtsverkehrs kommt. Vielmehr wird ein typischerweise für den Rechtsverkehr gefährliches Verhalten pönalisiert. Damit weist die Vorschrift die Rechtsnatur eines **abstrakten Gefährlichkeitsdelikts** (abstrakten Gefährdungsdelikts) auf. Es verhält sich ebenso wie bei § 267.[29] Folglich ist die Vorschrift im Grundsatz selbst dann verwirklicht, wenn im Einzelfall von der unechten oder verfälschten technischen Aufzeichnung von vornherein keinerlei Gefahr für den Rechtsverkehr ausgeht.[30] Ein für ein Rechtsgut ungefährliches Verhalten zu pönalisieren, ist indes mit dem **Schuldprinzip nicht vereinbar**. De lege lata ist dieses Problem bei der Auslegung der jeweiligen Tatbestandsmerkmale zu berücksichtigen, um zu vermeiden, dass die Vorschrift dann zur Anwendung gelangt. 6

§ 268 stellt keine besonderen Anforderungen an die Täterqualität. Es handelt sich um ein **Jedermanndelikt**. Tauglicher Täter kann folglich jede natürliche Person sein. 7

3. Bedeutung in der Praxis

Die Anzahl der Verurteilungen wegen Fälschung technischer Aufzeichnungen ist nicht besonders hoch (2009: 286; 2010: 238; 2011: 203; 2012: 206; 2013: 156; 2014: 186; 2015: 170; 2016: 159; 2017: 112; 2018: 121; 2019: 94; 2020: 90; 2021: 77).[31] Die Zahl der erfassten Fälle von Straftaten nach § 268 hat in den letzten Jahren stetig abgenommen und liegt 2019 bei 517, 2020 bei 403 und 2021 bei 365.[32] Die Aufklärungsquote ist im Schnitt bei 94 % anzusiedeln. Die Anzahl der Tatverdächtigen liegt aktuell im dreistelligen Bereich (2009: 1.405; 2010: 1.306; 2011: 1.244; 2012: 1.201; 2013: 903; 2014: 856; 2015: 824; 2016: 790; 2017: 674; 2018: 648; 2019: 516; 2020: 381; 2021: 360). 8

25 BTDrucks. V/4094 S. 37; siehe dazu Rdn. 51.

26 Falls also jemand im Supermarkt beim Abwiegen von Obst auf die Taste für Äpfel drückt, obwohl er eine Ananas abwiegt, stellt er mit dem Ausdruck keine unechte technische Aufzeichnung her; siehe Rdn. 48.

27 *Erb* MK Rdn. 4; vgl. auch Begründung zum E 1962, BTDrucks. IV/650 S. 482.

28 Begründung zum E 1962, BTDrucks. IV/650 S. 482; siehe dazu Rdn. 42.

29 Siehe dazu *Zieschang* LK § 267 Rdn. 9.

30 Vgl. dazu bereits *Zieschang* LK § 267 Rdn. 9.

31 Statistisches Bundesamt, Rechtspflege, Strafverfolgung, Fachserie 10 Reihe 3 für die Jahre 2009 bis 2021. Abgeurteilte: 2009: 385; 2010: 318; 2011: 258; 2012: 265; 2013: 202; 2014: 234; 2015: 233; 2016: 198; 2017: 131; 2018: 143; 2019: 115; 2020: 116; 2021: 98.

32 Laut PKS 2009: 1.453; 2010: 1.420; 2011: 1.282; 2012: 1.301; 2013: 965; 2014: 904; 2015: 876; 2016: 823; 2017: 683; 2018: 638; 2019: 517; 2020: 403; 2021: 365.

II. Der Begriff der technischen Aufzeichnung

1. Allgemeines

9 Anders als im Hinblick auf den Begriff der Urkunde existiert eine **Legaldefinition** der technischen Aufzeichnung in § 268 Abs. 2, wobei sich der Gesetzgeber hiermit an den Urkundenbegriff anlehnen wollte.[33] Der entscheidende Unterschied liegt aber vor allem darin, dass mit der technischen Aufzeichnung **keine menschliche Gedankenerklärung** verbunden ist.[34] Sie gehört damit zur Gruppe der **Augenscheinsobjekte**.[35]

10 Auch wenn sich damit Urkunde und technische Aufzeichnung unterscheiden, ist es möglich, dass in einem Dokument **sowohl eine technische Aufzeichnung als auch eine Urkunde** verkörpert ist.[36] Das kommt einmal in Betracht, wenn eine technische Aufzeichnung mit **gedanklichen Zusätzen** versehen wird und der diesbezügliche Aussteller erkennbar ist. Sowohl eine Urkunde als auch eine technische Aufzeichnung liegen danach etwa vor, wenn auf das Fahrtenschreiberdiagramm der Namen des Fahrers geschrieben wird und dadurch der Aussteller erkennbar ist.[37] Zudem kann sich jemand eine technische Aufzeichnung **zu eigen machen und sie autorisieren**. So ist das beim Abwiegen vom Obst ausgeworfene Etikett eine technische Aufzeichnung, gleichzeitig geht es bei dem Ausdruck um eine autorisierte und stofflich fixierte Gedankenerklärung des Supermarktbetreibers.[38] Ebenso stellt ein vom Automaten ausgeworfener Parkschein eine technische Aufzeichnung dar, indem er selbsttätig Informationen über die zulässige Parkdauer produziert,[39] der Betreiber macht sich aber auch das Ergebnis dieser Datenverarbeitung zu eigen, selbst wenn ihm die Überprüfung wegen der Art der maschinellen Verarbeitung nicht möglich ist; er autorisiert das Ergebnis im Voraus, sodass auch eine Urkunde vorliegt.[40] Schließlich handelt es sich etwa bei der mittels eines Computers erstellten Stromrechnung um eine technische Aufzeichnung, die sich der Stromanbieter zu eigen macht, sodass sie auch eine Urkunde ist.[41]

11 Im Folgenden ist ausgehend von der **Legaldefinition des § 268 Abs. 2** auf die einzelnen Merkmale der technischen Aufzeichnung einzugehen.

2. Darstellung von Daten, Mess- oder Rechenwerten, Zuständen oder Geschehensabläufen

12 An die Stelle der Gedankenerklärung bei der Urkunde tritt bei der technischen Aufzeichnung die Darstellung von Werten, Zuständen oder Abläufen.

---

33 Begründung zum E 1962, BTDrucks. IV/650 S. 482. Siehe dazu auch *Puppe/Schumann* NK Rdn. 11: „Reich an Worten und arm an Aussagekraft".

34 Begründung zum E 1962, BTDrucks. IV/650 S. 481 f.; Arzt/Weber/Heinrich/Hilgendorf BT § 32 Rdn. 1; *Eisele* BT I Rdn. 851; *Erb* MK Rdn. 2; *Hecker* JA **2004** 762, 763; *Kindhäuser/Hilgendorf* LPK Rdn. 1; *Matt/Renzikowski/Maier* Rdn. 4; *Rengier* BT II § 34 Rdn. 3. Zudem ist auch der „Aussteller" (Hersteller) regelmäßig nicht erkennbar.

35 Dabei ist umgekehrt natürlich zu beachten, dass nicht sämtliche Augenscheinsobjekte auch technische Aufzeichnungen sind.

36 *Eisele* BT I Rdn. 854; *Rengier* BT II § 34 Rdn. 3, 22.

37 OLG Karlsruhe NStZ **2002** 652, 653; OLG Stuttgart NJW **1978** 715; *Krey/Hellmann/Heinrich* BT 1 Rdn. 1189.

38 Siehe bereits *Zieschang* LK § 267 Rdn. 32.

39 *Hecker* JuS **2002** 224, 226; Lackner/Kühl/*Heger* Rdn. 4; **anders** *Erb* MK Rdn. 17 (Parkschein sei ausschließlich Urkunde). Insoweit wird aber übersehen, dass neue Informationen produziert werden, indem insbesondere bestimmte Uhrzeitangaben zum Parkzeitende ausgeworfen werden.

40 OLG Köln NJW **2002** 527, 528; siehe auch *Gössel/Dölling* BT 1 § 52 Rdn. 3; *Hecker* JuS **2002** 224, 225; *Matzky* Jura **2003** 191, 192; *Otto* JK 6/02 StGB § 267/29; *Zielinski* GS Armin Kaufmann 605, 611; **anders** *Krey/Hellmann/Heinrich* BT 1 Rdn. 1190 (Parkschein sei allein technische Aufzeichnung).

41 In derartigen Fällen nur eine Urkunde annehmend *Hilgendorf* JuS **1997** 323, 328.

a) Kein Erfordernis der visuellen Wahrnehmbarkeit. Wenn auch die Definition der technischen Aufzeichnung an den Urkundenbegriff angelehnt ist, besteht Einigkeit, dass bei der technischen Aufzeichnung anders als bei der Urkunde **keine visuelle Wahrnehmbarkeit** erforderlich ist.[42] Auch Informationen auf **digitalen Speichermedien** oder etwa auf einem **Tonband** werden daher erfasst.[43] Das wird nicht zuletzt daran deutlich, dass § 268 Abs. 2 die „Daten" auflistet, die oftmals eben nicht visuell wahrnehmbar sind. Dieser Begriff wurde auf Vorschlag des Sonderausschusses für die Strafrechtsreform in den Gesetzestext aufgenommen.[44] Die Einfügung sei geboten, weil sonst der Begriff der technischen Aufzeichnung zu sehr eingeengt würde. Man verstand unter Daten „hauptsächlich speicherbare Informationen, die einer weiteren Verarbeitung in einer Datenverarbeitungsanlage unterliegen".[45] 13

b) Darstellung. Aus dem Begriff **Darstellung** und auch aus dem der **Aufzeichnung** folgt, dass es – in Parallele zur Urkunde – zu einer **Verkörperung** von Informationen gekommen sein muss, die eine gewisse **Dauerhaftigkeit** aufweist.[46] Insoweit geht es um die **Perpetuierungsfunktion**. 14

Unstreitig fehlt es an der Dauerhaftigkeit bei **bloßen Anzeigegeräten**, die nach Beendigung des Messvorgangs oder nach Ausschalten des Geräts wieder in die **Ausgangsposition** zurückgehen.[47] Ein Beispiel dafür ist eine einfache Federwaage mit Drehzeiger, der nach dem Wiegen wieder in die Ausgangsstellung geht. Nichts anderes gilt für die Gewichtsangabe auf dem Display einer elektronischen Waage,[48] für das Zählwerk der Benzinuhr an Zapfsäulen[49] oder für die Anzeige des Ergebnisses auf dem Display des Taschenrechners. Auch fällt darunter etwa die analoge Anzeige der Geschwindigkeit durch die Tachonadel beim Tachometer oder die Drehzahlanzeige beim Drehzahlmesser. Beide gehen nach der Fahrt wieder in die Nullposition zurück, sodass es an einer dauerhaften Aufzeichnung fehlt. 15

Kontrovers wird hingegen beurteilt, ob dann eine ausreichend dauerhafte Verkörperung und damit eine technische Aufzeichnung vorliegt, wenn eine **Addition oder Subtraktion von Messwerten** erfolgt, indem die bereits gemessenen Werte aktualisiert und überschrieben werden, aber in den aktuellen Messwert eingehen.[50] Typisches Beispiel ist dafür der **Kilometerzähler** (Wegstreckenanzeige). Betroffen sind aber auch etwa der Gas-, Strom- und Wasserzähler, der Verbrauchsmesser am Heizkörper oder die Telefonkarte.[51] 16

---

42 Siehe Arzt/Weber/Heinrich/Hilgendorf BT § 32 Rdn. 1a; *Eisele* BT I Rdn. 859; *ders.* Computerstrafrecht § 45 Rdn. 15; *Erb* MK Rdn. 9; SSW/*Hilgendorf* Rdn. 3; *Hohmann/Sander* BT § 18 Rdn. 4; *Klesczewski* BT § 17 Rdn. 62; *Puppe/Schumann* NK Rdn. 24; *Rengier* BT II § 34 Rdn. 5.

43 *Sch/Schröder/Heine/Schuster* Rdn. 8; *Hoyer* SK Rdn. 10; Lackner/Kühl/*Heger* Rdn. 3.

44 BTDrucks. V/4094 S. 37.

45 BTDrucks. V/4094 S. 37.

46 Arzt/Weber/Heinrich/Hilgendorf BT § 32 Rdn. 1b; *Eisele* BT I Rdn. 859; *Erb* MK Rdn. 8; *Sch/Schröder/Heine/Schuster* Rdn. 9; *Hoyer* SK Rdn. 10; *Joecks/Jäger* Rdn. 8; Lackner/Kühl/*Heger* Rdn. 3; *Matt/Renzikowski/Maier* Rdn. 5; *Maurach/Schroeder/Maiwald* BT 2 § 65 Rdn. 82; *Rengier* BT II § 34 Rdn. 5.

47 Arzt/Weber/Heinrich/Hilgendorf BT § 32 Rdn. 1b; *Eisele* BT I Rdn. 859; *Gössel/Dölling* BT 1 § 52 Rdn. 29; *Hohmann/Sander* BT § 18 Rdn. 4; *Matt/Renzikowski/Maier* Rdn. 5; *Puppe/Schumann* NK Rdn. 24; *Rengier* BT II § 34 Rdn. 9.

48 *Kindhäuser/Schramm* BT I § 56 Rdn. 7; *Kindhäuser/Hilgendorf* LPK Rdn. 7.

49 *Wessels/Hettinger/Engländer* BT 1 Rdn. 850. Der Abrechnungsbeleg beim Selbsttanken ist aber technische Aufzeichnung; *Krey/Hellmann/Heinrich* BT 1 Rdn. 1188.

50 Siehe dazu auch *Hillenkamp* BT Problem Nr. 14.

51 Speziell bei der abtelefonierten Telefonkarte die technische Aufzeichnung bejahend *Hecker* JA **2004** 762, 763 f.; Lackner/Kühl/*Heger* Rdn. 3; *Maurach/Schroeder/Maiwald* BT 2 § 65 Rdn. 82; **anders** dagegen etwa *Erb* MK Rdn. 11; vgl. auch SSW/*Hilgendorf* Rdn. 4.

17 Der BGH hat in seinem Urteil vom 7.2.1980 ausgeführt, dass die **Wegstreckenanzeige** in einem Kraftfahrzeug **keine technische Aufzeichnung** darstelle.[52] Eine gegenteilige Auffassung sei nicht mit dem Wortlaut des § 268 Abs. 2 vereinbar, zudem sei sie weder historisch noch systematisch zu begründen, schließlich sei sie kriminalpolitisch nicht geboten. Der Begriff Aufzeichnung verlange in der Regel die Verkörperung des Aufgezeichneten auf einem **selbständigen, vom aufzeichnenden Menschen oder vom Gerät abtrennbaren Zeichenträger**.[53] Davon ausgehend wird ebenfalls teilweise im Schrifttum die Ansicht vertreten, dass die Information in einem **vom Gerät abtrennbaren Träger** enthalten sein müsse,[54] sodass etwa der Kilometerzähler keine technische Aufzeichnung sei.[55] Die Gegenansicht lässt es hingegen für die technische Aufzeichnung ausreichen, dass der einmal gemessene Einzelwert in der Endsumme enthalten ist.[56]

18 Zwar ist die Kontroverse in Bezug auf Kilometerzähler aufgrund der Schaffung des § 22b StVG durch das Gesetz vom 14.8.2005[57] etwas entschärft worden, das grundsätzliche Problem besteht aber fort. Schaut man sich insofern den Wortlaut des § 268 Abs. 2 an, ist dieser nicht sehr aussagekräftig. So könnte beim Kilometerzähler durchaus von der „Darstellung von Messwerten oder Zuständen“ im Sinne der Definition gesprochen werden. Auch die Gesetzgebungshistorie hilft nicht weiter, liefern die dort angeführten Beispiele doch kein eindeutiges Ergebnis für die hier relevante Frage.[58] Soweit der BGH in systematischer Hinsicht die Parallele zum Urkundenbegriff bemüht und meint, Kennzeichen für die Urkunde sei, dass sie mit dem Erklärenden nicht fest verbunden ist und losgelöst von ihm Beweis erbringen kann, vermag das nicht vollends zu überzeugen: Eine Urkunde im Sinne des § 267 ist nämlich zum Beispiel auch dann anzunehmen, wenn jemand seinen Körper als Trägermedium benutzt, indem er eine Gedankenerklärung etwa auf seine Haut schreibt.

19 Ergiebiger ist es hingegen, wenn der BGH auf den Telos des § 268 abstellt, um die Nichtanwendbarkeit der Vorschrift in Bezug auf den Wegstreckenzähler zu begründen: Die Vorschrift will die Beweisführung mittels technischer Aufzeichnungen schützen, und zwar mittels solcher, „die sich nicht nur durch ihre Zuverlässigkeit, sondern auch durch ihre Vollkommenheit hervorheben“.[59] Beim Kilometerzähler ist aber die Beweisführung „stets auf den jeweils letzten Stand des Zählwerks beschränkt und hängt für vorausgehende Werte von der Zuverlässigkeit der sie kundgebenden weiteren Beweismittel ab“.[60] Damit spricht der BGH ein entscheidendes Kriterium

---

52 BGHSt **29** 204, 205 ff.; ebenso BGH wistra **2004** 145, 146; BGH NStZ **2016** 42, 44; OLG Düsseldorf VerkMitt **1975** 54. BGH NStZ **2016** 42, 44 lehnt auch bei Strom- und Wasserzählern mit ablesbarem Display die Eigenschaft als technische Aufzeichnung ab.

53 BGHSt **29** 204, 205.

54 Beispiele hierfür wären Diagrammscheiben, Kassenbelege, Kontoauszüge oder Parkscheine.

55 *Brehmeier-Metz* AK Rdn. 3; *Fischer* Rdn. 4; *Haft* BT II S. 195; *Gribbohm* LK[11] Rdn. 5 f.; *Kindhäuser/Schramm* BT I § 56 Rdn. 7; *Küper/Zopfs* BT Rdn. 48; *Otto* BT § 74 Rdn. 5; *Weidemann* BeckOK Rdn. 4. Unabhängig vom Gesichtspunkt der Abtrennbarkeit gegen die Einordnung des Kilometerzählers als technische Aufzeichnung *Bock* BT 1 S. 473; *Erb* MK Rdn. 11; SSW/*Hilgendorf* Rdn. 4; *ders.* JuS **1997** 323, 328 (bezüglich eines Gebührenzählers); *Kitz* JA **2001** 303, 305; *Krey/Hellmann/Heinrich* BT 1 Rdn. 1194; Lackner/Kühl/*Heger* Rdn. 3; *Matt/Renzikowski/Maier* Rdn. 6; *Puppe/Schumann* NK Rdn. 24; *Puschke* Hb StrafR Bd. 5 § 42 Rdn. 58; *Wessels/Hettinger/Engländer* BT 1 Rdn. 851.

56 OLG Frankfurt NJW **1979** 118, 119; LG Marburg MDR **1973** 65, 66; Arzt/Weber/Heinrich/Hilgendorf BT § 32 Rdn. 1b, obwohl er verlangt, dass die Information auf einem vom Aufzeichnungsgerät trennbaren Träger enthalten sein muss; *Blei* JA **1971** 723, 724 f.; *Freund* Urkundenstraftaten Rdn. 250; *Sch/Schröder/Heine/Schuster* Rdn. 9; *Hoyer* SK Rdn. 12; *Joecks/Jäger* Rdn. 10 (welcher diese Auffassung aufgrund des § 22b StVG für Kilometerzähler aber als überholt erachtet); *Koch* HK-GS Rdn. 3; *Schilling* Fälschung technischer Aufzeichnungen S. 10 f.; *Sonnen* JA **1979** 168; früher auch BGH bei Holtz MDR **1978** 984, 988.

57 BGBl. I, 2412.

58 Siehe die Begründung zum E 1962, BTDrucks. IV/650 S. 481: Dort sind u.a. als Beispiele für technische Aufzeichnungen „Registriergeräte zur Ermittlung von Energieleistungen bei Wasser, Gas und Strom“ angeführt. Siehe zudem *Wessels/Hettinger/Engländer* BT 1 Rdn. 851: Der Wille des Gesetzgebers sei so dunkel wie die gesamte Entstehungsgeschichte des § 268.

59 BGHSt **29** 204, 210; siehe auch OLG Karlsruhe NStZ **2002** 652, 653.

60 BGHSt **29** 204, 210.

an: Der Kilometerzähler ist deswegen keine technische Aufzeichnung, weil er **nicht den gesamten Verlauf** in dem Sinne wiedergibt, wie viele Kilometer das Kfz jeweils an welchem Tag und zu welcher Uhrzeit gefahren worden ist. Er zeigt immer nur einen punktuellen letzten Wert. Es handelt sich letztlich um eine bloße **vorübergehende Anzeige**,[61] eine hinreichende Perpetuierung des Verlaufs findet nicht statt,[62] woran auch der Umstand nichts ändert, dass der Kilometerzähler irgendwann einmal einen Endstand erreicht hat.[63] Damit hat der Wegstreckenzähler in **beweisrechtlicher Hinsicht nicht die Qualität**, dass man ihn als technische Aufzeichnung im Sinne des § 268 ansehen kann. Der Beweisverkehr wird strafrechtlich von § 268 nicht in jedem Fall geschützt, sondern nur dann, wenn besondere Anforderungen mit der Aufzeichnung verbunden sind, was bei einem Wegstreckenzähler und vergleichbaren Geräten nicht der Fall ist. Entsprechend ist § 268 zu verneinen, wenn jemand den Verbrauchsmesser am Heizkörper manipuliert,[64] denn auch hier liegt im Fall der bloßen Addition oder Subtraktion von Werten keine technische Aufzeichnung vor. Die Ablehnung einer technischen Aufzeichnung resultiert daher aus dem **geringeren Beweiswert** solcher Anzeigen und der **fehlenden hinreichenden Perpetuierung** der Angaben. Die vom BGH geforderte Abtrennbarkeit der Aufzeichnung vom Gerät ist insoweit hingegen nicht maßgeblich.[65]

Wenn damit bei der bloßen Addition oder Subtraktion von Werten zwar keine technische Aufzeichnung vorliegt, ist andererseits zu berücksichtigen, dass angesichts des Fortschritts heutzutage vielfach Geräte existieren, die den gesamten Verlauf im Sinne einer technischen Aufzeichnung hinreichend dauerhaft digital speichern. Dabei spielt es nun für den Beweiswert dieser Aufzeichnung keine Rolle, ob sie im Gerät verbaut ist oder ein externes Speichermedium darstellt.[66] Das Erfordernis der Abtrennbarkeit ist vor diesem Hintergrund nicht nur irrelevant, sondern auch nicht mehr zeitgemäß.[67] Maßgeblich ist vielmehr, dass der Verlauf dauerhaft abrufbar ist. Dementsprechend ist beispielsweise der in einem Computer eingebaute Speicher, der den Verlauf der Internetbewegungen des Nutzers oder sonstige Daten dauerhaft speichert, eine technische Aufzeichnung.[68] Auch der **digitale Fahrtenschreiber** (EG-Kontrollgerät), der selbst Daten speichert,[69] ist eine technische Aufzeichnung. Mit diesen digitalen Speichern ist ein sehr hohes Maß an Zuverlässigkeit und Vollkommenheit verbunden, so wie es der BGH richtigerweise für § 268 verlangt. Das bedeutet insgesamt: Wird von einem Speicher nicht nur ein punktueller Wert gespeichert, der stets überschrieben wird, sondern bleibt der vollständige Verlauf erhalten, liegt eine technische Aufzeichnung vor, selbst wenn das Speichermedium nicht (ohne Weiteres) vom Gerät abtrennbar ist. 20

Es kann daher **nicht überzeugen**, wenn der **BGH** in einer Entscheidung aus dem Jahr 2015 ausgeführt hat, bei dem in einem Geldspielautomaten eingebauten Speichermedium als eigenstän- 21

61 BGH NStZ **2016** 42, 44; *Hohmann/Sander* BT § 18 Rdn. 5; *Kindhäuser/Hilgendorf* LPK Rdn. 8; *Zieschang* BT 1 Rdn. 880.

62 *Erb* MK Rdn. 11; *Brehmeier-Metz* AK Rdn. 3; *Puppe* JZ **1986** 938, 949.

63 Siehe auch *Erb* MK Rdn. 11.

64 Siehe dazu LG Stuttgart DWW **1987** 235 f., das beim Abmontieren und Wiederanbringen vor der Ablesung §§ 263, 303 bejaht.

65 Zutreffend *Erb* MK Rdn. 10 ff. Das Erfordernis der Abtrennbarkeit ablehnend, den Kilometerzähler aber ebenfalls nicht als technische Aufzeichnung ansehend, auch *Hohmann/Sander* BT § 18 Rdn. 4 f.; *Puschke* Hb StrafR Bd. 5 § 42 Rdn. 57 f.

66 *Erb* MK Rdn. 12 f.; *Hohmann/Sander* BT § 18 Rdn. 4.

67 *Erb* StV **2016** 366, 367; *ders.* MK Rdn. 13; *Sch/Schröder/Heine/Schuster* Rdn. 9; *Rengier* BT II § 34 Rdn. 8.

68 Das lediglich vorübergehende Speichern von Daten im Computer reicht jedoch mangels Dauerhaftigkeit nicht; SSW/*Hilgendorf* Rdn. 4; *Hoyer* SK Rdn. 12; Lackner/Kühl/*Heger* Rdn. 3; *Welp* CR **1992** 291, 293.

69 So auch *Erb* MK Rdn. 14; *Sch/Schröder/Heine/Schuster* Rdn. 9; *Koch* HK-GS Rdn. 3. Der digitale Fahrtenschreiber, in den der Fahrer seine mit einem Chip versehene Fahrerkarte steckt, muss seit dem 1.5.2006 eingebaut werden. Wird der Aufzeichnungsvorgang manipuliert, greift § 268. Benutzt jedoch jemand eine fremde Fahrerkarte, ist nicht § 268 einschlägig, denn es geht dann um ein bloßes tatbestandsloses täuschendes Beschicken (vgl. Rdn. 48). Hier greift dann § 269; OLG Stuttgart BeckRS **2013** 6959; *Duchstein* NZV **2013** 367; *Rengier* BT II § 34 Rdn. 7; siehe auch *Zieschang* LK § 269 Rdn. 28.

diges Bauteil, das den Umsatz- und Spielverlauf speichert, handele es sich nicht um eine technische Aufzeichnung.[70] Der BGH meint, die Informationen seien „allein Teil des vom Spielautomaten (ohne technische Eingriffe) nicht abtrennbaren Gerätespeichers".[71] Erst die dauerhafte Verkörperung auf dem mittels des Auslesegeräts hergestellten Ausdruck sei eine Darstellung im Sinne des § 268.[72] Insoweit beachtet der BGH nicht, dass die „Abtrennbarkeit" kein relevantes Kriterium ist. Wird der vollständige Verlauf gespeichert, handelt es sich um eine technische Aufzeichnung im Sinne des § 268, die sich nicht nur durch ihre Zuverlässigkeit, sondern auch ihre Vollkommenheit und Dauerhaftigkeit auszeichnet und dadurch einen **besonderen Beweiswert im Sinne des § 268** besitzt, auch wenn das Speichermedium im Gerät verbaut ist.

22 Im Übrigen ist wie erläutert zu beachten, dass bei der technischen Aufzeichnung anders als bei der Urkunde **keine visuelle Wahrnehmbarkeit** erforderlich ist.[73] Informationen auf digitalen Speichermedien werden daher erfasst. Auch diesbezüglich ist die erwähnte Entscheidung des BGH zumindest missverständlich, wenn dort ausgeführt ist, der Mensch müsse das Ergebnis der Aufzeichnung in für ihn verständlichen Zeichen wahrnehmen können,[74] es sei eine Umsetzung der Daten als technische Aufzeichnung erforderlich.[75] Hierbei wird eben verkannt, dass der Datenspeicher mit den dort vorhandenen Verlaufsdaten selbst schon eine technische Aufzeichnung darstellt. Die Fixierung der Information muss nicht notwendig in sichtbarer Weise erfolgen.

23 **c) Daten-, Mess-, Rechenwerte, Zustände oder Geschehensabläufe.** Diese Begriffe überschneiden sich teilweise.[76] **Daten** sind vor allem speicherbare Informationen, die zu einer weiteren Verarbeitung in einer Datenverarbeitungsanlage verwendet werden können.[77] Zu beachten ist jedoch, dass der Datenbegriff anders als in § 202a nicht auf Computerdaten beschränkt ist,[78] denn § 268 bezieht sich nicht auf § 202a Abs. 2 und enthält keine derartige Einschränkung.[79] Daten sind damit auch solche, die einer weiteren Verarbeitung nicht mehr bedürfen.[80] Der Begriff der „Daten" in § 268 ist zudem Oberbegriff für Mess- und Rechenwerte.[81]

24 **Messwerte** sind ermittelte End- oder Zwischenergebnisse über beliebige Sachverhalte nach beliebigen Maßstäben, wie etwa nach Anzahl, Geschwindigkeit, Gewicht, Größe, Kohlendioxidgehalt, Lautstärke, Temperatur oder Zeit.[82] **Rechenwerte** sind sämtliche Positionen von Rechenoperationen.[83] **Zustände** sind reale Gegebenheiten beliebiger Art,[84] etwa der CO2-Gehalt in der Luft, der Aggregatzustand eines Stoffs[85] oder die konkrete Position bestimmter Gegenstände.[86] **Gesche-**

---

70 BGH NStZ **2016** 42, 45; dem BGH zustimmend *Fischer* Rdn. 10; *Wachter* JA **2019** 827, 829; kritisch hingegen auch *Erb* MK Rdn. 12 ff.; *ders.* StV **2016** 366; *Sch/Schröder/Heine/Schuster* Rdn. 9; *Rengier* BT II § 34 Rdn. 8.

71 BGH NStZ **2016** 42, 45.

72 BGH NStZ **2016** 42, 45.

73 Siehe Rdn. 13.

74 BGH NStZ **2016** 42, 44, wenngleich der BGH a.a.O. 45 auch ausführt, die nicht unmittelbare Wahrnehmbarkeit sei gerade Voraussetzung des Datenbegriffs.

75 BGH NStZ **2016** 42, 45.

76 *Gribbohm* LK[11] Rdn. 7; *Schneider* Jura **1970** 243, 247.

77 Siehe BTDrucks. V/4094 S. 37; *Brehmeier-Metz* AK Rdn. 4; *Eisele* BT I Rdn. 858; *Koch* HK-GS Rdn. 4.

78 So aber *Hoyer* SK Rdn. 13.

79 *Koch* HK-GS Rdn. 4; offengelassen in BGH NStZ **2016** 42, 45.

80 *Sch/Schröder/Heine/Schuster* Rdn. 11.

81 *Fischer* Rdn. 7; *Gribbohm* LK[11] Rdn. 8; *Sch/Schröder/Heine/Schuster* Rdn. 11; *Matt/Renzikowski/Maier* Rdn. 7; wenig klar BTDrucks. V/4094 S. 37.

82 *Sch/Schröder/Heine/Schuster* Rdn. 12; *Koch* HK-GS Rdn. 5; vgl. auch *Klesczewski* BT § 17 Rdn. 62.

83 Vgl. dazu BTDrucks. V/4094 S. 37; *Eisele* BT I Rdn. 858; *Sch/Schröder/Heine/Schuster* Rdn. 12a; SSW/*Hilgendorf* Rdn. 5; *Joecks/Jäger* Rdn. 13.

84 *Haft* BT II S. 195; *Sch/Schröder/Heine/Schuster* Rdn. 12b; *Matt/Renzikowski/Maier* Rdn. 9.

85 *Sch/Schröder/Heine/Schuster* Rdn. 12b; *Koch* HK-GS Rdn. 7.

86 *Gribbohm* LK[11] Rdn. 11.

hensabläufe sind in einer zeitlichen Abfolge dargestellte Zustände.[87] Typisches Beispiel ist das Elektrokardiogramm,[88] das die Herztätigkeit aufzeichnet, oder das Diagramm auf dem (früheren) Fahrtenschreiberschaublatt.[89]

3. Technisches Gerät

25 Darunter fällt jeder Mechanismus, der in einem technisch voll- oder teilautomatisierten Prozess Aufzeichnungen produzieren kann.[90] Die Geräte arbeiten unter Ausnutzung insbesondere von technischen und naturwissenschaftlichen Erkenntnissen.[91] Das Gerät muss weder geeicht, besonders zugelassen noch zertifiziert sein,[92] was zu einer bedenklichen Ausdehnung der Vorschrift führt, zumal das Vertrauen des Rechtsverkehrs nicht schützenswert erscheint, wenn die Geräte nicht zuvor einer spezifischen Prüfung unterzogen worden sind.[93]

26 Ein technisches Gerät ist etwa der Computer, über den Gehaltsauszüge errechnet und erstellt werden. Dazu zählen beispielsweise auch der (frühere) Fahrtenschreiber,[94] der Parkscheinautomat,[95] der das Parketikett auswirft, Thermographen zur Aufzeichnung der Temperatur[96] oder die Waage, die ein Preisetikett erstellt.[97] Ein Speicher im Computer, der dauerhaft Daten abspeichert, ist dagegen nach den obigen Erläuterungen[98] schon selbst technische Aufzeichnung.

4. Ganz oder zum Teil selbsttätig bewirkt

27 Nur dann ist von einer technischen Aufzeichnung auszugehen, wenn eine von der menschlichen Betätigung abgrenzbare **Eigenleistung** des Automaten erfolgt.[99] Es muss eine **mindestens teilweise** selbsttätige Bewirkung stattfinden. Menschliche Mitwirkung ist also nicht vollständig ausgeschlossen. Es darf aber nicht nur das umgesetzt werden, was durch den Bedienvorgang selbst unmittelbar eingegeben wird.[100] Vielmehr ist erforderlich, dass aufgrund eines automatischen Vorgangs eine **neue Information** hervorgebracht wird.[101]

---

87 *Brehmeier-Metz* AK Rdn. 4; *Fischer* Rdn. 9; *Haft* BT II S. 195; *Sch/Schröder/Heine/Schuster* Rdn. 12c; *Hoyer* SK Rdn. 13; *Joecks/Jäger* Rdn. 15; *Koch* HK-GS Rdn. 8; *Matt/Renzikowski/Maier* Rdn. 10.

88 Das EKG als technische Aufzeichnung begreifend etwa Begründung zum E 1962, BTDrucks. IV/650 S. 481; *Kindhäuser/Schramm* BT I § 56 Rdn. 4; *Krey/Hellmann/Heinrich* BT 1 Rdn. 1188.

89 Zum Fahrtenschreiberschaublatt als technische Aufzeichnung siehe etwa Begründung zum E 1962, BTDrucks. IV/650 S. 482; BGHSt **40** 26, 28; OLG Düsseldorf NZV **1989** 477; OLG Karlsruhe NStZ **2002** 652; *Kindhäuser/Schramm* BT I § 56 Rdn. 4.

90 *Eisele* BT I Rdn. 862.

91 *Brehmeier-Metz* AK Rdn. 5; *Gribbohm* LK[11] Rdn. 13; *Schneider* Jura **1970** 243, 247.

92 BGH NStZ **2016** 42, 45; *Sch/Schröder/Heine/Schuster* Rdn. 14; *Koch* HK-GS Rdn. 9.

93 Kritisch auch *Sch/Schröder/Heine/Schuster* Rdn. 14; *Arm. Kaufmann* ZStW **71** (1959) 409, 428.

94 Begründung zum E 1962, BTDrucks. IV/650 S. 481.

95 *Hecker* JuS **2002** 224, 225 f.

96 Begründung zum E 1962, BTDrucks. IV/650 S. 481.

97 Vgl. Begründung zum E 1962, BTDrucks. IV/650 S. 481.

98 Siehe Rdn. 20 ff.

99 BGH NStZ **2016** 42, 44.

100 BGH NStZ **2016** 42, 45.

101 *Gössel/Dölling* BT 1 § 52 Rdn. 30; *Haft* BT II S. 195; SSW/*Hilgendorf* Rdn. 6; *Hohmann/Sander* BT § 18 Rdn. 6; *Kindhäuser/Schramm* BT I § 56 Rdn. 5 f.; *Koch* HK-GS Rdn. 10; *Küper/Zopfs* BT Rdn. 49; *Küpper/Börner* BT 1 § 6 Rdn. 78; Lackner/Kühl/*Heger* Rdn. 4; *Matt/Renzikowski/Maier* Rdn. 11; *Sieber* S. 312 f.; *Weidemann* BeckOK Rdn. 6.

28 Vor diesem Hintergrund werden **Fotokopien** nach überwiegender Ansicht richtigerweise **ausgeschieden.**[102] Die Gegenansicht, die Fotokopien erfassen will,[103] überdehnt den Anwendungsbereich der Vorschrift. Nur wenn ein neuer Informationsgehalt erzeugt wird, ist das Vertrauen des Rechtsverkehrs in das **ungestörte Funktionieren gerade des technischen Geräts** hinreichend schützenswert. Speziell auf die selbständige Leistung des Geräts, das einen neuen Informationsgehalt hervorbringt, vertraut der Rechtsverkehr, was bei Fotokopien nicht der Fall ist. Auch **Ton-, Film- und Videoaufnahmen** sind daher grundsätzlich keine technischen Aufzeichnungen.[104] Das gilt ebenfalls für **Fotografien**[105] und für **Scans.**[106]

29 Keine technischen Aufzeichnungen sind mangels Bewirkens neuer Informationen auch Röntgen-[107] oder Ultraschallaufnahmen.[108] Das ist nur anders zu sehen, wenn neue Informationen wie zum Beispiel das Datum der Aufzeichnung oder eine bestimmte Kennung erstellt werden. Ebenfalls beim Benutzen einer (elektronischen) Schreibmaschine erfolgt keine eigenständige Leistung des Geräts, sodass eine technische Aufzeichnung zu verneinen ist.[109]

30 Problematischer ist, was zu gelten hat, wenn eine Texteingabe über die Tastatur eines Computers mittels Benutzung eines Schreibprogramms erfolgt. Insofern werden nämlich die über die Tastatur eingegebenen Befehle durch Rechenoperationen des Computers in Zeichen umgesetzt. Von daher könnte man davon sprechen, es finde eine selbsttätige Leistung statt. Entsprechendes würde gelten etwa für das Fotografieren mittels einer Digitalkamera oder der Kamerafunktion des Handys. Andererseits wird **keine** über den menschlichen Befehl hinausgehende **neue Information** erstellt. Vielmehr findet auch dann letztlich nichts anderes als eine bloße **Reproduktion** der Eingabe statt. Die Aufzeichnung wird inhaltlich allein durch einen Menschen bestimmt.[110] Die Digitalisierung ändert insofern also an der Einschätzung grundsätzlich nichts.[111] Erst wenn von dem Gerät **neue Informationen** produziert werden, liegt eine technische Aufzeichnung vor. Daher ist auch der bloße Ausdruck eines Schreibens keine technische Aufzeichnung.[112] Anders ist dies hingegen, wenn der Computer neue Informationen schafft, etwa beim Ausdruck eines vom Computer errechneten Kontoauszugs.[113]

31 Dementsprechend werden bei einer **Geschwindigkeitsüberwachung** mittels Kamera zusätzlich zum Foto auch die Geschwindigkeit, das Datum und die Uhrzeit aufgezeichnet, wobei diese Angaben vom Aufnahmegerät selbsttätig bewirkt werden. Daher ist von einer **technischen Auf-**

---

102 Gegen die Einbeziehung von Fotokopien BGHSt **24** 140, 142; OLG Köln StV **1987** 297; *Blei* FS Henkel 109, 120 f.; *Brehmeier-Metz* AK Rdn. 6; *Fischer* Rdn. 10; *Gössel/Dölling* BT 1 § 52 Rdn. 30; *Sch/Schröder/Heine/Schuster* Rdn. 16 f.; *Heinrich* CR **1997** 622, 627; *Hohmann/Sander* BT § 18 Rdn. 6; *Kienapfel* JZ **1971** 163, 165 f.; *ders.* NJW **1971** 1781, 1783 f.; *Kindhäuser/Schramm* BT I § 56 Rdn. 6; *Koch* HK-GS Rdn. 10; *Krey/Hellmann/Heinrich* BT 1 Rdn. 1187; Lackner/Kühl/*Heger* Rdn. 4; *Otto* BT § 74 Rdn. 6; *Preuß* JA **2013** 433, 435; *Puppe* JR **1993** 330, 331; *Rengier* BT II § 34 Rdn. 11; *Weidemann* BeckOK Rdn. 6; *Wessels/Hettinger/Engländer* BT 1 Rdn. 855.

103 *Hoyer* SK Rdn. 21; *Joecks/Jäger* Rdn. 18; *Schröder* JR **1971** 469, 470; *Schilling* Fälschung technischer Aufzeichnungen S. 16 ff., 72 ff.

104 *Eisele* BT I Rdn. 864; *Erb* MK Rdn. 18; *Fischer* Rdn. 10; *Gössel/Dölling* BT 1 § 52 Rdn. 30; *Kindhäuser/Schramm* BT I § 56 Rdn. 6; Lackner/Kühl/*Heger* Rdn. 4; *Rengier* BT II § 34 Rdn. 11; **anders** *Schneider* Jura **1970** 243, 248.

105 *Matt/Renzikowski/Maier* Rdn. 12; *Otto* BT § 74 Rdn. 6; *Wessels/Hettinger/Engländer* BT 1 Rdn. 855.

106 *Eisele* Computerstrafrecht § 45 Rdn. 16; *Erb* MK Rdn. 19; *Hartmann* S. 12; *Puppe/Schumann* NK Rdn. 12 f.; *Welp* CR **1992** 291, 293 f.

107 *Erb* MK Rdn. 20; *Sch/Schröder/Heine/Schuster* Rdn. 16; *Puppe/Schumann* NK Rdn. 14; **anders** BTDrucks. IV/650 S. 481; *Gössel/Dölling* BT 1 § 52 Rdn. 29; *Kitz* JA **2001** 303, 305; *Krey/Hellmann/Heinrich* BT 1 Rdn. 1188; *Wessels/Hettinger/Engländer* BT 1 Rdn. 855.

108 *Puppe/Schumann* NK Rdn. 14; Spickhoff/*Schuhr* §§ 268–270 Rdn. 3.

109 BGH NStZ **2016** 42, 45; *Brehmeier-Metz* AK Rdn. 6; *Sch/Schröder/Heine/Schuster* Rdn. 16; *Puppe/Schumann* NK Rdn. 12.

110 Siehe *Eisele* BT I Rdn. 863; *Koch* HK-GS Rdn. 10.

111 Siehe aber auch Rdn. 31.

112 *Erb* MK Rdn. 17.

113 Den Kontoauszug als technische Aufzeichnung ansehend etwa *Hohmann/Sander* BT § 18 Rdn. 2; *Krey/Hellmann/Heinrich* BT 1 Rdn. 1188.

zeichnung auszugehen.[114] Entsprechendes gilt, wenn bei Fotografien mittels Handys auch etwa Datum, Uhrzeit und Aufnahmeort festgehalten werden. Hier erstellt das Programm neue Informationen selbsttätig, sodass eine technische Aufzeichnung gegeben ist.

Ein teilweises selbsttätiges Bewirken genügt. Es bleibt also bei einer technischen Aufzeichnung auch dann, wenn z.B. das technische Gerät durch einen Menschen erst in Gang gesetzt wird.[115] Auch spielt es keine Rolle, ob ein Mensch bei der Bedienung des Geräts mitwirken muss.[116] Daher ist etwa auch beim Addieren durch eine **Rechenmaschine** richtigerweise ein teilweise selbsttätiges Bewirken gegeben, das in der Addition der Werte zu sehen ist, wodurch ein neuer Informationsgehalt hervorgebracht wird.[117] 32

5. Gegenstand der Aufzeichnung allgemein oder für Eingeweihte erkennbar

Hierbei handelt es sich um ein wenig klares Erfordernis.[118] Verstanden wird darunter, dass der Gegenstand, auf den sich die **aufgezeichnete Information bezieht**, erkennbar sein müsse.[119] Es ist also ein Bezug zu einem bestimmten **Lebenssachverhalt** erforderlich,[120] anderenfalls liegt keine technische Aufzeichnung vor. Dabei soll es ausreichen, wenn der Gegenstand der Aufzeichnung nicht lediglich aus dieser, sondern nur in Verbindung mit anderen Anhaltspunkten erkennbar ist.[121] Es genügt aber nicht, wenn sich die Erkennbarkeit allein aus völlig außerhalb der technischen Aufzeichnung liegenden Umständen ergibt. 33

Die Individualisierung kann schon durch den Aufzeichnungsvorgang selbst erfolgen, zwingend ist das aber nicht. Es genügt, wenn sie durch weitere menschliche Handlungen stattfindet.[122] Das ist etwa der Fall, wenn ein EKG durch den Arzt mit dem Namen des Patienten versehen wird. Eine bloß räumliche Beziehung reicht aber nicht aus;[123] keine technische Aufzeichnung liegt daher vor, wenn das EKG ohne Namensangabe lediglich in die Patientenakte lose hineingelegt wird.[124] Vielmehr ist eine hinreichend feste Verbindung wie bei der zusammengesetzten Urkunde erforderlich.[125] 34

Ausweislich des Wortlauts genügt neben der allgemeinen Erkennbarkeit diejenige für Eingeweihte. Das können Fachleute (Sachverständige) sein oder auch Personen, die unter sich einen bestimmten Code vereinbart haben. 35

---

114 Begründung zum E 1962, BTDrucks. IV/650 S. 481; BayObLG StV **2002** 645; OLG München NStZ **2006** 576; LG Flensburg NJW **2000** 1664; AG Berlin-Tiergarten NStZ-RR **2000** 9; *Eisele* BT I Rdn. 864; *Erb* MK Rdn. 21; *Fischer* Rdn. 10; *Gössel/Dölling* BT 1 § 52 Rdn. 30; SSW/*Hilgendorf* Rdn. 6; *Klesczewski* BT § 17 Rdn. 62; *Krey/Hellmann/Heinrich* BT 1 Rdn. 1188; *Kudlich* JA **2007** 72, 74; *Küper/Zopfs* BT Rdn. 49; Lackner/Kühl/*Heger* Rdn. 4; *Matt/Renzikowski/Maier* Rdn. 13; *Maurach/Schroeder/Maiwald* BT 2 § 65 Rdn. 83; *Puppe/Schumann* NK Rdn. 15; *Wessels/Hettinger/Engländer* BT 1 Rdn. 855. Allein der Umstand, dass eine Kamera automatisch auslöst, genügt jedoch nicht; *Erb* MK Rdn. 22.

115 *Hohmann/Sander* BT § 18 Rdn. 6; *Otto* BT § 74 Rdn. 7.

116 *Erb* MK Rdn. 23; *Matt/Renzikowski/Maier* Rdn. 11.

117 *Sch/Schröder/Heine/Schuster* Rdn. 16; *Hoyer* SK Rdn. 23; *Kitz* JA **2001** 303, 305; *Kunz* JuS **1977** 604; *Lampe* GA **1975** 1, 6 f.; *Matt/Renzikowski/Maier* Rdn. 14; **anders** *Erb* MK Rdn. 25; *Puppe* S. 99.

118 *Sch/Schröder/Heine/Schuster* Rdn. 18.

119 Begründung zum E 1962, BTDrucks. IV/650 S. 482; *Gössel/Dölling* BT 1 § 52 Rdn. 31; *Joecks/Jäger* Rdn. 16; Lackner/Kühl/*Heger* Rdn. 5; *Otto* BT § 74 Rdn. 8. Bei Datenverarbeitungsgeräten auf die Erkennbarkeit der Verarbeitungsregeln abstellend *Lampe* NJW **1970** 1097, 1102; *Sieber* S. 314; *Maurach/Schroeder/Maiwald* BT 2 § 65 Rdn. 84.

120 *Erb* MK Rdn. 26; *Sch/Schröder/Heine/Schuster* Rdn. 18; *Matt/Renzikowski/Maier* Rdn. 15; weiter *Puppe/Schumann* NK Rdn. 26: Es genüge jede beliebige Beschreibung des Vorgangs, die diesen von allen anderen unterscheidbar macht.

121 Begründung zum E 1962, BTDrucks. IV/650 S. 483.

122 Arzt/Weber/Heinrich/Hilgendorf BT § 32 Rdn. 3; *Gössel/Dölling* BT 1 § 52 Rdn. 31; *Sch/Schröder/Heine/Schuster* Rdn. 22; *Joecks/Jäger* Rdn. 16; *Weidemann* BeckOK Rdn. 7.

123 Lackner/Kühl/*Heger* Rdn. 5.

124 Vgl. Arzt/Weber/Heinrich/Hilgendorf BT § 32 Rdn. 3; *Erb* MK Rdn. 27; *Sch/Schröder/Heine/Schuster* Rdn. 21.

125 Dazu *Zieschang* LK § 267 Rdn. 110.

36 Die Identifizierbarkeit des aufzeichnenden Geräts ist hingegen nicht erforderlich.[126] Sie muss sich insbesondere nicht aus der technischen Aufzeichnung ergeben. Wenn zum Teil gefordert wird, zumindest der **Gerätetyp müsse erkennbar** sein,[127] ist dies zu befürworten, denn § 268 ist auch dann erfüllt, wenn jemand ein technisches Gerät umbaut und zweckentfremdet, sodass der Eindruck entsteht, die Aufzeichnung stamme aus einem bestimmten anderen Gerätetyp, was aber gar nicht der Fall ist.[128]

6. Zum Beweis einer rechtlich erheblichen Tatsache geeignet und bestimmt

37 Zwar spricht die Definition die **Beweiseignung** nicht ausdrücklich an, sie ist jedoch wie bei der Urkunde ebenfalls bei der technischen Aufzeichnung erforderlich.[129] Die **Beweiseignung fehlt**, wenn die Manipulation offensichtlich und damit auf den ersten Blick erkennbar ist. Das Erfordernis der Beweiseignung ist daher auch bei § 268 von besonderer Bedeutung, indem es der Einschränkung des abstrakten Gefährlichkeitsdelikts bei Ungefährlichkeit im Einzelfall dient.[130] Im Übrigen fehlt die Beweiseignung auch, wenn das Objekt, auf welches sich die Aufzeichnung bezieht, nicht erkennbar ist.[131]

38 Durch das Erfordernis der **Beweisbestimmung** sollen solche Aufzeichnungen nicht erfasst sein, die nur rein technischen oder betriebsinternen Zwecken dienen.[132] Auch Aufzeichnungen zu wissenschaftlichen Zwecken seien nicht zum Beweis bestimmt.[133] Insofern ist jedoch zu beachten, dass solche Aufzeichnungen durchaus erst nachträglich Beweisbedeutung erlangen können.[134] Nach der Definition in § 268 Abs. 2 reicht es aus, wenn der Aufzeichnung die Beweisbestimmung **erst später** gegeben wird („nachträgliche technische Aufzeichnung" oder „zufällige" technische Aufzeichnung im Unterschied zur „originären" oder „absichtlichen").[135]

III. Besondere technische Aufzeichnungen

39 Hinzuweisen ist darauf, dass auch **zusammengesetzte technische Aufzeichnungen** existieren, indem etwa auf das EKG ein Etikett geklebt wird, auf dem der Name des Patienten steht.[136] Ebenso sind **Gesamtaufzeichnungen** möglich,[137] wobei insoweit die Grundsätze zur Gesamturkunde entsprechend gelten, das heißt aus der Zusammenfügung der einzelnen technischen Aufzeichnungen

---

126 *Erb* MK Rdn. 30; *Hohmann/Sander* BT § 18 Rdn. 7; *Hoyer* SK Rdn. 2; *Maurach/Schroeder/Maiwald* BT 2 § 65 Rdn. 84.

127 *Brehmeier-Metz* AK Rdn. 7; *Erb* MK Rdn. 30; *Fischer* Rdn. 12; *Gribbohm* LK[11] Rdn. 22; *Sch/Schröder/Heine/Schuster* Rdn. 23a; *Matt/Renzikowski/Maier* Rdn. 15.

128 *Fischer* Rdn. 12.

129 Die Beweiseignung verlangen etwa *Eisele* BT I Rdn. 867; *Gössel/Dölling* BT 1 § 52 Rdn. 31; *Haft* BT II S. 196. Nach Arzt/Weber/Heinrich/Hilgendorf BT § 32 Rdn. 1d wird über das Merkmal der Verständlichkeit „ein Minimum an Beweiseignung sichergestellt". *Hoyer* SK Rdn. 14 sieht die Beweiseignung in der Erkennbarkeit des Aufzeichnungsgegenstandes verankert. Nach *Sch/Schröder/Heine/Schuster* Rdn. 24 sowie *Schneider* Jura **1970** 243, 249 wird die Beweiseignung vom Gesetz präsumiert.

130 Siehe dazu im Hinblick auf die Urkunde *Zieschang* LK § 267 Rdn. 56 f.

131 *Hoyer* SK Rdn. 14.

132 Begründung zum E 1962, BTDrucks. IV/650 S. 483; *Fischer* Rdn. 13; *Kindhäuser/Schramm* BT I § 56 Rdn. 9; *Kindhäuser/Hilgendorf* LPK Rdn. 4; *Matt/Renzikowski/Maier* Rdn. 16. Das Merkmal für überflüssig erachtend *Puppe/Schumann* NK Rdn. 11, 31, da es durch das Handeln zur Täuschung im Rechtsverkehr stets erfüllt sei; zustimmend *Erb* MK Rdn. 31.

133 Begründung zum E 1962, BTDrucks. IV/650 S. 483; *Haft* BT II S. 196; Lackner/Kühl/*Heger* Rdn. 6.

134 Vgl. *Sch/Schröder/Heine/Schuster* Rdn. 25.

135 Siehe zu diesen Begriffen *Zieschang* LK § 267 Rdn. 66.

136 *Sch/Schröder/Heine/Schuster* Rdn. 27a (erläuterte technische Aufzeichnung).

137 *Fischer* Rdn. 4; *Sch/Schröder/Heine/Schuster* Rdn. 26; *Matt/Renzikowski/Maier* Rdn. 17.

muss ein über den Beweisgehalt der einzelnen Aufzeichnungen hinausgehender, eigenständiger Beweisgehalt resultieren.[138]

IV. Herstellen einer unechten technischen Aufzeichnung gemäß § 268 Abs. 1 Nr. 1 Var. 1 sowie störende Einwirkung auf den Aufzeichnungsvorgang gemäß § 268 Abs. 3

1. Unechtheit

§ 268 Abs. 1 Nr. 1 Var. 1 setzt voraus, dass der Täter eine **unechte** technische Aufzeichnung herstellt. Anders als bei § 267 ist der Begriff der Unechtheit nicht auf den Aussteller bezogen, sondern auf einen von menschlicher Hand störungsfreien Aufzeichnungsvorgang.[139] Von der **Unechtheit** einer technischen Aufzeichnung ist dann auszugehen, wenn sie den **falschen Eindruck** erweckt, das Ergebnis **eines von Manipulationshandlungen unbeeinflussten Aufzeichnungsvorgangs** zu sein.[140] Sie rührt also **überhaupt nicht** oder **nicht in ihrer konkreten Gestalt** aus einem in seinem **automatischen Ablauf unberührten** Herstellungsverfahren her.[141] Auch eine Aufzeichnung, die nur scheinbar aus einem technischen Gerät stammt, ist also eine solche,[142] sie ist jedoch unecht.[143] Dagegen spielt für die Frage der Unechtheit die **inhaltliche Richtigkeit keine Rolle**.[144] Weist das technische Gerät einen Eigendefekt auf, wodurch die Aufzeichnung inhaltlich falsch wird, liegt dennoch keine unechte technische Aufzeichnung vor, da der Aufzeichnungsvorgang nicht von Menschenhand manipuliert war.[145] 40

2. Herstellen und störende Einwirkung

Das **Herstellen** einer unechten technischen Aufzeichnung kann auf unterschiedliche Weise erfolgen. Zum einen liegt es vor, wenn jemand zum Beispiel **per Hand** eine Kurvenlinie auf einem für die Aufzeichnung vorgesehenen Papier erstellt, die den Eindruck erweckt, aus einem technischen Gerät im Sinne des § 268 Abs. 2 zu stammen.[146] Es wird dann eine technische Aufzeichnung **vollständig imitiert**. Hierbei ist natürlich auch der Einsatz technischer Hilfsmittel möglich.[147] Ein 41

---

138 Siehe zur Gesamturkunde *Zieschang* LK § 267 Rdn. 113 ff.

139 BayObLGSt **1973** 155, 156; Arzt/Weber/Heinrich/Hilgendorf BT § 32 Rdn. 12; *Gribbohm* LK[11] Rdn. 26; *Zieschang* BT 1 Rdn. 885.

140 *Brehmeier-Metz* AK Rdn. 10; *Fischer* Rdn. 16; *Sch/Schröder/Heine/Schuster* Rdn. 31; *Küper/Zopfs* BT Rdn. 50; *Matt/Renzikowski/Maier* Rdn. 19; *Wessels/Hettinger/Engländer* BT 1 Rdn. 858.

141 Siehe BGHSt **28** 300, 303; OLG Hamm NJW **1984** 2173; *Eisele* BT I Rdn. 868; *Fischer* Rdn. 16; *Haft* BT II S. 196; *Sch/Schröder/Heine/Schuster* Rdn. 31; *Hellmann* JuS **2001** 353, 356; SSW/*Hilgendorf* Rdn. 9; *Hohmann/Sander* BT § 18 Rdn. 8; *Krey/Hellmann/Heinrich* BT 1 Rdn. 1196; Lackner/Kühl/*Heger* Rdn. 7; *Maurach/Schroeder/Maiwald* BT 2 § 65 Rdn. 85; *Otto* BT § 74 Rdn. 2.

142 Es sei denn, die Manipulation ist offensichtlich; dann fehlt die Beweiseignung.

143 *Sch/Schröder/Heine/Schuster* Rdn. 29a; *Hoyer* SK Rdn. 9, 18; *Joecks/Jäger* Rdn. 7; **anders** *Lampe* NJW **1970** 1097, 1101.

144 *Erb* MK Rdn. 33; *Gössel/Dölling* BT 1 § 52 Rdn. 32; *Haft* BT II S. 196; *Sch/Schröder/Heine/Schuster* Rdn. 30 ff.; *Hohmann/Sander* BT § 18 Rdn. 8; *Koch* HK-GS Rdn. 13; *Krey/Hellmann/Heinrich* BT 1 Rdn. 1198; Lackner/Kühl/*Heger* Rdn. 7; *Weidemann* BeckOK Rdn. 9; **anders** *Schneider* Jura **1970** 243, 249.

145 Dazu siehe Rdn. 51.

146 Begründung zum E 1962, BTDrucks. IV/650 S. 482; BayObLGSt **1973** 155, 156; *Erb* MK Rdn. 33; *Gössel/Dölling* BT 1 § 52 Rdn. 32; *Sch/Schröder/Heine/Schuster* Rdn. 29a; *Hoyer* SK Rdn. 26; *Krey/Hellmann/Heinrich* BT 1 Rdn. 1196; Lackner/Kühl/*Heger* Rdn. 7; *Maurach/Schroeder/Maiwald* BT 2 § 65 Rdn. 85; *Widmaier* NJW **1970** 1358, 1359; **anders** *Lampe* NJW **1970** 1097, 1101.

147 *Matt/Renzikowski/Maier* Rdn. 19; *Weidemann* BeckOK Rdn. 9.

Herstellen ist zum anderen dann anzunehmen, wenn die Aufzeichnung nur **zum Teil** aus einem technischen Gerät stammt und dann ergänzt wird, obwohl der Eindruck erweckt wird, sie stamme vollständig aus dem technischen Gerät. Weiterhin ist § 268 Abs. 1 Nr. 1 Var. 1 erfüllt, wenn jemand mit einem zweckentfremdeten und umgebauten Gerät technische Aufzeichnungen herstellt, die den Eindruck erwecken, aus einem anderen Gerätetyp zu stammen.[148]

42 Darüber hinaus liegt ein **Herstellen** auch dann vor, wenn eine **störende Einwirkung auf den Aufzeichnungsvorgang** erfolgt. Das ist in **§ 268 Abs. 3** ausdrücklich normiert. Auch insofern handelt es sich um einen **Fall des Herstellens,**[149] sodass der dritte Absatz lediglich klarstellende Bedeutung hat.[150] Es spielt keine Rolle, ob diese Einwirkung während des Aufzeichnungsvorgangs oder schon vor dem Beginn der Aufzeichnung vorgenommen wird.[151] Die in § 268 Abs. 3 geregelte Vorgehensweise ist nach der Vorstellung des Gesetzgebers für die Sicherheit des Rechtsverkehrs meist gefährlicher als die anderen normierten Verhaltensweisen, denn derartige manipulierte Aufzeichnungen seien als Falschstücke in der Regel schwerer erkennbar als außerhalb des Geräts fälschlich hergestellte oder nachträglich veränderte Aufzeichnungen.[152] Täter kann dabei im Fall des § 268 Abs. 1 Nr. 1 Var. 1 sowie des § 268 Abs. 3 jedermann sein, denn es werden keine besonderen Anforderungen an die Täterqualität gestellt.

43 Eine **störende Einwirkung** liegt etwa vor, wenn der Aufzeichnungsvorgang durch Zwischenschaltung eines Adapters oder Benutzung eines starken Magneten manipuliert wird.[153] Im Bereich der elektronischen Datenverarbeitung spielt es dabei keine Rolle, ob Manipulationen der Hard- oder Software erfolgen.[154] Eine störende Einwirkung ist ebenfalls etwa dann anzunehmen, wenn der Täter beim (früheren) Fahrtenschreiber den Schreibstift verbiegt[155] oder durch Fremdkörper die Aufzeichnung beeinflusst.[156] Sind an einem Gerät von einem Dritten Manipulationen vorgenommen worden, ist § 268 durch aktives Tun einschlägig, sofern ein anderer in Kenntnis dessen das Gerät benutzt.[157] Dabei spielt es keine Rolle, ob der Dritte die Störung vorsätzlich oder nur versehentlich vorgenommen hat.

44 **Fraglich** ist, ob die Aufzeichnung durch die störende Einwirkung im Ergebnis inhaltlich unrichtig werden muss,[158] sodass etwa keine störende Einwirkung vorläge, wenn ein Eigendefekt beseitigt und dadurch die Aufzeichnung inhaltlich richtig wird. Das Schrifttum vertritt die Ansicht, reine **Reparatureingriffe** seien nicht tatbestandlich.[159] Insofern könnte man mit dem Wortlaut des § 268 Abs. 3 argumentieren, indem eine „Entstörung" möglicherweise gerade keine „störende Einwirkung" sei. Eine solche Sicht würde zudem das abstrakte Gefährlichkeitsdelikt des § 268

---

148 Siehe bereits Rdn. 36 sowie *Fischer* Rdn. 12; Lackner/Kühl/*Heger* Rdn. 7.

149 Begründung zum E 1962, BTDrucks. IV/650 S. 482; *Bosch* JK **2015** 1137; *Haft* BT II S. 196 f.; *Hohmann/Sander* BT § 18 Rdn. 9; *Hoyer* SK Rdn. 24; *Joecks/Jäger* Rdn. 22; *Krey/Hellmann/Heinrich* BT 1 Rdn. 1197, 1199; *Maurach/Schroeder/Maiwald* BT 2 § 65 Rdn. 86; *Otto* BT § 74 Rdn. 11; *Wessels/Hettinger/Engländer* BT 1 Rdn. 858; **anders** LG Stade NJW **1974** 2017, 2018; *Kienapfel* JR **1980** 347.

150 Arzt/Weber/Heinrich/Hilgendorf BT § 32 Rdn. 12a; *Rengier* BT II § 34 Rdn. 13.

151 Begründung zum E 1962, BTDrucks. IV/650 S. 482; *Sch/Schröder/Heine/Schuster* Rdn. 49 f.; *Schneider* Jura **1970** 243, 251; *Wessels/Hettinger/Engländer* BT 1 Rdn. 862.

152 So die Begründung zum E 1962, BTDrucks. IV/650 S. 482.

153 Vgl. insofern auch BGH NStZ **2016** 42.

154 *Fischer* Rdn. 16; *Gribbohm* LK[11] Rdn. 38.

155 BayObLG wistra **1995** 316; *Eisele* BT I Rdn. 870; *Kindhäuser/Schramm* BT I § 56 Rdn. 12; *Rengier* BT II § 34 Rdn. 14.

156 Siehe OLG Hamm VRS **52** 278; vgl. auch BGHSt **28** 300, 301 (Manipulation am Tachometer führt zur Aufzeichnung einer geringeren Geschwindigkeit).

157 Siehe *Wessels/Hettinger/Engländer* BT 1 Rdn. 865.

158 So etwa BayObLG JZ **1986** 604; *Bock* BT 1 S. 477; *Eisele* BT I Rdn. 870; *Erb* MK Rdn. 35; *Haft* BT II S. 197; *Sch/Schröder/Heine/Schuster* Rdn. 52; *Kindhäuser/Hilgendorf* LPK Rdn. 10; Lackner/Kühl/*Heger* Rdn. 8; *Matt/Renzikowski/Maier* Rdn. 21; *Puppe/Schumann* NK Rdn. 33; **anders** SSW/*Hilgendorf* Rdn. 11; *Hoyer* SK Rdn. 31; *Joecks/Jäger* Rdn. 27.

159 Siehe *Erb* MK Rdn. 35; *Fischer* Rdn. 24; *Sch/Schröder/Heine/Schuster* Rdn. 51; *Hoyer* SK Rdn. 33; *Koch* HK-GS Rdn. 14; Lackner/Kühl/*Heger* Rdn. 8; *Puppe/Schumann* NK Rdn. 33; *Weidemann* BeckOK Rdn. 13; vgl. ferner *Kitz* JA **2001** 303, 305; siehe auch SSW/*Hilgendorf* Rdn. 11: Vom Schutzzweck der Norm nicht erfasst.

in seinem Anwendungsbereich reduzieren. Auf der anderen Seite ist der hinter § 268 stehende **Echtheitsschutz** zu bedenken: § 268 schützt das Vertrauen des Rechtsverkehrs darauf, dass ein von menschlicher Hand unbeeinflusster Herstellungs- und Aufzeichnungsvorgang erfolgt und das Ergebnis so tatsächlich nicht manipuliert aus einem selbsttätig arbeitenden Aufzeichnungsgerät stammt.[160] Berücksichtigt man dies, wird nun aber auch bei einer Reparatur der Aufzeichnungsvorgang in dem Sinne gestört, dass ein menschlicher Eingriff in den Herstellungsvorgang erfolgt. Mit dem Wortlaut des § 268 Abs. 3 ist diese Sicht durchaus zu vereinbaren, wenn man unter „Stören" den menschlichen Eingriff versteht. Daher ist auch bei der Reparatur eine störende Einwirkung **zu bejahen**, die zudem den Aufzeichnungsvorgang im Sinne des § 268 Abs. 3 beeinflusst.[161]

So wie bei § 268 Abs. 1 Nr. 1 Var. 1 und 2 die **inhaltliche Richtigkeit unmaßgeblich** ist,[162] ist 45
sie es damit ebenfalls bei § 268 Abs. 3, zumal die Regelung im dritten Absatz ohnehin nur einen Unterfall des Herstellens darstellt. § 268 Abs. 3 erfasst damit entgegen der herrschenden Meinung ebenfalls die Reparatur (Entstörung), denn auch dann wird von menschlicher Seite in den Aufzeichnungsvorgang eingegriffen, was durch § 268 verhindert werden soll. Regelmäßig fehlt jedoch in solchen Fällen die Täuschungsabsicht.[163]

Unterschiedlich wird beurteilt, ob eine vorübergehende **Unterbrechung** (ein zeitweiliges Ab- 46
schalten) der Aufzeichnung den Tatbestand erfüllt. Teilweise wird in diesen Fällen eine störende Einwirkung verneint.[164] Dem stehen Stimmen gegenüber, die auch in diesem Fall § 268 bejahen.[165] Zutreffend wird man § 268 dann annehmen können, wenn der Eindruck eines fortlaufenden Aufzeichnungsvorgangs erweckt wird, obwohl dies aufgrund der Unterbrechungen gar nicht der Fall ist.[166] Das **vollständige Verhindern** einer Aufzeichnung erfüllt § 268 aber nicht.[167] So ist das Nichteinlegen eines Schaublatts in den früheren Fahrtenschreiber kein Fall des § 268.[168]

Auch handelt derjenige nicht tatbestandlich im Sinne des § 268, der ordnungsgemäß erstellte 47
technische Aufzeichnungen bloß auswechselt, ohne daran Änderungen vorzunehmen.[169] So ist § 268 nicht erfüllt, wenn das von der Obstwaage produzierte Preisetikett als technische Aufzeichnung auf eine andere als die abgewogene Tüte geklebt wird. Ebenso wenig ist § 268 in dem Fall einschlägig, dass auf dem Schaublatt des früheren Fahrtenschreibers der falsche Name eingetragen wird.[170] Auch das Verfälschen des handschriftlich vermerkten Patientennamens auf dem EKG ist nicht erfasst.[171] In all diesen Fällen ist nämlich der eigentliche **Aufzeichnungsvorgang unbeeinflusst** geblieben. Eine Verfälschung des Beweisbezugs ist nur tatbestandlich, wenn dieser automatisch erzeugt wurde.[172]

---

160 Siehe Rdn. 1, 3.

161 Umgekehrt ist zu beachten: Schlägt die Manipulation fehl, sodass sie das Ergebnis der Aufzeichnung nicht beeinflusst, kommt nur Versuch in Betracht; **anders** wohl *Hoyer* SK Rdn. 32; *Joecks/Jäger* Rdn. 28.

162 Siehe Rdn. 40 und Rdn. 54.

163 Das muss aber nicht so sein: Beseitigt zum Beispiel ein Prüfingenieur während einer Aufzeichnung einen Eigendefekt des technischen Geräts, um Schadensersatzansprüchen im Hinblick auf vorherige fehlerhafte Untersuchungen zu entgehen, handelt er mit Täuschungsabsicht.

164 BayObLG NJW **1974** 325; *Krey/Hellmann/Heinrich* BT 1 Rdn. 1195.

165 SSW/*Hilgendorf* Rdn. 10; *Kindhäuser/Hilgendorf* LPK Rdn. 10; *Kindhäuser/Schramm* BT I § 56 Rdn. 12; Lackner/Kühl/*Heger* Rdn. 8; *Maurach/Schroeder/Maiwald* BT 2 § 65 Rdn. 86; *Otto* BT § 74 Rdn. 11; *Weidemann* BeckOK Rdn. 14.

166 Vgl. *Erb* MK Rdn. 40; *Sch/Schröder/Heine/Schuster* Rdn. 48a; *Hoyer* SK Rdn. 38; *Koch* HK-GS Rdn. 14; *Lampe* GA **1975** 1, 17; *Puppe* NJW **1974** 1174, 1175; *Puppe/Schumann* NK Rdn. 40.

167 BayObLG NJW **1974** 325; *Fischer* Rdn. 19, 23.

168 BayObLG NJW **1974** 325; BayObLG NStZ-RR **2001** 371; OLG Karlsruhe NStZ **2002** 652, 653.

169 Begründung zum E 1962, BTDrucks. IV/650 S. 482.

170 KG VRS **57** 121, 122; *Fischer* Rdn. 18; *Rengier* BT II § 34 Rdn. 15.

171 *Fischer* Rdn. 18; *Gribbohm* LK[11] Rdn. 28; SSW/*Hilgendorf* Rdn. 9; Lackner/Kühl/*Heger* Rdn. 9.

172 *Erb* MK Rdn. 33; *Matt/Renzikowski/Maier* Rdn. 20.

48 Ebenfalls **nicht** von § 268 erfasst ist das **falsche Beschicken (Input-Manipulationen)**, indem lediglich **unrichtige Arbeitsvoraussetzungen** geschaffen werden:[173] Drückt also der Kunde im Supermarkt auf die falsche Obsttaste oder hebt er bei Wiegen den Beutel leicht an, greift § 268 nicht.[174] Ebenso wenig liegt eine Fälschung technischer Aufzeichnungen vor, wenn falsche (Ausgangs-)Daten in den Computer oder ein anderes technisches Gerät eingegeben werden.[175] Denn in diesen Fällen arbeitet das Gerät als solches beim Aufzeichnungsvorgang ordnungsgemäß und **technisch korrekt**. Die Manipulation von Software erfüllt jedoch § 268.[176] Nicht nach § 268 macht sich derjenige strafbar, der das im Beifahrerfach befindliche Schaublatt bei Zwei-Fahrer-Kontrollgeräten in das Fahrerfach einlegt,[177] eine fremde Fahrerkarte in den digitalen Fahrtenschreiber steckt[178] oder das zu röntgende Objekt vor dem Röntgen austauscht.[179]

49 Entsprechendes gilt bei der Benutzung einer **Gegenblitzanlage** oder **reflektierender Folien**, um beweistaugliche Fotos einer Geschwindigkeitsmessanlage zu verhindern.[180] Es liegt dann zwar eine technische Aufzeichnung vor,[181] die zu Beweiszwecken unbrauchbar ist, aber der technische Ablauf blieb **unangetastet**,[182] sodass sie nicht unecht ist. Sogar das Besprühen der Kamera der Überwachungsanlage ist danach kein Fall des § 268, denn der Aufzeichnungsvorgang als solcher erfolgt nach wie vor korrekt.[183]

50 **Kontrovers** wird die Frage diskutiert, ob eine störende Einwirkung gegeben ist, wenn der Täter eine **Diagrammscheibe** in den (früheren) Fahrtenschreiber einlegt, die für dieses Gerät **nicht bestimmt** ist, wodurch eine falsche Aufzeichnung der Fahrtgeschwindigkeit bewirkt wird. Nach dem BayObLG fehlt es insoweit an einem Eingriff in den technischen Ablauf, da die Arbeitsweise des Geräts nicht beeinflusst werde, sodass dieses Verhalten tatbestandslos sei.[184] Der BGH hingegen bejaht § 268,[185] da die Aufzeichnung durch das Gerät nicht getrennt von der Schreibunterlage gesehen werden könne. Das erscheint sachgerecht, gehört doch in diesem Fall zum korrek-

173 BGH NStZ **2016** 42, 45; *Brehmeier-Metz* AK Rdn. 13; *Eisele* BT I Rdn. 872; *Fischer* Rdn. 24; *Gössel/Dölling* BT 1 § 52 Rdn. 33; SSW/*Hilgendorf* Rdn. 12; *Krey/Hellmann/Heinrich* BT 1 Rdn. 1199; *Kudlich* BT II Nr. 174; *Maurach/Schroeder/Maiwald* BT 2 § 65 Rdn. 86; *Weidemann* BeckOK Rdn. 13; *Wessels/Hettinger/Engländer* BT 1 Rdn. 861; *Winkelbauer* CR **1985** 40, 42; *Zieschang* BT 1 Rdn. 887. Siehe aber auch Arzt/Weber/Heinrich/Hilgendorf BT § 32 Rdn. 15: Grenze zwischen störender Einwirkung und täuschendem Beschicken sei nicht befriedigend zu ziehen; teilweise abweichend *Erb* MK Rdn. 39; *Puppe/Schumann* NK Rdn. 36.

174 *Eisele* BT I Rdn. 872; *Rengier* BT II § 34 Rdn. 16.

175 *Kindhäuser/Schramm* BT I § 56 Rdn. 13.

176 SSW/*Hilgendorf* Rdn. 10; Lackner/Kühl/*Heger* Rdn. 8; *Maurach/Schroeder/Maiwald* BT 2 § 65 Rdn. 86; *Sieber* S. 325; **anders** *Lampe* GA **1975** 1, 13 f.; *Steinke* NJW **1975** 1867, 1869.

177 Siehe BayObLG NStZ-RR **2001** 371; OLG Karlsruhe NStZ **2002** 652; OLG Stuttgart NStZ-RR **2000** 11, 12; *Hohmann/Sander* BT § 18 Rdn. 9.

178 OLG Stuttgart BeckRS **2013** 6959; *Duchstein* NZV **2013** 367; *Wessels/Hettinger/Engländer* BT 1 Rdn. 860. Der Fall liegt also anders als die Konstellation, dass ein nicht für das Gerät bestimmtes Schaublatt beim früheren Fahrtenschreiber eingelegt wird; dazu Rdn. 50.

179 *Gribbohm* LK[11] Rdn. 31.

180 § 268 ablehnend OLG München NStZ **2006** 576; LG Flensburg NJW **2000** 1664; *Eisele* BT I Rdn. 873; *Fischer* Rdn. 20; *Geppert* DAR **2000** 106, 107; SSW/*Hilgendorf* Rdn. 12; *Hohmann/Sander* BT § 18 Rdn. 9; *Kindhäuser/Schramm* BT I § 56 Rdn. 13; *Klesczewski* BT § 17 Rdn. 65; *Krey/Hellmann/Heinrich* BT 1 Rdn. 1200; *Kudlich* JA **2019** 272, 276; *Peters* JuS **2019** 33, 38; *Rahmlow* JR **2000** 388, 390; **anders** AG Berlin-Tiergarten NStZ-RR **2000** 9.

181 **Anders** etwa OLG München NStZ **2006** 576; *Hohmann/Sander* BT § 18 Rdn. 9; *Maurach/Schroeder/Maiwald* BT 2 § 65 Rdn. 86; *Puppe/Schumann* NK Rdn. 40; *Schroth* BT S. 311: Die Entstehung einer Aufzeichnung werde verhindert.

182 *Joecks/Jäger* Rdn. 26; *Koch* HK-GS Rdn. 15; *Kudlich* BT II Nr. 177, 177a; *Rengier* BT II § 34 Rdn. 16.

183 *Rengier* BT II § 34 Rdn. 16.

184 BayObLGSt **1973** 155, 156 f.; so auch *Hoyer* SK Rdn. 40; *Joecks/Jäger* Rdn. 31; *Schilling* Fälschung technischer Aufzeichnungen S. 65.

185 BGHSt **40** 26, 29; ebenso OLG Stuttgart NStZ **1993** 344 f.; *Eisele* BT I Rdn. 875; *Erb* MK Rdn. 42; *Sch/Schröder/Heine/Schuster* Rdn. 48a; SSW/*Hilgendorf* Rdn. 10; *Hirsch* ZStW **85** (1973) 721, 726; Lackner/Kühl/*Heger* Rdn. 8; *Otto* BT § 74 Rdn. 11; *Puppe* JR **1993** 330, 332; *dies.* JZ **1997** 490, 495; *Puppe/Schumann* NK Rdn. 41; *Rengier* BT II § 34 Rdn. 14.

ten Aufzeichnungsvorgang auch die Benutzung der für das Gerät bestimmungsgemäßen Diagrammscheibe. Es geht also nicht bloß um ein falsches Beschicken.

51 Erforderlich ist zur Erfüllung des Tatbestands, dass ein **menschlicher Eingriff** erfolgt.[186] Kein Fall des § 268 liegt daher vor, wenn das Gerät einen **technischen Eigendefekt** aufweist, den der Täter bloß ausnutzt. Setzt jemand ein solches Gerät in Gang, ist daher § 268 nicht erfüllt.[187] Es liegt in diesem Fall zwar regelmäßig eine inhaltlich unrichtige technische Aufzeichnung vor, sie ist aber nicht unecht.[188] Folglich fällt auch der Gebrauch einer solchen Aufzeichnung nicht unter § 268 Abs. 1 Nr. 2.[189]

52 Folglich scheidet auch im Bereich des **Unterlassens** eine Strafbarkeit gemäß §§ 268, 13 aus, wenn ein **Garant** bei einem **Eigendefekt** das Gerät weiterlaufen lässt.[190] Insofern darf zur Gleichstellung von positivem Tun und Unterlassen nichts anderes als beim positiven Tun gelten. Andererseits ist eine Unterlassungsstrafbarkeit gemäß §§ 268, 13[191] anzunehmen, wenn ein Garant gegen störende Eingriffe Dritter nicht einschreitet.[192] Die Vorschrift ist zudem erfüllt, falls der Garant gegen die Aufzeichnung durch ein Gerät, auf das zuvor ein Dritter oder er unvorsätzlich selbst störend eingewirkt hat, nichts unternimmt.[193] Die Garantenstellung kann sich dann insbesondere aus der Verantwortlichkeit für eine Gefahrenquelle oder aus Ingerenz ergeben.[194]

V. Verfälschen einer technischen Aufzeichnung gemäß § 268 Abs. 1 Nr. 1 Var. 2

53 Ein **Verfälschen** einer technischen Aufzeichnung liegt vor, sofern der Täter diese in beweiserheblicher Weise **nachträglich verändert**, wobei der **Eindruck** erweckt wird, sie stamme **von vornherein** in dieser Form aus dem technischen Gerät.[195] § 268 Abs. 1 Nr. 1 Alt. 2 setzt also eine bereits vorhandene technische Aufzeichnung voraus.[196] Taugliches Tatobjekt kann dabei eine echte, aber auch eine unechte technische Aufzeichnung sein.[197] Anders als in § 267 ist die Verfälschungsvariante nicht auf echte technische Aufzeichnungen beschränkt. Bei der unechten technischen Aufzeichnung mag dabei der noch unverfälschte Teil verändert oder aber der verfälschte Teil nochmals verändert werden. Das Ergebnis der Manipulation ist jedenfalls eine **unechte technische**

186 Arzt/Weber/Heinrich/Hilgendorf BT § 32 Rdn. 15; *Eisele* BT I Rdn. 871; *ders.* Computerstrafrecht § 45 Rdn. 21; *Otto* BT § 74 Rdn. 13; *Rengier* BT II § 34 Rdn. 17.

187 BTDrucks. V/4094 S. 37; BGHSt **28** 300, 306; *Hohmann/Sander* BT § 18 Rdn. 11; *Kindhäuser/Hilgendorf* LPK Rdn. 11; *Kindhäuser/Schramm* BT I § 56 Rdn. 13; *Krey/Hellmann/Heinrich* BT 1 Rdn. 1199; *Rengier* BT II § 34 Rdn. 17; *Wessels/Hettinger/Engländer* BT 1 Rdn. 859.

188 BayObLG VRS **55** 425, 426; *Fischer* Rdn. 19; *Gössel/Dölling* BT 1 § 52 Rdn. 32; *Krey/Hellmann/Heinrich* BT 1 Rdn. 1203.

189 BTDrucks. V/4094 S. 37.

190 BGHSt **28** 300, 306 f.; BayObLG VRS **55** 425, 427; Arzt/Weber/Heinrich/Hilgendorf BT § 32 Rdn. 16; *Brehmeier-Metz* AK Rdn. 14; *Eisele* BT I Rdn. 871; *Erb* MK Rdn. 45; *Gössel/Dölling* BT 1 § 52 Rdn. 35; *Hohmann/Sander* BT § 18 Rdn. 11; *Matt/Renzikowski/Maier* Rdn. 27; *Puppe/Schumann* NK Rdn. 43; **anders** OLG Hamm MDR **1977** 425; LG Stade NJW **1974** 2017, 2018.

191 Eventuell in Verbindung mit § 27.

192 *Hohmann/Sander* BT § 18 Rdn. 12; *Maurach/Schroeder/Maiwald* BT 2 § 65 Rdn. 87c; *Otto* BT § 74 Rdn. 14; **anders** *Krey/Hellmann/Heinrich* BT 1 Rdn. 1206: Es sei stets positives Tun erforderlich.

193 Siehe BGHSt **28** 300, 307; OLG Hamm VRS **52** 278, 279; Arzt/Weber/Heinrich/Hilgendorf BT § 32 Rdn. 16; SSW/*Hilgendorf* Rdn. 13; Lackner/Kühl/*Heger* Rdn. 9; *Rengier* BT II § 34 Rdn. 17; *Wessels/Hettinger/Engländer* BT 1 Rdn. 868.

194 Arzt/Weber/Heinrich/Hilgendorf BT § 32 Rdn. 16; *Sch/Schröder/Heine/Schuster* Rdn. 57 f.; *Wessels/Hettinger/Engländer* BT 1 Rdn. 868.

195 Begründung zum E 1962, BTDrucks. IV/650 S. 482; BGH NStZ **2016** 42, 45; *Brehmeier-Metz* AK Rdn. 17; *Sch/Schröder/Heine/Schuster* Rdn. 39; SSW/*Hilgendorf* Rdn. 14.

196 BayObLGSt **1973** 155, 156; *Rengier* BT II § 34 Rdn. 19.

197 *Eisele* BT I Rdn. 876; *Fischer* Rdn. 21; *Gössel/Dölling* BT 1 § 52 Rdn. 34; *Sch/Schröder/Heine/Schuster* Rdn. 43; SSW/*Hilgendorf* Rdn. 14; *Kindhäuser/Hilgendorf* LPK Rdn. 12; *Kindhäuser/Schramm* BT I § 56 Rdn. 14; **anders** *Brehmeier-Metz* AK Rdn. 16; *Hohmann/Sander* BT § 18 Rdn. 13: Es sei eine echte technische Aufzeichnung vorausgesetzt.

Aufzeichnung.[198] Auch beim Verfälschen werden keine besonderen Anforderungen an die Täterqualität gestellt, sodass jedermann tauglicher Täter ist.

54 Das Verfälschen ist insbesondere möglich durch Ergänzungen, Löschungen oder (Teil-)Ersetzungen.[199] Die Verfälschung kann sich auf den Inhalt der Aufzeichnung beziehen oder auf den perpetuierten Beweisbezug,[200] nicht aber auf einen nichtautomatisch von Menschenhand hergestellten Bezugsvermerk.[201] Ein Verfälschen liegt auch dann vor, wenn die Aufzeichnung zum inhaltlich Richtigen verändert wird.[202] Dann kann aber eventuell die Täuschungsabsicht fehlen. Stets ist Voraussetzung, dass nach der Manipulation immer noch der Eindruck einer technischen Aufzeichnung besteht. Wird die Aufzeichnung zerstört, kommt folglich nicht § 268, wohl aber § 274 in Betracht. Da bei § 268 der ungestörte Herstellungsvorgang maßgeblich ist, nicht aber die Person des Herstellers, ist die bei § 267 umstrittene Frage, ob auch der Aussteller einer Urkunde § 267 Abs. 1 Var. 2 nach Erlöschen der Abänderungsbefugnis verwirklichen kann,[203] für § 268 irrelevant.[204]

VI. Gebrauchen einer unechten oder verfälschten technischen Aufzeichnung gemäß § 268 Abs. 1 Nr. 2

55 Das **Gebrauchen** einer technischen Aufzeichnung ist so zu verstehen wie das Gebrauchen bei § 267.[205] Demnach gebraucht jemand eine technische Aufzeichnung, wenn sie **demjenigen, der durch sie getäuscht werden soll, so zugänglich gemacht wird, dass dieser die Möglichkeit hat, die unechte oder verfälschte technische Aufzeichnung wahrzunehmen**. Der Betreffende muss die Urkunde nicht zwingend tatsächlich zur Kenntnis nehmen, es genügt bereits die **Möglichkeit** zur Kenntnisnahme.[206]

56 Es spielt keine Rolle, ob der Gebrauchende die unechte technische Aufzeichnung auch im Sinne von § 268 Abs. 1, Abs. 3 selbst hergestellt oder sie verfälscht hat.[207] Maßgeblich ist nur, dass es sich um eine unechte oder verfälschte technische Aufzeichnung handelt. Richtigerweise liegt – im Gleichklang mit § 267[208] – ein Gebrauchen auch dann vor, wenn eine technische Aufzeichnung durch einen **unvorsätzlichen** menschlichen Eingriff zur unechten geworden ist.[209] Das gilt auch in Bezug auf den dritten Absatz.[210] Beeinträchtigt also eine Person, ohne dass sie dies bemerkt, den Aufzeichnungsvorgang und verwendet dann jemand in Kenntnis dessen die Aufzeichnung, liegt § 268 Abs. 1 Nr. 2 vor. Andererseits handelt es sich insbesondere bei einem Eigendefekt des technischen Geräts nicht um eine unechte technische Aufzeichnung, sodass ihr Gebrauch nicht dem § 268 Abs. 1 Nr. 2 unterfällt. Ebenso liegt etwa auch dann keine unechte technische Aufzeichnung vor, wenn lediglich eine Input-Manipulation gegeben war. Dass eine Aufzeichnung bloß unrichtig ist, genügt daher für sich genommen nicht.

---

198 Arzt/Weber/Heinrich/Hilgendorf BT § 32 Rdn. 14.

199 BGH NStZ **2016** 42, 45; *Eisele* BT I Rdn. 876.

200 BGH NStZ **2016** 42, 45; *Fischer* Rdn. 21.

201 *Erb* MK Rdn. 33; *Gribbohm* LK[11] Rdn. 41; *Sch/Schröder/Heine/Schuster* Rdn. 34 ff.; *Hoyer* SK Rdn. 30; *Joecks/Jäger* Rdn. 21; *Matt/Renzikowski/Maier* Rdn. 20.

202 *Erb* MK Rdn. 33; *Fischer* Rdn. 21; *Sch/Schröder/Heine/Schuster* Rdn. 44; *Hoyer* SK Rdn. 29; *Joecks/Jäger* Rdn. 25.

203 Dazu *Zieschang* LK § 267 Rdn. 173 ff.

204 *Gribbohm* LK[11] Rdn. 42; *Sch/Schröder/Heine/Schuster* Rdn. 42.

205 Siehe dazu *Zieschang* LK § 267 Rdn. 186 ff.

206 *Joecks/Jäger* Rdn. 31a.

207 *Fischer* Rdn. 26.

208 Siehe *Zieschang* LK § 267 Rdn. 184.

209 Arzt/Weber/Heinrich/Hilgendorf BT § 32 Rdn. 17; *Erb* MK Rdn. 46; **anders** OLG Frankfurt NJW **1979** 118, 119; *Tröndle* LK[10] Rdn. 38.

210 **Anders** *Gribbohm* LK[11] Rdn. 44; *Sch/Schröder/Heine/Schuster* Rdn. 63; *Klesczewski* BT § 17 Rdn. 67.

Ebenso wenig wie bei § 267 kann nach zutreffender Auffassung von einer unechten oder verfälschten technischen Aufzeichnung durch Vorlage einer Kopie Gebrauch gemacht werden.[211] 57

VII. Subjektiver Tatbestand

§ 268 verlangt wie auch § 267 neben dem Vorsatz die Täuschungsabsicht. 58

1. Vorsatz

Umfasst ist das **gesamte Vorsatzspektrum**. **Dolus eventualis** genügt folglich.[212] Neben dem Vorsatz in Bezug auf die Tathandlungen muss der Täter wissen, dass es um eine technische Aufzeichnung geht, wobei eine **Parallelwertung in der Laiensphäre** genügt. Das gilt auch hinsichtlich des Merkmals der Unechtheit sowie in Bezug auf die störende Einwirkung auf den Aufzeichnungsvorgang. 59

Bei § 268 Abs. 3 muss der Täter folglich zumindest im Sinne von dolus eventualis die Vorstellung haben, dass der Aufzeichnungsvorgang durch menschliche Einwirkung beeinflusst worden ist.[213] Geht der Täter hingegen irrtümlich von einem Eigendefekt des Geräts aus, fehlt ihm der Vorsatz.[214] Meint der Täter rechtlich irrtümlich, auch bei einem Eigendefekt sei sein Verhalten strafbar, handelt es sich um ein strafloses Wahndelikt. Das ist ebenfalls anzunehmen, wenn er rechtlich irrtümlich die Anzeige beim Wegstreckenzähler oder etwa bei einem Stromzähler als technische Aufzeichnung ansieht.[215] 60

Da es für § 268 Abs. 1 Nr. 2 nach hiesiger Ansicht genügt, dass die Aufzeichnung unvorsätzlich zur unechten geworden ist,[216] braucht der Vorsatz des Gebrauchenden sich auch nur auf die störende menschliche Einwirkung selbst beziehen, nicht aber darauf, dass der Manipulierende vorsätzlich handelte. Auch für das Herstellen einer technischen Aufzeichnung gilt: Hat ein Dritter vorsätzlich oder auch fahrlässig einen Defekt herbeigeführt, so genügt für den Vorsatz des Herstellers, dass er von dem durch einen menschlichen Eingriff erfolgten Defekt weiß.[217] 61

2. Täuschungsabsicht

Parallel zu § 267 verlangt § 268 zusätzlich zum Vorsatz noch als **besonderes subjektives Merkmal** die Täuschungsabsicht. Insofern gelten die Ausführungen zu § 267 entsprechend.[218] Folglich ist Täuschungsabsicht anzunehmen, wenn der Täter insofern **zumindest dolus directus 2. Grades** aufweist. Bei sicherem Wissen von der Unechtheit ist der Rechtsverkehr ebenso zu schützen wie bei dolus directus 1. Grades. Zur sinnvollen Einschränkung des abstrakten Gefährlichkeitsdelikts genügt dolus eventualis aber nicht. Klarstellend ist darauf hinzuweisen, dass die Täuschungsabsicht auch im Fall des § 268 Abs. 3 erforderlich ist.[219] 62

---

211 *Puppe/Schumann* NK Rdn. 45; **anders** *Fischer* Rdn. 26; *Matt/Renzikowski/Maier* Rdn. 29. Siehe im Hinblick auf die Urkunde insoweit *Zieschang* LK § 267 Rdn. 192 ff.

212 BGHSt **28** 300, 304 f.; *Erb* MK Rdn. 47; *Fischer* Rdn. 27; SSW/*Hilgendorf* Rdn. 15; *Joecks/Jäger* Rdn. 32; *Klesczewski* BT § 17 Rdn. 68; *Koch* HK-GS Rdn. 19; *Matt/Renzikowski/Maier* Rdn. 30.

213 *Wessels/Hettinger/Engländer* BT 1 Rdn. 863.

214 *Wessels/Hettinger/Engländer* BT 1 Rdn. 867.

215 Zu dem Umstand, dass es sich hierbei nicht um technische Aufzeichnungen handelt, siehe Rdn. 16 ff.

216 Rdn. 56.

217 **Anders** *Erb* MK Rdn. 47; *Hoyer* SK Rdn. 44: Der Vorsatz müsse sich darauf beziehen, dass der Dritte den Defekt vorsätzlich herbeigeführt hat. Aber das ist gar nicht erforderlich; vgl. Rdn. 43.

218 *Zieschang* LK § 267 Rdn. 201 ff.

219 *Sch/Schröder/Heine/Schuster* Rdn. 64.

VIII. Verweis des § 268 Abs. 5 auf § 267 Abs. 3 und Abs. 4

63 Aufgrund der entsprechenden Geltung des § 267 Abs. 3 kommt auch die Fälschung technischer Aufzeichnungen in einem besonders schweren Fall in Betracht. Dabei ist in § 267 Abs. 3 Satz 2 Nr. 1 der Begriff „Urkundenfälschung" durch „Fälschung technischer Aufzeichnungen" zu ersetzen. Bei der Bande kommt es demnach auf den Zusammenschluss von mindestens drei Personen an, die sich zur fortgesetzten Begehung einer noch unbestimmten Vielzahl von Straftaten nach § 263 oder § 268 verbunden haben.[220] In § 267 Abs. 3 Satz 2 Nr. 3 geht es um eine große Anzahl von unechten oder verfälschten technischen Aufzeichnungen. Im Übrigen kann auf die Erläuterungen zu § 267 Abs. 3 verwiesen werden.[221]

64 Über § 268 Abs. 5 ist zudem der Qualifikationstatbestand des § 267 Abs. 4 anwendbar.[222] Es handelt sich dann um ein Verbrechen. Dort ist der Begriff „Urkundenfälschung" wiederum durch den der „Fälschung technischer Aufzeichnungen" zu ersetzen. Im Übrigen ist auf die Darlegungen zu § 267 Abs. 4 zu verweisen.[223]

IX. Vollendung und Versuch

1. Vollendung

65 Ebenso wie bei § 267 genügt für § 268 das bloße Herstellen oder Verfälschen, ohne dass es auch zu einem Gebrauch gekommen sein muss, was auch hier zu einer Vorverlagerung der Strafbarkeit führt. Um das abstrakte Gefährlichkeitsdelikt des § 268 in seinem Anwendungsbereich einzuschränken, erscheint es daher ebenso wie bei § 267[224] aus hiesiger Sicht vorzugswürdig, mit dem Herstellen und Verfälschen einen **Begebungsakt (Entäußerungsakt)** zu verbinden. Des Schutzes der Sicherheit des Rechtsverkehrs bedarf es nämlich auch hier nicht, solange sich die technische Aufzeichnung noch im ausschließlichen Verfügungsbereich des Täters befindet. Eine Entäußerung wäre etwa dann anzunehmen, wenn die technische Aufzeichnung einem bösgläubigen Dritten überlassen wird, sie ist also nicht gleichbedeutend mit dem Gebrauchen. Das Erfordernis des Begebungsakts hat gleichzeitig zur Konsequenz, dass sich die analoge Anwendung von Vorschriften über die Tätige Reue erübrigt.[225]

66 Der Klarheit halber sei darauf hingewiesen, dass es zur Vollendung nicht erforderlich ist, dass der Täter die intendierte Täuschung erreicht.[226]

2. Versuch

67 § 268 Abs. 4 stellt den Versuch des Vergehens nach § 268 Abs. 1, Abs. 3 ausdrücklich unter Strafe. § 268 Abs. 5 i.V.m. § 267 Abs. 4 ist Verbrechen, sodass der Versuch nach § 23 Abs. 1 strafbar ist. Daran ändert sich auch nichts, wenn es sich um einen minder schweren Fall handelt (§ 12 Abs. 3). Im Übrigen ist hinsichtlich des Versuchsbeginns auf die Ausführungen zu § 267 zu verweisen, die entsprechend gelten.[227]

---

220 Siehe BGH NStZ **2016** 42, 46.
221 *Zieschang* LK § 267 Rdn. 229 ff.
222 Zu einem solchen Fall siehe etwa BGH NStZ **2016** 42, 46.
223 *Zieschang* LK § 267 Rdn. 246 ff.
224 Siehe *Zieschang* LK § 267 Rdn. 250.
225 Unabhängig von dem im Text genannten Grund die Tätige Reue ablehnend *Fischer* Rdn. 28; *Matt/Renzikowski/Maier* Rdn. 32; dagegen die Tätige Reue befürwortend *Sch/Schröder/Eser/Bosch* § 24 Rdn. 116.
226 *Fischer* Rdn. 28; *Gribbohm* LK[11] Rdn. 55; *Sch/Schröder/Heine/Schuster* Rdn. 66; *Weidemann* BeckOK Rdn. 18.
227 *Zieschang* LK § 267 Rdn. 252 ff.

X. Täterschaft und Teilnahme

Der Täter des Herstellens oder Verfälschens einerseits und der des Gebrauchens andererseits können personenverschieden sein.[228] Zur Abgrenzung von Täterschaft und Teilnahme gelten die allgemeinen Grundsätze. Es kommt neben der Alleintäterschaft auch Mittäterschaft sowie mittelbare Täterschaft und Nebentäterschaft in Betracht. Jeder Täter muss in seiner Person Vorsatz und Täuschungsabsicht aufweisen. § 268 ist **kein eigenhändiges Delikt**. 68

XI. Rechtsfolgen

Die Strafen sind wie bei § 267 ausgestaltet. Bei § 268 Abs. 1, Abs. 3 ist Freiheitsstrafe bis zu fünf Jahren oder Geldstrafe angedroht. § 268 Abs. 4 i.V.m. § 267 Abs. 3 sieht in besonders schweren Fällen Freiheitsstrafe von sechs Monaten bis zu zehn Jahren vor. Beim Verbrechen nach § 268 Abs. 5 i.V.m. § 267 Abs. 4 liegt der Strafrahmen bei einem Jahr bis zu zehn Jahren, in minder schweren Fällen bei Freiheitsstrafe von sechs Monaten bis zu fünf Jahren. 69

§ 282 sieht die Möglichkeit der Einziehung vor. 70

XII. Konkurrenzen

Im Verhältnis der Tatvarianten untereinander gelten die im Zusammenhang mit § 267 dargelegten Grundsätze entsprechend.[229] 71

Tateinheit kommt zwischen § 267 sowie § 268 in Betracht,[230] sofern die technische Aufzeichnung auch Urkunde ist, indem sich insbesondere jemand die Aufzeichnung zu eigen macht oder sie mit einem Zusatzvermerk versieht, der Urkundencharakter aufweist.[231] Ebenso kann Tateinheit mit § 269 vorliegen.[232] Ist durch das Verfälschen der technischen Aufzeichnung gleichzeitig § 274 Abs. 1 Nr. 1 verwirklicht, wird § 274 von § 268 konsumiert. 72

---

228 *Sch/Schröder/Heine/Schuster* Rdn. 67.

229 *Zieschang* LK § 267 Rdn. 266 ff.

230 Siehe *Zieschang* LK § 267 Rdn. 277 sowie etwa *Brehmeier-Metz* AK Rdn. 23; *Erb* MK Rdn. 49; *Sch/Schröder/Heine/Schuster* Rdn. 68; *Hecker* JuS **2002** 224, 226; *Hohmann/Sander* BT § 18 Rdn. 16; *Hoyer* SK Rdn. 45; *Joecks/Jäger* Rdn. 35; *Weidemann* BeckOK Rdn. 20.

231 Siehe auch Arzt/Weber/Heinrich/Hilgendorf BT § 32 Rdn. 21; *Gribbohm* LK[11] Rdn. 58; SSW/*Hilgendorf* Rdn. 16; Lackner/Kühl/*Heger* Rdn. 12; *Matt/Renzikowski/Maier* Rdn. 33.

232 *Erb* MK Rdn. 49.

§ 269 Fälschung beweiserheblicher Daten

(1) Wer zur Täuschung im Rechtsverkehr beweiserhebliche Daten so speichert oder verändert, daß bei ihrer Wahrnehmung eine unechte oder verfälschte Urkunde vorliegen würde, oder derart gespeicherte oder veränderte Daten gebraucht, wird mit Freiheitsstrafe bis zu fünf Jahren oder mit Geldstrafe bestraft.

(2) Der Versuch ist strafbar.

(3) § 267 Abs. 3 und 4 gilt entsprechend.

Schrifttum

Bachmann/Goeck Anmerkung zum Urteil des BGH vom 17.2.2011 – 3 StR 419/10 – NJW 2011, 2375, JR **2011** 425; *Böse* Rechtsprechungsübersicht zu den Urkundendelikten, NStZ **2005** 370; *Brand* Die strafrechtliche Bedeutung der Nutzung fremder Packstationsdaten zu kriminellen Zwecken, NStZ **2013** 7; *Brandt* Zur Strafbarkeit des Phishing (2010); *Buggisch* Fälschung beweiserheblicher Daten durch Verwendung einer falschen E-Mail-Adresse? NJW **2004** 3519; *Bühler* Ein Versuch, Computerkriminellen das Handwerk zu legen: Das Zweite Gesetz zur Bekämpfung der Wirtschaftskriminalität, MDR **1987** 448; *Ceffinato* Aktuelles Internetstrafrecht, JuS **2021** 311; *Christoph/Dorn-Haag* Anmerkung zum Beschluss des OLG Hamm vom 7.4.2020 – 4 RVs 12/20 – BeckRS 2020, 9059, NStZ **2020** 676; *Dornseif/Schumann* Probleme des Datenbegriffs im Rahmen des § 269 StGB, JR **2002** 52; *Duchstein* Die Strafbarkeit von Fahrerkartenmanipulationen, NZV **2013** 367; *Eisele* Fälschung beweiserheblicher Daten bei Anmeldung eines eBay-Accounts unter falschem Namen, Festschrift Puppe (2011) 1091; *ders./Fad* Strafrechtliche Verantwortlichkeit beim Missbrauch kartengestützter Zahlungssysteme, Jura **2002** 305; *Eiden* Übungsklausur Strafrecht: Vom falschen Schwimmlehrer, der lieber baden ging, Jura **2013** 288; *Eßer* Der strafrechtliche Schutz des qualifizierten elektronischen Signaturverfahrens (2006); *Fad* Examensklausur im Strafrecht – Rechtsstaatliche Offensive in Schilda, Jura **2002** 632; *Freund* Grundfälle zu den Urkundendelikten, JuS **1994** 207; *Gercke* Die Strafbarkeit von „Phishing" und Identitätsdiebstahl, CR **2005** 606; *Goeckenjan* Phishing von Zugangsdaten für Online-Bankdienste und deren Verwertung, wistra **2008** 128; *Göhler* Kontaktlos bezahlen mit der Girocard – (k)eine Herausforderung für das Strafrecht? JR **2021** 6; *Graf* „Phishing" derzeit nicht generell strafbar! NStZ **2007** 129; *Granderath* Das Zweite Gesetz zur Bekämpfung der Wirtschaftskriminalität, DB **1986** Beilage Nr. 18 S. 1; *Gutmann* Anmerkung zum Beschluss des OLG Köln vom 1.10.2013 – 1 RVs 191/13 – NStZ 2014, 276, MMR **2014** 315; *Haft* Das Zweite Gesetz zur Bekämpfung der Wirtschaftskriminalität (2. WiKG) NStZ **1987** 6; *Hartmann* Neue Herausforderungen für das Urkundenstrafrecht im Zeitalter der Informationsgesellschaft (2004); *Haurand/Vahle* Computerkriminalität, RDV **1990** 128; *Hecker* Herstellung, Verkauf, Erwerb und Verwendung manipulierter Telefonkarten, JA **2004** 762; *Hefendehl* Anmerkung zum Urteil des LG Würzburg vom 29.7.1999 – 5 Kls 153 Js 1019/98 – NStZ 2000, 374, NStZ **2000** 348; *Heghmanns* Strafbarkeit des „Phishing" von Bankkontendaten und ihrer Verwertung, wistra **2007** 167; *ders.* Anmerkung zum Beschluss des OLG Hamm vom 7.4.2020 – 4 RVs 12/20 – BeckRS 2020, 9059, ZJS **2020** 494; *Höinghaus* Der hypothetische Vergleich des § 269 StGB unter Berücksichtigung der tatsächlichen und normativen Vergleichbarkeit von Schrifturkunde und moderner (Computer-) Datenurkunde (2006); *Jahn* Anmerkung zum Beschluss des OLG Hamm vom 18.11.2008 – 5 Ss 347/08 – MMR 2009, 775, JuS **2009** 662; *Kitz* Examensrelevante Bereiche „moderner Kriminalität", JA **2001** 303; *Kulhanek* Datenurkundenqualität von E-Mail-Anhängen, StV **2015** 725; *ders.* „Digitales Urkundenstrafrecht", wistra **2021** 220; *Kusnik* Für die Straffreiheit des Entfernens von SIM-Locks, CR **2011** 718; *Lenckner/Winkelbauer* Computerkriminalität – Möglichkeiten und Grenzen des 2. WiKG (III), CR **1986** 824; *Mankowski* Wie problematisch ist die Identität des Erklärenden bei E-Mails wirklich? NJW **2002** 2822; *Möhrenschlager* Der Regierungsentwurf eines Zweiten Gesetzes zur Bekämpfung der Wirtschaftskriminalität, wistra **1982** 201; *ders.* Das neue Computerstrafrecht, wistra **1986** 128; *Nadeborn/Popp* Identitätstäuschung und Betrug im Internet, wistra **2022 227;** *Nestler* Zur Urkundenqualität von Fotokopien und (Computer-)Faxen, ZJS **2010** 608; *Neubauer* Anmerkung zum Urteil des AG Göttingen vom 4.5.2011 – 62 DS 51 Js 9946/10 (106/11) – MMR 2011, 626, MMR **2011** 628; *Petermann* Die Einrichtung gefälschter Internetaccounts – ein Anwendungsfall des § 269 StGB? JuS **2010** 774; *ders./Savanovic* Fortgeschrittenenklausur – Strafrecht: Vermögens- und Urkundsdelikte – Gewinnmaximierung mittels Internetplattform, JuS **2011** 1003; *Puppe* Die Datenurkunde im Strafrecht, JuS **2012** 961; *Popp* Informationstechnologie und Strafrecht, JuS **2011** 385; *Radtke* Neue Formen der Datenspeicherung und das Urkundenstrafrecht, ZStW **115** (2003) 26; *Rinker* Strafbarkeit und Strafverfolgung von „IP-Spoofing" und „Portscanning", MMR **2002** 663; *Rossa* Mißbrauch beim electronic cash, Eine strafrechtliche Bewertung, CR **1997** 219; *Schlüchter* Anmerkung zum Urteil des BGH vom 22.11.1991 – 2 StR 376/91 – JR 1993 512, JR **1993** 493; *Schnabel* Anmerkung zum Urteil des LG Würzburg vom 29.7.1999 – 5 Kls 153 Js 1019/98 – NStZ 2000, 374, NStZ **2001** 374; *Schrott* Fortgeschrittenenklausur – Strafrecht: Digitales Kleinvieh im kontaktlosen Nahfeld, JuS **2022** 138; *Seidl/Fuchs* Zur Strafbarkeit des sog. „Skimmings", HRRS **2011** 265; *Sieg* Strafrechtlicher Schutz gegen Computerkriminalität, Jura **1986** 352; *Singelnstein* Erfüllt die Angabe falscher Personalien bei Auktionsgeschäften im Internet den

https://doi.org/10.1515/9783110490220-004

Tatbestand des § 269 StGB? JR **2011** 375; *Stuckenberg* Zur Strafbarkeit von „Phishing", ZStW **118** (2006) 878; *Tiedemann* Computerkriminalität und Mißbrauch von Bankomaten, WM **1983** 1326; *ders.* Die Bekämpfung der Wirtschaftskriminalität durch den Gesetzgeber, JZ **1986** 865; *Wachter* Klausurrelevante Probleme aus dem Bereich der Cyberkriminalität, JA **2019** 827; *Wegscheider* Strafrechtlicher Urkundenbegriff und Informationsverarbeitung (I), CR **1989** 923; *ders.* Strafrechtlicher Urkundenbegriff und Informationsverarbeitung (II), CR **1989** 996; *Welp* Strafrechtliche Aspekte der digitalen Bildverarbeitung (II), CR **1992** 354; *Willer* Die Onlineauktion unter falschem Namen und der Straftatbestand der Fälschung beweiserheblicher Daten i.S.d. § 269 StGB, NStZ **2010** 535; *Wörner/Hoffmanns* Examensklausur Strafrecht: „Der arme Informatikstudent", Jura **2013** 742; *Zielinski* Urkundenfälschung durch Computer, Festschrift Arm. Kaufmann (1989) 605; *Zieschang* Urkundenfälschung beim Missbrauch vorhandener Befugnisse, Festgabe Paulus (2009) 197; *ders.* Anmerkung zum Beschluss des BGH vom 27.7.2012 – 1 StR 238/12 – NStZ-RR 2012, 343, HRRS **2013** 49; *ders.* Die Reform der §§ 275, 277 bis 281 StGB durch das Gesetz zur Änderung des Infektionsschutzgesetzes und weiterer Gesetze anlässlich der Aufhebung der Feststellung der epidemischen Lage von nationaler Tragweite, ZFISTW **2022** 140.

Entstehungsgeschichte

Ursprünglich war in § 269 a.F. RStGB die Blankettfälschung normiert, bis die Strafrechtsangleichungsverordnung vom 29.5.1943[1] die Urkundenfälschung nur noch in einer Vorschrift (§ 267) regelte.[2] Das 2. Gesetz zur Bekämpfung der Wirtschaftskriminalität (2. WiKG) vom 15.5.1986[3] stellte dann mit Wirkung zum 1.8.1986 die Fälschung beweiserheblicher Daten gemäß § 269 in das StGB ein.[4]

Das 6. Strafrechtsreformgesetz vom 26.1.1998,[5] das § 267 Abs. 4 eingeführt hat, nahm im dritten Absatz des § 269 den Verweis auf § 267 Abs. 4 auf. Seitdem ist § 269 unverändert geblieben.

Mit der Vorschrift sollten Strafbarkeitslücken geschlossen werden.[6] Da bei Daten mangels visueller Erkennbarkeit keine Urkunde vorliegt und damit § 267 nicht einschlägig ist, führte man § 269 ein.[7] In der Gesetzesbegründung wird ausgeführt, der Rechts- und Beweisverkehr sei in zunehmendem Maße von solchen gespeicherten Daten abhängig.[8] Zu berücksichtigen sei dabei auch, dass die in den Computer eingespeisten Daten sehr häufig für eine Vielzahl von Arbeitsvorgängen im Rechtsverkehr als Beweisdaten verwendet werden.[9] Es wäre ungerechtfertigt, Daten unter dem Gesichtspunkt der Urkundenfälschung vom Strafschutz auszunehmen, obwohl diese Daten bei visueller Erkennbarkeit dem Strafschutz gegen Fälschung unterliegen würden.[10]

In der Tat fehlt bei gespeicherten oder speicherbaren Daten das für die Urkundenqualität im Sinne des § 267 zwingende Erfordernis der visuellen Wahrnehmbarkeit. Es reicht für § 267 nicht aus, wenn Daten über Rechenvorgänge im Computer in Schriftzeichen umgewandelt und über den Bildschirm sichtbar gemacht werden,[11] denn die Zeichen selbst sind dann nicht visuell wahrnehmbar. Dass nun aber der Strafrechtsschutz bloß daran scheitert, dass kein Ausdruck erfolgt, der selbst Urkundenqualität hat, sofern ihn sich der Betreffende zu eigen macht,[12] erscheint nicht gerechtfertigt, wenn man bedenkt, dass heute oftmals Dateien gar nicht mehr ausgedruckt werden. Sie bedürfen dann ebenso des Strafrechtsschutzes.[13] Die Ausdehnung des Urkundenstrafrechts auf entsprechende Daten durch § 269 ist daher zu begrüßen.

---

1 RGBl. I, 339.
2 Siehe dazu *Zieschang* LK § 267 Entstehungsgeschichte.
3 BGBl. I, 721.
4 Siehe zur Entstehungsgeschichte auch *Puppe/Schumann* NK Rdn. 1 ff.
5 BGBl. I, 164.
6 BTDrucks. 10/318 S. 1; OLG Hamburg StV **2019** 394, 395; OLG Hamm StV **2009** 475, 476; *Dornseif/Schumann* JR **2002** 52, 53; *Eisele* BT I Rdn. 880; *ders.* FS Puppe 1091, 1094; *Haft* NStZ **1987** 6, 8 f.; *Kindhäuser/Hilgendorf* LPK Rdn. 1; *Kindhäuser/Schramm* BT I § 56 Rdn. 16; *Krey/Hellmann//Heinrich* BT 1 Rdn. 1208; *Küpper/Börner* BT 1 § 6 Rdn. 81; *Marberth-Kubicki* Computerstrafrecht Rdn. 173; *Matt/Renzikowski/Maier* Rdn. 2; *Möhrenschlager* wistra **1982** 201, 203; *Rengier* BT II § 35 Rdn. 1; *Sieg* Jura **1986** 352, 362; *Tiedemann* WM **1983** 1326, 1330; *ders.* JZ **1986** 865, 869; *Zieschang* HRRS **2013** 49, 53; *ders.* ZFISTW **2022** 140, 145.
7 *Zieschang* ZFISTW **2022** 140, 145.
8 BTDrucks. 10/318 S. 32.
9 BTDrucks. 10/318 S. 33.
10 BTDrucks. 10/318 S. 32.
11 BTDrucks. 10/5058 S. 33; *Puppe/Schumann* NK § 267 Rdn. 51; *Zieschang* LK § 267 Rdn. 51; vgl. auch *Wegschneider* CR **1989** 996, 1000.
12 Dazu *Zieschang* LK § 267 Rdn. 29 f.
13 Vgl. auch *Hoyer* SK Rdn. 2 f.; *Klesczewski* BT § 17 Rdn. 70; *Singelnstein* JR **2011** 375.

Übersicht

Alphabetische Übersicht

I. Allgemeine Bemerkungen

1. Geschütztes Rechtsgut

§ 269 will den Schutz durch die Urkundendelikte auf nicht visuell wahrnehmbare Daten ausdehnen, ohne dass damit am Rechtsgutskonzept des § 267 Änderungen vorgenommen werden sollen. Vielmehr ist § 269 an § 267 angelehnt,[14] es handelt sich lediglich um ein **anderes Beweisführungsmittel**. Folglich gelten die Überlegungen zum geschützten Rechtsgut des § 267 für § 269 entsprechend.[15] Es geht daher bei § 269 um den **Schutz der Sicherheit und Zuverlässigkeit des Rechtsverkehrs mit Daten als Beweismittel**.[16] 1

Der Schutz des Rechtsverkehrs ist dabei ein **Allgemeinrechtsgut**, dagegen handelt es sich nicht um Individualschutz. Auf die diesbezüglichen Ausführungen zu § 267, die entsprechend gelten, wird insoweit verwiesen.[17] 2

Da mit § 269 keine Abweichung vom grundsätzlichen Konzept des § 267 intendiert ist, eben nur der Schutz auf Daten als Beweismittel ausgedehnt wird, ist auch bei § 269 der **Echtheitsschutz** maßgeblich, dagegen **nicht der Schutz der inhaltlichen Wahrheit**.[18] Lügen werden folglich nicht erfasst. 3

2. Rechtsnatur

§ 269 setzt ebenso wenig wie §§ 267, 268 voraus, dass es tatsächlich im Einzelfall zu einer Beeinträchtigung des Rechtsverkehrs kommt. Vielmehr wird ein **typischerweise** für den Rechtsverkehr **gefährliches Verhalten** pönalisiert. Damit weist auch § 269 die Rechtsnatur eines **abstrakten Gefährlichkeitsdelikts** (abstrakten Gefährdungsdelikts) auf. Es verhält sich wie bei §§ 267, 268.[19] 4

---

14 BTDrucks. 10/318 S. 33.

15 Siehe dazu *Zieschang* LK § 267 Rdn. 1.

16 OLG Hamm StV **2009** 475, 476; *Bär*, in: Wabnitz/Janovsky/Schmitt 15. Kap. Rdn. 46; *Bock* BT 1 S. 499; *Brandt* S. 99; *Bühler* MDR **1987** 448, 453; *Eisele* BT I Rdn. 880; *ders.* Computerstrafrecht § 46 Rdn. 24; *Freund* JuS **1994** 207, 209; *Gercke/Brunst* Hb Internetstrafrecht Rdn. 240; Spindler/Schuster/*Gercke* Rdn. 1; *Gribbohm* LK[11] Rdn. 1; *Haft* BT II S. 197; *Hartmann* S. 30 ff.; *Heghmanns*, in: Achenbach/Ransiek/Rönnau 6. Teil Rdn. 173; *Sch/Schröder/Heine/Schuster* Rdn. 4; SSW/*Hilgendorf* Rdn. 2; *Joecks/Jäger* Rdn. 1; *Koch* HK-GS Rdn. 1; *Krey/Hellmann/Heinrich* BT 1 Rdn. 1208; *Kulhanek* wistra **2021** 220; Lackner/Kühl/*Heger* Rdn. 1; *Malek/Popp* Strafsachen im Internet Rdn. 212; *Mankowski* NJW **2002** 2822, 2825; *Marberth-Kubicki* Computerstrafrecht Rdn. 174; *Möhrenschlager* wistra **1986** 128, 134; *Petermann* JuS **2010** 774, 775; *Weidemann* BeckOK Rdn. 3; *Zieschang* BT 1 Rdn. 895. Nach *Bär*, in: Wabnitz/Janovsky/Schmitt 15. Kap. Rdn. 46; *Fischer* Rdn. 2 und *Matt/Renzikowski/Maier* Rdn. 1 ist neben der Sicherheit und Zuverlässigkeit des Rechts- und Beweisverkehrs im Hinblick auf beweiserhebliche Daten über den dritten Absatz i.V.m. § 267 Abs. 3 Nr. 2 auch das Vermögen geschützt, was indes nicht zu überzeugen vermag; siehe insoweit bereits *Zieschang* LK § 267 Rdn. 6 f.

17 *Zieschang* LK § 267 Rdn. 1 ff.; dagegen nicht überzeugend auf Individualschutz abstellend etwa KG NStZ **2010** 576, 577; *Erb* MK Rdn. 1; *Hoyer* SK Rdn. 1; *Puppe* JuS **2012** 961, 964; *Puppe/Schumann* NK Rdn. 7 ff.; *Radtke* ZStW **115** (2003) 26, 52.

18 Spindler/Schuster/*Gercke* Rdn. 1; *Gribbohm* LK[11] Rdn. 1.

19 Siehe dazu *Zieschang* LK § 267 Rdn. 9, § 268 Rdn. 6.

5 Mit § 269 sind keine besonderen Anforderungen an die Täterqualität verbunden, sodass es sich um ein **Jedermanndelikt** handelt. Tauglicher Täter kann folglich jede natürliche Person sein.

3. Bedeutung in der Praxis

6 Die Anzahl der Verurteilungen wegen Fälschung beweiserheblicher Daten bewegt sich seit einigen Jahren im unteren vierstelligen Bereich (2009: 633; 2010: 828; 2011: 845; 2012: 864; 2013: 1.035; 2014: 1.159; 2015: 1.052; 2016: 1.149; 2017: 1.223; 2018: 1.315; 2019: 1.403; 2020: 1.338; 2021: 1.232).[20] Die Zahl der erfassten Fälle von Straftaten nach § 269 liegt 2021 bei 12.844.[21] Die Aufklärungsquote ist im Schnitt bei 47 % anzusiedeln. Die Anzahl der Tatverdächtigen liegt aktuell im mittleren vierstelligen Bereich (2009: 2.591; 2010: 3.054; 2011: 2.935; 2012: 2.963; 2013: 3.047; 2014: 2.918; 2015: 2.932; 2016: 3.076; 2017: 3.138; 2018: 3.169; 2019: 3.247; 2020: 3.228; 2021: 3.839).

II. Der Begriff der beweiserheblichen Daten

1. Allgemeines

7 Es existiert für § 269 keine Legaldefinition der beweiserheblichen Daten. Auf § 202a Abs. 2 wird nicht verwiesen.[22] Der entscheidende Unterschied zur Urkunde liegt wie erläutert darin, dass die beweiserheblichen Daten selbst nicht unmittelbar optisch wahrnehmbar sind.[23]

2. Daten

8 Es geht um Informationen, die von einer Datenverarbeitungsanlage in codierter Form bearbeitet werden können oder das Ergebnis einer solchen Bearbeitung darstellen.[24] Unter den Begriff der „Daten" fallen dabei zunächst elektronisch **gespeicherte Informationen**, aber auch solche, die magnetisch oder **sonst nicht sichtbar oder unmittelbar lesbar gespeichert sind.**[25] Der Begriff der „Daten" geht indes über denjenigen des § 202a Abs. 2 hinaus, indem auch solche nicht unmittelbar optisch wahrnehmbaren Informationen umfasst sind, die **erst noch gespeichert werden sollen.**[26] § 269 erfasst damit nicht nur die Fälle, in denen Daten verändert werden, die schon gespeichert sind, sondern auch Konstellationen, in denen Daten **eingegeben** und dann gespeichert werden, die also bereits vor der Speicherung manipuliert sind.[27] Damit ist auch die Dateneingabe vom Schutzbereich der Vorschrift umfasst.

---

20 Statistisches Bundesamt, Rechtspflege, Strafverfolgung, Fachserie 10 Reihe 3 für die Jahre 2009 bis 2021. Abgeurteilte: 2009: 779; 2010: 986; 2011: 996; 2012: 1.033; 2013: 1.218; 2014: 1.371; 2015: 1.264; 2016: 1.347; 2017: 1.432; 2018: 1.525; 2019: 1.612; 2020: 1.568; 2021: 1.455.

21 Laut PKS 2009: 6.018; 2010: 6.512; 2011: 7.148; 2012: 7.909; 2013: 9.203; 2014: 7.567; 2015: 6.904; 2016: 7.840; 2017: 8.070; 2018: 8.259; 2019: 8.600; 2020: 10.264; 2021. 12.844. Siehe zur Bedeutung in der Praxis auch *Erb* MK Rdn. 2.

22 *Sch/Schröder/Heine/Schuster* Rdn. 6; dagegen zieht *Koranyi*, in: Hoffmann-Holland BT Rdn. 496 den § 202a Abs. 2 heran.

23 Vgl. KG NStZ **2010** 576, 578.

24 So *Gribbohm* LK[11] Rdn. 6; *Krey/Hellmann/Heinrich* BT 1 Rdn. 1208; siehe auch *Eisele* BT I Rdn. 883.

25 Siehe BTDrucks. 10/318 S. 33; *Hoyer* SK Rdn. 5; *Radtke* ZStW **115** (2003) 26, 53; *Rengier* BT II § 35 Rdn. 1.

26 *Möhrenschlager* wistra **1986** 128, 134; **anders** *Malek/Popp* Strafsachen im Internet Rdn. 213.

27 Siehe BTDrucks. 10/5058 S. 34; AG Göttingen MMR **2011** 626, 627; *Buggisch* NJW **2004** 3519, 3520; *Eisele* Computerstrafrecht § 46 Rdn. 26; *Fischer* Rdn. 4; *Heghmanns*, in: Achenbach/Ransiek/Rönnau 6. Teil Rdn. 176; *Sch/Schröder/Heine/Schuster* Rdn. 7; *Hilgendorf/Valerius* Computerstrafrecht Rdn. 623; Lackner/Kühl/*Heger* Rdn. 7; SSW/*Hilgendorf* Rdn. 3; *Maurach/Schroeder/Maiwald* BT 2 § 65 Rdn. 89; *Matt/Renzikowski/Maier* Rdn. 5 f.; *Weidemann* BeckOK Rdn. 8.

Entgegen mancher Stimmen im Schrifttum[28] betrifft § 269 nur die **nicht selbst unmittelbar visuell wahrnehmbaren Daten.**[29] Das ergibt sich zum einen aus dem Wortlaut des § 269 („bei ihrer Wahrnehmung ... vorliegen würde"), zum anderen aus der Funktion des § 269 im Vergleich zu § 267.[30] Bei visueller Wahrnehmbarkeit kommt vielmehr § 267 in Betracht. Dabei ist jedoch zu berücksichtigen, dass etwa Strichcodes (Balkencodes) oder QR-Codes zwar unmittelbar optisch wahrnehmbar sind, nicht aber die damit verbundenen Informationen; hier werden nämlich die Daten erst nach dem Einlesen über eine elektronische Datenverarbeitung visuell wahrnehmbar, sodass auch solche Konstellationen dem Datenbegriff des § 269 unterfallen. 9

Um Daten geht es vor allem bei Informationen im Speicher eines Computers,[31] aber auch zum Beispiel bei den Informationen auf Geld-[32] oder Telefonkarten.[33] Ebenfalls etwa die Daten eines ebay-[34] oder E-Mail-Accounts[35] werden erfasst. Bei digitalen Tonaufzeichnungen kommt § 269 in Betracht, wenn die Daten sichtbar gemacht werden können, man denke etwa an den Ausdruck einer Sprachaufnahme. Rein akustisch mögliche Wiedergaben genügen dem aber nicht.[36] So wie § 267 das mündlich gesprochene Wort nicht erfasst, verhält es sich bei § 269 nicht anders. 10

3. Beweiserheblichkeit

Insoweit geht es um einen **bloßen klarstellenden Hinweis** auf die Erfordernisse der **Beweiseignung** und **Beweisbestimmung**, so wie sie auch mit dem Urkundenbegriff im Sinne des § 267 verbunden sind.[37] Folglich wäre die ausdrückliche Nennung nicht erforderlich, da sich diese Voraussetzung bereits daraus ergibt, dass im hypothetisch gedachten Fall der Wahrnehmung der Daten eine Urkunde vorliegen muss.[38] Erforderlich ist also, dass die Daten geeignet und bestimmt sind, bei einer Verarbeitung im Rechtsverkehr als Beweisdaten für rechtlich erhebliche Tatsachen benutzt zu werden.[39] 11

Die **Beweiseignung** entfällt parallel zu § 267, wenn die Datenveränderung für jedermann auf den ersten Blick erkennbar ist. Auf diese Weise lassen sich **offensichtliche Manipulationen** aus 12

---

28 *Bär*, in: Wabnitz/Janovsky/Schmitt 15. Kap. Rdn. 51; *Dornseif/Schumann* JR **2002** 52, 54; *Erb* MK Rdn. 14; *Eßer* S. 45.

29 Siehe OLG Zweibrücken NStZ **2022** 550, 552; *Gössel/Dölling* BT 1 § 52 Rdn. 38; *Hartmann* S. 37 ff.; *Hilgendorf/Valerius* Computerstrafrecht Rdn. 623; *Hoyer* SK Rdn. 5; *Kindhäuser/Hilgendorf* LPK Rdn. 3; *Kitz* JA **2001** 303; *Klesczewski* BT § 17 Rdn. 71; *Koch* HK-GS Rdn. 3; Lackner/Kühl/*Heger* Rdn. 2; *Marberth-Kubicki* Computerstrafrecht Rdn. 175; *Radtke* ZStW **115** (2003) 26, 53; *Weidemann* BeckOK Rdn. 4; *Welp* CR **1992** 354, 355.

30 *Granderath* DB **1986** Beilage Nr. 18 S. 1, 5; *Möhrenschlager* wistra **1986** 128, 134.

31 Zu denken ist insofern auch an elektronische Register oder Kontostandsdateien.

32 Vgl. BGHSt **38** 120, 122.

33 BGH NStZ-RR **2003** 265, 266; *Fischer* Rdn. 4; *Gössel/Dölling* BT 1 § 52 Rdn. 38; *Hecker* JA **2004** 762, 764; siehe auch die Beispiele bei *Matt/Renzikowski/Maier* Rdn. 11.

34 Siehe dazu Rdn. 25.

35 Siehe BGH BeckRS **2017** 113600; *Brehmeier-Metz* AK Rdn. 3; *Buggisch* NJW **2004** 3519, 3520; *Eisele* BT I Rdn. 883; *Fischer* Rdn. 4; *Gercke/Brunst* Hb Internetstrafrecht Rdn. 242; Spindler/Schuster/*Gercke* Rdn. 3; *Mankowski* NJW **2002** 2822, 2825; *Rengier* BT II § 35 Rdn. 1.

36 Siehe *Erb* MK Rdn. 15; *Sch/Schröder/Heine/Schuster* Rdn. 8; *Hoyer* SK Rdn. 19; *Joecks/Jäger* Rdn. 14; *Matt/Renzikowski/Maier* Rdn. 6; **anders** *Hartmann* S. 42 ff.; *Möhrenschlager* wistra **1986** 128, 134.

37 Vgl. auch OLG Hamburg StV **2019** 394, 395; *Brandt* S. 101; *Sch/Schröder/Heine/Schuster* Rdn. 9 f.; *Hilgendorf/Valerius* Computerstrafrecht Rdn. 628; *Joecks/Jäger* Rdn. 6; *Marberth-Kubicki* Computerstrafrecht Rdn. 175; *Matt/Renzikowski/Maier* Rdn. 8; *Petermann* JuS **2010** 774, 775; ferner *Otto* BT § 70 Rdn. 59; siehe zu beiden Erfordernissen bei § 267 *Zieschang* LK § 267 Rdn. 55 ff.

38 Das Merkmal für überflüssig erachtend *Heghmanns*, in: Achenbach/Ransiek/Rönnau 6. Teil Rdn. 177; *Radtke* ZStW **115** (2003) 26, 53 f.; *Singelnstein* JR **2011** 375, 376.

39 Vgl. BTDrucks. 10/5058 S. 34; KG NStZ **2010** 576, 578; AG Karlsruhe BeckRS **2022** 6239; *Bühler* MDR **1987** 448, 453 f.; *Gribbohm* LK[11] Rdn. 9; *Haurand/Vahle* RDV **1990** 128, 134; *Kindhäuser/Schramm* BT I § 56 Rdn. 22.

dem Anwendungsbereich des abstrakten Gefährlichkeitsdelikts des § 269 **ausscheiden.**[40] Andererseits ist es zur Annahme der Beweiseignung ebenso wenig wie bei § 267 erforderlich, dass die Daten mit einer besonderen Gewährleistung der Authentizität etwa im Sinne des Vertrauensdienstegesetzes verbunden ist.[41] Vielmehr wird die Datenurkunde ebenso wie die Urkunde im Sinne des § 267 unabhängig davon geschützt.

13 Die **Beweisbestimmung** hat vor allem Relevanz insoweit, dass bestimmten Daten auch erst **nachträglich** Beweisbedeutung zukommen kann („Zufallsdatenurkunde" oder treffender „nachträgliche Datenurkunde").[42] Die Beweisbestimmung mag etwa (zunächst) fehlen bei Daten zum rein internen Gebrauch. Selbst bei innerbetrieblichen Rechtsverhältnissen ist die Beweisbestimmung jedoch durchaus zu bejahen, sofern zum Beispiel darüber die Aufklärung eines Fehlverhaltens von Mitarbeitern möglich wird.[43] So unterfällt die Manipulation eines digitalen Aktenverwaltungssystems der Staatsanwaltschaft durch einen Mitarbeiter, um die eigene fehlerhafte Aktenbearbeitung zu verbergen, dem § 269.[44]

14 Die Einrichtung eines Mitgliederaccounts bei ebay stellt keinen rein internen Vorgang dar, vielmehr erzeugt dies Rechtswirkungen nach außen, indem zwischen dem Plattformbetreiber und dem Mitglied ein Vertrag zustande kommt.[45] Entsprechendes gilt für die Erstellung eines E-Mail-Kontos oder für das Online-Banking zwischen dem Kunden und der Bank.

III. Das hypothetische Vorliegen einer unechten oder verfälschten Urkunde

1. Die Datenurkunde

15 Nach dem Gesetzeswortlaut müssen die beweiserheblichen Daten so gespeichert oder verändert werden, dass „bei ihrer Wahrnehmung eine unechte oder verfälschte Urkunde vorliegen würde". Entscheidend ist also für § 269, ob eine **Datenurkunde** gegeben ist.[46] Es hat mit anderen Worten eine **hypothetische Prüfung** zu erfolgen:[47] Man unterstellt die visuelle Wahrnehmbarkeit (etwa gedanklich über einen Ausdruck der Daten) und prüft sodann, ob im Übrigen sämtliche Merkmale des Urkundenbegriffs erfüllt sind. Es muss also eine **Gedankenerklärung** gegeben sein,[48] die zum **Beweis im Rechtsverkehr geeignet und bestimmt ist**[49] und ihren **Aussteller erkennen** lässt. Nur dann ist die Gleichstellung mit § 267 gerechtfertigt. Da es bei § 269 nur um eine hypothetische Prüfung geht, ist es indes nicht erforderlich, dass die Daten tatsächlich visuell wahrnehmbar gemacht werden können.[50]

---

40 Vgl. bereits *Zieschang* LK § 267 Rdn. 56 f.

41 KG NStZ **2010** 576, 578; *Krey/Hellmann/Heinrich* BT 1 Rdn. 1211; *Puppe* JuS **2012** 961 f.; **anders** OLG Hamm StV **2009** 475, 476.

42 Vgl. *Zieschang* LK § 267 Rdn. 65 ff.; ablehnend etwa *Erb* MK Rdn. 10; *Puppe/Schumann* NK Rdn. 11.

43 Vgl. auch *Fad* Jura **2002** 632, 633.

44 Vgl. den Sachverhalt von BVerwG BeckRS **2016** 40575.

45 BGHSt **65** 98, 103 f.; KG NStZ **2010** 576, 578.

46 *Krey/Hellmann/Heinrich* BT 1 Rdn. 1210; *Rengier* BT II § 35 Rdn. 5.

47 *Eisele* BT I Rdn. 885; *ders.* Computerstrafrecht § 46 Rdn. 27; *Gössel/Dölling* BT 1 § 52 Rdn. 39; *Sch/Schröder/Heine/Schuster* Rdn. 18; SSW/*Hilgendorf* Rdn. 9; *Hoyer* SK Rdn. 4, 15; *Kindhäuser/Hilgendorf* LPK Rdn. 2; *Kindhäuser/Schramm* BT I § 56 Rdn. 18; *Popp* JuS **2011** 385, 390; *Rengier* BT II § 35 Rdn. 2; Spickhoff/*Schuhr* §§ 268–270 Rdn. 6; *Zieschang* BT 1 Rdn. 897; siehe dazu auch *Höinghaus* S. 55 ff.

48 Bloße Entwürfe reichen damit etwa nicht; *Erb* MK Rdn. 30; *Hoyer* SK Rdn. 17; *Puppe/Schumann* NK Rdn. 12, 16; **anders** *Wegscheider* CR **1989** 923, 925.

49 Siehe zu diesen beiden Erfordernissen bereits Rdn. 11 ff.

50 *Otto* BT § 70 Rdn. 61; in diese Richtung auch BGH NStZ-RR **2003** 265, 266; anders wohl *Sch/Schröder/Heine/Schuster* Rdn. 8; *Joecks/Jäger* Rdn. 14.

Notwendig ist aber dann weiter, dass diese Urkunde **unecht** oder **verfälscht** ist.[51] In der Konsequenz ist ebenso wie bei § 267 die bloße **inhaltliche Lüge nicht tatbestandlich**.[52] 16

Für die **Ausstellererkennbarkeit** genügt es, wenn die Datenurkunde auf ihn hinweist, er also (auch) über sie ermittelbar ist.[53] Nicht ausreichend ist es aber für § 269, wenn nur einem Computerausdruck eine Ausstellerangabe hinzugefügt wird.[54] 17

Wie bei § 267 ist im Hinblick auf den Aussteller die **Geistigkeitstheorie** heranzuziehen.[55] Beim Handeln unter fremdem Namen scheidet § 269 bereits tatbestandlich aus, wenn der Namensträger sich vertreten lassen will, der Handelnde den Namensträger vertreten will und die Vertretung rechtlich zulässig ist. Im Hinblick auf die Einzelheiten wird auf die entsprechenden Ausführungen zu § 267 verwiesen.[56] Folglich ist § 269 schon tatbestandlich nicht erfüllt, falls jemand mit Zustimmung des Karteninhabers eine vereinbarte Summe Geld am Automaten abhebt.[57] Die Frage nach dem aus der Datenurkunde hervorgehenden Aussteller beurteilt sich wiederum nach den Anschauungen des Rechtsverkehrs.[58] Benutzt jemand fremde Personendaten zur Beantragung von „Corona-Soforthilfen" auf elektronischem Weg, ist neben § 264 folglich auch § 269 erfüllt.[59] 18

Im Hinblick auf Datenmanipulationen durch Angestellte in einem Betrieb oder Mitarbeiter einer Behörde gilt Entsprechendes wie bei § 267:[60] Nach den Anschauungen des Rechtsverkehrs ist in der Regel Aussteller nicht der konkrete Mitarbeiter, sondern das Unternehmen oder die Behörde.[61] Es handelt sich aber um eine unechte Datenurkunde, sofern der an sich zuständige Mitarbeiter seine Befugnisse überschreitet, ein funktionell unzuständiger Angestellter Daten verfälscht oder ein Externer die Manipulation durchführt.[62] Dann sind diese Personen tatsächlich Aussteller, aus der Datenurkunde geht hingegen das Unternehmen oder die Behörde als Aussteller hervor. 19

Stets ist also zu prüfen, wer im Rechtsverkehr als Aussteller erscheint und wer tatsächlich Aussteller der Datenurkunde ist. 20

51 Siehe nur BGH NStZ-RR **2003** 265, 266; OLG Hamm StV **2009** 475, 476; *Krey/Hellmann/Heinrich* BT 1 Rdn. 1210.

52 BGH NStZ **2016** 42, 46; *Bock* BT 1 S. 500; *Eisele* BT I Rdn. 886; *Fischer* Rdn. 5; *Hilgendorf/Valerius* Computerstrafrecht Rdn. 624; *Lenckner/Winkelbauer* CR **1986** 824; *Matt/Renzikowski/Maier* Rdn. 21.

53 *Puppe/Schumann* NK Rdn. 27.

54 *Erb* MK Rdn. 11; *Radtke* ZStW **115** (2003) 26, 57 f.; *Welp* CR **1992** 354, 360; **anders** *Freund* JuS **1994** 207, 210; *Kitz* JA **2001** 303, 305; *Möhrenschlager* wistra **1986** 128, 135.

55 Arzt/Weber/Heinrich/Hilgendorf BT § 32 Rdn. 18; *Erb* MK Rdn. 31; *Sch/Schröder/Heine/Schuster* Rdn. 11 ff.; *Hilgendorf/Valerius* Computerstrafrecht Rdn. 631; *Hoyer* SK Rdn. 24; *Klesczewski* BT § 17 Rdn. 71; *Otto* BT § 70 Rdn. 63; vgl. ferner *Eiden* Jura **2013** 288, 290.

56 *Zieschang* LK § 267 Rdn. 78 ff.

57 Siehe zur Abhebung am Geldautomaten auch Rdn. 30.

58 Vgl. auch *Sch/Schröder/Heine/Schuster* Rdn. 20.

59 Siehe BGH NJW **2021** 2055.

60 Siehe *Zieschang* LK § 267 Rdn. 84 ff., 94 ff., 100.

61 *Sch/Schröder/Heine/Schuster* Rdn. 12; *Lenckner/Winkelbauer* CR **1986** 824, 825.

62 Siehe *Zieschang* FG Paulus 197 ff.; vgl. auch Arzt/Weber/Heinrich/Hilgendorf BT § 32 Rdn. 18; *Erb* MK Rdn. 31; *Hoyer* SK Rdn. 28; **enger** (nicht bei [an sich zuständigen] Mitarbeitern) *Heghmanns*, in: Achenbach/Ransiek/Rönnau 6. Teil Rdn. 183; *Sch/Schröder/Heine/Schuster* Rdn. 13; *Radtke* ZStW **115** (2003) 26, 46 ff., 56 f.; *Rengier* BT II § 35 Rdn. 15; *Zielinski* GS Armin Kaufmann 605, 612 ff.; **anders** auch etwa *Otto* BT § 70 Rdn. 63 (Zurechnung nach außerstrafrechtlichen Regelungen); *Puppe/Schumann* NK Rdn. 16 (der Betreiber habe das Risiko der Unredlichkeit seiner Mitarbeiter zu tragen); nach *Hilgendorf/Valerius* Computerstrafrecht Rdn. 63 ist selbst bei Änderungen durch Externe der Betreiber der Datenverarbeitungsanlage Aussteller.

2. Besondere Formen der Datenurkunde

21 Möglich ist, dass eine **zusammengesetzte Datenurkunde** vorliegt,[63] indem zum Beispiel eine Ziffernfolge für sich genommen keine hinreichende Gedankenerklärung darstellt, jedoch im Zusammenhang mit anderen Daten deutlich wird, dass es sich etwa um eine Kontonummer handelt. Auch eine Codekarte mit Chip stellt eine zusammengesetzte Urkunde dar.[64] Eine zusammengesetzte Datenurkunde scheitert nicht daran, dass die jeweiligen Informationen an verschiedenen Stellen in unterschiedlichen Dateien gespeichert sind,[65] sofern diese nur bei einem Abruf automatisch zusammengehörig als vollständige Gedankenerklärung dargestellt werden.[66]

22 In Betracht kommt weiterhin das Vorliegen einer **Gesamtdatenurkunde**.[67] Insofern geht es um einen Datenbestand, also um eine Mehrheit von Daten, die einen über die einzelnen Daten hinausgehenden eigenständigen übergeordneten Aussagehalt hat.[68] Hier ist es möglich, dass diese Ansammlung von Daten durch eine Änderung – etwa auch im Wege der Hinzufügung von Daten – eine andere Beweisrichtung bekommt.[69]

23 Fraglich ist, ob sich bei § 269 die Problematik der Behandlung von **Kopien** ebenso stellt wie bei § 267. So wird teilweise die hypothetische Urkundenqualität von elektronischen Duplikaten verneint.[70] Insofern ist jedoch zu beachten, dass selbst dann, wenn es sich um als „Sicherungskopien“ bezeichnete Daten handeln sollte, von § 269 jede als Datei elektronisch gespeicherte Erklärung erfasst wird.[71] Es geht folglich jeweils um **Originale**, die Problematik der Kopie stellt sich daher grundsätzlich nicht.

24 Nach dem OLG Hamburg ist § 269 jedoch nicht verwirklicht, wenn jemand durch Zusammenfügen und **Einscannen** verschiedener Dokumente (Teil eines Attests sowie eigener Text) eine Datei herstellt, die dann als **Kopie** in einem **E-Mail-Anhang** versendet wird.[72] Da eine Kopie, die als solche erkennbar ist, keine Urkunde ist, gelte Entsprechendes für § 269 im Hinblick auf die eingescannte und als Kopie erkennbare Datei. Insofern ist zu erörtern, ob und inwieweit diese Ausführungen mit den vorangegangenen Darlegungen vereinbar sind. Im Fall des OLG Hamburg ging es nun nicht um eine „Sicherungskopie“ von Daten, die ein Original darstellt, vielmehr hatte der Agierende bewusst einen E-Mail-Anhang versendet, bei dem es sich um **eine Kopie** eines (angeblichen) Attests eines anderen handeln sollte. Es handelt sich also um die Übersendung von bereits (angeblich) vorhandenen Unterlagen Dritter als Kopie. Dann wird man jedoch im Gleichlauf mit § 267 in einem solchen Fall mangels Ausstellererkennbarkeit bei dieser **eingescannten Kopie** eine **Datenurkunde zu verneinen** haben.[73] Die Entscheidung des OLG Hamburg ist daher zutreffend.[74]

---

63 Siehe *Kindhäuser/Schramm* BT I § 56 Rdn. 19; Lackner/Kühl/*Heger* Rdn. 5; *Otto* BT § 70 Rdn. 60.

64 Siehe *Erb* MK Rdn. 27.

65 *Erb* MK Rdn. 20 f.; *Hartmann* S. 46 ff.; *Sch/Schröder/Heine/Schuster* Rdn. 10; *Klesczewski* BT § 17 Rdn. 71; *Koch* HK-GS Rdn. 4; *Welp* CR **1992** 354, 358; **anders** SSW/*Hilgendorf* Rdn. 5; *Hilgendorf/Valerius* Computerstrafrecht Rdn. 627; *Hoyer* SK Rdn. 20, 27; *Zielinski* GS Armin Kaufmann, 605, 622 ff., was jedoch vor dem Hintergrund, dass es bei § 269 auf die Verkörperung nicht maßgeblich ankommt, nicht überzeugt.

66 *Erb* MK Rdn. 21 f.; so im Übrigen auch *Hoyer* SK Rdn. 21; *Matt/Renzikowski/Maier* Rdn. 7.

67 *Kindhäuser/Schramm* BT I § 56 Rdn. 19; Lackner/Kühl/*Heger* Rdn. 5; *Lenckner/Winkelbauer* CR **1986** 824, 826; *Otto* BT § 70 Rdn. 60; ebenso wie bei § 267 dies für § 269 ablehnend *Erb* MK Rdn. 29; *Puppe/Schumann* NK Rdn. 18.

68 BTDrucks. 10/318 S. 33; kritisch *Maurach/Schroeder/Maiwald* BT 2 § 65 Rdn. 92.

69 Siehe BTDrucks. 10/318 S. 33.

70 LG Essen BeckRS **2021** 10657; *Welp* CR **1992** 354, 359.

71 Vgl. *Dornseif/Schumann* JR **2002** 52, 55 f.; *Eisele* Computerstrafrecht § 46 Rdn. 27; *Erb* MK Rdn. 23; *Eßer* S. 48; *Freund* Urkundenstraftaten Rdn. 272a; *Heghmanns*, in: Achenbach/Ransiek/Rönnau 6. Teil Rdn. 180; Lackner/Kühl/*Heger* Rdn. 4; *Puppe* JuS **2012** 961, 962; *Puppe/Schumann* NK Rdn. 22; *Radtke* ZStW **115** (2003) 26, 36; *Weidemann* BeckOK Rdn. 5.

72 OLG Hamburg StV **2019** 394, 396 f.

73 Vgl. auch *Erb* MK Rdn. 33; *Popp* JuS **2011** 385, 390; *Kulhanek* StV **2015** 725, 729; *ders.* wistra **2021** 220, 222; anders *Nestler* ZJS **2010** 608, 613 f.

74 Siehe im Übrigen Rdn. 41.

3. Einzelfälle[75]

Derjenige macht sich nach § 269 strafbar, der unter falschen Personalien einen **ebay-Account anmeldet**[76] **oder Daten eines bestehenden ebay-Accounts verändert.**[77] Es trifft nicht zu, wenn das OLG Hamm meint, es fehle bei der Anmeldung unter falschem Namen an der Erkennbarkeit des Ausstellers.[78] Vielmehr geht dann aus der Datenurkunde derjenige als Aussteller hervor, dessen Namen eingegeben wurde. Anders ist dies nur zu beurteilen, wenn ein Fall der (versteckten) Anonymität gegeben wäre.[79] Auch ist bereits mit der Anmeldung des Accounts eine Gedankenerklärung verbunden,[80] die darin liegt, dass der Anmelder erklärt, unter diesem Account (Mitgliedsnamen) die Dienste der Plattform unter Anerkennung der AGB nutzen zu wollen.[81] Es ist im Übrigen wie erläutert für eine Datenurkunde im Sinne des § 269 nicht erforderlich, dass sie mit einer besonderen Signatur, etwa im Sinne des Vertrauensdienstegesetzes, versehen ist.[82] So verlangt auch § 267 bis auf den Umstand, dass es sich nicht um eine offensichtliche Manipulation handeln darf, die auf den ersten Blick erkennbar ist,[83] keine besondere Gewährleistung der Authentizität (zum Beispiel ein Siegel) für das Vorliegen einer Urkunde, und bezüglich § 269 gilt nichts anderes. 25

Werden über diesen **ebay-Account Käufe oder Verkäufe** abgewickelt, liegt zudem ein Fall des Gebrauchs der unechten Datenurkunde vor.[84] Selbst wenn beim eigentlichen Kauf ein Pseudonym benutzt wird, schadet dies nicht, da dieses mit dem (falschen) Anmeldenamen in Verbindung gebracht werden kann.[85] Dass für den Vertragspartner der Name des Anbieters möglicherweise gleichgültig ist, was im Übrigen fragwürdig erscheint, ändert an der Unechtheit nach zutreffender Auffassung nichts.[86] Auch liegt beim Anbieten von Waren im Hinblick auf die Identität Täuschungsabsicht vor, selbst wenn beim Einstellen der Waren der Vertragspartner noch unbestimmt ist; denn der Täter muss sich nicht vorgestellt haben, dass eine ganz bestimmte Person getäuscht wird.[87] 26

---

75 Siehe ergänzend auch *Maurach/Schroeder/Maiwald* BT 2 § 65 Rdn. 92; *Weidemann* BeckOK Rdn. 9.

76 BGHSt **65** 98, 103 ff. (bei der Plattform ebay-Kleinanzeigen genüge aber die bloße Anmeldung noch nicht); KG NStZ **2010** 576, 578 f.; vgl. auch BGH BeckRS **2021** 11559; BGH BeckRS **2023** 1271; Arzt/Weber/Heinrich/Hilgendorf BT § 32 Rdn. 8; *Bär*, in: Wabnitz/Janovsky/Schmitt 15. Kap. Rdn. 62; *Brehmeier-Metz* AK Rdn. 13; *Eisele* FS Puppe 1091; *Sch/Schröder/Heine/Schuster* Rdn. 14a; *Kindhäuser/Hilgendorf* LPK Rdn. 8; *Kindhäuser/Schramm* BT I § 56 Rdn. 24; *Klesczewski* BT § 17 Rdn. 73; *Krey/Hellmann/Heinrich* BT 1 Rdn. 1210; *Kulhanek* wistra **2021** 220, 223; Lackner/Kühl/*Heger* Rdn. 8; *Nadeborn/Popp* wistra **2022** 227, 229 f.; *Petermann* JuS **2010** 774, 777; *Petermann/Savanovic* JuS **2011** 1003, 1006; *Puppe* JuS **2012** 961, 963; *Puschke* Hb StrafR Bd. 5 § 42 Rdn. 167; *Rengier* BT II § 35 Rdn. 6; *Singelnstein* JR **2011** 375, 376 f.; *Wessels/Hettinger/Engländer* BT 1 Rdn. 872; *Willer* NStZ **2010** 553; **unzutreffend** OLG Hamm StV **2009** 475; *Bock* BT 1 S. 503 f.

77 BGH NStZ **2015** 635; *Wachter* JA **2019** 827, 830.

78 OLG Hamm StV **2009** 475, 476.

79 Siehe dazu *Zieschang* LK § 267 Rdn. 92.

80 **Anders** OLG Hamm StV **2009** 475, 476; AG Pforzheim BeckRS **2010** 26822.

81 KG NStZ **2010** 576, 578; siehe auch *Eisele* BT I Rdn. 892; *Jahn* JuS **2009** 662, 663.

82 BGHSt **65** 98 104; KG NStZ **2010** 576, 578; *Eisele* Computerstrafrecht § 46 Rdn. 35; *ders.* FS Puppe 1091, 1096 f.; *Erb* MK Rdn. 18; *Sch/Schröder/Heine/Schuster* Rdn. 14; *Krey/Hellmann/Heinrich* BT 1 Rdn. 1211; *Puppe* JuS **2012** 961 f.; *Puppe/Schumann* NK Rdn. 17; **anders** OLG Hamm StV **2009** 475, 476; dem OLG insofern zustimmend *Jahn* JuS **2009** 662, 664.

83 Dazu *Zieschang* LK § 267 Rdn. 56 f., 59.

84 Siehe auch AG Euskirchen BeckRS **2006** 8801; *Erb* MK Rdn. 33; *Sch/Schröder/Heine/Schuster* Rdn. 14a; *Puppe* JuS **2012** 961, 963 f.; *Singelnstein* JR **2011** 375, 377 f.; **anders** OLG Hamm StV **2009** 475, 476; KG NStZ **2010** 576, 577; Arzt/Weber/Heinrich/Hilgendorf BT § 32 Rdn. 8; *Bär*, in: Wabnitz/Janovsky/Schmitt 15. Kap. Rdn. 62; *Weidemann* BeckOK Rdn. 9.

85 Siehe zum Pseudonym *Zieschang* LK § 267 Rdn. 91; vgl. auch *Koch* HK-GS Rdn. 6.

86 *Zieschang* LK § 267 Rdn. 152.

87 BGHSt **5** 149 f.; RGSt **75** 19, 25.

27 Auch die Anmeldung bei **Freemail-Anbietern** oder in **sozialen Netzwerken** mit falschen Personalien erfüllt § 269, da damit bereits die Erklärung verbunden ist, sich an die jeweiligen Nutzungsbedingungen zu halten.[88] Die Unentgeltlichkeit der Nutzung ändert daran nichts.

28 Ebenfalls derjenige, der eine **Fahrerkarte** eines anderen in den **digitalen Fahrtenschreiber** steckt,[89] macht sich nach § 269 strafbar. Der scheinbare Aussteller ist dann der andere Karteninhaber, der tatsächliche Aussteller ist aber derjenige, welcher die fremde Fahrerkarte benutzt. Als Aussteller der Datenurkunde erscheint folglich der andere, der es tatsächlich nicht ist.

29 Das unberechtigte Wiederaufladen einer **Telefonkarte**[90] oder die **Totalfälschung einer Telefonkarte**[91] erfüllt § 269 ebenso wie die Änderung der Kontonummer auf der Maestro-Karte[92] oder die Übertragung von Daten des Magnetstreifens auf **Geldkartenblankette (Skimming)**, um damit Geld abzuheben.[93] Als Aussteller geht dann das kartenausgebende Unternehmen hervor, das sie tatsächlich (so) nicht ausgestellt hat. § 269 ist auch beim Entfernen einer **Handysperre** erfüllt,[94] denn durch die Manipulation wird die Gedankenerklärung und damit die Beweisrichtung dahingehend verändert, dass das Handy in jedem beliebigen Netz betrieben werden dürfe.

30 Weiterhin ist die Vorschrift verwirklicht, falls jemand mit einer fremden **Debit-Karte unerlaubt Geld am Automaten** abhebt, denn mit der Eingabe der **PIN** sieht der Rechtsverkehr den **berechtigten Inhaber** als Aussteller der gespeicherten Kontobewegung an, der es in Wirklichkeit nicht ist.[95] Das gilt im Übrigen auch dann, wenn ein Beauftragter seine Innenvollmacht überschreitet und absprachewidrig Geld für eigene Zwecke abhebt.[96] Zudem ist von § 269 der Fall erfasst, wenn jemand eine fremde Karte unter Benutzung der PIN zur Bezahlung von Waren benutzt[97] oder in diesem Zusammenhang eine digitale Unterschrift mit dem Namen des Karteninhabers tätigt. Dagegen soll § 269 nicht verwirklicht sein beim kontaktlosen Zahlen **ohne PIN-Abfrage**, denn dann sei der Aussteller nicht erkennbar.[98] § 269 ist aber erfüllt, wenn ein Auslieferungsfahrer auf einem **digitalen Lesegerät** unberechtigt den Empfang der Sendung mit dem Namen des Empfängers unterzeichnet.[99]

---

88 Lackner/Kühl/*Heger* Rdn. 8; **anders** *Buggisch* NJW **2004** 3519, 3521; *Fischer* Rdn. 5; *Sch/Schröder/Heine/Schuster* Rdn. 14a; *Petermann* JuS **2010** 774, 775 f.; *Weidemann* BeckOK Rdn. 9. Aus BGH NJW **2022** 1314 (Zivilsenat) ergibt sich nichts Gegenteiliges zu dem hier vertretenen Standpunkt.

89 OLG Stuttgart BeckRS **2013** 6959; *Brehmeier-Metz* AK Rdn. 5; *Duchstein* NZV **2013** 367, 368 ff.; *Kindhäuser/Hilgendorf* LPK Rdn. 8.

90 BGH NStZ-RR **2003** 265, 266; *Böse* NStZ **2005** 370, 374 f.; *Hecker* JA **2004** 762, 764; *Hilgendorf/Valerius* Computerstrafrecht Rdn. 637; *Joecks/Jäger* Rdn. 10; *Küpper/Börner* BT 1 § 6 Rdn. 81; Lackner/Kühl/*Heger* Rdn. 9; *Matt/Renzikowski/Maier* Rdn. 18; *Puppe/Schumann* NK Rdn. 29a.

91 LG Würzburg NStZ **2000** 374; dazu *Hefendehl* NStZ **2000** 348; *Schnabel* NStZ **2001** 374.

92 *Rengier* BT II § 35 Rdn. 12; offengelassen von BayObLG JR **1994** 476, 478.

93 BGHSt **38** 120, 121; *Brehmeier-Metz* AK Rdn. 12; *Eisele* Computerstrafrecht § 46 Rdn. 31; *Eisele/Fad* Jura **2002** 305, 309; *Kindhäuser/Schramm* BT I § 56 Rdn. 24; *Wörner/Hoffmanns* Jura **2013** 742, 747.

94 AG Göttingen MMR **2011** 626; AG Nürtingen BeckRS **2010** 27908; *Bär*, in: Wabnitz/Janovsky/Schmitt 15. Kap. Rdn. 58; *Fischer* Rdn. 5; SSW/*Hilgendorf* Rdn. 8; *Weidemann* BeckOK Rdn. 10; **anders** *Eisele* Computerstrafrecht § 46 Rdn. 36; *Erb* MK Rdn. 10; *Kindhäuser/Hilgendorf* LPK Rdn. 9; *Koch* HK-GS Rdn. 5; *Kusnik* CR **2011** 718, 719 f.; *Neubauer* MMR **2011** 628.

95 *Eisele* BT I Rdn. 888; *ders.* Computerstrafrecht § 46 Rdn. 30; *Erb* MK Rdn. 35; *Haft* BT II S. 198; *Sch/Schröder/Heine/Schuster* Rdn. 16; SSW/*Hilgendorf* Rdn. 7; *Hoyer* SK Rdn. 18; *Kindhäuser/Hilgendorf* LPK Rdn. 8; *Kindhäuser/Schramm* BT I § 56 Rdn. 24; Lackner/Kühl/*Heger* Rdn. 8; *Popp* JuS **2011** 385, 390; *Puppe/Schumann* NK Rdn. 29; *Rengier* BT II § 35 Rdn. 7; siehe ferner *Bachmann/Goeck* JR **2011** 425, 427.

96 **Anders** *Gribbohm* LK[11] Rdn. 18; *Sch/Schröder/Heine/Schuster* Rdn. 16; *Rossa* CR **1997** 219, 226.

97 *Brehmeier-Metz* AK Rdn. 11; *Rossa* CR **1997** 219, 227 f.

98 OLG Hamm BeckRS **2020** 9059; *Göhler* JR **2021** 6, 20 f.; *Schrott* JuS **2022** 138, 141; kritisch zu dieser Begründung *Ceffinato* JuS **2021** 311, 314; *Christoph* ZJS **2022** 761, 769 f.; *Christoph/Dorn-Haag* NStZ **2020** 676, 677; *Heghmanns* ZJS **2020** 494, 496 f.; *Kulhanek* wistra **2021** 220, 223 f.

99 Siehe dazu OLG Köln NStZ **2014** 276, 277; *Gutmann* MMR **2014** 315 f.; *Rengier* BT II § 35 Rdn. 6.

§ 269 ist bei **E-Mails** mit unzutreffender Absenderangabe verwirklicht.[100] Werden dementsprechend E-Mails versendet, die etwa den Anschein erwecken, von einer Bank zu stammen, um an persönliche, sensible Daten des Bankkunden zu gelangen (**Phishing**), ist aufgrund der E-Mail § 269 erfüllt, sofern damit eine hinreichend individualisierbare Ausstellerangabe verbunden ist.[101] Insofern ist besonders zu berücksichtigen, dass die Erkennbarkeit des Ausstellers nicht voraussetzt, dass dieser tatsächlich existiert.[102] Werden dann mit den erlangten Informationen im Online-Banking Überweisungsaufträge an die Bank übermittelt, ist abermals § 269 gegeben, da der Kunde diese tatsächlich nicht abgegeben hat, jedoch als Aussteller erscheint.[103] Allgemein ist § 269 beim IP-Spoofing erfüllt, indem Täter im Internet bei der Nachrichtenversendung falsche Internet-Protokoll-Adressen benutzen,[104] sofern über die IP-Adresse ein bestimmter Aussteller ermittelt werden kann.[105] 31

Wer Daten einer digitalen Umsatzanzeige oder Gehaltsabrechnung verändert, verwirklicht § 269. Entgegen der Auffassung des KG[106] ist § 269 auch erfüllt, wenn jemand mit der Eingabe einer falschen Personalausweisnummer ein Altersverifikationssystem im Internet umgeht. Insofern erscheint eine andere Person als Aussteller als diejenige, welche die Daten eingegeben hat. Zudem handelt es sich bei der Umgehung einer Altersschranke um ein Handeln zur Täuschung im Rechtsverkehr.[107] 32

IV. Speichern, Verändern, Gebrauchen

Während § 267 die Tathandlungen mit Herstellen, Verfälschen oder Gebrauchen bezeichnet, spricht § 269 vom **Speichern, Verändern oder Gebrauchen**. Dabei entspricht das Speichern dem Herstellen und das Verändern dem Verfälschen im Sinne des § 267. 33

1. Speichern

Speichern bedeutet, dass Informationen in eine Datei so eingegeben werden, dass diese dort wieder abrufbar sind.[108] Die Ablage in einem Zwischenspeicher genügt, sofern damit ein Mindestmaß an **Dauerhaftigkeit** verbunden ist.[109] Gehen Daten bei einer Unterbrechung der Stromzufuhr 34

---

100 BGH BeckRS **2017** 113600; AG Kassel BeckRS **2015** 11901; *Sch/Schröder/Heine/Schuster* Rdn. 14; *Marberth-Kubicki* Computerstrafrecht Rdn. 180; siehe auch BGH BeckRS **2016** 13016.

101 Siehe dazu LG Essen BeckRS **2017** 143042; *Bär*, in: Wabnitz/Janovsky/Schmitt 15. Kap. Rdn. 61; *Brand* NStZ **2013** 7, 8; *Brehmeier-Metz* AK Rdn. 10; *Eisele* BT I Rdn. 890; *Erb* MK Rdn. 33; *Fischer* Rdn. 8; *Gercke* CR **2005** 606, 608 ff.; *Goeckenjan* wistra **2008** 128, 129 f.; *Graf* NStZ **2007** 129, 131 f.; *Heghmanns* wistra **2007** 167; *Joecks/Jäger* Rdn. 23 ff.; *Malek/Popp* Strafsachen im Internet Rdn. 218; *Marberth-Kubicki* Computerstrafrecht Rdn. 179; *Matt/Renzikowski/Maier* Rdn. 15; *Puppe* JuS **2012** 961, 963; *Puppe/Schumann* NK Rdn. 26; *Puschke* Hb StrafR Bd. 5 § 42 Rdn. 161 ff.; *Rengier* BT II § 35 Rdn. 10; *Seidl/Fuchs* HRRS **2010** 85, 87; *Stuckenberg* ZStW **118** (2006) 878, 886 ff.; *Wörner/Hoffmanns* Jura **2013** 742, 751 f.; **anders** *Brandt* S. 99 ff.

102 Siehe *Zieschang* LK § 267 Rdn. 74.

103 *Brandt* S. 162 ff.; *Eisele* BT I Rdn. 890; *ders.* Computerstrafrecht § 46 Rdn. 33; *Puppe* JuS **2012** 961, 963; *Rengier* BT II § 35 Rdn. 10; *Stuckenberg* ZStW **118** (2006) 878, 906.

104 *Marberth-Kubicki* Computerstrafrecht Rdn. 178; *Rinker* MMR **2002** 663, 664; *Weidemann* BeckOK Rdn. 10.1; **anders** *Koch* HK-GS Rdn. 5.

105 Zweifelnd zur Bedeutung der IP-Adresse für die Ausstellereigenschaft *Eisele* BT I Rdn. 886; *ders.* Computerstrafrecht § 46 Rdn. 29.

106 KG NStZ -RR **2004** 249, 250.

107 Siehe auch *Zieschang* LK § 267 Rdn. 213.

108 Vgl. *Gribbohm* LK[11] Rdn. 11; *Sch/Schröder/Heine/Schuster* Rdn. 16.

109 Siehe auch *Erb* MK Rdn. 32; *Hoyer* SK Rdn. 19; *Puppe/Schumann* NK Rdn. 20.

verloren, spricht dies gegen Dauerhaftigkeit.[110] Auf welche Art die Daten eingegeben werden (Tastatur, Sprachbefehl, Weiterleitung), spielt keine Rolle.[111]

2. Verändern

35 Unter einem **Verändern** ist ein Verhalten zu verstehen, das nachträglich gespeicherte Daten modifiziert und mit einer anderen Beweisrichtung als ursprünglich versieht.[112] Wie beim Verfälschen wird der Eindruck erweckt, dass die Daten von vornherein den ihnen erst nachträglich beigelegten Inhalt gehabt haben.[113] Das kann auch durch Löschung einzelner Daten erfolgen, sofern eine unechte Datenurkunde verbleibt.[114]

36 Die bloße Schaffung eines Programms, um Daten zu verändern, erfüllt als solche § 269 noch nicht, solange die Daten noch unverändert bleiben.[115] Jedoch mag je nach den Umständen bereits Versuch gegeben sein. § 269 kann im Übrigen auch beim Einwirken auf eine **Indexdatei** vorliegen, wenn relevante Einträge manipuliert werden und damit die Beweisrichtung verändert wird.[116]

37 Im Hinblick auf die Frage, ob auch der **ursprüngliche Aussteller** Täter des Veränderns sein kann, gilt nach zutreffender Sicht ebenso wie bei § 267,[117] dass er tauglicher Täter dann ist, sofern er agiert, nachdem er seine Abänderungsbefugnis verloren hat.[118]

38 Das Verändern setzt voraus, dass Daten bereits gespeichert sind.[119] Ist dies noch nicht der Fall, geht es um die 1. Variante, also das Speichern. Wird eine unechte Speicherung wiederum verfälscht, steht ebenfalls die 1. Variante in Rede.[120] Nach der Veränderung müssen immer noch hypothetisch die Voraussetzungen einer Urkunde vorliegen. Werden daher Daten vernichtet oder unauffindbar gemacht, geht es nicht um § 269, sondern um § 274 Abs. 1 Nr. 2.[121]

3. Gebrauchen

39 Auch in Bezug auf das Gebrauchen muss zunächst im Wege einer hypothetischen Prüfung eine unechte oder verfälschte Urkunde vorliegen.[122] Unter dem **Gebrauchen** ist entsprechend zu § 267 zu verstehen,[123] dass die Daten demjenigen, der durch sie getäuscht werden soll, so zugänglich gemacht werden, dass dieser die Möglichkeit der Wahrnehmung hat.[124] Das kann beispielsweise in der Form erfolgen, dass die Daten an den Betreffenden versendet werden oder ein Datenträger wie etwa ein Speicherstick übergeben wird.[125] Dagegen genügt das Darstellen auf dem Computer-

---

110 Etwa *Hilgendorf/Valerius* Computerstrafrecht Rdn. 626.

111 *Erb* MK Rdn. 32; *Fischer* Rdn. 4.

112 Siehe auch *Eßer* S. 54; *Joecks/Jäger* Rdn. 9; Lackner/Kühl/*Heger* Rdn. 9; vgl. insofern auch LG Essen BeckRS **2010** 12217.

113 Siehe *Otto* BT § 70 Rdn. 65; *Zieschang* LK § 267 Rdn. 162.

114 Arzt/Weber/Heinrich/Hilgendorf BT § 32 Rdn. 19; Lackner/Kühl/*Heger* Rdn. 9; **anders** *Hoyer* SK Rdn. 9.

115 Die Einwirkung auf ein bestehendes Programm kann aber § 269 erfüllen, wenn dadurch Daten im Sinne der Norm verändert werden; vgl. zu Programmen auch *Hoyer* SK Rdn. 18; *Puppe/Schumann* NK Rdn. 14.

116 Siehe *Puppe/Schumann* NK Rdn. 21; **anders** *Hilgendorf/Valerius* Computerstrafrecht Rdn. 629; *Hoyer* SK Rdn. 22.

117 *Zieschang* LK § 267 Rdn. 173 ff.

118 Lackner/Kühl/*Heger* Rdn. 9; *Rengier* BT II § 35 Rdn. 16; **anders** etwa *Erb* MK Rdn. 37.

119 *Bühler* MDR **1987** 448, 454; *Sch/Schröder/Heine/Schuster* Rdn. 17; *Koch* HK-GS Rdn. 8.

120 Lackner/Kühl/*Heger* Rdn. 9; **anders** *Kitz* JA **2001** 303, 304.

121 Lackner/Kühl/*Heger* Rdn. 9; *Maurach/Schroeder/Maiwald* BT 2 § 65 Rdn. 93; **anders** *Bühler* MDR **1987** 448, 454; *Möhrenschlager* wistra **1986** 128, 135, sofern sie unauffindbar gemacht werden.

122 BGH NStZ **2018** 401, 404.

123 *Zieschang* LK § 267 Rdn. 186 ff.

124 *Hoyer* SK Rdn. 10.

125 Siehe auch *Eßer* S. 55; *Lenckner/Winkelbauer* CR **1986** 824, 826.

bildschirm entgegen der überwiegenden Ansicht nicht,[126] da damit die Daten selbst nicht zugänglich, sondern bloß mittelbar sichtbar gemacht werden. In der Konsequenz reicht es dann ebenso wenig, dass nur ein Ausdruck mittelbar über die Daten informiert.[127] Der Ausdruck selbst kann jedoch § 267 unterfallen.

Der Betreffende muss die Daten nicht zwingend tatsächlich zur Kenntnis nehmen, es genügt bereits die **Möglichkeit** zur Kenntnisnahme. Es spielt keine Rolle, ob der Gebrauchende die unechte Datenurkunde auch im Sinne von § 269 selbst hergestellt oder verändert hat. Ein Gebrauchen kommt in Betracht, wenn die Datenurkunde durch einen unvorsätzlichen menschlichen Eingriff zur unechten geworden ist. 40

Im Zusammenhang mit § 267 ist erläutert worden, dass es nicht überzeugt, wenn der BGH meint, in der **Vorlage einer Kopie** könne das Gebrauchen einer unechten Urkunde gesehen werden.[128] Parallel dazu liegt entgegen der Auffassung des BGH[129] kein Gebrauchen veränderter Daten im Sinne von § 269 Abs. 1 vor, wenn diese **als digitale Kopie** per E-Mail[130] übersandt wird. 41

V. Subjektiver Tatbestand

§ 269 verlangt wie auch §§ 267, 268 in subjektiver Hinsicht **Vorsatz** sowie die **Absicht zur Täuschung im Rechtsverkehr**. 42

1. Vorsatz

Umfasst ist das gesamte Vorsatzspektrum. **Dolus eventualis** genügt folglich.[131] Insbesondere im Hinblick auf die unechte Datenurkunde und die damit verbundene hypothetische Prüfung genügt eine **Parallelwertung in der Laiensphäre**. 43

2. Täuschungsabsicht

Neben dem Vorsatz erfordert § 269 das **besondere subjektive Merkmal** der **Täuschungsabsicht**. Insofern gelten die Ausführungen zu § 267 entsprechend.[132] Folglich ist Täuschungsabsicht anzunehmen, wenn der Täter **zumindest dolus directus 2. Grades** aufweist.[133] Bei sicherem Wissen von der Unechtheit ist der Rechtsverkehr ebenso zu schützen wie bei dolus directus 1. Grades. Zur sinnvollen Einschränkung des abstrakten Gefährlichkeitsdelikts genügt dolus eventualis aber nicht. Die Absicht zur Täuschung im Rechtsverkehr kann bei rein innerbetrieblichen Vorgängen fehlen, es sei denn, sie besitzen Relevanz, etwa im Hinblick auf die Aufklärung eines Fehlverhaltens von Mitarbeitern. Da es um ein subjektives Merkmal geht, ist es objektiv nicht erforderlich, dass der Täter die beabsichtigte Täuschung auch erreicht. 44

126 So auch *Erb* MK Rdn. 40 f.; **anders** etwa *Eßer* S. 55; *Gössel/Dölling* BT 1 § 52 Rdn. 39; *Haft* BT II S. 198; *Hoyer* SK Rdn. 12; *Klesczewski* BT § 17 Rdn. 75; Lackner/Kühl/*Heger* Rdn. 10; *Lenckner/Winkelbauer* CR **1986** 824, 826; *Otto* BT § 70 Rdn. 65; *Wessels/Hettinger/Engländer* BT 1 Rdn. 871.

127 *Bär*, in: Wabnitz/Janovsky/Schmitt 15. Kap. Rdn. 60; *Erb* MK Rdn. 40 f.; *Sch/Schröder/Heine/Schuster* Rdn. 21; *Hoyer* SK Rdn. 13 f.; *Joecks/Jäger* Rdn. 11; **anders** etwa Arzt/Weber/Heinrich/Hilgendorf BT § 32 Rdn. 19a; *Heghmanns*, in: Achenbach/Ransiek/Rönnau 6. Teil Rdn. 182; Lackner/Kühl/*Heger* Rdn. 10; *Puppe/Schumann* NK Rdn. 30 f.; *Weidemann* BeckOK Rdn. 11.

128 *Zieschang* LK § 267 Rdn. 192 ff.

129 BGH NStZ-RR **2018** 308.

130 Siehe zur bloßen Eigenschaft als Kopie Rdn. 24.

131 Spindler/Schuster/*Gercke* Rdn. 6; *Hoyer* SK Rdn. 30; *Matt/Renzikowski/Maier* Rdn. 24.

132 *Zieschang* LK § 267 Rdn. 201 ff.

133 So auch KG NStZ **2010** 576, 579.

45 Im Hinblick auf § 269 ist insbesondere auch **§ 270** zu beachten. Auf die Erläuterungen zu dieser Regelung wird verwiesen.

VI. Verweis des § 269 Abs. 3 auf § 267 Abs. 3 und Abs. 4

46 Aufgrund der entsprechenden Geltung der Strafzumessungsvorschrift des § 267 Abs. 3 kommt auch die Fälschung beweiserheblicher Daten **in einem besonders schweren Fall** in Betracht. Dabei ist in § 267 Abs. 3 Satz 2 Nr. 1 der Begriff „Urkundenfälschung“ durch „Fälschung beweiserheblicher Daten“ zu ersetzen. Bei der Bande kommt es demnach auf den Zusammenschluss von mindestens drei Personen an, die sich zur fortgesetzten Begehung einer noch unbestimmten Vielzahl von Straftaten nach § 263 oder § 269 verbunden haben. In § 267 Abs. 3 Satz 2 Nr. 3 geht es um eine große Anzahl von unechten oder veränderten beweiserheblichen Daten. Im Übrigen ist auf die Erläuterungen zu § 267 Abs. 3 zu verweisen.[134]

47 Über § 269 Abs. 3 ist zudem der **Qualifikationstatbestand** des § 267 Abs. 4 anwendbar. Es handelt sich dann um ein Verbrechen. Dort ist der Begriff „Urkundenfälschung“ wiederum durch den der „Fälschung beweiserheblicher Daten“ zu ersetzen. Ansonsten kann auf die Darlegungen zu § 267 Abs. 4 verwiesen werden.[135]

VII. Vollendung und Versuch

1. Vollendung

48 Ebenso wie bei § 267 genügt für § 269 das bloße Speichern der unechten Datenurkunde oder das Verändern, ohne dass es ebenfalls zu einem Gebrauch gekommen sein muss, was auch hier zu einer Vorverlagerung der Strafbarkeit führt. In Parallele zu den Ausführungen zu § 267[136] erscheint es daher vorzugswürdig, mit dem Speichern oder Verändern einen **Begebungsakt (Entäußerungsakt)** zu verbinden. Des Schutzes der Sicherheit des Rechtsverkehrs bedarf es nämlich auch hier nicht, solange sich die Datenurkunde noch im ausschließlichen Verfügungsbereich des Täters befindet. Eine Entäußerung wäre etwa dann anzunehmen, wenn die Daten einem bösgläubigen Dritten überlassen werden, sie bedeutet also nicht unbedingt gleichzeitig schon ein Gebrauchen.

2. Versuch

49 § 269 Abs. 2 stellt den Versuch des Vergehens nach § 269 Abs. 1 ausdrücklich unter Strafe. § 269 Abs. 3 i.V.m. § 267 Abs. 4 ist Verbrechen, sodass der Versuch nach § 23 Abs. 1 strafbar ist. Daran ändert sich auch nichts, wenn es sich im Sinne von § 267 Abs. 4 um einen minder schweren Fall handelt (§ 12 Abs. 3). Im Übrigen ist hinsichtlich des Versuchsbeginns auf die Ausführungen zu § 267 zu verweisen, die entsprechend gelten.[137]

VIII. Täterschaft und Teilnahme

50 Der Täter des Speicherns oder Veränderns kann ein anderer sein als derjenige, welcher die Datenurkunde gebraucht. Zur Abgrenzung von Täterschaft und Teilnahme gelten die allgemeinen

134 *Zieschang* LK § 267 Rdn. 229 ff.
135 *Zieschang* LK § 267 Rdn. 246 ff.
136 Siehe *Zieschang* LK § 267 Rdn. 250.
137 *Zieschang* LK § 267 Rdn. 252 ff.

Grundsätze. Neben der Alleintäterschaft kommen auch Mittäterschaft sowie mittelbare Täterschaft und Nebentäterschaft in Betracht. § 269 ist kein eigenhändiges Delikt. Jeder Täter muss in seiner Person Vorsatz und Täuschungsabsicht aufweisen.

IX. Rechtsfolgen

Die Strafen sind parallel zu § 267 ausgestaltet. § 269 Abs. 1 sieht folglich Freiheitsstrafe bis zu fünf 51
Jahren oder Geldstrafe vor. § 269 Abs. 3 i.V.m. § 267 Abs. 3 normiert für besonders schwere Fälle Freiheitsstrafe von sechs Monaten bis zu zehn Jahren. Beim Verbrechen nach § 269 Abs. 3 i.V.m. § 267 Abs. 4 liegt der Strafrahmen bei Freiheitsstrafe von einem Jahr bis zu zehn Jahren, in minder schweren Fällen von sechs Monaten bis zu fünf Jahren.

X. Konkurrenzen

Im Verhältnis der Tatvarianten untereinander gelten die im Zusammenhang mit § 267 dargelegten 52
Grundsätze entsprechend.[138] Stellt der Täter also von vornherein eine unechte Datenurkunde mit dem Willen her, diese auch zu bestimmten Täuschungszwecken zu gebrauchen, was dann so auch geschieht, macht er sich richtigerweise nur wegen **einer Straftat nach § 269 Abs. 1** strafbar. Entsprechendes gilt für das Verändern und Gebrauchen.[139] Es handelt sich insofern um einen Fall der natürlichen Handlungseinheit, welche die mehrfache Verwirklichung derselben Strafvorschrift zu einer Tat im Rechtssinne zusammenfasst.

§ 269 steht **neben § 267**, sofern die Datenurkunde etwa aufgrund eines Ausdrucks zur Urkun- 53
de im Sinne des § 267 wird, indem sich insbesondere jemand die Aufzeichnung zu eigen macht oder sie mit einem Zusatzvermerk versieht, der Urkundencharakter aufweist. § 269 betrifft eine im Vergleich zu § 267 durchaus gefährliche Verhaltensweise mit eigenständigem Bedeutungsgehalt. Die Manipulation von Daten kann nicht selten weitaus unbemerkter erfolgen als ein Verhalten nach § 267. Folglich wird § 269 nicht von § 267 verdrängt.[140] Vielmehr hat die Vorschrift gegenüber § 267 einen selbständigen Anwendungsbereich – man denke gerade auch an relevante Handlungen im Bereich des Internets[141] – und keine bloße Auffangfunktion.

Ebenso kann Tateinheit mit § 268 vorliegen.[142] Ist durch das Verändern von Daten gleichzeitig 54
§ 274 Abs. 1 Nr. 2 verwirklicht, wird § 274 von § 269 konsumiert. Tateinheit kommt u.a. in Betracht mit § 263a[143] sowie mit § 303a[144] und § 303b.[145]

---

138 *Zieschang* LK § 267 Rdn. 266 ff.; siehe auch BGH NStZ-RR **2022** 310, 311.

139 BGH NStZ **2015** 635.

140 *Bär*, in: Wabnitz/Janovsky/Schmitt 15. Kap. Rdn. 66; *Brehmeier-Metz* AK Rdn. 16; *Erb* MK Rdn. 44; *Fischer* Rdn. 12; *Gribbohm* LK[11] Rdn. 31; *Hoyer* SK Rdn. 32; *Joecks/Jäger* Rdn. 28; *Puppe/Schumann* NK Rdn. 34 f.; *Zieschang* HRRS **2013** 49, 53; **anders** (§ 269 werde verdrängt) *Sch/Schröder/Heine/Schuster* Rdn. 24; SSW/*Hilgendorf* Rdn. 12; *Klesczewski* BT § 17 Rdn. 78; Lackner/Kühl/*Heger* Rdn. 12; *Lenckner/Winkelbauer* CR **1986** 824, 826; *Otto* BT § 70 Rdn. 70; *Weidemann* BeckOK Rdn. 17.

141 Siehe Rdn. 25 ff., 31 f.; *Zieschang* HRRS **2013** 49, 53.

142 BGH NStZ **2016** 42, 46; *Erb* MK Rdn. 44; *Fischer* Rdn. 12; Lackner/Kühl/*Heger* Rdn. 12; SSW/*Hilgendorf* Rdn. 12; *Lenckner/Winkelbauer* CR **1986** 824, 826.

143 BGHSt **38** 120, 121; BGH BeckRS **2021** 7944; BGH NStZ-RR **2021** 214; LG Würzburg NStZ **2000** 374; *Fischer* Rdn. 12; *Sch/Schröder/Heine/Schuster* Rdn. 24; *Hoyer* SK Rdn. 33; *Koch* HK-GS Rdn. 12; *Schlüchter* JR **1993** 493, 497.

144 *Sch/Schröder/Heine/Schuster* Rdn. 24; *Hoyer* SK Rdn. 33.

145 *Sch/Schröder/Heine/Schuster* Rdn. 24; *Hoyer* SK Rdn. 33.

§ 270 Täuschung im Rechtsverkehr bei Datenverarbeitung

Der Täuschung im Rechtsverkehr steht die fälschliche Beeinflussung einer Datenverarbeitung im Rechtsverkehr gleich.

Schrifttum

Bühler Ein Versuch, Computerkriminellen das Handwerk zu legen: Das Zweite Gesetz zur Bekämpfung der Wirtschaftskriminalität, MDR **1987** 448; *Granderath* Das Zweite Gesetz zur Bekämpfung der Wirtschaftskriminalität, DB **1986** Beilage Nr. 18 S. 1; *Lenckner/Winkelbauer* Computerkriminalität – Möglichkeiten und Grenzen des 2. WiKG (III), CR **1986** 824; *Sieber* Computerkriminalität und Strafrecht, 2. Aufl. (1980); *Winkelbauer* Computerkriminalität und Strafrecht, CR **1985** 40.

Entstehungsgeschichte

Ursprünglich war in § 270 a.F. RStGB der Gebrauch einer falschen oder verfälschten Urkunde normiert, bis die Strafrechtsangleichungsverordnung vom 29.5.1943[1] die Urkundenfälschung in einer Vorschrift (§ 267) zusammenfasste.[2] Das 2. Gesetz zur Bekämpfung der Wirtschaftskriminalität (2. WiKG) vom 15.5.1986[3] stellte dann mit Wirkung zum 1.8.1986 den heutigen § 270 in das StGB ein.

In den Gesetzesmaterialien wird ausgeführt, es sei zweifelhaft, ob bei der Manipulation von Belegen, die zur Verarbeitung durch den Computer bestimmt sind, das Merkmal „zur Täuschung im Rechtsverkehr“ bejaht werden kann, wenn eine Kontrolle der Belege nicht stattfindet und deshalb die Täuschung eines Menschen nicht in Betracht komme.[4] Zur Vermeidung von Auslegungsschwierigkeiten oder möglichen Strafbarkeitslücken führe § 270 eine Klärung herbei, die für den gesamten Abschnitt der Urkundendelikte von Bedeutung sei.[5] Im Hinblick auf die Zunahme der elektronischen Datenverarbeitung im Rechtsverkehr, bei der weitgehend eine Kontrolle durch einen Menschen nicht mehr stattfinde, bestehe ein Bedürfnis für eine solche Regelung.[6]

Die Bestimmung des § 270 erscheint sinnvoll und notwendig. Entgegen mancher Stimmen im Schrifttum[7] weist die Täuschungsabsicht („zur Täuschung im Rechtsverkehr“) nämlich einen personalen Bezug auf.[8] Das ergibt sich schon aus dem Wortlaut, denn „Täuschung“ bedeutet stets die Einwirkung auf das Vorstellungsbild einer natürlichen Person.[9] Folglich ist kennzeichnend für das Merkmal der Täuschungsabsicht, bei einer anderen Person einen Irrtum herbeiführen zu wollen und sie zu einem rechtserheblichen Verhalten zu veranlassen.[10] Vor diesem Hintergrund hat die Regelung in § 270 eine besondere eigenständige Bedeutung, falls keine natürliche Person getäuscht werden soll, sondern ausschließlich ein vollautomatischer Verarbeitungsvorgang stattfindet. Manipuliert etwa ein Täter Daten im Computer, die keiner Kontrolle durch einen Menschen unterliegen, sondern allein einer automatischen Datenverarbeitung, ist die Bejahung der Täuschungsabsicht nicht möglich, jedoch vermag § 270 diese Lücke zu schließen. § 270 hat also nicht bloß Klarstellungsfunktion,[11] sondern dient der Vermeidung von Strafbarkeitslücken.[12] Vor dem Hintergrund des technischen Fortschritts und der damit verbundenen Zunahme vollautomatisierter Dateienverarbeitungen und des Einsatzes von künstlicher Intelligenz ist die Regelung des § 270 daher sachgerecht und notwendig, um derartige Konstellationen der automatischen Verarbeitung ebenfalls strafrechtlich erfassen zu können. Bei der Manipulation von Daten geht es eben heute nicht immer unbedingt darum, ein menschliches Verhalten zu beeinflussen.[13]

---

1 RGBl. I, 339.

2 Siehe dazu *Zieschang* LK § 267 Entstehungsgeschichte.

3 BGBl. I, 721.

4 BTDrucks. 10/318 S. 32, 34.

5 BTDrucks. 10/318 S. 32, 34.

6 BTDrucks. 10/318 S. 34.

7 Vgl. *Fischer* Rdn. 2; *Haft* BT II S. 199; SSW/*Hilgendorf* Rdn. 2; *Koch* HK-GS Rdn. 1; *Sieber* S. 295 f.; *Tröndle* LK[10] § 267 Rdn. 189; *Winkelbauer* CR **1985** 40, 41.

8 Ebenso *Bühler* MDR **1987** 448, 454; *Erb* MK Rdn. 1; *Hoyer* SK Rdn. 1; *Joecks/Jäger* Rdn. 1.

9 Siehe auch *Hoyer* SK Rdn. 1; *Puppe/Schumann* NK Rdn. 1.

10 Siehe *Zieschang* LK § 267 Rdn. 201.

11 So aber etwa *Sch/Schröder/Heine/Schuster* Rdn. 1; Lackner/Kühl/*Heger* Rdn. 1; *Weidemann* BeckOK Rdn. 2.

12 *Erb* MK Rdn. 1; *Hoyer* SK Rdn. 2.

13 So aber noch *Lenckner/Winkelbauer* CR **1986** 824, 828.

https://doi.org/10.1515/9783110490220-005

Übersicht

Alphabetische Übersicht

I. Allgemeine Bemerkungen

Es handelt sich bei der fälschlichen Beeinflussung einer Datenverarbeitung im Rechtsverkehr 1 ebenso wie bei der Täuschungsabsicht um ein **besonderes subjektives Merkmal**. Der objektive Tatbestand der jeweils in Rede stehenden Norm und der diesbezügliche Vorsatz müssen also zunächst unverändert vorliegen,[14] um sodann das Merkmal „zur Täuschung im Rechtsverkehr" durch dasjenige der fälschlichen Beeinflussung zu ersetzen. Benutzt also jemand im Zusammenhang mit einer Datenverarbeitung eine echte, jedoch inhaltlich falsche Urkunde, ist § 267 mangels Vorliegens des objektiven Tatbestands nicht erfüllt, und es spielt dann keine Rolle, dass der Täter die fälschliche Beeinflussung einer Datenverarbeitung intendiert. § 270 modifiziert also die objektiven Voraussetzungen nicht.

Vor dem Hintergrund, dass es sich bei § 270 um eine bloße **Gleichstellungsvorschrift** han- 2 delt, ist der Begriff „fälschliche Beeinflussung" in seiner Reichweite ebenso wie derjenige der Täuschung auszulegen. Wenn damit die Täuschungsabsicht bei dolus directus 1. oder 2. Grades vorliegt,[15] gilt dies folglich ebenso für die in § 270 genannte Absicht.

Zudem folgt aus der Gleichstellung und dem Charakter als besonderes subjektives Merkmal, 3 dass es **objektiv gar nicht** zu einer fälschlichen Beeinflussung einer Datenverarbeitung gekommen sein muss.[16] Vielmehr genügt es, wenn der Täter dies erstrebt oder sich des Eintritts gewiss ist.

II. Die Voraussetzungen des § 270

Erste Voraussetzung ist, dass der Täter eine **fälschliche Beeinflussung** erstrebt oder sich dieser 4 gewiss ist. Davon ist auszugehen, wenn eine Manipulation des Datenverarbeitungsvorgangs intendiert wird, dieser also nicht mehr so stattfindet wie ohne die Beeinflussung vorgesehen. Die Art und Weise der beabsichtigten Beeinflussung ist dabei unerheblich.[17]

14 Vgl. etwa *Matt/Renzikowski/Maier* Rdn. 3.
15 *Zieschang* LK § 267 Rdn. 204 ff.
16 *Erb* MK Rdn. 3; *Matt/Renzikowski/Maier* Rdn. 6.
17 BTDrucks. 10/318 S. 34; *Bühler* MDR **1987** 448, 454; *Erb* MK Rdn. 4; *Sch/Schröder/Heine/Schuster* Rdn. 2; *Matt/Renzikowski/Maier* Rdn. 5.

5 Eine **Datenverarbeitung** liegt vor, wenn die eingegebenen Informationen in einer EDV-Anlage herangezogen und daraus in einem automatisierten Vorgang neue Daten gestaltet werden.[18] Im Grundsatz spielt es keine Rolle, um welche Art von Datenverarbeitung es geht, jedoch muss sie den Rechtsverkehr betreffen.

6 Bei der Frage, ob der **Rechtsverkehr** tangiert ist, kommt es jeweils auf die konkreten Umstände an, sodass nicht entscheidend ist, ob eine Anlage allgemein zur Verarbeitung von Daten im Rechtsverkehr dient.[19] Eine Datenbeeinflussung im Rechtsverkehr kann bei ausschließlich innerbetrieblichen Vorgängen oder bei der bloßen digitalen Archivierung fehlen. Das muss aber nicht so sein, denn auch dann können die Daten im Einzelfall Bedeutung für den Rechtsverkehr haben.[20] In Bezug auf den Begriff des Rechtsverkehrs wird im Übrigen auf die Erläuterungen zu § 267 verwiesen, die entsprechend gelten,[21] wenn auch mit der Besonderheit, dass bei § 270 der personale Bezug fehlt.

III. Anwendungsbereich

7 Nach den Gesetzesmaterialien ist § 270 für den gesamten Abschnitt der Urkundendelikte von Bedeutung. Vereinbar mit dem Wortlaut der Vorschrift ist sie auf alle Strafvorschriften **im StGB** anwendbar, welche die Formulierung „Täuschung im Rechtsverkehr" enthalten.[22] Die Norm bezieht sich daher nicht nur auf § 269. Sie ist einschlägig bei §§ 267 Abs. 1, 268 Abs. 1, 269 Abs. 1, 271 Abs. 2, 273 Abs. 1, 276 Abs. 1 Nr. 2, 281 Abs. 1, aber auch in Bezug auf § 152a[23] und folglich ebenfalls auf § 152b.

8 Seit mit dem Gesetz zur Änderung des Infektionsschutzgesetzes und weiterer Gesetze anlässlich der Aufhebung der Feststellung der epidemischen Lage von nationaler Tragweite vom 22.11.2021[24] auch bei den §§ 277, 278, 279 die Absicht zur Täuschung im Rechtsverkehr verlangt wird, ist § 270 ebenfalls auf diese Konstellationen anzuwenden.

9 Andererseits ist § 270 im Hinblick auf Art. 103 Abs. 2 GG, Art. 4 Abs. 1 EGStGB **nicht anwendbar** auf vergleichbar formulierte Regeln des **Nebenstrafrechts**, bei denen von der Täuschung im Rechtsverkehr die Rede ist (siehe § 95 Abs. 2 Nr. 2 AufenthG, § 27a Abs. 1 ChemG sowie § 9 Abs. 1 FreizügG/EU). Bei § 270 handelt es sich eben nicht nur um eine bloße Klarstellung, sondern durch die Vorschrift werden Vorgänge in den Anwendungsbereich der Strafbestimmungen einbezogen, in denen anders als bei der Täuschung im Rechtsverkehr der personale Bezug fehlt.[25] Ihre Anwendung auf Regelungen des Nebenstrafrechts wäre daher eine verbotene Analogie zu Lasten des Täters.

---

18 Vgl. auch *Hoyer* SK Rdn. 4; *Joecks/Jäger* Rdn. 2.

19 Siehe BTDrucks. 10/318 S. 34; *Sch/Schröder/Heine/Schuster* Rdn. 3.

20 Siehe auch *Zieschang* LK § 267 Rdn. 214.

21 *Zieschang* LK Rdn. 211 ff.

22 Siehe *Erb* MK Rdn. 2; *Granderath* DB **1986** Beilage Nr. 18 S. 1, 6; *Gribbohm* LK[11] Rdn. 8; *Sch/Schröder/Heine/Schuster* Rdn. 1; *Hoyer* SK Rdn. 1; *Kindhäuser/Hilgendorf* LPK Rdn. 2; Lackner/Kühl/*Heger* Rdn. 2; *Weidemann* BeckOK Rdn. 1.

23 So ausdrücklich BTDrucks. 13/8587 S. 30 sowie BGH JZ **2001** 469, 470.

24 BGBl. I, 4906.

25 Siehe Entstehungsgeschichte.

§ 271 Mittelbare Falschbeurkundung

(1) Wer bewirkt, daß Erklärungen, Verhandlungen oder Tatsachen, welche für Rechte oder Rechtsverhältnisse von Erheblichkeit sind, in öffentlichen Urkunden, Büchern, Dateien oder Registern als abgegeben oder geschehen beurkundet oder gespeichert werden, während sie überhaupt nicht oder in anderer Weise oder von einer Person in einer ihr nicht zustehenden Eigenschaft oder von einer anderen Person abgegeben oder geschehen sind, wird mit Freiheitsstrafe bis zu drei Jahren oder mit Geldstrafe bestraft.

(2) Ebenso wird bestraft, wer eine falsche Beurkundung oder Datenspeicherung der in Absatz 1 bezeichneten Art zur Täuschung im Rechtsverkehr gebraucht.

(3) Handelt der Täter gegen Entgelt oder in der Absicht, sich oder einen Dritten zu bereichern oder eine andere Person zu schädigen, so ist die Strafe Freiheitsstrafe von drei Monaten bis zu fünf Jahren.

(4) Der Versuch ist strafbar.

Schrifttum

Abramenko Unerlaubter Aufenthalt und rechtfertigender Notstand, NStZ **2001** 71; *Bock* Zur Auslegung der Falschbeurkundung i.S.d. §§ 271, 348 StGB, ZIS **2011** 330; *Claus* Zur Reichweite des öffentlichen Glaubens der TÜV-Plakette, NStZ **2014** 66; *Diener/Hoffmann-Holland* Sportliche Leistung, Jura **2009** 946; *Geppert* Zur Kraftfahrzeug-Zulassungsbescheinigung als „öffentliche Urkunde", hier: mittelbare Falschbeurkundung durch Zulassung einer „Fahrzeugdoublette", JK **2009** StGB § 271/3; *Hruschka* Anstiftung zum Meineid und Verleitung zum Falscheid, JZ **1967** 210; *Keller* Grenzbereiche zwischen Strafrecht und Standesrecht des Notars, DNotZ **1995** 99; *Kretschmer* Mittelbare Täterschaft – Irrtümer über die tatherrschaftsbegründende Situation, Jura **2003** 535; *Lenckner/Winkelbauer* Computerkriminalität – Möglichkeiten und Grenzen des 2. WiKG, CR **1986** 824; *F. Meyer* Die öffentliche Urkunde im Strafrecht, Festschrift Dreher (1977) 425; *Möhrenschlager* Das neue Computerstrafrecht, wistra **1986** 128; *Möller* Anmerkung zum Beschluss des BGH vom 2.9.2009 – 5 StR 266/09 – BGHSt 54, 140, StV **2010** 249; *Mosbacher* Anmerkung zum Beschluss des BGH vom 2.9.2009 – 5 StR 266/09 – BGHSt 54, 140, NStZ **2010** 457; *Müller-Tuckfeld* Anmerkung zum Urteil des BGH vom 12.10.1995 – 4 StR 259/95 – NJW 1996, 470, StV **1997** 353; *Niewerth* Strafrechtlicher Schutz der öffentlichen Gewalt der DDR als inländische Staatsgewalt? NJW **1973** 1219; *Obermüller* Der Schutz ausländischer Rechtsgüter im deutschen Strafrecht im Rahmen des Territorialitätsprinzips (1999); *Oehler* Strafrechtlicher Schutz ausländischer Rechtsgüter, insbesondere bei Urkunden, in der Bundesrepublik Deutschland, JR **1980** 485; *Paul* Unregelmäßigkeiten bei der Ausfuhr von Waren aus dem Gemeinschaftsgebiet im nichtkommerziellen Reiseverkehr als strafrechtliches Problem, ZIS **2012** 11; *Ranft* Anmerkung zum Urteil des BGH vom 26.2.1987 – 1 StR 698/86 – BGHSt 34, 299, JR **1988** 383; *Satzger* Die Europäisierung des Strafrechts (2001); *Schroeder* Urkundenfälschung mit Auslandsberührung, NJW **1990** 1406; *H. Schröder* Anmerkung zum Urteil des OLG Köln vom 28.4.1970 – Ss 56/70 – JR 1970, 468, JR **1970** 470; *Stoffers* Überblick über die Rechtsprechung zum Schutz ausländischer Rechtsgüter durch das deutsche Strafrecht, insbesondere im Bereich der Aussage- und Urkundendelikte, JA **1994** 76; *Tiedemann* EG und EU als Rechtsquellen des Strafrechts, Festschrift Roxin (2001) 1401; *Wiedenbrüg* Schutz ausländischer öffentlicher Urkunden durch §§ 271, 273 StGB? NJW **1973** 301; *Winter* Die grundlegenden Probleme der Falschbeurkundungstatbestände der §§ 271, 348 StGB; insbesondere die besondere Beweiskraft und der Inhalt öffentlicher Urkunden (2004); *Zieschang* „Urkundentricks", JA **2008** 192; *ders.* Anmerkung zum Beschluss des BGH vom 27.7.2012 – 1 StR 238/12 – NStZ-RR 2012, 343 – HRRS **2013** 49; *ders.* Die Falschbeurkundung im Amt gemäß § 348 StGB, Festschrift Artuk (2020) 845; *Zimmermann* Anmerkung zum Beschluss des OLG Karlsruhe vom 21.10.1998 – 1 Ss 133/98 – NJW 1999, 1044, DNotZ **1999** 815. Siehe im Übrigen die Literaturangaben zu § 348 StGB.

Entstehungsgeschichte

Bereits das RStGB von 1871 kannte die Strafvorschrift der mittelbaren Falschbeurkundung. Dabei hatte die Ursprungsfassung des § 271 a.F. RStGB bereits einen im Vergleich zur aktuellen Fassung des § 271 Abs. 1 sehr ähnlichen Wortlaut:

> *„Wer vorsätzlich bewirkt, daß Erklärungen, Verhandlungen oder Thatsachen, welche für Rechte oder Rechtsverhältnisse von Erheblichkeit sind, in öffentlichen Urkunden, Büchern oder Registern als abgegeben oder geschehen beurkundet werden, während sie überhaupt nicht oder in anderer Weise oder von einer Person in einer ihr nicht zustehenden Eigenschaft oder von einer anderen Person abgegeben oder geschehen sind, wird mit Gefängniß bis zu sechs Monaten oder mit Geldstrafe bis zu einhundert Thalern bestraft."*

https://doi.org/10.1515/9783110490220-006

Ergänzt wurde diese Vorschrift durch § 272 a.F. RStGB und § 273 a.F. RStGB. § 272 a.F. RStGB lautete:

> *„(1) Wer die vorbezeichnete Handlung in der Absicht begeht, sich oder einem Anderen einen Vermögensvortheil zu verschaffen oder einen Anderen Schaden zuzufügen, wird mit Zuchthaus bis zu zehn Jahren bestraft, neben welche Geldstrafe von fünfzig bis zu zweitausend Thalern erkannt werden kann.*
> *(2) Sind mildernde Umstände vorhanden, so tritt Gefängnißstrafe ein, neben welcher auf Geldstrafe bis zu eintausend Thalern erkannt werden kann."*

§ 273 a.F. RStGB bestimmte:

> *„Wer wissentlich von einer falschen Beurkundung der im § 271 bezeichneten Art zum Zwecke der Täuschung Gebrauch macht, wird nach Vorschrift jenes Paragraphen und, wenn die Absicht dahin gerichtet war, sich oder einem Anderen einen Vermögensvortheil zu verschaffen oder einem Anderen Schaden zuzufügen, nach Vorschrift des § 272 bestraft."*

Dieser unnötig komplizierte Wortlaut fand sich bereits vergleichbar in § 252 prStGB von 1851. Auch in anderen älteren Strafgesetzbüchern waren entsprechende Regelungen zur mittelbaren Falschbeurkundung vorhanden (siehe etwa Art. 182 bayStGB von 1861).

1876 wurde die Sanktion in § 271 a.F. von „einhundert Thalern" durch „dreihundert Mark" ersetzt und in § 272 Abs. 1 a.F. auf „einhundertfünfzig bis zu sechstausend Mark geändert.[1] Das 1. StrRG vom 25.6.1969[2] wandelte in § 271 a.F. mit Wirkung zum 1.4.1970 die vorgesehene Gefängnisstrafe von bis zu sechs Monaten in „Freiheitsstrafe bis zu einem Jahr" um. Zudem erhielt die Vorschrift einen zweiten Absatz, in dem der Versuch unter Strafe gestellt wurde. § 272 Abs. 1 a.F. sah seitdem Freiheitsstrafe von drei Monaten bis zu fünf Jahren vor, in § 272 Abs. 2 a.F. regelte der Gesetzgeber nunmehr, dass in minder schweren Fällen die Strafe Freiheitsstrafe bis zu zwei Jahre oder Geldstrafe ist.

Mit Wirkung vom 1.1.1975 gab das EGStGB vom 2.3.1974[3] der Strafbestimmung des § 271 die gesetzliche Überschrift „Mittelbare Falschbeurkundung", zudem wurden das Wort „vorsätzlich" sowie der Passus „bis zu dreihundert Mark" gestrichen. § 272 a.F. erhielt die Überschrift „Schwere mittelbare Falschbeurkundung", weiterhin wurde ein zweiter Satz im ersten Absatz angefügt, wonach der Versuch strafbar ist. § 273 a.F. erhielt die gesetzliche Überschrift „Gebrauch falscher Beurkundungen".[4]

Art. 1 Nr. 13 des 2. WiKG vom 15.5.1986[5] erweiterte § 271 a.F. um „Dateien". Parallel zu § 348, der ebenfalls entsprechend ausgedehnt wurde, sollten damit Strafbarkeitslücken vermieden werden.[6] Entsprechend dehnte der Gesetzgeber § 273 a.F. auf die „Datenspeicherung" aus.

Das 6. StrRG vom 26.1.1998[7] hob dann gemäß Art. 1 Nr. 66 des 6. StrRG die Freiheitsstrafenandrohung im ersten Absatz des § 271 auf drei Jahre an. Der Gesetzgeber erachtete die bis dato geltende Freiheitsstrafe (bis zu einem Jahr) im Vergleich zu §§ 272, 276, 278, 348 als zu niedrig.[8] Da § 271 „nicht nur den Rechtsverkehr vor inhaltlich unwahren öffentlichen Urkunden, sondern wohl auch die Funktionsfähigkeit der Beurkundungsorgane schützen soll," erschien dem Gesetzgeber ein Strafrahmen von Freiheitsstrafe bis zu drei Jahren oder Geldstrafe als angemessen.[9] Zudem wurden die bisherigen §§ 272, 273 a.F. in § 271 Abs. 2 und 3 zusammengefasst,[10] gestrafft und im Wortlaut angepasst. Neu geschaffen wurde in § 271 Abs. 3 das Handeln des Täters „gegen Entgelt". Den Strafrahmen für minder schwere Fälle in § 272 Abs. 2 a.F. erachtete man für entbehrlich.[11] Die Strafbarkeit des Versuchs ist seit 1998 im vierten Absatz des § 271 zu finden. Seitdem ist die Vorschrift des § 271 unverändert. Insgesamt sind damit die Änderungen der Regelungen zur mittelbaren Falschbeurkundung eher als marginal zu bezeichnen.

---

1 In § 272 Abs. 2 a.F. sah man seitdem „dreitausend Mark" statt „eintausend Thaler" vor.
2 BGBl. I, 645.
3 BGBl. I, 469.
4 Weiterhin wurde in § 273 a.F. das Wort „wissentlich" gestrichen.
5 BGBl. I, 721.
6 Vgl. BTDrucks. 10/318 S. 11 ff., 34; *Puppe/Schumann* NK Rdn. 1.
7 BGBl. I, 164.
8 BTDrucks. 13/8587 S. 45.
9 BTDrucks. 13/8587 S. 45.
10 Die Regelung des § 273 a.F. findet sich angepasst in § 271 Abs. 2, diejenige des § 272 a.F. sprachlich erneuert und erweitert in § 271 Abs. 3.
11 BTDrucks. 13/8587 S. 45.

Übersicht

Alphabetische Übersicht

I. Allgemeine Bemerkungen

1. Geschütztes Rechtsgut

1 Die Vorschrift bezweckt wie § 348 den **Schutz der Wahrheit öffentlicher Urkunden**. Deren **inhaltliche Richtigkeit** soll gewährleistet sein und der Rechtsverkehr vor unwahren öffentlichen Urkunden geschützt werden.[12] Es geht folglich im Gegensatz zu § 267 nicht um die Echtheit der Urkunde in dem Sinne, dass der aus der Urkunde hervorgehende Aussteller mit dem wahren Aussteller identisch ist (Ausstelleridentität), also derjenige ist, welcher hinter der Erklärung steht. Vielmehr ist die Frage der **inhaltlichen Wahrheit** maßgeblich. Damit sichert die Strafbestimmung das Vertrauen in die **Beweiskraft öffentlicher Urkunden**.[13] Es handelt sich hierbei um ein **Allgemeinrechtsgut**, über das der Einzelne nicht zu disponieren vermag. Da verhindert werden soll, dass ein Nichtamtsträger über einen Amtsträger die Anfertigung einer unwahren öffentlichen Urkunde bewirkt, schützt die Norm zudem als Reflex auch die Funktionsfähigkeit der Beurkundungsorgane.[14]

2. Rechtsnatur

2 Da in § 271 keine besonderen Anforderungen an die Täterqualität gestellt werden, handelt es sich um ein **Jedermanndelikt**. Hierbei ist die Vorschrift jedoch letztlich nur im engen Zusammenhang mit der Falschbeurkundung im Amt gemäß **§ 348** zu sehen und zu verstehen. Taugliche Täter nach dieser letztgenannten Norm können von vornherein nur Amtsträger sein. Mittelbare Täterschaft eines Nicht-Amtsträgers (Extraneus) scheidet folglich bei § 348 aus. Wenn also ein Amtsträger gutgläubig aufgrund falscher Angaben eines Extraneus eine Falschbeurkundung vornimmt (Beispiel: Der Nicht-Amtsträger A gibt bei der Beantragung des Reisepasses ein falsches Geburtsdatum an, was dem Amtsträger nicht auffällt), kann der Außenstehende nicht gemäß §§ 348, 25 Abs. 1 Alt. 2 bestraft werden, da er kein tauglicher Täter ist, denn es fehlt ihm die Amtsträgereigenschaft. Mangels vorsätzlicher Haupttat scheidet zudem eine Strafbarkeit wegen Teilnahme aus. § 271 schließt nun diese Lücke, indem er den von § 348 nicht fassbaren Fall der **mittelbaren Täterschaft** des Extraneus in einer eigenständigen Norm unter Strafe stellt. § 271 ist daher nach umstrittener, jedoch richtiger Ansicht als **gesetzlich besonders geregelter Fall der mittelbaren Täterschaft** zu begreifen.[15] Das hat entsprechende Auswirkungen auf das Verständnis des Tatbestandsmerkmals des „**Bewirkens**".[16]

---

12 Siehe BGHSt **42** 131, 133; OLG Hamm NJW **1969** 625; *Bock* BT 1 S. 495; *Fischer* Rdn. 2; *Sch/Schröder/Heine/Schuster* Rdn. 1; siehe auch *Freund* MK³ Rdn. 5 f.

13 Siehe RGSt **32** 386, 387; RGSt **66** 407, 408; RGSt **72** 201, 205; *Brehmeier-Metz* AK Rdn. 2; *Eisele* BT I Rdn. 915; Lackner/Kühl/*Heger* Rdn. 1; *Weidemann* BeckOK Rdn. 2; SSW/*Wittig* Rdn. 3; vgl. auch *Puppe/Schumann* NK Rdn. 3; abweichend *Hoyer* SK Rdn. 1.

14 Siehe zu diesem Aspekt BTDrucks. 13/8587 S. 45; Arzt/Weber/Heinrich/Hilgendorf BT § 33 Rdn. 1; *Eisele* BT I Rdn. 915; *Sch/Schröder/Heine/Schuster* Rdn. 1; *Joecks/Jäger* Rdn. 2; *Matt/Renzikowski/Maier* Rdn. 1; vgl. auch *Wiedenbrüg* NJW **1973** 301, 303.

15 Siehe auch Arzt/Weber/Heinrich/Hilgendorf BT § 33 Rdn. 19 ff.; *Bock* ZIS **2011** 330; *Brehmeier-Metz* AK Rdn. 2; *Hilgendorf/Valerius* BT I § 10 Rdn. 83; *Klesczewski* BT § 17 Rdn. 103; *Kretschmer* Jura **2003** 535, 539; *Kudlich* BT II Nr. 171; *Spernau* S. 18 ff.; *Zieschang* JA **2008** 192, 197 f.; *ders.* FS Artuk 845, 846; vgl. zudem BGHSt **42** 131: Nach § 271 wird bestraft, wer die Falschbeurkundung „gleichsam als mittelbarer Täter herbeiführt"; ebenso OLG Karlsruhe StV **2009** 133, 134; vgl. ferner *Puppe/Schumann* NK Rdn. 1, 31, 36, aber auch Rdn. 30, 41.

16 Siehe im Einzelnen Rdn. 27 ff.

3. Bedeutung in der Praxis

In der Praxis liegt die Anzahl der Verurteilungen nach § 271 im eher unteren dreistelligen Bereich (2009: 391; 2010: 343; 2011: 316; 2012: 176; 2013: 188; 2014: 154; 2015: 167; 2016: 162; 2017: 182; 2018: 202, 2019: 158; 2020: 244; 2021: 160).[17] Die Anzahl der erfassten Fälle von Straftaten nach § 271 hat in den letzten Jahren im eher unteren vierstelligen Bereich gelegen.[18] Die Aufklärungsquote ist bei 96 % anzusiedeln. Die Anzahl der Tatverdächtigen beträgt im Jahr 2021 1.620 (2009: 2.835; 2010: 2.913; 2011: 3.095; 2012: 2.201; 2013: 2.150; 2014: 2.346; 2015: 2.614; 2016: 3.419; 2017: 3.351; 2018: 2.800; 2019: 2.315; 2020: 2.016). 3

II. § 271 Abs. 1

1. Objektiver Tatbestand

a) Allgemeines. Der objektive Tatbestand des § 271 Abs. 1 ist **unnötig kompliziert** und verklausuliert formuliert.[19] Klarer, präziser und inhaltlich identisch wäre folgende Formulierung: „Wer bewirkt, dass Tatsachen in öffentlichen Urkunden oder Dateien falsch beurkundet oder gespeichert werden, wird mit ...“. 4

So sind die in § 271 Abs. 1 genannten Begriffe „Erklärungen, Verhandlungen“ **überflüssig**, denn falsch beurkundet werden können ohnehin nur **Tatsachen**. Bei dem Umstand, dass Erklärungen abgegeben wurden oder Verhandlungen erfolgt sind, handelt es sich um nichts anderes als Tatsachen. Tatsachen sind nämlich alle Umstände der **Gegenwart** oder **Vergangenheit**, die dem **Beweis** zugänglich sind.[20] 5

Auch der Passus „welche für Rechte oder Rechtsverhältnisse von Erheblichkeit sind“ hat nach zutreffender Sicht **keinen eigenständigen Bedeutungsgehalt**:[21] Eine „**Beurkundung**“ liegt nämlich überhaupt nur dann vor, wenn es um Feststellungen in der öffentlichen Urkunde geht, auf die sich deren **erhöhte Beweiskraft** bezieht.[22] Wenn jedoch für eine beurkundete Feststellung deren erhöhte Beweiskraft kennzeichnend ist, also die **Beweiswirkung für und gegen jedermann**, dann handelt es sich hierbei stets um Tatsachen, welche für Rechte und Rechtsverhältnisse von Erheblichkeit sind, denn sie kann dann „Wirkung auf Rechtsverhältnisse“ haben, also für sie von Bedeutung sein.[23] Dieser Passus stellt damit keine eigenständige zusätzliche Tatbestandsvoraussetzung dar und ist ebenfalls überflüssig. 6

Weiterhin ist es nicht notwendig, öffentliche „Bücher“ und „Register“ in § 271 eigenständig zu nennen, denn diese sind nichts anderes als bloße **Unterfälle** der öffentlichen Urkunde.[24] 7

Schließlich ist auch die komplizierte Formulierung „als abgegeben oder geschehen beurkundet oder gespeichert werden, während sie überhaupt nicht oder in anderer Weise oder von einer 8

17 Statistisches Bundesamt, Rechtspflege, Strafverfolgung, Fachserie 10 Reihe 3 für die Jahre 2009 bis 2021. Abgeurteilte: 2009: 591; 2010: 491; 2011: 421; 2012: 262; 2013: 257; 2014: 230; 2015: 213; 2016: 214; 2017: 238; 2018: 244; 2019: 203; 2020: 291; 2021. 205.

18 Laut PKS 2009: 3.262; 2010: 5.208; 2011: 3.364; 2012: 2.366; 2013: 2.374; 2014: 2.563; 2015: 2.737; 2016: 3.894; 2017: 3.415; 2018: 2.795; 2019: 2.253; 2020: 2.214; 2021: 1.957.

19 Vgl. *Brehmeier-Metz* AK Rdn. 1; *Gössel/Dölling* BT 1 § 52 Rdn. 57; *Sch/Schröder/Heine/Schuster* Rdn. 16; *Klesczewski* BT § 17 Rdn. 103; *Koch* HK-GS^4 Rdn. 1 („in hohem Maße unglücklich und kaum verständlich“); *Krey/Hellmann/Heinrich* BT 1 Rdn. 1223 („langatmig und verwirrend“); *Puppe/Schumann* NK Rdn. 1 („weitschweifig und umständlich“); *Wessels/Hettinger/Engländer* BT 1 Rdn. 902.

20 Siehe zum Begriff der Tatsache im Einzelnen *Zieschang* LK § 348 Rdn. 91 ff.

21 Siehe dazu *Zieschang* LK § 348 Rdn. 88, 95.

22 *Zieschang* LK § 348 Rdn. 43 m.w.N.

23 Vgl. zu dieser Formulierung, welche die rechtliche Erheblichkeit kennzeichnen soll, etwa RGSt **12** 297, 299; siehe auch *Sch/Schröder/Heine/Schuster* Rdn. 18; *Keller* DNotZ **1995** 99, 113; *Zimmermann* DnotZ **1999** 815, 816 f.

24 Siehe dazu *Zieschang* LK § 348 Rdn. 22 ff., 83.

Person in einer ihr nicht zustehenden Eigenschaft oder von einer anderen Person abgegeben oder geschehen sind" so nicht notwendig, geht es dabei letztlich doch um nichts anderes als eine **falsche** Beurkundung oder Speicherung in öffentlichen Urkunden oder Dateien.

9 Auf diese Weise präzisiert, werden die maßgeblichen Tatbestandsvoraussetzungen des § 271 Abs. 1 deutlich: Es geht um die Falschbeurkundung oder Speicherung von Tatsachen in öffentlichen Urkunden oder Dateien, die von dem Täter (als mittelbarer Täter) bewirkt wird.[25]

10 **b) Der Täterkreis.** § 271 stellt keine besonderen Anforderungen an den Täterkreis, sodass **jede natürliche Person** tauglicher Täter sein kann. Nimmt diese jedoch **selbst** die Eintragung oder Speicherung vor, ist dies weder ein Fall des § 271 noch ein solcher des § 348,[26] sondern eine Konstellation des § 267.[27] Entsprechendes gilt für Dateien;[28] insofern geht es dann um § 269.[29] Mittäterschaft ist möglich, etwa beim Zusammenwirken von Eheleuten im Bereich des Personenstandswesens.[30]

11 **c) Die Falschbeurkundung oder Speicherung von Tatsachen in öffentlichen Urkunden oder Dateien.** Wesentliches Element des § 271 ist die Falschbeurkundung in öffentlichen Urkunden oder die falsche Speicherung in öffentlichen Dateien.

12 **aa) Der Begriff der öffentlichen Urkunde.** In der **Zivilprozessordnung** findet sich in **§ 415 Abs. 1 ZPO** dazu eine **Legaldefinition**, an die auch das Strafrecht im Ausgangspunkt anknüpft.[31] Doch bedarf es gewisser **Anpassungen**. Eine **öffentliche Urkunde** im Sinne der **§§ 271, 348** liegt vor, wenn ein **örtlich und sachlich zuständiger Amtsträger in einer Urkunde unter Beachtung der wesentlichen Förmlichkeiten Tatsachen mit Beweiswirkung für und gegen jedermann feststellt**. Nicht sämtliche in einer Urkunde angegebenen Feststellungen sind dabei tauglicher Gegenstand einer Tat nach den §§ 271, 348, sondern nur diejenigen, auf die sich der öffentliche Glaube, also die erhöhte Beweiskraft, bezieht.[32] Im Hinblick auf diese einzelnen Merkmale des Begriffs der öffentlichen Urkunde im Detail wird auf die Erläuterungen zu § 348 verwiesen.[33]

---

25 Siehe auch § 307 Abs. 2 E 1962: „Wer bewirkt, daß ein Amtsträger innerhalb seiner sachlichen Zuständigkeit gutgläubig etwas Unwahres zu öffentlichem Glauben beurkundet". Hierbei wird jedoch nicht ausreichend berücksichtigt, dass neben dem gutgläubigen Werkzeug auch andere Konstellationen der mittelbaren Täterschaft in Betracht kommen; siehe Rdn. 29 f. Zudem ist nicht nur die sachliche, sondern auch die örtliche Zuständigkeit zu fordern; siehe dazu Rdn. 21.

26 Es sei denn, der Handelnde ist zuständiger Amtsträger im Sinne der Vorschrift.

27 *Sch/Schröder/Heine/Schuster* Rdn. 26; *Schroth* BT S. 318; zudem kommt Amtsanmaßung in Betracht.

28 *Lenckner/Winkelbauer* CR **1986** 824, 827.

29 *Erb* MK Rdn. 53; *Fischer* Rdn. 16; *Gössel/Dölling* BT 1 § 52 Rdn. 59; *Haft* BT II S. 202; *Sch/Schröder/Heine/Schuster* Rdn. 26; *Kindhäuser/Hilgendorf* LPK Rdn. 3; Lackner/Kühl/*Heger* Rdn. 8; *Puppe/Schumann* NK Rdn. 29; *Wessels/Hettinger/Engländer* BT 1 Rdn. 903; **anders** *Freund* MK[3] Rdn. 10; *Hoyer* SK Rdn. 8; *Möhrenschlager* wistra **1986** 128, 136.

30 Siehe etwa RG GA Bd. **49** (1903) 122; *Sch/Schröder/Heine/Schuster* Rdn. 29.

31 BGHSt **19** 19, 21 f.; BGH NStZ **1986** 550; BGH NStZ **2018** 406, 407; RGSt **19** 352, 353; RGSt **42** 233, 234; RGSt **71** 101, 102; OLG Celle NStZ **1987** 282; OLG Hamm JMBlNRW **1989** 248, 249; OLG Karlsruhe medstra **2017** 233, 237; OLG Rostock NStZ-RR **2004** 172, 173; *Erb* MK Rdn. 5; *Geppert* JK 11/09 StGB § 271/3; *Gössel/Dölling* BT 1 § 52 Rdn. 50; *Sch/Schröder/Heine/Schuster* Rdn. 4; *Hohmann/Sander* BT § 20 Rdn. 4; *Joecks/Jäger* Rdn. 5, 7; *Klesczewski* BT § 17 Rdn. 93; *Krey/Hellmann/Heinrich* BT 1 Rdn. 1226; *Küpper/Börner* BT § 6 Rdn. 66; *Rengier* BT II § 37 Rdn. 15; *Weidemann* BeckOK Rdn. 3; *Wessels/Hettinger/Engländer* BT 1 Rdn. 894.

32 Siehe Rdn. 20 ff.

33 *Zieschang* LK § 348 Rdn. 12 ff.

Öffentliche Urkunden, also Urkunden, die (zumindest auch) Feststellungen enthalten, die **Beweiswirkung für und gegen jedermann** haben, sind etwa[34] der Erbschein,[35] der Führerschein,[36] der notariell beurkundete Kaufvertrag,[37] der Personalausweis,[38] die Prüfplakette in Verbindung mit dem amtlich zugelassenen Kennzeichen und der entsprechenden Eintragung in der Zulassungsbescheinigung Teil I (der frühere Fahrzeugschein),[39] der Reisepass[40] und staatliche Zeugnisse (Abitur-, Universitäts- und Examenszeugnisse).[41] 13

Problematisch und sehr umstritten ist, ob auch **ausländische öffentliche Urkunden** von § 271 erfasst werden.[42] Das Meinungsspektrum ist hierzu weit gefächert. 14

Nach der Rechtsprechung[43] und einem Teil der Literatur[44] ist maßgeblich, ob durch die ausländische öffentliche Urkunde auch inländische Rechtsgüter geschützt sind. Andere Autoren erachten für entscheidend, ob eine Auslandsvertretung des Bundes die ausländische öffentliche Urkunde legalisiert hat oder sie durch einen Staatsvertrag oder ein Gesetz den inländischen Urkunden gleichgestellt wird.[45] Weiterhin wird angenommen, dass aufgrund unionsrechtskonformer Auslegung EU-Urkunden erfasst seien.[46] Dem stehen Autoren gegenüber, welche die Einbeziehung ausländischer öffentlicher Urkunden insgesamt ablehnen.[47] Es finden sich aber dazu im Gegensatz auch Stimmen, die § 271 ohne Weiteres auf ausländische öffentliche Urkunden anwenden wollen.[48] 15

Grundsätzlich ist festzuhalten, dass der **Wortlaut** des § 271 es nicht verbietet, neben inländischen auch ausländische öffentliche Urkunden als erfasst anzusehen. Zudem ist nicht entscheidend, ob es für den deutschen Richter beweisrechtlich schwierig festzustellen ist, ob die ausländische Urkunde Beweis für und gegen jedermann zu erbringen vermag.[49] Prozessuale Schwierigkeiten können nicht den materiellrechtlichen Anwendungsbereich einer Norm beeinflussen. Andererseits sprechen **systematische** Gesichtspunkte maßgeblich gegen die Einbeziehung ausländischer öffentlicher Urkunden. So ist bereits erläutert worden, dass § 271 die Lücke schließen soll, die dadurch entsteht, dass ein Nicht-Amtsträger kein mittelbarer Täter des § 348 sein kann.[50] Täter des § 348 ist aber nur ein Amtsträger im Sinne des § 11 Abs. 1 Nr. 2, also ein Urkundsbeamter nach deutschem Recht. Folglich erfasst § 271 in Parallele dazu im Grundsatz auch nur inländische öffentliche Urkunden.[51] Aufgrund der Assimilierungspflicht wird man jedoch EU-Urkunden in den Schutz einzubeziehen haben, wobei zu verlangen ist, dass diese 16

---

34 Weitere Beispiele bei *Zieschang* LK § 348 Rdn. 20.
35 BGHSt **19** 87; *Freund* MK § 348 Rdn. 9; *Krey/Hellmann/Heinrich* BT 1 Rdn. 1229; Lackner/Kühl/*Heger* Rdn. 2.
36 BGHSt **25** 95, 96; BGHSt **34** 299, 301; OLG Hamm NStZ **1988** 26; *Brehmeier-Metz* AK Rdn. 5; *Freund* MK § 348 Rdn. 9; *Koch* HK-GS Rdn. 3.
37 BGHSt **44** 186, 187 f.; OLG Zweibrücken NStZ **2004** 334, 335.
38 RGSt **60** 104, 105.
39 BGHSt **22** 201, 203; BGHSt **26** 9, 11; BGHSt **53** 34, 35; BayObLG NStZ **1999** 575, 576; *Claus* NStZ **2014** 66, 67; *Eisele* BT I Rdn. 941.
40 BGH NJW **1955** 839, 840; RGSt **60** 152.
41 Vgl. RGSt **60** 375, 376; OLG Bamberg NJOZ **2015** 1903, 1905; *Diener/Hoffmann-Holland* Jura **2009** 946, 947.
42 Das ist insbesondere für § 271 Abs. 2 von Interesse; vgl. *Puppe/Schumann* NK Rdn. 46.
43 RGSt **68** 300, 301 f.; OLG Düsseldorf NStZ **1983** 221, 222; OLG Frankfurt wistra **1990** 271; KG JR **1980** 516.
44 *Erb* MK Rdn. 7; *Fischer* Rdn. 4; *Freund* MK³ Rdn. 16; Lackner/Kühl/*Heger* Rdn. 5; *Oehler* JR **1980** 485, 486; *Stoffers* JA **1994** 76, 81.
45 *Eisele* BT I Rdn. 921; *Gribbohm* LK¹¹ Rdn. 5; *Sch/Schröder/Heine/Schuster* Rdn. 1a; *Matt/Renzikowski/Maier* Rdn. 2; *Wiedenbrüg* NJW **1973** 301, 303 f.; SSW/*Wittig* Rdn. 21.
46 *Freund* MK³ Rdn. 16; *Sch/Schröder/Heine/Schuster* Rdn. 1a; Lackner/Kühl/*Heger* Rdn. 5; *Matt/Renzikowski/Maier* Rdn. 2; *Satzger* S. 579 ff.; *Tiedemann* FS Roxin 1401, 1405; *ders.* Wirtschaftsstrafrecht Rdn. 467; SSW/*Wittig* Rdn. 21.
47 *Kleszczewski* BT § 17 Rdn. 103; *Niewerth* NJW **1973** 1219; *Winter* S. 126 ff.
48 *Hoyer* SK Rdn. 10; *Obermüller* S. 207 f.; *Puppe/Schumann* NK Rdn. 46; *Schroeder* NJW **1990** 1406.
49 Siehe zu diesem Aspekt jedoch *Sch/Schröder/Heine/Schuster* Rdn. 1a.
50 Siehe Rdn. 2.
51 *Sch/Schröder/Heine/Schuster* Rdn. 1a; *Wiedenbrüg* NJW **1973** 301, 304 f.

Urkunden die engen Voraussetzungen der öffentlichen Urkunde[52] erfüllen. Dieses Ergebnis ist mit dem **Wortlaut** des § 271 **vereinbar**.

17 **bb) Der Begriff der öffentlichen Datei.** Da öffentliche Bücher (etwa das Grundbuch) und Register (z.B. das Handelsregister) lediglich Unterfälle der öffentlichen Urkunde sind,[53] hat neben der öffentlichen Urkunde allein die **öffentliche Datei** einen eigenständigen Bedeutungsgehalt. Sie wurde in den Gesetzestext aufgenommen, um angesichts der fortschreitenden Digitalisierung Strafbarkeitslücken zu vermeiden.[54]

18 Der Begriff **öffentlich** bezieht sich in § 271 nicht nur auf Urkunden, sondern neben Büchern und Registern auch auf die Dateien. **Öffentlich** sind Dateien, wenn sie wie die öffentlichen Urkunden (zumindest auch) Inhalte aufweisen, die **Beweis für und gegen jedermann** (erhöhte Beweiskraft) erbringen.[55]

19 Die öffentlichen **Dateien** betreffen vor allem Fälle, in denen Datenurkunden im Sinne von § 269 gespeichert werden, die **inhaltlich öffentlichen Urkunden entsprechen** (vgl. dazu auch § 371a Abs. 3 ZPO).[56] Darunter fallen also Fälle von (ursprünglich) öffentlichen Urkunden, Büchern oder Registern, falls diese nur (noch) als Datenbanken geführt werden, wie zum Beispiel ein elektronisches Grundbuch[57] oder das elektronisch geführte Personenstandsregister.[58] Wegen der Einzelheiten wird auf die Erläuterungen zum Begriff der öffentlichen Datei bei § 348 verwiesen.[59]

20 **cc) Die falsche Beurkundung oder Speicherung.** In der öffentlichen Urkunde (Buch, Register) muss eine **falsche Beurkundung** erfolgen oder in der öffentlichen Datei eine **unrichtige Speicherung**.

21 Ein **örtlich und sachlich zuständiger Amtsträger**[60] **beurkundet** eine Tatsache, wenn er sie **zum Zwecke des Beweises für und gegen jedermann** unter Beachtung der **wesentlichen Formvorschriften feststellt.**[61] Diese Feststellung muss also **öffentlichen Glauben** begründen. Andere Feststellungen enthalten **keine Beurkundung.**[62] Aus dem Merkmal der **Beurkundung** resultiert folglich, dass § 271 nur in Bezug auf Angaben einschlägig ist, auf die sich die **erhöhte Beweiskraft** erstreckt. Die Feststellung muss also **volle Beweiswirkung für und gegen jedermann** erbringen, anderenfalls handelt es sich **nicht** um eine **Beurkundung.**[63]

---

52 Siehe Rdn. 12.

53 Siehe Rdn. 7.

54 Siehe bereits die Entstehungsgeschichte.

55 Siehe *Sch/Schröder/Heine/Schuster* Rdn. 13 f.

56 *Fischer* Rdn. 8; *Sch/Schröder/Heine/Schuster* Rdn. 14; *Hoyer* SK Rdn. 7; *Kleszczewski* BT § 17 Rdn. 93; *Matt/Renzikowski/Maier* Rdn. 26; *Puppe/Schumann* NK Rdn. 6; *Rengier* BT II § 37 Rdn. 31; SSW/*Wittig* Rdn. 10; *Zieschang* LK § 348 Rdn. 25.

57 Siehe § 126 GBO (Grundbuch als automatisierte Datei). Zum elektronischen Vereinsregister vgl. § 55a BGB.

58 Siehe § 3 PStG.

59 *Zieschang* LK § 348 Rdn. 25 f.

60 Manche Autoren lassen die sachliche Zuständigkeit genügen; etwa *Sch/Schröder/Heine/Schuster* Rdn. 6; *Matt/Renzikowski/Maier* Rdn. 9. Richtigerweise muss der Amtsträger jedoch nicht nur sachlich, sondern auch örtlich zuständig sein. Nur dann, wenn eine solche konkrete Zuständigkeit vorliegt, können Feststellungen in der Urkunde erhöhte Beweiskraft haben; im Einzelnen *Zieschang* LK § 348 Rdn. 36 ff.

61 Siehe BGHSt **20** 309, 314; BGH GA **1964** 309, 310; RGSt **52** 268, 269; RGSt **63** 148, 150; RGSt **72** 377, 378; OLG Frankfurt NJW **1963** 773; *Brehmeier-Metz* AK § 348 Rdn. 5; *Freund* MK § 348 Rdn. 22 f.; *Sch/Schröder/Hecker* § 348 Rdn. 9; *Sch/Schröder/Heine/Schuster* Rdn. 19; *Schroth* BT S. 321; SSW/*Wittig* § 348 Rdn. 11.

62 So ausdrücklich OLG Frankfurt NJW **1963** 773.

63 BGHSt **22** 201, 203; BGHSt **44** 186, 187; BGHSt **47** 39, 41 f.; BayObLG NJW **1992** 1841, 1842; OLG Frankfurt NJW **1963** 773; LG Frankfurt a.M. NJW **2008** 91, 93.

Dies soll an einem Beispiel verdeutlicht sein: Erklären die Vertragsparteien bei einem notariell beurkundeten Kaufvertrag einen bestimmten Kaufpreis für das Grundstück, obwohl intern ein anderer Preis vereinbart worden ist, machen sich die Kaufvertragsparteien **nicht** nach § 271 strafbar. Denn es wird **nicht** zu **öffentlichem Glauben** beurkundet, dass der von den Beteiligten erklärte und in der Urkunde entsprechend angegebene **Kaufpreis** beim Grundstückskaufvertrag der wirklich zwischen den Vertragsparteien vereinbarte ist.[64] Die erhöhte Beweiskraft bezieht sich insofern allein darauf, dass **bestimmte Erklärungen abgegeben** wurden, **nicht** aber auf deren **inhaltliche** Richtigkeit. 22

Andererseits ist § 271 erfüllt, wenn jemand beim **Führerschein** ein falsches **Geburtsdatum** angibt, das dann in den Führerschein eingetragen wird. Die **erhöhte Beweiskraft** des Führerscheins bezieht sich nämlich auch auf das **Geburtsdatum**.[65] 23

Im Einzelnen wird im Hinblick auf die wesentlichen Formerfordernisse sowie in Bezug auf die besonders brisante Frage, worauf sich jeweils die **erhöhte Beweiskraft** erstreckt, auf die Ausführungen zu § 348 verwiesen.[66] 24

Der Begriff **„gespeichert"** bezieht sich in § 271 auf die öffentlichen Dateien. Inhaltlich ergeben sich jedoch daraus **keine Unterschiede** zum „Beurkunden". Auch bei der Speicherung in einer öffentlichen Datei geht es um die Frage, ob eine Feststellung in Rede steht, auf die sich der öffentliche Glaube bezieht, sich also die **erhöhte Beweiskraft** erstreckt. Die Speicherung in Dateien wurde vom Gesetzgeber in § 271 lediglich zur Anpassung an moderne Entwicklungen zur **Vermeidung von Strafbarkeitslücken** eingestellt. Inhaltlich ist damit kein Unterschied zum Beurkunden verbunden. Es soll keinen Unterschied machen, ob etwa ein Grundbuch in klassischer Weise oder eben digital geführt wird. 25

Die Beurkundung oder Speicherung muss **falsch** sein.[67] Eine **Tatsache**[68] ist **falsch**, wenn sie **nicht der Wahrheit** entspricht. Die beurkundete oder gespeicherte Tatsache stimmt also nicht mit der Wirklichkeit überein.[69] Dabei muss man aber immer zunächst ermitteln, ob sich die erhöhte Beweiskraft auf die maßgebliche Tatsache erstreckt. Wer etwa die **Beglaubigung einer Kopie** eines gefälschten Originalschriftstücks bewirkt, begeht keine mittelbare Falschbeurkundung, wenn die Kopie mit dem gefälschten Original übereinstimmt.[70] Die Beglaubigung einer Kopie bestätigt nämlich nicht die inhaltliche Richtigkeit des Originalschriftstücks, dessen Kopie beglaubigt wird. Beglaubigt ist lediglich, dass die Kopie mit dem bei der Beglaubigung vorgelegten Schriftstück übereinstimmt,[71] sodass es an einer falschen Beurkundung fehlt. Dagegen liegt eine falsche Beurkundung vor, wenn der Amtsträger einer Durchschrift einen anderen Inhalt als der Urschrift gibt und wahrheitswidrig erklärt, Durchschrift und Urschrift stimmten inhaltlich überein.[72] Letztlich ist also **zunächst** immer die Frage nach der **erhöhten Beweiskraft** zu lösen, um **im Anschluss** daran beantworten zu können, ob die Feststellungen, denen die erhöhte Beweis- 26

64 BGH NStZ **1986** 550 f.; BGH NStZ-RR **2000** 235; BayObLG NJW **1955** 1567; *Sch/Schröder/Heine/Schuster* Rdn. 20; *Rengier* BT II § 37 Rdn. 27.

65 BGHSt **34** 299, 300 ff.; *Brehmeier-Metz* AK § 348 Rdn. 5; *Sch/Schröder/Heine/Schuster* Rdn. 22; *Küpper/Börner* BT § 6 Rdn. 71; *Zieschang* JA **2008** 192, 196; **anders** *Freund* MK § 348 Rdn. 14 mit Fn. 33 sowie Rdn. 18; *Müller-Tuckfeld* StV **1997** 353, 354; *Ranft* JR **1988** 383.

66 *Zieschang* LK § 348 Rdn. 43 ff., 47 ff., 62 ff.

67 Siehe zu dem Umstand, dass es trotz der komplizierten Formulierung des § 271 letztlich um diesen Aspekt geht, bereits Rdn. 8.

68 Zu diesem Begriff siehe Rdn. 5 sowie *Zieschang* LK § 348 Rdn. 91 ff.

69 BGH NJW **1975** 940, 941; BayObLG NJW **1990** 655, 656; BayObLG NJW **1993** 2947, 2948; OLG Bamberg NJOZ **2015** 1903, 1906; OLG Frankfurt NJW **1963** 773.

70 BGH StV **2001** 624 f.

71 BGH StV **2001** 624 f.

72 Siehe RGSt **64** 249.

kraft zukommt, falsch sind.[73] Nichts anderes gilt für die falsche (unrichtige) Speicherung in öffentlichen Dateien.

27 **d) Der Begriff „Bewirken".** **Rechtsprechung**[74] und überwiegende Auffassung im **Schrifttum**[75] verstehen unter dem **„Bewirken" jedes Verursachen** einer falschen Beurkundung, ohne dass der Täter wegen Teilnahme am Amtsdelikt strafbar wäre. Diese Auffassung überzeugt jedoch nicht. § 271 ist vielmehr als ein **besonders geregelter Fall der mittelbaren Täterschaft** zu verstehen,[76] sodass es sich gerade nicht um einen bloßen Auffangtatbestand handelt. Vielmehr ist ein Handeln in mittelbarer Täterschaft erforderlich, womit deren Voraussetzungen jeweils vorliegen müssen.[77] Dieses unterschiedliche Verständnis der Norm hat vor allem Konsequenzen für **Irrtumsfälle**.[78]

28 Typisch für § 271 ist demgemäß die Konstellation, dass der Täter den Urkundsbeamten täuscht, der in der Folge die Falschbeurkundung **gutgläubig** vornimmt.[79] Dass der Amtsträger dabei möglicherweise grob fahrlässig agiert, hindert die Bestrafung des Hintermanns gemäß § 271 nicht.[80] Möglich ist auch, dass der Täter über einen Mittelsmann auf den Amtsträger oder aber auf einen Mitarbeiter einwirkt, der die Beurkundung vorbereitet.[81] Letzteres reicht aber nicht aus, wenn die Erklärung persönlich vor dem Urkundsbeamten abgegeben werden muss.[82] Ist der Hintermann **selbst zuständiger Amtsträger**, der etwa die Gutgläubigkeit eines ebenfalls zuständigen Amtsträgers ausnutzt, liegt für den Hintermann §§ 348, 25 Abs. 1 Alt. 2 vor.[83]

29 Selbst in dem Fall, dass die **Urkundsperson vorsätzlich** handelt, kann § 271 gegeben sein. Das kommt insbesondere in Betracht, wenn der mittelbare Täter die ihm bekannte Schuldunfähigkeit des Urkundsbeamten bei der unwahren Beurkundung ausnutzt und damit **Tatherrschaft** inne hat.[84] Daher ist **nicht bei jeder** vorsätzlichen Tat des Urkundsbeamten automatisch Anstiftung des Veranlassers gemäß §§ 348, 26 anzunehmen.[85]

30 Liegt bei Schuldunfähigkeit des Urkundsbeamten keine mittelbare Täterschaft des Hintermanns vor, fehlt ihm also die Tatherrschaft, ist er wegen Anstiftung zur Falschbeurkundung im Amt gemäß §§ 348, 26 zu bestrafen. Dass in diesem Fall die Strafe höher ist als bei einer Bestrafung nach § 271 (§ 348 sieht Freiheitsstrafe bis zu fünf Jahren vor, § 271 Abs. 1 Freiheitsstrafe bis zu drei Jahren), mag vor dem Hintergrund widersprüchlich erscheinen, dass die mittelbare Täterschaft grundsätzlich die schwerere Beteiligungsform gegenüber der Anstiftung ist. De lege lata ist diese

---

73 Vgl. auch RGSt **60** 230, 231 f.; *Gössel/Dölling* BT 1 § 52 Rdn. 54; *Hoyer* SK Rdn. 18. Siehe dazu auch *Zieschang* LK § 348 Rdn. 85 ff.

74 Siehe BGHSt **8** 289, 294; RGSt **13** 52, 54, 56; RGSt **66** 132, 137; OLG Köln NJW **1967** 742, 743.

75 *Bock* BT 1 S. 497; *Fischer* Rdn. 15; *Gössel/Dölling* BT 1 § 52 Rdn. 57; *Gribbohm* LK[11] Rdn. 74 f.; *Haft* BT II S. 202; *Hoyer* SK Rdn. 22; *Hruschka* JZ **1967** 210, 212; *Kindhäuser/Schramm* BT I § 58 Rdn. 18; *Koch* HK-GS Rdn. 8; *Krey/Hellmann/Heinrich* BT 1 Rdn. 1223; Lackner/Kühl/*Heger* Rdn. 6; *Matt/Renzikowski/Maier* Rdn. 27; *Rengier* BT II § 37 Rdn. 11 ff.; *Weidemann* BeckOK Rdn. 10.

76 Siehe Rdn. 2.

77 So u.a. auch Arzt/Weber/Heinrich/Hilgendorf BT § 33 Rdn. 19a; *Kretschmer* Jura **2003** 535, 539; *Puppe/Schumann* NK Rdn. 31.

78 Dazu Rdn. 35 ff.

79 Siehe RGSt **13** 367, 371; RGSt **27** 100, 104; RGSt **30** 429, 435; *Sch/Schröder/Heine/Schuster* Rdn. 25; *Küpper/Börner* BT § 6 Rdn. 70; *Maurach/Schroeder/Maiwald* BT 2 § 66 Rdn. 18.

80 RGSt **63** 148, 149; OLG Köln NJW **1967** 742, 743; *Erb* MK Rdn. 51; *Matt/Renzikowski/Maier* Rdn. 29; *Maurach/Schroeder/Maiwald* BT 2 § 66 Rdn. 18.

81 Siehe RGSt **55** 282, 283; OLG Hamm NJW **1977** 640, 641; *Gribbohm* LK[11] Rdn. 74; *Sch/Schröder/Heine/Schuster* Rdn. 25; *Maurach/Schroeder/Maiwald* BT 2 § 66 Rdn. 18.

82 Vgl. RGSt **12** 62, 63 f.

83 Lackner/Kühl/*Heger* Rdn. 7.

84 Siehe auch Arzt/Weber/Heinrich/Hilgendorf BT § 33 Rdn. 20. Möglich sind auch andere Konstellationen der mittelbaren Täterschaft, indem etwa der Amtsträger gerechtfertigt oder entschuldigt ist, man denke an Nötigungsnotstand; vgl. auch *Maurach/Schroeder/Maiwald* BT 2 § 66 Rdn. 18; *Puppe/Schumann* NK Rdn. 2, 30.

85 **Anders** RGSt **66** 132, 137 f.; RGSt **13** 52, 53 ff.; RGSt **27** 100, 104; RGSt **63** 148, 149.

Konsequenz jedoch hinzunehmen. Sie wird gemildert durch den Umstand, dass nicht selten **§ 271 Abs. 3** mit seinem strengeren Strafrahmen einschlägig sein wird.

Die Tat ist vollendet mit der abgeschlossenen Beurkundung.[86] Zur Tatvollendung braucht es 31 nicht zu einem Gebrauch gekommen sein. Es handelt sich wie bei § 348 um ein einaktiges Delikt. Die Tat kann nicht nur durch **positives Tun**, sondern auch durch **Unterlassen** verwirklicht werden, indem etwa ein aufklärungspflichtiger Garant die Falschbeurkundung nicht verhindert.[87] Insofern ist die Aussage des Reichsgerichts, das einfache Geschehenlassen der falschen Beurkundung sei kein Bewirken,[88] zu relativieren.

2. Subjektiver Tatbestand

a) Vorsatz. § 271 Abs. 1 verlangt **vorsätzliches Handeln**. Hierbei genügt **dolus eventualis**.[89] 32
Der Täter muss also zum einen Kenntnis davon haben, dass ein zuständiger Amtsträger in einer öffentlichen Urkunde oder Datei falsche Tatsachen beurkundet oder speichert, also Feststellungen mit Beweiswirkung für und gegen jedermann trifft.[90] Insbesondere bei dem Begriff der öffentlichen Urkunde und der damit verbundenen erhöhten Beweiskraft handelt es sich um ein **normatives**, wertausfüllungsbedürftiges **Tatbestandsmerkmal**. Insoweit genügt, dass der Täter den Sinngehalt dieser Voraussetzungen nach **Laienart** richtig erfasst (Parallelwertung in der Laiensphäre).[91]

Da § 271 nach hiesigem Verständnis ein gesetzlich geregelter Fall der mittelbaren Täterschaft 33 ist,[92] muss der Täter darüber hinaus **Bewusstsein der Tatherrschaft** haben und damit das Wissen sowie den Willen, den Amtsträger als sein Werkzeug zu benutzen.

Ein besonderes subjektives Merkmal wird von § 271 Abs. 1 nicht verlangt. Besondere subjekti- 34 ve Merkmale spielen vielmehr nur bei § 271 Abs. 2 und 3 eine Rolle.

b) Irrtumsfragen. Erläutert worden ist, dass § 271 nach richtigem Verständnis als ein Fall 35 der mittelbaren Täterschaft aufzufassen ist und nicht als bloßer Auffangtatbestand, falls eine Bestrafung wegen Tatbeteiligung nach § 348 nicht greift.[93] Daraus ergeben sich folgende Konsequenzen:

Einmal ist möglich, dass der Amtsträger bei der Falschbeurkundung **bösgläubig** ist, der **Hin-** 36 **termann** aber **irrtümlich** meint, dieser sei **gutgläubig**. In diesem Fall macht sich der beurkundende Amtsträger gemäß § 348 strafbar, sofern die Voraussetzungen der Strafbarkeit im Übrigen vorliegen. Eine Strafbarkeit des Hintermanns gemäß §§ 348, 26 scheidet aus, denn dem Hintermann fehlt insofern der Vorsatz in Bezug auf die vorsätzliche rechtswidrige Haupttat. Schon allein angesichts der unterschiedlichen Strafdrohungen ist in dem Vorsatz zu § 271 nicht derjenige zu § 348 enthalten.[94] Autoren, die § 271 als Auffangtatbestand verstehen, wollen den Extraneus dann

86 Siehe dazu *Zieschang* LK § 348 Rdn. 39 ff.; vgl. zudem RGSt **40** 402, 405; *Erb* MK Rdn. 54; *Sch/Schröder/Heine/Schuster* Rdn. 28.

87 *Eisele* BT I Rdn. 924; *Sch/Schröder/Heine/Schuster* Rdn. 25; Lackner/Kühl/*Heger* Rdn. 7; *Schroth* BT S. 318.

88 RG GA Bd. **52** (1905) 93.

89 RGSt **18** 309, 314; *Sch/Schröder/Heine/Schuster* Rdn. 27; *Hoyer* SK Rdn. 23; *Joecks/Jäger* Rdn. 23; *Koch* HK-GS Rdn. 10; *Küpper/Börner* BT § 6 Rdn. 72; Lackner/Kühl/*Heger* Rdn. 9; *Matt/Renzikowski/Maier* Rdn. 39.

90 Vgl. BGH NJW **1955** 839, 840; OLG Naumburg StV **2007** 134, 135.

91 Vgl. auch RGSt **66** 356, 358; OLG Oldenburg StraFo **2010** 213; *Fischer* Rdn. 18; *Sch/Schröder/Heine/Schuster* Rdn. 27; *Hoyer* SK Rdn. 23; *Koch* HK-GS Rdn. 10; *F. Meyer* FS Dreher 425, 435; *Weidemann* BeckOK Rdn. 13; SSW/*Wittig* Rdn. 28.

92 Siehe Rdn. 2.

93 Siehe Rdn. 2, 27.

94 *Zieschang* JA **2008** 192, 197; **anders** Arzt/Weber/Heinrich/Hilgendorf BT § 33 Rdn. 21.

aber wegen vollendeter mittelbarer Falschbeurkundung bestrafen;[95] der Täter bewirke im Sinne dieser Vorschrift – trotz Bösgläubigkeit des Amtsträgers – die Falschbeurkundung.[96] Dagegen spricht jedoch, dass das „Bewirken“ im Sinne der mittelbaren Täterschaft zu interpretieren ist. Falls nun der Amtsträger objektiv bösgläubig ist, „bewirkt“ folglich der Hintermann die Falschbeurkundung nicht, da ihm objektiv die Tatherrschaft fehlt. Damit liegt keine Konstellation der vollendeten mittelbaren Täterschaft vor.[97] Folglich ist der Extraneus wegen **versuchter mittelbarer Falschbeurkundung gemäß § 271 Abs. 4** zu bestrafen, wenn er als Hintermann unmittelbar angesetzt hat.[98]

37 Hält der Extraneus den tatsächlich **gutgläubigen** Amtsträger irrtümlich für **bösgläubig**, macht sich der Amtsträger mangels Vorsatzes nicht nach § 348 strafbar. Mangels vorsätzlicher rechtswidriger Haupttat kann der Extraneus nicht wegen Teilnahme bestraft werden. Eine versuchte Anstiftung zu § 348 scheitert daran, dass § 348 ein Vergehen darstellt, nach § 30 Abs. 1 aber nur die versuchte Anstiftung zu einem Verbrechen strafbar ist. Eine ähnliche Regelung wie § 159 existiert nicht. Hier nun wollen viele Autoren nach § 271 bestrafen.[99] Aber auch das kann nicht überzeugen. Objektiv ist zwar der Tatbestand erfüllt, allerdings hat der Hintermann in subjektiver Hinsicht nicht das Bewusstsein, Tatherrschaft im Sinne der mittelbaren Täterschaft über ein Werkzeug zu besitzen. Dem Hintermann fehlt der Vorsatz zur Tatherrschaft. Er bleibt daher in diesem (eher theoretischen) Fall **straflos.**[100]

3. Rechtswidrigkeit

38 Die Richtigkeit öffentlicher Urkunden und Dateien, der Wahrheitsschutz, ist ein Allgemeinrechtsgut, über das der Einzelne nicht zu disponieren vermag. Folglich **scheidet** die **Einwilligung** als Rechtfertigungsgrund **aus**. Im Grundsatz kann eine Rechtfertigung über **§ 34** in Betracht kommen; insoweit ist jedoch zu berücksichtigen, dass dann, wenn der Gesetzgeber Verfahren zur Verfügung stellt, um eine Gefahr abzuwenden, diese Gefahr anders abwendbar ist. Zudem geht dann die nach § 34 erforderliche Interessenabwägung nicht zugunsten des Täters aus. So ist eine etwaige Straftat nach § 271 zum Schutz vor Verfolgung im Ausland nicht über § 34 gerechtfertigt, denn Schutz ist über die entsprechenden asyl- und ausländerrechtlichen Verfahren zu suchen.[101]

39 Denkbar ist eine Rechtfertigung der Straftat nach § 271 gemäß **§ 110a Abs. 3 StPO**,[102] wobei zu beachten ist, dass dann, wenn der Hintermann selbst zuständiger Amtsträger ist, §§ 348, 25 Abs. 1 Alt. 2 in Rede steht.

---

95 *Erb* MK Rdn. 3, 52; *Fischer* Rdn. 16; *Freund* MK³ Rdn. 9, 36; *Gössel/Dölling* BT 1 § 52 Rdn. 58; *Gribbohm* LK¹¹ Rdn. 87; *Haft* BT II S. 200; *Sch/Schröder/Heine/Schuster* Rdn. 30; *Hoyer* SK Rdn. 24; *Hruschka* JZ **1967** 210, 212; *Krey/Hellmann/Heinrich* BT 1 Rdn. 1222; Lackner/Kühl/*Heger* Rdn. 7; *Matt/Renzikowski/Maier* Rdn. 42; *Otto* BT § 71 Rdn. 14 f.; *Rengier* BT II § 37 Rdn. 12; siehe aus der Rechtsprechung BGHSt **8** 289, 294; RGSt **13** 52, 56.

96 *Gribbohm* LK¹¹ Rdn. 87.

97 *Zieschang* JA **2008** 192, 197 f.

98 So (im Ergebnis) auch *Brehmeier-Metz* AK Rdn. 13; *Joecks/Jäger* Rdn. 21; *Klesczewski* BT § 17 Rdn. 106; *Kretschmer* Jura **2003** 535, 539 f.; *Maurach/Schroeder/Maiwald* BT 2 § 66 Rdn. 21; *Puppe/Schumann* NK Rdn. 41; *Winter* S. 112; aus der Rechtsprechung vgl. RGSt **13** 367, 370 f.

99 *Erb* MK Rdn. 52; *Fischer* Rdn. 16; *Freund* MK³ Rdn. 9, 36; *Gössel/Dölling* BT 1 § 52 Rdn. 58; *Gribbohm* LK¹¹ Rdn. 88; *Haft* BT II S. 200; *Hoyer* SK Rdn. 24; *Krey/Hellmann/Heinrich* BT 1 Rdn. 1222; Lackner/Kühl/*Heger* Rdn. 7; *Matt/Renzikowski/Maier* Rdn. 27, 42; *Maurach/Schroeder/Maiwald* BT 2 § 66 Rdn. 21; *Otto* BT § 71 Rdn. 16; *Rengier* BT II § 37 Rdn. 13.

100 So auch (im Ergebnis) Arzt/Weber/Heinrich/Hilgendorf BT § 33 Rdn. 21; *Brehmeier-Metz* AK Rdn. 14; *Sch/Schröder/Heine/Schuster* Rdn. 30; *Klesczewski* BT § 17 Rdn. 107; *Kretschmer* Jura **2003** 535, 539; *Puppe/Schumann* NK Rdn. 42; *Weidemann* BeckOK Rdn. 14; *Winter* S. 112 f.

101 Siehe insofern zu § 34 allgemein *Abramenko* NStZ **2001** 71, 72 f.; *Zieschang* LK § 34 Rdn. 162; eine Rechtfertigung hingegen für möglich erachtend BayObLG NStZ **1996** 395, 396; OLG Frankfurt StV **1988** 301, 302; OLG Frankfurt StV **1997** 78; *Sch/Schröder/Perron* Rdn. 23.

102 *Erb* MK Rdn. 61; *Puppe/Schumann* NK Rdn. 43.

4. Schuld

40 Auch eine Entschuldigung über § 35 kommt nicht in Betracht, wenn der Gesetzgeber Verfahren zur Verfügung stellt, um Gefahren zu begegnen. So muss der selbst zu Unrecht zu einer Freiheitsstrafe Verurteilte den Weg über die Rechtsbehelfe wählen, kann aber nicht über eine Straftat nach § 271 (man denke an Manipulationen im Zusammenhang mit dem Personenstand oder beim Gefangenenbuch) den Vollzug der Strafe verhindern; eine solche Straftat wäre nicht nach § 35 entschuldigt, da die Gefahr anders abwendbar ist oder zumindest die Hinnahme der Gefahr im Sinne des § 35 Abs. 1 Satz 2 zu erdulden und zumutbar ist.[103] In Betracht kommen kann indes ein Verbotsirrtum nach § 17, falls dem Täter die Einsicht fehlt, Unrecht zu tun.

III. § 271 Abs. 2

41 Die Strafvorschrift des § 271 Abs. 2 betrifft objektiv den Fall, dass der Täter eine falsche Beurkundung oder Datenspeicherung **gebraucht**. Täter kann hier wiederum jedermann sein. Der Täter des § 271 Abs. 2 muss im Übrigen nicht gleichzeitig § 271 Abs. 1 verwirklichen. Zudem kann er ganz unabhängig vom Täter des § 271 Abs. 1 handeln.

42 Entscheidend ist nur, dass der Täter des § 271 Abs. 2 eine falsche Beurkundung oder Datenspeicherung gebraucht, unabhängig davon, wie diese überhaupt zustande gekommen ist. Maßgeblich ist allein im **Ergebnis**, dass das Tatobjekt eine falsche Beurkundung oder Datenspeicherung darstellt.[104] Möglich ist einmal, dass der Amtsträger die Falschbeurkundung gutgläubig vorgenommen hat. Ebenso kommt aber auch in Betracht, dass ein Amtsträger volldeliktisch handelt und § 348 verwirklicht und der Täter des § 271 Abs. 2 eine auf diesem Weg entstandene Falschbeurkundung gebraucht.[105] Möglich ist ebenfalls, dass der Amtsträger bei der Falschbeurkundung gerechtfertigt handelt oder entschuldigt ist. Die Falschbeurkundung kann auch ohne fremdes Zutun irrtümlich erfolgt sein.[106]

43 Der Begriff des „Gebrauchens" ist ebenso zu interpretieren wie bei § 267 Abs. 1 Var. 3. Auf die diesbezüglichen Darlegungen kann daher verwiesen werden.[107]

44 In subjektiver Hinsicht muss der Täter **vorsätzlich** handeln. Er muss also wissen, dass er eine falsche Beurkundung oder Datenspeicherung gebraucht, und dies auch wollen. Wie bei § 271 Abs. 1 genügt Eventualvorsatz.[108] Zusätzlich stellt § 271 Abs. 2 jedoch noch ein **besonderes subjektives Merkmal** auf: Der Täter muss neben dem Vorsatz die **Absicht zur Täuschung im Rechtsverkehr** aufweisen. Dieses Merkmal entspricht der Täuschungsabsicht bei § 267.[109] Zu beachten ist in diesem Zusammenhang auch § 270.

IV. § 271 Abs. 3

45 Die Strafbestimmung des § 271 Abs. 3 stellt eine **Qualifikation** sowohl zu § 271 Abs. 1 als auch zu § 271 Abs. 2 dar.[110] Die Vorschrift verschärft die Strafe, wenn der Täter entweder objektiv gegen

---

103 Siehe *Zieschang* LK § 35 Rdn. 88 f.

104 Siehe RGSt **68** 300, 302; *Eisele* BT I Rdn. 933; *Erb* MK Rdn. 58; *Fischer* Rdn. 17; *Freund* MK³ Rdn. 37; *Sch/Schröder/Heine/Schuster* Rdn. 32 f.; *Hoyer* SK Rdn. 26; Lackner/Kühl/*Heger* Rdn. 10; *Maurach/Schroeder/Maiwald* BT 2 § 66 Rdn. 19; *Weidemann* BeckOK Rdn. 12; *Winter* S. 132 ff.; SSW/*Wittig* Rdn. 27.

105 RG GA Bd. **56** (1909) 78.

106 *Freund* MK³ Rdn. 37; *Gribbohm* LK¹¹ Rdn. 78; *Hoyer* SK Rdn. 26.

107 *Zieschang* LK § 267 Rdn. 186 ff.

108 *Sch/Schröder/Heine/Schuster* Rdn. 35; *Hoyer* SK Rdn. 28; *Maurach/Schroeder/Maiwald* BT 2 § 66 Rdn. 20.

109 Siehe dazu *Zieschang* LK § 267 Rdn. 201 ff.

110 *Fischer* Rdn. 21; *Gössel/Dölling* BT 1 § 52 Rdn. 62; *Hoyer* SK Rdn. 29; *Puppe/Schumann* NK Rdn. 59; *Rengier* BT II § 37 Rdn. 35.

Entgelt handelt oder aber subjektiv zusätzlich Eigen- oder Drittbereicherungsabsicht oder Schädigungsabsicht aufweist.

46 Der Begriff **„Entgelt"** ist in § 11 Abs. 1 Nr. 9 legaldefiniert: Es handelt sich um jede in einem **Vermögensvorteil** bestehende **Gegenleistung**. Maßgeblich ist damit, dass der Vermögensvorteil gerade für die Tatbegehung hingegeben wird (synallagmatisches Verhältnis) und nicht nur gelegentlich. Immaterielle Vorteile genügen nicht. Unerheblich ist, ob der Täter durch das Entgelt letztlich wirtschaftlich bessersteht. Ein Handeln gegen Entgelt liegt etwa auch vor, wenn gleichzeitig Ansprüche des Täters erlöschen. Entsprechend ist in subjektiver Hinsicht keine Bereicherungsabsicht erforderlich. Es genügt, wenn der Täter weiß, dass er für seine Tat ein Entgelt erhält. Folglich muss das Entgelt auch nicht wesentliches tatleitendes Motiv sein.[111]

47 Da es sich bei dem Handeln gegen Entgelt im Unterschied zur Bereicherungs- und Schädigungsabsicht um ein **objektives Merkmal** handelt, ist richtigerweise zu verlangen, dass der Täter den Vermögensvorteil **tatsächlich erlangt**.[112] Hierbei spielt es keine Rolle, ob die Gegenleistung bereits vor der Tat oder erst nachher erbracht wird.[113] Wird der Vorteil in Aussicht gestellt, jedoch später nicht gewährt, handelt es sich um eine Versuchskonstellation (§ 271 Abs. 4).[114] Andererseits reicht aus, dass der Täter einen bereits vor der Tat erlangten Vermögensvorteil behalten darf.

48 Alternativ tritt die Qualifikation beim Handeln in Bereicherungs- oder Schädigungsabsicht ein.

49 Bei der **Bereicherungsabsicht** gelten die Grundsätze des § 263.[115] Es ist dolus directus 1. Grades (Erstreben) erforderlich.[116] Anders als beim Handeln gegen Entgelt muss der Täter insofern einen wirtschaftlichen Vorteil erstreben, also wirtschaftlich besser stehen wollen als vorher. Möglich ist Eigen- oder Drittbereicherungsabsicht. Ausreichend ist, dass die Bereicherung als notwendiges Zwischenziel erstrebt wird.[117] Ist dem Täter jedoch der Vermögensvorteil unerwünscht, scheidet Bereicherungsabsicht aus.[118] Nicht vorausgesetzt ist, dass die Bereicherung tatsächlich eintritt.[119]

50 Im Regelfall geht es darum, dass der Täter mit Hilfe der falschen Beurkundung, also durch deren Gebrauch, seine Vermögenslage besser gestalten will.[120] Bereicherungsabsicht liegt aber auch vor, wenn er sich durch die Falschbeurkundung selbst Kosten sparen möchte.[121] Bereicherungsabsicht ist folglich auch gegeben, wenn ein Vermögensnachteil abgewendet werden soll.[122] Es genügt auch ein mittelbarer Vorteil,[123] indem zum Beispiel eine Anstellung erreicht[124] oder eine Entlassung vermieden wird[125] oder die Falschbeurkundung dazu dient, dass weiter staatliche Zahlungen erfolgen.[126] Handelt der Täter etwa gegen Belohnung, liegt ebenfalls Bereicherungsab-

---

111 Anders die Vorauflage sowie *Gribbohm* LK[11] Rdn. 91.

112 *Sch/Schröder/Heine/Schuster* Rdn. 40; *Hoyer* SK Rdn. 30; **anders** die Vorauflage sowie *Erb* MK Rdn. 68; *Gribbohm* LK[11] Rdn. 91; *Freund* MK[3] Rdn. 45 f.; *Koch* HK-GS Rdn. 11; *Matt/Renzikowski/Maier* Rdn. 35; SSW/*Wittig* Rdn. 31.

113 *Sch/Schröder/Heine/Schuster* Rdn. 40; *Hoyer* SK Rdn. 30.

114 Ebenso *Sch/Schröder/Heine/Schuster* Rdn. 40; *Hoyer* SK Rdn. 30; **anders** *Erb* MK Rdn. 68; *Freund* MK[3] Rdn. 45 f.; *Puppe/Schumann* NK Rdn. 60; SSW/*Wittig* Rdn. 31.

115 OLG Köln JR **1970** 468, 470.

116 RGSt **59** 13, 17 f.; OLG Köln JR **1970** 468, 469 f.; *Freund* MK[3] Rdn. 47; *Hoyer* SK Rdn. 32; Lackner/Kühl/*Heger* Rdn. 11; anders *Puppe/Schumann* NK Rdn. 64.

117 *Brehmeier-Metz* AK Rdn. 18.

118 OLG Köln JR **1970** 468, 469 f.

119 Siehe RGSt **50** 277, 278; *Sch/Schröder/Heine/Schuster* Rdn. 41.

120 BGHSt **34** 299, 302 f.

121 BGHSt **34** 299, 302 f.

122 Siehe RGSt **33** 333, 334; RGSt **50** 420, 423; RGSt **53** 109, 111; RGSt **59** 38, 41; RGSt **73** 294, 296; *Sch/Schröder/Heine/Schuster* Rdn. 42.

123 BGH HRRS **2020** Nr. 124; BGH BeckRS **2023** 4344.

124 RGSt **62** 218, 220 f.

125 RGSt 73 294, 296; anders *Hoyer* SK Rdn. 33; siehe auch OLG Hamm NJW **1956** 602: Nicht ausreichend sei, wenn der Täter erreichen will, weiter im Geschäft zu arbeiten und zu verdienen.

126 Vgl. OLG Karlsruhe NStZ **1994** 135.

sicht vor. Auch ein erstrebtes Darlehen ist ein Vermögensvorteil.[127] Der Vermögensvorteil muss nicht aus einer mit der falschen Urkunde verbundenen Täuschung erwachsen.[128] Ausreichend ist aber nicht, dass mittelbar durch die Tat die Zahlung einer Geldstrafe vermieden werden soll,[129] denn der Strafanspruch ist wegen seiner besonderen staatlichen Funktion nicht vermögensrechtlicher Natur und hat keine Beziehung zum wirtschaftlichen Verkehr.[130]

Die Bereicherungsabsicht verlangt, dass der Täter eine Besserstellung erstrebt, was nicht der Fall ist, wenn der Betreffende in gleicher Höhe Vermögen verliert.[131] Auch die bloße Schaffung eines Beweismittels genügt für die Bereicherungsabsicht nicht, es sei denn, dadurch wird gleichzeitig ein Vermögensnachteil abgewendet[132] oder ein Vermögensvorteil erstrebt. 51

Anders als etwa beim Betrug gemäß § 263 wird von § 271 Abs. 3 die **Rechtswidrigkeit** der erstrebten Bereicherung **nicht** verlangt.[133] Das ergibt sich bereits aus dem Wortlaut der Vorschrift. § 271 Abs. 3 ist also auch dann einschlägig, wenn der Täter einen fälligen und durchsetzbaren Anspruch gerade auf den erstrebten Vorteil hat[134] und parallel dazu ein Schaden auf der anderen Seite ausbleibt. Es gibt jedoch viele Stimmen im **Schrifttum**, die meinen, bei § 271 Abs. 3 sei die **Rechtswidrigkeit** der erstrebten Bereicherung vorausgesetzt.[135] Dagegen spricht aber erstens der Wortlaut der Norm und zweitens in systematischer Hinsicht der Vergleich zum gerade anders formulierten § 263. Zudem hätte der Gesetzgeber des 6. StrRG die Gelegenheit gehabt, im Rahmen der Änderung der Vorschrift die Rechtswidrigkeit als Voraussetzung aufzustellen, was er indes nicht gemacht hat.[136] 52

Erkennt der Täter die Umstände richtig, meint aber rechtsirrig falsch, das von ihm Erstrebte sei kein Vermögensvorteil, liegt insoweit ein Verbotsirrtum vor. Ist dieser vermeidbar, wird der Täter nach § 271 Abs. 3 bestraft, wobei die Strafe gemäß §§ 17 Satz 2, 49 Abs. 1 gemildert werden kann. Bei Unvermeidbarkeit handelt er gemäß § 17 Satz 1 ohne Schuld, sodass er nur aus § 271 Abs. 1 bestraft wird, sofern nicht eine der anderen Varianten des § 271 Abs. 3 vorliegt. 53

Bei der **Schädigungsabsicht** ist ebenfalls dolus directus 1. Grades zu verlangen.[137] Hierbei geht es jedoch nicht nur um eine Schlechterstellung im vermögensrechtlichen Sinn,[138] sondern **auch andere Nachteile** können in Betracht kommen, zum Beispiel Beweisnachteile[139] oder eine Beeinträchtigung etwa der Ehre oder der Freiheit.[140] Es spielt keine Rolle, ob der Schaden tatsäch- 54

---

127 RGSt **63** 148, 152.

128 Anders *Puppe/Schumann* NK Rdn. 62; *H. Schröder* JR **1970** 470, 471.

129 RGSt **71** 280, 281; RGSt **74** 171, 174; RGSt **76** 276, 279; *Sch/Schröder/Heine/Schuster* Rdn. 42; **anders** RGSt **33** 333, 334; RGSt **50** 420, 423; RG GA Bd. **74** (1930) 70.

130 BGHSt **38** 345, 351 f.; BayObLG JR **1991** 433; *Sch/Schröder/Perron* § 263 Rdn. 78a; *Zieschang* HRRS **2013** 49, 51. Auch die Möglichkeit, durch eine Straftat in fremde Vermögensrechte einzugreifen, ist kein finanzieller Vorteil; RGSt **63** 255, 256.

131 RGSt **53** 102. So ist auch der Kauf einer Sache zu einem angemessenen Preis in der Regel kein Vermögensvorteil; RGSt **75** 98, 100; zu Notzeiten vgl. aber auch RGSt **50** 277, 279 f.; RG DJ **1940** 1196.

132 RGSt **53** 109, 111; *Gribbohm* LK[11] Rdn. 95.

133 BGH NStZ **1993** 538, 539; RGSt **27** 300, 302; RGSt **36** 167, 172; RGSt **52** 88, 93; OLG Hamm NJW **1956** 602; *Bock* BT 1 S. 497; *Brehmeier-Metz* AK Rdn. 19; *Fischer* Rdn. 23; *Küpper/Börner* BT § 6 Rdn. 74; *Maurach/Schroeder/Maiwald* BT 2 § 66 Rdn. 22.

134 **Anders** BayObLG StV **1995** 29; *Sch/Schröder/Heine/Schuster* Rdn. 42.

135 So etwa Arzt/Weber/Heinrich/Hilgendorf BT § 33 Rdn. 22; *Eisele* BT I Rdn. 937; *Erb* MK Rdn. 70; *Freund* MK[3] Rdn. 49; *Sch/Schröder/Heine/Schuster* Rdn. 42; *Hoyer* SK Rdn. 34; Lackner/Kühl/*Heger* Rdn. 11; *Matt/Renzikowski/Maier* Rdn. 37; *Otto* BT § 71 Rdn. 25; *Paul* ZIS **2012** 11, 27; *Puppe/Schumann* NK Rdn. 61; *Rengier* BT II § 37 Rdn. 35; SSW/*Wittig* Rdn. 32.

136 Siehe dazu auch *Gribbohm* LK[11] Rdn. 97.

137 *Fischer* Rdn. 24; *Hoyer* SK Rdn. 35; **anders** *Eisele* BT I Rdn. 937: dolus directus 2. Grades sei ausreichend.

138 RGSt **8** 187, 190; RGSt **34** 243 f.; OLG Köln JR **1970** 468, 470; *Hoyer* SK Rdn. 35; Lackner/Kühl/*Heger* Rdn. 11; *Rengier* BT II § 37 Rdn. 36.

139 *Gribbohm* LK[11] Rdn. 83.

140 RGSt **8** 187, 190; RGSt **33** 137, 139; RGSt **34** 243, 243 f.; RGSt **53** 267, 268; *Matt/Renzikowski/Maier* Rdn. 38; *Rengier* BT II § 37 Rdn. 36. Umstritten ist, ob auch die Schädigung hoheitlicher Interessen unter Einschluss des Strafverfolgungsinteresses genügt; grundsätzlich befürwortend *Puppe/Schumann* NK Rdn. 63; anders *Freund* MK[3] Rdn. 51.

lich eintritt, er muss vielmehr nur erstrebt werden. Ausreichend ist dabei, wenn die Schädigung als notwendiges Mittel zur Erreichung eines weiteren Zwecks erstrebt wird.[141] Da parallel zur Bereicherungsabsicht dolus directus 1. Grades erforderlich ist, genügt demnach nicht bloß das Wissen im Sinne von dolus directus 2. Grades, dass der Schaden als notwendige Folge eintreten wird.[142]

55 Wie bei der Bereicherungsabsicht muss der erstrebte Schaden nicht rechtswidrig sein.[143] Selbst wenn also jemand durch die Falschbeurkundung zu Recht einer Bestrafung zugeführt wird, liegt § 271 Abs. 3 vor.[144]

56 Die strafschärfenden Aspekte des § 271 Abs. 3 sind keine besonderen persönlichen Merkmale im Sinne des § 28 Abs. 2.[145] Ein Teilnehmer selbst braucht sie nicht in seiner Person aufweisen.[146] Es genügt für eine Bestrafung wegen Teilnahme nach §§ 271 Abs. 3, 26, 27, wenn der Teilnehmer weiß, dass der Täter gegen Entgelt handelt oder die entsprechenden Absichten aufweist.[147]

V. Versuch

57 § 271 Abs. 4 stellt ausdrücklich den Versuch unter Strafe. Dies gilt für § 271 Abs. 1 bis Abs. 3. Da es sich bei § 271 nach zutreffender Auffassung um einen Sonderfall der mittelbaren Täterschaft handelt, sind für das unmittelbare Ansetzen die diesbezüglichen Grundsätze maßgeblich.[148] Es kommt darauf an, ob der Täter nach seinem Tatplan Handlungen vornimmt, die im Fall ungestörten Fortgangs ohne wesentliche Zwischenakte in die Tatbestandshandlung unmittelbar einmünden sollen. Danach wird Versuchsbeginn oftmals mit der Einwirkung auf den Amtsträger anzunehmen sein,[149] ohne dass dieser schon mit der Beurkundung begonnen haben muss.

58 Ein untauglicher Versuch liegt vor, wenn der Täter irrtümlich davon ausgeht, die beurkundete Tatsache sei unwahr.[150] Ein strafloses Wahndelikt ist gegeben, wenn der Täter in rechtlicher Hinsicht irrtümlich davon ausgeht, es handele sich um eine öffentliche Urkunde und die unwahren Angaben hätten erhöhte Beweiskraft.

VI. Rechtsfolgen

59 § 271 Abs. 1 droht Freiheitsstrafe bis zu drei Jahren oder Geldstrafe an. Vor dem Hintergrund, dass die mittelbare Täterschaft gemäß § 271 niedriger bestraft wird als die Anstiftung zu § 348, sollte man de lege ferenda eine Erhöhung der Strafe in Betracht ziehen. Auch der Täter des § 271 Abs. 2 (Gebrauchen in Täuschungsabsicht) wird nach dem Strafrahmen des ersten Absatzes bestraft.

60 Die Strafe des § 271 Abs. 3 als Qualifikation zu den ersten beiden Absätzen ist Freiheitsstrafe von drei Monaten bis fünf Jahre. Gemäß § 282 Satz 1 können Gegenstände, auf die sich eine Straftat nach § 271 Abs. 2 und 3 bezieht, eingezogen werden.

141 OLG Köln JR **1970** 468, 469 f.; *Otto* BT § 71 Rdn. 24.

142 So aber *Puppe/Schumann* NK Rdn. 64 f.; *H. Schröder* JR **1970** 470, 471.

143 RGSt **34** 243, 244; RGSt **53** 267, 268; *Brehmeier-Metz* AK Rdn. 20; *Fischer* Rdn. 24; **anders** und Rechtswidrigkeit verlangend wiederum *Freund* MK[3] Rdn. 52; *Sch/Schröder/Heine/Schuster* Rdn. 43; *Hoyer* SK Rdn. 35; *Otto* BT § 71 Rdn. 26; SSW/*Wittig* Rdn. 33.

144 *Tröndle* LK[10] § 272 Rdn. 15; **anders** *Gribbohm* LK[11] Rdn. 103; vgl. auch RGSt **34** 243, 244 f.

145 BGHSt **53** 34, 38; *Sch/Schröder/Heine/Schuster* Rdn. 44; *Matt/Renzikowski/Maier* Rdn. 44; *Puppe/Schumann* NK Rdn. 66; differenzierend *Hoyer* SK Rdn. 36; anders Arzt/Weber/Heinrich/Hilgendorf BT § 33 Rdn. 23.

146 RG HRR **1934** Nr. 766.

147 BGHSt **53** 34, 38; *Geppert* JK 11/09 StGB § 271/3.

148 Siehe zum Meinungsstand *Zieschang* AT Rdn. 521 ff.

149 Vgl. OLG Hamm NJW **1977** 640, 641; OLG Karlsruhe NStZ **1994** 135.

150 *Gribbohm* LK[11] Rdn. 105.

VII. Konkurrenzen

Liegen sowohl §§ 348, 25 Abs. 1 Alt. 2 als auch § 271 vor, indem der Hintermann ein (ebenfalls) zuständiger Amtsträger ist, tritt der mildere § 271 hinter §§ 348, 25 Abs. 1 Alt. 2 zurück. Da § 271 als Fall der mittelbaren Täterschaft aufzufassen ist,[151] kann nicht gleichzeitig §§ 348, 26 verwirklicht sein. Nach der Gegenansicht, die jedes Verursachen genügen lässt, tritt § 271 hinter §§ 348, 26 zurück.[152] Falls der Täter des § 271 Abs. 1 von vornherein beabsichtigt, die falsche Urkunde zu gebrauchen (§ 271 Abs. 2), liegt nur eine Tat vor.[153] Es verhält sich wie bei § 267, wenn der Hersteller von vornherein beabsichtigt, die Urkunde zu gebrauchen.[154] 61

Entscheidet sich der Täter erst nachträglich dazu, die Urkunde zu gebrauchen, oder fasst er den Vorsatz, sie zu einem anderen Zweck zu gebrauchen als ursprünglich gedacht, stehen hingegen § 271 Abs. 1 und § 271 Abs. 2 in Tatmehrheit.[155] 62

Tateinheit ist insbesondere möglich mit § 169,[156] § 172,[157] § 263[158] sowie mit §§ 267, 268, 269. § 267 mag etwa gleichzeitig gegeben sein, wenn der Täter dem Urkundsbeamten eine unechte Urkunde vorlegt.[159] Da es in § 267 um Echtheitsschutz geht, hingegen in § 271 um Wahrheitsschutz, stehen beide Vorschriften nebeneinander. Tateinheit kommt auch in Betracht mit Bannbruch gemäß § 372 AO[160] und Steuerhinterziehung gemäß § 370 AO.[161] § 271 tritt nach der Rechtsprechung hinter § 95 Abs. 2 Nr. 2 AufenthG aufgrund Konsumtion zurück.[162] 63

§ 271 Abs. 3 ist Qualifikation zu § 271 Abs. 1 und Abs. 2 und verdrängt folglich die beiden Tatbestände im Wege der Spezialität. Tateinheit ist insbesondere möglich mit § 263.[163] Verwirklicht ein Amtsträger § 348 und gebraucht er anschließend gegen Entgelt oder in Bereicherungs- oder Schädigungsabsicht wie geplant die Urkunde, stehen § 348 und § 271 Abs. 3 in Idealkonkurrenz; dies insbesondere deswegen, da § 271 Abs. 3 im Gegensatz zu § 348 eine erhöhte Strafrahmenuntergrenze aufweist und eine Verurteilung allein nach § 348 Abs. 1 den Unrechts- und Schuldgehalt der Gesamttat nicht ausschöpfen würde.[164] 64

---

151 Siehe Rdn. 2.

152 Siehe RGSt **27** 100, 104; RGSt **63** 148, 149.

153 BGH NStZ-RR **2019** 7, 8; *Küpper/Börner* BT § 6 Rdn. 73; SSW/*Wittig* Rdn. 37; dagegen nehmen *Puppe/Schumann* NK Rdn. 55 f. Tateinheit an.

154 Siehe dazu BGH NStZ-RR **2019** 7, 8; *Zieschang* LK § 267 Rdn. 269.

155 Siehe RGSt **58** 34 f.; *Sch/Schröder/Heine/Schuster* Rdn. 37; *Puppe/Schumann* NK Rdn. 55.

156 RGSt **21** 411, 412; RGSt **25** 188, 189.

157 OLG Hamm HESt **2** 328, 331.

158 BGHSt **8** 46, 50.

159 Siehe RGSt **61** 410, 412; OLG Hamburg StV **1997** 136, 137; *Gribbohm* LK[11] Rdn. 111; *Sch/Schröder/Heine/Schuster* Rdn. 36; SSW/*Wittig* Rdn. 38.

160 RGSt **70** 229, 231; Lackner/Kühl/*Heger* Rdn. 12.

161 OLG Köln NJW **1959** 1981 f.

162 BGHSt **54** 140, 147; *Brehmeier-Metz* AK Rdn. 23; *Fischer* Rdn. 25; Lackner/Kühl/*Heger* Rdn. 12; *Matt/Renzikowski/Maier* Rdn. 44; *Maurach/Schroeder/Maiwald* BT 2 § 66 Rdn. 22; *Möller* StV **2010** 249, 250; *Weidemann* BeckOK Rdn. 20.1; kritisch *Mosbacher* NStZ **2010** 457, 458.

163 BGHSt **8** 46, 50.

164 *Gribbohm* LK[11] Rdn. 114.

§ 272 *(weggefallen)*

§ 273 Verändern von amtlichen Ausweisen

(1) Wer zur Täuschung im Rechtsverkehr

1. eine Eintragung in einem amtlichen Ausweis entfernt, unkenntlich macht, überdeckt oder unterdrückt oder eine einzelne Seite aus einem amtlichen Ausweis entfernt oder

2. einen derart veränderten amtlichen Ausweis gebraucht,

wird mit Freiheitsstrafe bis zu drei Jahren oder mit Geldstrafe bestraft, wenn die Tat nicht in § 267 oder § 274 mit Strafe bedroht ist.

(2) Der Versuch ist strafbar.

Schrifttum

Hecker Die mißbräuchliche Verwendung von Ausweispapieren und sonstigen ausweisgleichen Urkunden nach § 281 StGB, GA **1997** 525; *Mätzke* Die Sanktionslosigkeit von Manipulationen belastender Vermerke in amtlichen Ausweisen, MDR **1996** 19; *Reichert* „Mein Paß ‚gehört' mir", StV **1998** 51; *Zieschang* „Urkundentricks", JA **2008** 192.

Entstehungsgeschichte

Das RStGB von 1871 regelte in § 273 a.F. RStGB den Gebrauch falscher Beurkundungen als eine Modalität der mittelbaren Falschbeurkundung.[1] Das 6. StrRG vom 26.1.1998[2] fasste dann die §§ 272, 273 a.F. in § 271 Abs. 2 und 3 zusammen.[3] Gleichzeitig schuf das 6. StrRG nunmehr in § 273 die Vorschrift des Veränderns von amtlichen Ausweisen.

Der Entwurf des 6. StrRG[4] sah dabei jedoch ursprünglich eine derartige Vorschrift noch gar nicht vor. Anlass für ihre Einführung war eine Entscheidung des BayObLG.[5] Dieses hatte über einen Fall zu entscheiden, in dem ein algerischer Staatsangehöriger einem deutschen Grenzbeamten bei der Ausreise aus Deutschland einen algerischen Reisepass vorlegte, bei dem ein dänischer Zurückweisungsstempelaufdruck mit einem französischen Einreisevisum überklebt war. Das BayObLG sah jeweils in dem Reisepass, dem Einreisevisum und dem Zurückweisungsvermerk drei selbständige Urkunden, ohne dass diese eine Gesamturkunde bildeten, da die Einzelurkunden keine über ihren eigenen Inhalt hinausgehende selbständige Gesamterklärung aufwiesen.[6] Durch das Überkleben sei lediglich der dänische Zurückweisungsvermerk unkenntlich gemacht worden, diese Urkunde sei also gar nicht mehr vorhanden, ohne dass die Erklärungen der algerischen und französischen Behörden dadurch verändert worden seien. § 267 scheide daher aus. Aber auch § 274 komme bezüglich des überklebten dänischen Vermerks nicht in Betracht, da der Reisepass und die darin enthaltenen Urkunden ausschließlich dem Inhaber gehörten.[7]

Aufgrund dieser Rechtsprechung hatte der Bundesrat gebeten, Strafvorschriften zu schaffen, mit denen dem Entfernen, Überdecken oder Unkenntlichmachen belastender Vermerke in amtlichen Ausweisen effektiv entgegengewirkt werden könne; insofern bestehe „dringender Handlungsbedarf" für den Gesetzgeber.[8] Dementsprechend schlug der Rechtsausschuss § 273 zur Schließung der „Strafbarkeitslücke" vor.[9] In der Konsequenz stellte das 6. StrRG das Verändern von amtlichen Ausweisen in das StGB ein.[10] Die Vorschrift ist seit ihrer Einführung nicht mehr verändert worden.

---

1 Siehe *Zieschang* LK § 271 Entstehungsgeschichte.

2 BGBl. I, 164.

3 Die Regelung des § 273 a.F. findet sich angepasst in § 271 Abs. 2, diejenige des § 272 a.F. sprachlich erneuert und erweitert in § 271 Abs. 3.

4 BTDrucks. 13/8587.

5 BayObLG NJW **1990** 264, 265.

6 BayObLG NJW **1990** 264, 265; ebenso OLG Hamm NStZ-RR **1998** 331; kritisch *Maurach/Schroeder/Maiwald* BT 2 § 66 Rdn. 27.

7 BayObLG NJW **1990** 264, 265; ebenso BayObLG NJW **1997** 1592; OLG Hamm NStZ-RR **1998** 331; siehe insofern auch etwa *Mätzke* MDR **1996** 19, 20; *Reichert* StV **1998** 51.

8 BTDrucks. 13/8587 S. 66.

9 BTDrucks. 13/9064 S. 20; vgl. auch etwa *Eisele* BT I Rdn. 947; *Erb* MK Rdn. 1; *Joecks/Jäger* Rdn. 2; *Kindhäuser/Schramm* BT I § 60 Rdn. 1; *Matt/Renzikowski/Maier* Rdn. 2.

10 Kritisch zu der Regelung etwa *Erb* MK Rdn. 2; *Koch* HK-GS Rdn. 1.

https://doi.org/10.1515/9783110490220-007

Übersicht

Alphabetische Übersicht

I. Allgemeine Bemerkungen

1. Geschütztes Rechtsgut

Die Vorschrift bezweckt den **Schutz der Sicherheit und Zuverlässigkeit des Rechtsverkehrs mit amtlichen Ausweisen,**[11] soweit es um deren **Verwendung gegenüber Amtsträgern** 1

11 Vgl. insoweit auch *Fischer* Rdn. 1; *Haft* BT II S. 204; *Koch* HK-GS Rdn. 1; *Matt/Renzikowski/Maier* Rdn. 1.

geht.[12] Das staatliche Beweisführungsinteresse wird geschützt.[13] Dabei geht es um ein Allgemeinrechtsgut,[14] sodass der Einzelne darüber nicht dispositionsbefugt ist.

2 In ihrem Schutzbereich ist die Vorschrift auf die Verwendung gegenüber **Amtsträgern einzuschränken**. Zwar spricht § 273 Abs. 1 Nr. 2 bloß vom Gebrauch eines veränderten amtlichen Ausweises, sodass vom Wortlaut auch etwa die Vorlage gegenüber Privatpersonen, so zum Beispiel bei der Anmietung eines Fahrzeugs bei einer privaten Mietwagengesellschaft, erfasst würde, die Vorschrift ist jedoch **teleologisch zu reduzieren**: Für diese einschränkende Auslegung spricht die Gesetzgebungshistorie. So stellt § 273 eine Reaktion des Gesetzgebers auf die Rechtsprechung dar, wonach die Vorlage eines Ausweises beim Grenzübertritt gegenüber Grenzbeamten weder § 267 noch § 274 erfüllt, wenn Einzelurkunden im Pass bloß verdeckt werden.[15] Im Einklang damit ist der Schutzbereich auf die Verwendung gegenüber Amtsträgern zu begrenzen.

2. Rechtsnatur

3 Für eine entsprechende teleologische Reduktion spricht nicht nur die Entstehungsgeschichte, sondern auch, dass es sich bei § 273 um ein **abstraktes Gefährlichkeitsdelikt** (abstraktes Gefährdungsdelikt) handelt. Allein die Manipulation am Ausweis genügt schon nach dem Wortlaut zur Tatbestandsverwirklichung, ohne dass der Rechtsverkehr tatsächlich beeinträchtigt worden sein muss. Die mit dieser Deliktsart verbundenen Probleme[16] können nun zumindest teilweise dadurch vermieden werden, dass man eine einschränkende Auslegung des Anwendungsbereichs vornimmt. Daher ist entgegen vorhandener Stimmen im Schrifttum, welche die Norm auch gegenüber Privaten anwenden wollen,[17] die Begrenzung der Norm auf die Verwendung gegenüber Amtsträgern geboten. Damit betrifft die **Täuschungsabsicht** nur Konstellationen, in denen durch den Gebrauch des Ausweises bei einem **Amtsträger** ein Irrtum herbeigeführt und dieser dadurch zu einem rechtserheblichen Verhalten veranlasst werden soll. Das **Gebrauchen** im Sinne von § 273 Abs. 1 Nr. 2 ist folglich nur bei einem solchen gegenüber **Amtsträgern** verwirklicht.

3. Bedeutung in der Praxis

4 In der Praxis ist die Anzahl der Verurteilungen nach § 273 niedrig und liegt im oberen zweistelligen Bereich (2009: 36; 2010: 59; 2011: 60; 2012: 61; 2013: 57; 2014: 67; 2015: 55; 2016: 63; 2017: 77; 2018: 82; 2019: 95; 2020: 111; 2021: 133).[18] Die Anzahl der erfassten Fälle von Straftaten nach § 273 hat in den letzten Jahren im dreistelligen Bereich gelegen.[19] Die Aufklärungsquote ist bei 95 % anzusiedeln. Die Anzahl der Tatverdächtigen liegt im Jahr 2021 bei 381 (2009: 469; 2010: 487; 2011: 542; 2012: 341; 2013: 311; 2014: 286; 2015: 280; 2016: 278; 2017: 320; 2018: 358; 2019: 352; 2020: 418).

---

12 OLG Köln NStZ **2010** 520, 521 (Schutz der „Sicherheit und Zuverlässigkeit des amtlichen Rechtsverkehrs im Allgemeinen"); *Gribbohm* LK[11] Rdn. 1; *Sch/Schröder/Heine/Schuster* Rdn. 1; diese Einschränkung **ablehnend** u.a. *Brehmeier-Metz* AK Rdn. 5; *Matt/Renzikowski/Maier* Rdn. 2.

13 Siehe BTDrucks. 13/8587 S. 66; *Klesczewski* BT § 17 Rdn. 116; Lackner/Kühl/*Heger* Rdn. 1; *Weidemann* BeckOK Rdn. 2; SSW/*Wittig* Rdn. 1; **anders** *Erb* MK Rdn. 1; *Puppe/Schumann* NK Rdn. 3.

14 Dagegen auf den Individualschutz („Dispositionsfreiheit") abstellend *Eisele* BT I Rdn. 947; *Erb* MK Rdn. 1; *Hoyer* SK Rdn. 1; *Joecks/Jäger* Rdn. 1.

15 Siehe Entstehungsgeschichte.

16 Siehe bereits *Zieschang* LK § 267 Rdn. 9 f.

17 Etwa *Erb* MK Rdn. 1, 5; *Matt/Renzikowski/Maier* Rdn. 1; *Puppe/Schumann* NK Rdn. 3.

18 Statistisches Bundesamt, Rechtspflege, Strafverfolgung, Fachserie 10 Reihe 3 für die Jahre 2009 bis 2021. Abgeurteilte: 2009: 42; 2010: 71; 2011: 85; 2012: 74; 2013: 64; 2014: 77; 2015: 59; 2016: 66; 2017: 85; 2018: 94; 2019: 106; 2020: 127; 2021: 149.

19 Laut PKS 2009: 472; 2010: 503; 2011: 553; 2012: 363; 2013: 319; 2014: 301; 2015: 297; 2016: 291; 2017: 344; 2018: 346; 2019: 367; 2020: 437; 2021: 400.

II. Der Begriff des amtlichen Ausweises

§ 273 betrifft allein **amtliche Ausweise.** Ein **Ausweis** ist eine verkörperte, optisch wahrnehmbare Gedankenerklärung, die zumindest auch Informationen zur Identität einer Person enthält, diesbezüglich zum Beweis im Rechtsverkehr geeignet und bestimmt ist sowie ihren Aussteller – beim amtlichen Ausweis eine tatsächlich existierende hoheitliche Stelle[20] – erkennen lässt.[21] Der Ausweis ist damit ein Unterfall der **Urkunde** im Sinne von § 267. Vor dem Hintergrund des Art. 103 Abs. 2 GG genügen hingegen in rein digitaler Form vorhandene Erklärungen dem Ausweiserfordernis im Sinne des § 273 nicht.[22] Andererseits schadet es nicht, wenn die Ausweisurkunde auch elektronisch lesbare Teile (zum Beispiel einen Chip) enthält. 5

Identitätsmerkmale sind insbesondere Nationalität, Nachname, Geburtsname, Vorname, Geburtstag und -ort, wobei nicht zwingend sämtliche dieser Umstände vermerkt sein müssen. Der Ausweis muss lediglich zur Identifizierung geeignet und bestimmt sein. Das Ausweisdokument kann mit weiteren Informationen angereichert sein, etwa mit der aktuellen Privat- oder Dienstanschrift, mit der Angabe der Zugehörigkeit zu einer bestimmten Gruppe (zum Beispiel Studierender; Beamter) oder mit Angaben zu bestimmten Berechtigungen (etwa zur Fahrerlaubnis). Amtliche Ausweise sind regelmäßig mit einem Lichtbild versehen, müssen dies aber nicht sein,[23] man denke etwa nur an die Geburtsurkunde. 6

Erfasst werden nicht nur **inländische**, sondern auch von **ausländischen** oder internationalen amtlichen Institutionen (etwa UNO; EU) erstellte Ausweise.[24] Gerade auch in Bezug auf den Grenzverkehr soll § 273 ausreichenden Schutz bieten, was die Einbeziehung derartiger Ausweise gebietet. 7

Es wird sich regelmäßig bei den amtlichen Ausweisen um **öffentliche Urkunden** im Sinne der §§ 271, 348 handeln,[25] **zwingend** ist dies aber entgegen der überwiegenden Ansicht **nicht**.[26] Das ergibt sich bereits daraus, dass auch ausländische Ausweispapiere von § 273 erfasst sind, unter die öffentlichen Urkunden im Sinne von §§ 271, 348 aber richtigerweise grundsätzlich nur inländische öffentliche Urkunden fallen.[27] Um so weniger muss, falls es im Einzelfall um eine öffentliche Urkunde gehen sollte, sich die Manipulation gerade auf Feststellungen mit erhöhter Beweiskraft für und gegen jedermann beziehen. Es spielt für § 273 im Übrigen keine Rolle, in wessen Eigentum der amtliche Ausweis steht; auch der Alleineigentümer kann tauglicher Täter sein. 8

Umfasst sind vor allem Reisepässe und Personalausweise, aber auch etwa Geburtsurkunden,[28] Dienstausweise öffentlicher Dienststellen, Führerscheine,[29] Jagd- oder Waffenscheine. Die Vorschrift erstreckt sich ebenfalls auf Studierenden- sowie Schülerausweise und Impfausweise, jedoch nur, sofern es sich bei den Ausstellern um solche mit hoheitlichen Befugnissen handelt.[30] 9

---

20 OLG Bamberg BeckRS **2014** 12279; *Weidemann* BeckOK Rdn. 3.

21 Vgl. BGH BeckRS **2022** 22752; OLG Köln NStZ **2010** 520, 521; LG Paderborn BeckRS **2021** 40611; *Fischer* Rdn. 2; *Haft* BT II S. 204, 210; *Hecker* GA **1997** 525, 526; *Joecks/Jäger* Rdn. 5.

22 **Anders** *Puppe/Schumann* NK Rdn. 4.

23 **Abweichend** *Erb* MK § 275 Rdn. 3, der als „einzige Ausnahme" die Geburtsurkunde ansieht.

24 BGH NJW **2000** 3148 sowie BGH BeckRS **2017** 146499, zu ausländischen amtlichen Ausweisen (in Bezug auf § 276); OLG Köln NStZ **2010** 520, 521.

25 Dabei muss die Veränderung im Sinne von § 273 Abs. 1 Nr. 1 aber nicht unbedingt Eintragungen betreffen, auf die sich die erhöhte Beweiskraft bezieht.

26 **Anders** BTDrucks. 12/6853 S. 29; OLG Köln NStZ **2010** 520, 521; *Erb* MK Rdn. 3; *Sch/Schröder/Heine/Schuster* Rdn. 2; *Hoyer* SK Rdn. 3; *Koch* HK-GS Rdn. 2; *Klesczewski* BT § 17 Rdn. 115; *Puppe/Schumann* NK Rdn. 4; SSW/*Wittig* Rdn. 4 f.

27 Siehe insofern *Zieschang* LK § 271 Rdn. 16. Ausnahme: Aufgrund der Assimilierungspflicht sind auch öffentliche EU-Urkunden in den Schutz einzubeziehen.

28 Siehe RGSt **12** 385, 386 f.

29 OLG Köln NStZ **2010** 520, 521; *Zieschang* JA **2008** 192, 197.

30 Einschränkend *Schroth* BT S. 324: Nur „wesentliche Identifikationspapiere".

Nicht erfasst soll nach der Rechtsprechung die Zulassungsbescheinigung Teil II (Fahrzeugbrief) sein.[31]

10 Dass der Ausweis nur zum **internen Dienstgebrauch** bestimmt ist, schadet entgegen der überwiegenden Ansicht grundsätzlich nicht,[32] denn auch dann kann die Beweiseignung und -bestimmung (etwa im Hinblick darauf, ob eine bestimmte Person eine Zugangsberechtigung aufweist) gegeben sein.

11 § 273 betrifft vom Ausgangspunkt allein **echte amtliche Ausweise**. Nach der Veränderung im Sinne des § 273 Abs. 1 Nr. 1 können sie unecht sein, zwingende Voraussetzung ist dies aber nicht. Auch die inhaltliche Richtigkeit spielt keine Rolle. Im Übrigen kann nach der Veränderung auch gar keine Ausweisurkunde mehr vorliegen.

12 Im Hinblick auf Art. 103 Abs. 2 GG ist § 273 nicht anwendbar auf die Ausweise im Sinne des § 281 Abs. 2 (Zeugnisse und andere Urkunden, die im Verkehr als Ausweis verwendet werden). Auch gilt § 276a für § 273 nicht.

13 Ausweise sind **amtlich**, falls sie im Sinne der Geistigkeitstheorie von einer tatsächlich existierenden Stelle mit hoheitlichen Befugnissen ausgestellt worden sind. Es genügt hingegen nicht, wenn ein nichtamtlicher Ausweis im amtlichen Verkehr benutzt wird.

III. § 273 Abs. 1 Nr. 1

14 **§ 273 Abs. 1 Nr. 1** enthält **fünf Varianten** der Deliktsbegehung. Sie überschneiden sich teilweise. Sie betreffen den Ausweis als Gegenstand.[33] Dabei müssen die Veränderungen nicht dauerhaft sein, sodass es nicht schadet, wenn der Täter etwa nach dem Grenzübertritt die Manipulation wieder beseitigt.[34] Andererseits reichen ganz problemlos entfernbare Veränderungen (so zum Beispiel ein leicht entfernbarer Lippenstift) nicht. Insofern ist also zu fordern, dass eine gewisse Erheblichkeitsschwelle überschritten ist.

15 Im Grundsatz geht es um dem § 274 Abs. 1 Nr. 1 nachgebildete Verhaltensweisen, jedoch ohne dass mit dem Tatobjekt das Merkmal „ihm entweder überhaupt nicht oder nicht ausschließlich gehört" verbunden ist; zudem verlangt § 273 Abs. 1 Nr. 1 in subjektiver Hinsicht neben dem Vorsatz Täuschungsabsicht, § 274 hingegen Nachteilszufügungsabsicht.

1. Eintragung

16 Die Tathandlungen beziehen sich auf **Eintragungen**. Das sind alle mit dem Ausweis verbundenen Angaben. Darunter fallen natürlich die klassischen Identitätsmerkmale wie etwa Staatsangehörigkeit, Name, Vorname, Augenfarbe und Größe, zudem etwa das Lichtbild sowie die Unterschrift. Eintragungen sind u.a. auch Einreisestempel und sonstige Vermerke im Ausweis,[35] sofern sie mit ihm fest verbunden sind. Auch erst von amtlicher Seite angebrachte nachträgliche Vermerke werden erfasst. Zu den Eintragungen gehören ebenfalls angeführte Nummern (Seriennummer, Zugangsnummer), die Gültigkeitsdauer, das Ausstellungsdatum, die Anschrift des Ausweisinhabers sowie die Angabe zur Art des Ausweises.

---

31 Vgl. BGH VRS **5** 135; OLG Koblenz VRS **55** 428; ebenso etwa *Erb* MK § 275 Rdn. 3; *Maurach/Schroeder/Maiwald* BT 2 § 66 Rdn. 26; siehe aber insofern § 276a, der jedoch für § 273 nicht gilt; vgl. Rdn. 12.

32 **Anders** OLG Koblenz VRS **55** 428; *Erb* MK § 275 Rdn. 3; *Haft* BT II S. 204; *Sch/Schröder/Heine/Schuster* Rdn. 2; *Haft* BT II S. 210; *Hoyer* SK Rdn. 3; *Joecks/Jäger* Rdn. 5; *Kindhäuser/Hilgendorf* LPK Rdn. 3; *Kindhäuser/Schramm* BT I § 60 Rdn. 3; *Puppe/Schumann* NK Rdn. 4; *Weidemann* BeckOK Rdn. 3; SSW/*Wittig* Rdn. 4.

33 *Erb* MK Rdn. 4; *Gribbohm* LK[11] Rdn. 6; *Sch/Schröder/Heine/Schuster* Rdn. 4a; SSW/*Wittig* Rdn. 6.

34 *Erb* MK Rdn. 4; *Gribbohm* LK[11] Rdn. 7.

35 OLG Köln NStZ **2010** 520, 521.

Da § 273 die Unversehrtheit des Ausweises insgesamt schützen will, ist der Begriff „Eintragung" **weit** zu verstehen.[36] Auch die in einer „Maske" oder dem Ausweisformular bereits vorhandenen Angaben werden davon erfasst. Es macht damit keinen Unterschied, ob Angaben in einem Formular bereits im Grundsatz vorgegeben sind oder ob die Informationen überhaupt erst noch aufgenommen werden müssen. Folglich fallen unter den Begriff der Eintragung etwa auch die Rubrikbezeichnungen als solche („Name", „Vorname", „Geburtsort"). Ebenfalls ist eine Eintragung berührt, wenn der in einem Ausweis etwa vorhandene Chip, eine maschinenlesbare Zone, ein Wappen, Logo, die Seitenzahl oder ein Muster verändert werden. Der Eingriff muss sich nicht zwingend auf den Identitätsnachweis beziehen.[37] 17

2. Die Tathandlungen

Der Täter **entfernt** eine Eintragung, falls diese nicht mehr vorhanden ist. Das kann auf unterschiedliche Art und Weise geschehen, zum Beispiel durch Ausradieren, Ablösen, Herausreißen oder Wegschneiden. Entfernen ist auch die Zerstörung eines in dem Ausweis verbauten Chips. Ebenfalls kommt als Entfernen das Übermalen (Schwärzen) in Betracht, wenn das Beseitigen der Übermalung unweigerlich auch die Zerstörung der Eintragung zur Konsequenz hat. Insoweit liegt regelmäßig dann auch ein Unkenntlichmachen oder ein Überdecken vor. 18

Das **Unkenntlichmachen** ist verwirklicht, wenn eine Eintragung bei genauerer Betrachtung durch eine Amtsperson nicht mehr (vollständig) wahrnehmbar ist. Da es in § 273 um den Schutz des Rechtsverkehrs im Umgang mit Ausweisen gegenüber Amtsträgern geht, ist auf die Sicht des durchschnittlichen Amtsträgers in der konkreten Situation abzustellen. Das Unkenntlichmachen kann auch in der Weise erfolgen, dass in einem Chip oder auf einem Magnetstreifen gespeicherte Daten aufgrund der Manipulation nicht mehr oder nur noch teilweise auslesbar sind. 19

Überdecken bedeutet, dass Eintragungen durch festes Überlagern mit einem anderen Material nicht mehr erkennbar sind. Zur notwendigen Einschränkung wird man insofern zu verlangen haben, dass die Überdeckung nicht ohne Weiteres entfernt werden kann. Bringt also jemand eine Haftnotiz auf dem Ausweis an, die problemlos und rückstandsfrei abgelöst werden kann, liegt regelmäßig noch kein hinreichendes Überdecken vor. Umso weniger genügt es, Eintragungen bloß lose mit einem Blatt oder der Hand zu verdecken.[38] Dann ist der Ausweis nicht als Gegenstand betroffen. Zudem steht diese Sicht in Einklang mit § 273 Abs. 1 Nr. 2, der den Gebrauch des „derart veränderten" Ausweises betrifft, was beim Abdecken mit der Hand oder mit einem losen Blatt nicht der Fall ist. Ein Überdecken ist dagegen zu bejahen bei schwer lösbaren Überlagerungen etwa mittels Klebestoffen oder Farbe. 20

Ein **Unterdrücken** ist anzunehmen, wenn der Täter zumindest für eine nicht unerhebliche Zeit vereitelt, dass der amtliche Ausweis als Beweismittel benutzt werden kann. Das kann etwa durch ein Verstecken oder Verheimlichen geschehen, aber auch durch das Zusammenkleben von Seiten, was außerdem ein Unkenntlichmachen darstellt. 21

Speziell aufgelistet wird schließlich als Tathandlung, dass der Täter eine einzelne **Seite aus einem amtlichen Ausweis entfernt**. Das kann erfolgen zum Beispiel durch Herausreißen oder Herausschneiden. Das bloße teilweise Herausreißen einer Seite genügt angesichts des Wortlauts nicht, es liegt jedoch dann regelmäßig bereits ein Entfernen im Sinne der ersten Variante vor. Auch das Entfernen einer Seite etwa aus einem Reisepass, die für Sichtvermerke vorgesehen ist, solche aber nicht enthält, genügt bereits.[39] Dadurch werden im Übrigen regelmäßig sonstige 22

36 **Anders** *Hoyer* SK Rdn. 4; *Koch* HK-GS Rdn. 3.

37 OLG Köln NStZ **2010** 520, 521.

38 *Erb* MK Rdn. 4; *Koch* HK-GS Rdn. 4; *Matt/Renzikowski/Maier* Rdn. 4; SSW/*Wittig* Rdn. 6.

39 Vgl. auch *Sch/Schröder/Heine/Schuster* Rdn. 3; *Hoyer* SK Rdn. 5; *Koch* HK-GS Rdn. 4; **anders** *Puppe/Schumann* NK Rdn. 6.

Eintragungen wie etwa beim Reisepass der Bundesrepublik Deutschland die in die Seite eingestanzte Passnummer, der aufgedruckte Bundesadler und die Seitenzahl entfernt.

IV. § 273 Abs. 1 Nr. 2

23 § 273 Abs. 1 Nr. 2 betrifft das **Gebrauchen** eines im Sinne der ersten Nummer veränderten Ausweises. Entsprechend den Darlegungen zu § 267[40] wird der amtliche Ausweis gebraucht, wenn er demjenigen, der durch ihn getäuscht werden soll, so zugänglich gemacht wird, dass dieser die Möglichkeit hat, den veränderten amtlichen Ausweis wahrzunehmen. Dabei muss der Ausweis selbst und nicht bloß eine Kopie verwendet werden.[41]

24 Im Hinblick darauf, dass § 273 den Rechtsverkehr im Umgang mit amtlichen Ausweisen nur **insoweit** schützt, als es um die Verwendung gegenüber **Amtsträgern** geht,[42] ist § 273 Abs. 1 Nr. 2 nach zutreffender Sicht nur dann verwirklicht, wenn der Ausweis **gegenüber Amtsträgern** gebraucht wird.[43] Die Verwendung gegenüber Privaten genügt nicht. Der Anwendungsbereich ist also teleologisch zu reduzieren. Andererseits muss der Betreffende den Ausweis nicht zwingend tatsächlich zur Kenntnis nehmen, es genügt bereits die Möglichkeit zur Kenntnisnahme. Auch braucht es nicht tatsächlich zu einem Irrtum bei dem Adressaten kommen. Zudem ist nicht erforderlich, dass die Manipulation für die Entscheidung des Amtsträgers eine Rolle spielt,[44] denn ausreichend ist schon, dass der Amtsträger die Möglichkeit der Kenntnisnahme der Manipulation erhält. Kein Gebrauchen liegt vor, wenn der Adressat eingeweiht ist.[45]

25 Für ein Gebrauchen genügt nicht, falls jemand den veränderten Ausweis lediglich bei sich führt. Erst wenn er ihn bei einer eventuellen Kontrolle vorzeigt, liegt ein Gebrauchen vor. Der Gebrauchende muss nicht auch Täter des § 273 Abs. 1 Nr. 1 sein. Es reicht für das Gebrauchen schon aus, dass der Ausweis im Sinne von § 273 Abs. 1 Nr. 1 objektiv verändert ist, selbst wenn dies unvorsätzlich erfolgt sein sollte oder auf die Veränderung das StGB im Hinblick auf die §§ 3 ff. nicht anwendbar ist.[46]

V. Subjektiver Tatbestand

26 Der subjektive Tatbestand verlangt zunächst **Vorsatz**. Dolus eventualis genügt.[47] Daneben muss das besondere subjektive Merkmal der **Täuschungsabsicht** vorliegen. Täuschung im Rechtsverkehr ist im Ausgangspunkt zu verstehen wie bei § 267.[48] Vor dem Hintergrund der Rechtsgutskonzeption[49] ist aber zu verlangen, dass durch den Gebrauch des Ausweises bei einem **Amtsträger** ein Irrtum herbeigeführt und dieser dadurch zu einem rechtserheblichen Verhalten veranlasst

40 *Zieschang* LK § 267 Rdn. 186.

41 Siehe dazu *Zieschang* LK § 267 Rdn. 192 ff. sowie *Zieschang* LK § 281 Rdn. 18; vgl. ferner etwa *Erb* MK Rdn. 5; *Hoyer* SK Rdn. 7.

42 Rdn. 1 f.

43 *Gribbohm* LK[11] Rdn. 8; *Sch/Schröder/Heine/Schuster* Rdn. 4b; **anders** *Brehmeier-Metz* AK Rdn. 5; *Erb* MK Rdn. 1, 5; *Fischer* Rdn. 4; *Hoyer* SK Rdn. 1, 7; *Koch* HK-GS Rdn. 5; *Matt/Renzikowski/Maier* Rdn. 5; SSW/*Wittig* Rdn. 8.

44 **Abweichend** *Erb* MK Rdn. 6; *Fischer* Rdn. 5; *Koch* HK-GS Rdn. 6; *Matt/Renzikowski/Maier* Rdn. 8; vgl. auch *Puppe/Schumann* NK Rdn. 9; SSW/*Wittig* Rdn. 11.

45 *Haft* BT II S. 205.

46 Vgl. *Fischer* Rdn. 4.

47 *Hoyer* SK Rdn. 8; *Joecks/Jäger* Rdn. 10; *Klesczewski* BT § 17 Rdn. 119; Lackner/Kühl/*Heger* Rdn. 4; *Weidemann* BeckOK Rdn. 6.

48 *Zieschang* LK § 267 Rdn. 201 ff. Unzutreffend AG Kehl BeckRS **2021** 6229, das die Täuschungsabsicht verneint, wenn ein Ausweis als Identitätsnachweis vorgelegt wird, in dem Seiten fehlen, die jedoch keine Angaben zur Identität enthalten. Der Betreffende hat es nämlich in diesem Fall nicht in der Hand, die Prüfung des Ausweises durch den Amtsträger bloß auf den nicht veränderten Teil zu beschränken, sodass Täuschungsabsicht vorliegt; siehe auch *Zieschang* LK § 267 Rdn. 213.

49 Rdn. 1 f. sowie Rdn. 24.

werden soll. § 270, man denke an den maschinenlesbaren Pass,[50] gilt ebenfalls für § 273; auch insoweit ist dann zu fordern, dass es sich um eine Datenverarbeitung einer amtlichen Stelle handelt.

VI. Rechtswidrigkeit, Schuld, Art. 31 Abs. 1 GFK

Da mit dem staatlichen Beweisführungsinteresse ein Allgemeinrechtsgut in Rede steht, kommt eine rechtfertigende Einwilligung nicht in Betracht. Zu dem Umstand, dass der Grenzübertritt unter Verwirklichung des § 273 regelmäßig weder nach § 34 gerechtfertigt noch nach § 35 entschuldigt ist, wird auf die Ausführungen zu § 267 verwiesen, die entsprechend gelten.[51] Auch ist Art. 31 Abs. 1 GFK nach zutreffender Sicht nicht auf eine Begleittat wie § 273 anwendbar.[52] 27

VII. Vollendung und Versuch

1. Vollendung

§ 273 Abs. 1 ist bereits mit der Veränderung des amtlichen Ausweises als solchem verwirklicht. Um eine zu starke Vorverlagerung des abstrakten Gefährdungsdelikts zu vermeiden, wird man jedoch wie bei § 267 zur Vollendung einen **Entäußerungsakt** zu verlangen haben.[53] Das Gebrauchen ist vollendet, sobald der Amtsträger die Möglichkeit der Kenntnisnahme des amtlichen Ausweises erhält. 28

2. Versuch

Der Gesetzgeber hat in § 273 Abs. 2 ausdrücklich den Versuch von § 273 Abs. 1 und Nr. 2 unter Strafe gestellt, womit nochmals eine Vorverlagerung einhergeht. De lege ferenda sollte darauf verzichtet werden. 29

VIII. Täterschaft und Teilnahme

§ 273 Abs. 1 ist ein Jedermanndelikt. Tauglicher Täter ist damit jede natürliche Person. Für die Täterschaft spielt es keine Rolle, ob der Agierende Eigentümer des Ausweises ist oder nicht. § 273 ist kein eigenhändiges Delikt. Neben Mittäterschaft kommt mittelbare Täterschaft in Betracht. Die Teilnahme bestimmt sich nach den allgemeinen Regeln. 30

IX. Rechtsfolgen

§ 273 sieht Freiheitsstrafe bis zu drei Jahren oder Geldstrafe vor und ist damit in den Rechtsfolgen vor dem Hintergrund der ausdrücklichen Subsidiaritätsklausel mit einer geringeren Strafe als §§ 267, 274 versehen. § 282 ermöglicht die Einziehung des Ausweises. 31

---

50 *Weidemann* BeckOK Rdn. 6.

51 *Zieschang* LK § 267 Rdn. 222, 226; siehe zur Rechtfertigung auch *Erb* MK Rdn. 7.

52 Siehe bereits *Zieschang* LK § 267 Rdn. 227 f.

53 Dazu *Zieschang* LK § 267 Rdn. 250.

X. Konkurrenzen

32 Verändert jemand einen amtlichen Ausweis im Sinne des § 273 Abs. 1 Nr. 1 von vornherein in der Absicht, diesen zu gebrauchen, liegt eine Tat des § 273 vor (natürliche Handlungseinheit).

33 Die Vorschrift enthält eine **formelle Subsidiaritätsklausel** und tritt folglich zurück, wenn gleichzeitig § 267 oder § 274 verwirklicht ist. Die Subsidiarität besteht auch dann, wenn die §§ 267, 274 lediglich versucht sind.

34 Tateinheit ist möglich etwa mit § 263,[54] sofern diese Vorschrift bei einer Täuschung gegenüber Amtsträgern ebenfalls verwirklicht ist, sowie mit § 281.[55]

54 *Erb* MK Rdn. 9; *Sch/Schröder/Heine/Schuster* Rdn. 7.

55 *Fischer* Rdn. 9.

§ 274 Urkundenunterdrückung; Veränderung einer Grenzbezeichnung

(1) Mit Freiheitsstrafe bis zu fünf Jahren oder mit Geldstrafe wird bestraft, wer
1. **eine Urkunde oder eine technische Aufzeichnung, welche ihm entweder überhaupt nicht oder nicht ausschließlich gehört, in der Absicht, einem anderen Nachteil zuzufügen, vernichtet, beschädigt oder unterdrückt,**
2. **beweiserhebliche Daten (§ 202a Abs. 2), über die er nicht oder nicht ausschließlich verfügen darf, in der Absicht, einem anderen Nachteil zuzufügen, löscht, unterdrückt, unbrauchbar macht oder verändert oder**
3. **einen Grenzstein oder ein anderes zur Bezeichnung einer Grenze oder eines Wasserstandes bestimmtes Merkmal in der Absicht, einem anderen Nachteil zuzufügen, wegnimmt, vernichtet, unkenntlich macht, verrückt oder fälschlich setzt.**

(2) Der Versuch ist strafbar.

Schrifttum

Baier Referendarexamensklausur – Strafrecht: Urkundsdelikte, Sachbeschädigung und Betrug, JuS **2004** 56; *Beckert* Einwilligung und Einverständnis, JA **2013** 507; *Bleckat* Urkundenunterdrückung durch Löschen von E-Mails, NJ **2021** 395; *Bosch* Anmerkung zum Beschluss des BGH vom 21.8.2019 – 3 StR 7/19 – NStZ-RR 2020, 176, JK **2020** 407; *Bottke* Anmerkung zum Beschluss des OLG Düsseldorf vom 14.7.1989 – 5 Ss 251/89 – 102/89 I – NZV 1989, 477, JR **1991** 252; *Buttel/Rotsch* Der praktische Fall – Strafrecht: Der eifersüchtige Jurastudent, JuS **1996** 713; *Dingler* Die Gesetzeseinheit von § 303 I StGB im Verhältnis zu § 274 I Nr. 1 StGB, JA **2004** 810; *Duchstein* Die Strafbarkeit von Fahrerkartenmanipulationen, NZV **2013** 367; *Duttge* Strafrechtliche Rätsel, Jura **2006** 15; *Dzatkowski* Hausarbeit Strafrecht: „Zwei Fälscher und ein Promille", JA **2019** 36; *Fad* Examensklausur im Strafrecht – Rechtsstaatliche Offensive in Schilda, Jura **2002** 632; *Fahl* Anmerkung zum Beschluss des BGH vom 21.8.2019 – 3 StR 7/19, BeckRS 2019, 30105, NStZ-RR **2020** 177; *Freund* Grundfälle zu den Urkundendelikten, JuS **1994** 207; *Geppert* Zum Verhältnis der Urkundendelikte untereinander, insbesondere zur Abgrenzung von Urkundenfälschung und Urkundenunterdrückung (§§ 267 und 274 I Nr. 1 StGB), Jura **1988** 158; *Göhler* Kontaktlos bezahlen mit der Girocard – (k)eine Herausforderung für das Strafrecht? JR **2021** 6; *von Gravenreuth* Computerviren, Hacker, Datenspione, Crasher und Cracker – Überblick und rechtliche Einordnung, NStZ **1989** 201; *Haurand/Vahle* Computerkriminalität, RDV **1990** 128; *Hecker* Der manipulierte Parkschein hinter der Windschutzscheibe – ein (versuchter) Betrug? – OLG Köln, NJW 2002, 527, JuS **2002** 224; *Heghmanns* Anmerkung zum Beschluss des OLG Hamm vom 7.4.2020 – 4 RVs 12/20 – BeckRS 2020, 9059, ZJS **2020** 494; *Hilgard* Archivierung und Löschung von E-Mails im Unternehmen, ZIP **2007** 985; *Hilgendorf* Grundfälle zum Computerstrafrecht, JuS **1997** 323; *Hilgers* Examensübungsklausur: Die etwas andere Schnäppchenjagd, ZJS **2022** 82; *Jäger* Anmerkung zum Beschluss des BGH vom 21.8.2019 – 3 StR 7/19 – NStZ-RR 2020, 176, JA **2020** 310; *Kienapfel* Zur Abgrenzung von Urkundenfälschung und Urkundenunterdrückung, Jura **1983** 185; *Krack* Anmerkung zum Beschluss des BGH vom 21.9.1999 – 4 StR 71/99 – NJW 2000, 229, NStZ **2000** 423; *Kretschmer* Anmerkung zum Beschluss des BGH vom 21.8.2019 – 3 StR 7/19, BeckRS 2019, 30105, JR **2020** 491; *Kudlich* Anmerkung zum Beschluss des OLG Hamm vom 7.4.2020 – 4 RVs 12/20 – BeckRS 2020, 9059, JA **2020** 710; *ders./Berberich* Abstrakte Gefährdungsdelikte im Internet und die Anwendbarkeit deutschen Strafrechts, NStZ **2019** 633; *Kühl/Hoffmann-Holland* Übungsklausur Strafrecht: Ausflug ins Grüne, Jura **2013** 408; *Lampe* Unterdrückung unechter Urkunden, JR **1964** 14; *ders.* Anmerkung zum Beschluss des OLG Düsseldorf vom 3.2.1997 – 2 Ss 267/96 – NJW 1997, 1793, JR **1998** 304; *Laubenthal* Einheitlicher Wegnahmebegriff im Strafrecht? JA **1990** 38; *Lenckner/Winkelbauer* Computerkriminalität – Möglichkeiten und Grenzen des 2. WiKG (III), CR **1986** 824; *Lindemann* Zur systematischen Interpretation des § 274 I Nr. 1 StGB im Verhältnis zum § 267 I Var. 2 StGB, NStZ **1998** 23; *Mätzke* Die Sanktionslosigkeit von Manipulationen belastender Vermerke in amtlichen Ausweisen, MDR **1996** 19; *Mewes* Urkundenfälschung bei Personalienmanipulationen im Versandhandel – BGH, NStZ 1994, 486, NStZ **1996** 14; *Michalke* Die Verwertbarkeit von Erkenntnissen der Eigenüberwachung zu Beweiszwecken im Straf- und Ordnungswidrigkeitenverfahren, NJW **1990** 417; *Möhrenschlager* Das neue Computerstrafrecht, wistra **1986** 128; *Otto* Der Wegnahmebegriff in §§ 242, 289, 168, 274 Abs. 1 Nr. 3 StGB, § 17 Abs. 2 Nr. 1 c UWG, Jura **1992** 666; *Ka. Peters* Anmerkung zum Urteil des OLG Hamm vom 13.10.1967 – 1 Ss 1267/67 – NJW 1968, 1894, NJW **1968** 1896; *Kr. Peters* Fortgeschrittenenklausur Strafrecht: Konflikte mit der „BRD-GmbH", JuS **2019** 33; *Prechtel* Urkundendelikte (§§ 267 ff. StGB) (2005); *Preuß* Praxis- und klausurrelevante Fragen des „Schwarzfahrens" – Teil 2, ZJS **2013** 355; *Puppe* Anmerkung zum Urteil des OLG Düsseldorf vom 14.3.1983 – 5 Ss 543/82 – 8/83 I – NJW 1983, 2341, JR **1983** 429; *dies.* Anmerkung zum Beschluss des OLG Düsseldorf vom 14.7.1989 – 5 Ss 251/89 – 102/89 I – NZV 1989, 477, NZV **1989** 478; *Ranft* Strafrechtliche Probleme der Beförderungserschleichung, Jura **1993** 84; *Reichert* „Mein Paß ‚gehört' mir", StV **1998** 51; *Satzger* Anmerkung zum Urteil des BGH

https://doi.org/10.1515/9783110490220-008

vom 25.11.2009 – 2 StR 430/09 – NStZ 2010, 332, JK 9/2010 StGB § 274/7; *Schilling* Reform der Urkundenverbrechen (1971); *Schmitz* Der Schutz des Beweisführungsinteresses im Urkundenstrafrecht (2001); *Schneider* Zur Strafbarkeit des Vernichtens von Schaublättern eines Fahrtenschreibers, NStZ **1993** 16; *Schroeder* Der Schutz von Staat und Verfassung im Strafrecht (1970); *ders.* Urkundenstraftaten an entwerteten Fahrkarten, JuS **1991** 301; *Schule-Heiming* Der strafrechtliche Schutz der Computerdaten gegen die Angriffsformen der Spionage, Sabotage und des Zeitdiebstahls (1995); *Tiedemann/Vogel* Klausur Strafrecht: Parfum im Supermarkt, JuS **1988** 295; *Trentmann* Die behördliche Stempelung von Kfz-Kennzeichen – „keine bloße Formsache", NZV **2014** 298; *Vormbaum* Schutz der Rechtsgüter von EU-Staaten durch das deutsche Strafrecht (2005); *Zieschang* Die Gefährdungsdelikte (1998); *ders.* Klausur Strafrecht: „Urkundentricks", JA **2008** 192; *ders.* Anmerkung zum Beschluss des BGH vom 27.7.2012 – 1 StR 238/12 – NStZ-RR 2012, 343, HRRS **2013** 49; *ders.* Preußenadler auf dem blauen Euro-Feld eines Kfz-Kennzeichens als Missbilligung der Europäischen Union – Strafbarkeit wegen Urkundenfälschung? Festschrift Sieber (2021) 357.

Entstehungsgeschichte

Schon das RStGB kannte eine Vorschrift zur Urkundenunterdrückung. § 274 a.F. RStGB lautete:

„Mit Gefängniß, neben welchem auf Geldstrafe bis zu eintausend Thalern erkannt werden kann, wird bestraft, wer

1. *eine Urkunde, welche ihm entweder überhaupt nicht oder nicht ausschließlich gehört, in der Absicht, einem Anderen Nachtheile zuzufügen, vernichtet, beschädigt oder unterdrückt, oder*
2. *einen Grenzstein oder ein anderes zur Bezeichnung einer Grenze oder eines Wasserstandes bestimmtes Merkmal in der Absicht, einem Anderen Nachtheil zuzufügen, wegnimmt, vernichtet, unkenntlich macht, verrückt oder fälschlich setzt."*

Die damalige Regelung enthielt damit schon wesentliche Elemente der heutigen Vorschrift zur Urkundenunterdrückung.

Auch vorangehenden Strafgesetzbüchern war die Urkundenunterdrückung nicht unbekannt (vgl. etwa § 257 Nr. 2 bayStGB von 1813; § 243 prStGB von 1851). So lautete § 243 Nr. 6 und Nr. 7 prStGB[1] von 1851:

„Mit Gefängniß nicht unter drei Monaten und zugleich mit Geldbuße von funfzig bis zu Eintausend Thalern, sowie mit zeitiger Untersagung der Ausübung der bürgerlichen Ehrenrechte wird bestraft:

...

6) *wer Grenzsteine oder andere zur Bezeichnung einer Grenze oder des Wasserstandes bestimmte Merkmale zum Nachtheile eines Anderen wegnimmt, vernichtet, unkenntlich macht, verrückt oder fälschlich setzt;*

7) *wer Urkunden, welche ihm entweder gar nicht, oder nicht ausschließlich gehören, zum Nachtheile eines Anderen vernichtet, beschädigt oder unterdrückt."*

§ 243 prStGB wies damit in Nr. 6 und Nr. 7 eine sehr ähnliche Regelung wie § 274 a.F. RStGB auf.

Was letztere Vorschrift anbetrifft, wurde im Jahr 1876 die Strafandrohung bis zu „eintausend Thalern" in „dreitausend Mark" umgewandelt, und die Strafrechtsangleichungsverordnung des Reichsministers der Justiz vom 29.5.1943[2] stellte in einem neuen zweiten Absatz den Versuch unter Strafe.

Das 1. StrRG vom 25.6.1969[3] veränderte mit Wirkung vom 1.9.1969 in § 274 Abs. 1 a.F. die Strafandrohung von Gefängnis in „Freiheitsstrafe bis zu fünf Jahren". Da das 1. StrRG die Fälschung technischer Aufzeichnungen gemäß § 268 in das StGB einführte, ergänzte es zudem § 274 Abs. 1 Nr. 1 a.F. um das Tatobjekt der technischen Aufzeichnung.

Das EGStGB vom 2.3.1974[4] versah die Vorschrift zum 1.1.1975 mit der gesetzlichen Überschrift „Urkundenunterdrückung; Veränderung einer Grenzbezeichnung" und sah nunmehr als Sanktion Freiheitsstrafe bis zu fünf Jahren oder Geldstrafe vor.

Das 2. Gesetz zur Bekämpfung der Wirtschaftskriminalität (2. WiKG) vom 15.5.1986[5] führte mit Wirkung zum 1.8.1986 die heutige Regelung in § 274 Abs. 1 Nr. 2 ein und verschob den Inhalt der vormaligen Nr. 2 in Nr. 3.

---

1 § 243 prStGB von 1851 befand sich im 21. Titel, der die Überschrift „Betrug" aufwies.
2 RGBl. I, 339; siehe dazu auch *Prechtel* S. 179 f.; *Vormbaum* S. 6 ff., 16 ff.
3 BGBl. I, 645.
4 BGBl. I, 469.
5 BGBl. I, 721.

Die Ergänzung durch das 2. WiKG stellt eine Folgeänderung aus der Einführung des § 269 dar.[6] Der Gesetzgeber schlug eine eigenständige Nr. 2 vor, da man bei Daten „wohl nicht" den Singular und den Begriff „gehören" verwenden könne und es treffender erscheine, von „Löschen" zu sprechen.[7] Seit dem 2. WiKG ist die Vorschrift unverändert geblieben.

Übersicht

Alphabetische Übersicht

6 Vgl. BTDrucks. 10/318 S. 34.
7 BTDrucks. 10/318 S. 35. Die Fassung des heutigen § 274 Abs. 1 Nr. 2 beruht dabei auf einer Beschlussempfehlung des Rechtsausschusses; BTDrucks. 10/5058.

I. Allgemeine Bemerkungen

1. Geschütztes Rechtsgut

1 § 274 schützt den **Bestand** von Urkunden, technischen Aufzeichnungen (Nr. 1), Daten (Nr. 2) sowie von Merkmalen zur Bezeichnung einer Grenze oder eines Wasserstandes (Nr. 3) **in ihrer Eigenschaft als Beweisführungsmittel**.

2 Die Tatobjekte werden also nur insoweit geschützt, als daran (zumindest auch) ein anderer als der Täter eine **Beweisführungsberechtigung** hat. Das wird in Nr. 1 und Nr. 2 durch die Formulierung „nicht oder nicht ausschließlich gehört/verfügen darf" zum Ausdruck gebracht, gilt aber ebenfalls für die Tatobjekte der Nr. 3. Folglich **schützt § 274** den **Bestand der aufgelisteten Tatobjekte, soweit an diesen eine Beweisführungsberechtigung eines anderen besteht.**[8] Mit anderen Worten wird **das Recht geschützt, mit den Tatobjekten Beweis zu erbringen.**[9]

---

8 Vgl. auch OLG Hamm NStZ-RR **1998** 331; OLG Karlsruhe BeckRS **2019** 12710; *Eisele* Computerstrafrecht § 47 Rdn. 40; *Freund* JuS **1994** 207, 210; *Kindhäuser/Schramm* BT I § 57 Rdn. 1; *Klesczewski* BT § 17 Rdn. 79; *Wessels/Hettinger/Engländer* BT 1 Rdn. 874; *Zieschang* HRRS **2013** 49, 51.

9 BVerfG BeckRS **2020** 17573; BGHSt **29** 192, 194; BGH BeckRS **2019** 30105; so etwa auch *Bosch* JK **2020** 407; *Erb* MK Rdn. 1; *Freund* MK[3] Rdn. 2; *Sch/Schröder/Heine/Schuster* Rdn. 1; *Koch* HK-GS Rdn. 1; Lackner/Kühl/*Heger* Rdn. 1; *Puppe/Schumann* NK Rdn. 1; *Rengier* BT II § 36 Rdn. 4; SSW/*Wittig* Rdn. 1.

3 Die Norm hat **individualschützenden Charakter.**[10] Es überzeugt nicht, wenn teilweise im Schrifttum wie bei § 267 auch für § 274 auf das Vertrauen in die Sicherheit und Zuverlässigkeit des Rechtsverkehrs abgestellt wird,[11] womit die Konsequenz verbunden wäre, dass § 274 ein Allgemeinrechtsgut schützt.[12] Zum einen spricht die objektive Ausgestaltung dagegen, die auf das „Gehören" abstellt, also auf das individuelle Beweisführungsrecht eines anderen.[13] Zum anderen ist anders als in § 267, bei dem die Absicht zur Täuschung „im Rechtsverkehr" maßgeblich ist, bei § 274 subjektiv die Absicht vorausgesetzt, „einem anderen Nachteil zuzufügen". Wenn es damit anders als in § 267 eben nicht um den Rechtsverkehr als Allgemeinrechtsgut geht, spricht auch dies dafür, dass die Norm dem Schutz von Individualinteressen dient. Der Umstand, dass individuelle Beweisführungsinteressen in Rede stehen, hat im Übrigen zur Folge, dass die **Einwilligung** als Rechtfertigungsgrund in Betracht kommt.[14] Mit seiner individualschützenden Funktion ist § 274 im Hinblick auf das geschützte Rechtsgut ein „Fremdkörper" im Rahmen der Urkundendelikte, bei denen es im Übrigen um den Schutz eines Allgemeinrechtsguts geht.

4 Da in den §§ 267, 268, 269 der Echtheitsschutz maßgeblich ist, dagegen nicht der Wahrheitsschutz, ist in der Konsequenz auch § 274, der diese Vorschriften abrundet, entsprechend zu interpretieren. Folglich geht es **ebenfalls in § 274 beim Bestandsschutz des Beweismittels** nicht um den Schutz der inhaltlichen Wahrheit, sondern um den Schutz **echter Urkunden, technischer Aufzeichnungen usw.** Falls also jemand eine **echte Urkunde**, technische Aufzeichnung, usw. vernichtet, die inhaltlich **unwahr** ist, macht er sich nach § 274 strafbar – sofern insbesondere auch die Nachteilszufügungsabsicht bejaht werden kann. Umgekehrt ist § 274 **nicht einschlägig**, wenn es um eine vollständig **unechte Urkunde**, technische Aufzeichnung usw. geht, selbst wenn diese inhaltlich wahr ist, denn dann handelt es sich nicht mehr um **Echtheitsschutz**, der letztlich auch von § 274 bezweckt ist. Bei unechten Urkunden kann § 274 nur greifen, soweit diese lediglich teilweise unecht sind, also auch echte Urkundenteile enthalten, die dann beeinträchtigt werden.[15]

2. Rechtsnatur

5 Da mit der Verwirklichung einer der Tathandlungen des § 274 auch **stets das Beweisführungsrecht eines anderen tatsächlich beeinträchtigt** wird,[16] handelt es sich bei § 274 um ein **Erfolgsdelikt** im Sinne eines **Verletzungsdelikts**. Das gilt auch dann, wenn es um ein tatbestandliches zeitweiliges Unterdrücken einer Urkunde geht, selbst wenn der Beweisführungsberechtigte die Urkunde in diesem Zeitraum gar nicht zu Beweiszwecken benötigt. Geschützt ist nämlich insofern die potentielle Beweisführungsmöglichkeit, die in diesem Fall tatsächlich beeinträchtigt ist.

---

10 Arzt/Weber/Heinrich/Hilgendorf BT § 33 Rdn. 29; *Brehmeier-Metz* AK Rdn. 1; *Erb* MK Rdn. 1; *Freund* MK³ Rdn. 3; *Haft* BT II S. 206; *Sch/Schröder/Heine/Schuster* Rdn. 2; *Hoyer* SK Rdn. 1; *Kindhäuser/Hilgendorf* LPK Rdn. 1; *Kindhäuser/Schramm* BT I § 57 Rdn. 1; *Maurach/Schroeder/Maiwald* BT 2 § 65 Rdn. 98; *Mewes* NStZ **1996** 14, 15 mit Fn. 14; *Puppe/Schumann* NK Rdn. 1; *Rengier* BT II § 36 Rdn. 3; *Wessels/Hettinger/Engländer* BT 1 Rdn. 874 f.; SSW/*Wittig* Rdn. 1 f.

11 So *Hohmann/Sander* BT § 19 Rdn. 1; vgl. auch AG Rosenheim BeckRS **2007** 12497 (§ 274 schütze ganz allgemein den Rechtsverkehr).

12 Den Bestandschutz im Interesse der Allgemeinheit für maßgeblich erachtend *Kienapfel* Jura **1983** 185, 187 f. Für eine doppelte Schutzrichtung *Duttge* Jura **2006** 15, 18 f.; vgl. auch *Matt/Renzikowski/Maier* Rdn. 1.

13 Siehe dazu im Einzelnen Rdn. 13 ff.

14 Siehe Rdn. 66.

15 Siehe im Einzelnen Rdn. 8.

16 Abweichend *Kudlich* NStZ **2019** 633, 634, wonach § 274 bezüglich des Rechts, Beweis zu erbringen, „nur eine Gefährdung notwendig voraussetzt".

3. Bedeutung in der Praxis

6 Die Anzahl der Verurteilungen gemäß § 274 ist nicht hoch. Sie bewegt sich im zweistelligen Bereich (2009: 97; 2010: 77; 2011: 82; 2012: 76; 2013: 63; 2014: 68; 2015: 60; 2016: 66; 2017: 51; 2018: 57; 2019: 64; 2020: 55; 2021: 70).[17] Die Zahl der erfassten Fälle von Straftaten nach § 274 liegt 2021 bei 689.[18] Die Aufklärungsquote ist im Schnitt bei 78 % anzusiedeln. Die Anzahl der Tatverdächtigen liegt im mittleren dreistelligen Bereich (2009: 650; 2010: 612; 2011: 556; 2012: 567; 2013: 582; 2014: 582; 2015: 559; 2016: 571; 2017: 570; 2018: 634; 2019: 690; 2020: 486; 2021: 593).

II. § 274 Abs. 1 Nr. 1

7 **§ 274 Abs. 1 Nr. 1** nennt als taugliche **Tatobjekte Urkunden** oder **technische Aufzeichnungen,** die dem Täter entweder **überhaupt nicht** oder **nicht ausschließlich gehören.** Als **Tathandlungen** sind das **Vernichten, Beschädigen oder Unterdrücken** genannt.

1. Tatobjekte

8 Der Begriff der **Urkunde** entspricht dem des § 267.[19] Es müssen sämtliche Urkundenmerkmale erfüllt sein, sodass zum Beispiel ein bloßer Urkundenentwurf[20] kein taugliches Tatobjekt des § 274 ist. Da es wie in § 267 um den Schutz des Beweismittels in seiner **Echtheit** geht,[21] setzt der Bestandsschutz im Rahmen des § 274 als ungeschriebenes Erfordernis voraus, dass Tatobjekt eine **echte Urkunde** ist.[22] Bei unechten Urkunden besteht durch § 274 ebenso wenig wie bei § 267 ein strafrechtlicher Schutz. Es kann daher nicht überzeugen, wenn der BGH meint, die unechte Urkunde sei über § 274 geschützt, wenn sie selbst zum Beweismittel geworden ist.[23] In diesem Fall stehen möglicherweise §§ 133, 303 im Raum, nicht aber § 274. Bei unechten Urkunden geht es eben gar nicht mehr um die urkundenspezifische Beweisrichtung.[24] Mit der Vorschrift zur Urkundenunterdrückung wird kein allgemeiner Beweismittelbestandsschutz statuiert, sondern nur bezogen auf bestimmte echte Tatobjekte.[25] Eine unechte Urkunde kann daher nur dann dem Schutz des § 274 unterfallen, wenn sie lediglich **teilweise unecht** ist und nunmehr der **echte Teil** im Sinne des

---

17 Statistisches Bundesamt, Rechtspflege, Strafverfolgung, Fachserie 10 Reihe 3 für die Jahre 2009 bis 2021. Abgeurteilte: 2009: 145; 2010: 123; 2011: 120; 2012: 117; 2013: 108; 2014: 99; 2015: 96; 2016: 102; 2017: 79; 2018: 86; 2019: 90; 2020: 90; 2021: 106.

18 Laut PKS 2009: 762; 2010: 1279; 2011: 624; 2012: 684; 2013: 690; 2014: 679; 2015: 651; 2016: 717; 2017: 709; 2018: 755; 2019: 784; 2020: 578; 2021: 689.

19 OLG Celle NJW **1960** 880; OLG Koblenz NStZ **1995** 50, 51; *Sch/Schröder/Heine/Schuster* Rdn. 4; *Hoyer* SK Rdn. 4.

20 Zum Entwurf *Zieschang* LK § 267 Rdn. 42.

21 Siehe bereits Rdn. 4.

22 Siehe BGH BeckRS **2007** 17605 (es sei denn, die Fälschung sei Teil einer echten Gesamturkunde oder selbst zum Beweismittel geworden); *Bock* BT 1 S. 482; *Eisele* BT I Rdn. 899; *ders.* Computerstrafrecht § 47 Rdn. 42; *Fischer* Rdn. 2; *Gössel/Dölling* BT 1 § 52 Rdn. 42; *Sch/Schröder/Heine/Schuster* Rdn. 4; *Hohmann/Sander* BT § 19 Rdn. 7; *Hoyer* SK Rdn. 6 f.; *Joecks/Jäger* Rdn. 6; *Kindhäuser/Hilgendorf* LPK Rdn. 2; *Koch* HK-GS Rdn. 3; *Küpper/Börner* BT 1 § 6 Rdn. 54; *Matt/Renzikowski/Maier* Rdn. 4; *Maurach/Schroeder/Maiwald* BT 2 § 65 Rdn. 100; *Rengier* BT II § 36 Rdn. 3; Spickhoff/*Schuhr* § 274 Rdn. 3; *Zieschang* JA **2008** 192, 195; **anders** *Lampe* JR **1964** 14; *Welzel* Strafrecht § 61 II 1a. Nichts anderes gilt im Übrigen für die abredewidrige Ausfüllung eines Blanketts, wodurch eine unechte Urkunde entsteht; **anders** insoweit *Freund* MK³ Rdn. 5.

23 BGH BeckRS **2007** 17605; ebenso *Matt/Renzikowski/Maier* Rdn. 4; *Weidemann* BeckOK Rdn. 3; ablehnend *Dzatkowski* JA **2019** 36, 42.

24 *Dzatkowski* JA **2019** 36, 42; *Erb* MK Rdn. 3.

25 Vgl. auch *Freund* MK³ Rdn. 4; *Hoyer* SK Rdn. 6.

§ 274 vernichtet, beschädigt oder unterdrückt wird oder die Fälschung Teil einer **echten Gesamturkunde** ist.[26]

9 Die **technische Aufzeichnung** ist eine solche im Sinne des § 268. Auch hier ist ungeschriebene Voraussetzung ihre **Echtheit.**[27]

10 Nach dem Gesetzeswortlaut muss das Tatobjekt dem Täter entweder **überhaupt nicht oder nicht ausschließlich gehören**. Bei dieser Formulierung ist indes nicht die Frage der Eigentumsverhältnisse oder die nach sonstigen dinglichen Rechten an dem Tatobjekt maßgeblich.[28] Vielmehr ist bei den §§ 267, 268 der Schutz des Rechtsverkehrs mit Urkunden oder technischen Aufzeichnungen **als Beweismittel** relevant. In der Konsequenz geht es auch bei § 274 um die **Berechtigung**, das **Tatobjekt als Beweismittel** zu benutzen. § 274 ist eben keine gegen das Eigentum gerichtete Straftat, sondern schützt das Recht, mit der Urkunde Beweis zu erbringen.[29] Daher „gehört" die Urkunde oder technische Aufzeichnung dem Täter nicht (ausschließlich), wenn (auch) **einem anderen daran eine Beweisführungsberechtigung zusteht**. Das entspricht richtigerweise sowohl der Auffassung der Rechtsprechung[30] als auch des heutigen Schrifttums.[31] Es geht also um das Verfügungsrecht an der Urkunde. Dieses kann durchaus auch einem anderen als dem Eigentümer zukommen.[32]

11 Folglich kann selbst der **Eigentümer** der Urkunde oder technischen Aufzeichnung **Täter des § 274 Abs. 1 Nr. 1** sein,[33] sofern einem anderen an dem Tatobjekt eine Beweisführungsberechtigung zusteht. Ebenso macht sich der Aussteller strafbar, falls ihm diese nicht ausschließlich zusteht.[34] Das Beweisführungsrecht eines anderen kann von Beginn an mit der Herstellung der Urkunde bestehen (so etwa beim gemeinschaftlichen Testament) oder aber auch erst später entstehen (z.B. durch Beschlagnahme). Entscheidend ist, ob ein anderer einen Anspruch auf den unversehrten Fortbestand der Urkunde hat.[35]

12 Mit der Urkunde muss nicht unbedingt der volle Beweis erbracht werden können, vielmehr genügt schon, dass die Urkunde für einen Teil beweisrelevant ist.[36] Die Frage jedoch, ob einem anderen als dem Täter an dem Tatobjekt eine **Beweisführungsberechtigung** zusteht, mag im Einzelfall durchaus nicht leicht zu beantworten sein.

---

26 Den letzteren Fall ausdrücklich erwähnend auch BGH BeckRS **2007** 17605.

27 Siehe OLG Düsseldorf NZV **1989** 477; *Erb* MK Rdn. 4; kritisch *Freund* MK³ Rdn. 6.

28 Siehe Begründung zum E 1962, BTDrucks. IV/650 S. 477; *Bleckat* NJ **2021** 395, 396; *Eisele* BT I Rdn. 900; *Gössel/Dölling* BT 1 § 52 Rdn. 42; *Sch/Schröder/Heine/Schuster* Rdn. 5; *Hilgendorf/Valerius* BT I § 10 Rdn. 72; *Joecks/Jäger* Rdn. 4; *Maurach/Schroeder/Maiwald* BT 2 § 65 Rdn. 101; **anders** *Gerland* S. 443 f.; abweichend auch *Welzel* Strafrecht § 61 II 1a (das Eigentum sei „nicht allein" maßgeblich).

29 BGHSt **29** 192, 194; BayObLG NJW **1968** 1896; BayObLG NJW **1980** 1057, 1058; OLG Düsseldorf NZV **1989** 477.

30 BGHSt **29** 192, 194; RG Bd. **56** (1909) 217; RG HRR **1938** Nr. 491; BayObLG NJW **1968** 1896 f.; BayObLG NJW **1980** 1057, 1058; BayObLG NJW **1990** 264, 265; OLG Celle NJW **1966** 557, 558; OLG Düsseldorf NZV **1989** 477; OLG Hamm NStZ-RR **1998** 331; vgl. auch RGSt **38** 37, 38; vgl. auch *Schmitz* S. 21 ff.

31 *Baier* JuS **2004** 56, 57; *Bleckat* NJ **2021** 395, 396; *Eisele* BT I Rdn. 900; *Fischer* Rdn. 3; *Gössel/Dölling* BT 1 § 52 Rdn. 42; *Hecker* JuS **2002** 224, 226; *Sch/Schröder/Heine/Schuster* Rdn. 5; *Hoyer* SK Rdn. 4; *Joecks/Jäger* Rdn. 4; *Jäger* BT Rdn. 636; Lackner/Kühl/*Heger* Rdn. 2; *Maurach/Schroeder/Maiwald* BT 2 § 65 Rdn. 101; *Otto* BT § 72 Rdn. 2; *Ranft* Jura **1993** 84, 86; *Reichert* StV **1998** 51; *Tiedemann/Vogel* JuS **1988** 295, 296; *Weidemann* BeckOK Rdn. 4; *Wessels/Hettinger/Engländer* BT 1 Rdn. 877; SSW/*Wittig* Rdn. 7; *Zieschang* JA **2008** 192, 195; *ders.* BT 1 Rdn. 909.

32 Gibt es niemanden, der ein Beweisführungsrecht an der Urkunde oder technischen Aufzeichnung hat, scheidet § 274 aus.

33 Siehe Begründung zum E 1962, BTDrucks. IV/650 S. 477; BVerfG BeckRS **2020** 17573; BGHSt **29** 192, 194; RGSt **38** 37, 38; BayObLG NJW **1968** 1896; BayObLG NJW **1980** 1057, 1058; OLG Düsseldorf NJW **1985** 1231, 1232; OLG Düsseldorf NZV **1989** 477; *Eisele* BT I Rdn. 900; *Erb* MK Rdn. 7; *Fischer* Rdn. 3; *Freund* MK³ Rdn. 23; *Sch/Schröder/Heine/Schuster* Rdn. 5; *Hohmann/Sander* BT § 19 Rdn. 10; *Hoyer* SK Rdn. 8; *Kindhäuser/Hilgendorf* LPK Rdn. 3; *Kindhäuser/Schramm* BT I § 57 Rdn. 7; *Kleszczewski* BT § 17 Rdn. 82; *Koch* HK-GS Rdn. 4; *Küpper/Börner* BT 1 § 6 Rdn. 55; *Matt/Renzikowski/Maier* Rdn. 6; *Rengier* BT II § 36 Rdn. 5; *Wessels/Hettinger/Engländer* BT 1 Rdn. 877; *Zieschang* JA **2008** 192, 195.

34 *Bock* BT 1 S. 484; *Kindhäuser/Hilgendorf* LPK Rdn. 4.

35 Vgl. RGSt **74** 341, 343; siehe dazu auch *Küper/Zopfs* BT Rdn. 563 ff. sowie *Zieschang* LK § 267 Rdn. 181 ff.

36 *Sch/Schröder/Heine/Schuster* Rdn. 5.

13 Die Verfügungsberechtigung ist gegeben, wenn jemand nach **materiellem bürgerlichen Recht** einen Anspruch auf Herausgabe oder Einsicht bezüglich des Tatobjekts hat.[37] Zutreffend ist daher § 274 von der Rechtsprechung bei der Beeinträchtigung einer Urkunde bejaht worden, falls jemand gemäß § 422 ZPO von dem anderen nach den **Vorschriften des bürgerlichen Rechts** die Herausgabe oder die Vorlegung der Urkunde verlangen kann.[38]

14 Solche Pflichten ergeben sich im **BGB** insbesondere aus den §§ 259, 371, 402, 667,[39] 716, 810,[40] 896, 985, 1144 f, 1379, 1605, 1698, 1799, 1890, 2130, 2218 BGB. Sie können zudem vertraglich vereinbart werden.[41]

15 Aber auch **außerhalb des BGB** gibt es Vorlegungs- und Einsichtspflichten, etwa nach den §§ 131, 170, 175 AktG, § 46a DesignG, § 24c GebrMG, §§ 118, 157, 166, 233, 238 ff. HGB, § 19a MarkenG, § 140c PatG, § 101a UrhG, § 28 WEG, § 50 WG sowie 836 ZPO.

16 Daneben existieren **prozessuale Vorlegungspflichten** zum Beispiel nach den §§ 142,[42] 423 ZPO oder §§ 220, 235 FamFG. Diese genügen ebenfalls.[43]

17 In der Rechtsprechung ist § 274 bejaht worden, wenn ein Unfallbeteiligter nach einem Unfall an dem geschädigten Wagen einen Zettel mit Namen, Anschrift und Telefonnummer hinterlässt, den er später wieder entfernt.[44] Mit dem Anbringen des Zettels habe der Unfallverursacher dem Geschädigten ein nicht mehr entziehbares Recht eingeräumt, den Zettel als Beweismittel zu gebrauchen.[45] Auch ist die Vorschrift angenommen worden, wenn jemand ein gemeinschaftliches Testament, das er im Besitz hat, vernichtet.[46] Dagegen steht bei der Fahrkarte grundsätzlich allein dem Kunden das Recht zu, mit ihr zu beweisen, dass ein Beförderungsanspruch besteht, dagegen nicht dem Beförderungsunternehmen,[47] es sei denn, vertraglich – zum Beispiel in AGB – ist etwas anderes vereinbart. Zerreißt also jemand seine Fahrkarte, erfüllt dies nicht § 274.

18 Es genügt, wenn der Täter ein Tatobjekt, das von einem anderen stammt und für einen Dritten bestimmt ist, nicht an den Adressaten gelangen lässt, sondern es vernichtet.[48] Die Urkunde muss also nicht erst in den Machtbereich des Beweisführungsberechtigten gelangt sein.[49]

19 Problematischer sind **öffentlich-rechtliche** Vorlagepflichten. Zutreffend wird in der Begründung zum E 1962 ausgeführt, dass es verschiedenartige Vorlegungspflichten gebe, die „in ihrem verpflichtenden Range einander nicht ebenbürtig" seien.[50] Mitunter komme ihnen nur Ordnungswert zu, der für sich allein die Annahme einer materiellen Beschränkung der Verfügungsbefugnis nicht rechtfertige.[51] Im Bereich des öffentlichen Rechts erleichterten sie meist bestimmte Verwaltungs- und Überwachungsaufgaben.[52] Es sei insbesondere auch zu berücksichtigen, ob sich die Rechtsordnung bereits auf andere Weise gegen die Verletzung solcher Vorschriften schütze, so

37 *Hohmann/Sander* BT § 19 Rdn. 12.
38 BayObLG NJW **1980** 1057, 1058.
39 Beachte insofern auch die Verweisungen in §§ 675, 681, 687, 713, 2218 BGB.
40 Begründung zum E 1962, BTDrucks. IV/650 S. 477; BayObLG NJW **1980** 1057, 1058.
41 *Fischer* Rdn. 3.
42 Dazu *Hilgard* ZIP **2007** 985, 988 f.
43 *Brehmeier-Metz* AK Rdn. 3.
44 BayObLG NJW **1968** 1896; OLG Celle NJW **1966** 557; siehe auch AG Karlsruhe NJW **2000** 87 f.
45 BayObLG NJW **1968** 1896; OLG Celle NJW **1966** 557, 558.
46 RG GA Bd. **56** (1909) 217. Bei der Beseitigung von Kontrollnummern auf einer Verpackung für Markenartikel § 274 bejahend *Tiedemann/Vogel* JuS **1988** 295, 296 f.
47 Siehe *Freund* MK[3] Rdn. 28; *Koch* HK-GS Rdn. 4; vgl. auch *Preuß* ZJS **2013** 355, 356 f.; *Rengier* BT II § 36 Rdn. 17 (nur bezüglich eines ungestempelten Fahrscheins); beachte zur Fahrkarte ferner OLG Düsseldorf NJW **1983** 2341, 2342; *Küpper/Börner* BT 1 § 6 Rdn. 61; *Puppe* JR **1983** 429 f.; *Ranft* Jura **1993** 84, 85 f.; *Schroeder* JuS **1991** 301 f.
48 Siehe RGSt **10** 391 f.; RGSt **49** 144, 145 ff.; AG Karlsruhe NJW **2000** 87 f.
49 *Matt/Renzikowski/Maier* Rdn. 7.
50 Begründung zum E 1962, BTDrucks. IV/650 S. 477.
51 Begründung zum E 1962, BTDrucks. IV/650 S. 477.
52 Begründung zum E 1962, BTDrucks. IV/650 S. 477.

durch die Normierung eigenständiger Straf- und Bußgeldvorschriften oder durch Beweisnachteile.[53]

In der Tat genügt eine Vorlegungspflicht, die lediglich **öffentlich-rechtliche Verwaltungs- und Überwachungsaufgaben erleichtern** soll, nicht, um eine Straftat nach § 274 zu begründen.[54] In solchen Fällen würde bei der Nichtvorlage bloßer **Ungehorsam** sanktioniert, ohne dass strafwürdiges Unrecht vorliegt. Der Ungehorsam reicht für sich genommen nicht aus, um Kriminalstrafe zu verhängen.[55] Anderenfalls wird das Gesetz zum „Geßlerhut", ohne dass ein spezifischer Schuldvorwurf gemacht werden kann.[56] 20

Vor diesem Hintergrund ist es richtig, dass nach Auffassung der Rechtsprechung[57] und des überwiegenden Schrifttums[58] der **Reisepass** dem Inhaber im Sinne des § 274 ausschließlich gehört. Dass gemäß § 1 Abs. 4 Halbsatz 2 PaßG die Bundesrepublik Deutschland Eigentümerin des Passes ist, ändert daran nichts. Allgemein dient der Reisepass der Identifizierung beim Grenzübertritt; der Reisepassinhaber hat insofern das Beweisführungsrecht inne. Die Grenzkontrollstellen können lediglich verlangen, dass der Inhaber diesen Beweis führt, sind aber nicht selbst beweisführungsberechtigt.[59] Es geht insofern allein um die Erleichterung einer Überwachungsaufgabe. Folglich scheidet § 274 aus, wenn aus dem Reisepass eine Urkunde entfernt wird.[60] Entsprechendes gilt für den **Personalausweis** sowie für den **Führerschein**.[61] Auch hier geht es bei dem Umstand, dass die Papiere auf Verlangen einem zuständigen Hoheitsträger vorzulegen sind, um eine bloße Erleichterung von Überwachungsaufgaben, was für ein „Gehören" im Sinne des § 274 nicht reicht. Beweisführungsberechtigt ist allein der Inhaber des Personalausweises oder Führerscheins. 21

Auch die Vorlagepflicht bezüglich des **Fahrtenschreiberschaublatts** (§ 57a Abs. 2 Satz 4 StVZO) soll nicht zu einer Beweisführungsberechtigung der kontrollierenden Stelle führen.[62] Dafür spricht, dass diese Aufzeichnungen letztlich der bloßen Kontrolle dienen, ob Lenk- und Ruhezeiten sowie Verkehrsvorschriften eingehalten wurden, also die Erleichterung einer Überwachungsaufgabe in Rede steht. Nicht ohne Grund stellt die Nichtvorlage lediglich eine Ordnungswidrigkeit dar.[63] Die Befürchtung von Strafbarkeitslücken[64] ist vor dem Hintergrund des Art. 103 Abs. 2 GG kein Argument, die Zerstörung eines solchen Schaublatts unter § 274 zu subsumieren. Entsprechendes gilt für das **Fahrtenbuch** (§ 31a Abs. 3 StVZO). 22

53 Begründung zum E 1962, BTDrucks. IV/650 S. 477.

54 So auch BayObLG NJW **1997** 1592; OLG Düsseldorf NZV **1989** 477; OLG Zweibrücken GA **1978** 316, 317; LG Essen StV **2004** 368; *Eisele* Computerstrafrecht § 47 Rdn. 42; *Freund* MK³ Rdn. 29; *Gössel/Dölling* BT 1 § 52 Rdn. 42; Lackner/Kühl/*Heger* Rdn. 2; *Maurach/Schroeder/Maiwald* BT 2 § 65 Rdn. 101; *Michalke* NJW **1990** 417, 419; *Rengier* BT II § 36 Rdn. 6, 19; *Schroth* BT S. 312; *Weidemann* BeckOK Rdn. 4.

55 *Zieschang* (Gefährdungsdelikte) S. 383.

56 *Schroeder* S. 314.

57 BayObLG NJW **1990** 264, 265; ebenso BayObLG NJW **1997** 1592; OLG Hamm NStZ-RR **1998** 331; OLG Köln JMBlNW **1958** 114; LG Essen StV **2004** 368.

58 Arzt/Weber/Heinrich/Hilgendorf BT § 33 Rdn. 31; *Fischer* Rdn. 3; *Gössel/Dölling* BT 1 § 52 Rdn. 42; *Sch/Schröder/Heine/Schuster* Rdn. 5; *Kindhäuser/Hilgendorf* LPK Rdn. 8; *Kindhäuser/Schramm* BT I § 57 Rdn. 11; *Koch* HK-GS Rdn. 4; *Küpper/Börner* BT 1 § 6 Rdn. 56; Lackner/Kühl/*Heger* Rdn. 2; *Mätzke* MDR **1996** 19, 20; *Rengier* BT II § 36 Rdn. 6; *Weidemann* BeckOK Rdn. 4; **anders** *Otto* BT § 72 Rdn. 2; *Schneider* NStZ **1993** 16, 18; zweifelnd *Maurach/Schroeder/Maiwald* BT 2 § 65 Rdn. 101.

59 Siehe auch *Freund* MK³ Rdn. 22 ff.

60 Das war der Grund für die Einführung des § 273, der dieses Verhalten erfasst; siehe *Zieschang* LK § 273 Entstehungsgeschichte.

61 OLG Braunschweig NJW **1960** 1120, 1121; *Sch/Schröder/Heine/Schuster* Rdn. 5.

62 Siehe OLG Düsseldorf NJW **1985** 1231, 1232; OLG Düsseldorf NZV **1989** 477; *Kindhäuser/Hilgendorf* LPK Rdn. 7; *Kindhäuser/Schramm* BT I § 57 Rdn. 10; **anders** AG Elmshorn NJW **1989** 3295; *Bottke* JR **1991** 252, 253; *Otto* BT § 72 Rdn. 2; *Schmitz* S. 174; *Schneider* NStZ **1993** 16, 18; kritisch auch *Puppe* NZV **1989** 478, 479; *Puppe/Schumann* NK Rdn. 4.

63 § 69a Abs. 5 Nr. 6c StVZO.

64 Vgl. AG Elmshorn NJW **1989** 3295.

23 Andererseits normiert etwa § 60 Abs. 1 SGB I, dass jemand, der **Sozialleistungen** beantragt oder erhält, auf Verlangen des Leistungsträgers Beweisurkunden vorzulegen hat. In diesem Fall hat der Antragsteller keine ausschließliche Verfügungsbefugnis im Hinblick auf diese Unterlagen, sodass er sich nach § 274 Abs. 1 Nr. 1 strafbar macht, wenn er sie vernichtet.[65] Mit der Inanspruchnahme von Sozialleistungen verzichtet der Antragsteller auf seine alleinige Verfügungsbefugnis im Hinblick auf die zum Nachweis der Anspruchsberechtigung dienenden Unterlagen.[66] Entsprechendes gilt etwa für die Vorlegungspflichten nach §§ 319, 320 SGB III.[67]

24 § 274 schützt nicht bloß vermögensrechtliche Beweisinteressen von Hoheitsträgern.[68] So gehört ebenfalls das **Kfz-Kennzeichen**, welches die Erklärung der Zulassungsstelle verkörpert, dass das Fahrzeug unter diesem Kennzeichen für einen bestimmten Halter zum öffentlichen Verkehr zugelassen worden ist,[69] dem Kraftfahrzeughalter nicht allein,[70] denn damit werden auch Interessen anderer (etwa der Straßenverkehrsbehörde, anderer Verkehrsteilnehmer, Versicherungen) an der fahrzeuggebundenen Halterfeststellung und an der Individualisierung des Fahrzeugs geschützt. Auch das **medizinisch-psychologische Gutachten** zur Frage der Fahreignung (§ 11 Abs. 3 FeV) gehört im Sinne des § 274 nicht nur dem begutachteten Fahrerlaubnisbewerber, sondern nach dessen Vorlage ebenfalls der Fahrerlaubnisbehörde.[71]

2. Tathandlungen

25 § 274 Abs. 1 Nr. 1 listet als Tathandlungen das **Vernichten**, **Beschädigen** oder **Unterdrücken** auf. Maßgeblich ist hierbei, dass durch die jeweilige Verhaltensweise der **Beweiswert** des Tatobjekts **beeinträchtigt** wird.[72]

26 **a) Vernichten.** Das Tatobjekt ist vernichtet, wenn es tatsächlich so beeinträchtigt worden ist, dass die mit ihm verbundene Beweisführungsmöglichkeit vollständig aufgehoben worden ist.[73] Die Urkunde oder technische Aufzeichnung ist als Beweismittel nicht mehr vorhanden oder nicht mehr verwendbar.[74] Das kann etwa durch ein vollständiges Zerstören des Objekts (etwa durch Verbrennen einer Urkunde) erfolgen. Hierunter fällt auch das Trennen einer zusammengesetzten Urkunde.[75] Möglich ist ebenfalls, dass lediglich die Gedankenerklärung oder Ausstellerangabe auf der Urkunde unkenntlich gemacht wird (Übermalen, Ausradieren der Erklärung),[76] sodass dann die Urkunde nicht mehr existiert. Dies kann auch durch Entwertung etwa einer Fahrkarte oder

65 BGHSt **29** 192, 195.
66 BGHSt **29** 192, 195.
67 Siehe insofern auch BGHSt **29** 192, 194 f.
68 *Fischer* Rdn. 3; *Puppe/Schumann* NK Rdn. 4.
69 BGHSt **45** 197, 200; BGH NJW **2018** 87, 88; OLG München BeckRS **2019** 4553; *Peters* JuS **2019** 33, 37; *Trentmann* NZV **2014** 298, 301.
70 OLG Frankfurt NStZ **2020** 619; *Baier* JuS **2004** 56, 57; *Eisele* BT I Rdn. 900; *Sch/Schröder/Heine/Schuster* Rdn. 5; *Krack* NStZ **2000** 423; *Matt/Renzikowski/Maier* Rdn. 10; SSW/*Wittig* Rdn. 10.
71 *Bosch* JK **2020** 407; *Jäger* JA **2020** 310; offengelassen von BGH BeckRS **2019** 30105; **anders** *Fahl* NStZ-RR **2020** 177, 178.
72 *Bock* BT 1 S. 485; *Hoyer* SK Rdn. 10.
73 *Weidemann* BeckOK Rdn. 5.
74 Siehe Arzt/Weber/Heinrich/Hilgendorf BT § 33 Rdn. 30; *Baier* JuS **2004** 56, 57; *Eisele* Computerstrafrecht § 47 Rdn. 43; *Fischer* Rdn. 4; *Gribbohm* LK[11] Rdn. 26; *Sch/Schröder/Heine/Schuster* Rdn. 7; *Joecks/Jäger* Rdn. 9.
75 Siehe RGSt **60** 402, 404; RGSt **67** 230, 233; OLG Karlsruhe BeckRS **2019** 12710; *Eisele* BT I Rdn. 901; *Erb* MK Rdn. 12; *Fischer* Rdn. 4; *Hoyer* SK Rdn. 11; *Kindhäuser/Schramm* BT I § 57 Rdn. 13; *Koch* HK-GS Rdn. 6; *Küpper/Börner* BT 1 § 6 Rdn. 57; SSW/*Wittig* Rdn. 11; von einem Beschädigen ausgehend *Sch/Schröder/Heine/Schuster* Rdn. 8b.
76 Vgl. etwa BGH NJW **1954** 1375; RGSt **34** 114, 118; RGSt **35** 331, 332; RG Rspr. **4** 670, 671; BayObLG NJW **1980** 1057, 1058; *Sch/Schröder/Heine/Schuster* Rdn. 7; *Hoyer* SK Rdn. 11.

Eintrittskarte geschehen.[77] Das Löschen einer Tonaufnahme als technische Aufzeichnung[78] fällt ebenfalls unter das Vernichten.

b) Beschädigen. Von einem Beschädigen ist auszugehen, wenn der Beweiswert des Tatobjekts zwar noch nicht völlig aufgehoben, jedoch nicht nur unerheblich beeinträchtigt ist.[79] Die Urkunde oder technische Aufzeichnung existiert zwar als solche fort, ist aber in ihrem Beweiswert gemindert. Daran ändert sich auch nichts, wenn die Einwirkung kenntlich gemacht wird.[80] Jedoch sind (Substanz-)Beeinträchtigungen, welche den Beweiswert unberührt lassen, nicht tatbestandlich.[81] 27

In Betracht kommt ein Abschneiden, Einreißen,[82] Übermalen oder Überkleben. Das Überkleben einer Urkunde mit durchsichtiger Folie genügt aber hierfür nicht.[83] Anders ist dies aber zu beurteilen beim Überkleben eines Kfz-Kennzeichens mit einer Folie, die dazu führt, dass der Dienststempel der Zulassungsbehörde unkenntlich gemacht wird und dadurch der Aussteller nicht mehr erkennbar ist.[84] Auch wenn die Beschädigung rückgängig gemacht werden kann, ist sie grundsätzlich gegeben,[85] es sei denn, die Erheblichkeitsschwelle ist nicht überschritten, weil es möglich ist, die Beeinträchtigung ohne großen Aufwand wieder zu beseitigen. 28

c) Unterdrücken. In diesem Fall wird dem Beweisberechtigten die Nutzung des Tatobjekts als Beweismittel für eine nicht ganz unerhebliche Zeit entzogen oder vorenthalten.[86] Es bleibt zwar existent, steht dem Berechtigten aber nicht zur Verfügung. Ohne stoffliche Veränderung wird dem Berechtigten die Beweismittelverwendung unmöglich gemacht. 29

Das Vorenthalten bloß für eine einzelne Beweisführung ist bereits tatbestandsmäßig.[87] Die vorübergehende Entziehung reicht also aus.[88] Es ist dabei noch nicht einmal erforderlich, dass der Berechtigte das Tatobjekt in diesem Zeitraum zum Beweis benötigt oder gebrauchen will.[89] Geschützt ist durch § 274 auch bereits die potentielle Beweisführungsmöglichkeit.[90] Weiß der Täter jedoch, dass der Berechtigte das Tatobjekt während des Zeitraums der Entziehung nicht benötigt, kann ihm die Nachteilszufügungsabsicht fehlen.[91] 30

---

77 *Sch/Schröder/Heine/Schuster* Rdn. 7.

78 Siehe *Zieschang* LK § 268 Rdn. 13.

79 Siehe RGSt **10** 43, 44; RGSt **67** 226, 229 f.; OLG Düsseldorf NJW **1983** 2341, 2342; *Bosch* JK **2020** 407; *Eisele* BT I Rdn. 901; *Erb* MK Rdn. 13; *Fischer* Rdn. 5; *Freund* MK³ Rdn. 46; *Gössel/Dölling* BT 1 § 52 Rdn. 43; *Sch/Schröder/Heine/Schuster* Rdn. 8; *Hohmann/Sander* BT § 19 Rdn. 15; *Hoyer* SK Rdn. 12; *Joecks/Jäger* Rdn. 9; *Kindhäuser/Hilgendorf* LPK Rdn. 9; *Kindhäuser/Schramm* BT I § 57 Rdn. 14; *Klesczewski* BT § 17 Rdn. 84; *Küper/Zopfs* BT Rdn. 557; *Küpper/Börner* BT 1 § 6 Rdn. 57; *Matt/Renzikowski/Maier* Rdn. 15; *Rengier* BT II § 36 Rdn. 10; *Weidemann* BeckOK Rdn. 6; *Zieschang* JA **2008** 192, 195.

80 Siehe aber auch OLG Düsseldorf NStZ **1981** 25, 26. Im Einzelfall kann dann jedoch eventuell die Nachteilszufügungsabsicht fehlen; *Maurach/Schroeder/Maiwald* BT 2 § 65 Rdn. 104.

81 Arzt/Weber/Heinrich/Hilgendorf BT § 33 Rdn. 30.

82 RGSt **10** 43, 44.

83 OLG Düsseldorf NJW **1983** 2341, 2342; *Sch/Schröder/Heine/Schuster* Rdn. 8a.

84 OLG Frankfurt NStZ **2020** 619.

85 Siehe RGSt **10** 43, 44 f.; RG Rspr. **2** 135, 136.

86 Siehe RGSt **1** 159, 160; RGSt **57** 310, 312; OLG Düsseldorf NStZ **1981** 25, 26; OLG Düsseldorf NJW **1989** 115, 116; *Bock* BT 1 S. 485; *Eisele* BT I Rdn. 902; *Fischer* Rdn. 6; *Hoyer* SK Rdn. 13; *Joecks/Jäger* Rdn. 10; *Kindhäuser/Schramm* BT I § 57 Rdn. 15; *Klesczewski* BT § 17 Rdn. 84; *Koch* HK-GS Rdn. 8; Lackner/Kühl/*Heger* Rdn. 2; *Rengier* BT II § 36 Rdn. 11; *Weidemann* BeckOK Rdn. 7; *Wessels/Hettinger/Engländer* BT 1 Rdn. 881.

87 *Gössel/Dölling* BT 1 § 52 Rdn. 43.

88 RGSt **39** 80, 81; RGSt **39** 405, 408; RGSt **57** 310, 312; RG JW **1937** 1336; *Sch/Schröder/Heine/Schuster* Rdn. 10; *Otto* BT § 72 Rdn. 4.

89 RG LZ **1914** 780.

90 Siehe Rdn. 5.

91 *Gribbohm* LK¹¹ Rdn. 29; *Matt/Renzikowski/Maier* Rdn. 17.

31 Das Unterdrücken setzt keine Heimlichkeit voraus.[92] Auch ist keine Ortsveränderung (räumliche Entfernung) des Tatobjekts notwendig;[93] es genügt, dass jemand eine Urkunde oder technische Aufzeichnung bloß nicht herausgibt.[94] § 274 Abs. 1 Nr. 1 ist daher erfüllt, wenn jemand einen Brief, der ihm irrtümlich zugestellt worden ist, pflichtwidrig nicht an den Berechtigten herausgibt.[95] Das Unterdrücken setzt keine Einwirkung auf das Tatobjekt selbst voraus.[96]

32 Umstritten ist, ob das Übersprühen eines Kfz-Kennzeichens mit farbloser Flüssigkeit, die bei Blitzlichtaufnahmen reflektiert, sodass das Kennzeichen nicht erkennbar ist, den objektiven Tatbestand des § 274 Abs. 1 Nr. 1 erfüllt.[97] In diesem Fall muss man jedoch feststellen, dass das Kennzeichen tatsächlich nicht zu Beweiszwecken verwendet werden kann. Dem Beweisberechtigten wird also die Nutzung der Urkunde vorenthalten. Es verhält sich nicht anders, als würde das Kennzeichen im Zeitpunkt der Aufnahme überdeckt. Daher ist richtigerweise § 274 Abs. 1 Nr. 1 erfüllt.

III. § 274 Abs. 1 Nr. 2

1. Tatobjekte

33 § 274 Abs. 1 Nr. 2 nennt als Tatobjekte **beweiserhebliche Daten im Sinne des § 202a**. Damit weisen § 269 einerseits und § 274 andererseits im Ausgangspunkt Unterschiede in Bezug auf das Tatobjekt auf.

34 So findet sich in § 269 im Gegensatz zu § 274 Abs. 1 Nr. 2 im Hinblick auf den Begriff der **Daten** kein Verweis auf § 202a. Dennoch wirkt sich dieser Unterschied letztlich nicht maßgeblich aus: Der Datenbegriff in § 269 ist zwar insofern weiter als derjenige in § 202a, als von § 269 auch Manipulationen an Daten erfasst sind, die eingegeben und dann erst gespeichert werden,[98] während § 202a Abs. 2 bereits gespeicherte Daten betrifft. Da aber im Fall des § 274 die Daten erst überhaupt vorliegen müssen, mit anderen Worten in der Regel bereits gespeichert sind, um sie dann löschen, unterdrücken usw. zu können, hat dieser Unterschied keine entscheidende Bedeutung. Es wird dadurch von § 274 lediglich der Fall nicht erfasst, dass noch nicht gespeicherte Daten in der Eingabephase gelöscht werden, eine Konstellation, die doch eher zu vernachlässigen ist.

35 Bedeutsamer ist der Aspekt, dass der Wortlaut des § 274 anders als § 269 keinen hypothetischen Vergleich zur Urkunde verlangt. Dementsprechend ist umstritten, ob im Fall des § 274 Abs. 1 Nr. 2 eine **Datenurkunde** vorliegen muss oder nicht.[99]

---

92 RGSt **10** 391; RGSt **22** 283; RGSt **57** 310, 312; RG JW **1937** 1336; *Fischer* Rdn. 6; *Sch/Schröder/Heine/Schuster* Rdn. 9; *Schroth* BT S. 313.

93 *Brehmeier-Metz* AK Rdn. 13; *Erb* MK Rdn. 14; *Fischer* Rdn. 6; *Freund* MK³ Rdn. 47.

94 Vgl. RGSt **10** 391; RGSt **49** 144, 145; RG Recht **1915** Nr. 1247; RG Recht **1915** Nr. 1248. Dagegen soll nach OLG Dresden JW **1934** 2640 f. der § 274 nicht vorliegen, wenn der Vermieter eine für den ausgezogenen Mieter bestimmte Sendung an den Absender zurückgehen lässt.

95 RGSt **10** 391 f.; RGSt **49** 144, 145; *Weidemann* BeckOK Rdn. 7. Erforderlich ist dabei aber beim bloßen Unterlassen eine Garantenstellung; zum Unterlassen, siehe Rdn. 56 f.

96 *Sch/Schröder/Heine/Schuster* Rdn. 10; **anders** *Lampe* JR **1998** 304, 305.

97 **Ablehnend** *Eisele* BT I Rdn. 902; *Krack* NStZ **2000** 423; Lackner/Kühl/*Heger* Rdn. 2; *Weidemann* BeckOK Rdn. 7. **Befürwortend** *Baier* JuS **2004** 56, 57; *Sch/Schröder/Heine/Schuster* Rdn. 10; *Puppe/Schumann* NK Rdn. 10. Nach dem BayObLG NZV **1999** 213, 214 ist § 22 Abs. 1 Nr. 3 StVG erfüllt.

98 Siehe *Zieschang* LK § 269 Rdn. 8.

99 **Befürwortend** etwa OLG Nürnberg ZD **2013** 282 f.; *Bleckat* NJ **2021** 395, 396; *Erb* MK Rdn. 23; *Freund* MK³ Rdn. 32; *Gössel/Dölling* BT 1 § 52 Rdn. 44; *Haft* BT II S. 207; *Hilgendorf* JuS **1997** 323, 325; *Klesczewski* BT § 17 Rdn. 86; *Koch* HK-GS Rdn. 10; Lackner/Kühl/*Heger* Rdn. 5; *Otto* BT § 72 Rdn. 9; *Puppe/Schumann* NK Rdn. 8; SSW/*Wittig* Rdn. 14. **Ablehnend** *Bär*, in: Wabnitz/Janovsky/Schmitt 15. Kap. Rdn. 68; *Brehmeier-Metz* AK Rdn. 5; *Eisele* BT I Rdn. 905; *ders.* Computerstrafrecht § 47 Rdn. 44; *Gribbohm* LK¹¹ Rdn. 13, 15; *Sch/Schröder/Heine/Schuster* Rdn. 22c; *Hoyer* SK Rdn. 18; *Joecks/Jäger* Rdn. 11; *Lenckner/Winkelbauer* CR **1986** 824, 827; *Maurach/Schroeder/Maiwald* BT 2 § 65 Rdn. 105; *Schulze-Heiming* S. 229; *Weidemann* BeckOK Rdn. 8; Voraufl., diese Ansicht wird aufgegeben.

Insofern ist zu bedenken: Natürlich ist verständlich, dass § 274 diesbezüglich nicht unmittelbar auf die Formulierung in § 269 verweisen kann, werden doch von § 274 Abs. 1 Nr. 2 ebenso wie von § 274 Abs. 1 Nr. 1 nur **echte Tatobjekte** geschützt,[100] dagegen spricht § 269 davon, dass im Fall der Wahrnehmung der Daten „eine unechte oder verfälschte Urkunde vorliegen würde". Dennoch ist fraglich, ob nicht auch in der Konstellation des § 274 eine (echte) Datenurkunde vorliegen muss. 36

Der Wortlaut der Norm verlangt das nicht ausdrücklich. Andererseits ist in § 274 Abs. 1 Nr. 2 von **beweiserheblichen** Daten die Rede. Nach den Gesetzesmaterialien ist dies wie in § 269 zu verstehen.[101] Hierbei geht es nun aber inhaltlich um nichts anders als um die Erfordernisse der Beweiseignung und Beweisbestimmung, so wie sie auch mit dem Urkundenbegriff verbunden sind.[102] Das spricht dafür, auch bei § 274 Abs. 1 Nr. 2 zu fordern, dass im Fall der Wahrnehmung der Daten eine Urkunde vorliegen würde. Für eine solche Sicht ist zudem anzuführen, dass die Regelung in § 274 Abs. 1 Nr. 2 eine (bloße) Folgeänderung aus der Einführung des § 269 darstellt. Letztere Vorschrift ist wiederum in das Gesetz aufgenommen worden, um Strafbarkeitslücken zu schließen, da bei Daten mangels visueller Wahrnehmbarkeit keine Urkunde im Sinne des § 267 vorliegt.[103] Das spricht dann aber dafür, bei § 274 eine Parallele zu dem Paar §§ 267, 269 zu ziehen: So wie § 274 Abs. 1 Nr. 1 eine Urkunde im Sinne des § 267 voraussetzt,[104] ist dann für § 274 Abs. 1 Nr. 2 das Vorliegen einer Datenurkunde im Sinne des § 269 zu verlangen. Der Umfang der von § 274 Abs. 1 Nr. 2 erfassten Objekte steht damit im grundsätzlichen Gleichklang mit § 269. Für diese Auslegung lässt sich zudem in systematischer Hinsicht anführen, dass auf diese Weise eine sinnvolle Abstufung zu § 303a hergestellt werden kann, indem für § 274 Abs. 1 Nr. 2 neben dem Erfordernis, dass der Täter über die Daten nicht oder nicht ausschließlich verfügen darf, zusätzlich verlangt wird, dass im Fall der Wahrnehmung der Daten eine Urkunde vorliegen würde. Das vermeidet im Übrigen Friktionen zu § 269, indem Fälschungen, die mangels Urkundenqualität des Tatobjekts nicht dem § 269 unterfallen, dann auch nicht von § 274 Abs. 1 Nr. 2 erfasst sind. Zudem werden Veränderungen, die schriftliche Lügen darstellen, im Gleichlauf mit § 269 ebenfalls bei § 274 Abs. 1 Nr. 2 ausgeschieden. Zu verlangen ist damit insgesamt für § 274 Abs. 1 Nr. 2, dass die betroffenen **Daten vor der Tat bei einem hypothetischen Vergleich die Qualität einer echten Urkunde** haben. 37

Es geht nur um Datenurkunden, über die der Täter **nicht oder nicht ausschließlich verfügen** darf. Das ist entsprechend zu interpretieren wie das „Gehören" im Sinne des § 274 Abs. 1 Nr. 1:[105] Maßgeblich ist also, ob einem anderen als dem Täter ein Beweisführungsrecht zusteht.[106] Das wird letztlich sogar durch den Begriff „Verfügen" noch deutlicher zum Ausdruck gebracht als durch das „Gehören" in Nr. 1. 38

2. Tathandlungen

§ 274 Abs. 1 Nr. 2 listet das **Löschen**, **Unterdrücken**, **Unbrauchbarmachen** und **Verändern** auf. Auch hier ist jeweils die Beeinträchtigung des **Beweisführungsrechts** relevant. 39

100 Siehe dazu Rdn. 4, 8 f.
101 BTDrucks. 10/5058 S. 34.
102 *Zieschang* LK § 269 Rdn. 11.
103 *Zieschang* LK § 269 Entstehungsgeschichte.
104 Oder eine technische Aufzeichnung gemäß § 268.
105 *Eisele* BT I Rdn. 906; *Erb* MK Rdn. 24; *Fad* Jura **2002** 632, 634; *Freund* MK³ Rdn. 36; *Sch/Schröder/Heine/Schuster* Rdn. 22d; *Lenckner/Winkelbauer* CR **1986** 824, 827.
106 OLG Hamm BeckRS **2020** 9059; *Eisele* BT I Rdn. 906.

40 **a) Löschen.** Darunter ist zu verstehen, dass die Daten zur Beweisführung unwiederbringlich verloren sind.[107] Möglich ist dies etwa durch Zerstören des Datenträgers, durch endgültiges Überschreiben der Daten[108] oder durch Vernichtung der Daten unter Benutzung eines (Viren-)Programms.[109] Das Verschieben in den „Papierkorb" des Computers wird man noch nicht ausreichen lassen können, sofern die Daten unproblematisch wiederherstellbar sind.

41 **b) Unterdrücken.** In dieser Variante existieren die Tatobjekte zwar weiterhin, sind jedoch für eine nicht unerhebliche Zeit dem Zugriff und damit der Beweisführungsmöglichkeit des Berechtigten entzogen.[110] Das kann etwa geschehen durch das Errichten eines Passworts[111] oder Vorenthalten des Datenträgers.

42 **c) Unbrauchbarmachen.** Diese Handlungsvariante ist erfüllt, wenn der Täter so auf die Daten einwirkt, dass sie der Beweisführungsberechtigte nicht mehr zur Beweisführung benutzen kann, da sie nicht mehr ordnungsgemäß und bestimmungsgemäß verwendbar sind.[112] Das kann etwa geschehen durch technische Manipulationen oder eine inhaltliche Umgestaltung.[113]

43 **d) Verändern.** Darunter ist vergleichbar mit dem Beschädigen zu verstehen, dass der eigentliche Beweisführungszweck nicht nur unerheblich beeinträchtigt wird,[114] indem ein anderer Dateninhalt hergestellt wird.[115] Das ist etwa anzunehmen beim Verwenden einer Geldkarte.[116]

IV. § 274 Abs. 1 Nr. 3

44 Die Vorschrift hat heute praktisch keine Bedeutung mehr. Sie dient dem Schutz **echter Beweismittel.**[117] Folglich muss das Merkmal durch eine zuständige Stelle oder einen sonstigen Berechtigten gesetzt worden sein.[118] Auf die inhaltliche Wahrheit kommt es hingegen nicht an.[119] Auch die Eigentumsverhältnisse spielen keine Rolle.[120] Es kann sich im Einzelfall um Urkunden handeln, falls mit ihnen eine Gedankenerklärung verbunden und der Aussteller erkennbar ist. Nicht selten geht es aber um bloße Augenscheinsobjekte, insbesondere dann, wenn natürliche Markierungen (etwa ein Flusslauf) in Rede stehen.

---

107 *Eisele* Computerstrafrecht § 47 Rdn. 45; *Gössel/Dölling* BT 1 § 52 Rdn. 45; *Joecks/Jäger* Rdn. 13.
108 Vgl. *Duchstein* NZV **2013** 367, 371.
109 *Matt/Renzikowski/Maier* Rdn. 19.
110 *Eisele* BT I Rdn. 907; *Gössel/Dölling* BT 1 § 52 Rdn. 45; SSW/*Wittig* Rdn. 16; siehe auch *Duchstein* NZV **2013** 367, 370.
111 Siehe *von Gravenreuth* NStZ **1989** 201, 206; *Gribbohm* LK[11] Rdn. 32; *Haurand/Vahle* RDV **1990** 128, 129.
112 *Eisele* Computerstrafrecht § 47 Rdn. 45; *Joecks/Jäger* Rdn. 15; *Klesczewski* BT § 17 Rdn. 86; *Matt/Renzikowski/Maier* Rdn. 21.
113 Siehe auch *Haurand/Vahle* RDV **1990** 128, 129.
114 *Bock* BT 1 S. 487; *Eisele* BT I Rdn. 907.
115 *Gössel/Dölling* BT 1 § 52 Rdn. 45; *Joecks/Jäger* Rdn. 16.
116 Siehe OLG Hamm BeckRS **2020** 9059; siehe zu dieser Entscheidung auch *Göhler* JR **2021** 6, 22; *Heghmanns* ZJS **2020** 494, 497; *Kudlich* JA **2020** 710, 712 f.
117 Siehe RGSt **17** 10, 12; RGSt **20** 202, 203 f.; RGSt **23** 253, 256 f.; RGSt **41** 94, 95 f.
118 Vgl. auch RG Rspr. **10** 46, 47.
119 Siehe RGSt **48** 252, 254; *Sch/Schröder/Heine/Schuster* Rdn. 27; *Weidemann* BeckOK Rdn. 9.
120 *Freund* MK[3] Rdn. 41; *Haft* BT II S. 208; *Sch/Schröder/Heine/Schuster* Rdn. 24; *Kindhäuser/Hilgendorf* LPK Rdn. 13.

1. Tatobjekte

§ 274 Abs. 1 Nr. 3 betrifft **Grenzsteine**, andere **Grenzmerkmale** sowie **Wasserstandsmerkmale**. 45

Beim **Grenzstein** handelt sich um einen durch eine zuständige Stelle wirksam[121] gesetzten körperlichen Gegenstand, der geeignet und bestimmt ist, eine Grenze zu kennzeichnen. Er macht die Reichweite des Eigentums oder anderer dinglicher Rechte deutlich.[122] Entgegen der Auffassung des RG[123] kann er aber auch persönliche Nutzungsrechte betreffen.[124] Erfasst sind nicht nur privatrechtliche Verhältnisse, sondern auch öffentlich-rechtliche.[125] 46

Die Abmarkung erfolgt kraft behördlicher Entscheidung, Verkehrssitte oder Vereinbarung.[126] Eine einseitige Markierung durch eine Privatperson genügt nicht.[127] Dagegen spielt es keine Rolle, ob der Grenzstein dauerhaft oder nur vorübergehend gesetzt wird.[128] 47

Unter **anderen Grenzmerkmalen** versteht man sonstige Gegenstände, die dazu geeignet und bestimmt sind, eine Grenze zu kennzeichnen.[129] Das Grenzzeichen kann künstlich hergestellt oder aber naturgegeben (Baum, Hecke, Wasserlauf) sein.[130] 48

Wasserstandsmerkmale sind zur Regelung der Reichweite von Nutzungsrechten am Wasser geeignet und bestimmt.[131] Nicht erfasst ist daher der bloß die Wasserhöhe messende Pegel.[132] 49

2. Tathandlungen

§ 274 Abs. 1 Nr. 3 listet als Tathandlungen das **Wegnehmen**, **Vernichten**, **Unkenntlichmachen**, **Verrücken** oder **fälschlich Setzen** auf. Auch hier geht es wie in den Fällen der Nummern eins und zwei um die Beeinträchtigung des Beweiswerts. 50

a) Wegnehmen. Anders als im Fall der Wegnahme im Sinne des § 242 braucht es nicht zum Bruch fremden Gewahrsams gekommen zu sein.[133] So genügt es etwa, die konkrete Lage des Grenzsteins zu verändern, etwa ihn auszugraben, selbst wenn er am Tatort liegengelassen wird.[134] Das Entfernen von der bestimmungsgemäßen Stelle reicht also aus.[135] 51

b) Vernichten. Beim Vernichten wird so auf den Gegenstand eingewirkt, dass er als Beweismerkmal nicht mehr vorhanden ist. Das ist etwa der Fall, wenn der Grenzstein zertrümmert wird. 52

---

121 Vgl. RGSt **23** 253, 256 f.; RGSt **41** 94, 95 f.; RGSt **42** 72, 75.

122 RGSt **20** 196 f.; RGSt **48** 252, 253; *Brehmeier-Metz* AK Rdn. 8.

123 Siehe RGSt **20** 196 f.; RG Rspr. **5** 251, 252 f.

124 *Welzel* Strafrecht § 61 IV; **anders** *Sch/Schröder/Heine/Schuster* Rdn. 26.

125 RGSt **48** 252, 253; *Fischer* Rdn. 13; *Sch/Schröder/Heine/Schuster* Rdn. 25 f.; *Matt/Renzikowski/Maier* Rdn. 13.

126 Siehe *Joecks/Jäger* Rdn. 17.

127 RGSt **23** 253, 257; RG Rspr. **6** 49; RG Rspr. **10** 46, 47; *Gribbohm* LK[11] Rdn. 21; *Sch/Schröder/Heine/Schuster* Rdn. 26.

128 Siehe RGSt **56** 193. Nicht ausreichend ist aber, dass es nur eine vorläufige Festlegung ist, welche die Grenze nicht schon genau markiert; siehe RGSt **56** 193; RG Recht **1915** Nr. 1909.

129 Siehe RGSt **3** 410; RGSt **6** 199, 200; *Eisele* BT I Rdn. 910; *Fischer* Rdn. 13; *Sch/Schröder/Heine/Schuster* Rdn. 26; *Joecks/Jäger* Rdn. 17.

130 RG LZ **1914** 88; *Sch/Schröder/Heine/Schuster* Rdn. 26.

131 *Eisele* BT I Rdn. 910; *Gribbohm* LK[11] Rdn. 23; *Sch/Schröder/Heine/Schuster* Rdn. 28.

132 *Brehmeier-Metz* AK Rdn. 9; *Fischer* Rdn. 13; *Freund* MK[3] Rdn. 43.

133 Siehe *Brehmeier-Metz* AK Rdn. 18; *Erb* MK Rdn. 30; *Freund* MK[3] Rdn. 65; *Joecks/Jäger* Rdn. 19; Lackner/Kühl/*Heger* Rdn. 6; *Otto* Jura **1992** 666, 668.

134 Siehe RG GA Bd. **54** (1907) 71; *Laubenthal* JA **1990** 38, 43; *Otto* Jura **1992** 666, 668; *ders.* BT § 72 Rdn. 13.

135 *Eisele* BT I Rdn. 911; *Fischer* Rdn. 14.

53 **c) Unkenntlichmachen.** Bei dieser Tathandlung ist das Grenz- oder Wasserstandsmerkmal zwar substanziell noch vorhanden, jedoch wird so darauf eingewirkt, dass mit ihm kein Beweis mehr geführt werden kann. Das ist etwa anzunehmen, wenn ein Grenzstein eingepflügt wird und er dadurch nicht mehr sichtbar ist.[136]

54 **d) Verrücken.** Hierunter ist zu verstehen, dass das Tatobjekt an eine andere Stelle gesetzt wird.[137]

55 **e) Fälschliches Setzen.** In dieser Variante erweckt der Täter den falschen Eindruck, es handele sich um ein echtes Grenz- oder Wasserstandsmerkmal, das also wirksam von der zuständigen Stelle gesetzt worden ist.[138] Dabei müssen nicht zwingend Gegenstände verwendet werden, die bereits der Kennzeichnung einer Grenze dienten.[139]

V. Unterlassen

56 Der Tatbestand des § 274 kann auch durch ein bloßes Unterlassen, also durch Passivität, verwirklicht werden. Verweigert etwa jemand trotz Garantenstellung die Herausgabe einer Urkunde, zu der er entsprechend verpflichtet ist, kommt eine Strafbarkeit gemäß §§ 274 Abs. 1 Nr. 1, 13 in Betracht.

57 Zu beachten ist dabei jedoch, dass im Einzelfall Konflikte mit dem **nemo tenetur-Grundsatz** entstehen können, falls der Betreffende mit der Herausgabe der Unterlagen gleichzeitig offenbaren würde, dass er eine Straftat (zum Beispiel eine Steuerhinterziehung) begangen hat. Hier wird man sagen müssen, dass in solchen Fällen zur Wahrung des mit Verfassungsrang ausgestatteten Grundsatzes der Selbstbelastungsfreiheit das Unterlassen nicht mehr der Verwirklichung des Tatbestands durch ein Tun entspricht (§ 13 Abs. 1 a.E.), sodass die Strafbarkeit nach §§ 274, 13 dann ausscheidet.[140]

VI. Subjektiver Tatbestand

58 Der subjektive Tatbestand des § 274 setzt sich zusammen aus dem **Vorsatz** und der **Nachteilszufügungsabsicht**.

1. Vorsatz

59 Umfasst ist das gesamte Vorsatzspektrum. **Dolus eventualis** genügt folglich.[141] Der Täter muss zumindest im Sinne einer Parallelwertung in der Laiensphäre wissen, dass er das Beweisführungsrecht eines anderen beeinträchtigt.

---

136 *Gribbohm* LK[11] Rdn. 49.

137 *Eisele* BT I Rdn. 911.

138 Siehe *Joecks/Jäger* Rdn. 20; *Matt/Renzikowski/Maier* Rdn. 24.

139 RGSt **16** 280, 281; *Sch/Schröder/Heine/Schuster* Rdn. 29.

140 Siehe dazu im Einzelnen *Zieschang* HRRS **2013** 49, 52 f.; vgl. zudem *Bottke* JR **1991** 252, 255; *Puppe* NZV **1989** 478; *Schneider* NStZ **1993** 16, 23 (teleologische Reduktion).

141 *Eisele* BT I Rdn. 903; *Erb* MK Rdn. 15; *Freund* MK[3] Rdn. 51; *Sch/Schröder/Heine/Schuster* Rdn. 13; *Hohmann/Sander* BT § 19 Rdn. 17; *Hoyer* SK Rdn. 14; *Joecks/Jäger* Rdn. 21; *Otto* BT § 72 Rdn. 5; *Weidemann* BeckOK Rdn. 10.

2. Nachteilszufügungsabsicht

Sämtliche Varianten des § 274 setzen voraus, dass der Täter neben dem Vorsatz Nachteilszufügungsabsicht aufweist. Hierbei ist für die Nachteilszufügungsabsicht nicht zwingend dolus directus 1. Grades erforderlich,[142] vielmehr ist das besondere subjektive Merkmal zu bejahen, sofern der Täter **dolus directus 2. Grades** aufweist.[143] Oft geht es nämlich dem Täter um eigensüchtige Motive, wobei er die Beweisbeeinträchtigung eines anderen als sichere Folge seines Verhaltens sieht, ohne sie zu erstreben.[144] Auch dann bedarf es des Strafrechtsschutzes über § 274. Es reicht folglich sicheres Wissen, dass die Tat einen Nachteil zur Folge haben wird. Im Gegensatz zur Auffassung des BGH[145] genügt es aber für die Absicht nicht, wenn der Täter bloß um die jederzeit realisierbare potentielle Beweisbedeutung weiß,[146] denn damit ließe man letztlich dolus eventualis genügen, der für die Absicht richtigerweise nicht ausreicht.[147] 60

Nicht erforderlich ist eine irgendwie geartete Täuschungs- oder Bereicherungsabsicht.[148] Andererseits ist die Absicht nicht ausgeschlossen, wenn der Täter irrtümlich meint, er sei zur Selbsthilfe berechtigt;[149] vielmehr handelt es sich insofern um eine im Hinblick auf § 17 relevante Konstellation. An der Nachteilszufügungsabsicht soll es nach dem OLG Zweibrücken fehlen, wenn die Beweisführung durch Beweismittel außerhalb der Urkunde mit derselben Sicherheit möglich ist wie mit der Urkunde vor ihrer Beschädigung.[150] Dagegen spricht jedoch, dass dann die Beweisführung mit der Urkunde selbst dennoch beeinträchtigt ist. 61

Der Begriff des Nachteils ist weit zu verstehen. Er umfasst jede Beeinträchtigung fremder Rechte.[151] Der Nachteil muss jedoch nach der Vorstellung des Täters aus der **Beeinträchtigung des Beweisführungsrechts** resultieren.[152] Er braucht nicht vermögensrechtlicher Art sein.[153] Die Verletzung eines fremden Beweisführungsrechts als solches[154] oder die daraus resultierende Be- 62

---

142 So aber RGSt **16** 150, 151; RGSt **50** 55, 56; RGSt **59** 13, 17 f.; RG JW **1923** 608, 609; *Erb* MK Rdn. 18 ff.; *Freund* MK³ Rdn. 52 ff.; *Hoyer* SK Rdn. 17; *Otto* BT § 72 Rdn. 6.

143 BVerfG BeckRS **2020** 17573; BGH NJW **1953** 1924; BGH bei Dallinger MDR **1958** 139, 140; BGH NStZ **2010** 332, 333; RG HRR **1942** Nr. 420; RGSt **31** 143, 149; RGSt **39** 405, 406; RGSt **55** 74, 76; BayObLG NJW **1968** 1896, 1897; OLG Celle NJW **1966** 557, 558; OLG Hamm BeckRS **2020** 25379; OLG Köln VRS **50** 421, 423; Arzt/Weber/Heinrich/Hilgendorf BT § 33 Rdn. 34; *Eisele* Computerstrafrecht § 47 Rdn. 46; *Fischer* Rdn. 9a; *Gössel/Dölling* BT 1 § 52 Rdn. 47; *Haft* BT II S. 208; *Hilgers* ZJS **2022** 82, 83 f.; *Hohmann/Sander* BT § 19 Rdn. 17; *Kindhäuser/Schramm* BT I § 57 Rdn. 16; *Küpper/Börner* BT 1 § 6 Rdn. 58; *Schroth* BT S. 314.

144 Vgl. OLG Celle NJW **1966** 557, 558; *Sch/Schröder/Heine/Schuster* Rdn. 15.

145 BGH NStZ **2010** 332, 333; ebenso wie der BGH *Fischer* Rdn. 9a; *Sch/Schröder/Heine/Schuster* Rdn. 15; *Küpper/Börner* BT 1 § 6 Rdn. 58.

146 Kritisch auch *Rengier* BT II § 36 Rdn. 13; *Satzger* JK 9/10 StGB § 274/7. Objektiv genügt zwar die Beeinträchtigung der potentiellen Beweisführungsmöglichkeit (Rdn. 5, 30), eine andere Frage ist aber, ob dann auch die Nachteilszufügungsabsicht vorliegt.

147 Dagegen dolus eventualis genügen lassend *Puppe/Schumann* NK Rdn. 12. Das überdehnt jedoch den Anwendungsbereich der Norm; siehe insofern auch OLG Hamm BeckRS **2020** 25379.

148 Vgl. RG LZ **1914** 88; *Gribbohm* LK¹¹ Rdn. 57.

149 Siehe zu einer Konstellation der Selbsthilfe auch RGSt **16** 150, 152 f.

150 OLG Zweibrücken NStZ **2000** 201, 202; *Küper/Zopfs* BT Rdn. 412; *Matt/Renzikowski/Maier* Rdn. 29.

151 *Sch/Schröder/Heine/Schuster* Rdn. 16; *Satzger* JK 9/10 StGB § 274/7.

152 Vgl. BayObLG NJW **1968** 1896, 1897; OLG Düsseldorf NStZ **1981** 25, 26; *Eisele* BT I Rdn. 904; *Fischer* Rdn. 9a; *Rengier* BT II § 36 Rdn. 12 ff.

153 BGHSt **29** 192, 196; RGSt **22** 283, 285 f.; RGSt **55** 74, 75 f.; *Eisele* BT I Rdn. 903; *Rengier* BT II § 36 Rdn. 12.

154 BGHSt **29** 192, 196; BGH NStZ **2010** 332, 333; RGSt **22** 283, 285 f.; OLG Zweibrücken GA **1978** 316, 317; *Bleckat* NJ **2021** 395, 397; *Freund* MK³ Rdn. 53; *Hecker* JuS **2002** 224, 226; *Sch/Schröder/Heine/Schuster* Rdn. 16; *Koch* HK-GS Rdn. 17; *Matt/Renzikowski/Maier* Rdn. 26, 28; **anders** *Erb* MK Rdn. 16; *Hoyer* SK Rdn. 15.

einträchtigung der Ehre oder der Freiheit genügen.[155] Der Nachteil braucht objektiv nicht eingetreten zu sein;[156] es geht allein um die Vorstellung des Täters.

63 Derjenige, um dessen Nachteil es geht, muss nicht unbedingt auch der Eigentümer des Tatobjekts sein.[157] Beweisführungsberechtigter und Benachteiligter können auseinanderfallen.[158]

64 Nach der Rechtsprechung[159] und der überwiegenden Ansicht im Schrifttum[160] ist die **Vereitelung des staatlichen Straf- oder Bußgeldanspruchs** kein Nachteil im Sinne des § 274. Anderenfalls verstoße man gegen die in § 258 zum Ausdruck kommende Privilegierung der Selbstbegünstigung.[161] Zudem sei auch bei § 263 der staatliche Strafanspruch nicht geschützt.[162] Im Übrigen werde kein „anderer" benachteiligt.[163] Überklebt jemand also sein Kfz-Kennzeichen mit reflektierender Folie zur Vermeidung von Bußgeldern, soll folglich die Absicht fehlen.[164] Die Gegenposition fasst auch die Vereitelung des staatlichen Bußgeld- und Strafanspruchs unter § 274.[165]

65 Aus hiesiger Sicht ist dazu anzumerken:[166] Der Begriff des „Nachteils" verbietet es nicht, darunter auch die Vereitelung des staatlichen Straf- und Bußgeldanspruchs zu subsumieren. Zudem können „andere" im Rahmen des § 274 neben natürlichen Personen durchaus auch juristische Personen, der Staat und die Allgemeinheit sein. Das Selbstbegünstigungsprivileg wiederum gilt für § 258, entfaltet aber keine allgemeine Sperrwirkung für andere Taten. Schließlich scheiden zwar Bußgeld- und Strafansprüche aus dem Vermögensbegriff aus, jedoch muss bei § 274 der Nachteil gerade nicht vermögensrechtlicher Natur sein. Vor diesem Hintergrund ist richtigerweise auch die Vereitelung des staatlichen Straf- und Bußgeldanspruchs von § 274 erfasst.[167]

---

155 Siehe auch *Sch/Schröder/Heine/Schuster* Rdn. 16. Soweit RGSt **50** 213, 215 schon Schädigungen des körperlichen oder seelischen Wohlbefindens genügen lässt, ist folglich nochmals klarstellend zu betonen, dass der Schaden zumindest aus der Beeinträchtigung des Beweisführungsrechts resultieren muss.

156 BGH NStZ **2010** 332, 333; KG BeckRS **1999** 16349; Arzt/Weber/Heinrich/Hilgendorf BT § 33 Rdn. 34; *Sch/Schröder/Heine/Schuster* Rdn. 18; *Satzger* JK 9/10 StGB § 274/7; *Weidemann* BeckOK Rdn. 11.

157 *Bock* BT 1 S. 487.

158 BGH NStZ-RR **2011** 276, 277; OLG Frankfurt NStZ **2020** 619, 620; *Gössel/Dölling* BT 1 § 52 Rdn. 47; siehe auch RGSt **39** 80, 81.

159 BGHR StGB § 274 Nachteil 2; BGH NStZ-RR **2011** 276, 277; BGH BeckRS **2016** 3966; BayObLG NZV **1989** 81; BayObLG NZV **1999** 213, 214; OLG Braunschweig BeckRS **2014** 1103; OLG Frankfurt NStZ **2020** 619, 620; OLG Düsseldorf NZV **1989** 477; OLG Zweibrücken GA **1978** 316, 317; AG Rosenheim BeckRS **2007** 12497.

160 Arzt/Weber/Heinrich/Hilgendorf BT § 33 Rdn. 34; *Brehmeier-Metz* AK Rdn. 24; *Fischer* Rdn. 9; *Hecker* JuS **2002** 224, 226; *Sch/Schröder/Heine/Schuster* Rdn. 16; *Hohmann/Sander* BT § 19 Rdn. 17; *Joecks/Jäger* Rdn. 23; *Kindhäuser/Schramm* BT I § 57 Rdn. 16; *Koch* HK-GS Rdn. 17; *Küpper/Börner* BT 1 § 6 Rdn. 59; Lackner/Kühl/*Heger* Rdn. 7; *Maurach/Schroeder/Maiwald* BT 2 § 65 Rdn. 106; *Weidemann* BeckOK Rdn. 11; *Wessels/Hettinger/Engländer* BT 1 Rdn. 883.

161 Siehe AG Rosenheim BeckRS **2007** 12497; Arzt/Weber/Heinrich/Hilgendorf BT § 33 Rdn. 34; *Bock* BT 1 S. 4898.

162 *Eisele* BT I Rdn. 903.

163 BGHR StGB § 274 Nachteil 2; BGH NStZ-RR **2011** 276, 277; OLG Düsseldorf NZV **1989** 477; *Fischer* Rdn. 9; *Sch/Schröder/Heine/Schuster* Rdn. 16; *Hohmann/Sander* BT § 19 Rdn. 17; *Koranyi*, in: Hoffmann-Holland BT Rdn. 478; Lackner/Kühl/*Heger* Rdn. 7.

164 BayObLG NZV **1999** 213, 214; *Sch/Schröder/Heine/Schuster* Rdn. 16.

165 BGH HRRS **2012** Nr. 858 (obiter dictum); AG Elmshorn NJW **1989** 3295; *Hoyer* SK Rdn. 15; *Krack* NStZ **2000** 423 f.; *Puppe* NZV **1989** 478; *Puppe/Schumann* NK Rdn. 14; *Puschke* Hb StrafR Bd. 5 § 42 Rdn. 175; *Schneider* NStZ **1993** 16, 18 f.; *Zieschang* HRRS **2013** 49, 50 ff. *Klesczewski* BT § 17 Rdn. 89 bejaht den subjektiven Tatbestand, will jedoch § 258 Abs. 5, 6 analog anwenden.

166 Siehe zum Folgenden bereits im Einzelnen *Zieschang* HRRS **2013** 49, 50 ff.

167 Bei einem bloßen Unterlassen der Herausgabe einer Urkunde oder technischen Aufzeichnung ist jedoch der nemo tenetur-Grundsatz zu beachten; siehe dazu Rdn. 57.

VII. Rechtswidrigkeit

Da § 274 das Beweisführungsrecht des Einzelnen schützt, kommt als Rechtfertigungsgrund die **Einwilligung** des Beweisberechtigten in Betracht.[168] Im Einzelfall kann auch eine Rechtfertigung über Notwehr oder Selbsthilfe greifen.[169] Vernichtet jemand zur Abwehr eines unberechtigten Anspruchs eine Urkunde, ist er indes nicht über § 34 gerechtfertigt, denn er ist auf den Rechtsweg zu verweisen, sodass ihm ein milderes Mittel zur Verfügung steht und damit die Gefahr anders abwendbar ist.[170] 66

VIII. Vollendung und Versuch

1. Vollendung

Die Tat ist vollendet, sofern der Beweiswert des Tatobjekts aufgrund einer der jeweils beschriebenen Tathandlungen beeinträchtigt worden ist. Zum Eintritt eines Nachteils eines anderen muss es dagegen objektiv nicht kommen. Insofern genügt dolus directus 2. Grades des Täters. 67

2. Versuch

Bei § 274 handelt es sich um ein Vergehen im Sinne des § 12 Abs. 2. Der Versuch ist in § 274 Abs. 2 ausdrücklich unter Strafe gestellt. 68

IX. Täterschaft und Teilnahme

§ 274 ist ein **Jedermanndelikt**. Täter kann damit jede natürliche Person sein. Jeder Täter muss dabei in seiner Person Vorsatz und Nachteilszufügungsabsicht aufweisen. Steht (auch) einem anderen ein Beweisführungsrecht an dem Tatobjekt zu, kommt ebenfalls der Eigentümer als Täter in Betracht. Der ausschließlich Beweisführungsberechtigte scheidet aber als Täter aus. § 274 ist kein eigenhändiges Delikt. Möglich ist sowohl Mittäterschaft als auch mittelbare Täterschaft.[171] Für die Teilnahme gelten die allgemeinen Grundsätze. Der Teilnehmer muss in seiner Person die Nachteilszufügungsabsicht nicht aufweisen. Er muss aber wissen, dass der Täter ein fremdes Beweisführungsrecht beeinträchtigt und in Nachteilszufügungsabsicht handelt.[172] 69

X. Rechtsfolgen

§ 274 sieht Freiheitsstrafe bis zu fünf Jahren oder Geldstrafe vor. In § 282 wird § 274 nicht genannt. 70

---

168 BGHSt **6** 251, 253 f.; BGH BeckRS **2019** 30105 (nicht, sofern sittenwidrig); RGSt **33** 288, 290; *Beckert* JA **2013** 507; *Fischer* Rdn. 10; *Gössel/Dölling* BT 1 § 52 Rdn. 48; *Sch/Schröder/Heine/Schuster* Rdn. 11; *Hoyer* SK Rdn. 26; *Joecks/Jäger* Rdn. 26; *Kindhäuser/Schramm* BT I § 57 Rdn. 1; *Matt/Renzikowski/Maier* Rdn. 30; *Otto* BT § 72 Rdn. 8; *Wessels/Hettinger/Engländer* BT 1 Rdn. 874. Dagegen vom Tatbestandsausschluss ausgehend *Kienapfel* Jura **1983** 185, 188 f. Dagegen spricht, dass tatbestandlich kein Handeln gegen oder ohne den Willen des Beweisführungsberechtigten vorausgesetzt ist.

169 RGSt **16** 150, 152 f. (Selbsthilfe); *Gribbohm* LK[11] Rdn. 53.

170 Vgl. *Sch/Schröder/Heine/Schuster* Rdn. 11; *Hoyer* SK Rdn. 26; Lackner/Kühl/*Heger* Rdn. 4; *Matt/Renzikowski/Maier* Rdn. 31; *Weidemann* BeckOK Rdn. 12.

171 *Erb* MK Rdn. 34.

172 Vgl. BGHSt **29** 192, 196.

XI. Konkurrenzen

1. Verhältnis zu den Urkundendelikten

71 Kraft ausdrücklicher Anordnung ist § 273 formell subsidiär zu § 274.

72 Die regelmäßig mit einer Verfälschung im Sinne des § 267 Abs. 1 Var. 2 einhergehende Beschädigung der Urkunde gemäß § 274 wird vom Unrechtsgehalt des § 267 Abs. 1 Var. 2 mit abgegolten, sodass § 274 gegenüber § 267 zurücktritt. Es handelt sich um einen Fall der Konsumtion.[173] § 267 verdrängt also die Urkundenunterdrückung.[174] Liegt hingegen nach der Manipulation gar keine Urkunde mehr vor, hat § 274 eigenständige Bedeutung.[175] Entsprechendes gilt für das Verhältnis von § 268 zu § 274 Abs. 1 Nr. 1 sowie von § 269 zu § 274 Abs. 1 Nr. 2.

2. Verhältnis zu anderen Delikten

73 Verwirklicht der Täter sowohl § 303 als auch § 274, verdrängt letztere Vorschrift regelmäßig § 303 im Wege der Konsumtion,[176] es sei denn, der Angriff auf das Eigentum hat im Einzelfall eine eigenständige Bedeutung. Entsprechendes gilt für das Verhältnis von § 274 Abs. 1 Nr. 2 zu § 303a.[177] Tateinheit ist anzunehmen mit §§ 133, 136.[178]

74 In Bezug auf den Diebstahl kommt es auf die jeweiligen Umstände des Einzelfalls an, ob der Täter eine Urkunde in Zueignungsabsicht wegnimmt oder in Nachteilszufügungsabsicht vernichtet, beschädigt oder unterdrückt.[179] Geht es allein um die Vernichtung der Urkunde, kommt § 242 mangels Zueignungsabsicht nicht in Betracht.[180] Andererseits ist zu bedenken, dass sich Zueignungswille und Nachteilszufügungsabsicht nicht grundsätzlich ausschließen, sodass Tateinheit zwischen §§ 242, 274 vorliegen kann, insbesondere dann, wenn jemand eine Urkunde gleichzeitig wegnimmt und unterdrückt.[181] § 274 tritt nicht allgemein im Verhältnis zum Diebstahl zurück,[182]

---

173 BGH BeckRS **2019** 30105; *Bosch* JK **2020** 407; *Eisele* BT I Rdn. 914; *Hohmann/Sander* BT § 17 Rdn. 52, § 19 Rdn. 24; *Kindhäuser/Schramm* BT I § 57 Rdn. 18; Lackner/Kühl/*Heger* Rdn. 8; *Maurach/Schroeder/Maiwald* BT 2 § 65 Rdn. 79; *Rengier* BT II § 36 Rdn. 10; *Wessels/Hettinger/Engländer* BT 1 Rdn. 886; *Zieschang* FS Sieber 357, 370; siehe dazu auch Arzt/Weber/Heinrich/Hilgendorf BT § 31 Rdn. 43, § 33 Rdn. 35 (Subsidiarität); *Haft* BT II S. 209 (Subsidiarität); *Jäger* JA **2020** 310, 312 (Subsidiarität); *Joecks/Jäger* § 267 Rdn. 107 (Subsidiarität); *Kretschmer* JR **2020** 491, 493; *Küpper/Börner* BT 1 § 6 Rdn. 59 (Subsidiarität); *Peters* NJW **1968** 1896 (Subsidiarität); kritisch *Schilling* Urkundenverbrechen S. 27 ff., 47 ff. *Geppert* Jura **1988** 158, 160; *Kühl/Hoffmann-Holland* Jura **2013** 408, 411 sowie *Lindemann* NStZ **1998** 23, 25 wollen § 274 tatbestandlich ausscheiden, wenn sich die Absicht des Täters nicht gegen den Bestand der Urkunde richtet. Diese Auffassung beachtet jedoch nicht hinreichend den Gesetzeswortlaut des § 274, wonach Nachteilszufügungsabsicht genügt. Für Idealkonkurrenz von § 267 und § 274 etwa *Fischer* Rdn. 11; *Krey/Hellmann/Heinrich* BT 1 Rdn. 1129.

174 § 274 hat aber eigenständige Bedeutung, wenn neben der Verfälschung und unabhängig davon selbständige Teile des Urkundeninhalts entfernt werden; *Erb* MK § 267 Rdn. 221.

175 Vgl. BGH NJW **1954** 1375; RGSt **3** 370, 371; RGSt **20** 6 f.

176 *Eisele* BT I Rdn. 914; *Hoyer* SK Rdn. 28; Lackner/Kühl/*Heger* Rdn. 8; SSW/*Wittig* Rdn. 25; siehe auch Arzt/Weber/Heinrich/Hilgendorf BT § 33 Rdn. 35 (Spezialität); *Haft* BT II S. 209 (Spezialität); *Joecks/Jäger* Rdn. 28 (Spezialität); vgl. zudem RG GA Bd. **57** (1910) 399 f.; *Dingler* JA **2004** 810, 812; *Freund* MK³ Rdn. 75.

177 *Sch/Schröder/Heine/Schuster* Rdn. 22g; *Möhrenschlager* wistra **1986** 128, 136 (Spezialität).

178 Siehe RG GA Bd. **37** (1890) 283 f.; OLG München JZ **1977** 408, 410; AG Koblenz wistra **1999** 397; *Sch/Schröder/Heine/Schuster* Rdn. 19; *Maurach/Schroeder/Maiwald* BT 2 § 65 Rdn. 107; *Weidemann* BeckOK Rdn. 14.

179 OLG Köln NJW **1950** 959, 960.

180 RGSt **11** 239, 240 f.; RGSt **35** 355, 357; *Gribbohm* LK¹¹ Rdn. 69.

181 Siehe RGSt **8** 79, 81 f.; RGSt **47** 210, 215; *Buttel/Rotsch* JuS **1996** 713, 715 f.; *Rengier* BT II § 36 Rdn. 11; **anders** OLG Hamm NJW **1968** 1894, 1895: Unterdrücken sei eine ohne Zueignungsabsicht erfolgende Handlung.

182 **Anders** *Sch/Schröder/Heine/Schuster* Rdn. 20; *Joecks/Jäger* Rdn. 27; *Küpper/Börner* BT 1 § 6 Rdn. 62; Lackner/Kühl/*Heger* Rdn. 8; *Weidemann* BeckOK Rdn. 15; siehe auch Arzt/Weber/Heinrich/Hilgendorf BT § 33 Rdn. 35; *Haft* BT II S. 209.

ausgeschlossen ist dies aber nicht, sofern der Unrechtsgehalt im Einzelfall vollständig durch § 242 mitabgegolten wird.[183]

Möglich ist auch, dass der Täter zunächst § 242 verwirklicht und dann die Urkunde im Sinne 75
des § 274 zerstört. Tatmehrheit von §§ 242, 274 ist dementsprechend anzunehmen, wenn der Täter ein Paket stiehlt und später beim Öffnen die urkundliche Paketumhüllung beschädigt.[184] Vernichtet der Täter also die Urkunde nach einem Diebstahl, liegt keine straflose Nachtat, sondern Tatmehrheit vor.[185]

---

183 Dagegen allgemein für die Annahme von Tateinheit *Puppe/Schumann* NK Rdn. 19.

184 Siehe BGH GA **1956** 318, 319; *Gribbohm* LK[11] Rdn. 70.

185 *Maurach/Schroeder/Maiwald* BT 2 § 65 Rdn. 107; **anders** BGH NJW **1955** 876; RGSt **35** 64; *Sch/Schröder/Heine/Schuster* Rdn. 21: straflose Nachtat.

§ 275 Vorbereitung der Fälschung von amtlichen Ausweisen; Vorbereitung der Herstellung von unrichtigen Impfausweisen

(1) Wer eine Fälschung von amtlichen Ausweisen vorbereitet, indem er

1. Platten, Formen, Drucksätze, Druckstöcke, Negative, Matrizen oder ähnliche Vorrichtungen, die ihrer Art nach zur Begehung der Tat geeignet sind,

2. Papier, das einer solchen Papierart gleicht oder zum Verwechseln ähnlich ist, die zur Herstellung von amtlichen Ausweisen bestimmt und gegen Nachahmung besonders gesichert ist, oder

3. Vordrucke für amtliche Ausweise

herstellt, sich oder einem anderen verschafft, feilhält, verwahrt, einem anderen überläßt oder einzuführen oder auszuführen unternimmt, wird mit Freiheitsstrafe bis zu zwei Jahren oder mit Geldstrafe bestraft.

(1a) Wer die Herstellung eines unrichtigen Impfausweises vorbereitet, indem er in einem Blankett-Impfausweis eine nicht durchgeführte Schutzimpfung dokumentiert oder einen auf derartige Weise ergänzten Blankett-Impfausweis sich oder einem anderen verschafft, feilhält, verwahrt, einem anderen überlässt oder einzuführen oder auszuführen unternimmt, wird mit Freiheitsstrafe bis zu zwei Jahren oder mit Geldstrafe bestraft.

(2) Handelt der Täter gewerbsmäßig oder als Mitglied einer Bande, die sich zur fortgesetzten Begehung von Straftaten nach Absatz 1 oder Absatz 1a verbunden hat, so ist die Strafe Freiheitsstrafe von drei Monaten bis zu fünf Jahren.

(3) § 149 Abs. 2 und 3 gilt entsprechend.

Schrifttum

Hecker Die mißbräuchliche Verwendung von Ausweispapieren und sonstigen ausweisgleichen Urkunden nach § 281 StGB, GA **1997** 525; *Herzberg* Anmerkung zum Urteil des BGH vom 15.12.1976 – 3 StR 432/76, JR 1977, 469, JR **1977** 470; *Hoven/Weigend* Strafvorschriften gegen falsche Impfpässe, KriPoZ **2021** 343; *Wolters* Das Unternehmensdelikt (2001); *Zieschang* Die Reform der §§ 275, 277 bis 281 StGB durch das Gesetz zur Änderung des Infektionsschutzgesetzes und weiterer Gesetze anlässlich der Aufhebung der Feststellung der epidemischen Lage von nationaler Tragweite, ZFISTW **2022** 140.

Entstehungsgeschichte

Das RStGB von 1871 enthielt in § 275 a.F. RStGB eine Regelung, die vornehmlich die Wertzeichenfälschung betraf.[1] Andererseits bezog sich zumindest § 275 Nr. 2 a.F. RStGB u.a. auch auf Pässe.[2] Zudem waren in § 360 Abs. 1 Nr. 4 und Nr. 5 RStGB Verhaltensweisen normiert, die auch für Ausweispapiere von Bedeutung sein konnten. Die heutige Regelung in § 275, welche Vorbereitungshandlungen betrifft, wurde in ihrer grundsätzlichen Form durch das EGStGB vom 2.3.1974[3] mit Wirkung vom 1.1.1975 in das StGB eingeführt.[4]

Nach der Gesetzesbegründung würden falsche Ausweise erfahrungsgemäß nicht selten in großem Umfang hergestellt.[5] Das Herstellen eines falschen amtlichen Ausweises werde durch die Verwendung nachgemachter Ausweisvordrucke sehr erleichtert. Bereits mit entsprechenden Vorbereitungshandlungen, die „in der geradezu fabrikmäßigen Herstellung von Ausweisvordrucken bestehen könnten," sei eine so große Gefahr des Missbrauchs verbunden, dass es kriminalpolitisch erforderlich sei, derartige Handlungen unter Strafe zu stellen.[6] In der Ausgestaltung lehnt sich § 275

1 Siehe heute diesbezüglich §§ 148 f.

2 Nach § 275 Nr. 2 a.F. RStGB wurde mit Gefängnis nicht unter drei Monaten bestraft, wer „... *unechtes Stempelpapier, unechte Stempelmarken, Stempelblankette oder Stempelabdrücke für Spielkarten, Kalender, Pässe, Zeitungen oder sonstige Drucksachen oder Schriftstücke, ingleichen wer unechte Post- oder Telegraphen-Freimarken oder gestempelte Briefcouverts in der Absicht anfertigt, sie als echt zu verwenden, ...*".

3 BGBl. I, 469.

4 Siehe zudem § 127 OWiG.

5 BTDrucks. 7/550 S. 254.

6 BTDrucks. 7/550 S. 254.

https://doi.org/10.1515/9783110490220-009

dabei grundsätzlich an § 149 an, wobei in § 275 auch die Einfuhr pönalisiert wurde, da § 275 anders als § 149 nicht im Katalog des § 6 aufgelistet ist.[7]

Das Verbrechensbekämpfungsgesetz vom 28.10.1994[8] führte die §§ 276 Abs. 1, 276a ein und ergänzte die Regelung des § 275 um die Nr. 3 („Vordrucke für amtliche Ausweise") mit Wirkung vom 1.12.1994. Zudem wurde in § 275 die ehemalige Formulierung „in den räumlichen Geltungsbereich dieses Gesetzes einführt" ersetzt durch „einzuführen oder auszuführen unternimmt". Diese Erweiterungen sollten der Schließung von Strafbarkeitslücken dienen.[9] Die Ausgestaltung als Unternehmensdelikt im Sinne von § 11 Abs. 1 Nr. 6 diente dazu, „Strafbarkeitslücken und Beweisschwierigkeiten für den Fall zu vermeiden," dass „zweifelhaft ist, ob die Einfuhr oder die Ausfuhr erst das Stadium des straflosen Versuchs oder bereits den Zustand der strafbaren Vollendung erreicht hatte".[10] Diesbezüglich ist jedoch kritisch anzumerken, dass das materielle Strafrecht nicht die Funktion hat, Beweisschwierigkeiten zu kompensieren.[11] Insofern handelt es sich vielmehr um ein prozessuales Problem.

Das 6. StrRG vom 26.1.1998[12] hat den heutigen zweiten Absatz eingeführt und den Verweis auf § 149 Abs. 2 und Abs. 3 in den dritten Absatz verschoben. Damit wurde eine Qualifikation für den Fall geschaffen, dass der Täter gewerbsmäßig oder als Mitglied einer Bande handelt, die sich zur fortgesetzten Begehung von Straftaten nach § 275 Abs. 1 verbunden hat. Dadurch sollte auch in diesem Bereich anzutreffenden Erscheinungsformen professioneller, häufig Organisierter Kriminalität wirksamer entgegengetreten werden.[13]

Das Gesetz zur Änderung des Infektionsschutzgesetzes und weiterer Gesetze anlässlich der Aufhebung der Feststellung der epidemischen Lage von nationaler Tragweite vom 22.11.2021[14] hat dann zur Bekämpfung bestimmter strafbarer Verhaltensweisen im Zusammenhang mit der Corona-Pandemie die gesetzliche Überschrift um den Passus „Vorbereitung der Herstellung von unrichtigen Impfausweisen" ergänzt, Absatz 1a eingeführt sowie Absatz 2 um die Wörter „oder Absatz 1a" erweitert. Dies diene dem effektiven Schutz des Rechtsverkehrs vor unrichtigen Impfausweisen.[15]

Übersicht

7 BTDrucks. 7/550 S. 255. § 149 findet sich in der Aufzählung des § 6 Nr. 7.
8 BGBl. I, 3186.
9 BTDrucks. 12/6853 S. 28.
10 BTDrucks. 12/6853 S. 29.
11 Wie hier *Brehmeier-Metz* AK Rdn. 1.
12 BGBl. I, 164.
13 So der Rechtsausschuss; BTDrucks. 13/9064 S. 20.
14 BGBl. I, 4906.
15 BTDrucks. 20/15 S. 33; siehe zur Neuregelung auch *Hoven/Weigend* KriPoZ **2021** 343, 344; *Zieschang* ZFISTW **2022** 140, 143.

Alphabetische Übersicht

I. Allgemeine Bemerkungen

1. Geschütztes Rechtsgut

1 Die Vorschrift bezweckt den **Schutz der Sicherheit und Zuverlässigkeit des Rechtsverkehrs mit amtlichen Ausweisen**[16] sowie – seit der Ergänzung um § 275 Abs. 1a – **mit Impfausweisen**. Es steht also hier wie insbesondere auch bei § 267 ein **Allgemeinrechtsgut** in Rede.[17]

2. Rechtsnatur

2 § 275 sanktioniert **Vorbereitungshandlungen**. Dies wird im Hinblick auf die besondere Gefährlichkeit von Ausweisfälschungen und den Umstand, dass die Tathandlungen auf die Herstellung einer Vielzahl von Falsifikaten ausgerichtet sind, für legitim erachtet.[18] Andererseits ist zu berücksichtigen, dass es sich bei § 275 um ein **abstraktes Gefährdungsdelikt (abstraktes Gefährlichkeitsdelikt)** handelt,[19] womit auch Verhaltensweisen erfasst sind, die im konkreten Fall für den Rechtsverkehr ganz ungefährlich sind, was zu Konflikten mit dem Schuldprinzip führt.[20]

16 *Brehmeier-Metz* AK Rdn. 1; *Weidemann* BeckOK Rdn. 3; SSW/*Wittig* Rdn. 1; siehe auch *Sch/Schröder/Heine/Schuster* Rdn. 2.

17 Wiederum nicht überzeugend auf die „Dispositionsfreiheit potenzieller Täuschungsopfer" abstellend *Hoyer* SK Rdn. 1.

18 Siehe *Brehmeier-Metz* AK Rdn. 1; *Erb* MK Rdn. 1; *Matt/Renzikowski/Maier* Rdn. 1; *Puppe/Schumann* NK Rdn. 1, 3.

19 *Sch/Schröder/Heine/Schuster* Rdn. 2; *Hoyer* SK Rdn. 1; *Kindhäuser/Hilgendorf* LPK Rdn. 1; *Kindhäuser/Schramm* BT I § 60 Rdn. 10; *Matt/Renzikowski/Maier* Rdn. 1; *Puppe/Schumann* NK Rdn. 3; SSW/*Wittig* Rdn. 1.

20 Siehe bereits *Zieschang* LK § 267 Rdn. 9.

3. Bedeutung in der Praxis

In der Praxis ist die Anzahl der Verurteilungen nach § 275 sehr niedrig und liegt im einstelligen Bereich (2009: 5; 2010: 4; 2011: 2; 2012: 4; 2013: 4; 2014: 2; 2015: 8; 2016: 1; 2017: 6; 2018: 3; 2019: 1; 2020: 2; 2021: 1).[21] Die Anzahl der erfassten Fälle von Straftaten nach § 275 hat in den letzten Jahren im zweistelligen Bereich gelegen, hat sich aber im Jahr 2021 dann auf 302 erhöht.[22] Die Aufklärungsquote ist bei 93 % anzusiedeln. Die Anzahl der Tatverdächtigen liegt im Jahr 2021 bei 276 (2009: 23; 2010: 30; 2011: 32; 2012: 30; 2013: 27; 2014: 146; 2015: 83; 2016: 19; 2017: 23; 2018: 50; 2019: 23; 2020: 16). Ob sich an den Zahlen durch die Endes des Jahres 2021 erfolgte Ergänzung der Vorschrift um § 275 Abs. 1a markant etwas ändern wird, bleibt abzuwarten. 3

II. Die Begriffe des amtlichen Ausweises und des Impfausweises

§ 275 Abs. 1 betrifft **amtliche Ausweise**. Insofern wird auf die Erläuterungen zu § 273 verwiesen.[23] 4
Die dortigen Ausführungen gelten entsprechend. Erfasst sind damit auch ausländische Ausweise, nicht aber Urkunden im Sinne des § 281 Abs. 2. Anders als bei § 273 ist jedoch für § 275 Abs. 1 auch die Erweiterung des **§ 276a** von Bedeutung. Auf die Erläuterungen zu dieser Vorschrift wird ebenfalls verwiesen.[24]

§ 275 Abs. 1a bezieht sich auf den **Impfausweis**. Hierbei handelt es sich um ein Gesundheits- 5
zeugnis,[25] das in Bezug auf eine bestimmte Person Auskunft darüber gibt, welches Vakzin – also welcher Arzneistoff – dieser Person zum Schutz vor einer bestimmten Krankheit verabreicht worden ist.[26]

III. § 275 Abs. 1 Nr. 1

§ 275 Abs. 1 Nr. 1 betrifft **Vorrichtungen**, die ihrer Art nach geeignet sind, zur Fälschung von 6
amtlichen Ausweisen zu dienen.[27] Ausdrücklich aufgezählt werden dabei Platten, Formen, Drucksätze, Druckstöcke, Negative und Matrizen, jedoch ist diese Auflistung nicht abschließend, denn sie wird ergänzt durch „ähnliche Vorrichtungen“, die ihrer Art nach zur Tatbegehung geeignet sind. Damit sind solche Mittel gemeint, denen schon **nach ihrer Art** eine spezifische Verwendbarkeit zur Ausführung von Fälschungen innewohnt.[28] Folglich scheiden Fotoapparate oder einfaches Handwerksmaterial wie etwa ein Hammer aus. Es geht um Gegenstände, die nach ihrem Erscheinungsbild und ihrer Eigenschaft den ausdrücklich aufgeführten Gegenständen vergleichbar sind.[29] Die Aufzählung entspricht der Auflistung in § 149 Abs. 1 Nr. 1 mit Ausnahme der dort ebenfalls genannten Computerprogramme. Letztere werden von § 275 nicht erfasst.[30] Im Übrigen wird auf die Erläuterungen zu § 149 verwiesen.

---

21 Statistisches Bundesamt, Rechtspflege, Strafverfolgung, Fachserie 10 Reihe 3 für die Jahre 2009 bis 2021. Abgeurteilte: 2009: 6; 2010: 4; 2011: 3; 2012: 4; 2013: 8; 2014: 2; 2015: 8; 2016: 1; 2017: 7; 2018: 3; 2019: 1; 2020: 2; 2021: 1.

22 Laut PKS 2009: 26; 2010: 32; 2011: 31; 2012: 67; 2013: 25; 2014: 142; 2015: 83; 2016: 19; 2017: 34; 2018: 57; 2019: 20; 2020: 17; 2021: 302.

23 *Zieschang* LK § 273 Rdn. 5 ff.

24 *Zieschang* LK § 276a Rdn. 2 ff.

25 Siehe dazu *Zieschang* LK § 277 Rdn. 11 ff.

26 Angesichts der Entstehungsgeschichte der Norm im Zusammenhang mit der Corona-Pandemie und dem gesetzessystematischen Zusammenhang wird man den Anwendungsbereich der Regelung auf Menschen beschränken müssen, sodass Impfausweise bezogen auf Tiere nicht erfasst sind.

27 Siehe *Maurach/Schroeder/Maiwald* BT 2 § 66 Rdn. 29: „Generalklausel“.

28 Siehe BTDrucks. 7/550 S. 229.

29 BTDrucks. 7/550 S. 229.

30 Ebenso *Klesczewski* BT § 17 Rdn. 127; *Koch* HK-GS Rdn. 2.

7 Als **Tathandlung** geht es um die **Vorbereitung der Fälschung von amtlichen Ausweisen**, wobei dies in einer der von § 275 Abs. 1 aufgelisteten Formen stattfinden muss (Herstellen, sich oder einem anderen Verschaffen, Feilhalten, Verwahren, einem anderen Überlassen oder das Unternehmen des Ein- oder Ausführens). Diese Verhaltensweisen sind also nur dann tatbestandlich, sofern sie eine Fälschung von amtlichen Ausweisen vorbereiten.

8 **Herstellen** ist dabei das Fertigstellen einer Sache, sodass sie im Wesentlichen gebrauchsfertig ist.[31] Sich oder einem anderen **Verschaffen** bedeutet, dass die tatsächliche Verfügungsgewalt erlangt wird.[32] Unter **Feilhalten** versteht man das nach außen erkennbare Bereitstellen zum Verkauf.[33] **Verwahren** bedeutet die Gewahrsamsausübung über eine Sache.[34] Beim **Überlassen** erfolgt die zumindest vorübergehende Übergabe an einen Dritten oder die Duldung des Ansichnehmens zum Gebrauch. Das **Unternehmen des Ein- oder Ausführens** erfasst gemäß § 11 Abs. 1 Nr. 6 neben der Vollendung auch den Versuch. Das Einführen ist vollendet, wenn der Täter die Gegenstände in den Geltungsbereich des Gesetzes gebracht hat. Umgekehrt werden die Vorrichtungen beim Ausführen aus dem Geltungsbereich des Gesetzes verbracht.

IV. § 275 Abs. 1 Nr. 2

9 § 275 Abs. 1 Nr. 2 betrifft bestimmtes näher eingegrenztes **Papier**. Es muss einer gegen Nachahmung besonders gesicherten Papierart **gleichen** oder ihr **zum Verwechseln ähnlich** sein.[35] Letzteres ist der Fall, wenn das Papier nach dem Gesamtbild oder Gesamteindruck trotz vorhandener Abweichungen geeignet ist, bei einem durchschnittlichen, über besondere Sachkunde nicht verfügenden Betrachter die irrige Vorstellung zu erwecken, dass es echtes Papier ist.[36] Es kommt mit anderen Worten darauf an, ob nach dem Gesamteindruck eines durchschnittlichen, nicht genau prüfenden Betrachters eine Verwechslung mit dem Original möglich ist.[37] Es genügt der Anschein der Authentizität.[38] Die Fälschung darf also nicht auf „den ersten Blick" auffallen.[39] Insofern ist eine sinnvolle Einschränkung des abstrakten Gefährdungsdelikts bei Ungefährlichkeit im Einzelfall erreichbar.[40] Im Hinblick auf die Tathandlung besteht zu § 275 Abs. 1 Nr. 1 kein Unterschied.

V. § 275 Abs. 1 Nr. 3

10 Diese Variante betrifft **Vordrucke** für amtliche Ausweise. Das sind Schriftstücke, die zur Vervollständigung durch Einzelangaben bestimmt sind.[41] Darunter fällt auch ein Formular, das nur zum Teil ausgefüllt ist.[42] Bei vollständiger Ausfüllung kommt § 276 in Betracht.[43] Dass es sich zwingend

31 Siehe RGSt **48** 161, 165; *Klesczewski* BT § 17 Rdn. 127.
32 *Haft* BT II S. 210.
33 Siehe BGHSt **23** 286, 288; *Brehmeier-Metz* AK Rdn. 8; *Klesczewski* BT § 17 Rdn. 127.
34 *Brehmeier-Metz* AK Rdn. 8; *Haft* BT II S. 210.
35 BTDrucks. 7/550 S. 229.
36 Vgl. BTDrucks. 7/550 S. 229; *Haft* BT II S. 209.
37 BGH NStZ **2003** 31, 32; *Brehmeier-Metz* AK Rdn. 5.
38 KG NStZ **2002** 148, 149.
39 Siehe bereits *Zieschang* LK § 267 Rdn. 56 f.
40 Vgl. auch BTDrucks. 7/550 S. 229 zu § 149 Abs. 1 Nr. 2: Man wolle nur die „wirklich gefährlichen Vorbereitungshandlungen" treffen.
41 BTDrucks. 12/6853 S. 29; *Fischer* Rdn. 2; *Gribbohm* LK[11] Rdn. 7; *Klesczewski* BT § 17 Rdn. 127; Lackner/Kühl/*Heger* Rdn. 2; *Matt/Renzikowski/Maier* Rdn. 5.
42 BTDrucks. 12/6853 S. 29; *Erb* MK Rdn. 4; *Sch/Schröder/Heine/Schuster* Rdn. 3; *Weidemann* BeckOK Rdn. 4; *Matt/Renzikowski/Maier* Rdn. 5; SSW/*Wittig* Rdn. 3.
43 *Haft* BT II S. 209; *Sch/Schröder/Heine/Schuster* Rdn. 3; Lackner/Kühl/*Heger* Rdn. 2; *Puppe/Schumann* NK Rdn. 8.

um echte Vordrucke handelt, wird nicht verlangt.[44] Dies wäre auch schwer vereinbar mit dem „Herstellen".[45] Da § 275 auch auf ausländische Ausweise anwendbar ist,[46] werden in der Konsequenz ebenfalls Vordrucke für ausländische Ausweispapiere erfasst.[47] Diese Tathandlungen sind wiederum identisch mit denen in § 275 Abs. 1 Nr. 1.

VI. § 275 Abs. 1a

Dieser 2021 geschaffene Absatz betrifft einmal den Fall, dass der Täter in einem Blankett-Impfausweis eine nicht durchgeführte Schutzimpfung dokumentiert. Es geht also um solche Schriftstücke, die noch keine (vollständigen) Angaben in Bezug auf eine konkrete Person beinhalten, auf die sich die Impfung bezieht.[48] In diese Blankette trägt nun der Täter der Wahrheit zuwider ein, dass eine Impfung, also die Verabreichung eines Vakzins, erfolgt sei. Es muss sich nicht um echte Vordrucke handeln. Vom Dokumentieren einer Schutzimpfung sollen alle Konstellationen des händischen oder maschinellen Hineinschreibens oder -druckens von Einträgen erfasst sein, aber auch das Einkleben, Anheften oder ähnliche Verbindungshandlungen.[49] 11

Die zweite Alternative bezieht sich darauf, dass der Täter einen von ihm oder einem anderen „auf derartige Weise ergänzten Blankett-Impfausweis" sich oder einem anderen verschafft, feilhält, verwahrt, einem anderen überlässt oder einzuführen oder auszuführen unternimmt. Hierbei handelt es sich um Verhaltensweisen wie in § 275 Abs. 1. Die dortigen Ausführungen gelten entsprechend.[50] 12

VII. Subjektiver Tatbestand

Der Täter muss die Tatumstände in seinen **Vorsatz** aufgenommen haben. Dabei braucht sich der Vorsatz bei § 275 Abs. 1 nicht unbedingt darauf beziehen, dass gerade die Angaben unecht sind, welche die Identität betreffen.[51] Die Unechtheit kann nämlich auch aus anderen Umständen resultieren.[52] Zum Vorsatz des § 275 Abs. 1 gehört auch das Bewusstsein, dass die einzelnen aufgelisteten Verhaltensweisen eine Fälschung von amtlichen Ausweisen vorbereiten. Zwar wird darauf hingewiesen, dass der Täter dabei keine allzu konkreten Vorstellungen von der in Aussicht genommenen Fälschungstat haben muss.[53] Dennoch wird man zu verlangen haben, dass sich der Vorsatz auf die Fälschungstat in ihren wesentlichen Grundzügen bezieht.[54] Einzelheiten wie Tatzeit und 13

---

44 *Erb* MK Rdn. 4; *Fischer* Rdn. 2; *Matt/Renzikowski/Maier* Rdn. 5; SSW/*Wittig* Rdn. 3; **anders** *Hoyer* SK Rdn. 2.
45 *Erb* MK Rdn. 4; *Matt/Renzikowski/Maier* Rdn. 5.
46 Siehe *Zieschang* LK § 273 Rdn. 7.
47 BTDrucks. 12/6853 S. 29; *Fischer* Rdn. 2; *Gribbohm* LK[11] Rdn. 7.
48 Siehe BTDrucks. 20/15 S. 33; *Zieschang* ZFISTW **2022** 140, 143; beachte insofern auch BGH BeckRS **2023** 5244. Angesichts der Entstehungsgeschichte der Norm im Zusammenhang mit der Corona-Pandemie und dem gesetzessystematischen Zusammenhang wird man den Anwendungsbereich der Regelung auf Menschen beschränken müssen, sodass Blankett-Impfausweise bezogen auf Tiere nicht erfasst sind.
49 BTDrucks. 20/15 S. 33.
50 Siehe Rdn. 8.
51 **Anders** *Hoyer* SK Rdn. 4.
52 Vgl. *Zieschang* LK § 273 Rdn. 16 ff.
53 Vgl. BGH NJW **1977** 540; OLG München NStZ-RR **2008** 280; *Fischer* Rdn. 3a; *Herzberg* JR **1977** 469, 470; *Matt/Renzikowski/Maier* Rdn. 8; *Maurach/Schroeder/Maiwald* BT 2 § 66 Rdn. 31; *Weidemann* BeckOK Rdn. 6; SSW/*Wittig* Rdn. 5.
54 Siehe zur Beihilfe BGHSt **42** 332, 334; BGHSt **46** 107, 109; geringere Anforderungen lassen jedoch genügen *Erb* MK Rdn. 6; *Puppe/Schumann* NK Rdn. 11.

-ort braucht der Täter aber nicht kennen. Dolus eventualis genügt.[55] Ein besonderes subjektives Merkmal wird von § 275 Abs. 1 nicht verlangt.[56]

14 Bei § 275 Abs. 1a muss der Täter in den Vorsatz aufgenommen haben, dass die Schutzimpfung, die dokumentiert ist, tatsächlich nicht durchgeführt wurde. Auch gehört zum Vorsatz das Bewusstsein, dass die tatbestandlichen Verhaltensweisen die Herstellung eines unrichtigen Impfausweises vorbereiten. Dolus eventualis genügt. Ebenso wenig wie bei § 275 Abs. 1 ist ein besonderes subjektives Merkmal vorausgesetzt.

VIII. Tätige Reue

15 Nach überwiegender Ansicht kommt beim Unternehmensdelikt ein Rücktritt vom Versuch gemäß § 24 nicht in Betracht, da das Unternehmensdelikt dann als vollendet gilt.[57] § 275 Abs. 3 verweist aber auf die Vorschriften zur **Tätigen Reue** nach § 149 Abs. 2 und Abs. 3. Hiermit soll dem Täter, der den Vorbereitungstatbestand schon erfüllt hat, ein Anreiz zum Ablassen von seinem strafbaren Vorhaben gegeben werden.[58] Dabei muss der Betreffende **zusätzlich** zu den Voraussetzungen des § 149 Abs. 2 Nr. 1 gemäß § 149 Abs. 2 Nr. 2 etwa noch vorhandene Fälschungsmittel vernichten, unbrauchbar machen oder ihr Vorhandensein bei der Behörde anzeigen oder sie dort abliefern. Dadurch will der Gesetzgeber sicherstellen, dass gefährliche Fälschungswerkzeuge unschädlich gemacht werden.[59] Im Einzelnen wird auf die Erläuterungen zu § 149 verwiesen.

IX. Qualifikation gemäß § 275 Abs. 2

16 Der durch das 6. StrRG eingeführte **Qualifikationstatbestand** betrifft das **gewerbsmäßige** Handeln des Täters oder als **Mitglied einer Bande**, die sich zur fortgesetzten Begehung von Straftaten nach § 275 Abs. 1 oder § 275 Abs. 1a verbunden hat. Auch dann bleibt die Tat Vergehen, jedoch sind Mindest- und Höchststrafe gegenüber § 275 Abs. 1, Abs. 1a erhöht. Zum Begriff der Gewerbsmäßigkeit sowie zu dem des Mitglieds einer Bande wird im Einzelnen auf die Erläuterungen zu § 267 verwiesen, die entsprechend gelten.[60] Es genügt zur Verwirklichung der Qualifikation, dass eines der beiden Merkmale vorliegt.

X. Vollendung und Versuch

17 Bei § 275 Abs. 1, Abs. 1a und Abs. 2 handelt es sich um **Vergehen**, wobei der Versuch nicht ausdrücklich unter Strafe gestellt ist. Andererseits hat der Gesetzgeber die Vorschrift in Bezug auf die Ein- und Ausfuhr als **Unternehmensdelikt** ausgestaltet. Nach der Legaldefinition des § 11 Abs. 1 Nr. 6 umfasst das Unternehmen einer Tat deren Versuch und Vollendung. Damit ist bereits der Versuch einer Vorbereitungshandlung pönalisiert, was zu einer erheblichen Ausweitung der

---

55 OLG München NStZ-RR **2008** 280; *Brehmeier-Metz* AK Rdn. 10; *Erb* MK Rdn. 6; *Fischer* Rdn. 3a; *Sch/Schröder/Heine/Schuster* Rdn. 6; *Kindhäuser/Hilgendorf* LPK Rdn. 1; *Koch* HK-GS Rdn. 3; *Matt/Renzikowski/Maier* Rdn. 7.

56 **Anders** *Klesczewski* BT § 17 Rdn. 127: Der Täter müsse die überschießende Absicht aufweisen, die Fälschung von amtlichen Ausweisen zu ermöglichen.

57 Siehe etwa *Hilgendorf* LK § 11 Rdn. 84; Lackner/Kühl/*Heger* § 11 Rdn. 19; *Matt/Renzikowski/Maier* Rdn. 8; **abweichend** *Radtke* MK § 11 Rdn. 139; *Wolters* S. 177 ff., 205 ff., 226, 254 f.

58 BTDrucks. 7/550 S. 229.

59 BTDrucks. 7/550 S. 229.

60 Siehe *Zieschang* LK § 267 Rdn. 231 ff., 247.

Strafbarkeit noch dazu eines abstrakten Gefährdungsdelikts führt. So kann bereits genügen, dass sich der Täter kurz vor Erreichen der Hoheitsgrenze befindet.[61]

XI. Rechtsfolgen

Die Vergehen nach § 275 Abs. 1 und Abs. 1a sehen Freiheitsstrafe bis zu zwei Jahren oder Geldstrafe vor. Auch der Qualifikationstatbestand nach § 275 Abs. 2 ist Vergehen. Er ordnet Freiheitsstrafe von drei Monaten bis zu fünf Jahren an. Gemäß § 282 Satz 2 werden die Fälschungsmittel eingezogen. Das gilt auch für § 275 in Verbindung mit § 276a. 18

XII. Konkurrenzen

§ 275 Abs. 1 ist gegenüber § 267 subsidiär.[62] Selbst §§ 267, 22, 23 verdrängt § 275 Abs. 1.[63] Das gilt auch dann, wenn der Betreffende lediglich Teilnehmer an der Urkundenfälschung ist, jedoch Täter des § 275.[64] 19

Entsprechende Grundsätze sind für § 275 Abs. 1a maßgeblich. Auch § 278 verdrängt § 275 Abs. 1a. 20

Bei einem Rücktritt (§ 24) vom Versuch des § 267 lebt § 275 wieder auf, es sei denn, die speziellen zusätzlichen Voraussetzungen des § 149 Abs. 2, Abs. 3 sind gleichzeitig verwirklicht.[65] § 275 Abs. 2 ist gegenüber § 267 subsidiär, falls die Strafzumessungsregel des § 267 Abs. 3 erfüllt ist oder die Qualifikation nach § 267 Abs. 4.[66] 21

Tateinheit ist möglich mit §§ 83, 87, 149.[67] Das gilt auch im Hinblick auf die Strafvorschriften des IfSG. Dagegen tritt Bannbruch gemäß § 372 AO nach § 372 Abs. 2 AO hinter § 275 zurück. 22

Im Hinblick auf § 21 OWiG hat § 127 OWiG neben § 275 keine eigenständige Bedeutung. 23

---

61 Siehe BGHSt **36** 249, 250.

62 OLG Köln NStZ **1994** 289; *Erb* MK Rdn. 7; *Gössel/Dölling* BT 1 § 52 Rdn. 78; *Haft* BT II S. 211; *Kindhäuser/Hilgendorf* LPK Rdn. 1; Lackner/Kühl/*Heger* Rdn. 4; SSW/*Wittig* Rdn. 8; siehe auch *Otto* BT § 70 Rdn. 73 (Konsumtion); **anders** (Idealkonkurrenz) Arzt/Weber/Heinrich/Hilgendorf BT § 33 Rdn. 38a; *Sch/Schröder/Heine/Schuster* Rdn. 7; *Joecks/Jäger* Rdn. 4; differenzierend *Hoyer* SK Rdn. 6; *Puppe/Schumann* NK Rdn. 13.

63 OLG Köln NStZ **1994** 289; *Brehmeier-Metz* AK Rdn. 12; *Matt/Renzikowski/Maier* Rdn. 9.

64 OLG Köln NStZ **1994** 289; *Brehmeier-Metz* AK Rdn. 10; *Kindhäuser/Hilgendorf* LPK Rdn. 1; *Matt/Renzikowski/Maier* Rdn. 9; *Otto* BT § 70 Rdn. 73; SSW/*Wittig* Rdn. 8.

65 *Gribbohm* LK[11] Rdn. 15; *Matt/Renzikowski/Maier* Rdn. 8.

66 *Brehmeier-Metz* AK Rdn. 12; *Erb* MK Rdn. 7; *Matt/Renzikowski/Maier* Rdn. 9.

67 *Fischer* Rdn. 5; *Gribbohm* LK[11] Rdn. 15; *Sch/Schröder/Heine/Schuster* Rdn. 7; *Joecks/Jäger* Rdn. 4; *Koch* HK-GS Rdn. 5; SSW/*Wittig* Rdn. 8.

§ 276 Verschaffen von falschen amtlichen Ausweisen

(1) Wer einen unechten oder verfälschten amtlichen Ausweis oder einen amtlichen Ausweis, der eine falsche Beurkundung der in den §§ 271 und 348 bezeichneten Art enthält,
1. einzuführen oder auszuführen unternimmt oder
2. in der Absicht, dessen Gebrauch zur Täuschung im Rechtsverkehr zu ermöglichen, sich oder einem anderen verschafft, verwahrt oder einem anderen überläßt,
wird mit Freiheitsstrafe bis zu zwei Jahren oder mit Geldstrafe bestraft.

(2) Handelt der Täter gewerbsmäßig oder als Mitglied einer Bande, die sich zur fortgesetzten Begehung von Straftaten nach Absatz 1 verbunden hat, so ist die Strafe Freiheitsstrafe von drei Monaten bis zu fünf Jahren.

Schrifttum

Erb Anmerkung zum Beschluss des BGH vom 30.10.2008 – 3 StR 156/08 – BGHSt 53, 34, NStZ **2009** 389; *Krüger* Strafbarkeit rund um den sog. „Reichsführerschein", NZV **2008** 611; *Zieschang* Klausur Strafrecht: „Urkundentricks", JA **2008** 192.

Entstehungsgeschichte

Das RStGB von 1871 regelte in § 276 a.F. RStGB ursprünglich die Wiederverwendung von Wertzeichen, bis die Vorschrift durch das EGStGB vom 2.3.1974[1] aufgehoben wurde.[2] Mit Wirkung vom 1.12.1994 führte das Verbrechensbekämpfungsgesetz vom 28.10.1994[3] unter der Überschrift „Verschaffen von falschen amtlichen Ausweisen" § 276 ein. Er ergänzt den Vorbereitungshandlungen erfassenden § 275, indem er bestimmte Verhaltensweisen im Vorfeld in Bezug auf unechte oder verfälschte amtliche Ausweise oder Ausweise, die eine falsche Beurkundung enthalten, pönalisiert.[4] Die Einbeziehung der letzteren Ausweispapiere sei im Hinblick auf die gleiche Gefährlichkeit ihrer Anwendung im Rechtsverkehr gerechtfertigt.[5] Das 6. StrRG vom 26.1.1998[6] führte die Qualifikation des zweiten Absatzes ein. Wie bei § 275 Abs. 2 ging es insoweit um die Verbesserung des Kampfes gegen Organisierte Kriminalität.[7] Seitdem ist die Vorschrift nicht mehr geändert worden.

Übersicht

1 BGBl. I, 469.
2 Siehe zur Wiederverwendung von Wertzeichen heute § 148 Abs. 2.
3 BGBl. I, 3186.
4 BTDrucks. 12/6853 S. 29.
5 BTDrucks. 12/6853 S. 29.
6 BGBl. I, 164.
7 BTDrucks. 13/9064 S. 20; siehe bereits *Zieschang* LK § 275 Entstehungsgeschichte.

https://doi.org/10.1515/9783110490220-010

Alphabetische Übersicht

I. Allgemeine Bemerkungen

1. Geschütztes Rechtsgut

1 § 276 bezweckt wie §§ 273, 275 den **Schutz der Sicherheit und Zuverlässigkeit des Rechtsverkehrs mit amtlichen Ausweisen**.[8] Es geht insoweit um ein **Allgemeinrechtsgut**, sodass der Einzelne darüber nicht disponieren kann.

2. Rechtsnatur

2 § 276 pönalisiert **typischerweise** für den Rechtsverkehr mit amtlichen Ausweisen **gefährliche Verhaltensweisen**, ohne dass im Einzelfall die Prüfung erforderlich ist, ob der Rechtsverkehr dadurch tatsächlich beeinträchtigt worden ist. Es handelt sich folglich wie bei § 275 um ein **abs-**

8 Ebenso *Weidemann* BeckOK Rdn. 3; SSW/*Wittig* Rdn. 1.

traktes Gefährdungsdelikt (abstraktes Gefährlichkeitsdelikt).[9] Dieses ist noch dazu weit in das Vorfeld verlagert: So ist Nr. 1 als **Unternehmensdelikt** (§ 11 Abs. 1 Nr. 6) ausgestaltet, und im Rahmen der Nr. 2 genügt es bereits, dass der Täter in der Absicht handelt, den Gebrauch zur Täuschung im Rechtsverkehr **zu ermöglichen**.[10]

3. Bedeutung in der Praxis

3 In der Praxis liegt die Anzahl der Verurteilungen nach § 276 in den letzten Jahren im eher oberen dreistelligen Bereich (2009: 503; 2010: 438; 2011: 358; 2012: 328; 2013: 337; 2014: 380; 2015: 322; 2016: 707; 2017: 754; 2018: 739; 2019: 839; 2020: 812; 2021: 817).[11] Die Anzahl der erfassten Fälle von Straftaten nach § 276 hat in den letzten Jahren im unteren vierstelligen Bereich gelegen.[12] Die Aufklärungsquote ist bei 95,5 % anzusiedeln. Die Anzahl der Tatverdächtigen liegt im Jahr 2021 bei 2.281 (2009: 1.500; 2010: 1.345; 2011: 1.443; 2012: 1.261; 2013: 1.199; 2014: 1.373; 2015: 1.537; 2016: 3.085; 2017: 2.695; 2018: 2.890; 2019: 2.654; 2020: 2.307).

II. Unechter oder verfälschter amtlicher Ausweis oder amtlicher Ausweis, der eine falsche Beurkundung der in §§ 271, 348 bezeichneten Art enthält

1. Der Begriff des amtlichen Ausweises

4 § 276 betrifft **amtliche Ausweise**. Ein **Ausweis** ist eine verkörperte, optisch wahrnehmbare Gedankenerklärung, die zumindest auch Informationen zur Identität einer Person enthält, diesbezüglich zum Beweis im Rechtsverkehr geeignet und bestimmt ist und ihren Aussteller – beim amtlichen Ausweis eine hoheitliche Stelle – erkennen lässt.[13] Dieser Begriff wurde bereits im Rahmen des § 273 im Einzelnen erläutert, sodass auf die dortigen Ausführungen im Grundsatz verwiesen werden kann,[14] wenn auch gewisse **Besonderheiten** zu beachten sind:

5 So muss anders als bei § 273 im Rahmen des § 276 **nicht unbedingt** eine tatsächlich existierende hoheitliche Stelle als Aussteller aus dem Ausweis hervorgehen.[15] Während nämlich § 273 vom Ausgangspunkt nur echte amtliche Ausweise erfasst,[16] betrifft § 276 auch von vornherein unechte amtliche Ausweise. Bei diesen kann aber auch eine tatsächlich nicht existierende hoheitliche Stelle als Aussteller hervorgehen; in diesem Fall ist jedoch dann immer besonders zu prüfen, ob es an der Beweiseignung mangelt, was der Fall ist, wenn die Manipulation „auf den ersten Blick“ erkennbar ist.[17]

---

9 Siehe *Zieschang* LK § 275 Rdn. 2.

10 Siehe auch Arzt/Weber/Heinrich/Hilgendorf BT § 33 Rdn. 38a: In § 276 gehe es zum Teil auch um eine Verdachtsstrafe für eine Mitwirkung an der Herstellung des gefälschten Ausweises.

11 Statistisches Bundesamt, Rechtspflege, Strafverfolgung, Fachserie 10 Reihe 3 für die Jahre 2009 bis 2021. Abgeurteilte: 2009: 556; 2010: 497; 2011: 417; 2012: 358; 2013: 367; 2014: 419; 2015: 357; 2016: 746; 2017: 815; 2018: 799; 2019: 913; 2020: 876; 2021: 875.

12 Laut PKS 2009: 1.547; 2010: 1.396; 2011: 1.513; 2012: 1.302; 2013: 1.234; 2014: 1.416; 2015: 1.565; 2016: 3.111; 2017: 2.801; 2018: 2.943; 2019: 2.836; 2020: 2.421; 2021: 2.332.

13 Siehe *Zieschang* LK § 273 Rdn. 5. Nicht erfasst werden von § 276 folglich etwa Blankoklebeetiketten für Reisepässe, bei denen die Angabe einer konkreten Person fehlt; BGH BeckRS **2022** 22752.

14 *Zieschang* LK § 273 Rdn. 5 ff.

15 **Anders** OLG Bamberg BeckRS **2014** 12279.

16 Siehe *Zieschang* LK § 273 Rdn. 11.

17 Rdn. 8.

Im Hinblick auf **ausländische amtliche Ausweise** findet sich sowohl in der Gesetzesbegründung[18] als auch in der Rechtsprechung[19] und im Schrifttum[20] die Auffassung, dass auch diese von § 276 erfasst sind; dem ist im Grundsatz beizupflichten.[21] Das gilt insbesondere für die Varianten der „unechten oder verfälschten amtlichen Ausweise“. Dagegen ist zu beachten, dass es sich bei dem in § 276 ausdrücklich genannten „amtlichen Ausweis, der eine falsche Beurkundung der in den §§ 271 und 348 bezeichneten Art enthält“, vom Grundsatz nur um einen **inländischen amtlichen Ausweis** handeln kann.[22] Tauglicher Täter des § 348 ist nämlich nur ein Amtsträger im Sinne des § 11 Abs. 1 Nr. 2, also ein Urkundsbeamter nach **deutschem Recht**. § 271 hat wiederum lediglich die Funktion, die Lücke zu schließen, die dadurch entsteht, dass ein Nicht-Amtsträger kein mittelbarer Täter des § 348 sein kann.[23] Folglich erfasst § 348 und in Parallele dazu auch § 271 nur inländische öffentliche Urkunden, woran auch der Umstand nichts ändert, dass für § 276 eine objektiv unrichtige Beurkundung genügt, mit der nicht zwingend eine Strafbarkeit nach § 271 oder § 348 einhergehen muss.[24] Aufgrund der Assimilierungspflicht wird man jedoch **EU-Urkunden** in den Schutz dieser Variante **einzubeziehen** haben, wobei dabei zu verlangen ist, dass diese Urkunden die engen Voraussetzungen der öffentlichen Urkunde[25] erfüllen. 6

Weiterhin ist zu beachten, dass § **276a** im Hinblick auf Art. 103 Abs. 2 GG nicht auf § 273 anwendbar ist. Dagegen besitzt § 276a aufgrund seines ausdrücklichen Wortlauts Geltung für § 276. In Bezug auf die Einzelheiten zu dieser Vorschrift wird auf die entsprechenden Erläuterungen verwiesen.[26] 7

2. Unechter amtlicher Ausweis

Unecht ist ein amtlicher Ausweis dann, wenn er tatsächlich gar nicht von der hoheitlichen Stelle geistig herrührt, die sich aus der Urkunde als Aussteller ergibt. Es kommt auf die **objektive Lage** an,[27] nicht darauf, ob sich der Hersteller auch dadurch nach § 267 Abs. 1 Var. 1 strafbar gemacht hat. Der Ausweis muss insbesondere geeignet sein, den Eindruck amtlicher Ausstellung zu erwecken,[28] was nicht der Fall ist, wenn die Manipulation „auf den ersten Blick“ erkennbar ist.[29] 8

3. Verfälschter amtlicher Ausweis

Von einem **verfälschten** amtlichen Ausweis ist auszugehen, wenn nachträglich der gedankliche Inhalt und damit die Beweisrichtung eines amtlichen Ausweises verändert wird, wobei der Eindruck erweckt wird, dass der Ausweis bereits von vornherein den ihm erst nachträglich beigelegten Inhalt gehabt hat. Auch hier kommt es nur auf die **objektive Sachlage** an, nicht darauf, ob eine Strafbarkeit nach § 267 Abs. 1 Var. 2 gegeben ist. 9

---

18 BTDrucks. 12/6853 S. 29.

19 BGH NJW **2000** 3148; BGH BeckRS **2017** 146499.

20 Etwa *Erb* MK Rdn. 2; *Fischer* Rdn. 2; *Gössel/Dölling* BT 1 § 52 Rdn. 77; *Gribbohm* LK[11] Rdn. 3; *Sch/Schröder/Heine/Schuster* Rdn. 1 f.; *Joecks/Jäger* Rdn. 1; *Kindhäuser/Hilgendorf* LPK Rdn. 1; *Koch* HK-GS Rdn. 2; *Matt/Renzikowski/Maier* Rdn. 5; *Maurach/Schroeder/Maiwald* BT 2 § 66 Rdn. 33; *Otto* BT § 70 Rdn. 76; *Puppe/Schumann* NK Rdn. 1; *Weidemann* BeckOK Rdn. 4; SSW/*Wittig* Rdn. 2.

21 Siehe bereits *Zieschang* LK § 273 Rdn. 7.

22 Siehe bereits *Zieschang* LK § 271 Rdn. 14 ff.

23 Siehe *Zieschang* LK § 271 Rdn. 2.

24 Dazu Rdn. 12.

25 Siehe *Zieschang* LK § 271 Rdn. 12; § 348 Rdn. 12 ff.

26 *Zieschang* LK § 276a Rdn. 2 ff.

27 *Brehmeier-Metz* AK Rdn. 2; *Erb* MK Rdn. 2; *Hoyer* SK Rdn. 2; *Matt/Renzikowski/Maier* Rdn. 3; SSW/*Wittig* Rdn. 2.

28 Siehe *Krüger* NZV **2008** 611, 612.

29 Siehe dazu *Zieschang* LK § 267 Rdn. 56 f., 59.

4. Amtlicher Ausweis, der eine falsche Beurkundung der in §§ 271, 348 bezeichneten Art enthält

10 Ein Ausweis, der eine **falsche Beurkundung im Sinne der in §§ 271, 348 bezeichneten Art** enthält, liegt vor, wenn ein örtlich und sachlich zuständiger Amtsträger eine unwahre Tatsache zum Zwecke des Beweises für und gegen jedermann unter Beachtung der wesentlichen Formvorschriften festgestellt hat. Es handelt sich dann um eine öffentliche Urkunde.[30] Diese Feststellung muss also öffentlichen Glauben begründen. Andere Feststellungen enthalten keine Beurkundung. Es geht folglich um Angaben, auf die sich die erhöhte Beweiskraft erstreckt. Die Feststellung muss volle Beweiswirkung für und gegen jedermann erbringen, anderenfalls handelt es sich nicht um eine Beurkundung.[31]

11 Beim **Reisepass** und **Personalausweis** bezieht sich jeweils die erhöhte Beweiskraft auf den Namen des Abgebildeten.[32] Sie soll sich zudem auf die Berechtigung beziehen, einen akademischen Grad zu führen.[33] Die Unrichtigkeit muss sich aber bei § 276 nicht zwingend auf die Identität beziehen,[34] sondern kann im Grundsatz auch andere Angaben betreffen, vorausgesetzt, sie nehmen an der erhöhten Beweiskraft teil.

12 Maßgeblich ist auch hier allein, dass **objektiv eine falsche Beurkundung** gegeben ist.[35] Es spielt keine Rolle, ob sich der Veranlassende nach § 271 oder sich der Beurkundende deswegen nach § 348 strafbar macht. Auch wenn ein Amtsträger etwa fahrlässig eine Falschbeurkundung vornimmt, ist eine falsche Beurkundung gegeben.[36]

III. § 276 Abs. 1 Nr. 1

13 Die Regelung in § 276 Abs. 1 Nr. 1 betrifft das **Unternehmen der Ein- oder Ausfuhr** derartiger Ausweise. Es handelt sich somit um ein Unternehmensdelikt im Sinne des § 11 Abs. 1 Nr. 6,[37] sodass unter den Begriff des Unternehmens auch der Versuch fällt. Das **Einführen** ist vollendet, wenn der Täter die Ausweise in den Geltungsbereich des Gesetzes gebracht hat. Umgekehrt werden die Ausweise beim **Ausführen** aus dem Geltungsbereich des Gesetzes verbracht. Nicht nur Fälle Organisierter Kriminalität sind erfasst, sondern aufgrund der weiten Fassung auch etwa die Konstellation, dass jemand an seinem Pass Manipulationen vorgenommen hat, um einreisen zu können.[38]

14 Befindet sich der Täter mit den Ausweisen kurz vor Erreichen der Hoheitsgrenze,[39] stellt dies einen Versuch dar, der als Unternehmen genügt.

---

30 Amtliche Ausweise sind also in dieser Variante nur öffentliche Urkunden, obwohl sie diese Eigenschaft sonst nach zutreffender Sicht nicht zwingend aufweisen müssen; vgl. insoweit *Zieschang* LK § 273 Rdn. 8.

31 Siehe dazu im Einzelnen *Zieschang* LK § 271 Rdn. 20 ff.; § 348 Rdn. 43 ff.

32 Siehe dazu BGH GA **1967** 19; *Hoyer* SK § 271 Rdn. 16; vgl. auch *Erb* NStZ **2009** 389.

33 BGH NJW **1955** 839, 840; RGSt **60** 104, 105 f.; KG JR **1980** 516 f.; Arzt/Weber/Heinrich/Hilgendorf BT § 33 Rdn. 13; *Sch/Schröder/Heine/Schuster* § 271 Rdn. 22; *Puppe/Schumann* NK § 348 Rdn. 24; *Rengier* BT II § 37 Rdn. 21.

34 So auch *Brehmeier-Metz* AK Rdn. 2; *Erb* MK Rdn. 2; *Matt/Renzikowski/Maier* Rdn. 4; **anders** *Hoyer* SK Rdn. 3; *Puppe/Schumann* NK Rdn. 2; SSW/*Wittig* Rdn. 2.

35 BTDrucks. 12/6853 S. 29; *Brehmeier-Metz* AK Rdn. 2; *Erb* MK Rdn. 2; *Fischer* Rdn. 2; *Sch/Schröder/Heine/Schuster* Rdn. 2; *Joecks/Jäger* Rdn. 4; *Koch* HK-GS Rdn. 2; Lackner/Kühl/*Heger* Rdn. 1; *Matt/Renzikowski/Maier* Rdn. 4; *Maurach/Schroeder/Maiwald* BT 2 § 66 Rdn. 33; *Puppe/Schumann* NK Rdn. 2; *Weidemann* BeckOK Rdn. 4.

36 BTDrucks. 12/6853 S. 29.

37 BTDrucks. 12/6853 S. 29.

38 *Gribbohm* LK[11] Rdn. 8. Hierbei tritt dann § 276 auf Konkurrenzebene hinter § 267 zurück; siehe Rdn. 28.

39 Siehe BGHSt **36** 249, 250.

IV. § 276 Abs. 1 Nr. 2

In der Konstellation des § 276 Abs. 1 Nr. 2 geht es in objektiver Hinsicht darum, dass der Täter die Ausweise sich oder einem anderen **verschafft, verwahrt oder einem anderen überlässt.** 15

Sich oder einem anderen **Verschaffen** bedeutet, dass die tatsächliche Verfügungsgewalt erlangt wird.[40] Es geht hierbei um einen abgeleiteten Erwerb. **Verwahren** bedeutet die Gewahrsamsausübung über eine Sache.[41] Dadurch wollte der Gesetzgeber Strafbarkeitslücken in Fällen vermeiden, bei denen nicht klar ist, wann und wie sich eine Person einen Ausweis verschafft hat.[42] Beim **Überlassen** erfolgt die zumindest vorübergehende Übergabe an einen Dritten oder die Duldung des Ansichnehmens zum Gebrauch. 16

V. Subjektiver Tatbestand

In der Konstellation des § 276 Abs. 1 Nr. 1 ist **Vorsatz** erforderlich, wobei dolus eventualis genügt,[43] ohne dass zusätzlich ein besonderes subjektives Merkmal verlangt ist. In § 276 Abs. 1 Nr. 1 wird auf eine entsprechende Absicht wie in § 276 Abs. 1 Nr. 2 verzichtet, da der Gesetzgeber davon ausging, dass sie bei der Ein- uns Ausfuhr regelmäßig vorliegt.[44] 17

Im Fall des § 276 Abs. 1 Nr. 2 muss ebenfalls zumindest bedingter **Vorsatz** vorliegen, zudem ist als **besonderes subjektives Merkmal** vorausgesetzt, dass der Täter in der Absicht handelt, den Gebrauch des Ausweises zur Täuschung im Rechtsverkehr zu ermöglichen. Durch dieses besondere subjektive Merkmal soll nach dem Willen des Gesetzgebers der sachliche Anwendungsbereich von Nr. 2 auf „die strafwürdigen Fallgruppen" beschränkt werden.[45] Erforderlich ist insoweit zur sinnvollen Einschränkung des Delikts dolus directus 2. Grades.[46] Der Täter kann den Ausweis selbst benutzen wollen, möglich ist aber auch, dass ein anderer ihn gebraucht. 18

VI. Rechtswidrigkeit, Schuld, Art. 31 Abs. 1 GFK

Da mit dem Schutz des Rechtsverkehrs ein Allgemeinrechtsgut in Rede steht, kommt eine rechtfertigende Einwilligung nicht in Betracht. Eine entsprechende Anwendung des § 110a Abs. 3 StPO ist jedoch möglich.[47] Zu dem Umstand, dass der Grenzübertritt unter Verwirklichung des § 276 regelmäßig weder nach § 34 gerechtfertigt noch nach § 35 entschuldigt ist, wird auf die Ausführungen zu § 267 verwiesen, die entsprechend gelten.[48] Auch ist Art. 31 Abs. 1 GFK nach zutreffender Sicht nicht auf eine Begleittat wie § 276 anwendbar.[49] 19

---

40 Siehe *Sch/Schröder/Heine/Schuster* Rdn. 5; *Joecks/Jäger* Rdn. 6; *Haft* BT II S. 210, 211.

41 BTDrucks. 12/6853 S. 29; *Brehmeier-Metz* AK § 275 Rdn. 8; *Haft* BT II S. 210, 211; *Sch/Schröder/Heine/Schuster* Rdn. 6; siehe auch BGH BeckRS **2013** 7250.

42 BTDrucks. 12/6853 S. 29.

43 *Erb* MK Rdn. 4; *Fischer* Rdn. 4; *Sch/Schröder/Heine/Schuster* Rdn. 8; *Hoyer* SK Rdn. 5; *Klesczewski* BT § 17 Rdn. 124; *Koch* HK-GS Rdn. 3; *Matt/Renzikowski/Maier* Rdn. 9; *Weidemann* BeckOK Rdn. 6.

44 BTDrucks. 12/6853 S. 29.

45 BTDrucks. 12/6853 S. 29.

46 *Brehmeier-Metz* AK Rdn. 5; *Haft* BT II S. 212; *Zieschang* JA **2008** 192, 197; **anders** *Puppe/Schumann* NK Rdn. 4: dolus eventualis ausreichend; differenzierend wiederum *Hoyer* SK Rdn. 5.

47 *Sch/Schröder/Heine/Schuster* Rdn. 9; *Weidemann* BeckOK Rdn. 7.

48 *Zieschang* LK § 267 Rdn. 222, 226.

49 Siehe bereits *Zieschang* LK § 267 Rdn. 227 f.

VII. Qualifikation gemäß § 276 Abs. 2

20 Parallel zu § 275 Abs. 2 enthält § 276 Abs. 2 eine Qualifikation. Sie ist erfüllt, wenn der Täter **gewerbsmäßig oder als Mitglied einer Bande** handelt, die sich zur fortgesetzten Begehung von Straftaten nach § 276 Abs. 1 verbunden hat.[50] Mit „Straftaten nach Absatz 1" ist also § 276 Abs. 1 gemeint, nicht hingegen §§ 267, 271, 348.[51] Auch im Fall der Qualifikation bleibt die Tat Vergehen.

VIII. Vollendung und Versuch

21 Der Vollendungszeitpunkt ist bei § 276 Abs. 1 Nr. 1 dadurch weit ins Vorfeld verlagert, dass die Norm als Unternehmensdelikt im Sinne des § 11 Abs. 1 Nr. 6 ausgestaltet ist und folglich der Versuch schon ein Unternehmen im Sinne der Norm darstellt. Hinzu kommt, dass der Gesetzgeber anders als im Zusammenhang mit § 275 keine Vorschrift zur Tätigen Reue vorgesehen hat.[52]

22 § 276 Abs. 1 Nr. 2 ist bereits vollendet nicht nur mit dem Verschaffen oder Feilhalten, sondern auch schon mit dem bloßen Verwahren. Eine gewisse Einschränkung wird hier nur über das besondere subjektive Merkmal erreicht. Aber auch diese fällt nicht erheblich ins Gewicht; so braucht es objektiv weder zu der Ermöglichung, geschweige denn zum Gebrauch oder zu einer Täuschung gekommen zu sein.

23 Der Versuch des § 276 Abs. 1 Nr. 2 ist nicht strafbar. Das gilt auch für die Qualifikation gemäß § 276 Abs. 2, die Vergehen bleibt und keine Versuchsstrafbarkeit anordnet.

IX. Täterschaft und Teilnahme

24 § 276 Abs. 1 ist ein Jedermanndelikt. Tauglicher Täter ist damit jede natürliche Person. Für die Täterschaft spielt es keine Rolle, ob der Agierende Eigentümer des Ausweises ist oder nicht. § 276 ist kein eigenhändiges Delikt. Neben Mittäterschaft kommt mittelbare Täterschaft in Betracht. Die Teilnahme bestimmt sich nach den allgemeinen Regeln.

X. Rechtsfolgen

25 § 276 Abs. 1 sieht Freiheitsstrafe bis zu zwei Jahren oder Geldstrafe vor. Die Qualifikation nach § 276 Abs. 2 ordnet Freiheitsstrafe von drei Monaten bis zu fünf Jahren an. § 282 Satz 1 ermöglicht die Einziehung des Ausweises.

XI. Konkurrenzen

1. Verhältnis der Tatvarianten des § 276 untereinander

26 Die Tatvarianten überschneiden sich nicht selten. So hat derjenige, der den Ausweis einführt, regelmäßig auch Gewahrsam (Verwahren) an diesem und handelt dabei in der Absicht, dessen Gebrauch zur Täuschung im Rechtsverkehr zu ermöglichen. Dann macht sich der Betreffende strafbar wegen **einer Straftat** nach § 276 Abs. 1.

27 Verschafft sich ein Täter den Ausweis von vornherein mit dem Willen, diesen einem anderen zu überlassen, geht es ebenfalls um eine Straftat nach § 276. Fasst er diese Entscheidung jedoch

---

50 Siehe zu diesen Merkmalen *Zieschang* LK § 267 Rdn. 231 ff., 247.
51 *Gribbohm* LK[11] Rdn. 14.
52 Siehe dagegen bei § 275 dessen dritten Absatz mit dem Verweis auf § 149 Abs. 2, 3.

erst später, beruht also das Überlassen auf einem neuen Entschluss, liegt Tatmehrheit zwischen dem Verschaffen und dem Überlassen vor.

2. Verhältnis von § 276 zu §§ 267, 271, 348

§ 276 Abs. 1 tritt hinter § 267 zurück.[53] Das gilt auch im Verhältnis zu §§ 271, 348.[54] § 276 will 28
denjenigen, der sich nach §§ 267, 271, 348 strafbar macht, nicht noch zusätzlich strafrechtlich erfassen.[55]

53 BGHR StGB § 276 StGB Konkurrenzen 1 (jedenfalls hinter § 267 Abs. 1 Var. 3); BGH BeckRS **2017** 146499; *Brehmeier-Metz* AK Rdn. 8; *Erb* MK Rdn. 5; *Gössel/Dölling* BT 1 § 52 Rdn. 78; *Haft* BT II S. 212; *Sch/Schröder/Heine/Schuster* Rdn. 11; *Joecks/Jäger* Rdn. 9; *Kindhäuser/Hilgendorf* LPK § 267 Rdn. 67; *Krüger* NZV **2008** 611, 612; Lackner/Kühl/*Heger* Rdn. 5; SSW/*Wittig* Rdn. 7; **anders** BGH wistra **2003** 351, 352 f.; *Puppe/Schumann* NK Rdn. 5: Tateinheit. § 276 Abs. 2 tritt zurück, sofern § 267 Abs. 3 oder Abs. 4 vorliegen; *Erb* MK Rdn. 5; *Matt/Renzikowski/Maier* Rdn. 11.

54 Siehe OLG Koblenz NStZ-RR **2010** 259, 260; *Zieschang* JA **2008** 192, 197 f.

55 OLG Koblenz NStZ-RR **2010** 259, 260; *Gribbohm* LK[11] Rdn. 20.

§ 276a Aufenthaltsrechtliche Papiere; Fahrzeugpapiere

Die §§ 275 und 276 gelten auch für aufenthaltsrechtliche Papiere, namentlich Aufenthaltstitel und Duldungen, sowie für Fahrzeugpapiere, namentlich Fahrzeugscheine und Fahrzeugbriefe.

Entstehungsgeschichte

Das Verbrechensbekämpfungsgesetz vom 28.10.1994[1] führte die Vorschrift zugleich mit § 276 ein. Beide Regelungen sind am 1.12.1994 in Kraft getreten. Sinn und Zweck des § 276a ist die Eindämmung organisierter Kraftfahrzeugdiebstähle und -verschiebungen sowie die Bekämpfung der unerlaubten Einreise von Ausländern mit gefälschten aufenthaltsrechtlichen Papieren.[2] Das Zuwanderungsgesetz vom 20.6.2002[3] ersetzte die Wörter „Aufenthaltsgenehmigungen und Duldungen" durch den Begriff „Aufenthaltstitel", jedoch hat das BVerfG dieses Gesetz für verfassungswidrig und nichtig erklärt.[4] Durch Art. 11 Nr. 14 des Zuwanderungsgesetzes vom 30.7.2004[5] ist nunmehr in § 276a die Formulierung „Aufenthaltstitel und Duldungen" zu finden.

Übersicht

Alphabetische Übersicht

I. Anwendungsbereich

1 Aufgrund des ausdrücklichen Wortlauts ist § 276a **allein** auf § 275 und § 276 anwendbar. Eine Ausdehnung insbesondere auf die Regelung in § 273, wie es zum Teil im Schrifttum angenommen wird,[6] verstößt gegen Art. 103 Abs. 2 GG.[7] Auch nach der Gesetzesbegründung betrifft § 276a die §§ 275, 276.[8]

---

1 BGBl. I, 3186.
2 Siehe BTDrucks. 12/6853 S. 20, 28; *Erb* MK Rdn. 1; *Sch/Schröder/Heine/Schuster* Rdn. 1; *Joecks/Jäger* Rdn. 1; *Koch* HK-GS Rdn. 1.
3 BGBl. I, 1946.
4 BVerfGE **106** 310, 312.
5 BGBl. I, 1950.
6 *Fischer* Rdn. 2.
7 Ablehnend auch *Erb* MK Rdn. 6; *Matt/Renzikowski/Maier* Rdn. 1.
8 BTDrucks. 12/6853 S. 28 f.

https://doi.org/10.1515/9783110490220-011

§ 276a dehnt den Anwendungsbereich der §§ 275, 276 auf **aufenthaltsrechtliche Papiere** und **Fahrzeugpapiere** aus. Es muss sich dabei nicht zwingend um öffentliche Urkunden im Sinne der §§ 271, 348 handeln.[9] 2

II. Aufenthaltsrechtliche Papiere

Bei den aufenthaltsrechtlichen Papieren handelt es sich um Urkunden, welche die aufenthalts- 3
rechtliche Stellung einer Person konstitutiv oder deklaratorisch dokumentieren.[10] Der Gesetzestext hebt zwei Beispiele („namentlich") hervor, nämlich **Aufenthaltstitel** und **Duldungen**.

Zu den **Aufenthaltstiteln** gehören gemäß § 4 Abs. 1 Satz 2 AufenthG das Visum gemäß § 6 4
Abs. 1 Nr. 1, Abs. 3 AufenthG, die Aufenthaltserlaubnis gemäß § 7 AufenthG, die Blaue Karte EU gemäß § 18b Abs. 2 AufenthG, die ICT-Karte gemäß § 19 AufenthG, die Mobiler-ICT-Karte gemäß § 19b AufenthG, die Niederlassungserlaubnis gemäß § 9 AufenthG sowie die Erlaubnis zum Daueraufenthalt-EU gemäß § 9a AufenthG. Zudem sind zu nennen der Aufenthaltstitel bei Asylantrag gemäß § 10 AufenthG sowie das Ausnahme-Visum und das Passersatzpapier gemäß § 14 Abs. 2 AufenthG. Erfasst werden von § 276a u.a. auch die Aufenthaltserlaubnisse nach §§ 16 ff. AufenthG, die Bescheinigung über den Fortbestand der Niederlassungserlaubnis nach § 51 AufenthG, die **Duldung** im Sinne von § 60a AufenthG (Bescheinigung über die Aussetzung der Abschiebung) sowie gemäß § 101 AufenthG die vor dem 1.1.2005 erteilten Aufenthaltsberechtigungen. Da auch die Fiktionsbescheinigung nach § 81 Abs. 5 AufenthG den aufenthaltsrechtlichen Status einer Person dokumentiert, kann es nicht überzeugen, wenn das OLG Hamm insoweit die Anwendung des § 276a verneint.[11]

Zu erwähnen sind weiterhin als aufenthaltsrechtliche Papiere die Aufenthaltskarte sowie die 5
Bescheinigung über das Daueraufenthaltsrecht gemäß § 5 FreizügG/EU. Auch werden etwa erfasst die Bescheinigung über die Zuerkennung der Flüchtlingseigenschaft gemäß § 3 AsylG sowie die Entscheidung des Bundesamtes für Migration und Flüchtlinge über den Asylantrag. Zu erwähnen ist auch die Aufenthaltsgestattung gemäß §§ 55, 63 AsylG[12] sowie die Erlaubnis zur Ausübung einer Beschäftigung gemäß § 61 AsylG. Hinzu kommen ausländische Aufenthaltsdokumente.[13]

III. Fahrzeugpapiere

Der Gesetzestext hebt als Beispiele **Fahrzeugscheine** sowie **Fahrzeugbriefe** hervor. Diese Fahr- 6
zeugpapiere sind ab dem 1.10.2005[14] ersetzt worden durch die „Zulassungsbescheinigung Teil I" anstelle des Fahrzeugscheins sowie durch die „Zulassungsbescheinigung Teil II" für den Fahrzeugbrief. § 276a betrifft ebenfalls den Internationalen Zulassungsschein.[15] Auch Untersuchungsberich-

9 **Anders** wohl *Hoyer* SK Rdn. 1; *Kindhäuser/Hilgendorf* LPK Rdn. 1. Siehe bereits *Zieschang* LK § 273 Rdn. 8; so ist etwa der frühere Fahrzeugbrief, der von § 276a erfasst wird, nach Auffassung des BGH nur eine verwaltungsmäßige Urkunde ohne öffentlichen Glauben; BGH VRS **5** 135; siehe auch BGHSt **60** 66, 69 zur Zulassungsbescheinigung Teil II.

10 BTDrucks. 12/6853 S. 29.

11 OLG Hamm BeckRS **2009** 16396; dem OLG zustimmend *Weidemann* BeckOK Rdn. 4.

12 Siehe BGH NJW **1996** 2170.

13 Beachte aber auch *Zieschang* LK § 276 Rdn. 6. Zu eng etwa BTDrucks. 123/6853 S. 30; *Erb* MK Rdn. 2; *Puppe/Schumann* NK Rdn. 6: Ausländische Dokumente seien (nur) erfasst, sofern sie im Inland aufgrund zwischenstaatlicher Vereinbarungen anerkannt sind. Ähnlich argumentiert BGH NStZ **2015** 399, 401 in Bezug auf ausländische aufenthaltsrechtliche Papiere von Schengen-Staaten: Diese Papiere besäßen im Inland unmittelbare aufenthaltsrechtliche Bedeutung.

14 38. VO zur Änderung straßenverkehrsrechtlicher Vorschriften vom 24.9.2004, BGBl. I, 2374.

15 *Fischer* Rdn. 4; siehe insoweit Art. 4 und Anlage B des Internationalen Abkommens über Kraftfahrzeugverkehr vom 24.4.1926 (RGBl. 1930 II, 1234).

te nach § 29 StVZO fallen richtigerweise unter die Norm.[16] Erfasst werden grundsätzlich ebenfalls ausländische Fahrzeugpapiere.[17] Nicht als Fahrzeugpapiere zu betrachten sind aber Kennzeichen oder Plaketten am Kraftfahrzeug.[18] Blanko-Zulassungsbescheinigungen ohne Angabe eines konkreten Fahrzeugs sind keine tauglichen Tatgegenstände.[19]

16 Ebenso *Puppe/Schumann* NK Rdn. 7; **anders** *Erb* MK Rdn. 5; *Matt/Renzikowski/Maier* Rdn. 4; SSW/*Wittig* Rdn. 3.
17 BTDrucks. 12/6853 S. 30; beachte aber *Zieschang* LK § 276 Rdn. 6.
18 *Sch/Schröder/Heine/Schuster* Rdn. 4; *Hoyer* SK Rdn. 4; *Matt/Renzikowski/Maier* Rdn. 4; *Puppe/Schumann* NK Rdn. 7.
19 BGH BeckRS **2022** 22752. Entsprechendes gilt für Aufenthaltsgestattungen ohne Angabe einer konkreten Person.

§ 277 Unbefugtes Ausstellen von Gesundheitszeugnissen

(1) Wer zur Täuschung im Rechtsverkehr unter der ihm nicht zustehenden Bezeichnung als Arzt oder als eine andere approbierte Medizinalperson ein Zeugnis über seinen oder eines anderen Gesundheitszustand ausstellt, wird mit Freiheitsstrafe bis zu einem Jahr oder mit Geldstrafe bestraft, wenn die Tat nicht in anderen Vorschriften dieses Abschnitts mit schwererer Strafe bedroht ist.

(2) In besonders schweren Fällen ist die Strafe Freiheitsstrafe von drei Monaten bis zu fünf Jahren. Ein besonders schwerer Fall liegt in der Regel vor, wenn der Täter gewerbsmäßig oder als Mitglied einer Bande, die sich zur fortgesetzten Begehung von unbefugtem Ausstellen von Gesundheitszeugnissen verbunden hat, Impfnachweise oder Testzertifikate betreffend übertragbare Krankheiten unbefugt ausstellt.

Schrifttum

Dastis Zur Strafbarkeit von Impfpassfälschern und von Verwendern gefälschter Impfpässe, HRRS **2021** 456; *Erb* Anmerkung zum Beschluss des OLG Schleswig vom 31.3.2022 – 1 Ws 19/22, NStZ 2022, 689, NStZ **2022** 742; *Gaede/Krüger* Unrichtige Corona-Impf- und Testnachweise – Alte und neue Strafbarkeitslücken, NJW **2021** 2159; *dies.* Erweiterte Strafbarkeit des Fälschens und Gebrauchens von Impf- und Testzertifikaten – ausgedehnte Strafbarkeit bei gefälligen Gesundheitszeugnissen, medstra **2022** 13; *Gercke* Das Ausstellen unrichtiger Gesundheitszeugnisse nach § 278 StGB, MedR **2008** 592; *Heinze* StR-Fortgeschrittenenklausur zu Urkundsdelikten, Jura **2021** 1252; *Henseler* Masernimpfpflicht, Maskenpflicht und unrichtige Gesundheitszeugnisse, MedR **2020** 1000; *Hoven/Weigend* Strafvorschriften gegen falsche Impfpässe, KriPoZ **2021** 343; *Jagalla* Straftaten im Zusammenhang mit Impfnachweisen – der Stand nach Vorlagebeschluss des OLG Karlsruhe, HRRS **2022** 373; *Jahn* Anmerkung zum Beschluss des LG Osnabrück vom 26.10.2021 – 3 Qs 38/21, JZ 2022, 311, JuS **2022** 178; *Jahn/Schmitt-Leonardy/Wenglarczyk* Komplikationen des Pandemiestrafrechts, JZ **2022** 63; *Kraatz* Zur Strafbarkeit der Rezeptausstellung an eine verbeamtete Privatpatientin ohne Untersuchung, JR **2021** 624; *Kreutzer* Ein Schnellschuss und seine Folgen – Die alte und neue Rechtslage zu gefälschten Impfpässen, JR **2022** 166; *Krüger/Sy* Impfpassfälschung als Straftat, GesR **2021** 626; *Leifeld* Zur Strafbarkeit der Vorlage gefälschter Therapiebescheinigungen im Rahmen der Medizinisch-Psychologischen-Untersuchung, NZV **2013** 422; *Lichtenthäler* Überblick zur jüngsten Novelle der Urkundendelikte, NStZ **2022** 138; *Lorenz* Kritische Überlegungen zu einer nebenstrafrechtlichen Reform anlässlich der Fälschung und des unrichtigen Ausstellens von Impfausweisen, medstra **2021** 210; *ders.* Anmerkung zum Beschluss des BayObLG vom 3.6.2022 – 207 StRR 155/22, BeckRS 2022, 13743, JR **2022** 548; *Lorenz/Rehberger* Anmerkung zum Beschluss des LG Osnabrück vom 26.10.2021 – 3 Qs 38/21, JZ 2022, 311, MedR **2022** 40; *dies.* Impfdokumentation und Strafrecht. Verteidigungsansätze bei „Impfpassfälschungen", NJW **2022** 1295; *dies.* Die Umgehung des solidarischen Lebens- und Gesundheitsschutzes, Zeitschrift für Lebensrecht **31** (2022) 399; *Nestler* Fälschung eines Gesundheitszeugnisses in Form eines Attests zur Befreiung von der Maskenpflicht, JK **2021** 1272; *dies.* Keine Strafbarkeit von Impfpassfälschungen nach §§ 277 bis 279 StGB a.F., JK **2022** 1121; *Ofterdinger/Kuhli* Anmerkung zum Beschluss des LG Osnabrück vom 26.10.2021 – 3 Qs 38/21, JZ 2022, 311, ZJS **2022** 264; *Popp* Ausgewählte strafrechtliche Probleme der COVID-19-Pandemie in Deutschland, GA **2022** 319; *Pschorr* Falsche Impfbescheinigungen und Corona-Tests, StraFo **2022** 135; *Rigizahn* Anmerkung zum Urteil des BGH vom 3.12.1997 – 2 StR 397/97 – BGHSt 43, 346, JR **1998** 523; *Schmidhäuser* Die Strafbarkeit des Herstellens und Gebrauchens von gefälschten Impfausweisen durch und gegenüber Privatpersonen vor dem 24.11.2021, medstra **2022** 21; *Schrott* Anmerkung zum Beschluss des LG Osnabrück vom 26.10.2021 – 3 Qs 38/21, JZ 2022, 311, JZ **2022** 313; *Stieger* Die Reform der §§ 275 ff. StGB, ZJS **2022** 503; *Wolf* Lex specialis derogat legi generali: Strafbarkeitslücken und Privilegierungen beim Fälschen von Impfausweisen und Impfzertifikaten, ZFISTW **2022** 146; *Zieschang* Besonders schwere Fälle und Regelbeispiele – ein legitimes Gesetzgebungskonzept? Jura **1999** 561; *ders.* Die telefonische Feststellung der Arbeitsunfähigkeit und § 278 StGB, medstra **2020** 202; *ders.* Überlegungen zur Reform der §§ 277 bis 279 StGB, ZIS **2021** 481; *ders.* Die Reform der §§ 275, 277 bis 281 StGB durch das Gesetz zur Änderung des Infektionsschutzgesetzes und weiterer Gesetze anlässlich der Aufhebung der Feststellung der epidemischen Lage von nationaler Tragweite, ZFISTW **2022** 140.

Entstehungsgeschichte

Bereits das RStGB von 1871 enthielt § 277 a.F. RStGB. Die Vorschrift lautete:

„Wer unter der ihm nicht zustehenden Bezeichnung als Arzt oder als eine andere approbierte Medizinalperson oder unberechtigt unter dem Namen solcher Personen ein Zeugniß über seinen oder eines Anderen Gesundheitszu-

https://doi.org/10.1515/9783110490220-012

stand ausstellt oder ein derartiges echtes Zeugniß verfälscht, und davon zur Täuschung von Behörden oder Versicherungsgesellschaften Gebrauch macht, wird mit Gefängniß bis zu Einem Jahre bestraft.“

Von der grundlegenden Neugestaltung der Vorschriften zur Urkundenfälschung durch die Strafrechtsangleichungsverordnung vom 29.5.1943[1] blieb § 277 a.F. ebenso wie die §§ 278, 279 a.F. unberührt. Auch der Vorschlag des E 1962, § 277 a.F. ersatzlos zu streichen,[2] wurde nicht umgesetzt. Das 1. StrRG vom 25.6.1969[3] veränderte in § 277 a.F. die Formulierung der Rechtsfolge in „Freiheitsstrafe bis zu einem Jahre“. Das 2. StrRG vom 4.7.1969[4] ergänzte die Freiheitsstrafe in § 277 a.F. durch wahlweise Geldstrafe.[5] Das EGStGB vom 2.3.1974[6] versah schließlich die Vorschrift mit der gesetzlichen Überschrift „Fälschung von Gesundheitszeugnissen“.

Warum der Gesetzgeber den Täter des § 277 a.F. insbesondere in der Strafandrohung gegenüber dem des § 267 besserstellte, war dabei widersprüchlich und nicht verständlich.[7] Eine Reform im Bereich der strafrechtlichen Regelungen zu den Gesundheitszeugnissen war daher angezeigt.[8] Die 92. Justizministerkonferenz hat schließlich im Zusammenhang mit der Corona-Pandemie festgestellt, dass die geltende Privilegierung gemäß § 277 Var. 2 und Var. 3 a.F. „nicht mehr zeitgemäß“ sei, und bat daher das Bundesjustizministerium, einen Gesetzesentwurf zu erarbeiten, „der insbesondere eine sachgerechte Gleichstellung des § 277 Var. 2 und 3 mit der Urkundenfälschung nach § 267 herbeiführt und dem Reformbedarf der §§ 277 bis 279 insgesamt Rechnung trägt“.[9]

Zur Bekämpfung bestimmter strafbarer Verhaltensweisen im Zusammenhang mit der Corona-Pandemie hat schließlich das Gesetz zur Änderung des Infektionsschutzgesetzes und weiterer Gesetze anlässlich der Aufhebung der Feststellung der epidemischen Lage von nationaler Tragweite vom 22.11.2021[10] der Vorschrift ihre heutige Fassung gegeben.[11] Die Änderungen erfolgten aus Gründen der Rechtsklarheit. Konstellationen, die bereits durch § 267 erfasst sind, sollten vom Anwendungsbereich ausgenommen werden.[12]

So wurde die Überschrift von „Fälschung von Gesundheitszeugnissen“ in „Unbefugtes Ausstellen von Gesundheitszeugnissen“ umformuliert. Inhaltlich sind insbesondere folgende Änderungen von Bedeutung:[13]

Die Vorschrift ist seitdem kein zweiaktiges Delikt mehr, genügt doch objektiv schon das Ausstellen des Gesundheitszeugnisses als solches, ohne dass wie zuvor der Gebrauch zur Vollendung hinzukommen muss. Damit wird insofern ein Gleichklang insbesondere zu § 267 hergestellt. Wenn man es für die Urkundenfälschung genügen lässt, dass schon das Herstellen einer unechten Urkunde als solches strafbar ist, besteht kein Grund, dies nicht auch für Gesundheitszeugnisse genügen zu lassen, die ebenfalls Urkunden[14] darstellen.[15]

---

1 RGBl. I, 339.

2 BTDrucks. IV/650 S. 486. Zum § 309 E 1962 (BTDrucks. IV/650 S. 61) siehe *Puppe/Schumann* NK Rdn. 1.

3 BGBl. I, 645.

4 BGBl. I, 717.

5 Das 2. StrRG ist zeitgleich mit dem EGStGB am 1.1.1975 in Kraft getreten (BGBl. I 1973, 909), das ebenfalls wahlweise Geldstrafe vorsieht.

6 BGBl. I, 469.

7 Zu weiteren Ungereimtheiten der Vorgängerregelung *Zieschang* ZIS **2021** 481, 482 ff.; vgl. auch BTDrucks. IV/650 S. 486; VGH München BeckRS **2020** 44530; Arzt/Weber/Heinrich/Hilgendorf BT § 33 Rdn. 26a; *Brehmeier-Metz* AK Rdn. 2; *Fischer* Rdn. 1; *Gribbohm* LK[11] Rdn. 1; *Sch/Schröder/Heine/Schuster* Rdn. 1; *Hoyer* SK Rdn. 4 ff.; *Joecks/Jäger* Rdn. 1; *Koch* HK-GS Rdn. 2; *Lorenz* medstra **2021** 210, 212 f.; *Maurach/Schroeder/Maiwald* BT 2 § 66 Rdn. 40; kritisch bezüglich der Privilegierung in der zweiten und dritten Variante des § 277 a.F. gegenüber § 267 *Erb* MK Rdn. 1; *Haft* BT II S. 212; *Puppe/Schumann* NK Rdn. 9.

8 Siehe dazu auch die Reformvorschläge von *Zieschang* ZIS **2021** 481, 482 ff.

9 Beschluss der 92. Justizministerkonferenz vom 16.6.2021 zu TOP II. 21; zustimmend die MPK vom 20.–22.10.2021; siehe auch BTDrucks. 20/15 S. 21.

10 BGBl. I, 4906.

11 Siehe dazu BTDrucks. 20/15 (Gesetzesentwurf der Fraktionen SPD, Bündnis90/DIE GRÜNEN und FDP); BTDrucks. 20/27 (Gesetzesentwurf der Fraktion der CDU/CSU); schriftliche Stellungnahmen der Sachverständigen *Eisele*, *Weigend* und *Zieschang* im Zusammenhang mit der Anhörung im Hauptausschuss des Deutschen Bundestages am 15.11.2021; stenografisches Protokoll der 2. Sitzung des Hauptausschusses des Deutschen Bundestages 20/2, S. 12, 21, 24; BTDrucks. 20/78 (Vorschlag des Hauptausschusses des Deutschen Bundestages); BTDrucks. 20/89; BRDrucks. 803/21.

12 BTDrucks. 20/15 S. 4, 23.

13 Siehe ergänzend zu den folgenden Darlegungen im Einzelnen bereits *Zieschang* ZFISTW **2022** 140 ff.

14 Dazu Rdn. 11.

15 *Zieschang* ZIS **2021** 481, 483.

Weiterhin ist die Vorschrift nicht mehr wie früher auf die beabsichtigte Täuschung von Behörden oder Versicherungsgesellschaften beschränkt. Vielmehr reicht allgemein die Absicht zur Täuschung im Rechtsverkehr. Das ist zu begrüßen, hat doch die Corona-Pandemie hinreichend verdeutlicht, dass Gesundheitszeugnisse nicht nur gegenüber Behörden und Versicherungsgesellschaften von Bedeutung sind, sondern auch gegenüber anderen Personen große Relevanz haben können.[16] Insoweit ist nur an Gesundheitszeugnisse wie insbesondere Impfbescheinigungen[17] zu denken, die im Umgang mit Altenheimen, Apotheken,[18] Geschäften, Krankenhäusern oder Restaurants benutzt werden. Die in § 277 a.F. vorgesehene Beschränkung war folglich nicht mehr zeitgemäß.[19] Sie führte zudem zu ungerechtfertigten Ergebnissen: Wurde das Gesundheitszeugnis gegenüber anderen als Behörden oder Versicherungsgesellschaften benutzt, war § 277 a.F. nicht einschlägig. Aber selbst § 267 konnte dann diesen Fall nicht erfassen, denn § 277 a.F. entfaltete nach zutreffender Sicht und entgegen der Auffassung des 5. Strafsenats des BGH[20] sowie mancher Oberlandesgerichte[21] als Privilegierung insofern Sperrwirkung gegenüber der Urkundenfälschung.[22] Die Aufhebung der Beschränkung auf Behörden und Versicherungsgesellschaften ist daher zu begrüßen.

Die neu gestaltete Vorschrift enthält nicht mehr die Varianten § 277 Var. 2 und Var. 3 a.F. In § 277 Var. 2 a.F. ging es darum, dass der Täter unberechtigt unter dem Namen eines Arztes oder einer anderen approbierten Medizinalperson handelt, und § 277 Var. 3 a.F. betraf den Fall, dass der Täter ein echtes Zeugnis verfälscht. Insoweit handelte es sich nun aber um Konstellationen, die auch von § 267 Abs. 1 Var. 1 und 2 erfasst werden, denn es geht hierbei um nichts anderes als um das Herstellen einer unechten oder das Verfälschen einer echten Urkunde.[23] Daher waren diese Varianten letztlich überflüssig und sind zu Recht gestrichen worden.

Übrig geblieben ist die Konstellation, dass jemand unter der ihm nicht zustehenden Bezeichnung als Arzt oder als eine andere approbierte Medizinalperson agiert.[24] Zwar ist im Ausgangspunkt die Rechtsfolge (Freiheitsstrafe bis zu einem Jahr oder Geldstrafe) nicht verändert worden, jedoch hat der Reformgesetzgeber die Vorschrift mit einer Subsidiaritätsklausel versehen sowie einen zweiten Absatz geschaffen, der besonders schwere Fälle des Unbefugten Ausstellens von Gesundheitszeugnissen betrifft und Freiheitsstrafe von drei Monaten bis zu fünf Jahren vorsieht.[25]

---

16 *Zieschang* ZIS **2021** 481, 483.

17 Siehe Rdn. 13.

18 Siehe insoweit LG Osnabrück MedR **2022** 38 (mit Anmerkung *Lorenz/Rehberger* MedR **2022** 40; *Jahn* JuS **2022** 178; *Ofterdinger/Kuhli* ZJS **2022** 264; *Schrott* JZ **2022** 313), das §§ 277, 279 a.F. bei der Vorlage eines gefälschten Impfpasses in einer Apotheke richtig verneint und eine Anwendung des § 267 aufgrund der Sperrwirkung abgelehnt hatte; siehe auch OLG Bamberg BeckRS **2022** 320; LG Hechingen BeckRS **2021** 42275; LG Kaiserslautern BeckRS **2021** 41301; LG Karlsruhe BeckRS **2021** 38400; LG Landau BeckRS **2021** 39654; LG Lüneburg BeckRS **2021** 47329; LG Paderborn BeckRS **2021** 40611.

19 *Zieschang* ZIS **2021** 481, 483; *ders.* ZFISTW **2022** 140 f.

20 BGH Urteil vom 10.11.2022 – 5 StR 283/22. Im Zeitpunkt der Manuskriptabgabe existierte insoweit lediglich eine Pressemitteilung des BGH (Pressemitteilung des BGH Nr. 161/2022 vom 10.11.2022).

21 OLG Celle NJW **2022** 2054, 2055; OLG Hamburg BeckRS **2022** 864; OLG Karlsruhe BeckRS **2022** 18816; OLG Schleswig BeckRS **2022** 8590; OLG Stuttgart BeckRS **2022** 6034; LG Heidelberg BeckRS **2022** 6654; ebenfalls eine Sperrwirkung ablehnend *Dastis* HRRS **2021** 456, 458 f.; *Heinze* Jura **2021** 1253, 1258; *Puppe/Schumann* NK Rdn. 13; vgl. auch LG Heilbronn BeckRS **2022** 435. Den Strafrahmen des § 277 a.F. für § 267 heranziehend *Fischer* Rdn. 11; *Jahn* JuS **2022** 178, 179; *Matt/Renzikowski/Maier* Rdn. 12; *Schmidhäuser* medstra **2022** 21, 25 ff.

22 Ebenso BayObLG BeckRS **2022** 13743; OLG Bamberg BeckRS **2022** 320; LG Hamburg BeckRS **2022** 10270; LG Hechingen BeckRS **2021** 42275; LG Kaiserslautern BeckRS **2021** 41301; LG Karlsruhe BeckRS **2021** 38400; LG Karlsruhe BeckRS **2021** 38285; LG Landau BeckRS **2021** 39654; LG Lüneburg BeckRS **2021** 47329; LG Lüneburg BeckRS **2022** 3270; LG Offenburg BeckRS **2022** 11631; LG Osnabrück MedR **2022** 38; LG Paderborn BeckRS **2021** 40611; LG Würzburg BeckRS **2022** 540; AG Warendorf BeckRS **2022** 14903; AG Zossen BeckRS **2022** 8815; *Erb* MK Rdn. 9, 11; *ders.* NStZ **2022** 742 f.; *Haft* BT II S. 213; *Hoyer* SK Rdn. 5; *Jagalla* HRRS **2022** 373, 378 f.; *Lichtenthäler* NStZ **2022** 138 f.; *Lorenz* medstra **2021** 210, 212 f.; *ders.* JR **2022** 548 ff.; *Lorenz/Rehberger* NJW **2022** 1295, 1297; *dies.* Zeitschrift für Lebensrecht **31** (2022) 399, 417 ff.; *Nestler* JK **2022** 1121; *Popp* GA **2022** 319, 326; *Pschorr* StraFo **2022** 135, 139; SSW/*Wittig* Rdn. 10; *Wolf* ZFISTW **2022** 146, 153 ff.; *Zieschang* ZIS **2021** 481, 483; *ders.* ZFISTW **2022** 140.

23 *Zieschang* ZIS **2021** 481, 482 f.

24 Siehe dazu Rdn. 16 ff.

25 Diese beiden Änderungen (Subsidiaritätsklausel; Einführung von § 277 Abs. 2) erfolgten auf Vorschlag des Hauptausschusses des Deutschen Bundestages; BTDrucks. 20/78, S. 25. Siehe dazu Rdn. 4, 23 sowie Rdn. 26.

In Bezug auf dem RStGB vorangehende Strafgesetzbücher ist insbesondere auf § 256 prStGB von 1851 hinzuweisen,[26] der die Vorgängerregelung zu § 277 RStGB darstellt.

Übersicht

Alphabetische Übersicht

26 § 256 prStGB lautete: „*Wer unter dem Namen eines Arztes, Wundarztes oder einer anderen Medizinalperson ein Zeugniß über seinen oder eines Anderen Gesundheitszustand ausstellt, und davon zur Täuschung von Behörden oder Versicherungsgesellschaften Gebrauch macht, wird mit Gefängniß von Einem Monate bis zu Einem Jahre bestraft; auch kann gegen denselben auf zeitige Untersagung der Ausübung der bürgerlichen Ehrenrechte erkannt werden.*“.

I. Allgemeine Bemerkungen

1. Geschütztes Rechtsgut

§ 277 schützt die Sicherheit und Zuverlässigkeit des Rechtsverkehrs mit Gesundheitszeugnissen im Sinne des Beweisverkehrs.[27] Hierbei handelt es sich bei dem Rechtsverkehr um ein Allgemeinrechtsgut, über das der Einzelne nicht zu disponieren vermag.[28] 1

2. Verhältnis des § 277 zu § 267

Erfasst wird von § 277 nur noch der Fall, dass jemand **mit seinem Namen** unter der ihm nicht zustehenden Bezeichnung als Arzt oder als eine andere approbierte Medizinalperson agiert. 2

In dieser Konstellation hängt es von den Umständen des Einzelfalls ab, welche Bedeutung dieser Begehungsweise zukommt. So stellt der Täter des § 277 mit dem Ausstellen des Gesundheitszeugnisses, bei dem es sich um eine Urkunde handelt,[29] gleichzeitig eine **unechte Urkunde** her, **sofern aus der Urkunde als Aussteller eine Person hervorgeht, die nicht der wahre geistige Urheber ist**, also eine Identitätstäuschung vorliegt.[30] Entsprechend ist eine unechte Urkunde gegeben, wenn jemand seinen eigenen Namen benutzt, der Rechtsverkehr aber aufgrund der Umstände von einem anderen Aussteller ausgeht. Derjenige stellt folglich eine unechte Urkunde her, welcher seinen richtigen Namen verwendet, aber aufgrund des Zusatzes „Dr. med." im Rechtsverkehr den Eindruck erweckt, eine andere Person sei Aussteller.[31] 3

In diesem Fall liegt aber auch objektiv § 267 Abs. 1 Var. 1 vor. Um zu vermeiden, dass nunmehr § 277 Abs. 1 mit seiner geringeren Strafandrohung die Anwendung des § 267 sachwidrig sperrt, hat der Gesetzgeber die **Subsidiaritätsklausel** des § 277 Abs. 1 a.E. geschaffen.[32] Folglich verdrängt dann § 267 mit seinem strengeren Strafrahmen den § 277 Abs. 1.[33] Auch § 267 Abs. 2 bis 4 sind dann anwendbar. 4

Natürlich müssen im Fall des § 277 nicht immer auch gleichzeitig die Voraussetzungen des § 267 vorliegen. So wird eine Urkunde allein durch die **bloße Anmaßung eines akademischen Titels**, ohne dass damit eine Identitätstäuschung einhergeht, **nicht unecht**.[34] Es handelt sich dann nur um eine schriftliche Lüge, die § 267 nicht erfasst. Folglich mag in der Konstellation des § 277 durchaus auch eine echte Urkunde vorliegen und § 267 nicht einschlägig sein. Es stellt sich indes 5

---

27 Siehe BTDrucks. 20/15 S. 34; OLG Stuttgart NJW **2014** 482, 483 f.; *Brehmeier-Metz* AK Rdn. 1; *Gribbohm* LK[11] Rdn. 1; *Koch* HK-GS Rdn. 1; *Leifeld* NZV **2013** 422, 423, 425; *Weidemann* BeckOK Rdn. 2; SSW/*Wittig* Rdn. 1.

28 Siehe dazu bereits *Zieschang* LK § 267 Rdn. 1 ff.; vgl. auch *Puppe/Schumann* NK Rdn. 6: § 277 diene dem Allgemeininteresse an der Integrität und der fachlichen Kompetenz derer, die Gesundheitszeugnisse ausstellen; ähnlich *Kindhäuser/Hilgendorf* LPK Rdn. 1; *Kindhäuser/Schramm* BT I § 59 Rdn. 1; **anders** *Hoyer* SK Rdn. 1.

29 Siehe Rdn. 11.

30 *Zieschang* ZIS **2021** 481, 484; *ders.* ZFISTW **2022** 140, 141; *Wolf* ZFISTW **2022** 146, 168; entgegen *Hoven/Weigend* KriPoZ **2021** 343, 345 betrifft die Neuregelung also nicht nur Fälle der schriftlichen Lüge.

31 *Zieschang* LK § 267 Rdn. 148; *ders.* ZIS **2021** 481, 484; *Hoyer* SK § 267 Rdn. 59.

32 Im Ursprungsentwurf (BTDrucks. 20/15) war diese Subsidiaritätsklausel noch nicht vorgesehen, was eine sachwidrige Sperrwirkung mit sich gebracht hätte. Die Klausel wurde nach Anhörung der Sachverständigen im Hauptausschuss des Deutschen Bundestages (siehe stenografisches Protokoll der 2. Sitzung des Hauptausschusses des Deutschen Bundestages 20/2, S. 12, 20 f., 24; schriftliche Stellungnahme des Sachverständigen *Zieschang* im Zusammenhang mit der Anhörung im Hauptausschuss des Deutschen Bundestages am 15.11.2021) auf Vorschlag des Hauptausschusses des Deutschen Bundestages eingeführt; BTDrucks. 20/78 S. 25; BTDrucks. 20/89 S. 20.

33 *Zieschang* ZFISTW **2022** 140, 141 f.

34 RG GA **55** (1908) 310, 311; *Zieschang* ZIS **2021** 481, 484. Im Fall der Anmaßung eines akademischen Titels liegt nur dann eine unechte Urkunde vor, wenn der Rechtsverkehr dadurch von einem anderen Aussteller ausgeht (siehe Rdn. 3).

die Frage, ob es des § 277 für diesen besonderen Fall tatsächlich bedarf.[35] So ist bereits sehr zweifelhaft, ob diese spezifische Fallgestaltung – jemand benutzt bei der Ausstellung des Gesundheitszeugnisses seinen persönlichen Namen, verbunden mit der ihm nicht zustehenden Bezeichnung als Arzt oder andere approbierte Medizinalperson und geht auch als Aussteller hervor – überhaupt große Praxisrelevanz besitzen wird. Eher werden Täter bemüht sein, ihre Identität zu verschleiern. Vor allem ist auch zu berücksichtigen, dass ein solches Verhalten regelmäßig von § 132a erfasst werden kann, der den Missbrauch von Titeln, Berufsbezeichnungen und Abzeichen pönalisiert.[36] Im Übrigen kann im Einzelfall auch eine Strafbarkeit wegen Betrugs gemäß § 263 in Betracht kommen. Von daher erscheint es de lege ferenda gut vertretbar, auf die in § 277 enthaltene Regelung zu verzichten.[37]

6 Konsequenz aus der Abschaffung des § 277 wäre dann auch die ersatzlose Streichung des § 279, soweit er den Gebrauch eines Gesundheitszeugnisses der in § 277 bezeichneten Art pönalisiert.

7 Hinzuweisen bleibt darauf: Auch wenn es in § 277 in seiner aktuellen Fassung nicht unbedingt immer um das Herstellen einer unechten Urkunde geht, kann man im Zusammenhang mit dieser Vorschrift dennoch von Echtheitsschutz zumindest **in einem weiteren Sinne** sprechen:[38] So wird nämlich der Eindruck erweckt, ein Arzt oder eine andere approbierte Medizinalperson habe das Zeugnis ausgestellt, obwohl dies so nicht der Fall ist.

8 Wie bei § 267 spielt im Rahmen des § 277 die **inhaltliche Richtigkeit** des Zeugnisses **keine Rolle**.[39] Auch das spricht dafür, dass § 277 letztlich in Parallele zu § 267 **insgesamt dem Echtheitsschutz** dient.[40] Um den Schutz der inhaltlichen Wahrheit geht es dagegen in § 278.

3. Rechtsnatur

9 Es handelt sich bei § 277 um ein **abstraktes Gefährdungsdelikt** (abstraktes Gefährlichkeitsdelikt), denn es ist nicht vorausgesetzt, dass es tatsächlich zu einer Beeinträchtigung des Rechtsverkehrs kommt. Folglich ist die Vorschrift selbst einschlägig, wenn das Verhalten für den Rechtsverkehr absolut ungefährlich ist, was wiederum mit dem Schuldprinzip nicht vereinbar ist.[41] Immerhin ist zu beachten, dass in Fällen der Ungefährlichkeit im Einzelfall bereits die Beweiseignung fehlen kann und damit gar kein Gesundheitszeugnis im Sinne des § 277 vorliegen mag.[42]

4. Bedeutung in der Praxis

10 In der Strafverfolgungsstatistik des Statistischen Bundesamts werden die §§ 277 bis 279 gemeinsam aufgelistet. Hierbei bewegt sich die Anzahl der Verurteilungen (bis auf die Jahre 2016 und 2017) im unteren bis mittleren zweistelligen Bereich, wobei im Jahr 2021 ein starker Anstieg zu verzeichnen ist, was wohl mit der Corona-Pandemie zusammenhängt (2009: 22; 2010: 22; 2011: 26; 2012: 36;

---

35 Ausdrücklich befürwortend BTDrucks. 20/15 S. 34.

36 Diese Vorschrift allein nicht für ausreichend erachtend BTDrucks. 20/15 S. 34; *Gaede/Krüger* medstra **2022** 13, 14.

37 *Zieschang* ZIS **2021** 481, 484; *ders.* ZFISTW **2022** 140, 142; zustimmend *Pschorr* StraFo **2022** 135, 142; *Wolf* ZFISTW **2022** 146, 167.

38 *Gribbohm* LK[11] Rdn. 1.

39 *Fischer* Rdn. 3; *Gössel/Dölling* BT 1 § 52 Rdn. 64; *Sch/Schröder/Heine/Schuster* Rdn. 1; *Joecks/Jäger* Rdn. 1; *Otto* BT § 70 Rdn. 77; *Zieschang* BT 1 Rdn. 924; **anders** *Kindhäuser/Hilgendorf* LPK Rdn. 1 sowie *Kindhäuser/Schramm* BT I § 59 Rdn. 1 (umfassender „Wahrheits- und Echtheitsschutz").

40 **Anders** *Hoyer* SK Rdn. 2.

41 Siehe bereits *Zieschang* LK § 267 Rdn. 9, dort auch zur Frage der Umgestaltung in ein konkretes Gefährlichkeitsdelikt.

42 Siehe dazu *Zieschang* LK § 267 Rdn. 56 f.

2013: 87; 2014: 58; 2015: 34; 2016: 440; 2017: 558; 2018: 24; 2019: 28; 2020: 31; 2021: 448).[43] Die Anzahl der erfassten Fälle von Straftaten nach § 277 lag bis zu Jahr 2020 im zweistelligen Bereich, hat sich aber ebenfalls im Jahr 2021 deutlich erhöht.[44] Die Aufklärungsquote ist im Durchschnitt bei 95 % anzusiedeln. Die Anzahl der Tatverdächtigen liegt bis 2020 im zweistelligen Bereich, im Jahr 2021 jedoch bei 960 (2009: 46; 2010: 33; 2011: 50; 2012: 49; 2013: 44; 2014: 30; 2015: 31; 2016: 34; 2017: 41; 2018: 27; 2019: 29; 2020: 92). Ob und wie sich die Zahlen aufgrund der Reform entwickeln werden, bleibt abzuwarten.

II. Der Begriff des Gesundheitszeugnisses

Maßgeblich geht es in § 277 um ein **Zeugnis über den Gesundheitszustand einer Person**. Hierbei handelt es sich um eine **Urkunde im Sinne des** § 267, die eine **Gedankenerklärung** zur physischen oder psychischen **Verfassung eines Menschen** enthält, insofern im Rechtsverkehr zum **Beweis geeignet und bestimmt** ist und einen **Arzt oder eine andere approbierte Medizinalperson als Aussteller** erkennen lässt.[45] Die Aussage kann sich dabei auf einen früheren oder den gegenwärtigen Gesundheitszustand eines Menschen[46] beziehen, möglich ist aber auch, dass es eine Erklärung über den zukünftigen Verlauf des Gesundheitszustands (Gesundheitsaussichten) enthält.[47] Es muss mit dem Gesundheitszeugnis richtigerweise inhaltlich nicht unbedingt eine **Diagnose** verbunden sein, sodass auch rein gesundheitsrelevante **tatsächliche Angaben** genügen.[48] Solche Informationen sind ebenfalls von Relevanz.[49] Entsprechend werden etwa Angaben zum Zeitpunkt der Untersuchung erfasst.[50] Entgegen der ganz überwiegenden Auffassung[51] können ebenfalls die Feststellung der Geburt oder des Todes bzw. der Todesursache noch unter den Begriff subsumiert werden, denn auch dann wird noch eine Erklärung über die körperliche Verfassung eines Menschen getroffen.[52] 11

Beweiserhebliche Daten im Sinne des § 269 fallen vor dem Hintergrund des Art. 103 Abs. 2 GG entgegen verbreiteter Ansicht nicht unter den Begriff des Gesundheitszeugnisses.[53] Ihre Einbe- 12

---

43 Statistisches Bundesamt, Rechtspflege, Strafverfolgung, Fachserie 10 Reihe 3 für die Jahre 2009 bis 2021. Abgeurteilte: 2009: 38; 2010: 31; 2011: 38; 2012: 57; 2013: 110; 2014: 96; 2015: 46; 2016: 508; 2017: 617; 2018: 34; 2019: 42; 2020: 41; 2021: 527.

44 Laut PKS 2009: 47; 2010: 34; 2011: 52; 2012: 48; 2013: 59; 2014: 35; 2015: 28; 2016: 29; 2017: 42; 2018: 26; 2019: 31; 2020: 90; 2021: 1.052.

45 Siehe bereits *Zieschang* medstra **2020** 202; *ders.* ZIS **2021** 481, 482; vgl. auch *Nestler* JK **2021** 1272.

46 Zeugnisse über den Gesundheitszustand eines Tieres werden nicht erfasst; *Brehmeier-Metz* AK Rdn. 3; *Hoyer* SK Rdn. 7 f.; *Puppe/Schumann* NK Rdn. 4; SSW/*Wittig* Rdn. 2.

47 Siehe OLG Stuttgart NJW **2014** 482, 483; *Erb* MK Rdn. 2; *Gercke* MedR **2008** 592; *Sch/Schröder/Heine/Schuster* Rdn. 1; *Hoyer* SK Rdn. 8; *Klesczewski* BT § 17 Rdn. 136; *Koch* HK-GS Rdn. 3; Lackner/Kühl/*Heger* Rdn. 1; *Leifeld* NZV **2013** 422, 423; *Matt/Renzikowski/Maier* Rdn. 4; *Puppe/Schumann* NK Rdn. 3; *Schroth* Hb Medizinstrafrecht S. 305; *Weidemann* BeckOK Rdn. 4; SSW/*Wittig* Rdn. 2; *Zieschang* medstra **2020** 202.

48 BGHSt **10** 157, 158 f.; RGSt **33** 293, 294 f.; OLG Frankfurt BeckRS **2006** 6301; OLG Stuttgart NJW **2014** 482, 483; LG Kiel BeckRS **2015** 121951; LG Paderborn BeckRS **2021** 40611; *Brehmeier-Metz* AK Rdn. 3; *Leifeld* NZV **2013** 422, 423; *Puppe/Schumann* NK Rdn. 3; *Matt/Renzikowski/Maier* Rdn. 4; *Zieschang* medstra **2020** 202, 203.

49 Vgl. OLG Stuttgart NJW **2014** 482, 483; SSW/*Wittig* Rdn. 2.

50 *Gribbohm* LK[11] Rdn. 2.

51 Siehe RGSt **65** 78; *Brehmeier-Metz* AK Rdn. 3; *Erb* MK Rdn. 2; *Fischer* Rdn. 3; *Gercke* MedR **2008** 592; *Gössel/Dölling* BT 1 § 52 Rdn. 64; *Gribbohm* LK[11] Rdn. 2; *Haft* BT II S. 213; *Sch/Schröder/Heine/Schuster* Rdn. 2; *Hoyer* SK Rdn. 8; Joecks/*Jäger* Rdn. 2; *Klesczewski* BT § 17 Rdn. 136; *Koch* HK-GS Rdn. 3; Lackner/Kühl/*Heger* Rdn. 1; *Matt/Renzikowski/Maier* Rdn. 4; *Puppe/Schumann* NK Rdn. 3; *Ulsenheimer* HdB ArztR § 156 Rdn. 8; SSW/*Wittig* Rdn. 2; Voraufl.

52 *Zieschang* ZIS **2021** 481, 482.

53 *Zieschang* ZFISTW **2022** 140, 144 f.; *ders.* ZIS **2021** 481, 482; ebenso *Pschorr* StraFo **2022** 135, 142 f.; *Wolf* ZFISTW **2022** 146, 151; wohl auch *Stieger* ZJS **2022** 503, 509; **anders** BTDrucks. 20/15 S. 34: „Gesundheitszeugnisse sind regelmäßig Urkunden im Sinne der §§ 267 und 269"; BTDrucks. 20/89 S. 20: Der Begriff des Gesundheitszeugnisses erfasse sowohl

ziehung überschreitet die Wortlautgrenze des Begriffs „Gesundheitszeugnis".[54] Nicht umsonst hat der Gesetzgeber in Bezug auf § 267 die Vorschrift des § 269 geschaffen, für § 277 (und im Übrigen vor allem auch für § 278) fehlt hingegen Vergleichbares.[55] Daher werden unter Berücksichtigung des Art. 103 Abs. 2 GG etwa rein digitale Impfausweise oder -bescheinigungen derzeit nicht von den §§ 277 ff. erfasst,[56] was angesichts der zunehmenden Digitalisierung – vor allem im Zusammenhang mit § 278 StGB – die Gefahr von Strafbarkeitslücken mit sich bringt.[57]

13 **Gesundheitszeugnisse** sind etwa, sofern die Urkundenvoraussetzungen im genannten Sinne[58] vorliegen: der Bericht über die Blutalkoholanalyse,[59] der Impfausweis,[60] der Krankenschein (Arbeitsunfähigkeitsbescheinigung),[61] Röntgenbilder,[62] die Tatsache der Teilnahme an einer Therapiebehandlung[63] mit dem Ergebnis der Alkoholabstinenz[64] sowie das medizinisch-psychologische Gutachten zur Frage der Fahreignung (§ 11 Abs. 3 FeV).[65] Dagegen lassen bloße **Arzneiverordnungen** (Rezepte) nicht zwingend Rückschlüsse auf den Gesundheitszustand eines Menschen zu (zum Beispiel können Medikamente möglicherweise auch rein vorsorglich verschrieben worden sein), sodass es sich nicht um Gesundheitszeugnisse handelt.[66] Rezepte beinhalten lediglich die Anordnung des Arztes an die Apotheke, Arzneimittel an eine Person zu liefern. Damit liegt zwar eine Urkunde im Sinne des § 267 vor, jedoch kein Gesundheitszeugnis. Das ist nur dann anders zu beurteilen, wenn das Rezept auch Informationen über die psychische oder physische Verfassung einer Person enthalten sollte.[67] Gesundheitszeugnis kann eine Bescheinigung über die Befreiung von der (im Zuge der Corona-Pandemie angeordneten) Verpflichtung zum Tragen einer Mund-Nasen-Bedeckung sein.[68] Andererseits lässt ein bloßes Schriftstück, wonach „das Tragen eines Mundschutzes für eine Person aus medizinischen Gründen nicht ratsam" ist, keine zwingenden

---

schriftliche als auch digitale Zertifikate; OLG Bamberg BeckRS **2022** 320; LG Hamburg BeckRS **2022** 10270; LG Kaiserslautern BeckRS **2021** 41301; LG Paderborn BeckRS **2021** 40611; LG Würzburg BeckRS **2022** 540; *Erb* MK Rdn. 2; *Gaede/Krüger* medstra **2022** 13, 14 f.; *Jagalla* HRRS **2022** 373, 375; *Kraatz* JR **2021** 623, 625; *Lichtenthäler* NStZ **2022** 138, 140; *Popp* GA **2022** 319, 324; *Spickhoff/Schuhr* § 278 Rdn. 5; SSW/*Wittig* Rdn. 2; wohl auch *Fischer* Rdn. 3.

54 *Zieschang* ZFISTW **2022** 140, 145. Daran ändert sich auch nichts dadurch, dass § 277 Abs. 2 u.a. von Testzertifikaten spricht.

55 Vgl. auch *Hoven/Weigend* KriPoZ **2021** 343, 344.

56 Siehe auch *Krüger/Sy* GesR **2021** 626, 627 f.

57 *Zieschang* ZFISTW **2022** 140, 144 f.

58 Rdn. 11.

59 BGHSt **5** 75, 78; *Brehmeier-Metz* AK Rdn. 3; *Joecks/Jäger* Rdn. 2.

60 RGSt **24** 284, 285 f.; RG GA **43** (1895) 385; OLG Bamberg BeckRS **2022** 320; OLG Hamburg BeckRS **2022** 864; LG Hechingen BeckRS **2021** 42275; LG Kaiserslautern BeckRS **2021** 41301; LG Landau BeckRS **2021** 39654; LG Osnabrück MedR **2022** 38; LG Paderborn BeckRS **2021** 40611; *Gaede/Krüger* NJW **2021** 2159, 2163; *dies.* Medstra **2022** 13; *Heinze* Jura **2021** 1252, 1255; *Krüger/Sy* GesR **2021** 626 f.; *Lorenz* medstra **2021** 210, 212; *Pschorr* StraFo **2022** 135, 137; *Schmidhäuser* medstra **2022** 21, 24; *Ulsenheimer* HdB ArztR § 156 Rdn. 7; SSW/*Wittig* Rdn. 2; *Zieschang* ZIS **2021** 481, 482; unzutreffend ablehnend AG Kiel BeckRS **2021** 42470 sowie *Kreutzer* JR **2022** 166, 168 f. (zur alten Rechtslage).

61 BGHSt **6** 90, 92; LG Lüneburg BeckRS **2022** 29495; *Zieschang* medstra **2020** 202, 203.

62 *Rigizahn* JR **1998** 523, 526; **ablehnend** *Gercke* MedR **2008** 592; *Sch/Schröder/Heine/Schuster* Rdn. 2; *Kraatz* Arztstrafrecht Rdn. 258a; *Puppe/Schumann* NK Rdn. 3; *Schroth* BT S. 325; *ders.* Hb Medizinstrafrecht S. 306; Spickhoff/*Schuhr* § 278 Rdn. 6; SSW/*Wittig* Rdn. 2; offengelassen von BGHSt **43** 346, 352.

63 Siehe speziell zu Therapiebescheinigungen zur Vorlage im Rahmen der medizinisch-psychologischen Untersuchung *Leifeld* NZV **2013** 422.

64 OLG Stuttgart NJW **2014** 482, 483; *Leifeld* NZV **2013** 422, 423; SSW/*Wittig* Rdn. 2.

65 Siehe OLG Stuttgart NJW **2014** 482, 483.

66 OLG Köln BeckRS **2020** 35493; AG Köln BeckRS **2016** 119556; **anders** LG Köln BeckRS **2016** 118308; SSW/*Wittig* Rdn. 2. Der BGH (BeckRS **2011** 1481; BeckRS **2020** 6530) bejaht bei gefälschten Rezepten § 267; vgl. auch OLG Nürnberg NStZ-RR **2007** 16.

67 Vgl. insofern LG Köln BeckRS **2016** 118308: Dort war auf dem Rezept auch eine konkrete Diagnose vermerkt; anders anscheinend insofern OLG Köln BeckRS **2020** 35493; vgl. auch *Kraatz* JR **2021** 623, 625 f.

68 LG Frankfurt a.M. BeckRS **2021** 9575; LG Freiburg **2021** 34264; *Henseler* MedR **2020** 1000, 1001.

Rückschlüsse auf den Gesundheitszustand einer Person zu; so können die „medizinischen Gründe" nämlich durchaus auch unabhängig von dem Betreffenden vorliegen.[69]

Aus der Urkunde muss ein **Arzt** oder eine **andere approbierte Medizinalperson** als (scheinbarer) Aussteller hervorgehen. Ob jemand **Arzt** ist, richtet sich nach den jeweiligen Approbationsordnungen für Ärzte, Zahnärzte und Tierärzte. Der Begriff der **approbierten Medizinalperson** ist weit. Er umfasst alle Personen, die in einem Heilberuf tätig sind, der für die Berufsausübung oder die Führung der Berufsbezeichnung eine **staatlich geregelte Ausbildung** erfordert.[70] Dazu gehören insbesondere Altenpfleger, Apotheker, Diätassistenten, Ergotherapeuten, Gesundheits- und Krankenpfleger, Gesundheits- und Krankenpflegehelfer, Hebammen, Logopäden, Masseure und medizinische Bademeister, medizinische Fachangestellte, medizinisch-technische Assistenten, Notfallsanitäter, Orthoptisten, Pflegefachkräfte, pharmazeutisch-technische Assistenten, Physiotherapeuten, Podologen und Psychotherapeuten. 14

Da für den Beruf des **Heilpraktikers** keine staatlich geregelte Ausbildung erforderlich ist, fallen diese aber nicht unter den Begriff der approbierten Medizinalperson.[71] 15

III. Ausstellen unter der dem Täter nicht zustehenden Bezeichnung als Arzt oder als eine andere approbierte Medizinalperson

In § 277 geht es seit der Reform im Jahr 2021 nur noch um die Konstellation, dass der Täter unter der ihm nicht zustehenden Bezeichnung als Arzt oder als eine andere approbierte Medizinalperson ein Gesundheitszeugnis ausstellt. Das Ausstellen genügt; neben dieser Manipulationshandlung muss also zur Vollendung nicht mehr ein Gebrauch des Gesundheitszeugnisses hinzukommen. 16

1. Ausstellen

Unter dem **Ausstellen** ist nichts anderes zu verstehen als ein Herstellen eines solchen Zeugnisses. Dabei wird man aber richtigerweise wie bei § 267 zur Vollendung einen **Begebungsakt** zu verlangen haben.[72] Das Ausstellen kann in Allein-, aber auch in Mittäterschaft erfolgen. Da § 277 kein eigenhändiges Delikt ist, kommt ebenfalls mittelbare Täterschaft in Betracht. 17

2. Nicht zustehende Bezeichnung als Arzt oder als eine andere approbierte Medizinalperson

Der Betreffende muss eine ihm nicht zustehende Bezeichnung als Medizinalperson wählen. Es geht also um die Konstellation, dass der Täter seinen **richtigen Namen** verwendet, sich jedoch aus der Urkunde Umstände ergeben, mit denen der Anschein erweckt wird, er sei eine bestimmte Medizinalperson. Das kann etwa geschehen, indem der Zusatz „Dr. med." verwendet wird. Auch ist es möglich, dass zum Beispiel im Briefkopf, durch einen Stempel oder im Text selbst die Bezeichnung als Arzt zum Ausdruck kommt. Selbst approbierte Medizinalpersonen können Täter 18

69 AG Kempten BeckRS **2020** 31415; **anders** und auch dann ein Gesundheitszeugnis bejahend OLG Celle NStZ **2022** 615, 616; siehe auch BayObLG BeckRS **2022** 28058.

70 Siehe insofern § 203 Abs. 1 Nr. 1; vgl. zudem BTDrucks. 20/15 S. 34; *Brehmeier-Metz* AK Rdn. 4; *Erb* MK Rdn. 3; *Puppe/Schumann* NK Rdn. 5; *Zieschang* medstra **2020** 202.

71 *Erb* MK Rdn. 3; *Gercke* MedR **2008** 592; *Jung* in: Jung/Meiser/Müller S. 76, 78; *Koch* HK-GS Rdn. 4; *Kraatz* Arztstrafrecht Rdn. 257; *Matt/Renzikowski/Maier* Rdn. 7; *Puppe/Schumann* NK Rdn. 5; *Schroth* Hb Medizinstrafrecht S. 305; Spickhoff/*Schuhr* § 278 Rdn. 2; SSW/*Wittig* Rdn. 4; **anders** *Fischer* Rdn. 6; *Sch/Schröder/Heine/Schuster* Rdn. 3; *Joecks/Jäger* Rdn. 3; *Maurach/Schroeder/Maiwald* BT 2 § 66 Rdn. 43; *Ulsenheimer* HdB ArztR § 156 Rdn. 12.

72 Siehe dazu *Zieschang* LK § 267 Rdn. 250; *ders.* ZFISTW **2022** 140, 141.

sein, falls sie eine ihnen nicht zustehende Bezeichnung wählen, so etwa, wenn der Facharzt für Augenheilkunde ein Gesundheitszeugnis als Facharzt für Allgemeine Chirurgie ausstellt. Unerheblich ist hingegen, ob das Zeugnis in inhaltlicher Hinsicht richtig oder falsch ist.[73]

19 Die Verwendung der dem Täter nicht zustehenden Bezeichnung kann wie bereits angesprochen[74] dazu führen, dass eine **unechte Urkunde** hergestellt wird, und zwar dann, wenn der Rechtsverkehr aufgrund der Umstände von einem anderen Aussteller ausgeht.[75] Es mag aber durchaus eine echte Urkunde sein, sofern nach wie vor der aus der Urkunde hervorgehende Aussteller und der geistige Urheber identisch sind. Die Verwendung eines akademischen Titels oder einer bestimmten Berufsbezeichnung, ohne dass damit eine Identitätstäuschung verbunden ist, macht für sich allein die Urkunde nicht unecht. Vielmehr geht es dann um eine **schriftliche Lüge**.

IV. Subjektiver Tatbestand

20 Zunächst verlangt § 277 **Vorsatz**. Dolus eventualis genügt. Der Täter muss zumindest im Sinne einer Parallelwertung in der Laiensphäre wissen, dass es sich um ein Gesundheitszeugnis handelt. Der Vorsatz muss sich zudem auf die nicht zustehende Bezeichnung beziehen.

21 Zusätzlich zum Vorsatz verlangt § 277 ein **besonderes subjektives Merkmal**. Seit der Reform im Jahr 2021 geht es hierbei in Parallele zu § 267 um die Absicht zur Täuschung im Rechtsverkehr. Insofern gelten hinsichtlich dieser **Täuschungsabsicht** die Ausführungen zu § 267 entsprechend.[76] Richtigerweise ist daher mit der Täuschungsabsicht dolus directus 1. und 2. Grades zu verbinden, wohingegen dolus eventualis nicht genügt.

22 Dabei hat sich die Vorstellung des Täters darauf zu richten, dass durch das Gesundheitszeugnis bei einem anderen ein **Irrtum** über die **Herkunft** von einem Arzt oder einer anderen approbierten Medizinalperson herbeigeführt werden soll.[77] Ohne Belang ist, ob tatsächlich ein Irrtum hervorgerufen wird. Eine Täuschung über den Gesundheitszustand muss nicht intendiert sein,[78] zumal das Zeugnis inhaltlich richtig sein kann. Auch spielt für den subjektiven Tatbestand keine Rolle, ob der Täter sich bereichern will, einen anderen schädigen möchte oder ob er einen im Ergebnis legitimen Zweck verfolgt.[79]

V. Subsidiaritätsklausel

23 Bereits ausgeführt wurde, dass der Gesetzgeber zutreffend mit § 277 eine Subsidiaritätsklausel verbunden hat, denn damit wird eine Sperrwirkung insbesondere im Hinblick auf die Anwendung des § 267, falls dessen Voraussetzungen ebenfalls vorliegen, vermieden.[80]

24 Es handelt sich um eine **formelle Subsidiaritätsklausel** (ausdrückliche Subsidiarität), die auf der Ebene der Konkurrenzen Relevanz hat. Die Klausel greift nicht ein, sofern die jeweiligen Strafandrohungen übereinstimmen. Nach dem BGH sollen bei dem Vergleich der Strafdro-

---

73 RGSt **20** 138, 140 f.; *Brehmeier-Metz* AK Rdn. 6; *Gössel/Dölling* BT 1 § 52 Rdn. 64; *Haft* BT II S. 213; *Sch/Schröder/Heine/Schuster* Rdn. 6; *Hoyer* SK Rdn. 10; *Koch* HK-GS Rdn. 6.

74 Rdn. 3 f.

75 Zu pauschal hingegen *Puppe/Schumann* NK Rdn. 7, wonach stets eine echte Urkunde gegeben sei.

76 *Zieschang* LK § 267 Rdn. 201 ff.

77 Vgl. RGSt **20** 138, 141.

78 Siehe RGSt **20** 138, 140; *Fischer* Rdn. 12; *Gössel/Dölling* BT 1 § 52 Rdn. 65; *Hoyer* SK Rdn. 15; *Puppe/Schumann* NK Rdn. 10.

79 Siehe RGSt **31** 296, 298.

80 Rdn. 4; siehe auch AG Landstuhl BeckRS **2022** 782.

hungen auch Schärfungen und Milderungen auf der Strafzumessungsebene Berücksichtigung finden.[81]

Im Hinblick auf die Reichweite der Klausel hat der Gesetzgeber klargestellt, dass die Subsidiarität (nur) in Bezug auf Straftaten des 23. Abschnitts des StGB in Betracht kommt. 25

VI. Besonders schwerer Fall gemäß § 277 Abs. 2

Der Reformgesetzgeber hat 2021 den § 277 um dessen zweiten Absatz ergänzt und dort eine Straf- 26
zumessungsvorschrift (besonders schwere Fälle) eingestellt.[82] Dabei ist der Strafrahmen auf drei Monate bis fünf Jahre erhöht. Unabhängig von den Bedenken gegen die Regelungstechnik der besonders schweren Fälle[83] fragt sich, ob diese Erhöhung sachgerecht erscheint. So betrifft § 277 häufig Fälle der schriftlichen Lüge, die im Rahmen des § 267 gar nicht strafbar sind. In Bezug auf die in § 277 Abs. 2 im Zusammenhang mit der Corona-Pandemie eingeführte Regelung (vgl. insofern auch das Regelbeispiel) ist zudem zu bedenken, dass es bei § 277 gar nicht um den Schutz vor Gefahren für das Leben und die Gesundheit der Bevölkerung oder um die Funktionsfähigkeit der medizinischen Notfallversorgung geht,[84] sondern um den Schutz der Sicherheit und Zuverlässigkeit des Rechtsverkehrs mit Gesundheitszeugnissen im Sinne des Beweisverkehrs.[85] Immerhin verlangt das Regelbeispiel (§ 277 Abs. 2 Satz 2) ein gewerbsmäßiges Handeln[86] oder ein solches als Mitglied einer Bande,[87] wenn auch Fälle einer Bande, die sich zur fortgesetzten Begehung von unbefugtem Ausstellen von Gesundheitszeugnissen verbunden hat (also jeweils der richtige Name Verwendung findet), praktisch wohl bedeutungslos sind. Man hätte auch gut auf § 277 Abs. 2 verzichten können.

Das Regelbeispiel betrifft (bei gewerbsmäßigem Handeln oder als Mitglied einer Bande) zu- 27
dem nur Impfnachweise oder Testzertifikate betreffend übertragbare Krankheiten. Seine Aufnahme ist wie erläutert in Zeiten der Corona-Pandemie erfolgt, betrifft aber auch andere übertragbare Krankheiten. Geht es nicht um Impf- oder Testzertifikate, kann ein unbenannter besonders schwerer Fall in Betracht kommen, sofern nach den Umständen der Unrechts- und Schuldgehalt entsprechend erhöht ist. Insofern ist eine gewisse Orientierung an den Regelbeispielen des § 267 Abs. 3 möglich.

VII. Vollendung und Versuch

Das **Vergehen** des § 277 ist vollendet, sobald das Gesundheitszeugnis ausgestellt worden ist.[88] 28
Vorangehende Verhaltensweisen fallen in den Bereich des in § 277 nicht unter Strafe gestellten Versuchs.

VIII. Täterschaft und Teilnahme

§ 277 ist kein eigenhändiges Delikt. Mittelbare Täterschaft ist daher möglich. Ebenso kommt Mittä- 29
terschaft in Betracht. An die Täterqualität werden keine besonderen Anforderungen gestellt. Täter

81 BGH NJW **2012** 3046 (für § 266 in Verbindung mit § 263 Abs. 3 S. 2 Nr. 1 im Verhältnis zu § 246 Abs. 2).
82 Diese Ergänzung stammt im Grundsatz aus dem Entwurf der Fraktion der CDU/CSU; BTDrucks. 20/27 S. 4 f., 8 ff.
83 Siehe zur Kritik *Zieschang* Jura **1999** 561.
84 Vgl. aber BTDrucks. 20/27 S. 10.
85 *Zieschang* ZFISTW **2022** 140, 142.
86 Siehe zu diesem Begriff *Zieschang* LK § 267 Rdn. 231.
87 Dazu *Zieschang* LK § 267 Rdn. 233 ff.
88 Zum Erfordernis des Begebungsakts siehe Rdn. 17.

kann also jedermann sein, auch ein Arzt. Die Teilnahme richtet sich nach den allgemeinen Grundsätzen.

IX. Rechtsfolgen

30 § 277 sieht als Rechtsfolge Freiheitsstrafe bis zu einem Jahr oder Geldstrafe vor, die Strafzumessungsvorschrift des § 277 Abs. 2 Freiheitsstrafe von drei Monaten bis zu fünf Jahren. § 277 ist in § 282 nicht erwähnt. Die Einziehungsmöglichkeit nach § 74 Abs. 1 bleibt davon unberührt.

X. Konkurrenzen

31 Zum einen ist auf Konkurrenzebene die formelle Subsidiaritätsklausel zu beachten.[89] § 281 tritt gegenüber § 277 zurück. Aufgrund der unterschiedlichen Schutzrichtung besteht Tateinheit mit §§ 132a, 263.[90] Das ist auch im Verhältnis zu §§ 74 Abs. 2, 75a IfSG anzunehmen.[91]

---

89 Dazu Rdn. 23 ff.

90 *Brehmeier-Metz* AK Rdn. 15; *Erb* MK Rdn. 11; *Fischer* Rdn. 13; *Gribbohm* LK[11] Rdn. 23; Lackner/Kühl/*Heger* Rdn. 5; *Weidemann* BeckOK Rdn. 12; SSW/*Wittig* Rdn. 11.

91 BTDrucks. 20/15 S. 35; siehe zu diesen Regelungen *Gaede*/*Krüger* NJW **2021** 2159; *dies.* medstra **2022** 13, 19 f.; *Lorenz* medstra **2021** 210, 213 ff.; *Wolf* ZFISTW **2022** 146, 158 ff.; vgl. auch *Krüger*/*Sy* GesR **2021** 626, 630 ff. sowie *Jahn*/*Schmitt-Leonardy*/*Wenglarczyk* JZ **2022** 63, 68.

§ 278 Ausstellen unrichtiger Gesundheitszeugnisse

(1) Wer zur Täuschung im Rechtsverkehr als Arzt oder andere approbierte Medizinalpersonen ein unrichtiges Zeugnis über den Gesundheitszustand eines Menschen ausstellt, wird mit Freiheitsstrafe bis zu zwei Jahren oder mit Geldstrafe bestraft.

(2) In besonders schweren Fällen ist die Strafe Freiheitsstrafe von drei Monaten bis zu fünf Jahren. Ein besonders schwerer Fall liegt in der Regel vor, wenn der Täter gewerbsmäßig oder als Mitglied einer Bande, die sich zur fortgesetzten Begehung von unrichtigem Ausstellen von Gesundheitszeugnissen verbunden hat, Impfnachweise oder Testzertifikate betreffend übertragbare Krankheiten unrichtig ausstellt.

Schrifttum

Gaede/Krüger Unrichtige Corona-Impf- und Testnachweise – Alte und neue Strafbarkeitslücken, NJW **2021** 2159; *dies.* Erweiterte Strafbarkeit des Fälschens und Gebrauchens von Impf- und Testzertifikaten – ausgedehnte Strafbarkeit bei gefälligen Gesundheitszeugnissen, medstra **2022** 13; *Gercke* Das Ausstellen unrichtiger Gesundheitszeugnisse nach § 278 StGB, MedR **2008** 592; *Henseler* Masernimpfpflicht, Maskenpflicht und unrichtige Gesundheitszeugnisse, MedR **2020** 1000; *Hoven/Weigend* Strafvorschriften gegen falsche Impfpässe, KriPoZ **2021** 343; *Jung* Zur Strafbarkeit des Arztes wegen des Ausstellens eines unrichtigen Gesundheitszeugnisses (§ 278 StGB), in: Jung/Meiser/Müller (Hrsg.) Aktuelle Probleme und Perspektiven des Arztrechts (1989) 76; *Kraatz* Zur Strafbarkeit der Rezeptausstellung an eine verbeamtete Privatpatientin ohne Untersuchung, JR **2021** 624; *Krüger/Sy* Impfpassfälschung als Straftat, GesR **2021** 626; *Leifeld* Zur Strafbarkeit der Vorlage gefälschter Therapiebescheinigungen im Rahmen der Medizinisch-Psychologischen-Untersuchung, NZV **2013** 422; *Lorenz* Kritische Überlegungen zu einer nebenstrafrechtlichen Reform anlässlich der Fälschung und des unrichtigen Ausstellens von Impfausweisen, medstra **2021** 210; *Otto* Anmerkung zum Beschluss des OLG Zweibrücken vom 22.12.1981 – 1 Ss 62/80 – NStZ 1982, 467, JR **1982** 296; *Schumann* Zum Rechtsgut des Ausstellens unrichtiger Gesundheitszeugnisse gemäß § 278 StGB, Gedächtnisschrift Tröndle (2019) 483; *Ulsenheimer* Arztstrafrecht in der Praxis, 5. Aufl. (2015); *Valerius* Krankschreibung per Internet. Strafbarkeit von Arbeitsunfähigkeitsbescheinigungen „auf Bestellung"? Festgabe RobotRecht (2020) 475; *Wolfslast* Gesundheitszeugnis ohne Untersuchung – Zum Tatbestandsmerkmal der Unrichtigkeit im Sinne des § 278 StGB, Festschrift Roxin (2011) 1121; *Zieschang* Gibt es den Täter hinter dem Täter? Festschrift Otto (2007) 505; *ders.* Anmerkung zum Urteil des OLG Karlsruhe vom 23.1.2017 – 2 (4) Ss 401/16, medstra 2017, 233, medstra **2017** 240; *ders.* Die telefonische Feststellung der Arbeitsunfähigkeit und § 278 StGB, medstra **2020** 202; *ders.* Überlegungen zur Reform der §§ 277 bis 279 StGB, ZIS **2021** 481; *ders.* Die Reform der §§ 275, 277 bis 281 StGB durch das Gesetz zur Änderung des Infektionsschutzgesetzes und weiterer Gesetze anlässlich der Aufhebung der Feststellung der epidemischen Lage von nationaler Tragweite, ZFISTW **2022** 140.

Entstehungsgeschichte

Bereits das RStGB von 1871 enthielt § 278 a.F. RStGB. Damals hatte die Vorschrift folgenden Wortlaut: „*Aerzte und andere approbirte Medizinalpersonen, welche ein unrichtiges Zeugniß über den Gesundheitszustand eines Menschen zum Gebrauche bei einer Behörde oder Versicherungsgesellschaft wider besseres Wissen ausstellen, werden mit Gefängniß von Einem Monat bis zu zwei Jahren bestraft.*"

Das 1. StrRG vom 25.6.1969[1] ersetzte in § 278 a.F. den Begriff „Gefängniß" durch den der „Freiheitsstrafe". Das EGStGB vom 2.3.1974[2] versah die Vorschrift mit der gesetzlichen Überschrift „Ausstellen unrichtiger Gesundheitszeugnisse" und veränderte die Rechtsfolge in „Freiheitsstrafe bis zu zwei Jahren" oder „Geldstrafe".

An dieser Vorschrift überzeugte vor allem nicht, dass sie lediglich das Vertrauen von Behörden und Versicherungsgesellschaften in die Wahrheitspflicht der mit dem Ausstellen von Gesundheitszeugnissen betrauten Personen schützte.[3] Insbesondere die Corona-Pandemie hat verdeutlicht, dass auch andere Personen der inhaltlichen Richtigkeit von Gesundheitszeugnissen ein besonderes Vertrauen entgegenbringen, das strafrechtlich zu schützen ist. Insofern kann man etwa an Geschäftsinhaber, Konzertveranstalter oder Krankenhäuser denken.

Das Gesetz zur Änderung des Infektionsschutzgesetzes und weiterer Gesetze anlässlich der Aufhebung der Feststellung der epidemischen Lage von nationaler Tragweite vom 22.11.2021[4] hat dann zur Bekämpfung bestimmter straf-

1 BGBl. I, 645.
2 BGBl. I, 469.
3 Siehe *Zieschang* ZIS **2021** 481, 484 f. mit gleichzeitigen Reformvorschlägen.
4 BGBl. I, 4906.

https://doi.org/10.1515/9783110490220-013

barer Verhaltensweisen im Zusammenhang mit der Corona-Pandemie dem § 278 seine heutige Ausprägung gegeben.[5] Hierbei sind insbesondere folgende Änderungen im Vergleich zur vorherigen Rechtslage zu beachten:[6]

Während die Rechtsfolgenandrohung und der Täterkreis im Vergleich zur vorherigen Rechtslage identisch bleiben, hat der Gesetzgeber die Einschränkung der Zweckbestimmung des Zeugnisses auf einen Gebrauch bei einer Behörde oder Versicherungsgesellschaft aufgegeben. Auf der anderen Seite wird auf subjektiver Ebene neben dem Vorsatz jetzt die Absicht zur Täuschung im Rechtsverkehr verlangt. Dagegen muss der Täter hinsichtlich der Unrichtigkeit des Gesundheitszeugnisses nun nicht mehr dolus directus 2. Grades („wider besseres Wissen") aufweisen. Zudem hat der Reformgesetzgeber die Vorschrift um einen zweiten Absatz ergänzt, der eine Strafzumessungsvorschrift enthält (besonders schwere Fälle).

Die Aufhebung des vorherigen Erfordernisses, dass ein Bezug zu Behörden und Versicherungsgesellschaften gegeben sein muss, ist dabei nach den vorgehenden Erläuterungen durchaus zu begrüßen. Richtig dient die Vorschrift jetzt insgesamt dem Schutz des Rechtsverkehrs.

Zweifelhaft erscheint, dass nunmehr hinsichtlich der Unrichtigkeit des Gesundheitszeugnisses dolus eventualis genügt, denn dies birgt im Ausgangspunkt die Gefahr einer zu weiten Ausdehnung der Strafbarkeit. Hält es etwa ein Arzt für möglich, dass die Angaben des Patienten nicht stimmen, findet sich damit nun aber bei der Ausstellung des Zeugnisses ab, mag dieser Eventualvorsatz nämlich bereits vorliegen. Andererseits verlangt die neue Gesetzesfassung zusätzlich zum Vorsatz als besonderes subjektives Merkmal die Absicht zur Täuschung im Rechtsverkehr, die nach zutreffender Ansicht nur bei dolus directus 1. und 2. Grades gegeben ist, was wiederum zu einer Einschränkung führt. Vor diesem Hintergrund erscheint die Streichung des Erfordernisses „wider besseres Wissen" vertretbar.[7]

Bei der Neufassung ist aber versäumt worden, in § 278 den Schutz digitaler Gesundheitszeugnisse einzubeziehen. Derzeit werden beweiserhebliche Daten über den Gesundheitszustand vom Begriff des Gesundheitszeugnisses nach richtigem Verständnis nicht erfasst.[8] Eine gegenteilige Sicht verstößt gegen Art. 103 Abs. 2 GG. Deren Einbeziehung erscheint jedoch angesichts des technischen Fortschritts notwendig, will man in Zukunft Strafbarkeitslücken vermeiden.[9] Möglich wäre insofern ein Absatz mit folgendem Wortlaut: „Absatz 1 ist ebenfalls anwendbar auf beweiserhebliche Daten, bei deren Wahrnehmung ein unrichtiges Zeugnis über den Gesundheitszustand eines Menschen vorliegen würde."

In Bezug auf dem RStGB vorangehende Strafgesetzbücher ist insbesondere auf § 257 prStGB von 1851 hinzuweisen,[10] der Vorgängerregelung ist.[11]

Übersicht

---

5 Siehe zu diesem Reformgesetz auch *Zieschang* LK § 277 Entstehungsgeschichte sowie BTDrucks. 20/15 (Gesetzesentwurf der Fraktionen SPD, Bündnis90/DIE GRÜNEN und FDP); BTDrucks. 20/27 (Gesetzesentwurf der Fraktion der CDU/CSU); schriftliche Stellungnahmen der Sachverständigen *Eisele*, *Weigend* und *Zieschang* im Zusammenhang mit der Anhörung im Hauptausschuss des Deutschen Bundestages am 15.11.2021; stenografisches Protokoll der 2. Sitzung des Hauptausschusses des Deutschen Bundestages 20/2 S. 12, 21, 24; BTDrucks. 20/78 (Vorschlag des Hauptausschusses des Deutschen Bundestages); BTDrucks. 20/89; BRDrucks. 803/21.

6 Siehe dazu im Einzelnen bereits *Zieschang* ZFISTW **2022** 140, 142 f.

7 *Zieschang* ZFISTW **2022** 140, 142; siehe dazu auch BTDrucks. 20/15 S. 35: Durch das Erfordernis „zur Täuschung im Rechtsverkehr" würden die Wörter „wider besseres Wissen" redundant und könnten gestrichen werden; siehe zur Neuregelung auch *Gaede/Krüger* medstra **2022** 13, 16 f.; *Hoven/Weigend* KriPoZ **2021** 343, 346.

8 Siehe dazu bereits *Zieschang* ZFISTW **2022** 140, 144 f.; *ders.* LK § 277 Rdn. 12, mit Nachweisen zum Streitstand.

9 Siehe *Zieschang* ZIS **2021** 481, 484; *ders.* stenografisches Protokoll der 2. Sitzung des Hauptausschusses des Deutschen Bundestages 20/2 S. 12; *ders.* schriftliche Stellungnahme im Zusammenhang mit der Anhörung im Hauptausschuss des Deutschen Bundestages am 15.11.2021.

10 § 257 prStGB lautete: *„Aerzte, Wundärzte oder andere Medizinalpersonen, welche unrichtige Zeugnisse über den Gesundheitszustand eines Menschen zum Gebrauche bei einer Behörde oder Versicherungsgesellschaft wider besseres Wissen ausstellen, werden mit Gefängniß von drei bis zu achtzehn Monaten, sowie mit zeitiger Untersagung der Ausübung der bürgerlichen Ehrenrechte bestraft."*.

11 BGHSt **10** 157, 159; *Zieschang* medstra **2020** 202.

Alphabetische Übersicht

I. Allgemeine Bemerkungen

1. Geschütztes Rechtsgut

Die Vorschrift des § 278 bezweckt den Schutz des Vertrauens in die Wahrheitspflicht der mit dem Ausstellen von Gesundheitszeugnissen betrauten Ärzte und anderer approbierter Medizinalpersonen.[12] Geschützt wird damit letztlich die Beweiskraft der von approbierten Medizinalpersonen ausgestellten Gesundheitszeugnisse,[13] also deren inhaltliche Richtigkeit.[14] Hierbei handelt es sich 1

12 Vgl. auch OLG Stuttgart BeckRS **1988** 07498; *Schroth* BT S. 325; *Zieschang* medstra **2020** 202.

13 BGHSt **10** 157, 160; BGH NStZ-RR **2007** 343, 344; RGSt **74** 229, 231; OLG Frankfurt BeckRS **2006** 6301; OLG München NJW **1950** 796; OLG Zweibrücken NStZ **1982** 467, 468.

14 *Brehmeier-Metz* AK Rdn. 1; *Gercke* MedR **2008** 592; *Gribbohm* LK[11] Rdn. 1; *Weidemann* BeckOK Rdn. 3; SSW/*Wittig* Rdn. 2; *Wolfslast* FS Roxin (2011) 1121, 1122; *Zieschang* medstra **2020** 202.

um ein Allgemeinrechtsgut, über das der Einzelne nicht zu disponieren vermag.[15] Insofern ist eine Parallele zu § 348 festzustellen.[16]

2 Die Echtheit des Gesundheitszeugnisses ist in § 278 nicht entscheidend, sondern maßgeblich ist dessen **inhaltliche Richtigkeit** (Wahrheitsschutz). Es geht um eine seitens eines Arztes oder einer anderen approbierten Medizinalperson erfolgende **schriftliche Lüge**.[17]

2. Rechtsnatur

3 Es handelt sich bei § 278 um ein **abstraktes Gefährdungsdelikt** (abstraktes Gefährlichkeitsdelikt),[18] denn es ist nicht vorausgesetzt, dass es tatsächlich zu einer Beeinträchtigung des geschützten Rechtsguts kommt. Folglich ist die Vorschrift selbst bei Ungefährlichkeit im Einzelfall einschlägig, was wiederum mit dem Schuldprinzip nicht vereinbar ist.[19]

4 Da taugliche Täter nur Ärzte oder andere approbierte Medizinalpersonen sein können, stellt die Vorschrift ein **Sonderdelikt** dar.[20] Wird eine inhaltlich unrichtige Gesundheitsbescheinigung von einer Privatperson ausgestellt, scheidet § 278 aus. Es kommt jedoch dann **§ 277** in Betracht, aber nur, sofern die Person unter der ihr nicht zustehenden Bezeichnung als Arzt oder als andere approbierte Medizinalperson handelt. Vor diesem Hintergrund ist § 278 **echtes Sonderdelikt**. Für Außenstehende scheidet Täterschaft aus, sodass nur Teilnahme (Anstiftung, Beihilfe) möglich ist. Insofern gilt dann § 28 Abs. 1.[21]

5 § 278 ist **kein eigenhändiges Delikt**. Auch mittelbare Täterschaft ist möglich, aber nur dann, wenn eine approbierte Medizinalperson eine andere Medizinalperson als Werkzeug zur Tatbegehung benutzt. Dagegen ist die Figur des qualifikationslos-dolosen Werkzeugs, bei der ein Extraneus die Tathandlung auf Veranlassung einer Medizinalperson vornimmt, abzulehnen. Entgegen einer Auffassung im Schrifttum, die dann mittelbare Täterschaft bejaht,[22] fehlt dem Hintermann in diesem Fall die auch für die mittelbare Täterschaft maßgebliche Tatherrschaft, denn der Ausführende kennt die Tatumstände und entscheidet sich freiverantwortlich zur Tatbestandsausführung.[23]

6 Allein die Tatsache, dass der Handelnde Medizinalperson im Sinne des § 278 ist, macht ihn aber noch nicht automatisch zum Täter.[24] Agieren etwa mehrere taugliche Medizinalpersonen gemeinsam, mögen diese zwar Mittäter sein, wenn sie sämtlich **Tatherrschaft** innehaben; einzelne Medizinalpersonen können aber durchaus bloße Teilnehmer sein, sofern sie keine ausreichende Tatherrschaft im Sinne der Täterschaft besitzen.[25]

---

15 *Zieschang* medstra **2020** 202. Eine Einwilligung als Rechtfertigungsgrund scheidet daher aus; vgl. auch *Schumann* GS Tröndle 483, 495 ff. Dagegen (wiederum) die Dispositionsfreiheit als geschützt erachtend *Erb* MK Rdn. 1; *Hoyer* SK Rdn. 1; in diese Richtung auch LG Kiel BeckRS **2015** 121951.

16 Siehe dort *Zieschang* LK § 348 Rdn. 1.

17 OLG Köln BeckRS **2020** 35493; Arzt/Weber/Heinrich/Hilgendorf BT § 33 Rdn. 26; *Fischer* Rdn. 1; *Gercke* MedR **2008** 592; *Hoyer* SK Rdn. 1; *Kindhäuser/Hilgendorf* LPK Rdn. 1; *Koch* HK-GS Rdn. 1; *Kraatz* JR **2021** 623, 624; Lackner/Kühl/*Heger* Rdn. 1; *Rengier* BT II § 38 Rdn. 5; Spickhoff/*Schuhr* § 278 Rdn. 1.

18 Ebenso *Schumann* GS Tröndle 483, 497.

19 Siehe bereits *Zieschang* LK § 267 Rdn. 9.

20 *Brehmeier-Metz* AK Rdn. 2; *Kraatz* JR **2021** 623, 624; *Zieschang* BT 1 Rdn. 935.

21 *Erb* MK Rdn. 2; *Fischer* Rdn. 8; *Gercke* MedR **2008** 592; *Hoyer* SK Rdn. 3; *Koch* HK-GS Rdn. 1; Lackner/Kühl/*Heger* Rdn. 1; *Matt/Renzikowski/Maier* Rdn. 9; *Schroth* BT S. 325; *ders.* Hb Medizinstrafrecht S. 305; SSW/*Wittig* Rdn. 3.

22 Etwa Lackner/*Kühl* § 25 Rdn. 4.

23 Siehe im Einzelnen bereits *Zieschang* medstra **2017** 240, 242; *ders.* FS Otto 505, 516 f.

24 Es sei denn, er verwirklicht sämtliche Tatbestandsmerkmale in seiner Person, § 25 Abs. 1 Alt. 1.

25 Anders die Lehre von den Pflichtdelikten, die jedoch das Kriterium der Tatherrschaft nicht hinreichend beachtet; siehe bereits zur Kritik *Zieschang* FS Otto 505, 517.

3. Bedeutung in der Praxis

In der Strafverfolgungsstatistik des Statistischen Bundesamts werden die §§ 277 bis 279 gemeinsam aufgelistet. Im Hinblick auf die entsprechende Anzahl von Verurteilungen ist auf die Darlegungen zu § 277 zu verweisen.[26] Die Anzahl der erfassten Fälle von Straftaten nach § 278 liegt bis 2020 im zwei- bis dreistelligen Bereich, hat sich aber im Jahr 2021 (mutmaßlich aufgrund der Corona-Pandemie) auf 1.693 erhöht.[27] Die Aufklärungsquote ist im Durchschnitt bei 94 % anzusiedeln. Die Anzahl der Tatverdächtigen liegt aktuell im dreistelligen Bereich (2009: 108; 2010: 105; 2011: 145; 2012: 134; 2013: 116; 2014: 103; 2015: 108; 2016: 123; 2017: 103; 2018: 110; 2019: 93; 2020: 230; 2021: 767).[28] Ob sich die Zahlen aufgrund der Reform ändern werden, bleibt abzuwarten. 7

II. Der objektive Tatbestand des § 278

1. Arzt oder andere approbierte Medizinalperson

Nur sie kommen als taugliche Täter in Betracht. Beide Begriffe sind bereits im Zusammenhang mit § 277 erläutert worden.[29] § 278 ist dabei auch dann einschlägig, wenn der Arzt bei einer Behörde angestellt ist, der das Gesundheitszeugnis vorgelegt werden soll.[30] 8

Stets muss der Täter in seiner Funktion als Arzt oder andere approbierte Medizinalperson handeln; wenn ein Arzt etwa allein in der Eigenschaft als Vater darum bittet, seinen Sohn aus (unwahren) gesundheitlichen Gründen vom Sportunterricht zu befreien, scheidet § 278 aus.[31] Nicht tatbestandsmäßig ist zudem, wenn eine approbierte Medizinalperson ihre Kompetenzen überschreitet, jedoch eine inhaltlich zutreffende Befunderhebung erfolgt.[32] Vor dem Hintergrund, dass zwar einem Arzt ein ganz besonderes Vertrauen entgegengebracht wird, dies aber nicht auch unbedingt bei anderen approbierten Medizinalpersonen der Fall ist, sollte der Anwendungsbereich der Vorschrift de lege ferenda auf Ärzte eingeschränkt werden. 9

2. Unrichtiges Gesundheitszeugnis

Tatobjekt im Sinne des § 278 ist ein unrichtiges Gesundheitszeugnis. 10

a) Gesundheitszeugnis. Insofern ist zunächst auf die Erläuterungen zu § 277 zu verweisen.[33] Hierbei wird in § 278 nochmals ausdrücklich erwähnt, dass es sich um ein Zeugnis über den Gesundheitszustand eines Menschen handeln muss, sodass solche in Bezug auf Tiere nicht erfasst sind. Nichts anderes gilt aber für §§ 277, 279. 11

---

26 *Zieschang* LK § 277 Rdn. 10.

27 Laut PKS 2009: 100; 2010: 109; 2011: 141; 2012: 126; 2013: 107; 2014: 102; 2015: 108; 2016: 132; 2017: 95; 2018: 94; 2019: 85; 2020: 363; 2021: 1.693.

28 *Schumann* GS Tröndle 483 meint zu § 278 a.F. jedoch, „zumindest in der Lebenswirklichkeit" kämen Fälle des § 278 „zur Genüge" vor; ähnlich *Erb* MK Rdn. 1; *Gercke* MedR **2008** 592; *Ulsenheimer* HdB ArztR § 156 Rdn. 1.

29 *Zieschang* LK § 277 Rdn. 14 f.

30 BGHSt **10** 157, 159.

31 *Gribbohm* LK[11] Rdn. 2; *Kraatz* Arztstrafrecht Rdn. 257; *Schroth* Hb Medizinstrafrecht S. 305.

32 Im Einzelfall kann zudem die Beweiseignung als konstitutives Element der Urkunde fehlen, wenn die Überschreitung klar erkennbar ist; vgl. auch OLG Bremen GA **1955** 277, 278; *Erb* MK Rdn. 2; *Sch/Schröder/Heine/Schuster* Rdn. 3; *Leifeld* NZV **2013** 422, 424. Handelt der Täter aber dabei unter einer ihm nicht zustehenden Bezeichnung, kommt § 277 in Betracht.

33 *Zieschang* LK § 277 Rdn. 11 ff.

12 Anders als in § 277, wo davon die Rede ist, dass ein „Zeugnis über seinen oder eines anderen Gesundheitszustand" ausgestellt wird, betrifft § 278 im Umkehrschluss und im Sinne einer restriktiven Auslegung nur Zeugnisse, die sich zum Gesundheitszustand **von anderen Personen** als dem Aussteller verhalten.[34] Nicht tatbestandlich ist es daher, wenn ein Arzt ein unrichtiges Gesundheitszeugnis über seinen eigenen Gesundheitszustand ausstellt.

13 **b) Unrichtigkeit.** Das Gesundheitszeugnis muss **unrichtig** sein. Im Gegensatz zu § 277, bei dem die Frage der inhaltlichen Unrichtigkeit keine Rolle spielt, ist bei § 278 die Unwahrheit des Gesundheitszeugnisses entscheidend.

14 Ein Gesundheitszeugnis ist **unrichtig**, wenn es ganz oder zum Teil in einem wesentlichen Punkt Angaben enthält, die nicht der Wahrheit entsprechen.[35] Das kann sich auf **tatsächliche Umstände** beziehen, etwa den Zeitpunkt der Untersuchung oder die Identität des Untersuchungsmaterials,[36] aber auch auf **ärztliche Diagnosen**, zum Beispiel die Art der Erkrankung. Ein Zeugnis ist also auch unrichtig, wenn es den medizinischen Erfahrungen oder Erkenntnissen widerspricht.[37] Es spielt demgemäß keine Rolle, ob tatsächliche oder diagnostische Angaben unrichtig sind.[38] Die Gegenmeinung, welche nur unrichtige Angaben in Bezug auf die eigentliche Gesundheit erfasst wissen will,[39] engt den Anwendungsbereich der Vorschrift zu weit ein;[40] gerade auch tatsächliche Angaben wie zum Beispiel der Untersuchungszeitpunkt mögen (etwa für Behörden) sehr bedeutsam sein, man denke an Schwangerschaften oder daran, ob eine Person (noch) das Risiko in sich trägt, andere anzustecken.

15 Die unrichtige Angabe muss im Einzelfall einen **wesentlichen Bestandteil** des Zeugnisses bilden.[41] Nicht jede unrichtige Information im Gesundheitszeugnis erfüllt also § 278. Es kommt dabei auf die Umstände des konkreten Falls an. So kann zum Beispiel der Ort der Untersuchung unerheblich sein, mag aber im Einzelfall – man denke an Infektionskrankheiten – durchaus eine erhebliche Bedeutung haben. Selbst wenn der Gesamtbefund zutreffend ist, kann das Gesundheitszeugnis unrichtig sein, falls es falsche Einzelangaben enthält.[42]

16 Im Grundsatz gehen Rechtsprechung und überwiegende Ansicht im Schrifttum zutreffend davon aus, dass ein Gesundheitszeugnis unrichtig ist, wenn **gar keine Untersuchung** des Betroffenen stattgefunden hat.[43] Das gilt selbst dann, wenn der Befund im Ergebnis **richtig** ist. Die Beweis-

---

34 *Erb* MK Rdn. 3; *Fischer* Rdn. 2; *Gribbohm* LK[11] Rdn. 4; *Matt/Renzikowski/Maier* Rdn. 6; *Weidemann* BeckOK Rdn. 2.

35 Vgl. *Brehmeier-Metz* AK Rdn. 3; *Haft* BT II S. 214; *Henseler* MedR **2020** 1000, 1001; *Zieschang* medstra **2020** 202, 203.

36 Zum Vertauschen von Blutproben siehe OLG Oldenburg NJW **1955** 761 f.

37 *Gössel/Dölling* BT 1 § 52 Rdn. 67; *Joecks/Jäger* Rdn. 1; Lackner/Kühl/*Heger* Rdn. 2; *Schroth* Hb Medizinstrafrecht S. 307; *Weidemann* BeckOK Rdn. 4; *Zieschang* medstra **2020** 202, 203.

38 BGHSt **10** 157, 158 f.; RG GA **54** (1907) 292, 293; OLG Frankfurt BeckRS **2006** 6301; OLG Zweibrücken NStZ **1982** 467, 468; LG Kiel BeckRS **2015** 121951.

39 *Hoyer* SK Rdn. 2.

40 *Zieschang* medstra **2020** 202, 203.

41 Siehe BGHSt **10** 157, 159; OLG Frankfurt BeckRS **2006** 6301; *Zieschang* medstra **2020** 202, 203.

42 BGHSt **10** 157, 158 f.

43 Siehe BGHSt **6** 90, 92; BGHSt **10** 157, 158; BGH NStZ-RR **2007** 343, 344; RGSt **74** 229, 231; OLG Celle BeckRS **2015** 2842; OLG Frankfurt NJW **1977** 2128, 2129; OLG Frankfurt BeckRS **2006** 6301; OLG München NJW **1950** 796; LG Freiburg BeckRS **2021** 34264; LG Kiel BeckRS **2015** 121951; LG Lüneburg BeckRS **2022** 29495; LG Nürnberg-Fürth NStZ **2022** 690, 691; *Erb* MK Rdn. 4; *Fischer* Rdn. 4; *Gössel/Dölling* BT 1 § 52 Rdn. 67; *Haft* BT II S. 214; *Sch/Schröder/Heine/Schuster* Rdn. 2; *Joecks/Jäger* Rdn. 1; *Klesczewski* BT § 17 Rdn. 138; *Koch* HK-GS Rdn. 2; Lackner/Kühl/*Heger* Rdn. 2; *Maurach/Schroeder/Maiwald* BT 2 § 66 Rdn. 44; *Puschke* Hb StrafR Bd. 5 § 42 Rdn. 177; Spickhoff/*Schuhr* § 278 Rdn. 11; *Weidemann* BeckOK Rdn. 4; *Wolfslast* FS Roxin (2011) 1121, 1122 f.; vgl. ferner (zum damaligen Recht) LSG Celle NJW **1985** 700; **anders** *Hoyer* SK Rdn. 2; *Puppe/Schumann* NK Rdn. 2; vgl. auch BayObLG BeckRS **2022** 28058: Obwohl gar keine Untersuchung stattgefunden hatte, geht das BayObLG nicht überzeugend davon aus, das Gesundheitszeugnis (wenn denn ein solches in casu überhaupt anzunehmen war; siehe insofern wiederum *Zieschang* LK § 277 Rdn. 13 a.E.) sei richtig.

kraft des Zeugnisses besteht gerade auch darin, dass ein Befund nach den ärztlichen Standards ordnungsgemäß erhoben worden ist.[44]

Man muss sich jedoch darüber im Klaren sein, dass die **„Fernbehandlung"** und **Telemedizin** im Vormarsch sind, bei denen es zu einer (ausschließlichen) Behandlung über Kommunikationsmedien kommt und nicht mehr im persönlichen Kontakt. Im Zuge der Corona-Krise im Jahr 2020/2021 konnten Ärzte zudem zeitweise Arbeitsunfähigkeitsbescheinigungen für maximal 14 Tage bei leichter Erkrankung der oberen Atemwege **ohne vorherige persönliche körperliche Untersuchung** nach telefonischer Anamnese ausstellen.[45] Fraglich ist, wie dies mit den vorangegangenen Überlegungen vereinbar ist. 17

Insoweit ist allgemein festzuhalten, dass es genügen kann, dass der Arzt sich auf einzelne Untersuchungshandlungen beschränkt, sofern er dadurch eine tragfähige und ausreichende Beurteilungsgrundlage gewinnt.[46] Auch kann ausnahmsweise eine unmittelbare körperliche Untersuchung sogar ganz entbehrlich sein, falls der Arzt sich auf andere Art und Weise unter Beachtung der fachlichen Standards zuverlässig über den Gesundheitszustand informieren kann.[47] Insofern kommen inzwischen auch Kommunikationsmedien in Betracht. 18

Falls keine persönliche Untersuchung unter gleichzeitiger körperlicher Anwesenheit von Arzt und Patient stattgefunden hat, ist aber zu verlangen, dass dies **im Gesundheitszeugnis ausdrücklich angegeben** wird.[48] Normalerweise ist nämlich nach dem (derzeitigen) Empfängerhorizont davon auszugehen, dass ein Gesundheitszeugnis unausgesprochen die Erklärung enthält, nur nach vorheriger persönlicher Untersuchung ausgestellt worden zu sein;[49] sollte dies nun tatsächlich nicht der Fall sein, muss dies entsprechend vermerkt werden. Anderenfalls ist das Zeugnis unrichtig. 19

Hinzuweisen ist darauf, dass das Gesundheitszeugnis seit der Reform im Jahr 2021 nicht mehr zum Gebrauch bei einer Behörde oder Versicherungsgesellschaft bestimmt sein muss. 20

3. Ausstellen

Darunter ist das Anfertigen der Urkunde zu verstehen, wobei es ausreichend ist, dass der Arzt oder eine andere Medizinalperson als geistiger Urheber hinter der Erklärung steht. Zur Vollendung braucht es nicht auch notwendig zum Gebrauch des Gesundheitszeugnisses gekommen zu sein, jedoch ist richtigerweise ein Begebungsakt erforderlich.[50] 21

III. Subjektiver Tatbestand

Der Täter muss zumindest in Form einer Parallelwertung in der Laiensphäre wissen, dass er ein unrichtiges Gesundheitszeugnis ausstellt. Es genügt **dolus eventualis**. Das gilt auch nach der 22

44 Vgl. auch OLG Frankfurt BeckRS **2006** 6301; *Sch/Schröder/Heine/Schuster* Rdn. 2; *Otto* JR **1982** 296, 297; *Zieschang* medstra **2020** 202, 203. Parallel dazu kann es bei § 348 im Einzelfall darum gehen, dass auch die sachliche Richtigkeit der Entscheidung beurkundet wird; siehe *Zieschang* LK § 348 Rdn. 59 ff.

45 § 31 Abs. 1 Satz 3 BMV-Ä in der Fassung vom 1.4.2020; dazu *Zieschang* medstra **2020** 202; siehe auch *Valerius* FG RobotRecht (2020) 475, 482 ff., 485 f.

46 Siehe OLG Zweibrücken NStZ **1982** 467, 468.

47 Vgl. OLG Düsseldorf MDR **1957** 372; OLG Frankfurt BeckRS **2006** 6301; *Kindhäuser/Hilgendorf* LPK Rdn. 1.

48 OLG Celle NStZ **2022** 615, 616; OLG Frankfurt NJW **1977** 2128, 2129; OLG München NJW **1950** 796 f.; LG Freiburg **2021** 34264; *Erb* MK Rdn. 4; *Jung* in: Jung/Meiser/Müller S. 76, 80; *Valerius* FG RobotRecht (2020) 475, 487 f.; *Wolfslast* FS Roxin (2011) 1121, 1126 f.; *Zieschang* medstra **2020** 202, 204; vgl. auch *Ulsenheimer* Arztstrafrecht Rdn. 914; abweichend *Kraatz* JR **2021** 623, 627.

49 OLG Frankfurt NJW **1977** 2128, 2129; vgl. auch *Sch/Schröder/Heine/Schuster* Rdn. 2; *Jung* in: Jung/Meiser/Müller S. 76, 80; *Wolfslast* FS Roxin (2011) 1121, 1124; *Zieschang* medstra **2020** 202, 204.

50 Siehe Rdn. 27.

Reform im Hinblick auf die **Unrichtigkeit** des Zeugnisses.[51] Meint der Täter, das Gesundheitszeugnis sei richtig, obwohl keine Untersuchung stattgefunden hat, da es im Befundergebnis stimmt, handelt es sich um einen für den Vorsatz unbeachtlichen Subsumtionsirrtum.[52] Im Einzelfall kann dem Täter dann aber die Einsicht fehlen, Unrecht zu tun (§ 17).[53]

23 Die Vorschrift setzt zusätzlich zum Vorsatz als besonderes subjektives Merkmal **Täuschungsabsicht** voraus. Insofern gelten die Ausführungen zu diesem Merkmal bei § 267 entsprechend.[54] Der Täter muss folglich insofern dolus directus 1. oder 2. Grades aufweisen.

IV. Besonders schwerer Fall gemäß § 278 Abs. 2

24 Der Reformgesetzgeber hat die Vorschrift im Jahr 2021 um einen zweiten Absatz ergänzt, der als Strafzumessungsvorschrift besonders schwere Fälle betrifft.[55] Insofern ist der Strafrahmen auf drei Monate bis fünf Jahre erhöht. Schon angesichts der Bedenken gegen die Regelungstechnik der besonders schweren Fälle[56] erscheint diese Regelung zweifelhaft. Vorzugswürdiger hätte es sich angeboten, um etwa Konstellationen der gewerbsmäßigen Begehung angemessen erfassen zu können, den Strafrahmen des § 278 Abs. 1 moderat auf „bis zu drei Jahren Freiheitsstrafe" zu erhöhen;[57] der Regelung besonders schwerer Fälle hätte es dann nicht bedurft. Gleichzeitig würde der gegenüber § 348 (dort ist Freiheitsstrafe bis zu fünf Jahren oder Geldstrafe vorgesehen) geringere Unrechtsgehalt zum Ausdruck kommen.[58]

25 Im Übrigen ist in Bezug auf die in § 278 Abs. 2 im Zusammenhang mit der Corona-Pandemie eingeführten Regelung (vgl. insofern auch das Regelbeispiel) zu bedenken, dass es bei § 278 nicht um den Schutz vor Gefahren für das Leben und die Gesundheit der Bevölkerung oder um die Funktionsfähigkeit der medizinischen Notfallversorgung geht,[59] sondern um den Schutz des Vertrauens in die Wahrheitspflicht der mit dem Ausstellen von Gesundheitszeugnissen betrauten Ärzte und anderer approbierter Medizinalpersonen.[60]

26 Das ausdrücklich aufgeführte Regelbeispiel verlangt ein gewerbsmäßiges Handeln[61] oder ein solches als Mitglied einer Bande,[62] die sich zur fortgesetzten Begehung von unrichtigem Ausstellen von Gesundheitszeugnissen verbunden hat. Das Regelbeispiel betrifft allein das unrichtige Ausstellen von Impfnachweisen oder Testzertifikaten betreffend übertragbare Krankheiten. Seine Aufnahme ist wie erläutert in Zeiten der Corona-Pandemie erfolgt, betrifft aber auch andere übertragbare Krankheiten. Geht es nicht um Impfnachweise oder Testzertifikate, kann ein unbenannter besonders schwerer Fall in Betracht kommen.

V. Vollendung und Versuch

27 § 278 setzt zur Vollendung das Ausstellen des unrichtigen Gesundheitszeugnisses voraus. Zur Vollendung ist nicht erforderlich, dass es auch tatsächlich zu dessen Gebrauch gekommen ist. Ande-

---

51 Siehe Entstehungsgeschichte.

52 Siehe RGSt **74** 229, 231; OLG München NJW **1950** 796; *Zieschang* medstra **2020** 202, 204.

53 Vgl. auch OLG Frankfurt NJW **1977** 2128, 2129; *Gercke* MedR **2008** 592, 594; *Wolfslast* FS Roxin (2011) 1121, 1128.

54 *Zieschang* LK § 267 Rdn. 201 ff.

55 Diese Ergänzung stammt im Grundsatz aus dem Entwurf der Fraktion der CDU/CSU; BTDrucks. 20/27 S. 4 f., 8 ff.

56 Siehe zur Kritik *Zieschang* Jura **1999** 561.

57 *Zieschang* ZIS **2021** 481, 485; *ders.* stenografisches Protokoll der 2. Sitzung des Hauptausschusses des Deutschen Bundestages 20/2 S. 24.

58 *Zieschang* ZFISTW **2022** 140, 143.

59 Vgl. aber BTDrucks. 20/27 S. 10.

60 Siehe Rdn. 1.

61 Siehe zu diesem Begriff *Zieschang* LK § 267 Rdn. 231.

62 Dazu *Zieschang* LK § 267 Rdn. 233 ff.

rerseits wird man in Parallele zur Falschbeurkundung im Amt,[63] um eine zu starke Ausdehnung der Vorschrift zu vermeiden, zusätzlich zu dem Ausstellen einen **Begebungsakt** (Entäußerungsakt) verlangen müssen.[64] Solange sich nämlich das Gesundheitszeugnis noch im ausschließlichen Verfügungsbereich der Medizinalperson befindet, bedarf es des Schutzes durch die Vorschrift nicht. Vollendung tritt daher erst ein, wenn das Zeugnis etwa zur Abholung durch den Patienten den Arzthelfern übergeben oder das Zeugnis dem Patienten überlassen wird. Die Tat ist Vergehen, der Versuch ist nicht unter Strafe gestellt.

VI. Täterschaft und Teilnahme

Es ist bereits erläutert worden, dass es sich bei § 278 zwar um ein echtes Sonderdelikt handelt, **28** jedoch nicht um ein eigenhändiges Delikt.[65] Mittelbare Täterschaft ist daher möglich, sofern Hintermann und Werkzeug Ärzte oder andere approbierte Medizinalpersonen sind. Ebenso kommt Mittäterschaft in Betracht. Ein Extraneus kann nur Teilnehmer sein; insofern gilt § 28 Abs. 1.

VII. Rechtsfolgen

§ 278 sieht als Rechtsfolge Freiheitsstrafe bis zu zwei Jahren oder Geldstrafe vor. Handelt es sich **29** um einen besonders schweren Fall, erhöht sich die Freiheitsstrafe auf drei Monate bis zu fünf Jahren. § 278 ist in § 282 nicht erwähnt. Die Einziehungsmöglichkeit nach § 74 Abs. 1 bleibt davon unberührt.

VIII. Konkurrenzen

Sofern eine approbierte Medizinalperson Amtsträger im Sinne des § 348 ist, verdrängt § 348 bei **30** Vorliegen seiner Voraussetzungen den gleichzeitig verwirklichten § 278.[66] Tateinheit ist etwa möglich mit § 258[67] oder § 263. Sie ist auch im Verhältnis zu §§ 74 Abs. 2, 75a IfSG anzunehmen.[68]

---

63 *Zieschang* LK § 348 Rdn. 40 f.; siehe zudem *Zieschang* LK § 267 Rdn. 249 f.

64 *Gercke* MedR **2008** 592, 594; *Hoyer* SK Rdn. 4; *Kraatz* Arztstrafrecht Rdn. 262; Lackner/Kühl/*Heger* Rdn. 4; *Puppe/Schumann* NK Rdn. 2; *Ulsenheimer* Arztstrafrecht Rdn. 915; SSW/*Wittig* Rdn. 7; **anders** *Erb* MK Rdn. 5; *Gribbohm* LK[11] Rdn. 13; *Sch/Schröder/Heine/Schuster* Rdn. 5; *Otto* BT § 71 Rdn. 32.

65 Rdn. 4 f.

66 OLG Düsseldorf StraFo **2000** 133, 134; *Brehmeier-Metz* AK Rdn. 8; *Fischer* Rdn. 9; *Haft* BT II S. 215; *Sch/Schröder/Heine/Schuster* Rdn. 7; *Klesczewski* BT § 17 Rdn. 142; *Koch* HK-GS Rdn. 5; Lackner/Kühl/*Heger* Rdn. 6; *Matt/Renzikowski/Maier* Rdn. 10; *Maurach/Schroeder/Maiwald* BT 2 § 66 Rdn. 43; SSW/*Wittig* Rdn. 9; **anders** *Erb* MK Rdn. 11; *Hoyer* SK Rdn. 6; *Puppe/Schumann* NK Rdn. 6: Idealkonkurrenz.

67 Siehe OLG Oldenburg NJW **1955** 761, 762; *Maurach/Schroeder/Maiwald* BT 2 § 66 Rdn. 45; SSW/*Wittig* Rdn. 9.

68 BTDrucks. 20/15 S. 35; siehe zu diesen Regelungen kritisch *Gaede/Krüger* NJW **2021** 2159; *Lorenz* medstra **2021** 210, 213 ff.; vgl. auch *Krüger/Sy* GesR **2021** 626, 630 ff.

§ 279 Gebrauch unrichtiger Gesundheitszeugnisse

Wer zur Täuschung im Rechtsverkehr von einem Gesundheitszeugnis der in den §§ 277 und 278 bezeichneten Art Gebrauch macht, wird mit Freiheitsstrafe bis zu einem Jahr oder mit Geldstrafe bestraft, wenn die Tat nicht in anderen Vorschriften dieses Abschnitts mit schwererer Strafe bedroht ist.

Schrifttum

Siehe die Nachweise bei den §§ 277, 278 StGB.

Entstehungsgeschichte

Bereits das RStGB von 1871 enthielt § 279 a.F. RStGB. Er lautete damals: *„Wer, um eine Behörde oder eine Versicherungsgesellschaft über seinen oder eines Anderen Gesundheitszustand zu täuschen, von einem Zeugnisse der in den §§ 277 und 278 bezeichneten Art Gebrauch macht, wird mit Gefängniß bis zu Einem Jahre bestraft."*

Das 1. StrRG vom 25.6.1969[1] ersetzte in § 278 a.F. den Begriff „Gefängniß" durch den der „Freiheitsstrafe". Das 2. StrRG vom 4.7.1969[2] ordnete wahlweise Geldstrafe an.[3] Das EGStGB vom 2.3.1974[4] versah die Vorschrift mit der gesetzlichen Überschrift „Gebrauch unrichtiger Gesundheitszeugnisse".

Das Gesetz zur Änderung des Infektionsschutzgesetzes und weiterer Gesetze anlässlich der Aufhebung der Feststellung der epidemischen Lage von nationaler Tragweite vom 22.11.2021[5] hat dann zur Bekämpfung bestimmter strafbarer Verhaltensweisen im Zusammenhang mit der Corona-Pandemie § 279 modifiziert.[6] War bis dato die Täuschungsabsicht darauf gerichtet, eine Behörde oder eine Versicherungsgesellschaft über seinen oder eines anderen Gesundheitszustand zu täuschen, ist nunmehr das besondere subjektive Merkmal ausgeweitet worden auf die bloße Absicht zur Täuschung im Rechtsverkehr. Diese zu begrüßende Ausweitung stellt den Gleichklang mit den reformierten §§ 277, 278 her. Zudem hat der Reformgesetzgeber nicht nur § 277, sondern auch § 279 mit einer formellen Subsidiaritätsklausel verbunden.[7]

Aus hiesiger Sicht ist anzumerken, dass die Vorschrift des § 277 entbehrlich erscheint.[8] In der Konsequenz ist de lege ferenda insofern auch der Gebrauch des Gesundheitszeugnisses der in § 277 bezeichneten Art aus § 279 zu streichen. Es verbleibt dann in § 279 der Gebrauch des Gesundheitszeugnisses der in § 278 bezeichneten Art. Insofern bietet sich an, diesen Gebrauch de lege ferenda im Rahmen des § 278 zu verorten.[9]

In Bezug auf dem RStGB vorangehende Strafgesetzbücher ist insbesondere auf § 258 prStGB von 1851 hinzuweisen,[10] bei dem es sich um die Vorgängerregelung handelt.

---

1 BGBl. I, 645.

2 BGBl. I, 717.

3 Das 2. StrRG ist zeitgleich mit dem EGStGB am 1.1.1975 in Kraft getreten (BGBl. I 1973, 909), das ebenfalls wahlweise Geldstrafe vorsieht.

4 BGBl. I, 469.

5 BGBl. I, 4906.

6 Siehe zu diesem Gesetz bereits *Zieschang* LK § 277 Entstehungsgeschichte; *ders.* ZFISTW **2022** 140.

7 Siehe dazu *Zieschang* LK § 277 Entstehungsgeschichte sowie Rdn. 4 und 23 ff.

8 Dazu *Zieschang* LK § 277 Rdn. 2 ff.

9 Siehe dazu *Zieschang* ZIS **2021** 481, 485.

10 § 258 prStGB lautete: *„Wer, um eine Behörde oder eine Versicherungsgesellschaft über seinen oder eines Anderen Gesundheitszustand zu täuschen, von einem Zeugnisse der in den §§ 256 und 257 erwähnten Art Gebrauch macht, wird mit Gefängniß von Einem Monat bis zu Einem Jahre bestraft; auch kann gegen denselben auf zeitige Untersagung der Ausübung der bürgerlichen Ehrenrechte erkannt werden".*

https://doi.org/10.1515/9783110490220-014

Übersicht

Alphabetische Übersicht

I. Allgemeine Bemerkungen

1. Geschütztes Rechtsgut

Vor dem Hintergrund, dass § 279 sowohl im Zusammenhang mit § 277 als auch mit § 278 steht, ist der durch § 279 intendierte Schutz zweigeteilt: Während es beim Zusammenspiel von § 279 und § 277 zumindest in einem weiteren Sinne um den Schutz der **Echtheit** der Zeugnisse geht,[11] bezieht sich die Kombination von § 279 und § 278 auf den Schutz der **inhaltlichen Richtigkeit** von Gesundheitszeugnissen.[12] Letztlich steht indes in beiden Fällen der **Schutz der Sicherheit und Zuverlässigkeit des Rechtsverkehrs** mit Gesundheitszeugnissen im Sinne des **Beweisverkehrs** in Rede.[13] Hierbei geht es um ein **Allgemeinrechtsgut**, über das der Einzelne nicht zu disponieren vermag. Eine Einwilligung als Rechtfertigungsgrund scheidet daher aus.[14] 1

11 Vgl. zum erweiterten Echtheitsbegriff des § 277 bereits *Zieschang* LK § 277 Rdn. 7 f.
12 Siehe *Zieschang* LK § 278 Rdn. 1 f.
13 Siehe *Zieschang* LK § 277 Rdn. 1; *Weidemann* BeckOK Rdn. 2.
14 Dagegen (wiederum) die Dispositionsfreiheit als geschützt erachtend *Erb* MK Rdn. 1; *Hoyer* SK Rdn. 1.

2 Die Vorschrift des § 279 hat **gegenüber** § 277 eine **eigenständige Bedeutung**, denn bei § 277 genügt zur Vollendung das Ausstellen des Gesundheitszeugnisses, wohingegen § 279 den Gebrauch als solchen betrifft. Um eine sachlich nicht gerechtfertigte Privilegierung gegenüber § 267 Abs. 1 Var. 3 zu vermeiden, sofern es gleichzeitig um den Gebrauch einer unechten Urkunde geht, hat der Gesetzgeber in § 279 die Subsidiaritätsklausel eingestellt.

3 Im Hinblick auf § **278** liegt die **Bedeutung** des § 279 zum einen darin, dass es sich bei der erstgenannten Vorschrift um ein echtes Sonderdelikt handelt, sodass nur Ärzte oder andere approbierte Medizinalpersonen als Täter in Betracht kommen, wohingegen jedermann Täter des Gebrauchs des unrichtigen Gesundheitszeugnisses gemäß § 279 sein kann, also nicht nur eine approbierte Medizinalperson, sondern **jede natürliche Person**. Zum anderen hat § 279 gegenüber § 278 insoweit Relevanz, als es bei § 278 um das Ausstellen des Zeugnisses geht, nicht hingegen um den Gebrauch, der nun von § 279 erfasst wird.

4 Insgesamt ist damit § 279 sowohl eine Ergänzungsnorm zu § 277 als auch zu § 278.

2. Rechtsnatur

5 In beiden Alternativen handelt es sich bei § 279 um ein **abstraktes Gefährdungsdelikt** (abstraktes Gefährlichkeitsdelikt), denn es ist nicht vorausgesetzt, dass es tatsächlich zu einer Beeinträchtigung des geschützten Rechtsguts, also des Rechtsverkehrs, kommt. Folglich ist die Vorschrift selbst bei Ungefährlichkeit im Einzelfall einschlägig, was wiederum mit dem Schuldprinzip nicht vereinbar ist.[15]

3. Bedeutung in der Praxis

6 In der Strafverfolgungsstatistik des Statistischen Bundesamts werden die §§ 277 bis 279 gemeinsam aufgelistet. Im Hinblick auf die entsprechende Anzahl von Verurteilungen ist auf die Darlegungen zu § 277 zu verweisen.[16] Die Anzahl der erfassten Fälle von Straftaten nach § 279 lag in den letzten Jahren bis 2019 im zwei- bis unteren dreistelligen Bereich, jedoch sind die Zahlen im Jahr 2020 und vor allem auch 2021 mutmaßlich aufgrund der Corona-Pandemie stark angestiegen (2020: 668; 2021: 4.541).[17] Die Aufklärungsquote ist im Durchschnitt bei 99 % anzusiedeln. Die Anzahl der Tatverdächtigen lag bislang im zwei- bis unteren dreistelligen Bereich (2009: 29; 2010: 299; 2011: 28; 2012: 176; 2013: 180; 2014: 19; 2015: 72; 2016: 62; 2017: 25; 2018: 32; 2019: 71), jedoch ist auch hier in den Jahren 2020 und 2021 ein starker Anstieg zu verzeichnen (2020: 648; 2021: 4.254).

II. Der objektive Tatbestand des § 279

1. Gesundheitszeugnis der in §§ 277 und 278 bezeichneten Art

7 Gegenstand der Tat sind **Gesundheitszeugnisse** im Sinne der §§ 277, 278. Der Begriff des Gesundheitszeugnisses ist bereits im Zusammenhang mit § 277 erläutert worden, worauf verwiesen wird.[18] Im Einklang mit § 277, jedoch im Unterschied zu § 278,[19] geht es bei § 279 um ein Gesundheitszeugnis über den Gesundheitszustand des Täters oder eines anderen.

---

15 Siehe bereits *Zieschang* LK § 267 Rdn. 9.

16 *Zieschang* LK § 277 Rdn. 10.

17 Laut PKS 2009: 27; 2010: 300; 2011: 27; 2012: 171; 2013: 182; 2014: 19; 2015: 79; 2016: 68; 2017: 22; 2018: 30; 2019: 70; 2020: 668; 2021: 4.541.

18 *Zieschang* LK § 277 Rdn. 11 ff.

19 *Zieschang* LK § 278 Rdn. 12: Nur Gesundheitszeugnisse über einen anderen.

a) Zeugnis im Sinne des § 277. Es muss sich um ein Gesundheitszeugnis handeln, das jemand unter der ihm nicht zustehenden Bezeichnung als Arzt oder als eine approbierte Medizinalperson ausgestellt hat. Da bei § 277 die inhaltliche (Un-)Richtigkeit keine Rolle spielt, braucht auch bei § 279 insofern objektiv kein unrichtiges Zeugnis über den Gesundheitszustand vorzuliegen.[20] Im Hinblick darauf, dass subjektiv eine Täuschung im Rechtsverkehr intendiert sein muss, haben jedoch solche inhaltlich richtigen Zeugnisse regelmäßig keine besondere Bedeutung bei § 279. 8

Maßgeblich ist für § 279 allein **im Ergebnis**, dass ein manipuliertes Zeugnis vorliegt.[21] Ob das Zeugnis auch durch eine strafbare Handlung im Sinne des § 277 entstanden ist, spielt hingegen keine Rolle. So kann der Täter des § 277 möglicherweise gutgläubig sein, gerechtfertigt handeln oder entschuldigt sein. Es kommt bei § 279 allein darauf an, dass **objektiv** das Zeugnis im Sinne des § 277 manipuliert ist.[22] Daher spielt es auch keine Rolle, ob es von vornherein hergestellt worden ist, um im Rechtsverkehr zu täuschen.[23] 9

b) Zeugnis im Sinne des § 278. Bei dem Zeugnis im Sinne des § 278 kommt es parallel dazu allein auf die **objektive Unrichtigkeit** an,[24] was etwa der Fall ist, wenn es eine unzutreffende Diagnose enthält oder ohne jede Untersuchung erstellt wird, nicht jedoch, falls eine Medizinalperson ihre Kompetenzen überschreitet, aber inhaltlich eine richtige Befunderhebung erfolgt.[25] 10

Auch in der Konstellation des § 279 in Verbindung mit § 278 muss das Zeugnis nicht durch eine strafbare Handlung entstanden sein. § 279 kommt also auch etwa in Betracht, wenn das Gesundheitszeugnis gutgläubig falsch ausgestellt wird.[26] 11

2. Gebrauchmachen

Die Tathandlung besteht im **Gebrauchmachen** des vorbezeichneten Gesundheitszeugnisses. Tauglicher **Täter** kann dabei jedermann sein. Es kommt auch derjenige in Betracht, der zuvor Täter des § 277 oder § 278 war.[27] Es kann aber natürlich auch und insbesondere jemand sein, der mit der Manipulation des Zeugnisses gar nichts zu tun hatte. 12

Das Zeugnis wird in Parallele zu § 267 Abs. 1 Var. 3[28] **gebraucht**, wenn es **demjenigen, der dadurch getäuscht werden soll**, so zugänglich gemacht wird, dass dieser die **Möglichkeit** hat, das Gesundheitszeugnis wahrzunehmen. Er muss es tatsächlich nicht zwingend zur Kenntnis nehmen, die Möglichkeit reicht aus. Auch braucht kein Irrtum hervorgerufen zu werden. 13

Der BGH geht parallel zu § 267 davon aus, dass der Gebrauch des Gesundheitszeugnisses auch durch Vorlage einer **Fotokopie** erfolgen könne.[29] Dagegen sprechen jedoch bereits die im Zusammenhang mit § 267 erwähnten Gesichtspunkte.[30] Das von § 267 und §§ 277, 278 geschützte 14

---

20 Vgl. auch *Hoyer* SK Rdn. 2; **anders** etwa *Brehmeier-Metz* AK Rdn. 3; *Erb* MK Rdn. 2; *Fischer* Rdn. 2; *Haft* BT II S. 215; *Sch/Schröder/Heine/Schuster* Rdn. 2; *Puppe/Schumann* NK Rdn. 2, 6; Voraufl.

21 Es verhält sich vergleichbar mit § 271 Abs. 2; siehe insofern *Zieschang* LK § 271 Rdn. 42.

22 *Brehmeier-Metz* AK Rdn. 2; *Hoyer* SK Rdn. 2.

23 Vgl. *Brehmeier-Metz* AK Rdn. 2; *Fischer* Rdn. 2; *Gössel/Dölling* BT 1 § 52 Rdn. 70; *Sch/Schröder/Heine/Schuster* Rdn. 1.

24 OLG Stuttgart NJW **2014** 482, 483 f.; *Erb* MK Rdn. 2; *Sch/Schröder/Heine/Schuster* Rdn. 1; *Koch* HK-GS Rdn. 1.

25 Siehe *Zieschang* LK § 278 Rdn. 9. Handelt der Täter aber dabei unter einer ihm nicht zustehenden Bezeichnung, kann ein Zeugnis im Sinne des § 277 vorliegen.

26 Siehe BGHSt **5** 75, 84; RGSt **32** 295, 297 f.; OLG Bremen GA **1955** 277 f.; OLG Stuttgart NJW **2014** 482, 483 f.; *Erb* MK Rdn. 2; *Fischer* Rdn. 2; *Gössel/Dölling* BT 1 § 52 Rdn. 70; *Kindhäuser/Hilgendorf* LPK Rdn. 1; *Kindhäuser/Schramm* BT I § 59 Rdn. 7; Lackner/Kühl/*Heger* Rdn. 1; *Maurach/Schroeder/Maiwald* BT 2 § 66 Rdn. 48.

27 Zu den Konkurrenzfragen siehe Rdn. 25.

28 Siehe *Zieschang* LK § 267 Rdn. 186 ff.

29 BGH bei Dallinger MDR **1975** 197.

30 Siehe *Zieschang* LK § 267 Rdn. 192 ff.

Vertrauen bezieht sich allein auf das Original. Ebenso wie der bloße Hinweis auf die Existenz eines Gesundheitszeugnisses ohne tatsächliche Wahrnehmungsmöglichkeit nicht genügt,[31] reicht folglich die Vorlage der Fotokopie nicht aus. Daher ist im Gebrauchen der Fotokopie **kein Gebrauchen** des Originals zu sehen.

III. Subjektiver Tatbestand

15 Der Täter muss zumindest in Form einer Parallelwertung in der Laiensphäre wissen, dass er ein verfälschtes oder unrichtiges Gesundheitszeugnis im Sinne der §§ 277, 278 gebraucht. Es genügt **dolus eventualis**.[32]

16 Darüber hinaus verlangt § 279 neben dem Vorsatz ein **besonderes subjektives Merkmal**. Der Täter muss mit der Absicht zur Täuschung im Rechtsverkehr handeln. Hier gelten hinsichtlich dieser **Täuschungsabsicht** die Ausführungen zu § 267 entsprechend.[33] Richtigerweise ist daher mit der Täuschungsabsicht nicht nur dolus directus 1. Grades, sondern auch dolus directus 2. Grades zu verbinden,[34] wohingegen dolus eventualis nicht genügt.

17 Dabei hat sich die Vorstellung des Täters darauf zu richten, dass durch den Gebrauch des Gesundheitszeugnisses bei einem anderen ein **Irrtum** hervorgerufen wird. Angesichts der durch die Reform im Jahr 2021 erfolgten Ausweitung der Vorschrift muss anders als früher nicht unbedingt eine Täuschung über den Gesundheitszustand intendiert sein.[35]

18 Für den subjektiven Tatbestand des § 279 spielt es keine Rolle, ob der Täter sich bereichern will, einen anderen schädigen möchte oder ob er einen im Ergebnis legitimen Zweck verfolgt.

IV. Subsidiaritätsklausel

19 Bereits im Zusammenhang mit § 277 wurde ausgeführt, dass der Gesetzgeber zutreffend mit dieser Vorschrift eine Subsidiaritätsklausel verbunden hat; denn damit wird eine Sperrwirkung insbesondere im Hinblick auf die Anwendung des § 267, falls dessen Voraussetzungen ebenfalls vorliegen, vermieden.[36] Entsprechendes gilt für § 279 im Hinblick auf den Gebrauch von Gesundheitszeugnissen der in § 277 bezeichneten Art.

20 Es handelt sich um eine **formelle Subsidiaritätsklausel** (ausdrückliche Subsidiarität), die auf der Ebene der Konkurrenzen Relevanz hat. Die Klausel greift nicht ein, sofern die jeweiligen Strafandrohungen übereinstimmen. Nach dem BGH sollen bei dem Vergleich der Strafdrohungen auch Schärfungen und Milderungen auf der Strafzumessungsebene Berücksichtigung finden.[37]

21 Im Hinblick auf die Reichweite der Klausel hat der Gesetzgeber klargestellt, dass die Subsidiarität (nur) in Bezug auf Straftaten des 23. Abschnitts des StGB in Betracht kommt.

---

31 Vgl. BGHSt **36** 64, 65; OLG Stuttgart NJW **2014** 482, 483.

32 *Sch/Schröder/Heine/Schuster* Rdn. 3.

33 *Zieschang* LK § 267 Rdn. 201 ff.

34 **Anders** zu § 279 a.F. etwa *Erb* MK Rdn. 4; *Hoyer* SK Rdn. 4; Lackner/Kühl/*Heger* Rdn. 2; *Matt/Renzikowski/Maier* Rdn. 3; SSW/*Wittig* Rdn. 4; Voraufl.: dolus directus 1. Grades; hingegen lassen dolus eventualis ausreichen *Puppe/Schumann* NK Rdn. 5.

35 *Zieschang* ZFISTW **2022** 140, 143; **anders** BayObLG BeckRS **2022** 28058.

36 *Zieschang* LK § 277 Rdn. 4 sowie Rdn. 23.

37 BGH NJW **2012** 3046 (für § 266 in Verbindung mit § 263 Abs. 3 S. 2 Nr. 1 im Verhältnis zu § 246 Abs. 2).

V. Vollendung und Versuch

Die Tat ist vollendet, sobald der Täter das Gesundheitszeugnis gebraucht, also es dem zu Täuschenden **zugänglich** macht. Zur Vollendung ist nicht erforderlich, dass der Adressat es tatsächlich zur Kenntnis nimmt. Der Versuch des Vergehens ist nicht unter Strafe gestellt. 22

VI. Täterschaft und Teilnahme

§ 279 ist **Jedermanndelikt**. Es kommt damit jede natürliche Person als Täter in Betracht. Auch der Täter des § 277 oder § 278 kann § 279 verwirklichen. Mittäterschaft und mittelbare Täterschaft sind möglich. Für die Teilnahme gelten die allgemeinen Grundsätze. 23

VII. Rechtsfolgen

§ 279 sieht als Rechtsfolge Freiheitsstrafe bis zu einem Jahr oder Geldstrafe vor. Besonders schwere Fälle, mit denen eine Strafschärfung verbunden ist, sind anders als in §§ 277, 278 nicht normiert. Gemäß § 282 Satz 1 kann das Gesundheitszeugnis eingezogen werden. 24

VIII. Konkurrenzen

Macht sich der Täter bereits gemäß § 277 strafbar, so hat § 279 neben § 277 keine selbständige Bedeutung, falls von vornherein der Gebrauch geplant war. Ist sowohl § 278 als auch § 279 verwirklicht, macht sich der Täter nur nach § 278 strafbar,[38] falls der Täter von vornherein den Gebrauch des Zeugnisses geplant hatte. Fasst der Täter aber den Entschluss zum Gebrauch erst eigenständig und später, liegt Tatmehrheit vor. 25

§ 279 wird aufgrund der ausdrücklichen Subsidiaritätsklausel insbesondere von § 267 Abs. 1 Var. 3 verdrängt, sofern dieses Delikt gleichzeitig verwirklicht ist. Tateinheit ist etwa mit § 263 möglich.[39] 26

---

38 In Bezug auf §§ 278, 279 a.F. von mitbestrafter Nachtat ausgehend OLG Oldenburg NJW **1955** 761, 762; *Fischer* Rdn. 4; *Sch/Schröder/Heine/Schuster* Rdn. 4; *Koch* HK-GS Rdn. 3; *Matt/Renzikowski/Maier* Rdn. 4.

39 *Erb* MK Rdn. 10; *Maurach/Schroeder/Maiwald* BT 2 § 66 Rdn. 49; *Weidemann* BeckOK Rdn. 6.

§ 280 *(weggefallen)*

§ 281 Mißbrauch von Ausweispapieren

(1) Wer ein Ausweispapier, das für einen anderen ausgestellt ist, zur Täuschung im Rechtsverkehr gebraucht, oder wer zur Täuschung im Rechtsverkehr einem anderen ein Ausweispapier überläßt, das nicht für diesen ausgestellt ist, wird mit Freiheitsstrafe bis zu einem Jahr oder mit Geldstrafe bestraft. Der Versuch ist strafbar.

(2) Einem Ausweispapier stehen Gesundheitszeugnisse sowie solche Zeugnisse und andere Urkunden gleich, die im Verkehr als Ausweis verwendet werden.

Schrifttum

Bosch Gebrauchen eines Ausweispapiers durch Vorlage einer Kopie oder elektronische Übersendung, JK **2021** 104; *Brodowski/Gahn* StR-Examensklausur zum Betrugs- und Urkundenstrafrecht, Jura **2022** 768; *Cornelius* Anmerkung zum Beschluss des BGH vom 21.7.2020 – 5 StR 146/19, NJW 2020, 3260, NJW **2020** 3263; *Cramer* Mißbrauch und Erschleichen von Ausweispapieren, GA **1963** 363; *Dehne-Niemann* Missbrauch von Ausweißpapieren durch Vorlage von Kopien oder elektronische Lichtbildübersendung? HRRS **2019** 405; *Duchstein* Die Strafbarkeit von Fahrkartenmanipulationen, NZV **2013** 367; *Erb* Anmerkung zum Beschluss des BGH vom 8.5.2019 – 5 StR 146/19, NStZ 2019, 675, und zum Beschluss des BGH vom 4.12.2019 – 4 ARs 14/19, NStZ-RR 2020, 106, JR **2020** 450; *Gaede/Krüger* Erweiterte Strafbarkeit des Fälschens und Gebrauchens von Impf- und Testzertifikaten – ausgedehnte Strafbarkeit bei gefälligen Gesundheitszeugnissen, medstra **2022** 13; *Grabmeier* Ausnutzen einer trügerischen Beweiseinheit als spezifisches Unrecht des § 281 StGB, ZIS **2021** 199; *Hecker* Die mißbräuchliche Verwendung von Ausweispapieren und sonstigen ausweisgleichen Urkunden nach § 281 StGB, GA **1997** 525; *ders.* Anmerkung zum Beschluss des OLG Stuttgart vom 27.8.2013 – 2 Ss 349/13, NZV 2014 483, JuS **2014** 277; *Hoven/Weigend* Strafvorschriften gegen falsche Impfpässe, KriPoZ **2021** 343; *Metz* Strafbarkeit nach § 281 StGB, NZV **2014** 503; *Mitsch* Parken auf Behindertenparkplätzen als Straftat und Ordnungswidrigkeit, NZV **2012** 153; *Oglakcioglu* Die Karten in meiner Brieftasche (Teil 3: Sonstige Karten), JA **2018** 428; *Preuß* Klausur Strafrecht: „Parkfreuden", JA **2013** 433; *Putzke* Referendarexamensklausur – Strafrecht: Auszugshilfe, JuS **2019** 1094; *ders./Prechtl* Anmerkung zum Beschluss des BGH vom 8.5.2019 – 5 StR 146/19, NStZ 2019, 675, ZJS **2019** 522; *Saal* Anmerkung zum Urteil des LG Dresden vom 8.10.1997 – 8 Ns 703 Js 48239/96, NJW 1998, 2544, NZV **1998** 218; *Schlosky* Mißbrauch von Ausweispapieren, DR **1942** 710; *Schmidt-Leichner* Das Gesetz zur Änderung des Reichsstrafgesetzbuchs vom 4. Sept. 1941 und die Durchführungsverordnung vom 24. Sept. 1941, DR **1941** 2145; *Schmitt* Täterschaft und Teilnahme am Beispiel des § 281 StGB, NJW **1977** 1811; *Steinhilper* Ist die Bedienung von Bargeldautomaten unter mißbräuchlicher Verwendung fremder Codekarten strafbar? GA **1985** 114; *Weidemann* Anmerkung zum Beschluss des BGH vom 21.7.2020 – 5 StR 146/19, NJW 2020, 3260, NStZ **2021** 46; *Zieschang* Das Konkurrenzverhältnis von Zustands- und Dauerdelikt, Festschrift Rissing-van Saan (2011) 787; *ders.* Die Reform der §§ 275, 277 bis 281 StGB durch das Gesetz zur Änderung des Infektionsschutzgesetzes und weiterer Gesetze anlässlich der Aufhebung der Feststellung der epidemischen Lage von nationaler Tragweite, ZFISTW **2022** 140.

Entstehungsgeschichte

Das RStGB von 1871 normierte in § 281 a.F. RStGB den betrügerischen Bankrott, der 1877 in die KO übergeleitet wurde. Dagegen war in § 363 Abs. 2 a.F. RStGB von 1871 eine Regelung enthalten, welche dem aktuellen § 281 ähnelt.[1] Die heutige Vorschrift zum Missbrauch von Ausweispapieren in § 281 wurde in ihrer Ursprungsfassung durch das Gesetz

1 Siehe dazu auch *Cramer* GA **1963** 363 f. § 363 a.F. RStGB enthielt in seinem ersten Absatz einen privilegierten Fall der Urkundenfälschung und im zweiten Absatz den Ausweismissbrauch. § 363 a.F. RStGB lautete: „*Wer, um Behörden oder Privatpersonen zum Zwecke seines besseren Fortkommens zu täuschen, Pässe, Militairabschiede, Wanderbücher oder sonstige Legitimationspapiere, Dienst- oder Arbeitsbücher oder sonstige auf Grund besonderer Vorschriften auszustellende Zeugnisse, sowie Führungs- oder Fähigkeitszeugnisse falsch anfertigt oder verfälscht, oder wissentlich von einer solchen falschen oder verfälschten Urkunde Gebrauch macht, wird mit Haft oder mit Geldstrafe bis zu funfzig Thalern bestraft. Gleiche Strafe trifft denjenigen, welcher zu demselben Zwecke von solchen für einen Anderen ausgestellten echten Urkunden, als ob sie für ihn ausgestellt seien, Gebrauch macht, oder welcher solche für ihn ausgestellte Urkunden einem Anderen zu dem gedachten Zwecke überläßt.*".

https://doi.org/10.1515/9783110490220-015

zur Änderung des Reichsstrafgesetzbuchs vom 4.9.1941[2] unter Streichung von § 363 a.F. RStGB in das StGB eingestellt. Sie sollte der „schärferen Bekämpfung" des Missbrauchs dienen.[3] Als Sanktion war Gefängnis und in besonders schweren Fällen Zuchthaus vorgesehen.

Das 1. StrRG vom 25.6.1969[4] veränderte die Strafandrohung in Freiheitsstrafe bis zu einem Jahr oder Geldstrafe. Die bis dato geltende Strafdrohung erachtete man als „weit übersetzt", sie führe zu „kaum erträglichen Spannungen zu anderen Vorschriften über das Ausweiswesen".[5] Das EGStGB vom 2.3.1974[6] versah die Vorschrift mit der gesetzlichen Überschrift „Mißbrauch von Ausweispapieren" und strich aus redaktionellen Gründen das ursprünglich in § 281 enthaltene Wort „vorsätzlich".

Das Gesetz zur Änderung des Infektionsschutzgesetzes und weiterer Gesetze anlässlich der Aufhebung der Feststellung der epidemischen Lage von nationaler Tragweite vom 22.11.2021[7] hat dann zur Bekämpfung bestimmter strafbarer Verhaltensweisen im Zusammenhang mit der Corona-Pandemie in § 281 Abs. 2 ausdrücklich die „Gesundheitszeugnisse" mit aufgenommen.

Auch dem StGB vorangehende Strafgesetzbücher kannten bereits vergleichbare strafrechtliche Regelungen. Hinzuweisen ist insbesondere auf § 254 Nr. 2 prStGB von 1851, ferner auf § 180 Abs. 2 bayStGB von 1861.

Übersicht

Alphabetische Übersicht

2 RGBl. I, 549.
3 So das Gesetz vom 4.9.1941, RGBl. I, 549.
4 BGBl. I, 645.
5 BTDrucks. V/4094 S. 38.
6 BGBl. I, 469.
7 BGBl. I, 4906.

I. Allgemeine Bemerkungen

1. Geschütztes Rechtsgut

1 Die Vorschrift bezweckt den **Schutz der Sicherheit und Zuverlässigkeit des Rechtsverkehrs im Umgang mit Ausweispapieren**.[8] Es steht also hier mit dem Schutz des Rechtsverkehrs wiederum ein **Allgemeinrechtsgut** in Rede. Mangels Dispositionsbefugnis des Einzelnen scheidet eine Einwilligung als Rechtfertigungsgrund aus.

2 Die Strafbestimmung betrifft **echte Ausweispapiere**, die **missbräuchlich verwendet** werden, indem sie zur Täuschung im Rechtsverkehr von jemandem benutzt werden, für den das Ausweispapier nicht ausgestellt ist, oder zu diesem Zweck einer Person überlassen werden. Ein Urkundendelikt im klassischen Sinne steht damit nicht in Rede, denn eine Einwirkung auf das Tatobjekt selbst, insbesondere durch ein Herstellen oder Verfälschen oder sonstige Manipulationen, findet nicht statt. Vor diesem Hintergrund passt die Einordnung des § 281 in den Bereich der Urkundendelikte nicht recht.[9]

2. Rechtsnatur

3 Es handelt sich bei § 281 um ein **abstraktes Gefährdungsdelikt (abstraktes Gefährlichkeitsdelikt)**, womit auch Verhaltensweisen erfasst sind, die im konkreten Fall für den Rechtsverkehr ganz ungefährlich sind, was zu Konflikten mit dem Schuldprinzip führt.[10]

3. Bedeutung in der Praxis

4 In der Praxis liegt die Anzahl der Verurteilungen nach § 281 (bis auf die Jahre 2016 und 2017) im mittleren dreistelligen Bereich (2009: 680; 2010: 617; 2011: 704; 2012: 694; 2013: 660; 2014: 539; 2015: 414; 2016: 23; 2017: 42; 2018: 652; 2019: 705; 2020: 713; 2021: 747).[11] Die Anzahl der erfassten Fälle von Straftaten nach § 281 hat in den letzten Jahren vierstelligen Bereich gelegen.[12] Die Aufklärungsquote ist bei 93 % anzusiedeln. Die Anzahl der Tatverdächtigen liegt im Jahr 2021 bei 2.291 (2009: 5.399; 2010: 5.572; 2011: 6.245; 2012: 5.601; 2013: 4.769; 2014: 3.713; 2015: 2.882; 2016: 3.048; 2017: 3.258; 2018: 3.080; 2019: 3.053; 2020: 2.836).

---

8 Vgl. BGH NStZ **2019** 675, 677; *Brehmeier-Metz* AK Rdn. 1; *Dehne-Niemann* HRRS **2019** 405, 409; *Sch/Schröder/Heine/Schuster* Rdn. 1; *Koch* HK-GS Rdn. 1; *Metz* NZV **2014** 503 f.; *Weidemann* BeckOK Rdn. 2; SSW/*Wittig* Rdn. 1; siehe auch *Bock* BT 1 S. 506; *Eisele* BT I Rdn. 951; *Haft* BT II S. 216; dagegen wiederum auf die Dispositionsfreiheit abstellend *Erb* MK Rdn. 1; *Hoyer* SK Rdn. 1.

9 Vgl. auch *Maurach/Schroeder/Maiwald* BT 2 § 66 Rdn. 36; *Otto* BT § 73 Rdn. 1.

10 Siehe bereits *Zieschang* LK § 267 Rdn. 9.

11 Statistisches Bundesamt, Rechtspflege, Strafverfolgung, Fachserie 10 Reihe 3 für die Jahre 2009 bis 2021. Abgeurteilte: 2009: 887; 2010: 837; 2011: 926; 2012: 903; 2013: 846; 2014: 659; 2015: 510; 2016: 32; 2017: 70; 2018: 723; 2019: 775; 2020: 803; 2021: 831.

12 Laut PKS 2009: 5.158; 2010: 5.313; 2011: 5.923; 2012: 5.422; 2013: 4.565; 2014: 3.736; 2015: 2.934; 2016: 3.132; 2017: 3.334; 2018: 3.168; 2019: 3.210; 2020: 3.014; 2021: 2.553.

II. Der Begriff des Ausweispapiers

Tatgegenstand des § 281 sind nur **echte Ausweispapiere**.[13] Sind sie unecht, greift die Vorschrift nicht, jedoch kann dann § 267 einschlägig sein,[14] zudem mag bei einem inhaltlich unrichtigen Ausweis § 271 in Betracht kommen.[15] 5

1. Ausweispapier im Sinne von § 281 Abs. 1

Unter einem **Ausweispapier** ist eine schriftliche Urkunde zu verstehen, die bestimmt und geeignet ist, über die Identität oder die persönlichen Verhältnisse einer konkreten natürlichen Person Auskunft zu geben. 6

Wenn auch der Wortlaut des § 281 Abs. 1 insofern nicht eindeutig ist und anders als in §§ 273, 275, 276 nicht von **amtlichen** Ausweisen die Rede ist,[16] wird man nur von einer **öffentlichen Stelle** ausgestellte Dokumente als vom ersten Absatz des § 281 erfasst anzusehen haben.[17] Dafür spricht die historische Sicht, indem schon § 363 a.F. RStGB als Vorgängerregelung zu § 281 Abs. 1 gerade auf staatlicherseits ausgestellte Dokumente ausgerichtet war. Andererseits muss es sich bei dem Ausweis nicht zwingend um eine öffentliche Urkunde handeln.[18] Er kann im Übrigen auch bloß im internen Dienstbetrieb von Bedeutung sein. Auch ausländische Ausweispapiere werden von § 281 Abs. 1 geschützt.[19] 7

Vor dem Hintergrund des Art. 103 Abs. 2 GG fallen aber reine **Beweiszeichen**, also solche verkörperten Gedankenerklärungen, die allein durch Symbole und Zeichen zum Ausdruck gebracht werden, nicht unter den Begriff des „Ausweispapiers" im Sinne des § 281 Abs. 1. Auf der anderen Seite kann ein Schriftstück durchaus mit einem Bezugsobjekt verbunden sein, was etwa beim Ausweis mit einem eingeklebten Foto der Fall ist. 8

Auch **beweiserhebliche Daten** im Sinne des § 269 sind keine Ausweispapiere.[20] Anderenfalls würde man den Wortlaut des § 281 Abs. 1 missachten und folglich wiederum gegen Art. 103 Abs. 2 GG verstoßen. 9

Erfasst von § 281 Abs. 1 sind zum Beispiel Behindertenparkausweise,[21] Führerscheine,[22] Geburtsurkunden, Personalausweise,[23] Reisepässe,[24] Sozialversicherungsausweise,[25] Studierenden- 10

---

13 OLG Bremen StV **2002** 552, 553; *Fischer* Rdn. 2; *Gössel/Dölling* BT 1 § 52 Rdn. 73; *Haft* BT II S. 216; *Sch/Schröder/Heine/Schuster* Rdn. 1; *Koch* HK-GS Rdn. 3; Lackner/Kühl/*Heger* Rdn. 1; *Maurach/Schroeder/Maiwald* BT 2 § 66 Rdn. 37; *Matt/Renzikowski/Maier* Rdn. 2; *Oglakcioglu* JA **2018** 428; *Puppe/Schumann* NK Rdn. 2; *Puschke* Hb StrafR Bd. 5 § 42 Rdn. 109; *Rengier* BT II § 38 Rdn. 9; *Wessels/Hettinger/Engländer* BT 1 Rdn. 844; *Zieschang* BT 1 Rdn. 940; **anders** *Hoyer* SK Rdn. 4; offengelassen von BGH GA **1956** 182.

14 Siehe BGH BeckRS **1957** 31191902; OLG Bremen StV **2002** 552, 553; *Sch/Schröder/Heine/Schuster* Rdn. 2; Lackner/Kühl/*Heger* Rdn. 1; **anders** *Hoyer* SK Rdn. 4. Zu beachten sind auch §§ 273, 275, 276.

15 RGSt **58** 74, 76; *Sch/Schröder/Heine/Schuster* Rdn. 2; **anders** *Hoyer* SK Rdn. 4.

16 §§ 273, 275, 276 sind unabhängig von § 281 und zeitlich erst später in das StGB eingeführt worden.

17 Im Ergebnis ebenso: BGH NStZ-RR **2020** 106, 107; OLG Stuttgart NZV **2014** 483; *Gössel/Dölling* BT 1 § 52 Rdn. 73; *Haft* BT II S. 216; *Sch/Schröder/Heine/Schuster* Rdn. 3; *Joecks/Jäger* Rdn. 2; *Otto* BT § 73 Rdn. 2; *Putzke* JuS **2019** 1094, 1100; *Rengier* BT II § 38 Rdn. 9.

18 Siehe bereits *Zieschang* LK § 273 Rdn. 8; ebenso OLG Stuttgart NZV **2014** 483; *Hecker* GA **1997** 525, 527; *Matt/Renzikowski/Maier* Rdn. 2; **anders** *Hoyer* SK Rdn. 2; *Puppe/Schumann* NK Rdn. 3.

19 BGH NStZ-RR **2020** 106, 107.

20 Vgl. auch *Erb* MK Rdn. 6; *Puppe/Schumann* NK Rdn. 4; SSW/*Wittig* Rdn. 2; anders bezüglich Gesundheitszeugnissen *Gaede/Krüger* medstra **2022** 13, 18 f.

21 OLG Stuttgart NZV **2014** 483; AG Nürnberg DAR **2005** 410, 411; *Hecker* JuS **2014** 277, 278; *Metz* NZV **2014** 503; *Mitsch* NZV **2012** 153, 158.

22 OLG Hamm VRS **5** 619, 620; *Otto* BT § 73 Rdn. 2.

23 BTDrucks. V/4094 S. 38.

24 Vgl. zu § 363 a.F. RStGB RGSt **8** 37, 39.

25 LG Bremen StV **1999** 322; *Sch/Schröder/Heine/Schuster* Rdn. 3; Lackner/Kühl/*Heger* Rdn. 2; *Weidemann* BeckOK Rdn. 4.

ausweise[26] und Waffenbesitzkarten.[27] Sie können selbst noch nach Ablauf ihrer Gültigkeitsdauer zum Beweis bestimmt und geeignet sein. So vermag ein Personalausweis selbst nach Ablauf seiner Gültigkeit noch aufgrund etwa des Bildes Auskunft über die Identität der Person geben.

2. Gleichgestellte Urkunden im Sinne von § 281 Abs. 2

11 Zum einen werden seit der Reform im Jahr 2021 ausdrücklich **Gesundheitszeugnisse** aufgelistet.[28] Im Übrigen geht es um **Urkunden**, welche zwar nicht in erster Linie als Identifizierungsnachweis bestimmt sind, jedoch in dieser Form im Rechtsverkehr verwendet werden.[29] Diese Urkunden müssen nach zutreffender Sicht im Unterschied zu § 281 Abs. 1 nicht von staatlichen Stellen ausgegeben worden sein, es kann sich also auch um **Privaturkunden** handeln.[30] Bei der Erweiterung nach § 281 Abs. 2 geht es nämlich nicht maßgeblich um die Frage, wer der Aussteller ist, sondern vor allem darum, dass diese Urkunden im Verkehr als Identifizierungsnachweis verwendet werden, obwohl sie primär dafür nicht vorgesehen sind.[31] Insofern kommen aber auch von privater Seite ausgestellte Urkunden in Betracht.

12 § 281 Abs. 2 spricht von „anderen Urkunden", sodass im Unterschied zu § 281 Abs. 1 auch **Beweiszeichen** erfasst werden wie zum Beispiel Erkennungsmarken.[32]

13 Zur notwendigen Eingrenzung der Vorschrift greift aber § 281 Abs. 2 nur ein, wenn diese Urkunden im Rechtsverkehr als **Identifizierungsnachweis** gebraucht werden.[33] Wird also mit der Geldkarte eines anderen unberechtigt am Automaten Geld abgehoben, scheidet § 281 aus.[34]

14 Unter § 281 Abs. 2 fallen neben den ausdrücklich erwähnten Gesundheitszeugnissen etwa Bibliotheksausweise,[35] Fahrausweise, Führungszeugnisse, gerichtliche Ladungen,[36] Prüfungszeugnisse,[37] Reisegewerbekarten,[38] Scheckkarten,[39] Schulzeugnisse.[40]

III. § 281 Abs. 1 Alt. 1

15 In § 281 Abs. 1 Alt. 1 geht es um den **Gebrauch** des Ausweispapiers. Entsprechend den Darlegungen zu § 267[41] wird der Ausweis gebraucht, wenn er demjenigen, der getäuscht werden soll,

26 BTDrucks. V/4094 S. 38. Immer ist vorausgesetzt, dass sie von einer öffentlichen Stelle ausgestellt sind; anderenfalls kommt § 281 Abs. 2 in Betracht.

27 *Kindhäuser/Hilgendorf* LPK Rdn. 1.

28 Zum Begriff siehe *Zieschang* LK § 277 Rdn. 11 ff.; kritisch zu dieser Erweiterung *Hoven/Weigend* KriPoZ **2021** 343, 347 f.; siehe auch *Gaede/Krüger* medstra **2022** 13, 18.

29 *Kindhäuser/Hilgendorf* LPK Rdn. 1; *Kindhäuser/Schramm* BT I § 60 Rdn. 6; *Zieschang* ZFISTW **2022** 140, 143.

30 *Brehmeier-Metz* AK Rdn. 3; *Erb* MK Rdn. 5; *Fischer* Rdn. 2; *Hoyer* SK Rdn. 3; *Kindhäuser/Hilgendorf* LPK Rdn. 2; *Klesczewski* BT § 17 Rdn. 130; *Matt/Renzikowski/Maier* Rdn. 4; *Zieschang* ZFISTW **2022** 140, 143; **anders** etwa *Eisele* BT I Rdn. 954; *Haft* BT II S. 216; *Hecker* GA **1997** 525, 531; *Sch/Schröder/Heine/Schuster* Rdn. 4; *Otto* BT § 73 Rdn. 3; *Rengier* BT II § 38 Rdn. 12; SSW/*Wittig* Rdn. 5.

31 *Zieschang* ZFISTW **2022** 140, 143.

32 *Brehmeier-Metz* AK Rdn. 3; *Gribbohm* LK[11] Rdn. 7; **anders** *Schlosky* DR **1942** 710, 711.

33 KG NStZ-RR **2004** 249, 250; *Sch/Schröder/Heine/Schuster* Rdn. 4.

34 Vgl. BayObLG NJW **1987** 663; *Erb* MK Rdn. 5; *Gribbohm* LK[11] Rdn. 6; *Steinhilper* GA **1985** 114, 130 f.

35 *Putzke* JuS **2019** 1094, 1100.

36 *Gribbohm* LK[11] Rdn. 5; **anders** RG GA **41** (1893) 399; *Hoyer* SK Rdn. 3; *Matt/Renzikowski/Maier* Rdn. 4.

37 BGHSt **20** 17.

38 BTDrucks. V/4094 S. 38; *Kindhäuser/Hilgendorf* LPK Rdn. 1.

39 *Brehmeier-Metz* AK Rdn. 3; *Matt/Renzikowski/Maier* Rdn. 4; **anders** *Fischer* Rdn. 2; *Gössel/Dölling* BT 1 § 52 Rdn. 73; *Hoyer* SK Rdn. 3; *Küpper/Börner* BT 1 § 6 Rdn. 83; *Steinhilper* GA **1985** 114, 130 f.

40 Enger *Erb* MK Rdn. 4 f. (neben dem Namen seien weitere individuelle Merkmale erforderlich, etwa ein Lichtbild oder die Unterschrift); siehe auch *Klesczewski* BT § 17 Rdn. 130; *Koch* HK-GS Rdn. 3; *Puppe/Schumann* NK Rdn. 13.

41 *Zieschang* LK § 267 Rdn. 186.

so zugänglich gemacht wird, dass dieser die Möglichkeit hat, den Ausweis wahrzunehmen. Dabei muss das Dokument **als Identifizierungsausweis** gebraucht werden. Das ist etwa nicht der Fall, wenn das Ausweispapier einem anderen lediglich als Schreibunterlage übergeben wird.

Das Ausweispapier zum Nachweis der Identität muss nicht der eigentlichen Zweckbestimmung gemäß benutzt werden.[42] Legt jemand etwa den mit Personalien versehenen Fahrausweis eines anderen vor, um Einlass in einen Kinofilm mit Altersbeschränkung zu erhalten, ist § 281 erfüllt. 16

Wie bei § 267 kann das Gebrauchen auch durch ein **Unterlassen** verwirklicht werden, indem zum Beispiel ein Irrtum nicht aufgeklärt wird,[43] wobei dann jedoch eine Garantenstellung des Unterlassenden vorliegen muss. 17

Im Gegensatz zu der Rechtsprechung des BGH im Zusammenhang mit § 267[44] hat der 4. Strafsenat des BGH ursprünglich entschieden, dass im Rahmen des § 281 die Vorlage einer **Fotokopie kein Gebrauch des Originals** darstellt.[45] Das ist richtig, denn der Schutz des Rechtsverkehrs bezieht sich allein auf das Original.[46] Das Bedürfnis, Strafbarkeitslücken zu schließen,[47] ist vor dem Hintergrund des Art. 103 Abs. 2 GG kein tragfähiges Argument für eine Ausweitung des § 281.[48] Bedauerlicherweise hat der 5. Strafsenat des BGH in seinem Anfragebeschluss vom 8.5.2019 auch für § 281 die Auffassung vertreten, die Vorlage einer Fotokopie oder die elektronische Übersendung eines Bildes genüge zum Gebrauch des Originals.[49] Der 4. Strafsenat des BGH hat daraufhin seine bisherige Rechtsprechung aufgegeben.[50] Der 1. und 3. Strafsenat haben entschieden, dass eigene Rechtsprechung der beabsichtigten Entscheidung nicht entgegenstehe.[51] Dagegen neigt der 2. Strafsenat dazu, an der bisherigen Rechtsprechung festzuhalten, wenn er auch selbst bislang nicht mit der Rechtsfrage befasst war.[52] Diese Auffassung des 2. Strafsenats verdient Zustimmung, denn nur wer ein Original benutzt, macht sich die besondere Beweiswirkung des Ausweispapiers zunutze.[53] Die neuere Rechtsprechung des 5. Strafsenats überzeugt daher nicht.[54] 18

---

42 *Erb* MK Rdn. 10; *Gribbohm* LK[11] Rdn. 9; *Haft* BT II S. 217; *Sch/Schröder/Heine/Schuster* Rdn. 5; *Klesczewski* BT § 17 Rdn. 130; *Koch* HK-GS Rdn. 4; *Matt/Renzikowski/Maier* Rdn. 5; *Putzke* JuS **2019** 1094, 1100; *Saal* NZV **1998** 218, 219; *Weidemann* BeckOK Rdn. 6; **anders** LG Dresden NZV **1998** 217, 218.

43 Siehe OLG Hamm HESt **2** 331 f.

44 Siehe dazu *Zieschang* LK § 267 Rdn. 192 ff.

45 BGHSt **20** 17, 18 f.; ebenso etwa *Bosch* JK **2021** 104; *Brehmeier-Metz* AK Rdn. 5; *Cornelius* NJW **2020** 3263; *Dehne-Niemann* HRRS **2019** 405, 407 ff.; *Erb* MK Rdn. 9; *ders.* JR **2020** 450 ff.; *Gössel/Dölling* BT 1 § 52 Rdn. 74; *Grabmeier* ZIS **2021** 199; *Sch/Schröder/Heine/Schuster* Rdn. 5; *Hecker* GA **1997** 525, 535 f.; *Hilgendorf/Valerius* BT I § 10 Rdn. 93; *Hoyer* SK Rdn. 5; Lackner/Kühl/*Heger* Rdn. 3; *Matt/Renzikowski/Maier* Rdn. 5; *Puppe/Schumann* NK Rdn. 7; *Preuß* JA **2013** 433, 436.

46 Siehe bereits im Zusammenhang mit § 267 *Zieschang* LK § 267 Rdn. 194.

47 Siehe BGH NStZ-RR **2020** 106, 107.

48 Vgl. auch *Dehne-Niemann* HRRS **2019** 405, 408 f.

49 BGH NStZ **2019** 675; BGHSt **65** 98, 99 ff.; zustimmend *Brodowski/Gahn* Jura **2022** 768, 771; *Putzke/Prechtl* ZJS **2019** 522, 523 f.; *Weidemann* NStZ **2021** 46.

50 BGH NStZ-RR **2020** 106.

51 1. Strafsenat des BGH, Beschl. v. 3.9.2019 – 1 ARs 13/19; 3. Strafsenat des BGH, Beschl. v. 2.10.2019 – 3 ARs 14/19. Von der Befragung des zum 15.2.2020 neu eingerichteten 6. Strafsenats des BGH wurde seitens des 5. Strafsenats des BGH abgesehen, da dessen bislang noch übersichtliche Rechtsprechung nicht entgegenstehe.

52 BGH NStZ-RR **2020** 282, 283.

53 BGH NStZ-RR **2020** 282, 283.

54 Die Rechtsprechung des 5. Strafsenats des BGH ist allerdings in der Praxis die jetzt maßgebliche Leitlinie. Eine Anrufung des Großen Senats für Strafsachen bedurfte es nicht, da der 2. Strafsenat des BGH selbst bislang nicht mit der Rechtsfrage befasst war.

IV. § 281 Abs. 1 Alt. 2

19 Die zweite Alternative des § 281 bezieht sich auf das **Überlassen** des Ausweispapiers an einen anderen. Unter einem Überlassen eines Ausweispapiers ist die Einräumung der tatsächlichen Verfügungsgewalt zu verstehen.[55] Es handelt sich um eine zur Täterschaft heraufgestufte Beihilfehandlung.[56] Die Überlassung kann dabei auf Dauer, aber auch bloß vorübergehend erfolgen.[57] Nicht vorausgesetzt ist, dass das Ausweispapier auf den Überlassenden ausgestellt ist.[58]

20 Auch hier kommt nicht nur positives Tun, sondern auch **Unterlassen** in Betracht, falls etwa ein Garant die Ansichnahme des Ausweises durch einen anderen nicht verhindert.

V. Subjektiver Tatbestand

21 Der Täter muss die Tatumstände in seinen **Vorsatz** aufgenommen haben. Dolus eventualis genügt. Der Täter muss zumindest im Sinne einer Parallelwertung in der Laiensphäre wissen, dass es sich um ein Ausweispapier oder um eine gleichgestellte Urkunde handelt.

22 In beiden Alternativen verlangt § 281 **Täuschungsabsicht**. Hier gelten die Ausführungen zu § 267 entsprechend.[59] Der Täter muss dolus directus 1. oder 2. Grades aufweisen.[60] Die Vorstellung des Täters muss sich darauf richten, dass durch den Gebrauch des Ausweises bei einem anderen ein **Irrtum** über die **Identität** herbeigeführt und dieser dadurch zu einem **rechtserheblichen Verhalten** veranlasst werden soll.[61] Legt jemand bei der Kraftfahrzeugzulassung den Personalausweis eines Bekannten zum Nachweis dafür vor, dass er zur Antragstellung **bevollmächtigt** sei, fehlt es an dieser Identitätstäuschung.[62] Auch fehlt grundsätzlich die Täuschung über die Identität, falls jemand den **Behindertenparkausweis** eines anderen unberechtigt in seinen Wagen legt, denn der Behinderte muss nicht selbst das Fahrzeug führen. Der Fahrer will folglich nicht zwingend im Sinne des § 281 darüber täuschen, dass er als Fahrer selbst Inhaber der Parkberechtigung ist, sondern lediglich darüber, dass eine Person in dem Auto befördert wurde, die eine entsprechende Parkberechtigung hat.[63] Anders ist dies jedoch zu beurteilen, falls jemand im Einzelfall vortäuschen will, selbst Inhaber des Behindertenparkausweises zu sein.[64]

---

55 KG NJW **1953** 1274; *Brehmeier-Metz* AK Rdn. 5; *Gribbohm* LK[11] Rdn. 10; *Matt/Renzikowski/Maier* Rdn. 6; SSW/*Wittig* Rdn. 7.

56 *Fischer* Rdn. 3a; *Sch/Schröder/Heine/Schuster* Rdn. 10; Lackner/Kühl/*Heger* Rdn. 5; *Maurach/Schroeder/Maiwald* BT 2 § 66 Rdn. 36; *Matt/Renzikowski/Maier* Rdn. 6; *Schlosky* DR **1942** 710, 711; *Schmidt-Leichner* DR **1941** 2145, 2149; *Schmitt* NJW **1977** 1811; *Weidemann* BeckOK Rdn. 7; *Zieschang* BT 1 Rdn. 947; kritisch zu dieser Bezeichnung *Erb* MK Rdn. 11; *Puppe/Schumann* NK Rdn. 11; vgl. auch *Klesczewski* BT § 17 Rdn. 132.

57 *Gribbohm* LK[11] Rdn. 10; *Matt/Renzikowski/Maier* Rdn. 6; *Puppe/Schumann* NK Rdn. 10; SSW/*Wittig* Rdn. 7.

58 *Hoyer* SK Rdn. 5; *Koch* HK-GS Rdn. 5; *Puppe/Schumann* NK Rdn. 10.

59 *Zieschang* LK § 267 Rdn. 201 ff.

60 Dagegen dolus directus 1. Grades verlangend *Haft* BT II S. 217; wiederum sogar dolus eventualis genügen lassend etwa *Erb* MK Rdn. 12; *Sch/Schröder/Heine/Schuster* Rdn. 8; *Puppe/Schumann* NK Rdn. 11.

61 Siehe BGHSt **16** 33, 34; BGH bei Dallinger MDR **1969** 358, 360; BGH NStZ **2019** 675, 676; OLG Stuttgart NZV **2014** 483; *Duchstein* NZV **2013** 367, 370; *Gössel/Dölling* BT 1 § 52 Rdn. 75; *Hecker* GA **1997** 525, 537; *Sch/Schröder/Heine/Schuster* Rdn. 8; *Joecks/Jäger* Rdn. 4; *Metz* NZV **2014** 503.

62 BGH bei Dallinger MDR **1969** 358, 360; BGH bei Holtz MDR **1982** 280; *Fischer* Rdn. 4; *Hoyer* SK Rdn. 6; *Kindhäuser/Hilgendorf* LPK Rdn. 4; *Matt/Renzikowski/Maier* Rdn. 7.

63 OLG Stuttgart NZV **2014** 483, 484; *Erb* MK Rdn. 10; *Kindhäuser/Hilgendorf* LPK Rdn. 4; *Küpper/Börner* BT 1 § 6 Rdn. 84; *Metz* NZV **2014** 503 f.; *Oglakcioglu* JA **2018** 428, 430 f.; **anders** und § 281 bejahend AG Nürnberg DAR **2005** 410; *Mitsch* NZV **2012** 153, 158.

64 *Metz* NZV **2014** 503, 504. Der Behindertenparkausweis ist personenbezogen und nicht auf ein bestimmtes Auto eingetragen.

VI. Vollendung und Versuch

§ 281 ist mit dem Gebrauchen oder Überlassen an einen anderen vollendet. Der Versuch des Vergehens ist gemäß § 281 Abs. 1 Satz 2 ausdrücklich unter Strafe gestellt. Die Versuchsstrafbarkeitsandrohung gilt für beide Alternativen des § 281 Abs. 1[65] und auch für die Dokumente im Sinne des § 281 Abs. 2. **23**

Nach dem BGH beginnt der Versuch mit der Vorlage einer Fotokopie und dem Bereiterklären, auf Verlangen das Original vorzulegen.[66] Dies erscheint zu pauschal, mögen doch je nach den Umständen noch wesentliche Zwischenschritte bis hin zur eigentlichen Tatbestandsverwirklichung zu überwinden sein, sodass Versuch ausscheidet.[67] Wird das Ausweispapier unmittelbar einem anderen angeboten, kommt Versuch des Überlassens in Betracht.[68] Versuchsbeginn liegt regelmäßig vor, wenn das Ausweispapier adressiert an den anderen zur Post gegeben wird.[69] **24**

VII. Täterschaft und Teilnahme

§ 281 ist kein eigenhändiges Delikt. Mittelbare Täterschaft kommt in Betracht.[70] Ebenso kann Mittäterschaft vorliegen.[71] Teilnahme ist möglich.[72] **25**

VIII. Rechtsfolgen

Das Vergehen nach § 281 sieht Freiheitsstrafe bis zu einem Jahr oder Geldstrafe vor. § 282 listet § 281 nicht auf. Die Einziehungsmöglichkeit nach § 74 Abs. 1 bleibt davon unberührt. **26**

IX. Konkurrenzen

Da es beim Überlassen letztlich um eine zur Täterschaft heraufgestufte Beihilfehandlung geht, macht sich der Überlassende nicht noch zusätzlich strafbar gemäß §§ 281 Abs. 1 Alt. 1, 27.[73] Dieses Verhalten wird von § 281 Abs. 1 Alt. 2 konsumiert. Entsprechend macht sich der Gebrauchende nicht nach § 281 Abs. 1 Alt. 2, 26 strafbar, falls er zur Überlassung auffordert; insofern handelt es sich um eine mitbestrafte Vortat.[74] **27**

Da § 281 echte Ausweise betrifft, dagegen § 267 unechte Urkunden (Ausweise) voraussetzt, überschneiden sich beide Vorschriften nicht.[75] **28**

---

65 *Maurach/Schroeder/Maiwald* BT 2 § 66 Rdn. 38.

66 BGHSt **20** 17, 20; ebenso *Matt/Renzikowski/Maier* Rdn. 8; *Weidemann* BeckOK Rdn. 9. Beachte insoweit auch Rdn. 18, wonach die neuere Rechtsprechung sogar in der Vorlage der Kopie bereits den Gebrauch des Originals sieht.

67 Vgl. auch *Erb* MK Rdn. 15; *Puppe/Schumann* NK Rdn. 8.

68 KG NJW **1953** 1274; *Sch/Schröder/Heine/Schuster* Rdn. 9; Lackner/Kühl/*Heger* Rdn. 3; *Weidemann* BeckOK Rdn. 9; SSW/*Wittig* Rdn. 10; **anders** *Erb* MK Rdn. 15.

69 Siehe BGH Beschluss vom 29.11.2022 – 3 StR 238/22; *Gribbohm* LK[11] Rdn. 13; *Matt/Renzikowski/Maier* Rdn. 8.

70 *Erb* MK Rdn. 14.

71 BGH bei Herlan MDR **1955** 16, 18; *Sch/Schröder/Heine/Schuster* Rdn. 5; SSW/*Wittig* Rdn. 11.

72 Zu den sich stellenden Konkurrenzfragen siehe Rdn. 27.

73 *Haft* BT II S. 217; *Hoyer* SK Rdn. 7; *Schmitt* NJW **1977** 1811.

74 *Gribbohm* LK[11] Rdn. 15; Lackner/Kühl/*Heger* Rdn. 5.

75 Siehe Rdn. 5; nicht überzeugend daher BTDrucks. 20/15 S. 36: Tateinheit sei möglich.

29 Tateinheit ist möglich etwa mit § 263. Der BGH und Teile der Literatur bejahen im Verhältnis zu § 21 Abs. 1 Nr. 1 StVG Tatmehrheit.[76] Das ist im Grundsatz zu befürworten, denn Tateinheit kann man bei vorausgesetzter Zeitgleichheit von Zustands- und Dauerdelikt nur dann annehmen, wenn sich die Ausführungshandlungen der Delikte zumindest teilweise decken.[77]

76 BGH VRS **30** 185; BGH bei Martin DAR **1969** 141, 149; *Erb* MK Rdn. 16; *Fischer* Rdn. 6; Lackner/Kühl/*Heger* Rdn. 6; *Matt/Renzikowski/Maier* Rdn. 10; *Weidemann* BeckOK Rdn. 13; *Wessels/Hettinger/Engländer* BT 1 Rdn. 845; SSW/*Wittig* Rdn. 12; **anders** (Tateinheit): *Sch/Schröder/Heine/Schuster* Rdn. 10; *Joecks/Jäger* Rdn. 7; *Koch* HK-GS Rdn. 9; *Puppe/Schumann* NK Rdn. 15.

77 Siehe dazu *Zieschang* FS Rissing-van Saan 787, 805.

§ 282 Einziehung

Gegenstände, auf die sich eine Straftat nach § 267, § 268, § 271 Abs. 2 und 3, § 273 oder § 276, dieser auch in Verbindung mit § 276a, oder nach § 279 bezieht, können eingezogen werden. In den Fällen des § 275, auch in Verbindung mit § 276a, werden die dort bezeichneten Fälschungsmittel eingezogen.

Entstehungsgeschichte

Das RStGB von 1871 normierte in § 282 a.F. RStGB Formen der Schuldnerbegünstigung. Diese Regelungen wurden 1877 in die KO überführt, sodass § 282 a.F. RStGB wegfiel.

Das EGOWiG vom 24.5.1968[1] schuf dann mit Wirkung vom 1.10.1968 in § 282 a.F. eine fakultative Einziehungsvorschrift.[2]

Das 1. Strafrechtsreformgesetz vom 25.6.1969[3] führte zum 1.9.1969 die Fälschung technischer Aufzeichnungen gemäß § 268 in das StGB ein. Gleichzeitig erweiterte es in der Konsequenz § 282 a.F. um § 268.

Das EGStGB vom 2.3.1974[4] versah die Vorschrift zum 1.1.1975 mit der gesetzlichen Überschrift „Einziehung". Zudem bezog sich nunmehr die fakultative Einziehung auf die damaligen „§§ 267, 268, 273 oder 279". In einem neuen § 282 Abs. 1 Satz 2 a.F. formulierte der Gesetzgeber eine obligatorische Einziehung mit folgendem Wortlaut: *„In den Fällen des § 275 werden die dort bezeichneten Fälschungsmittel eingezogen"*.

Das Verbrechensbekämpfungsgesetz vom 28.10.1994[5] führte §§ 276, 276a ein. Beide Vorschriften wurden in § 282 Abs. 1 Satz 1 a.F. aufgenommen, und auch § 282 Abs. 1 Satz 2 ergänzte man um § 276a.[6] Diese Regelungen sind am 1.12.1994 in Kraft getreten.

Das 6. Strafrechtsreformgesetz vom 26.1.1998[7] verschob § 282 Abs. 1 a.F. in den zweiten Absatz und bezog die fakultative Einziehung auf „eine Straftat nach § 267, 268, § 271 Abs. 2 und 3, 273 oder § 276, dieser auch in Verbindung mit § 276a, oder nach § 279". Die Vorschrift erhielt die Überschrift „Vermögensstrafe, Erweiterter Verfall und Einziehung". Der neue erste Absatz lautete: *„In den Fällen der §§ 267 bis 269, 275 und 276 sind die §§ 43a und 73d anzuwenden, wenn der Täter als Mitglied einer Bande handelt, die sich zur fortgesetzten Begehung solcher Taten verbunden hat. § 73d ist auch anzuwenden, wenn der Täter gewerbsmäßig handelt."*

Das BVerfG hat die Vermögensstrafe gemäß § 43a a.F. mit Entscheidung vom 20.3.2002 für verfassungswidrig und nichtig erklärt, da die Vorschrift mit Art. 103 Abs. 2 GG unvereinbar sei.[8]

Das Gesetz zur Reform der strafrechtlichen Vermögensabschöpfung vom 13.4.2017[9] hat die Erweiterte Einziehung (§ 73a) auf alle Straftatbestände ausgedehnt,[10] ohne dass es wie früher (§ 73d a.F.) des Verweises auf die Vorschrift zur Erweiterten Einziehung bedarf. Vor diesem Hintergrund und aufgrund des Umstands der Verfassungswidrigkeit des § 43a a.F. konnte daher das Gesetz vom 13.4.2017 mit Wirkung vom 1.7.2017 den ersten Absatz des § 282 a.F. ersatzlos streichen.[11] Die Vorschrift trägt seitdem wieder die Überschrift „Einziehung".

1 BGBl. I, 503.
2 § 282 a.F. lautete: *„Gegenstände, auf die sich eine Straftat nach den §§ 267, 273, 275 Nr. 1, §§ 276 oder 279 bezieht, können eingezogen werden"*.
3 BGBl. I, 645.
4 BGBl. I, 469.
5 BGBl. I, 3186.
6 Siehe BTDrucks. 12/6853 S. 30.
7 BGBl. I, 164.
8 BVerfGE **105** 135, 136.
9 BGBl. I, 872.
10 BTDrucks. 18/9525 S. 65.
11 BTDrucks. 18/9525 S. 74.

https://doi.org/10.1515/9783110490220-016

Alphabetische Übersicht

I. Allgemeine Bemerkungen

1 Die Vorschrift des § 282 bezweckt, dass nicht nur die Einziehung im Sinne des § 74 Abs. 1 möglich ist (Einziehung von Tatprodukten oder Tatmitteln), sondern auch die Einziehung über § 74 Abs. 2 (Tatobjekte) in Betracht kommt.[12] Neben § 74 Abs. 1 hat § 282 jedoch keine große praktische Bedeutung.[13]

II. Die Regelung im Einzelnen

2 Es spielt keine Rolle, ob die in § 282 erwähnten Taten vollendet sind oder lediglich ein strafbarer Versuch vorliegt.[14] Hat der Täter oder Teilnehmer ohne Schuld gehandelt, kommt die Einziehung über § 74b Abs. 1 Nr. 1 in Betracht. Die Einziehung ist ebenfalls nach Maßgabe des § 74b Abs. 1 Nr. 2 möglich, falls die Gegenstände einem anderen als dem Täter oder Teilnehmer gehören oder zustehen. § 74a ist nicht anwendbar, jedoch § 76a.

3 Die Einziehung über § 282 Satz 1 betrifft nur die Urkunden (§ 267), technischen Aufzeichnungen (§ 268), falschen Beurkundungen oder Datenspeicherungen (§ 271 Abs. 2, 3), amtlichen Ausweise (§§ 273, 276, 276a) oder die Gesundheitszeugnisse (§ 279) selbst. Gegenstände, die der Herstellung etwa einer unechten Urkunde gedient haben (zum Beispiel ein Drucker), können nicht über § 282 Satz 1 eingezogen werden, sondern nur nach Maßgabe des § 74 Abs. 1.[15] Bei § 282 Satz 2 bezieht sich die Einziehung auf die in § 275, auch in Verbindung mit § 276a, genannten Fälschungsmittel (Platten, Formen, Drucksätze, Papier, Vordrucke, Blankett-Impfausweise usw.).

4 Die Einziehung im Sinne des **§ 282 Satz 1** ist **fakultativ**, steht also im Ermessen des Gerichts. Hierbei ist § 74f zu beachten.

5 **Obligatorisch** ist sie gemäß **§ 282 Satz 2** im Fall des § 275, auch in Verbindung mit § 276a. Auch insofern gilt der allgemeine Grundsatz der Verhältnismäßigkeit,[16] wobei jedoch bei der Abwägung ins Gewicht fällt, dass der Gesetzgeber mit der obligatorischen Ausgestaltung eine gewisse Vorwegentscheidung getroffen hat.

---

12 *Sch/Schröder/Heine/Schuster* Rdn. 2.
13 Siehe *Erb* MK Rdn. 2; *Puppe/Schumann* NK Rdn. 5 f.
14 *Sch/Schröder/Heine/Schuster* Rdn. 3.
15 *Sch/Schröder/Heine/Schuster* Rdn. 4.
16 *Erb* MK Rdn. 3; Lackner/Kühl/*Heger* Rdn. 1; *Matt/Renzikowski/Maier* Rdn. 3; SSW/*Wittig* Rdn. 4; **anders** *Hoyer* SK Rdn. 4; *Puppe/Schumann* NK Rdn. 9.

VIERUNDZWANZIGSTER ABSCHNITT **Insolvenzstraftaten**

Vorbemerkungen zu den §§ 283 ff.

Schrifttum (Auswahl)

Achenbach Zivilrechtsakzessorität der insolvenzstrafrechtlichen Krisenmerkmale? Gedächtnisschrift Schlüchter (2002) 257; *ders.* Ahndende Sanktionen gegen Unternehmen und die für sie handelnden Personen im deutschen Recht, Bausteine des europäischen Strafrechts (1995); *ders./Ransiek/Rönnau* Handbuch Wirtschaftsstrafrecht, 5. Auflage (2019); *Ackermann* Die Gläubigerbegünstigung § 241 KO, Diss. Tübingen 1912; *Adick* Organuntreue (§ 266 StGB) und Business Judgement, Diss. Osnabrück 2010; *ders.* Die Änderung des Krisenmerkmals der Überschuldung in § 19 Abs. 2 InsO – bedeutsam auch für „Altfälle" im Insolvenzstrafrecht?, HRRS **2009** 155; *Aigner* Das neue Bilanzrecht nach HGB (2009); *Altmeppen* GmbHG, 10. Aufl. (2021); *Ambs* Strafrechtliche Nebengesetze (Sept. 2021); *Amelung* Individuelle Verantwortung und Beteiligungsverhältnisse bei Straftaten in bürokratischen Organisationen des Staates, der Wirtschaft und der Gesellschaft (2000); *Arens* Die Bestimmung der Zahlungsunfähigkeit im Strafrecht, wistra **2007** 450; *Arloth* Zur Abgrenzung von Untreue und Bankrott, NStZ **1990** 570; *Auer* Gläubigerschutz durch § 266 StGB bei der einverständlichen Schädigung einer Gesellschaft mit beschränkter Haftung, Diss. Berlin 1991; *Ayasse* Untreue im Bankenbereich bei der Kreditvergabe, Diss. Tübingen 1990; *v. Babo* Der betrügerische Bankrott, Diss. Leipzig 1908; *Bach* Noch einmal: Neufassung des § 19 Abs. 2 InsO, StraFo **2009** 368; *Baetge* Grundsätze ordnungsgemäßer Buchführung, DB **1986** Beilage 26; *Bales* Zivil- und strafrechtliche Haftungsgefahren für Berater und Insolvenverwalter in der Krise und der Insolvenz, ZInsO **2010** 2073; *Bärenz* Anm. zu AG Ingolstadt, EWiR **2004** 1245; *Beck* Überschuldung – Alter Ansatz in neuem Umfeld, KSI **2009** 61; *Beck/Samm/Kokemoor* KWG (2012); *Becker/Endert* Außerbilanzielle Geschäfte, Zweckgesellschaften und Strafrecht ZGR **2012** 699; *Bemmann* Zur Frage der objektiven Bedingung der Strafbarkeit (1975); *Berz* Das Erste Gesetz zur Bekämpfung der Wirtschaftskriminalität, BB **1976** 1435; *Bieneck* Die Zahlungseinstellung aus strafrechtlicher Sicht, wistra **1992** 89; *ders.* Strafrechtliche Relevanz der Insolvenzordung und aktueller Änderungen des Eigenkapitalersatzrechts, StV **1999**, 43; *Biletzki* Die deliktische Haftung des GmbH-Geschäftsführers für fehlerhafte Buchführung, ZIP **1997** 9; *ders.* Strafrechtlicher Gläubigerschutz bei fehlerhafter Buchführung durch den GmbH-Geschäftsführer, NStZ **1999** 537; *Bilo* Zum Problem der Überschuldung im strafrechtlichen Bereich, GmbHR **1981** 73 und 104; *Bitter/Hommerich/Reiß* Die Zukunft des Überschuldungsbegriffs, ZIP **2012** 1201; *Bitter* Haftung von Gesellschaftern und Geschäftsführern in der Insolvenz ihrer GmbH, ZInsO **2010** 1505 (Teil 1) und ZInsO **2010** 1561 (Teil 2); *Bittmann* Zahlungsunfähigkeit und Überschuldung nach der Insolvenzordnung wistra **1998** 321 (Teil 1) und wistra **1999** 10 (Teil 2); *ders.* BilMoG: Bilanzrechtsmodernisierung oder Gesetz zur Erleichterung von Bilanzmanipulationen, wistra **2008** 441; *ders.* Neufassung des § 19 Abs. 2 InsO, wistra **2009** 138; *ders.* Das Ende der Interessentheorie – Folgen auch für § 266 StGB?, wistra **2010** 8; *ders.* Kein Wirtschaften ohne Rechtskenntnis, ZWH **2012** 355; *ders.* Insolvenzstrafrecht, 2. Aufl. (2017); *ders./Volmer* Zahlungsunfähigkeit bei (mindestens) 3-monatigem Rückstand auf Sozialversicherungsbeiträge, wistra **2005** 167; *Bittmann/Pikarski* Strafbarkeit der Verantwortlichen der Vor-GmbH, wistra **1995** 91; *Blumers* Bilanzierungstatbestände und Bilanzierungsfristen im Handelsrecht und Strafrecht, Diss. Köln 1983; *Bockemühle* Handbuch des Fachanwalts Strafrecht, 8. Aufl. (2021); *Bork* Grundfragen der Zahlungsunfähigkeit KTS **2005** 1; *Borup* Die drohende Zahlungsunfähigkeit aus der Sicht der Betriebswirtschaft und ihre Meßbarkeit, wistra **1988** 88; *Bosch* Die Tathandlung des Beiseiteschaffens im Rahmen des Bankrotts, JA **2011** 151; *Böhle-Stammschräder* Konkursordnung, 12. Aufl. 1976; *ders.* Aus der Rechtsprechung des Bundesgerichtshofs zu den Strafbestimmungen der Konkursordnung, KTS **1957** 17; *Böttcher* Depotgesetz (2012); *Böttger* Wirtschaftsstrafrecht, 3. Aufl. (2023); *Brammsen/Ceffinato* Doppelte Strafmilderung für Bankrottgehilfen, NZI **2013** 619; *Brand* Untreue und Bankrott in der KG und GmbH & Co KG, Diss. Konstanz 2010; *ders.* „Rechtsfähige Gesamthand" und Versicherungsrecht, VersR **2009** 306; *ders.* „Weißt du wie das wird?" – Zum Verhältnis von § 266a StGB und § 64 GmbHG, GmbHR **2010** 237; *ders.* Abschied von der Interessentheorie – und was nun?, NStZ **2010** 9; *ders.* Untreue im mehrstufigen Konzern, Der Konzern **2010** 285; *ders.* Legitimität des Insolvenzstrafrechts – Zur Strafwürdigkeit der Insolvenzdelikte angesichts der Finanzkrise, KTS **2012** 195; *ders.* Der Missbrauch des Schutzschirmverfahrens und die (insolvenz-)strafrechtliche Antwort darauf, KTS **2014** 1; *ders.* Strafrechtliche Implikationen der Sanierungsbescheinigung nach § 270b InsO, ZInsO **2016** 2077; *ders.* Die Aufgabe der „Bugwellentheorie" und die Auswirkungen auf das Insolvenzstrafrecht, ZInsO **2018** 689; *ders.* Konzerninsolvenzstrafrecht – Terra incognita?, ZInsO **2019** 2091; *ders.* Strafbarer Bankrott durch Verschmelzung ZIP **2019** 1993; *ders./M. Brand* Insolvenzrechtliche Führungslosigkeit und das Institut des faktischen Organs, NZI **2010** 712; *Brand/Reschke* Die Firmenbestattung im Lichte des § 283 Abs. 1 Nr. 8 StGB, ZIP **2010** 2134; *Brand/Kanzler* Neues zu Untreue und Bankrott in der GmbH, ZWH **2012** 1; *Brand/M. Brand* Gesellschafterdarlehen und Insolvenzstrafrecht, GmbHR **2015** 1125; *Brand/Strauß* Untreuestrafbarkeit durch Rückzahlung von Gesellschafterdarlehen unter Verstoß gegen § 64 GmbHG? – ein Beitrag zum 10jährigen Jubiläum des MoMiG, GmbHR **2019** 214;

https://doi.org/10.1515/9783110490220-017

Braun InsO, 9. Aufl. (2022); *Brehm* Zur Dogmatik abstrakter Gefährdungsdelikte, Tübingen 1973; *Brenner* Bilanzanalyse als kriminaltechnisches Erkenntnismittel, DRiZ **1981** 16; *ders.* Kann der Steuerberater wegen unerfüllter Honorarforderungen Geschäftsunterlagen des Mandanten zurükbehalten?, BB **1984** 842; *Brete/Thomsen* Zahlungsunfähigkeit nach § 17 InsO und streitige Steuerfestsetzungen als Haftungs- und Strafbarkeitsfalle für Geschäftsführer und nun auch für Gesellschafter, GmbHR **2008** 912; *Brettner* Die Strafbarkeit wegen Insolvenzverschleppung gemäß § 15a InsO, Diss. Greifswald 2013; *Bretzke* Der Begriff der „drohenden Zahlungsunfähigkeit" im Konkursstrafrecht, Diss. Köln 1984; *dies.* Begriff und Umfang der kaufmännischen Sorgfaltspflicht nach § 283 StGB, KTS **1985** 413; *von Brunegg* Die Konkursverbrechen des deutschen Rechts, GS 82 **(1914)** 218; *Bruns* Grundprobleme der strafrechtlichen Organ- und Vertreterhaftung, GA **1982** 1; *ders.* Die Befreiung des Strafrechts vom zivilistischen Denken, Habil. Breslau 1938; *Burger/Schellberg* Die Auslösetatbestände im neuen Insolvenzrecht, BB **1995** 261; *Büning* Die strafrechtliche Verantwortung faktischer Geschäftsführung einer GmbH, Diss. Hagen 2004; *Büttiker* Der Betrügliche Bankerutt, Diss. Heidelberg 1914; *Büttner* Der neue Überschuldungsbegriff und die Änderung des Insolvenzstrafrechts, ZInsO **2009** 841; *Cadus* Die faktische Betrachtungsweise, Diss. Mannheim 1984; *Canaris/Habersack* Staub HGB, 6. Aufl. (2021 ff.); *Cantzler* Straflosigkeit des unredlichen Insolvenzschuldners im Restschuldbefreiungsverfahren?, wistra **2013** 168; *Ceffinato* Legitimation und Grenzen der strafrechtlichen Vetreterhaftung nach § 14 StGB, Diss. Bayreuth 2012; *Christ* Englische Private Limited und französische Société à Responsabilité Limitée, Diss. Augsburg 2008; *Cohn* Zur Lehre vom strafbaren Bankerutt, GA 41 **(1893)** 198; *Cranshaw* Bemerkungen zur Vorfinanzierung von Insolvenzgeld ZInsO **2013** 1493; *Cyrus/Köllner* Strafbarkeitsrisiken des (anwaltlichen) Sanierungsberaters, NZI **2016** 288; *Dannecker/Knierim/* Insolvenzstrafrecht, 3. Aufl. (2018); *Degener* Die Überschuldung als Krisenmerkmal von Insolvenzstaftatbeständen, Festschrift Rudolphi (2004) 405; *Degenhardt* Die Limited in Deutschland, 7. Aufl. 2011; *Deutscher/Körner* Strafrechtlicher Gläubigerschutz in der Vor-GmbH, wistra **1996** 8; *Dinkhoff* Der faktische Geschäftsführer in der GmbH, Diss. Bremen 2003; *Dittrich* Die Untreuestrafbarkeit von Aufsichtsratsmitgliedern bei der Festsetzung überhöhter Vorstandsvergütung, Diss. Tübingen 2007; *Dohmen* Verbraucherinsolvenz und Strafrecht, Diss. Gießen 2007; *dies./Sinn* Das Rechtsgut der Insolvenzdelikte (usw.), KTS **2003** 205; *Doster* Verspätete beziehungsweise unterlassene Bilanzierung im Insolvenzstrafrecht, wistra **1998** 326; *Dreher* Zur Problematik des § 283b Abs. 2 StGB, MDR **1978** 724; *Ebenroth/Boujong/Joost/Strohn* HGB, 4. Aufl. (2020); *Ebner* Insolvenzstrafrechtliche Konsequenzen der Einführung der §§ 241a, 242 Abs. 4 HGB, wistra **2010** 92; *Ehlers* Die Überschuldungssituation einer GmbH, ihre Rechtsfolgen und deren Abwendung, DStR **1998** 1756; *ders.* Strafrechtliche Risiken und Haftungsgefahren für den Steuerberater in der Unternehmenskrise der GmbH, DStR **1999** 461; *ders.* Haftungs- und Strafbarkeitsgefahren des traditionellen Bankrotteuers, Insbüro **2005** 60; *Eidam* Unternehmen und Strafe, 5. Aufl. (2018); *Erb/Schäfer* Münchener Kommentar zum Strafgesetzbuch, 4. Aufl. (2020 ff.); *Erdmann* Die Krisenbegriffe der Insolvenzstraftatbestände (§§ 283 ff. StGB), Diss. Bonn 2007; *Fischer* StGB, 70. Aufl. (2023); *Fleischer/Goette* Münchener Kommentar zum GmbHG, 4. Aufl. (2021); *Fleischer* Zur GmbH-rechtlichen Verantwortlichkeit des faktischen Geschäftsführers, GmbHR **2011** 337; *Fleischer, Wolfgang* Vertreterhaftung bei Bankrotthandlungen einer GmbH, NJW **1978** 96; *Franzheim* Das Tatbestandsmerkmal der Krise im Bankrottstrafrecht, NJW **1980** 2500; *ders.* Der strafrechtliche Überschuldungsbegriff, wistra **1984** 212; *Fromm* Der Überschuldungsstatus im Insolvenzrecht, ZInsO **2004** 943; *Fromm, Ingo/Gierthmühlen* Zeitliche Geltung des neuen Überschuldungsbegriffs in Insolvenzstrafverfahren, NZI **2009** 665; *Gallandi* Straftaten im Bankrott – Normprogramm und komplexe Vorgänge, wistra **1992** 10; *Geers* Der taugliche Täter im Konkursstrafrecht, Diss. Freiburg 1985; *Gehrlein/Ekkenga/Simon* GmbHG, 4. Aufl. (2019); *Geisler* Zur Vereinbarkeit objektiver Bedingungen der Strafbarkeit mit dem Schuldprinzip (1998); *Glöckner/v. Berg* Bau- und Architektenrecht, 2. Aufl. (2015); *Goette/Habersack* Münchener Kommentar zum AktG, 5. Aufl. (2020); *Gosch* Strafbarkeit trotz finanziellen Unvermögens, Diss. Heidelberg 2013; *Göhler/Wilts* Das Erste Gesetz zur Bekämpfung der Wirtschaftskriminalität, DB **1976**, 1657; *Graf/Jäger/Wittig* Wirtschafts- und Steuerstrafrecht, 2. Aufl. (2017); *Graf-Schlicker* InsO, 6. Aufl. (2022); *Grosche* Die Generalklausel des § 283 Abs. 1 Nr. 8 StGB im Deutschen Bankrottstrafrecht, Diss. Würzburg 1992; *Groß* Die strafrechtliche Verantwortlichkeit faktischer Vertretungsorgane bei Kapitalgesellschaften, Diss. Heidelberg 2007; *Großfeld/Luttermann* Bilanzrecht, 4. Aufl. (2005); *Groth* Überschuldung und eigenkapitalersetzende Gesellschafterdarlehen, Diss. Kiel 1995; *Grottel/Justenhoven/Schuber/Störk* Beck'scher Bilanz-Kommentar, 13. Aufl. (2022); *M. Grub* Die insolvenzstrafrechtliche Verantwortlichkeit der Gesellschafter von Personenhandelsgesellschaften, Diss. Tübingen 1995; *V. Grub* Der Insolvenzverwalter als Täter eines Bankrottdelikts Festschrift Runkel (2009) 85; *ders.* Der Regierungsentwurf der Insolvenordnung ist sanierungsfeindlich!, ZIP **1993** 393; *ders.* Neuerungen der künftigen Insolvenzordnung, AnwBl **1993** 458; *ders./Rinn* Die neue Insolvenzordnung – ein Freifahrschein für Bankrotteure? ZIP **1993** 1583; *A. Grube/Röhm* Überschuldung nach dem Finanzmarktstabilisierungsgesetz, wistra **2009** 81; *Gübel* Die Auswirkungen der faktischen Betrachtungsweise auf die strafrechtliche Haftung faktischer GmbH-Geschäftsführer, Diss. Kiel 1994; *Haack* Überschuldung – Ein deskriptives Tatbestandsmerkmal, NJW **1981** 1353; *Haag/Löffler* HGB, 4. Aufl. (2013); *Haas* Beiseiteschaffen von Forderungen wistra **1989** 259; *Habetha* Bankrott und strafrechtliche Organhaftung, Diss. Saarbrücken 2014; *ders./Klatt* Die bankrottstrafrechtliche Organhaftung nach Aufgabe der Interessenformel, NStZ **2015** 671; *Hadamitzky* Die Bedeutung der Rangrücktrittsvereinbarung im „Insolvenzstrafrecht“, ZInsO **2015** 1778; *Haffke* Symbolische Gesetzgebung?, KritV **1991** 165; *Hagedorn* Bilanzstrafrecht im Lichte bilanzrechtlicher Reformen, Diss. Berlin 2009; *Hager* Der Bankrott durch Organe juristischer Personen (2007); *Hagemeier* Zur Unmöglichkeit der Erfüllung der Pflichten zur Buchführung und Bilanzaufstellung, NZWiSt **2012** 105; *Hahn* Die gesamten Materialien zur Konkursordnung (1881); *Hammerl* Die Bankrottdelikte (§§ 239, 240 KO), Diss. Frankfurt 1970; *Hanau/Kappus* Gebräuche und Mißbräuche bei der Vorfinanzierung von Konkursausfallgeld, ZIP **1988** 885; *Harneit* Überschuldung und erlaubtes Risiko, Diss. Kiel 1984; *Hartung* Der Steuerberater und seine Berührungspunkte mit dem Konkursstrafrecht, Stbg **1991** 332; *ders.* Der Rangrücktritt eines GmbH-Gläubigers – eine Chance für Wirtschaftskriminelle?, NJW **1995** 1186; *ders.* Probleme bei der Feststellung der Zahlungsunfähigkeit, wistra **1997** 1; *Hauk* Rechnungslegung und Strafrecht unter besonderer Berücksichtigung der konkursstrafrechtlichen Bilanzdelikte, Diss. Tübingen 1987; *Haß* Zur Problematik der Entwicklung der Konkursdelikte KTS **1971** 161; *Hälschner* Konkurrenz des betrüglichen und einfachen Bankerutts?, GA 18 **(1870)** 665; *Heidland* Der Standort von Zahlungseinstellung und Konkurseröffnung im Aufbau der Konkursdelikte, KTS **1958** 161; *W. Heinz* Die Bekämpfung der Wirtschaftskriminalität mit strafrechtlichen Mitteln, GA **1977** 193; *Heinz/Hartung* Die englische Limited, 3. Aufl. (2011); *Hendel* Rückzahlungen der Gesellschaft an den Gesellschafter-Geschäftsführer und Konkursstrafrecht, NJW **1977** 1943; *v. d.* Heydt Die subjektive Tatseite der Konkursdelikte, Diss. Berlin 2001; *Hellmann* Wirtschaftsstrafrecht, 5. Aufl. (2018); *Hennrichs/Kleindiek* Münchener Kommentar zum Bilanzrecht (2013); *Hillenkamp* Impossibilium nulla obligatio – oder doch? Anmerkungen zu § 283 Abs. 1 Nrn. 5 und 7 StGB, Festschrift Tiedemann (2008) 949; *Hiltenkamp-Wisgalle* Die Bankrottdelikte, Diss. Bochum 1987; *Hinderer* Insolvenzstrafrecht und EU-Niederlassungsfreiheit am Beispiel der englischen private company limited by shares, Diss. Tübingen 2010; *Hirsch* Zur Auslegung und Reform der Überschuldungsbestimmungen im Gesellschaftsrecht, Festschrift Alfred Hueck (1959) 307; *Hirte/Knof/Mock* Überschuldung und Finanzmarktstabilisierungsgesetz, ZInsO **2008** 1217; *Hoffmann* Berücksichtigung von Rückstellungen bei der Prüfung der Überschuldung im Sinne des Bankrottstrafrechts, MDR **1979** 93; *ders.* Drohende und eingetretene Zahlungsunfähigkeit im neuen Konkursstrafrecht, DB **1980** 1527; *ders.* Zahlungsunfähigkeit und Zahlungseinstellung, MDR **1979** 713; *Holzer* Die Änderung des Überschuldungsbegriffs durch das Finanzmarktstabilisierungsgesetz, ZIP **2008** 2108; *Hombrecher* Der Schutz der Gläubigerinteressen in der Unternehmenskrise durch das Insolvenzstrafrecht, JA **2013** 541; *Höffner* Überschuldung: ein Tatbestandsmerkmal im Schnittpunkt von Bilanz-, Insolvenz- und Strafrecht, BB **1999** 252; *Höfner* Die Überschuldung als Krisenmerkmal des Konkursstrafrechts, Diss. Augsburg 1981; *Hölzle* Nachruf: Wider die Überschuldungs-Dogmatik in der Krise, ZIP **2008** 2003; *Hörl* Das strafrechtlich geschützte Vermögen im Konkurs des Gemeinschuldners, Diss. Bonn 1998; Hueck HGB, 41. Aufl. (2022); *Hunold* Insolvenzgeld und Insolvenzgeldvorfinanzierung als Sanierungsinstrument, NZI **2015** 785; *Hunsalzer* Haftung für Sozialversicherungsbeiträge und deren Insolvenzanfechtung im Schutzschirmverfahren gem. § 270b InsO, ZInsO **2014** 1748; *Jäger* Die Zahlungsunfähigkeit im neuen Insolvenzrecht, BB **1997** 1575; *Jung* Der Sanierungskredit aus strafrechtlicher Sicht, Diss. Göttingen 2005; *Just* Die englische Limited in der Praxis, 4. Aufl. (2012); *Kanitz* Bilanzkund für Juristen, 3. Auflage (2014); *Kayser/Thole* Heidelberger Kommentar zur Insolvenzordnung, 10. Aufl. (2020); *Kawan* Die strafrechtliche Organ- und Vertreterhaftung (§ 14 StGB) in ihrem normologischen Begründungszusammenhang, Diss. Hamburg 1992; *Kemperdick* Altersvorsorge als strafbarer Bankrott?, ZInsO **2009** 2099; *Kempf/Lüderssen/Volk* Ökonomie versus Recht im Finanzmarkt (2011); *Kilger/Nitze* Die Buchführungs- und Bilanzierungspflicht des Konkursverwalters, ZIP **1988** 957; *Kindhäuser/Neumann/Paeffgen* NomosKommentar StGB, 5. Aufl. (2017); *Kliebisch/Linsenbarth* Die Haftungsrisiken der Geschäftsleitung aufgrund des befristeten Überschuldungsbegriffs des § 19 Abs. 2 InsO, DZWIR **2012** 232; *Klug* Der Eigentumsvorbehalt bei der Waren- und Wertpapierverschleuderung im Konkursstrafrecht, JZ **1957** 462; *ders.* Aktuelle Probleme des Konkursstrafrechts, KTS **1962** 65; *Kohler* Thatbestandsmerkmal und Strafbarkeitsbedingung, GA 49 **(1903)** 1; *Kohlmann/Giemulla* Die strafrechtliche Verantwortung des Geschäftsführers einer GmbH & Co KG nach dem 1. WiKG, GmbHR **1978** 53; *Koller/Kindler/Roth/Drüen* HGB, 9. Aufl. (2019); *Kollmar* Der betrügerische Bankrott durch Beiseiteschaffen und Verheimlichen von Vermögensstücken, Diss. Köln 1961; *Köllner/Cyrus* Aktuelle strafrechtliche Fragen in Krise und Insolvenz, NZI **2014** 555; *Köstlin* Darstellung der Lehre vom strafbaren Bankerott, GA 5 **(1857)** 46; *ders.* Darstellung der Lehre vom strafbaren Bankerott, GA 6 **(1858)**, 19; *Krause* Ordnungsgemäßes Wirtschaften und Erlaubtes Risiko, Diss. Rostock 1995; *ders.* Zur Berücksichtigung beiseitegeschaffter Vermögenswerte bei Feststellung der Zahlungsunfähigkeit, NStZ **1999** 161; *Krekeler/Werner* Unternehmer und Strafrecht (2006); *Kribs-Drees* Die Bedeutung von Zahlungseinstellung und Konkurseröffnung für die Entwicklung und Reform des Konkursstrafrechts, Diss. Köln 1978; *Krüger* Zur Anwendbarkeit des Bankrottdelikts beim Privatkonkurs, wistra **2002** 52; *Kruse* Kapitalersetzende Gesellschafterdarlehen in der Krise der GmbH, Diss. Kiel 1987; *Kuhn* Zur Lehre vom betrügerischen Bankrott, Diss. Heidelberg 1912; Kummer Die Kommanditgesellschaft auf Aktien und das Führerprinzip, Diss. Erlangen 1937; *Küchenhoff* Der Begriff des „Minimum“ in der Rechtswissenschaft, NJW **1959** 1254; *Labinski* Zur strafrechtlichen Verantwortlichkeit des directors einer englischen Limited, Diss. Bayreuth 2010; *Labsch* Die Strafbarkeit des GmbH-Geschäftsführers im Konkurs der GmbH, wistra **1985** 1 und 59; *Lackner/Kühl/Heger* StGB, 30. Aufl. (2023); *Lampe* Unternehmensaushöhlung als Straftat, GA **1987** 241; *Lange* Die Strafbarkeit der GmbH & Co. KG, ZfZ **1971** 335; *Laroche/*

Wollenweber Strafbarkeit von Geschäftsführer und vorläufigem Insolvenzverwalter nach § 266a StGB, ZInsO **2016** 2225; *Leipold/Tsambikakis/Zöller* Anwalt-Kommentar StGB, 3. Aufl. (2020); *Louis* Die Falschbuchung im Strafrecht, Diss. Freiburg 2002; *ders.* Strafrechtliche Konsequenzen bei Falsch- und Nichtbuchungen, BC **2002** 18; *Löffeler* Strafrechtliche Konsequenzen faktischer Geschäftsführung, wistra **1989** 121; *Lutter/Hommelhoff* GmbHG, 21. Aufl. (2023); *Lütke* Ist die Liquidität 2. Grades ein geeignetes Kriterium zur Feststellung der Zahlungsunfähigkeit?, wistra **2003** 52; *Mathieu* Die Rechtsprechung des Bundesgerichtshofs zu den Strafbestimmungen der Konkursordnung, GA **1954** 225; *Matt/Renzikowski* StGB, 2. Aufl. (2020); *Matzen* Der Begriff der drohenden und eingetretenen Zahlungsunfähigkeit im Konkursstrafrecht, Diss. Kiel 1993; *ders.* Die Unberechenbarkeit der Zahlungsunfähigkeit, Festschrift Samson (2010) 401; *Maul* Die §§ 238 ff. StGB als Grundlage für die Ableitung von Grundsätzen ordnungsgemäßer Buchführung, DB **1979** 1757; *Maurach/Schröder/Maiwald/Hoyer/Momsen* Straftaten gegen Persönlichkeits- und Vermögenswerte, 11. Aufl. (2019); *Maurer* Der „innere" Zusammenhang im Bankrottstrafrecht, wistra **2003**, 253; *S. Mayer* Insolvenzantragspflicht und Scheinauslandsgesellschaft, Diss. Trier 2008; *M.-E. Mayer* Der Causalzusammenhang zwischen Handlung und Erfolg im Strafrecht, Diss. Straßburg 1899; *Meier* Zur Strafbarkeit des Missbrauchs des Schutzschirmverfahrens, ZInsO **2016** 1499; *Melchior* GmbH-Firmenbestattung – Ein Zwischenruf, GmbHR **20/2013** R 305; *Merkel* Die Kollission rechtmäßiger Interessen und die Schadensersatzpflicht bei rechtmäßigen Handlungen (1895); *Meves* Studien über das Wesen und den Thatbestand des einfachen Bankerotts, GA **36** (1888) 377; *Mohr* Bankrottdelikte und übertragende Sanierung, Diss. Bonn 1993; *Möhrenschlager* Der Regierungsentwurf eines Zweiten Gesetzes zur Bekämpfung der Wirtschaftskriminalität, wistra **1983** 17 und 49; Momsen/Grützner Wirtschaftsstrafrecht, 2. Aufl. (2020); *Moosmayer* Einfluss der Insolvenzordnung 1999 auf das Insolvenzstrafrecht, Diss. Freiburg 1997; *Muhler* Nichtbilanzieren von Privatvermögen strafbar?, wistra **1996** 125; *Muscat* Steuerstrafrechtliche Verstöße im Bilanzsteuerrecht, PStR **2001** 252; *Mühlberger* Die strafrechtliche Problematik aus dem Ersten Gesetz zur Bekämpfung der Wirtschaftskriminalität für den Berufsstand, DStR **1978** 211; *Müller-Gugenberger* Handbuch des Wirtschaftsstraf- und Ordnungswidrigkeitenrechts, 7. Aufl. (2021); *Münzinger* Bilanzrechtssprechung der Zivil- und Strafgerichte, Diss. Frankfurt 1987; *Natale/Bader* Der Begriff der Zahlungsunfähigkeit im Strafrecht, wistra **2008** 413; *Nelles* Aktienrechtliche Bilanzdelikte: Die Beurteilung strafbarer und strafwürdiger Handlungen nach § 400 Nr. 1, 1 und 4 AktG, Diss. Münster 1974; *Neumann* Bankrott und Neues Insolvenzrecht, Diss. Münster 2002; *Neumeyer* Historische und dogmatische Darstellung des strafbaren Bankerotts unter besonders eingehender Untersuchung der Schuldfrage, Diss. München 1891; *Nickmann* Krise, Insolvenz und Strafrecht – ein Beitrag zur Abgrenzung von Bankrott und Untreue bei der GmbH, Diss. Osnabrück 2012; *Nieberg* Der einfache Bankrott, Diss. Heidelberg 1913; *Niemeyer* Der Schutz inländischer Gläubiger bei Errichtung grenzüberschreitender Niederlassungen, Diss. Heildeberg 2006; *Niesert* Die Zahlungsunfähigkeit gem. § 17 InsO, ZInsO **2016** 735; *ders./Hohler* Übertragende Sanierung vor Insolvenzantragsstellung unter besonderer Berücksichtigung strafrechtlicher Aspekte, NZI **2010** 127; *Niu* Die objektive Bedingung der Strafbarkeit der §§ 283 ff. StGB, Diss. Bonn 2013; *Nuys* Die englische Limited als faktische GmbH im strafrechtlichen Sinne, Diss. 2009; *Obermüller* Kreditsicherheiten und Strafrecht, Festschrift Feigen (2014) 203; *Ogiermann/Weber* Insolvenzstrafrecht in Deutschland – status quo und Perspektiven, wistra **2011** 206; *Ott* Straf- und haftungsrechtliche Risiken des Geschäftsführers, PStR **2002** 250; *Otte* Das Kapitalschutzsystem der englischen private limited company im Vergleich zur deutschen GmbH, Diss. Köln 2006; *Otto* Der Zusammenhang zwischen Krise, Bankrotthandlung und Bankrott im Konkursstrafrecht, Gedächtnisschrift R. Bruns (1980) 265; *ders.* Die Tatbestände gegen Wirtschaftskriminalität im Strafgesetzbuch, Jura **1989** 24; *Pannen* Krise und Insolvenz bei Kreditinstituten, 3. Aufl. (2010); Pape/Uhländer NWB Kommentar zum Insolvenzrecht (2013); *Papke* Zum Begriff der Zahlungsunfähigkeit, DB **1969** 735; *Park* Kapitalmarktstrafrecht, 5. Aufl. (2020); *Pattberg* Die strafrechtliche Verantwortlichkeit des Directors einer englischen Limited in Krise und Insolvenz, Diss. Mannheim (2009); *Pelz/Grotebrune* Strafrecht in Krise und Insolvenz, 3. Aufl. (2022); *Penzlin* Strafrechtliche Auswirkungen der Insolvenzordnung, Diss. Bayreuth 2000; *ders.* Kritische Anmerkungen zu den Insolvenzeröffnungsgründen der drohenden Zahlungsunfähigkeit und der Überschuldung, NZG **2000** 464; *ders.* Kritische Anmerkungen zum Insolvenzeröffnungsgrund der Zahlungsunfähigkeit (§ 17 InsO), NZG **1999** 1203; *Pfeiffer* Kommission zur Bekämpfung der Wirtschaftskriminalität, Bd. 3 (1973); *Plathner* Der Einfluss der Insolvenzordnung auf den Bankrotttatbestand, Diss. Gießen 2002; *Pohl* Der Vertretungsbezug der Handlung i.S.d. § 14 StGB, Diss. Bonn 2013; *dies.* Bankrott durch faktisches Vertreterhandeln, wistra **2013** 329; *D. Pohl* Strafbarkeit nach § 283 Abs. 1 Nr. 7b) StGB auch bei Unvermögen zur Bilanzaufstellung?, wistra **1996** 14; *Preisendanz* Strafgesetzbuch, 30. Aufl. (1978); *Pribilla* Die Überschuldungsbilanz KTS **1958** 1; *Puschke* Gesetzliche Vermutungen und Beweislastregeln im Wirtschaftsstrafrecht, Festschrift Schünemann (2014) 647; *Püschel* Boom der Insolvenzdelikte?, Festschrift Rissing-van Saan (2011) 471; *Radtke* Strafbarer Verbraucherbankrott?, Festschrift Achenbach (2011) 341; *Ransiek* Studien zum Unternehmensstrafrecht (1995); *Reck* Insolvenzstraftaten und deren Vermeidung (1999); *ders.* Auswirkungen der Insolvenzordnung auf die GmbH aus strafrechtlicher Sicht, GmbHR **1999** 267; *ders.* Auswirkungen der Insolvenzordnung auf die Insolvenzverschleppung, Bankrottstraftaten, Betrug und Untreue, ZInsO **1999** 195; *ders.* Bilanzdelikte in der Krise und die strafrechtlichen Folgen, ZInsO **2001** 633; *ders.* Die strafrechtlichen Folgen einer unterlassenen, unrichtigen oder verspäteten Bilanzaufstellung für einen GmbH-Geschäftsführer, GmbHR **2001** 424; *ders.* Die Analyse der strafrechtlichen Praxis, ZInsO **2004** 661, 728; *ders.* Buchführungs- und Bilanzdelikte i.S.d. § 283 StGB vor dem Hintergrund des Bilanzrechtsmodernisierungsgesetzes, ZInsO **2011** 1969; *Regier* Die konkursstrafrechtliche Täterhaftung des Steuerberaters bei Übernahme von Buchführungs- und Bilanzerstellungsarbeiten für seine Mandanten, Diss. Kiel 1999; *Regner* Fahrlässigkeit bei Konkursdelikten: Sorgfaltspflichten der handelsrechtlichen Buchführung und ihre Bedeutung im Konkursstrafrecht, Diss. Heidelberg 1998; *Reichart* Der strafbare Bankerott, GS 48 **(1893)** 81; *Reichelt* Untreue und Bankrott, Diss. Jena 2011; *Reither* Kriseneintritt nach Ablauf des Bilanzstichtags und weiterhin Unterlassen der Bilanzierung, wistra **2014** 48; *Rengier* Strafrecht Besonderer Teil I, 24. Aufl. (2022); *Renzikowski* Strafbarkeit nach § 266a Abs. 1 StGB bei Zahlungsunfähigkeit wegen Vorverschuldens, Festschrift Weber (2004) 333; *Ressmann* Die insolvenzstrafrechtlichen Krisenbegriffe und bestrittene Verbindlichkeiten, Diss. München 2015; *Reulecke* Die Feststellung der Zahlungsunfähigkeit in der wirtschaftsstrafrechtlichen Praxis, Kriminalistik **1984** 80; *Richter* Der Konkurs der GmbH aus der Sicht der Strafrechtspraxis, GmbHR **1984** 113 und 137; *ders.* Zur Strafbarkeit externer „Sanierer" konkursgefährdeter Unternehmen, wistra **1984** 97; *ders.* Abgabe einer falschen Versicherung an Eides Statt im Konkursverfahren, KTS **1995** 443; *ders.* Strafbarkeit des Insolvenzverwalters, NZI **2002** 121; *ders.* Neue Strafbarkeitsrisiken bei Restrukturierung, Sanierung und Insolvenz, Hochkonjunktur für die Sanierungspraxis (2014) 39; *ders.* Das Fehlen der positiven Fortführungsprognose als strafrechtliche Grenze für Unternehmenssanierungen, Festschrift Schiller (2014) 547; *Rinjes* „Verbraucherinsolvenzstrafrecht", ZVI **2017** 253; *Rittler* Strafbarkeitsbedingungen, Festgabe Frank (1930) 1; *Rodemann* Zur Begründung der Strafbarkeit des faktischen Geschäftsführers einer GmbH, Diss. Bonn 2002; *Rogall* Totgesagte leben länger!, Festschrift Paeffgen (2015) 361; *Rokas* Die „neue" Legaldefinition der Überschuldung, ZInsO **2009** 18; *Röhm* Zur Abhängigkeit des Insolvenzstrafrechts von der Insolvenzordnung (2002); *ders.* Strafrechtliche Folgen eines Insolvenzantrags bei drohender Zahlungsunfähigkeit, NZI **2002** 134; *ders.* Verbraucherbankrott, ZInsO **2003** 535; *Rönnau* Rechtsprechungsüberblick zum Insolvenzstrafrecht, NStZ **2003** 525; *ders.* Strafrechtliche Risiken der außergerichtlichen „freien" Unternehmenssanierung, Festschrift Kühl (2013) 711; *Roxin* Strafrecht Allgemeiner Teil Band II (2003); *Röhm* Zur Abhängigkeit des Insolvenzstrafrecht von der Insolvenzordnung, Diss. Tübingen 2002; *Römermann* Private Company Limited in Deutschland (2006); *Röpke* Gläubigerschutzregime im europäischen Wettbewerb der Gesellschaftsrechte, Diss. Berlin 2007; *v. Rummel* Institutioneller Gläubigerschutz im Recht der kleinen Kapitalgesellschaft, Diss. Freiburg 2008; *Sandrock/Wetzler* Deutsches Gesellschaftsrecht im Wettbewerb der Rechtsordnungen (2004); *Satzger/Schluckebier/Wildmaier* StGB, 4. Aufl. (2019); *Sauer* Die beiden Tatbestandsbegriffe, Festschrift Mezger (1954) 117; *Säcker/Rixecker/u.a.* Münchener Kommentar zum BGB, 8. Aufl. (2020); *H. Schäfer* Die Entwicklung der Rechtsprechung zum Konkursstrafrecht, wistra **1990** 81; *ders.* Die Verletzung der Buchführungspflicht in der Rechtsprechung des BGH, wistra **1986** 200; *Schäuble* Die Auswirkungen des Gesetzes zur Modernisierung des GmbH-Rechts und zur Bekämpfung von Missbräuchen auf das GmbH-Strafrecht, Diss. Köln 2012; *Schlüchter* Der Grenzbereich zwischen Bankrottdelikten und unternehmerischen Fehlentscheidungen, Diss. Tübingen 1977; *dies.* Die Krise im Sinne des Bankrottstrafrechts, MDR **1978** 265; *dies.* Tatbestandsmerkmal der Krise – überflüssige Reform oder Versöhnung des Bankrottstrafrechts mit dem Schuldprinzip?, MDR **1978** 977; *dies.* Zur Bewertung der Aktiva für die Frage der Überschuldung, wistra **1984** 41; *H. W. Schmidt* Unter Eigentumsvorbehalt gekaufte Waren i.S. der §§ 239 Abs. 1 Ziff. 1 und 240 Abs. 1 Ziff. 2 KO, NJW **1957** 1788; *A. Schmidt* Hamburger Kommentar zum Insovenzrecht, 9. Aufl. (2021); *K. Schmidt* InsO, 20. Aufl. (2023); *ders.* Dogmatik und Praxis des Rangrücktritts, ZIP **2015** 901; *ders.* Patronatserklärung mit Rangrücktritt, Beilage zu ZIP **2016** 66; *ders.* Gesellschaftsrecht, 4. Aufl. (2002); *ders./Ebke* Münchener Kommentar zum Handelsgesetzbuch, 4. Aufl. (2020); *K. Schmidt/Uhlenbruck* Die GmbH in Krise, Restrukturierung und Insolvenz, 6. Aufl. (2023); *Schmitz* Die Neufassung des § 19 Abs. 2 InsO durch das FMStG und seine Bedeutung für strafrechtliche „Altfälle".wistra **2009** 369; *Scholz* GmbHG, 12. Aufl. (2021); *Schöne* Das Vereiteln von Gläubigerrechten, JZ **1973** 446; *Schönke/Schröder* StGB, 30. Aufl. (2019); *Schramm* Kann ein Verbraucher einen Bankrott (§ 283 StGB) begehen? wistra **2002** 55; *ders.* Untreue und Konsens, Diss. Tübingen 2005; *H. Schröder* Abstrakt-konkrete Gefährdungsdelikte?, JZ **1967** 522; *O. Schröder* Der erweiterte Täterkreis der Organhaftungsbestimmungen des § 14 Abs. 1 Nr. 1–2, Diss. Berlin 1997; *Schünemann/Suárez Gonzalez* (Hrsg.), Bausteine des europäischen Wirtschaftsstrafrechts (1994); *Schüppen* Systematik und Auslegung des Bilanzstrafrechts, Diss. Freiburg 1993; *Schwilden* Die rechtliche Stellung des GmbH-Geschäftsführers und des managing directors einer englischen private limited company im Vergleich, Diss. Jena 2005; *Seeger* Über Zusammenfluß des einfachen und des betrüglichen Bankerutts, GS 20 **(1872)** 142; *Senge* Karlsruher Kommentar zum Gesetz über Ordnungswidrigkeiten, 5. Aufl. (2018); *Siegmann/Vogel* Die Verantwortlichkeit des Strohmanngeschäftsführers einer GmbH, ZIP **1994** 1821; *Skrotzki* Konkursdelikte: Eine kriminologische Untersuchung im Landgerichtsbezirk Hannover in den Jahren 1955–1957, Diss. Hamburg 1963; *Stahlschmidt* Die Begriffe Zahlungsunfähigkeit, drohende Zahlungsunfähigkeit und Überschuldung, JR **2002** 89; *Stapelfeld* Die Haftung des GmbH- Geschäftsführers für Fehlverhalten in der Gesellschaftskrise (1990); *Stärk* Strafbarkeit des geschäftsführenden Organs einer Private Company Limited by Shares in Deutschland, Diss. Berlin 2012; *Stein* Das faktische Organ, Diss. Frankfurt 1984; *Steinberg/Valerius/Popp* Das Wirtschaftsstrafrecht des StGB (2011); *Steinbrück*

Der betrügerische Bankrott § 239 KO und sein Versuch, Diss. Greifswald 1929; *Stötter* Konkurrenzfragen bei den Bankrottdelikten, KTS **1963**, 12; *Stracke* Zur Übertragbarkeit des zivilrechtlichen Überschuldungsbegriffs in das Strafrecht, Diss. Passau 2007; *Stöckel* Gesetzesumgehung und Umgehungsgesetze im Strafrecht (1966); *Stypmann* Statische oder dynamische Überschuldungskonzeption? wistra **1985** 89; *Sundermeier* Die Haftung des Steuerberaters in der wirtschaftlichen Krise des Mandanten, DStR **2000** 929; *Thiel/Lüdtke-Handjery* Bilanzrecht, 6. Aufl. (2010); *Thilow* Die Gläubigerbegünstigung im System des Insolvenzrechts, Diss. Kiel 2001; *Tiedemann* Der BGH zum neuen Konkursstrafrecht, NJW **1979** 254; *ders.* Die Überschuldung als Tatbestandsmerkmal des Bankrotts, Gedächtnisschrift Schröder (1978) 289; *ders.* Generalklauseln im Konkursstrafrecht, KTS **1984** 539; *ders.* Grundfragen bei der Anwendung des neuen Konkursstrafrechts, NJW **1977** 777; *ders.* Handelsgesellschaften und Strafrecht: Eine vergleichende Bestandsaufnahme, Festschrift Würtenberger (1977) 241; *ders.* Handhabung und Kritik des neuen Wirtschaftsstrafrechts – Versuch einer Zwischenbilanz, Festschrift Dünnebier (1982) 519; *ders.* Konkursstraftaten aus der Sicht der Kreditwirtschaft, ZIP **1983** 513; *ders.* Objektive Strafbarkeitsbedingungen und die Reform des deutschen Konkursstrafrechts, ZRP **1975** 129; *ders.* Tatbestandsfunktionen im Nebenstrafrecht (1969); *ders.* Zur Unterlassung der Konkursantragstellung im GmbH-Recht, ZIP **1982** 653; *Trüg/Habetha* § 283 Abs. 6 StGB und der „tatsächliche Zusammenhang", wistra **2007** 365; *Tzouma* Die Strafbarkeit des „faktischen Organs" im Unternehmensstrafrecht de lege lata et ferenda, Diss. München (2017); *Uhlenbruck* Strafrechtliche Aspekte der Insolvenzrechtsreform 1994, wistra **1996** 1; *ders.* Strafbefreiende Wirkung des Insolvenzplans? ZInsO **1998** 250; *ders.* InsO, 15. Aufl. (2019); *Ulmer/Habersack/Winter* Großkommentar GmbHG, 2. Aufl. (2016); *Volk/Beukelmann* Münchener AnwaltsHandbuch Verteidigung in Wirtschafts- und Steuerstrafsachen, 3. Aufl. (2020); *Vormbaum* Probleme der Gläubigerbegünstigung (§ 283c), GA **1981** 101; *Wabnitz/Janovsky/Schmitt* Handbuch des Wirtschafts- und Steuerstrafrechts, 5. Aufl. (2020); *Walther* Die Bankerottdelikte, Diss. Tübingen 1936; *Wauschkuhn* Das Merkmal Gläubiger im objektiven Tatbestand des § 283c StGB, Diss. Tübingen 1990; *Wehleit* Die Abgrenzung von Bankrott und Untreue, Diss. Kiel 1985; *Weiß* Strafbare Insolvenzverschleppung durch den director einer Ltd., Diss. Potsdam 2009; *Wessing* Insolvenz und Strafrecht, NZI **2003** 1; *Weyand/Diversy* Insolvenzdelikte, 10. Aufl. (2016); *Wiesener* Die strafrechtliche Verantwortlichkeit von Stellvertretern und Organen, Diss. Bochum 1971; *Wietz* Vermögensbetreuungspflichtverletzung gegenüber einer im Inland ansässigen Auslandsgesellschaft, Diss. Düsseldorf 2009; *Wilde* Die Strafbarkeit des director einer englischen limited wegen Insolvenzverschleppung, Diss. Hamburg 2012; *Winkelbauer* Strafrechtlicher Gläubigerschutz im Konkurs der KG und der GmbH & Co KG, wistra **1986** 17; Wittig Wirtschaftsstrafrecht, 5. Auflage (2020); Wolter Systematischer Kommentar zum Strafgesetzbuch, 9. Aufl. (2019); *Worm* Die Strafbarkeit eines directors einer englischen Limited nach deutschem Strafrecht, Diss. München 2009; *Ziemons/Jaeger/Pöschke* GmbHG, 54. Edition (2022); *Zieschang* Strafrecht Allgemeiner Teil, 6. Aufl. (2020); *Zirpins/Terstegen* Wirtschaftskriminalität (1963).

Übersicht

I. Entstehungsgeschichte

Der strafbare Bankrott blickt auf eine abwechslungsreiche Geschichte zurück. Wie kaum ein anderer Straftatbestand hat er überproportional häufig seinen Regelungsstandort gewechselt. War der Bankrott zunächst in den §§ 281 ff. RStGB normiert, wechselte er mit Inkrafttreten der Konkursordnung in diese und kehrte durch das 1. WiKG 1976 in das StGB zurück. Auch inhaltlich hat der Bankrott sein Aussehen oft geändert. Während die konkursrechtlichen Straftatbestände noch zwischen dem einfachen (§ 240 KO) und dem sog. betrüglichen, eine Gläubigerbenachteiligungsabsicht voraussetzenden Bankrott (§ 239 KO) unterschieden, dafür aber die Krisenmerkmale nicht kannten und dem Schuldner bereits Kriminalstrafe androhten, der eine Bankrotthandlung vornahm und irgendwann später fallierte, hat der Gesetzgeber des 1. WiKG den §§ 283 ff. StGB das Krisenerfordernis hinzugefügt, um Bedenken auszuräumen, die *sub specie* des Schuldgrundsatzes gegen die §§ 239 ff. KO erhoben worden waren.[1] Seither sind gravierende Änderungen an den §§ 283 ff. StGB nicht mehr erfolgt. Ihr 1999 geänderter Name – früher hießen die §§ 283 ff. StGB Konkurs-, zwischenzeitlich heißen sie **Insolvenzdelikte** – ist lediglich kosmetischer Natur und hat keine Auswirkungen auf Verständnis und Reichweite dieser Tatbestände. 1

1 Dazu ausführl. u. Rdn. 35.

2 Während die §§ 283 ff. StGB ihr Aussehen seit dem 1. WiKG von 1976 bewahrt haben, ist aus dem Insolvenzrecht in den letzten beiden Jahrzehnten eine gesetzgeberische Großbaustelle geworden. Nachdem der Gesetzgeber die alte Konkursordnung und die für die neuen Bundesländer geltende Gesamtordung durch die Insolvenzordnung ersetzt hatte, gönnte er Praxis und Wissenschaft zunächst etwas Ruhe, um sich mit den Neuerungen vertraut zu machen. Insolvenzstrafrechtlich interessierten vor allem die neue eingeführten Legaldefinitionen der drei Krisentatbestände Überschuldung, eingetretene und drohende Zahlungsunfähigkeit (§§ 17 ff. InsO). Ob sich diese **Legaldefinitionen** fruchtbar machen lassen, um Konkretisierungsgewinne bei den gleichlautenden insolvenzstrafrechtlichen Krisenmerkmalen zu erzielen, darum streiten Schrifttum und Rechtsprechung bis heute (s.u. Rdn. 38). Fast zehn Jahre nach Inkrafttreten der InsO hat der Gesetzgeber mit dem „Gesetz zur Modernisierung des GmbH-Rechts und zur Bekämpfung von Missbräuchen" (**MoMiG**) das Erscheinungsbild der InsO insofern grundlegend umgestaltet, als er die zuvor über zahlreiche Spezialgesetze verstreute strafbewehrte Insolvenzantragspflicht mit § 15a InsO dort normierte, wo sie hingehört: in der Insolvenzordnung. Schon zwei Jahre später hat der Gesetzgeber mit dem „Gesetz zur weiteren Erleichterung der Sanierung von Unternehmen" (**ESUG**) die sanierungsfreundliche Komponente der Insolvenzordnung gestärkt und u.a. das Schutzschirmverfahren eingeführt, das es dem unternehmerisch tätigen Schuldner, der überschuldet ist bzw. dem die Zahlungsunfähigkeit droht, ermöglichen soll, unter Mithilfe des Insolvenzgerichts einen Insolvenzplan zu erarbeiten (vgl. § 270d InsO). Wohl weil das Schutzschirmverfahren die Hoffnungen, die der Gesetzgeber in dieses Verfahren setze, nicht erfüllt hat, trat am 1. Januar 2022 das „Gesetz zur Fortentwicklung des Sanierungs- und Insolvenzrechts" (**SanInsFoG**) in Kraft. Neben zahlreichen Änderungen an der InsO – so konkretisiert das SanInsFoG die Legaldefinitionen der Überschuldung sowie der drohenden Zahlungsunfähigkeit (s.u. Rdn. 41, 58) und fasst die gesellschaftsrechtlichen Zahlungsverbote nach Eintritt von Zahlungsunfähigkeit oder Überschuldung unter der neuen Hausnummer des § 15b InsO zusammen – hat das SanInsFoG das Unternehmensstabilisierungs- und -restrukturierungsgesetz (**StaRUG**) gebracht. Zuvor hatte der Gesetzgeber mit dem „Gesetz zur vorübergehenden Aussetzung der Insolvenzantragspflicht und zur Begrenzung der Organhaftung bei einer durch die COVID-19-Pandemie bedingten Insolvenz" (**COVInsAG**) vorübergehende Änderungen an der Insolvenzordnung vorgenommen. Prominentestes Beispiel für die mit diesem Gesetz getroffenen Maßnahmen ist die vollständige Aussetzung der Insolvenzantragspflicht bis zum 30. September 2020 (vgl. § 1 Abs. 1 S. 1 COVInsAG). Nach Ablauf dieses Stichtags ist die Insolvenzantragspflicht nur noch unter den einschränkenden Kautelen des § 1 Abs. 2, 3 COVInsAG und längstens bis zum 30. April 2021 ausgesetzt. An der Reichweite der §§ 283 ff. StGB ändern die Regelungen des COVInsAG richtigerweise nichts. Trotz ausgesetzter Insolvenzantragspflicht führt die Vornahme einer Bankrotthandlung im Krisenstadium zur Strafbarkeit gem § 283 StGB, wenn später über das schuldnerische Vermögen das Insolvenzverfahren eröffnet bzw. mangels Masse nicht eröffnet wird oder der Schuldner seine Zahlungen einstellt und dem Täter die Gemeinschuldnereigenschaft gem § 14 StGB zugerechnet werden kann. Vorschläge, das Strafbarkeitsrisiko wegen Bankrotts für den Zeitraum der ausgesetzten Insolvenzantragspflicht ebenfalls zu limitieren, haben sich zu recht nicht durchgesetzt. – Knapp drei Jahre vor Inkrafttreten des SanInsFoG trat am 21.4.2018 das „Gesetz zur Erleichterung der Bewältigung von Konzerninsolvenzen" in Kraft. Unmittelbare Auswirkungen auf die §§ 283 ff. StGB zeitigte dieses Gesetz jedoch nicht – allenfalls lässt sich darüber nachdenken, den Geschäftsleiter, der die von § 13a InsO geforderten Informationen schönt, um einen best. Gruppengerichtsstand zu erschleichen, gem § 283 Abs. 1 Nr. 8 StGB zu bestrafen.

3 Etymologisch stammt der Begriff des Bankrotts vom italienischen *banco rotto* bzw. *banca rotta* ab, das den Brauch beschreibt, einem Geldwechsler, der seine Zahlungen eingestellt hatte, seinen Wechseltisch, den er auf dem Marktplatz betrieb, zu zerbrechen.[2]

2 *Neumeyer*, S. 26; *Kuhn*, S. 1; *Stötter* KTS **1963**, 12, 15; teilw. abw. *Kollmar*, S. 2.

II. Einführendes zum Verständnis der Tatbestände

4 Vor allem unter dem Regime der Konkursordnung erhoben zahlreiche Vertreter des bankrottstrafrechtlichen Schrifttums Bedenken an der Legitimität der §§ 283 ff. StGB. Da sich die Gläubiger selbst vor den Gefahren eines schuldnerischen Konkurses sichern könnten – etwa indem sie verlangen, ihnen Sicherheiten zu bestellen oder Waren nur gegen Vorkasse liefern – und da Bankrotthandlungen des Schuldners angesichts der verschwindend geringen Befriedigungsquoten, die die Gläubiger zu erwarten hätten, das geschützte Rechtsgut allenfalls marginal tangierten,[3] spreche viel dafür, die §§ 283 ff. StGB zu Ordnungswidrigkeiten herabzustufen.[4] Diese **Legitimationsbedenken** überzeugen indes nicht. Weder besitzen die Gläubiger die Möglichkeit, sich vor Bankrotthandlungen des Schuldners zu schützen,[5] noch leisten die allgemeinen Eigentums- und Vermögensdelikte einen hinreichenden Gläubigerschutz. Denn auf diese Weise erhalten lediglich die aus- und absonderungsberechtigten Gläubiger eine strafrechtliche Absicherung. Alle übrigen, nicht privilegierten Gläubiger bleiben hingegen schutzlos.[6] Hinzu kommt: Selbst wenn die Gläubiger nur eine verschwindend geringe Insolvenzquote zu erwarten haben, konterkariert der Schuldner, der die präsumtive Masse beeinträchtigt, die vom Schutzzweck der §§ 283 ff. mit umfassten[7] insolvenzrechtlichen Gestaltungsrechte der Gläubiger.[8]

5 Der Tatbestand des § 283 Abs. 1 StGB sanktioniert die Vornahme einer der in Nrn. 1–8 abschließend gelisteten Tathandlungen während der Überschuldung bzw. drohenden/eingetretenen Zahlungsunfähigkeit, wohingegen § 283 Abs. 2 StGB demjenigen Strafe androht, der durch eine Handlung i.S.d. Nrn. 1–8 seine Überschuldung oder Zahlungsunfähigkeit herbeiführt. Darüber hinaus setzen beide Tatbestände den Eintritt der von § 283 Abs. 6 StGB näher umschriebenen objektiven Strafbarkeitsbedingung voraus.[9] Da § 283 Abs. 1 StGB somit keinen tatbestandlichen Erfolg vorsieht, jedoch die Begehung der aufgezählten Bankrotthandlungen nur dann bestraft, wenn sie der Täter im Stadium der Krise vornimmt, charakterisiert die **h.M.** den § 283 Abs. 1 StGB – im Unterschied zu § 283b StGB, der keine Synchronität von Krise und Tathandlung kennt[10] und deshalb den **abstrakten Gefährdungsdelikten** angehört[11] – zu Recht als **abstrakt-konkretes Gefährdungsdelikt** (zum hiervon partiell abw. Charakter der in §§ 283 Abs. 1 Nrn. 5–7, 283b Abs. 1 Nrn. 1–3 StGB geregelten Buch- und Bilanzführungsdelikte als „abstrakte Gefährdungsdelikte mit

---

3 Zu Recht skeptisch gegenüber diesem Einwand *Penzlin*, S. 48, der jedoch Legitimationsbedenken insofern hegt, als es – mangels vorhandener Masse – überhaupt nicht zu Eröffnung eines Insolvenzverfahrens kommt (a.a.O., S. 49 f.). Allerdings überzeugt dieser legitimatorische Bedenkenträger schon deshalb nicht, weil man auf diese Weise den besonders kriminellen Schuldner, der nicht nur einzelne, sondern nahezu sämtliche Bestandteile seines Vermögens beiseiteschafft, privilegierte.

4 Dafür, soweit es sich um die Buchführungsmodalitäten handelt, wohl *v.d. Heydt*, S. 52 f., die insofern von einer Pönalisierung bloßen Verwaltungsungehorsams spricht; zu den Legitimationsbedenken s. ferner AnwK/*Püschel* Vor §§ 283–283d Rdn. 2; *Hörl*, S. 47 f.; vgl. auch *Penzlin*, S. 54, dem zufolge sich die Bankrotttatbestände im Grenzbereich zwischen Straf- und Ordnungswidrigkeitenrecht bewegen; dezidiert gegen solche Bestrebungen aber *Pfeiffer* Gutachten, S. 7.

5 *Röhm*, S. 49.

6 S. etwa *Tiedemann* ZIP **1983**, 513, 514; skeptisch wohl *Richter* wistra **2017**, 329, 330.

7 Dazu u. Rdn. 7.

8 *Moosmayer*, S. 140 f.; s.a. schon *Schlüchter*, S. 41 f.

9 Dazu ausführl. u. Rdn. 61 ff.

10 S.u. § 283b Rdn. 1.

11 Allg.M.; s. nur MK/*Petermann*/*Sackreuther* Vor §§ 283 ff. Rdn. 34; *Weyand*/*Diversy* Rdn. 125; *Niu*, S. 119; *Tiedemann* ZRP **1975**, 129, 134.

Erfolgsmoment“ s. die Ausführungen bei § 283 Rdn 41).[12, 13] Dagegen rechnet § 283 Abs. 2 StGB zur Kategorie der **Erfolgsdelikte**.[14]

6 Will man die zahlreichen unterschiedlichen Tathandlungen der Nrn. 1–8 nach sachlichen Gesichtspunkten ordnen, bietet es sich an, zwischen **bestands-** und **informationsbezogenen** Bankrotthandlungen zu differenzieren.[15] Das Charakteristikum der bestandsbezogenen Begehungsweisen, zu denen Nr. 1 Var. 1 (beiseiteschafft) und Var. 3 (zerstören etc.) sowie Nrn. 2, 3 und 8 Var. 1 (verringern) gehören, gründet in dem Erfordernis, auf die Zusammensetzung der präsumtiven Masse gegenständlich einzuwirken und damit den Vermögenspool, der den Gläubigern zu Befriedigungszwecken offensteht, (partiell) auszutrocknen.[16] Die informationsbezogenen Tatmodalitäten, die die Nrn. 1 Var. 2 (verheimlichen), 4–7 und 8 (verheimlichen oder verschleiern) umfassen, sanktionieren ein schuldnerisches Verhalten, das dazu beiträgt, den Überblick über das Schuldnervermögen entweder ganz zu verhindern oder aber erheblich zu erschweren, wodurch der Schuldner zum einen sich selbst außerstande setzt, angemessen zu wirtschaften und zum anderen die Arbeit des späteren Insolvenzverwalters erheblich erschwert.[17, 18] Darüber hinaus besteht die Möglichkeit, zwischen **krisenbezogenen** und **nicht krisenbezogenen** Insolvenzdelikten zu unterscheiden.[19] Während die §§ 283, 283c, 283d StGB die Krise in unterschiedlicher Intensität fordern,[20] sanktioniert § 283b StGB die Buch- und Bilanzführungsverstöße, die auch § 283 Abs. 1 Nrn. 5–7 StGB nahezu wortgleich enthält,[21] unabhängig vom Bestehen oder Eintritt einer Krise.

---

12 Hierzu etwa SK/*Hoyer* § 283 Rdn. 5; *Kribs-Drees*, S. 126; *Harneit*, S. 102; *Röhm*, S. 77 f. m. Fn. 309; *Bretzke*, S. 90 m. Fn. 5; *Tiedemann* ZRP **1975**, 129, 134; *ders.* NJW **1977**, 777, 780; *Schlüchter* MDR **1978**, 977, 980; *Otto* Bruns-GS, S. 265, 268; *Göhler/Wilts* DB **1976**, 1657, 1659; ähnl. wohl Park/*Wagner* Teil 3, Kap. 10.3 Rdn. 4, der von einem Gefährdungsdelikt mit Erfolgsmomenten spricht; ähnl. *Niu*, S. 119: abstrakte Gefährdungsdelikte mit Teilkonkretisierung; skeptisch NK/*Kindhäuser* Vor §§ 283 bis 283d Rdn. 34; diff. *Windsberger*, S. 185 ff., die zwischen den Tatbeständen des § 283 Abs. 1 StGB unterscheidet, die einen Verstoß gegen die Anforderungen an ein ordnungsgemäßes Wirtschaften voraussetzen und denen, die wie die Buchführungsdelikte einen solchen Verstoß nicht erfordern; anders, ein abstraktes Gefährdungsdelikt annehmend, etwa *Sch/Schröder/Heine/Schuster* § 283 Rdn. 1; M/R/*Altenhain* § 283 Rdn. 2; W/J/S/*Pelz* 9/106; HambK/*Borchardt* § 283 StGB Rdn. 3; M/G/*Rotsch/Wagner* 8/122; *Hiltenkamp-Wisgalle*, S. 45 m. Fn. 1; *Matzen*, S. 17; *Schlüchter*, S. 59 (die aber a.a.O., S. 137 von abstrakt-konkreten Gefährdungsdelikten spricht); *Dohmen*, S. 65, 217; *Ressmann*, S. 35; *Tiedemann* Schröder-GS, S. 289, 303; *Krause* NStZ **1999**, 161, 162; *Galneder/Ruppert* KTS **2018**, 133, 143 f.; *Dehne-Niemann* wistra **2009**, 417, 423; *Hombrecher* JA **2013**, 541, 542; wieder anders *Habetha*, S. 307 sowie *Trüg/Habetha* wistra **2007**, 365, 370, die die §§ 283, 283b StGB wegen der objektiven Strafbarkeitsbedingung als konkrete Gefährdungsdelikte einstufen; eine noch weitergehende Differenzierung in konkrete, abstrakt-konkrete und abstrakte Gefährdungsdelikte findet sich bei G/J/W/*Reinhart* § 283 Rdn. 2.

13 Freilich nicht in dem Sinne, wie *Schröder* JZ **1967**, 522 diese Deliktskategorie verstanden wissen wollte; danach bleibt es Aufgabe des Richters, die konkrete Gefährlichkeit einer Tathandlung festzustellen, er soll aber befugt sein, bestimmte, typische Situationen *per se* als gefährlich einzustufen, ohne jeden Aspekt des Einzelfalls zu würdigen; s. dazu auch *Brehm*, S. 21 ff.

14 S. nur G/J/W/*Reinhart* § 283 Rdn. 2; S/S/W/*Bosch* § 283 Rdn. 1; W/J/S/*Pelz* 9/106; Park/*Wagner* Teil 3, Kap. 10.3 Rdn. 4; HambK/*Borchardt* § 283 StGB Rdn. 3; M/G/*Rinjes* 8/90, 132; *Krause*, S. 417; *ders.* NStZ **1999**, 161, 162; *Dohmen*, S. 64; wohl auch *Ressmann*, S. 35; *Erdmann*, S. 180 m. Fn. 774: Erfolgsdelikt mit Blick auf die Herbeiführung der Krise, abstraktes Gefährdungsdelikt hinsichtlich der geschützten Gläubigerinteressen; wie letztere wohl auch *Galneder/Ruppert* KTS **2018**, 133, 142 m. Fn. 81; a.A. SK/*Hoyer* § 283 Rdn. 5: abstrakt-konkretes Gefährdungsdelikt; *Dehne-Niemann* wistra **2009**, 417, 423, der auch hierin nur ein abstraktes Gefährdungsdelikt erblickt; ebenso *Sch/Schröder/Heine/Schuster* § 283 Rdn. 1; M/R/*Altenhain* § 283 Rdn. 2; Böttger/*Verjans/Rixe* 4/44; indifferent *Hombrecher* JA **2013**, 541, 542, der einerseits von einem Erfolgsdelikt andererseits jedoch von einem abstrakten Gefährdungsdelikt spricht.

15 Zu dieser Differenzierung s. *Krause*, S. 35 ff.; *Habetha*, S. 172 f.; *Hörl*, S. 52; *Erdmann*, S. 51; *Reichelt*, S. 94; NK/*Kindhäuser* Vor §§ 283 bis 283d Rdn. 23; MK/*Petermann/Sackreuther* Vor §§ 283 ff. Rdn. 40; *Dannecker/Knierim/Dannecker/Hagemeier* Rdn. 47.

16 Zum Ganzen MK/*Petermann/Sackreuther* Vor §§ 283 ff. Rdn. 40.

17 Dazu ausführl. u. Rdn. 42.

18 MK/*Petermann/Sackreuther* Vor §§ 283 ff. Rdn. 43.

19 Ausführl. MK/*Petermann/Sackreuther* Vor §§ 283 ff. Rdn. 45 ff.

20 S.u. Rdn. 36.

21 Zu den geringfügigen Unterschieden s.u. § 283 Rdn. 101 und § 183b Rdn. 3.

III. Das Rechtsgut des § 283 StGB

Verständnis, Reichweite und Interpretation des § 283 StGB hängen maßgebend davon ab, welche Rechtsgüter der Tatbestand schützt.[22] Unstreitig sichert der Bankrotttatbestand die Befriedigungsinteressen der Gläubiger[23] bzw. – verdinglicht gesprochen – den Zusammenhalt der Insolvenzmasse.[24] Hier endet aber bereits die Einigkeit. Weder sind die zusätzlich genannten **Individualrechtsgüter** wie der Schutz der insolvenzrechtlichen Gestaltungsrechte,[25] das Vertrauen der Gläubiger in die Leistungsfähigkeit des Schuldners[26] oder das individuelle „Recht am Arbeitsplatz"[27] noch die z.T. befürworteten **Kollektivrechtsgüter** wie der Schutz einer funktionierenden Kreditwirtschaft[28] – verstan- 7

---

22 S. nur NK/*Kindhäuser* Vor §§ 283 bis 283d Rdn. 32; *Tiedemann* ZIP **1983**, 513, 519; *Dannecker/Knierim/Dannecker/Hagemeier* Rdn. 35, 46; M-G/*Richter* Kap. 81 Rdn. 1; *Erdmann*, S. 47; *Dohmen*, S. 91; allg. *dies./Sinn* KTS **2003**, 205, 207; ferner *Geers*, S. 31.

23 BVerfG ZInsO **2004**, 738, 739; BGH NStZ **2008**, 401, 402; BGH NStZ **1987**, 23; BGH/H GA **1955**, 365; RGSt 68, 108, 109 = DRiZ **1934**, 313, 314; AG Halle-Saalkreis NJW **2002**, 77; *Tiedemann* ZIP **1983**, 513, 520; NK/*Kindhäuser* Vor §§ 283 bis 283d Rdn. 19, der von den „Vermögensinteressen der Gesamtheit der Gläubiger eines Schuldners" spricht; SK/*Hoyer* Vor § 283 Rdn. 3; *Sch/Schröder/Heine/Schuster* Vorbem. §§ 283 ff. Rdn. 2; Lackner/Kühl/*Heger* § 283 Rdn. 1; *Dannecker/Knierim/Dannecker/Hagemeier* Rdn. 36; M/R/*Altenhain* § 283 Rdn. 1; MK/*Petermann/Sackreuther* Vor §§ 283 ff. Rdn. 19; *Radtke* Achenbach-FS, S. 341, 356; *ders.* JR **2010**, 233, 234; A/R/R/*Himmelreich* Kap. 7/1 Rdn. 3; M-G/*Richter* Kap. 81 Rdn. 1; Park/*Wagner* Teil 3, Kap. 10.3 Rdn. 3; M/G/*Rotsch/Wagner* 8/122; *Kollmar*, S. 6, 84; *Geers*, S. 63 f.; *Höfner*, S. 21 f.; *Habetha*, S. 61; *Hiltenkamp-Wisgalle*, S. 48; *Groth*, S. 99; *Matzen*, S. 13 ff.; *Grub*, S. 6; *Moosmayer*, S. 121 f.; *Röhm*, S. 48, 65 f.; *Penzlin*, S. 15 ff.; *Dohmen*, S. 63, 65, 95, 176; *Erdmann*, S. 59 ff.; *Neumann*, S. 81; *Niu*, S. 120; *Kribs-Drees*, S. 51; *Reichelt*, S. 78; *Regner*, S. 17; *v.d. Heydt*, S. 116 f.; *Nieberg*, S. 2; *Püschel* Rissing-van Saan-FS, S. 471, 476; *Otto* Bruns-GS, S. 265, 266; *ders.* JURA **1989**, 24, 32; *Dehne-Niemann* wistra **2009**, 417, 421; *Weyand* StuB **1999**, 178, 179; *Jordan* JURA **1999**, 304, 305; *Grub/Rinn* ZIP **1993**, 1583, 1585; *Bärenz* EWiR **2004**, 1245, 1246; *H.W. Schmidt* NJW **1957**, 1788; vgl. auch *Waßmer*, S. 14; *Schlüchter* JR **1979**, 513, 515; *Klug* KTS **1962**, 65, 66; *Windsberger*, S. 175 ff., der zufolge der Bankrott eine Art „Gläubigeruntreue" normiert und deshalb den Schutz des Gläubigervermögens bezweckt; s. des Weiteren bereits *Neumeyer*, S. 118, 154; skeptisch aber *Hammerl*, S. 106 m. Fn. 478, der auf den ausreichend Schutz der KO verweist.

24 So etwa BGHSt **55**, 107, 115; ähnl. schon BGHSt **28**, 371, 373; BGH NJW **2001**, 1874, 1875; *Fischer* Vor § 283 Rdn. 3; W/J/S/*Beck* 8/88; W/J/S/*Pelz* 9/104; HambK/*Borchardt* § 283 StGB Rdn. 1; MAH/*Böttger* § 19 Rdn. 104; Pape/Uhländer/*Hofmann* § 283 Bankrott Rdn. 1; *Plathner*, S. 146; *Krause* NStZ **2002**, 42; *Trüg/Habetha* wistra **2007**, 365, 366 m. Fn. 9; a.A. freilich LK[12]/*Tiedemann* Vor § 283 Rdn. 46, der die Masse nicht als Rechtsgut, sondern als Tatobjekt begreift; zust. *Dannecker/Knierim/Dannecker/Hagemeier* Rdn. 37; NK/*Kindhäuser* Vor §§ 283 bis 283d Rdn. 30; MK/*Petermann/Sackreuther* Vor §§ 283 ff. Rdn. 21; SK/*Hoyer* Vor § 283 Rdn. 3; *Dohmen*, S. 64 f., 96 f.; *dies./Sinn* KTS **2003**, 205, 210; *Nickmann*, S. 30 f.; *Habetha*, S. 62 f.; *ders.* NZG **2012**, 1134, 1135 m. Fn. 8; wohl auch *Neumann*, S. 81; vgl. ferner *Hagedorn*, S. 94 ff., der zwischen Masse- und Rechnungslegungsdelikten differenzieren will und ersteren den Schutz der potentiellen Insolvenzmasse, letzteren ganz allg. den Schutz des Gläubigervermögens aufträgt.

25 *Krause*, S. 162; zust. NK/*Kindhäuser* Vor §§ 283 bis 283d Rdn. 25; *Erdmann*, S. 61 ff.; sympathisierend anscheinend auch LK[12]/*Tiedemann* Vor § 283 Rdn. 48, 88, der von einem Wahlrecht der Gläubiger als Teil des geschützten Rechtsgutes spricht; unklar *Neumann*, S. 83.

26 *Krause*, S. 168 ff.

27 So M-G/*Richter* Kap. 81 Rdn. 4; MAH/*Leipold* § 19 Rdn. 10; in diese Richtung auch *Geers*, S. 63 m. Fn. 135 und *Matzen*, S. 14 f., denen zufolge die Arbeitnehmerschaft neben den Vermögensinteressen der Gläubigerschaft von § 283 StGB geschützt wird; für den Schutz der Arbeitnehmerschaft auch schon *Bretzke*, S. 143.

28 Dafür BGH NJW **2003**, 974, 975; *Tiedemann* NJW **1977**, 777, 783; *ders.* ZRP **1975**, 129, 133; *ders.* ZIP **1983**, 513, 520; *ders.* KTS **1984**, 539, 558; *Sch/Schröder/Heine/Schuster* Vorbem §§ 283 ff. Rdn. 2; S/S/W/*Bosch* Vorbem §§ 283 ff. Rdn. 1; M-G/*Richter* Kap. 81 Rdn. 4; *ders.* wistra **2017**, 329, 330; Park/*Wagner* Teil 3, Kap. 10.3 Rdn. 3; Pape/Uhländer/*Hofmann* § 283 Bankrott Rdn. 1; *Otto* Bruns-GS, S. 265, 266; *ders.* JURA **1989**, 24, 32; *Labsch* wistra **1985**, 1, 9; *Geers*, S. 63 m. Fn 135; *Waßmer*, S. 14; *Moosmayer*, S. 78, 133 ff.; *Grub*, S. 6; *Stracke*, S. 366 f., 434 f.; *Hagedorn*, S. 98; *Hammerl*, S. 116 f.; *Bretzke*, S. 143; *Regner*, S. 17; *Hiltenkamp-Wisgalle*, S. 52 ff.; *Neumann*, S. 88, 125; *Kribs-Drees*, S. 86, 99, 105 f., 129; *Reichelt*, S. 78; *Gosch*, S. 197; *Stein* AG **1987**, 165, 168; *Bieneck* wistra **2001**, 53; *Arens* wistra **2007**, 450, 455; ähnl. bereits *Köstlin* GA 5 (1857), 721, 722 (vgl. aber auch a.a.O., S. 731 f., wo es den Anschein hat, als sollten doch nur die Vermögensinteressen der Gläubiger geschützt werden); *Hälschner* GA 18 (1870), 665, 672; *Neumeyer*, S. 154; angedeutet auch bei RGSt **9**, 134, 135 ff.; RG Rspr. 5, 52, 53; hiergegen ausführl. *Krause*, S. 176 ff., 263; *Erdmann*, S. 84 f. und *passim*; *Habetha*, S. 67 ff.; *Penzlin*, S. 34 ff.; *ders.* WM **1999**, 983 f.; *ders.* JURA **1999**, 56; ferner *Büttiker*, S. 16 f.; *Matzen*, S. 14 f.; *Dohmen/Sinn*

den als ein auf Vorleistung von Diensten, Waren und Geld gerichtetes System[29] – oder gar der Gesamtwirtschaft[30] allgemein anerkannt.[31]

8 Die Ansicht, § 283 StGB schütze neben den Befriedigungsinteressen die insolvenzrechtlichen Gestaltungsrechte, überzeugt nicht. Zwar hat der Gesetzgeber der InsO die Mitwirkungsrechte der Gläubiger am Insolvenzverfahren gestärkt, indem er etwa die Position von Gläubigerversammlung und Gläubigerausschuss ausbaute (vgl. etwa § 157 InsO) und das Ziel einer Unternehmenssanierung neben die Zerschlagung stellte. Hieraus aber ein weiteres Rechtsgut zu folgern, ginge zu weit, bezwecken doch auch die erweiterten Gläubigerrechte in letzter Konsequenz nichts anderes, als die ohnehin schon im Rang eines Schutzgutes stehenden Befriedigungsinteressen besser durchzusetzen.[32] Noch weitaus größeren Bedenken sieht sich das Vorhaben ausgesetzt, ein „Recht am Arbeitsplatz" zum zusätzlichen Schutzgut des § 283 StGB zu erheben, sofern damit der Versuch einhergeht, die **Arbeitnehmerinteressen** gegenüber den Interessen der übrigen Gläubiger zu bevorzugen. Natürlich sind die Arbeitnehmer genauso wie alle anderen Gläubiger geschützt, soweit ihr Befriedigungsinteresse – etwa in Form ausstehenden Lohns – angesprochen ist.[33] Damit bewendet es aber. D.h.: Eine schuldnerische Maßnahme entgeht bspw. nicht dem Verdikt der Wirtschaftswidrigkeit,[34] weil sie unter Hintanstellung der Gesamtgläubigerinteressen den Arbeitnehmern des kriselnden Unternehmens nützt.[35] Andernfalls würde der von der InsO propagierte Gleichrang sämtlicher Gläubiger konterkariert.[36]

9 Obschon zwischenzeitlich auch der BGH ein Kollektivrechtsgut mit dem Namen „Schutz des gesamtwirtschaftlichen Systems" propagiert[37] und sich die Ansicht, die dem § 283 StGB

KTS **2003**, 205, 216 f.; *Krüger* wistra **2002**, 52, 53 m. Fn. 4; NK/*Kindhäuser* Vor §§ 283 bis 283d Rdn. 23, der insofern nur von einem Schutzreflex sprechen will; abl. auch *Fischer* Vor § 283 Rdn. 3; *Ressmann*, S. 38 f.

29 So plakativ LK[12]/*Tiedemann* Vor § 283 Rdn. 58.

30 Dafür etwa *Fischer* Vor § 283 Rdn. 3; *Sch/Schröder/Heine/Schuster* Vorbem §§ 283 ff. Rdn. 2; Lackner/Kühl/*Heger* § 283 Rdn. 1; *Dannecker/Knierim/Dannecker/Hagemeier* Rdn. 44; A/R/R/*Himmelreich* Kap. 7/1 Rdn. 3; Park/*Wagner* Teil 3, Kap. 10.3 Rdn. 3; Pape/Uhländer/*Hofmann* § 283 Bankrott Rdn. 1; *Bretzke*, S. 12; *Röhm*, S. 80 ff.; *Reichelt*, S. 78; *Schlüchter* JR **1979**, 513, 515; *E. Müller* S. Beck-FS, S. 347, 352; *Habetha* NZG **2012**, 1134, 1135 m. Fn. 4; *Arens* wistra **2007**, 450, 455; *Schulte* ZInsO **2002**, 265, 266; sympathisierend auch *Waßmer*, S. 14; wohl ebenso *Ogiermann/Weber* wistra **2011**, 206, 207; überzeugende Gegenargumente finden sich bei *Krause*, S. 175 sowie *Dohmen*, S. 110 f.; *dies./Sinn* KTS **2003**, 205, 217; *Stracke*, S. 435 f.; *Penzlin*, S. 32; *Erdmann*, S. 85; *Moosmayer*, S. 131 f.; *Gosch*, S. 197; *Habetha*, S. 63 ff.; abl. stehen einem Rechtsgut „Gesamtwirtschaft" auch *Tiedemann* ZIP **1983**, 513, 520, M-G/*Richter* Kap. 81 Rdn. 4 und *Hiltenkamp-Wisgalle*, S. 62; *Matzen*, S. 14 f.; *Neumann*, S. 84; *Regner*, S. 17; *Hagedorn*, S. 99; *Ressmann*, S. 38 gegenüber; vgl. auch schon *Hälschner* GA 18 **(1870)**, 665, 672 sowie *v. Babo*, S. 4.

31 Anders freilich der Befund von *Stracke*, S. 366 m. Fn. 1923, der zufolge die Anerkennung des überindividuellen Schutzgutes „Kreditwirtschaft" heute „nahezu unbestritten" ist.

32 Ähnl. MK/*Petermann/Sackreuther* Vor §§ 283 ff. Rdn. 24; SK/*Hoyer* Vor § 283 Rdn. 4; *Sch/Schröder/Heine/Schuster* Vorbem §§ 283 ff. Rdn. 2; Lackner/Kühl/*Heger* § 283 Rdn. 1; *Dannecker/Knierim/Dannecker/Hagemeier* Rdn. 39; M-G/*Richter* Kap. 81 Rdn. 3; *Moosmayer*, S. 123 ff.; *Röhm*, S. 70; *Dohmen*, S. 100; *dies./Sinn* KTS **2003**, 205, 211; *Nickmann*, S. 26 f.; *Habetha*, S. 61 f.; *Ressmann*, S. 39; i.E. ebenso *Penzlin*, S. 27 f., freilich vom Standpunkt des von ihm präferierten personalen Vermögensbegriffs; wohl auch *Hörl*, S. 59 m. Fn. 251.

33 LK[12]/*Tiedemann* Vor § 283 Rdn. 49 f.; *ders.* ZIP **1983**, 513, 519; NK/*Kindhäuser* Vor §§ 283 bis 283d Rdn. 19; *Dannecker/Knierim/Dannecker/Hagemeier* Rdn. 40; MK/*Petermann/Sackreuther* Vor §§ 283 ff. Rdn. 20; M/R/*Altenhain* § 283 Rdn. 1; *Hiltenkamp-Wisgalle*, S. 61; *Moosmayer*, S. 125; *Dohmen*, S. 97; *Nickmann*, S. 25 f.

34 Dazu u. Rdn. 27 ff.

35 Richtig LK[12]/*Tiedemann* Vor § 283 Rdn. 52, 118a, *ders.* KTS **1984**, 539, 547 sowie *ders.* ZIP **1983**, 513, 520, der zu Recht auf § 34 StGB verweist, der dazu aufgerufen ist, einen Konflikt zwischen Arbeitnehmer- und Gesamtgläubigerinteressen zu lösen; i.E. zust. MK/*Petermann/Sackreuther* Vor §§ 283 ff. Rdn. 20; *Dannecker/Knierim/Dannecker/Hagemeier* Rdn. 40; *Krause*, S. 384; *Hagedorn*, S. 98; *Moosmayer*, S. 125; *Röhm*, S. 66 f.; *Nickmann*, S. 25 f.; a.A. aber *Hiltenkamp-Wisgalle*, S. 174, der zufolge Differenzgeschäfte nicht wirtschaftswidrig seien, die dazu dienten, Arbeitsplätze zu erhalten; wohl auch NK/*Kindhäuser* Vor §§ 283 bis 283d Rdn. 75, 112.

36 Hierzu und zu weiteren Einwänden LK[12]/*Tiedemann* Vor § 283 Rdn. 51 f.; vgl. ferner MK/*Petermann/Sackreuther* Vor §§ 283 ff. Rdn. 20; *Neumann*, S. 81 m. Fn. 289.

37 BGHSt **55**, 107, 115; zur Anerkennung überindividueller Interessen auch schon BGH NJW **2001**, 1874, 1875.

neben den Befriedigungsinteressen der Gläubiger ein Schutzgut „funktionierende Kreditwirtschaft" entnimmt, weitgehender Zustimmung erfreut, bereitet die Annahme eines überindividuellen Rechtsguts Bauchschmerzen.[38] Die Topoi, Unternehmenszusammenbrüche evozierten weitere, die Gesamt- bzw. Kreditwirtschaft beeinträchtigende Insolvenzen,[39] Insolvenzstraftaten begründeten die Gefahr von Nachahmungseffekten (sog. **Sogwirkung**),[40] Insolvenzstraftäter begingen zusätzliche, typische Begleit- und Folgedelikte (sog. **Spiralwirkung**)[41] sowie der Hinweis auf die hohen (volkswirtschaftlichen) Schäden, die Insolvenzen verursachen, rechtfertigen jedenfalls nicht die Kreation eines Kollektivrechtsgutes,[42] zumal Kreditinstitute angesichts der Möglichkeit, sich umfassend abzusichern, nicht zu den typischen Opfern des Bankrotteurs rechnen.[43] Darüber hinaus gestatten selbst manche Apologeten eines Kollektivrechtsguts den Gläubigern, Bankrotthandlungen des Schuldners strafbarkeitsausschließend zu konsentieren,[44] obschon die einzelnen Gläubiger eines Schuldners sicherlich nicht über das Rechtsgut „Gesamt-/Kreditwirtschaft" disponieren können.[45] Mehr spricht deshalb dafür, das Rechtsgut des § 283 StGB ausschließlich in den Befriedigungsinteressen der Gläubiger zu lozieren.[46] Verfassungsrechtliche Bedenken ruft eine solche Rechtsgutskonzeption – entgegen teilweise geäußerter Ansicht – richtigerweise nicht hervor, da es dem Gesetzgeber einerseits nicht verwehrt ist, zum Schutz individueller Rechtsgüter auf die Kategorie der abstrakten Gefährdungsdelikte zuzugreifen und andererseits der von § 283 Abs. 6 StGB geforderte Eintritt einer objektiven Strafbarkeitsbedingung bereits einen starken Rechtsgutsbezug impliziert.[47] Vor diesem Hintergrund überzeugt es schließlich auch nicht, aus dem Gefährdungsdeliktscharakter des § 283 StGB und der in § 283 Abs. 5 StGB vorgesehenen Fahrlässigkeitsstrafbarkeit den Schluss zu ziehen, § 283 StGB schütze zusätzlich das Kollektivrechtsgut der funktionierenden Kreditwirtschaft.[48]

---

38 Eine ausführl. Zusammenstellung der Argumente, die gegen die Annahme eines Kollektivrechtsgutes sprechen, findet sich bei *Nickmann*, S. 32 ff.; *Habetha*, S. 63 ff.; s. ferner *Dohmen*, S. 105 ff.; *Windsberger*, S. 169 f.

39 Dazu etwa LK[12]/*Tiedemann* Vor § 283 Rdn. 54; *Dannecker/Knierim/Dannecker/Hagemeier* Rdn. 44; *Hammerl*, S. 110; *Hiltenkamp-Wisgalle*, S. 43, 51; ähnl. bereits *Neumeyer*, S. 137, 154; *Hälschner* GA 18 **(1870)**, 665, 672; dagegen etwa *Höfner*, S. 34; *Mohr*, S. 149; skept. auch schon *Kuhn*, S. 4; *Steinbrück*, S. 12 f.

40 *Dannecker/Knierim/Dannecker/Hagemeier* Rdn. 44; *Hiltenkamp-Wisgalle*, S. 43; *Stracke*, S. 434 f.; abl. *Höfner*, S. 35 f.; *Habetha*, S. 66; skeptisch aufgrund fehlender empirisch-kriminologischer Untersuchungen *Heinz* GA **1977**, 193, 203 f.

41 *Hiltenkamp-Wisgalle*, S. 44; *Stracke*, S. 435; dagegen mit überzeugenden Argumenten *Höfner*, S. 36 ff.

42 Zutr. NK/*Kindhäuser* Vor §§ 283 bis 283d Rdn. 33; SK/*Hoyer* Vor § 283 Rdn. 6; MK/*Petermann/Sackreuther* Vor §§ 283 ff. Rdn. 26; *Hörl*, S. 54 ff.; *Mohr*, S. 147 f.; *Dohmen*, S. 106 ff.; *dies./Sinn* KTS **2003**, 205, 212 ff.; *Windsberger*, S. 169 f.; *Galneder/Ruppert* KTS **2018**, 133, 141 f.; *Püschel* Rissing-van Saan-FS, S. 471, 476 f.

43 *Dohmen*, S. 112; s.a. *Hammerl*, S. 64; *Kribs-Drees*, S. 46 f., die aber gleichwohl Bankrotthandlungen die Eignung attestieren, das Kreditgefüge zu erschüttern (vgl. *Hammerl*, S. 65 f. und *Kribs-Drees*, S. 43 ff.).

44 Dafür etwa LK[12]/*Tiedemann* Vor § 283 Rdn. 57, 108; zust. *Moosmayer*, S. 205; a.A. und somit konsequent aber *Hammerl*, S. 130; *Bieneck* wistra **2001**, 53.

45 Zu diesem Einwand *Penzlin*, S. 45; AnwK/*Püschel* Vor § 283–283d Rdn. 1; *ders.* Rissing-van Saan-FS, S. 471, 477; nach *Späth*, S. 198 f. führt die Einwilligung sämtlicher Gläubiger dazu, dass auch das überindividuelle Schutzgut nicht tangiert wird, weil es in diesem Fall zu einem „Dominoeffekt" nicht kommen könne.

46 MK/*Petermann/Sackreuther* Vor §§ 283 ff. Rdn. 27; NK/*Kindhäuser* Vor §§ 283 bis 283d Rdn. 33; SK/*Hoyer* Vor § 283 Rdn. 6; M/R/*Altenhain* § 283 Rdn. 1; *Hörl*, S. 57; *Höfner*, S. 38; *Penzlin*, S. 44 und *passim*; *Dohmen*, S. 113, 189, 205, 214; *dies./Sinn* KTS **2003**, 205, 217 f.; *Galneder/Ruppert* KTS **2018**, 133, 141 f.; *Nickmann*, S. 40; *Habetha*, S. 61 ff.; *v. Babo*, S. 4 f.; *Kuhn*, S. 4 f.; *Steinbrück*, S. 16 f.; so wohl auch AnwK/*Püschel* Vor § 283–283d Rdn. 1; *ders.* Rissing-van Saan-FS, S. 471, 477: §§ 283 ff. StGB dienen ausschließlich dem Vermögensschutz; skept. freilich *Hammerl*, S. 37.

47 MK/*Petermann/Sackreuther* Vor §§ 283 ff. Rdn. 27; *Habetha*, S. 69 f.

48 So aber *Moosmayer*, S. 135 f., 139; ähnl. *v.d. Heydt*, S. 118; dagegen zutr. *Penzlin* WM **1999**, 983, 984; zu der Rechtfertigung, Täter, die überindividuelle Interessen beeinträchtigen, strenger zu bestrafen, s. schon *Köstlin* GA 5 **(1857)**, 721, 732.

IV. Das zeitliche Zusammenspiel von Bankrotthandlung und objektiver Strafbarkeitsbedingung

10 Heute entspricht es nahezu einhelliger Meinung, dass die Vornahme einer Bankrotthandlung auch noch nach Eintritt der objektiven Strafbarkeitsbedingung die Strafbarkeit wegen Bankrotts gem. § 283 Abs. 1 StGB zur Folge hat.[49] Um dieses vom Standpunkt der **h.M.** *prima vista* seltsam anmutende Ergebnis – der allenthalben geforderte tatsächliche Zusammenhang zwischen Bankrotthandlung und objektiver Strafbarkeitsbedingung kann nämlich in solchen Konstellationen überhaupt nicht bestehen[50] – zu begründen, verweisen die Verfechter dieser Ansicht auf Strafwürdigkeitserwägungen. So würde der von § 283 StGB anerkanntermaßen bezweckte Gläubigerschutz *ad absurdum* geführt, gestattete man dem Schuldner nach Eintritt der objektiven Strafbarkeitsbedingung den Rest seines Vermögens straflos zu verschleudern.[51] – Ergebnis und Argumentation der **h.M.** überzeugen indes nur bedingt. Mehr spricht für einen differenzierten Lösungsansatz: Hat das Insolvenzgericht über das schuldnerische Vermögen das Insolvenzverfahren eröffnet und einen Insolvenzverwalter eingesetzt, nimmt dieser das schuldnerische Vermögen in Beschlag und sorgt damit für einen ausreichenden Gläubigerschutz. Der Schuldner hingegen verliert seine Verfügungsrechte und wird – bildlich gesprochen – aus seiner Vermögensposition verdrängt.[52] Freilich bedeutet der Verlust der Verpflichtungs- und Verfügungsbefugnis nicht, dass der Schuldner nicht mehr faktisch auf sein zur Masse gehörendes Vermögen in einer die Gläubiger schädigenden Weise zugreifen kann. Jedoch verwirkt solches Verhalten kein Bankrottunrecht, da das eröffnete Insolvenzverfahren das Schuldnervermögen bereits zugunsten der Gläubiger „verstrickt" und damit die Gefahr, durch unlautere Machenschaften des Schuldners geschädigt zu werden, erheblich gesenkt hat.[53] Wer masseschädigendes Verhalten des Schuldners nach Insolvenzverfahrenseröffnung gleichwohl strafrechtlich ahnden will, der sei auf den Tatbestand der **Pfandkehr** (§ 289 StGB) verwiesen. Die Pfandkehr schützt

---

49 BGHSt **1**, 186, 191; BGH/H GA **1953**, 74; BGH ZWH **2015**, 31, 32 m. Anm. *Brand* ebd.; BGH/H GA **1971**, 38; BGH wistra **1982**, 231; BGH LM Nr. 13 zu § 239 KO; RGSt **27**, 316, 318; RGSt **14**, 221, 222 ff.; RGSt **11**, 386 f.; RGSt **9**, 134; RG Rspr. 5, 52, 54; *Fischer* Vor § 283 Rdn. 16; Lackner/Kühl/*Heger* § 283 Rdn. 29; *Sch/Schröder/Heine/Schuster* § 283 Rdn. 50, 59; SK/*Hoyer* Vor § 283 Rdn. 19; MK/*Petermann/Sackreuther* Vor §§ 283 ff. Rdn. 145; M-G/*Richter* Kap. 77 Rdn. 13 und Kap. 81 Rdn. 26, 86; A/R/R/*Himmelreich* Kap. 7/1 Rdn. 186; W/J/S/*Pelz* 9/128, 360; *Dannecker/Knierim/Dannecker/Hagemeier* Rdn. 881, 886; MAH/*Böttger* § 19 Rdn. 181; Park/*Wagner* Teil 3, Kap. 10.3 Rdn. 17; M/G/*Rotsch/Wagner* 8/157; Pape/Uhländer/*Hofmann* § 283 Bankrott Rdn. 53; *Weyand/Diversy* Rdn. 60; *Wittig* § 23 Rdn. 117; *Bemmann*, S. 47 ff.; *Hiltenkamp-Wisgalle*, S. 338; *Stracke*, S. 72; *Reichelt*, S. 105; *Habetha*, S. 219 f.; *Brackmann*, S. 405 ff.; *Niu*, S. 145; *Kuhn*, S. 22, 37; *Büttiker*, S. 13, 28 f.; *Steinbrück*, S. 46; *Otto* Bruns-GS, S. 265, 282; *Heidland* KTS **1958**, 161, 162; *Böhle-Stamschräder* KTS **1957**, 17; Steinberg/Valerius/Popp/*Hagemeier*, S. 129, 136 f.; *dies.* StV **2010**, 26, 28; sowie Bittmann[1]/*Bittmann* § 12 Rdn. 26; implizit RGSt **55**, 30; *Nieberg*, S. 35; *Kollmar*, S. 35, 43; *Kribs-Drees*, S. 86; *Moosmayer*, S. 186; *Stracke*, S. 418; *Röhm* NZI **2002**, 134, 136; diff. HambK/*Borchardt* § 283 StGB Rdn. 36 f., dem zufolge die Organe von (Personen-)Verbänden nach Eröffnung des Insolvenzverfahrens einen strafbaren Bankrott nicht begehen können, weil ihre Verfügungs- und Verpflichtungsbefugnis bzgl. des schuldnerischen Vermögens auf den Insolvenzverwalter übergeht und deshalb die Voraussetzungen des § 14 StGB nicht mehr vorlägen.

50 Schon *Neumeyer*, S. 137 folgert deshalb aus diesem Erfordernis, dass die Zahlungseinstellung der Bankrotthandlung nachfolgen muss, allerdings beschränkt auf den einfachen Bankrott (§ 210 KO a.F.). Beim betrügerischen Bankrott schade die Vornahme der Tathandlung nach Eintritt der Zahlungseinstellung hingegen nicht (a.a.O., S. 168, 172); vgl. aber die beachtlichen Erwägungen bei *Habetha*, S. 308 f.

51 *Dannecker/Knierim/Dannecker/Hagemeier* Rdn. 886; so auch schon *Kuhn*, S. 37.

52 Zu dieser Arg. s.a. schon *v. Babo*, S. 24, der daraus aber nicht die hier gezogene Konsequenz folgert, sondern gleichwohl auf dem Standpunkt steht, es sei einerlei, ob der Schuldner die Bankrotthandlung vor oder nach Eröffnung des Insolvenzverfahrens bzw. Eintritts der Zahlungseinstellung vornimmt (a.a.O., S. 39, 46); ähnl. *Kuhn*, S. 22 f.; *Büttiker*, S. 27; vgl. auch *Habetha*, S. 219.

53 Andeutungsweise findet sich diese Argumentation bereits bei *Neumeyer*, S. 138; vgl. ferner auch RGSt **14**, 221, 223, das die Bestrafung des Schuldners, der eine Bankrotthandlung nach Zahlungseinstellung begeht, u.a. damit begründet, dass noch keine „geeigneten Sicherungsmaßregeln gegen ihn getroffen werden konnten". Im Übrigen sind Verfügungen des Schuldners nach Insolvenzverfahrenseröffnung gem § 81 Abs. 1 S. 1 InsO unwirksam, so dass die Voraussetzungen des Zurechnungszusammenhangs „als" nach dem hier vertretenen Ansatz (s. Rdn. 19) ohnehin nie vorliegen.

zwar nur Nutznießer, Pfandgläubiger sowie die Inhaber von Gebrauchs- und Zurückbehaltungsrechten. Angesichts der historischen Entwicklung des Insolvenzrechts, dem die Vorstellung eines Pfandrechts der Gläubiger am (Gesamt-)Vermögen des Schuldners nicht fremd war,[54] stünde der Wortlaut dem Unterfangen, den Schuldner, der nach Insolvenzverfahrenseröffnung Bestandteile der Masse beiseiteschafft, gem. § 289 Abs. 1 StGB zu ahnden, nicht entgegen und spräche unter teleologischen Gesichtspunkten viel dafür, diesen Weg einzuschlagen, da die „klassischen" Fallgestaltungen des § 289 Abs. 1 StGB und die hier im Fokus stehenden Konstellationen frappierende Gemeinsamkeiten aufweisen. Hinzu kommt der Tatbestand des **Verstrickungsbruchs** (vgl. § 136 Abs. 1 StGB), den der Schuldner, der nach Insolvenzverfahrenseröffnung bspw. Massebestandteile beiseiteschafft, ebenfalls verwirkt[55] und dessen Strafrahmen auch gegenüber der Pfandkehr noch einmal deutlich abgesenkt ist, nämlich auf Freiheitsstrafe bis zu einem Jahr oder auf Geldstrafe. Deshalb erscheint es nicht gerechtfertigt, den insolventen Schuldner schwerer – nämlich gem. § 283 Abs. 1 StGB – zu bestrafen. Anders liegen die Dinge hingegen, wenn der Schuldner seine Zahlungen einstellt bzw. die beantragte Eröffnung des Insolvenzverfahrens mangels einer die Verfahrenskosten deckenden Masse (§ 26 Abs. 1 InsO) abgewiesen wurde. Da es an einem Verfahren fehlt, das die Masse zugunsten der Gläubiger sichert, mehrt und zusammenhält, der Schuldner vielmehr weiterhin schalten und walten darf, wie es ihm beliebt,[56] wäre es in der Tat nicht angemessen, ihm straflos zu erlauben, die geringfügigen Reste seines Vermögens zu eigenen Zwecken statt zu (quotaler) Gläubigerbefriedigung einzusetzen. Positiver Nebeneffekt der hier vorgeschlagenen Lösung ist die Harmonisierung mit den Fällen, in denen die Bilanzierungsfrist erst nach Eintritt der objektiven Strafbarkeitsbedingung endet.[57]

V. Die tauglichen Täter des § 283 StGB

Zwar scheint § 283 StGB ausweislich seiner Formulierung („wer") jedermann als tauglichen Täter 11
zu erfassen. Ein Blick in die objektive Strafbarkeitsbedingung des § 283 Abs. 6 StGB sowie auf die Struktur des § 283 StGB belehrt jedoch eines Besseren. Strafbar gem. den §§ 283, 283a, 283b, 283c StGB ist danach zum einen nur, wer entweder *seine* Zahlungen eingestellt hat oder über dessen Vermögen das Insolvenzverfahren eröffnet bzw. mangels Masse nicht eröffnet wurde. Zum anderen spricht etwa der Wortlaut des § 283 Abs. 1 Nr. 1 StGB davon, der Täter müsse Bestandteile *seines* Vermögens entweder während der Krise oder mit dem Potential, eine solche herauf zu beschwören, beiseiteschaffen, vernichten etc. Damit verengt sich der Täterkreis auf den **(Gemein-)Schuldner**, der gem. den §§ 283 Abs. 1 Nrn. 5–7, 283b StGB zusätzlich noch **Kaufmann** i.S.d. HGB sein muss.[58, 59] Wer Schuldner ist, richtet sich streng akzessorisch nach dem Zivilrecht.[60] Die

54 S. etwa *K Schmidt* Hellwig-FS, S. 311, 322.

55 S. nur W/J/S/*Pelz* 9/377.

56 Angedeutet hat diese Differenzierung bereits *Kuhn*, S. 23; gegen eine Bankrottstrafbarkeit bei Abweisung des Antrags mangels Masse mit guten Gründen *Brackmann*, S. 413 ff.

57 Dazu s.u. § 283 Rdn. 143.

58 Dazu ausführl. § 283 Rdn. 51 ff.

59 Ausführl. zum Ganzen *Tiedemann* NJW **1977**, 777, 779; *ders.* KTS **1984**, 539, 542; SK/*Hoyer* Vor § 283 Rdn. 7 und § 283 Rdn. 96, 98; Lackner/Kühl/*Heger* § 283 Rdn. 2; M/R/*Altenhain* § 283 Rdn. 4; M-G/*Richter* Kap. 81 Rdn. 28 f.; A/R/R/*Himmelreich* Kap. 7/1 Rdn. 5; W/J/S/*Pelz* 9/110; Park/*Deiters*/*Wagner* Teil 3, Kap. 10.2 Rdn. 8; Pape/Uhländer/*Hofmann* § 283 Bankrott Rdn. 2; *Geers*, S. 65 ff.; *Hiltenkamp-Wisgalle*, S. 64; *Grosche*, S. 29 f.; *Matzen*, S. 18; *Moosmayer*, S. 57; *Röhm*, S. 240 f.; *Penzlin*, S. 55 f.; *Grub*, S. 5 f.; *Dohmen*, S. 66; *Reichelt*, S. 103; *Stracke*, S. 14 m. Fn. 69; s.a. *Gübel*, S. 152; *Radtke* JR **2010**, 233, 235; *ders.* GmbHR **2009**, 875; *Ogiermann*/*Weber* wistra **2011**, 206, 207; *Schäfer* wistra **1990**, 81; *Weber* StV **1988**, 16; *Richter* GmbHR **1984**, 137, 142; *Hombrecher* JA **2013**, 541, 543.

60 MK/*Petermann*/*Sackreuther* Vor §§ 283 ff. Rdn. 48; *Matzen*, S. 19; *Ceffinato*, S. 78; *Habetha*, S. 88; *Hammerl*, S. 4 m. Fn. 10; *Geers*, S. 65; *Wehleit*, S. 56; *Röhm*, S. 242; *Grub*, S. 18, 22, 61; *N. Huber* ÖJZ 22 **(2010)**, 999, 1003; *Tiedemann* NJW **1986**, 1842: „Das strafrechtliche Tatbestandsmerkmal ‚Schuldner' ist eben durch und durch zivilrechtlich geprägt [...]"; anders wohl noch *ders.* NJW **1977**, 777, 780, wonach der neue § 283 StGB von der ausdrücklichen Bindung an den

allenthalben anzutreffende Präzisierung, wonach auch derjenige Schuldner im bankrottstrafrechtlichen Sinne sei, der für fremde Schuld hafte[61] – etwa der Gesellschafter einer OHG oder der Ehegatte einer Gütergemeinschaft – trägt zum besseren Verständnis nicht viel bei. Denn der Gesellschafter/der Ehegatte verwirkt erst dann Bankrottunrecht, wenn er im Stadium der eigenen Krise Bankrotthandlungen vornimmt und anschließend bspw. seine Zahlungen einstellt.[62] Der Minderjährige, der ohne die erforderliche Genehmigung ein Erwerbsgeschäft betreibt (vgl. § 112 BGB), rechnet nicht zu den Schuldnern i.S.d. § 283 StGB, verhindert doch die fehlende Genehmigung schon den Abschluss wirksamer Rechtsgeschäfte.[63]

1. Reichweite der §§ 283, 283a, 283b, 283c StGB im Recht der Personenverbände

12 Enorme Schwierigkeiten bereiten die §§ 283, 283a, 283b, 283c StGB dem Rechtsanwender, sobald nicht eine natürliche, sondern – wie *in praxi* zwischenzeitlich üblich[64] – eine **juristische Person** oder **Personenhandelsgesellschaft** die (Gemein-)Schuldnerrolle bekleidet.[65] Da das deutsche Recht *de lege lata* keine **Verbandsstrafe** kennt,[66] die Organwalter aber, die den Bankrotttatbestand verwirklichen, indem sie bspw. Vermögen des kriselnden Verbandes beiseiteschaffen, nicht Schuldner und damit keine tauglichen Täter sind,[67] liefen die §§ 283, 283a, 283b, 283c StGB auf dem praktisch relevanten Feld des Bankrotts juristischer Personen/Personengesellschaften leer.[68]

---

zivilrechtlichen Schuldnerbegriff gelöst sei; s.a. schon *v. Babo*, S. 8; *Kuhn*, S. 12; *Nieberg*, S. 3; *Büttiker*, S. 27; *Kollmar*, S. 9, die zur Bestimmung des Täterkreises „Schuldner" auf § 241 BGB verweisen; dezidiert a.A. freilich *Bruns*, .S 238.

61 S etwa RGSt **68**, 108, 109 = DRiZ **1934**, 313, 314 am Bsp. einer Gütergemeinschaft; ferner *Kuhn*, S. 12 f.; *Nieberg*, S. 4; LK/*Tiedemann* Vor § 283 Rdn. 60.

62 Das erkennt freilich auch LK[12]/*Tiedemann* Vor § 283 Rdn. 60; s. des Weiteren *Ceffinato*, S. 77.

63 Richtig *Kuhn*, S. 12; *Nieberg*, S. 3; *Geers*, S. 85 f.; offen gelassen von *v. Babo*, S. 12 wegen der geringen praktischen Relevanz solcher Konstellationen; anders anscheinend, v.a. mit Blick auf die Möglichkeit, deliktische Verbindlichkeiten zu begründen, *Steinbrück*, S. 45.

64 Zu dieser Feststellung s. nur MK/*Petermann*/*Sackreuther* Vor §§ 283 ff. Rdn. 53; zur GmbH als der insolvenzanfälligsten Rechtsform s. MAH/*Leipold* § 19 Rdn. 1; Scholz/*Rönnau* Vor §§ 82 ff. Rdn. 3; *Peukert*, S. 73; *Ulmer* KTS **1981**, 469; *Stein* AG **1987**, 165, 171; *Uhlenbruck* GmbHR **2002**, 941; *Schüppen* DB **1994**, 197; *v.d. Heydt*, S. 69, 87 f.

65 Vgl. aber auch *Wiesener*, S. 119 ff., der die Sonderdelikte als Pflichtdelikte kategorisiert und hieraus zunächst die Erkenntnis zieht, die Täterqualifikation beruhe auf einer besonderen Pflichtenstellung des Täters, die sich wiederum aus der besonderen Beziehung des Täters zum geschützten Rechtsgut ergebe (a.a.O., S. 133). Sodann postuliert er einen doppelten Pflichtenbegriff, der einmal eine Relation zu einem Subjekt der Handlung, das andere Mal eine Relation zu einem Subjekt der Zurechnung ausdrücke (a.a.O., S. 140). Da das Wesen der Sonderdelikte darin bestehe, bei den Handlungsdelikten die tatbestandsmäßige Handlung zu unterlassen und bei den Unterlassensdelikten die gebotene Handlung vorzunehmen, sie somit also eine „höchstpersönliche Pflicht" statuierten (a.a.O., S. 143), gehe es nicht an, die zivilrechtliche Vorstellung von einem Subjekt als Zurechnungsendpunkt einer Pflicht zum Definiens der Täterbeschreibungen des Strafrechts zu machen (a.a.O., S. 145 f.). In den Worten *Wiesners* kann „die das jeweilige Sonderdeliktssubjekt auszeichnende Pflichtenstellung als Entstehungsvoraussetzung einer höchstpersönlichen Verhaltenspflicht nicht von den außerstrafrechtlichen und der zivilistischen Begriffsbildung zugrunde liegenden Tatbeständen abhängen [...], die auf ein Subjekt der Zurechnung als solches gestellt sind". Für die Bankrottdelikte heißt das: Strafbar macht sich danach, wer den Aufgabenkreis des Schuldners übernommen und eine Bankrotthandlung begangen hat, sofern über das verwaltete Vermögen entweder das Insolvenzverfahren eröffnet bzw. seine Eröffnung mangels Masse abgelehnt oder die Zahlungen aus diesem Vermögensbestand eingestellt wurden (a.a.O., S. 184).

66 Zu den Bedenken gegenüber einer solchen Verbandsstrafe im Kontext der Insolvenzdelikte s. *Moosmayer*, S. 119 f.; *Röhm*, S. 245 ff. – Der „Entwurf eines Gesetzes zur Bekämpfung der Unternehmenskriminalität" ist nicht Gesetz geworden.

67 Zu diesem „Dilemma" s. schon die Begr. zur KO v. 1877 bei *Hahn*, S. 406 f.; ferner *Roxin* II § 27 Rdn. 84; *Röhm*, S. 247; *v. Spee*, S. 132; *Bittmann*/*Pikarski* wistra **1995**, 91, 92.

68 Diese Erkenntnis findet sich bereits in der Begr. zur KO v. 1877 bei *Hahn*, S. 407 sowie i.R.d. Entscheidung des Pr. Obertribunals GA 23 **(1875)**, 31, 33, 36; s. ferner *Bruns* DJ **1934**, 1589, 1590; *ders.* JZ **1954**, 12; zum Ganzen am Bsp. des § 266a StGB anschaulich auch MK/*Radtke* § 14 Rdn. 7.

Identifiziert hat diese Gefahr bereits das *Preußische Obertribunal*, dessen freisprechende Entscheidung[69] den Gesetzgeber dazu veranlasste, in mehreren Anläufen eine Vorschrift zu schaffen, die es erlaubt, den (Gemein-)Schuldnerstatus des Personenverbandes seinen handelnden Organen zuzurechnen.[70] Den Schlusspunkt dieser gesetzgeberischen Bemühungen bildet der heute geltende § 14 StGB.[71] Diese Vorschrift weist dem Organwalter, der im Stadium der Gesellschaftskrise Gesellschaftsvermögen bspw. vor den Gläubigern verheimlicht oder zu spekulativen Zwecken einsetzt (vgl. § 283 Abs. 1 Nr. 1 bzw. 2 StGB), unter bestimmten, sogleich darzustellenden Voraussetzungen[72] die Schuldnereigenschaft „seines" Verbandes zu.[73]

a) § 283 Abs. 6 StGB – Ein Hindernis der Organstrafbarkeit wegen Bankrotts? Probleme, 13
die nicht an der Gestalt des § 14 StGB hängen, gleichwohl aber thematisch zum hier behandelten Zurechnungskontext gehören, ergeben sich mit Blick auf die §§ 283 Abs. 6, 283b Abs. 3, 283c Abs. 3 StGB. Die dort normierte bzw. in Bezug genommene objektive Strafbarkeitsbedingung spricht nämlich nicht vom Schuldner, sondern vom **Täter**, der seine Zahlungen eigestellt haben bzw. über dessen Vermögen das Insolvenzverfahren eröffnet oder mangels Masse abgelehnt worden sein muss. Vor diesem Hintergrund plädieren Teile des Schrifttums dafür, den Organwalter, der bspw. das Vermögen „seiner" fallierenden und später zusammengebrochenen Gesellschaft entgegen den Nrn. 1–3, 8 eingesetzt hat, selbst dann vom Vorwurf des strafbaren Bankrotts freizusprechen, wenn ihm *via* § 14 StGB die Gemeinschuldnerposition anwächst, da die Gesellschaft und nicht er, der Täter, seine Zahlungen einstellte etc.[74] Die extreme Gegenansicht schlägt vor, den § 283 Abs. 6 StGB **berichtigend** dahingehend auszulegen, statt „Täter" einfach „Schuldner" zu lesen.[75] Der Einwand, eine solche „Uminterpretation" verstieße gegen Art. 103 Abs. 2 GG, liegt auf der Hand,[76] trifft aber den nicht, der wegen der Zurechnungsoperation des § 14 StGB den § 283 StGB als **Vertretersondertatbestand** mit dem Vertreter als Schuldner und Täter begreift.[77] *Summa summarum*

---

69 Pr. Obertribunal GA 23 (**1875**), 31, 45; s.a. RGSt **16**, 121, 123 f. sowie RGSt **60**, 234 f. am Bsp. des § 288 StGB.

70 S. schon die Aussage in RGSt **13**, 235, 240; zu den gesetzgeberischen Bemühungen im Anschluss an die Entscheidung des Pr. Obertribunals s. LK/*Schünemann* § 14 Rdn. 2; *Geers*, S. 112 ff.; *v. Spee*, S. 132 ff.

71 Ausführl. zur historischen Entwicklung *Schäfer*, Niederschriften, S. 545, 546 ff.; Amelung/*Rogall*, S. 145, 147 ff.; zu den Schwierigkeiten, die die über zahlreiche Gesetze verstreuten (vgl. etwa § 83 GmbHG a.F. bzw. § 244 KO a.F.) Zurechnungsvorschriften mit sich brachten, s. RGSt **41**, 309, 311 am Bsp. der Liquidatoren einer GmbH.

72 S.u. Rdn. 16 ff.

73 A.A. aber jüngst *Ceffinato*, S. 354 ff., dem zufolge § 283 Abs. 1 Nrn. 1–4, 6, 8 StGB lediglich ein Gemeindelikt mit beschränktem Adressatenkreis normiert, das von § 14 StGB nicht erfasst werde. Die hierdurch entstehende Lücke schließe § 283d StGB, dem *Ceffinato* u.a. die Aussage entnimmt, dass es sich bei dem in § 283 Abs. 1 Nrn. 1–4, 6, 8 StGB vertypten Unrecht nicht um Sonderunrecht handelt. Lediglich die §§ 283 Abs. 1 Nrn. 5 und 7, 283b StGB ordnet er in die Gruppe derjenigen Sonderdelikte ein, bzgl. derer er die Vorschrift des § 14 StGB für anwendbar erachtet.

74 *Labsch* wistra **1985**, 1, 4; s.a. AnwK/*Püschel* Vor § 283–283d Rdn. 4.

75 *Fischer* Vor § 283 Rdn. 21; *Sch/Schröder/Heine/Schuster* § 283 Rdn. 59a; Lackner/Kühl/*Heger* § 283 Rdn. 26; NK/*Kindhäuser* Vor §§ 283 bis 283d Rdn. 43; M-G/*Richter* Kap. 81 Rdn. 66; W/J/S/*Pelz* 9/113; M/R/*Altenhain* § 283 Rdn. 51; M/G/*Rotsch/Wagner* 8/251; GK-GmbHG/*Ransiek* Vor § 82 Rdn. 28; *Weyand/Diversy* Rdn. 25; *Geers*, S. 128; *Penzlin*, S. 55 f.; *Ceffinato*, S. 33 m. Fn. 58; *Stracke*, S. 339 f.; *Kawan*, S. 209; *Reichelt*, S. 18; *Regner*, S. 47; *Hagedorn*, S. 81; *Habetha*, S. 90, 294; *Grub*, S. 13 f., 83, 97; *Tiedemann* NJW **1977**, 780; *ders.* Dünnebier-FS, S. 519, 535, der aber gleichwohl auf die Problematik dieser Lesart hinweist; *Grosche*, S. 31 f.; *Deutscher/Körner* wistra **1996**, 8, 12; *Lampe* GA **1987**, 241, 249 m. Fn. 17; ferner *Waßmer*, S. 16; Park/*Deiters/Wagner* Teil 3, Kap. 10.2 Rdn. 11; *Arloth* NStZ **1990**, 570, 574; *Richter* GmbHR **1984**, 137, 142; *Trüg/Habetha* wistra **2007**, 365, 368; nach *Ransiek* ZGR **1992**, 203, 210 m. Fn. 35 ist eine solche berichtigende Lesart freilich unnötig.

76 So etwa *Labsch* wistra **1985**, 1, 4; zust. *Matzen*, S. 20; *Büning*, S. 63; sympathisierend *Röhm*, S. 251; vgl. aber auch *Stöckel*, S. 85, dem zufolge eine Bindung an den Wortlaut dann nicht besteht, wenn die auszulegende Gesetzesbestimmung offensichtlich missglückt oder redaktionell fehlerhaft ist.

77 Zutr. *Wehleit*, S. 14 f.; wohl auch *Büning*, S. 63; ferner SK/*Hoyer* § 283 Rdn. 97; *Mohr*, S. 42; MK/*Petermann/Sackreuther* Vor §§ 283 ff. Rdn. 35 und Rdn. 148, obschon sie in Rdn. 148 der **h.M.** folgen, die statt Täter Schuldner liest; ähnl. HambK/*Borchardt* § 283 StGB Rdn. 49; S/S/W/*Bosch* Vorbem §§ 283 ff. Rdn. 5; *Dehne-Niemann* wistra **2009**, 417, 418; abl. *Matzen*, S. 20; *Stracke*, S. 339; *Röhm*, S. 251.

lässt sich festhalten: Der verunglückte Wortlaut des § 283 Abs. 6 StGB hindert das Unterfangen nicht, den Organwalter, der die tatbestandlichen Voraussetzungen der §§ 283, 283a, 283b, 283c StGB erfüllt und gem. § 14 StGB die Gemeinschuldnerrolle zugewiesen erhält, entsprechend zu bestrafen.

14 **b) Die juristische Person in der Gemeinschuldnerrolle.** Bekleidet eine **juristische Person** die Gemeinschuldnerrolle, hängt die Reichweite des denkbaren Täterkreises von § 14 Abs. 1 Nr. 1 StGB ab. Entgegen dem missverständlichen Wortlaut, der zwischen Organen und deren Mitgliedern unterscheiden will, obschon das Organ einer juristischen Person konstruktiv ebenfalls keine natürliche Person und damit strafunfähig ist,[78] kommen als Zurechnungsadressaten der Gemeinschuldnerrolle nur die Mitglieder des vertretungsberechtigten Organs in Betracht. Beispielhaft seien die GmbH-Geschäftsführer, die Vorstandsmitglieder einer Aktiengesellschaft oder eG[79] sowie der persönlich haftende Gesellschafter einer KGaA genannt.[80] Außerhalb des § 14 Abs. 1 Nr. 1 StGB stehen somit Aufsichtsratsmitglieder,[81] sofern ihr Gremium nicht ausnahmsweise die Funktion des vertretungsberechtigten Organs einnimmt (vgl. etwa § 112 S. 1 AktG),[82] sowie die Gesellschafter, Genossen, Aktionäre und Kommanditaktionäre.[83]

15 Wer mit der **h.M.** und entgegen dem hier verfochtenen Standpunkt die Ansicht vertritt, die Vornahme der von § 283 Abs. 1 Nrn. 1–8 StGB inkriminierten Tatmodalitäten verwirke auch noch nach Eröffnung des Insolvenzverfahrens Bankrottunrecht,[84] sieht sich der kontrovers diskutierten Frage ausgesetzt, ob – und wenn ja unter welchen Voraussetzungen – der Geschäftsführer im eröffneten Insolvenzverfahren bzw. im vorgeschalteten Insolvenzeröffnungsverfahren „als Organ" handelt. Hat das Insolvenzgericht einen (vorläufig „starken"[85] bzw. „halbstarken"[86]) Insolvenzverwalter ernannt, vermögen sowohl faktische Handlungen, wie das Verbergen von Vermögensbestandteilen, als auch solche rechtsgeschäftliche Maßnahmen, die die Masse schuldrechtlich verpflichten, den Zurechnungsmechanismus des § 14 Abs. 1 Nr. 1 StGB zu aktivieren. Rechtsgeschäftliche Verfügungen, die wirksam nur der (vorläufig „starke" bzw. „halbstarke") Insolvenzverwalter vornehmen kann, begründen den Zurechnungszusammenhang hingegen nicht.[87]

16 Freilich genügt die Mitgliedschaft im Vertretungsorgan nicht, um gem. § 14 Abs. 1 Nr. 1 StGB in die Position des Gemeinschuldners einzurücken. Vielmehr muss der präsumtive Täter die Bank-

78 Mehrheitlich versteht das einschlägige Schrifttum den Terminus „Organ" freilich dahingehend, wonach das Gesetz hiermit Konstellationen bezeichnet, in denen das Vertretungsorgan nur aus einer einzigen Person besteht; statt vieler MK/*Radtke* § 14 Rdn. 79; KK-OWiG/*Rogall* § 9 Rdn. 43, 45; LK/*Schünemann* § 14 Rdn. 45.

79 Zu diesen und zu den juristischen Personen des öffentlichen Rechts s.a. S/S/*Perron* § 14 Rdn. 15; MK/*Petermann*/*Sackreuther* Vor §§ 283 ff. Rdn. 54; ferner NK/*Kindhäuser* Vor §§ 283 bis 283d Rdn. 45.

80 S.a. LK[12]/*Tiedemann* Vor § 283 Rdn. 64; *Dannecker*/*Knierim*/*Dannecker*/*Hagemeier* Rdn. 51; M-G/*Richter* Kap. 81 Rdn. 33.

81 MK/*Radtke* § 14 Rdn. 79; KK-OWiG/*Rogall* § 9 Rdn. 43; *Roxin* II § 27 Rdn. 116.

82 Dann unterfallen sie dem § 14 Abs. 1 Nr. 1 StGB; s. nur NK/*Böse* § 14 Rdn. 24 sowie ausführl. *Brackmann*, S. 308 ff.

83 Die Gegenansicht, die bspw. auch dem GmbH-Gesellschafter die Schuldnerstellung zurechnen wollte (dafür *W Fleischer* NJW **1978**, 96 f.), hat sich zu Recht nicht durchgesetzt; überzeugende Kritik etwa bei *Cadus*, S. 106; *Hiltenkamp-Wisgalle*, S. 75; *Geers*, S. 57 f.; der Kritik i.E. zust. *Bruns* GA **1982**, 1, 11, der dieses Resultat aber bedauert.

84 Siehe o. Rdn. 10.

85 Von einem „starken" vorläufigen Insolvenzverwalter spricht man, wenn das Insolvenzgericht dem Schuldner zusätzlich zur Bestellung des vorläufigen Insolvenzverwalters ein allgemeines Verfügungsverbot auferlegt; vgl. § 22 Abs. 1 InsO.

86 Hierbei handelt es sich um Fälle, in denen das Gericht einen vorläufigen Insolvenzverwalter bestellt, diesen mit einzelnen Kompetenzen ausstattet, ohne aber dem Schuldner zugleich ein allgemeines Verfügungsverbot aufzuerlegen; vgl. § 22 Abs. 2 InsO.

87 Ausführl. dazu *Reichelt*, S. 105 ff.; enger M-G/*Richter* Kap. 81 Rdn. 44 und Kap. 87 Rdn. 31 sowie W/J/S/*Pelz* 9/387: Geschäftsleiter juristischer Personen können dann täterschaftlich keinen Bankrott mehr begehen.

rotthandlung gerade **„als“** Mitglied des vertretungsberechtigten Organs begangen haben. Die Auslegung dieser Partikel bereitet bis heute viel Kopfzerbrechen.[88] Rspr. und Schrifttum haben zahlreiche Interpretationsansätze hervorgebracht, mithilfe derer sie dieses Merkmal näher bestimmen wollen. Die Folie, auf der sich die Debatte abspielt, bildet das Verhältnis von § 266 StGB einer- und § 283 StGB andererseits.[89] Schafft bspw. der Geschäftsführer einer kriselnden GmbH Vermögensgegenstände zu seinen Gunsten und ohne Wissen der Gesellschafter beiseite und kommt es schließlich zum wirtschaftlichen Kollaps dieser GmbH, steht keinesfalls nur eine Strafbarkeit wegen Bankrotts gem. § 283 Abs. 1 Nr. 1 StGB im Raum, sondern darüber hinaus bzw. stattdessen auch eine solche wegen Untreue. Von Nuancen im Detail einmal abgesehen – etwa der Ansatz, dem die Organmitgliedschaft genügt, damit § 14 Abs. 1 Nr. 1 StGB seine Zurechnungsoperation durchführt[90] und der sich zu Recht nicht durchgesetzt hat[91] – standen sich lange Zeit die sog. **Interessentheorie** sowie ein **funktionaler Ansatz** gegenüber, bevor an deren Seite ein **organisationsbezogenes Zurechnungsmodell** trat. Jüngst gesellte sich diesen Interpretationsvorschlägen noch eine vermittelnde, sog. pluralistische Sichtweise hinzu, die Elemente der Interessentheorie und des funktionalen Ansatzes verbindet und den Zurechnungszusammenhang „als“ bejaht, wenn der Organwalter mit seiner Tathandlung entweder die Interessen des Vertretenen verfolgen will oder aber zur Tatbegehung diejenigen Handlungsoptionen ausgenutzt hat, die ihm gerade seine Position offerierte.[92] Insbes. letzteres überzeugt jedoch aus denselben, i.R.d. Kritik am funktionalen Ansatz näher ausgeführten Gründen nicht.[93] Deshalb wird der pluralistische Ansatz hier nicht weiter verfolgt.

aa) Die Interessentheorie und hiergegen gerichtete Einwände. Obschon der BGH seiner jahrzehntelang verfochtenen **Interessentheorie** den „Todesstoß“ versetzt hat, erscheint es gleichwohl – zum besseren Verständnis der Problematik – angezeigt, sich kurz des Inhalts dieser Theorie und der hiergegen vorgebrachten Einwände zu erinnern. Die Rspr.[94] und das ihr folgende Schrifttum standen seit den Zeiten des Reichsgerichts auf dem Standpunkt, ein Organwalter/Beauftragter agiere nur dann „als Organ“ bzw. „auf Grund dieses Auftrags“ i.S.d. § 14 Abs. 1, 2 StGB, 17

88 Nicht selten findet sich die Aussage, hierbei handele es sich um die umstrittenste Problematik im Zusammenhang mit der Vertreterhaftung; vgl. nur *Ceffinato*, S. 293.

89 MK/*Petermann*/*Sackreuther* Vor §§ 283 ff. Rdn. 53, 68; für eine abstrakte, vom Verhältnis zwischen Untreue und Bankrott losgelöste Bestimmung des Vertretungszusammenhangs spricht sich *v. Spee*, S. 137 aus.

90 Dafür *Wehleit*, S. 87 ff., 92 (sympathisierend wohl LK[12]/*Tiedemann* Vor § 283 Rdn. 85); ähnl. *Ransiek* ZGR **1992**, 203, 211; ferner *Lampe* GA **1987**, 241, 252 f., der gem § 283 StGB bestrafen will, wenn das Organverhalten die Interessen der Gläubigerschaft verletzt und zwar unabhängig davon, ob der Organwalter im eigenen Interesse oder im Interesse der juristischen Person bzw. in Ausübung oder lediglich bei Gelegenheit seiner Organtätigkeit handelt; ferner *Gössel* JR **1988**, 256, 258, der entscheidend auf die Tatherrschaft des Organs über die Tathandlung abstellen will; vgl. auch Deutsch-Spanisches Strafrechtskolloquium/*ders.*, S. 97, 103; auf dieser Linie auch *Wiesener*, S. 165 ff., 178 vom Prinzip der Ersatzvertretung her kommend; ähnl. jüngst *Reichelt*, S. 196 f. und *passim*, die danach differenziert, ob der Täter „beruflich, innerhalb der eingenommenen Rolle, oder privat gehandelt hat“, sich dabei aber mit dem hier und an anderer Stelle vertretenen organisationsbezogenen Ansatz überhaupt nicht auseinandersetzt, sondern im Gegenteil diesen Ansatz sowie das *Radtke*'sche Zurechnungsmodell systemwidrig dem objektiv-funktionalen Lager zuschlägt (a.a.O., S. 150, 152) und fälschlich meint, die Einwände, die gegen den objektiv-funktionalen Ansatz sprechen, ließen sich eins zu eins auch dem organisationsbezogenen Ansatz und dem Zurechnungsmodell entgegenhalten.

91 S. etwa *Auer*, S. 43, der darauf hinweist, dass § 14 StGB auf der Grundlage solcher Interpretation keine eigenständige Bedeutung mehr besäße; ebenso *Grub*, S. 151 f.; *Mohr*, S. 83 ff.; ferner MK/*Radtke* § 14 Rdn. 68; *Nickmann*, S. 244; *Pohl*, S. 114, 129 f.; *Reiß* wistra **1989**, 81, 85 m. Fn. 34 und jüngst *Rogall* Paeffgen-FS, S. 361, 370.

92 Zu diesem Ansatz grdl. *Pohl*, S. 136 und *passim* sowie *dies.* wistra **2013**, 329, 333.

93 S.u. Rdn. 9.

94 Zur Entwicklung s. den Überblick bei *Schwarz* HRRS **2009**, 341, 344 f.

wenn die Tathandlung – **zumindest auch**[95] – dem objektiv[96] verstandenen wirtschaftlichen Interesse des Gemeinschuldners entspreche.[97] Verfolge der Organwalter/Auftragnehmer hingegen ausschließlich eigene Interessen, scheitere die Zurechnungsoperation des § 14 StGB und damit die Strafbarkeit wegen Bankrotts an den Merkmalen „als", „auf Grund dieses Auftrags". Straflosigkeit war freilich nicht die Folge, da der BGH den Geschäftsführer, der trotz Gesellschaftskrise das Gesellschaftsvermögen zu seinen oder zu Gunsten der Gesellschafter ausplünderte, gem. § 266 Abs. 1 StGB verurteilte.[98] Selbst ein Einverständnis der – missverständlich so betitelten[99] – wirtschaftlichen Eigentümer, also der Gesellschafter, vermochte ihn regelmäßig nicht vor der Untreuestrafbarkeit zu retten. Denn der BGH versagte und versagt dem Gesellschaftereinverständnis, das gegen § 30 Abs. 1 S. 1 GmbHG bzw. das Existenzvernichtungsverbot verstößt, seine tatbestandsausschließende Kraft.[100, 101] Strafbarkeitslücken verursachte die **modifizierte Interessentheorie** jedoch, sobald nicht eine GmbH, sondern eine Personenhandelsgesellschaft die Gemeinschuldnerrolle bekleidete. Erklären sich sämtliche Gesellschafter der Personenhandelsgesellschaft mit der Schädigung des Gesellschaftsvermögens einverstanden, scheitert auf dem Boden der Rspr., die lediglich die Gesellschafter und nicht die Personengesellschaft als taugliche Opfer einer Untreue anerkennt,[102] sowohl eine Bestrafung gem § 266 StGB als auch – da die Schädigung nicht im Interesse der Gesellschaft erfolgte – wegen Bankrotts. Aus diesem Grund hat der BGH seine Inte-

---

95 Diese Einschränkung der Interessentheorie und die damit einhergehende Ausdehnung des Insolvenzstrafrechts erfolgte durch BGH GA **1979**, 311, 313; BGHSt **28**, 371, 372; BGHSt **30**, 127; BGHSt **34**, 221, 223; BGH NStZ **1984**, 119 (Ls); BGH wistra **1986**, 262; BGH NStZ **2000**, 206, 207; OLG Karlsruhe NJW **2006**, 1364, 1365 = wistra **2006**, 352, 353 und avancierte zum allg. akzeptierten Verständnis der Interessentheorie. Vorher hatte die Rspr. noch gefordert, der Täter müsse die inkriminierte Bankrotthandlung im alleinigen Interesse des Schuldners begehen, um den Zurechnungszusammenhang „als" zu begründen.

96 Zu den verschiedenen Interpretationsmöglichkeiten und ihrer unklaren Handhabung seitens der Verfechter der Interessentheorie s. etwa *Wehleit*, S. 62 f. Für eine subjektive Interessentheorie, die an die Stelle des objektiven Interesses das Erfordernis setzt, der Vertreter müsse sich mit der „subjektiven Vernunft des Vertretenen identifiziert" haben, indem er mit dessen wirklichem oder mutmaßlichem Einverständnis handelt, spricht sich *Hoyer* Rogall-FS, S. 159, 162 u. *passim* aus. Zu überzeugen vermag dieser Reanimationsversuch der Interessentheorie allerdings nicht. Denn sachgerechte Ergebnisse erzielt die subjektive Interessentheorie nur, indem sie vermutet, der Vertreter auf Leitungsebene beachte typischerweise den wirklichen oder mutmaßlichen Willen des Vertretenen (a.a.O., S. 169). Auf diese Weise eskamotiert die subjektive Interessentheorie die einschränkende Partikel „als" und nähert sich stark dem Ansatz an, der generell jedem von § 14 StGB genannten Leitungsorgan die besonderen persönlichen Merkmale des Vertretenen zuweisen will.

97 Zu dieser Interessentheorie s. RGSt **42**, 278, 282; RGSt **60**, 234, 236; RGSt **73**, 117, 120 (am Bsp. des Merkmals „Aufwand"); BGHSt **6**, 314 ff.; BGH GmbHR **1955**, 43 m. zust. Anm. *H. Vogel*; BGH/H GA **1961**, 353, 356; BGH GA **1963**, 307; BGH NJW **1969**, 1494 f.; BGH GA **1979**, 311, 313; BGH/H MDR **1979**, 806; BGH wistra **1982**, 148, 149; BGH NStZ **1987**, 279, 280; BGH wistra **2000**, 136, 137 = NStZ **2000**, 206, 207 (zu § 283 Abs. 1 Nr. 8 StGB); OLG München wistra **1994**, 278, 279; indifferent aber BGHSt **28**, 371, 374, insbes. was rechtsgeschäftliche Schädigungshandlungen anbelangt; dagegen AG Halle-Saalkreis NJW **2002**, 77 sowie RGSt **73**, 68, 69 ff., das den Zurechnungszusammenhang bejaht, wenn der Geschäftsführer seine tatsächliche Machtstellung als Organ zur Tatbegehung ausgenutzt hat; aus dem Schrifttum s. etwa LK/*Schünemann* § 14 Rdn. 50 f.; W/J/*Köhler*[3] 7/109; *Roxin* II § 27 Rdn. 122 f.; *Büning*, S. 61; *Hiltenkamp-Wisgalle*, S. 167 f.; *Kollmar*, S. 15 f.; *Grosche*, S. 33, dem zufolge ein Handeln im ausschließlich eigenen Interesse des Täters nicht dem § 14 StGB unterfällt; zur Entwicklung der Rspr. s. ausführl. *Nickmann*, S. 143 ff.; Plädoyer für die Interessentheorie jüngst bei *Rogall* Paeffgen-FS, S. 361, 373 ff. sowie *dems.* Ad Legendum **2017**, 1, 4.

98 Zu diesem „Ausgleich" s. nur BGH wistra **1982**, 148, 149; zu dieser Feststellung ferner *Brand*, S. 218.

99 Zur Kritik an dieser Begriffswahl s. *Brand*, S. 258 ff.; skeptisch auch schon *Tiedemann* Dünnebier-FS, S. 519, 527.

100 Dazu ausführl. Bittmann/*Bittmann* § 16 Rdn. 105, 114 ff. sowie ergänzend Bittmann/*Brand* § 5 Rdn. 29 im Kontext der Auslandsgesellschaften.

101 S. nur BGHSt **49**, 147, 157 ff.; BGHSt **54**, 52, 57 ff.; BGH wistra **2003**, 457, 460; BGH NZG **2011**, 1238; BGHR StGB § 283 Abs. 1 – Konkurrenzen 2; BGHR StGB § 283 Abs. 1 – Konkurrenzen 3; BGHSt **3**, 32, 40 (der freilich noch weiter ging und nur Entnahmen in den Grenzen des § 29 GmbHG gestattete).

102 BGH NStZ **2013**, 38 f. m.w.N. zur Rspr. sowie BGH NJW **2013**, 3590, 3593 f. m. abl. Anm. *Brand*, ebd.; vgl. auch OLG Celle ZWH **2014**, 21 m. ebenfalls abl. Anm. *Brand*, ebd.; ferner BGH NStZ **1987**, 279.

ressentheorie durchbrochen und ein Handeln „als Organ" auch dann bejaht, wenn der Täter die Tat mit dem Einverständnis der Gesellschafter begeht.[103]

Die große Mehrzahl des insolvenzstrafrechtlichen Schrifttums lief gegen diese Rspr. Sturm.[104] **18**
Die vorgetragenen Einwände sind Legion[105] und bedürfen deshalb sowie angesichts der vom BGH vollzogenen Kehrtwende[106] nur einer kurzen Rekapitulation. Im Zentrum der Kritik stand der Vorwurf, die Interessentheorie lasse sich weder im Wortlaut des § 14 StGB noch in seiner Entstehungsgeschichte verankern[107] und nehme zusätzlich dem § 283 StGB nahezu seinen kompletten Anwendungsbereich,[108] ohne hierfür generell einen Ausgleich vorzusehen. Zwar drohe § 266 StGB immerhin demjenigen Strafe an, der mit dem Gesellschaftsvermögen in einer von § 283 Abs. 1 Nrn. 1, 2, 3 und 8 StGB verbotenen Weise verfahre. Der Notbehelf des § 266 StGB versage aber, sobald eine Strafbarkeit wegen Verstoßes gegen die Buch- und Bilanzführungsdelikte[109] im Raum stehe. Da die unterbliebene Buch-/Bilanzführung nahezu nie im Interesse der Gesellschaft, sondern typischerweise mit der Intention erfolge, rechtswidrige Vermögensverlagerungen zugunsten von Geschäftsleitern oder Gesellschaftern zu verschleiern,[110] und zudem, von wenigen Ausnahmen abgesehen, auch keinen Vermögensschaden bei der vertretenen Gesellschaft hervorriefe,[111, 112] blieben die Verantwortlichen sowohl gem. den §§ 283 Abs. 1 Nrn. 5–7, 283b StGB[113] als

---

103 BGHSt **34**, 221, 223 f.; ähnl. BGH NStZ **1984**, 119; vgl. aber auch OLG München wistra **1994**, 278, 279, das bei einer GmbH & Co. KG als Gemeinschuldnerin dem Einverständnis des einzigen Gesellschafters der Komplementär-GmbH dann nicht die Kraft beimisst, den Zurechnungszusammenhang zu begründen, falls dieses Einverständnis dem Kapitalerhaltungsinteresse der GmbH widerspricht.

104 Abgelehnt haben die Interessentheorie etwa *Wehleit*, S. 76 und *passim*; *Waßmer*, S. 19, 88; *Louis*, S. 168 f.; *v.d. Heydt*, S. 79 f.; *Tiedemann* NJW **1986**, 1842, 1844; *Reiß* wistra **1989**, 81, 85; *Schäfer* wistra **1990**, 81, 83 f.; *Weber* StV **1988**, 16, 17; *Labsch* wistra **1985**, 59; *Gössel* JR **1988**, 256; *Arloth* NStZ **1990**, 570, 572; *Ransiek* ZGR **1992**, 203, 211; *Deutscher/Körner* wistra **1996**, 8, 13; *Lampe* GA **1987**, 241, 251 ff.; *Radtke* GmbHR **1998**, 361, 368; *Rönnau* NStZ **2003**, 525, 528; *Hagemeier* NZWiSt **2012**, 239; *Bärenz* EWiR **2004**, 1245, 1246; s.a. *Bottke* wistra **1991**, 81, 84.

105 S. nur die Zusammenstellung bei *Brand*, S. 229 ff. und *Dehne-Niemann* wistra **2009**, 417, 420 ff.

106 Ausführl. u. Rdn. 21.

107 Dazu ausführl. *Reichelt*, S. 173 ff., die anhand der zahlreichen Reformbestrebungen darlegt, dass ein Interessenkriterium nur im Kontext solcher „Sonderdelikte" diskutiert wurde, die tatbestandlich eine Selbstbegünstigung voraussetzten und sich erledigte, nachdem der Gesetzgeber diesen Delikten eine Drittbegünstigungsmodalität hinzugefügt hatte; s. zum Ganzen erg. auch *Grub*, S. 136 f.; *Wehleit*, S. 64 ff.; *Mohr*, S. 78; a.A. aber *Rogall* Paeffgen-FS, S. 361, 370.

108 Vor allem mit Blick auf die Modalitäten „Zerstören" und „Unbrauchbarmachen" i.S.d. Nr. 1; s. nur NK/*Böse* § 14 Rdn. 18; S/S/W/*Bosch* § 14 Rdn. 10; *Mohr*, S. 52; *Nickmann*, S. 227; *Reichelt*, S. 189; *Szebrowski*, S. 122; *Schäuble*, S. 171; *Brackmann*, S. 266; *Schweitzer*, S. 104, 120; *Brand* NStZ **2010**, 9, 11; *N Huber* ÖJZ 22 (**2010**), 999, 1004; *Grub*, S. 139, 147; *Radtke* JR **2010**, 233, 236; *ders.* GmbHR **2009**, 875; *Habetha* NZG **2012**, 1134, 1135 f.; *Habenicht* JR **2011**, 17, 20; *Hagemeier* NZWiSt **2012**, 239; *Schäfer* wistra **1990**, 81, 84; *Richter* GmbHR **1984**, 137, 143; *Ransiek* ZGR **1992**, 203, 211; *Jordan* JURA **1999**, 304, 305; *Uhlenbruck* BB **1985**, 1277, 1279; ferner NK/*Kindhäuser* Vor §§ 283 bis 283d Rdn. 52; *Bosch* JK 11/12, StGB § 14/3; zust. jetzt BGHSt **57**, 229, 234, 236 = NJW **2012**, 2366, 2368.

109 Vgl. §§ 283 Abs. 1 Nrn. 5–7, 283b StGB und § 283 Rdn. 46 ff.

110 *Mohr*, S. 51 f.; *Deutscher/Körner* wistra **1996**, 8, 12; vgl. ferner W/J/S/*Pelz* 9/201; *Nickmann*, S. 216; *Hagemeier* NZWiSt **2012**, 239.

111 MK/*Petermann/Sackreuther* Vor §§ 283 ff. Rdn. 70; S/S/W/*Bosch* § 14 Rdn. 10; W/J/S/*Pelz* 9/201; *Reichelt*, S. 155; *Pohl* wistra **2013**, 329, 332; *Richter* GmbHR **1984**, 137, 144; s.a. MK/*Dierlamm/Becker* § 266 Rdn. 212, 246; *Wessing/Krawczyk* NZG **2014**, 59, 60; großzügig bei der Annahme einer untreuerelevanten Pflichtverletzung sowie eines Vermögensschadens, sofern Dritte wegen der fehlerhaften oder unterbliebenen Bilanzierung unter erleichterten Voraussetzungen rechtswidrig auf das Treugebervermögen zugreifen, *Perron* Frisch-FS, S. 857, 870; s. des Weiteren *Neumeyer*, S. 119 m. Fn. 2, dem zufolge das Fehlen von Handelsbüchern stets auch das Schuldnervermögen vermindert.

112 Dazu, dass die Pflicht, für eine ordnungsgemäße Buchführung zu sorgen, eine Vermögensbetreuungspflicht des Geschäftsführers begründet, s. *Reichelt*, S. 63.

113 Zum Leerlaufen dieser Vorschriften unter dem Regime der Interessentheorie s. MK/*Petermann/Sackreuther* Vor §§ 283 ff. Rdn. 70; *Sch/Schröder/Heine/Schuster* § 283 Rdn. 2b; NK/*Kindhäuser* Vor §§ 283 bis 283d Rdn. 52; *Grub*, S. 145; *Schäuble*, S. 171; *Deutscher/Körner* wistra **1996**, 8, 12; *Arloth* NStZ **1990**, 570, 572; *Richter* GmbHR **1984**, 137, 144; *Bosch* JK 11/12, StGB § 14/3; ferner *Mohr*, S. 52; AnwK/*Püschel* Vor § 283–283d Rdn. 9; *ders.* Rissing-van Saan-FS, S. 471, 473; vgl. des Weiteren *Haug*, S. 200.

auch wegen Untreue straflos.[114] Genauso stehe es um die fahrlässigen Bankrotthandlungen, wie sie § 283 Abs. 4, 5 StGB strafbewehre; die Interessentheorie passe nicht zum Fahrlässigkeitsvorwurf[115] und die Strafbarkeit wegen Untreue erfordere zumindest *dolus eventualis*. Doch selbst dort, wo § 266 StGB kriminalpolitischen Ausgleich besorgte, fand die Interessentheorie keine Anhänger. Das Unterfangen, den Geschäftsführer statt wegen Bankrotts wegen Untreue gem. § 266 Abs. 1 StGB zu bestrafen, sah sich dem Vorwurf ausgesetzt, unter dem Deckmantel des § 266 StGB Gläubigerschutz zu betreiben und dadurch den Schutzzeck des Untreuetatbestandes zu vertauschen.[116] Des Weiteren verwiesen die Gegner der Interessentheorie auf § 6 GmbHG a.F., der im Unterschied zu seinem „MoMiG-Nachfolger" an die Verurteilung wegen Untreue nicht die Konsequenz der Inhabilität knüpfte.[117] Schließlich sah sich die Interessentheorie dem Einwand ausgesetzt, sie verbaue die Möglichkeit, bloß versuchte Bankrotthandlungen zu ahnden, da der Untreuetatbestand anders als § 283 Abs. 3 StGB[118] die Versuchsstrafbarkeit nicht vorsehe.[119] Keine Überzeugungskraft vermag hingegen das Argument zu beanspruchen,[120] die Interessentheorie bedinge eine nicht gerechtfertigte Ungleichbehandlung von Verbandsleitern und Einzelunternehmern,[121] da die Organwalter eines Personenverbandes anders als ihre einzelkaufmännisch tätigen Kollegen eine ambivalente Stellung bekleiden, die ihnen zwar Willensbildungskompetenzen für ihren Verband zuweist, gleichwohl aber nichts an der Fremdheit des Verbandsvermögens ihnen gegenüber ändert.[122]

19 **bb) Darstellung und Kritik des funktionalen Ansatzes.** H.M. im Schrifttum war ein **funktionsbezogener Ansatz**, auch **Funktionstheorie** oder **Lehre vom funktionalen Zusammenhang** genannt, der danach fragt, ob das inkriminierte Verhalten des Organwalters/Beauftragten Aus-

---

114 Zu den entstehenden Strafbarkeitslücken SK/*Hoyer* § 283 Rdn. 103; *ders.* Rogall-FS, S. 159, 162; *Grub*, S. 145; *Schwarz* HRRS **2009**, 341, 343; *Ogiermann*/*Weber* wistra **2011**, 206, 208; *Hagemeier* NZWiSt **2012**, 239; *Schmucker* ZJS **2011**, 30, 34.

115 AG Halle-Saalkreis NJW **2002**, 77, 78; S/S/*Perron* § 14 Rdn. 26; *Sch*/*Schröder*/*Heine*/*Schuster* § 283 Rdn. 2b; S/S/W/*Bosch* § 14 Rdn. 10; M/R/*Altenhain* § 283 Rdn. 5; M-G/*Richter* Kap. 81 Rdn. 57; *Waßmer*, S. 19; *Reichelt*, S. 155; *Brackmann*, S. 267 f.; *ders.* NJW **1986**, 1842, 1844; *Wehleit*, S. 71; *Weber* StV **1988**, 16, 17; *Achenbach* BGH-FG, S. 593, 604; *Link* NJW **2009**, 2228; *Ogiermann*/*Weber* wistra **2011**, 206, 208; *Habetha* NZG **2012**, 1134, 1136; *Hagemeier* NZWiSt **2012**, 239; *Dehne-Niemann* wistra **2009**, 417, 419; AnwK/*Püschel* Vor § 283–283d Rdn. 9; *ders.* Rissing-van Saan-FS, S. 471, 473; *Bosch* JK 11/12, StGB § 14/3.

116 *Arloth* NStZ **1990**, 570, 573; *Labsch* wistra **1985**, 1, 7 f.; *Winkelbauer* wistra **1986**, 17 f.; *Wehleit*, S. 20 ff.; *Mohr*, S. 74 f.; *Schramm*, S. 128; *Nickmann*, S. 227 ff.; *Schwarz* HRRS **2009**, 341, 343; *Bosch* JK 11/12, StGB § 14/3, dem zufolge § 266 StGB zum „Insolvenzdelikt ‚kleiner Münze' verkam"; angedeutet bereits von *Deutscher*/*Körner* wistra **1996**, 8, 12 sowie von *Gössel* JR **1988**, 256, 257 und *Winkelbauer* wistra **1986**, 17, 18; s.a. *Radtke* JR **2010**, 233, 237; *Habenicht* JR **2011**, 17, 19 f.; ferner *Dehne-Niemann* wistra **2009**, 417, 422 f.; s.a. *Grub*, S. 149 f. und *Kawan*, S. 238, die solches Vorgehen deshalb für problematisch halten, weil die Gläubiger als die eigentlichen Geschädigten nicht im Schuldspruch erschienen.

117 Dazu etwa AG Halle-Saalkreis NJW **2002**, 77, 78; LK[12]/*Tiedemann* Vor § 283 Rdn. 80; *Wehleit*, S. 72 f.; *Mohr*, S. 50; *Grub*, S. 146 f.; *Krause*, S. 100; *Louis*, S. 165; *Kawan*, S. 238; *Moosmayer*, S. 62; *Reichelt*, S. 162; *Arloth* NStZ **1990**, 570, 574; *Labsch* wistra **1985**, 1, 8; *Deutscher*/*Körner* wistra **1996**, 8, 11, 13; *Achenbach* BGH-FG, S. 593, 604; *Dehne-Niemann* wistra **2009**, 417, 419; *Jordan* JURA **1999**, 304, 305; *Ogiermann* wistra **2000**, 250, 251; *Bärenz* EWiR **2004**, 1245, 1246; vgl. auch *Tiedemann* ZIP **1983**, 513, 518 sowie *ders.* Dünnebier-FS, S. 519, 522 f., der deshalb vorschlug, den § 6 GmbHG *de lege ferenda* auch auf Verurteilungen wegen Untreue zu erstrecken.

118 S. § 283 Rdn. 87 ff.

119 *Wehleit*, S. 70; *Mohr*, S. 49.

120 So *Pohl*, S. 132 f.; wohl auch, allerdings in anderem Kontext, *Ceffinato*, S. 248, 258.

121 Dazu bereits *Uhlenbruck* BB **1985**, 1277, 1279; *Gössel* JR **1988**, 256, 257; *Richter* GmbHR **1984**, 137, 143; ferner aus dem jüngeren Schrifttum *Sch*/*Schröder*/*Heine*/*Schuster* § 283 Rdn. 2b; M/R/*Altenhain* § 283 Rdn. 5; W/J/S/*Pelz* 9/201; M/G/*Rotsch*/*Wagner* 8/144; *Grub*, S. 146; *Reichelt*, S. 160; *Brackmann*, S. 269; *v. Spee*, S. 149; AnwK/*Püschel* Vor § 283–283d Rdn. 9; *ders.* Rissing-van Saan-FS, S. 471, 473.

122 Ähnl. *Pohl*, S. 107 f.; *dies* wistra **2013**, 329, 332 f.

druck gerade dieser Position ist[123] und dabei dem verfolgten Interesse z.T. Indizcharakter beimisst.[124] Hier endet die Einigkeit unter den Verfechtern eines funktionsbezogenen Ansatzes aber schon. Über die Kriterien, mithilfe derer sich Organ- von Nichtorganhandeln abgrenzen lässt, konnten die Vertreter des funktionalen Ansatzes bislang keinen Konsens erzielen. Mehrheitlich schlagen sie vor, zwischen **rechtsgeschäftlichen** und **faktischen** Schädigungshandlungen zu differenzieren,[125] wobei sie rechtsgeschäftliches Verhalten immer,[126] faktisches hingegen nur unter der zusätzlichen Voraussetzung, dass der Substitut seine Organstellung zur Tatbegehung ausgenutzt hat,[127] als Ausdruck der Vertreterposition begreifen. Eine Gegenströmung verweist auf § 31 BGB und schlägt vor, den Zurechnungsmechanismus des § 14 StGB auf solches faktisches Verhalten zu beschränken, das **„in Ausübung"** und nicht bloß **„bei Gelegenheit"**[128] der Vertretertätigkeit[129] begangen wurde.[130] Während die Parallele zu § 31 BGB schon deshalb nicht passt, weil die Zurechnungsrichtung dieser Vorschrift konträr zu derjenigen des § 14 StGB verläuft – § 31 BGB rechnet Organverhalten dem Verband, § 14 StGB Statusmerkmale des Verbandes den Organwaltern zu –,[131] überzeugt auch die Mehrheitsfraktion der Funktionstheorie nur insoweit, als sie zwischen rechtsgeschäftlichen und faktischen Schädigungshandlungen differenziert. Hingegen geht es zum einen zu weit, sämtlichen rechtsgeschäftlichen Schädigungshandlungen ungeachtet ihrer zivilrechtlichen Wirksamkeit die Eignung zu attestieren, den Zurechnungsmechanismus

---

123 Dafür etwa S/S/*Perron* § 14 Rdn. 26; LK[12]/*Tiedemann* Vor § 283 Rdn. 83; NK/*Böse* § 14 Rdn. 18; M-G/*Richter* Kap. 81 Rdn. 53; A/R/R/*Himmelreich* Kap. 7/1 Rdn. 14; Fleischer/*Spindler* § 15 Rdn. 6; *Grub*, S. 152 ff.; *Louis*, S. 170 ff.; *Kawan*, S. 226 ff.; *Achenbach* BGH-FG, S. 593, 604; Coimbra-Symposium/*ders.*, S. 283, 286; *Kasiske* wistra **2005**, 81, 86; *Arloth* NStZ **1990**, 570, 574; *Labsch* wistra **1985**, 59, 60 ff.; *Gössel* JR **1988**, 256; *Jordan* JURA **1990**, 304, 305; *Weber* StV **1988**, 16, 17; *Deutscher/Körner* wistra **1996**, 8, 13; *Habetha/Klatt* NStZ **2015**, 671, 676; wohl auch *Tiedemann* NJW **1986**, 1842, 1844, der darauf abstellen will, ob das Organ seine rechtlichen bzw. tatsächlichen Wirkungsmöglichkeiten zur Tatbegehung einsetzt; ähnl. S/S/W/*Bosch* § 14 Rdn. 10; Amelung/*Rogall*, S. 145, 174; *Schäfer* wistra **1990**, 81, 84.

124 S. etwa LK[12]/*Tiedemann* Vor § 283 Rdn. 85; S/S/*Perron* § 14 Rdn. 26 (bei ambivalenten Tathandlungen); *Grub*, S. 156; *Schäfer* wistra **1990**, 81, 84; *Winkelbauer* JR **1988**, 33, 35; KK-OWiG/*Rogall* § 9 Rdn. 61; Amelung/*ders.*, S. 145, 174.

125 Dazu bspw. *Labsch* wistra **1985**, 59, 60 f.

126 Dafür etwa S/S/*Perron* § 14 Rdn. 26; NK/*Böse* § 14 Rdn. 18; *Grub*, S. 154 f.; *Labsch* wistra **1985**, 59, 61; KK-OWiG/*Rogall* § 9 Rdn. 61; Amelung/*ders.*, S. 145, 174; *Habetha*, S. 320; *ders.* NZG **2012**, 1134, 1137; i.E. auch *Nickmann*, S. 245 u. wohl auch *Niedernhuber*, S. 246 f.

127 RGSt **73**, 68, 70 f.; S/S/*Perron* § 14 Rdn. 26; KK-OWiG/*Rogall* § 9 Rdn. 61; *Grub*, S. 155; *Kawan*, S. 228 und *passim*; *Labsch* wistra **1985**, 59, 62 f., der den Zurechnungszusammenhang erst dann bejaht, wenn der Geschäftsführer Gelegenheiten zur Tatbegehung nutzt, die nur ihm als Organ offen stehen; ebenso *Mohr*, S. 86 f.; *Habetha/Klatt* NStZ **2015**, 671, 676; ähnl. *Arloth* NStZ **1990**, 570, 574; *Nickmann*, S. 252, die ein Handeln „nicht gleichsam einem Dritten" fordert; *Pohl*, S. 139, die vom Standpunkt ihres pluralistischen Ansatzes ein Handeln „als Organ" bejaht, wenn der Vertreter entweder seine Position ausgenutzt hat oder aber mit seiner Handlung die Interessen des Vertretenen verfolgen wollte; *Brackmann*, S. 269 ff., die keine „allzu große[n] Anforderungen" an den Zurechnungszusammenhang stellen will; vgl. auf dieser Linie ferner *Habetha* NZG **2012**, 1134, 1137, dem zufolge die Zustimmung der Gesellschafter immer den Zurechnungszusammenhang begründen soll und zwar scheinbar ungeachtet ihrer gesellschaftsrechtlichen Wirksamkeit; zu Recht abl steht solchen Überlegungen *Wehleit*, S. 90 ff. gegenüber.

128 Auf diesen Aspekt hat auch BGHSt **6**, 314, 317 im Rahmen seiner Interessenformel rekurriert.

129 Diese Unterscheidung hat stringent bereits *R. Merkel*, S. 195 ff. herausgearbeitet.

130 Preisendanz/*Bieneck* § 283 Anm. 4e; M-G/*Richter* Kap. 81 Rdn. 53; NK/*Böse* § 14 Rdn. 16, 21; W/J/S/*Pelz* 9/202; *Grub*, S. 153 f.; *Achenbach* BGH-FG, S. 593, 604; *Hager*, S. 212; *Deutscher/Körner* wistra **1996**, 8, 13; *Weber* StV **1988**, 16, 17; *Renkl* JuS **1973**, 611, 612; in diese Richtung ferner *Louis*, S. 170; *Labsch* wistra **1985**, 59, 60; *Winkelbauer* wistra **1986**, 17, 19 f.

131 Zum Ganzen SK/*Hoyer* § 283 Rdn. 105; *ders.* Rogall-FS, S. 159, 166; *Mohr*, S. 91 f.; *Brand*, S. 228; *Pohl*, S. 127 f.; ferner *v. Bar* Kitagawa-FS, S. 279, 286, der den § 14 StGB als einen „umgekehrten § 31 BGB" bezeichnet; *Dehne-Niemann* wistra **2009**, 417, 421; *Nickmann*, S. 249 f.; ähnl. *Reiß* wistra **1989**, 81, 85 m. Fn. 34; skept. auch S/S/W/*Bosch* § 14 Rdn. 10; aus demselben Grund überzeugt auch der Rekurs auf § 9 OWiG nicht (dafür wohl *Deutscher/Körner* wistra **1996**, 8, 12 f.), weil es auch dieser Vorschrift nur darum geht, pflichtwidriges Organverhalten zu Bebußungszwecken dem Verband zuzurechnen; vgl. ferner *Lampe* GA **1987**, 241, 253, der darauf hinweist, dass die §§ 831, 31 BGB auf das Außenverhältnis zugeschnitten sind und deshalb nicht passen; für verzichtbar hält den Rekurs auf § 31 BGB auch *Kawan*, S. 234; skeptisch schließlich auch *Wehleit*, S. 83 f.; parallele Strukturen bestehen jedoch zu § 30 OWiG; dazu s. nur *Siegmann/Vogel* ZIP **1994**, 1821, 1824.

des § 14 StGB auszulösen und bleibt der funktionale Ansatz zum anderen eine klare Antwort auf die Frage schuldig, wann faktische Schädigungshandlungen des Organwalters/Beauftragten eine Zurechnung der Gemeinschuldnerrolle gem § 14 StGB gestatten.[132]

20 **cc) Das Zurechnungsmodell/der organisationsbezogene Ansatz.** Der dem **Zurechnungsmodell**[133] gedanklich verpflichtete **organisationsbezogene Ansatz** greift die Unterscheidung der Funktionstheorie in **faktische** und **rechtsgeschäftliche** Schädigungshandlungen auf,[134] verfeinert aber – ausgehend vom Deliktscharakter des § 283 StGB – die Zurechnungskriterien. Das Zentrum des organisationsbezogenen Ansatzes bildet die Erkenntnis, wonach die Bankrottdelikte letztendlich **„Selbstschädigungsdelikte"** sind.[135] Historisch betrachtet adressieren die Bankrottdelikte ihre Strafdrohung in erster Linie an den **Einzelunternehmer,**[136] der seine Gläubiger – gleichsam mittelbar – dadurch schädigt, dass er sein Vermögen beeinträchtigt bzw. seinen Informationspflichten etc. nicht nachkommt.[137] An dieser Struktur – das ist die zweite wichtige Erkenntnis des organisationsbezogenen Ansatzes – hat § 14 StGB nichts geändert,[138] ging es ihm doch nur darum, die Lücken zu schließen, die die fehlende Verbandsstrafbarkeit vor allem im Bankrottstrafrecht aufreißt.[139] Stimmt man diesen beiden Prämissen zu, aktiviert den Zurechnungszusammenhang des § 14 StGB nur dasjenige Verhalten der Organwalter, das sich zugleich als solches des Personenverbandes präsentiert.[140] Konkret: Rechtsgeschäftliche Verhaltensweisen müssen **zivilrechtlich**

---

132 Zur Kritik an der Funktionstheorie s. etwa *Brand*, S. 227 f.; *Pohl*, S. 116 f.; NK/*Kindhäuser* Vor §§ 283 bis 283d Rdn. 57; MK/*Radtke* § 14 Rdn. 64 f.; *ders.* GmbHR **2009**, 875, 876; *ders.* GmbHR **1998**, 361, 368 f.; *Reichelt*, S. 170 f.; *Szebrowski*, S. 124 f.; *Helmrich* ZInsO **2009**, 1475, 1477; *Ransiek* ZGR **1992**, 203, 211; *Bosch* JK 11/12, StGB § 14/3; abl. auch *Waßmer*, S. 19, der vor allem die Möglichkeit kritisiert, zwischen Untreue und Bankrott Idealkonkurrenz anzunehmen; s. ferner *Reiß* wistra **1989**, 81, 85, der dem objektiv-funktionalen Ansatz vorwirft, die von ihm erzielten Ergebnisse seien willkürlich; ferner *Bruns* GA **1982**, 1, 28, dem zufolge die Abgrenzungskriterien des funktionalen Ansatzes dunkel bleiben und zu einseitig auf die Konkursdelikte ausgerichtet sind.

133 Dazu *Radtke* GmbHR **1998**, 361, 369; *ders.* JR **2010**, 233, 237; *ders.* GmbHR **2009**, 875, 876; abl. LK/*Schünemann* § 14 Rdn. 52, dem zufolge dem Zurechnungsmodell – nichts anders gilt dann für den hier und an anderer Stelle verfochtenen organisationsbezogenen Ansatz – grds. Bedenken entgegenstehen, weil diese Ansätze in Konsequenz der „Pflichtentheorie" einen Zurechnungszusammenhang zwischen Vertreter und Vertretenem verlangen, wohingegen die von ihm präferierte „Garantentheorie" (a.a.O. Rdn. 14 ff.) eine Zurechenbarkeit zum jeweiligen Rechtsgut fordert (a.a.O. Rdn. 18).

134 Zur Notwendigkeit einer solchen Unterscheidung s. nur *Radtke/Hoffmann* NStZ **2012**, 91, 92; dagegen aber *Nickmann*, S. 238, 244, die dann aber doch wieder zwischen diesen beiden Schädigungsarten differenziert (a.a.O., S. 245 ff.).

135 *Brand*, S. 235 ff.; *ders.* NStZ **2010**, 9, 11; zust. *Ceffinato*, S. 355, 381, der aber § 14 auf § 283 Abs. 1 Nrn. 1–4, 6, 8 StGB nicht anwenden will (dazu siehe o. unter Fn. 73); zu dieser Charakterisierung s.a. NK/*Kindhäuser* Vor §§ 283 bis 283d Rdn. 56, der aufgrund dessen eine gewisse Sympathie für die Interessentheorie erkennen lässt; vgl. ferner schon *Krause*, S. 451, dem zufolge sich die bestandsbezogenen Bankrotthandlungen strukturell als durch Selbstgefährdung vermittelte Fremdgefährdungen begreifen lassen; s. des Weiteren *Schöne* JZ **1973**, 446, 449 im Kontext des § 288 StGB; andeutungsweise auch *Dohmen*, S. 175 sowie *Nieberg*, S. 2, der davon spricht, dass die schuldnerische Bankrotthandlung die Gläubiger nur mittelbar beeinträchtigt.

136 S. etwa Pr. Obertribunal GA 23 **(1875)**, 31, 32; ferner *Nickmann*, S. 134; *Moosmayer*, S. 58 f.; W/J/S/*Beck* 8/81; dazu, dass auch die Konkursordnung in erster Linie auf den Konkurs einer natürlichen Person zugeschnitten war, s. *K. Schmidt* Hellwig-FS, S. 311, 322.

137 *Wehleit*, S. 1; ähnl. auch *v.d. Heydt*, S. 25.

138 Anderes ergibt sich freilich von dem Standpunkt, der in § 14 StGB eine Norm erblickt, die neben einer tatbestandserweiternden auch eine tatbestandsmodifizierende Wirkung besitzt; so etwa Amelung/*Rogall*, S. 145, 156 f.

139 *Brand*, S. 249 ff.

140 So MK/*Petermann/Sackreuther* Vor §§ 283 ff. Rdn. 75; MK/*Radtke* § 14 Rdn. 14, 27, 32, 66, 95, 114; *ders.* ZIP **2016**, 1993, 1998; *ders./Hoffmann* NStZ **2012**, 91, 92; NK/*Böse* § 14 Rdn. 18; KK-OWiG/*Rogall* § 9 Rdn. 58; *Schmucker* ZJS **2011**, 30, 34; ähnl. bereits *Radtke* GmbHR **1998**, 361, 369, *Moosmayer*, S. 86; *Achenbach* BGH-FG, S. 593, 603 f.; sowie NK/*Kindhäuser* Vor §§ 283 bis 283d Rdn. 55; auch schon Amelung/*Rogall*, S. 145, 172; *Reiß* wistra **1989**, 81, 85; *Hiltenkamp-Wisgalle*, S. 167, die jedoch i.E. der Interessentheorie zuneigt; vgl. ferner bereits BGH GmbHR **1955**, 43 m. zust. Anm. *H. Vogel*; dagegen wohl *Dehne-Niemann* wistra **2009**, 417, 422; abl. auch *Ceffinato*, S. 296 m. Fn. 410; dezidiert a.A. ferner *Mohr*, S. 90; *Wiesener*, S. 37 f., 42, 48.

wirksam sein, um als eigene des Verbandes zu erscheinen,[141] faktische Schädigungen müssen im **Einvernehmen mit dem Willensbildungsorgan** des Verbands erfolgen.[142, 143] Allerdings genügt nicht irgendeine zustimmende Entscheidung des Willensbildungsorgans, sondern bedarf es einer **gesellschaftsrechtlich zurechenbaren Entscheidung**. Wer also den Geschäftsführer einer GmbH, der Gesellschaftsvermögen in der Krise faktisch beiseiteschafft, gem. § 283 Abs. 1 Nr. 1 StGB bestrafen will, kommt auf dem Boden des organisationsbezogenen Ansatzes nicht umhin, festzustellen, ob die Gesellschafter dieses Verhalten **wirksam** konsentierten.[144] Fehlt es daran, verstößt das Einverständnis bspw. gegen § 30 Abs. 1 S. 1 GmbH oder das Existenzvernichtungsverbot und ist deshalb analog § 241 Nr. 3 AktG nichtig, steht – da sich der Verband nicht selbst schädigt – „lediglich" eine Strafbarkeit des Geschäftsführers wegen Untreue im Raum.[145] Der hiergegen gerichtete Vorwurf, § 283 StGB erfahre im Unterschied zur Interessentheorie keinen nennenswerten Bedeutungszuwachs, liegt auf der Hand, trifft aber den organisationsbezogenen Ansatz nicht, der die §§ 283 ff. StGB eben nimmt, wie sie sich präsentieren und kriminalpolitisch motivierten Umdeutungsversuchen eine klare Absage erteilt.

dd) Die aktuelle Position des BGH.[146] Die Rspr. des BGH, die zunächst nur *obiter* ankündigte, 21
die Interessentheorie nicht mehr anwenden zu wollen,[147] bevor auf einen Anfrageschluss des 3. Strafsenats[148] hin sämtliche Senate der eingeschlagenen Linie des anfragenden 3. Senats bei-

141 *Brand*, S. 262; *ders.* NStZ **2010**, 9, 12 f.; *ders.* NZWiSt **2012**, 64; *ders.* NJW **2012**, 2370; *ders./Kanzler* ZWH **2012**, 1, 5; ebenso MK/*Radtke* § 14 Rdn. 67; *ders./Hoffmann* NStZ **2012**, 91, 92; Steinberg/Valerius/Popp/*Nestler*, S. 139, 157; auch schon *Mohr*, S. 93 allerdings von einem anderen Ansatz her kommend; ähnl. S/S/W/*Bosch* § 14 Rdn. 10: kollusives Zusammenwirken von Geschäftsführer und Vertragspartner löst den Zurechnungszusammenhang nicht aus, sondern begründet lediglich eine Strafbarkeit wegen Untreue; a.A. NK/*Böse* § 14 Rdn. 19, 23; *Pohl*, S. 138; *Habetha* NZG **2012**, 1134, 1137, die auch zivilrechtlich unwirksame Schädigungshandlungen zur Begründung des Zurechnungszusammenhangs genügen lassen wollen. Darüber hinaus evozieren zivilrechtlich wirksame Schädigungshandlungen zugleich den Vorwurf strafbarer Untreue, nämlich dann, wenn der Täter interne Bindungen überschreitet; a.A. freilich *Weber* StV **1988**, 16, 18, dem zufolge § 266 StGB neben § 283 StGB deshalb nicht zur Anwendung kommen soll, weil im Zeitpunkt der materiellen Insolvenz die Gläubigerinteressen die Interessen des Schuldners an seinem Vermögen gleichsam absorbierten; ähnl. wohl auch LK/*Schünemann* § 14 Rdn. 18 (hiergegen dezidiert *Dehne-Niemann* wistra **2009**, 417, 423 f.); vgl. ferner *Bruns* GA **1982**, 1, 28, dem zufolge es nicht darauf ankommt, ob der Täter innerhalb der Vertretungsmacht oder des Auftrags gehandelt hat.

142 Zu den Anforderungen des organisationsbezogenen Ansatzes im Kontext der Buch-/Bilanzführungsdelikte § 283 Rdn. 46.

143 Skeptisch stehen dem Zustimmungserfordernis etwa *Pohl*, S. 127, *Bosch* JK 11/12, StGB § 14/3 gegenüber; ähnl. *Nickmann*, S. 238; abl. gegenüber dem organisationsbezogenen Ansatz auch *Habetha* NZG **2012**, 1134, 1137, dem zufolge die Gefahr vermögensmindernder und somit gläubigergefährdender Handlungen bereits in der Delegation von Leitungsmacht angelegt ist; für ein Einwilligungserfordernis spricht sich dagegen *Waßmer*, S. 19 f. aus, der jedoch offen lässt, ob das Einverständnis wirksam sein muss; s. des Weiteren *Reiß* wistra **1989**, 81, 84 f., der ebenfalls ein Zurechnungserfordernis postuliert, jedoch im Unterschied zum hier vertretenen Ansatz der Gesellschaft auch ein gesetzwidriges Einverständnis ihrer Gesellschafter zurechnen will.

144 So *Brand*, S. 257 f., 262; *ders.* NStZ **2010**, 9, 12 f.; *Radtke* ZIP **2016**, 1993, 1998; *ders./Hoffmann* NStZ **2012**, 91, 93 sowie bereits *Radtke* GmbHR **1998**, 361, 369 mit Blick auf § 30 GmbHG; zust. *Szebrowski*, S. 125 f.; dezidiert a.A. NK/*Böse* § 14 Rdn. 19, der ein solches Verständnis als „geradezu widersinnig" ansieht; i.E. ebenso HambK/*Borchardt* § 283 StGB Rdn. 43; *Habetha/Klatt* NStZ **2015**, 671, 674.

145 *Brand*, S. 258 f.; *ders.* NZWiSt **2012**, 64, 65; *ders.* NStZ **2010**, 9, 13; *ders.* NJW **2012**, 2370; *ders./Kanzler* ZWH **2012**, 1, 6; zust. Steinberg/Valerius/Popp/*Nestler*, S. 139, 158 f.; ebenso bereits *Radtke* GmbHR **1998**, 361, 369 sowie – jetzt wieder – MK/*ders.* § 14 Rdn. 68; *ders.* ZIP **2016**, 1993, 1998; ferner *Szebrowski*, S. 125 f. bezogen auf Verstöße gegen § 30 GmbHG.

146 Zusammenfassung etwa bei NK/*Kindhäuser* Vor §§ 283 bis 283d Rdn. 57a; s.a. *Weyand* ZInsO **2013**, 1064, 1066.

147 BGH NJW **2009**, 2225 m. Anm. *Link* = NStZ **2009**, 437 m. zust. Anm. *Schwarz* HRRS **2009**, 341, 346; *Radtke* JR **2010**, 233, 238; *ders.* GmbHR **2009**, 875; *Bittmann* wistra **2010**, 8.

148 BGH NStZ **2012**, 89 m. Anm. *Radtke/Hoffmann* = NZWiSt **2012**, 62 m. Anm. *Brand* und *Valerius*; vgl. ferner die Anm. von *Brammsen* EWiR **2012**, 399 f., der dem Handeln „als Organ" keine Bedeutung beimessen will.

pflichteten,[149] hatte mittlerweile mehrfach die Gelegenheit bekommen, aufzuzeigen, wohin die Reise künftig geht. Während es anfangs noch den Anschein hatte, als ob der BGH den funktionalen Ansatz präferiere, scheint er zwischenzeitlich diesen Weg wieder verlassen und sich dem **Zurechnungsmodell** zugewandt zu haben. Gleichwohl bereitet dem BGH das Vakuum, das die Interessentheorie hinterlassen hat, gelegentlich erhebliche Schwierigkeiten, wie eine im „Firmenbestattungs-Kontext"[150] ergangene Entscheidung des 3. Strafsenats anschaulich belegt.[151] Gegenstand dieser Entscheidung waren typische „Bestattungshandlungen" wie die Sitzverlegung, die Firmenänderung sowie die Geschäftsführerabberufung, die der 3. Strafsenat anhand des § 283 Abs. 1 Nr. 8 StGB würdigte. Obschon der 3. Senat rechtsgeschäftlichen Schädigungen anscheinend nur dann die Kraft zugesteht, den Zurechnungsmechanismus des § 14 StGB auszulösen, wenn sie den Schuldner **zivilrechtlich wirksam** verpflichten, bejahte er die Voraussetzungen des § 14 Abs. 1 Nr. 1 StGB, ohne die **h.M.** im Gesellschaftsrecht zu würdigen, die über sämtliche der oben genannten Bestattungshandlungen zu Recht das Verdikt der Nichtigkeit fällt. Vielleicht aus Angst vor der eigenen Courage – andernfalls wäre nämlich ein Freispruch vom Vorwurf des § 283 Abs. 1 Nr. 8 StGB nötig gewesen –,[152] vielleicht aus Unsicherheit im Umgang mit dem neuen Zurechnungsmodell hat der 3. Strafsenat den Zurechnungszusammenhang nicht mithilfe der als Bankrotthandlungen i.S.d. § 283 Abs. 1 Nr. 8 StGB identifizierten „Bestattungsmaßnahmen", sondern auf der Grundlage anderer rechtsgeschäftlicher Schädigungen begründet.[153] Dessen ungeachtet haben sich folgende Leitlinien bei der Interpretation des Merkmals „als" herauskristallisiert: Rechtgeschäftliche Schädigungen der präsumtiven Masse setzen den Zurechnungsmechanismus in Gang, sofern sie **zivilrechtlich wirksam** sind,[154] faktische Schädigungen bedürfen hierzu des **Gesellschaftereinverständnisses,**[155] wobei bislang noch offen ist, ob dieses Einverständnis gesellschaftsrechtlich wirksam sein muss.[156]

22 **c) Die Personengesellschaft in der Gemeinschuldnerrolle.** Bis heute hält sich hartnäckig die Ansicht, die dem § 14 Abs. 1 Nr. 2 StGB lediglich **deklaratorische Wirkung** zubilligt bzw. die Vorschrift als überflüssig deklariert.[157] Ihre Vertreter wollen die Gesellschafter einer Personengesellschaft, die bspw. Vermögen ihrer kriselnden Gesellschaft beiseiteschaffen, gem. § 283 Abs. 1 Nr. 1 StGB bestrafen, ohne den § 14 StGB zu bemühen, weil die Gesellschafter aufgrund ihrer

---

149 BGH v. 29.11.2011, 1 ARs 19/11; BGH v. 22.12.2011, 2 ARs 403/11; BGH v. 10.1.2012, 4 ARs 17/11; BGH v. 7.2.2012, 5 ARs 64/11; vgl. aber auch noch BGH wistra **2009**, 273, 274, wo der 5. Strafsenat die Interessentheorie lediglich i.R.d. § 283 Abs. 1 Nr. 5 Var. 2 StGB nicht anwenden wollte, ansonsten aber keine weitere Stellungnahme diesbezüglich abgab.

150 Ausführl. dazu § 283 Rdn. 155 ff.

151 BGH NZI **2013**, 365 = NZG **2013**, 397.

152 *Brand* NZG **2013**, 400.

153 BGH NZI **2013**, 365, 368 m. Anm. *Köllner* = NZG **2013**, 397, 399 f. m. Anm. *Brand.*

154 BGHSt **57**, 229, 237 f. = NJW **2012**, 2366, 2368 f. m. Anm. *Brand* und *Wessing* EWiR **2012**, 609 = ZWH **2012**, 357 ff. m. Anm. *Kudlich.*

155 S.a. *SK/Hoyer* § 283 Rdn. 106 ff., der ebenfalls ein Einverständnis, abw. vom hier vertretenen Standpunkt aber sowohl für faktische als auch für rechtsgeschäftliche Schädigungshandlungen fordert und zudem keine gesellschaftsrechtliche Wirksamkeit dieses Einverständnisses verlangt; ebenso – aber beschränkt auf faktische Schädigungshandlungen – *Niedernhuber,* S. 247.

156 S. nur BGHSt **57**, 229, 238 = NJW **2012**, 2366, 2369; dafür, dass auch ein Einverständnis, das gegen die Kapitalerhaltungsvorgaben verstößt genügt, s. etwa AnwK/*Püschel* Vor §§ 283–283d Rdn. 10; *Krause,* S. 307 m. Fn. 100; *v. Spee,* S. 150, 154 f., 159 f.

157 So etwa *Weyand/Diversy* Rdn. 24; *Geers,* S. 95 f.; ferner *Grub,* S. 37 ff., 53, 95, der vor diesem Hintergrund sowohl den nicht vertretungs-/geschäftsführungsbefugten Komplementär (a.a.O., S. 48 ff.) als auch den gem. § 176 HGB unbeschränkt haftenden Kommanditisten (a.a.O., S. 65 f., 83) zu tauglichen Tätern der §§ 283 ff. StGB erklärt; noch weitergehend *Winkelbauer* wistra **1986**, 17, 20, dem zufolge grds. jeder Kommanditist tauglicher Täter der §§ 283 ff. StGB ist.

persönlichen Haftung (vgl. § 128 HGB bzw. die Akzessorietätstheorie) selbst Schuldner seien.[158] Das überzeugt jedoch nicht. Nachdem der BGH sämtliche Außengesellschaften zu rechtsfähigen Entitäten erhob[159] und der Gesetzgeber der InsO diesen gem. § 11 Abs. 2 Nr. 1 InsO die Insolvenzfähigkeit verlieh, haben die Personengesellschaften vermögensmäßig denselben Verselbstständigungsgrad erreicht, wie ihn juristische Personen seit jeher besitzen.[160] Folglich muss den § 14 Abs. 1 Nr. 2 StGB bemühen, wer einen vertretungsberechtigten Gesellschafter, der den Nrn. 1–8 zuwider agiert, wegen Bankrotts belangen will.[161] Ob der präsumtive Täter die ihm vorgeworfene Bankrotthandlung „als vertretungsberechtigter Gesellschafter"[162] begangen hat, richtet sich – folgt man richtigerweise dem organisationsbezogenen Ansatz – nach den oben Rdn. 20 dargelegten Voraussetzungen.[163] Etwas komplexer gestaltet sich die Zurechnungsoperation, wenn nicht eine „normale" Personengesellschaft, sondern bspw. eine **GmbH & Co. KG** den Gemeinschuldnerstatus einnimmt. Da die GmbH als typischerweise einzige Komplementärin der Kommanditgesellschaft deren Geschäfte leitet, dabei aber wiederum durch ihren Geschäftsführer handelt, erfolgt die Zurechnungsoperation richtigerweise **zweistufig**. Zunächst „überwälzt" § 14 Abs. 1 Nr. 2 StGB den Gemeinschuldnerstatus der Kommanditgesellschaft auf die GmbH, von wo aus § 14 Abs. 1 Nr. 1 StGB diese Position an den GmbH-Geschäftsführer weiterreicht.[164] Wenn Teile des Schrifttums hiergegen einwenden, es genüge bereits eine einfache Anwendung des § 14 Abs. 1 Nr. 1 StGB,[165] erweist sich dieser Vorschlag als nicht zielführend. Ihm liegt nämlich die vor dem Hintergrund der §§ 11 Abs. 2 Nr. 1, 101 Abs. 1, 227 Abs. 2 InsO nicht (mehr) haltbare Prämisse zugrunde, wonach nicht die Kommanditgesellschaft, sondern die Komplementär-GmbH Gemeinschuldnerin in der

158 Zu der Position, wonach die persönlich haftenden Gesellschafter im Konkurs der Gesellschafter die Schuldnerposition einnehmen, s. etwa RGSt **69**, 65, 66, 69; *Kollmar*, S. 14; *Geers*, S. 93 f.; *Grub*, S. 32 f. und *passim*; MAH/*Leipold* § 19 Rdn. 92; *Waßmer*, S. 16; *Matzen*, S. 18 f.; *Skrotzki*, S. 4; *Schulte* NJW **1983**, 1773, 1774; *Weber* StV **1988**, 16; *Winkelbauer* JR **1988**, 33 f.; *ders.* wistra **1986**, 17, 18 f.; *Richter* GmbHR **1984**, 137, 143; ebenso wohl *Fischer* Vor § 283 Rdn. 19; implizit auch *Grosche*, S. 33 ff.; sympathisierend, die Frage jedoch offen lassend, auch schon RGSt **46**, 77, 78 f.; vgl. ferner *Tiedemann* NJW **1986**, 1842, 1844 sowie LK/*Schünemann* § 14 Rdn. 47, der aber § 14 Abs. 1 Nr. 2 StGB trotz aller hiergegen vorgebrachten Bedenken in seiner den Substitutenkreis stark verringernden Tendenz anwenden will.

159 BGHZ **146**, 341 ff.

160 Zur sachenrechtlichen Verselbstständigung des Gesellschaftsvermögens s. nur MK-BGB/*K Schmidt* § 741 Rdn. 6; *Kießling* Hadding-FS, S. 477, 492 f.; *Brand*, S. 210 ff.

161 Zutr. NK/*Kindhäuser* Vor §§ 283 bis 283d Rdn. 46; NK/*Böse* § 14 Rdn. 32; S/S/*Perron* § 14 Rdn. 20/21; MK/*Radtke* § 14 Rdn. 84; MK/*Petermann*/*Sackreuther* Vor §§ 283 ff. Rdn. 56; S/S/W/*Bosch* § 14 Rdn. 8; M-G/*Richter* Kap. 81 Rdn. 37; KK-OWiG/*Rogall* § 9 Rdn. 50; *Moosmayer*, S. 69; *Ceffinato*, S. 330; *Stracke*, S. 345; *Louis*, S. 167; *Röhm*, S. 248 f. m. Fn. 833; *Mohr*, S. 57 f.; *v. Spee*, S. 134, 162; *Reiß* wistra **1989**, 81, 86; im Kontext der Untreue ebenso A/R/R/*Seier*/*Lindemann* Kap. 2/5 Rdn. 69; wohl auch SK/*Hoyer* § 283 Rdn. 101; *Hiltenkamp-Wisgalle*, S. 72, 108; *Hörl*, S. 70; s. ferner *Roxin* II § 27 Rdn. 118; *Penzlin*, S. 58 f. unter Hinweis auf die damals – § 14 Abs. 1 Nr. 2 StGB a.F. sprach nur von Personenhandelsgesellschaften – unklare Rechtslage die GbR betreffend (a.a.O., S. 61 ff.).

162 Für eine Gleichbehandlung der vertretungsberechtigten und der nicht vertretungsberechtigten Gesellschafter *sub specie* des § 14 StGB spricht sich *de lege ferenda Penzlin*, S. 65 f. aus.

163 Weitergehend *Winkelbauer* JR **1988**, 33, 34, dem sämtliche Einwirkungen auf das Gesellschaftsvermögen genügen, um den Zurechnungszusammenhang „als" zu begründen, und zwar unabhängig davon, ob sich die übrigen Gesellschafter mit diesem Verhalten einverstanden erklären. Dieser Ansatz überzeugt jedoch nur vom Standpunkt der hier verworfenen Prämisse, wonach die Gesellschafter und nicht die Personen(handels)gesellschaft den Gemeinschuldnerstatus bekleiden.

164 BGH NStZ **1984**, 119; BGH wistra **1989**, 264, 267; OLG Stuttgart MDR **1976**, 690, 691; MK/*Radtke* § 14 Rdn. 80; MK/*Petermann*/*Sackreuther* Vor §§ 283 ff. Rdn. 54; NK/*Böse* § 14 Rdn. 33; NK/*Kindhäuser* Vor §§ 283 bis 283d Rdn. 47; LK/*Schünemann* § 14 Rdn. 48; M-G/*Richter* Kap. 81 Rdn. 38; KK-OWiG/*Rogall* § 9 Rdn. 53; A/R/R/*Himmelreich* Kap. 7/1 Rdn. 9; W/J/S/*Pelz* 9/114; *Ransiek*, S. 92 f.; *O. Schröder*, S. 76 ff., 78; *Reiß* wistra **1989**, 81, 86; *Lesch* ZUM **2003**, 44, 47; krit. aber *Bottke* wistra **1991**, 81, 84; offen gelassen von S/S/*Perron* § 14 Rdn. 23.

165 So noch BGHSt **19**, 174 ff. zu §§ 240a KO a.F., 83 GmbHG a.F.; *Grub*, S. 95 f. zu § 14 StGB; ebenso *Richter* GmbHR **1984**, 137, 143; *Winkelbauer* wistra **1986**, 17, 19; s.a. *Grosche*, S. 35 f.; *Bruns* GA **1982**, 1, 12, dem zufolge der Geschäftsführer der GmbH als Organ der KG anzusehen ist; vgl. ferner OLG Düsseldorf GewArch **1983**, 154, das § 9 Abs. 1 Nr. 2 OWiG anwendet; ebenso wohl KG JR **1972**, 121 f. m. i.E. zust. Anm. *Göhler*, ebd.

Insolvenz der GmbH & Co. KG sei. Schließlich verfängt auch der Einwand nicht, die doppelte Zurechnung setze die Deliktsfähigkeit der GmbH voraus.[166] Wie die Existenz des § 14 StGB zeigt, ist es dem Strafrecht durchaus nicht fremd, Pflichten an deliktsunfähige Personen zu adressieren. Ob diese Pflichtenzuweisung über § 14 StGB oder mithilfe der Vorschriften des Besonderen Teils erfolgt, kann dabei keine Rolle spielen.[167]

23 **d) Sonstige Gesellschaftsformen.** Nicht unerhebliche Schwierigkeiten bereitet § 14 StGB demjenigen, der das geschäftsleitende Organ bspw. einer **Vor-GmbH** wegen Bankrotts bestrafen will. Im Gesellschaftsrecht hat sich – nach langen Debatten – die Ansicht durchgesetzt, die die Vor-Verbände juristischer Personen weder den Personengesellschaften[168] noch den nichteingetragenen Vereinen[169] zuordnet, sondern sie als Gesellschaften *sui generis* begreift. Damit scheiden – bei gesellschaftsrechtsakzessorischem Verständnis der Merkmale – § 14 Abs. 1 Nr. 1 StGB[170] und § 14 Abs. 1 Nr. 2 StGB[171] als Zurechnungsvorschriften aus.[172] Mit Blick auf älteres gesellschaftsrechtliches Schrifttum, das die Vor-Verbände noch den Personengesellschaften zuschlug, finden sich Stimmen, die gleichwohl § 14 Abs. 1 Nr. 2 StGB anwenden wollen. Ihnen zufolge ändere die gesellschaftsrechtliche Abkehr von der These, Vor-Verbände rechneten zu den Personengesellschaften, nichts an der Möglichkeit, diese Verbände weiterhin als Personengesellschaften i.S.v. § 14 Abs. 1 Nr. 2 StGB einzustufen.[173] Die extreme Gegenansicht kommt indes zu dem Ergebnis, der Wortlaut des § 14 StGB eröffne keinen Spielraum, um dem Geschäftsführer des Vor-Verbandes die Gemeinschuldnerrolle „seines" Verbands zuzuweisen; denkbar sei allenfalls eine Strafbarkeit wegen Untreue.[174] Keiner der beiden aufgezeigten Wege überzeugt. Unter rechtsstaatlichen und kriminalpolitischen Gesichtspunkten erfolgsversprechender erweist sich **§ 14 Abs. 1 Nr. 3 StGB**. Insbes. der Wortlaut, der von gesetzlichen Vertretern spricht, steht dem Vorhaben nicht entgegen, die Geschäftsleiter der Vor-Verbände diesem Terminus zu subsumieren, apostrophieren das Zivil- und Gesellschaftsrecht doch selbst die Organwalter als gesetzliche Vertreter des Verbandes (vgl. etwa § 26 Abs. 1 S. 2 HS 2 BGB). Zwar ließe sich systematisch einwenden, der Gesetzgeber habe in § 14

166 Das fordern aber *Demuth/Schneider* BB **1970**, 642, 643; insoweit zust. *Grub*, S. 94; ähnl. *Ceffinato*, S. 376, 388, der deshalb zu dem Ergebnis gelangt, dass das Statusmerkmal der GmbH & Co. KG nicht auf den Geschäftsführer der Komplementär-GmbH übertragen werden kann; i.E. so bereits *Bender* ZfZ **1971**, 239, 240 f.; *Pohl-Sichtermann* NJW **1973**, 2217, 2218.

167 *O. Schröder*, S. 79; vgl. auch *W. Lange* ZfZ **1971**, 335.

168 Für Einstufung als GbR etwa RGZ **58**, 55, 56; RGZ **83**, 370, 373; RGZ **105**, 228, 229; RGZ **151**, 86, 91; OLG Celle NJW **1951**, 36 f.; *Scholz* JW **1938**, 3149; *Gottschling* GmbHR **1953**, 152, für Einstufung als OHG etwa BGHSt **3**, 23, 26; OLG Oldenburg BB **1955**, 713; OLG Frankfurt a.M. NJW **1948**, 429; *Heymann* JherJb 75 **(1925)**, 408, 422; *Merkert* BB **1951**, 322 f.; *Möhring* GmbHR **1951**, 70.

169 So *Flume* Geßler-FS, S. 3, 25, 27 f.; ferner *Kummer*, S. 25 mit Blick auf die Vor-KGaA.

170 Dazu s. nur MK/*Radtke* § 14 Rdn. 77; NK/*Böse* § 14 Rdn. 34; KK-OWiG/*Rogall* § 9 Rdn. 42; GK-GmbHG/*Ransiek* § 82 Rdn. 15; a.A. aber LK/*Schünemann* § 14 Rdn. 44; *K Schmidt* wistra **1990**, 131, 134.

171 MK/*Radtke* § 14 Rdn. 85; NK/*Böse* § 14 Rdn. 34; KK-OWiG/*Rogall* § 9 Rdn. 51.

172 Vgl. aber *Geers*, S. 99 f., die (zu Unrecht; s.o. Rdn. 22) die Gesellschafter des Vor-Verbands als Gemeinschuldner einstuft und deshalb nicht auf § 14 StGB zurückgreifen muss.

173 *Bittmann/Pikarski* wistra **1995**, 91, 93; i.E. so auch M-G/*Richter* Kap. 81 Rdn. 37, 39; W/J/S/*Pelz* 9/111; *Weyand/Diversy* Rdn. 24; anscheinend ebenso S/S/*Perron* § 14 Rdn. 22; vgl. auch BGHSt **3**, 23, 25, der allerdings offen lässt, ob er die Tätertauglichkeit des, die Vor-GmbH leitenden Geschäftsführers mithilfe des § 83 GmbHG a.F. (einem der vielen Vorläufer des heutigen § 14 StGB) oder schlicht aus dessen Gesellschafterstellung ableitet (dem BGH zust. *Kollmar*, S. 16 f.; für Ableitung aus der Gesellschafterstellung LK[12]/*Tiedemann* Vor § 283 Rdn. 62; *Richter* GmbHR **1984**, 137, 143; ähnl. anscheinend auch *Fischer* Vor § 283 Rdn. 19); s. ferner RGSt **34**, 412, 413, das die Leiter einer Vor-AG dem Terminus „Mitglied des Vorstandes" i.S.d. § 312 HGB (aktienrechtliche Untreue) subsumierte; ebenso RGSt **43**, 407, 413 f.; s.a. *Dannecker/Knierim/Dannecker/Hagemeier* Rdn. 51, die ohne weitere Problematisierung die vertretungsberechtigten Gesellschafter einer Vor-GmbH als Zurechnungsadressaten begreifen.

174 So *Deutscher/Körner* wistra **1996**, 8, 14; i.E. zust. MK/*Petermann/Sackreuther* Vor §§ 283 ff. Rdn. 56; vgl. aber auch MK/*Radtke* § 14 Rdn. 85, wo er auf die Möglichkeit einer Statusüberwälzung gem. § 14 Abs. 2 StGB hinweist.

Abs. 1 Nrn. 1, 2 StGB abschließend geregelt, welche Organmitglieder er als Zurechnungsadressaten des § 14 StGB versteht. Dabei bliebe jedoch unberücksichtigt, dass der Gesetzgeber, als er den § 14 StGB schuf, die Vor-Verbände und die Auseinandersetzung um ihre rechtliche Klassifikation nicht im Blick hatte. Darüber hinaus hat sich die **h.M.** zwischenzeitlich darauf verständigt, auch die sog. **Parteien kraft Amtes**, also bspw. den Insolvenzverwalter oder den Testamentsvollstrecker, dem § 14 Abs. 1 Nr. 3 StGB zu unterwerfen,[175] obschon die Vertretungsbefugnis dieser Personen nicht dem Gesetz, sondern einem Bestellungsakt entstammt.

2. Der Verbraucher als tauglicher Täter

Rspr. und Teile des Schrifttums streiten bis heute darüber, ob auch **Verbraucher** taugliche Täter des § 283 StGB sein können, oder ob § 288 StGB insoweit eine abschließende Regelung markiert.[176, 177] Der BGH und die ihm zust. Autoren haben den Verbraucher zum tauglichen Täter eines Bankrotts erklärt, da – sieht man von §§ 283 Abs. 1 Nrn. 5–7, 283b StGB ab – sich weder den §§ 283 ff. StGB noch den §§ 11 Abs. 2, 304 Abs. 1 InsO eine Beschränkung auf gewerblich bzw. kaufmännisch tätige Schuldner entnehmen lasse.[178] Die Gegenansicht, die den Verbraucher von der Täterliste des § 283 StGB streichen will,[179] verweist auf die Merkmale „Überschuldung“[180] und „ordnungsgemäßes Wirtschaften“[181] sowie die Tatmodalitäten des § 283 Abs. 1 Nrn. 5–7 StGB, die allesamt belegten, dass § 283 StGB nur unternehmerisch tätige Schuldner adressiere.[182] Darüber hinaus konterkariere die Ziele des **Verbraucherinsolvenzverfahrens**, wer den Verbraucher, der seine Zahlungen einstelle, gem. § 283 StGB verfolge, sofern er im Vorfeld der Zahlungseinstellung eine Tathandlung des Abs. 1 begangen habe.[183] Um letztgenanntes Argument zu verstehen, bedarf es einer Betrachtung der (Straf-)Rechtslage zur Zeit der KO. Obschon die Regelungen der KO nicht zwischen Verbrauchern und sonstigen Schuldnern differenzierten, sondern sämtliche Vermögens- 24

175 LK/*Schünemann* § 14 Rdn. 49; Scholz/*Rönnau* Vor §§ 82 ff. Rdn. 25; MK/*Radtke* § 14 Rdn. 89; NK/*Böse* § 14 Rdn. 35; S/S/W/*Bosch* § 14 Rdn. 9; KK-OWiG/*Rogall* § 9 Rdn. 56; *Roxin* § 27 Rdn. 121.

176 Zur Rechtslage vor Inkrafttreten der InsO s. instruktiv *Krüger* wistra **2002**, 52, 53 f.

177 Allerdings soll § 288 StGB angesichts der unter dem Regime der InsO häufigeren Insolvenzeröffnung nur noch selten zur Anwendung gelangen; vgl. dazu *Röhm* ZInsO **2003**, 535, 540.

178 BGH NJW **2001**, 1874 f.; zust. BVerfG ZInsO **2004**, 738; BGHSt **55**, 107, 112; *Fischer* Vor § 283 Rdn. 18 und § 283 Rdn. 1; Lackner/Kühl/*Heger* § 283 Rdn. 2; *Sch/Schröder/Heine/Schuster* § 283 Rdn. 7a; S/S/W/*Bosch* Vorbem §§ 283 ff. Rdn. 1, 3; *ders.* JA **2011**, 151; M/R/*Altenhain* § 283 Rdn. 3; AnwK/*Püschel* Vor § 283–283d Rdn. 6; W/J/S/*Pelz* 9/110; *Dannecker/Knierim/Dannecker/Hagemeier* Rdn. 49; HambK/*Borchardt* § 283 StGB Rdn. 5; M/G/*Rotsch/Wagner* 8/141; Pape/Uhländer/*Hofmann* § 283 Bankrott Rdn. 2; MAH/*Böttger* § 19 Rdn. 183; Böttger/*Verjans/Rixe* 4/36, 131; *Reichelt*, S. 80; *Habetha*, S. 66; *Brackmann*, S. 173; *Radtke* Achenbach-FS, S. 341, 355; *Krause* NStZ **2002**, 42; vgl. bereits RGSt **15**, 277, 280; s.a. *Stracke*, S. 359, 371 ff., die den Verbraucher ebenfalls auf der Täterliste des § 283 Abs. 1 StGB führen, allerdings im Falle des Verbraucherbankrotts den § 283 Abs. 5 StGB überhaupt nicht und den § 283 Abs. 4 Nr. 1 StGB nur unter erhöhten Voraussetzungen anwenden will (a.a.O., S. 372 f.).

179 Für die Schaffung eines eigenen Tatbestandes sprechen sich auch M-G/*Richter* Kap. 76 Rdn. 47 und *Rönnau* NStZ **2003**, 525, 529 aus.

180 Dazu, dass das Merkmal „Überschuldung“ auf den Verbraucherbankrott nicht passt, LK[12]/*Tiedemann* Vor § 283 Rdn. 85c; M-G/*Richter* Kap. 76 Rdn. 46; *Penzlin*, S. 205 f.; *Röhm*, S. 265 f.; s. ferner ausf. *Dohmen*, S. 128 ff., die deshalb dafür plädiert, dieses Merkmal im Kontext des Verbraucherbankrotts zu streichen (a.a.O., S. 137, 190 f.); a.A. freilich *Stracke*, S. 353 ff.

181 Dazu, dass auch dieses Merkmal zum Verbraucherbankrott nicht „passt“, s. ausführl. *Penzlin*, S. 203 f.; *Röhm*, S. 266 ff.; *Dohmen*, S. 168 ff., 192 ff., die *de lege ferenda* deshalb vorschlägt, i.R.d. Abs. 1 auf dieses Merkmal zu verzichten und bei Abs. 2 zusätzlich das subjektive Erfordernis einer Gläubigergefährdungs- bzw. Gläubigerschädigungsabsicht zu etablieren (a.a.O., S. 184 und *passim*); s. ferner schon *Höfner*, S. 44; M-G/*Richter* Kap. 76 Rdn. 46; *Bieneck* StV **1999**, 43.

182 *Schramm* wistra **2002**, 55, 56; *Röhm*, S. 266; *ders.* ZInsO **2003**, 535, 538 f.; s.a. *Wessing* EWiR **2002**, 125, 126; ferner *Dohmen*, S. 186.

183 *Schramm* wistra **2002**, 55, 56; *Wessing* EWiR **2002**, 125, 126.

träger als „konkursfähig" begriffen,[184] kamen *de facto* Konkurse über das Vermögen von Verbrauchern nicht vor.[185] Schafften sie im Stadium der (drohenden) Zahlungsunfähigkeit Vermögensgegenstände beiseite, stand allenfalls eine Strafbarkeit wegen **Vereitelns der Zwangsvollstreckung** (§ 288 StGB) im Raum.[186] Da der Tatbestand des § 288 StGB ein gegenüber § 283 StGB geringeres Strafmaß vorsehe, zudem zur Gruppe der Antragsdelikte rechne und die Haftung auf vorsätzliches Verhalten beschränke,[187] nähme man dem Verbraucher, unterwürfe man ihn der Strafandrohung des § 283 StGB, mit der einen Hand, was man ihm zuvor mit der anderen Hand gegeben hat – nämlich die Erleichterungen des Verbraucherinsolvenzverfahrens.[188]

25 Sämtliche Argumente, die gegen eine Tätertauglichkeit des Verbrauchers *sub specie* des § 283 StGB ins Feld geführt werden, stechen nicht. Dem Umstand, wonach einzelne Tatbestandsmerkmale und Begehungsmodalitäten nur bestimmte Schuldner wie bspw. die Kaufleute ansprechen, lässt sich die weitergehende Folgerung, diese Täterkreiseinschränkung beanspruche für den gesamten Tatbestand Geltung, nicht entnehmen.[189] Insbes. das Merkmal „ordnungsgemäßes Wirtschaften" steht dem Unterfangen nicht entgegen, den Verbraucher, der in seiner wirtschaftlichen Krise Bankrotthandlungen vornimmt, gem. § 283 StGB zu bestrafen, gelingt es doch, dieses Merkmal auch im Kontext der Verbraucherinsolvenz zu konkretisieren.[190, 191] Des Weiteren überzeugt es nicht, aufgrund der bloßen Existenz des Verbraucherinsolvenzverfahrens *de lege lata* den § 283 StGB um die Tätergruppe der Verbraucher zu reduzieren. Denn der Verbraucher, der trotz (drohender) Zahlungsunfähigkeit Bankrotthandlungen vornimmt, indem er Vermögensgegenstände vor dem Zugriff seiner Gläubiger verbirgt, legt eine kriminelle Energie an den Tag, die es nicht rechtfertigt, ihn gem. § 288 StGB zu privilegieren.[192] Schließlich scheint auch der Gesetzgeber der InsO gegenüber einer Tätertauglichkeit von Verbrauchern *sub specie* des § 283 StGB aufgeschlossen gewesen zu sein, ergäben doch andernfalls die **§§ 290 Abs. 1 Nr. 1, 297 InsO** nur eingeschränkt Sinn.[193]

26 Obschon die Ansicht, die den Verbraucher wegen Bankrotts bestraft, der während seiner Krise Tathandlungen i.S.d. § 283 Abs. 1 Nrn. 1–4, 8 StGB begeht, *de lege lata* überzeugt, lohnt vertieftes Nachdenken, ob es dabei auch *de lege ferenda* bleiben soll. Das einschlägige Schrifttum hat zahlreiche Vorschläge hervorgebracht, die im Kern darauf hinauslaufen, einen an § 288 StGB orientierten, privilegierenden Tatbestand des **Verbraucherbankrotts** dem vierundzwanzigsten Abschnitt als § 283e StGB hinzuzufügen.[194] Was jedoch die nähere Ausgestaltung dieses Sondertatbestandes anbelangt, differieren die einzelnen Reformvorschläge zum Teil erheblich.[195] Besonders kontrovers

---

184 S. nur *Dohmen*, S. 21 m.w.N.; ferner *Neumann*, S. 43; *Kribs-Drees*, S. 68.

185 W/J/S/*Beck* 8/91; Lackner/Kühl/*Heger* § 283 Rdn. 2; *Dohmen*, S. 17, 187; *Moosmayer*, S. 27 f.; *Penzlin*, S. 199; *Röhm*, S. 252 f.; *Stracke*, S. 182, 352; *Bieneck* StV **1999**, 43; implizit etwa auch *Schlüchter*, S. 9.

186 Zu diesem Befund ausführl. M-G/*Richter* Kap. 76 Rdn. 45 und Kap. 88 Rdn. 6; W/J/S/*Beck* 8/91; *Dohmen*, S. 18 f., 187; *Röhm*, S. 257 f.; *ders.* ZInsO **2003**, 535, 536.

187 Zu diesen und weiteren Vorzügen des § 288 StGB gegenüber § 283 StGB s. nur *Weyand/Diversy* Rdn. 30; *Dohmen*, S. 187; *Moosmayer*, S. 60; *Röhm*, S. 257 f.; *ders.* ZInsO **2003**, 535, 536.

188 *Schramm* wistra **2002**, 55, 56; *Röhm*, S. 260 f.; *ders.* ZInsO **2003**, 535, 537; ähnl. bereits *Moosmayer*, S. 64.

189 Ausführl. dazu *Radtke* Achenbach-FS, S. 341, 349 f.; so wohl auch *Dohmen*, S. 67, die konstatiert, dass der Wortlaut des § 283 StGB nicht zwingend verlangt, den Verbraucher von der Täterliste zu streichen.

190 S.u. Rdn. 33.

191 S.a. *Stracke*, S. 355 f.; *Radtke* Achenbach-FS, S. 341, 352 ff.; *Rinjes* ZVI **2017**, 253, 255 f.

192 Zum Ganzen ausführl. *Radtke* Achenbach-FS, S. 341, 356 f.; s.a. *Röhm* ZInsO **2003**, 535, 541, der deshalb dafür plädiert, einen mit Verbraucherbankrott überschriebenen § 283e in das StGB aufzunehmen.

193 So auch LK[12]/*Tiedemann* Vor § 283 Rdn. 85b; *Dohmen*, S. 188; *Stracke*, S. 371, 375; *Brackmann*, S. 173; hierauf verweisen auch *Moosmayer*, S. 114 und *Röhm*, S. 278 f., die aber den Verbraucher gleichwohl nicht gem. den §§ 283 ff. StGB, sondern gem. einem neu zu schaffenden Tatbestand des Verbraucherbankrotts bestrafen wollen (*Röhm*, S. 287 ff. und *Moosmayer*, S. 115 ff.).

194 Für diesen Regelungsstandort sprechen sich aus: *Röhm*, S. 287, 303; *Dohmen*, S. 202; ein anderer Vorschlag geht hingegen dahin, die Konstellationen des Verbraucherbankrotts in § 288 StGB zu integrieren und die §§ 283 ff. StGB auf Kaufleute als Täter zu beschränken; dafür etwa *Moosmayer*, S. 117; ähnl. *Penzlin*, S. 209 f.; dagegen überzeugend *Dohmen*, S. 199 f.; ferner *Röhm*, S. 284 ff.

195 Konkrete ausformulierte Vorschläge finden sich bei *Dohmen*, S. 210 f.; *Röhm*, S. 287.

verläuft die Diskussion bei der Frage, ob der neu zu schaffende Tatbestand des Verbraucherbankrotts einer objektiven Strafbarkeitsbedingung bedarf und wie diese – bejahendenfalls – aussehen soll. Die vorgetragenen Positionen reichen von einer inhaltlichen Übernahme der objektiven Strafbarkeitsbedingung des § 283 Abs. 6 StGB[196] über die Idee, die Einleitung des gerichtlichen Schuldenbereinigungsverfahrens (vgl. § 306 Abs. 1 S. 1 InsO) als objektive Strafbarkeitsbedingung auszugestalten,[197] bis hin zu dem Vorschlag, dem Vorbild des § 288 StGB entsprechend ganz auf die objektive Strafbarkeitsbedingung zu verzichten.[198] Mit Blick auf die erforderliche insolvenzstrafrechtliche Gleichbehandlung aller Schuldner und die geringen Schäden, die eine Verbraucherinsolvenz typischerweise verursacht,[199] verdient der Ansatz den Vorzug, der die objektive Strafbarkeitsbedingung eines zukünftigen Tatbestandes „Verbraucherbankrott" dem § 283 Abs. 6 StGB entlehnen will.

VI. Das ordnungsgemäße Wirtschaften

Das Erfordernis, die Tathandlung „in einer den Anforderungen einer ordnungsgemäßen Wirtschaft widersprechenden Weise" vorzunehmen, verlangen die Nrn. 1 Var. 3 (Zerstören, Beschädigen und Unbrauchbarmachen von Vermögensbestandteilen),[200] 2 Var. 1 (Verlust- und Spekualtions- sowie Differenzgeschäfte mit Waren), 3 und 8 Var. 1 (Verringern des Vermögensstandes)[201] des § 283 Abs. 1 StGB sowie § 283d StGB. Darüber hinaus erstreckt die ganz **h.M.** das Merkmal der Ordnungswidrigkeit seit jeher auch auf das Beiseiteschaffen (Nr. 1 Var. 1) und die unwirtschaftlichen Ausgaben (Nr. 2 Var. 2).[202] Vor diesem Hintergrund empfiehlt es sich, das Merkmal, quasi vor die Klammer gezogen, im Vorfeld der Ausführungen zu erörtern, die sich mit den einzelnen Bankrotthandlungen beschäftigen. Dabei variieren die Anforderungen an ein **ordnungsgemäßes Wirtschaften**, je nachdem, ob der Schuldner die Tathandlung während der Krise (Fall des Abs. 1) oder außerhalb der Krise (Fall des Abs. 2) begeht.[203] 27

Wie gesehen unterscheidet § 283 Abs. 1 StGB zwischen bestands- und informationsbezogenen Bankrotthandlungen.[204] Im Unterschied zu den informationsbezogenen Bankrotthandlungen, deren Vornahme generell den Voraussetzungen einer ordnungsgemäßen Wirtschaft widerspricht,[205] weisen die bestandsbezogenen Bankrotthandlungen insoweit einen ambivalenten Charakter 28

---

196 *Röhm*, S. 310 ff.

197 Dafür *Dohmen*, S. 153 ff., 192.

198 *Moosmayer*, S. 118; *Penzlin*, S. 206; hiergegen zu Recht *Dohmen*, S. 151 f., 192.

199 Zu letzterem Befund s. nur *Dohmen*, S. 152, 180, 195, 209.

200 Vgl. in diesem Kontext noch *Schlüchter*, S. 130, die *de lege ferenda* einen groben Verstoß gegen die Regeln ordnungsgemäßen Wirtschaftens fordert.

201 Ob das Erfordernis einer den Anforderungen ordnungsgemäßer Wirtschaft grob widersprechenden Weise auch für das Verheimlichen und Verschleiern gilt, ist äußerst strittig; dagegen etwa *Krause*, S. 41 f.; *Schlüchter* MDR **1978**, 977, 980; skeptisch auch MK/*Petermann*/*Sackreuther* § 283 Rdn. 66, die bereits bezweifeln, dass die informationsbezogenen Tatvarianten des § 283 Abs. 1 Nr. 8 StGB überhaupt einer Einschränkung in Form eines groben Verstoßes gegen die Anforderungen ordnungsgemäßen Wirtschaftens bedürfen, da der Täter, der seine geschäftlichen Verhältnisse verheimliche bzw. verschleiere, regelmäßig *per se* die Gläubigerinteressen gefährde; dafür *Dannecker*/*Knierim*/*Dannecker*/*Hagemeier* Rdn. 958; HambK/*Borchardt* § 283 StGB Rdn. 31; M/G/*Rotsch*/*Wagner* 8/239; *Höfner*, S. 77 f.; *Hiltenkamp-Wisgalle*, S. 203 f. m. Fn. 1; *Waßmer*, S. 15; implizit auch M-G/*Richter* Kap. 83 Rdn. 79; ferner wohl *Fischer* § 283 Rdn. 30; zum Ganzen ausführl. § 283 Rdn. 159.

202 BGHSt **55**, 107, 114; BGHSt **34**, 309, 310; BGH/H GA **1953**, 74; *Krause*, S. 40; *v. Spee*, S. 31 ff., 43 f.; *Marxen* EWiR **1987**, 919; zum Beiseiteschaffen s.a. MK/*Petermann*/*Sackreuther* § 283 Rdn. 11; *Fischer* § 283 Rdn. 4b; *Mohr*, S. 124 f.; *Radtke* Achenbach-FS, S. 341, 352 sowie § 283 Rdn. 6; nicht erfasst wird dagegen die Modalität des Verheimlichens; s. dazu nur G/J/W/*Reinhart* § 283 Rdn. 20.

203 NK/*Kindhäuser* Vor §§ 283 bis 283d Rdn. 61; *Krause*, S. 142, 218 f. m. Fn. 122, 416 ff.; *Moosmayer*, S. 71.

204 Zu dieser Einteilung s. nur *Krause*, S. 35 ff., 42 und o. Rdn. 6.

205 NK/*Kindhäuser* Vor §§ 283 bis 283d Rdn. 62; ausführl. *Krause*, S. 424 ff.

auf.[206] So verwirkt, wer im Stadium der Krise einen vollständig abgeschriebenen Gegenstand des Anlagevermögens vernichtet und durch einen neuen ersetzt, keinesfalls Bankrottunrecht i.S.d. § 283 Abs. 1 Nr. 1 StGB.[207] Um dieses sachgerechte Ergebnis zu erzielen, hat der Gesetzgeber das einschränkende Erfordernis statuiert,[208] wonach die Tathandlungen der Nrn. 1, 2, 3 und 8 Var. 1 den Grundsätzen einer ordnungsgemäßen Wirtschaft zuwiderlaufen müssen. Genauere gesetzgeberische Vorstellungen vom Inhalt dieses Merkmals, die über die Lösung bestimmter Einzelfälle hinausgehen, lassen sich den Materialien indes nicht entnehmen. Vielmehr beschränkt sich die Gesetzesbegründung darauf, neben dem bereits erwähnten Beispiel zu Abs. 1 Nr. 1 weitere Konstellationen zu benennen, die das Verdikt ordnungswidrigen Wirtschaftens nicht tragen können sollen. So halte die Grenzen ordnungsgemäßen Wirtschaftens grds. ein, wer zwar Verlustgeschäfte i.S.d. Abs. 1 Nr. 3 eingehe, dies aber nur deshalb tue, um Arbeitsplätze während eines Konjunkturtiefs zu erhalten.[209, 210] Die wenigen Stellungnahmen des Schrifttums, die sich darum bemühen, generalisierende Interpretationsansätze zu entwickeln,[211] kranken zumeist daran, sich auf dem Weg zu einer abstrakt-generellen Definition dessen, was ordnungsgemäßes Wirtschaften bedeutet, in kaum weiterführenden Debatten zu verlieren. Beispielhaft sei die Diskussion erwähnt, inwieweit **formelle** bzw. **materielle Unterkapitalisierung** geeignet sind, dem Merkmal „ordnungsgemäßes Wirtschaften" erste (negative) Konturen zu verleihen.[212] Da weder die formelle noch die materielle Unterkapitalisierung den Bankrotthandlungen des § 283 Abs. 1 Nrn. 1–8 StGB unterfällt,[213, 214] erschöpfen sich die Ausführungen regelmäßig darin, auf den Allgemeinplatz hinzuweisen, wonach sich der Geschäftsleiter einer schwach kapitalisierten Gesellschaft risikoaverser zu verhalten hat, als sein Kollege, der eine angemessen kapitalisierte Gesellschaft leitet.[215] Viel gewonnen ist damit freilich nicht.

1. Die Anforderungen ordnungsgemäßen Wirtschaftens i.R.d. § 283 Abs. 1 StGB

29 Was genau unter den Anforderungen einer ordnungsgemäßen Wirtschaft zu verstehen ist, wirft vielschichtige Probleme auf. Neben der Frage, ob **Privatpersonen** dieselben Maßstäbe ordnungsgemäßen Wirtschaftens wie **Unternehmer** einzuhalten haben,[216] bildet den Dreh- und Angelpunkt die Auseinandersetzung um das zutreffende Vorgehen, mithilfe dessen sich ordnungsgemäßes von ordnungswidrigem Wirtschaften abschichten lässt. Einigkeit herrscht immerhin insoweit, als man die Ordnungswidrigkeit nicht *ex post*, sondern ***ex ante*** bestimmt.[217]

---

206 *Krause*, S. 246 f.

207 BTDrucks. 7/3441, S. 34.

208 Zum Charakter als Strafbarkeitseinschränkung *Krause*, S. 43.

209 Dazu, dass die Sicherung von Arbeitsplätzen nicht zu den geschützten Rechtsgütern rechnet und deshalb die Reichweite des Merkmals „ordnungsgemäßes Wirtschaften" nicht zu beeinflussen vermag, s.o. Rdn. 8.

210 BTDrucks. 7/3441, S. 35; zust. *Fischer* § 283 Rdn. 9 im Kontext der Differenzgeschäfte i.S.v. Nr. 2; *Kribs-Drees*, S. 123.

211 S. sogleich Rdn. 30.

212 Dazu *Krause*, S. 303 ff., 410.

213 Zu Nr. 8 § 283 Rdn. 147.

214 Richtig *Krause*, S. 305 f. sowie S. 410, dort aber nur bzgl. der materiellen Unterkapitalisierung.

215 *Krause*, S. 306.

216 S. einerseits LK[12]/*Tiedemann* Vor § 283 Rdn. 109 sowie *ders.* ZIP **1983**, 513, 521 und andererseits NK/*Kindhäuser* Vor §§ 283 bis 283d Rdn. 69; *Krause*, S. 405.

217 S. nur LK[12]/*Tiedemann* Vor § 283 Rdn. 106 f.; *ders.* Dünnebier-FS, S. 519, 528 f.; *ders.* ZIP **1983**, 513, 520; NK/*Kindhäuser* Vor §§ 283 bis 283d Rdn. 72; MK/*Petermann*/*Sackreuther* § 283 Rdn. 22; Lackner/Kühl/*Heger* § 283 Rdn. 11; *Dannecker*/*Knierim*/*Dannecker*/*Hagemeier* Rdn. 911; Böttger/*Verjans*/*Rixe* 4/49; *Höfner*, S. 46; *Hiltenkamp-Wisgalle*, S. 169; *Krause*, S. 74 f., 324, 374, 396; *Moosmayer*, S. 70; *Reichelt*, S. 97; *Habetha*, S. 179.

a) Konkretisierungsversuche im Schrifttum. Während die **Rspr.** einzelfallabhängig entscheidet, ob ein bestimmtes Verhalten der Kategorie ordnungsgemäßem oder ordnungswidrigem Wirtschaften unterfällt,[218] indem sie bspw. danach fragt, ob bestimmte Ausgaben das Maß des Notwendigen und Üblichen übersteigen sowie sich zu Vermögen und Einkommen unangemessen verhalten,[219] haben einzelne Vertreter des Schrifttums versucht, **abstrakt-generelle Kriterien** zu benennen, anhand derer man sämtliche vorstellbare Konstellationen einer der beiden Kategorien zuweisen kann. Dabei prägen v.a. zwei Ansätze die Diskussion:[220] Ein insbes. von *Tiedemann* entwickelter Vorschlag nimmt die §§ 93 AktG, 43 GmbHG, 347 HGB zum Ausgangspunkt und fällt über diejenigen Bankrotthandlungen das Verdikt der Ordnungswidrigkeit, die der Täter nicht mit der **Sorgfalt eines ordentlichen Geschäftsleiters/Kaufmanns** vornimmt.[221] Dieser Weg habe den Vorteil, die Konkretisierungsbemühungen nutzen zu können, die das Gesellschafts- bzw. Handelsrecht bereitstellt, um ordnungsgemäßes von ordnungswidrigem Wirtschaften abzugrenzen.[222] Herrsche im Handels-/Gesellschaftsrecht Uneinigkeit über die Ordnungsgemäßheit einer bestimmten Maßnahme, könne das Strafrecht dem Schuldner nicht ordnungswidriges Wirtschaften vorwerfen. Erst wenn alle Sachkundigen zu dem Schluss gelangten, ein ordentlich handelnder Geschäftsleiter hätte die vermögensrelevante Entscheidung so nicht getroffen, sei das Merkmal des ordnungswidrigen Wirtschaftens erfüllt.[223] Die **Gegenansicht**, die maßgebend auf der Monografie von *Krause* basiert, wirft diesem „gesellschafts-/handelsrechtsakzessorischen Ansatz"[224] vor, die Wirtschaftswidrigkeit an Vorschriften auszurichten, die das Verhältnis des Geschäftsführers zur Gesellschaft und gerade nicht des Schuldners zu seinen Gläubigern regelten.[225] Darüber hinaus begründe die Differenzierung zwischen Privaten und Kaufleuten/Unternehmern die Gefahr, erhebliche Strafbarkeitslücken aufzureißen, sofern man aufgrund dieser Differenzierung zu der Einsicht gelange, Private dürften nach Gutdünken wirtschaften[226] und seien keinen normativen Vor- 30

218 S. etwa die Feststellung von *Krause*, S. 29, 92, *Habetha*, S. 178, *Dohmen*, S. 162 und NK/*Kindhäuser* Vor §§ 283 bis 283d Rdn. 64; exemplarisch zu dieser Rspr.-Praxis: RGSt **48**, 217, 219: Verpfändung von Sachen ist unwirtschaftlich, wenn Schuldner von Anfang an damit rechnete, dass er die Sachen nicht werde auslösen können.

219 BGHSt **3**, 23, 26; BGH GA **1974**, 61; BGH GA **1964**, 119; BGH NJW **1953**, 1480, 1481; RGSt **73**, 229, 230; RGSt **70**, 260, 261; RGSt **42**, 278, 280 f.; RGSt **15**, 309, 312 f.; RGSt 7, 90, 91; RG GA 64 **(1917)**, 115; s.a. schon ALR Titel 20, Teil II § 1459; vgl. ferner RGSt **16**, 238, 240, das diesen Aspekt der Übermäßigkeit des Aufwandes zuwies; vgl. aber auch RGSt **48**, 217, 218, das zur Konkretisierung der Anforderungen einer ordnungsgemäßen Wirtschaft auf den Maßstab der §§ 586 Abs. 2, 1036 Abs. 2 BGB verweist.

220 Ein weiterer Ansatz besteht bspw. darin, zu fragen, ob die unternehmerische Maßnahme nach allen betriebswirtschaftlichen Theorien unvernünftig war, um über sie das Verdikt der Wirtschaftswidrigkeit zu fällen; so *Schlüchter*, S. 48, 55, 130. Hiergegen streiten jedoch dieselben Einwände, wie sie gegen eine jüngst im Untreuekontext entwickelte Ansicht vorgebracht werden, die nur solche Entscheidungen als pflichtwidrig einstuft, die nach sämtlichen – etwa im Gesellschaftsrecht – vertretenen Ansichten gesetzliche Pflichten der Komplementärmaterie missachtet (zu den Einwänden s. nur SK/*Hoyer* § 266 Rdn. 48, 66; *Ransiek*/*Hüls* ZGR **2009**, 157, 172).

221 LK[12]/*Tiedemann* Vor § 283 Rdn. 111 f.; andeutungsweise schon *ders.* ZIP **1983**, 513, 521; zust. MAH/*Böttger* § 19 Rdn. 125; *Dannecker*/*Knierim*/*Dannecker*/*Hagemeier* Rdn. 907; Böttger/*Verjans*/*Rixe* 4/49; *Moosmayer*, S. 77; wohl auch HambK/*Borchardt* § 283 StGB Rdn. 12; G/J/W/*Reinhart* § 283 Rdn. 24; S/S/W/*Bosch* § 283 Rdn. 7; *Brackmann*, S. 278 f., 280 ff.; s. ferner *Hiltenkamp-Wisgalle*, S. 169, die ebenfalls auf die Maßstabsfigur des ordentlichen Kaufmanns rekurriert; skeptisch hingegen *Erdmann*, S. 83; *Mohr*, S. 131; vgl. auch *Bretzke*, S. 134 f., der zufolge sich der Rückgriff auf das Handelsrecht angesichts des im Strafrecht geltenden Bestimmtheitsgebots als wenig hilfreich erweist.

222 LK[12]/*Tiedemann* Vor § 283 Rdn. 111 f.; MAH/*Böttger* § 19 Rdn. 125.

223 LK[12]/*Tiedemann* Vor § 283 Rdn. 117; *ders.* ZIP **1983**, 513, 521; *ders.* KTS **1984**, 539, 547; zust. *Grosche*, S. 52; ähnl. *Schlüchter* MDR **1978**, 977, 978, der zufolge das Merkmal ein „nach allen betriebswirtschaftlichen Auffassungen unvernünftiges Verhalten verlangt".

224 S. aber auch schon RGSt **48**, 217, 218, das bzgl. der „Anforderungen einer ordnungsgemäßen Wirtschaft entsprechenden Weise" auf die §§ 586 Abs. 2, 1036 Abs. 2 BGB verweist, denen dieses Merkmal nachgebildet sei.

225 Ausführl. zu diesem und weiteren Einwänden – so stellten etwa die §§ 93 AktG, 43 GmbHG, 347 HGB sämtlich keine Verhaltensmaßstäbe für die Unternehmenskrise bereit – *Krause*, S. 84 ff.; i.E. zust. *Habetha*, S. 185 f.

226 LK[12]/*Tiedemann* Vor § 283 Rdn. 110; zust. *Stracke*, S. 372.

gaben unterworfen.[227] Nicht die §§ 93 AktG, 43 GmbHG, 347 HGB, sondern ein – wenn man so will „strafrechtsautonomes" – **dreistufiges Modell** übernimmt die Aufgabe, ordnungswidriges von ordnungsgemäßem Wirtschaften zu scheiden.[228] Die erste Stufe benennt und bewertet das vom Schuldner verfolgte Interesse, wobei sie den Fokus auf die Vereinbarkeit der schuldnerischen Vermögensdisposition mit den Gläubigerinteressen legt.[229] Des Weiteren müsse die Disposition in Relation zu dem verfolgten Zweck geeignet, erforderlich und angemessen[230] – kurz: **vertretbar** – sein.[231] Allerdings verfehle diese zweite Stufe nur und handle folglich ordnungswidrig, wer **zweifelsfrei** gegen eines der drei Kriterien verstoße.[232] So evoziere eine unternehmerische Maßnahme den Vorwurf der Ungeeignetheit erst, wenn sie nahezu jeder Wahrscheinlichkeit entbehre, den verfolgten Zweck zu erreichen,[233] ermangele es ihr frühestens an der Erforderlichkeit, wenn der Schuldner sein Ziel auch auf weniger gläubigergefährdende Weise hätte anpeilen können[234] und agiere lediglich unangemessen, wer Risiken eingehe, die der Verkehrssitte bzw. Branchenüblichkeit widersprächen.[235] Die dritte Stufe schließlich fragt danach, ob die schuldnerische Maßnahme ausreichend **informationsbasiert** war.[236] Jedoch besäßen unzureichende Informationen nicht die Kraft, eine objektiv ordnungsgemäße Entscheidung in eine ordnungswidrige zu transformieren,[237] sondern gewännen Bedeutung erst im subjektiven Tatbestand, indem sie dem objektiv wirtschaftswidrig handelnden Schuldner den Einwand abschnitten, er habe die Zweckwidrigkeit bzw. Unvertretbarkeit seiner Disposition nicht erkannt.[238]

31 **b) Einwände und eigener Ansatz.** Der Sieg im Streit um die richtige Lösung – sofern man in diesem Zusammenhang das Substantiv „Streit" überhaupt verwenden will, kommen doch die beiden Meinungslager regelmäßig zu denselben Ergebnissen und unterscheiden sich vor allem nur im Begründungsgang[239] – gebührt keinem der beiden Lösungsansätze. Das an den §§ 93 AktG, 43 GmbHG, 347 HGB orientierte Auslegungsmodell hat sowohl mit dem nicht ganz unberechtigten Vorbehalt zu kämpfen, es fehle den Referenzvorschriften trotz der §§ 93 Abs. 5 S. 1 AktG, 43 Abs. 3 S. 3 GmbHG ein hinreichender Gläubigerbezug als auch den Einwand zu ertragen, den §§ 93 AktG, 43 GmbHG, 347 HGB ließen sich keine Verhaltensmaßstäbe in der Unternehmenskrise entnehmen.[240] Der strafrechtsautonome Ansatz hingegen kommt – wie so oft, wenn Strafrechtler den Topos „autonome Auslegung" bemühen – bei genauerem Hinsehen eben doch nicht

227 NK/*Kindhäuser* Vor §§ 283 bis 283d Rdn. 69.

228 Zu diesen an der normativen Entscheidungstheorie angelehnten drei Stufen grdl. *Krause*, S. 330 f., der insoweit von den Kategorien der Information, der Zielsetzung und des Risikos spricht; sowie zust. a.a.O., S. 365 f.; abl. steht diesem Ansatz etwa *Dohmen*, S. 169 ff. gegenüber, die vor allem den Rekurs auf die Kategorie des erlaubten Risikos kritisiert.

229 *Krause*, S. 364; so auch *Habetha*, S. 187 f.

230 Nach LK[12]/*Tiedemann* Vor § 283 Rdn. 118 sind diese Kriterien heuristisch brauchbar.

231 *Krause*, S. 364, 395 ff.; NK/*Kindhäuser* Vor §§ 283 bis 283d Rdn. 76; zust. *Habetha*, S. 188 ff.

232 *Krause*, S. 396; *Habetha*, S. 189.

233 *Krause*, S. 397 f.

234 *Krause*, S. 400 f.

235 *Krause*, S. 405 ff.

236 *Krause*, S. 364, 412 ff.; ähnl. *Habetha*, S. 188.

237 *Krause*, S. 413; abl. LK[12]/*Tiedemann* Vor § 283 Rdn. 113; anders wohl auch NK/*Kindhäuser* Vor §§ 283 bis 283d Rdn. 74, der zwar *Krause* i.Grds. zustimmt, Entscheidungen ohne sachgerechte Informationsgrundlage jedoch als wirtschaftswidrig einstuft.

238 *Krause*, S. 412 ff.

239 Zu dieser Feststellung s. etwa LK[12]/*Tiedemann* Vor § 283 Rdn. 113, der dem Ansatz von *Krause* vorwirft, dass er weder neue Einsichten noch eine schärfere Konkretisierung der Anforderungen ordnungsgemäßen Wirtschaftens brächte; vgl. auch *Krause*, S. 89 m. Fn. 90 sowie NK/*Kindhäuser* Vor §§ 283 bis 283d Rdn. 69, der dem Ansatz von *Tiedemann*, obschon er ihn ablehnt, attestiert, er komme zumeist zu sachgerechten Ergebnissen; s. ferner *Moosmayer*, S. 72 f.

240 Dazu etwa *v. Spee*, S. 40 f.

ohne Rückgriff auf zivilrechtliche Wertungen aus.[241] Darüber hinaus orientiert sich dieser Ansatz zu stark am subjektiven Schuldnerinteresse und verfehlt auf diese Weise die objektive Ausrichtung des Wirtschaftlichkeitskriteriums.[242] An die Stelle dieser beiden Ansichten ein Verständnis zu setzen, dem zufolge wirtschaftswidrig jede Vermögensbeeinträchtigung sei, mit der keine gleichwertige Solvenz- oder Existenzsicherung des Schuldners einhergehe,[243] führt ebenfalls nicht weiter. Denn dieser Ansatz bleibt eine überzeugende Antwort auf die Frage schuldig, welches die exakten Parameter sind, um in Konstellationen wie den Spekulationsgeschäften oder den Schleuderverkäufen anzugeben, ob die weggegebenen Vermögensbestandteile durch Gewinnchancen oder sonstige Vorteile kompensiert wurden. Der Verweis auf einen objektiven Dritten, der solvenzsichernd handeln will,[244] als Vergleichsmaßstab ist zu wenig konkret, um daraus exakte Verhaltensvorgaben zu folgern. Vorzugswürdig erscheint deshalb folgender Weg: Der Terminus des ordnungsgemäßen Wirtschaftens reicht unterschiedlich weit, je nachdem, ob **insolvenzantragspflichtige** oder **sonstige** (vor allem private) Wirtschafter betroffen sind.

aa) Insolvenzantragspflichtige Schuldner. Falliert ein insolvenzantragspflichtiger Schuldner – bspw. eine GmbH oder Aktiengesellschaft –, bemisst sich der Inhalt ordnungsgemäßen Wirtschaftens anhand des durch das SanInsFoG neu geschaffenen **§ 15b Abs. 1 S. 2, Abs. 2 InsO**, der die §§ 64 S. 2 GmbHG, 92 Abs. 2 S. 2 AktG, 99 S. 2 GenG, 130a Abs. 1 S. 2 HGB ersetzt hat.[245] 32
Diese Vorschrift bindet den Geschäftsführer bzw. Vorstand zwar an den Maßstab des ordentlichen und gewissenhaften Geschäftsleiters – und weist insofern eine frappierende Nähe zu dem soeben abgelehnten Ansatz von *Tiedemann* auf –, sie tut das aber – und hierin liegt der entscheidende Unterschied – ausschließlich im Gläubigerinteresse.[246] Ordnungsgemäß sind danach nur solche Zahlungen, die der Gläubigergesamtheit *ex ante* mehr Vor- als Nachteile bringen.[247] Den Maßstab, um das Merkmal „ordnungsgemäßes Wirtschaften" zu konkretisieren, bildet folglich der auf die Gläubigerinteressen verpflichtete ordentliche und gewissenhafte Geschäftsleiter in der Unternehmenskrise. Für den Zeitraum zwischen dem Eintritt von Zahlungsunfähigkeit bzw. Überschuldung und dem Ablauf der Frist des § 15a Abs. 1 S. 1, 2 InsO hat der Gesetzgeber des SanInsFoG den Sorgfaltsmaßstab des ordentlichen und gewissenhaften Geschäftsleiters näher spezifiziert. Solange der Geschäftsleiter versucht, die Insolvenzreife zu beseitigen, indem er Sanierungsoptionen auslotet und ergreift, bzw. den unausweichlichen Insolvenzantrag vorbereitet, solange sind Zahlungen, die im ordnungsgemäßen Geschäftsgang erfolgen, gem. § 15b Abs. 2 S. 1 InsO mit der Sorgfalt eines ordentlichen und gewissenhaften Geschäftsleiters vereinbar. Was unter Zahlungen, die im ordnungsgemäßen Geschäftsgang erfolgen, genau zu verstehen ist, ist zwar noch nicht vollständig ausgelotet.[248] Viel spricht aber für den Vorschlag, die Interpretation dieses unbestimmten Rechtsbegriffs an dem Regelbeispiel des § 15b Abs. 2 S. 1 InsO – *scil.* den Zahlungen, die dazu dienen, den Geschäftsbetrieb aufrechtzuerhalten – zu orientieren.[249] Damit fallen Zahlungen, die nur erfolgen, um Verbindlichkeiten aus beendeten oder derzeit inaktiven Geschäftsbeziehungen zu be-

241 Des Weiteren weist *Moosmayer*, S. 73 ff. darauf hin, dass diesem Ansatz keine Aussagen entnommen werden können, ab wann Verbraucher, die *de jure* zum Täterkreis des § 283 StGB rechneten, wirtschaftswidrig handeln.

242 Näher dazu *v. Spee*, S. 39 f.

243 So *v. Spee*, S. 51 und *passim*.

244 *v. Spee*, S. 47 f.

245 S.a. schon zu den Vorgängern des § 15b InsO *Krause*, S. 308 ff., der freilich diese Vorschriften nur insoweit bemüht, als er in dem dort statuierten Zahlungsverbot eine gesetzliche Konkretisierung ordnungswidrigen Wirtschaftens erblickt.

246 Dazu, dass ab materieller Insolvenz der Beurteilungsmaßstab die Gläubigerinteressen sind, s. Braun/*Weber/Dömmecke*, § 15b Rdn. 2, 20.

247 Braun/*Weber/Dömmecke*, § 15b Rdn. 20.

248 Zu diesem Befund *Jakobs/Kruth* DStR **2021**, 2534, 2537; *Baumert* NZG **2021**, 443, 446 spricht gar von einem „schillernde[n] Begriff".

249 So *Jakobs/Kruth* DStR **2021**, 2534, 2537.

gleichen, aus dem Einzugesbereich des § 15b Abs. 2 S. 1 InsO heraus, während die Bezahlung der Löhne, der Versicherungsprämien, des Mietzinses und der Forderungen solcher Lieferanten und Dienstleister, deren Lieferungen und Leistungen auch künftig erforderlich sind, um den Geschäftsbetrieb aufrechtzuerhalten, mit der Sorgfalt eines ordentlichen und gewissenhaften Geschäftsleiters im Einklang stehen.[250] Einen zusätzlichen Konkretisierungsgewinn erzielt, wer den Aussagegehalt der strafbewehrten Insolvenzantragspflicht des § 15a Abs. 1 S. 1, 2 InsO (mit)bedenkt. Spätestens nach Ablauf von drei bzw. sechs Wochen hat der Geschäftsleiter des antragspflichtigen sowie zahlungsunfähigen bzw. überschuldeten Schuldnerunternehmens seine Tätigkeit aufzugeben und Insolvenzantrag zu stellen. Im Umkehrschluss heißt das: Führt er die Geschäfte entgegen der Vorgabe des § 15a Abs. 1 S. 1, 2 InsO weiter, agiert er grds. wirtschaftswidrig. Das stellt § 15b Abs. 3 InsO nunmehr ausdrücklich klar, indem er anordnet, Zahlungen, die der Antragspflichtige nach Ablauf der Antragsfrist des § 15a Abs. 1 InsO leistet, seien grds. wirtschaftswidrig, falls er es unterlassen habe, *bis dato* seiner Antragspflicht nachzukommen. Damit schränkt das Gesetz den Spielraum für erlaubte Zahlungen ganz erheblich ein. Selbst Notgeschäftsführungsmaßnahmen sollen ab diesem Stadium nur dann erlaubt sein, wenn ihre Vornahme erforderlich ist, um das Schuldnervermögen zugunsten der Gläubiger zu erhalten. Beispielhaft findet sich die notdürftige Reparatur eines durch Sturmschaden beschädigten Daches, um das Eindringen von Feuchtigkeit zu verhindern. Mit der Sorgfalt eines ordentlichen und gewissenhaften Geschäftsleiters unvereinbar wäre es hingegen, eine umfassende Reparatur des Daches durchführen zu lassen, da diese Entscheidung mit Ablauf der Insolvenzantragsfrist nicht mehr dem Geschäftsleiter des Verbands, sondern dem (vorläufigen) Insolvenzverwalter obliegt. Insolvenzstrafrechtlich heißt das: Lediglich Transaktionen, die die Masse nicht schmälern, bleiben nach Ablauf der Drei-/Sechswochenfrist, die § 15a Abs. 1 InsO dem Schuldner höchstens einräumt, um Sanierungsversuche zu unternehmen,[251] gem. § 283 StGB straflos. Darüber hinausgehende Entnahmen – auch solche, die dazu dienen, einen angemessenen Lebensunterhalt zu bestreiten – missachten die Grundsätze ordnungsgemäßen Wirtschaftens,[252] bringen doch die §§ 15a, 15b InsO deutlich zum Ausdruck, dass solche Entscheidungen dem (vorläufigen) Insolvenzverwalter/der Gläubigerversammlung (vgl. § 100 InsO) obliegen sollen.[253] Der Einwand, solchermaßen erführe das negative Tatbestandsmerkmal des ordnungswidrigen Wirtschaftens eine unsachgerechte Extension, zieht nicht, da der Schuldner bzw. dessen Geschäftsleiter dieser belastenden Situation ohne weiteres entgehen können, indem sie schlicht den geforderten Insolvenzantrag stellen. Parallelen zur fortbestehenden Zahlungspflicht der Arbeitnehmeranteile am Sozialversicherungsaufkommen sind unübersehbar. Resümierend ergibt sich ein zweistufiges Ermittlungssystem: Im Stadium drohender Zahlungsunfähigkeit sowie vor Ablauf der Drei-/Sechswochenfrist – sofern der Schuldner diese ausschöpfen darf – konkretisiert § 15b Abs. 1 S. 2, Abs. 2 InsO das Merkmal „ordnungsgemäßes Wirtschaften“. Mit Ablauf der Drei-/Sechswochenfrist (vgl. § 15a Abs. 1 InsO) präsentieren sich sämtliche vermögensrelevante Maßnahmen als wirtschaftswidrig, es sei denn, sie lassen den Bestand der präsumtiven Masse unangetastet.

250 Näher zum Ganzen *Jakobs/Kruth* DStR **2021**, 2534, 2537f. m.w. Bsp.; abl. steht diesem Ansatz freilich *Baumert* NZG **2021**, 443, 446f. gegenüber.

251 Zu dieser Zweckrichtung s. etwa BGHZ **75**, 96, 108; BGH NJW **1979**, 1829, 1830; BFH GmbHR **2007**, 999, 1001; MAH/*Böttger* § 19 Rdn. 196; HK-InsO/*Kleindiek* § 15a Rdn. 12; Graf-Schlicker/*Bremen* § 15a Rdn. 8; *Pfeiffer* Rowedder-FS, S. 347, 362; *Pribilla* KTS **1958**, 1, 3; *Ulmer* KTS **1981**, 469, 482; *Uhlenbruck* BB **1985**, 1277, 1282; *Bitter* GmbHR **2022**, 57, 59; *Spannowsky* wistra **1990**, 48, 49; *Bisson* GmbHR **2005**, 843, 847; *Fichtner* ZWH **2012**, 220.

252 Dezidiert a.A. aber *Krause*, S. 301 m. Fn. 64; vgl. auch *Dohmen*, S. 181, 193 f., der zufolge Entnahmen zugunsten des angemessenen Unterhalts schon nicht zur Masse rechnen und deshalb keine tauglichen Tatobjekte sind.

253 Aus gesellschaftsrechtlicher Sicht s. etwa *Bitter* GmbHR **2022**, 57, 59.

bb) Sonstige Schuldner. Private Unternehmer sowie erst recht Verbraucher[254] sind – nicht zuletzt aufgrund ihrer persönlichen Haftung – geringeren Sorgfaltsanforderungen unterworfen als die insolvenzantragspflichtigen Schuldner. Im Ausgangspunkt dürfen sie nach **freiem Belieben** wirtschaften und haben nur solche Maßnahmen zu unterlassen, die evident den Gläubigerinteressen zuwiderlaufen.[255] Ihnen dieselben Beschränkungen aufzuerlegen wie den insolvenzantragspflichtigen Schuldnern, hieße „Äpfel mit Birnen" zu vergleichen.[256] So belegt bereits der limitierte Adressatenkreis der Insolvenzantragspflicht die gesetzgeberische Sichtweise, wonach von diesen Teilnehmern des Rechtsverkehrs deutlich höhere Risiken ausgehen, es also sachgerecht erscheint, ihr Leitungspersonal in der Unternehmenskrise zu größerer unternehmerischer Zurückhaltung anzumahnen.[257] Gleichwohl sind (drohend) zahlungsunfähige private Unternehmer und Verbraucher nicht völlig frei im Umgang mit ihrem Vermögen. Der Vorschlag, die Wirtschaftswidrigkeit in solchen Konstellationen an den Vorgaben des § 290 Abs. 1 Nr. 4 InsO zu orientieren,[258] trifft sich zwar weitgehend mit den Ergebnissen, zu denen gelangt, wer Verbrauchern und privaten Unternehmern verbietet, nach Eintritt der Krise Maßnahmen vorzunehmen, die die Gläubigerinteressen eklatant missachten. Ihm gelingt es aber, die maßgebenden Fallgestaltungen – *scil.* übermäßige Ausgaben, Verschwendung von Vermögen sowie das Unterlassen, einen Insolvenzantrag trotz aussichtsloser Lage zu stellen – gesetzlich fest und dadurch bestimmbar zu machen. 33

2. Lösung konkreter Fälle

Ausgehend von dem hier favorisierten Verständnis verbleibt der Geschäftsleiter eines insolvenzantragspflichtigen Schuldners im sicheren Hafen ordnungsgemäßen Wirtschaftens, solange er die Grenzen des § 15b Abs. 1 S. 2 InsO einhält. So begründet es kein Bankrottunrecht, wenn das Leitungsorganmitglied Zahlungen leistet, mithilfe derer es größere Nachteile für die Masse abwendet, indem es etwa die laufenden Wasser-, Strom- und Heizkostenrechnungen bedient.[259] Zudem – und ungeachtet der Differenzierung zwischen insolvenzantragspflichtigen und sonstigen Schuldnern – geraten Vermögensabgänge nicht unter Verdacht, ordnungsgemäßem Wirtschaften zuwiderzulaufen, denen gleichwertige Vermögenszuflüsse gegenüberstehen.[260] Da solches Verhalten die präsumtive Masse nicht schmälert, beeinträchtigt es auch nicht die Befriedigungsinteressen der Gläubi- 34

254 Zu ihrer Tätertauglichkeit s.o. Rdn. 25 f.

255 Beispielhaft seien Maßnahmen genannt, die mit der ausschließlichen Intention erfolgen, die Gläubiger zu schädigen, etwa indem Vermögenswerte beiseite geschafft oder verheimlicht werden, um sie dem Gläubigerzugriff zu entziehen; s. dazu *Radtke* Achenbach-FS, S. 341, 355; ähnl. *Stracke*, S. 372; wohl auch *Dannecker/Knierim/Dannecker/Hagemeier* Rdn. 907, die von mutwilligen Handlungen sprechen; weitergehend *Moosmayer*, S. 80 und ihm zust. *Dohmen*, S. 180 ff., die i.R.d. Verbraucherbankrotts auf das Korrektiv des ordnungswidrigen Wirtschaftens verzichten wollen; vgl. ferner G/J/W/*Reinhart* § 283 Rdn. 24, der auf die ***diligentia quam in suis*** abstellen will, die auch außerhalb der Krise eingehalten werden muss, um den Eintritt von Rechtsnachteilen zu vermeiden.

256 Richtig *Sch/Schröder/Heine/Schuster* § 283 Rdn. 7a. AA SK/*Hoyer* § 283 Rdn. 40, der in der wirtschaftlichen Krise dem privaten Wirtschafter „ebenso enge Zügel" anlegen will, wie dem kaufmännischen Wirtschafter; ebenso wohl S/S/W/*Bosch* § 283 Rdn. 7; s.a. AnwK/*Püschel* § 283 Rdn. 8; skeptisch gegenüber einer Differenzierung zwischen unternehmerischen und privaten Wirtschaftern wohl auch *v. Spee*, S. 41 f.

257 Zum Ganzen s.a. instruktiv M/G/*Rotsch/Wagner* 8/165.

258 Dazu *Rinjes* ZVI **2017**, 252, 255 f.

259 BGH ZIP **2008**, 72, 73 zu § 64 Abs. 2 S. 2 GmbHG a.F. (= § 64 S. 2 GmbHG a.F. = § 15b Abs. 1 S. 2 InsO); s.a. BGHZ **146**, 264, 275 = GmbHR **2001**, 190, 193.

260 So BGHSt **55**, 107, 118; anscheinend auch BGH/H GA **1954**, 310; s.a. RG LR **1913**, 696, 697 f.: Lebensversicherungsprämien, die nicht auf Verträge zugunsten eines Dritten bezahlt werden, begründen keinen Aufwand, da dem weggegebenen Vermögen ein gleichwertiger Zuwachs in Form der Lebensversicherungsforderungen gegenübersteht; zust. RG HRR **1935**, 157; a.A. wohl aber BGH NJW **1953**, 1480, 1481, wonach es für die Feststellung von „Aufwand" unerheblich ist, ob ein entspr. Gegenwert in das Schuldnervermögen gelangt; ebenso BGH GA **1964**, 119, 120; ferner bereits RG GA 64 **(1917)**, 115 f.

ger.[261] Genausowenig riskiert den Vorwurf, unwirtschaftliche Ausgaben getätigt und somit den Tatbestand des § 283 Abs. 1 Nr. 2 StGB verwirklicht zu haben, wer Bestandteile seines Vermögens zugunsten eines – *ex ante* – erfolgsversprechenden Sanierungsversuchs einsetzt. Im Einklang mit den Anforderungen ordnungsgemäßen Wirtschaftens agiert des Weiteren der Schuldner, der Vermögensdispositionen trifft, die ihm das Zivilrecht gestattet, da andernfalls der anerkannte Grundsatz, wonach straflos bleibt, was zivilrechtlich erlaubt ist,[262] missachtet würde. Vor diesem Hintergrund widerspricht die Befriedigung einzelner Gläubiger – sofern nicht bereits der Vertragsschluss wirtschaftswidrig erfolgte[263] – nie ordnungsgemäßem Wirtschaften.[264] Insoweit hat der Gesetzgeber den § 283c StGB auf Posten gestellt, der Kriminalstrafe erst androht, falls die Befriedigung inkongruent[265] gewesen sein sollte. Auch Entnahmen zur Sicherung eines angemessenen und notwendigen Lebensunterhalts verwirken solange kein Bankrottunrecht, solange sie im Vorfeld der Insolvenzantragspflicht erfolgen.[266] Entnimmt der Schuldner hingegen nach Eintritt der materiellen Insolvenzreife der präsumtiven Masse Vermögensbestandteile, um den (Familien-)Unterhalt zu bestreiten, verlässt er die Grenzen ordnungsgemäßen Wirtschaftens. Denn gem. § 100 Abs. 1 InsO trifft die Gläubigerversammlung die Entscheidung, ob und wenn ja in welchem Umfang dem Schuldner Unterhalt aus der Insolvenzmasse gewährt werden soll.[267]

35 Dem Verdikt, ordnungswidrig zu wirtschaften, unterfallen zweifelsohne solche vermögensrelevante Maßnahmen, die der Schuldner bzw. sein Repräsentant einzig mit dem Ziel vornehmen, Vermögensbestandteile zu ihren oder zugunsten eines Dritten, der nicht die Position eines Gläubigers bekleidet (dann womöglich § 283c StGB), beiseitezuschaffen. Vergleichbar liegt der Fall, in dem der Schuldner eingehende Gelder nicht über sein eigenes, sondern das Konto eines nahen Angehörigen, auf das er rechtlich keinen Zugriff hat, einzieht, um mit diesen Geldern Neugläubiger zu befriedigen und somit den insolventen Betrieb – letztendlich auf Kosten der Altgläubiger – vorübergehend weiterzuführen.[268] Wirtschaftswidrig verhält sich darüber hinaus der Geschäftsleiter eines insolvenzantragspflichtigen Schuldners, der Dispositionen vornimmt, die mit dem § 15b Abs. 1 S. 2 InsO kollidieren. Verwendet bspw. der Geschäftsführer einer materiell insolventen GmbH, der das wirtschaftliche Ende „seiner" Gesellschaft nicht wahrhaben will, die letzten vorhandenen Mittel zu einem offensichtlich **aussichtlosen Sanierungsversuch**, haftet er – die Voraussetzungen des § 14 Abs. 1 Nr. 1 StGB unterstellt – gem. § 283 Abs. 1 Nr. 2 StGB (unwirtschaftliche Ausgaben). Unwirtschaftliche Ausgaben verursacht des Weiteren, wer Mittel der präsumtiven Masse etwa zu **Bestechungszwecken** einsetzt,[269] da regelmäßig entweder der mit den Bestechungszahlungen intendierte Erfolg ausbleibt oder aber die Bestechung auffliegt und die zunächst erhaltenen Vorteile verlorengehen.[270] Ob darüber hinaus – wie verschiedentlich behauptet – auch derjenige Schuldner bzw. Schuldnervertreter unwirtschaftliche Ausgaben tätigt, der **Baugeld** entgegen den Vorgaben des § 1 BauFordSiG nicht den Baugläubigern, sondern dritten Gläubigern zuwendet, erscheint zumindest bedenklich. Das Unterfangen, Verstöße gegen § 1 BauFordSiG mit-

261 RG JW **1934**, 2472, 2473; NK/*Kindhäuser* Vor §§ 283 bis 283d Rdn. 82; vgl. ferner, freilich zu § 288 StGB RGSt **71**, 227, 230.

262 Dieser Grundsatz findet sich bereits bei *Alsberg* Pinner-FS, S. 215, 229.

263 Zu diesen Konstellationen NK/*Kindhäuser* Vor §§ 283 bis 283d Rdn. 85.

264 BGHSt **34**, 309, 310; BGH/H GA **1953**, 74; NK/*Kindhäuser* Vor §§ 283 bis 283d Rdn. 84.

265 Dazu § 283c Rdn. 30 ff.

266 Weitergehend die **h.M.**, der zufolge angemessene Entnahmen zugunsten des notwendigen Lebensunterhalts nie Bankrottunrecht begründen; dazu BGH MDR **1981**, 510, 511; BGH GA **1964**, 119; RGSt **15**, 309, 313; NK/*Kindhäuser* Vor §§ 283 bis 283d Rdn. 84; *Krause*, S. 109.

267 Auf die Vorgängervorschrift der KO verweist in diesem Kontext auch schon *Schlüchter* JR **1982**, 29, 30, die allerdings nicht zu dem hier gefundenen Ergebnis gelangt, sondern dem Schuldner gestattet, der präsumtiven Masse Mittel zu seinem Lebensunterhalt zu entnehmen, die sich i.R.d. § 850c ZPO halten; vgl. ergänzend § 283 Rdn. 6.

268 BGHSt **34**, 309, 310 f.

269 S. etwa BGH GA **1974**, 61, 62 noch zum übermäßigen Aufwand.

270 A.A. aber wohl *Tiedemann* ZIP **1983**, 513, 521.

hilfe des § 283 Abs. 1 Nr. 2 StGB zu ahnden,[271] verursacht insbes. mit Blick auf die Existenz des **§ 2 BauFordSiG** Bauchschmerzen. Gem § 2 BauFordSiG macht sich der Baugeldempfänger strafbar, der Baugeld dem § 1 BauFordSiG zuwider einsetzt, sofern er seine Zahlungen einstellt oder aber über sein Vermögen das Insolvenzverfahren eröffnet wird. Wollte man dieses Verhalten zugleich dem § 283 Abs. 1 Nr. 2 StGB subsumieren, umginge man die Beschränkung des § 2 BauFordSiG auf Vorsatz.[272] Denn den Tatbestand des § 283 Abs. 1 Nr. 2 StGB verwirklicht auch, wer die Tathandlung fahrlässig begeht (vgl. § 283 Abs. 5 Nr. 1 StGB). Mehr spricht deshalb dafür, zwischen § 283 Abs. 1 Nr. 2 StGB und § 2 BauFordSiG ein **Exklusivitätsverhältnis** anzunehmen.

VII. Die Krisenmerkmale der §§ 283 ff. StGB

Bis auf § 283b StGB setzen sämtliche Tatbestände der §§ 283 ff. StGB das Bestehen bzw. Herbeiführen einer je nach Tatbestand unterschiedlich weit reichenden Krisensituation voraus. Während § 283 Abs. 1 StGB die Vornahme einer Bankrotthandlung bei Überschuldung, drohender und eingetretener Zahlungsunfähigkeit – die zunächst noch angedachte **drohende Überschuldung** hat der Gesetzgeber des 1. WiKG aus Bestimmtheitsbedenken verworfen[273] – bestraft, droht § 283 Abs. 2 StGB nur demjenigen Schuldner Strafe an, der durch eine Bankrotthandlung seine Überschuldung bzw. (eingetretene) Zahlungsunfähigkeit verursacht. Die inkongruente Gläubigerbefriedigung stellt nur im Falle eingetretener Zahlungsunfähigkeit strafbares Unrecht dar (vgl. § 283c) Hingegen erfasst § 283d StGB neben der eingetretenen und drohenden Zahlungsunfähigkeit richtigerweise auch den Zustand der Überschuldung.[274, 275] Sämtliche Bestandteile dieser **Krisentrias** rechnen zur Kategorie der objektiven Tatbestandsmerkmale, auf die sich Vorsatz bzw. Fahrlässigkeit beziehen müssen.[276] – Die Krisentrias bestehend aus Überschuldung, drohender und eingetretener Zahlungsunfähigkeit hielt mit dem **1. WiKG** vom 29.7.1977[277] Einzug in die §§ 283 ff. StGB.[278] Auf diese Weise trug der Gesetzgeber des 1. WiKG einer damals immer stärker anschwellenden Kritik gegen die §§ 239 ff. KO – den Vorläufern der heutigen §§ 283 ff. StGB – Rechnung, deren Kern darin bestand, den §§ 239 ff. KO einen Verstoß gegen das Schuldprinzip vorzuwerfen, weil sie zahlreiche als neutral angesehene Handlungen des Schuldners bestraften, solange nur der Schuldner irgendwann einmal in Konkurs geriet.[279] Erst das Zusammentreffen von Bankrotthandlung 36

271 Für Tateinheit mit Vorrang des § 2 BauFordSiG etwa MK/*Weyand* § 2 BauFordSiG Rdn. 43.

272 Dazu nur G/v B/*Brand* § 2 BauFordSiG Rdn. 12.

273 Skeptisch gegenüber dem dadurch erzielten Bestimmtheitsgewinn aber *Schlüchter*, S. 85 m. Fn. 1; s. ferner *Matzen*, S. 57 f., der in dieser Entscheidung einen Ausdruck gesetzgeberischer Inkonsequenz erblickt; der gesetzgeberischen Entscheidung indes zust. *Hiltenkamp-Wisgalle*, S. 300 f., die in einem Tatbestand der drohenden Überschuldung eine ineffiziente Regelung erblickt; vgl. ferner *Göhler/Wilts* DB **1976**, 1657, 1660, die auf die praktischen Schwierigkeiten eines Krisenmerkmals „drohende Überschuldung" hinweisen; nach *Brackmann*, S. 64 f. wäre ein Krisenmerkmal „drohende Überschuldung" auf „eine Prognose der Prognose" hinausgelaufen.

274 § 283d Rdn. 9.

275 Zur Geltung des Überschuldungstatbestandes i.R.d. § 283d StGB ausführl. *Brand/Sperling* ZStW 121 (**2009**), 281, 287 ff.; sympathisierend *Ceffinato*, S. 360 f.; ausdrücklich a.A. etwa W/J/S/*Pelz* 9/242; *Wehleit*, S. 70; *Grub*, S. 144; ferner *Hombrecher* JA **2013**, 541, 545, freilich ohne auf die hier vertretene und an anderer Stelle entwickelte Gegenansicht einzugehen.

276 *Schlüchter* MDR **1978**, 977, 978.

277 BGBl S. 2034.

278 Zur Entwicklungsgeschichte der Krisenmerkmale instruktiv *Achenbach* Schlüchter-GS, S. 257, 260 f.

279 Zu dieser Kritik grdl. *Rittler* Frank-FG, S. 1, 15, 22; *Heidland* KTS **1958**, 161, 163 ff.; s. ferner BTDrucks. 7/3441, S. 19; M-G/*Richter* Kap. 81 Rdn. 77; *Bemmann*, S. 48, 51; *Klug* KTS **1962**, 65, 66 f., 72; *Schöne* JZ **1973**, 446, 449 f.; *Göhler/Wilts* DB **1976**, 1657, 1659; s.a. *Schlüchter*, S. 8, 46, 48, 50; *dies.* MDR **1978**, 265, 269; *Kribs-Drees*, S. 2, 41, 90 u. *passim*; *Hiltenkamp-Wisgalle*, S. 4 f., 212 f.; *Bretzke*, S. 15; *Matzen*, S. 56; *Höfner*, S. 8; *Grosche*, S. 6 f.; *Groth*, S. 100; *Windsberger*, S. 55 f.; *Müller-Emmert/Maier* NJW **1976**, 1657, 1663; *Heinz* GA **1977**, 193, 216; vgl. des Weiteren *Hammerl*, S. 21 m. Fn. 84, wo er der Ansicht zustimmt, die Zahlungseinstellung und Konkurseröffnung beim betrügerischen Bankrott als schuldbezogene Tatbestandsmerkmale qualifiziert; zust. *Neumann*, S. 20 f.; *Brackmann*, S. 61 ff.; a.A. aber *Pfeiffer* Gutachten, S. 9 ff.

und Krise nehme Ersterer ihren Alltagscharakter und erlaube es, solches Verhalten mit den Instrumenten des Strafrechts zu ahnden.[280]

37 Im Zentrum der nachfolgenden Ausführungen, die sich mit der Krisentrias „Überschuldung, drohende und eingetretene Zahlungsunfähigkeit" beschäftigen, geht es nicht darum, zu eruieren, was die Insolvenzordnung, die dieselben Krisentatbestände in ihren §§ 17–19 verwendet und dort sogar legaldefiniert, hierunter versteht. Insoweit sei auf die einschlägige Kommentarliteratur zur Insolvenzordnung verwiesen. Vielmehr beschränkt sich dieser Abschnitt darauf, die (insolvenz-)strafrechtlichen Besonderheiten darzulegen, die aus der begrifflichen Identität der von den §§ 283 ff. StGB und den §§ 17 ff. InsO verwendeten Krisenmerkmalen herrühren. Den Mittelpunkt bildet dabei die Frage, ob sich das Bankrottstrafrecht bei der Interpretation seiner Krisentrias **akzessorisch** zum Insolvenzrecht verhält oder eigene, **strafrechtsautonome** Wege geht.

1. Insolvenzrechtsakzessorische oder strafrechtsautonome Auslegung?

38 Vor allem nachdem der Gesetzgeber der InsO die Krisentatbestände „Überschuldung", „drohende und eingetretene Zahlungsunfähigkeit" in den §§ 17 ff. InsO legaldefiniert hat, streiten Rspr. und Schrifttum darum, welchen Einfluss diese **insolvenzrechtlichen Legaldefinitionen** auf die Interpretation der gleichlautenden bankrottstrafrechtlichen Krisenmerkmale nehmen.[281] Obschon die Befürworter einer – in zahlreichen Nuancierungen vertretenen[282] – **strafrechtsautonomen Aus-**

---

280 BTDrucks. 7/3441, S. 33; NK/*Kindhäuser* Vor §§ 283 bis 283d Rdn. 91; MAH/*Böttger* § 19 Rdn. 253; *Hiltenkamp-Wisgalle*, S. 219; *Groth*, S. 100; *Penzlin*, S. 104; *Dreher* MDR **1978**, 724, 725; *Otto* Bruns-GS, S. 265, 267 f.; *Berz* BB **1976**, 1435, 1439; *Krause* NStZ **1999**, 161, 164; M-G/*Richter* Kap. 81 Rdn. 68; *Bieneck* wistra **1992**, 89 f.; *Müller-Emmert*/*Maier* NJW **1976**, 1657, 1663; *Rönnau* NStZ **2003**, 525, 527; *Dohmen*, S. 71; ähnl. *Fischer* Vor § 283 Rdn. 4,5; vgl. auch *Tiedemann* Schröder-GS, S. 289, 290, der von „einer besseren Verwirklichung des Schuldprinzips" spricht, gleichwohl aber kritisiert, dass einzelne Bankrotthandlungen ungeachtet einer Unternehmenskrise abstrakt gefährlich und somit strafwürdig seien (a.a.O., S. 304 f.); krit. ferner *Schlüchter*, S. 34 f., 40, 44, 45 ff., 56 f., 129 ff., 137 und *passim*; *dies.* MDR **1978**, 977, 979 ff., die zwischen „an sich rechtswidrigen" (Nrn. 1, 4, 5–7) und „an sich rechtmäßigen" (Nrn. 2, 3, 8) Bankrotthandlungen unterscheidet (s.a. *dies.* JR **1979**, 513, 515; insoweit zust. *Harneit*, S. 100 f.; *Bretzke*, S. 216 ff.; *Hoffmann* DB **1980**, 1527, 1528; ähnl. *Kribs-Drees*, S. 85 ff., die zwischen Bankrotthandlungen mit fehlendem bzw. geringem und solchen mit vorhandenem Gefährdungsgehalt unterscheidet; vergleichbar wohl *Degener* Rudolphi-FS, S. 405 f.; s. ferner *Hiltenkamp-Wisgalle*, S. 401 und *passim*, die zu den abstrakt-gefährlichen Bankrotthandlungen die Nrn. 3, 5, 6 und 8 rechnet, ohne hieraus aber konkrete Konsequenzen für die Interpretation des § 283 StGB zu folgern; vgl. aber auch die hiervon z.T. abw. Kategorisierung bei *Otto* Bruns-GS, S. 265, 267: Nrn. 3, 5, 7 an sich, Nrn. 1, 2, 4 an sich nicht gefährlich sowie bei *Höfner*, S. 38 ff., 83 f.: lediglich Nrn. 5–7 sowie Nr. 8 Var. 2 [letztere allerdings nur, wenn Vermögen überbewertet wird] *per se* strafwürdig; s. des Weiteren *Büttiker*, S. 19, dem zufolge die Bankrotthandlungen als solche keinen deliktischen Charakter haben und der deshalb Zahlungseinstellung und Eröffnung des Konkursverfahrens als Tatbestandsmerkmale einstuft; skeptisch auch *v.d. Heydt*, S. 59; abl. zum Ganzen etwa *Erdmann*, S. 105; *Niu*, S. 110 f. und deshalb nach dem Vorbild des § 283b StGB den Vorschlag unterbreitet, die Tathandlungen der Nrn. 1, 4 auch außerhalb einer bestehenden bzw. ungeachtet einer herbeigeführten Krise zu bestrafen. Nur um die Nrn. 2, 3 und 8 zu bestrafen, gebiete das Schuldprinzip das Krisenerfordernis. Skeptisch auch *Neumann*, S. 23, dem zufolge § 283b StGB – weil dieser keine Tatbegehung während der Krise voraussetzt – Bedenken *sub specie* des Schuldprinzips ausgesetzt ist sowie *Matzen*, S. 24, der zu dem Ergebnis gelangt, die Einführung der Krisenmerkmale habe „alles andere als eine Harmonisierung mit dem Schuldprinzip erreicht".

281 Nach Ansicht von A/R/R/*Himmelreich* Kap. 7/1 Rdn. 16 ist dieser Streit nur noch von akademischem Interesse, da der BGH sich der akzessorischen Betrachtungsweise angeschlossen habe. Die zur Begründung angeführte Entscheidung des ersten Strafsenats (BGH NStZ **2007**, 643) behandelt jedoch nicht die Auslegung der bankrottstrafrechtlichen Krisenmerkmale, sondern beschäftigt sich nur mit dem Verständnis der Krisenmerkmale bei der strafbaren Insolvenzverschleppung.

282 S. etwa den Ansatz von *Plathner*, S. 148 ff. und *passim*, der ausgehend von der Differenzierung zwischen Primär- und Sekundärstrafrecht (a.a.O., S. 111 ff.) einer zivil- bzw. insolvenzrechtsakzessorischen Interpretation nur dann das Wort redet, wenn strafrechtliche und außerstrafrechtliche Vorschrift einen gemeinsamen Normenkomplex bilden (a.a.O., S. 125 ff.), wofür insbes. die Regelung beider Vorschriften in demselben Gesetz spräche (a.a.O., S. 128 ff.). Ließe

legung[283] manches gute Argument auf ihrer Seite haben, verdient den Vorzug ein **insolvenzrechtsakzessorischer Interpretationsansatz,**[284] der jedoch die strafrechtlichen Besonderheiten wie das **Gebot schuldangemessenen Strafens**, den **Bestimmtheitsgrundsatz** sowie die Vorgaben des ***in-dubio*-Grundsatzes** integriert[285] und gleichzeitig Vermutungstatbestände, wie sie die §§ 17 Abs. 2 S. 2, 19 Abs. 2 S. 1 InsO („es sei denn") enthalten, eliminiert.[286] Zwar streitet zugunsten des strafrechtsautonomen Lagers die Historie der §§ 283 ff. StGB und ihrer konkursrechtlichen Vorläufer, die die Krisenmerkmale Überschuldung, drohende und eingetretene Zahlungsunfähigkeit schon kannten als das Konkurs-/Insolvenzrecht weder entsprechende Legaldefinitionen dieser Tatbestände bereithielt noch den Insolvenzeröffnungsgrund der drohenden Zahlungsunfähigkeit überhaupt nannte.[287] Auch trifft der Einwand zu, wonach, wer die Auslegung der Krisentrias des

---

sich ein Wille des Gesetzgebers, der dahin geht, bestimmte Straftatbestandsmerkmale strikt zivilrechtsakzessorisch zu interpretieren, nicht eindeutig feststellen, sei die Vorschrift dem Primärstrafrecht zuzuschlagen und könne der Rechtsanwender ihre Merkmale strafrechtsautonom auslegen (a.a.O., S. 134). Da die Vorschriften der InsO und § 283 StGB keinen gemeinsamen Normenkomplex bildeten (a.a.O., S. 149 ff.), votiert *Plathner* zugunsten einer strafrechtsautonomen Lösung, die ihn aber nicht davon abhält, zur Auslegung der Krisentrias des § 283 Abs. 1 StGB (partiell) auf die insolvenzrechtlichen Legaldefinitionen zurückzugreifen (a.a.O., S. 152). Vor diesem Hintergrund konstruiert er die Zahlungsunfähigkeit iSd Bankrottstrafrechts als eine Melange aus überkommenem konkursrechtlichem Verständnis und Elementen des § 17 Abs. 2 InsO, indem er die Dauerhaftigkeit konkurs- und die Wesentlichkeit insolvenzrechtsspezifisch bestimmt (a.a.O., S. 159 ff., 173). Die drohende Zahlungsunfähigkeit will er hingegen anhand der Vorgaben des § 18 Abs. 2 InsO (a.a.O., S. 191), die Überschuldung anhand des § 19 Abs. 2 InsO in der Form des damals noch gesetzlich angeordneten nicht modifiziert zweistufigen Überschuldungsbegriffs ermitteln (a.a.O., S. 210).

283 *Achenbach* Schlüchter-GS, S. 257, 268 f., 271, 273; *Hiltenkamp-Wisgalle*, S. 239 f.; *Penzlin*, S. 160 ff., der auf diesem Weg allerdings zu dem auch hier präferierten modifiziert zweistufigen Überschuldungsbegriff gelangt (a.a.O., S. 162); *Stracke*, S. 420 und *passim*, die den traditionell zweistufigen Überschuldungsbegriff präferiert (a.a.O., S. 439 ff.); vgl. ferner *Bretzke*, S. 85 f., die das Krisenmerkmal „Zahlungsunfähigkeit" im Bankrottstrafrecht strenger auslegen will als im Insolvenzrecht, indem sie strafrechtlich darauf verzichtet, eine wesentliche Unterdeckung festzustellen; für eine strafrechtsautonome Interpretation im Sinne einer funktionalen Insolvenzrechtsakzessorietät etwa *Nickmann*, S. 75; *Habetha*, S. 71 ff., 76; *ders.* NZG **2012**, 1134, 1135 m. Fn. 3.

284 Dafür etwa BGH NStZ **2007**, 643 (bzgl. Zahlungsunfähigkeit, aber lediglich im Kontext des § 84 Abs. 1 Nr. 2 GmbH a.F.); OLG Köln NStZ-RR **2005**, 378 (bzgl. Zahlungsunfähigkeit); SK/*Hoyer* § 283 Rdn. 10; S/S/W/*Bosch* Vorbem §§ 283 ff. Rdn. 10 f.; M-G/*Richter* Kap. 75 Rdn. 49 ff., Kap. 76 Rdn. 16 und Kap. 78 Rdn. 29 f., 50; *Bieneck* StV 1999, 43 f.; MAH/*Leipold* § 19 Rdn. 46; HambK/*Borchardt* § 283 StGB Rdn. 6 f.; Pape/Uhländer/*Hofmann* § 283 Bankrott Rdn. 4; *Ceffinato*, S. 360; *Reichelt*, S. 79; *Natale*/*Bader* wistra **2008**, 413; *Degener* Rudolphi-FS, S. 405, 415 f.; *Grube*/*Röhm* wistra **2009**, 81, 84; *Hombrecher* JA **2013**, 541, 542; *Martini* jurisPR-InsR 15/2013, Anm. 3; wohl auch NK/*Kindhäuser* Vor §§ 283 bis 283d Rdn. 92, 97; Park/*Wagner* Teil 3, Kap. 10.3 Rdn. 6; *Niedernhuber*, S. 213; diff. *Neumann*, S. 67, 72, 75 ff., der zwar die insolvenzrechtlichen Legaldefinitionen der Überschuldung und Zahlungsunfähigkeit, nicht aber der drohenden Zahlungsunfähigkeit in das Insolvenzstrafrecht transportieren will; skeptisch gegenüber einer akzessorischen Lesart aber wohl *Otto* NJW **1999**, 554, 555; ähnlich AnwK/*Püschel* Vor § 283–283d Rdn. 11: Maßstab sind die restriktiv gehandhabten Legaldefinitionen der InsO.

285 Richtig Lackner/Kühl/*Heger* § 283 Rdn. 5; M/G/*Rotsch*/*Wagner* 8/12 f.; MK/*Reichling* § 55 KWG Rdn. 12; *Brackmann*, S. 167; *Brahmstaedt*, S. 151 f.; *Büttner* ZInsO **2009**, 841, 856; W/J/S/*Beck* 8/110 (zur Zahlungsunfähigkeit), Rdn. 139 (zur Überschuldung), dem zufolge aber ein insolvenzrechtsakzessorisches Verständnis des Krisenmerkmals „drohende Zahlungsunfähigkeit" nicht indiziert ist (a.a.O. Rdn. 125); *Röhm*, S. 85 ff., 89 (zur Zahlungsunfähigkeit), 122 ff., 133 (zur drohenden Zahlungsunfähigkeit), 155 ff., 165 (zur Überschuldung); *Moosmayer*, S. 155 ff. (zur Zahlungsunfähigkeit), 164 (zur Überschuldung), hingegen skeptisch bzgl. der drohenden Zahlungsunfähigkeit (a.a.O., S. 168 ff.); *Kraatz* JR **2013**, 466, 468 (bzgl. Zahlungsunfähigkeit); *Ogiermann*/*Weber* wistra **2011**, 206, 209; s.a. schon *Regner*, S. 94 (im Kontext der Überschuldung); wohl auch MAH/*Böttger* § 19 Rdn. 109.

286 Dazu, dass die Vermutungstatbestände im Strafprozess keine Geltung beanspruchen, s. nur *Sch*/*Schröder*/*Heine*/*Schuster* § 283 Rdn. 50a, 52; K Schmidt/*K Schmidt*/*Herchen* § 17 Rdn. 40 und § 19 Rdn. 17; *Ressmann*, S. 153 f., 161; *Brackmann*, S. 223; *Brahmstaedt*, S. 152; *Bisson* GmbHR **2005**, 843, 844; *Puschke* Schünemann-FS, S. 647, 657 f., 659; *Waßmer* ZInsO **2018**, 1485, 1486.

287 A.A. aber *Stracke*, S. 391 und *passim*, der zufolge die Historie weder zugunsten eines insolvenzrechtsakzessorischen Ansatzes noch zugunsten einer strafrechtsautonomen Lösung streitet; missverständl. insoweit aber die Ausführungen auf S. 420.

Bankrottstrafrechts an den §§ 17 ff. InsO orientiert, den Einzugsbereich der §§ 283 ff. StGB deutlich erweitert.[288] Gleichwohl überwiegen die Vorteile, die ein insolvenzrechtsakzessorisches Vorgehen mit sich bringt. Neben dem Gleichlauf, den ein insolvenzrechtsakzessorischer Ansatz zwischen Bankrott und strafbarer Insolvenzverschleppung[289] herstellt,[290] erzielt erhebliche Bestimmtheitsgewinne, wer die Krisenmerkmale der §§ 283 ff. StGB im Lichte der insolvenzrechtlichen Legaldefinitionen interpretiert.[291] Darüber hinaus steckt hinter den strafrechtsautonomen Auslegungsvorschlägen regelmäßig weit weniger Autonomie als gemeinhin angenommen. Die Bezeichnung „**konkursrechtsakzessorisch**" träfe den Inhalt der meisten strafrechtsautonomen Modelle weitaus besser, erschöpft sich doch das autonome Moment darin, mehr oder weniger stark an den überkommenen konkursrechtlichen Vorstellungen festzuhalten,[292] statt sich auf die insolvenzrechtlichen Neuerungen einzulassen. Schließlich überzeugt es nicht, strafrechtlich das Bestehen einer Krise dort zu negieren, wo das Insolvenzrecht die Verfahrenseröffnung erlaubt,[293] zumal ein engeres strafrechtliches Verständnis die Gefahr evoziert, die Krise erst zu einem Zeitpunkt anzunehmen, zu dem das Insolvenzverfahren längst eröffnet wurde.[294]

2. Überschuldung – Einführendes

39 Gibt man einem insolvenzrechtsakzessorischen Interpretationsansatz den Vorzug, befindet sich der Schuldner im Zustand der Überschuldung, wenn seine Passiva den Bestand an Aktiva übersteigen und die Fortführungsprognose negativ ausfällt (vgl. § 19 Abs. 2 S. 1 InsO).[295] Freilich darf hierbei nicht stehen geblieben werden, gebieten doch strafrechtliche Besonderheiten wie der Be-

---

288 Dazu MK/*Petermann/Sackreuther* Vor §§ 283 ff. Rdn. 17; *Dannecker/Knierim/Dannecker/Hagemeier* Rdn. 71; allg. zur Ausdehnung des § 283 StGB bei Übertragung der §§ 17 ff. InsO etwa *Plathner*, S. 142; *Moosmayer*, S. 152; M-G/*Richter* Kap. 75 Rdn. 50; *Bieneck* StV 1999, 43; *Reck* ZInsO **1999**, 195, 198; *Arens* wistra **2007**, 450, 453; a.A. aber *Lenger/Apfel* WiJ **2012**, 34, 37, die aber das weitaus restriktivere Verständnis der Konkurseröffnungsgründe unter dem Regime der KO schlicht verkennen.

289 Vgl. § 15a Abs. 4, 5 InsO.

290 Zur Notwendigkeit einer einheitlichen Auslegung in den versch. Strafvorschriften s. *Sch/Schröder/Heine/Schuster* § 283 Rdn. 50a; G/J/W/*Reinhart* Vor §§ 283 ff. Rdn. 35, 37; *Pelz/Grotebrune* Rdn. 132; *Kruse*, S. 80; sympathisierend auch *Kudlich* NStZ **2014**, 109; a.A. *Franzheim* NJW **1980**, 2500, 2501 f. sowie *ders.* wistra **1984**, 212 f., der die Überschuldung im Kontext der Insolvenzverschleppung anhand von Fortführungswerten, hingegen im Kontext der §§ 283 ff. StGB mithilfe von Zerschlagungswerten ermitteln will; ähnl. auch *Schlüchter* wistra **1984**, 43, 46, die das Vorliegen von Überschuldung bei den an sich rechtmäßigen Bankrotthandlungen und der Insolvenzverschleppung immer nach Fortführungswerten, bei den *per se* rechtswidrigen Bankrotthandlungen hingegen immer auf der Basis von Liquidationswerten ermitteln will; hiergegen überzeugend *Stracke*, S. 325 f. Dass die Legaldefinitionen der §§ 17 ff. InsO i.R.d. § 15a Abs. 4, 5 InsO Geltung beanspruchen, bestreiten auch die meisten Befürworter einer strafrechtautonomen Sichtweise nicht; vgl. etwa *Achenbach* Schlüchter-GS, S. 257, 258; *Stracke*, S. 408 ff., 416, 423, 442; a.A. aber *Penzlin*, S. 150 ff., 154 ff., der auch im Kontext der strafbaren Insolvenzverschleppung zugunsten einer strafrechtsautonomen Interpretation der Krisenmerkmale plädiert.

291 Dazu etwa *Sch/Schröder/Heine/Schuster* § 283 Rdn. 50a; *Brand/Sperling* ZStW 121 (**2009**), 281, 286 f.; allg. und in anderem Kontext *Hiltenkamp-Wisgalle*, S. 96, derzufolge die von Art. 103 Abs. 2 GG geforderte Rechtssicherheit grds. nur durch ein zivilrechtsakzessorisches Verständnis des Strafrechts gewährleistet werden könne.

292 So auch M-G/*Richter* Kap. 75 Rdn. 52; MK/*Petermann/Sackreuther* Vor §§ 283 ff. Rdn. 16; *Brahmstaedt*, S. 151.

293 LK[12]/*Tiedemann* Vor § 283 Rdn. 126 bzgl. der Zahlungsunfähigkeit; s.a. *Pelz/Grotebrune* Rdn. 132.

294 Zu diesem Arg. s.a. *Plathner*, S. 164, 209, obschon er grds. einen strafrechtautonomen Interpretationsansatz präferiert.

295 Für die Übernahme des modifiziert zweistufigen Überschuldungsbegriffs in das Insolvenzstrafrecht spricht sich ungeachtet des methodischen Standpunktes (insolvenzrechtsakzessorisch oder strafrechtsautonom) aus: *Erdmann*, S. 198 f.; gegen ein zweistufiges Überschuldungsverständnis aber dezidiert *Hiltenkamp-Wisgalle*, S. 232, der zufolge die situationsabhängige Bewertung des Schuldnervermögens auf der Grundlage von Fortführungs- bzw. Liquidationswerten, je nachdem welchen Ausgang die Fortbestehensprognose genommen hat, mit dem Bestimmtheitsgebot nicht zu vereinbaren sei.

stimmtheits- und *in-dubio*-Grundsatz sowie das Schuldprinzip Korrekturen am übernommenen insolvenzrechtlichen Maßstab.[296, 297] Aufgrund der enormen Schwierigkeiten, die die Überschuldungsprüfung der Praxis bereitet,[298] sowie angesichts der geringen praktischen Relevanz dieses Krisentatbestandes[299] – die allermeisten Insolvenzverfahren betreffen zahlungsunfähige Schuldner – verwundert es nicht, dass der Ruf, den Überschuldungstatbestand ersatzlos zu streichen, immer lauter erschallte.[300] Aus diesem Grund hat der Gesetzgeber des ESUG angeordnet, den insolvenzrechtlichen Überschuldungstatbestand zu evaluieren. Überraschendes Ergebnis dieser Evaluation war ein Plädoyer für die Beibehaltung der Überschuldung als Insolvenzeröffnungsgrund. Der Gesetzgeber des SanInsFoG hat deshalb den Überschuldungstatbestand weitgehend unangetastet gelassen und lediglich einige Konkretisierungen an den tatbestandlichen Voraussetzungen vorgenommen.

a) Reichweite des Krisenmerkmals „Überschuldung". Ausgehend von einem streng insol- 40
venzrechtsakzessorischen Verständnis läge es nicht fern, das Überschuldungsmerkmal i.S.d. §§ 283 ff. StGB auf die Insolvenz juristischer Personen und ihnen gleichgestellter Personengesellschaften zu beschränken. Obschon die §§ 283 ff. StGB keine Anhaltspunkte geben, die zugunsten einer solchen restriktiven Interpretation streiten, und obschon auch der Gesetzgeber des 1. WiKG keinen Anlass sah, generell zwischen den einzelnen Schuldnertypen zu differenzieren,[301] findet sich die Ansicht, die das Merkmal der Überschuldung im Konkurs natürlicher Personen und geset-

---

296 S.o. Rdn. 38.

297 LK[12]/*Tiedemann* Vor § 283 Rdn. 149; *Krause* NStZ **1999**, 161, 162. Das dürfte auch mit der von MK/*Petermann*/*Sackreuther* Vor §§ 283 ff. Rdn. 17 f.: präferierten insolvenzrechtsorientierten Auslegung gemeint sein; ähnl. wie *Radtke* und *Petermann* wohl auch *Püschel* Rissing-van Saan-FS, S. 471, 478 f., der sich zwar an die insolvenzrechtlichen Legaldefinitionen anlehnen, die Krisenmerkmale aber gleichwohl restriktiver auslegen will; auf dieser Linie liegen des Weiteren *Dannecker*/*Knierim*/*Dannecker*/*Hagemeier* Rdn. 87 f., die von einer indiziellen Bedeutung sprechen.

298 S. etwa die Ausführungen bei *Erdmann*, S. 201 ff.; vgl. ferner den Befund von Park/*Wagner* Teil 3, Kap. 10.3 Rdn. 7; a.A. aber *Reck* ZInsO **1999**, 195, 201 mit Blick auf § 19 Abs. 2 InsO a.F.

299 S. etwa die Feststellung bei Braun/*Salm-Hoogstraeten* § 19 Rdn. 39; *G. Fischer* Ganter-FS, S. 153 m. Fn. 1; *Degener* Rudolphi-FS, S. 405,422 f.; *Penzlin*, S. 78, 82 f.; *ders.* NZG **2000**, 464; *Groth*, S. 19 f.; *Niu*, S. 56; *Brackmann*, S. 158 f.; *Römermann*/*Praß* GmbHR **2012**, 425, 426; *Pape* ZInsO **2011**, 1033, 1041; *Büttner* ZInsO **2009**, 841, 855; *Grub* ZIP **1993**, 393, 395 m. Fn. 9, dem aus seiner Praxis nur ein einziges Insolvenzverfahren bekannt ist, das wegen Überschuldung eröffnet wurde; *Ogiermann*/*Weber* wistra **2011**, 206, 210, denen zufolge dieser Befund verstärkt für den nicht modifiziert zweistufigen Überschuldungsbegriff gilt; vgl. ferner die vorsichtige Feststellung bei *Höfner*, S. 292; positiver aber die Einschätzung von *Richter* Schiller-FS, S. 547, 550 f.; s.a. MK/*Petermann*/*Sackreuther* Vor §§ 283 ff. Rdn. 86, die der Überschuldung i.R.d. § 283 StGB „erhebliche Bedeutung" attestieren.

300 Zu dieser rechtspolitischen Kritik s. schon *Matzen* Samson-FS, S. 401, 420 ff.; *Rokas* ZInsO **2009**, 18, 21; *Hölzle* ZIP **2008**, 2003, 2004 f.; *Beissenhirtz* ZInsO **2011**, 57, 71; *Büttner* ZInsO **2009**, 841, 857; für Abschaffung des Überschuldungstatbestandes auch bereits *Egner*/*Wolff* AG **1978**, 99, 106; *Haack* NJW **1981**, 1353; zurückhaltender *Beck* KSI **2009**, 61, 65; ferner *Ahrendt*/*Plischkaner* NJW **2009**, 964, 966, die dafür plädieren, dem Geschäftsleitungsorgan etwa im Haftungsprozess die Beweislast dafür aufzuerlegen, ob eine positive Fortführungsprognose gestellt werden konnte; vgl. auch *Bitter*/*Hommerich*/*Reiß* ZIP **2012**, 1201, 1208 f.; s. ferner *Penzlin*, S. 115 f., 134 ff., 140, 162 f. und *passim* sowie *dens.* NZG **2000**, 464, 470, der den Gesetzgeber auffordert, sich zwischen Überschuldung und drohender Zahlungsunfähigkeit zu entscheiden; ähnl. schon *Harneit*, S. 111, der vorschlägt, *de lege ferenda* zwischen rechnerischer Überschuldung und drohender Zahlungsunfähigkeit zu unterscheiden; Identität zwischen Überschuldung und drohender Zahlungsunfähigkeit nimmt *Groth*, S. 124 an; ebenso *Gischer*/*Hommel* BB **2003**, 945, 949, denen zufolge die drohende Zahlungsunfähigkeit das Gleiche misst wie die Überschuldung; ein Plädoyer zugunsten des Überschuldungstatbestandes findet sich etwa bei K Schmidt/*K. Schmidt*/*Herchen* § 19 Rdn. 7 f.; *Stracke*, S. 80, 368 f.; *Ulmer* KTS **1981**, 469, 472; *Kliebisch*/*Linsenbarth* DZWIR **2012**, 232, 234; *Richter* GmbHR **1984**, 137, 139; s. ferner *Erdmann*, S. 204, dem zufolge aber das Merkmal der Überschuldung angesichts der weitreichenden Überschneidungen mit dem Tatbestand der drohenden Zahlungsunfähigkeit *de lege ferenda* gestrichen werden kann (a.a.O., S. 208 ff.).

301 BTDrucks. 7/3441, S. 20; zu diesem Befund s. etwa auch G/J/W/*Reinhart* Vor §§ 283 ff. Rdn. 36; *Otto* Bruns-GS, S. 265, 269, 273 f.

zestypischer Personengesellschaften nicht anwenden will.[302] Zwar kommt die Position der **h.M.** der Gegenansicht zu, die sich auf die soeben genannten Argumente beruft und hieraus den Schluss zieht, die Überschuldung gelte für alle Schuldner gleichermaßen.[303] Das überzeugt jedoch nur bedingt. Indem die InsO und vor ihr die KO bzw. gesellschaftsrechtliche Sondergesetze wie das GmbHG (vgl. § 64 Abs. 1 S. 1 GmbHG a.F.) die Überschuldung lediglich als Konkursgrund der haftungsbeschränkten Verbände einstuf(t)en, brachten bzw. bringen sie die Annahme zum Ausdruck, wonach die Verursachung der Überschuldung nur in diesem Kontext gläubigergefährdend wirkt.[304] Berücksichtigt man diese Erkenntnis bei der Auslegung des § 283 StGB, heißt das: Nimmt der Schuldner im Zustand der Überschuldung einzelne Bankrotthandlungen vor, verwirkt er ungeachtet seiner Rechtsform den Tatbestand des § 283 Abs. 1 StGB. Anders steht es hingegen um § 283 Abs. 2 StGB: Weil ausweislich des insolvenzrechtlichen Verständnisses das Herbeiführen einer Überschuldung die Gläubiger nur gefährdet, wenn ein haftungsbeschränkter Verband davon betroffen ist, erscheint es zumindest ungereimt, den (bankrott-)strafrechtlichen Vorwurf auch dann erheben zu wollen, falls bspw. eine natürliche Person ihre Überschuldung herbeigeführt hat. Deshalb spricht – trotz womöglich aufkommender Bedenken mit Blick auf das Bestimmtheitsgebot – viel dafür, jedenfalls das strafbare Herbeiführen einer Überschuldung auf haftungslimitierte Verbände zu beschränken.[305] Schließlich dürfte eine solche Differenzierung zwischen § 283 Abs. 1 StGB einer- und § 283 Abs. 2 StGB andererseits auch mit dem gesetzgeberischen Willen harmonisieren, beschränken sich die Materialien doch auf die Aussage, dem zahlungsfähigen Schuldner müsse die Vornahme der gefährlichen bzw. sinnlosen Bankrotthandlungen bei Strafe verboten sein, sofern er sie im Zustand der Überschuldung begehe.[306] Angesprochen ist somit lediglich § 283 Abs. 1 StGB, nicht aber § 283 Abs. 2 StGB.[307]

41 **b) Überschuldungsermittlung.** Der Überschuldungsbegriff des Insolvenz-/Konkursrechts hat eine wechselvolle Geschichte hinter sich.[308] Die Insolvenzordnung, die zum 1.1.1999 die Konkursordnung ablöste, schrieb einen sog. **zweistufigen Überschuldungsbegriff** fest, der danach fragt, ob der Schuldner auf der Grundlage von Liquidationswerten rechnerisch überschuldet ist, bejahendenfalls jedoch eine Korrektur dieses Ergebnisses gestattet, indem er anordnet, bei positiver **Fortführungsprognose** die Überschuldungsprüfung anhand von **Going-concern-Werten** zu wiederholen.[309, 310]

---

302 Grundsätzlich *Otto* Bruns-GS, S. 265, 274 ff.; *ders.* JURA **1989**, 24, 33; zust. *Neumann*, S. 89 f.; *Niu*, S. 54; wohl auch *v.d. Heydt*, S. 30; *de lege ferenda* spricht sich dafür auch *Moosmayer*, S. 165 f., 172 aus; undeutlich HambK/*Borchardt* § 283 StGB Rdn. 7, dem zufolge das Merkmal der Überschuldung „nur eingeschränkt anwendbar" ist.

303 Lackner/Kühl/*Heger* § 283 Rdn. 6; G/J/W/*Reinhart* Vor §§ 283 ff. Rdn. 36; SK/*Hoyer* § 283 Rdn. 10; A/R/R/*Himmelreich* Kap. 7/1 Rdn. 17; Pape/Uhländer/*Hofmann* § 283 Bankrott Rdn. 5; *Grosche*, S. 38 m. Fn 2; *Stracke*, S. 348; *Harneit*, S. 108; *Groth*, S. 23; *Bretzke*, S. 17; *Regner*, S. 32, 34 ff.; *Mohr*, S. 30; *Ressmann*, S. 227; *Brackmann*, S. 174 f.; *Heinz* GA **1977**, 193, 217; wohl auch *Tiedemann* Schröder-GS, S. 289, 293; *Achenbach* Schlüchter-GS, S. 257, 263; *Höfner*, S. 86 ff.; vgl. ferner *Röhm*, S. 162 ff., der allerdings *de lege ferenda* den Anwendungsbereich des § 283 StGB auf solche Schuldner beschränken will, die mehr als nur geringfügig wirtschaftlich tätig sind (a.a.O., S. 161).

304 S.a. schon *Otto* Bruns-GS, S. 265, 276; vgl. ferner *Matzen*, S. 23.

305 Ähnlich, i.E. aber weitergehend *Stracke*, S. 375, die den § 283 Abs. 2 StGB auf Private dann anwenden will, wenn diese den Entschluss gefasst haben, ein Insolvenzverfahren mit anschließender Restschuldbefreiung einzuleiten und im Anschluss hieran eine Bankrotthandlung vornehmen, die die Überschuldung herbeiführt.

306 BTDrucks. 7/3441, S. 20.

307 A.A. aber *Stracke*, S. 181.

308 Dazu s. nur *Pannen* 3/11 ff.; *Bitter/Hommerich/Reiß* ZIP **2012**, 1201 f.; *Kliebisch/Linsenbarth* DZWIR **2012**, 232, 233 f.; *Püschel* Rissing-van Saan-FS, S. 471, 479 f.

309 Ausführl. zu diesem Überschuldungsbegriff und den damit erzielbaren Erg. s. das Schaubild bei *Bittmann* wistra **1999**, 10, 11.

310 *Pannen* 3/14; *Wittig* § 23 Rdn. 48; *Dannecker/Knierim/Dannecker/Hagemeier* Rdn. 58; *Püschel* Rissing-van Saan-FS, S. 471, 480; *Reck* ZInsO **1999**, 195, 200; *Bieneck* StV **1999**, 43, 44; *Bittmann* wistra **1999**, 10, 11; zum zwei- bzw. dreistufigen Prüfungsverfahren s. nur *Stracke*, S. 200 ff.; *Röhm*, S. 173 f.; *A Fromm* ZInsO **2004**, 943, 946 f.; *Kliebisch/Linsenbarth* DZWIR **2012**, 232, 235.

Aufgrund der Weltwirtschaftskrise hat sich der Gesetzgeber jedoch entschlossen – zunächst befristet bis zum 31.12.2013, nunmehr aber unbefristet – den rigiden zweistufigen Überschuldungsbegriff ab dem 18.10.2008 durch den – schon unter der Konkursordnung herrschenden[311] – **modifiziert zweistufigen Überschuldungsbegriff** zu ersetzen.[312] Im Unterschied zum zweistufigen Überschuldungsbegriff des § 19 Abs. 2 S. 1 InsO a.F. misst der modifiziert zweistufige Überschuldungsbegriff der Fortführungsprognose eine weitaus größere Relevanz zu.[313] Danach befindet die Fortführungsprognose nicht nur über den Ansatz von Liquidations- oder Going-concern-Werten, sondern hat „kriegsentscheidende" Bedeutung, indem sie bei positivem Ausgang trotz rechnerischer Überschuldung der Annahme rechtlicher Überschuldung entgegensteht.[314] Den Dreh- und Angelpunkt des heute geltenden modifiziert zweistufigen Überschuldungsbegriffs bildet somit die Fortführungsprognose.[315] Mit dem SanInsFoG hat der Gesetzgeber die Anforderungen an die Fortführungsprognose weiter präzisiert und mit § 19 Abs. 2 S. 1 InsO einen Prognosezeitraum von zwölf Monaten festgeschrieben. Die früher vertretene überwiegende Ansicht, wonach die Fortführungsprognose danach fragt, ob der Schuldner im laufenden und kommenden Geschäftsjahr zahlungsfähig bleibt,[316] hat sich damit erledigt. D.h.: Die Fortführungsprognose fällt positiv aus, wenn eine überwiegende Wahrscheinlichkeit (über 50 %)[317] dafür spricht, dass der Schuldner in den nächsten zwölf Monaten zahlungsfähig[318]

---

311 S. nur BGHZ **119**, 201; BGHZ **126**, 181, 199; BGHZ **129**, 136 („Girmes"); BGH, NJW **1997**, 3026, 3027; BGH, ZIP **1998**, 776, 778 f.; *K Schmidt* AG **1978**, 334 ff.; *ders.* ZIP **1980**, 233 ff.; *ders.* JZ **1982**, 165, 170; *ders.* ZIP **1985**, 713; *Ulmer* KTS **1981**, 469, 477 ff.; *ders.* GmbHR **1984**, 256, 261.

312 BGBl I 2008, S. 1982.

313 Anders aber die Einschätzung von *Schüppen* DB **1994**, 197, 199, dem zufolge auch unter dem Regime eines nicht modifiziert zweistufigen Überschuldungsbegriffs der positive Ausgang der Fortführungsprognose regelmäßig zum Ausschluss von rechtlicher Überschuldung führt, weil aufgrund der positiven Fortführungsprognose Bewertungsspielräume bei der Vermögensbewertung voll ausgeschöpft würden; in diese Richtung bereits die Kritik bei *Ulmer* KTS 1981, 469, 474.

314 MK/*Petermann*/*Sackreuther* Vor §§ 283 ff. Rdn. 92; SK/*Hoyer* § 283 Rdn. 11b; *Wittig* § 23 Rdn. 44; *Dannecker*/*Knierim*/*Dannecker*/*Hagemeier* Rdn. 59; *Ressmann*, S. 197; *Degener* Rudolphi-FS, S. 405, 414; *Püschel* Rissing-van Saan-FS, S. 471, 480; *Grube*/*Röhm* wistra **2009**, 81, 82; *Wolf* ZWH **2014**, 94; *Rokas* ZInsO **2009**, 18, 19; *Kliebisch*/*Linsenbarth* DZWIR **2012**, 232, 233; eine anschauliche Gegenüberstellung der beiden Überschuldungsbegriffe findet sich bei M-G/B[5]/*Bieneck* § 76 Rdn. 23. Freilich scheidet Überschuldung auch dann aus, wenn trotz negativer Fortführungsprognose die nach Liquidationswerten bewerteten Aktiva die Passiva übersteigen; darauf weist zu Recht *Schmitz* wistra **2009**, 369, 371 m. Fn. 22 hin.

315 Beachtliche Einwände gegen diese dynamische Überschuldungsermittlung finden sich bei *Stypmann* wistra **1985**, 89, 90 f.; skept. gegenüber der Übernahme des modifiziert zweistufigen Überschuldungsbegriffs in das Strafrecht auch *Erdmann*, S. 172 f., der eine Verschleifung mit dem Tatbestand der drohenden Zahlungsunfähigkeit befürchtet.

316 So etwa SK/*Hoyer* § 283 Rdn. 12; Lackner/Kühl/*Heger* § 283 Rdn. 6; HK-InsO/*Laroche* § 19 Rdn. 10; G/E/S/*Gehrlein* Vor § 64 Rdn. 19; *Weyand*/*Diversy* Rdn. 37; *Stracke*, S. 447 f.; *Ressmann*, S. 260 f.; *Ehlers* Insbüro **2005**, 60, 64; *Skauradszun* wistra **2014**, 41, 43; wohl auch A/R/R/*Himmelreich* Kap. 7/1 Rdn. 55; M-G/*Richter* Kap. 79 Rdn. 28; *ders.* Schiller-FS, S. 547, 555; enger *Röhm*, S. 185, der den Prognosezeitraum auf maximal ein Jahr begrenzt; deutlich weiter *Harneit*, S. 72 f., der grds. auf den spätesten Fälligkeitstermin unter den im Zeitpunkt der Überschuldungsermittlung bestehenden Verbindlichkeiten abstellen will; ähnl. *Beck* KSI **2009**, 61, 62 f.; s. ferner MAH/*Leipold* § 19 Rdn. 62: Zeitraum von zwei bis drei Jahren abhängig von den Eigenarten des konkreten Betriebs; ähnl. KK-InsO/*Hess* § 19 Rdn. 59: Zeitraum von mindestens zwei bis drei Jahren; diff. K. Schmidt/*K. Schmidt*/*Herchen* § 19 Rdn. 49: Vorzug verdient eine dynamische Betrachtung. – *Fritz*/*Scholtis* BB **2019**, 2051, 2052 halten Prognosen, die einen Zeitraum von achtzehn Monaten betreffen, für kühn.

317 K Schmidt/*K Schmidt*/*Herchen* § 19 Rdn. 48; HK-InsO/*Laroche* § 19 Rdn. 11; Graf-Schlicker/*Bremen* § 19 Rdn. 17; G/E/S/*Gehrlein* Vor § 64 Rdn. 26; so auch für das Strafrecht zu Recht M-G/*Richter* Kap. 79 Rdn. 22; B/*Quedenfeld*/*Bechtel*/*Richter* Kap. 22 Rdn. 151; *Weyand*/*Diversy* Rdn. 37; *Erdmann*, S. 186; *Röhm*, S. 183; *Richter* Schiller-FS, S. 547, 553; wohl auch *Ransiek*, S. 160; s. ferner *Wolf* ZWH **2014**, 94, 99, der ergänzend darauf hinweist, dass es sich hierbei nicht um eine mathematische, sondern um eine argumentative Wahrscheinlichkeit handelt.

318 Für eine Zahlungs-, statt Ertragsfähigkeitsprognose etwa K. Schmidt/*K. Schmidt*/*Herchen* § 19 Rdn. 48; Graf-Schlicker/*Bremen* § 19 Rdn. 17; KK-InsO/*Hess* § 19 Rdn. 25; *Weyand*/*Diversy* Rdn. 37; *Stracke*, S. 440, 444 f.; *Ressmann*, S. 261; *Erdmann*, S. 200 f.; *Röhm*, S. 177 ff.; *Groth*, S. 34 ff., 118 f.; *Otto* JURA **1989**, 24, 33; *Penzlin* WM **1999**, 983, 984; *Gischer*/*Hommel* BB **2003**, 945, 947; *Ehlers* Insbüro **2005**, 60, 64; ferner wohl A/R/R/*Himmelreich* Kap. 7/1 Rdn. 55; M-G/*Richter* Kap. 79 Rdn. 26a; HK-InsO/*Laroche* § 19 Rdn. 9 f.; für Ertragsfähigkeit hingegen *Höfner*, S. 190 und *passim*; ebenso

bleibt und er zudem fortführungswillig ist.[319, 320] Die Berechnung dieser mittelfristigen Zahlungsfähigkeit erfolgt typischerweise anhand von Finanz- und Ertragsplänen, während externe Faktoren – die Hausbank erklärt sich bereit, weitere Kredite zu gewähren – richtigerweise allenfalls zugunsten des Schuldners wirken und u.U. den Schluss auf eine positive Fortführungsprognose gestatten, ohne dass es eines Finanz-/Ertragsplans bedarf.[321] Nach zutreffender Auffassung beeinflussen die Bankrotthandlungen des § 283 Abs. 1 Nrn. 1–8 StGB die Fortführungsprognose schließlich nicht dergestalt, dass ihre Vornahme durch den Schuldner immer zu einem negativen Ausgang der Prognose führt, da andernfalls die Fortführungsprognose im Kontext des § 283 StGB ihre gesamte Bedeutung verlöre.[322]

42 Abweichend von dem unter Rdn. 41 soeben Ausgeführten entnehmen Teile des insolvenzstrafrechtlichen Schrifttums dem *in-dubio*-Grundsatz die Aussage, eine positive Fortführungsprognose sei bereits dann zu stellen, wenn das Überleben des Unternehmens nicht sicher ausgeschlossen werden könne, eine Fortführung also **nicht ganz unwahrscheinlich** sei.[323] Das überzeugt allerdings schon deshalb nicht, weil der *in-dubio*-Grundsatz lediglich i.R.d. Tatsachenfeststellung Geltung beansprucht, die Prüfung, ob das ermittelte Tatsachenmaterial eine positive Fortführungsprognose rechtfertigt, jedoch einen rechtlichen Wertungsakt erfordert.[324] Des Weiteren bestand

---

wohl *Harneit*, S. 39, der aber a.a.O., S. 46 im Kontext seiner Ausführungen zum modifiziert zweistufigen Überschuldungsbegriff mit einer Zahlungs(un)fähigkeitsprognose arbeitet; vgl. ferner *Wolf* ZWH **2014**, 94, 97: Ertrags- und Liquiditätsprognose erforderlich; gegen das (auch hier präferierte) Vorgehen, eine Prognose der künftigen Zahlungs(un)fähigkeit zum Ausgangspunkt zu wählen, aber *Hiltenkamp-Wisgalle*, S. 230 f., die moniert, auf diese Weise versänke das Krisenmerkmal der Überschuldung in der Bedeutungslosigkeit, weil bei negativem Ausgang der Fortbestehensprognose immer auch schon der Tatbestand der drohenden Zahlungsunfähigkeit vorläge; vgl. ferner *Bretzke*, S. 196 f., 227 und *passim*, die im Kontext der drohenden Zahlungsunfähigkeit auch die Rentabilität der Unternehmung berücksichtigen will; ähnl. auch MAH/*Leipold* § 19 Rdn. 61, der die Prognose an der (künftigen) Ertragskraft ausrichten will.

319 Dazu, dass i.R.d. Fortführungsprognose auch erfolgversprechende, vom Schuldner ernsthaft ergriffene Sanierungsoptionen zu berücksichtigen sind, s. grdl. *Harneit*, S. 50 ff., der die damit einhergehenden Prognoserisiken für die Gläubiger mithilfe der Regeln über das erlaubte Risiko (a.a.O., S. 81 ff.) sowie den Maßstab des ordentlichen Geschäftsleiters (a.a.O., S. 90 ff.) einhegen will.

320 Hingegen überzeugt es nicht, wenn *Stracke*, S. 393 im Anschluss an *Haffke* KritV **1991**, 165, 173 f. behauptet, einem insolvenzrechtsakzessorischen Interpretationsansatz sei es verwehrt, zu den streitigen insolvenzrechtlichen Fragen Stellung zu beziehen. Folgte man dem, verwandelte man den insolvenzrechtsakzessorischen in einen insolvenzrechtlerakzessorischen Ansatz und verwehrte dem Strafrichter die Kompetenz, zivil- bzw. insolvenzrechtliche Vorfragen selbst zu entscheiden.

321 Zum Ganzen s. *Stracke*, S. 445 f.

322 Richtig *Höffner* BB **1999**, 252, 253.

323 So etwa Scholz/*Rönnau* Vor §§ 82 ff. Rdn. 46; Lackner/Kühl/*Heger* § 283 Rdn. 6; Böttger/*Verjans*/*Rixe* 4/23; A/R/R/*Himmelreich* Kap. 7/1 Rdn. 55; S/G/*Wegner* Rdn. 684; *ders.* HRRS **2009**, 32, 34; *ders.* wistra **2010**, 438, 439; W/J/S/*Beck* 8/139; Pape/Uhländer/*Hofmann* § 283 Bankrott Rdn. 8; *Reichelt*, S. 81 f.; *Groß*, S. 157; *Habetha*, S. 85; AnwK/*Püschel* Vor § 283–283d Rdn. 15; *ders.* Rissing-van Saan-FS, S. 471, 481; MAH/*Leipold* § 19 Rdn. 46; *Adick* HRRS **2009**, 155, 157 f.; ebenso *Stracke*, S. 322, 446 f., die dieses Erg. jedoch nicht auf den in-dubio-Grundsatz, sondern auf Art. 103 Abs. 2 GG stützt; ähnl. wohl auch *Lüderssen* A. Kaufmann-GS, S. 675, 685; *Brackmann*, S. 167; ferner *Schlüchter* wistra **1984**, 41, 45 f., obschon sie Prognosen so weit als möglich aus dem Überschuldungstatbestand heraushalten will, um nicht in Konflikt mit dem Bestimmtheitsgrundsatz zu geraten und deshalb etwa den modifiziert zweistufigen Überschuldungsbegriff ablehnt (a.a.O., S. 42 f.); dagegen zu Recht SK/*Hoyer* § 283 Rdn. 16; skeptisch auch, trotz des von ihm favorisierten strafrechtsautonomen Interpretationsansatzes, *Achenbach* Schlüchter-GS, S. 257, 267 f.

324 Zutr. deshalb B/*Quedenfeld*/*Bechtel*/*Richter* Kap. 22 Rdn. 151; *Sch*/*Schröder*/*Heine*/*Schuster* § 283 Rdn. 51b; *Weyand*/*Diversy* Rdn. 37; M/G/*Rotsch*/*Wagner* 8/80; *Ransiek*, S. 160, 390; *Penzlin*, S. 99 m. Fn. 462; *Ressmann*, S. 246, 254 ff.; M-G/*Richter* Kap. 79 Rdn. 29; *Bieneck* StV **1999**, 43, 44; *Hadamitzky* ZInsO **2015**, 1778, 1780; *Bisson* GmbHR **2005**, 843, 845; *Bittmann* wistra **2009**, 138, 140 f.; *ders.* wistra **1999**, 10, 17, der dort die Auffassung vertritt, dass bei fehlender Fortführungsprognose diese im Strafverfahren nicht nachträglich erstellt werden muss; *A. Fromm* ZInsO **2004**, 943, 945; *Stracke*, S. 432 f., die allerdings zu demselben Ergebnis gelangt, indem sie Art. 103 Abs. 2 GG bemüht; s.a. MK/*Petermann*/*Sackreuther* Vor §§ 283 ff. Rdn. 90; *Franzheim* wistra **1984**, 212, 213; ferner *Skauradszun* wistra **2014**, 41, 43, der zu Recht darauf hinweist, dass es sich bei der Frage, ob das ermittelte Tatsachenmaterial den Schluss auf eine negative oder positive Fortführungsprognose gestatte, um die schlichte Anwendung des § 261 StPO handelt.

Streit über den Zeitraum, den die Fortführungsprognose abbilden soll. Aus Gründen der Tatbestandsbestimmtheit fanden sich Ansichten, die die Zahlungsfähigkeitsprognose auf einen Zeitraum von drei Monaten[325] bzw. höchstens ein Jahr[326] reduzieren wollten. Dieser Streit hat sich freilich erledigt, nachdem der Gesetzgeber des SanInsFoG in § 19 Abs. 2 S. 1 InsO einen zwölfmonatigen Prognosezeitraum festgeschrieben hat. Weitgehend Einigkeit herrschte und herrscht hingegen darüber, dass eine *ex ante* negative Fortführungsprognose im Strafverfahren keine Geltung beansprucht, wenn sich *ex post* das Gegenteil herausstellt, die Fortführungsprognose also bei Vornahme der Bankrotthandlung positiv war.[327]

Fällt die Fortführungsprognose negativ aus, gelangt zur Annahme rechtlicher Überschuldung nur, wer auf der Basis von Liquidationswerten[328] zusätzlich das Bestehen einer rechnerischen Überschuldung, also das Überwiegen der Passiva über die Aktiva feststellt. Die Bewertung sowohl der Aktiva als auch der Passiva wirft *in praxi* erhebliche Probleme auf. Einigkeit herrscht lediglich insoweit, als die unveränderte Handelsbilanz aufgrund ihrer andersartigen Zielrichtung keine bzw. allenfalls marginale Aussagen[329] hinsichtlich der Überschuldung des Unternehmens trifft.[330] Deshalb besteht die Notwendigkeit, einen eigenen **Überschuldungsstatus** zu erstellen.[331] [332] Abweichend vom insolvenzrechtlichen Procedere, das die anzusetzenden Liquidationswerte nach der Zeit bemisst, die zur Verfügung steht, um das Unternehmen abzu- 43

325 *Reck* GmbHR **1999**, 267, 273.
326 Dafür wohl AnwK/*Püschel* Vor § 283–283d Rdn. 16.
327 *Tiedemann* ZIP **1983**, 513, 521; *ders.* Schröder-GS, S. 289, 304; Scholz/*Rönnau* Vor §§ 82 ff. Rdn. 49; *Stracke*, S. 335, 438 f., 459; *Hiltenkamp-Wisgalle*, S. 269 ff.; *Regner*, S. 94; anders aber scheinbar SK/*Hoyer* § 283 Rdn. 17, dem zufolge in solchen Konstellationen allenfalls der Zusammenhang zwischen Bankrotthandlung und objektiver Strafbarkeitsbedingung fehlt; s. ferner *Richter* GmbHR **1984**, 137, 141.
328 Dazu nur K. Schmidt/*K. Schmidt/Herchen* § 19 Rdn. 24.
329 S. *Gischer/Hommel* BB **2003**, 945, 949, die dem handelsbilanziellen Überschuldungsausweis die Vermutungswirkung einer rechtlichen Überschuldung zugunsten des antragsstellenden Gläubigers beilegen, die der Schuldner im Insolvenzeröffnungsverfahren widerlegen muss, will er die Insolvenzeröffnung verhindern.
330 BGHZ **146**, 264, 268 = GmbHR **2001**, 190, 191; BGH BB **1984**, 1786; *Dannecker/Knierim/Dannecker/Hagemeier* Rdn. 56; A/R/R/*Himmelreich* Kap. 7/1 Rdn. 21 ff.; Beck/Samm/Kokemoor/*Wegner* § 55 Rdn. 9; M/R/*Altenhain* § 283 Rdn. 15; W/J/S/*Beck* 8/128; MAH/*Leipold* § 19 Rdn. 48; Park/*Wagner* Teil 3, Kap. 10.3 Rdn. 7; M/G/*Rotsch/Wagner* 8/72; *Hiltenkamp-Wisgalle*, S. 221; *Ransiek*, S. 154 f.; *Plathner*, S. 192; *Höfner*, S. 107 ff.; *Harneit*, S. 11; *Groth*, S. 28; *Reichelt*, S. 80; *Regner*, S. 96; *Brackmann*, S. 98 f.; *Tiedemann* Schröder-GS, S. 289, 296; *Richter* GmbHR **1984**, 137, 139; *Degener* Rudolphi-FS, S. 405, 408 f.; *Püschel* Rissing-van Saan-FS, S. 471, 481; *Höß/Buhr* wistra **2007**, 247, 248; *A. Fromm* ZInsO **2004**, 943 f.; *Wimmer* NJW **1996**, 2546, 2547; *Hartung* NJW **1995**, 1186, 1188; *Franzheim* NJW **1980**, 2500, 2501; *Hoffmann* MDR **1979**, 93, 95; *Berz* BB **1976**, 1435, 1440; *Uhlenbruck* BB **1985**, 1277, 1280; *Hirsch* A. Hueck-FS, S. 307, 308; *Kerz* DStR **2012**, 204, 207; a.A. aber *Stypmann* wistra **1985**, 89, 93 f.; ferner wohl *Reck* ZInsO **1999**, 195, 201 sowie *ders.* GmbHR **1999**, 267, 273 f., der bei positiver Fortführungsprognose ein Primat der Buchwerte befürwortet; ähnl. anscheinend *Bieneck* StV **1999**, 43, 44, der grds. die Handelsbilanzwerte dem Überschuldungsstatut im Falle einer positiven Fortführungsprognose zugrunde legen möchte; ferner *Höffner* BB **1999**, 252, 254: konsolidierte Handelsbilanz; zu Recht skeptisch *Bittmann* wistra **1999**, 10, 11.
331 BGHZ **146**, 264, 268 = GmbHR **2001**, 190, 191; BGH(Z) NZI **2013**, 438, 440; BGH NStZ-RR **2015**, 341, 342 = ZWH **2015**, 388, 391; BGH NJW **2003**, 546, 547 = wistra **2003**, 232; BGHR StGB § 283 Abs. 1, Überschuldung 1; OLG Düsseldorf wistra **1998**, 360 = StV **1999**, 28, 29 = DB **1998**, 1856 = BB **1999**, 149, 150; MK/*Petermann/Sackreuther* Vor §§ 283 ff. Rdn. 96; SK/*Hoyer* § 283 Rdn. 14; *Sch/Schröder/Heine/Schuster* § 283 Rdn. 51a; M-G/*Richter* Kap. 79 Rdn. 32; W/J/S/*Beck* 8/134; *Dannecker/Knierim/Dannecker/Hagemeier* Rdn. 56; B/*Quedenfeld/Bechtel/Richter* Kap. 22 Rdn. 134; MAH/*Leipold* § 19 Rdn. 49; M/G/*Rotsch/Wagner* 8/72; Pape/Uhländer/*Hofmann* § 283 Bankrott Rdn. 6; HK-InsO/*Laroche* § 19 Rdn. 12; *Schlüchter*, S. 67; *Höfner*, S. 115 f.; *Hiltenkamp-Wisgalle*, S. 241; *Habetha*, S. 22, 84; *Groth*, S. 27; *Erdmann*, S. 157; *Reichelt*, S. 80; *Tiedemann* Schröder-GS, S. 289, 291; *Otto* Bruns-GS, S. 265, 269; *Berz* BB **1976**, 1435, 1440; *Richter* GmbHR **1984**, 137, 139; *Matzen* Samson-FS, S. 401, 416; *Püschel* Rissing-van Saan-FS, S. 471, 482; *Ogiermann/Weber* wistra **2011**, 206, 210; Beck/Samm/Kokemoor/*Wegner* § 55 Rdn. 14; *ders.* HRRS 2009, 32, 34; *A Fromm* ZInsO **2004**, 943 f.; *Primozic/Feckl* GmbHR **2005**, 160.
332 Eine anschauliche Auflistung, welche Positionen auf der Aktiv- und der Passivseite in den Überschuldungsstatus gehören, findet sich auch bei W/J/S/*Beck* 8/136 ff.; A/R/R/*Himmelreich* Kap. 7/1 Rdn. 28 ff.; s. des Weiteren M-G/*Richter* Kap. 79 Rdn. 37 ff.

wickeln[333] und daher im jeweiligen Einzelfall eine Wertspanne offeriert, die von **Veräußerungswerten**[334] bis hin zu **Zerschlagungswerten** reicht,[335] gebietet es im Insolvenzstrafrecht der Grundsatz *in dubio pro reo* bei Nichterweisbarkeit der ungünstigeren Bewertungsoption, rechnerische Überschuldung erst dann zu bejahen, falls die Passiva die Preise, die sich bei einer Veräußerung des gesamten Unternehmens erzielen lassen, überwiegen.[336] Allenfalls bei sicherem Ausschluss der Möglichkeit, das Unternehmen als Ganzes zu veräußern, geht es an, jeden einzelnen Vermögensgegenstand und Schuldposten separat zu bewerten.[337] Dabei hat das Tatgericht den einzelnen Vermögensgegenständen den Wert zugrunde zu legen, der diesen im Tatzeitpunkt anhaftete. Keinesfalls darf es die schuldnerischen Vermögensgegenstände anhand

---

333 Zur Bedeutung des Veräußerungszeitpunktes und der Auflösungsgeschwindigkeit/-intensität für die Bewertung der schuldnerischen Vermögensgegenstände s. schon *Schlüchter* wistra 1984, 41, 42; ferner *Stracke*, S. 25, 133; *Erdmann*, S. 158.

334 Der Ansatz von Veräußerungswerten hat etwa zur Konsequenz, dass auch ein Geschäftswert aktiviert werden kann; dazu nur *A. Fromm* ZInsO **2004**, 943, 949; s. ferner B/*Quedenfeld*/*Bechtel*/*Richter* Kap. 22 Rdn. 139; *Hiltenkamp-Wisgalle*, S. 224; *Otto* Bruns-GS, S. 265, 270; vgl. auch, freilich zum überkommenen nicht modifizierten Überschuldungsbegriff *Bittmann* wistra **1999**, 10, 13, der einen Firmenwert bei positiver Fortführungsprognose allerdings nur dann aktivieren will, wenn ein das schuldnerische Unternehmen umfassendes Erwerbsangebot vorliegt, aus dem die Bereitschaft des Erwerbers hervorgeht, auch für den Firmenwert einen bestimmten Preis bezahlen zu wollen.

335 AnwK/*Püschel* Vor § 283–283d Rdn. 18; M-G/*Richter* Kap. 79 Rdn. 49; B/*Quedenfeld*/*Bechtel*/*Richter* Kap. 22 Rdn. 136; M/G/*Rotsch*/*Wagner* 8/73: Liquidations- statt Zerschlagungswerte; *Ransiek*, S. 155; *Kruse*, S. 57 f.; *Ressmann*, S. 200 f.; *Brackmann*, S. 113; *Höfner*, S. 136, 144 f.; *Harneit*, S. 27 f.; *Stracke*, S. 109; *Röhm*, S. 190 f.; *Penzlin*, S. 84; *ders.* NZG **2000**, 464, 465; *Ulmer* KTS **1981**, 469, 478 ff.; *Degener* Rudolphi-FS, S. 405, 420; *Bittmann* wistra **1999**, 10, 11; *Burger*/*Schellberg* BB **1995**, 261, 266; *A. Fromm* ZInsO **2004**, 943, 947 m. Fn. 50; *Bisson* GmbHR **2005**, 843, 851; *Büttner* ZInsO **2009**, 841, 842 m. Fn. 14; *Wolf* ZWH **2014**, 94, 97.

336 Richtig B/*Quedenfeld*/*Bechtel*/*Richter* Kap. 22 Rdn. 136; ähnl. *Stracke*, S. 459; *Ressmann*, S. 262 f.; AnwK/*Püschel* Vor § 283–283d Rdn. 18; *ders.* Rissing-van Saan-FS, S. 471, 483; MAH/*Leipold* § 19 Rdn. 56; *Bittmann* wistra **1999**, 10, 11 mit Blick auf die ansonsten drohenden erheblichen Nachweisschwierigkeiten vor allem im Bereich des subjektiven Tatbestandes; a.A. aber *Hiltenkamp-Wisgalle*, S. 237 f.; weitergehend, allerdings hinsichtlich der Ermittlung der bei positiver Fortbestehensprognose erforderlichen Fortführungswerte (auf dem Boden der modifiziert zweistufigen Überschuldungsprüfung wie sie heute wieder gilt, ist diese Rechenoperation hingegen nicht mehr nötig; dazu s.u. Rdn. 44) OLG Düsseldorf wistra **1998**, 360 = StV **1999**, 28, 29 = DB **1998**, 1856 = BB **1999**, 149, 150; MK/*Petermann*/*Sackreuther* Vor §§ 283 ff. Rdn. 88, 93; *Tiedemann* Schröder-GS, S. 289, 297, 299; *ders.* JuS **1989**, 689, 696; A/R[3]/*Wegner* Kap. 7/1 Rdn. 28; M/R/*Altenhain* § 283 Rdn. 15; Park/*Wagner* Teil 3, Kap. 10.3 Rdn. 7; W/J/S/*Beck* 8/132a f.; MAH/*Leipold* § 19 Rdn. 56; Pape/Uhländer/*Hofmann* § 283 Bankrott Rdn. 8; *Schlüchter*, S. 127 f.; *dies.* wistra **1984**, 41, 43, *Reichelt*, S. 82; *Haffke* KritV **1991**, 165, 173 f.; *Schüppen* DB **1994**, 197, 203; *Cornelius* NZWiSt **2012**, 259, 264; *Büttner* ZInsO **2009**, 841, 857, denen zufolge alle anerkannten Bewertungsmethoden (nach *Tiedemann* a.a.O., S. 299 auch Außenseitermeinungen; insoweit abl. *Schlüchter*, S. 127 *Bottke* JA **1980**, 93, 97) zur Bejahung von Überschuldung gelangen müssen, damit man dieses Ergebnis i.R.d. §§ 283 ff. StGB berücksichtigen kann (abl. *Ransiek*, S. 153 f.; *Hiltenkamp-Wisgalle*, S. 235; krit. gegenüber dieser Ansicht ferner *Höffner* BB **1999**, 252, 253; ihm zust. *Penzlin*, S. 98, 109, 157; *Röhm*, S. 165; s.a. *Ulmer* KTS **1981**, 469, 471, dem zufolge in Fällen, in denen alle Bewertungsmethoden zum Ergebnis „Überschuldung" gelangen, regelmäßig zugleich Zahlungsunfähigkeit vorliegt; noch weitergehend *Brackmann*, S. 168, 170, die diesen Ansatz anscheinend auch i.R.d. modifiziert zweistufigen Überschuldungsbegriffs anwenden will); ebenso, nur negativ formuliert *Otto* Bruns-GS, S. 265, 271; ähnl. *Stypmann* wistra **1985**, 89, 92, der in analoger Anwendung des in-dubio-Grundsatz grds. von Fortführungswerten ausgehen will; äußerst skeptisch gegenüber diesen Folgerungen aus dem in-dubio-Grundsatz aber *Degener* Rudolphi-FS, S. 405, 421; *Franzheim* NJW **1980**, 2500, 2503; zur theoretischen Basis des Ansatzes vom „Mindestgemeinsamen" s. schließlich *Küchenhoff* NJW **1959**, 1254 ff.

337 AnwK/*Püschel* Vor § 283–283d Rdn. 18; *ders.* Rissing-van Saan-FS, S. 471, 483; vgl. ferner LK[12]/*Tiedemann* Vor § 283 Rdn. 154 sowie *dens.* Schröder-GS, S. 289, 302, der bei der Bewertung jedes einzelnen Vermögensgegenstandes *in dubio* die für den Täter günstigste Methode heranziehen will; s. des Weiteren *Schlüchter* wistra **1984**, 41, 43, die auch hier ihre Differenzierung zwischen an sich rechtmäßigen und *per se* rechtswidrigen Bankrotthandlungen fruchtbar macht und im Falle der Vornahme einer an sich rechtmäßigen Bankrotthandlung das Schuldnervermögen nach Fortführungs-, hingegen im Falle einer *per se* rechtswidrigen Bankrotthandlung nach Zerschlagungswerten bewerten will (hiergegen dezidiert *Stypmann* wistra **1985**, 89, 91); weniger großzügig M-G/*Richter* Kap. 79 Rdn. 49; *Röhm*, S. 191, die grds. von Zerschlagungswerten und nur in Ausnahmefällen von Veräußerungswerten ausgehen wollen.

des (meist niedrigeren) Veräußerungserlöses bewerten, den sie in einem Jahre später durchgeführten Insolvenzverfahren erzielten.[338]

Erhebliche Erleichterungen bringt der Rückgriff auf den modifiziert zweistufigen Überschuldungsbegriff, weil nunmehr die Anstrengungen entfallen, die entstanden, sobald man bei positivem Ausgang der Fortführungsprognose den schuldnerischen Aktivenbestand mithilfe von Fortführungswerten berechnen musste[339] und die es nach teilweise vertretener Ansicht rechtfertigten, über einen nicht modifiziert zweistufig gebildeten Überschuldungsbegriff das Verdikt der **Verfassungswidrigkeit** zu fällen.[340] Da dem modifiziert zweistufigen Überschuldungsbegriff zufolge die positive Fortbestehensprognose eine Überschuldung immer ausschließt, sind die schwierigen Rechenoperationen, zu denen der nicht modifizierte zweistufige Überschuldungsbegriff bei positiver Fortbestehensprognose zwang und bzgl. derer schon theoretisch alles andere als Einigkeit herrschte,[341] heute entbehrlich. Die vorgeschlagenen Modelle reichten von Substanzwertverfahren unter einem Teil- bzw. Vollreproduktionsansatz über zahlreiche Gesamtbewertungsansätze, die in den Spielarten des Ertagswertverfahrens[342] und der Discounted-Cashflow-Methode vorkamen,[343] bis hin zu Kombinationsansätzen,[344] die versuchten Substanzwert- und Gesamtbewertungsverfahren miteinander zu verknüpfen.[345] 44

c) Behandlung von Altfällen. Beschäftigen Sachverhaltsgestaltungen, die vor dem **18.10.2008** und damit zu einer Zeit spielen, als noch der nicht modifizierte zweistufige Überschuldungsbegriff galt, die Strafverfolgungsbehörden, steht die Frage im Raum, ob es § 2 Abs. 3 StGB gebietet, diese Fälle entsprechend dem modifiziert zweistufigen Überschuldungsbegriff zu behandeln. Denn auf dem Boden des modifiziert zweistufigen Überschuldungsbegriffs tritt rechtliche Überschuldung seltener ein, weil die Existenz einer positiven Fortführungsprognose Überschuldung immer ausschließt und nicht lediglich – wie der nicht modifizierte zweistufige Überschuldungsbegriff – die Bewertung der Aktiva nach Fortführungswerten gestattet.[346, 347] Damit statuiert § 19 Abs. 2 S. 1 InsO in den Worten des § 2 Abs. 3 StGB das gegenüber § 19 Abs. 2 S. 1 InsO a.F. **mildere Gesetz.**[348] D.h. aber nicht, dass § 2 Abs. 3 StGB die Anwendung des modifiziert zweistufigen Überschuldungsbegriffs für **Altfälle** ohne Weiteres erzwänge. Zwei Hürden muss vielmehr nehmen, wer Altfälle 45

338 BGH wistra **2003**, 301 f.

339 So etwa MK/*Petermann/Sackreuther* Vor §§ 283 ff. Rdn. 98; *Büttner* ZInsO **2009**, 841, 844 m. Fn. 54; s.a. schon *Ulmer* KTS **1981**, 469, 478; *Schüppen* DB **1994**, 197, 200; a.A. wohl M-G/B[5]/*Bieneck* § 76 Rdn. 38 wegen der notwendigen Fortführungsprognose. Dabei bleibt aber unberücksichtigt, dass beide Überschuldungsbegriffe eine Fortführungsprognose erfordern, der nicht modifiziert zweistufige Überschuldungsbegriff jedoch zusätzlich voraussetzt, die Fortführungswerte zu ermitteln, sofern die Prognose positiv ausfällt (zu diesem Einwand s. schon *Ransiek*, S. 157).

340 *Höfner*, S. 237 ff., vor allem S. 251 ff., 270 f.; *Penzlin*, S. 158; gegen die Annahme von Verfassungswidrigkeit *Groth*, S. 126, der dem modifiziert zweistufigen Überschuldungsbegriff anhängt.

341 Nach dem profunden Urteil von *Stracke*, S. 275 ist „die Bilanzerstellung unter der Fortführungsprämisse [...] heillos umstritten".

342 Dafür etwa M-G/*Richter* Kap. 79 Rdn. 45 ff.; *Röhm*, S. 187 ff.; vgl. ferner *Harneit*, S. 38, der sich freilich i.E. zugunsten des modifiziert zweistufigen Ansatzes ausspricht (a.a.O., S. 108 f., 112 und *passim*).

343 Sehr skeptisch gegenüber der Möglichkeit, mithilfe von Substanz- bzw. Ertragswertverfahren die Überschuldung zu ermitteln, *Penzlin*, S. 86 f., 132.

344 Zu diesen Ansätzen und zur Kritik hieran *Stracke*, S. 165 ff., 256.

345 Ausf. zu diesen Methoden *Stracke*, S. 131 ff., 243 ff., 449 ff.; *Brackmann*, S. 115 ff.; *Höfner*, S. 204 ff.; *Erdmann*, S. 162 ff.; *Harneit*, S. 29 ff.; *Groth*, S. 103 ff.

346 Dazu s.o. Rdn. 41.

347 Zum Ganzen auch *Schmitz* wistra **2009**, 369, 370 f.

348 HK-InsO/*Ransiek* § 15a Rdn. 50; Pape/Uhländer/*Hofmann* § 283 Bankrott Rdn. 7; AnwK[2]/*Püschel* Vor § 283–283d Rdn. 19; *ders.* Rissing-van Saan-FS, S. 471, 480; *Schmitz* wistra **2009**, 369, 371; *Fromm/Giertmühlen* NZI **2009**, 665, 666; *Bach* StraFo **2009**, 368, 370; vgl. auch *Stracke*, S. 276; nur i.E. zust. K. Schmidt/*K. Schmidt/Herchen* § 19 Rdn. 57, die § 19 Abs. 2 InsO n.F. nicht als Ausdruck laxerer Rechtspolitik, sondern als Resultat besserer Erkenntnis begreift und deshalb Zweifel an der Einschätzung hegt, § 19 Abs. 2 InsO n.F. normiere das „mildere Gesetz".

gem. dem § 19 Abs. 2 S. 1 InsO n.F. behandeln will. Zunächst ist fraglich, ob § 19 InsO ein Gesetz i.S.d. § 2 Abs. 3 StGB darstellt. Unstreitig unterfallen dem Gesetzesbegriff des § 2 Abs. 3 StGB alle Strafgesetze sowie solche Gesetze, die einen Blankettstraftatbestand ausfüllen.[349] Beides trifft auf § 19 InsO ersichtlich nicht zu.[350] Allerdings soll ganz **h.M.** zufolge § 2 Abs. 3 StGB auch solche Gesetzesänderungen erfassen, die außerstrafrechtliche Vorschriften betreffen, zu denen sich die Merkmale eines Straftatbestandes strikt akzessorisch verhalten.[351] Da die Krisenmerkmale der §§ 283 ff. StGB richtigerweise akzessorisch an die Legaldefinitionen der §§ 17 ff. InsO anknüpfen und der revidierte § 19 Abs. 2 S. 1 InsO die Identität des § 283 StGB vor und nach der Änderung unangetastet lässt,[352] ist der Anwendungsbereich des § 2 Abs. 3 StGB eröffnet.[353] Hat man diese Hürde erfolgreich überwunden, bereitet § 2 Abs. 4 StGB das zweite, dogmatisch anspruchsvollere Hindernis. Mit Blick auf die ursprünglich vorgesehene **befristete Geltungsdauer** des modifiziert zweistufigen Überschuldungsbegriffs bis zum 31.12.2013, vertreten einige Autoren die Ansicht, § 19 Abs. 2 S. 1 InsO n.F. sei ein **Zeitgesetz** i.S.d. § 2 Abs. 4 S. 1 StGB und folgern daraus, dass § 2 Abs. 3 StGB deshalb keine Anwendung finde.[354] Zwar dürfte es zutreffen, den § 19 Abs. 2 S. 1 InsO n.F. als ein Zeitgesetz zu qualifizieren.[355] Zweifel könnten jedoch schon daran aufkommen, bedenkt man die zwischenzeitlich erfolgte Entfristung. Keinesfalls überzeugt es aber, hieraus den Schluss zu ziehen, § 2 Abs. 3 StGB sei unanwendbar. Richtigerweise trifft nämlich § 2 Abs. 4 S. 1 StGB zu der Frage, ob ein günstigeres Zeitgesetz auch Altfälle erfasst, mithin also § 2 Abs. 3 StGB gilt, überhaupt keine Aussage, sondern beschränkt sich darauf, solche Konstellationen zu regeln, die sich ereigneten, als das Zeitgesetz noch galt, hingegen zur Aburteilung anstehen, nachdem das Zeitgesetz außer Kraft getreten ist.[356] Ob § 19 Abs. 2 S. 1 InsO n.F. *via* § 2 Abs. 3 StGB retrospektiv wirkt, hat folglich mit seinem Zeitgesetzcharakter nichts zu tun. Resümierend: Gem § 2 Abs. 3

---

349 LK/*Dannecker*/*Schuhr* § 2 Rdn. 62, 77, 103; MK/*Schmitz* § 2 Rdn. 29 ff., 37 ff.; *ders.* wistra **2009**, 369, 371; *Schuster*, S. 232, 242; *T Walter* Tiedemann-FS, S. 969, 983; *Bach* StraFo **2009**, 368, 370; *Bülte* JuS **2015**, 769, 773.

350 Dazu, dass § 283 StGB bzgl. des Merkmals „Überschuldung" kein Blankett normiert, s. nur *Schmitz* wistra **2009**, 369, 371; vgl. aber auch *Röhm*, S. 62, der die §§ 283 ff. StGB insoweit als blankettartige Tatbestände bezeichnet und deshalb ebenfalls grds. § 2 Abs. 3 StGB anwendet.

351 MK/*Schmitz* § 2 Rdn. 44; *ders.* wistra **2009**, 369, 372; wohl auch LK/*Dannecker*/*Schuhr* § 2 Rdn. 113; unklar *Bülte* JuS **2015**, 769, 776; abl. gegenüber dieser Position *M. Wagner*, S. 246.

352 Allg. zu dieser Voraussetzung der „Kontinuität des Unrechtstyps" MK/*Schmitz* § 2 Rdn. 31 ff., der darauf hinweist, dass die vom Täter verletzte Verbotsnorm mit der neuen identisch bleibt, wenn der Bereich des Strafbaren lediglich beschränkt wird (a.a.O. Rdn. 36); speziell bzgl. § 19 Abs. 2 S. 1 InsO n.F. wie hier *Fromm*/*Giertmühlen* NZI **2009**, 665, 666 f.

353 Anderes gälte, wenn man mit *Franzheim* NJW **1980**, 2500, 2502 (dagegen überzeugend schon die Erwiderung von *Haack* NJW **1981**, 1353) sowie *dems.* wistra **1984**, 212, 213 (zust. etwa *Hiltenkamp-Wisgalle*, S. 233; *Kruse*, S. 61; *Lechner*, S. 23) die Ansicht vertritt, die Überschuldung markiere kein normatives, sondern ein deskriptives Tatbestandsmerkmal (ebenso, allerdings bzgl. der drohenden Zahlungsunfähigkeit *Bretzke*, S. 29); a.A. B/*Quedenfeld*/*Bechtel*/*Richter* Kap. 22 Rdn. 158; M-G/*Richter* Kap. 79 Rdn. 52; *Schlüchter* wistra **1984**, 41, 42; ferner *Tiedemann* Schröder-GS, S. 289, 291, der von einem vorwiegend normativ gefärbten Tatbestandsmerkmal spricht; ähnl. *Harneit*, S. 78; a.A. wiederum MK[3]/*Radtke*/*Petermann* Vor §§ 283 ff. Rdn. 68, die nur eine eingeschränkte Akzessorietät der §§ 283 ff. StGB zu den insolvenzrechtlichen Krisentatbeständen anerkennen und denen zufolge deshalb bereits der Anwendungsbereich des § 2 Abs. 3 StGB nicht eröffnet ist.

354 SK/*Hoyer* § 283 Rdn. 11a; S/S/W/*Bosch* Vorbem. §§ 283 ff. Rdn. 10; *Reichelt*, S. 84; *Fromm*/*Giertmühlen* NZI **2009**, 665, 668; wohl auch LK[12]/*Tiedemann* Vor § 283 Rdn. 161b; *Popp* JURA **2012**, 618, 624 m. Fn. 35; s.a. G/E/S/*Boetticher* Vor §§ 82 ff. Rdn. 21, 23, der § 2 Abs. 3 StGB anwendet, obschon er § 19 InsO als Zeitgesetz i.S.v. § 2 Abs. 4 klassifiziert.

355 So MK/*Schmitz* § 2 Rdn. 61; *ders.* wistra **2009**, 369, 372; S/S/W/*Bosch* Vorbem. §§ 283 ff. Rdn. 10; M/G/*Rotsch*/*Wagner* 8/84; Eidam/*Weyand* 7/921; *Weyand*/*Diversy* Rdn. 36; *Schuster*, S. 233; *M. Wagner*, S. 254; *Niu*, S. 55; *Fromm*/*Giertmühlen* NZI **2009**, 665, 667 f.; a.A. aber *Sch*/*Schröder*/*Heine*/*Schuster* § 283 Rdn. 51; *Adick* HRRS **2009**, 155, 157 mit dem Argument, maßgebend sei nicht die befristete Geltung des § 19 InsO, sondern die der gesamten InsO; skeptisch gegenüber der Einstufung als Zeitgesetz auch K. Schmidt/*K. Schmidt*/*Herchen* § 19 Rdn. 57.

356 *Schmitz* wistra **2009**, 369, 372; zust. AnwK/*Püschel*[1] Vor § 283–283d Rdn. 19; *Schuster*, S. 234.

StGB unterliegen die Altfälle dem modifiziert zweistufigen Überschuldungsbegriff des § 19 Abs. 2 S. 1 InsO n.F.[357]

3. Zahlungsunfähigkeit – Einführendes

Gem § 17 Abs. 2 S. 1 InsO befindet sich der Schuldner im Zustand der Zahlungsunfähigkeit, sobald er die fälligen Zahlungsverpflichtungen[358] nicht mehr erfüllen kann,[359] was umgekehrt bedeutet, der Schuldner ist zahlungsfähig, solange er seine Gläubiger – sei es auch mithilfe darlehensweise überlassenen Mitteln – zu bedienen vermag.[360] Bloße **Zahlungsunwilligkeit** genügt deshalb nicht.[361] Gegenüber dem früheren, konkursrechtlichen Verständnis erweitert die Legaldefinition des § 17 Abs. 2 S. 1 InsO die Reichweite der Zahlungsunfähigkeit gleich in dreifacher Hinsicht: Während unter dem Regime der KO als zahlungsunfähig erst galt, wer dauerhaft außer Stande war, seine ernsthaft eingeforderten Verbindlichkeiten im Wesentlichen zu erfüllen,[362] verzichtet die InsO auf die Einschränkungen der **Dauerhaftigkeit** sowie der **Wesentlichkeit** und berücksichtigt sämtliche **fälligen** Forderungen,[363] nicht nur die **ernsthaft** 46

357 Zutr. deshalb BGH wistra **2010**, 219, 220; *Sch/Schröder/Heine/Schuster* § 283 Rdn. 51; MK/*Hohmann* § 15a InsO Rdn. 49; MK-GmbHG²/*Wißmann* § 84 Rdn. 42; A/R³/*Wegner* Kap. 7/1 Rdn. 65; S/G/*ders.* Rdn. 684; *ders.* HRRS **2009**, 32, 34; *ders.* wistra **2010**, 438, 439; M/G/*Rotsch/Wagner* 8/84; HK-InsO/*Ransiek* § 15a Rdn. 50; KK-InsO/*Hess* § 19 Rdn. 116; Pape/Uhländer/*Hofmann* § 283 Bankrott Rdn. 7; *Ressmann*, S. 269 f.; *Schmitz* wistra **2009**, 369, 372 f.; AnwK²/*Püschel* Vor §§ 283–283d Rdn. 19; *ders.* Rissing-van Saan-FS, S. 471, 480; *Adick* HRRS **2009**, 155, 157 f.; *Büttner* ZInsO **2009**, 841, 850 f.; i.E. auch K. Schmidt/*K. Schmidt/Herchen* § 19 Rdn. 57; ebenso *Bittmann* wistra **2009**, 138, 140, der allerdings auf Gerechtigkeitserwägungen rekurriert, weil er § 2 Abs. 3 StGB – ohne Begründung – nicht für anwendbar hält; a.A. *Weyand/Diversy* Rdn. 37 mit Blick auf Art. 103d EGInsO.

358 Freilich genügt es, wenn der Schuldner nur einen einzigen Gläubiger hat, den er nicht befriedigen kann. Das Merkmal der Zahlungsunfähigkeit erfordert richtigerweise nicht das Vorhandensein einer Mehrzahl von Gläubigern; grdl. dazu RGSt **41**, 309, 313 ff.

359 S.a. schon RGSt **3**, 190, 195; RGSt **41**, 309, 314; RG LR **1913**, 699, 700, das unter Zahlungsunfähigkeit das Unvermögen des Schuldners versteht, die bereiten Mittel zur Zahlung seiner Schulden herbeizuschaffen.

360 Grdl. RGSt **3**, 190, 195.

361 BGH (Z) WM **1957**, 67, 68; K. Schmidt/*K. Schmidt/Herchen* § 17 Rdn. 16; HK-InsO/*Laroche* § 17 Rdn. 12; Graf-Schlicker/*Bremen* § 17 Rdn. 16; KK-InsO/*Hess* § 17 Rdn. 53, 74; G/E/S/*Gehrlein* Vor § 64 Rdn. 8; *Sch/Schröder/Heine/Schuster* § 283 Rdn. 52; W/J/S/*Beck* 8/107; Scholz/*Rönnau* Vor §§ 82 ff. Rdn. 43; *Habetha*, S. 10; *Kribs-Drees*, S. 127; *Röhm*, S. 97 ff.; *Pfeiffer* Rowedder-FS, S. 347, 358; *Burger/Schellberg* BB **1995**, 261, 262; *Sundermeier/C Gruber* DStR **2000**, 929, 935; *Bisson* GmbHR **2005**, 843, 844; diff. *Hartung* wistra **1997**, 1, 8 f., der Zahlungsunfähigkeit dann annehmen will, wenn sich der Schuldner bspw. weigert, eine vorhandene Kreditlinie auszuschöpfen.

362 Dazu nur BGH wistra **2007**, 308 = NStZ **2008**, 415 (trotz des Rekurses auf § 17 Abs. 2 S. 1 InsO); BGH NJW **2001**, 1874, 1875; BGH wistra **1991**, 26 = MDR **1990**, 1067; BGH NJW **1982**, 1952, 1954 = wistra **1982**, 189, 191; BGH (Z) WM **1959**, 470, 471; BGH (Z) WM **1957**, 67, 68; BayObLG GmbHR **1997**, 453, 454; BayObLG wistra **1988**, 363 = BB **1988**, 1840; OLG Düsseldorf NJW **1988**, 3166, 3167; OLG Düsseldorf wistra **1998**, 360 = StV **1999**, 28, 29 = DB **1998**, 1856 = BB **1999**, 149, 150; OLG Stuttgart NStZ **1987**, 460 = Justiz **1988**, 30,31; KG wistra **2002**, 313, 316; OLG Frankfurt a.M. (Z) KTS **1973**, 140; ähnl. schon RGZ **50**, 39, 41; RG JW **1935**, 128; RG JW **1934**, 841, 842; RG LR **1926**, 492; enger aber der österreichische OGH ÖJZ **1969**, 498, 499; aus dem Schrifttum s. *Schlüchter*, S. 71; *Ransiek*, S. 152 f.; *Kribs-Drees*, S. 66; *Höfner*, S. 91; *Grosche*, S. 40; *Bretzke*, S. 57 f., 79; *Hiltenkamp-Wisgalle*, S. 276; *Harneit*, S. 41 m. Fn. 188; *Groth*, S. 26; *Skrotzki*, S. 1; *Otto* Bruns-GS, S. 265, 276; *ders.* JURA **1989**, 24, 33; *Pfeiffer* Rowedder-FS, S. 347, 358; *Göhler/Wilts* DB **1976**, 1657, 1659 f.; *Hoffmann* MDR **1979**, 713; *ders.* DB **1980**, 1527; *Pribilla* KTS **1958**, 1; *Papke* DB **1969**, 735; *Wersdörfer* BB **1952**, 679; *Franzheim* NJW **1980**, 2500, 2503; *Hartung* wistra **1997**, 1, 2; *Krause* NStZ **1999**, 161, 163; *Doster* wistra **1998**, 326, 328; *Berz* BB **1976**, 1435, 1440; für Beibehaltung im Insolvenzstrafrecht aber AnwK/*Püschel* Vor § 283–283d Rdn. 20; wohl auch *Achenbach* Schlüchter-GS, S. 257, 271.

363 Lässt sich im Strafprozess nicht aufklären, ob der Gläubiger seine Forderung gestundet hat, darf diese Forderung im „Zahlungsunfähigkeitspanorama" nicht berücksichtigt werden; zutr. *Erdmann*, S. 121; dazu, dass die Fälligkeit der Forderung genügt, um sie in den Zahlungsstatus einzustellen, s. AG Nürnberg ZInsO **2012**, 339, 341: Veruntreute Mandantengelder.

eingeforderten[364] i.R.d. „Zahlungsunfähigkeitspanoramas".[365] Gleichwohl verband der Gesetzgeber mit der Abkehr von den Kriterien der Dauerhaftigkeit und Wesentlichkeit nicht die Absicht, bereits jede **Zahlungsstockung** bzw. **ganz geringfügige Liquiditätslücken** der neugeschaffenen Legaldefinition des § 17 Abs. 2 S. 1 InsO zu subsumieren.[366] Wie dieser Vorbehalt und die erwähnten Neuerungen am insolvenzrechtlichen Zahlungsunfähigkeitsbegriff zusammenpassen, bildet den Gegenstand zahlreicher insolvenz- sowie insolvenzstrafrechtlicher Erörterungen.

47 **a) „Passivseite" des „Zahlungsunfähigkeitspanoramas".** Zwar erweckt § 17 Abs. 2 S. 1 InsO den Eindruck, die Zahlungsunfähigkeit des Schuldners lasse sich grds. ohne Schwierigkeiten feststellen; jedoch trügt dieser erste Schein.[367] Schon die Frage, welche Verbindlichkeiten in das „Zahlungsunfähigkeitspanorama" gehören ist ungeklärt. Konsens besteht nur insoweit, als Sach- und Dienstleistungsverpflichtungen erst erfasst werden, wenn sie in Schadensersatzforderungen umgeschlagen sind.[368] Probleme bereiten vor allem **einrede-/einwendungsbehaftete** bzw. **bestrittene Forderungen**. Während einer Ansicht zufolge sich der Forderungenbestand, anhand dessen die Zahlungsunfähigkeit ermittelt wird, um die vom Schuldner **substantiiert bestrittenen** Verbindlichkeiten reduziert,[369] ist nach anderer Ansicht dem Schuldner aufzugeben, das **objektive Prozessverlustrisiko** i.R.d. Überschuldungs-/Zahlungsunfähigkeitsstatuts anzusetzen.[370] Letzteres

---

364 Zur Beschränkung auf die ernsthaft eingeforderten Forderungen unter dem Regime der KO s. BGH, Urt. v. 17.3.1987 – 5 StR 272/86 Rdn. 7 (juris; insoweit in NStZ **1987**, 279 nicht abgedr.); BayObLG wistra **1988**, 363; *Hiltenkamp-Wisgalle*, S. 277; skeptisch schon damals *Matzen*, S. 49 f.; dazu, an dieser Beschränkung unter dem Regime der InsO nicht mehr festhalten zu wollen, s. BGH **NJW** 2001, 1874, 1875; *Fischer* Vor § 283 Rdn. 9; M/R/*Altenhain* § 283 Rdn. 7, 9; S/S/W/*Bosch* Vorbem §§ 283 ff. Rdn. 11; *Bieneck* StV **1999**, 43, 44; HK-InsO/*Laroche* § 17 Rdn. 9; B/*Quedenfeld*/*Bechtel*/*Richter* Kap. 20 Rdn. 120; *Erdmann*, S. 123; *Röhm*, S. 107; *Ogiermann*/*Weber* wistra **2011**, 206, 210; *Matzen* Samson-FS, S. 401, 409; *Bork* KTS **2005**, 1, 4 f.; *Bisson* GmbHR **2005**, 843, 844; *Bittmann* wistra **1998**, 321, 322; MK/*Petermann*/*Sackreuther* Vor §§ 283 ff. Rdn. 116, die aber am Fehlen von Vollstreckungsmaßnahmen u.U. die Annahme stillschweigender Stundungen festmachen wollen; ähnl. schon SK/*Hoyer* § 283 Rdn. 18; skeptisch gegenüber dem Erfordernis eines ernsthaften Einforderns auch *Baumert* NJW **2019**, 1486, 1488; für ein Festhalten am Kriterium des ernsthaften Einforderns aber A/R/R/*Himmelreich* Kap. 7/1 Rdn. 70; *Habetha*, S. 76 f.; *Püschel* Rissing-van Saan-FS, S. 471, 485; zu den Schwierigkeiten, die Fälligkeit der Verbindlichkeiten zu ermitteln, s. *Burger*/*Schellberg* BB **1995**, 261, 263.

365 Dezidiert abl. steht dieser Legaldefinition *Penzlin*, S. 129 und *passim* gegenüber, der die Hoffnung ausspricht, der BGH werde zu den Kriterien der Dauerhaftigkeit und Wesentlichkeit zurückkehren.

366 S. nur BTDrucks. 12/2443, S. 114.

367 *Bork* KTS **2005**, 1.

368 K Schmidt/*K Schmidt*/*Herchen* § 17 Rdn. 6; Graf-Schlicker/*Bremen* § 17 Rdn. 5; HK-InsO/*Laroche* § 17 Rdn. 5; *Matzen*, S. 45 f.; *Erdmann*, S. 120; *Röhm*, S. 105.

369 Für substantiiertes Bestreiten auch *Höß*/*Buhr* wistra **2007**, 247, 249; *Brete*/*Thomsen* GmbHR **2008**, 912, 916 f.; ähnl. Graf-Schlicker/*Bremen* § 19 Rdn. 40: Nichtberücksichtigung bei vernachlässigbarem Prozessrisiko; *Weyand*/*Diversy* Rdn. 49; noch weitergehend, allerdings im Überschuldungskontext *Brackmann*, S. 103 f.: keine Berücksichtigung streitiger Ansprüche; für Berücksichtigung, sobald mit endgültiger Fälligkeit zu rechnen ist, A/R/R/*Himmelreich* Kap. 7/1 Rdn. 73; skeptisch anscheinend *Hartung* wistra **1997**, 1, 5; aus insolvenzverfahrensrechtlichter Sicht s. OLG Hamm Rpfleger **1970**, 348, dem zufolge die vom Schuldner aussichtsreich bestrittene Forderung nicht Grundlage für die Annahme von Zahlungsunfähigkeit sein kann, sondern zunächst vor den ordentlichen Gerichten erfolgreich eingeklagt werden muss; zust. OLG Frankfurt a.M. KTS **1973**, 140, 141; vgl. des Weiteren BGH NJW **2003**, 1821, 1823 = BGHR StGB § 283 Abs. 1, Überschuldung 3, wonach abstrakt bestehende Schadensersatzforderungen gegen den Schuldner nur in das Überschuldungs-/Zahlungsunfähigkeitspanorama aufgenommen werden müssen, wenn mit ihrer Geltendmachung ernsthaft gerechnet werden muss; a.A. aber K Schmidt/*K Schmidt*/*Herchen* § 17 Rdn. 8: objektives Bestehen der Forderungen ist maßgeblich.

370 So wohl B/*Quedenfeld*/*Bechtel*/*Richter* Kap. 20 Rdn. 143; Graf-Schlicker/*Bremen* § 17 Rdn. 6; HK-InsO/*Laroche* § 17 Rdn. 6; KK-InsO/*Hess* § 19 Rdn. 105; ähnl. auch Braun/*Salm-Hoogstraeten* § 19 Rdn. 33; *Staufenbiel*/*Hoffmann* ZInsO **2008**, 891, 893; s. ferner *Parzinger*/*Lappe*/*Meyer-Löwy* ZIP **2019**, 2143, 2150, die einen nach den Maßstäben des § 287 ZPO geschätzten Betrag als „Abschlag" ansetzen wollen.

überzeugt schon deshalb nicht, weil das objektive Prozessverlustrisiko kaum realistisch prognostizierbar sein dürfte.[371] Doch auch die Ansicht, die es dem Schuldner gestattet, substantiiert bestrittene Verbindlichkeiten unberücksichtigt zu lassen, führt richtigerweise nicht weiter. Denn das Bestehen oder Nichtbestehen der bestrittenen Verbindlichkeit hat nichts mit einer Prognose gemein. D.h.: Spricht ein Gericht die vom Schuldner oder seinem Organwalter bestrittene Forderung dem Gläubiger rechtskräftig zu, bestand diese Forderung von Anfang an und nahm mit ihrer Fälligkeit Einfluss auf die Zahlungsfähigkeit bzw. Überschuldung des Schuldners.[372] Gem. § 283 StGB straflos geht der Schuldner, der eine ordnungsgemäßem Wirtschaften widersprechende Bankrotthandlung vornahm und glaubte, wegen der bestrittenen Verbindlichkeit sei er noch zahlungsfähig bzw. nicht überschuldet, also nur aus, wenn er berechtigterweise die Forderung nicht berücksichtigte. Angesichts des wirtschaftswidrigen Verhaltens dürfte es daran aber regelmäßig fehlen, so dass dem Schuldner bzw. seinem Organwalter zumindest Fahrlässigkeit (vgl. § 283 Abs. 4 Nr. 1 StGB) zur Last fällt.[373] – Gesellschafterdarlehen rechnen hingegen zum Kreis der Verbindlichkeiten,[374] es sei denn, der darleihende Gesellschafter hat einen Rangrücktritt erklärt.[375]

Ob sämtliche fälligen Verbindlichkeiten in das Zahlungsunfähigkeitspanorama einzustellen **48**
sind oder nur die **ernsthaft eingeforderten**, ist seit langem umstritten. Wie gesehen (Rdn. 46) legt der Wortlaut des § 17 Abs. 2 S. 1 InsO einen Verzicht auf das Erfordernis des ernsthaften Einforderns nahe. Gleichwohl hat der IX. Zivilsenat des BGH auch unter dem Regime des § 17 Abs. 2 S. 1 InsO am ernsthaften Einfordern als Bestandteil der Zahlungsunfähigkeitsdefinition festgehalten. An diesem Erfordernis hat das insolvenz- und insolvenzstrafrechtliche Schrifttum zu Recht Kritik geübt. Weder ist im Gesetzeswortlaut des § 17 Abs. 2 S. 1 InsO ein insolvenzrechtlicher Fälligkeitsbegriff ausgedrückt, der die Fälligkeit einer Forderung nach anderen – *scil.* strengeren Maßstäben – bestimmt als sonst, noch herrscht Klarheit über die Fälle, in denen eine fällige Forderung einmal nicht ernsthaft eingefordert ist. Da der BGH das Attribut, eine Forderung sei ernsthaft eingefordert, zudem sehr großzügig verleiht und Konstellationen, in denen eine fällige Forderung nicht zugleich ernsthaft eingefordert ist, nur schwer vorstellbar sind, sollte auf dieses Merkmal sowohl insolvenz- als auch insolvenzstrafrechtlich verzichtet werden.[376]

Der 5. Strafsenat des BGH hat die Bedenken gegen das ernsthafte Einfordern als Bestandteil **49**
des insolvenzrechtlichen Fälligkeitsbegriffs aufgegriffen und ausgesprochen, er neige der Ansicht zu, die die Fälligkeit im insolvenzrechtlichen Sinne nicht von einem ernsthaften Einfordern der Verbindlichkeit abhängig machen will.[377] Das überzeugt zwar – wie gesehen – in der Sache. Allerdings führte ein nur strafrechtlicher Verzicht auf das Erfordernis des ernsthaften Einforderns zu einem partiell strengeren Zahlungsunfähigkeitsbegriff im Straf- als im Insolvenzrecht. Mit dem Grundsatz, strafrechtlich nicht zu ahnden, was das Zivil-, Insolvenz- oder Gesellschaftsrecht erlauben, ist das nicht vereinbar.[378] Bevor der 5. Strafsenat des BGH also endgültig auf das ernsthafte Einfordern verzichtet, sollte er bei den involvierten Zivilsenaten anfragen, ob diese ebenfalls zum Verzicht bereit sind. Fehlt es an einer solchen Bereitschaft, wäre eine Vorlage an die Vereinigten Großen Senate (vgl. § 132 Abs. 2 GVG) angebracht.[379]

371 So zu Recht *Höß/Buhr* wistra **2007**, 247, 248.

372 *Ressmann*, S. 80, 171 ff., 272 f.

373 Grdl. zu diesem Ansatz *Ressmann*, S. 187, 274, 297.

374 Ausführl. zu den damit verbundenen Fragen HK-InsO/*Laroche* § 17 Rdn. 6; a.A. für eigenkapitalersetzende Darlehen KK-InsO/*Hess* § 17 Rdn. 29.

375 Vgl. § 39 Abs. 2 InsO.

376 So auch für die strafbare Insolvenzverschleppung BGH NStZ **2007**, 643, 644.

377 BGH NStZ **2021**, 308 f. im Anschluss an *Baumert* NJW **2019**, 1486, 1487 f.

378 Richtig *Waßmer* ZInsO **2018**, 1485, 1488.

379 *Brand* NStZ **2021**, 309, 310.

50 **b) „Aktivseite" des „Zahlungsunfähigkeitspanoramas".** Ausgehend von der Legaldefinition des § 17 Abs. 2 S. 1 InsO, wonach zahlungsunfähig ist, wer seine fälligen Verbindlichkeiten nicht mehr erfüllen kann, erhebt sich des Weiteren die Frage, welche schuldnerischen Vermögensgegenstände zu den fälligen Verbindlichkeiten ins Verhältnis zu setzen sind. Da das Gesetz unter Zahlungsunfähigkeit **Geldilliquidität** versteht,[380] geht es konkret darum, ob nur flüssige Mittel wie Bargeld, Kontoguthaben, handelbare (kapitalmarktfähige) Wertpapiere etc.[381] sowie offene bzw. sofort abrufbare[382] Kreditlinien und durchsetzbare, werthaltige Forderungen[383] oder auch solche Vermögensgegenstände des **Anlage- und Umlaufvermögens** berücksichtigungsfähig sind, die der Schuldner etwa durch Veräußerung innerhalb kurzer Zeit verflüssigen kann.[384] Der von §§ 283 ff. StGB verfolgte Gläubigerschutz streitet für die zuerst genannte Ansicht, da andernfalls der Schuldner solange weiterwirtschaften könnte, ohne einen Insolvenzantrag stellen zu müssen, bis er sein gesamtes Vermögen aufgezehrt hat.[385] Woher die Mittel stammen, mithilfe derer der Schuldner seinen Zahlungspflichten nachkommt, spielt hingegen keine Rolle.[386] Selbst die **aus einer Straftat herrührenden Vermögensgegenstände** sind geeignet, das Verdikt der Illiquidität auszuschließen.[387] Schadensersatzansprüche gegen den Schuldner aufgrund der begangenen Straftat beein-

---

380 MK/*Petermann*/*Sackreuther* Vor §§ 283 ff. Rdn. 108; Scholz/*Rönnau* Vor §§ 82 ff. Rdn. 43; SK/*Hoyer* § 283 Rdn. 6; *Weyand*/*Diversy* Rdn. 49; Graf-Schlicker/*Bremen* § 17 Rdn. 15; *Uhlenbruck* BB **1985**, 1277, 1281.

381 Zu Schecks, Wechseln und Forderungen, deren Werthaltigkeit von der Liquidität des Bezogenen abhängt, s. instruktiv *Matzen*, S. 33 f., 98 ff.

382 Nach Ansicht von *Parzinger*/*Lappe*/*Meyer-Löwy* ZIP **2019**, 2143, 2148 sollen auch Kreditlinien, deren Abruf erst nach zwei bis drei Bankarbeitstagen erfolgen kann, zu den Aktiva I rechnen.

383 So M-G/*Richter* Kap. 78 Rdn. 16; G/J/W/*Otte* § 15a InsO Rdn. 63; M/G/*Rotsch*/*Wagner* 8/53; Braun/*Salm-Hoogstraeten* § 17 Rdn. 28 ff.; *Erdmann*, S. 115 ff.; *Reck* ZInsO 1999, 195, 196; *ders.* GmbHR 1999, 267, 268; wohl auch *Penzlin*, S. 80; gegen die Einbeziehung offener Kreditlinien *Hartung* wistra **1997**, 1, 4, der darauf hinweist, dass offene Kreditlinien von den Gläubigern nicht gepfändet und vom Insolvenzverwalter nicht zur Masse gezogen werden können, weshalb man sie bei der Prüfung, ob der Schuldner noch in der Lage ist, seine Verbindlichkeiten zu begleichen, auch nicht heranziehen dürfe. Kredite hingegen, die der Schuldner bereits valutiert erhalten habe, seien nur dann zu berücksichtigen, wenn das schuldnerische Unternehmen auf der Basis eines Finanzplans weiter fortbestehensfähig ist (a.a.O., S. 10); ähnl. *Röhm*, S. 104 f.

384 Dafür MK/*Petermann*/*Sackreuther* Vor §§ 283 ff. Rdn. 109; HK-InsO/*Laroche* § 17 Rdn. 14; *Erdmann*, S. 119 f.; *Püschel* Rissing-van Saan-FS, S. 471, 486; *Hartung* wistra **1997**, 1, 3; wohl auch BGH/H MDR **1981**, 454: „kurzfristig liquidierbare Mittel"; *Uhlenbruck* wistra **1996**, 1, 5; s. ferner SK/*Hoyer* § 283 Rdn. 20; A/R/R/*Himmelreich* Kap. 7/1 Rdn. 69; *Matzen*, S. 32 ff.; *Bittmann* wistra **1998**, 321, 324, beschränkt auf solche Vermögensgegenstände, deren Veräußerung die Betriebsfortführung nicht gefährdet; ähnl. B/*Quedenfeld*/*Bechtel*/*Richter* Kap. 22 Rdn. 122; *Brackmann*, S. 197 ff., der zufolge nur solche Veräußerungen statthaft sind, die mit der Sorgfalt eines ordentlichen Geschäftsleiters vereinbar sind, was nur dann anzunehmen sei, wenn die Veräußerung den Zustand der Zahlungsstockung behebe; *Hiltenkamp-Wisgalle*, S. 280; ferner M-G/*Richter* Kap. 78 Rdn. 17, der zumindest solche Gegenstände erfassen will, die innerhalb von drei Wochen sicher zu Geld gemacht werden können; vgl. des Weiteren RG GA 39 **(1892)**, 230, 232, dem zufolge anscheinend auch solche Mittel die Zahlungsunfähigkeit ausschließen, die der Schuldner außerhalb eines geregelten Geschäftsbetriebs flüssig macht; skept. LK[12]/*Tiedemann* Vor § 283 Rdn. 131, sofern Unternehmen lebensfähig und Liquidation nicht kurzfristig geplant ist; diff. Ansatz bei Braun/*Salm-Hoogstraeten* § 17 Rdn. 34.

385 Wie hier i.E. bereits *Schlüchter*, S. 72; *dies.* MDR **1978**, 265, 267; ferner *Moosmayer*, S. 156; *Röhm*, S. 99 ff.; *Bieneck* StV **1999**, 43, 44, der seine Ansicht mit der Stichtagsbezogenheit des insolvenzrechtlichen Zahlungsunfähigkeitsbegriffs begründet; ebenso wohl *Reck* GmbHR **1999**, 267, 268, der schon an der Existenz nicht betriebsnotwendigen Vermögens berechtigte Zweifel übt; vgl. ferner, allerdings im Kontext der Überschuldung *Harneit*, S. 25.

386 RG (Z) JW **1905**, 157, 158; s. ferner *Kollmar*, S. 27 (im Kontext der Zahlungseinstellung).

387 BGH NJW **1982**, 1952, 1954 = wistra **1982**, 189, 191; BGH wistra **2007**, 308 = NStZ **2008**, 415, 416; *Fischer* Vor § 283 Rdn. 9b; Lackner/Kühl/*Heger* § 283 Rdn. 7; M/R/*Altenhain* § 283 Rdn. 10; S/S/W/*Bosch* Vorbem §§ 283 ff. Rdn. 13; M-G/*Richter* Kap. 78 Rdn. 19; A/R/R/*Himmelreich* Kap. 7/1 Rdn. 69; Scholz/*Rönnau* Vor §§ 82 ff. Rdn. 45; HambK/*Borchardt* § 283 StGB Rdn. 7; HK-InsO/*Laroche* § 17 Rdn. 16; KK-InsO/*Hess* § 17 Rdn. 35; G/E/S/*Gehrlein* Vor § 64 Rdn. 8; Böttger/*Verjans*/*Rixe* 4/27; *Grosche*, S. 42 m. Fn. 3; *Brackmann*, S. 200; *Pfeiffer* Rowedder-FS, S. 347, 359; Fischer u.a./*Trüg*, S. 217, 226; *G. Fischer* Ganter-FS, S. 153, 161; *Baumert* NJW **2019**, 1486, 1488.

flussen seine Zahlungsfähigkeit richtigerweise nicht,[388] geht es doch – im Unterschied zur Überschuldung – bei Zahlungsunfähigkeit nur um Geldilliquidität und nicht darum, dass die Passiva die Aktiva übersteigen. Allerdings dürfte die Zahlungsfähigkeit kaum einmal dauerhaft gesichert sein, sollte sich der Schuldner darauf verlegen, seine Einkünfte illegal zu erzielen.[389]

Außerdem diskutieren Rspr. und Schrifttum darüber, ob vom Schuldner **effektiv beiseite geschaffte Vermögenswerte** auf der „Aktivseite" Berücksichtigung finden dürfen. Der BGH hat entschieden, solche Vermögenswerte bei der Überschuldungs- bzw. Zahlungsunfähigkeitsermittlung außen vor zu lassen.[390] Ihm zufolge liefe § 283 Abs. 2 i.V.m. Abs. 1 Nr. 1 StGB leer und würden die Gläubigerinteressen an einer gleichmäßigen Befriedigung erheblich beeinträchtig, ordnete man die verheimlichten bzw. beiseite geschafften Vermögenswerte den Aktiva/liquiden Mitteln zu.[391] Hinter dieser Argumentation des 1. Strafsenats steckt letztlich unausgesprochen die vom OLG Frankfurt a.M. ausdrücklich benannte These, wonach sämtliche Bankrotthandlungen des § 283 Abs. 1 Nrn. 1–8 StGB den Erfolg des § 283 Abs. 2 StGB – *scil.* Überschuldung und Zahlungsunfähigkeit – herbeiführen können.[392] Diese Rspr. überzeugt nur bedingt. Richtigerweise muss man differenzieren, ob der Schuldner die streitgegenständlichen Vermögensbestandteile rechtlich wirksam aus seinem Vermögen ausgegliedert hat – etwa indem er sie einem anderen Rechtsträger überträgt –, oder ob er sie in seiner Vermögenssphäre „lediglich" vor dem Zugriff der Gläubiger verborgen hält. So stehen Vermögenspositionen, die den Rechtsträger gewechselt haben, dem Schuldner jedenfalls dann nicht mehr zur Verfügung, um seine Verbindlichkeiten zu begleichen und können deshalb den Zustand der Zahlungsunfähigkeit/Überschuldung auch nicht beeinflussen, wenn er ein **Rückholungsrecht** nicht besitzt. Hingegen steht der Schuldner, der Vermögenswerte beiseiteschafft, ohne die rechtliche Zuordnung zu seinem Vermögen zu ändern, dem zahlungsunwilligen Schuldner gleich, dessen Zahlungsunwilligkeit aber anerkanntermaßen keine Zahlungsunfähigkeit und erst recht keine Überschuldung begründet.[393] Wollte man dies anders sehen, wäre die Konsequenz eine unterschiedliche Interpretation der Merkmale „Überschuldung" und „Zahlungsunfähigkeit", je nachdem, ob man das schuldnerische Verhalten *sub specie* des § 283 Abs. 1 StGB oder des § 283 Abs. 2 StGB würdigt.[394] 51

c) Quantitatives und temporäres Element der Zahlungsunfähigkeit. Decken die vorhandenen Mittel nicht sämtliche Verbindlichkeiten, bereitet es – angesichts des gesetzgeberischen Diktums, wonach nicht jede marginale Deckungslücke Zahlungsunfähigkeit begründen soll –, er- 52

388 Missverständlich aber AG Nürnberg ZInsO **2012**, 339, 341; s.a. *Brackmann*, S. 200; a.A. *Baumert* NJW **2019**, 1486, 1488, dem zufolge die Schadensersatzansprüche fällige Verbindlichkeiten darstellen, die zumindest i.R.d. Passiva II Berücksichtigung finden müssen und auf diesem Weg die Zahlungsunfähigkeit beeinflussen.

389 BGH NJW **1982**, 1952, 1954 = wistra **1982**, 189, 191; so auch *Hartung* wistra **1997**, 1, 3; *Pfeiffer* Rowedder-FS, S. 347, 359; *Waßmer* ZInsO **2018**, 1485, 1489.

390 BGHSt **58**, 115, 117 = NJW **2013**, 949, 950 m. zust. Anm. *Weyand* ZInsO **2013**, 1064, 1067 und *Fauser* ZWH **2013**, 273 f. sowie abl. Anm. *Kraatz* JR **2013**, 466, 470 f.; OLG Frankfurt a.M. NStZ **1997**, 551, 552 = wistra **1997**, 274; vgl. auch schon BGH NJW **2001**, 1874, 1875, der rechtlich wirksam beiseite geschaffte Mittel (hier: Übertragung vom Schuldner auf den Ehegatte) nicht einbeziehen will; aus dem Schrifttum so auch: *Fischer* Vor § 283 Rdn. 7d und § 283 Rdn. 2; M-G/*Richter* Kap. 78 Rdn. 20; B/*Quedenfeld*/*Bechtel*/*Richter* Kap. 22 Rdn. 121 m. Fn. 208; HambK/*Borchardt* § 283 StGB Rdn. 7; *Weyand*/*Diversy* Rdn. 49; ferner *Martini* jurisPR-InsR 15/**2013**, Anm. 3, dem zufolge die beiseite geschafften Vermögensgegenstände nicht zum Nennwert angesetzt werden dürfen.

391 BGHSt **58**, 115, 117 = NJW **2013**, 949, 950; ebenso schon OLG Frankfurt a.M. NStZ **1997**, 551, 552 = wistra **1997**, 274; zust. S/S/W/*Bosch* § 283 Rdn. 33; *Baumert* NJW **2019**, 1486, 1488 f., weil die verborgenen Mittel nicht kurzfristig verfügbar sind, um die Gläubiger zu befriedigen.

392 OLG Frankfurt a.M. NStZ **1997**, 551 = wistra **1997**, 274; skeptisch etwa *Rönnau* NStZ **2003**, 525, 532.

393 Zum Vergleich mit dem zahlungsunwilligen Schuldner grdl. *Krause* NStZ **1999**, 161, 163 f.; ebenso *Brackmann*, S. 201 f.; allg. dazu, dass Zahlungsunwilligkeit keine Zahlungsunfähigkeit begründet, B[7]/*Quedenfeld*/*Richter* 5/105.

394 *Krause* NStZ **1999**, 161, 163; zust. A/R/R/*Himmelreich* Kap. 7/1 Rdn. 175.

hebliche Schwierigkeiten, den **prozentualen Grad der Unterdeckung** anzugeben,[395] ab dem die **Zahlungsstockung** in Zahlungsunfähigkeit umschlägt. Die unterbreiteten literarischen Konkretisierungsvorschläge sind deshalb – was kaum verwundert – entsprechend facettenreich und erstrecken sich von Forderungen nach einer Deckungslücke in Höhe von 50 %[396] über 25 %,[397] 20 %,[398] 15 %,[399] 10 %[400] und 5 %[401] bis hin zu der Annahme, eine 1-[402] bzw. 0,01 %-ige[403] Unterdeckung genüge, um den Schritt zur Zahlungsunfähigkeit zu gehen.[404] Allerdings überzeugt es trotz dieses Wirrwarrs an Meinungen nicht, das schuldnerische Unvermögen, ganz geringfügige Verbindlichkeiten zu bedienen, bereits dem Merkmal „Zahlungsunfähigkeit" zu subsumieren und folglich auf jedwede Wesentlichkeitsschwelle zu verzichten.[405] Zwar vermeidet solche Lesart die Bestimmtheitsprobleme, die aufkommen, sobald man den Versuch unternimmt, Zahlungsstockung und Zahlungsunfähigkeit mithilfe starrer Prozentangaben gegeneinander abzugrenzen.[406] Jedoch erkauft sie diesen Bestimmtheitsgewinn auf Kosten des präsumtiven Täters und um den Preis partiell unverhältnismäßiger Ergebnisse.[407] Führt an einem Wesentlichkeitserfordernis somit kein Weg vorbei – insbes. überzeugt die These nicht,[408] wer kleinere Beträge nicht bezahlen könne, sei

---

395 Skeptisch gegenüber solchen Prozentgrenzen aber *Bretzke*, S. 85, die entscheidend nicht auf den Grad der Unterdeckung, sondern auf deren Dauer abstellen will und deshalb Zahlungsunfähigkeit bei einer kurzfristig bestehenden Unterdeckung in Höhe von 80 % verneint, hingegen bei einer langfristigen, nicht mehr überwindbaren Unterdeckung von 5 % bejaht.

396 So zum alten Recht *Schlüchter* MDR **1978**, 265, 268.

397 Hierbei handelt es sich um die Quote, die zur Zeit der KO Geltung beanspruchte; s. etwa BayObLG wistra **1988**, 363 = BB **1988**, 1840 m. krit. Anm. *Birner*; *Otto* Bruns-GS, S. 265, 278; *Papke* DB **1969**, 735; dafür, diese Grenze in den insolvenzrechtlichen Zahlungsunfähigkeitsbegriff zu übernehmen, sprechen sich aus: *Dohmen*, S. 143; *Habetha*, S. 77 f.; S/S/*Heine*[28] § 283 Rdn. 52; *Dannecker/Knierim/Dannecker/Hagemeier* Rdn. 73, 75; *Bittmann* wistra **1998**, 321, 323; sympathisierend anscheinend auch *Reichelt*, S. 87.

398 So etwa *Penzlin*, S. 153 f., 162; *ders.* NZG **1999**, 1203, 1208; *Hiltenkamp-Wisgalle*, S. 278 f., freilich zur Rechtslage unter dem Regime der KO.

399 MAH/*Böttger* § 19 Rdn. 256: nicht unterhalb 15 %; *Hoffmann* MDR **1979**, 713, 714; *ders.* DB **1980**, 1527, 1528; wohl auch *Richter* GmbHR **1984**, 137, 139.

400 LK[12]/*Tiedemann* Vor § 283 Rdn. 129a; so wohl jetzt auch *Bittmann* ZWH **2012**, 355, 357; vgl. ferner schon *Regner*, S. 104, 106 f., der jedoch die Anforderungen an das Vorliegen von Zahlungsunfähigkeit danach differenziert, ob die Zahlungsunfähigkeit der einzige Konkursauslösungsgrund ist, oder ob neben sie noch zusätzlich das Krisenmerkmal der Überschuldung tritt. Falls konkursrechtlich nur die Zahlungsunfähigkeit dazu berechtige, das Konkursverfahren zu eröffnen, dürfte Zahlungsunfähigkeit bankrottstrafrechtlich erst angenommen werden, wenn alle ernsthaft vertretenen Auffassungen zu dem Ergebnis gelangen, dass die Schulden die vorhandenen Zahlungsmittel wesentlich und dauerhaft überwiegen.

401 Für eine Quote von 5 % als Richtsumme sprechen sich etwa K. Schmidt/*K. Schmidt/Herchen* § 17 Rdn. 23 aus; sympathisierend *Brackmann*, S. 185, 194, sofern die Unterdeckung nach Ablauf des Dreiwochenzeitraums 5 % der bis dahin fälligen Verbindlichkeiten übersteigt und eine positive wirtschaftliche Performance des Schuldners nicht ausnahmsweise ein anderes Ergebnis nahelegt.

402 *Bork* KTS **2005**, 1, 12; s.a. *Wimmer* NJW **1996**, 2546, 2547: Deckungslücke kleiner als 100 %.

403 *Jäger* BB **1997**, 1575, 1577.

404 *Franzheim* NJW **1980**, 2500, 2504 will die Wesentlichkeit anscheinend mithilfe der wirtschaftskriminalistischen Beweisanzeichen ermitteln.

405 So *Moosmayer*, S. 156; *Röhm*, S. 117 ff.; *Niesert* ZInsO **2001**, 735, 738 f.; ferner *Matzen*, S. 53, noch unter Geltung der KO; wohl auch *Erdmann*, S. 126 ff.; mit einem solchen Ansatz scheint ferner *Bieneck* StV **1999**, 43, 44 zu sympathisieren, wenn er vorschlägt, die Abgrenzung zwischen Zahlungsstockung und Zahlungsunfähigkeit mithilfe einer dreiwöchigen Schonfrist zu bewerkstelligen; vgl. aber auch M-G/B[5]/*dens* § 76 Rdn. 56b, wo er Sympathien mit der Entscheidung des IX. Zivilsenats erkennen lässt, der Zahlungsunfähigkeit grds. erst dann annehmen will, wenn der Schuldner über einen Zeitraum von drei Wochen nicht in der Lage ist, 10 % seiner fälligen Verbindlichkeiten zu decken.

406 Darin erblickt denn *Röhm*, S. 119 f. den wesentlichen Vorzug dieser auch von ihm geteilten Ansicht.

407 Zu dieser berechtigten Kritik s. nur LK[12]/*Tiedemann* Vor § 283 Rdn. 129; i.E. ebenso *Plathner*, S. 172.

408 Zutr. BGHZ **163**, 134, 143 = wistra **2005**, 432, 435; *Brackmann*, S. 183.

erst recht außerstande, größere Beträge zu begleichen[409] –, muss man sich der Aufgabe stellen, aus den zahlreichen Vorschlägen den sachgerechten auszuwählen. Der für das Insolvenzrecht zuständige IX. Zivilsenat des BGH hat sämtlichen Ansichten, die starre Prozentangaben statuieren, um Zahlungsunfähigkeit und Zahlungsstockung voneinander abzuschichten, eine Absage erteilt und stattdessen die **widerlegliche Vermutung** aufgestellt, der zufolge Zahlungsunfähigkeit grds. ab einer Deckungslücke von **10 %** vorliegt.[410] Mit Blick auf das o. Rdn. 38 präferierte insolvenzrechtsakzessorische Verständnis der strafrechtlichen Krisenmerkmale bietet es sich an, diesen flexiblen Ansatz des IX. Zivilsenats auch im Strafrecht – freilich unter Verzicht auf das Vermutungselement – fruchtbar zu machen und – von besonders gelagerten Konstellationen abgesehen – ab einer 10 %-igen Unterdeckung Zahlungsunfähigkeit anzunehmen.[411] Dass diese Schwelle deutlich unterhalb der 25 %-Marke liegt, die zu Zeiten der KO galt, bereitet insolvenzstrafrechtlich gesehen keine Bauchschmerzen, benennen doch die Krisenmerkmale der §§ 283 ff. StGB lediglich den Wendepunkt, ab dem der Schuldner sein Vermögen nicht mehr zu jedem beliebigen Zweck einsetzen darf, ohne ihm aber die Verfügungsbefugnis über sein Vermögen zu entziehen, wie es das eröffnete Insolvenzverfahren tut.[412]

Obschon § 17 Abs. 2 S. 1 InsO anders als sein konkursrechtlicher Vorgänger keine gewisse **Dauer** 53
der Zahlungsunfähigkeit fordert, steht die **h.M.** zu Recht und im Einklang mit dem Willen des Gesetzgebers auf dem Standpunkt, Zahlungsunfähigkeit solange zu verneinen, solange der Schuldner zwar zu einem bestimmten Stichtag nicht sämtliche Verbindlichkeiten befriedigen, aber alsbald mit Zahlungseingängen rechnen kann.[413] Streit herrscht freilich darüber, wie lange der Zeitraum währen muss, innerhalb dessen der Schuldner nicht in der Lage ist, seine fälligen Geldschulden zu begleichen.[414] Die Lösungsangebote erstrecken sich über Zeiträume von einer,[415] zwei[416] und drei[417] Wochen

409 So aber *Moosmayer*, S. 156; *Röhm*, S. 118; *Bieneck* StV **1999**, 43, 44; wohl auch B/*Quedenfeld*/*Bechtel*/*Richter* Kap. 22 Rdn. 122; *Erdmann*, S. 127; *Penzlin*, S. 125; *ders.* NZG **1999**, 1203, 1206.

410 BGHZ **163**, 134, 144 ff. = wistra **2005**, 432, 435; BGH Urt. v. 7.5.2013, IX ZR 113/10 Rdn. 15; zust. OLG München NZI **2013**, 542, 544; zust. HK-InsO/*Laroche* § 17 Rdn. 20; G/E/S/*Gehrlein* Vor § 64 Rdn. 8.

411 NK/*Kindhäuser* Vor §§ 283 bis 283d Rdn. 98; G/J/W/*Otte* § 15a InsO Rdn. 58; *Püschel* Rissing-van Saan-FS, S. 471, 485; so wohl auch LK[12]/*Tiedemann* Vor § 283 Rdn. 129a; abl. *Arens* wistra **2007**, 450, 452, der vor allem die willkürliche Grenzziehung bei 10 % rügt.

412 Zu dieser Arg LK[12]/*Tiedemann* Vor § 283 Rdn. 129; s. ferner *Plathner*, S. 165 ff.

413 MK/*Petermann*/*Sackreuther* Vor §§ 283 ff. Rdn. 109; *Matzen* Samson-FS, S. 401, 405; a.A. aber MAH/*Leipold* § 19 Rdn. 79: Stichtagsilliquidität; *Moosmayer*, S. 157 ff.; ferner *Erdmann*, S. 132 ff., dem zufolge die Befürchtung, eine Zeitpunktbetrachtung könne lebensfähige Unternehmen in die Insolvenz zwingen, nicht angebracht ist, weil es i.R.d. § 283 StGB lediglich darum geht, den Sorgfaltsmaßstab zu verschärfen, den der Schuldner im Umgang mit seinem Vermögen einzuhalten hat.

414 Eine flexible Einzelfallbetrachtung will *Matzen*, S. 39 ff. anstellen, der anstelle von statischen Zeitangaben die Debitorenfrist – also den Zeitraum, innerhalb dessen der Schuldner durchschnittlich mit der Befriedigung seiner Forderungen rechnen kann – zum maßgebenden „Ausfüllungskriterium" des Definitionselements „Dauerhaftigkeit" kürt; hiergegen überzeugend *Moosmayer*, S. 154.

415 *Jäger* BB **1997**, 1575, 1576.

416 So *Burger*/*Schellberg* BB **1995**, 261, 262 f.; für einen Zeitraum von zehn Tagen, nach dessen Ablauf aber auch die unterbliebene Begleichung nur geringfügiger Verbindlichkeiten zur Zahlungsunfähigkeit führt, sprechen sich K. Schmidt/*K. Schmidt*/*Herchen* § 17 Rdn. 30 aus.

417 Für eine Dreiwochenfrist, die sich an der Frist orientiert, innerhalb der der Insolvenzantrag gestellt werden muss, BGH NStZ **2014**, 107, 108; BGH NStZ **2007**, 643, 644 (allerdings nur im Kontext des § 84 Abs. 1 Nr. 2 GmbHG a.F.); *Röhm*, S. 114 f.; *Neumann*, S. 69 f.; HK-InsO/*Laroche* § 17 Rdn. 18; NK/*Kindhäuser* Vor §§ 283 bis 283d Rdn. 98; G/J/W/*Otte* § 15a InsO Rdn. 64; M-G/*Richter* Kap. 78 Rdn. 26; *Bieneck* wistra **2001**, 53, 54; *ders.* StV **1999**, 43, 44; AnwK/*Püschel* Vor §§ 283–283d Rdn. 21; *ders.* Rissing-van Saan-FS, S. 471, 485, der aber in bestimmten Ausnahmefällen auch eine längere Frist gestatten will; eine Dreiwochenfrist befürworten *Natale*/*Bader* wistra **2008**, 413, 414; *Bisson* GmbHR **2005**, 843, 844; i.E. auch *Niesert* ZInsO **2001**, 735, 738 f.; für eine Vierwochenfrist OLG Köln NStZ-RR **2005**, 378; LK[12]/*Tiedemann* Vor § 283 Rdn. 134; *Bork* KTS **2005**, 1, 7; auf den Gedanken, diese Frist fruchtbar zu machen, wies auch schon *Papke* DB **1969**, 735, 736 hin, der sich aber i.E. zugunsten einer Sechswochenfrist aussprach.

bis hin zu einem,[418] zwei,[419] drei[420] oder sogar vier[421] Monat(en).[422] Während die Ansichten, die Zeiträume von zwei bis drei Monaten präferieren, dem konkursrechtlichen Begriffsverständnis verhaftet bleiben und damit den Willen des InsO-Gesetzgebers, die Zahlungsunfähigkeit vorzuverlagern und gleichzeitig die Masselosigkeit zurückzudrängen,[423] konterkarieren,[424] zeigt der Rekurs auf Ein- bzw. Zweiwochenzeiträume kein Gespür für die wirtschaftliche Lage des Schuldners, dem es in ein bis zwei Wochen kaum einmal gelingen dürfte, sich die fehlenden Mittel zu leihen.[425] Zu Recht haben deshalb der IX. Zivilsenat und ihm zustimmend der 1. Strafsenat einer **Dreiwochenfrist** den Vorzug gegeben.[426] Wann freilich die Dreiwochenfrist zu laufen beginnt, ist bislang noch ungeklärt. Viel spricht jedoch für die Ansicht, den Lauf der Dreiwochenfrist auf den Zeitpunkt zu legen, zu dem die Deckungslücke erstmals die 10 %-Schwelle erreicht. Nur dieses Vorgehen genügt dem Zweck, den die **h.M.** mit der Dreiwochenfrist verfolgt – nämlich die Zahlungsstockung von der Zahlungsunfähigkeit abzugrenzen.[427]

54 Zusammenfassend lässt sich von Zahlungsunfähigkeit i.S.d. §§ 283 ff. StGB somit dann sprechen, **wenn der Schuldner über einen Zeitraum von drei Wochen außer Stande ist, 10 % seiner fälligen Verbindlichkeiten abzudecken.**[428] Zahlungsunfähigkeit ist folglich keine Zeitpunktilliquidität – wie es nach unbefangener Lektüre des Gesetzeswortlauts den Anschein haben könnte[429] –, sondern **Zeitraumilliquidität**. Für die Feststellung der Zahlungsunfähigkeit heißt

418 MK[1]/*Radtke* Vor §§ 283 ff. Rdn. 78; *Dohmen*, S. 143; weitergehend anscheinend *Dannecker/Knierim/Dannecker/Hagemeier* Rdn. 74, die wohl eine Sechswochenfrist gewähren wollen, zumindest aber die Feststellung verlangen, dass über den gesamten Zeitraum von der Vornahme der Bankrotthandlung bis zur Eröffnung des Insolvenzverfahrens eine Deckungslücke bestand (s. aber auch Rdn. 75, wo sich die Ausführung findet, die erforderliche Liquiditätsbilanz umfasse einen Zeitraum von drei Wochen); für Sechswochenfrist auch *Habetha*, S. 78, 327; *Papke* DB **1969**, 735, 736.

419 *Penzlin*, S. 153 f., 162; *ders.* NZG **1999**, 1203, 1208.

420 So etwa *Schlüchter*, S. 77 f.; ähnl. *Hiltenkamp-Wisgalle*, S. 286, die aber bei einer Liquiditätslücke von 50 % bereits einen Zeitraum von sechs Wochen genügen lassen will und die Dreimonatsfrist nur bei einer Liquiditätslücke von unter 50 % gewährt; s. ferner BayObLG wistra **1988**, 363, 364 = BB **1988**, 1840, das noch unter dem Regime der KO einen Zeitraum von drei bis sechs Monaten präferierte.

421 Dafür zum alten Recht *Schlüchter* MDR **1978**, 265, 268, die hierin aber keine feste Grenze erblickt, sondern ggf. auch einen längeren Zeitraum anzuerkennen bereit ist.

422 So *Bittmann* wistra **1998**, 321, 324; zust. *Plathner*, S. 169 f., ohne aber einen konkreten Zeitraum zu benennen; wohl auch *Franzheim* NJW **1980**, 2500, 2504; ferner *Otto* Bruns-GS, S. 265, 277 f., der sogar noch einmal drei Monate darauf schlagen möchte, sofern eine sichere, außergewöhnliche Liquiditätsentwicklung im Raum steht.

423 BTDrucks. 12/2443, S. 72 ff.

424 *Brand*, S. 221.

425 Zum Ganzen zutr. BGHZ **163**, 134, 139 f. = wistra **2005**, 432, 434; s.a. *Bittmann* wistra **1998**, 321, 323; *Haas* DStR **2000**, 1705, 1706; vgl. aber auch *Matzen* Samson-FS, S. 401, 413, dem zufolge auch der vom BGH festgelegte Dreiwochenzeitraum hierfür nicht ausreichend ist.

426 BGHZ **163**, 134, 139 f. = wistra **2005**, 432, 434; BGH NZI **2013**, 888, 890; zust. OLG München NZI **2013**, 542, 544; *Brahmstaedt*, S. 152; krit. aber *Matzen* Samson-FS, S. 401, 411 f.; *Penzlin* NZG **1999**, 1203, 1207; vgl. ferner *Hiltenkamp-Wisgalle*, S. 285 f., der zufolge selbst eine Vierwochenfrist nicht genügt, um die nötigen Kreditaktivitäten entfalten zu können.

427 Näher zum Ganzen *Parzinger/Lappe/Meyer-Löwy* ZIP **2019**, 2143, 2145.

428 So auch BGH NZI **2019**, 247 (allerdings zu § 15a Abs. 4, 5 InsO); *Waßmer* ZInsO **2018**, 1485, 1487; *Hombrecher* JA **2013**, 541, 542; wohl auch M-G/*Richter* Kap. 78 Rdn. 27; S/S/W/*Bosch* Vorbem. §§ 283 ff. Rdn. 12; *Weyand/Diversy* Rdn. 50; *Niu*, S. 44 f.; partiell enger *Ressmann*, S. 158 ff., der zusätzlich noch den Nachweis fordert, dass die Zahlungsfähigkeit demnächst nicht hätte wieder hergestellt werden können; a.A. *Arens* wistra **2007**, 450, 453 f., der insoweit einen Verstoß gegen das *ultima-ratio*-Prinzip moniert; diff. *Ogiermann/Weber* wistra **2011**, 206, 210, denen zufolge Zahlungsunfähigkeit einerseits auch schon vor Ablauf des Dreiwochenzeitraums eingetreten sein könne, wenn nur sicher feststehe, dass es zu einer 10 %-igen Unterdeckung komme, andererseits trotz Verstreichens der Dreiwochenfrist Zahlungsunfähigkeit dann nicht vorliege, wenn mit erheblichen Zahlungseingängen sicher zu rechnen sei; sehr skeptisch gegenüber diesem Zahlungsunfähigkeitsverständnis auch K. Schmidt/*K. Schmidt/Herchen* § 17 Rdn. 25 f.; strenger auch *Bittmann* wistra **2018**, 270, 272, der eine „Quoten-Toleranz" bei Statik der Krise ablehnt.

429 Dazu, dass dem Wortlaut des § 17 Abs. 2 InsO die Vorstellung einer strikten Stichtagsilliquidität zugrunde liegt, s. etwa *Ganter* ZInsO **2011**, 2297, 2299; vgl. ferner *Krauß* ZInsO **2016**, 2361, 2363; *Neumaier* NJW **2005**, 3041, 3042.

das: Zunächst sind den fälligen und ernsthaft eingeforderten (zur Kritik an diesem Erfordernis s.o. Rdn. 48 f.) Verbindlichkeiten eines bestimmten Stichtags die vorhandenen und sofort verfügbaren Aktiva gegenüberzustellen. Genügen die Aktiva nicht, um mehr als 90 % der Passiva abzudecken, ist in einem zweiten Schritt danach zu fragen, wie sich das schuldnerische Vermögen innerhalb eines Dreiwochenzeitraums entwickelt. Hierzu sind die Aktiva, die der Schuldner bis zum Ablauf des Dreiwochenzeitraums erwirbt (sog. Aktiva II) den Passiva gegenüberzustellen, die in diesem Zeitraum fällig werden und den Anforderungen an ein ernsthaftes Einfordern genügen (sog. Passiva II). Der vereinzelt vertretenen Ansicht, in die Zahlungsfähigkeitsprognose seien nur die Aktiva II, nicht aber die Passiva II einzubeziehen,[430] hat der IX. Zivilsenat des BGH zu Recht eine Absage erteilt.[431] Andernfalls erlaubte man dem Schuldner über Monate oder sogar Jahre hinweg eine „Bugwelle" von nicht erfüllbaren Verbindlichkeiten i.H.v. 10 % vor sich herzuschieben. – Keine Überzeugungskraft entfaltet hingegen ein vereinzelt gebliebener Ansatz, der weder quantitative noch temporäre Aspekte berücksichtigen, sondern Zahlungsunfähigkeit **qualitativ** bestimmen will, indem er danach fragt, ob sich der Schuldner mit der Bezahlung einer **nicht unerheblichen Zahlungsverpflichtung** im Rückstand befindet.[432] Da jedoch offen bleibt, welches die Parameter sind, die qualitativ wichtige von qualitativ weniger wichtigen Verbindlichkeiten abschichten, sollte dieser Weg schon aus Bestimmtheitsgründen besser nicht beschritten werden.[433]

d) Feststellung der Zahlungsunfähigkeit. Um festzustellen, ob der Schuldner, als er die Bankrotthandlung beging, zahlungsunfähig war, er also nicht mehr die Mittel besaß, innerhalb von drei Wochen 10 % seiner fälligen Verbindlichkeiten zu begleichen,[434] hat die Strafverfolgungspraxis zwei Methoden zur Hand – eine **betriebswirtschaftlich-mathematische** und eine **wirtschaftskriminalistische**.[435] Die betriebswirtschaftlich-mathematische Berechnungsmethode, deren sinnvolle Anwendung das Vorhandensein einer einigermaßen ordnungsgemäßen und aktuellen Buchhaltung verlangt,[436] untersucht im Ausgangspunkt die Fähigkeit des Schuldners, die Verbindlichkeiten, die während des Dreiwochenzeitraums fällig werden, zu begleichen und berücksichtigt dabei auch die sicher erwarteten Vermögenszugänge (sog. Passiva II und Akti- 55

430 Dafür etwa OLG Hamburg BeckRS **2009**, 25496; *G. Fischer* Ganter-FS, S. 153, 158 ff.; wohl auch OLG Dresden BeckRS **2010**, 19130.

431 BGH NJW **2018**, 1089, 1091 ff. m. Anm. *Bittmann* wistra **2018**, 270 ff.; s. zum Ganzen auch *Brand* ZInsO **2018**, 689 ff.; dem *BGH* i.Erg. zust. auch *Mylich* ZIP **2018**, 514, 516; vgl. ferner Flöther/*Balthasar*, § 3 Rdn. 68.

432 Dazu B²/*Quedenfeld*/*Richter* 9/131; diese Auffassung findet sich allerdings in der 5. Aufl. des Werkes nicht mehr; s. dazu auch *Bittmann*/*Volkmer* wistra **2005**, 167, 168 ff., die auf dem Boden dieses Ansatzes die These entwickeln, Zahlungsunfähigkeit liege grds. vor, wenn der Schuldner drei Monate lang keine Arbeitnehmeranteile zur Sozialversicherung abgeführt habe.

433 Zutr. Kritik bei LK¹²/*Tiedemann* Vor § 283 Rdn. 129; *Arens* wistra **2007**, 450, 453; s.a. bereits *Burger*/*Schellberg* BB **1995**, 261, 263 sowie *Schlüchter* MDR **1978**, 265, 268.

434 Dazu s.o. Rdn. 52 ff.

435 Zu den beiden Möglichkeiten s. nur BGH NStZ-RR **2015**, 341, 342 = ZWH **2015**, 388, 390; BGH NStZ **2014**, 107, 108; BGH NJW **2011**, 3733, 3734; BGH NJW **2003**, 546, 547 = wistra **2003**, 232; BGH wistra **1993**, 184; BGH wistra **1991**, 26 = MDR **1990**, 1067; OLG Düsseldorf StV **2007**, 38, 39; BayObLG GmbHR **1997**, 453, 454; OLG Düsseldorf NJW **1988**, 3166, 3167; LG Köln wistra **1992**, 269; *Fischer* Vor § 283 Rdn. 9b; Lackner/Kühl/*Heger* § 283 Rdn. 7; M-G/*Richter* Kap. 78 Rdn. 37; W/J/S/*Beck* 8/112 ff.; B/*Quedenfeld*/*Bechtel*/*Richter* Kap. 22 Rdn. 118; M/G/*Rotsch*/*Wagner* 8/67; *Bittmann*/*Volkmer* wistra **2005**, 167; *Reck* GmbHR **1999**, 267; *Ogiermann*/*Weber* wistra **2011**, 206, 210 f.; *Hartung* wistra **1997**, 1, 2; *Hombrecher* JA **2013**, 541, 542; vgl. ferner *Arens* wistra **2007**, 450, 454 f., der für eine kumulative Anwendung dieser beiden Methoden plädiert und Zahlungsunfähigkeit grds. annehmen will, wenn innerhalb eines Zeitraums von drei Monaten und einer 10 %-igen Unterdeckung wirtschaftskriminalistische Beweisanzeichen gehäuft auftreten; skeptisch gegenüber der wirtschaftskriminalistischen Betrachtungsweise *Brackmann*, S. 211 f.

436 MAH/*Leipold* § 19 Rdn. 80; *Hartung* wistra **1997**, 1, 2, 11; vgl. ferner HK-InsO/*Laroche* § 17 Rdn. 24; s.a. schon *Hoffmann* MDR **1979**, 713, 716; zu den Erkenntnissen, die mithilfe von Bilanzen erzielt werden können, s. instruktiv *Brenner* DRiZ **1981**, 16 ff.

va II).[437] Da die Praxis die Schwierigkeiten scheut, die ein betriebswirtschaftlich-mathematisches Modell mit sich bringt, hat sie früh Auswege gesucht und gefunden, die unter dem Stichwort „wirtschaftskriminalistische Berechnungsmethode" rangieren. Neben dem erst jüngst unterbreiteten Vorschlag, Zahlungsunfähigkeit immer dann anzunehmen, wenn feststeht, dass der Schuldner seine älteste Verbindlichkeit, deren Volumen nicht ganz unmaßgeblich ist, über drei Wochen hinweg trotz Fälligkeit nicht beglichen hat,[438] steht der schon lange praktizierte Ansatz, der die Zahlungsunfähigkeit aus einzelnen **wirtschaftskriminalistischen Beweisanzeichen** folgert. Solche kriminalistischen Beweisanzeichen, deren gehäuftes Auftreten die Zahlungsunfähigkeit indizieren, erblicken Rspr. und **h.L.** in der unterbliebenen Zahlung von Löhnen und Sozialversicherungsbeiträgen,[439] dem Eingang von Mahn- und Vollstreckungsbescheiden, Scheck- und Wechselprotesten, Mahnungen, Zahlungsrückständen bei betriebsnotwendigen Aufwendungen wie Miete und Steuern sowie (fruchtlosen) Pfändungen.[440] Die ermittelten Beweisanzeichen finden sodann Eingang in ein chronologisch aufgebautes **Warnzeichendiagramm**, das Auskunft darüber geben soll, wann genau Zahlungsunfähigkeit erstmals vorlag. Kumulieren mehrere Indizien zu einem bestimmten Zeitpunkt, steht der exakte Termin fest, an dem die krisenhafte Situation in Zahlungsunfähigkeit umschlug.[441] Beschreitet man den Weg der wirtschaftskriminalistischen Berechnungsmethode, erspart man sich zwar die schwierigen Rechenoperationen der betriebswirtschaftlich-mathematischen Methode, erkauft diese Erleichterungen aber um den Preis eines regelmäßig späteren Eintritts der Zahlungsunfähigkeit, da Gläubiger zumeist nicht sofort auf die verzögerte Zahlung ihrer Forderungen reagieren, sondern erst einmal zuwarten, ob nicht der Schuldner doch noch freiwillig bezahlt.[442]

56 Um die Zahlungsunfähigkeit festzustellen, bedient sich die Praxis regelmäßig der Hilfe von **Sachverständigen.**[443] Zwingend ist das aber nicht. Insbes. anhand wirtschaftskriminalistischer Beweisanzeichen kann das Gericht auch aufgrund **eigener Sachkunde** das Bestehen von Zahlungsunfähigkeit im Tatzeitpunkt beurteilen.[444] Der Umstand, dass der Schuldner seine Zahlungen eingestellt hat, entbindet das Gericht hingegen nicht von der Aufgabe, die Zahlungsunfähigkeit des Schuldners positiv festzustellen.[445] Die Vorschrift des § 17 Abs. 2 S. 2 InsO, die an die Zahlungseinstellung die widerlegliche Vermutung der Zahlungsunfähigkeit knüpft, findet im Strafprozess

437 Dazu s.a. HK-InsO/*Laroche* § 17 Rdn. 24; ferner MK/*Petermann*/*Sackreuther* Vor §§ 283 ff. Rdn. 118.

438 *Natale*/*Bader* wistra **2008**, 413, 415.

439 S.a. BGH (Z) ZInsO **2008**, 1019, wonach das halbjährige Nichtabführen der Sozialversicherungsbeiträge die Zahlungsunfähigkeit indiziere.

440 Zu diesen und weiteren Beweisanzeichen s. die Aufstellung bei BGH NStZ-RR **2015**, 341, 342 = ZWH **2015**, 388, 390 f.; BGH NStZ **2014**, 107, 108; BGH wistra **1991**, 26 = MDR **1990**, 1067; BayObLG GmbHR **1997**, 453, 454; LG Köln wistra **1992**, 269; *Fischer* Vor § 283 Rdn. 9b; A/R/R/*Himmelreich* Kap. 7/1 Rdn. 81; *Weyand*/*Diversy* Rdn. 51; *Dannecker*/*Knierim*/*Dannecker*/*Hagemeier* Rdn. 77; M-G/*Richter* Kap. 78 Rdn. 42; W/J/S/*Beck* 8/114; M/G/*Rotsch*/*Wagner* 8/67; K. Schmidt/*K. Schmidt*/*Herchen* § 17 Rdn. 47; *Sch*/*Schröder*/*Heine*/*Schuster* § 283 Rdn. 52; Pape/Uhländer/*Hofmann* § 283 Bankrott Rdn. 11; Eidam/*Weyand* 7/920; *Hiltenkamp-Wisgalle*, S. 284; *Grosche*, S. 43 f.; *Röhm*, S. 150 m. Fn. 546; *Erdmann*, S. 153; *Reichelt*, S. 90; *Richter* GmbHR **1984**, 137, 138; *Hartung* wistra **1997**, 1, 11 f.; *Ogiermann*/*Weber* wistra **2011**, 206, 210 f.; vgl. ferner MK/*Petermann*/*Sackreuther* Vor §§ 283 ff. Rdn. 119; SK/*Hoyer* § 283 Rdn. 21; *Arens* wistra **2007**, 450; *Bittmann* wistra **1999**, 10, 15; *Reck* GmbHR **1999**, 267, 269; *Hoffmann* MDR **1979**, 713, 716; *ders.* DB **1980**, 1527, 1528; *Franzheim* NJW **1980**, 2500, 2504; skeptisch gegenüber den hieraus gezogenen Schlussfolgerungen, allerdings im Kontext der drohenden Zahlungsunfähigkeit *Matzen*, S. 111.

441 Dazu s. MK/*Petermann*/*Sackreuther* Vor §§ 283 ff. Rdn. 119; A/R/R/*Himmelreich* Kap. 7/1 Rdn. 82; *Dannecker*/*Knierim*/*Dannecker*/*Hagemeier* Rdn. 77; M-G/*Richter* Kap. 78 Rdn. 43; *Ogiermann*/*Weber* wistra **2011**, 206, 211; verkannt von *Ressmann*, S. 164.

442 Scholz/*Rönnau* Vor §§ 82 ff. Rdn. 44; *Ressmann*, S. 87; *Dittmer*, S. 116; *Hoffmann* MDR **1979**, 713, 717; *Bieneck* wistra **1992**, 89, 90; *Natale*/*Bader* wistra **2008**, 413, 416; *Bittmann* ZWH **2015**, 373, 374; *ders.* NStZ **2019**, 84, 86; *Wolf*/*Kurz* DStR **2006**, 1339, 1340.

443 Vgl. etwa BGH NJW **2011**, 3733, 3734.

444 S. dazu LG Köln wistra **1992**, 269 f.

445 Missverständlich indes M-G/*Richter* Kap. 78 Rdn. 59.

keine Anwendung.[446] Die Zahlungseinstellung begründet lediglich ein Indiz auf dem Weg, die Zahlungsunfähigkeit nachzuweisen.[447]

4. Drohende Zahlungsunfähigkeit

Die drohende Zahlungsunfähigkeit war Krisenmerkmal der §§ 283 ff. StGB lange bevor sie § 18 Abs. 2 InsO legaldefiniert hat.[448] Gem. der Legaldefinition des § 18 Abs. 2 InsO droht die Zahlungsunfähigkeit, „wenn [der Schuldner] voraussichtlich nicht in der Lage sein wird, die bestehenden Zahlungspflichten im Zeitpunkt der Fälligkeit zu erfüllen". Der Gesetzgeber verband ausweislich der Materialien, mit dieser Definition die Hoffnung, auch dem Insolvenzstrafrecht künftig größere begriffliche Klarheit beim Umgang mit dem Merkmal der drohenden Zahlungsunfähigkeit zu bescheren.[449] Diese Hoffnung dürfte sich jedoch trotz der hier präferierten insolvenzrechtsakzessorischen Interpretation der Krisenmerkmale[450, 451] allenfalls[452] bedingt erfüllt haben.[453] – Im Alltag der Insolvenzgerichte spielt die Vorschrift des § 18 InsO kaum eine Rolle. Insolvenzanträge, die der Schuldner oder seine Organwalter auf § 18 InsO stützen, erfolgen oft mit dem Ziel, eine bereits länger bestehende Zahlungsunfähigkeit und die damit einhergehende Insolvenzverschleppung zu kaschieren.[454] Ob Insolvenzanträge wegen drohender Zahlungsunfähigkeit zunehmen werden, um unter den Schutzschirm zu schlüpfen, den das **Verfahren des § 270d InsO** bereithält, bleibt abzuwarten.[455] Insolvenzstrafrechtlich ist jedenfalls davor zu warnen, dem Gericht, das über das Schutzschirmverfahren entscheidet, trotz bereits eingetretener Zahlungsunfähigkeit drohende Zahlungsunfähigkeit vorzuspiegeln. Solches Verhalten verwirklicht sowohl den Tatbestand des § 15a Abs. 4 Nr. 2 InsO als auch den Tatbestand des § 283 Abs. 1 Nr. 8 StGB.[456] 57

Schwierigkeiten bei der Feststellung drohender Zahlungsunfähigkeit bereitete vor Inkrafttreten des SanInsFoG die Frage nach dem anzusetzenden **Prognosezeitraum**. Vorherrschend war die Ansicht, die voraussichtliche Zahlungsfähigkeit des Schuldners für das **laufende sowie das folgende Geschäftsjahr** zu untersuchen[457] und dabei auch solche Zahlungsverpflichtungen zu 58

---

446 K. Schmidt/*K. Schmidt/Herchen* § 17 Rdn. 40; Scholz/*Rönnau* Vor §§ 82 ff. Rdn. 43.

447 K. Schmidt/*K. Schmidt/Herchen* § 17 Rdn. 40.

448 K. Schmidt/*K. Schmidt* § 18 Rdn. 2; MK/*Petermann/Sackreuther* Vor §§ 283 ff. Rdn. 120.

449 BTDrucks. 12/3803, S. 100 und BTDrucks. 12/2443, S. 114; ebenso KK-InsO/*Hess* § 18 Rdn. 10; zu den bis *dato* bestehenden Unsicherheiten s. nur den Befund bei *Uhlenbruck* KTS **1994**, 169, 172.

450 Für die drohende Zahlungsunfähigkeit ausdrückl. so auch *Bittmann* wistra **1998**, 321, 324.

451 S.o. Rdn. 37.

452 *Uhlenbruck* wistra **1996**, 1, 3 geht gar davon aus, dass sich die Schwierigkeiten mit der Schaffung des § 18 InsO noch vergrößern werden.

453 *Penzlin*, S. 137; *ders.* NZG **2000**, 464, 468; *Moosmayer*, S. 169; *Niedernhuber*, S. 238; *Reck* GmbHR **1999**, 267, 270; skeptisch auch MAH/*Leipold* § 19 Rdn. 82; *Hörl*, S. 60; zu der resignierenden Feststellung, wonach es bis heute nicht gelungen ist, das Merkmal der drohenden Zahlungsunfähigkeit klar zu definieren, s. *Püschel* Rissing-van Saan-FS, S. 471, 488; ähnl. *Achenbach* Schlüchter-GS, S. 257, 272 f.; *Tetzlaff* ZInsO **2008**, 226, 231; dazu, dass dieses Krisenmerkmal weiterhin strafrechtlich bedeutungslos bleiben wird, *Reck* ZInsO **1999**, 195, 198; *ders.* GmbHR **1999**, 267, 274; a.A. aber *Röhm*, S. 151; *Plathner*, S. 180; positiver auch M-G/*Richter* Kap. 78 Rdn. 50 sowie LK[12]/*Tiedemann* Vor § 283 Rdn. 139, der von „gewissen Klarstellungen" spricht.

454 Dazu s. nur K. Schmidt/*K. Schmidt* § 18 Rdn. 6.

455 Zu diesem Befund K. Schmidt/*K. Schmidt* § 18 Rdn. 6; Graf-Schlicker/*Bremen* § 18 Rdn. 1; vgl. ferner Braun/*Salm-Hoogstraeten* § 18 Rdn. 2 f.

456 Ausführl. zum Ganzen *Brand*, KTS **2014**, 1 ff.; *ders.* ZInsO **2016**, 2277 ff. und u. § 283 Rdn. 153; *Meier* ZInsO **2016**, 1499, 1501 f., 1504.

457 Graf-Schlicker/*Bremen* § 18 Rdn. 14; HK-InsO/*Laroche* § 18 Rdn. 7; G/E/S/*Gehrlein* Vor § 64 Rdn. 15; *Waßmer* ZInsO **2018**, 1485, 1491; sympathisierend S/S/W/*Bosch* Vorbem. §§ 283 ff. Rdn. 14; für doppelte Begrenzung *Ressmann*, S. 293 f.; aus der insolvenzrechtlichen Lit. s. *Pannen* 3/20; *Hermanns* ZInsO **2012**, 2265, 2267; vgl. ferner W/J/S/*Beck* 8/117, allerdings nur für das Insolvenzrecht; im Kontext des § 283 StGB will er den Prognosezeitraum auf ein Jahr beschränken, a.a.O. Rdn. 90; ebenso, Prognosezeitraum von einem Jahr *Bretzke*, S. 185; *Brackmann*, S. 240 f., 249 f.; *Lenger/Apfel* WiJ

berücksichtigen, die zwar noch nicht am Stichtag, wohl aber innerhalb des Prognosezeitraums entstehen.[458] Das SanInsFoG hat diese Ansicht insofern festgeschrieben, als gem § 18 Abs. 2 S. 1 InsO „in aller Regel ein Prognosezeitraum von 24 Monaten zugrunde zu legen [ist]". Die teilweise vertretene Auffassung, maßgeblich sei der Zeitraum, den die am Prognosestichtag zuletzt fällig werdende Verbindlichkeit markiert,[459] überzeugte schon damals nicht, weil auf diese Weise Zeitspannen von zehn bis fünfzehn Jahren denkbar waren und es utopisch erscheint, die Zahlungsunfähigkeit des Schuldners in zehn bis fünfzehn Jahren realistisch zu prognostizieren.[460] Mit Inkrafttreten des § 18 Abs. 2 S. 1 InsO ist dieser Ansicht der Boden entzogen.

59 Bis heute hat das insolvenzstrafrechtliche Schrifttum keinen Konsens in der Frage erzielt, wie es das **„Drohen"** verstehen will. Einigkeit besteht nur insoweit, als Anleihen bei der „drohenden Zwangsvollstreckung" i.S.v. § 288 StGB nicht weiterführen, weil nicht der Wille der Gläubiger, sondern **objektive Faktoren** darüber entscheiden, ob dem Schuldner die Zahlungsunfähigkeit droht.[461] Während die Gesetzesbegründung dem Rechtsanwender noch aufgab, sich bei der Interpretation des „Drohens" an den Grundsätzen zu orientieren, „die für die Feststellung einer konkreten Gefahr maßgeblich sind",[462] hat sich zwischenzeitlich die Ansicht Bahn gebrochen, wonach ein konkreter Gefahrerfolg nicht zu § 283 Abs. 1 StGB passt und i.Üb. der Intention des 1. WiKG zuwiderliefe, das ausdrücklich darauf verzichtete, dem Bankrotttatbestand das Erfordernis einer konkreten Gläubigergefährdung zu implementieren.[463] Auch der Ansatz, der drohende Zahlungsunfähigkeit immer dann annehmen will, wenn einerseits ein konstitutives Element der eingetretenen Zahlungsunfähigkeit fehlt – die Deckungslücke ist zwar wesentlich aber noch nicht dauerhaft oder dauerhaft aber noch nicht wesentlich – und andererseits keine berechtigte Hoffnung besteht, den Eintritt des fehlenden Elements zu verhindern,[464] überzeugt mit Blick auf die schärfer gefasste Zahlungsunfähigkeitsdefinition nicht (mehr). Damit reduziert sich das Meinungsspektrum auf zwei Auslegungsvorschläge: Nach einem Teil der Lehre soll die anhand der Abgrenzungskriterien zwischen Vorbereitungs- und Versuchsstadium ermittelte Wahrscheinlichkeit des nahen Eintritts

---

2012, 34, 39; ähnl. *Bittmann* wistra **1998**, 321, 325, der im Ausgangspunkt einen Prognosezeitraum von zwölf Monaten präferiert, allerdings auch längere Zeiträume berücksichtigen will, sofern etwa sicher vorhergesehen werden kann, dass die Verbindlichkeiten auf Dauer unbeglichen bleiben; zust. *Habetha*, S. 81; vgl. des Weiteren *Erdmann*, S. 141 ff., dem zufolge derjenige Zeitraum maßgeblich ist, bzgl. dessen sich mit hinreichender Wahrscheinlichkeit eine Aussage zur künftigen Zahlungsunfähigkeit treffen lässt; *Röhm*, S. 152 ff., der den Prognosezeitraum bei maximal einem Jahr festmacht sowie HambK/*Borchardt* § 283 StGB Rdn. 6, dem zufolge der Prognosezeitraum ein Jahr nicht unter-, zwei Jahre aber auch nicht überschreiten soll; enger *Dohmen*, S. 149, die einen Prognosezeitraum von sechs Monaten vorschlägt; vgl. schließlich Braun/*Salm-Hoogstraeten* § 18 Rdn. 9: Länge des Prognosezeitraums hängt vom jeweiligen Einzelfall ab.

458 Zutr. *Röhm*, S. 140 ff.; wohl auch *Brackmann*, S. 232.

459 Dafür etwa BGH (Z) GmbHR **2014**, 259, 260; OLG München NZI **2013**, 542, 544; Braun/*Salm-Hoogstraeten* § 18 Rdn. 8; KK-InsO/*Hess* § 18 Rdn. 4, 18; *Fischer* Vor § 283 Rdn. 11; Lackner/Kühl/*Heger* § 283 Rdn. 8; MK^3/*Radtke*/*Petermann* Vor §§ 283 ff. Rdn. 92; *Sch/Schröder/Heine/Schuster* § 283 Rdn. 53; SK/*Hoyer* § 283 Rdn. 24; A/R/R/*Himmelreich* Kap. 7/1 Rdn. 88; *Bieneck* StV **1999**, 43, 45, der jedoch bei langfristigen Verbindlichkeiten den Prognosezeitraum im hier vertretenen Sinne beschränken will; wohl auch *Uhlenbruck* wistra **1996**, 1, 4; *Burger*/*Schellberg* BB **1995**, 261, 264.

460 So HK-InsO/*Laroche* § 18 Rdn. 7; *Habetha*, S. 81; *Bittmann* wistra **1998**, 321, 325; *Waßmer* ZInsO **2018**, 1485, 1491; ähnl. *Püschel* Rissing-van Saan-FS, S. 471, 487; *Brackmann*, S. 230; wohl auch K. Schmidt/*K. Schmidt* § 18 Rdn. 16; zur abnehmenden Aussagekraft einer solch langfristigen Prognose auch *Bretzke*, S. 185; *Hirte*/*Knof*/*Mock* ZInsO **2008**, 1217, 1222; *Reck* GmbHR **1999**, 267, 270; *Büttner* ZInsO **2009**, 841, 854; implizit *Höfner*, S. 216; allg. zum Ganzen *Gischer*/*Hommel* BB **2003**, 945, 947.

461 *Tiedemann* NJW **1977**, 777, 781; *Bretzke*, S. 89 ff.; *Hiltenkamp-Wisgalle*, S. 291 f.; *Matzen*, S. 59 f.; *Erdmann*, S. 136; *Röhm*, S. 133 f.; s.a. schon *Göhler*/*Wilts* DB **1976**, 1657, 1660.

462 BTDrucks. 7/3441, S. 34; zust. *Grosche*, S. 45; wohl auch *Göhler*/*Wilts* DB **1976**, 1657, 1660.

463 Instruktiv *Matzen*, S. 61; s. ferner *Erdmann*, S. 136 f.; *Tiedemann* NJW **1977**, 777, 781; sympathisierend freilich noch *Pfeiffer* Gutachten, S. 8 ff.

464 Grdl. dazu *Regner*, S. 113 ff.; wohl auch *Weyand*/*Diversy* Rdn. 54.

der Zahlungsunfähigkeit ausschlaggebend sein,[465] wohingegen die überwiegende Ansicht das „Drohen" bejaht, wenn die Wahrscheinlichkeit der Zahlungsunfähigkeit nahe liegt.[466] Zwar gelangen die beiden Auffassungen meistens zu identischen Ergebnissen.[467] Gleichwohl sind Konstellationen denkbar – die Prognose ergibt mit großer Wahrscheinlichkeit, dass Zahlungsunfähigkeit (erst) in einiger Zeit eintreten wird; hier droht nur nach **h.M.** die Zahlungsunfähigkeit[468] – in denen die Auseinandersetzung um das richtige Verständnis des „Drohens" eine Entscheidung erfordert. Mehr spricht dann dafür, der **h.M.** zu folgen und drohende Zahlungsunfähigkeit anzunehmen, sobald der Eintritt von Zahlungsunfähigkeit wahrscheinlich ist.[469]

Während das Insolvenzrecht drohende Zahlungsunfähigkeit annimmt, sobald eine Wahrschein- 60
lichkeit von über **50 %**[470] dafür spricht, dass der Schuldner außer Stande sein wird, 10 % der im Prognosezeitraum fällig werdenden Verbindlichkeiten über einen Dreiwochenzeitraum hinweg zu begleichen,[471, 472] fordern Vertreter des strafrechtlichen Schrifttums entweder mit Blick auf den *in-dubio*-Grundsatz, der Schuldner müsse einen **„point of no return"** überschritten haben, der ein bis *dato* womöglich bestehendes berechtigtes Vertrauen, die Zahlungsunfähigkeit noch verhindern zu können, zerstört[473] oder den Wahrscheinlichkeitsquotienten von der Länge des Prognosezeitraums abhängig zu machen.[474] Mehr spricht aber auch hier dafür, die Wahrscheinlichkeitsanforderungen dem Insolvenzrecht zu entnehmen,[475] da der Zweifelsgrundsatz – wie bereits zur Fortführungsprognose ausgeführt[476] – lediglich auf der Tatsachen- nicht aber auf der Subsumtionsebene wirkt[477] und die Abhängigkeit des Wahrscheinlichkeitsgrades vom Prognosezeitraum jedenfalls unter Bestimmtheitsgrundsätzen Bauchschmerzen hervorruft. Wie allerdings das Wahrscheinlichkeitsurteil beschaffen sein muss – ob also objektive Parameter den künftigen Eintritt der Zahlungsunfähigkeit

465 Dafür *Fischer* Vor § 283 Rdn. 10; *Otto* JURA **1989**, 24, 33; wohl auch BGH wistra **1991**, 26 = MDR **1990**, 1067; *Hiltenkamp-Wisgalle*, S. 294 ff.; überzeugende Kritik an diesem Ansatz bei *Matzen*, S. 64 f.; s. ferner *Harneit*, S. 110.

466 *Tiedemann* NJW **1977**, 777, 781; M-G/*Richter* Kap. 78 Rdn. 53; S/S/W/*Bosch* Vorbem. §§ 283 ff. Rdn. 14; W/J/S/*Beck* 8/116a; Park/*Wagner* Teil 3, Kap. 10.3 Rdn. 11; *Erdmann*, S. 138 f.; *Röhm*, S. 149; wohl auch *Richter* GmbHR **1984**, 137, 139, der von drohender Zahlungsunfähigkeit spricht, wenn der Zustand der Zahlungsunfähigkeit mit einem hohen Grad von Wahrscheinlichkeit droht.

467 So schon *Erdmann*, S. 138.

468 Zu diesem Bsp. s. *Erdmann*, S. 138.

469 Nach *Matzen*, S. 112 f., 115 f. und *passim* vermag keiner der beiden Wege die Schwierigkeiten im Umgang mit dem Krisenmerkmal der drohenden Zahlungsunfähigkeit aufzulösen, weshalb der Bankrotttatbestand insoweit nach wie vor mit dem Schuldgrundsatz unvereinbar, das Merkmal „drohende Zahlungsunfähigkeit" mithin *de lege ferenda* zu streichen sei.

470 Grdl. zu diesem Wahrscheinlichkeitsquotienten *Bretzke*, S. 111 und *passim*; s. ferner K. Schmidt/*K. Schmidt* § 18 Rdn. 21; Braun/*Salm-Hoogstraeten* § 18 Rdn. 6; HK-InsO/*Laroche* § 18 Rdn. 12; G/E/S/*Gehrlein* Vor § 64 Rdn. 15; *Buchalik/Kraus* KSI **2012**, 60, 62; jüngst auch BGH (Z) GmbHR **2014**, 259, 260: Zahlungsunfähigkeit droht, wenn der Eintritt der Zahlungsunfähigkeit wahrscheinlicher ist als ihre Vermeidung.

471 S. den anschaul Zahlungsfähigkeitsplan bei *Matzen*, S. 96 f.

472 Dafür etwa HK-InsO/*Laroche* § 18 Rdn. 11; *Bieneck* StV **1999**, 43, 45; wohl auch *Dohmen*, S. 43; *Burger/Schellberg* BB **1995**, 261, 265; sehr skeptisch mit Blick auf die Möglichkeiten der strafrechtlichen Ermittlungspraxis aber *Uhlenbruck* wistra **1996**, 1, 3; s.a. *Matzen*, S. 94 f., der von einer „Prognose einer Prognose" spricht, die *in praxi* zu erheblichen Feststellungs- und Beweisschwierigkeiten führt; ebenso K. Schmidt/*K. Schmidt* § 18 Rdn. 12: „Eine solche Doppelprognose ist unrealistisch".

473 MK/*Petermann/Sackreuther* Vor §§ 283 ff. Rdn. 125; AnwK/*Püschel* Vor §§ 283–283d Rdn. 26; *ders.* Rissing-van Saan-FS, S. 471, 487.

474 Dafür *Bittmann* wistra **1998**, 321, 325: Wahrscheinlichkeitsgrad müsse mit der Länge der Prognosedauer steigen; zust. Böttger[2]/*Verjans* 4/29; *Waßmer* ZInsO **2018**, 1485, 1491; dagegen K. Schmidt/*K. Schmidt* § 18 Rdn. 21, der zu Recht darauf hinweist, dass mit der Länge der Prognosedauer nur die Schwierigkeit wächst, eine valide Prognose zu erstellen.

475 Dafür etwa M-G/*Richter* Kap. 78 Rdn. 54 f.; *Plathner*, S. 187 und *passim*; *Erdmann*, S. 148, 156 m. Fn. 660; *Ressmann*, S. 295 f.

476 S.o. Rdn. 42.

477 Zutr. M-G/*Richter* Kap. 78 Rdn. 54; *Bieneck* StV **1999**, 43, 45.

nahelegen müssen,[478] oder ob es genügt, dass sich der Rechtsanwender auf der Grundlage objektiver Gegebenheiten subjektiv die Überzeugung bildet, die Zahlungsunfähigkeit stehe in naher Zukunft unmittelbar bevor[479] – ist damit freilich noch nicht gesagt. Viel spricht aber dafür, dem **subjektiven** gegenüber dem objektiven Wahrscheinlichkeitsbegriff den Vorzug zu geben, zumal die „Subjektivisten" keinem intuitiven, gleichsam willkürlichen Ermittlungsprozess das Wort reden, sondern sich im Gegenteil darum bemühen, ihr subjektives Wahrscheinlichkeitsurteil über die künftige Zahlungs(un)fähigkeit an objektive Tatsachen wie einem starken Preisverfall wegen eines verschärften Wettbewerbs oder der unterbliebenen Entwicklung neuer Produkte rückzukoppeln.[480]

VIII. Objektive Strafbarkeitsbedingung[481]

61 Die Täter, die in den Krisensituationen der §§ 283 ff. StGB eine der dort näher umschriebene Tathandlung begehen, machen sich nur dann gem. diesen Vorschriften strafbar, wenn sie entweder ihre **Zahlungen einstellen** oder aber das Insolvenzgericht über ihr Vermögen das **Insolvenzverfahren eröffnet** bzw. die **Verfahrenseröffnung mangels Masse ablehnt** (vgl. §§ 283 Abs. 6, 283b Abs. 3, 283c Abs. 3, 283d Abs. 4 StGB). Einhelliger Ansicht zufolge normieren die §§ 283 Abs. 6, 283b Abs. 3, 283c Abs. 3, 283d Abs. 4 StGB eine **objektive Strafbarkeitsbedingung**,[482] d.h. Vorsatz und Fahrlässigkeit müssen sich hierauf nicht erstrecken.[483] Da die §§ 283 ff. StGB bis auf § 283b StGB nur solche Bankrotthandlungen inkriminieren, die die Schuldnerinsolvenz herbeiführen bzw. während der wirtschaftlichen Krise des Schuldners stattfinden, präsentieren sich diese Handlungen bereits *per se* als strafrechtlich relevantes Unrecht, weshalb die Konstruktion der objektiven Strafbarkeitsbedingung,[484] wie sie die §§ 283 Abs. 6, 283b Abs. 3, 283c Abs. 3, 283d Abs. 4 StGB vorsehen, mit dem **Schuldgrundsatz** harmoniert.[485, 486] Diese von §§ 283 Abs. 6, 283b Abs. 3, 283c Abs. 3, 283d Abs. 4 StGB geforderte **Manifestation der Schuldnerkrise**, die den Anwendungsbereich der §§ 283 ff. StGB nicht unerheblich einschränkt, dient zum einen dazu, Denunziationen erfolgreich zu verhindern. So sähe sich insbes. der unternehmerisch tätige Schuldner, dessen

---

478 Die Praktikabilität solcher objektiver Wahrscheinlichkeitsmethoden bezweifelt *Bretzke*, S. 93 ff.

479 Dafür *Bretzke*, S. 99 ff.

480 Ausführl. *Bretzke*, S. 100 f.; zu weiteren Indizien s. S/S/W/*Bosch* Vorbem. §§ 283 ff. Rdn. 14 a.E.

481 Zur Abgrenzung zu den Prozessvoraussetzungen s. instruktiv und immer noch aktuell *Bemmann*, S. 26 f.

482 A.A. noch RGSt **27**, 316, 318, das von Tatbestandsmerkmalen ausgeht, auf die sich der Vorsatz des Täters erstrecken muss; zust. *v. Babo*, S. 20 ff.; *Büttiker*, S. 13 ff.; s. ferner *Neumeyer*, S. 128, der von „abgestorbenen Tatbestandsmerkmalen" spricht; *Bemmann*, S. 45 ff., der zu den §§ 239 f. KO die Ansicht vertritt, Insolvenzverfahrenseröffnung und Zahlungseinstellung rechneten zu den objektiven Tatbestandsmerkmalen, der Schuldner müsse sie aber nicht vorwerfbar verursacht haben; zur Entwicklung der reichsgerichtlichen Rspr. hin zu der Ansicht, dass Zahlungseinstellung und Konkurseröffnung objektive Strafbarkeitsbedingungen sind, s. ausführl. *Haß* KTS **1971**, 161, 162 ff.; *Kribs-Drees*, S. 4 ff., die darin ein Nachgeben gegenüber kriminalpolitischen Forderungen erblickt (a.a.O., S. 30 ff. und *passim*).

483 BGHSt **1**, 186, 191; BGH LM Nr. 2 zu § 239 KO; RGSt **45**, 88, 96; RG GA 47 **(1900)**, 170, 171; *Tiedemann* NJW **1977**, 777, 782; MK/*Petermann*/*Sackreuther* Vor §§ 283 ff. Rdn. 140; *Sch*/*Schröder*/*Heine*/*Schuster* § 283 Rdn. 59; Lackner/Kühl/*Heger* § 283 Rdn. 30; AnwK/*Püschel* Vor § 283–283d Rdn. 27; M-G/*Richter* Kap. 81 Rdn. 67; A/R/R/*Himmelreich* Kap. 7/1 Rdn. 90; W/J/S/*Pelz* 9/128; HambK/*Borchardt* § 283 StGB Rdn. 34; M/G/*Rotsch*/*Wagner* 8/248; M/R/*Altenhain* § 283 Rdn. 51; *Weyand*/*Diversy* Rdn. 56; *Hiltenkamp-Wisgalle*, S. 324; *Hörl*, S. 61; *Grosche*, S. 19; *Regner*, S. 86; *Dohmen*, S. 70 f.; *Erdmann*, S. 177 f.; *Röhm*, S. 202; *Reichelt*, S. 92; *Nieberg*, S. 9 ff.; *Klug* KTS **1962**, 65, 68; *Trüg*/*Habetha* wistra **2007**, 365; *Matzen* Samson-FS, S. 401, 414; *Hombrecher* JA **2013**, 541, 544; s.a. *Sauer* Mezger-FS, S. 117, 120 f.; anders wohl noch *Hälschner* GA 18 **(1870)**, 665, 671 f., der aber gleichwohl keinen Kausalzusammenhang fordert, sondern auf dem Standpunkt steht, Kausalität zwischen Handlung und Zahlungseinstellung werde vermutet; skeptisch auch *Haß* KTS **1971**, 161, 166.

484 Weitergehend noch das Verständnis etwa von *Kohler* GA 49 **(1902)**, 1, 9 f., der den Strafbarkeitsbedingungen auch das Strafantragserfordernis bzw. das Strafverfolgungshindernis *„ne bis in idem"* zuschlug; grdl. zum Ganzen auch *Bemmann*, S. 19, der darauf hinweist, dass als objektive Strafbarkeitsbedingung „nur solche Umstände in Betracht kommen, die für das Unrecht der Tat ohne jede Bedeutung sind".

485 S.a. oben Rdn. 36.

486 MK/*Petermann* Vor §§ 283 ff. Rdn. 140; *Dohmen*, S. 71 f.; *Habetha*, S. 293.

Unternehmen zwar schlecht läuft, aber keinesfalls unmittelbar der Insolvenz entgegensteuert, erheblichen Risiken ausgesetzt, sollte die Staatsanwaltschaft bspw. wegen der Anzeige eines Konkurrenten Ermittlungen aufnehmen, die den Vorwurf des Bankrotts zum Gegenstand haben. Denn sobald die Geschäftspartner des beschuldigten Unternehmers hiervon Kenntnis erlangten, gewänne die Abwärtsspirale, die das schuldnerische Unternehmen ohnehin schon erfasst hat, zumeist erst richtig an Fahrt und triebe das Unternehmen endgültig Richtung Zusammenbruch;[487] bereits eingeleitete Sanierungsbemühungen würden desavouiert. Zum anderen verfolgte der Gesetzgeber des 1. WiKG, indem er sich entschied, die objektive Strafbarkeitsbedingung beizubehalten, das Ziel, **Nachweisschwierigkeiten** abzubauen, da die Zahlungseinstellung bzw. Eröffnung des Insolvenzverfahrens „im Allgemeinen geeignet [sind], das Vorhandensein einer Krise bei einer bestimmten Bankrotthandlung zu erhärten".[488]

1. Eröffnung des Insolvenzverfahrens/Ablehnung mangels Masse

Im Unterschied zur Zahlungseinstellung, die ein faktisches Verhalten des Schuldners be- 62
nennt,[489] gründen die **Eröffnung des Insolvenzverfahrens** bzw. seine **Nichteröffnung mangels einer die Verfahrenskosten deckenden Masse** auf einem förmlichen Gerichtsbeschluss. Gem § 27 Abs. 1 InsO eröffnet das zuständige Gericht ein Insolvenzverfahren über das schuldnerische Vermögen, sofern ein Eröffnungsgrund vorliegt (vgl. § 16 InsO) und das Schuldnervermögen ein Volumen aufweist, das die Verfahrenskosten deckt (vgl. § 26 Abs. 1 S. 1 InsO). Fehlt letztere Voraussetzung, weist das Gericht den Antrag, ein Insolvenzverfahren zu eröffnen, zurück. Der Strafrichter, der ein Verhalten des Schuldners *sub specie* der §§ 283 ff. StGB würdigt, ist an den **rechtskräftigen Eröffnungs-/Nichteröffnungsbeschluss gebunden** und darf nicht selbstständig nachprüfen, ob die Voraussetzungen, ein Insolvenzverfahren zu eröffnen bzw. nicht zu eröffnen, vorgelegen haben.[490] Erlässt das Insolvenzgericht zunächst den Beschluss, ein Insolvenzverfahren zu eröffnen, hebt ihn aber auf die **Beschwerde** des Schuldners hin wieder auf, kann der Strafrichter an den früheren Eröffnungsbeschluss die Annahme der objektiven Strafbarkeitsbedingung nicht knüpfen, sondern hat, wenn sich keine Zahlungseinstellung feststellen lässt, vom Vorwurf der §§ 283 ff. StGB freizusprechen.[491] Keine Auswirkungen auf die

---

487 Zum Ganzen s. BTDrucks. 7/3441, S. 33; *Pfeiffer* Gutachten, S. 19; MK/*Petermann/Sackreuther* Vor §§ 283 ff. Rdn. 141; *Fischer* Vor § 283 Rdn. 4,5; S/S/W/*Bosch* Vorbem §§ 283 ff. Rdn. 15; M-G/*Richter* Kap. 81 Rdn. 68; Pape/Uhländer/*Hofmann* § 283 Bankrott Rdn. 52; *Hiltenkamp-Wisgalle*, S. 324; *Grosche*, S. 18; *Dohmen*, S. 72; *Neumann*, S. 26 f.; *Plathner*, S. 210; *Klug* KTS **1962**, 65, 68; *Heinz* GA **1977**, 193, 218; skeptisch mit Blick auf §§ 283 Abs. 1 Nr. 7b, 283b Abs. 1 Nr. 3b StGB *Wilhelm* NStZ **2003**, 511, 513; ferner *Trüg/Habetha* wistra **2007**, 365, 369; insgesamt abl. *Kribs-Drees*, S. 141; *Habetha*, S. 301 f.

488 BTDrucks. 7/3441, S. 33.

489 S.u. Rdn. 63.

490 RGSt **26**, 37; BGH/H GA **1955**, 364 f.; *Fischer* Vor § 283 Rdn. 14 f.; NK/*Kindhäuser* Vor §§ 283 bis 283d Rdn. 106; SK/*Hoyer* Vor § 283 Rdn. 15, 16; MK/*Petermann/Sackreuther* Vor §§ 283 ff. Rdn. 154; *Sch/Schröder/Heine/Schuster* § 283 Rdn. 61; Lackner/Kühl/*Heger* § 283 Rdn. 28; S/S/W/*Bosch* Vorbem. §§ 283 ff. Rdn. 17; M-G/*Richter* Kap. 81 Rdn. 71; A/R/R/*Himmelreich* Kap. 7/1 Rdn. 95; W/J/S/*Beck* 8/94; W/J/S/*Pelz* 9/130; *Dannecker/Knierim/Dannecker/Hagemeier* Rdn. 882; M/R/*Altenhain* § 283 Rdn. 52; AnwK/*Püschel* Vor § 283–283d Rdn. 29; Park/*Wagner* Teil 3, Kap. 10.3 Rdn. 16; MAH/*Böttger* § 19 Rdn. 181; HambK/*Borchardt* § 283 StGB Rdn. 34; M/G/*Rotsch/Wagner* 8/254 f.; *v. Babo*, S. 14; *Kuhn*, S. 21; *Nieberg*, S. 7; *Büttiker*, S. 26; *Steinbrück*, S. 32; *Kollmar*, S. 32; *Hiltenkamp-Wisgalle*, S. 306 f.; *Grosche*, S. 26 f., 28 f.; *Moosmayer*, S. 177; *Dohmen*, S. 73; *Penzlin*, S. 165, 176; *Röhm*, S. 213; *Stracke*, S. 42; *Erdmann*, S. 102; *Reichelt*, S. 94; *Büttner* ZInsO **2009**, 841, 846.

491 NK/*Kindhäuser* Vor §§ 283 bis 283d Rdn. 106; *Sch/Schröder/Heine/Schuster* § 283 Rdn. 61; *Fischer* Vor § 283 Rdn. 14; M-G/*Richter* Kap. 81 Rdn. 71; A/R/R/*Himmelreich* Kap. 7/1 Rdn. 96; *Dannecker/Knierim/Dannecker/Hagemeier* Rdn. 882; *Weyand/Diversy* Rdn. 58; s.a. RGSt 44, 48, 52 am Bsp. eines vom Schuldner zurückgenommenen Antrags und im Kontext strafbarer Insolvenzverschleppung; ferner *v. Babo*, S. 13 f.; *Kuhn*, S. 21; *Nieberg*, S. 7; *Büttiker*, S. 26; *Steinbrück*, S. 32. – A.A. M/G/*Rotsch/Wagner* 8/254, die die Bankrottstrafbarkeit bejahen wollen, sobald das Gericht das Insolvenzverfahren

Bankrottstrafbarkeit zeigt hingegen die **nachträgliche Einstellung** des rechtskräftig eröffneten Insolvenzverfahrens.[492]

2. Zahlungseinstellung

63 Weniger eindeutig präsentiert sich das Verständnis von dem Zustand, den das Merkmal „**Zahlungseinstellung**" umschreibt. Zwar kennt die Insolvenzordnung die Zahlungseinstellung ebenfalls – hier fungiert sie gem § 17 Abs. 2 S. 2 InsO als Indiz für die „Zahlungsunfähigkeit". Jedoch bleibt auch die InsO eine Antwort darauf schuldig, was sie exakt unter Zahlungseinstellung versteht. Angesichts dieser Offenheit des Terminus „Zahlungseinstellung" haben das Straf- und Insolvenzrecht zwei Meinungslager herausgebildet, die um die richtige Interpretation dieses Begriffs ringen. Im Kern geht es darum, ob die Zahlungseinstellung Fälle der **Zahlungsunwilligkeit** und der **irrtümlichen Zahlungsverweigerung** erfasst. Die Befürworter, die irrtümliche Zahlungsverweigerung und Zahlungsunwilligkeit dem Merkmal „Zahlungseinstellung" subsumieren,[493] verweisen auf den effizienten strafrechtlichen Gläubigerschutz, den die §§ 283 ff. StGB bewerkstelligen wollen und der es gebiete, die §§ 283 Abs. 6, 283b Abs. 3, 283c Abs. 3, 283d Abs. 4 StGB weit auszulegen. Trotz dieser bestechenden Überlegung, haben die Gegner, die die Konstellationen der irrtümlichen Zahlungsverweigerung und Zahlungsunwilligkeit nicht der Zahlungseinstellung hinzuschlagen,[494] die besseren Argumente auf ihrer Seite. Gegen eine extensive Auslegung des Merkmals „Zahlungseinstellung" spricht zunächst ein Vergleich zu den beiden anderen Situationen, deren Vorliegen die objektive Strafbarkeitsbedingung verwirklicht – die Eröffnung des Insolvenzverfahrens bzw. seine Nichteröffnung mangels Masse. Sowohl das eröffnete als auch das mangels Masse nicht eröffnete Insolvenzverfahren setzen den **Eintritt eines Insolvenzgrundes** voraus. Nichts anderes – so wäre der Gedanke fortzuspinnen – kann vor diesem Hintergrund für die Zahlungseinstellung gelten. Da aber Zahlungsunwilligkeit und irrtümliche Zahlungsverweigerung anerkanntermaßen nicht die Schwelle zur Zahlungsunfähigkeit überschreiten,[495] geht es nicht an, lediglich mithilfe dieser Aspekte die Zahlungseinstellung zu begründen. Des Weiteren ging der Gesetzgeber des 1. WiKG, als er die objektive Strafbarkeitsbedingung in ihrer heutigen Form schuf, davon aus, Merkmale statuiert zu haben, die „die Krise offen zutage treten" lassen.[496] Daran fehlt es aber, solange der Schuldner lediglich zahlungsunwillig ist

eröffnet hat; auf die Rechtskraft des Eröffnungsbeschlusses soll es nicht ankommen. Das überzeugt jedoch nicht. Denn von einem Eintritt der objektiven Strafbarkeitsbedingung kann *de facto* keine Rede sein, wenn das Beschwerdegericht den Eröffnungsbeschluss wieder aufhebt.

492 *Fischer* Vor § 283 Rdn. 14; Lackner/Kühl/*Heger* § 283 Rdn. 28; S/S/W/*Bosch* Vorbem §§ 283 ff. Rdn. 17; *Weyand/Diversy* Rdn. 58; *Kollmar*, S. 34; *v. Babo*, S. 14; *Kuhn*, S. 21; *Büttiker*, S. 26; a.A. *Sch/Schröder/Heine/Schuster* § 283 Rdn. 61 und SK/*Hoyer* Vor § 283 Rdn. 15: Strafaufhebungsgrund.

493 So BTDrucks. 7/3441, S. 37 (bzgl. Zahlungsunwilligkeit); BGH/H GA **1954**, 312; BGH/H GA **1953**, 73 (bzgl. Zahlungsunwilligkeit); RGSt **41**, 309, 312 f.; RGSt **3**, 294; RG JW **1934**, 841, 842; RG LR **1913**, 700, 702; wohl auch RG LR **1913**, 699, 700; RG LR **1926**, 492, 493; aus dem Schrifttum: *Fischer* Vor § 283 Rdn. 13; Lackner/Kühl/*Heger* § 283 Rdn. 27; *Sch/Schröder/Heine/Schuster* § 283 Rdn. 60; NK/*Kindhäuser* Vor §§ 283 bis 283d Rdn. 104; SK/*Hoyer* Vor § 283 Rdn. 12; MK/*Petermann/Sackreuther* Vor §§ 283 ff. Rdn. 152; S/S/W/*Bosch* Vorbem. §§ 283 ff. Rdn. 16; A/R/R/*Himmelreich* Kap. 7/1 Rdn. 93; S/G/*Wegner* Rdn. 687; B/*Quedenfeld/Bechtel/Richter* Kap. 22 Rdn. 117; M/R/*Altenhain* § 283 Rdn. 52; *Kollmar*, S. 30; *Röhm*, S. 98 m. Fn. 377 und S. 208 f.; *Neumeyer*, S. 136; *v. Babo*, S. 15 ff.; *Kuhn*, S. 17 f.; *Nieberg*, S. 5 f.; *Reichelt*, S. 93; M-G/*Richter* Kap. 81 Rdn. 70; *Bieneck* StV **1999**, 43, 45; *ders.* wistra **1992**, 89 f.; Pape/Uhländer/*Hofmann* § 283 Bankrott Rdn. 50; *Weyand/Diversy* Rdn. 57 (bzgl. Zahlungsunwilligkeit); ferner wohl *Dannecker/Knierim/Dannecker/Hagemeier* Rdn. 881; *Büttiker*, S. 21 f.; *Steinbrück*, S. 33; *Bruns*, S. 304; diff. *Grosche*, S. 24 ff., der zwar die Fälle der Zahlungsunwilligkeit, nicht aber die Konstellationen irrtümlich angenommener Zahlungsunfähigkeit der Zahlungseinstellung subsumiert.

494 Dafür LK^{12}/*Tiedemann* Vor § 283 Rdn. 132, 144 mit Blick auf praktische Ungereimtheiten; AnwK/*Püschel* Vor § 283–283d Rdn. 28; *Moosmayer*, S. 178 ff.; *Penzlin*, S. 171 f., 177; vgl. auch *Neumann*, S. 90 f. bzgl. der irrtümlich angenommenen Zahlungsunfähigkeit.

495 S.o. Rdn. 46.

496 BTDrucks. 7/3441, S. 33.

bzw. irrtümlich seine Zahlungen verweigert, da sich sein **wirtschaftlicher Zusammenbruch** hieraus keinesfalls zwingend ergibt, er vielmehr noch leistungsfähig sein kann.[497] Zusammenfassend: Zahlungsunwilligkeit und irrtümliche Zahlungsverweigerung begründen keine Zahlungseinstellung. Allerdings ist damit noch nicht gesagt, ab welchem Grad der wirtschaftlichen Schwierigkeiten man Zahlungseinstellung annehmen darf. Eine enge Ansicht bestimmt die Zahlungseinstellung anhand der überkommenen konkursrechtlichen Definition von Zahlungsunfähigkeit und bejaht die Zahlungseinstellung, sobald der Schuldner **dauerhaft den wesentlichen Teil seiner ernsthaft eingeforderten Verbindlichkeiten nicht mehr bedienen kann.**[498] Uneinigkeit unter den Befürwortern dieser engen Auslegungsspielart herrscht freilich darüber, welchen Prozentsatz die nicht gedeckten Verbindlichkeiten am Gesamtaufkommen der schuldnerischen Verbindlichkeiten erreichen müssen, damit sie den wesentlichen Teil ausmachen – die Vorschläge reichen von 25 %[499] über 50 %[500] bis hin zu 75 %[501] – sowie über den die Dauerhaftigkeit markierenden Zeitraum.[502] Die Gegenansicht favorisiert eine **weite Interpretation** und setzt die Zahlungseinstellung mit der insolvenzrechtlichen Zahlungsunfähigkeit gleich, verzichtet also auf die Elemente der Wesentlichkeit und Dauerhaftigkeit.[503]

3. Zusammenhang zwischen Bankrotthandlung und objektiver Strafbarkeitsbedingung

Die ganz herrschende Auffassung in Rspr. und Schrifttum fordert einen **Zusammenhang** zwischen der inkriminierten Bankrotthandlung und der objektiven Strafbarkeitsbedingung. Während das (ungeschriebene) Erfordernis eines solchen Zusammenhangs heute kaum mehr jemand bestreitet,[504] bestehen erhebliche Divergenzen über die Beschaffenheit dieses Zusammenhangs. Einigkeit herrscht immerhin insoweit, als es zwar keines **Kausalzusammenhangs** bedarf,[505] ein bloß **zeitli-** 64

497 Dazu *Dohmen*, S. 78.

498 Dafür BGH/H GA **1954**, 312; MK¹/*Radtke* Vor §§ 283 ff. Rdn. 97 f.; A/R/R/*Himmelreich* Kap. 7/1 Rdn. 79; *Kollmar*, S. 26; *Dohmen*, S. 79 f.; *Reichelt*, S. 93; *Bieneck* StV **1999**, 43, 45; *ders.* wistra **1992**, 89; *Hoffmann* MDR **1979**, 713, 715; wohl auch S/S/W/*Bosch* Vorbem. §§ 283 ff. Rdn. 16; *Neumann*, S. 79; weitergehend anscheinend *Matzen* Samson-FS, S. 401, 416, der noch eine unzweideutige Erklärung des Schuldners fordert, seinen wesentlichen Zahlungspflichten nicht mehr nachkommen zu können.

499 *Stracke*, S. 50 m. Fn. 197; S/S/W/*Bosch* Vorbem. §§ 283 ff. Rdn. 16.

500 *Sch/Schröder/Heine/Schuster* § 283 Rdn. 60; MK/*Petermann/Sackreuther* Vor §§ 283 ff. Rdn. 150; MAH/*Böttger* § 19 Rdn. 181; Böttger/*Verjans/Rixe* 4/103; *Penzlin*, S. 172, 178; *Dohmen*, S. 80; *Bieneck* StV **1999**, 43, 45; *ders.* wistra **1992**, 89, 90.

501 SK/*Hoyer* Vor § 283 Rdn. 13; AnwK/*Püschel* Vor §§ 283–283d Rdn. 28.

502 MK¹/*Radtke* Vor §§ 283 ff. Rdn. 98 favorisierte einen Zeitraum von drei Monaten, LK¹²/*Tiedemann* Vor § 283 Rdn. 145 und SK/*Hoyer* Vor § 283 Rdn. 14 lassen drei Wochen genügen (ebenso MK/*Petermann/Sackreuther* Vor §§ 283 ff. Rdn. 151), wohingegen *Bieneck* StV **1999**, 43, 45 fordert, dass die Zahlungseinstellung für voraussichtlich unbegrenzte Zeit bestehen bleiben muss.

503 *Weyand/Diversy* Rdn. 57; *Röhm*, S. 210 f., 219.

504 A.A. aber *Schäfer* wistra **1990**, 81, 87; wohl auch *Blumers*, S. 144, dem zufolge das Erfordernis eines Zusammenhangs zwischen Bankrotthandlung und objektiver Strafbarkeitsbedingung nur dazu diente, die Bedenken gegen die Vorschrift des § 240 Abs. 1 Nr. 4 KO auszuräumen, die – im Unterschied zum heute geltenden § 283 Abs. 1 StGB – kein Handeln in der Krise forderte. Mit der Schaffung des Krisenmerkmals i.R.d. § 283 Abs. 1 StGB sei das Bedürfnis nach einem solchen Zusammenhang entfallen und stelle sich allenfalls noch bei § 283b StGB (a.a.O., S. 145); skept auch *Schlüchter* JR **1979**, 513, 514, der zufolge auf diese Weise ein Teil der vom Gesetzgeber erstrebten Effizienz insbes. des § 283b StGB verloren geht.

505 S. etwa BGHSt **1**, 186, 191; BGHSt **28**, 231, 232, 234; BGH Urt. v. 13.2.2014, 1 StR 336/13, Rdn. 60 (insoweit in NStZ **2014**, 469 nicht abgedr.); BGH NStZ **2008**, 401, 402; BGH/H MDR **1981**, 454; OLG Düsseldorf DB **1979**, 2317; OLG Hamburg NJW **1987**, 1342, 1343 = GmbHR **1987**, 273; auch schon RGSt **5**, 415, 416; RGSt **6**, 94, 97; RGSt 7, 391, 393; RGSt **9**, 134, 135; RGSt **10**, 215, 217; RGSt **13**, 354, 359; RGSt **14**, 80, 86; RGSt **14**, 221, 223; RGSt **15**, 64, 66; RGSt **16**, 277, 278 f.; RGSt **27**, 316, 318; RG GA 47 (**1900**), 170, 171; RG GA 35 (**1888**), 312, 313; aus dem Schrifttum: NK/*Kindhäuser* Vor §§ 283 bis 283d Rdn. 34, 108; *Sch/Schröder/Heine/Schuster* § 283 Rdn. 59; SK/*Hoyer* Vor § 283 Rdn. 19; S/S/W/*Bosch* Vorbem. §§ 283 ff.

cher Zusammenhang jedoch ebenfalls nicht genügt.[506] Insbes. die Rspr. bemüht geradezu formelhaft die Wendung vom **tatsächlichen**[507] bzw. **rein äußerlichen Zusammenhang**,[508] der weniger als *conditio sine qua non*, aber mehr als bloß zeitliches Zusammentreffen von objektiver Strafbarkeitsbedingung und Bankrotthandlung sein soll, ohne freilich abstrakt-generell zu sagen, was sie hierunter versteht. Die Konkretisierungsbemühungen, die die Rspr. der Formel vom tatsächlichen Zusammenhang bislang angedeihen ließ, erschöpfen sich deshalb auch darin, einzelfallbezogen zu judizieren, ob der Zusammenhang vorliegt oder nicht.[509] Habe etwa der Konkursverwalter die unterlassene Bilanzierung nachholen müssen oder seien dieselben Gläubiger sowohl durch die Bankrotthandlung als auch die spätere Zahlungseinstellung betroffen,[510] stehe der tatsächliche Zusammenhang fest.[511] Hingegen fehle es am tatsächlichen Zusammenhang, wenn die Ermittlungen ergäben, dass die Bankrotthandlung keinen Einfluss auf den Eintritt der Strafbarkeitsbedingung gezeitigt habe, etwa weil der Schuldner **die Krise nachhaltig überwunden habe**[512] – wobei

---

Rdn. 18; *Fischer* Vor § 283 Rdn. 17; *Dannecker/Knierim/Dannecker/Hagemeier* Rdn. 42, 885 f.; MK/*Petermann/Sackreuther* Vor §§ 283 ff. Rdn. 156; B/*Quedenfeld/Bechtel/Richter* Kap. 22 Rdn. 222; M-G/*Richter* Kap. 81 Rdn. 11, 67; A/R/R/*Himmelreich* Kap. 7/1 Rdn. 99; W/J/S/*Pelz* 9/131; MAH/*Böttger* § 19 Rdn. 182; Park/*Wagner* Teil 3, Kap. 10.3 Rdn. 17; HambK/*Borchardt* § 283 StGB Rdn. 34; M/R/*Altenhain* § 283 Rdn. 53; *Weyand/Diversy* Rdn. 59; Böttger/*Verjans/Rixe* 4/104; *Kuhn*, S. 37; *Nieberg*, S. 9; *Büttiker*, S. 12; *Steinbrück*, S. 46; *Kollmar*, S. 43; *Hiltenkamp-Wisgalle*, S. 328; *Reichelt*, S. 92; *Dreher* MDR **1978**, 724; *Schlüchter* JR **1979**, 513, 515; *Renkl* JuS **1973**, 611, 612; *Offerhaus* BB **1976**, 1622, 1623; *F.-W. Krause* JURA **1980**, 449, 455; *Grub* Runkel-FS, S. 85, 89; *Richter* NZI **2002**, 121, 124; *ders.* GmbHR **1984**, 137, 147; *Wilhelm* NStZ **2003**, 511, 515; *Biletzki* NStZ **1999**, 537, 540; Steinberg/Valerius/Popp/*Hagemeier*, S. 129, 135; implizit auch schon *Sauer* Mezger-FS, S. 117, 126; skeptisch freilich *Tiedemann* Dünnebier-FS, S. 519, 538 sowie *ders.* NJW **1977**, 777, 782, der darauf hinweist, dass die Figur der objektiven Strafbarkeitsbedingung nur davon entbindet, ein diesbzgl. Verschulden in Form von Vorsatz oder Fahrlässigkeit festzustellen; a.A. *Trüg/Habetha* wistra **2007**, 365, 370, die einen Kausalzusammenhang fordern. Allerdings bleibt im Dunkeln, zu welchem Merkmal sich die objektive Strafbarkeitsbedingung kausal verhalten muss. Wenn es zunächst heißt, Kausalität müsse zwischen der Krise und dem Eintritt der objektiven Strafbarkeitsbedingung bestehen, mag dies zwar für § 283 Abs. 1 StGB, nicht aber für § 283b StGB passen, der ein Krisenerfordernis gerade nicht kennt. Wahrscheinlich aus diesem Grund sprechen die Autoren einige Zeilen später vom Kausalzusammenhang zwischen der Tathandlung und der objektiven Strafbarkeitsbedingung; näher dazu jetzt *Habetha*, S. 306 f.

506 BGHSt **28**, 231, 232; OLG Hamburg NJW **1987**, 1342, 1343 = GmbHR **1987**, 273; *Dreher* MDR **1978**, 724; *Schlüchter* JR **1979**, 513, 515.

507 RGSt **9**, 134, 135; s.a. *Sch/Schröder/Heine/Schuster* § 283 Rdn. 59; M/R/*Altenhain* § 283 Rdn. 53; *Steinbrück*, S. 38; ferner S/S/W/*Bosch* Vorbem §§ 283 ff. Rdn. 18 und AnwK/*Püschel* Vor §§ 283–283d Rdn. 30: zeitlicher und tatsächlicher Zusammenhang.

508 BGHSt **1**, 186, 191; BGH LM Nr. 2 zu § 239 KO; BGH/H GA **1971**, 38; BGH NStZ **2008**, 401, 402; BGH NJW **2001**, 1874, 1876; OLG Düsseldorf DB **1979**, 2317; RGSt **55**, 30; Lackner/Kühl/*Heger* § 283 Rdn. 29; HambK/*Borchardt* § 283 StGB Rdn. 35; *Kuhn*, S. 38; *Büttiker*, S. 12; ähnl. *Dannecker/Knierim/Dannecker/Hagemeier* Rdn. 42, die von einem zeitlichen und tatsächlichen Zusammenhang sprechen.

509 Zu diesem Befund s. etwa *Moosmayer*, S. 189; vgl. des Weiteren die implizite Feststellung von LK[12]/*Tiedemann* Vor § 283 Rdn. 92; ferner *Penzlin*, S. 182 f., der deshalb den Versuch unternimmt, allgemeine Voraussetzungen des tatsächlichen Zusammenhangs zu beschreiben, indem er fordert, die Krisensituation müsse während der gesamten Tatdauer vorgelegen haben (a.a.O., S. 183 f.).

510 Krit. gegenüber zweiterem *Otto* Bruns-GS, S. 265, 283; *Heidland* KTS **1958**, 161, 164; *Hammerl*, S. 15 m. Fn. 59; ferner *Tiedemann* NJW **1977**, 777, 783 sowie *ders.* NJW **1979**, 254, mit Blick auf das von ihm befürwortete Universalrechtsgut „Schutz der Kreditwirtschaft"; ebenso M-G/*Richter* Kap. 81 Rdn. 77; abl. stehen dieser Einschränkung auch MK/*Petermann/Sackreuther* Vor §§ 283 ff. Rdn. 159 gegenüber; ausdr. gefordert wird eine Identität der Gläubiger im Zeitpunkt der Bankrotthandlung sowie im Zeitpunkt der Zahlungseinstellung von *Neumeyer*, S. 139.

511 BGHSt **1**, 186, 191; BGHSt **28**, 231, 232, 234; BGH NStZ **2008**, 401, 402; BGH NJW **2001**, 1874, 1876; BGH/H GA **1953**, 73; BGH/H GA **1971**, 38; zust. *Fischer* § 283 Rdn. 25; Lackner/Kühl/*Heger* § 283 Rdn. 29; M/R/*Altenhain* § 283 Rdn. 53; *Kollmar*, S. 31, 44; *Dohmen*, S. 84 f.; *Weyand* ZInsO **1999**, 327, 330; vgl. ferner schon *Steinbrück*, S. 38; zu diesen und weiteren Aspekten s.a. B/*Quedenfeld/Bechtel/Richter* Kap. 22 Rdn. 222; zu ersterem ferner Park/*Wagner* Teil 3, Kap. 10.3 Rdn. 17.

512 BGHSt **28**, 231, 233; BGH JZ **1979**, 75, 77; zust. OLG Hamburg NJW **1987**, 1342, 1343 = GmbHR **1987**, 273; *Fischer* Vor § 283 Rdn. 17; MK/*Petermann/Sackreuther* Vor §§ 283 ff. Rdn. 156; SK/*Hoyer* Vor § 283 Rdn. 19; S/S/W/*Bosch* Vorbem §§ 283 ff. Rdn. 18; M-G/*Richter* Kap. 81 Rdn. 78; A/R/R/*Himmelreich* Kap. 7/1 Rdn. 97; W/J/S/*Pelz* 9/131; HambK/*Borchardt* § 283 StGB Rdn. 35; *Hiltenkamp-Wisgalle*, S. 330 f.; *Kribs-Drees*, S. 129; *Geers*, S. 62; *Röhm*, S. 226 ff.; *Dohmen*, S. 84 m. Fn. 189; *Richter* NZI **2002**, 121, 124; *Tiedemann* NJW **1977**, 777, 783; *ders.* NJW **1979**, 254.

die Voraussetzungen, unter denen man davon sprechen kann, dass die Krise überwunden ist, äußerst streitig sind[513] – oder er die unterlassene Bilanz bis zum Fälligkeitszeitpunkt der folgenden Bilanz nachgeholt habe.[514] Zweifel gingen zu Lasten des Beschuldigten.[515]

Obschon das überwiegende Schrifttum der Rspr. folgt und wie diese einen Zusammenhang zwischen Bankrotthandlung und objektiver Strafbarkeitsbedingung fordert, weil es ungerecht erscheint, die Vornahme solcher Bankrotthandlungen *via* § 283 StGB zu ahnden, die keine Beziehung zu den Modalitäten des Abs. 6 aufweisen,[516] haben die früher hiergegen vorgetragenen Bedenken nichts von ihrer Überzeugungskraft eingebüßt. Historisch betrachtet stammt das Erfordernis eines tatsächlichen Zusammenhangs aus einer Zeit, zu der bereits wegen Bankrotts haftete, wer irgendwann einmal eine Bankrotthandlung beging und später fallierte. Um Bedenken seitens des **Schuldgrundsatzes**[517] auszuräumen und einer uferlosen Bankrottstrafbarkeit gegenzusteuern, „erfand" die Rspr. das ungeschriebene Merkmal eines **tatsächlichen Zusammenhangs** zwischen Bankrotthandlung und objektiver Strafbarkeitsbedingung.[518] Allerdings hat der Gesetzgeber des 1. WiKG die Bedenken *sub specie* des Schuldgrundsatzes beseitigt, indem er nur noch solchen Schuldnern Strafe androht, die die Bankrotthandlung entweder während der Krise begehen oder durch die Vornahme der Bankrotthandlung die Krise ursächlich herbeiführen.[519] Angesichts dessen spricht viel dafür, auf den Zusammenhang zwischen Tathandlung und Strafbarkeitsbedingung zu verzichten, soweit eine Strafbarkeit gem. § 283 StGB im Raum steht.[520] 65

513 Ausführl. dazu MK/*Petermann*/*Sackreuther* Vor §§ 283 ff. Rdn. 157; *Weyand*/*Diversy* Rdn. 59; *Hiltenkamp-Wisgalle*, S. 332 ff.; *Penzlin*, S. 184 f.; M-G/*Richter* Kap. 81 Rdn. 78 fordert etwa eine nachhaltige Überwindung der Krise i.S. einer Konsolidierung, wohingegen es nach *Richter* GmbHR **1984**, 137, 142 genügen soll, wenn es dem Schuldner gelingt, die Krisentatbestände auszuräumen.

514 So AnwK/*Püschel* Vor §§ 283–283d Rdn. 30; ferner *Wilhelm* NStZ **2003**, 511, 514, weil sich die Gefahr der Unkenntnis des Insolvenzverwalters jetzt nicht mehr realisieren könne. Das überzeugt jedoch nicht, da die Bilanzerstellung keinesfalls nur dazu dient, dem künftigen Insolvenzverwalter die Arbeit zu erleichtern, sondern vorrangig den Zweck verfolgt, ein Blindwirtschaften des Schuldners zu verhindern (dazu ausführl. § 283 Rdn. 42); vgl. ferner OLG Hamburg NJW **1987**, 1342, 1343 = GmbHR **1987**, 273, 274, das den Zusammenhang deshalb trotz nachgeholter Bilanzierung bejaht, wenn die Ermittlungen ergeben, dass die verzögerte Bilanzierung sich im Zusammenbruch des schuldnerischen Unternehmens niedergeschlagen hat.

515 Zu dieser Position s. grdl. *Schlüchter* JR **1979**, 513, 515; ferner OLG Düsseldorf DB **1979**, 2317; OLG Hamburg NJW **1987**, 1342, 1344 = GmbHR **1987**, 273, 274; *Krause*, S. 227; *Hiltenkamp-Wisgalle*, S. 335; *Tiedemann* NJW **1977**, 777, 783, der aber darauf hinweist, dass die Existenz von Zweifeln i.R.d. Strafzumessung berücksichtigt werden kann; *Fischer* Vor § 283 Rdn. 17; SK/*Hoyer* Vor § 283 Rdn. 18; S/S/W/*Bosch* Vorbem. §§ 283 ff. Rdn. 18; A/R/R/*Himmelreich* Kap. 7/1 Rdn. 98; W/J/S/*Pelz* 9/131; B/*Quedenfeld*/*Bechtel*/*Richter* Kap. 22 Rdn. 131, 221; *Richter* NZI **2002**, 121, 124; *Wilhelm* NStZ **2003**, 511, 515; wohl auch M-G/*Richter* Kap. 81 Rdn. 84; a.A. MK³/*Radtke*/*Petermann* Vor §§ 283 ff. Rdn. 108; Lackner/Kühl/*Heger* § 283 Rdn. 29; AnwK/*Püschel* Vor §§ 283–283d Rdn. 30; Park/*Wagner*/*Deiters* Teil 3, Kap. 10.2 Rdn. 55; *Weyand*/*Diversy* Rdn. 59; *Penzlin*, S. 186 f.; *Habetha*, S. 307; *Otto* Bruns-GS, S. 265, 282; *Trüg*/*Habetha* wistra **2007**, 365, 370.

516 Ausführl. LK¹²/*Tiedemann* Vor § 283 Rdn. 95; s.a. *Penzlin*, S. 181 f.

517 S.o. Rdn. 36.

518 Zu diesem Befund umfänglich *Windsberger*, S. 27 f., 46 f. und *passim*; andeutungsweise bereits auch *Heidland* KTS **1958**, 161, 165.

519 Ausführl. o. Rdn. 36.

520 So schon *Schäfer* wistra **1990**, 81, 87; zust. *Bieneck* wistra **1992**, 89, 91 (anders M-G/*Richter* Kap. 81 Rdn. 84); *Neumann*, S. 100 ff.; dagegen dezidiert LK¹²/*Tiedemann* Vor § 283 Rdn. 98, der dem Ansatz von *Schäfer* vorwirft, er verkenne die strafbarkeitslimitierende Intention des § 283 Abs. 6 StGB sowie die Grundsätze der objektiven Zurechnung (i.E. zust. *Moosmayer*, S. 190 f.). Ins Schwarze treffen freilich beide Einwände nicht: Weder nimmt ein Ansatz, der keinen wie auch immer gearteten Zusammenhang zwischen Bankrotthandlung und objektiver Strafbarkeitsbedingung fordert, letzterer ihren strafbarkeitseinschränkenden Charakter, noch missachtet der Verzicht auf den tatsächlichen Zusammenhang die Regeln der objektiven Zurechnung, da sich die objektive Strafbarkeitsbedingung gerade nicht als tatbestandlicher Erfolg präsentiert, ein Zurechnungszusammenhang deshalb überhaupt nicht nötig ist. Eine umfassende Begründung für den Verzicht auf einen tatsächlichen Zusammenhang findet sich bei *Windsberger*, S. 77, 89 f., 133 f., 202, 207 ff.

4. Teleologische Reduktion/Änderungsvorschläge *de lege ferenda*

66 Der Gesetzgeber der InsO hat die hergebrachten Insolvenzgründe „Überschuldung" und „Zahlungsunfähigkeit" nicht nur legaldefiniert und gegenüber der KO neu gefasst, sondern zusätzlich den Insolvenzgrund der drohenden Zahlungsunfähigkeit kreiert. Die **drohende Zahlungsunfähigkeit**, die der KO unbekannt war, eröffnet dem Schuldner, und zwar nur ihm, die Möglichkeit, bereits im Vorfeld der materiellen Insolvenz **freiwillig** einen Insolvenzantrag zu stellen. Dahinter steckt die Intention, dem Schuldner die Gelegenheit zu geben, entweder sein Unternehmen mithilfe und unter dem Schutz des Insolvenzverfahrens zu sanieren oder ihm das Restschuldbefreiungsverfahren gem §§ 286 ff. InsO zu eröffnen.[521] Freilich wird der Schuldner dieses Angebot umso seltener annehmen, je eher er deshalb mit staatsanwaltlichen Ermittlungen rechnen muss. Hat nämlich der Schuldner während der ihm drohenden Zahlungsunfähigkeit eine Bankrotthandlung begangen oder hält er dies zumindest für möglich, führte er, indem er Insolvenzantrag wegen drohender Zahlungsunfähigkeit stellt, die letzte fehlende Bedingung seiner Strafbarkeit selbst herbei.[522] Um den Schuldner diesem Dilemma gar nicht erst auszusetzen, schlägt eine Ansicht vor, die Insolvenzeröffnung aufgrund drohender Zahlungsunfähigkeit sowie ihre Abweisung mangels Masse entweder *via* teleologischer Reduktion oder aber *de lege ferenda*[523] vom Anwendungsbereich der §§ 283 Abs. 6, 283b Abs. 3, 283c Abs. 3, 283d Abs. 4 StGB auszunehmen.[524] Den diametral entgegengesetzten Standpunkt nehmen die Vertreter derjenigen Auffassung ein, die den Konstellationen drohender Zahlungsunfähigkeit keine Sonderbehandlung angedeihen lassen wollen.[525] Ein vermittelnder Ansatz befürwortet die **teleologische Reduktion** nur, wenn es dem Schuldner gelingt, im Insolvenzverfahren mithilfe eines **Insolvenzplans** seine Krise zu überwinden.[526] Vorzugswürdig erweist sich die Ansicht, die eine teleologische Reduktion insgesamt ablehnt. Weder enthält der Wortlaut der §§ 283 Abs. 6, 283b Abs. 3, 283c Abs. 3, 283d Abs. 4 StGB Anhaltspunkte, die eine einschränkende Auslegung eröffnen[527] noch verdient der Schuldner Nachsicht, der Bankrotthandlungen i.S.d. §§ 283 ff. StGB begangen hat. Darüber hinaus gewährt die frühzeitige Verfahrenseröffnung die Chance, Sanierungsmaßnahmen, die wie die Umfirmierung oder Betriebsaufspaltung den Tatbestand des Beiseiteschaffens verwirklichen, ordnungsgemäß und im Einklang mit den Gläubigerinteressen durchzuführen.[528] – Nichts anderes gilt richtigerweise für den Schuldner, der bei drohender Zahlungsunfähigkeit den Antrag stellt, ein Schutzschirmverfahren gem § 270d InsO durchzuführen. Selbst wenn es ihm gelingt, dieses erfolgreich abzuschließen und sein Unter-

---

521 Ausführl. zu diesen schuldnerbegünstigenden Zielsetzungen *Röhm* NZI **2002**, 134, 135.

522 *Fischer* Vor § 283 Rdn. 11; Lackner/Kühl/*Heger* § 283 Rdn. 8; *Sch/Schröder/Heine/Schuster* § 283 Rdn. 53; S/S/W/*Bosch* Vorbem. §§ 283 ff. Rdn. 14; W/J/S/*Beck* 8/127; W/J/S/*Pelz* 9/132; Böttger/*Verjans/Rixe* 4/28; *Hörl*, S. 61, der plakativ von einem „strafrechtlichen Bumerang" spricht; *Erdmann*, S. 110 f.; *Moosmayer*, S. 170; *Röhm*, S. 130 f., 237; *Reichelt*, S. 91; *Habetha*, S. 294 f.; *Ressmann*, S. 291; *Brackmann*, S. 227; AnwK/*Püschel* Vor § 283–283d Rdn. 25; *ders.* Rissing-van Saan-FS, S. 471, 487; *Röhm* NZI **2002**, 134, 136; s.a. *Uhlenbruck* ZInsO **1998**, 250, 251; *Lenger/Apfel* WiJ **2012**, 34, 40.

523 *Röhm*, S. 229 ff.; *ders.* NZI **2002**, 134, 136 ff.; *Neumann*, S. 106 ff., 132; *Niu*, S. 173; wohl auch M-G/*Richter* Kap. 81 Rdn. 82.

524 So wohl *Dohmen*, S. 88 ff., wobei aber nicht recht deutlich wird, ob sie diese Einschränkung *de lege lata* oder aber nur *de lege ferenda* befürwortet.

525 B/*Quedenfeld/Bechtel/Richter* Kap. 22 Rdn. 130 f.; *Penzlin*, S. 194 ff.

526 Dafür *Moosmayer*, S. 191 ff.; zust. *Uhlenbruck* ZInsO **1998**, 250, 252; *ders.* NZI **1998**, 33; wohl ähnl., aber unklar *Brackmann*, S. 227; weitergehend noch *Plathner*, S. 220, der jeder erfolgreich durchgeführten echten Sanierung die Kraft zugesteht, die einmal eingetretene Bankrottstrafbarkeit wieder zu beseitigen, weil ja die Gläubiger i.E. nicht geschädigt worden seien; dagegen überzeugend M-G/*Richter* Kap. 81 Rdn. 80, 82; *Neumann*, S. 106; ferner *Röhm*, S. 235 ff.; *ders.* NZI **2002**, 134, 137, der jedoch *de lege ferenda* noch deutlich weiter gehen will; s. ferner A/R/R/*Himmelreich* Kap. 7/1 Rdn. 91, 100, der eine Lösung über die §§ 153 ff. StPO vorschlägt; ebenso W/J/S/*Pelz* 9/133; HambK/*Borchardt* § 283 StGB Rdn. 35.

527 So auch *Röhm*, S. 235 f., der deshalb freilich für eine Änderung des Wortlauts eintritt (a.a.O., S. 230 und *passim*); i.E. zust. *Ressmann*, S. 292.

528 Zu diesem positiven Aspekt *Uhlenbruck* wistra **1996**, 1, 4; zust. *Hörl*, S. 61.

nehmen unter dem Schutzschirm des § 270d InsO zu sanieren, überzeugt es nicht, Bankrotthandlungen, die er während der drohenden Zahlungsunfähigkeit begangen hat, straffrei zu stellen, indem man § 283 Abs. 6 StGB teleologisch reduziert.[529]

Des Weiteren diskutiert das insolvenzstrafrechtliche Schrifttum, ob es sachgerecht ist, den überschuldeten bzw. zahlungsunfähigen Schuldner, der sein Unternehmen unter Mitwirkung der Gläubiger im Rahmen eines **Insolvenzplanverfahrens**[530] saniert, gleichwohl gem. § 283 StGB zu bestrafen, falls er im Vorfeld der Insolvenzverfahrenseröffnung eine Bankrotthandlung begangen hat. Während *de lege lata* kaum jemand dem erfolgreich abgeschlossenen Insolvenzplan die Kraft zugesteht, die einmal eingetretene Strafbarkeit rückwirkend wieder zu beseitigen,[531] plädieren manche Autoren dafür, die §§ 283 ff. StGB *de lege ferenda* zu verändern, um – scheinbare – Friktionen mit dem Instrument des Insolvenzplans zu verhindern. Die Bandbreite der Vorschläge reicht von der Idee, dem Schuldner, der sich mit seinen Gläubigern auf einen Insolvenzplan einigt, Strafrabatt zu gewähren, bis hin zu der Forderung, die Strafbarkeit gem. § 283 StGB davon abhängig zu machen, dass die Mehrheit der Gläubiger einen Strafantrag stellt.[532] 67

Bekanntlich hat der Insolvenzverwalter die Befugnis, Gegenstände freizugeben, die zur Masse gehören. Mit der Freigabe erlangt der Schuldner die Verfügungsbefugnis über den freigegebenen Gegenstand zurück. Hat der Schuldner vor Insolvenzverfahrenseröffnung an dem freigegebenen Gegenstand eine Bankrotthandlung vorgenommen, erhebt sich die Frage, ob dieses Verhalten gem. § 283 StGB geahndet werden soll, obschon der Insolvenzverwalter mit der späteren Freigabe das fehlende Interesse der Masse an diesem Gegenstand zum Ausdruck bringt. Im Schrifttum findet sich der Vorschlag, die objektive Strafbarkeitsbedingung des § 283 Abs. 6 StGB in solchen Fallgestaltungen teleologisch zu reduzieren.[533] Dazu wird eine Parallele zu dem Schuldner gezogen, der nach Vornahme einer Bankrotthandlung die bestehende Krise überwindet, später aber aufgrund einer erneut eingetretenen Krise doch noch falliert, mit Blick auf die früher begangene Bankrotthandlung jedoch gem. § 283 Abs. 1 StGB straffrei bleibt.[534] Allerdings vermag diese Parallele das Ergebnis – *i.e.*: Straffreiheit des Schuldners, der an einem freigegebenen Massebestandteil vor Freigabe und im Stadium seiner Krise eine Bankrotthandlung vorgenommen hat – nicht zu tragen. Denn der Schuldner hat mit seiner Verhaltensweise den Tatbestand des Bankrotts vollständig verwirklicht. Ein späteres Ereignis – hier die Freigabe des Gegenstands – kann diese Vollendungsstrafbarkeit nicht mehr beseitigen. Die Gründe, die oben gegen eine teleologische Reduktion des § 283 Abs. 6 StGB in Fällen der drohenden Zahlungsunfähigkeit angeführt wurden, greifen auch hier. Zusammenfassend heißt das: Die Freigabe eines bspw. beiseitegeschafften Gegenstands lässt die einmal verwirkte Bankrottstrafbarkeit richtigerweise nicht entfallen. 68

529 Dafür aber *Windsberger*, S. 214 ff.

530 Vgl. §§ 217 ff. InsO.

531 Dafür aber *Plathner*, S. 218 ff., der von einem Strafaufhebungsgrund ausgeht; woher er freilich diesen nirgendwo normierten Strafaufhebungsgrund nimmt, sagt er nicht; noch weitergehend wohl SK/*Hoyer* Vor § 283 Rdn. 21, der dem Schuldner Straflosigkeit *sub specie* der §§ 283 ff. StGB gewähren will, dem es gelingt, im Eigenverwaltungsverfahren (§ 270 InsO) sein Unternehmen zu sanieren.

532 Näher zu diesem Vorschlag *Neumann*, S. 119 ff., 132, der das Strafantragserfordernis aber nur für diejenigen Konstellationen etablieren will, in denen ein Insolvenzverfahren eröffnet bzw. Zahlungseinstellung festgestellt wurde. Kein Bedürfnis nach einem Strafantrag bestehe, wenn das Insolvenzgericht den Insolvenzantrag mangels Masse abgewiesen habe (a.a.O., S. 127). Gesetzestechnisch sei – wegen des befürworteten überindividuellen Rechtsgüterschutzes durch die §§ 283 ff. StGB – ein relatives Strafantragserfordernis zu schaffen, das der Staatsanwaltschaft die Gelegenheit gebe, die Tat zu verfolgen, sofern sie der Ansicht ist, das Interesse an einer funktionierenden Kreditwirtschaft gebiete ein Einschreiten (a.a.O., S. 125); s. ferner auch *Niu*, S. 173. Historisch betrachtet sind solche Vorschläge kein Novum, kannten doch schon die Strafrechtsordnungen der norditalienischen Stadtstaaten z.T. die Möglichkeit, Straffreiheit zu erlangen, sofern der Schuldner seine Gläubiger nachträglich doch noch befriedigt hatte; vgl. zum Ganzen *Neumeyer*, S. 40.

533 *Galneder/Ruppert* KTS **2018**, 133, 149 sprechen zwar von teleologischer Extension. Das ist aber insofern verfehlt, als es ihnen nicht darum geht, die Reichweite des § 283 Abs. 6 StGB auszudehnen, sondern vielmehr eine Einschränkung des § 283 Abs. 6 StGB erweiternd auszulegen.

534 Zu dieser Parallel s. *Galneder/Ruppert* KTS **2018**, 133, 149 f.

5. Europäische/Internationale Einflüsse auf die objektive Strafbarkeitsbedingung

69 Die fortschreitenden **unionsrechtlichen Einflüsse** haben auch vor dem Insolvenzrecht nicht Halt gemacht. Wegen der zunehmenden Zahl grenzüberschreitender Insolvenzen hat der Unionsgesetzgeber die EuInsVO geschaffen, die – stark vereinfacht gesprochen – die Voraussetzungen normiert, unter denen die Eröffnung eines (Haupt-)Insolvenzverfahrens in einem Mitgliedstaat für sämtliche andere Mitgliedstaaten gilt (vgl. Art. 16, 3 EuInsVO). Insolvenzstrafrechtlich erhebt sich die Frage, ob das von einem Mitgliedstaat eröffnete **Hauptinsolvenzverfahren** die objektive Strafbarkeitsbedingung der §§ 283 Abs. 6, 283b Abs. 3, 283c Abs. 3, 283d Abs. 4 StGB erfüllt. Da Art. 16 EuInsVO – von hier nicht interessierenden Ausnahmen abgesehen – sämtliche Mitgliedstaaten an den Beschluss des verfahrenseröffnenden Staates bindet und der Wortlaut der §§ 283 Abs. 6, 283b Abs. 3, 283c Abs. 3, 283d Abs. 4 StGB kein inländisches Insolvenzverfahren fordert, spricht nichts gegen die im Schrifttum bereits vorgeschlagene Auslegung, wonach die Bedingung der §§ 283 Abs. 6, 283b Abs. 3, 283c Abs. 3, 283d Abs. 4 StGB eintritt, sobald ein Mitgliedstaat EuInsVO-konform das Hauptinsolvenzverfahren über das schuldnerische Vermögen eröffnet.[535] Richtigerweise nichts anderes gilt, wenn kein EU-Mitgliedstaat, sondern ein Drittstaat das Insolvenzverfahren eröffnet und das deutsche Recht diese Verfahrenseröffnung anerkennt (vgl. § 343 InsO).[536]

IX. Insolvenzstraftaten in der EU-Auslandsgesellschaft

70 Vor einigen Jahren kam die Frage auf, ob sich die Initiatoren einer **EU-ausländischen juristischen Person**, deren **Verwaltungssitz** in Deutschland liegt, nach deutschem Strafrecht verantworten müssen, wenn sie Bankrotthandlungen i.S.d. §§ 283 ff. StGB vornehmen. Da die **Private Company Limited by Shares** des englischen Rechts (Ltd.) den Großteil der in Deutschland agierenden Auslandsgesellschaften stellt,[537] liegt der Schwerpunkt der nachfolgenden Ausführungen auf dieser Erscheinungsform.[538] Zwar ist das Vereinigte Königreich am 31.1.2020 aus der EU ausgeschieden und können sich die Betreiber einer Ltd. nach Ablauf der Übergangsphase mit dem 31.12.2020 nicht mehr auf die Niederlassungsfreiheit des AEUV berufen.[539] Jedoch haben das Vereinigte Königreich und die EU ein Handels- und Kooperationsabkommen (EU-UK Trade and Cooperation Agreement vom 24.12.2020) geschlossen, dem Teile der Rspr. und des Schrifttums zu Recht die Pflicht der Mitgliedstaaten entnehmen, die Ltd. englischen Rechts weiterhin als solche anzuerkennen, sie mithin nach den Regeln der Gründungs- und nicht der Sitzttheorie zu behandeln.[540]

71 Obschon das Gesetz zur Modernisierung des GmbH-Rechts und zur Bekämpfung von Missbräuchen (**MoMiG**) vom 23.10.2008[541] auf die Zunahme der in Deutschland tätigen Auslandsgesellschaften reagierte, indem es der GmbH die **haftungsbeschränkte Unternehmergesellschaft (UG)** zur Seite stellte (vgl. § 5a GmbHG),[542] ist damit der **„Wettbewerb der Gesellschaftsformen"** nicht

---

535 Grdl. *Dohmen*, S. 243 f., 250 f., die aber die Eröffnung eines von der EuInsVO unter bestimmten Voraussetzungen zugelassenen Partikularinsolvenzverfahrens mit beachtlichen Gründen nicht genügen lässt, um hieran die Annahme der objektiven Strafbarkeitsbedingung zu knüpfen (a.a.O., S. 245 f., 251 f.); ebenso *Brackmann*, S. 419 f.

536 Dazu grdl. *Dohmen*, S. 246 f., 252; s. ferner *Brackmann*, S. 419 f.

537 Zu diesem Befund *Pattberg*, S. 7; *Worm*, S. 19; *Brettner*, S. 40; *Radtke* GmbHR **2008**, 729; *Richter* Tiedemann-FS, S. 1023, 1030; *Bittmann/Gruber* GmbHR **2008**, 867; *Wilk/Stewen* wistra **2011**, 161; *Schramm/Hinderer* ZIS **2010**, 494; *Kraatz* JR **2011**, 58, 59; vgl. auch *Weyand/Diversy* Rdn. 26; Joerden/Szwark/*Schmitz*, S. 199, 200; *Wietz*, S. 17, 72; *Nuys*, S. 2, 36; *Köke/Schwabe* ZAP **2006** Fach 15, 511.

538 S zu solchem Vorgehen etwa auch *Brettner*, S. 40; *Peukert*, S. 6 f.

539 BGH BB **2021**, 715; MK-GmbHG/*Merkt* § 11 Rdn. 125; *J. Schmidt* GmbHR **2021**, 229, 230.

540 OLG Stuttgart v. 22.7.2021 – 2 U 40/20, Rdn. 98 (juris); *J. Schmidt* GmbHR **2021**, 229, 230, 233 f.; offen gelassen von MK-GmbHG/*Merkt* § 11 Rdn. 125; a.A. OLG München EuZW **2021**, 955, 957 m. zust. Anm. *Habighorst*; ferner OGH (Österreich) NZG **2022**, 1072, 1074; krit. dagegen *Fischer* NZG **2021**, 1497, 1499.

541 BGBl. I S. 2026.

542 Zu den damit verbundenen Hoffnungen s. etwa *Dernedde* NJ **2007**, 443, 445.

zulasten der Auslandsgesellschaften entschieden. Zwar sind die Zahlen der Auslandsgesellschaften, die im Inland ihren Geschäftsbetrieb neu aufnehmen, rückläufig.[543] Jedoch geht diese Entwicklung nicht so weit, dass die Auslandsgesellschaften gänzlich von der Bildfläche verschwunden wären.[544] Deshalb besteht nach wie vor ein Bedürfnis, sich mit den insolvenzstrafrechtlichen Problemen auseinanderzusetzen, die aufkommen, sobald die Organe der Auslandsgesellschaft diese bzw. ihre Gläubiger schädigen.

Der Tatbestand des § 283 StGB normiert – wie bereits erwähnt (Rdn. 11) – ein **Sonderdelikt**, 72
dessen Täter nur der (Gemein-)Schuldner sein kann. Da das deutsche Recht eine Strafbarkeit juristischer Personen nicht kennt, hat der Gesetzgeber den § 14 StGB auf Posten gestellt, um Strafbarkeitslücken zu verhindern, die entstehen, sobald ein Personenverband die Position des Gemeinschuldners einnimmt (o. Rdn. 12). Die Zurechnungsvorschrift des § 14 StGB versetzt den Rechtsanwender in die Lage, unter den dort genannten Voraussetzungen die Gemeinschuldnerrolle des Verbands seinen Organen/Beauftragten zuzuweisen. Bekleidet eine Ltd. die Gemeinschuldnerrolle, bedürfen die nachfolgenden Punkte eingehender Betrachtung:

1. Der director als Adressat des § 14 StGB

Die im Schrifttum hierüber geführte Debatte kreist um die Frage, ob der director in den Gemein- 73
schuldnerstatus „seiner" Ltd. gem. § 14 Abs. 1 Nr. 1 StGB oder gem § 14 Abs. 2 Nr. 1 StGB einrückt. Entzündet hat sich die Auseinandersetzung an der im englischen Recht geltenden **Mandatstheorie.**[545] Der director ist nach dem CA 2006 kein Organwalter der Gesellschaft, sondern ein mit weitreichenden Kompetenzen ausgestatteter Mandatsträger,[546] der seine Rechtsmacht, die Ltd. zu verpflichten und über das Gesellschaftsvermögen zu verfügen, von den Gesellschaftern eingeräumt bekommt. Mit Blick auf diese rechtstechnische Konstruktion scheint es ausgeschlossen, den director dem § 14 Abs. 1 Nr. 1 StGB zu subsumieren, da diese Vorschrift nur das Organ einer juristischen Person und damit ein Pflichtsubjekt adressiert, dem das Amt des director gerade nicht entspricht. Dennoch votiert die wohl herrschende Ansicht dafür, den director als Organ i.S.d. § 14 Abs. 1 Nr. 1 StGB zu klassifizieren.[547] Ihr zufolge ist der Terminus „Organ" nicht technisch, sondern wertend zu verstehen und erfasst deshalb sämtliche Personen, die eine juristische Person nach außen und innen leiten.[548] Im Vordergrund des § 14 Abs. 1 Nr. 1 StGB stehe nicht so sehr die Bezeichnung des handelnden Vertreters, als vielmehr dessen Funktion als Leitungsorgan.[549] Darü-

---

543 M-G/*Müller-Gugenberger* Kap. 23 Rdn. 134; *Stärk*, S. 20; *Brettner*, S. 39; *Peukert*, S. 71 f.; *Kindler* Buchner-FS, S. 426, 439; *Fischer* NZG **2021**, 1497, 1499 f.; *Hefendehl* ZIP **2011**, 601, 602; *Kornblum* GmbHR **2010**, R 53, der mittlerweile mehr UG-Neugründungen als Ltd.-Neugründungen registriert; s.a. *J Jahn* F.A.Z. v. 29.5.2013, Nr. 122, S. 23; ferner *Römermann* GmbHR **2016**, 27; *Keil* DZWIR **2016**, 392, 393, denen zufolge die Blütezeit der Ltd. vorüber ist.

544 Zu diesem Befund *Stärk*, S. 20; *Peukert*, S. 72; *Melchior* AnwBl **2011**, 20; *Müller-Gugenberger* GmbHR **2009**, 578, 579; *Hefendehl* ZIP **2011**, 601, 602; offen gelassen von *Ransiek/Hüls* ZGR **2009**, 157, 175. – S. jüngst erst die Entscheidung KG GmbHR **2022**, 1136 m. Anm. *Brand* zur Insolvenzverschleppung bei der Ltd.

545 Dazu *Möser* RIW **2010**, 850, 851; *Wachter* NZG **2005**, 338, 339; *Just*, Rdn. 146; *Wilde*, S. 168; *Labinski*, S. 177; *Hinderer*, S. 36 f.; *Wietz*, S. 35; *Worm*, S. 62 f.; *Nuys*, S. 63, 401; *Rönnau* ZGR **2005**, 832, 843; *Gross/Schork* NZI **2006**, 10, 15; *Radtke/M Hoffmann* EuZW **2009**, 404, 405; *Hefendehl* ZIP **2011**, 601, 603; a.A. mit Blick auf das Gemeinschaftsrecht *Weiß*, S. 158 f.; mit Blick auf sec. 35 A CA 1989 *Schwilden*, S. 11 f.

546 *Pattberg*, S. 14, 100; *Stärk*, S. 29; *Christ*, S. 336, die vom Beauftragten spricht.

547 Dafür LG Freiburg v. 8.11.2010, 8 Ns 420 Js 9168/09, 8 Ns 420 Js 9168/09 – AK 2/10, Rdn. 96 (juris); NK/*Kindhäuser* Vor §§ 283 bis 283d Rdn. 45; S/S/*Perron* § 14 Rdn. 16/17; *Nuys*, S. 403; *Pattberg*, S. 104; *Weiß*, S. 160; *Stärk*, S. 107; *Christ*, S. 336; *Brackmann*, S. 272; *Schuster*, S. 362; *Rönnau* ZGR **2005**, 832, 844; *Richter* Tiedemann-FS, S. 1023, 1034; *Schumann* ZIP **2007**, 1189, 1195; *ders.* wistra **2008**, 229, 230; *Gross/Schork* NZI **2006**, 10, 15; ferner *Mankowski/Bock* ZStW 120 (**2008**), 704, 754; ebenso *Worm*, S. 65 f. und *Hinderer*, S. 37 ff., die ihre Ansicht maßgebend auf eine gemeinschaftsrechtskonforme Interpretation des Organbegriffs stützen; i.E. so wohl auch *Ogiermann/Weber* wistra **2011**, 206, 209.

548 *Pattberg*, S. 104; in diese Richtung auch BGH NZG **2013**, 937, 938 am Bsp. einer schweizerischen Aktiengesellschaft.

549 *Rönnau* ZGR **2005**, 832, 844; zust. *Worm*, S. 66; *Stärk*, S. 105.

ber hinaus sei § 14 StGB mit „Handeln für einen anderen" überschrieben und verwende § 14 Abs. 1 StGB den Terminus „Vertreter" als Oberbegriff.[550] Zudem lasse das englische Recht Bestrebungen erkennen, den director als Organ der Ltd. aufzufassen.[551] Diese Argumentation verdient Zustimmung. Wer hingegen mit der Gegenansicht meint, der Wortlaut des § 14 Abs. 1 Nr. 1 StGB sei überdehnt, sobald man den director einer Ltd. hierunter fasst,[552] reißt gleichwohl keine Strafbarkeitslücken auf, da § 14 Abs. 2 Nr. 1 StGB in die Bresche springt,[553] die diese Interpretation des § 14 Abs. 1 Nr. 1 StGB hinterlässt. Allerdings handeln sich die Verfechter dieser Auffassung erhebliche Schwierigkeiten bei § 15a InsO ein. Wollten sie hier der gesetzgeberischen Intention entsprechend den director als **Mitglied des Vertretungsorgans** begreifen, gelänge dies allenfalls mithilfe des interpretatorischen Kunstgriffs, wonach Organ i.S.d. § 15a Abs. 1 S. 1 InsO angesichts des Bestrebens, auch die Auslandsgesellschaften zu erfassen, untechnisch zu verstehen sei. Warum aber ausgerechnet der strafrechtlichen Vorschrift des § 14 Abs. 1 Nr. 1 StGB ein **technisches Organverständnis** zugrunde liegen soll, leuchtete dann nicht mehr ein. Vielmehr müsste unter Inkaufnahme erheblicher Strafbarkeitslücken der director vom Standpunkt der Gegenansicht konsequenterweise aus dem Täterkreis des § 15a InsO ausgeklammert werden. Überzeugend wäre das nicht. Der notwendige Zurechnungszusammenhang („als" bzw. „auf Grund dieses Auftrags") bereitet im Kontext der Bilanz- und Buchführungsdelikte dagegen keine Probleme. Gem. sec. 394 CA 2006 hat der director nämlich einen Jahresabschluss bestehend aus einer Vermögensbilanz sowie einer Gewinn- und Verlustrechnung zu erstellen; sein Untätigbleiben ist der Ltd. mithin zurechenbar.[554] In allen übrigen Fällen muss indes im Streit um die richtige Interpretation der Partikel **„als"** Stellung bezogen werden (s.o. Rdn. 14 ff.).[555]

74 Während also der managing-director gem § 14 Abs. 1 Nr. 1 StGB in die Gemeinschuldnerrolle der Ltd. einrückt, sofern er „als Organ" handelt, ist bislang ungeklärt, ob Gleiches auch für den non-executive-director gilt. Zwar steht der non-executive-director dem deutschen Aufsichtsrat nahe und rechnet dieser nicht zum typischen Adressatenkreis des § 14 StGB. Im Unterschied zum Aufsichtsratsmitglied deutscher Provenienz beschränkt sich das Tätigkeitsfeld des non-executive-director aber in der Regel nicht darauf, die Geschäftsführung des managing-director zu überwachen. Vielmehr begründet die Position als non-executive-director ebenfalls eine vollwertige „director-Stellung". Vor diesem Hintergrund spricht deshalb mehr dafür, den non-executive-director gleichfalls auf der Adressatenliste des § 14 StGB zu führen.[556]

75 Ein **Eingriff in die Niederlassungsfreiheit** ist dagegen nicht zu besorgen, sobald man dem Geschäftsleiter der EU-Auslandsgesellschaft besondere persönliche Merkmale „seiner" Gesellschaft *via* § 14 StGB zurechnet. Da § 14 StGB als bloße Überleitungsvorschrift keine Ge- oder Verbote an den Geschäftsleiter bzw. die EU-Auslandsgesellschaft adressiert, sondern lediglich die Voraussetzungen statuiert, unter denen bestimmte Statusmerkmale von der im Inland nicht straffähigen EU-Auslandsgesellschaft auf ihren Geschäftsleiter „überwälzt" werden können, entsteht ein Konflikt mit der Niederlassungsfreiheit richtigerweise nicht.[557]

---

550 Grdl. zu dieser Argumentation *Rönnau* ZGR **2005**, 832, 844, der aber auch darauf verweist, dass zumindest § 14 Abs. 2 Nr. 1 StGB anwendbar sei; s.a. Scholz/*Rönnau* Vor §§ 82 ff. Rdn. 79; zust. *Pattberg*, S. 103.

551 Dazu *Pattberg*, S. 101 f.

552 *Labinski*, S. 177 f.

553 Hierfür G/J/W/*Waßmer* § 266 Rdn. 25; *Hellmann* Rdn. 463; *Labinski*, S. 178 f., 265, 272; *Gross/Schork* NZI **2006**, 10, 15; offen gelassen, ob Abs. 1 Nr. 1 oder Abs. 2 Nr. 1 gilt von *Radtke/Hoffmann* EuZW **2009**, 404, 405.

554 Dazu *Radtke/Hoffmann* EuZW **2009**, 404, 405.

555 Zur Geltung der Interessentheorie s. *Richter* Tiedemann-FS, S. 1023, 1034; ferner *Hinderer*, S. 48 f.; implizit *Pattberg*, S. 106 m. Fn. 520; für die Funktionstheorie wohl *Worm*, S. 67, die den Zurechnungszusammenhang anhand des Begriffspaars „in Ausübung/bei Gelegenheit" vornehmen will.

556 Grdl. dazu *Pattberg*, S. 106 m. Fn. 519; zu den notwendigen Differenzierungen im Kontext des § 15a InsO s. *Wilde*, S. 173 ff.

557 Ausführl. zum Ganzen *Pattberg*, S. 105 f.; *Worm*, S. 68, 116, 140, 204; *Konzelmann*, S. 105 f.; a.A. *Stärk*, S. 90, 105; ferner wohl Sandrock/Wetzler/*N Hoffmann*, S. 227, 253; *Christ*, S. 336, die aber bereits eine Beschränkung ablehnt bzw. zumindest von Rechtfertigung ausgeht; offen gelassen von *Spindler/Berner* RIW **2004**, 7, 15.

2. Die Krisentatbestände des § 283 StGB

Der Tatbestand des § 283 Abs. 1 StGB sanktioniert die Vornahme einer Bankrotthandlung (vgl. Nrn. 1–8) im Zeitpunkt der drohenden/eingetretenen Zahlungsunfähigkeit bzw. Überschuldung, wohingegen § 283 Abs. 2 StGB demjenigen Schuldner Kriminalstrafe androht, der durch die Handlungen der Nrn. 1–8 die Überschuldung/eingetretene Zahlungsunfähigkeit herbeiführt. Über die richtige Interpretation dieser **Krisentatbestände** herrscht in Rspr. und Schrifttum keine Einigkeit (o. Rdn. 38). Vorzugswürdig ist die Ansicht, die eine – strafrechtliche Besonderheiten berücksichtigende – **insolvenzrechtsakzessorische Auslegung** der Termini „Überschuldung, eingetretene und drohende Zahlungsunfähigkeit“ befürwortet.[558] Ihr hat sich mittlerweile für das Merkmal der Zahlungsunfähigkeit auch der BGH angeschlossen.[559] Maßgebend sind damit die Legaldefinitionen der §§ 17 Abs. 2, 18 Abs. 2, 19 Abs. 2 InsO (o. Rdn. 38). 76

Bekleidet eine Ltd. mit Verwaltungssitz im Inland die Gemeinschuldnerrolle, richtet sich die Reichweite der Krisentermini ebenfalls nach den §§ 17 Abs. 2, 18 Abs. 2, 19 Abs. 2 InsO.[560] Insbes. die Vermutung des Art. 3 Abs. 1 UAbs. 2 S. 1 EG-InsVO steht dem Rückgriff auf die insolvenzrechtlichen Legaldefinitionen nicht entgegen. Denn die EU-Auslandsgesellschaften[561] haben ihren Interessenmittelpunkt (**„center of main interest“**, kurz **„COMI“**)[562] im Inland; gem. Art. 3 Abs. 1 UAbs. 1 S. 1, Abs. 2 S. 1 EG-InsVO ist damit die Vermutung des Art. 3 Abs. 1 UAbs. 2 S. 1 EG-InsVO entkräftet und findet folglich deutsches Insolvenzrecht Anwendung.[563] Über Art. 7 Abs. 1, Abs. 2 S. 2 EG-InsVO erfasst die Berufung deutschen Insolvenzrechts mithin auch die Insolvenzantragsgründe, da die Voraussetzungen, unter denen das Insolvenzverfahren eröffnet wird, das Recht des Staates der Verfahrenseröffnung regelt.[564] 77

3. Die Tathandlungen des § 283 Abs. 1 Nrn. 1–8 StGB

Die Tathandlungen des § 283 Abs. 1 Nrn. 1–8 StGB sind abschließend normiert. Inwieweit englisches (Gesellschafts-)Recht ihre Interpretation determiniert, hängt von der jeweiligen Tathandlung ab. Deshalb wird im Folgenden zwischen den Nrn. 1–4, 8 und den Nrn. 5–7 unterschieden. 78

a) Die Auslegung der Nrn. 1–4, 8. Betrachtet man die Tathandlungen des § 283 Abs. 1 Nrn. 1–4, 8 StGB etwas genauer, entpuppt sich allenfalls das in den Nrn. 1–3, 8 geforderte Merkmal des 79

---

558 Dafür *Hinderer*, S. 49; wohl auch *Worm*, S. 89.

559 BGH wistra **2007**, 308; BGH wistra **2007**, 312.

560 *Köke* ZInsO **2005**, 354, 357. Dazu, dass die Bewertung der Aktiva/Passiva i.R.d. Überschuldungsbilanz es notwendig machen kann, auf englisches Gesellschaftsrecht zurückzugreifen, s. *Labinski*, S. 283 ff.

561 Dieser Terminus ist dem der „Scheinauslandsgesellschaft“ vorzuziehen; s. nur M-G/B^5/*Müller-Gugenberger* § 23 Rdn. 109.

562 Eine ausführl. Stellungnahme zu den unterschiedlichen Ermittlungsansätzen des „COMI“ findet sich bei *Wilde*, S. 70 ff.

563 Dazu *Rönnau* ZGR **2005**, 832, 853; *Bittmann* ZGR **2009**, 931, 951; *ders./Gruber* GmbHR **2008**, 867, 869; *Schumann* ZIP **2007**, 1189, 1195; *Kienle* GmbHR **2007**, 696, 698; *Radtke/Hoffmann* EuZW **2009**, 404, 407; *Gross/Schork* NZI **2006**, 10, 13; *Spindler/Berner* RIW **2004**, 7, 11; *Geyrhalter/Gänßler* NZG **2003**, 409, 413; *Lawlor* NZI **2005**, 432, 433 f.; *Heinz* AnwBl **2004**, 612, 617; *ders.* AnwBl **2005**, 417, 418; *Schumann* DB **2004**, 743, 746; *Weller* IPRax **2003**, 207, 209; *Köke* ZInsO **2005**, 354, 357; *Ebert/Levedag* GmbHR **2003**, 1337, 1341; *Nuys*, S. 289 f.; *Hinderer*, S. 52; *Worm*, S. 88 f.; *Pattberg*, S. 96; *Labinski*, S. 198; *Wilde*, S. 78; *Stärk*, S. 112; zur Entkräftung der Vermutungswirkung s. etwa LG Duisburg ZIP **2007**, 926; *Müller* DB **2006**, 824, 827 m. Fn. 75.

564 I.E. wie hier Nerlich/Römermann/*Nerlich/Hübler* Art. 3 EUInsVO Rdn. 44; M-G/*Richter* Kap. 76 Rdn. 54; *Wilde*, S. 128 f., 191, 197; *Weiß*, S. 171; *Hinderer*, S. 52 f.; *Pattberg*, S. 107 f.; *Schumann* ZIP **2007**, 1189, 1195; *Radtke/Hoffmann* EuZW **2009**, 404, 407; ähnl. *Rönnau* ZGR **2005**, 832, 853; enger freilich *Eidenmüller/Rehberg* ZVglRWiss 105 (**2006**), 427, 445, denen zufolge die Bilanzierung bei § 19 Abs. 2 InsO nach Gründungsrecht zu erfolgen hat.

„Widerspruchs zu den Anforderungen einer ordnungsgemäßen Wirtschaft“ (o. Rdn. 27 ff.) als Einfallstor für ausländisches (Gesellschafts-)Recht.[565] Sofern sich hierzu überhaupt Stellungnahmen finden, lehnen diese den Rückgriff auf ausländische Vorschriften – etwa solche des CA 2006 – ab. Denn die Anforderungen an eine ordnungsgemäße Wirtschaft, denen das Verhalten der Nrn. 1–3, 8 widersprechen müsse, habe der Geschäftsleiter der EU-Auslandsgesellschaft nicht gegenüber „seiner“ Gesellschaft, sondern gegenüber den Gesellschaftsgläubigern zu beachten. Ein gesellschaftsrechtlicher Bezug des Merkmals, der es erfordere, seine Interpretation am ausländischen (Gesellschafts-)Recht auszurichten, bestehe mithin nicht.[566] Im Vordergrund stehe vielmehr eine betriebswirtschaftliche, nicht eine juristische Bewertung der entsprechenden Handlungen.[567] Etwas anderes gelte aber, falls ausländisches Recht ein den Nrn. 1–4, 8 unterfallendes Verhalten gestatte. Der Grundsatz, wonach nicht wirtschaftswidrig sei, was das Zivilrecht erlaube, erfahre insoweit eine Erweiterung.[568] Diese Ansicht überzeugt bereits im Ausgangspunkt nicht, weil sie es – fälschlicherweise – für möglich hält, den unbestimmten Rechtsbegriff des ordnungsgemäßen Wirtschaftens unter Rückgriff auf (irgendwelche diffusen) **betriebswirtschaftlichen Maßstäbe** zu konkretisieren. Nach dem an anderer Stelle entwickelten Konkretisierungsansatz (Rdn. 31 ff.) sind Maßnahmen jenseits der Drei- bzw. Sechswochenfrist, die § 15a Abs. 1 InsO gewährt, um einen erfolgsversprechenden Sanierungsplan umzusetzen, stets, Maßnahmen im Vorfeld bzw. während des Laufs der Drei- bzw. Sechswochenfrist immer dann wirtschaftswidrig, wenn sie dem Maßstab eines ordentlichen und gewissenhaften Geschäftsleiters widersprechen. Ob der Geschäftsleiter einer EU-Auslandsgesellschaft an die Vorgaben des § 15b InsO gebunden ist, hängt davon ab, ob diese insolvenz- oder gesellschaftsrechtlich zu qualifizieren sind. Der bloße Wechsel des Regelungsstandorts genügt freilich nicht, um vormals gesellschaftsrechtliche Pflichten insolvenzrechtlich anzuknüpfen. Allerdings sprachen schon unter dem Regime des alten Rechts die besseren Gründe dafür, die Zahlungsverbote der §§ 64 S. 2 GmbHG, 92 Abs. 2 S. 2 AktG, 99 S. 2 GenG, 130a Abs. 1 S. 2 HGB insolvenzrechtlich anzuknüpfen,[569] da sämtliche Tatbestände den Eintritt von Überschuldung bzw. Zahlungsunfähigkeit des betroffenen Rechtsträgers voraussetzten. Für die Vorgaben des § 15b InsO kann dann richtigerweise nichts anders gelten, zumal der Gesetzgeber des SanInsFoG, indem er diese Zahlungsverbote in die Insolvenzordnung überführte und dort in § 15b InsO rechtsformübergreifend normierte, ihre enge Verbindung zum Insolvenzrecht noch einmal unterstreicht. Wer hingegen diese Frage verneint, weil er § 15b InsO gesellschafts- und nicht insolvenzrechtlich qualifiziert, der kann zwar über all diejenigen Maßnahmen, die der Geschäftsleiter einer EU-Auslandsgesellschaft nach Ablauf der Drei- bzw. Sechswochenfrist des § 15a Abs. 1 InsO tätigt, mit der hier vertretenen Ansicht das Verdikt der Wirtschaftswidrigkeit fällen, da die Pflichten des § 15a Abs. 1 InsO richtigerweise auch den Geschäftsleiter einer solchen Gesellschaft treffen,[570] muss jedoch, um die Wirtschaftlichkeit aller anderen Maßnahmen zu eruieren, das ausländische (Gesellschafts-)Recht befragen.

80 **b) Die Auslegung der Nrn. 5–7.** Weitaus größere Schwierigkeiten bereitet es, den Geschäftsleiter einer EU-Auslandsgesellschaft, der entweder keine **Handelsbücher** führt oder keine **Bilanzen** erstellt, gem. § 283 Abs. 1 Nrn. 5–7 StGB bzw. gem § 283b Abs. 1 StGB, sofern die Tathandlungen außerhalb der Krise erfolgen und eine solche nicht herbeiführen, zu bestrafen. Dreh- und Angelpunkt dieser Schwierigkeiten ist die Frage, welche Vorschriften den Geschäftsleiter der EU-Aus-

565 Dazu, dass sich bzgl. der Nrn. 1–4, 8 ansonsten keine Besonderheiten aus der Beteiligung einer Ltd. ergeben, s. *Labinski*, S. 269 f.; Sandrock/Wetzler/*N. Hoffmann*, S. 227, 254; *Ogiermann*/*Weber* wistra **2011**, 206, 209.

566 So *Hinderer*, S. 57; ähnl. *Mankowski*/*Bock* ZStW 120 (**2008**), 704, 744.

567 Zum Ganzen s. *Labinski*, S. 270 f.

568 *Pattberg*, S. 165 ff.

569 Dafür OLG Jena NZI **2013**, 807 ff., allerdings noch zu § 64 Abs. 2 GmbHG a.F.; abl. dagegen *Poertzgen* NZI **2013**, 809 f.

570 S. Bittmann/*C. Brand* § 5 Rdn. 68 f.

landsgesellschaft zur Führung von Handelsbüchern und Bilanzen verpflichten und – falls diese Verpflichtung ausländischem Recht entspringen sollte – ob die §§ 283 Abs. 1 Nrn. 5–7, 283b Abs. 1 StGB auch den Verstoß gegen ausländische Buch- und Bilanzführungspflichten pönalisieren.

aa) Die von den §§ 283 Abs. 1 Nrn. 5–7, 283b Abs. 1 StGB in Bezug genommenen Buch- und Bilanzführungspflichten. Die §§ 283 Abs. 1 Nrn. 5–7, 283b Abs. 1 StGB verweisen auf Pflichten, die den Schuldner dazu anhalten, Bücher und Bilanzen zu führen. Solche Pflichten finden sich etwa in den §§ 238 Abs. 1 (Buchführung), 242 Abs. 1 (Bilanzierung) HGB (näher § 283 Rdn. 66 ff., 111 ff.). Danach ist jeder Kaufmann zur Buch- und Bilanzführung verpflichtet.[571] Ob die §§ 238 Abs. 1, 242 Abs. 1 HGB auch Auslandsgesellschaften wie die Ltd. adressieren, darum tobt in Rspr. und Schrifttum eine heftig geführte Auseinandersetzung: 81

Die Befürworter, die die §§ 238 Abs. 1, 242 Abs. 1 HGB auf EU-Auslandsgesellschaften erstrecken und deren Geschäftsleitungsorganen aufgeben, die Bücher und Bilanzen der Gesellschaft (auch) nach deutschem Recht zu führen, gründen ihrer Ansicht vor allem auf den **öffentlich-rechtlichen Charakter** der §§ 238 Abs. 1, 242 Abs. 1 HGB.[572, 573] Die Anwendbarkeit der §§ 238 ff. HGB orientiere sich allein am Ort der kaufmännischen Niederlassung. Streitig ist freilich, woraus die **Kaufmannseigenschaft der Auslandsgesellschaft** folgt. Da § 6 Abs. 2 HGB ausscheidet – eine Vorschrift, die die Kaufmannseigenschaft der Auslandsgesellschaft ausdrücklich anordnet, fehlt im deutschen Recht – wird zum Teil ein Rekurs auf § 6 Abs. 1 HGB vorgeschlagen.[574] Danach soll die Auslandsgesellschaft den Status eines Kaufmanns i.S.d. deutschen HGB erwerben, sobald sie in einem dem deutschen Handelsregister funktional vergleichbaren ausländischen Register eingetragen worden ist.[575] Die überzeugendere Ansicht fordert hingegen, die Kaufmannseigenschaft der Auslandsgesellschaft anhand der von § 1 Abs. 2 HGB vorgegebenen Kriterien positiv festzustellen. Nur wenn das Gewerbe, das die Auslandsgesellschaft betreibt, einen **in kaufmännischer Weise eingerichteten Geschäftsbetrieb** erfordert, geht es an, die Auslandsgesellschaft als Kaufmann zu begreifen.[576] Etwas anderes mag allenfalls für diejenigen Auslandsgesellschaften gelten, die ihrer aus den §§ 13d–13h HGB folgenden Eintragungspflicht nachgekommen sind und sich im deutschen Handelsregister haben registrieren lassen.[577] 82

Die Gegner, die es ablehnen, die Buchführungs- und Bilanzierungspflichten des HGB den Geschäftsleitern der EU-Auslandsgesellschaften aufzuerlegen, klassifizieren die §§ 238 ff. HGB **ge-** 83

571 Näher zum Inhalt dieser Pflichten § 283 Rdn. 66 ff. und Rdn. 111 ff.

572 Allg. für öffentlich-rechtliche Qualifikation der Buchführungspflichten LG Freiburg v. 8.11.2010, 8 Ns 420 Js 9168/09, 8 Ns 420 Js 9168/09 – AK 2/10, Rdn. 99 (juris); *Ebert/Levedag* GmbHR **2003**, 1337, 1338; M-G/*Richter* Kap. 85 Rdn. 4a; *Weyand/Diversy* Rdn. 84; Park/*Deiters/Park* Teil 3, Kap. 10.2 Rdn. 8, die es aber offen lassen, ob die sog. „Scheinauslandsgesellschaften" nach deutschem Recht buchführungspflichtig sind (a.a.O., Rdn. 16); *Schumann* wistra **2008**, 229, 230; *ders.* ZIP **2007**, 1189, 1190; *Radtke/Hoffmann* EuZW **2009**, 404, 406; *Richter* Tiedemann-FS, S. 1023, 1037; *Lenger/Apfel* WiJ **2012**, 34, 44; wohl auch *Bittmann* wistra **2010**, 302, 303.

573 Vgl. aber auch *Wilk/Stewen* wistra **2011**, 161, 167, die zwar den öffentlich-rechtlichen Charakter der Bilanz- und Buchführungspflichten leugnen, indes gleichwohl davon ausgehen, dass die entsprechenden deutschen Regelungen für die englische Ltd. gälten. Ein Verstoß gegen Gemeinschaftsrecht läge hierin nicht, da die Beeinträchtigung der Niederlassungsfreiheit gerechtfertigt sei; ähnl. *Ekkenga* 400-Jahre-Universität-Gießen-FS, S. 395, 406 f.; offen gelassen von AG Stuttgart wistra **2008**, 226, 229.

574 MK-BilR/*Graf* § 238 Rdn. 11; *Schuster*, S. 363; ferner *Worm*, S. 70, die aus der Einpersonengesellschaftsrichtlinie und der dort angeordneten Vergleichbarkeit von GmbH und Ltd. folgert, dass jede Ltd. *via* § 6 Abs. 1 HGB die Kaufmannseigenschaft erwirbt, und zwar anscheinend ungeachtet ihrer Eintragung im Handelsregister; ebenso *Stärk*, S. 168; *Degenhardt*, S. 68 f.; *Ebert/Levedag* GmbHR **2003**, 1337, 1339; wohl auch LG Freiburg v. 8.11.2010, 8 Ns 420 Js 9168/09, 8 Ns 420 Js 9168/09 – AK 2/10, Rdn. 98 (juris).

575 *Labinski*, S. 267 f.; anscheinend auch *Müller-Gugenberger* Tiedemann-FS, S. 1003, 1009 m. Fn. 41.

576 *Weyand/Diversy* Rdn. 84; *Wilk/Stewen* wistra **2011**, 161, 167; *Schumann* ZIP **2007**, 1189, 1190.

577 Darauf weist zu Recht M-G/*Müller-Gugenberger* Kap. 23 Rdn. 144 hin; ebenso *Wilk/Stewen* wistra **2011**, 161, 167.

sellschaftsrechtlich[578] und disqualifizieren damit jegliche Erstreckung dieser Vorschriften auf EU-Auslandsgesellschaften als gemeinschaftsrechtswidrig.[579] Buchführungs- und Bilanzierungspflichten folgten für den Geschäftsleiter einer EU-Auslandsgesellschaft ausschließlich aus dem maßgebenden ausländischen Recht.[580]

84 Zwischen diesen beiden Meinungslagern steht die Ansicht, die zur Straflosigkeit des Geschäftsleiters einer EU-Auslandsgesellschaft *sub specie* der §§ 283 Abs. 1 Nrn. 5–7, 283b Abs. 1 StGB immer dann gelangt, wenn dieser zumindest nach den Vorschriften einer der beiden Rechtsordnungen die Bücher und Bilanzen der Auslandsgesellschaft führt.[581] Strafbar ist danach nur, wer seinen Pflichten weder nach deutschem noch nach ausländischem Recht nachkommt.[582]

85 Den Sieg im Streit um die richtige **international-privatrechtliche Anknüpfung der Bilanz- und Buchführungsvorschriften** trägt die Ansicht davon, die die §§ 238 ff. HGB **gesellschaftsrechtlich** qualifiziert und den Geschäftsleiter einer EU-Auslandsgesellschaft von der Aufgabe entbindet, zusätzlich Bücher und Bilanzen nach deutschem Recht zu führen.[583] Neben den unionsrechtlichen Zweifeln, die aufkommen, sobald man dem Geschäftsleiter einer EU-Auslandsgesellschaft eine „doppelte" Bilanz- und Buchführung zumutet,[584] streitet für diese Ansicht vor allem die Überlegung, wonach die Bilanz- und Buchführungsvorgaben so stark von gesellschaftsrechtlichen Wertungen und Besonderheiten abhängen, die unberücksichtigt blieben, wollte man diese Vorgaben allein öffentlich-rechtlich verstehen. Hierfür spricht des Weiteren die Vorschrift des § 325a HGB. Gem. deren Abs. 1 S. 1 hat der Vertreter einer inländischen Zweigniederlassung die nach dem Recht der Hauptniederlassung erstellte Rechnungslegung im Inland offenzulegen. Da der EuGH den auf der **Zweigniederlassungsrichtlinie** basierenden Terminus der Zweigniederlassung weit auslegt und darunter selbst solche EU-Auslandsgesellschaften fasst, die sich im Herkunftsstaat wirtschaftlich nicht betätigen,[585] gilt § 325a Abs. 1 S. 1 HGB auch für diese Gesellschaften. Wer darüber hinaus das Merkmal „Hauptniederlassung" i.S.d. § 325a Abs. 1 S. 1 HGB

---

578 Dafür Staub/*Pöschke* § 238 Rdn. 9, 26; MK-BilR/*Graf* § 238 Rdn. 13; *Heinz/Hartung* Kap. 14 Rdn. 2; *Just* Rdn. 262; *Christ*, S. 339; *Eidenmüller/Rehberg* ZVglRWiss 105 (**2006**), 427, 443; *Müller* DB **2006**, 824, 826; *Just/Krämer* BC 2006, 29; *Labinski*, S. 273 f.; *Worm*, S. 72 f.; *Mankowski/Bock* ZStW 120 (**2008**), 704, 755; *Rönnau* ZGR **2005**, 832, 846; wohl auch Sandrock/Wetzler/*N Hoffmann*, S. 227, 255; dagegen deutlich *Stärk*, S. 82.

579 *Rönnau* ZGR **2005**, 832, 846; *Labinski*, S. 273 ff., der zusätzlich dem im Lichte der Zweigniederlassungsrichtlinie ausgelegten § 325a HGB das Verbot entnimmt, EU-Auslandsgesellschaften zur Bilanz- und Buchführung nach deutschem Recht zu verpflichten; ähnl. *Pattberg*, S. 121 ff.

580 Zu den Rechtsgrundlagen im Einzelnen s. *Labinski*, S. 277 f.; *Pattberg*, S. 119 f.; *Nuys*, S. 129; *Worm*, S. 74; *Stärk*, S. 35 f.; ferner *Kienle* GmbHR **2007**, 696, 700, *Just/Krämer* BC **2006**, 29 30 ff. (die beiden zuletzt Genannten aber noch zum CA 1985); für die Geltung ausländischen Handelsbilanzrechts auch LK[12]/*Tiedemann* § 283 Rdn. 245; *Rönnau* ZGR **2005**, 832, 846; Joerden/Szwark/*Schmitz*, S. 199, 208; ferner wohl Sandrock/Wetzler/*N Hoffmann*, S. 227, 255; unentschieden *Pelz/Grotebrune* Rdn. 802 f.

581 M-G/*Müller-Gugenberger* Kap. 23 Rdn. 146; *Schuster*, S. 366; vgl. ferner *Schumann* ZIP **2007**, 1189, 1193 sowie *dens.* wistra **2008**, 229, 230, der die Bilanz-/Buchführung nach ausländischem Recht *qua* Fiktion der Bilanz-/Buchführung nach deutschem Recht gleichstellt; zust. *Radtke/Hoffmann* EuZW **2009**, 404, 407 (zur Kritik an dieser „Fiktionslösung" s. *Hinderer*, S. 114); ähnl. *Kienle* GmbHR **2007**, 696, 699: Straflosigkeit bei Buchführung nach englischem Recht, zumindest aber Einstellung des Strafverfahrens gem. § 153 StPO.

582 *Radtke/Hoffmann* EuZW **2009**, 404, 407; zust. *Sch/Schröder/Heine/Schuster* Vorbem. §§ 283 ff. Rdn. 1c und § 283 Rdn. 29; *Schuster*, S. 366; so wohl auch *Schumann* wistra **2008**, 229, 230; *ders.* ZIP **2007**, 1189, 1194.

583 Vgl. aber auch *Hinderer*, S. 116, dem zufolge allein ausschlaggebend ist, ob die Verpflichtung, (zusätzlich) nach deutschem Recht zu bilanzieren, mit der Niederlassungsfreiheit vereinbar ist; die Qualifikation der entsprechenden Regelungen als gesellschafts- oder öffentlich-rechtlich sei hierfür unerheblich; in eine andere Richtung zielt eine Überlegung von *Pattberg*, S. 210 f., der im Kontext des § 15a InsO darauf hinweist, dass erst feststehen müsse, ob eine bestimmte Norm des Sachrechts nach dem einschlägigen Kollisionsrecht überhaupt zur Anwendung berufen ist, bevor ihre Vereinbarkeit mit Gemeinschaftsrecht im Raum steht.

584 Ausführl. dazu *Hinderer*, S. 117 ff.; *Stärk*, S. 172 ff.; ferner *Schuster*, S. 366; *Degenhardt*, S. 70 sieht hierin den entscheidenden Nachteil der Ltd.

585 EuGH Slg. **1999**, I-459 („Centros"); EuGH Slg. **2003**, I-10155 („Inspire-Art"); zust. etwa OLG Zweibrücken NZG **2003**, 537, 538; LG Trier NZG **2003**, 778.

mit „Satzungssitz der Gesellschaft" übersetzt,[586] gelangt zu dem Ergebnis, dass diese EU-Auslandsgesellschaften gleichfalls verpflichtet sind, eine nach dem Recht des Satzungssitzes erstellte Rechnungslegung im Inland offenzulegen.[587] Die Forderung, zusätzlich Bilanzen und Bücher gem. dem deutschen HGB zu führen, ergäbe vor diesem Hintergrund keinen Sinn, da diese Bücher/Bilanzen nicht einmal offengelegt werden müssten.[588]

bb) Bestrafung ausländischer Bilanz- und Buchführungsverstöße gem §§ 283 Abs. 1 Nrn. 5–7, 283b Abs. 1 StGB? Ob die §§ 283 Abs. 1 Nrn. 5–7, 283b Abs. 1 StGB die **Missachtung ausländischer Bilanz- und Buchführungsvorgaben** strafbewehren, ist äußerst umstritten.[589] Zum Teil werden die §§ 283 Abs. 1 Nrn. 5–7, 283b Abs. 1 StGB als („unechte") Blankettdelikte[590] und ihre Ausfüllung durch ausländisches Recht als Verstoß gegen den Parlamentsvorbehalt eingestuft.[591] Andere Stimmen leugnen den **Blankettcharakter** der §§ 283 Abs. 1 Nrn. 5–7, 283b Abs. 1 StGB[592] und haben deshalb keine Bedenken, die Verletzung ausländischer Buchführungs- und Bilanzierungspflichten entsprechend zu bestrafen. Wieder andere akzeptieren zwar die Blanketteigenschaft der §§ 283 Abs. 1 Nrn. 5–7, 283b Abs. 1 StGB, widersprechen jedoch den Einwänden *sub specie* des Parlamentsvorbehalts:[593] Zum einen habe der deutsche Gesetzgeber über das tatbestandliche Unrecht der §§ 283 Abs. 1 Nrn. 5–7, 283b Abs. 1 StGB selbst entschieden und die unrechtsbegründenden Kriterien auch selbst umschrieben.[594] Zum anderen habe er sich, als er den Gemeinschaftsverträgen zustimmte, damit einverstanden erklärt, die Buchführungs- und Bilanzierungspflichten i.R.d. §§ 283 Abs. 1 Nrn. 5–7, 283b Abs. 1 StGB auf der Grundlage EU-ausländischen Rechts zu bestimmen.[595] Schließlich enthalte der Wortlaut der §§ 283 Abs. 1 Nrn. 5–7, 283b Abs. 1 StGB keine Beschränkung auf deutsches Handelsbilanzrecht.[596] 86

Den Vorzug verdient die Ansicht, die mit Blick auf den Parlamentsvorbehalt die Missachtung ausländischer Bilanzierungsvorschriften nicht gem. §§ 283 Abs. 1 Nrn. 5–7, 283b Abs. 1 StGB sanktioniert. Zu Recht weist sie darauf hin, dass der Umstand, wonach der Gesetzgeber sowohl das tatbestandliche Unrecht als auch die unrechtsbegründenden Kriterien der §§ 283 Abs. 1 Nrn. 5–7, 283b Abs. 1 StGB selbst normiert habe, nicht von dem Erfordernis entbindet, die blankettausfüllen- 87

586 Dafür *Worm*, S. 74; *Stärk*, S. 34; *Rönnau* ZGR **2005**, 832, 846; *Eidenmüller/Rehberg* ZVglRWiss 105 (**2006**), 427, 436.

587 Zu diesem Befund *Christ*, S. 339; *Eidenmüller/Rehberg* ZVglRWiss 105 (**2006**), 427, 438 und *passim*.

588 *Worm*, S. 74; i.E. ebenso *Stärk*, S. 34 f.; *Konzelmann*, S. 111 ff., 114 f.; *Rönnau* ZGR **2005**, 832, 846; s.a. *Eidenmüller/Rehberg* ZVglRWiss 105 (**2006**), 427, 440; M-G/*Wolf* Kap. 26 Rdn. 22; krit. gegenüber solcher Argumentation *Schumann* ZIP **2007**, 1189, 1192.

589 Zw. etwa Park/*Deiters/Wagner* Teil 3, Kap. 10.2 Rdn. 16, *Bittmann* ZGR **2009**, 931, 952, allerdings ohne nähere Begründung.

590 OLG Karlsruhe NStZ **1985**, 317; AG Lörrach NStZ **1985**, 221; *Worm*, S. 79; *Hinderer*, S. 122 f.; *Labinski*, S. 280; *Pattberg*, S. 146 ff., 155, 158; *Konzelmann*, S. 126 f.; Joerden/Szwark/*Schmitz*, S. 199, 208; *Wilk/Stewen* wistra **2011**, 161, 166; *Kienle* GmbHR **2007**, 696, 698; Park/*Deiters/Wagner* Teil 3 Kap. 10.2 Rdn. 4 bzgl. § 283b StGB; sympathisierend *Rönnau* ZGR **2005**, 832, 848; offen gelassen von *Pelz/Grotebrune* Rdn. 803.

591 Scholz/*Rönnau* Vor §§ 82 ff. Rdn. 79; Joerden/Szwark/*Schmitz*, S. 199, 208; *Hinderer*, S. 129 ff.; *Pattberg*, S. 150, 161 f.; *Stärk*, S. 168; *Konzelmann*, S. 138 ff.; i.E. ebenso Lackner/Kühl/*Heger* § 283 Rdn. 16; in diese Richtung auch *Wilk/Stewen* wistra **2011**, 161, 166 f.; *Rönnau* ZGR **2005**, 832, 849 f.; vgl. auf dieser Linie ferner *Weiß*, S. 37 f.; s.a. BGHSt 21, 277, 279 = JR **1968**, 266, 267 zu § 21 StVG a.F. sowie *Schlösser/Mosiek* HRRS **2010**, 424, 426.

592 Dafür *Liebelt* NStZ **1989**, 182; ferner LK/*Werle/Jeßberger* Vor § 3 Rdn. 335 und S/S/*Sternberg-Lieben*[28] § 15 Rdn. 103, letztere allerdings beschränkt auf § 283b StGB.

593 LK[12]/*Tiedemann* § 283 Rdn. 92, 244, der aber zusätzlich fordert, dass das ausländische Recht einem vergleichbaren Organ eine dem deutschen Recht vergleichbare Buchführungspflicht (usw.) auferlegt; zust. *Niemeyer*, S. 168; ferner *Labinski*, S .75 f., 280 f.; *Worm*, S. 85 f.; *Kienle* GmbHR **2007**, 696, 698.

594 *Worm*, S. 85; *Labinski*, S. 281; *Schumann* ZIP **2007**, 1189, 1195.

595 *Labinski*, S. 281 f.

596 LK[12]/*Tiedemann* § 283 Rdn. 244; *Labinski*, S. 279; *Hinderer*, S. 130; *Worm*, S. 78; *Niemeyer*, S. 167; ferner *Wilk/Stewen* wistra **2011**, 161, 166; *Kienle* GmbHR **2007**, 696, 698; s.a. *Schumann* ZIP **2007**, 1189, 1194.

de außerstrafrechtliche Regelung ebenfalls dem deutschen Recht zu entnehmen.[597] Etwas anderes ergibt sich auch nicht aus der Zustimmung des deutschen Gesetzgebers zu den Unionsverträgen, war doch damals überhaupt nicht absehbar, welche weiten Kreise die Niederlassungsfreiheit im Kontext des (internationalen) Gesellschaftsrechts ziehen würde.[598] Völlig straflos bleibt der Geschäftsleiter einer EU-Auslandsgesellschaft, der es unterlässt nach ausländischem Recht Bücher und Bilanzen zu führen, aber nicht. So kann er sich im Falle des unordentlichen Führens oder Veränderns von Handelsbüchern zumindest nach § 283 Abs. 1 Nr. 8 StGB strafbar machen.[599] Ob eine Strafbarkeit nach diesem Auffangtatbestand auch demjenigen Geschäftsleiter droht, der keine Bücher/Bilanzen führt, ist hingegen umstritten. Die Antwort hierauf hängt davon ab, ob § 283 Abs. 1 Nr. 8 StGB durch Unterlassen begehbar ist[600] und ob den Geschäftsleiter bejahendenfalls eine entsprechende Garantenstellung trifft.[601]

X. Konzerninsolvenzstrafrecht

88 Mit dem am 21.4.2018 in Kraft getretenen „Gesetz zur Erleichterung der Bewältigung von Konzerninsolvenzen" hat der Gesetzgeber den Versuch unternommen, Reibungsverluste und Abstimmungsschwierigkeiten zu minimieren, die entstehen, sobald ein Konzern in die Insolvenz gerät. Schwerpunktmäßig bringen die neuen Regelungen Verfahrensvorschriften. So normiert das „Gesetz zur Erleichterung der Bewältigung von Konzerninsolvenzen" einen **Gruppengerichtsstand**[602] und führt die Organe des **Gruppeninsolvenzverwalters** sowie des **Gruppengläubigerausschusses** ein. An der fehlenden rechtlichen Verselbständigung des Konzerns als solchem rüttelt das Gesetz indes nicht.[603] Das heißt: Ob die Voraussetzungen vorliegen, um ein Insolvenzverfahren zu eröffnen, muss für jede konzernierte Gesellschaft eigenständig ermittelt werden. Gleichwohl existieren Besonderheiten, die aus der Konzernstruktur folgen und die es rechtfertigen, Konzernsachverhalte unter dem Blickwinkel des Insolvenzstrafrechts gesondert zu würdigen.

1. Zurechnung der Gemeinschuldnerrolle in Konzernkonstellationen

89 Charakteristikum der meisten Konzerne ist ein **Beherrschungsverhältnis**. Eine Muttergesellschaft ist Allein- oder Mehrheitsgesellschafterin einer Tochtergesellschaft und damit in der Lage, aufgrund ihres Einflusses die wirtschaftlichen Geschicke der Tochter an einem übergeordneten Konzerninteresse auszurichten. Gerät der Konzernverbund in die Krise, weisen die Geschäftsleiter der Mutter nicht selten die Geschäftsleiter der Tochter an, Vermögen der Tochter an die Mutter zu transferieren. Befindet sich die Tochter zu diesem Zeitpunkt bereits selbst in der Krise oder führt die befohlene Mitteltransformation diese herbei, bereitet es keine allzu große Mühe, den Geschäftsleiter der Tochtergesellschaft entweder wegen Bankrotts oder Untreue zu bestrafen. Ob

---

597 A.A. aber *Worm*, S. 77, der zufolge die Ansicht, wonach ein Blankett stillschweigend immer nur auf inländisches Recht verweise, gemeinschaftsrechtswidrig ist.

598 Ausführl. zum Ganzen auch mit Blick auf die Unterschiede zu § 170 StGB *Hinderer*, S. 130 ff.

599 Dafür Scholz/*Rönnau* Vor §§ 82 ff. Rdn. 79; Lackner/Kühl/*Heger* § 283 Rdn. 21; *Hinderer*, S. 136 f.; *Christ*, S. 340; *Rönnau* ZGR **2005**, 832, 850 ff.; a.A. aber *Pattberg*, S. 178 ff., der Bestimmtheitsbedenken gegen diese Ansicht ins Feld führt; ferner *Stärk*, S. 178 m. Fn. 746, die nur solche Handlungen unter § 283 Abs. 1 Nr. 8 StGB fassen will, die einen von den Nrn. 1–7 abweichenden Charakter aufweisen.

600 Dazu s. *Hinderer*, S. 137 f.; abl. wohl *Schuster*, S. 364.

601 Zw. *Rönnau* ZGR **2005**, 832, 851 f.; bejahend *Hinderer*, S. 140 ff., der aber zugleich darauf hinweist, dass dem Merkmal „verheimlichen" i.S.d. § 283 Abs. 1 Nr. 8 StGB auch ohne die Annahme einer Garantenstellung die unterbliebene Buchführung subsumiert werden kann.

602 Näher dazu u. zu den insolvenzstrafrechtlichen Auswirkungen Minkoff/Sahan/Wittig/*Brand* § 14 Rdn. 6 f.

603 S. nur BRDrucks. 663/13, S. 12 f., 14 sowie BTDrucks. 18/407, S. 16 f.; aus dem Schrifttum etwa *Pleister/Sturm* ZIP **2017**, 2329, 2330 f.

auch die Geschäftsleiter der Muttergesellschaft, die die schädigende Weisung erteilt haben, den Tatbestand des § 283 StGB täterschaftlich verwirklichen können, ist weniger leicht zu sagen. Will man sich nicht damit begnügen, die Initiatoren der Transaktion „nur" als Teilnehmer am Bankrott der Geschäftsleiter der Tochtergesellschaft zu bestrafen, muss ein Weg gefunden werden, ihnen die Gemeinschuldnerrolle der Tochtergesellschaft zuzurechnen.

Da die Geschäftsleiter der Mutter regelmäßig keine **faktischen Geschäftsführer** der Tochter sind, ist eine einfache Zurechnungsoperation – etwa über § 14 Abs. 1 Nr. 1 i.V.m. Abs. 3 StGB – von vornherein ausgeschlossen. Vielmehr muss mithilfe des § 14 StGB zunächst die Gemeinschuldnerrolle der Tochter auf die Mutter überwälzt werden, um sie von dort bspw. gem. § 14 Abs. 1 Nr. 1 StGB an die Geschäftsleiter der Mutter weiterzuleiten.[604] Dabei erweist sich der erste Zurechnungsschritt von der Tochter zur Mutter als der anspruchsvollere. Vom hier nicht passenden, weil auf Personengesellschaften beschränkten § 14 Abs. 1 Nr. 2 StGB abgesehen, ist dem § 14 StGB eine Zurechnung von besonderen persönlichen Merkmalen an Gesellschafter fremd.[605] Auch § 14 Abs. 2 Nr. 1 StGB hilft bei dem Versuch, der Mutter die Gemeinschuldnerrolle der Tochter zuzurechnen, nicht weiter. Denn die Mutter, vertreten durch ihren Geschäftsführer, leitet den Betrieb der Tochter nicht nach außen und genügt damit nicht den Anforderungen, die nach allgemeiner Meinung für eine Zurechnung gem. § 14 Abs. 2 Nr. 1 StGB erfüllt sein müssen.[606] Damit erweist sich **§ 14 Abs. 2 Nr. 2 StGB** als letzter Ausweg, um das Ziel, der Mutter die Gemeinschuldnerrolle der Tochter zuzurechnen, doch noch zu erreichen. 90

Zurechnungsadressat des **§ 14 Abs. 2 Nr. 2 StGB** ist, wen der Träger des besonderen persönlichen Merkmals ausdrücklich damit beauftragt hat, seinen Betrieb ganz oder teilweise zu leiten. Damit ist zwar kein wirksames Auftragsverhältnis i.S.d. § 662 BGB gemeint. Gleichwohl muss der Zurechnungsadressat vom Träger des besonderen persönlichen Merkmals den – zumindest faktischen – Auftrag erhalten haben, seinen Betrieb ganz oder teilweise zu leiten. Daran fehlt es in der Konstellation des faktischen Konzerns. Der **faktische Konzern** zeichnet sich durch die gesellschaftsrechtliche Einflussnahme des (Mehrheits-)Gesellschafters auf die Geschäftsführung der Gesellschaft im Konzerninteresse aus. Ein wie auch immer gearteter Auftrag der beherrschten Gesellschaft fehlt mithin.[607] – Anders liegen die Dinge im **Vertragskonzern**. Durch den Abschluss eines **Beherrschungsvertrags** (§§ 291 ff. AktG) unterstellt sich das abhängige der Leitung des herrschenden Unternehmens und erteilt ihm somit – untechnisch gesprochen[608] – den Auftrag, seinen Betrieb ganz oder teilweise zu leiten.[609] Zusammenfassend heißt das: Ob der Geschäftsleiter der Mutter gem. § 14 StGB in die Gemeinschuldnerrolle der Tochter einrückt, hängt maßgebend von der gewählten Konzernierungsform ab. 91

Die Konzernwirklichkeit prägen allerdings nicht zwei-, sondern **mehrstufige Konzerne**. Damit stellt sich die Frage, ob im mehrstufigen Konzern die Gemeinschuldnerrolle der Enklin gem. § 14 StGB der (Groß-)Mutter zugerechnet werden kann. Konstruktiv möglich ist dies durch eine mehrfache Anwendung des § 14 Abs. 2 Nr. 2 StGB: Von der Enklin wird die Gemeinschuldnerrolle gem. § 14 Abs. 2 Nr. 2 StGB der Tochter zugerechnet, um sie von dort – ebenfalls gem. § 14 Abs. 2 Nr. 2 StGB – an die (Groß-)Mutter weiterzuleiten.[610] Von ferne erinnert dieses Vorgehen an die doppelte Zurechnung bei der GmbH & Co. KG in der Gemeinschuldnerrolle (dazu s.o. Rdn. 22). 92

Gewisse Modifikationen ergeben sich in Konzernkonstellationen auch bei der Reichweite des Zurechnungszusammenhangs („als"/„im Auftrag"). Wer wie hier den **Zurechnungszusammenhang** anhand eines organisationsbezogenen Zurechnungsmodells bestimmt und bei **faktischen** 93

604 Minkoff/Sahan/Wittig/*Brand* § 14 Rdn. 11.
605 Näher dazu Minkoff/Sahan/Wittig/*Brand* § 14 Rdn. 11.
606 Minkoff/Sahan/Wittig/*Brand* § 14 Rdn. 11 m.w.N.
607 Minkoff/Sahan/Wittig/*Brand* § 14 Rdn. 12.
608 Nach Ansicht von *Berthold*, S. 51 *et passim* stellt der Beherrschungsvertrag sogar eine Sonderform des Auftrags i.S.d. § 662 BGB dar.
609 Minkoff/Sahan/Wittig/*Brand* § 14 Rdn. 12.
610 Dazu Minkoff/Sahan/Wittig/*Brand* § 14 Rdn. 14.

Schädigungen des Schuldnervermögens von einem Handeln „als Organ“ bzw. „im Auftrag“ nur spricht, wenn der verbandsmäßig verfasste Schuldner sie gesellschaftsrechtlich wirksam konsentiert hat (s.o. Rdn. 20), muss in Kosntellationen des Vertragskonzerns die Zurechnungsoperation nicht vorschnell wegen Verstoßes des Gesellschaftereinverständnisses gegen die Kapitalerhaltungsvorgaben abbrechen, sondern kann stattdessen auf § 291 Abs. 3 AktG (ggfls. i.V.m. § 30 Abs. 1 Satz 2 GmbHG) verweisen, der einen Dispens von den strengen Kapitalerhaltungsvorschriften erteilt.[611]

2. Die Krisenmerkmale in Konzernkonstellationen

94 Auch die Reichweite der insolvenzstrafrechtlichen Krisentrias, bestehend aus Überschuldung, eingetretener und drohender Zahlungsunfähigkeit, wird von konzernrechtlichen Besonderheiten beeinflusst. Ausgangspunkt der nachfolgenden Überlegungen sind die Konkretisierungen der strafrechtlichen Krisenmerkmale, die an anderer Stelle herausgearbeitet wurden (s.o. Rdn. 38 ff.).

95 **a) Der Überschuldungstatbestand.** Ob ein Unternehmensverbund als Vertragskonzern oder als faktischer Konzern ausgestaltet ist, entscheidet nicht selten über den Zeitpunkt des Überschuldungseintritts bei der abhängigen Gesellschaft. Während im **Vertragskonzern** dem abhängigen gegen das herrschende Unternehmen gem. § 302 Abs. 1 AktG ein Ausgleichsanspruch für sämtliche konzernbedingte Nachteile zusteht, der bei entsprechender Bonität des herrschenden Unternehmens in der Überschuldungsbilanz des abhängigen Unternehmens aktiviert werden darf,[612] steht der **faktisch konzernierten Gesellschaft** nach Aufgabe der Rechtsprechung zum qualifiziert faktischen Konzern lediglich ein Ausgleichs-/Schadensersatzanspruch gem. §§ 311 Abs. 1, 317 Abs. 1 S. 1 AktG für einzelne nachteilige Weisungen des herrschenden Unternehmens zu.[613] Einen Ausgleich für sämtliche konzernbedingte Nachteile kann die faktisch konzernierte Gesellschaft mithin nicht beanspruchen. Ihr Überschuldungsrisiko ist folglich größer.[614]

96 Auswirkungen auf den Überschuldungseintritt zeitigt darüber hinaus die Abgabe einer **harten Patronatserklärung** durch das herrschende Unternehmen. Mit einer harten Patronatserklärung sichert das herrschende Unternehmen dem abhängigen Unternehmen bzw. seinen Gläubigern zu, das abhängige Unternehmen mit dem Kapital auszustatten, das erforderlich ist, um die anfallenden Verbindlichkeiten zu bedienen.[615] Da die **externe harte Patronatserklärung** einen Vertrag zwischen dem herrschenden Unternehmen und den Gläubigern des abhängigen Unternehmens zustande bringt,[616] nimmt sie nur ausnahmsweise Einfluss auf die Überschuldung des abhängigen Unternehmens. Hingegen ist die Abgabe einer **internen harten Patronatserklärung** grds. in der Lage, den Überschuldungseintritt bei dem abhängigen Unternehmen hinauszuzögern. Dazu muss das Patronat jedoch als einseitig verpflichtender Vertrag ausgestaltet und der Patron muss jederzeit befähigt sein, den Pflichten aus dem Patronat nachzukommen.[617] Die Ausgestaltung des Patronats als Darlehensvertrag zwischen herrschendem und abhängigem Unternehmen vermag eine Überschuldung des abhängigen Unternehmens nicht zu beseitigen, da der Zufluss der

---

611 Näher zum Ganzen Minkoff/Sahan/Wittig/*Brand* § 14 Rdn. 16.

612 S. nur *Berthold*, S. 52, 59, 71 f.; *Eichenlaub*, S. 246 f.; *K. Schmidt*, DB **1984**, 1181, 1183.

613 BGHZ **149**, 10.

614 Minkoff/Sahan/Wittig/*Brand* § 14 Rdn. 22.

615 BGH NZG **2011**, 913, 915; ferner *Kiethe* ZIP **2005**, 646, 647.

616 Zum genauen Anspruchsumfang s. instruktiv *Harnos* ZIP **2017**, 1149, 1150; s. ferner *Hölzle/Klopp* KTS **2016**, 335, 341.

617 S. nur OLG Celle ZIP **2008**, 2416, 2417; K. Schmidt/Uhlenbruck/*K. Schmidt* Rdn. 5.135; Scholz/*Bitter* Vor § 64 Rdn. 78; Schimansky/Bunte/Lwowski/*Merkel/Richrath* § 98 Rdn. 18; *B. Wagner*, S. 286.

Darlehensvaluta auf der Aktivseite durch den Rückzahlungsanspruch des herrschenden Unternehmens auf der Passivseite neutralisiert wird.[618]

b) Die Zahlungsunfähigkeit. Die Existenz eines vollwertigen Ausgleichsanspruchs gem. **§ 302 Abs. 1 AktG** kann zwar – wie gesehen – den Überschuldungseintritt bei dem abhängigen Unternehmen verhindern. Gerät jedoch das abhängige Unternehmen während des laufenden Geschäftsjahrs in einen Zustand, in dem es über einen Dreiwochenzeitraum hinweg nicht in der Lage ist, 10 % oder mehr seiner fälligen und ernsthaft eingeforderten Verbindlichkeiten zu bedienen, hindert ein vollwertiger Ausgleichsanspruch gem. § 302 Abs. 1 AktG den Eintritt von Zahlungsunfähigkeit nicht.[619] Denn fällig wird der Ausgleichsanspruch erst mit Ablauf des Geschäftsjahrs. Dem Verdikt der Zahlungsunfähigkeit entginge das abhängige Unternehmen nur, wenn es vor Ablauf des Geschäftsjahrs und innerhalb der Dreiwochenfrist, die nach zutreffender **h.M.** die zeitliche Grenze zwischen Zahlungsunfähigkeit und unbeachtlicher Zahlungsstockung markiert (o. Rdn. 53), vom herrschenden Unternehmen Ausgleich für seine bis dahin entstandenen Verluste verlangen kann. Die **h.M.** verneint zwar einen solchen vorgezogenen Verlustausgleichsanspruch mit Blick auf den eindeutigen Wortlaut des § 302 Abs. 1 AktG.[620] Gleichwohl verdient die Gegenansicht den Vorzug. Andernfalls würde zum einen der Zweck des § 302 Abs. 1 AktG konterkariert – *i.e.*: Ausgleich der Nachteile, die das abhängige Unternehmen aufgrund seiner Konzernierung erleidet. Zum anderen: Würde über das Vermögen des abhängigen Unternehmens das Insolvenzverfahren eröffnet, wäre der Verlustausgleichsanspruch gem. § 302 Abs. 1 AktG für das Rumpfgeschäftsjahr sofort fällig – ein wenig sinnvolles Ergebnis.[621] – Ähnlich verhält es sich im faktischen Konzern. Die bloße Existenz des Ausgleichs- bzw. Ersatzanspruchs gem. §§ 311 Abs. 1, 317 Abs. 1 S. 1 AktG beseitigt für sich genommen die Zahlungsunfähigkeit nicht. Nur wenn feststeht, dass das herrschende Unternehmen den Anspruch innerhalb der Dreiwochenfrist befriedigen wird, kann der Anspruch gem. §§ 311 Abs. 1, 317 Abs. 1 S. 1 AktG im Rahmen des Zahlungsfähigkeitspanoramas berücksichtigt werden.[622] 97

Ob eine **Patronatserklärung** des herrschenden Unternehmens Einfluss auf die Zahlungs(un-)fähigkeit des abhängigen Unternehmens nimmt, ist umstritten. Nach Ansicht des BGH soll nur ein solches **internes Patronat** die Zahlungsunfähigkeit des abhängigen Unternehmens beseitigen können, das entweder dem abhängigen Unternehmen einen jederzeitigen Zugriff auf die zugesagten Mittel gewährt oder aber vom Patron erfüllt wird, indem er das abhängige Unternehmen mit den erforderlichen Mitteln ausstattet.[623] Zu überzeugen vermag diese strenge Sichtweise indes nicht. Denn sie passt nicht ganz zum prognostischen Charakter der Zahlungsunfähigkeitsermittlung. Zwar zählt der Anspruch aus dem Patronat nicht zu den liquiden Mitteln des abhängigen Unternehmens[624] – insofern hat der BGH recht. Gleichwohl beeinflusst der Anspruch die Prognose, ob das abhängige Unternehmen innerhalb von drei Wochen mindestens 90 % seiner Verbindlichkeiten bedienen kann, falls mit der Mittelzufuhr zu rechnen ist.[625] Beifall verdient der BGH hingegen, wenn er dem **externen Patronat** grds. die Fähigkeit abspricht, die Zahlungsunfä- 98

618 *Eichenlaub*, S. 271; *Hölzle/Klopp* KTS **2016**, 335, 360; *Bitter* ZHR 181 **(2017)**, 428, 468; *Wollmert* Wellensiek-FS, S. 171, 193; *Crezelius* in: Röhricht-FS, S. 787, 803; *Theiselmann*, Der Konzern **2010**, 533, 535; *Böcker*, DZWIR **2011**, 93 f.

619 Richtig *Rittscher*, S. 66.

620 S. etwa *Hentzen* AG **2006**, 133, 141 f.

621 Näher und überzeugend zu den Gründen *Bertold*, S. 77 ff., die den Anspruch auf Liquiditätsausstattung im laufenden Geschäftsjahr auf § 669 BGB analog stützt (a.a.O., S. 79 ff.); s. ferner MK-AktG/*Altmeppen* § 302 Rdn. 38, der den Anspruch allerdings auf § 302 AktG gründet.

622 Minkoff/Sahan/Wittig/*Brand* § 14 Rdn. 31.

623 BGH NZG **2011**, 913, 915; zust. *Bitter* ZHR 181 **(2017)**, 428, 472 f.; *Mylich* ZIP **2018**, 514.

624 Großzügiger *Erne* GWR **2009**, 387, 389, der im Kontext des Cash-Pooling Ansprüche auf Finanzausstattung gegen die Poolführerin grds. den liquiden Mitteln zuschlagen will, weil die Poolführerin *de facto* als Kreditinstitut der Poolteilnehmerinnen fungiere.

625 Überzeugend Flöther/*Balthasar* § 3 Rdn. 86.

higkeit des abhängigen Unternehmens zu beseitigen.[626] Da das externe Patronat einen Vertrag zwischen dem herrschenden Unternehmen und den Gläubigern des abhängigen Unternehmens begründet, erwirbt das abhängige Unternehmen daraus keinen Anspruch gegen das herrschende Unternehmen auf Zufuhr der erforderlichen Mittel. Stattet das herrschende das abhängige Unternehmen dennoch mit den Mitteln aus, die dieses benötigt, um seine Gläubiger zu befriedigen, entfällt freilich eine einmal eingetretene Zahlungsunfähigkeit.[627] Dahinter verbirgt sich jedoch keine konzernspezifische Besonderheit, sondern nur der Allgemeinplatz, dass Liquiditätszufuhr die Zahlungs(un-)fähigkeitsbilanz positiv beeinflusst.

99 Welche Auswirkungen eine **Cash-Pool-Vereinbarung** für das Zahlungsunfähigkeitspanorama eines poolzugehörigen Unternehmens hat, hängt zumeist von der Liquidität des Gesamtkonzerns ab. Nur wenn das poolbetreibende Unternehmen sämtliche Forderungen der poolzugehörigen Unternehmen bedienen kann, ist es statthaft, Rückzahlungs- oder Ausstattungsansprüche aus der Poolabrede bei der Prognose zu berücksichtigen, ob das konzernierte Unternehmen innerhalb von drei Wochen in der Lage ist, 90 % seiner fälligen und ernsthaft eingeforderten Verbindlichkeiten zu begleichen.[628] Befindet sich hingegen der gesamte Unternehmensverbund in einer wirtschaftlichen Schieflage, sind die Ansprüche aus der Cash-Pool-Vereinbarung regelmäßig nicht werthaltig und folglich auch nicht geeignet, den Eintritt von Zahlungsunfähigkeit zu verhindern.[629]

3. Die Tathandlungen des § 283 Abs. 1 StGB – konzernspezifische Besonderheiten

100 Die Liste des § 283 Abs. 1 StGB enthält die Tathandlungen, deren Vornahme in der Krise zur Bankrottstrafbarkeit führt, sofern die objektive Strafbarkeitsbedingung des § 283 Abs. 6 StGB eingetreten ist. Inwiefern konzernspezifische Besonderheiten diese Tathandlungen beeinflussen, ist Gegenstand der nachfolgenden Überlegungen.

101 **a) Zahlungen an ein Cash-Pool-System als Fall des § 283 Abs. 1 Nr. 1 StGB?** Cash-Pool-Systeme sind aus der Konzernwirklichkeit nicht mehr hinwegzudenken.[630] Zumeist richtet das herrschende Unternehmen ein Cash-Pool-System ein, an dem sämtliche konzernierte Unternehmen teilnehmen.[631] Diese verpflichten sich dazu, bankarbeitstäglich ihre überschüssige Liquidität an den Cash-Pool abzuführen. Umgekehrt erhalten konzernierte Unternehmen mit Liquiditätsbedarf die erforderlichen Mittel aus dem Pool und müssen sich folglich nicht am Finanzmarkt finanzieren. Die Unternehmen, die freie Liquidität an den Pool abführen, erwerben gegen diesen einen Rückzahlungsanspruch, wohingegen die Unternehmen, die Mittel aus dem Pool entnehmen, eine Rückzahlungspflicht trifft.

102 Beim sog. **manuellen Zerobalancing** überweist der Geschäftsleiter des poolzugehörigen Unternehmens bankarbeitstäglich die überschüssige Liquidität an den Cash-Pool. (Bankrott-)strafrechtlich riskant sind solche Überweisungen, wenn das Unternehmen zahlungsunfähig oder überschuldet ist. Unklarheit herrscht allerdings über die Art des Vorwurfs, der den Geschäftsleiter trifft: Denkbar sind Bankrott gem. § 283 Abs. 1 Nr. 1 StGB oder Gläubigerbegünstigung gem. § 283c

---

626 BGH NZG **2011**, 913, 915; aus dem Schrifttum s. Uhlenbruck/*Mock* § 17 Rdn. 65; aA Flöther/*Balthasar* § 3 Rdn. 85.

627 Richtig BGH NZG **2011**, 913, 915; Schimansky/Bunte/Lwowski/*Merkel/Richrath* § 98 Rdn. 19; *Krüger/Pape* NZI **2011**, 617, 618.

628 Ausführlich zum Ganzen Flöther/*Balthasar* § 3 Rdn. 72 ff.; s. auch *Vetter/Stadler* Rdn. 29.

629 Näher dazu *Göcke/Rittscher* DZWIR **2012**, 355, 359.

630 S. nur *Vetter/Stadler* Rdn. 1; sehr skept. gegenüber der Cash-Pool-Praxis äußert sich *Kerber* ZGR **2005**, 437, 440 f.

631 S. nur Lutter/Hommelhoff/*Hommelhoff* § 30 Rdn. 37; *Vetter/Stadler* Rdn. 6; *Altmeppen* NZG **2010**, 361; *dens.* NZG **2010**, 401, 405; *Erne* GWR **2009**, 387, 388; *Kollrus* MDR **2011**, 208; *Küting/Eichenlaub* GmbHR **2014**, 169, 172; *Böffel* ZIP **2018**, 1011, 1012.

StGB.[632] Der Vorschlag, den Geschäftsleiter gem. dem milderen § 283c StGB zu bestrafen,[633] überzeugt indes nicht. Denn die Abgabe von Liquidität an den Cash-Pool nach Eintritt von Zahlungsunfähigkeit bzw. Überschuldung erschöpft sicht nicht in einem Verstoß gegen die *par conditio creditorum*, da das poolbetreibende Unternehmen in der Insolvenz des poolzugehörigen Unternehmens gegen dieses keine Zahlungsansprüche aus der Poolabrede hätte. Mithin verwirklicht der Geschäftsleiter des poolzugehörigen Unternehmens, der nach Eintritt von Zahlungsunfähigkeit bzw. Überschuldung noch Mittel an den Pool transferiert, den Tatbestand des § 283 Abs. 1 Nr. 1 StGB – vorausgesetzt, er rückt gem. § 14 Abs. 1 StGB in die Gemeinschuldnerrolle des poolzugehörigen insolventen Unternehmens ein und es kommt zum Eintritt einer objektiven Strafbarkeitsbedingung des § 283 Abs. 6 StGB.[634]

Strukturell anders liegen die Fälle, in denen das poolzugehörige Unternehmen aus dem 103
Cash-Pool ein **Darlehen** erhalten hat und dieses nach Eintritt von Zahlungsunfähigkeit oder Überschuldung an den Poolführer zurückbezahlt. Da das poolbetreibende Unternehmen Gläubiger des Darlehensrückzahlungsanspruchs ist, macht sich der Geschäftsleiter des poolzugehörigen Unternehmens, der trotz wirtschaftlicher Krise das Darlehen zurückführt, womöglich nur wegen **Gläubigerbegünstigung** strafbar. Allerdings unterscheiden sich die Rückzahlungsansprüche, die auf einer Pool-Abrede gründen, von „normalen" Darlehensrückzahlungsansprüchen durch die gesellschaftsrechtliche Abhängigkeit zwischen Gläubiger und Schuldner. Denn regelmäßig ist der Gläubiger – *i.e.*: das poolbetreibende Unternehmen – herrschender Gesellschafter des Schuldners. Damit kommt § 39 Abs. 1 Nr. 5 InsO ins Spiel, der Gesellschafterdarlehen in der Unternehmenskrise subordiniert.[635] Ob deshalb der Geschäftsleiter, der ein Gesellschafterdarlehen nach Kriseneintritt zurückführt, immer § 283 Abs. 1 Nr. 1 StGB verwirklicht, ist heftig umstritten (näher zum Streit § 283c Rdn. 16 ff.). Hier nur soviel: Den Vorzug verdient eine vermittelnde Ansicht, die danach fragt, ob der Gesellschafter den Darlehensrückzahlungsanspruch mit einem Rangrücktritt versehen hat. Besteht ein solcher Rangrücktritt für das Gesellschafterdarlehen und führt der Geschäftsleiter dieses trotz bestehender Krise gleichwohl zurück, macht er sich gem. § 283 Abs. 1 Nr. 1 StGB strafbar, andernfalls „lediglich" gem. § 283c Abs. 1 StGB.[636]

Schwieriger zu begründen ist eine Bankrottstrafbarkeit des Geschäftsleiters des poolzugehöri- 104
gen Unternehmens in den Fällen des automatischen Zerobalancing. Das **automatische Zerobalancing** ist die heute übliche Abwicklungsform des Liquiditätstransfers an einen Cash-Pool. Beim automatischen Zerobalancing übernimmt die kontoführende Bank die Aufgabe, die überschüssige Liquidität festzustellen und auf das Konto der Poolführerin zu überweisen. Eines gesonderten Überweisungsauftrags durch den Geschäftsleiter des poolzugehörigen Unternehmens bedarf es nicht mehr. Ist das an ein automatisches Zerobalancing angeschlossene Unternehmen zahlungsunfähig oder überschuldet, macht sich sein Geschäftsleiter nur dann gem. § 283 Abs. 1 Nr. 1 StGB strafbar, wenn ihn eine Pflicht trifft, den automatischen Kapitaltransfer von seinem Unternehmen zum Cash-Pool zu stoppen. Aus der Schuldnerstellung kraft Zurechnung lässt sich diese Garantenpflicht freilich genausowenig herleiten wie aus dem Abschluss des Cash-Pool-Vertrags. Jedoch ergibt sich eine entsprechende Garantenpflicht aus der „Herrschaft über die Zahlungsströme als Gefahrenquelle für die Interessen der Gläubiger als geschütztes Rechtsgut".[637] Strafbar macht sich der Geschäftsleiter freilich nur, wenn ihm der Ausstieg aus dem Zerobalancing möglich ist. Während die Cash-Pool-Abrede nach Kriseneintritt gem. § 314 BGB gekündigt werden kann, gestaltet sich die Rechtslage bei dem Versuch, das Zerobalancing zu verlassen, komplexer. Denn die Zeroba-

632 Dazu, dass sich die (inkongruente) Befriedigung eines Gläubigers dem Merkmal des Beiseiteschaffens subsumieren lässt, s. § 283c Rdn. 30 ff.; ferner *Niedernhuber*, S. 249.

633 *Niedernhuber*, S. 259 f.

634 Ausführlich dazu Minkoff/Sahan/Wittig/*Brand* § 14 Rdn. 40.

635 Zur Nachrangigkeit des aus einem Cash-Pool gewährten Darlehens gem. § 39 Abs. 1 Nr. 5 InsO s. *Altmeppen* NZG **2010**, 401, 404; *Göcke/Rittscher* DZWIR **2012**, 355, 356; *Küting/Eichenlaub* GmbHR **2014**, 169, 173.

636 Zu dieser Lsg. s. *Brand* NZI **2017**, 518, 520 f. sowie ausführlich *Brand/M. Brand* GmbHR **2015**, 1125, 1132.

637 So *Niedernhuber*, S. 269.

lancing-Abrede besteht in der Regel ausschließlich zwischen dem Poolführer und der Bank; das poolzugehörige Unternehmen ist an der Abrede nicht beteiligt. Der Geschäftsleiter des poolzugehörigen Unternehmens muss deshalb bei dem Poolführer darauf drängen, das automatische Zerobalancing einzustellen. Lässt sich der Poolführe darauf nicht ein, hat der Geschäftsleiter des poolzugehörigen Unternehmens, will er sich nicht wegen Bankrotts oder Gläubigerbegünstigung strafbar machen, keine andere Wahl, als eingehende Gelder auf ein Konto umzuleiten, das am automatischen Zerobalancing nicht angeschlossen ist.[638]

105 **b) Insolvenzstrafrechtliche Risiken bei unterbliebener bzw. fehlerhafter Erstellung der Konzernbilanz.** Zur Konzernrechnungslegung verpflichtet sind Kapitalgesellschaften, die dem bilanziellen Konzernbegriff des § 290 Abs. 2 HGB unterfallen. Beispielhaft nennt § 290 Abs. 2 HGB das Unternehmen, dem bei einem anderen Unternehmen die Mehrheit der Stimmrechte zustehen (vgl. § 290 Abs. 2 Nr. 1 HGB). Der Konzernabschluss folgt den Regeln über die Vollkonsolidierung (vgl. §§ 301 ff. HGB): Danach ist der Jahresabschluss des Mutterunternehmens mit den Jahresabschlüssen der Tochterunternehmen zusammenzufassen (vgl. § 297 Abs. 3 S. 1 HGB). Dem Konzernabschluss liegt folglich die Fiktion zugrunde, es handele sich bei sämtlichen einbezogenen Unternehmen um ein einziges Unternehmen (vgl. § 301 Abs. 1 S. 1 HGB).

106 Der Konzernabschluss besteht gem. § 297 Abs. 1 HGB u.a. aus der **Konzernbilanz**. Erstellen die Geschäftsleiter des Mutterunternehmens i.S.d. § 290 Abs. 2 HGB diese nicht (rechtzeitig) bzw. fehlerhaft, verwirklichen sie auf den ersten Blick den Tatbestand des § 283 Abs. 1 Nr. 7 StGB bzw. des § 283b Abs. 1 Nr. 3 StGB.[639] Schaut man indes genauer hin, so überwiegen die Zweifel, da die fehlende bzw. fehlerhafte Konzernbilanz die Schutzzwecke der §§ 283 Abs. 1 Nr. 7, 283b Abs. 1 Nr. 3 StGB nicht tangiert. Die ordnungsgemäß geführte Bilanz soll zum einen dem künftigen Insolvenzverwalter die Arbeit erleichtern und zum anderen ein Blindwirtschaften der Bilanzierungspflichtigen verhindern (s. § 283 Rdn. 42). Beiden Zielen dient die Konzernbilanz allenfalls am Rande. Weder gibt es ein Insolvenzverfahren über den Konzern als solchen – daran hat auch das „Gesetz zur Erleichterung der Bewältigung von Konzerninsolvenzen“ nichts geändert – noch bleibt dem Geschäftsleiter des Mutterunternehmens ohne eine ordnungsgemäße Konzernbilanz die wirtschaftliche Lage „seines“ Unternehmens verborgen. Denn die Pflicht, eine Konzernbilanz zu erstellen, entbindet nicht von der Pflicht, für das Mutterunternehmen selbständig zu bilanzieren. Solange der Geschäftsleiter letzterer Pflicht nachkommt, besteht die Gefahr eines Blindwirtschaftens nicht. Folglich macht sich der Geschäftsleiter des Mutterunternehmens, der die Konzernbilanz nicht oder fehlerhaft erstellt, nicht gem. den §§ 283 Abs. 1 Nr. 7, 283b Abs. 1 Nr. 3 StGB strafbar.[640]

107 Die Straflosigkeit *sub specie* der §§ 283 Abs. 1 Nr. 7, 283b Abs. 1 Nr. 3 StGB bedeutet aber nicht, dass der Geschäftsleiter des Mutterunternehmens, der für den Konzern nicht oder fehlerhaft bilanziert, unter insolvenzstrafrechtlichen Gesichtspunkten gänzlich straflos aus der Sache herauskommt. Denkbar ist eine Strafbarkeit aus dem Auffangtatbestand des **§ 283 Abs. 1 Nr. 8 StGB**. Hierzu lässt sich eine Parallele zur insolvenzstrafrechtlichen Behandlung der unterbliebenen bzw. fehlerhaften Erstellung des Jahresberichts oder der Gewinn- und Verlustrechnung durch die **h.M.** ziehen. Nach zutr. **h.M.** unterfallen der Jahresbericht sowie die Gewinn- und Verlustrechnung nicht dem Bilanzbegriff der §§ 283 Abs. 1 Nr. 7, 283b Abs. 1 Nr. 3 StGB (§ 283 Rdn. 111). Gleichwohl bleibt der Geschäftsleiter, der einen fehlerhaften Jahresbericht oder eine fehlerhafte Gewinn- und Verlustrechnung vorlegt, unter insolvenzstrafrechtlichen Vorzeichen nicht zwingend straflos. Vielmehr verschleiert die Vorlage des fehlerhaften Jahresberichts/der fehlerhaften Gewinn- und Verlustrechnung die wahren geschäftlichen Verhältnisse und erfüllt mithin den Tatbestand des § 283 Abs. 1 Nr. 8 StGB (§ 283 Rdn. 111, 153). Denn Gläubiger und Anleger, die mit der Gesellschaft kontra-

638 Näher dazu Minkoff/Sahan/Wittig/*Brand* § 14 Rdn. 43.

639 Die Konzernbilanz subsumieren dem Bilanzbegriff der §§ 283 Abs. 1 Nr. 7, 283b Abs. 1 Nr. 3 StGB etwa Park/*Sorgenfrei*/*Deiters* Teil 3 Kap. 10.2. Rdn. 34.

640 Dazu Minkoff/Sahan/Wittig/*Brand* § 14 Rdn. 48.

hieren oder sich an ihr beteiligen wollen, können ein vollständiges Bild über die geschäftlichen Verhältnisse des Unternehmens nur durch einen Blick in den Jahresbericht/die Gewinn- und Verlustrechnung erhalten. Nichts anderes gilt vor diesem Hintergrund für die Konzerbilanz. Wer mit einem Unternehmen, das zu einem Konzernverbund gehört, geschäftliche Beziehungen aufnehmen will, wird nicht selten zur Beurteilung der wirtschaftlichen Verhältnisse seines Vertragspartners die Konzernbilanz zu Rate ziehen.[641]

641 Minkoff/Sahan/Wittig/*Brand* § 14 Rdn. 49.

§ 283 Bankrott

(1) Mit Freiheitsstrafe bis zu fünf Jahren oder mit Geldstrafe wird bestraft, wer bei Überschuldung oder bei drohender oder eingetretener Zahlungsunfähigkeit
   1. Bestandteile seines Vermögens, die im Falle der Eröffnung des Insolvenzverfahrens zur Insolvenzmasse gehören, beiseite schafft oder verheimlicht oder in einer den Anforderungen einer ordnungsgemäßen Wirtschaft widersprechenden Weise zerstört, beschädigt oder unbrauchbar macht,
   2. in einer den Anforderungen einer ordnungsgemäßen Wirtschaft widersprechenden Weise Verlust- oder Spekulationsgeschäfte oder Differenzgeschäfte mit Waren oder Wertpapieren eingeht oder durch unwirtschaftliche Ausgaben, Spiel oder Wette übermäßige Beträge verbraucht oder schuldig wird,
   3. Waren oder Wertpapiere auf Kredit beschafft und sie oder die aus diesen Waren hergestellten Sachen erheblich unter ihrem Wert in einer den Anforderungen einer ordnungsgemäßen Wirtschaft widersprechenden Weise veräußert oder sonst abgibt,
   4. Rechte anderer vortäuscht oder erdichtete Rechte anerkennt,
   5. Handelsbücher, zu deren Führung er gesetzlich verpflichtet ist, zu führen unterläßt oder so führt oder verändert, daß die Übersicht über seinen Vermögensstand erschwert wird,
   6. Handelsbücher oder sonstige Unterlagen, zu deren Aufbewahrung ein Kaufmann nach Handelsrecht verpflichtet ist, vor Ablauf der für Buchführungspflichtige bestehenden Aufbewahrungsfristen beiseite schafft, verheimlicht, zerstört oder beschädigt und dadurch die Übersicht über seinen Vermögensstand erschwert,
   7. entgegen dem Handelsrecht
      a) Bilanzen so aufstellt, daß die Übersicht über seinen Vermögensstand erschwert wird, oder
      b) es unterläßt, die Bilanz seines Vermögens oder das Inventar in der vorgeschriebenen Zeit aufzustellen, oder
   8. in einer anderen, den Anforderungen einer ordnungsgemäßen Wirtschaft grob widersprechenden Weise seinen Vermögensstand verringert oder seine wirklichen geschäftlichen Verhältnisse verheimlicht oder verschleiert.

(2) Ebenso wird bestraft, wer durch eine der in Absatz 1 bezeichneten Handlungen seine Überschuldung oder Zahlungsunfähigkeit herbeiführt.

(3) Der Versuch ist strafbar.

(4) Wer in den Fällen
   1. des Absatzes 1 die Überschuldung oder die drohende oder eingetretene Zahlungsunfähigkeit fahrlässig nicht kennt oder
   2. des Absatzes 2 die Überschuldung oder Zahlungsunfähigkeit leichtfertig verursacht,
   wird mit Freiheitsstrafe bis zu zwei Jahren oder mit Geldstrafe bestraft.

(5) Wer in den Fällen
   1. des Absatzes 1 Nr. 2, 5 oder 7 fahrlässig handelt und die Überschuldung oder die drohende oder eingetretene Zahlungsunfähigkeit wenigstens fahrlässig nicht kennt oder
   2. des Absatzes 2 in Verbindung mit Absatz 1 Nr. 2, 5 oder 7 fahrlässig handelt und die Überschuldung oder Zahlungsunfähigkeit wenigstens leichtfertig verursacht,

   wird mit Freiheitsstrafe bis zu zwei Jahren oder mit Geldstrafe bestraft.

(6) Die Tat ist nur dann strafbar, wenn der Täter seine Zahlungen eingestellt hat oder über sein Vermögen das Insolvenzverfahren eröffnet oder der Eröffnungsantrag mangels Masse abgewiesen worden ist.

https://doi.org/10.1515/9783110490220-018

Schrifttum

Siehe Vor § 283, ferner:

App Gläubigerbenachteiligende Vermögensverschiebungen, wistra **1989** 13; *ders.* Strafbares Beiseiteschaffen oder Verheimlichung von Vermögensgegenständen, KKZ **2001** 14; *Bittmann* Kapitalersatz, der 5. Strafsenat des BGH und das MoMiG, wistra **2009** 102; *Blankenbach/Richter* Bekämpfung der Wirtschaftskriminalität, wistra **1982** 222; *Blumers* Bilanzierungstatbestände und Bilanzierungsfristen im Handelsrecht und Strafrecht (1983); *Cobet* Fehlerhafte Rechnungslegung (1991); *Dreiss/Eitel-Dreiss* Erstes Gesetz zur Bekämpfung der Wirtschaftskriminalität (1977); *Grosche* Die Generalklausel des § 283 Nr. 8 im Deutschen Bankrottstrafrecht (1992); *Haas* Beiseiteschaffen von Forderungen, wistra **1989** 259; *Hauck* Rechnungslegung und Strafrecht (1986); *Hendel* Rückzahlungen der Gesellschaft an den Gesellschafter-Geschäftsführer und Konkursstrafrecht, NJW **1977** 1943; *Hillenkamp* Impossibilium nulla obligatio (usw.), Festschrift Tiedemann (2008) 949; *Kleinfeller* Zur Lehre vom strafbaren Bankrott, GS 43 (**1890**) 161; *Muhler* Nichtbilanzierung von Privatvermögen strafbar? wistra **1996** 125; *Müller-Gugenberger* Glanz und Elend des GmbH-Strafrechts – Einige Bemerkungen zum Problem der Auslandsgesellschaften im deutschen Strafrecht, Festschrift Tiedemann (2008) 1003; *Nelles* Aktienrechtliche Bilanzdelikte (1974); *Regner* Fahrlässigkeit bei Konkursdelikten (1998); *Renkl* Abgrenzungsprobleme bei den Straftatbeständen der Konkursordnung, JuS **1973** 611; *Richter* „Scheinauslandsgesellschaften" in der deutschen Strafverfolgungspraxis, Festschrift Tiedemann (2008) 1023; *Rönnau* Haftung der Direktoren einer in Deutschland ansässigen englischen Private Company Limited by Shares nach deutschem Strafrecht, ZGR **2005** 832; *Roxin* Über Tatbestands- und Verbotsirrtum, Festschrift Tiedemann (2008) 375; *H. Schäfer* Die Verletzung der Buchführungspflicht in der Rechtsprechung des BGH, wistra **1986** 200; *Schlüchter* Irrtum über normative Tatbestandsmerkmale im Strafrecht (1983); *dies.* Tatbestandsmerkmal der Krise – überflüssige Reform oder Versöhnung des Bankrottstrafrechts mit dem Schuldprinzip? MDR **1978** 977; *Schulte* Vorsätzliche Insolvenz und Flucht in das Verbraucherinsolvenzverfahren, ZInsO-Praxis **2002** 265; *Schumann* Die englische Limited mit Verwaltungssitz in Deutschland: Buchführung, Rechnungslegung und Strafbarkeit wegen Bankrotts, ZIP **2007** 1189; *Stötter* Konkurrenzfragen bei den Bankrottdelikten, KTS **1963** 12; *Tiedemann* Der Vergleichsbetrug, Festschrift Klug (1983) 405; *ders.* Zum Stand der Irrtumslehre, insbesondere im Wirtschafts- und Nebenstrafrecht, Festschrift Geerds (1995) 95; *Zirpins/Terstegen* Wirtschaftskriminalität (1963).

Entstehungsgeschichte

Siehe Rdn. 1 ff. Vor §§ 283 ff.

Übersicht

I. Die Tathandlungen des § 283 Abs. 1 Nr. 1

Neben den **Buchführungsdelikten** (§§ 283 Abs. 1 Nrn. 5–7, 283b[1]) bilden die Bankrotthandlungen des **Beiseiteschaffens** und **Verheimlichens** i.S.v. § 283 Abs. 1 Nr. 1 die praxisrelevantesten Anwendungsfälle des § 283 Abs. 1.[2] Tatgegenstand der von § 283 Abs. 1 Nr. 1 geregelten Tatmodalitäten ist die präsumtive Insolvenzmasse. Anders ausgedrückt: Der Schuldner muss, damit er gem § 283 Abs. 1 Nr. 1 haftet, solche Bestandteile seines Vermögens beiseiteschaffen, verheimlichen, beschädigen etc., die in die Masse fallen, sofern das Insolvenzverfahren über sein Vermögen eröffnet wird. 1

1. Taugliche Tatgegenstände

Den gegenständlichen Umfang der Insolvenzmasse regeln die §§ 35 ff. InsO. Im Fokus steht **§ 35 Abs. 1 InsO**, dem zufolge das Insolvenzverfahren zum einen das Vermögen des Schuldners erfasst, das diesem im Zeitpunkt der Verfahrenseröffnung gehört und sich zum anderen auch auf diejenigen Vermögensbestandteile erstreckt, die der Schuldner während des Verfahrens hinzuerwirbt. Freilich bleibt der Schuldner, der dem Insolvenzverwalter seinen **Neuerwerb** nicht anzeigt, nach dem hier vertretenen Ansatz gem. § 283 straflos,[3] muss jedoch auf dem Boden der **h.M.**, die die Vornahme von Bankrotthandlungen im eröffneten Insolvenzverfahren genauso behandelt wie im Vorfeld der objektiven Strafbarkeitsbedingung, damit rechnen, wegen Bankrotts verurteilt zu werden.[4] Selbst vom Standpunkt der **h.M.** keine Bankrottstrafbarkeit – etwa gem. § 283 Abs. 1 Nr. 8 – droht hingegen dem Schuldner, der es unterlässt, eine mögliche und zumutbare **Erwerbstätigkeit** zu ergreifen.[5] Neben dem bereits genannten Bestand gehören des Weiteren zur Masse die Vermögenswerte, aus denen einzelne Gläubiger **abgesonderte Befriedigung** verlangen können (vgl. §§ 49 ff. InsO). Zusammengefasst sind taugliche Tatgegenstände somit sämtliche bewegliche und unbewegliche Sachen, egal ob sie im In- oder Ausland belegen sind, Forderungen, Anwartschafts- 2

1 Dazu s.u. Rdn. 40 ff.

2 Zu diesem Befund *Brackmann*, S. 265; s.a. *Tiedemann* KTS **1984**, 539, 540, der wegen der enormen Reichweite, die die Rspr. dieser Bankrotthandlung verschafft hat, von einer Generalklausel spricht.

3 S. Vor §§ 283 ff. Rdn. 10.

4 In diesem Kontext s. etwa LK[12]/*Tiedemann* § 283 Rdn. 24; SK/*Hoyer* § 283 Rdn. 28.

5 LK[12]/*Tiedemann* § 283 Rdn. 24; s. ferner auch OLG Düsseldorf NJW **1982**, 1712, 1713; G/J/W/*Reinhart* § 283 Rdn. 13; M/R/*Altenhain* § 283 Rdn. 18; *Weyand/Diversy* Rdn. 64; Böttger/*Verjans/Rixe* 4/46; *Kollmar*, S. 46; *Hörl*, S. 93; *Grosche*, S. 59; *Brackmann*, S. 254; *Reichelt*, S. 96, denen zufolge die Arbeitskraft des Schuldners schon nicht zum geschützten Vermögen rechnet; einen hiervon diametral abw. Ansatz vertritt hingegen *Schulte* ZInsO **2002**, 265, 266 ff., dem zufolge sich der Schuldner, der eine ihm zumutbare Tätigkeit ohne Not aufgibt und deshalb in den Strudel der Insolvenz gerät, gem. § 283 Abs. 1 Nr. 8 durch Unterlassen strafbar macht. Die erforderliche Garantenstellung folgert er aus den Verträgen, die der Schuldner mit seinen Gläubigern eingegangen ist und die ihn verpflichten sollen, auf deren Interessen Rücksicht zu nehmen. Das überzeugt jedoch nicht. Neben den verfassungsrechtlichen Implikationen – das Damoklesschwert der Bankrottstrafbarkeit verwehrte es dem Schuldner, seinen ihm opportunen Lebensentwurf zu verfolgen und käme somit sogar in Konflikt mit Art. 1 GG – verkennt diese Ansicht, dass es nicht Aufgabe des § 283 ist, einen lückenlosen Gläubigerschutz zu gewährleisten. Weitere Gegenargumente bei *Weyand* ZInsO **2002**, 270 f.

rechte sowie alle immateriellen Güter, etwa know-how,[6] Geschäftsbücher (vgl. § 36 Abs. 2 Nr. 1 InsO) – soweit sie einen eigenen Vermögenswert haben, andernfalls ihren Schutz die Nrn. 6 und 8 bewerkstelligen[7] – und Kundenkarteien.[8] Eine materiellrechtliche **Bagatellgrenze** gibt es richtigerweise nicht.[9] Auch die **Firma** des schuldnerischen Unternehmens kommt als Tatobjekt in Betracht, sofern sie selbstständig verkehrsfähig und der Insolvenzverwalter berechtigt ist, über sie zu verfügen.[10] Ohne Einverständnis des Schuldners kann der Insolvenzverwalter jedoch solche Firmen eines Einzelhandelskaufmanns bzw. einer Personenhandelsgesellschaft nicht verwerten, die den **Familiennamen des Schuldners** (mit)enthalten.[11] Grds. keine Rolle spielt es, ob der Schuldner den beiseite geschafften Vermögenswert rechtmäßig oder unrechtmäßig erworben hat.[12] Hat der Schuldner die beiseite geschaffte Sache allerdings zuvor gestohlen oder unterschlagen, scheidet eine Strafbarkeit gem. § 283 Abs. 1 Nr. 1 aus, da der Eigentümer der gestohlenen bzw. unterschlagenen Sache ein Aussonderungsrecht besitzt und Gegenstände, an denen ein solches Recht besteht, nicht in die Masse fallen.[13, 14]

3 Keine tauglichen Tatgegenstände sind hingegen all diejenigen Vermögensbestandteile, die im Insolvenzverfahren nicht zugunsten der Gläubigergesamtheit verwertet werden dürfen. Hierzu rechnen neben dem **pfändungsfreien Vermögen** (vgl. § 36 Abs. 1 InsO, der aber insoweit enger gefasst ist als § 811 ZPO, als er bei selbständig tätigen Schuldnern die Pfändungsverbote des § 811 Abs. 1 Nrn. 1b und 8b ZPO grds. nicht akzeptiert, § 36 Abs. 2 Nr. 2 InsO), das dem Schuldner verbleibt[15] (s. ergänzend auch § 36 Abs. 3 InsO bzgl. des Hausrates)[16] sowie Forderungen, die dem Schuldner nur zur Einziehung abgetreten[17] bzw. Sachen, die ihm zur Sicherheit übereignet wor-

---

6 S. nur *Hörl*, S. 285, 301 f., der aber eine umfassende Einzelfallprüfung anmahnt, inwieweit dem „know-how" ein Vermögenswert zukommt; vgl. ferner *Brackmann*, S. 253.

7 G/J/W/*Reinhart* § 283 Rdn. 15; *Brackmann*, S. 254 ff.; a.A. *Hörl*, S. 105 ff., dem zufolge sämtlichen Geschäftsbüchern zumindest ein mittelbarer Wert zukommt, weshalb der Schuldner, der Geschäftsbücher beiseiteschafft, immer gem. § 283 Abs. 1 Nr. 1 haftet.

8 S i.E. NK/*Kindhäuser* § 283 Rdn. 9; SK/*Hoyer* § 283 Rdn. 27; M-G/*Richter* Kap. 83 Rdn. 5, 8; G/J/W/*Reinhart* § 283 Rdn. 15; *Grosche*, S. 56 ff.; *Dannecker/Knierim/Dannecker/Hagemeier* Rdn. 891, 893; *Hörl*, S. 91 ff.; zu gewerblichen Schutzrechten als Massebestandteil s. näher *Brackmann*, S. 252 f.

9 G/J/W/*Reinhart* § 283 Rdn. 15; MAH/*Böttger* § 19 Rdn. 119; *Weyand/Diversy* Rdn. 63; a.A. NK/*Kindhäuser* § 283 Rdn. 8.

10 G/J/W/*Reinhart* § 283 Rdn. 12; M/G/*Rotsch/Wagner* 8/156; *Hörl*, S. 137 und *passim*; *Brackmann*, S. 253; a.A. noch BGH/H GA **1953**, 73; skeptisch gegenüber dieser Entscheidung *Hammerl*, S. 17 m. Fn. 68.

11 Zum Ganzen ausführl. OLG Düsseldorf NJW **1982**, 1712, 1713; NK/*Kindhäuser* § 283 Rdn. 10; *Sch/Schröder/Heine/Schuster* § 283 Rdn. 3a; S/S/W/*Bosch* § 283 Rdn. 3; G/J/W/*Reinhart* § 283 Rdn. 12; Böttger/*Verjans/Rixe* 4/46; a.A. aber *Hörl*, S. 153; ferner mit guten Gründen auch *Brackmann*, S. 316 ff.

12 BGH GA **1955**, 149, 150; BGH/H GA **1953**, 74: übermäßiger Verbrauch von durch Betrug erlangten Mitteln; RGSt **66**, 175, 178 f.; SK/*Hoyer* § 283 Rdn. 26; Lackner/Kühl/*Heger* § 283 Rdn. 9; *Sch/Schröder/Heine/Schuster* § 283 Rdn. 3a; M/R/*Altenhain* § 283 Rdn. 18; MAH/*Böttger* § 19 Rdn. 122; Pape/Uhländer/*Hofmann* § 283 Bankrott Rdn. 14; Böttger/*Verjans/Rixe* 4/47; *Kollmar*, S. 49; *Grosche*, S. 58.

13 S.u. Rdn. 3.

14 BGH GA **1955**, 149, 150; NK/*Kindhäuser* § 283 Rdn. 9; SK/*Hoyer* § 283 Rdn. 26; G/J/W/*Reinhart* § 283 Rdn. 11; MAH/*Böttger* § 19 Rdn. 122; Böttger/*Verjans/Rixe* 4/47; *Kollmar*, S. 50, 87; *Hörl*, S. 81 f., 84 ff.; *Brackmann*, S. 263; wohl auch *Dannecker/Knierim/Dannecker/Hagemeier* Rdn. 891, die nur solche Vermögensgegenstände nennen, die der Schuldner *qua* Betrugs erlangt hat; a.A., freilich im Kontext des § 288 RGSt **61**, 407, 409; ebenso M-G/*Richter* Kap. 83 Rdn. 16.

15 Hierzu gehört i.Üb. auch der Eigentumsverschaffungsanspruch auf eine unpfändbare Sache; s. dazu RGSt **73**, 127 f.; G/J/W/*Reinhart* § 283 Rdn. 14; *Kollmar*, S. 47; zur Pfändbarkeit von Rentenansprüchen s. AG Nürnberg ZInsO **2012**, 339, 341. Kein Pfändungsverbot besteht hingegen, wenn der Schuldner während des Insolvenzverfahrens unpfändbare Bestandteile seines Arbeitslohns auf ein eigens hierfür eingerichtetes Konto einbezahlt; solches Vermögen darf der Insolvenzverwalter zur Masse ziehen und an die Gläubiger verteilen. Gleiches gilt für pfändungsfreie Vermögensgegenstände, die der Schuldner mit unpfändbaren Mitteln seines Arbeitseinkommens erwirbt bzw. für den Erlös, den der Schuldner aus der Veräußerung eines unpfändbaren Gegenstandes erzielt; ausf. zum Ganzen BGH NZI **2013**, 968.

16 BGH wistra **1994**, 349; BGH/H GA **1953**, 73; RG GA 47 (**1900**), 158, 159; *Sch/Schröder/Heine/Schuster* § 283 Rdn. 3a; *Hiltenkamp-Wisgalle*, S. 161 f.; *Büttiker*, S. 40.

17 RGSt **72**, 252, 255; SK/*Hoyer* § 283 Rdn. 29; G/J/W/*Reinhart* § 283 Rdn. 12; *Kollmar*, S. 46.

den sind,[18] solche Gegenstände, die entweder einen **bloßen Affektionswert** besitzen und somit wertlos sind[19] oder den Gläubiger zur **Aussonderung** berechtigen (vgl. § 47 InsO).[20] Kauft jedoch der Schuldner eine Sache unter Eigentumsvorbehalt, besteht, obschon diese Sache aufgrund des dem Vorbehaltsverkäufer zustehenden Aussonderungsrechts nicht zur Masse rechnet,[21] gleichwohl die Möglichkeit, an dieser Sache die Bankrotthandlung des § 283 Abs. 1 Nr. 1 Var. 1 zu begehen, indem der Schuldner sein (werthaltiges)[22] **Anwartschaftsrecht** beiseiteschafft.[23]

Ob darüber hinaus **sicherungsübereignete Gegenstände**, die weniger wert sind als die besi- 4
cherte Forderung bzw. Grundstücke, die bis zur Wertobergrenze mit Grundsicherheiten belastet sind,[24] aus dem Kreis der Tatgegenstände herausfallen, ist unklar. Kein Streit herrscht jedenfalls insoweit, als wegen Beiseiteschaffens von Massebestandteilen haftet, wer sicherungsübereignete Gegenstände verbirgt, weil sich dadurch der Kreis der an der Masse partizipierenden Gläubiger erhöht und deshalb nicht nur der Sicherungsnehmer, sondern alle Gläubiger Schaden nehmen.[25] Hingegen schmälert der Schuldner die Masse nicht, der einem Gläubiger zulasten eines wertmäßig bereits ausgeschöpften Grundstücks weitere Grundsicherheiten bestellt;[26] allenfalls macht er sich wegen Betrugs gegenüber diesem Gläubiger, nicht aber gem. § 283 Abs. 1 strafbar. Überlässt jedoch der Schuldner den sicherungsübereigneten Gegenstand dem Sicherungsnehmer, obschon dieser darauf (noch) keinen Anspruch hat, ist fraglich, ob er auf diese Weise über ein Objekt der künftigen Masse verfügt. Den Vorzug verdient die Ansicht, die solche Vermögensbestandteile nicht erfasst, da diese Gegenstände nur einzelnen Gläubigern zustehen, ihre Verwertung also nicht der Gläubigergesamtheit zugutekommt.[27] Ein hiervon abweichendes Ergebnis erzwingt insbesondere **§ 171 InsO** nicht. Gem. § 171 InsO hat zwar der absonderungsberechtigte Gläubiger neun Prozent des auf den abgesonderten Vermögensgegenstand entfallenden Verwertungserlöses der Masse zu überlassen, sofern sich der Insolvenzverwalter dazu entschließt, von seinem Recht Gebrauch zu machen, den Gegenstand selbst zu verwerten (vgl. §§ 165, 166 InsO). Allerdings deckt die Feststellungs- und Verwertungskostenpauschale des § 171 InsO regelmäßig nur die Kosten, die der Masse

18 M-G/*Richter* Kap. 83 Rdn. 15; G/J/W/*Reinhart* § 283 Rdn. 11.

19 BGHSt **5**, 119, 121; BGHSt **3**, 32, 36; *Sch/Schröder/Heine/Schuster* § 283 Rdn. 3; G/J/W/*Reinhart* § 283 Rdn. 15; A/R/R/*Himmelreich* Kap. 7/1 Rdn. 103; W/J/S/*Pelz* 9/135; *Weyand/Diversy* Rdn. 63; *Hörl*, S. 91.

20 RGSt **72**, 252, 255; RGSt **66**, 175, 177 f.; NK/*Kindhäuser* § 283 Rdn. 8; S/S/W/*Bosch* § 283 Rdn. 3; *Sch/Schröder/Heine/Schuster* § 283 Rdn. 3a; *Fischer* § 283 Rdn. 3a; *Dannecker/Knierim/Dannecker/Hagemeier* Rdn. 892; W/J/S/*Pelz* 9/135; M/R/*Altenhain* § 283 Rdn. 18; M/G/*Rotsch/Wagner* 8/155; *Kollmar*, S. 46; *Hörl*, S. 91; *Grosche*, S. 59; *Dohmen*, S. 69; *Reichelt*, S. 96; *Habetha*, S. 212 ff.; *Brackmann*, S. 260 ff.; *H.W. Schmidt* NJW **1957**, 1788, 1789; *Wersdörfer* BB **1952**, 679, 680; *Richter* GmbHR **1984**, 137, 149; zu den Sachen, bzgl. derer ein Aussonderungsrecht besteht und die deshalb nicht in die Masse fallen, s. MK/ *Petermann/Sackreuther* § 283 Rdn. 7; skeptisch aber *Hammerl*, S. 17 m.Fn. 69.

21 BGHSt **3**, 32, 36.

22 Zum Erfordernis der Werthaltigkeit, die entscheidend davon abhängt, ob und wie viele Raten der Schuldner bereits getilgt hat, s. BGH GA **1960**, 375, 376.

23 BGHSt **3**, 32, 36; BGH LM Nr. 5 zu § 239 KO; dazu ausführl. auch LK[12]/*Tiedemann* § 283 Rdn. 21; ferner *Fischer* § 283 Rdn. 3a; SK/*Hoyer* § 283 Rdn. 29; *Sch/Schröder/Heine/Schuster* § 283 Rdn. 3a; M-G/B/*Bieneck*[5] § 78 Rdn. 10; G/J/W/*Reinhart* § 283 Rdn. 12; *Weyand/Diversy* Rdn. 65; *Kollmar*, S. 51; *Brackmann*, S. 263, 293; *Richter* GmbHR **1984**, 137, 149 m. Fn. 191; *Krumme* LM Nr. 11 zu § 240 KO; *H.W. Schmidt* NJW **1957**, 1788 f., der aber die praktische Relevanz bezweifelt.

24 Dazu s.a. LK[12]/*Tiedemann* § 283 Rdn. 17, dem zufolge solche Objekte jedenfalls nicht durch eine zusätzliche Belastung beiseite geschafft, wohl aber verheimlicht oder zerstört werden können.

25 BGHSt **5**, 119, 120 f.; BGH GA **1960**, 375, 376; BGH LM Nr. 9 zu § 239 KO; M-G/*Richter* Kap. 83 Rdn. 10; *Dannecker/Knierim/Dannecker/Hagemeier* Rdn. 894; G/J/W/*Reinhart* § 283 Rdn. 15; *Habetha*, S. 216 f.; zu diesem Argument s.a. schon *Kollmar*, S. 48; *Klug* JZ **1957**, 462, 463; a.A. aber noch BGHSt **3**, 32, 36.

26 M-G/*Richter* Kap. 83 Rdn. 11; MAH/*Böttger* § 19 Rdn. 120; vgl. aber auch RG HRR **1932**, 1404: Beachtet werden muss die Möglichkeit, dass der Grundstückswert steigt.

27 So W/J/S/*Pelz* 9/137; *Habetha*, S. 214 ff., der aber nach Insolvenzverfahrenseröffnung mit Blick auf das Verfügungsrecht des Insolvenzverwalters ein Beiseiteschaffen bejaht (a.a.O., S. 222); implizit auch M-G/*Richter* Kap. 83 Rdn. 10; sympathisierend *Weyand/Diversy* Rdn. 65; zw. gegenüber der Annahme eines Beiseiteschaffens auch BGHSt **5**, 119, 121; ferner *Kollmar*, S. 58.

daraus entstehen, dass der Insolvenzverwalter die Befugnis der §§ 165, 166 InsO wahrnimmt und ist somit ungeeignet, den Massebestand zu vergrößern.[28]

2. Die Tathandlung des Beiseiteschaffens

5 Der Schuldner, der den alsbaldigen Gläubigerzugriff durch (dinglich-)rechtliche oder tatsächliche Verfügungen vereitelt bzw. wesentlich erschwert, verwirklicht die Tatmodalität des **Beiseiteschaffens.**[29] Ob die Tathandlung den Gläubigerzugriff rechtlich bzw. tatsächlich erschwert, bestimmt sich nach den **Zugriffsmöglichkeiten eines gedachten Insolvenzverwalters** unter gleichzeitiger Berücksichtigung seiner gegenüber dem Schuldner bestehenden Auskunftsrechte (vgl. § 97 InsO).[30] Rechtsgeschäftlich schafft der Schuldner demnach Vermögen beiseite, der ohne adäquate Gegenleistung z.B. Gegenstände übereignet bzw. verpfändet, Forderungen abtritt oder einen bestimmten Geldbetrag auf ein fremdes Konto überweist, wobei es auf die **(zivil-)rechtliche Wirksamkeit** dieser Handlungen nicht ankommt.[31] Vor diesem Hintergrund hat die Rspr. dem Schuldner, der seine Forderungen über das Konto eines Dritten, bzgl. dessen er nicht verfügungsberechtigt war, einzog[32] sowie dem Schuldner, der Gelder an von ihm beherrschte, rechtlich aber selbstständige Gesellschaften übertrug,[33] ein Beiseiteschaffen zur Last gelegt. Ohne die rechtliche Zuordnung eines Vermögensgegenstandes zu verändern und damit tatsächlich schafft beiseite, wer „den Zugriff der Gläubiger auf [den Gegenstand] objektiv unmöglich macht oder zumindest wesentlich erschwert".[34] – **Vollendet** ist das rechtsgeschäftliche Beiseiteschaffen mit der Vornahme des Erfüllungsgeschäfts[35] bzw. bei Verfügungen über Grund-

---

28 A.A. aber Bittmann[1]/*Bittmann* § 12 Rdn. 98; zust. MAH/*Böttger* § 19 Rdn. 120.

29 BGHSt **55**, 107, 113; BGH/H GA **1954**, 310; BGH/H GA **1953**, 74; OLG Frankfurt am Main wistra **1997**, 274; LG Hamburg ZIP **1997**, 2091, 2092; RGSt **66**, 130, 131; RGSt **64**, 138, 140; RGSt **62**, 277, 278; RGSt **61**, 107, 108; RGSt **2**, 118, 119 f.; RG JW **1936**, 3006 (Nr. 51); NK/*Kindhäuser* § 283 Rdn. 12; SK/*Hoyer* § 283 Rdn. 30; *Sch/Schröder/Heine/Schuster* § 283 Rdn. 4; MK/ *Petermann/Sackreuther* § 283 Rdn. 9; *Fischer* § 283 Rdn. 4; Lackner/Kühl/*Heger* § 283 Rdn. 10; M/R/*Altenhain* § 283 Rdn. 19; M-G/*Richter* Kap. 83 Rdn. 17; G/J/W/*Reinhart* § 283 Rdn. 16; *Dannecker/Knierim/Dannecker/Hagemeier* Rdn. 895; M/G/*Rotsch/Wagner* 8/157; *Kollmar*, S. 54; *Geers*, S. 158 f.; *Hörl*, S. 71; *Reichelt*, S. 96 f.; *Schlüchter* JR **1982**, 29 f.; *Cyrus/Köllner* NZI **2016**, 288, 291; enger freilich das Verständnis von *Haas* wistra **1989**, 259, 260 im Kontext des § 288. Erg. und zur Abgrenzung zu den unwirtschaftlichen Ausgaben s.u. Rdn. 21.

30 Grdl. BGHSt **55**, 107, 115, der zu Recht darauf hinweist, dass eine Erschwerung der Einzelzwangsvollstreckung i.R.d. § 283 irrelevant ist; zust. Anm. von *Brockhaus* NJW **2012**, 2899; s. ferner Lackner/Kühl/*Heger* § 283 Rdn. 10; M/R/*Altenhain* § 283 Rdn. 20; Pape/Uhländer/*Hofmann* § 283 Bankrott Rdn. 16; Böttger/*Verjans/Rixe* 4/48; *Weyand/Diversy* Rdn. 66; *Fauser* ZWH 2013, 273; mit guten Gründen krit. aber *Bosch* JA **2011**, 151, 153.

31 BGHSt **55**, 107, 114; zu weiteren Bsp. s.u. Rdn. 10; dazu, dass die rechtliche Wirksamkeit ohne Belang ist, s. ferner NK/*Kindhäuser* § 283 Rdn. 12; SK/*Hoyer* § 283 Rdn. 30; G/J/W/*Reinhart* § 283 Rdn. 16; a.A. aber RGSt **61**, 107, 108; ferner wohl BGH LM Nr. 2 zu § 239 KO, der wegen der unwirksamen Übereignung der inkriminierten Gegenstände lediglich Bankrott in der Variante des Vortäuschens fremder Rechte bejahte; ebenso *W Fleischer* NJW **1978**, 96, 97, der eine wirksame dingliche Rechtsänderung fordert, andernfalls lediglich ein versuchtes Beiseiteschaffen vorliege; s. des Weiteren auch LG Hamburg ZIP **1997**, 2091, 2092, das im Kontext des § 283d ein Beiseiteschaffen durch Auszahlung eines Kontoguthabens entgegen einer verbindlichen Untersagung des Sequesters nicht erblicken will, weil die Auszahlung aufgrund der fehlenden Sequesterzustimmung nicht mit befreiender Wirkung erfolgte und deshalb die Masse nicht mindern konnte. Solchermaßen bleibt jedoch der Charakter der §§ 283, 283d als (abstrakt-konkrete) Gefährdungsdelikte unberücksichtigt, kommt es doch gerade deshalb nicht darauf an, ob die beiseite geschafften oder verheimlichten Gegenstände später wieder zur Masse zurückgeholt werden können.

32 BGHSt **34**, 309, 310 f.

33 OLG Frankfurt am Main NStZ **1997**, 551.

34 BGHSt **55**, 107, 114.

35 Der Abschluss des Verpflichtungsgeschäfts genügt somit zur Annahme eines vollendeten Beiseiteschaffens noch nicht; vgl. dazu nur *Sch/Schröder/Heine/Schuster* § 283 Rdn. 4; *Reichelt*, S. 96.

stücke schon mit der Eintragung einer Vormerkung.[36] Der Abschluss eines auf das Beiseiteschaffen von Vermögensgegenständen gerichteten Verpflichtungsgeschäfts bzw. die Abgabe der Auflassungserklärung überschreiten jedoch die Schwelle des § 22 und geraten damit in das Fahrtwasser des versuchten Bankrotts.[37, 38]

a) Restriktive Interpretationsansätze. Angesichts der ausufernden Interpretation, die das Merkmal „Beiseiteschaffen" vor allem in der Praxis erfahren hat, verwundert der Befund nicht, dass der vorstehend genannten Definition auch solche schuldnerischen Verhaltensweisen unterfallen, die – jedenfalls gem. § 283 – nicht strafwürdig sind. So müsste der Schuldner, der zu seinem **Lebensunterhalt** Vermögen unterhalb des Pfändungsfreibetrags einsetzt bzw. fällige Forderungen befriedigt, eine Strafbarkeit wegen Beiseiteschaffens von präsumtiven Massebestandteilen befürchten. Solche unbefriedigenden Ergebnisse lassen sich jedoch vermeiden, wenn man entweder das einschränkende Merkmal eines **groben Verstoßes gegen die Anforderungen ordnungsgemäßen Wirtschaftens** von § 283 Abs. 1 Nr. 8 Var. 1 auf § 283 Abs. 1 Nr. 1 Var. 1 überträgt[39] oder aber (subjektiv) fordert, der Täter müsse mit finaler **Gläubigerbenachteiligungsabsicht** gehandelt haben.[40] Da beide Vorschläge einer restriktiven Auslegung regelmäßig zu identischen Resultaten führen[41] und zudem *Hoyer* exemplifiziert hat, dass selbst auf dem Boden der weiten Interpretation des Merkmals „Beiseiteschaffen" die pathologischen, strafunwürdigen Verhaltensweisen nicht zwingend der Definition unterfallen,[42] bedarf es keines Streitentscheids. Nur so viel: Mehr spricht dafür, die Restriktion des Merkmals „Beiseiteschaffen" – so man sie überhaupt für erforderlich hält – mithilfe des (groben) Verstoßes gegen die Anforderungen ordnungsgemäßen Wirtschaftens zu bewerkstelligen,[43] statt auf eine dem § 283 im Unterschied zu § 239 KO a.F. unbekannte Gläubigerbenachteiligungsabsicht zu rekurrieren,[44] zumal das ordnungsgemäße Wirtschaften einen Zentralbegriff des § 283 bildet und es ohnehin ungereimt erscheint, warum der Gesetzgeber bei sämtlichen **bestandsbezogenen Bankrotthandlungen** außer dem Beiseiteschaffen und Verheimlichen diese einschränkende Voraussetzung statuierte. Resümierend: Den Tatbestand erfüllt weder der Schuldner, der eine fällige Leistung erbringt,[45] noch der Schuldner, der Vermögen weg- 6

36 RG DRiZ **1934**, Nr. 315; *Fischer* § 283 Rdn. 4a; *Sch/Schröder/Heine/Schuster* § 283 Rdn. 4; *Dannecker/Knierim/Dannecker/Hagemeier* Rdn. 902; SK/*Hoyer* § 283 Rdn. 30.

37 Vgl. § 283 Abs. 3 und u. Rdn. 187 ff.

38 RGSt **61**, 107, 109; zum Ganzen ferner M-G/*Richter* Kap. 83 Rdn. 26; weitergehend RGSt **2**, 118, 120: Auflassung als vollendetes Beiseiteschaffen.

39 So i.E. BGH/H GA **1953**, 74; s.a. schon RGSt **62**, 277, 278, das zudem ein Vereitelungsbewusstsein fordert; aus dem Schrifttum s. W/J/S/*Pelz* 9/140; G/J/W/*Reinhart* § 283 Rdn. 17, 23; MAH/*Böttger* § 19 Rdn. 124; *Reichelt*, S. 97; NK/*Kindhäuser* § 283 Rdn. 15, der als subjektive Komponente des ordnungswidrigen Wirtschaftens die Absicht verlangt, die Befriedigungsinteressen der Gläubiger anderweitigen wirtschaftswidrigen Zwecken hintenanzusetzen (a.a.O. Rdn. 16); s.a. *Brackmann*, S. 278 ff., 438, der ein schlichter Verstoß gegen die Grundsatz ordnungsgemäßen Wirtschaftens genügt; abl. *Brockhaus* NJW **2010**, 2899, der das ordnungsgemäße Wirtschaften als eine schwer zu fassende und einzelfallbezogene Floskel disqualifiziert; skeptisch auch M-G/*Richter* Kap. 83 Rdn. 20.

40 LK[12]/*Tiedemann* § 283 Rdn. 28 f.; *Habetha*, S. 194 ff.

41 Zu diesem Befund MK/*Petermann/Sackreuther* § 283 Rdn. 11; *Fischer* § 283 Rdn. 4b; *Dannecker/Knierim/Dannecker/Hagemeier* Rdn. 897.

42 SK/*Hoyer* § 283 Rdn. 32 ff.

43 So auch i.E. MK/*Petermann/Sackreuther* § 283 Rdn. 11.

44 Zu diesem Aspekt s. bereits SK/*Hoyer* § 283 Rdn. 31; zu weiteren Einwänden gegen diesen subjektiven Ansatz s.a. G/J/W/*Reinhart* § 283 Rdn. 17, der zum einen auf die schwierige Beweisbarkeit und zum anderen auf die Indifferenz zahlreicher rechtlich und sozial missbilligter Verhaltensweisen hinweist, die – wie die Zahlung von Bestechungsgeld – keine Gläubigerschädigung bezwecken.

45 BGHSt **34**, 309, 310; BGH/H GA **1953**, 74; SK/*Hoyer* § 283 Rdn. 34; *Sch/Schröder/Heine/Schuster* § 283 Rdn. 4; NK/*Kindhäuser* § 283 Rdn. 15; Lackner/Kühl/*Heger* § 283 Rdn. 10; S/S/W/*Bosch* § 283 Rdn. 5; G/J/W/*Reinhart* § 283 Rdn. 25; W/J/S/*Pelz* 9/140; MAH/*Böttger* § 19 Rdn. 126; M/G/*Rotsch/Wagner* 8/159; *Kollmar*, S. 72; *Reichelt*, S. 97; *Habetha*, S. 195 ff.; wohl auch M/R/*Altenhain* § 283 Rdn. 21, sofern Vermögensverschiebung die präsumtive Masse nicht schmälert.

gibt, dafür aber eine gleichwertige Gegenleistung erhält.[46] Möglich bleibt aber eine Strafbarkeit gem. § 283 Abs. 1 Nr. 2 Var. 4, sofern der wertäquivalente Gegenstand der präsumtiven Masse nicht nutzt.[47] Schließlich verwirklicht den Tatbestand auch nicht der Schuldner, der die präsumtive Masse schmälert, um damit seinen angemessenen Lebensunterhalt zu bestreiten,[48, 49] solange er dadurch weder den Pfändungsfreibetrag (vgl. § 850c ZPO) überschreitet[50] noch – quasi auf Vorrat – Mittel entnimmt, die den Unterhalt für eine längere Zeitspanne sichern sollen.[51] Ebenfalls kein bankrottstrafrechtlich relevantes Beiseiteschaffen liegt dem Schuldner zur Last, der während seiner Krise gem § 167 VVG eine Lebensversicherung in eine Versicherung umwandelt, die den Anforderungen des § 851c Abs. 1 ZPO entspricht und damit der **Pfändbarkeit** entzogen ist.[52]

7 **b) Besonderheiten bei Einzelunternehmern und Personen(handels)gesellschaften.** Schwierige Probleme stellen sich, sobald die Frage im Raum steht, ob ein **Einzelhandelskaufmann** bzw. der **persönlich haftende Gesellschafter** einer Personen(handels)gesellschaft, der Vermögensbestandteile des Unternehmens seinem Privatvermögen einverleibt, dadurch die Tatmodalität des Beiseiteschaffens begeht. Während der Einzelunternehmer, der Unternehmensvermögen privat verbraucht, dieses mangels einer rechtlichen Trennung zwischen Unternehmens- und Privatsphäre grds. nicht beiseiteschafft[53] – es sei denn der Transfer erschwert den Gläubigerzugriff erheblich –, liegen die Dinge *prima vista* anders, sobald dieselbe Handlung der persönlich haftende Gesellschafter einer Personen(handels)gesellschaft vornimmt, da sich auf diese Weise die rechtliche Zuordnung des Vermögensobjekts ändert – bspw. von Gesamthandseigentum bzw. Alleineigentum[54] der Gesellschaft zu Alleineigentum des Gesellschafters. Hier ein Beiseiteschaffen zu

---

46 BGH/H GA **1954**, 310; RGSt **66**, 130, 131; RGSt **62**, 152; RG JW **1936**, 3006 (Nr. 51); RG JW **1936**, 3006 (Nr. 52); RG HRR **1935**, 158; *Tiedemann* KTS **1984**, 539, 545; SK/*Hoyer* § 283 Rdn. 33; S/S/W/*Bosch* § 283 Rdn. 5; ferner NK/*Kindhäuser* § 283 Rdn. 15; M/R/*Altenhain* § 283 Rdn. 21; M-G/*Richter* Kap. 83 Rdn. 19; *Dannecker/Knierim/Dannecker/Hagemeier* Rdn. 896; W/J/S/*Pelz* 9/140; MAH/*Böttger* § 19 Rdn. 124; M/G/*Rotsch/Wagner* 8/159; G/J/W/*Reinhart* § 283 Rdn. 25; *Hörl*, S. 356; *Habetha*, S. 195; *Brackmann*, S. 275; *Rönnau* Kühl-FS, S. 711, 728; *Cyrus/Köllner* NZI **2016**, 288, 291; *Alsberg* Pinner-FS, S. 215, 221; s. ferner RGSt **71**, 227, 230; RGSt **6**, 100, 103 beide im Kontext des § 288; enger *Kollmar*, S. 54 f., der solche Gegenwerte nicht berücksichtigen will, die der Schuldner einfacher beiseiteschaffen kann.

47 S.u. Rdn. 22.

48 S. aber auch Vor §§ 283 ff. Rdn. 34.

49 BGH JR **1982**, 29 = MDR **1981**, 510, 511 = NJW **1981**, 1458 (Ls.), der mit Blick auf die veränderte Situation auf die Familienverhältnisse, den Haushaltszuschnitt sowie die bisherigen persönlichen Lebensverhältnisse abstellt, um anhand dieser Parameter den angemessenen Unterhalt zu errechnen; s.a. *Kollmar*, S. 56; vgl. ferner auch M/R/*Altenhain* § 283 Rdn. 21; ähnl. *Sch/Schröder/Heine/Schuster* § 283 Rdn. 4, der zusätzlich noch darauf hinweist, dass die vom Schuldner zu verlangende Einschränkung seines Lebenszuschnitts von der Art der Krise abhängig sei; s. auf dieser Linie auch schon RG JW **1935**, 2061 f.

50 Wie hier *Schlüchter* JR **1982**, 29, 30; SK/*Hoyer* § 283 Rdn. 34, 52; M-G/*Richter* Kap. 83 Rdn. 22; *Dannecker/Knierim/Dannecker/Hagemeier* Rdn. 897, 913; ebenso wohl MAH/*Böttger* § 19 Rdn. 126: Angemessenheit hat sich an der Krisensituation zu orientieren; s.a. MK/*Petermann/Sackreuther* § 283 Rdn. 23, allerdings im Kontext des § 283 Abs. 1 Nr. 2 („unwirtschaftliche Ausgaben"); großzügiger LK[12]/*Tiedemann* § 283 Rdn. 31, dem zufolge der Schuldner nicht darauf beschränkt ist, Entnahmen nur in Höhe des notdürftigen Unterhalts zu tätigen; ähnl. wohl *Fischer* § 283 Rdn. 4a; enger NK/*Kindhäuser* § 283 Rdn. 13, der aber gleichwohl den Rekurs auf den Pfändungsfreibetrag für zu eng erachtet; auf dieser Linie auch *Brackmann*, S. 300 ff.; s.a. G/J/W/*Reinhart* § 283 Rdn. 25, dem zufolge der Schuldner sich einzuschränken hat.

51 BGH JR **1982**, 29 = MDR **1981**, 510, 511 = NJW **1981**, 1458 (Ls); zust. *Fischer* § 283 Rdn. 4a; S/S/W/*Bosch* § 283 Rdn. 5; *Schlüchter* JR **1982**, 29, 30.

52 Grdl. *Kemperdick* ZInsO **2009**, 2099, 2100 ff.; zust. AnwK/*Püschel* § 283 Rdn. 6.

53 LK[12]/*Tiedemann* § 283 Rdn. 31, der ein Beiseiteschaffen allenfalls im Verbrauch des entnommenen Geldes erblicken will, allerdings nur, sofern es um das Horten von Geldmitteln für die Zukunft geht.

54 Für die Zuordnung des Gesellschaftsvermögens zur Personengesellschaft als einem rechtsfähigen Verband sprechen sich aus: *Kießling* Hadding-FS, S. 477, 492 f.; ferner MK-BGB/*K Schmidt* § 741 Rdn. 4; ebenso *Brand*, S. 210 ff.; zust. *Ceffinato*, S. 331.

verneinen, weil der Gesellschafter persönlich haftet, überzeugt schon vor dem Hintergrund der **unterschiedlichen Gläubigerkreise** nicht – der Gesellschafter haftet nicht nur den Gesellschafts-, sondern auch seinen eigenen Gläubigern. Der Schutzzweck des § 283 rechtfertigt es deshalb, solches Verhalten als Beiseiteschaffen zu qualifizieren. Denn die Gesellschaftsgläubiger konkurrieren mit den Privatgläubigern des Gesellschafters und sind folglich bereits gefährdet, sofern es nicht gelingt, das entnommene Objekt zur Masse zurückzuholen. Hat freilich der Gesellschafter den Gegenstand aufgrund wirtschaftlich nachvollziehbarer Erwägungen in sein Privatvermögen verschoben und folglich nicht gegen die **Anforderungen ordnungsgemäßen Wirtschaftens** verstoßen, bleibt er unter bankrottstrafrechtlichen Gesichtspunkten straflos.

Da die Gesellschafter einer Personen(handels)gesellschaft – von den Kommanditisten abgese- 8
hen (vgl. § 171 Abs. 1 HGB) – persönlich und unbeschränkt für die Gesellschaftsschulden haften (vgl. § 128 S. 1 HGB), erscheint es keineswegs unwahrscheinlich, dass sie Bestandteile ihres Privatvermögens beiseiteschaffen, sobald sie die wirtschaftlichen Schwierigkeiten „ihres" Verbandes bemerken. Befindet sich zwar die Gesellschaft, nicht aber der Gesellschafter, der sein Vermögen beiseiteschafft, im Stadium der materiellen Insolvenz, macht sich der Gesellschafter allenfalls – sofern ihm die Zwangsvollstreckung droht – gem. § 288 Abs. 1 strafbar.[55] Wegen der **unbeschränkten und persönlichen Haftung** dürfte aber die materielle Insolvenz der Gesellschaft häufig auf den Gesellschafter „durchschlagen", der dann, falls er eigenes Vermögen beiseiteschafft, den Tatbestand des § 283 Abs. 1 Nr. 1 Var. 1 erfüllt.

c) Beiseiteschaffen durch Unterlassen. Der Schuldner kann die Bankrotthandlung des Beisei- 9
teschaffens grds. auch durch **Unterlassen** begehen,[56] etwa wenn er einen Dritten nicht hindert, präsumtive Massebestandteile zu okkupieren. Freilich genügt die schlichte Untätigkeit des Schuldners nicht. Vielmehr muss zusätzlich eine Garantenstellung feststellen, wer den Vorwurf des § 283 Abs. 1 Nr. 1 Var. 1 erheben will. Keine **Garantenstellung** mit der Pflicht, Schädigungen der künftigen Masse zu verhindern, ergibt sich aus der bloßen Schuldnerposition.[57] Jedoch sind Fallgestaltungen der **Ingerenzgarantenstellung** vorstellbar, in denen der Schuldner pflichtwidrig eine Situation schafft, vermöge derer ein Dritter Teile des Schuldnervermögens bspw. pfändet und der Schuldner trotz Möglichkeit und Zumutbarkeit hiergegen nicht einschreitet.[58]

d) Kasuistik. Abschließend seien einige Konstellationen aufgezählt, die die **Rspr.** als Beiseite- 10
schaffen qualifiziert: Zahlung eines **Schmiergeldes**, um einen lukrativen Auftrag zu erlangen,[59] die wirkliche oder scheinbare Übertragung von Vermögenswerten auf **nahe Angehörige**[60] bzw. ein tätereigenes **Tochterunternehmen**, das Verbringen von Gegenständen an einen anderen Ort,[61] um sie entweder vor den Gläubigern zu verbergen oder leichter veräußern zu können, die Verpfändung von Sachen,[62] der Verkauf eines Grundstücks[63] bzw. die Übertragung eines Miteigen-

55 Zutr. schon OLG Kassel GA 37 (**1890**), 314 f.

56 A.A. aber *Geers*, S. 160 f., der zufolge ein Beiseiteschaffen durch Unterlassen generell ausgeschlossen ist.

57 Allg.M.; s. nur NK/*Kindhäuser* § 283 Rdn. 14; SK/*Hoyer* § 283 Rdn. 35, 49, 63; MK/*Petermann/Sackreuther* § 283 Rdn. 12; Lackner/Kühl/*Heger* § 283 Rdn. 4; G/J/W/*Reinhart* § 283 Rdn. 18; M/R/*Altenhain* § 283 Rdn. 17; MAH/*Böttger* § 19 Rdn. 128; Pape/Uhländer/*Hofmann* § 283 Bankrott Rdn. 17; *Pohl*, S. 122; *Brackmann*, S. 326 f.

58 So etwa MK/*Petermann/Sackreuther* § 283 Rdn. 12; s.a. NK/*Kindhäuser* § 283 Rdn. 14; SK/*Hoyer* § 283 Rdn. 35; A/R/R/*Himmelreich* Kap. 7/1 Rdn. 109; undeutlich *Brackmann*, S. 330 f.

59 G/J/W/*Reinhart* § 283 Rdn. 25, 32.

60 BGH/H GA **1971**, 38: Übertragung eines Miteigentumsanteils an einem bis zum Verkehrswert belasteten Hausgrundstück auf die geschiedene Ehefrau.

61 BGHSt **11**, 145 f.

62 RGSt 7, 237, 239 f., allerdings im Kontext des § 288.

63 RGSt **62**, 152 f.; RGSt **61**, 107 f.; RGSt **2**, 118.

tumsanteils hieran, die **Löschungsbewilligung** für eine Grundschuld,[64] die (wirtschaftswidrige) Bestellung einer **Grundschuld**[65] bzw. einer **Hypothek** trotz entgegenstehender Vormerkung,[66] die Eintragung einer **Auflassungsvormerkung**,[67] die Veräußerung eines übertragbaren Ankaufsrechts an einem Grundstück,[68] die Verpachtung einer Gastwirtschaft an einen mittellosen Pächter,[69] die Verbringung von Gegenständen, die zur Haftungsmasse einer Hypothek gehören,[70] das **Anerkenntnis** einer eingeklagten, aber nicht bestehenden Forderung, um der Ehefrau einen Titel zu verschaffen, mithilfe dessen sie das verbliebene schuldnerische Vermögen zulasten der Gläubiger pfänden kann, das Einziehen einer Forderung vor Fälligkeit,[71] das **Ausschlagen** einer (werthaltigen) Erbschaft,[72] das Verstecken einer Sache, die der Schuldner einem Dritten sicherungsübereignet hat, das Einziehen und Verbrauchen einer Forderung am Verwalter vorbei,[73] die Entnahme von GmbH-Gesellschaftsvermögen durch den Geschäftsführer, um damit den eigenen Unterhalt zu bestreiten[74] sowie die Umwandlung eines kapitalersetzenden Darlehens in eine Kaufpreisforderung. **Kein Beiseiteschaffen** fand die Rspr. in **Notverkäufen**, die der Schuldner nach Zahlungseinstellung tätigte, um seine dringenden Lebensbedürfnisse zu decken,[75] in einer **gewerbeamtlichen Ummeldung** mit dem Ziel, den Gläubigern vorzugaukeln, das schuldnerische Unternehmen habe seinen Inhaber gewechselt[76] sowie im Transfer hoher Buchgeldpositionen von einem inländischen Konto des Schuldners auf ein ausländisches schuldnerisches Konto, sofern der Insolvenzverwalter ohne gewichtige Schwierigkeiten den dort befindlichen Geldbetrag zur Gläubigerbefriedigung nutzen kann, was wiederum maßgebend davon abhängt, welche Hürden das internationale Insolvenzrecht statuiert.[77]

3. Die Tathandlung des Verheimlichens

11 Herkömmlicherweise **verheimlicht**, wer Massebestandteile vor den Gläubigern bzw. dem Insolvenzverwalter verbirgt.[78] Da der Schuldner, der die **räumliche Lage** einzelner Vermögensgegenstände verändert – etwa indem er wertvolle Maschinen vom Betriebsgrundstück abholen und an einen anderen Ort verbringen lässt – bereits die Tatmodalität des Beiseiteschaffens verwirkt, genügt der Tatvariante „Verheimlichen" jedes Verhalten, das gegenüber den Gläubigern oder dem Verwalter die Zugehörigkeit bestimmter Gegenstände zur Insolvenzmasse verschleiert.[79] Der Schuldner verheimlicht i.S.d. § 283 Abs. 1 Nr. 1 Var. 2, indem er bspw. leugnet bzw. verschweigt,

---

64 RGSt **62**, 277 f.; s.a. RG GA 40 **(1893)**, 145 f.: Aufgabe eines Nießbrauchs.
65 RGSt **66**, 130, 131 f.
66 RGSt **38**, 227, 231 f., allerdings im Kontext des § 288.
67 RG DRiZ **1934**, 314.
68 BGH wistra **1994**, 349.
69 RGSt **6**, 100, 103 f., allerdings im Kontext des § 288; zust. *Kollmar*, S. 59 f.
70 RGSt **31**, 22, 25 ff. ebenfalls im Kontext des § 288.
71 RGSt 71, 227, 229.
72 RG JW **1902**, 519 (zu § 288).
73 Vgl. BGH/H GA **1961**, 358.
74 BGH/H GA **1958**, 47.
75 BGH LM Nr. 4 zu § 239 KO; zust. *Kollmar*, S. 56.
76 RGSt **64**, 138, 140.
77 BGHSt **55**, 107, 114 ff., 117 ff. (am Bsp. von Liechtenstein).
78 RGSt **64**, 138, 140; RG JW **1936**, 3006 (Nr. 51); OLG Frankfurt am Main wistra **1997**, 274; *Fischer* § 283 Rdn. 5; Lackner/Kühl/*Heger* § 283 Rdn. 10; SK/*Hoyer* § 283 Rdn. 36; NK/*Kindhäuser* § 283 Rdn. 24; *Sch/Schröder/Heine/Schuster* § 283 Rdn. 5; MK/*Petermann/Sackreuther* § 283 Rdn. 13; M-G/*Richter* Kap. 83 Rdn. 29a; *Dannecker/Knierim/Dannecker/Hagemeier* Rdn. 903; G/J/W/*Reinhart* § 283 Rdn. 19; M/G/*Rotsch/Wagner* 8/162; Uhlenbruck/*Zipperer* § 20 Rdn. 43; *Hörl*, S. 72.
79 BGH/H GA **1954**, 310; BGH/H GA **1956**, 347: Abschluss eines Gütertrennungsvertrags, der fälschlicherweise Gegenstände des Schuldners als im Eigentum der Ehefrau stehend ausweist; SK/*Hoyer* § 283 Rdn. 36; *Kollmar*, S. 62.

dass ein Vermögenswert ihm und damit der Masse gehört[80] oder aber behauptet, an einem Gegenstand bestünde ein Rechtsverhältnis, vermöge dessen der Gläubigerzugriff ausgeschlossen sei.[81] **Vollendet** ist der Tatbestand, wenn es dem Schuldner gelingt, den Vermögensbestandteil zumindest vorübergehend zu verbergen.[82] Um die zeitliche Grenze zu ermessen, von der ab der Schuldner den Vermögensbestandteil lange genug versteckt und somit verheimlicht hat, bietet sich ein Rekurs auf die vergleichbare Problematik bei **§ 258** an. Dort entspricht es **h.M.**, eine Straf- bzw. Vollstreckungsvereitelung zu bejahen, sobald der Täter über einen Zeitraum von zwei Wochen hinweg die Strafverfolgungsbehörden daran gehindert hat, die Strafverfolgung bzw. -vollstreckung gegen den Begünstigten einzuleiten.[83] Die Tathandlung des Verheimlichens muss sich schließlich auf konkrete Vermögensbestandteile beziehen. Unzutreffende Angaben, die ganz allgemein die schuldnerischen Vermögensverhältnisse betreffen, erfasst § 283 Abs. 1 Nr. 2 nicht; ggf. steht zur Ahndung solcher Verhaltensweisen aber § 283 Abs. 1 Nr. 8 bereit.[84, 85] Ebenfalls verheimlicht der Schuldner keine Vermögenswerte, der ein **Verbraucherinsolvenzverfahren** durchläuft und deshalb Forderungen an einen Treuhänder abtritt, womit dieser i.R.d. außergerichtlichen Einigungsversuchs eine anteilige Gläubigerbefriedigung bewerkstelligen soll.[86]

Während die Vornahme von Bankrotthandlungen auf dem Boden des hier verfochtenen Ansat- 12
zes im eröffneten Insolvenzverfahren gem. § 283 generell straflos bleibt,[87] verwirklicht der Schuldner, der entgegen **§ 97 Abs. 1 S. 1 InsO** keine oder unzutreffende Auskünfte erteilt und dadurch vor dem Insolvenzverwalter Vermögenswerte verschweigt, nach ganz **h.M.** die Tathandlung des Verheimlichens.[88] Dagegen sprechen nicht nur die Einwände, die richtigerweise ganz allgemein eine Strafbarkeit des Schuldners gem. § 283 Abs. 1 hindern, der Bankrotthandlungen im eröffneten Insolvenzverfahren begeht.[89] Darüber hinaus streitet gegen die These, der Schuldner, der seine insolvenzrechtliche Pflicht aus § 97 Abs. 1 S. 1 InsO missachte und Vermögenswerte nicht offenbare, verheimliche diese i.S.d. § 283 Abs. 1 Nr. 1 Var. 2, auch ein Blick auf § 98 Abs. 1 S. 1 InsO. Danach kann das Insolvenzgericht, wenn es erforderlich erscheint, um eine wahrheitsgemäße Aussage herbeizuführen, anordnen, der Schuldner möge an Eides statt versichern, seine Angaben vollständig und wahrheitsgemäß erteilt zu haben. Gibt der Schuldner diese Erklärung ab, obschon sie nicht der Wahrheit

80 S. etwa den Fall bei RGSt **67**, 365 ff.: Dort hatte der Angeklagte einem Dritten an seinem Grundstück eine Hypothek bestellt, die im Wesentlichen aber nicht valutiert war. Deshalb entstand in Höhe des nicht valutierten Teils lediglich eine Eigentümerhypothek, die weiterhin dem Angekl. und somit der Masse gehörte; ein Beiseiteschaffen schied somit aus. Da jedoch dieser Sachverhalt den Gläubigern und dem Insolvenzverwalter verborgen blieb, das Grundbuch vielmehr den Anschein erweckte, Inhaber der Hypothek sei der Dritte, bejahte das Reichsgericht ein Verheimlichen.

81 RGSt **64**, 138, 141; RG JW **1936**, 3006 (Nr. 51); OLG Frankfurt am Main wistra **1997**, 274; NK/*Kindhäuser* § 283 Rdn. 24; MK/*Petermann/Sackreuther* § 283 Rdn. 13; *Sch/Schröder/Heine/Schuster* § 283 Rdn. 5; *Fischer* § 283 Rdn. 5; S/S/W/*Bosch* § 283 Rdn. 6; *Dannecker/Knierim/Dannecker/Hagemeier* Rdn. 903; SK/*Hoyer* § 283 Rdn. 36; Uhlenbruck/*Zipperer* § 20 Rdn. 43; *Kollmar*, S. 63; *Alsberg* Pinner-FS, S. 215, 232.

82 S. etwa SK/*Hoyer* § 283 Rdn. 36 („zeitweilige Unkenntnis"); *Fischer* § 283 Rdn. 5; G/J/W/*Reinhart* § 283 Rdn. 19 (Verheimlichen muss nicht dauerhaft sein); Uhlenbruck/*Zipperer* § 20 Rdn. 43.

83 Dazu s. *Rengier* BT I § 21 Rdn. 8 m.N. zur Gegenmeinung, die ein Vereiteln erst ab einem Zeitraum von drei Wochen annehmen will; vgl. ferner zum Ganzen *Fischer* § 258 Rdn. 8.

84 S.u. Rdn. 153 ff.

85 NK/*Kindhäuser* § 283 Rdn. 24.

86 OLG München ZIP **2000**, 1841, 1842; zust. Lackner/Kühl/*Heger* § 283 Rdn. 10; M/R/*Altenhain* § 283 Rdn. 22; MK/*Petermann/Sackreuther* § 283 Rdn. 15.

87 Vor §§ 283 ff. Rdn. 10.

88 BGH GA **1956**, 123 f.; BGH/H GA **1954**, 310; BGH wistra **1982**, 231; NK/*Kindhäuser* § 283 Rdn. 24; *Sch/Schröder/Heine/Schuster* § 283 Rdn. 5; SK/*Hoyer* § 283 Rdn. 37; M-G/*Richter* Kap. 83 Rdn. 29c; A/R/R/*Himmelreich* Kap. 7/1 Rdn. 111; W/J/S/*Pelz* 9/142, 364; *Dannecker/Knierim/Dannecker/Hagemeier* Rdn. 156, 903; S/S/W/*Bosch* § 283 Rdn. 6; G/J/W/*Reinhart* § 283 Rdn. 19; M/G/*Rotsch/Wagner* 8/163; MAH/*Böttger* § 19 Rdn. 128, 325; Böttger/*Verjans/Rixe* 4/51; *Weyand/Diversy* Rdn. 67; Uhlenbruck/*Zipperer* § 20 Rdn. 43; *Uhlenbruck* KTS **1997**, 371, 379; *Geers*, S. 156; *Habetha*, S. 239; *Wersdörfer* BB **1952**, 679, 680; *Vallender* ZIP **1996**, 529, 533; *Bittmann/Rudolph* wistra **2001**, 81, 84; *Hohnel* NZI **2005**, 152, 153; *Bader* NZI **2009**, 416, 420; *Haarmeyer* ZInsO **2016**, 545, 547.

89 Dazu s. Vor §§ 283 ff. Rdn. 10.

entspricht, macht er sich gem. § 156 wegen **falscher Versicherung an Eides** statt strafbar.[90] Ein Grund, warum daneben tateinheitlich eine Strafbarkeit wegen Bankrotts treten muss,[91] ist nicht ersichtlich. Tateinheitlich gem. § 283 Abs. 1 Nr. 1 Var. 2 und gem. § 156 haftet hingegen der Schuldner, der im Zwangsvollstreckungsverfahren bei gleichzeitig drohender Zahlungsunfähigkeit[92] sowie späterem Eintritt der objektiven Strafbarkeitsbedingung des § 283 Abs. 6[93] eine falsche Versicherung an Eides statt abgibt und dadurch das Auffinden von Massebestandteilen zumindest vorübergehend verhindert. Der **h.M.** zufolge droht auch demjenigen Schuldner bankrottstrafrechtliches Ungemach, der nicht sämtliche Tatsachen mitteilt, die der Insolvenzverwalter benötigt, um schuldnerische Rechtshandlungen im Vorfeld der Insolvenzverfahrenseröffnung gem. den §§ 129 ff. InsO anzufechten.[94] Darüber hinaus soll der Schuldner gem. § 283 Abs. 1 Nr. 1 Var. 2 haften, der nach Eröffnung des Insolvenzverfahrens und Verlust seiner Verfügungsbefugnis (vgl. §§ 21 Abs. 2 Nr. 2, 80 Abs. 1 InsO) eine massezugehörige Forderung einzieht;[95] das nachfolgende Beiseiteschaffen des erhaltenen Geldbetrags präsentiere sich als **mitbestrafte Nachtat**.[96] Aus den Vor §§ 283 ff. Rdn. 10 genannten Gründen überzeugen diese Resultate jedoch nicht.

13 Genauso wie die Modalität des Beiseiteschaffens ist auch die Bankrotthandlung des Verheimlichens durch **Unterlassen** begehbar.[97] Neben der Nichtanzeige von Vermögensbestandteilen im eröffneten Insolvenzverfahren, ein Verhalten, das die **h.M.** – wie gesehen[98] – dem § 283 Abs. 1 Nr. 1 Var. 2 subsumiert, erfasst die Unterlassensvariante bspw. den Schuldner, der in seinem Antrag auf Eröffnung des Insolvenzverfahrens gutgläubig einen zu geringen Vermögensstand ausweist bzw. dem Insolvenzverwalter irrtümlich nicht sämtliche Vermögenswerte nennt, es jedoch unterlässt, nachdem er den Irrtum bemerkt hat, das Insolvenzgericht bzw. den Insolvenzverwalter entsprechend aufzuklären.[99] Keinesfalls geht es aber an, die von §§ 283 Abs. 1 Nrn. 5–7, 283b Abs. 1 strafbewehrten **Rechnungslegungspflichten** mithilfe der Tatvariante des Verheimlichens durch Unterlassen auf Nichtkaufleute zu erstrecken.[100]

4. Die Modalitäten „zerstören, beschädigen oder unbrauchbar machen“

14 Die mit dem 1. WiKG 1976 geschaffenen Tathandlungen des **Zerstörens**, **Beschädigens** und **Unbrauchbarmachens** spielen *in praxi* so gut wie keine Rolle.[101] Um nicht wirtschaftlich sinnvolle bzw. übliche Maßnahmen – der Schuldner lässt bspw. den vollständig abgeschriebenen und funk-

---

90 Dazu s. nur BGH wistra **1982**, 231; M-G/*Richter* Kap. 87 Rdn. 37; W/J/S/*Pelz* 9/377; MAH/*Böttger* § 19 Rdn. 325; Uhlenbruck/*Zipperer* § 20 Rdn. 43; *Uhlenbruck* KTS **1997**, 371, 379; *Richter* KTS **1985**, 443, 446 ff.; *Vallender* ZIP **1996**, 529, 533; *Bader* NZI **2009**, 416, 420; *Haarmeyer* ZInsO **2016**, 545, 547; *Hohnel* NZI **2005**, 152; a.A., allerdings unter dem Regime der KO OLG Stuttgart ZIP **1981**, 254 f.

91 Dafür BGHSt **11**, 145, 146 f.; BGH/H GA **1971**, 38 zu § 807 ZPO; RGSt **64**, 42, 43; M-G/*Richter* Kap. 83 Rdn. 31.

92 Dazu siehe Vor §§ 283 ff. Rdn. 57 ff.

93 Dazu Vor §§ 283 ff. Rdn. 61 ff.

94 RGSt **66**, 152, 153; G/J/W/*Reinhart* § 283 Rdn. 19.

95 SK/*Hoyer* § 283 Rdn. 37.

96 Unklar LK[12]/*Tiedemann* § 283 Rdn. 32, 40, der einmal ein Beiseiteschaffen, das andere Mal ein Verheimlich annimmt.

97 S. etwa *Geers*, S. 155 f.; *Vallender* ZIP **1996**, 529, 533; a.A. wohl noch *v. Babo*, S. 25, der eine positive Tätigkeit verlangt.

98 S.o. Rdn. 12.

99 Für Unterlassensstrafbarkeit in diesen Fällen BGH GA **1956**, 123 f.; BGH/H GA **1956**, 347; *Tiedemann* KTS **1984**, 539, 545; NK/*Kindhäuser* § 283 Rdn. 26; SK/*Hoyer* § 283 Rdn. 37; MK/*Petermann*/*Sackreuther* § 283 Rdn. 14; M/G/*Rotsch*/*Wagner* 8/163; *Geers*, S. 157.

100 Richtig NK/*Kindhäuser* § 283 Rdn. 26; *Tiedemann* KTS **1984**, 539, 544 f.

101 Zu diesem Befund BTDrucks. 7/3441, S. 34; NK/*Kindhäuser* § 283 Rdn. 27; *Fischer* § 283 Rdn. 6; M-G/*Richter* Kap. 83 Rdn. 80; S/S/W/*Bosch* § 283 Rdn. 7; MAH/*Böttger* § 19 Rdn. 130; Böttger/*Verjans*/*Rixe* 4/59; *Weyand*/*Diversy* Rdn. 68; Pape/Uhländer/*Hofmann* § 283 Bankrott Rdn. 18; *Hörl*, S. 72; *Reichelt*, S. 97 f.; krit. auch schon *Schöne* JZ **1973**, 446, 449; skept. mangels vorhandener Statistiken aber *Hiltenkamp-Wisgalle*, S. 164 f.; für ein praktisches Bedürfnis dieser Modalitäten *Kollmar*, S. 61.

tionsuntüchtigen Pkw verschrotten oder reißt die baufällige Lagerhalle ab, um ein neues Lager zu errichten[102] – bankrottstrafrechtlich zu pönalisieren, verlangt der Gesetzgeber des 1. WiKG 1976 einschränkend einen Verstoß gegen die **Anforderungen ordnungsgemäßen Wirtschaftens**.[103] Die Begriffe „zerstören", „beschädigen" und „unbrauchbar machen" orientieren sich am Verständnis der strafbaren Sachbeschädigung (vgl. § 303), greifen jedoch insofern weiter, als Tatobjekt nicht nur Sachen i.S.d. § 90 BGB, sondern auch Sachgesamtheiten, Funktionseinheiten sowie ganze Betriebe sein können.[104]

15 Der Schuldner beschädigt ein Objekt, indem er dessen Brauchbarkeit durch Substanzeinbußen zwar mindert, aber nicht vollständig aufhebt, er macht es unbrauchbar, sobald er seine bestimmungsgemäße Verwendung beseitigt und zerstört es, indem er die Substanz vernichtet und dadurch vollständig und endgültig ausschließt, das Objekt bestimmungsgemäß zu nutzen.[105] Die Modalität des Zerstörens präsentiert sich demnach als spezielle Form des Unbrauchbarmachens und Endkonsequenz des Beschädigens. Deshalb kann der Schuldner die Tatvariante „zerstören" tateinheitlich nur mit der Modalität „unbrauchbar machen" nicht aber mit der Modalität „beschädigen" begehen. Zwischen den Varianten „beschädigen" und „unbrauchbar machen" ist ebenfalls Tateinheit möglich.

II. Die Tathandlungen des § 283 Abs. 1 Nr. 2

16 Der Tatbestand des § 283 Abs. 1 Nr. 2 enthält verschiedene, im Einzelnen benannte Arten von **Risikogeschäften** sowie die Modalitäten **„unwirtschaftliche Ausgaben"**, **„Spiel"** und **„Wette"**. Richtigerweise erfüllt den Tatbestand in der Risikogeschäftsvariante bereits, wer im Stadium der Krise **Verlust-**, **Spekulations-** bzw. **Differenzgeschäfte**, die den Anforderungen einer ordnungsgemäßen Wirtschaft widersprechen, tätigt, ohne dass es darauf ankommt, ob das Geschäft einen Verlust verursacht oder einen Gewinn generiert.[106] Die Gegenansicht, die § 283 Abs. 1 Nr. 2 verneint, sofern der Schuldner das eingegangene Verlust-, Spekulations- oder Differenzgeschäft mit Gewinn abschließt,[107] überzeugt nicht. So steht bereits der Charakter des § 283 Abs. 1 als eines **abstrakt-konkreten Gefährdungsdelikts**[108] einer solch restriktiven Lesart entgegen. Darüber hinaus entstammt die These, der Schuldner, der seine Verlust-, Spekulations- bzw. Differenzgeschäfte mit Gewinn abschließe, bleibe *sub specie* des Bankrotts straflos, aus einer Zeit, zu der die Differenzgeschäftsvariante – anders als heute – den Verbrauch übermäßiger Beträge vorsah, woran es naturgemäß fehlte, falls das Geschäft gewinnbringend endete.[109] Zwar mag es *prima vista* unge-

102 Bsp. bei *Göhler/Wilts* DB **1976**, 1657, 1660; s.a. BTDrucks. 7/3441, S. 34.

103 Zum Ganzen s. NK/*Kindhäuser* § 283 Rdn. 28; *Fischer* § 283 Rdn. 6; M-G/*Richter* Kap. 83 Rdn. 80; *Hiltenkamp-Wisgalle*, S. 168.

104 Zutr. NK/*Kindhäuser* § 283 Rdn. 27; G/J/W/*Reinhart* § 283 Rdn. 21; enger wohl SK/*Hoyer* § 283 Rdn. 38: Sachen und Sachgesamtheiten; s. ferner *Fischer* § 283 Rdn. 6; MAH/*Böttger* § 19 Rdn. 130 und M-G/*Richter* Kap. 80 Rdn. 80, die nur Sachen bzw. Wertpapiere als taugliche Tatobjekte anerkennen; auf dieser Linie wohl auch Pape/Uhländer/*Hofmann* § 283 Bankrott Rdn. 18.

105 NK/*Kindhäuser* § 283 Rdn. 27; SK/*Hoyer* § 283 Rdn. 38; MK/*Petermann/Sackreuther* § 283 Rdn. 16; *Dannecker/Knierim/Dannecker/Hagemeier* Rdn. 906; M/G/*Rotsch/Wagner* 8/166; *Sch/Schröder/Heine/Schuster* § 283 Rdn. 6; ähnl. *Hiltenkamp-Wisgalle*, S. 163.

106 Zutr. bereits RGSt **14**, 80, 86; ferner Bittmann[1]/*Bittmann* § 12 Rdn. 120; sympathisierend auch S/S/W/*Bosch* § 283 Rdn. 8 f.

107 So etwa *Tiedemann* KTS **1984**, 539, 549; NK/*Kindhäuser* § 283 Rdn. 34; MAH/*Böttger* § 19 Rdn. 134; MK/*Petermann/Sackreuther* § 283 Rdn. 23; SK/*Hoyer* § 283 Rdn. 43 f., 46; *Sch/Schröder/Heine/Schuster* § 283 Rdn. 12; M/R/*Altenhain* § 283 Rdn. 24; AnwK/*Püschel* § 283 Rdn. 10; M-G/*Richter* Kap. 83 Rdn. 59; A/R/R/*Himmelreich* Kap. 7/1 Rdn. 119; G/J/W/*Reinhart* § 283 Rdn. 31; *Weyand/Diversy* Rdn. 74; Pape/Uhländer/*Hofmann* § 283 Bankrott Rdn. 22; *Reichelt*, S. 99; unentschieden W/J/S/*Pelz* 9/149.

108 S. Vor §§ 283 ff. Rdn. 5.

109 S. dazu etwa RGSt **14**, 80, 86 f.

reimt erscheinen, den Roulett-Spieler, der erfolgreich spielt, straflos zu lassen, den Börsen-Spekulanten, der wirtschaftswidrige Spekulationsgeschäfte tätigt, hingegen selbst dann zu bestrafen, wenn seine Spekulationen positiv ausgehen.[110] Jedoch entspricht dieses Ergebnis zum einen dem Wortlaut des Gesetzes und trägt zum anderen dem Umstand Rechnung, wonach bestimmte Spekulationsgeschäfte aufgrund eines **leverage-Effekts** die Gefahr bergen, mehr als die eingesetzte Summe zu verlieren. Allenfalls vom Standpunkt derjenigen Rspr., die dem Buch- und Bilanzführungspflichtigen Straffreiheit gewährt, der seine zunächst unvollständig bzw. unzutreffend geführten Bücher oder Bilanzen vor Eintritt der objektiven Strafbarkeitsbedingung vervollständigt bzw. berichtigt,[111] ließe es sich hören, das gewinnbringende Verlust-, Spekulations- oder Differenzgeschäft gem. § 283 Abs. 1 Nr. 2 straflos zu stellen. Allerdings trägt diese Rspr. schon im Kontext der §§ 283 Abs. 1 Nrn. 5 Var. 2, 7a, 283b Abs. 1 Nrn. 1 Var. 2, 3a nicht,[112] weshalb die dort angestellten Gedanken nicht auch noch auf § 283 Abs. 1 Nr. 2 übertragen werden sollten. Da der Tatbestand des § 283 Abs. 1 Nr. 2 zahlreiche unbestimmte und konkretisierungsbedürftige Rechtsbegriffe enthält (z.B. unwirtschaftliche Ausgaben, übermäßige Beträge) herrscht Konsens darüber, die Merkmale des § 283 Abs. 1 Nr. 2 **restriktiv** auszulegen.[113]

1. Verlustgeschäfte

17 Wie der Wortlaut bereits nahelegt, geht **Verlustgeschäfte** ein, wer von vornherein, also vor Vertragsschluss sicher absehen kann, dass das Geschäft für ihn nachteilig ausgehen wird,[114] etwa weil der Kaufpreis die kalkulatorischen Kosten oder der Werklohn den Aufwand nicht decken. Freilich erfüllen nicht sämtliche solcher Verlustgeschäfte *per se* den Tatbestand des § 283 Abs. 1 Nr. 2 Var. 1. Vielmehr muss immer ein Verstoß gegen die Anforderungen ordnungsgemäßen Wirtschaftens hinzukommen. Daran fehlt es etwa, wenn ein Bauunternehmer einen Auftrag annimmt, der ihm zwar zunächst „unterm Strich" Verluste beschert, es sich jedoch bei dem Bauwerk um ein Prestigeobjekt handelt, dessen Errichtung die berichtigte Hoffnung nährt, **lukrative Folgeaufträge** zu erhalten.[115] – Da **Schleuderverkäufe** i.S.d. § 283 Abs. 1 Nr. 3[116] immer auch der Definition des Verlustgeschäftes unterfallen, stehen sie zu § 283 Abs. 1 Nr. 2 Var. 1 im Verhältnis der *lex specialis*.[117]

2. Spekulationsgeschäfte

18 Die Tatvariante des Eingehens von **Spekulationsgeschäften** geht auf das 1. WiKG 1976 zurück. Noch der Gesetzgeber der KO stand dem Unternehmen, „gewagte Handelsgeschäfte" bzw. „Handelsspekulationen" bankrottstrafrechtlich zu sanktionieren, im Unterschied zum Entwurf eines Preußischen Strafgesetzbuchs von 1851, der es als einfachen Bankrott bestrafen wollte, wenn der Schuldner durch „Handelsoperationen, welche auf einen Zufall berechnet sind", übermäßige Sum-

---

110 Dazu s. *Sch/Schröder/Heine/Schuster* § 283 Rdn. 12.

111 S.u. Rdn. 99, 130.

112 S. ausführl. u. Rdn. 99, 130.

113 Ausführl. zu diesem Erfordernis LK[12]/*Tiedemann* § 283 Rdn. 52.

114 BTDrucks. 7/3441, S. 35; NK/*Kindhäuser* § 283 Rdn. 29; MK/*Petermann/Sackreuther* § 283 Rdn. 19; Lackner/Kühl/*Heger* § 283 Rdn. 12; M-G/*Richter* Kap. 83 Rdn. 54; *Dannecker/Knierim/Dannecker/Hagemeier* Rdn. 909; SK/*Hoyer* § 283 Rdn. 43; *Sch/Schröder/Heine/Schuster* § 283 Rdn. 9; *Fischer* § 283 Rdn. 7; M/R/*Altenhain* § 283 Rdn. 24; G/J/W/*Reinhart* § 283 Rdn. 27; M/G/*Rotsch/Wagner* 8/170; *Hiltenkamp-Wisgalle*, S. 171; *Reichelt*, S. 98; *Göhler/Wilts* DB **1976**, 1657, 1660.

115 Dazu s. etwa MK/*Petermann/Sackreuther* § 283 Rdn. 22, die zudem noch die Verlustgeschäfte nennen, die dazu dienen, ein Konjunkturtief zu überbrücken; zust. *Dannecker/Knierim/Dannecker/Hagemeier* Rdn. 911; *Sch/Schröder/Heine/Schuster* § 283 Rdn. 12; SK/*Hoyer* § 283 Rdn. 47; MAH/*Böttger* § 19 Rdn. 134; a.A. aber LK[12]/*Tiedemann* § 283 Rdn. 62.

116 Dazu s.u. Rdn. 28 ff.

117 M-G/*Richter* Kap. 83 Rdn. 55.

men verbraucht oder schuldig geworden ist,[118] ablehnend gegenüber,[119] weil er befürchtete, den Geschäftsverkehr durch die Pönalisierung weitgehend üblicher Verhaltensweisen zu lähmen und unangemessen zu beeinträchtigen.[120] Angesichts dessen hat es das Reichsgericht in ständiger Rspr. abgelehnt, spekulative Geschäfte den Bankrotthandlungen „Aufwand“,[121] „Spiel“ bzw. „Differenzhandel“ zu subsumieren.[122] Vor diesem historischen Hintergrund hat sich der Gesetzgeber des 1. WiKG 1976 dafür ausgesprochen, den Terminus „Spekulationsgeschäfte“ restriktiv zu interpretieren und versteht hierunter nur solche Geschäfte, „bei denen [der Schuldner] ein besonders großes Risiko [eingeht] in der Hoffnung, einen größeren Gewinn als den sonst üblichen zu erzielen, und um den Preis, möglicherweise einen größeren Verlust hinzunehmen“.[123] Beispielhaft nennt die amtliche Begründung den Fall der Beteiligung an einem **unseriösen Unternehmen**, um „bereits eingetretene Verluste wieder wettzumachen“.[124] Allgemein soll der Maßstab des faktisch Üblichen darüber entscheiden, ab wann Gewinnerwartung und Verlustwahrscheinlichkeit derart auseinanderklaffen, um von einem Spekulationsgeschäft zu sprechen. Allerdings zielt die Ansicht, die nur solche Geschäfte den Spekulationsgeschäften zuweist, die „vom reinen Zufalle abhäng[t]en“,[125] über das Ziel restriktiver Auslegung deutlich hinaus und nimmt der Spekulationsgeschäftsvariante des § 283 Abs. 1 Nr. 2 nahezu jeglichen Anwendungsbereich.[126] Insbesondere lässt der Rekurs auf das **Zufallskriterium**, wie es bereits im Entwurf eines Preußischen Strafgesetzbuchs von 1851 enthalten war, die gewandelten tatsächlichen Gegebenheiten außer Acht. Während 1851 der Einzelunternehmer Prototyp des Konkursstrafrechts war und deshalb der Vorschlag, riskante Handelsoperationen bankrottstrafrechtlich zu ahnden, strafbarkeitsentscheidende Bedeutung besaß, tragen die Akteure des modernen Wirtschaftslebens überwiegend das Kleid juristischer Personen und droht dem Organwalter, der extrem risikoreiche Spekulationsgeschäfte tätigt, ohnehin die Strafbarkeit des § 266. Vor diesem entwicklungsgeschichtlichen Hintergrund besteht deshalb kein Bedürfnis, die Spekulationsgeschäfte des § 283 Abs. 1 Nr. 2 auf Zufallsoperationen zu beschränken, zumal die Bankrottstrafbarkeit nicht zuletzt wegen des Erfordernisses des § 283 Abs. 6 zumeist später eintritt als die Strafbarkeit wegen Untreue.

3. Differenzgeschäfte

Das Eingehen von **Differenzgeschäften** erfasste bereits § 240 Abs. 1 Nr. 1 KO a.F. als Bankrotthandlung. Im konkursstrafrechtlichen Schrifttum entsprach es darüber hinaus einhelliger Meinung, dem Tatbestandsmerkmal „Differenzhandel“ ausschließlich diejenigen Geschäfte zu subsumieren, denen der „Differenzeinwand“ des durch das 4. Finanzmarktförderungsgesetz vom 21.6.2002 ge- 19

118 Dazu s. RGSt **16**, 238, 239; RGSt **15**, 277, 280 f.

119 Zum Ganzen s. die Ausführungen bei RGSt **16**, 238, 239 sowie bei RGSt **15**, 277, 281; zust. etwa *Köstlin* GA 6 (**1858**), 291, 292.

120 Äußerst skeptisch gegenüber der Aufnahme von Spekulationsgeschäften in den Katalog des § 283 Abs. 1 *Schöne* JZ **1973**, 446, 450 f.; hingegen skeptisch gegenüber der alten Rechtslage, die wirtschaftswidrige Spekulationsgeschäfte nicht sanktionierte, *Hammerl*, S. 7 m. Fn. 24.

121 Dazu s.a. BGH GA **1964**, 119, 120, wonach ein kaufmännisches Wagnis, das nicht den erhofften Erfolg gezeitigt hat, nicht zu dem Vorwurf berechtigt, der Kaufmann habe strafbaren Aufwand getrieben.

122 RGSt **16**, 238, 240; RGSt **15**, 277, 280 f.; RG GA 64 (**1917**), 115, 116; RG LR **1913**, 696, 698; RG Rspr. **4**, 516, 518; s. des Weiteren BGH/H GA **1954**, 311; aus dem Schrifttum *Nieberg*, S. 13.

123 BTDrucks. 7/3441, S. 35; ferner NK/*Kindhäuser* § 283 Rdn. 30; MK/*Petermann*/*Sackreuther* § 283 Rdn. 20; *Sch*/*Schröder*/*Heine*/*Schuster* § 283 Rdn. 10; Lackner/Kühl/Heger § 283 Rdn. 12; *Dannecker*/*Knierim*/*Dannecker*/*Hagemeier* Rdn. 910; SK/*Hoyer* § 283 Rdn. 44; *Fischer* § 283 Rdn. 8; M/R/*Altenhain* § 283 Rdn. 24; M/G/*Rotsch*/*Wagner* 8/171; *Hiltenkamp-Wisgalle*, S. 171; *Göhler*/*Wilts* DB **1976**, 1657, 1660.

124 BTDrucks. 7/3441, S. 35.

125 Dafür SK/*Hoyer* § 283 Rdn. 44; *Dannecker*/*Knierim*/*Dannecker*/*Hagemeier* Rdn. 910; G/J/W/*Reinhart* § 283 Rdn. 28; Böttger/*Verjans*/*Rixe* 4/64.

126 So auch schon Bittmann[1]/*Bittmann* § 12 Rdn. 122.

strichenen[127] **§ 764 BGB a.F.** entgegengehalten werden konnte.[128] Den Ausgangspunkt bei der Interpretation des Merkmals „Differenzgeschäft" bildet auch heute noch § 764 BGB a.F. So besteht im Wesentlichen Einigkeit darüber, den Differenzgeschäften all diejenigen Verträge zu unterstellen, die gerichtet auf die Lieferung von Waren oder Wertpapieren[129] den alleinigen Zweck verfolgen, dem verlierenden Vertragsteil die Pflicht aufzuerlegen, die Differenz zwischen dem vereinbarten Preis und dem Börsen- bzw. Marktpreis der Lieferzeit an den gewinnenden Vertragsteil zu bezahlen.[130] Charakteristikum solcher Verträge ist somit nicht der Wunsch, die vertragsgegenständlichen Waren bzw. Wertpapiere geliefert zu bekommen, sondern die Hoffnung, der Preis möge – je nachdem, ob der Akteur auf Käufer- oder Verkäuferseite steht – steigen bzw. fallen und dadurch einen günstigen Differenzbetrag generieren.[131] Der Modalität „Differenzgeschäft" subsumiert die **h.M.** des Weiteren die ordnungsgemäßem Wirtschaften widersprechende **Prolongation** (die Vertragsparteien verlängern das Geschäft auf einen späteren Stichtag) eines ursprünglich ordnungsgemäßer Wirtschaft entsprechenden Differenzgeschäfts.[132] Darüber hinaus erfasst die Differenzgeschäftsvariante **Devisengeschäfte** mit ausländischen Geldsorten, da es sich insoweit um Waren handelt.[133] Hinzukommen muss schließlich ein Verstoß gegen die Anforderungen ordnungsgemäßen Wirtschaftens.[134] Solange die Krisenintensität den (insolvenzantragspflichtigen) Schuldner noch nicht dazu zwingt, Insolvenzantrag zu stellen,[135] entscheidet vor allem der mit den Differenzgeschäften verfolgte Zweck über ihre Wirtschaftlichkeit. Konkret bedeutet das: Dienen die Differenzgeschäfte lediglich dazu, das Preis-, Zins-, Kurs- oder Währungsrisiko abzusichern (sog. **Hedging**), liegt die Annahme ordnungswidrigen Wirtschaftens fern, nahe hingegen, wenn der Schuldner solche Geschäfte abschließt, um zu spekulieren.[136] Unvereinbar mit den Anforderungen ordnungsgemäßen Wirtschaftens agiert schließlich der Schuldner, der Differenzgeschäfte tätigt, um mithilfe der erhofften Gewinne sein Unternehmen (vorübergehend) fortzuführen.[137]

20 Neben diesen klassischen Fallgestaltungen sollen dem Merkmal „Differenzgeschäft" nach teilweise vertretener Ansicht zusätzlich die „offiziellen" **Finanztermingeschäfte**[138] unterfallen.[139] Als Argument dient den Verfechtern dieser Auffassung einerseits der Befund, wonach der Finanzterminhandel aufgrund seiner technischen Perfektion höchst gefährliche Spekulation sei.[140] Andererseits

---

127 Zu den Gründen hierfür s. BTDrucks. 14/8017, S. 131.

128 S. etwa *Hiltenkamp-Wisgalle*, S. 173; weitergehend aber RGSt **22**, 12 f.; RGSt **1**, 282, 283 f.; RG GA 60 **(1913)**, 442; RG LR **1913**, 696 f.; RG Rspr. **4**, 516 f.; RG Rspr. **1**, 563, 564, das auch all diejenigen Verträge dem Merkmal „Differenzgeschäft" subsumierte, die zwar nicht dem § 764 BGB a.F. unterfielen, sondern zivilrechtlich vollgültig zustande gekommen, gleichwohl aber nur mit Intention abgeschlossen worden waren, die Differenz am Stichtag zu erwerben; zust. etwa *Nieberg*, S. 15 f.

129 Dazu s.u. Rdn. 28.

130 Allg.M.; s. nur RGSt **22**, 12 f.; RGSt **14**, 80, 85 f.; RGSt **1**, 282, 283 f.; RG LR **1913**, 696; NK/*Kindhäuser* § 283 Rdn. 31; MK/*Petermann/Sackreuther* § 283 Rdn. 21; SK/*Hoyer* § 283 Rdn. 45; *Sch/Schröder/Heine/Schuster* § 283 Rdn. 11; M-G/*Richter* Kap. 83 Rdn. 57; *Dannecker/Knierim/Dannecker/Hagemeier* Rdn. 910; G/J/W/*Reinhart* § 283 Rdn. 29; M/R/*Altenhain* § 283 Rdn. 24; *Krause*, S. 131.

131 *Krause*, S. 130; s.a. Lackner/Kühl/*Heger* § 283 Rdn. 12.

132 *Sch/Schröder/Heine/Schuster* § 283 Rdn. 11; G/J/W/*Reinhart* § 283 Rdn. 29; M/R/*Altenhain* § 283 Rdn. 24; *Krause*, S. 131.

133 SK/*Hoyer* § 283 Rdn. 45; *Sch/Schröder/Heine/Schuster* § 283 Rdn. 11; Lackner/Kühl/*Heger* § 283 Rdn. 12; *Fischer* § 283 Rdn. 9; S/S/W/*Bosch* § 283 Rdn. 10; M-G/*Richter* Kap. 83 Rdn. 57; *Dannecker/Knierim/Dannecker/Hagemeier* Rdn. 910; G/J/W/*Reinhart* § 283 Rdn. 29; *Krause*, S. 131; *Alsberg* Pinner-FS, S. 215, 224 f.; zu den Gefahren, die der Devisenhandel mit sich bringen kann, s. den Kurszusammenbruch der Rupie; dazu FAZ v. 29.8.2013, Nr. 200, S. 17.

134 Dazu allg. Vor §§ 283 ff. Rdn. 29 ff.

135 Zu den Konsequenzen *sub specie* des „ordnungsgemäßes Wirtschaftens" s. Vor §§ 283 ff. Rdn. 32.

136 Instruktiv zum Ganzen Park³/*Sorgenfrei* Teil 3, Kap. 5 Rdn. 97; s.a. AnwK/*Püschel* § 283 Rdn. 11 zum Hedgeing.

137 *Fischer* § 283 Rdn. 9; M-G/*Richter* Kap. 83 Rdn. 61; G/J/W/*Reinhart* § 283 Rdn. 30; in diese Richtung auch M/G/*Rotsch/Wagner* 8/174.

138 Zum Begriff des Termingeschäfts instruktiv Park³/*Sorgenfrei* Teil 3, Kap. 5 Rdn. 96.

139 Dafür *Krause*, S. 132 f.; *Fischer* § 283 Rdn. 9; NK/*Kindhäuser* § 283 Rdn. 32; SK/*Hoyer* § 283 Rdn. 46; S/S/W/*Bosch* § 283 Rdn. 10; M-G/*Richter* Kap. 83 Rdn. 57 f.; A/R/R/*Himmelreich* Kap. 7/1 Rdn. 117; M/R/*Altenhain* § 283 Rdn. 24; wohl auch Lackner/Kühl/*Heger* § 283 Rdn. 12; unentschieden MK/*Petermann/Sackreuther* § 283 Rdn. 21.

140 So ausdrückl. *Krause*, S. 133; zust. NK/*Kindhäuser* § 283 Rdn. 32; S/S/W/*Bosch* § 283 Rdn. 10.

begründe gerade die rechtliche Wirksamkeit der Finanztermingeschäfte eine große Gefahr für die Gläubiger.[141] Die Gegner, die den Finanzterminhandel nicht den Differenzgeschäften des § 283 Abs. 1 Nr. 2 subsumieren wollen,[142] bieten eine Phalanx an Argumenten auf: Zum einen stehe der Gleichsetzung von Finanztermin- und Differenzgeschäften die unterschiedliche wirtschaftliche Zwecksetzung, die Kontrolle des Finanzterminhandels und die grundrechtlich abgesicherte Berufsfreiheit (vgl. Art. 12 GG) der Finanzterminhändler entgegen.[143] Darüber hinaus sei es nicht hinnehmbar, den Händler, der zur Teilnahme am Finanztermingeschäft zugelassen sei, gem. § 283 Abs. 2 zu bestrafen, sofern die Geschäfte seine Überschuldung bzw. Zahlungsunfähigkeit und in letzter Konsequenz den Eintritt der objektiven Strafbarkeitsbedingung des § 283 Abs. 6 verursachten.[144] Allenfalls unter dem Blickwinkel des Tatbestandsmerkmals **„Spekulationsgeschäft"** könnten Finanztermingeschäfte insolvenzstrafrechtliche Relevanz entfalten.[145] Wägt man die vorgetragenen Argumente gegeneinander ab, spricht mehr zugunsten der Auffassung, die auch den inländischen Finanzterminhandel den Differenzgeschäften i.S.d. § 283 Abs. 1 Nr. 2 zuschlägt. Als ausschlaggebend dürfte sich die Tatsache erweisen, wonach es Differenzgeschäfte im herkömmlichen Sinne, also in Form von unvollkommenen Verbindlichkeiten nicht mehr gibt, seitdem der Gesetzgeber des 4. Finanzmarktförderungsgesetzes den § 764 BGB abgeschafft hat, sondern nunmehr alle Geschäfte dieser Art grds. (vgl. aber bspw. **§ 37g Abs. 2 WpHG**) rechtlich wirksam sind. Warum dann aber zwischen Geschäften wie sie dem § 764 BGB a.F. vorschwebten und Finanztermingeschäften unterschieden werden soll, erschließt sich nicht, zumal der gewerblich tätige Finanzterminhändler hinreichend geschützt ist, als ihm Bankrottstrafbarkeit in der Differenzgeschäftsvariante nur droht, sofern er die Anforderungen ordnungsgemäßen Wirtschaftens missachtet.[146]

4. Unwirtschaftliche Ausgaben

Während die Bankrottstraftatbestände der KO noch von **Aufwand** sprachen,[147] hat der Gesetzge- 21
ber des 1. WiKG 1976 den – seiner Meinung nach gleichbedeutenden[148] – Begriff der (unwirtschaftlichen) **Ausgaben** gewählt. Um die Merkmale „unwirtschaftliche Ausgaben" und „beiseiteschaffen" sinnvoll voneinander abzugrenzen, bietet es sich an, all diejenigen Vermögensverschiebungen, die zwar den Gläubiger- nicht aber den Schuldnerzugriff vereiteln, sondern im Gegenteil den verschobenen Vermögensbestandteil in der Einflusssphäre des Schuldners belassen, exklusiv dem Merkmal „beiseiteschaffen" und somit dem § 283 Abs. 1 Nr. 1 Var. 1 zuzuweisen,[149] hingegen die endgültige, einen späteren Schuldnerzugriff ausschließende Vermögensweggabe grds. den unwirtschaftlichen Ausgaben und folglich dem § 283 Abs. 1 Nr. 2 Var. 4 zu subsumieren.[150] Rspr. und

141 SK/*Hoyer* § 283 Rdn. 46.

142 G/J/W/*Reinhart* § 283 Rdn. 29; MAH/*Böttger* § 19 Rdn. 133; *Weyand/Diversy* Rdn. 73; *Reichelt*, S. 99; wohl auch *Sch/Schröder/Heine/Schuster* § 283 Rdn. 11; ferner AnwK/*Püschel* § 283 Rdn. 10: allenfalls Spekulationsgeschäfte.

143 LK[12]/*Tiedemann* § 283 Rdn. 59.

144 LK[12]/*Tiedemann* § 283 Rdn. 59; G/J/W/*Reinhart* § 283 Rdn. 29.

145 LK[12]/*Tiedemann* § 283 Rdn. 59 a.E.; G/J/W/*Reinhart* § 283 Rdn. 29.

146 S. dazu schon *Krause*, S. 133.

147 S. zum Merkmal „Aufwand" etwa *Nieberg*, S. 12.

148 BTDrucks. 7/3441, S. 34; nach *Tiedemann* KTS **1984**, 539, 540 ist die Formulierung „Aufwand" tendenziell enger als der Begriff „Ausgaben".

149 Anders *Sch/Schröder/Heine/Schuster* § 283 Rdn. 7, denen zufolge es unerheblich ist, ob der Täter oder ein Dritter den Zugriff auf den beiseite geschafften Gegenstand behält.

150 S. bereits Bittmann[1]/*Bittmann* § 12 Rdn. 102; dezidiert a.A. *Brackmann*, S. 275 ff.; anders auch M-G/*Richter* Kap. 83 Rdn. 64, dem zufolge sich die Fälle unwirtschaftlicher Ausgaben dadurch auszeichnen, dass gleichwertige Waren oder Dienstleistungen in das Schuldnervermögen gelangen; s. ferner OLG Frankfurt am Main wistra **1997**, 274, das § 283 Abs. 1 Nr. 1 auch dann bejahen will, wenn der Schuldner keinen Zugriff mehr auf die in Rede stehenden Vermögensbestandteile hat; vgl. des Weiteren RG HRR **1935**, 158: Veräußerung von Gegenständen unter Wert erfüllt das Merkmal „beiseiteschaffen".

Schrifttum verstehen den Ausgabenbegriff ganz überwiegend weit. Neben Aufwendungen für Repräsentation, Geschäftsreisen, Werbung und Bestechung, die die ältere Rspr. schon dem konkursstrafrechtlichen Merkmal „Aufwand" des § 240 Nr. 1 KO a.F. subsumierte, lassen sich mithilfe des Merkmals „Ausgaben" ohne Weiteres sämtliche Geschäftsaufwendungen erfassen. Der Grund der Ausgabe – privat oder geschäftlich – spielt somit keine Rolle.[151] Nicht unter den Ausgabenbegriff fallen dagegen **Schenkungen**. Sie können – da der Schuldner regelmäßig die Zugriffsmöglichkeit auf die verschenkten Vermögensbestandteile verliert und deshalb nach dem hier vertretenen Ansatz ein Beiseiteschaffen ausscheidet – bankrottstrafrechtlich allenfalls gem § 283 Abs. 1 Nr. 8 sanktioniert werden.

22 Die erforderliche Restriktion erfährt der weit verstandene Ausgabenbegriff durch das ihm beigeordnete Attribut „**unwirtschaftlich**". Dahinter verbirgt sich der Grundsatz ordnungsgemäßen Wirtschaftens.[152] Nach herkömmlichem Verständnis unterfallen dem Verdikt „unwirtschaftlich" solche Ausgaben, die das Maß des Notwendigen und Üblichen überschreiten und im Zeitpunkt ihrer Vornahme in keinem angemessenen Verhältnis zur schuldnerischen Gesamtvermögenslage stehen,[153] die also ein rational handelnder Dritter in der wirtschaftlichen Lage des Täters so nicht getätigt hätte. Vor diesem Hintergrund schließt die Angemessenheit der Gegenleistung, die der Schuldner infolge der Ausgabe erhält, die Wirtschaftswidrigkeit nicht zwingend aus: So tätigt bspw. unwirtschaftliche Ausgaben, wer trotz wirtschaftlicher Krise seines Unternehmens eine ihm nahestehende Person einstellt, die zwar eine dem Arbeitslohn äquivalente, nicht aber dem Unternehmen nützende Leistung erbringt.[154] Hingegen sieht sich der Schuldner dem Vorwurf, unwirtschaftlich Vermögen ausgegeben zu haben, nicht ausgesetzt, der für seine Ausgaben **gleichwertige Vermögensgegenstände** erhält, sofern sie dem Gläubigerzugriff genauso gut offenstehen wie die weggegebenen Vermögensbestandteile.[155]

23 Allerdings genügt die Wirtschaftswidrigkeit der Ausgabe nicht, um den Tatbestand des § 283 Abs. 1 Nr. 2 Var. 4 zu erfüllen. Vielmehr muss der Schuldner durch die wirtschaftswidrigen Ausgaben **übermäßige Beträge** verbrauchen bzw. schuldig werden. Ob ein verausgabter Betrag übermäßig war, hängt von der Unverhältnismäßigkeit bzw. Unangemessenheit der Ausgabe zum schuldnerischen Vermögen im Zeitpunkt ihrer Vornahme ab.[156] Dabei hat das Tatgericht die gesamte Vermögenssituation des Schuldners samt seiner Einkünfte zu eruieren und insbesondere

---

151 Zu diesem Befund s. etwa BGH GA **1964**, 119, 120; BGH/H GA **1953**, 74; BGH NJW **1953**, 1480, 1481 = LM Nr. 4 zu § 240 KO, der aber zutr. darauf hinweist, dass sich der Beurteilungsmaßstab bzgl. der Unangemessenheit der Ausgaben verschiebt, je nachdem, ob sie der Schuldner zu privaten oder geschäftlichen Zwecken tätigte; *Fischer* § 283 Rdn. 11; s. ferner SK/*Hoyer* § 283 Rdn. 52; *Dannecker/Knierim/Dannecker/Hagemeier* Rdn. 913; G/J/W/*Reinhart* § 283 Rdn. 32; Lackner/Kühl/*Heger* § 283 Rdn. 13; *Sch/Schröder/Heine/Schuster* § 283 Rdn. 17; *Weyand/Diversy* Rdn. 75; Böttger/*Verjans/Rixe* 4/66; Pape/Uhländer/*Hofmann* § 283 Bankrott Rdn. 23; *Nieberg*, S. 12.

152 So *Krause*, S. 119 ff.; enger aber wohl LK[12]/*Tiedemann* § 283 Rdn. 65; *ders.* KTS **1984**, 539, 549, der zusätzlich nach der negativen Sinnlosigkeit der inkriminierten Maßnahme fragt; ihm zust. MAH/*Böttger* § 19 Rdn. 135.

153 RGSt **10**, 215, 216; RG GA 64 **(1917)**, 115; BGH NJW **1953**, 1480, 1481; BGH/H GA **1956**, 347 f.; BGH GA **1964**, 119; BGH/H GA **1958**, 47; BGH LM Nr. 4 zu § 240 KO; MK/*Petermann/Sackreuther* § 283 Rdn. 23; *Sch/Schröder/Heine/Schuster* § 283 Rdn. 14; *Fischer* § 283 Rdn. 11; M-G/*Richter* Kap. 83 Rdn. 62; *Dannecker/Knierim/Dannecker/Hagemeier* Rdn. 913; G/J/W/*Reinhart* § 283 Rdn. 32; Lackner/Kühl/*Heger* § 283 Rdn. 13; M/R/*Altenhain* § 283 Rdn. 25; M/G/*Rotsch/Wagner* 8/177; *Hiltenkamp-Wisgalle*, S. 174; *Reichelt*, S. 99; skeptisch gegenüber dieser Begriffsbestimmung MAH/*Böttger* § 19 Rdn. 135: auf diese Weise werde ein unbestimmter Rechtsbegriff durch einen anderen, genauso unbestimmten ersetzt.

154 Hierzu s. LK[12]/*Tiedemann* § 283 Rdn. 67; *ders.* KTS **1984**, 539, 553; *Dannecker/Knierim/Dannecker/Hagemeier* Rdn. 914; *Grosche*, S. 71 ff.; s.a. M-G/*Richter* Kap. 87 Rdn. 25.

155 SK/*Hoyer* § 283 Rdn. 50, 52; MK/*Petermann/Sackreuther* § 283 Rdn. 23; *Dannecker/Knierim/Dannecker/Hagemeier* Rdn. 915; M/G/*Rotsch/Wagner* 8/177, 179; G/J/W/*Reinhart* § 283 Rdn. 32; a.A. aber BGH NJW **1953**, 1480, 1481; BGH GA **1964**, 119, 120; BGH LM Nr. 4 zu § 240 KO; RG GA 64 **(1917)**, 115 f.: Kauf eines zweiten Villengrundstücks; ebenso wohl der österreichische OGH ÖJZ **1969**, 498, 499: Kauf zweier Pkw; zw. auch S/S/W/*Bosch* § 283 Rdn. 13; einschränken aber RG HRR **1935**, 157.

156 *Fischer* § 283 Rdn. 13; *Sch/Schröder/Heine/Schuster* § 283 Rdn. 14; SK/*Hoyer* § 283 Rdn. 50; *Dannecker/Knierim/Dannecker/Hagemeier* Rdn. 917; *Hiltenkamp-Wisgalle*, S. 175 f.; *Hammerl*, S. 6; *Nieberg*, S. 17; weiter AnwK/*Püschel* § 283 Rdn. 14: unwirtschaftliche Ausgaben sind immer zugleich auch übermäßig.

auch die künftigen Geschäftsaussichten zu berücksichtigen.[157] Hat ein Einzelunternehmer oder ein persönlich haftender Gesellschafter einer Personen(handels)gesellschaft unwirtschaftliche Ausgaben mit Mitteln des Unternehmensvermögens getätigt, beschränkt sich der „Übermäßigkeitsvergleich“ nicht auf das Verhältnis „Ausgabe/Unternehmensvermögen“, sondern umfasst wegen der unbeschränkten Haftung des Einzelunternehmers bzw. Gesellschafters zusätzlich das Privatvermögen dieser Personen.[158]

Tathandlungen der zweiten Gruppe des § 283 Abs. 1 Nr. 2 sind das Verbrauchen und das Schul- 24
digwerden. Während man unter **Verbrauch** einhellig den Abfluss von Finanzmitteln bzw. die Weggabe von Vermögensgegenständen versteht,[159] herrscht über die Handlungsmodalität des **Schuldigwerdens** insofern Streit, als das Eingehen von **Naturalobligationen** (sog. unvollkommener Verbindlichkeiten) in Rede steht. Richtiger Ansicht zufolge verwirkt, wer Naturalobligationen begründet, nicht den Tatbestand des § 283 Abs. 1 Nr. 2, da unvollkommene Verbindlichkeiten die Befriedungsaussichten der vorhandenen Gläubiger nicht verringern, können doch die Inhaber solcher Verbindlichkeiten diese nicht im späteren Insolvenzverfahren mit Erfolg geltend machen.[160] Selbst der Schuldner, der einen auf sich ausgestellten Scheck begibt, um die unvollkommene Verbindlichkeit zu begleichen, erfüllt nicht die Variante des Schuldigwerdens. Denn die **Scheckbegebung** ändert am unvollkommenen Charakter der Naturalobligation nichts.[161] Allenfalls *via* § 283 Abs. 1 Nr. 4 kann solches Verhalten bankrottstrafrechtliche Relevanz erlangen.[162]

Zwischen **Unterlassen** und **aktivem Tun** changieren Fallgestaltungen, in denen der Schuld- 25
ner vor Eintritt der Krise Geschäfte mit **Dauerschuldcharakter** abschließt und diese nach Kriseneintritt trotz Zumutbarkeit und (rechtlicher) Möglichkeit zu kündigen unterlässt, obschon sich die Leistungen, die er infolgedessen zu erbringen hat, als unwirtschaftliche, übermäßige Ausgaben präsentieren. Mehr spricht dafür, solche Konstellationen dem Bereich des aktiven Tuns zuzuschlagen, da der **Schwerpunkt der Vorwerfbarkeit** nicht in der unterbliebenen Kündigung, sondern darin liegt, das Vertragsverhältnis einfach weiter laufen zu lassen.[163] Hindert dagegen der Schuldner unwirtschaftliche Ausgaben bspw. seiner Angestellten oder Familienangehörigen nicht, steht lediglich ein **Unterlassen** im Raum und bedarf es einer entsprechenden Garantenstellung, um den Schuldner gem § 283 Abs. 1 Nr. 2 Var. 4 zu bestrafen.[164] Da die bloße Schuldnerstellung eine Garantenpflicht nicht begründet[165] und die Garantenstellung des Betriebsinhabers vorrangig da-

---

157 Grdl. zum Ganzen LK[12]/*Tiedemann* § 283 Rdn. 66, 68; s.a. BGH/H GA **1953**, 74; BGH/H GA **1956**, 348; RGSt **14**, 80, 87; *Fischer* § 283 Rdn. 13; Lackner/Kühl/*Heger* § 283 Rdn. 13; MK/*Petermann*/*Sackreuther* § 283 Rdn. 26; M/R/*Altenhain* § 283 Rdn. 25.

158 Dazu und zu weiteren Konstellationen der vermögensmäßigen Einheit *Dannecker*/*Knierim*/*Dannecker*/*Hagemeier* Rdn. 917; *Weyand*/*Diversy* Rdn. 75.

159 S. nur *Sch*/*Schröder*/*Heine*/*Schuster* § 283 Rdn. 15; G/J/W/*Reinhart* § 283 Rdn. 34.

160 BGHSt **22**, 360, 361; *Sch*/*Schröder*/*Heine*/*Schuster* § 283 Rdn. 15; *Fischer* § 283 Rdn. 13; Lackner/Kühl/*Heger* § 283 Rdn. 13; MK/*Petermann*/*Sackreuther* § 283 Rdn. 25; SK/*Hoyer* § 283 Rdn. 48; M/G/*Rotsch*/*Wagner* 8/179; *Dannecker*/*Knierim*/*Dannecker*/*Hagemeier* Rdn. 916; G/J/W/*Reinhart* § 283 Rdn. 34; S/S/W/*Bosch* § 283 Rdn. 14; M/R/*Altenhain* § 283 Rdn. 25; Pape/Uhländer/*Hofmann* § 283 Bankrott Rdn. 24; *Geers*, S. 162; *Reichelt*, S. 100; a.A. RGSt **22**, 12, 14; *Nieberg*, S. 16 f.

161 Zum Ganzen BGHSt **22**, 360, 361; M/R/*Altenhain* § 283 Rdn. 25 m. Fn. 163; W/J/S/*Pelz* 9/153; G/J/W/*Reinhart* § 283 Rdn. 34, der aber auf den Ausnahmefall des gutgläubigen Scheckerwerbs durch einen Dritten hinweist; a.A., wegen der Möglichkeit gutgläubigen Erwerbs aber *Sch*/*Schröder*/*Heine*/*Schuster* § 283 Rdn. 15.

162 S.u. Rdn. 37 ff.

163 Grdl. dazu *Tiedemann* KTS **1984**, 539, 550; enger M/G[1]/*Rinjes* 8/116, dem zufolge bereits der Abschluss des Dauerschuldverhältnisses pflichtwidrig gewesen sein muss. Jedoch sagt er nicht, welches der Maßstab ist, an dem sich die Pflichtwidrigkeit bemisst.

164 Eine Strafbarkeit bejahte ohne Umschweife RGSt **31**, 151, 152, weil der Schuldner keine „energische[n] Gegenmaßregeln“ ergriffen hat, um die Ausgaben seiner Ehefrau und seiner Tochter zu stoppen; zust. *Nieberg*, S. 13; wohl auch *Fischer* § 283 Rdn. 11, der die Haftung schlicht an das Unterlassen der möglichen Beaufsichtigung knüpfen will; zu Recht a.A. A/R/R/*Himmelreich* Kap. 7/1 Rdn. 121; ferner *Geers*, S. 163 f., der zufolge die Tathandlung des Verbrauchens allerdings schon nicht durch Unterlassen, sondern nur durch aktives Tun begangen werden kann.

165 S.o. Rdn. 9.

rauf gerichtet ist, Straftaten, die aus dem Unternehmen heraus begangen werden, zu verhindern,[166] dürfte eine Unterlassensstrafbarkeit allenfalls einmal in den seltenen Fällen der Ingerenzgarantenstellung denkbar sein.[167]

26 Beispiele unwirtschaftlicher und übermäßiger Ausgaben aus der Kasuistik sind: aussichtlose **Investitionen**[168] oder Sanierungsbemühungen, unangemessener **Werbeaufwand** (ein Fahrradhändler sponsert trotz wirtschaftlicher Krise ein Radrennteam[169]), Nutzung einer repräsentativen Villa (zu Werbezwecken oder zum luxuriösen Wohnen),[170] Anmieten einer „zu teuren" Wohnung „ohne zwingenden Grund",[171] teure Urlaubsreisen, **Luxusanschaffungen** (allerdings nur, falls diese Anschaffungen zu den Ausgaben nicht in einem wertmäßig ausgewogenen Verhältnis stehen),[172] kostspielige Bar- und Restaurantbesuche[173] sowie **überhöhte Gehälter.**[174] Keine unwirtschaftlichen Ausgaben soll hingegen tätigen, wer die Bruttoeinnahmen zu seinem und seiner Familie **notdürftigem Unterhalt** verbraucht.[175]

5. Spiel und Wette

27 Die Bankrotthandlungen „Spiel" und „Wette" besitzen keine große praktische Relevanz. Gem. einhelliger Meinung folgt ihre Interpretation strikt akzessorisch dem zivilrechtlichen Verständnis dieser Begriffe,[176] wie sie in **§ 762 BGB** ihren Ausdruck gefunden haben.[177] Somit verwirklicht diesen Tatbestand beispielsweise, wer übermäßige Beträge bei einer Lotterie,[178] beim Fußballtoto oder im Rahmen eines **Schneeballsystems** verbraucht.[179] Das bloße Eingehen von Spiel- bzw. Wettschulden erfüllt den Tatbestand hingegen noch nicht, da Spiel- und Wettschulden ausweislich des § 762 Abs. 1 S. 1 BGB lediglich unvollkommene Verbindlichkeiten darstellen.[180]

---

166 S. aber auch MK/*Petermann*/*Sackreuther* § 283 Rdn. 27.

167 Ausführl. zum Ganzen LK[12]/*Tiedemann* § 283 Rdn. 70; ebenso MK/*Petermann*/*Sackreuther* § 283 Rdn. 27; wohl auch S/S/W/*Bosch* § 283 Rdn. 13; SK/*Hoyer* § 283 Rdn. 49; weitergehend Park[3]/*Sorgenfrei* Teil 3, Kap. 5 Rdn. 101; ebenso anscheinend M/G/*Rotsch*/*Wagner* 8/176.

168 BGH GA **1964**, 119, 120 m. zahlreichen Bsp.; BGH/H GA **1954**, 311.

169 Bsp. nach *Tiedemann* KTS **1984**, 539, 550.

170 RG GA 64 (**1917**), 115 f., das allerdings zu Unrecht den Einwand des Schuldners nicht gelten lässt, durch die getätigten Ausgaben habe sein Vermögen einen gleichwertigen Vermögenszuwachs erfahren.

171 BGH/H GA **1954**, 311.

172 Anders freilich (auf Gegenwert, der durch die Anschaffung in das Schuldnervermögen gelangte, kommt es nicht an): BGH NJW **1953**, 1480, 1481 = LM Nr. 4 zu § 240 KO: Kauf eines Herrenzimmers für 14.000 DM; s. ferner RGSt **29**, 347, 348; RGSt **10**, 215 f.

173 RGSt **14**, 221, 224; RGSt **10**, 215, 217; BGH NJW **1953**, 1480, 1481 = LM Nr. 4 zu § 240 KO.

174 *Grosche*, S. 71 f.

175 BGH GA **1964**, 119.

176 Grdl. RGSt **15**, 277, 279.

177 *Fischer* § 283 Rdn. 12; *Sch*/*Schröder*/*Heine*/*Schuster* § 283 Rdn. 18; SK/*Hoyer* § 283 Rdn. 51; MK/*Petermann*/*Sackreuther* § 283 Rdn. 24; M/R/*Altenhain* § 283 Rdn. 25; S/S/W/*Bosch* § 283 Rdn. 14; M/G/*Rotsch*/*Wagner* 8/178; G/J/W/*Reinhart* § 283 Rdn. 33; *Weyand*/*Diversy* Rdn. 75; Pape/Uhländer/*Hofmann* § 283 Bankrott Rdn. 24; *Hiltenkamp-Wisgalle*, S. 175; *Reichelt*, S. 100; *Habetha*, S. 183; *Nieberg*, S. 14; a.A. *Dannecker*/*Knierim*/*Dannecker*/*Hagemeier* Rdn. 916, die aber, was die erfassten Fallgruppen anbelangt, zum selben Umfang gelangen.

178 RGSt **27**, 180, 182; *Nieberg*, S. 14; vgl. auch *Fischer* § 283 Rdn. 12; G/J/W/*Reinhart* § 283 Rdn. 33.

179 Zu diesen Bsp. s. LK[12]/*Tiedemann* § 283 Rdn. 63; ferner SK/*Hoyer* § 283 Rdn. 51; *Sch*/*Schröder*/*Heine*/*Schuster* § 283 Rdn. 18; Lackner/Kühl/*Heger* § 283 Rdn. 13.

180 Dazu, dass die Begründung unvollkommener Verbindlichkeiten nicht der Handlungsvariante „Schuldigwerden" unterfällt, s.o. Rdn. 24.

III. Die Tathandlungen des § 283 Abs. 1 Nr. 3

Der Tatbestand des § 283 Abs. 1 Nr. 3 sanktioniert den sog. **Schleuderverkauf**. Tatgegenstand können im Unterschied etwa zu § 283 Abs. 1 Nr. 1 nicht sämtliche Bestandteile der künftigen Masse, sondern lediglich **Waren** und **Wertpapiere** sein. Mangels einer eigenen strafrechtlichen Definition sind die beiden Tatbestandsmerkmale **zivilrechtsakzessorisch** zu verstehen. Freilich reißt diese enge Lesart keine Strafbarkeitslücken auf, da Verhaltensweisen, die den von § 283 Abs. 1 Nr. 3 inkriminierten entsprechen, jedoch nicht Waren oder Wertpapiere, sondern sonstige Vermögensbestandteile betreffen, mithilfe des § 283 Abs. 1 Nr. 8 geahndet werden können. Dem Terminus „Waren" unterfallen demnach alle beweglichen Sachen (inkl. ausländischer Geldsorten[181]), die Gegenstand des Handelsverkehrs sind bzw. sein können (vgl. § 1 Abs. 2 Nr. 1 HGB a.F.).[182] Wertpapiercharakter i.S.d. § 283 Abs. 1 Nr. 3 soll nach ganz **h.M.** hingegen nicht sämtlichen Papieren zukommen, die das Zivil- und Handelsrecht dem Gattungsbegriff „Wertpapier" unterstellen. Im Gegenteil: Mit Blick auf den Tatgegenstand „Waren" erfasst das Merkmal „Wertpapiere" nur solche Papiere, bei denen das verbriefte Recht dem Recht am Papier nachfolgt.[183] Denn nur in diesen Konstellationen führt bspw. die Veräußerung des Papiers zum Rechtsverlust und damit zu einer Schmälerung der Masse. **Rektapapiere**, zu deren Rechtsübergang der Inhaber die verbriefte Forderung abtreten muss, rechnen somit nicht zum Kreis der Tatgegenstände des § 283 Abs. 1 Nr. 3.[184] Schließlich zählt § 283 Abs. 1 Nr. 3 neben den Waren und Wertpapieren auch solche Gegenstände zu den tauglichen Tatobjekten, die der Schuldner mithilfe der auf Kredit beschafften Waren hergestellt hat.[185] Dabei spielt es keine Rolle, ob der Schuldner zur Herstellung des neuen Gegenstandes ausschließlich kreditierte Waren oder zusätzlich sonstige, ihm gehörende Waren verwendet.[186] Schließlich erfasst § 283 Abs. 1 Nr. 3 sämtliche Waren und Wertpapiere ungeachtet ihres insolvenzrechtlichen Status.[187] Denn der Tatbestand des § 283 Abs. 1 Nr. 3 beschränkt sich richtigerweise nicht darauf, die Weggabe von Bestandteilen der präsumtiven Masse durch den Schuldner zu verhindern, da er ansonsten gegenüber dem Beiseiteschaffen des § 283 Abs. 1 Nr. 1 überflüssig wäre.[188] Vielmehr will § 283 Abs. 1 Nr. 3 der Gefahr vorbeugen, dass der Schuldner, indem er die kreditierten Waren bzw. Wertpapiere verschleudert, sich außerstand setzt, die erhaltenen Kredite zurückzuführen.[189] 28

Der Schuldner muss die Waren bzw. Wertpapiere **beschafft** haben. Heute entspricht es einhelliger Meinung das Merkmal „beschafft" zu bejahen, sobald der Schuldner den **Besitz** an den Waren oder Wertpapieren erlangt hat.[190] Damit sind ältere Ansichten, die ein Beschaffen immer erst dann annehmen wollten, wenn der **dingliche Rechtserwerb** vollzogen und die Waren bzw. Wertpapiere in das Eigentum des Schuldners gewechselt waren,[191] überwunden und besteht nunmehr die Mög- 29

181 S.o. Rdn. 19.
182 SK/*Hoyer* § 283 Rdn. 54; G/J/W/*Reinhart* § 283 Rdn. 35; *Nieberg*, S. 18.
183 S. schon *Nieberg*, S. 18.
184 Grdl. zum Ganzen LK[12]/*Tiedemann* § 283 Rdn. 74; ebenso ferner SK/*Hoyer* § 283 Rdn. 54; *Sch/Schröder/Heine/Schuster* § 283 Rdn. 8; MK/*Petermann/Sackreuther* § 283 Rdn. 18; *Dannecker/Knierim/Dannecker/Hagemeier* Rdn. 919; G/J/W/*Reinhart* § 283 Rdn. 35; *Weyand/Diversy* Rdn. 77.
185 Anders noch die Fassung der Vorgängervorschrift des § 240 Abs. 1 Nr. 2 KO; vgl. dazu auch RGSt **72**, 187, 188 ff.; zur Sinnesänderung s. BTDrucks. 7/3441, S. 35.
186 SK/*Hoyer* § 283 Rdn. 56; MK/*Petermann/Sackreuther* § 283 Rdn. 30; G/J/W/*Reinhart* § 283 Rdn. 35.
187 Dafür etwa SK/*Hoyer* § 283 Rdn. 54; MK/*Petermann/Sackreuther* § 283 Rdn. 28; G/J/W/*Reinhart* § 283 Rdn. 36; *Dannecker/Knierim/Dannecker/Hagemeier* Rdn. 919; A/R/R/*Himmelreich* Kap. 7/1 Rdn. 126.
188 Ähnl. G/J/W/*Reinhart* § 283 Rdn. 36.
189 G/J/W/*Reinhart* § 283 Rdn. 36; *Sch/Schröder/Heine/Schuster* § 283 Rdn. 20.
190 *Fischer* § 283 Rdn. 14; *Sch/Schröder/Heine/Schuster* § 283 Rdn. 20; Lackner/Kühl/*Heger* § 283 Rdn. 14; SK/*Hoyer* § 283 Rdn. 54; *Dannecker/Knierim/Dannecker/Hagemeier* Rdn. 919; M/R/*Altenhain* § 283 Rdn. 27; G/J/W/*Reinhart* § 283 Rdn. 36; M/G/*Rotsch/Wagner* 8/182; *Hiltenkamp-Wisgalle*, S. 176; *Geers*, S. 165; *Reichelt*, S. 101; dafür wohl auch schon RGSt **62**, 257, 258; zust. *Bruns*, S. 239 f.
191 RGSt **72**, 187, 188; RGSt **66**, 175, 178.

lichkeit, auch den Schuldner, der unter **Eigentumsvorbehalt** stehende Waren verschleudert, gem. § 283 Abs. 1 Nr. 3 zu ahnden.[192] Jedoch genügt der Abschluss eines schuldrechtlichen Verpflichtungsgeschäfts über die Lieferung von Waren oder Wertpapieren den Anforderungen des Beschaffens noch nicht.[193]

30 „**Auf Kredit**" beschafft sind Waren oder Wertpapiere, deren Lieferung entweder ein Darlehensvertrag zugrunde liegt oder deren Bezahlung der Verkäufer gegenüber dem Schuldner bspw. stundet. Mit anderen Worten und allgemeiner ausgedrückt: Kredit gewährt der Verkäufer, der keine Zahlung **Zug um Zug** fordert.[194] Allerdings beschafft keine Waren auf Kredit i.S.d. § 283 Abs. 1 Nr. 3, wer hierfür Mittel einsetzt, die er anderweitig darlehensweise erhalten hat.[195] Erforderlich ist somit eine Kreditierung seitens des Lieferanten der Waren oder Wertpapiere.[196]

31 Die inkriminierten Tathandlungen fasst § 283 Abs. 1 Nr. 3 denkbar weit. Neben dem **Veräußern**, das richtiger Ansicht zufolge sowohl die entgeltliche als auch die unentgeltliche Eigentumsübertragung sowie die Aufgabe sonstiger dinglicher Rechte (etwa eines Anwartschaftsrechts) umgreift,[197] sanktioniert § 283 Abs. 1 Nr. 3 auch den Schuldner, der kreditierte Waren oder Wertpapiere erheblich unter Wert **„sonst abgibt"**. Auf diese Weise gelingt es, zusätzlich die Konstellationen **bloßer Besitzaufgabe**, etwa indem der Schuldner an der auf Kredit beschafften Ware ein Pfandrecht bestellt, dem Einzugsbereich des § 283 Abs. 1 Nr. 3 zuzuschlagen.[198] – Allerdings pönalisiert § 283 Abs. 1 Nr. 3 nicht die Veräußerung bzw. Abgabe kreditierter Waren oder Wertpapiere schlechthin, sondern macht – einschränkend – den Strafbarkeitsvorwurf davon abhängig, dass die Veräußerung bzw. Abgabe **„erheblich unter Wert"** erfolgt und zudem den Anforderungen einer **ordnungsgemäßen Wirtschaft** zuwiderläuft. Ob der Schuldner die kreditierten Waren oder Wertpapiere erheblich unter Wert veräußert bzw. abgegeben hat, bemisst sich ganz **h.M.** zufolge entscheidend an dem **Marktpreis**, den die Ware bzw. das Wertpapier zum Zeitpunkt der Veräußerung oder Abgabe hatte.[199] Der Einkaufpreis, also der Preis, den der Schuldner aufwenden musste, um die Waren oder Wertpapiere zu beschaffen, stellt lediglich ein Indiz für den Marktpreis dar.[200] Lässt sich ein Marktpreis nicht feststellen, bildet der **„übliche Preis"** den Vergleichsparameter.[201] Welches der „übliche Preis" der veräußerten oder sonst abgegebenen Waren bzw. Wertpapiere ist, wird sich *in praxi* jedoch kaum einmal ohne sachverständige Hilfe feststellen lassen. – Steht eine wertmäßige Abweichung zwischen

---

192 Dazu, dass unter Eigentumsvorbehalt gelieferte Sachen dem Warenbegriff des § 283 Abs. 1 Nr. 3 unterfallen, s. grdl. BGHSt **9**, 84, 85 ff.; zust. *Klug* JZ **1957**, 462, 464 f.; *H.W. Schmidt* NJW **1957**, 1788, 1789; MK/*Petermann*/*Sackreuther* § 283 Rdn. 27; *Dannecker*/*Knierim*/*Dannecker*/*Hagemeier* Rdn. 919; G/J/W/*Reinhart* § 283 Rdn. 36; M/G/*Rotsch*/*Wagner* 8/181; Böttger/*Verjans*/*Rixe* 4/68; *Geers*, S. 165; *Krumme* LM Nr. 11 zu § 240 KO; abl. *Hammerl*, S. 8 m. Fn. 30.

193 BGHSt **9**, 84, 86; RGSt **62**, 257, 258; MK/*Petermann*/*Sackreuther* § 283 Rdn. 27; *Sch*/*Schröder*/*Heine*/*Schuster* § 283 Rdn. 20; M/G/*Rotsch*/*Wagner* 8/182; *Hiltenkamp-Wisgalle*, S. 176; *Klug* JZ **1957**, 462, 463.

194 S. zum Ganzen auch SK/*Hoyer* § 283 Rdn. 55; MK/*Petermann*/*Sackreuther* § 283 Rdn. 29; *Dannecker*/*Knierim*/*Dannecker*/*Hagemeier* Rdn. 919; G/J/W/*Reinhart* § 283 Rdn. 37; M/G/*Rotsch*/*Wagner* 8/182; weitergehend RGSt **66**, 175, 179, dem zufolge auch betrügerisch erlangte Waren dem Merkmal „auf Kredit beschafft" subsumierbar sind.

195 G/J/W/*Reinhart* § 283 Rdn. 37; W/J/S/*Pelz* 9/154; a.A. aber *Grosche*, S. 81, dem zufolge es keinen Unterschied macht, ob der Verkäufer oder aber ein Dritter dem Schuldner den Kredit gewährt hat.

196 S. ergänzend Rdn. 33.

197 RGSt **48**, 217, 218; SK/*Hoyer* § 283 Rdn. 56; *Sch*/*Schröder*/*Heine*/*Schuster* § 283 Rdn. 21; MK/*Petermann*/*Sackreuther* § 283 Rdn. 30; *Dannecker*/*Knierim*/*Dannecker*/*Hagemeier* Rdn. 920; Lackner/Kühl/*Heger* § 283 Rdn. 14; G/J/W/*Reinhart* § 283 Rdn. 38; M/G/*Rotsch*/*Wagner* 8/183; M/R/*Altenhain* § 283 Rdn. 27; s.a. *Geers*, S. 165; *Hiltenkamp-Wisgalle*, S. 177; *Reichelt*, S. 101; enger, unentgeltliche Weitergabe nicht erfasst *Fischer* § 283 Rdn. 14; S/S/W/*Bosch* § 283 Rdn. 16.

198 RGSt **48**, 217, 218; SK/*Hoyer* § 283 Rdn. 56; MK/*Petermann*/*Sackreuther* § 283 Rdn. 30; *Dannecker*/*Knierim*/*Dannecker*/*Hagemeier* Rdn. 920; G/J/W/*Reinhart* § 283 Rdn. 38; M/G/*Rotsch*/*Wagner* 8/183; M/R/*Altenhain* § 283 Rdn. 28; *Sch*/*Schröder*/*Heine*/*Schuster* § 283 Rdn. 21; ferner *Hiltenkamp-Wisgalle*, S. 177; zu diesen und weiteren Fällen s.a. *Nieberg*, S. 19.

199 BGH/H GA **1955**, 365; RGSt **72**, 187, 190; RGSt **47**, 61 f.; SK/*Hoyer* § 283 Rdn. 57; MK/*Petermann*/*Sackreuther* § 283 Rdn. 30; G/J/W/*Reinhart* § 283 Rdn. 39; *Dannecker*/*Knierim*/*Dannecker*/*Hagemeier* Rdn. 921; *Hiltenkamp-Wisgalle*, S. 178.

200 MK/*Petermann*/*Sackreuther* § 283 Rdn. 30; Lackner/Kühl/*Heger* § 283 Rdn. 14; S/S/W/*Bosch* § 283 Rdn. 16; M/G/*Rotsch*/*Wagner* 8/183; M/R/*Altenhain* § 283 Rdn. 28; vgl. ferner BGH/H GA **1955**, 365: Marktpreis setzt sich aus Einkaufspreis und Unkosten zusammen; ähnl. bereits RGSt **47**, 61, 62.

201 BGH/H GA **1955**, 365; RGSt **72**, 187, 190; LK[12]/*Tiedemann* § 283 Rdn. 78.

Markt- bzw. „üblichem Preis“ und Abgabe- oder Veräußerungspreis fest,[202] muss des Weiteren eruiert werden, ob diese Abweichung **erheblich** ist. Wenn das insolvenzstrafrechtliche Schrifttum z.T. die Ansicht vertritt, dem Erheblichkeitskriterium komme mit Blick auf die übrigen Bankrotthandlungen kein eigenständiger Gehalt zu,[203] überzeugt das nicht. Schon methodisch geht es nicht an, unter mehreren Auslegungsoptionen diejenige zu wählen, die einem Merkmal keinen eigenen Anwendungsspielraum belässt. Deshalb spricht viel dafür, die Erheblichkeitsschwelle erst dann als überschritten anzusehen, wenn der Veräußerungs- oder Abgabepreis vom Markt- bzw. „üblichen Preis“ um mehr als **25 %** abweicht.[204] Strafbarkeitslücken entstehen dadurch nicht, weil Veräußerungen etc. unterhalb dieser Marge den Nrn. 2 bzw. 8 subsumiert werden können.

Wie sämtliche **bestandsbezogenen Bankrotthandlungen**[205] verlangt auch § 283 Abs. 1 Nr. 3 32
einen Verstoß gegen die Anforderungen ordnungsgemäßen Wirtschaftens. Daran fehlt es, wenn die Veräußerung bzw. Abgabe von Waren oder Wertpapieren erheblich unter Wert auf **sachgerechten Erwägungen** beruht. Zulässig sind demnach Mischkalkulationen,[206] Sonderangebote, Räumungsverkäufe (aber nicht zum Zweck der Geschäftsaufgabe), Unterwertverkäufe, um einem drohenden Verderb der Waren zuvorzukommen[207] bzw. die Lagerkosten zu reduzieren[208] sowie sog. Lockvogelangebote.[209] Auch darf der Schuldner, der von einem in nächster Zukunft erfolgenden Preissturz erfährt, seine kreditierten Waren oder Wertpapiere erheblich unter Marktpreis veräußern, um einen noch größeren Verlust bei Eintritt des vorhergesehenen Preisverfalls zu verhindern.[210] Den Anforderungen einer ordnungsgemäßen Wirtschaft handelt hingegen grds. zuwider, wer kreditierte Waren erheblich unter Wert veräußert, um den Konkurrenzkampf mit einem Mitbewerber durchzustehen.[211]

Nach dem Wortlaut des § 283 Abs. 1 Nr. 3 verwirklicht selbst derjenige Schuldner die Ver- 33
schleuderungsvariante, der Waren bzw. Wertpapiere, die er irgendwann einmal auf Kredit beschafft hatte, erheblich unter Wert veräußert bzw. abgibt, obschon er im Zeitpunkt der Veräußerung oder Abgabe das Darlehen bzw. den Kaufpreis bereits bezahlt hat. *Prima vista* spricht zwar nichts dagegen, auch diesen Schuldner gem. § 283 Abs. 1 Nr. 3 zu bestrafen, haftet doch solchen Handlungen ein erhebliches Gläubigergefährdungspotential an. Allerdings liegen die Prototypen des § 283 Abs. 1 Nr. 3 anders. Sie zeichnen sich – wie gesehen – dadurch aus, neben der Gläubigergesamtheit den kreditgewährenden Lieferanten der Waren oder Wertpapiere zu schädigen. Des-

---

202 Maßgeblich ist dabei das einzelne Kreditgeschäft und nicht sämtliche Geschäfte, die der Schuldner innerhalb eines bestimmten Zeitraums getätigt hat; vgl. dazu RGSt **66**, 175, 177.

203 In diese Richtung LK[12]/*Tiedemann* § 283 Rdn. 78a, dem zufolge sich die Bedeutung des Erheblichkeitskriteriums im Wesentlichen darin erschöpft, zu verhindern, dass Unsicherheiten über den Marktpreis nicht zu Lasten des Täters gehen. Da aber der Markt- bzw. „übliche Preis“ einer Ware/eines Wertpapiers zu den Tatsachen gehört, die im Prozess ermittelt werden müssen, schützt den Täter bereits der *in-dubio*-Grds vor dieser Gefahr. Des Erheblichkeitskriteriums bedarf es hierfür also nicht; s. ferner MK/*Petermann*/*Sackreuther* § 283 Rdn. 30, denen zufolge die Erheblichkeitsschwelle überschritten ist, wenn die Abweichung des Abgabe-/Veräußerungspreises vom Marktpreis einem sachkundigen Dritten ins Auge springt; skept. M/G/*Rotsch*/*Wagner* 8/183: „nichtssagend“.

204 So der Vorschlag von Bittmann[1]/*Bittmann* § 12 Rdn. 137; tendenziell abw. G/J/W/*Reinhart* § 283 Rdn. 39: 10 % unterhalb des untersten üblichen Preises.

205 Zur Unterscheidung in bestands- und informationsbezogene Bankrotthandlungen s. Vor §§ 283 ff. Rdn. 6.

206 *Fischer* § 283 Rdn. 15; *Tiedemann* ZIP **1983**, 513, 522.

207 *Hammerl*, S. 9 m. Fn. 32; MK/*Petermann*/*Sackreuther* § 283 Rdn. 31; G/J/W/*Reinhart* § 283 Rdn. 40.

208 *Bretzke*, S. 107, 143; *Tiedemann* KTS **1984**, 539, 548.

209 Zu diesen Bsp. s. SK/*Hoyer* § 283 Rdn. 58; *Sch*/*Schröder*/*Heine*/*Schuster* § 283 Rdn. 23; M/R/*Altenhain* § 283 Rdn. 28; *Dannecker*/*Knierim*/*Dannecker*/*Hagemeier* Rdn. 921; Lackner/Kühl/*Heger* § 283 Rdn. 14; *Hiltenkamp-Wisgalle*, S. 178; zu den Lockvogelangeboten G/J/W/*Reinhart* § 283 Rdn. 40; *Göhler*/*Wilts* DB **1976**, 1657, 1660; *Tiedemann* ZIP **1983**, 513, 522.

210 *Klug* JZ **1957**, 462, 463; *Dannecker*/*Knierim*/*Dannecker*/*Hagemeier* Rdn. 921; Lackner/Kühl/*Heger* § 283 Rdn. 14; *Sch*/*Schröder*/*Heine*/*Schuster* § 283 Rdn. 23; G/J/W/*Reinhart* § 283 Rdn. 40; M/R/*Altenhain* § 283 Rdn. 28; vgl. auch schon *Nieberg*, S. 19.

211 Ausführl. dazu und zu den Ausnahmen M/G[1]/*Rinjes* 8/123; a.A. *Fischer* § 283 Rdn. 15; SK/*Hoyer* § 283 Rdn. 58; A/R/R/*Himmelreich* Kap. 7/1 Rdn. 129; AnwK/*Püschel* § 283 Rdn. 15; ebenso wohl *Dannecker*/*Knierim*/*Dannecker*/*Hagemeier* Rdn. 921.

halb, und um die Binnensystematik des § 283 Abs. 1 zu gewährleisten, verdient die Ansicht den Vorzug, die die eingangs geschilderte Konstellation nicht dem § 283 Abs. 1 Nr. 3,[212] sondern der **Verlustgeschäftsvariante** des § 283 Abs. 1 Nr. 2 subsumiert. – Ebenfalls haftet nicht gem. § 283 Abs. 1 Nr. 3, wer die Waren oder Wertpapiere zwar deutlich unterhalb des Marktpreises, jedoch über dem Einkaufspreis veräußert, da solches Verhalten die Gläubiger nicht beeinträchtigt.[213]

IV. Die Tathandlungen des § 283 Abs. 1 Nr. 4

34 Während § 283 Abs. 1 Nrn. 1–3 Konstellationen erfasst, in denen der Schuldner entweder den Aktivenbestand der präsumtiven Masse verringert oder seinen Schuldenbestand tatsächlich vergrößert (vgl. „Schuldigwerden i.S.d. § 283 Abs. 1 Nr. 2; dazu s.o. Rdn. 24), sanktioniert § 283 Abs. 1 Nr. 4 Verhaltensweisen, die den Passivenbestand **zum Schein** erhöhen und somit die voraussichtliche Quote der aktuell vorhandenen Gläubiger schmälern.[214] Im Unterschied zu § 283 Abs. 1 Nrn. 1–3 rechnet § 283 Abs. 1 Nr. 4 zu den **informationsbezogenen Bankrottdelikten** und weist folglich eine größere Nähe zu den – sogleich zu besprechenden[215] – Buchführungsdelikten auf. Da die Tathandlungen des § 283 Abs. 1 Nr. 4 nur dazu dienen, einen höheren Schuldenstand vorzuspiegeln, als es der Wirklichkeit entspricht, präsentieren sie sich häufig als **Vorfeldhandlungen**, die der Schuldner begeht, um bspw. das Beiseiteschaffen von Vermögensbestandteilen oder das Eingehen von Verlust-, Spekualtions- bzw. Differenzgeschäften sowie die Vornahme von Schleuderverkäufen zu verschleiern.[216] Selbstständige Bedeutung erlangt § 283 Abs. 1 Nr. 4 deshalb nur dort, wo die ins Auge gefasste Vermögensverschiebung nicht stattfindet.[217] Hat der Schuldner hingegen den fingierten Anspruch befriedigt, richtet sich seine Bankrottstrafbarkeit vorrangig nach § 283 Abs. 1 Nr. 1 bzw. Nr. 8; § 283 Abs. 1 Nr. 4 tritt dahinter zurück.

1. Tatgegenstand des § 283 Abs. 1 Nr. 4

35 Der Tatbestand des § 283 Abs. 1 Nr. 4 spricht von Rechten, die der Schuldner entweder **vortäuscht** oder **anerkennt**. Unstreitig rangieren unter dem Begriff der Rechte im Ausgangspunkt sämtliche dingliche und schuldrechtliche Positionen,[218] sofern sie die insolvenzrechtliche Stellung des Begünstigten verbessern. Deshalb soll bereits den Tatbestand verwirklichen, wer ein **Insolvenzvorrecht** fingiert.[219] Da aber die InsO die zahlreichen Vorrechte der KO gestrichen hat, spielen heute – vom Standpunkt der **h.M.** – lediglich Konstellationen eine Rolle, in denen der Schuldner vortäuscht, eine

212 Für entspr. teleologische Reduktion SK/*Hoyer* § 283 Rdn. 55; *Sch/Schröder/Heine/Schuster* § 283 Rdn. 20; MK/*Petermann/Sackreuther* § 283 Rdn. 29; ebenso wohl *Dannecker/Knierim/Dannecker/Hagemeier* Rdn. 919; M/R/*Altenhain* § 283 Rdn. 27; implizit auch schon RGSt **72**, 187, 190.

213 G/J/W/*Reinhart* § 283 Rdn. 40 m.w.N. zu den umstr. Konstellationen, in denen der Schuldner ohne Mehraufwand sogar einen über dem Marktpreis liegendes Ergebnis hätte erzielen können, hierauf aber – aus welchen Gründen auch immer – verzichtet.

214 SK/*Hoyer* § 283 Rdn. 59; *Fischer* § 283 Rdn. 17; Böttger/*Verjans/Rixe* 4/71; s.a. bereits *v. Babo*, S. 26.

215 Vgl. Rdn. 40 ff.

216 S.a. *Weyand/Diversy* Rdn. 79; Böttger/*Verjans/Rixe* 4/34, 74 und *Fischer* § 283 Rdn. 18, allerdings nur mit Blick auf § 283 Abs. 1 Nr. 1; vgl. ferner Steinberg/Valerius/Popp/*Hagemeier*, S. 129, 130.

217 LK[12]/*Tiedemann* § 283 Rdn. 81.

218 BGH GA **1955**, 151; RGSt **64**, 311, 312; RGSt **64**, 42 f.; G/J/W/*Reinhart* § 283 Rdn. 41; Pape/Uhländer/*Hofmann* § 283 Bankrott Rdn. 28; *Fischer* § 283 Rdn. 17; SK/*Hoyer* § 283 Rdn. 60; *Dannecker/Knierim/Dannecker/Hagemeier* Rdn. 923; *Bruns*, S. 239.

219 S. nur BTDrucks. 7/3441, S. 35; BGH/H GA **1955**, 365; BGH LM Nr. 14 zu § 239 KO; *Fischer* § 283 Rdn. 17; Lackner/Kühl/*Heger* § 283 Rdn. 15; *Sch/Schröder/Heine/Schuster* § 283 Rdn. 25; G/J/W/*Reinhart* § 283 Rdn. 41; M-G/*Richter* Kap. 83 Rdn. 42; *Dannecker/Knierim/Dannecker/Hagemeier* Rdn. 923; MAH/*Böttger* § 19 Rdn. 138; Pape/Uhländer/*Hofmann* § 283 Bankrott Rdn. 28.

Forderung rechne zum Kreis der **Masseverbindlichkeiten** (vgl. §§ 53, 55 InsO) und sei deshalb vorrangig zu bedienen. Nach hier vertretenem Ansatz, dem zufolge die Vornahme von Bankrotthandlungen während des eröffneten Insolvenzverfahrens gem. § 283 straflos bleibt,[220] kommt hingegen allenfalls eine Strafbarkeit wegen **Betrugs** in Betracht. Nicht unter § 283 Abs. 1 Nr. 4 fallen Tathandlungen, die dem Begünstigten keinen Vorteil gewähren und deshalb auch nicht die Befriedigungschancen der übrigen Gläubiger tangieren.[221] Aufgrund seines Gefährdungsdeliktscharakters setzt § 283 Abs. 1 Nr. 4 allerdings weder voraus, dass die schuldnerische Tathandlung die Quote der präsumtiven Insolvenzgläubiger tatsächlich reduziert,[222] noch dass der „Gläubiger" des vorgetäuschten bzw. erdichteten Rechts dieses im späteren Insolvenzverfahren angemeldet hat.[223]

Keine Einigkeit herrscht über die Frage, ob die vorgetäuschten Rechte der ersten Variante denselben Umfang besitzen wie die erdichteten Rechte der zweiten Variante. Folgt man der **h.M.** und klammert die Anerkennung bestehender, aber nicht durchsetzbarer Rechte vom Anwendungsbereich der zweiten Variante aus,[224] versteht man also unter erdichteten Rechten nur solche, die der Schuldner und sein vermeintlicher Vertragspartner völlig frei erfunden haben, scheint es, als ob der Rechtebegriff dieser zweiten Variante eine gewisse Ablösung vom Zivilrecht erfährt, wohingegen die Modalität des Vortäuschens sämtliche insolvenzrechtsrelevanten Aspekte eines Rechts betreffen können soll. Mehr spricht indes dafür, den Terminus **„Rechte"** in beiden Varianten des § 283 Abs. 1 Nr. 4 grds. identisch zu interpretieren und die Fälle, in denen der Schuldner, der trotz bestehender, ihm bekannter Einreden diese nicht erhebt, sondern sich rechtskräftig verurteilen lässt, dort zu thematisieren, wo sie hingehören: nämlich i.R.d. Problematik, inwieweit § 283 Abs. 1 Nr. 4 durch Unterlassen begangen werden kann.[225, 226] 36

2. Die Tathandlungen des § 283 Abs. 1 Nr. 4

Das – auch konkludent mögliche – Vortäuschen eines Rechts erfordert ein Handeln mit **Außenwirkung** gegenüber einem Dritten.[227] Dabei herrscht insofern Konsens, als weder der Adressat des Vortäuschens im Vorhinein feststehen noch der Begünstigte an dem Täuschungsmanöver mitwirken muss. Vor diesem Hintergrund unterfällt die Aufnahme erdichteter Forderungen in die Geschäftsbücher, die später dem Insolvenzverwalter zugänglich gemacht werden, dem Tatbestand der ersten Variante.[228] Kein Recht täuscht vor, wer zwar den Anspruch eines Dritten aufführt, gleichzeitig aber darauf hinweist, dass dieser Anspruch nicht durchsetzbar ist, etwa weil er die zugrunde liegende Forderung bereits erfüllt hat[229] oder diese rechtskräftig abgewiesen wurde. Hingegen verwirklicht die Handlungsmodalität des (konkludenten) Vortäuschens, wer die rechts- 37

220 S. Vor §§ 283 ff. Rdn. 10.

221 Etwa weil der Gemeinschuldner Forderungen nur erdichtet, um so Einfluss auf die Abstimmung über ein Vergleichsverfahren zu erlangen; dazu BGH/H GA **1958**, 48.

222 Wobei völlig ungeeignete Tathandlungen allerdings ganz **h.M.** zufolge aus dem Anwendungsbereich herausfallen; s. nur G/J/W/*Reinhart* § 283 Rdn. 41.

223 Zu letzterem BGH LM Nr. 2 zu § 239 KO; BGH LM Nr. 14 zu § 239 KO; RGSt **62**, 287, 288; SK/*Hoyer* § 283 Rdn. 59; MK/*Petermann/Sackreuther* § 283 Rdn. 33; G/J/W/*Reinhart* § 283 Rdn. 41; *Sch/Schröder/Heine/Schuster* § 283 Rdn. 24; S/S/W/*Bosch* § 283 Rdn. 18; ferner *Dannecker/Knierim/Dannecker/Hagemeier* Rdn. 928; Pape/Uhländer/*Hofmann* § 283 Bankrott Rdn. 27; M-G/*Richter* Kap. 83 Rdn. 36; *Weyand/Diversy* Rdn. 81; W/J/S/*Pelz* 9/156; a.A. aber noch RGSt **2**, 337, 343.

224 Dafür wohl SK/*Hoyer* § 283 Rdn. 61.

225 Dazu s.u. Rdn. 39.

226 Grdl. und zutr. dazu LK[12]/*Tiedemann* § 283 Rdn. 83.

227 BTDrucks. 7/3441, S. 35; SK/*Hoyer* § 283 Rdn. 65; *Dannecker/Knierim/Dannecker/Hagemeier* Rdn. 925; G/J/W/*Reinhart* § 283 Rdn. 41; s.a. *Hiltenkamp-Wisgalle*, S. 179.

228 BGH/H GA **1953**, 74.

229 BGH/H GA **1953**, 74; SK/*Hoyer* § 283 Rdn. 64; *Sch/Schröder/Heine/Schuster* § 283 Rdn. 25; weitergehend aber S/S/W/*Bosch* § 283 Rdn. 17, M-G/*Richter* Kap. 83 Rdn. 40 und M/R/*Altenhain* § 283 Rdn. 29: kein Erdichten bei Anerkennen nicht durchsetzbarer Rechte (etwa verjährter Forderungen), da ihre Existenz nicht bestritten ist.

kräftige Abweisung der Forderung verschweigt, obschon er den Anspruch erwähnt.[230] Straflos gem. § 283 Abs. 1 Nr. 4 bleibt der Geschäftsführer, der nach Eröffnung des Insolvenzverfahrens eine ihm tatsächlich nicht zustehende Gehaltsforderung zur Insolvenztabelle anmeldet.[231] Ungeachtet des hier vertretenen Standpunktes, wonach die Vornahme von Bankrotthandlungen nach Eröffnung des Insolvenzverfahrens den Tatbestand des § 283 Abs. 1 ohnehin nicht erfüllt,[232] verwirklicht der Geschäftsführer weder die Modalität des Anerkennens[233] noch täuscht er ein Recht vor, da die Geltendmachung einer eigenen Gehaltsforderung nach keiner zu § 14 Abs. 1 Nr. 1 vertretenen Ansicht den Zurechnungszusammenhang „als" begründet.[234]

38 Im Unterschied zum Vortäuschen setzt die **Anerkennensvariante** ein Zusammenwirken von Schuldner und Scheingläubiger voraus.[235] D.h., der Scheingläubiger muss ein Recht behaupten und der Schuldner diese wahrheitswidrige Behauptung bestätigen. Zwischen Scheingläubiger und Schuldner darf keine Personenidentität bestehen, weshalb der GmbH-Geschäftsführer, der namens „seiner" Gesellschaft eine ihm vermeintlich zustehende Gehaltsforderung anerkennt, den Tatbestand nicht erfüllt.[236] Inhaltlich und formal erfordert § 283 Abs. 1 Nr. 4 Var. 2 kein Anerkenntnis i.S.d. §§ 780, 781 BGB.[237] Ob der Schuldner, der eine tatsächlich nicht bestehende Verbindlichkeit begleicht, den § 283 Abs. 1 Nr. 4 Var. 2 verwirklicht, kann dahinstehen, macht er sich doch vorrangig gem. § 283 Abs. 1 Nr. 1 bzw. Nr. 8 strafbar.[238] – Der **Scheingläubiger**, der das Recht der Wirklichkeit zuwider behauptet, ist zwar – mangels Schuldnerstellung – kein Täter des Bankrotts, haftet aber regelmäßig wegen Beihilfe bzw. Anstiftung zur Tat des § 283 Abs. 1 Nr. 4.[239, 240]

3. § 283 Abs. 1 Nr. 4 durch Unterlassen

39 Genauso wie die Nrn. 1–3 des § 283 Abs. 1 kann der Schuldner auch den § 283 Abs. 1 Nr. 4 durch **Unterlassen** begehen.[241] Im Zentrum der Diskussion stehen Fallgestaltungen, in denen der Schuldner, den ein Gläubiger auf der Grundlage einer nicht bestehenden bzw. nicht durchsetzbaren Forderung verklagt, es entweder unterlässt, im Prozess eine ihm zustehende **Einrede** (etwa die der Verjährung) zu erheben oder aber **prozessuale Rechtsbehelfe** (etwa den Einspruch gegen ein erstes Versäumnisurteil) nicht geltend macht und deshalb (rechtskräftig) verurteilt wird. Da die Schuldnerposition eine Garantenstellung nicht begründet,[242] lehnt die ganz **h.M.** zu Recht eine

230 SK/*Hoyer* § 283 Rdn. 62; MAH/*Böttger* § 19 Rdn. 139; ähnl. RG DR **1940**, 793 bzgl. einer einmal entstandenen, später aber durch Zahlung erloschenen Forderung; wohl auch *v. Babo*, S. 27.

231 BGH/H GA **1954**, 312; *Sch/Schröder/Heine/Schuster* § 283 Rdn. 25; *Fischer* § 283 Rdn. 18, der aber zu Recht darauf hinweist, dass insoweit eine Strafbarkeit wegen Betrugs in Betracht kommt; weiter S/S/W/*Bosch* § 283 Rdn. 17: Anerkennen bei Bestätigung eigener Forderungen gegenüber GmbH; Nr. 4 bejaht: M-G/*Richter* Kap. 83 Rdn. 38.

232 S. Vor §§ 283 ff. Rdn. 10.

233 S.u. Rdn. 38.

234 BGH LM Nr. 8 zu § 239 KO; *Sch/Schröder/Heine/Schuster* § 283 Rdn. 25; wohl auch *Fischer* § 283 Rdn. 18.

235 BGH/H GA **1953**, 74; *Fischer* § 283 Rdn. 18; *Sch/Schröder/Heine/Schuster* § 283 Rdn. 26; SK/*Hoyer* § 283 Rdn. 65; Lackner/Kühl/*Heger* § 283 Rdn. 15; *Dannecker/Knierim/Dannecker/Hagemeier* Rdn. 927; M/R/*Altenhain* § 283 Rdn. 30; MK/*Petermann/Sackreuther* § 283 Rdn. 35; G/J/W/*Reinhart* § 283 Rdn. 42; *Hiltenkamp-Wisgalle*, S. 180; weitergehend wohl noch RGSt **62**, 287, 288: Willenserklärung des Schuldners mit Außenwirkung genügt.

236 BGH LM Nr. 8 zu § 239 KO.

237 *Sch/Schröder/Heine/Schuster* § 283 Rdn. 26.

238 Für die Annahme von § 283 Abs. 1 Nr. 1 LK[12]/*Tiedemann* § 283 Rdn. 86; *Fischer* § 283 Rdn. 18; nach dem hier o. Rdn. 5 vertretenen Abgrenzungsansatz kommt hingegen nur eine Strafbarkeit gem. § 283 Abs. 1 Nr. 8 in Betracht, da der Schuldner, der eine nicht bestehende Forderung begleicht, auf die hierzu weggegebenen Vermögensstücke keinen Zugriff mehr hat, ein Beiseiteschaffen deshalb ausscheidet.

239 S. ergänzend u. Rdn. 192 ff.

240 Ausführl. zum Ganzen LK[12]/*Tiedemann* § 283 Rdn. 89.

241 A.A. aber *Geers*, S. 167.

242 S.o. Rdn. 9.

Unterlassenshaftung des sich nicht ordnungsgemäß verteidigenden Schuldners ab.[243] Der Einwand, die nachlässige Führung eines Zivilprozesses durch den Schuldner beruhe regelmäßig auf einer Absprache mit dem (Schein-)Gläubiger, weshalb ein aktives Tun und kein Unterlassen in Rede stehe, der so agierende Schuldner also gem § 283 Abs. 1 Nr. 4 Var. 2 hafte,[244] mag zwar die Rechtswirklichkeit zutreffend abbilden. Lässt sich eine solche Absprache zwischen Schuldner und (Schein-)Gläubiger aber nicht nachweisen, scheitert die Annahme von aktivem Tun am *in-dubio*-Grundsatz und bleibt nur der Weg über das Unterlassen, der jedoch mangels Garantenstellung kaum einmal zum Ziel – *i.e.* Strafbarkeit wegen Bankrotts – führen dürfte.

V. Die Buchführungsdelikte, § 283 Abs. 1 Nrn. 5–7

Zu den praxisrelevantesten Vorschriften des Insolvenzstrafrechts gehören neben der Insolvenzverschleppung (vgl. § 15a InsO)[245] die – seit dem 1. WiKG 1976 aus Gründen der Generalprävention wieder im StGB verankerten[246] – Tatbestände der §§ 283 Abs. 1 Nrn. 5–7, 283b.[247] Die Tathandlungen, die § 283b Abs. 1 Nrn. 1–3 sanktioniert, finden sich zwar nahezu identisch[248] schon in § 283 Abs. 1 Nrn. 5–7,[249] allerdings mit dem Unterschied, dass der Täter des § 283 diese entweder im Zustand der Krise begangen oder die Krise durch diese herbeigeführt haben muss.[250] 40

Die Tatbestände des § 283 Abs. 1 Nrn. 5–7 rechnen grds. zur Kategorie der abstrakten Gefährdungsdelikte,[251] obschon für nahezu sämtliche Tatmodalitäten nicht die Vornahme bzw. das Unterlassen einer bestimmten Handlung genügt, sondern sie zusätzlich das Erfolgsmoment fordern, wonach die Tathandlung dazu beigetragen haben muss, die Übersicht über den Vermögensstand des Schuldners zu erschweren. Deshalb kann man von „**Gefährdungsdelikten mit Erfolgsmomenten**“[252] sprechen. Allerdings überwiegt das Gefährdungselement deutlich, da das Erfolgsmoment zum einen nur den erforderlichen Grad der Mangelhaftigkeit kennzeichnet und zum anderen selbst dann vorliegt, wenn der Täter seinen wahren Vermögensstand kennt.[253] Darüber hinaus gehört § 283 Abs. 1 Nrn. 5–7 zum Kreis der **Blankettvorschriften**,[254] als die von ihm pönalisierten Tatmodalitäten entweder an Handelsbüchern, zu deren Führung der Schuldner gesetzlich verpflichtet ist, begangen worden sein müssen oder ein Vorgehen entgegen dem Handelsrecht voraussetzen. 41

243 Zutr. LK[12]/*Tiedemann* § 283 Rdn. 88 sowie *ders.* KTS **1984**, 539, 544, der zu Recht darauf hinweist, dass allenfalls eine Garantenstellung aus Ingerenz die Unterlassensstrafbarkeit des Schuldners zu begründen vermag; zust. MK/*Petermann*/*Sackreuther* § 283 Rdn. 36; M/R/*Altenhain* § 283 Rdn. 29; S/S/W/*Bosch* § 283 Rdn. 17; AnwK/*Püschel* § 283 Rdn. 16; *Geers*, S. 167; *v.d. Heydt*, S. 35; ebenso wohl G/J/W/*Reinhart* § 283 Rdn. 42; i.E. für Straflosigkeit auch schon *v. Babo*, S. 27; anders aber *Büttiker*, S. 43; anscheinend auch M-G/*Richter* Kap. 83 Rdn. 44; *Fischer* § 283 Rdn. 18, der hierin wohl ein Anerkennen erblicken will.

244 So Bittmann[1]/*Bittmann* § 12 Rdn. 147; wohl auch *Sch*/*Schröder*/*Heine*/*Schuster* § 283 Rdn. 26.

245 *Ogiermann*/*Weber* wistra **2011**, 206, 211; *Haffke* KritV **1991**, 165, 171.

246 Zu dieser Zielsetzung der Standortverschiebung s. BTDrucks. 7/3441, S. 34; ferner *Schüppen*, S. 83.

247 M-G/*Richter* Kap. 85 Rdn. 1; *v.d. Heydt*, S. 45; s. ferner auch *Richter* GmbHR **1984**, 137, 147; *Stein* AG **1987**, 165, 171, 173; *Weyand* ZInsO **1999**, 327; *ders.* PStR **2004**, 235; *Hagemeier* NZWiSt **2012**, 105; zur enormen Praxisrelevanz des § 283b kam auch die Expertenbefragung von *Bitter*/*Hommerich*/*Reiß* ZIP **2012**, 1201, 1206.

248 Zu den zwischen § 283 Abs. 1 Nr. 6 und § 283b Abs. 1 Nr. 2 bestehenden Unterschieden s.u. Rdn. 105 u. § 283b Rdn. 3.

249 Park/*Deiters*/*Wagner* Teil 3, Kap. 10.2 Rdn. 1.

250 Dazu nur *Schlüchter* JR **1979**, 513.

251 S. nur OLG Hamburg NJW **1987**, 1342, 1343 = GmbHR **1987**, 273, 274; *Fischer* § 283b Rdn. 2; M-G/*Richter* Kap. 85 Rdn. 7; *Louis*, S. 175; *Windsberger*, S. 187; *Weyand* ZInsO **1999**, 327, 332; *Schlüchter* JR **1979**, 513, 514; *Tiedemann* ZRP **1975**, 129, 133.

252 Formulierung von Park/*Deiters*/*Wagner* Teil 3, Kap. 10.2 Rdn. 4.

253 Zum Ganzen LK[12]/*Tiedemann* § 283 Rdn. 105, 109.

254 Park/*Deiters*/*Wagner* Teil 3, Kap. 10.2 Rdn. 4; *Schuster*, S. 159 m. Fn. 1063; *Windsberger*, S. 191 f.; a.A. *Enderle*, S. 239, 242 f. von ihrem engen Blankettbegriff her kommend, dem zufolge nur solche Straftatbestände zur Gruppe der Blankette rechnen, die keine exakte Verhaltensvorgabe benennen, sondern sich darin erschöpfen, das Zuwiderhandeln gegen bestimmte anderweitig geregelte Vorgaben zu sanktionieren.

42 Unter Schutzgutaspekten dient § 283 Abs. 1 Nrn. 5–7 zum einen dazu, die **Selbstinformation** des Kaufmanns über seine Geschäfte zu gewährleisten,[255] die ihm eine ordentliche Bilanz- und Buchführung vermittelt. Zum anderen und mit dem Aspekt der Selbstinformation eng zusammenhängend[256] bezweckt § 283 Abs. 1 Nrn. 5–7 **Gläubigerschutz**,[257] da lediglich der Kaufmann, der seine Aktiv- und Passivbestände kennt, in der Lage ist, zu beurteilen, ob sein Unternehmen prosperiert oder aber der Insolvenz entgegensteuert und – sollte letzteres der Fall sein – die entsprechenden Maßnahmen zu ergreifen.[258] Hinzu kommt: Wer quasi blind „vor sich hinwirtschaftet", ohne um den Erfolg bzw. Misserfolg seiner Geschäfte auch nur näherungsweise zu wissen, setzt eine entscheidende Ursache für den Konkurs seines Unternehmens.[259] Denn um abzuschätzen, inwieweit die finanzielle Situation den Abschluss bestimmter Geschäfte zulässt, bzw. ab wann Geschäftsabschlüsse einen existenzbedrohenden Umfang annehmen, bedarf es der hinreichenden Erkenntnis darüber, wo das Unternehmen gegenwärtig wirtschaftlich steht und wohin es sich künftig entwickelt.[260] Auskunft hierüber geben die ordnungsgemäß geführten Bücher und Bilanzen. Darüber hinaus stehen Teile des Schrifttums auf dem Standpunkt, § 283 Abs. 1 Nrn. 5–7 schützte vorrangig das staatliche **Insolvenzverfahren**. Dieses zusätzliche Schutzgut destillieren sie aus der enormen Bedeutung, die den Bilanzen und Büchern im Insolvenzverfahren zukommt.[261] Unabhängig davon, ob man letzterem zustimmt, dient § 283 Abs. 1 Nrn. 5–7 jedenfalls erkennbar auch dazu, dem Insolvenzverwalter die Arbeit zu erleichtern.[262] Denn auf der Grundlage ordnungsgemäß geführter Bücher und Bilanzen, kann er sich einfacher und schneller einen Überblick über das schuldnerische Vermögen (Aktiva und Passiva) sowie die Anzahl der vorhandenen Gläubiger verschaffen.[263] Vor diesem Hintergrund erhellt: Die Tatbestände des § 283 Abs. 1 Nrn. 5–7 verfolgen nicht die Aufgabe, das

255 Zu diesem Schutzgut s. nur BGH v. 13.2.2014, 1 StR 336/13, Rdn. 61 (insoweit in NStZ **2014**, 469 nicht abgedr.); OLG Hamburg NJW **1987**, 1342, 1343 = GmbHR **1987**, 273 f.; NK/*Kindhäuser* § 283 Rdn. 59; S/S/W/*Bosch* § 283 Rdn. 19; M-G/*Richter* Kap. 85 Rdn. 4; AnwK/*Püschel* § 283 Rdn. 17; *Dannecker/Knierim/Dannecker/Hagemeier* Rdn. 931; Böttger/*Verjans/Rixe* 4/75; *Weyand* ZInsO **1999**, 327, 328; skeptisch *Hauck*, S. 81 ff.; *v.d. Heydt*, S. 51 f.; dagegen *Windsberger*, S. 189.

256 Zu diesem Zusammenhang s. LK[12]/*Tiedemann* § 283 Rdn. 90, der instruktiv vom „Zwang zur Selbstinformation im Gläubigerinteresse" spricht; ferner SK/*Hoyer* § 283 Rdn. 67; M-G/*Richter* Kap. 85 Rdn. 4; Park/*Deiters/Wagner* Teil 3, Kap. 10.2 Rdn. 3; *Louis*, S. 35, 165; *Weyand* ZInsO **1999**, 327, 328; *Hennrichs* K Schmidt-FS, S. 581, 589; *Hüttermann/Meinert* BB **2007**, 1436, 1440.

257 Zu den Schutzgütern „Selbstinformation" und „Gläubigerschutz" s. nur BGH v. 13.2.2014, 1 StR 336/13, Rdn. 61 (insoweit in NStZ **2014**, 469 nicht abgedr.); OLG Hamburg NJW **1987**, 1342, 1343 = GmbHR **1987**, 273 f.; Park/*Deiters/Wagner* Teil 3, Kap. 10.2 Rdn. 3; M/G/*Rotsch/Wagner* 8/190; *Krause*, S. 38; *Regierer*, S. 60 f.; *Harneit*, S. 100 f.; *Höfner*, S. 71; *Hartung* Stbg **1991**, 332; den Charakter als Vermögensgefährdungsdelikte akzentuierend *Windsberger*, S. 193 ff.

258 S. etwa BGH/H MDR **1981**, 454; ferner *Sch/Schröder/Heine/Schuster* § 283 Rdn. 28, 36; *Schlüchter*, S. 43; *Louis*, S. 21; *Geers*, S. 78; *Kribs-Drees*, S. 64, 88 f.; *Neumeyer*, S. 132; vgl. auch NK/*Kindhäuser* Vor §§ 283 bis 283d Rdn. 28.

259 Hierzu *Tiedemann* ZIP **1983**, 513, 522; MK/*Petermann/Sackreuther* Vor §§ 283 ff. Rdn. 27; *Sch/Schröder/Heine/Schuster* § 283 Rdn. 28; SK/*Hoyer* § 283 Rdn. 67 und § 283b Rdn. 3; *Blumers*, S. 20, der von Konkursvermeidung durch Bilanzierung spricht; *Louis*, S. 165; *Erdmann*, S. 60 f., 105; *Schlüchter* MDR **1978**, 977, 979; *Siegmann/Vogel* ZIP **1994**, 1821, 1823; *Ebner* wistra **2010**, 92, 96; *Biletzki* NStZ **1999**, 537; *Wilhelm* NStZ **2003**, 511, 512; vgl. auch *Bittmann* wistra **2008**, 441, 445.

260 S. dazu schon BTDrucks. 7/3441, S. 38.

261 Hierfür *Hauck*, S. 93 f.; ferner *Schüppen*, S. 115 f., 121, der maßgebend den Schutz der Dokumentations- und Beweisfunktion akzentuiert; krit. gegenüber diesem zusätzlichen Schutzgut aber LK[12]/*Tiedemann* § 283 Rdn. 90, der auf die durch das Bilanzrichtlinien-Gesetz (BiRiLiG) getroffene Entscheidung verweist, die Selbstinformation des Kaufmanns in den Vordergrund der Buch-/Bilanzführungspflicht zu rücken.

262 S/S/W/*Bosch* § 283 Rdn. 19; *Sch/Schröder/Heine/Schuster* § 283 Rdn. 28; MK/*Petermann/Sackreuther* § 283 Rdn. 51; AnwK/*Püschel* § 283 Rdn. 17, 25; *Dannecker/Knierim/Dannecker/Hagemeier* Rdn. 931; NK/*Kindhäuser* Vor §§ 283 bis 283d Rdn. 27; *Krause*, S. 38, 424 f.; *Regierer*, S. 61 f.; *Regner*, S. 16 f.; *Schuster*, S. 159; *Weyand* ZInsO **1999**, 327, 329; *Hartung* NJW **1995**, 1186, 1191; *ders.* Stbg **1991**, 332, 333; *Wilhelm* NStZ **2003**, 511, 513; vgl. auch schon *v. Babo*, S. 28; ferner *Neumeyer*, S. 136, der auch das Strafgericht als einen Interessenten an ordnungsgemäßer Buchführung nennt.

263 SK/*Hoyer* § 283 Rdn. 67, 81.

schuldnerische Vermögen zugunsten der Gläubigergesamtheit zusammenzuhalten, sondern statuieren ein **informationsbezogenes** Insolvenzdelikt.[264]

Einen gänzlich anderen, **teleologisch-reduktiven**[265] Ansatz vertritt *Regner*. Ausgehend von der Annahme, § 283 Abs. 1 Nr. 5 wolle die Gläubiger vor Konkursverschleppung bzw. verspäteter Erkenntnis der Krise durch den Schuldner schützen,[266] stellt er in das Zentrum seiner Untersuchung die These, dass nur solche buchhalterischen Mängel geeignet seien, die Vermögensübersicht zu erschweren oder als Anknüpfungspunkt fahrlässiger Pflichtverletzung zu taugen, die dem späteren Unterfangen, mithilfe der Handelsbücher die Überschuldungsbilanz bzw. den Zahlungsstatus zu erstellen, entgegenstehen.[267] Das überzeugt jedoch nicht. Folgte man der Ansicht *Regners*, blieben zahlreiche Buchführungsverstöße, die den Aktivenbestand negativ beeinflussen, bankrottstrafrechtlich ungesühnt, weil sie dem kaufmännischen Schuldner seine Zahlungsunfähigkeit bzw. Überschuldung nicht verschleiern.[268] Auf diese Weise gehen indes die von § 283 Abs. 1 Nr. 5 ebenfalls geschützten Aspekte, nämlich dem Insolvenzverwalter seine Arbeit zu erleichtern[269] und den Gläubigern möglichst zeitnah einen Überblick zu verschaffen, welche Vermögensgegenstände ihrem Zugriff unterliegen, völlig unter. 43

1. Die tauglichen Täter des § 283 Abs. 1 Nrn. 5–7

Die Tatbestände des § 283 Abs. 1 Nrn. 5, 7 limitieren den tauglichen Täterkreis gleich in zweifacher Hinsicht: Kumulativ muss der Täter des § 283 Abs. 1 Nrn. 5, 7 sowohl die **Schuldner**- als auch die **Kaufmannseigenschaft** entweder in eigener Person oder kraft Zurechnung *via* § 14 besitzen.[270] Während § 283b seinen auf Schuldner ausgerichteten Sonderdeliktscharakter mit den §§ 283, 283c teilt, folgt das Erfordernis, wonach Täter der §§ 283 Abs. 1 Nrn. 5, 7, 283b nur Kaufleute sein können, zwangsläufig aus den von §§ 283 Abs. 1 Nrn. 5, 7, 283b Abs. 1 Nrn. 1–3 pönalisierten Tathandlungen, da die dort strafbewehrten Buch- und Bilanzführungspflichten ausschließlich Kaufleute adressieren.[271] Die Schwierigkeiten, mit denen der Rechtsanwender aufgrund dieser doppelten Einschränkung des Täterkreises zu kämpfen hat, sind überschaubar, solange ein Einzelunternehmer, dessen Unternehmen den Kriterien des § 1 HGB genügt, die Tat begeht, potenzieren sich aber, sobald die Buchführung einer juristischen Person oder Personengesellschaft betroffen ist. 44

a) Die (Gemein-)Schuldnereigenschaft. Da im Strafverfolgungsalltag die Schuldner dominieren, die das Rechtskleid einer juristischen Person oder Personengesellschaft tragen, diese aber *de lege lata* nicht straffähig sind[272] – ob mangels Handlungs- oder Schuldfähigkeit[273] mag hier 45

264 Allg.M.; s. nur *Dannecker/Knierim/Dannecker/Hagemeier* Rdn. 931; MK/*Petermann/Sackreuther* § 283 Rdn. 37; Park/*Deiters/Wagner* Teil 3, Kap. 10.2 Rdn. 1; *Krause*, S. 37; vgl. auch MAH/*Böttger* § 19 Rdn. 144, der von einem „Beweiserschwerungsdelikt" spricht.

265 Zum teleologischen Aspekt seines Ansatzes s. *Regner*, S. 79.

266 *Regner*, S. 17, 76 und *passim*.

267 Grdl. *Regner*, S. 81 f.; zust. Bittmann[1]/*Bittmann* § 12 Rdn. 186 f.

268 Ausführl. zu den Konstellationen, die deshalb nicht unter § 283 Abs. 1 Nr. 5 fallen sollen, *Regner*, S. 127 ff.

269 Diesen Aspekt erkennt zwar auch *Regner*, S. 16 f., er unterlässt es aber, die Folgerungen zu thematisieren, die sich aus einem solchen Schutzgutbestandteil für seinen Ansatz ergeben.

270 Zu dieser „doppelten" Einschränkung Park/*Deiters/Wagner* Teil 3, Kap. 10.2 Rdn. 8; M-G/*Richter* Kap. 85 Rdn. 10.

271 S. nur Park/*Deiters/Wagner* Teil 3, Kap. 10.2 Rdn. 8.

272 Da das Strafrecht die juristische Person als Rechtssubjekt nicht anerkennt, kommt *Ceffinato*, S. 25 f. zu diesem Ergebnis, ohne auf die fehlende Handlungs- bzw. Schuldfähigkeit rekurrieren zu müssen.

273 Für Handlungsunfähigkeit der juristischen Personen im Strafrecht *Dannecker/Knierim/Dannecker/Hagemeier* Rdn. 936; MK/*Petermann/Sackreuther* Vor §§ 283 ff. Rdn. 36 sowie § 283 Rdn. 39; *Radtke* JR **2010**, 233, 234; (vgl. aber auch MK/*dens* § 14 Rdn. 8, wo er ein wertend ermitteltes Eigenhandeln von Personenverbänden anerkennt); *Tiedemann* NJW **1977**, 777, 780; *Bruns* JZ **1954**, 12; *Reiß* wistra **1989**, 81, 85; *Valerius* JURA **2013**, 15, 16; *Bosch* JK 11/12, StGB § 14/3.

dahinstehen[274] – kommen vor allem die Vertretungsorgane dieser Schuldner als taugliche Täter in Betracht. Die Strafbarkeit der Organwalter gem. § 283 Abs. 1 Nrn. 5–7 setzt – wegen des Sonderdeliktscharakters der Vorschrift – indes die Möglichkeit voraus, ihnen die Schuldnereigenschaft des Verbandes zuzurechnen. Zu diesem Zweck hat der Gesetzgeber den § 14 geschaffen, der die Voraussetzungen normiert, unter denen man ein besonderes persönliches Merkmal – hier die Schuldnereigenschaft[275] – von der juristischen Person/Personenvereinigung auf ihr Vertretungsorgan „überwälzen" kann.[276, 277]

46 **aa) Die GmbH und die GmbH & Co. KG als Gemeinschuldnerin.** Hat es der Geschäftsführer einer **GmbH** unterlassen, Handelsbücher zu führen, obschon er hierzu gesetzlich verpflichtet ist, haftet er – das Vorliegen der objektiven Strafbarkeitsbedingung unterstellt (vgl. § 283 Abs. 6) – nur dann gem. dem § 283 Abs. 1 Nrn. 5–7, wenn es gelingt, ihm die Gemeinschuldnerstellung „seiner" GmbH gem. § 14 Abs. 1 Nr. 1 zuzuweisen. Den Dreh- und Angelpunkt dieser Zurechnungsoperation bildet die Interpretation der Partikel **„als"** in § 14 Abs. 1, um deren zutreffendes Verständnis zahlreiche Ansichten streiten.[278] Allerdings spielt diese Kontoverse im Kontext der insolvenzstrafrechtlichen Buchführungsdelikte nur eine untergeordnete Rolle. Zwar hat der BGH seine früher vertretene Interessentheorie im Einzugsbereich der Buchführungsdelikte in wenigen Entscheidungen angewandt und den Geschäftsführer, der die Bücher im ausschließlich eigenen Interesse nicht bzw. unordentlich führte, um bspw. Vermögensverschiebungen zu seinen Gunsten zu verschleiern, „lediglich" gem. § 266 Abs. 1 verurteilt.[279] Jedoch hat die jüngere, noch der Interessentheorie verpflichtete Rspr. bereits eine Ausnahme hiervon angekündigt, sofern die Anklage einen Tatbestand der §§ 283 Abs. 1 Nrn. 5–7, 283b betrifft.[280] Der hier vertretene **organisationsbezogene Ansatz**[281] verlangt hingegen ohnehin nicht, dass die Gesellschafter den von § 283 Abs. 1 Nrn. 5–7 pönalisierten Tathandlungen wirksam zugestimmt haben[282] und muss – im Unterschied zur Interessentheorie – noch nicht einmal eine systemwidrige Ausnahme statuieren, sondern kann – seiner Prämisse treu bleibend, wonach nur diejenigen Bankrotthandlungen den Mechanismus des § 14 Abs. 1 Nr. 1 auslösen, die gesellschaftsrechtlich als solche der Gemeinschuldnerin „juristische Person" erscheinen[283] – schlicht auf den **§ 41 GmbHG** und die darin zum Ausdruck kommende gesetzgeberische Anordnung verweisen, die Buchführungspflicht in die Hände des Geschäftsführers zu legen. Diese gesetzliche Konstruktion erlaubt es nämlich, sowohl die unterbliebene wie auch die fehlerhafte bzw. verspätete Buchführung als eine eigene Handlung der GmbH zu begreifen, die insoweit

274 Richtigerweise sind juristische Personen/sonstige Personenvereinigungen auch im Strafrecht handlungsfähig; ausführl. hierzu *Brand*, S. 237 ff.; ebenso *Hauck*, S. 110; hiergegen aber dezidiert *Ceffinato*, S. 215 ff.

275 Dazu, dass diese Eigenschaft zu den besonderen persönlichen Merkmalen i.S.d. § 14 rechnet, s. nur MK/*Radtke* § 14 Rdn. 54; NK/*Kindhäuser* Vor §§ 283 bis § 283d Rdn. 44.

276 Ausführl. hierzu Vor §§ 283 ff. Rdn. 12, 14 ff.

277 Zu diesem Vorgehen nur *Otto* StV **1984**, 462.

278 Siehe Vor §§ 283 ff. Rdn. 16 ff.

279 BGH wistra **1982**, 148, 149 sowie BGH wistra **2000**, 136, 137 (insoweit in NStZ **2000**, 206 f. nicht abgedr.); monografisch zum Thema „Untreue durch unordentliche Buchführung" *Louis*, S. 55 ff.

280 S. etwa BGH NZWiSt **2012**, 237, 238 m. Anm. *Hagemeier* und *Bittmann* ZWH **2012**, 63 f.; implizit so auch bereits BGH NStZ **1995**, 347 = wistra **1995**, 146, 147, wo der 2. Senat die Verurteilung wegen Bankrotts bejaht, obschon einzelne Buchführungsmanipulationen keinesfalls im Interesse der Schuldnerin „GmbH" erfolgten; vgl. ferner BGH/H GA **1959**, 337: Tateinheit zwischen Untreue und dem Konkursvergehen des § 240 Abs. 1 Nr. 3 KO.

281 S. Vor §§ 283 ff. Rdn. 20.

282 S. nur *Brand*, S. 263 ff.; so auch MK/*Petermann*/*Sackreuther* Vor §§ 283 ff. Rdn. 75 ff.

283 *Brand*, S. 252 f.; zust. MK/*Radtke* § 14 Rdn. 66; ähnl. auch schon NK/*Kindhäuser* Vor §§ 283 bis § 283d Rdn. 55 f., der jedoch auf der Grundlage dieser Erkenntnis die Interessentheorie favorisiert, sofern nicht die Bilanzdelikte betroffen sind.

durch ihren Geschäftsführer agiert.[284] Mithin genügt bereits das bloße Innehaben der von § 14 Abs. 1 Nr. 1 umschriebenen Position, damit dem GmbH-Geschäftsführer auf dem Feld des § 283 Abs. 1 Nrn. 5–7 der Gemeinschuldnerstatus anwächst.[285] Die Buchführungspflicht des Geschäftsführers endet mit seinem **Ausscheiden**, nicht aber bereits mit dem Niederlegen des Amtes, falls er weiterhin (**faktisch**) die Geschäfte der GmbH führt.[286] Straflosigkeit erlangt dagegen der wirksam ausgeschiedene Geschäftsführer, der es unterlässt, seinen Nachfolger im Amt des Geschäftsführers dazu anzuhalten, die unter seiner Ära mangelhaft bzw. unvollständig geführten Bücher zu berichtigen bzw. zu komplettieren.[287] Allerdings bleibt der Geschäftsführer, der während seiner aktiven Zeit den Tatbestand bspw. des § 283 Abs. 1 verwirklicht, jedoch noch vor Eintritt der objektiven Strafbarkeitsbedingung sein Amt niederlegt, natürlich weiterhin bankrottstrafrechtlich verantwortlich.[288]

Zurechnungsadressat der Gemeinschuldnerposition kann grds. auch der „**faktische Geschäftsführer**" sein, allerdings nur, sofern sein faktischer Status auf einem **unwirksamen Bestellungsakt** gründet.[289] Terminologisch ist deshalb die Bezeichnung „fehlerhaft bestellter Geschäftsführer" vorzuziehen und der Begriff des „faktischen Geschäftsführers" für die Fallgestaltungen zu reservieren, in denen es an einem (unwirksamen) Bestellungsakt fehlt.[290] Damit fällt der **Usurpator**, der ohne Einverständnis der Gesellschafter eigenmächtig das Amt des Geschäftsführers ergreift,[291] bzw. der „Geschäftsführer", der wegen seiner Inhabilität (vgl. § 6 Abs. 2 GmbHG) erst gar nicht bestellt wird,[292] aus dem Kreis der Kandidaten heraus, denen 47

---

284 So *Brand*, S. 264 f.; *ders.* NStZ **2009**, 9, 13; *ders.* NZWiSt **2012**, 64, 65; zust. MK/*Radtke* § 14 Rdn. 68 sowie MK/*Petermann*/*Sackreuther* Vor §§ 283 ff. Rdn. 75 ff.; *Radtke* JR **2010**, 233, 238; *ders.* ZIP **2016**, 1993, 1998; Steinberg/Valerius/Popp/*Nestler*, S. 139, 159 m. Fn. 117; ebenso, freilich vom Standpunkt ihres pluralistischen Ansatzes *Pohl*, S. 138; i.E. so auch schon *Mohr*, S. 51, 87; gegen die dieser Ansicht zugrunde liegende These von der strafrechtlichen Handlungsfähigkeit des Verbandes s. etwa *Wiesener*, S. 37, 47, 55, 61.

285 So wohl auch, freilich ohne den Standpunkt des organisationsbezogenen Ansatzes einzunehmen, NK/*Kindhäuser* Vor §§ 283 bis § 283d Rdn. 54 sowie § 283 Rdn. 71; S/S/*Perron* § 14 Rdn. 26; *Dannecker*/*Knierim*/*Dannecker*/*Hagemeier* Rdn. 48; *Schwarz* HRRS **2009**, 341, 346; *Schmucker* ZJS **2011**, 30, 35; ferner bereits RGSt **13**, 235, 241 f.; *Winkelbauer* JR **1988**, 33, 34; ebenso, vom Standpunkt der Funktionstheorie *Louis*, S. 170 f.

286 BGH/H MDR **1981**, 100; *Fischer* § 283 Rdn. 20; S/S/W/*Bosch* § 283 Rdn. 22; *Weyand*/*Diversy* Rdn. 87 m. Fn. 394; MAH/*Böttger* § 19 Rdn. 152; ähnl. NK/*Kindhäuser* § 283 Rdn. 57 sowie Vor §§ 283 bis 283d Rdn. 40; a.A. aber *Stein*, S. 148, der zufolge in diesen Konstellationen angesichts der Existenz eines neuen Organwalters kein Bedürfnis besteht, das ausgeschiedene Organmitglied über die Grds. des faktischen Organs weiterhin organschaftlich zur Verantwortung zu ziehen.

287 BGH/H MDR **1981**, 100; LK[12]/*Tiedemann* Vor § 283 Rdn. 67; a.A. wohl *Uppenbrink* AUR **2010**, 357, 358.

288 Grdl. RGSt **39**, 217, 218; ferner NK/*Kindhäuser* Vor §§ 283 bis 283d Rdn. 40; MAH/*Leipold* § 19 Rdn. 98; s.a. RG GA 47 **(1900)**, 170, 171: Schuldunfähigkeit nach Vornahme der Bankrotthandlung, aber noch vor Eintritt der objektiven Strafbarkeitsbedingung lässt Strafbarkeit nicht entfallen.

289 Ob sämtliche Gesellschafter den Bestellungsakt erklären müssen, oder ob ein Mehrheitsbeschluss genügt, sofern dieser gesellschaftsintern ausreicht, um einen Geschäftsführer zu berufen, ist umstritten; letzterem steht etwa OLG Karlsruhe NJW **2006**, 1364, 1365 = wistra **2006**, 352, 353 sympathisierend gegenüber; dafür auch *Fischer* Vor § 283 Rdn. 23; a.A. etwa *Arens* wistra **2007**, 35, 36 f.; zum faktischen Vorstand s. grdl. BGHSt **21**, 101, 104 f.; allg. skeptisch gegenüber der Figur des faktischen Geschäftsführers im Bilanzstrafrecht *Schüppen*, S. 148 f.; dazu, dass nicht ein wie auch immer gearteter Bestellungsakt, sondern die tatsächliche Geschäftsführung maßgeblich ist, *Schäfer* wistra **1990**, 81, 82, allerdings allg. und nicht speziell im Kontext des § 14 Abs. 3.

290 Richtig *K. Schmidt* § 14 III 4a (= S. 419); *ders.* Rebmann-FS, S. 419, 423 f.; zust. *Esser*/*Rübenstahl*/*Saliger*/*Tsambikakis*/*Brand* § 82 GmbHG Rdn. 9; *Tzouma*, S. 41; ähnl. *Stein*, S. 118, die im Falle eines unwirksam bestellten Organwalters terminologisch von „fehlerhafter Organstellung" sprechen will; a.A. *Büning*, S. 4, 12.

291 Dazu s. nur MK/*Radtke* § 14 Rdn. 122; NK/*Böse* § 14 Rdn. 28; KK-OWiG/*Rogall* § 9 Rdn. 49; Amelung/*ders.*, S. 145, 166; *Ceffinato*, S. 247, 263; *Kawan*, S. 123 f.; *Plathner*, S. 50 f.; *Rönnau* Kühl-FS, S. 711, 716; a.A. aber wohl *Lenger*/*Apfel* WiJ **2012**, 34, 36; offen gelassen von BGHSt **3**, 32, 38.

292 Zu diesem Aspekt als Grund für eine unterbliebene Bestellung s. *Groß*, S. 38.

man *via* § 14 Abs. 1 Nr. 1 die Gemeinschuldnerrolle zuweisen kann.[293] Den Grund hierfür benennt **§ 14 Abs. 3**, der ausweislich seines eindeutigen Wortlautes einen unwirksamen Ernennungsakt voraussetzt, um das faktische Organ den Regelungen des § 14 Abs. 1 und 2 zu unterwerfen.[294] Eine darüber hinausgehende Interpretation, die sämtliche faktische Organe dem § 14 Abs. 1 subsumiert[295] oder einen tauglichen Bestellungsakt schon darin erblickt, dass alle Gesellschafter bzw. eine Gesellschaftermehrheit mit dem Handeln des „faktischen Geschäftsführers" einverstanden sind,[296] verstößt angesichts dessen zum einen gegen das Analogieverbot des Art. 103 Abs. 2 GG[297] und betreibt zum anderen – um mit den Worten *K. Schmidts* zu sprechen – eine „Befreiung des Strafrechts vom zivilistischen Denken durch falsche Anwendung des Zivilrechts",[298] weil die Prämisse, die Bestellung zum Geschäftsführer könne schlüssig erfolgen, indem die Gesellschafter den „faktischen Geschäftsführer" gewähren ließen, gegen die Geschäftsführung trotz fehlenden Bestellungsaktes also nicht einschritten, gesellschaftsrechtlich unzutreffend ist.[299] Jedoch verbietet es Art. 103 Abs. 2 GG nicht, stattdessen den **§ 14 Abs. 2 Nr. 1** zu bemühen.[300]

48 Mit der Tätertauglichkeit des faktischen Geschäftsführers eng verwoben ist die Frage, ob der neben einem faktischen Geschäftsführer ordnungsgemäß bestellte **„Scheingeschäftsführer"**, dem im Verhältnis zum faktischen Geschäftsführer keinerlei Befugnisse zustehen,[301] strafrechtliche Sanktionen *sub specie* des § 283 Abs. 1 Nrn. 5–7 befürchten muss, falls weder er noch der faktische Geschäftsführer die erforderlichen Bücher und Bilanzen führen.[302] Während Teile des Schrifttums

---

293 Zutr. MK/*Radtke* § 14 Rdn. 119, 124 f. sowie *ders.* ZIP **2016**, 1993, 1999; NK/*Böse* § 14 Rdn. 28, S/S/W/*Bosch* § 14 Rdn. 20; GK-GmbHG/*Ransiek* Vor § 82 Rdn. 59; A/R/R/*Himmelreich* Kap. 7/1 Rdn. 11; A/R/R/*Seier*/*Lindemann* Kap. 2/5 Rdn. 313; *Stein*, S. 195; *Ransiek*, S. 94 ff.; *Groß*, S. 65, 89, 111, 119, 160; *Büning*, S. 72 ff.; *Hagedorn*, S. 88; *Ceffinato*, S. 84 f.; SK/ *Tzouma*, S. 182; *Hoyer* § 283 Rdn. 100; *ders.* NStZ **1988**, 369; *Grub*, S. 104 f., 117 f.; *Otto* StV **1984**, 462; Coimbra-Symposium/*Achenbach*, S. 283, 285; *Schmucker* ZJS **2011**, 30, 37; *Wickel* ZJS **2016**, 189, 192, die es ausdrücklich ablehnen, das Bestellungsmoment mithilfe der Zustimmung sämtlicher Gesellschafter zu begründen (hiergegen aber dezidiert LK/*Schünemann* § 14 Rdn. 76 f.); ähnl. wohl S/S/*Perron* § 14 Rdn. 42/43; *Ceffinato*, S. 263 f., der einen „intentionalen Bestellungsakt" fordert; vgl. auch *Tiedemann* Dünnebier-FS, S. 519, 530, der jedenfalls den herrschenden Mehrheitsgesellschafter nicht den Zurechnungsadressaten des § 14 zuschlagen will; diff. *Regner*, S. 49: maßgebend sei die Intention des „Hintermanns"; weitergehend aber BGH/H MDR **1980**, 453; OLG Düsseldorf NStZ **1988**, 368; *Fischer* Vor § 283 Rdn. 23, NK/*Kindhäuser* Vor §§ 283 bis 283d Rdn. 49 sowie § 283 Rdn. 57, Park/ *Deiters*/*Wagner* Teil 3, Kap. 10.2 Rdn. 9, *Tiedemann* NJW **1986**, 1842, 1845; W/J/S/*Pelz* 9/10, MAH/*Leipold* § 19 Rdn. 93; *Weyand*/*Diversy* Rdn. 29, die auch denjenigen als faktischen Geschäftsführer i.S.v. § 14 Abs. 3 erfassen wollen, der bei Fehlen eines entsprechenden Beschlusses von allen Gesellschaftern bzw. einer gesellschaftsvertraglich genügenden Mehrheit akzeptiert wird; implizit auch BGH NZG **2013**, 937, 939; indifferent Amelung/*Rogall*, S. 145, 167.

294 Dazu schon *Grub*, S. 104 f., 117 f.; *Otto* StV **1984**, 462; Coimbra-Symposium/*Achenbach*, S. 283, 285; *Biletzki* NStZ **1999**, 537, 538; s.a. S/S/W/*Bosch* § 14 Rdn. 20; MK/*Petermann*/*Sackreuther* Vor §§ 283 ff. Rdn. 65; A/R/R/*Himmelreich* Kap. 7/ 1 Rdn. 11; *Habetha*, S. 111 ff.; *Lindemann* JURA **2005**, 305, 312.

295 Dafür wohl *Schäfer* wistra **1990**, 81, 82.

296 S. die Nachw in Fn 289.

297 So überzeugend *Regierer*, S. 54; MK/*Radtke* § 14 Rdn. 124; M/R/*Altenhain* § 283 Rdn. 4; *Hagedorn*, S. 88; *Tzouma*, S. 179 f.; *Habetha*, S. 114; *Otto* StV **1984**, 462; *Biletzki* NStZ **1999**, 537, 538; *Lindemann* JURA **2005**, 305, 312; *Schmucker* ZJS **2011**, 30, 37.

298 *K. Schmidt* Rebmann-FS, S. 419, 425; zust. *Büning*, S. 179.

299 *K. Schmidt* Rebmann-FS, S. 419, 425; zust. *Groß*, S. 64 f.

300 Zum Ganzen MK/*Radtke* § 14 Rdn. 125 sowie MK/*Petermann*/*Sackreuther* Vor §§ 283 ff. Rdn. 66; A/R/R/*Seier*/*Lindemann* Kap. 2/5 Rdn. 313; *Groß*, S. 108, 119 f., 160 ff.; *Dinkhoff*, S. 182; *Tzouma*, S. 175 ff.; *Schmucker* ZJS **2011**, 30, 37; *Wickel* ZJS **2016**, 189, 192; a.A. *Ceffinato*, S. 265 ff.; *Büning*, S. 80.

301 Nach der Einschätzung von *Stein*, S. 74 ist der Strohmanngeschäftsführer „von Hause aus unfähig, unwissend, unschuldig und unvermögend".

302 Umstr. ist zudem, ob neben einem ordnungsgemäß bestellten Geschäftsführer überhaupt Raum besteht, zusätzlich einen faktischen Geschäftsführer anzuerkennen, dem ebenfalls die Erfüllung der strafbewehrten Geschäftsleiterpflichten obliegt; dafür vor allem die straf- und zivilrechtliche Rspr.; s. nur BGHSt **46**, 62, 65; dagegen etwa *Stein*, S. 134, die insoweit einen Verstoß gegen das Analogieverbot moniert.

dafür plädieren, auch den „Scheingeschäftsführer“ gem. § 283 Abs. 1 Nrn. 5–7 zu bestrafen,[303] gelangt die wohl überwiegende Meinung zur Straflosigkeit des „Scheingeschäftsführers“, weil dieser wegen der überragenden Stellung des faktischen Geschäftsführers überhaupt nicht in der Lage sei, seiner Buch- und Bilanzführungspflicht nachzukommen, Unmögliches aber nicht verlangt werden könne.[304] Letzteres überzeugt nicht. Zu Recht verweist die Gegenansicht auf die Verantwortlichkeit sowie die Möglichkeit des Scheingeschäftsführers, entweder den Aufgaben, die mit seinem Amt einhergehen, nachzukommen und den Einfluss des faktischen Geschäftsführers „zurückzustutzen“ oder aber sein Amt niederzulegen.[305] Verhält er sich hingegen passiv und akzeptiert seine Bedeutungslosigkeit, geschieht dies eigenverantwortlich und rechtfertigt kein Absehen von Strafe.[306]

Bekleidet eine **GmbH & Co. KG** die Gemeinschuldnerrolle, gilt im Grundsatz nichts anderes, 49
nur die Zurechnungsoperation, die nötig ist, um dem Geschäftsführer der Komplementär-GmbH die Schuldnerposition der GmbH & Co. KG zuzuweisen, gestaltet sich etwas aufwändiger. Zu Recht plädiert die **h.M.** zugunsten einer **doppelten Anwendung** des § 14: Zunächst überwälzt sie die Gemeinschuldnerrolle der GmbH & Co. KG gem. § 14 Abs. 1 Nr. 2 auf deren Komplementär-GmbH, bevor sie sie von dort gem. § 14 Abs. 1 Nr. 1 an den Geschäftsführer der Komplementärin weiterleitet.[307, 308] Was das Merkmal „als“ anbelangt, genügt auch hier das Innehaben der Geschäftsführerstellung, um den nötigen Vertretungsbezug zu begründen. Denn dem Komplementär obliegt gem. § 161 Abs. 2 HGB i.V.m. § 114 HGB die Geschäftsführung und damit das Führen der Bücher und Bilanzen.

bb) Aktiengesellschaft, eG, Personenhandelsgesellschaften als Gemeinschuldner. Neh- 50
men eine **Aktiengesellschaft** oder eine **eingetragene Genossenschaft** (eG) den Gemeinschuldnerstatus ein, bereitet es vom Standpunkt des organisationsbezogenen Ansatzes ebenfalls keine Schwierigkeiten, den Vorständen dieser Verbände die Gemeinschuldnerposition gem. § 14 Abs. 1

303 Dafür NK/*Kindhäuser* § 283 Rdn. 57; *Sch/Schröder/Heine/Schuster* § 283 Rdn. 47a; M-G/*Richter* Kap. 81 Rdn. 51; *Siegmann/Vogel* ZIP **1994**, 1821, 1822; *Rönnau* NStZ **2003**, 525, 527; *Maurer* wistra **2003**, 174, 176; *Weiler* NJOZ **2017**, 1066, 1067 am Bsp. des § 266a Abs. 1; ebenso, allerdings am Bsp. der deliktsrechtlichen Insolvenzverschleppungshaftung bzw. der Verletzung der Verlustanzeigepflicht i.S.v. § 84 GmbHG *K. Schmidt* § 14 III 4b (= S. 420); Scholz/*Rönnau* § 84 Rdn. 27; *Bisson* GmbHR **2005**, 843, 850; *Löffeler* wistra **1989**, 121, 125; *Kaligin* NStZ **1981**, 90, 91; Madrid-Symposium/*Vogel*, S. 151, 166, dem zufolge es unzulässig ist, mithilfe einer faktischen Betrachtungsweise strafrechtlich Scheinhandlungen anzunehmen, wo bspw. das Zivil- und Gesellschaftsrecht von der Wirksamkeit entsprechender Rechtsgeschäfte ausgehen; ferner wohl auch *Stein*, S. 133; *Otto* StV **1984**, 462, 463; *Schmucker* ZJS **2011**, 30, 37; zust. anscheinend S/S/W/*Bosch* § 283 Rdn. 22; s.a. *Hillenkamp* Tiedemann-FS, S. 949, 958 m. Fn. 43; vgl. ferner *Groß*, S. 175 ff., der an der Tätertauglichkeit des formell ordnungsgemäß bestellten Scheingeschäftsführers ebenfalls keine Zweifel hegt, allerdings darauf hinweist, dass der Scheingeschäftsführer häufig nicht vorsätzlich agieren wird; ähnl. *Tsambikakis* GmbHR **2005**, 331, 334; aus zivilrechtlicher Sicht s. *Dinkhoff*, S. 32, 47 f., 60.

304 So KG wistra **2002**, 313, 314 f.; ferner OLG Hamm NStZ-RR **2001**, 173, 174 zu § 266a Abs. 1; G/J/W/*Reinhart* § 283 Rdn. 44; *Schulz* StraFo **2003**, 155, 158; wohl auch S/S/*Perron* § 14 Rdn. 16/17; *Fischer* Vor § 283 Rdn. 23a und § 283 Rdn. 20; W/J/S/*Pelz* 9/26 ff.; ebenso *Ceffinato*, S. 262, der von seinem „Garantenansatz“ her kommend zu dem Schluss gelangt, der „Scheingeschäftsführer“ trete mangels eigenverantwortlicher Übernahme seines Ressorts schon nicht in die Pflichten der Sonderdeliktsvorschrift ein, weshalb ihm das fehlende Statusmerkmal auch nicht *via* § 14 Abs. 1 zugerechnet werden könne; vgl. ferner A/R/R/*Himmelreich* Kap. 7/1 Rdn. 12, der jedenfalls den „Strohmann“-Geschäftsführer, der gegenüber dem faktischen Geschäftsführer über keine nennenswerten Befugnisse verfügt, nicht erfassen will.

305 MK-GmbHG²/*Wißmann* § 84 Rdn. 57; *Siegmann/Vogel* ZIP **1994**, 1821, 1822; s.a. schon *Bruns*, S. 277; im Kontext des § 266a vgl. auch *Metz* NStZ-RR **2013**, 297, 299.

306 Ausführl. zu dieser Argumentation NK/*Kindhäuser* § 283 Rdn. 57; S/S/*Heine*²⁸ § 283 Rdn. 47a; M-G/*Richter* Kap. 81 Rdn. 51; *Maurer* wistra **2003**, 174, 176; *Rönnau* NStZ **2003**, 525, 527; wohl auch HambK/*Borchardt* § 283 Rdn. 49; s. zum Ganzen auch *Rodemann*, S. 90 ff., der die Verantwortlichkeit des „Strohmann-Geschäftsführers“ damit begründet, dass dieser durch seine Berufung eine Garantenstellung gegenüber den Gläubigern/Gesellschaftern übernommen habe.

307 Siehe Vor §§ 283 ff. Rdn. 22.

308 NK/*Kindhäuser* Vor §§ 283 bis 283d Rdn. 47.

Nr. 1 zuzuweisen.[309] Regelungstechnisch mit § 41 GmbHG vergleichbar, auferlegen die §§ 91 Abs. 1 AktG, 33 Abs. 1 S. 1 GenG den Vorständen von Aktiengesellschaft und eG die Pflicht, Buch- und Bilanzführung „ihrer" Gesellschaft zu besorgen. Nichts anderes gilt schließlich für die Vertretungsorgane der **Personenhandelsgesellschaften**. Das Gesetz (vgl. §§ 161 Abs. 2, 114 HGB) weist den persönlich haftenden Gesellschaftern die Geschäftsführung und damit die Aufgabe zu, Bücher und Bilanzen der Vereinigung zu führen.[310] Nach dem o. Rdn. 46 Gesagten genügt also auch hier bereits die Mitgliedschaft im Vertretungsorgan, um den Zurechnungsmechanismus des § 14 Abs. 1 Nr. 1 bzw. Nr. 2 zu aktivieren.

51 **b) Die Kaufmannseigenschaft.** Wie gesehen können Täter des § 283 Abs. 1 Nrn. 5, 7 nur solche Schuldner sein, die entweder als Kaufmann im Handelsregister eingetragen sind (vgl. § 2 HGB) oder – ohne im Handelsregister eingetragen zu sein – einen in kaufmännischer Weise eingerichteten Gewerbebetrieb unterhalten[311] bzw. bei denen beide soeben genannten Voraussetzungen kumulativ vorliegen (vgl. § 3 Abs. 2 HGB).[312] Ob das schuldnerische Unternehmen den Anforderungen eines **kaufmännischen Gewerbebetriebs** genügt, bemisst sich anhand der §§ 1 ff. HGB. Die Zentralvorschrift des Abschnitts über Kaufleute, der § 1 Abs. 2 HGB, definiert das Handelsgewerbe, dessen Betrieb seinen Inhaber zum Kaufmann macht (vgl. § 1 Abs. 1 HGB), negativ, indem sie jeden Gewerbebetrieb den Handelsgewerben zuschlägt, es sei denn, das Unternehmen erfordert nach Art und Umfang keinen in kaufmännischer Weise eingerichteten Geschäftsbetrieb. Freilich können die dem Amtsermittlungs- und *in-dubio*-Grundsatz verpflichteten Strafverfolgungsbehörden diese **handelsrechtliche Vermutung** nicht schlicht übernehmen und dem potentiellen Täter des § 283 Abs. 1 Nrn. 5, 7 auferlegen, seine vermutete Kaufmannseigenschaft zu entkräften, sondern sie müssen, wollen sie aus § 283 Abs. 1 Nrn. 5, 7 verurteilen, dem Angeklagten seine Kaufmannseigenschaft nachweisen. D.h. konkret: Die Strafverfolgungsbehörden haben zu ermitteln, ob das Unternehmen des Beschuldigten die Voraussetzungen des § 1 Abs. 2 HGB erfüllt, ob es also nach Art und Umfang eines in kaufmännischer Weise eingerichteten Geschäftsbetriebs bedarf.[313] **Indizien**, die den Schluss auf einen solchen Geschäftsbetrieb nahelegen, sind die Höhe des Umsatzes, die Betriebsorganisation, Größe und Beschaffenheit der Betriebsräume, die Zahl der Beschäftigten, Umfang der Korrespondenz, die in Anspruch genommenen Kreditmittel, der Umfang an (unterschiedlichen) Geschäftsabschlüssen, sowie das – vor allem aus letzterem folgende – Bedürfnis, Bücher und Bilanzen zu führen.[314, 315] Freilich erfordert die Annahme des Kaufmannsstatus' nicht das Vorliegen sämtlicher soeben referierter Indizien. Vielmehr unterfällt bereits derjenige Betrieb den Handelsgewerben, der dem von den o.g. Indiztatsachen gezeichneten Idealbild eines

309 Zur Wirkweise des organisationsbezogenen Ansatzes, sofern eine Aktiengesellschaft den Gemeinschuldnerstatus einnimmt, s. *Brand*, S. 267 ff.

310 Zur Buch-/Bilanzführungspflicht als Inhalt der Geschäftsführungskompetenz s. *Zöllner* DB **1964**, 795, 797; ferner *Kanitz* Rdn. 218; M-G/*Wolf* Kap. 26 Rdn. 27; *Hauck*, S. 106.

311 S.o. Rdn. 40; zu den Fragen im Zusammenhang mit § 283 Abs. 1 Nr. 6 s.u. Rdn. 105.

312 Zu den land- und forstwirtschaftlichen Betrieben s. nur Beck'scher Bilanz-Kommentar/*Störk*/*Lewe* § 238 Rdn. 25.

313 BGH/H GA **1964**, 136; BGH GA **1956**, 356; OLG Karlsruhe GA **1975**, 313, 314; RG LR **1916**, 619; NK/*Kindhäuser* § 283 Rdn. 56; S/S/W/*Bosch* § 283 Rdn. 21; G/J/W/*Reinhart* § 283 Rdn. 43; s.a. schon RG LR **1913**, 699, 700; *Kuhn*, S. 30; *Büttiker*, S. 52; *Steinbrück*, S. 27; äußerst skeptisch gegenüber diesem Merkmal *sub specie* Art. 103 Abs. 2 GG *Raisch* ZHR 128 **(1966)**, 161, 165 f.

314 Den Rückgriff auf die Notwendigkeit, Bücher zu führen, um die Voraussetzungen des § 1 Abs. 2 HGB zu ermitteln, halten Beck'scher Bilanz-Kommentar/*Störk*/*Lewe* § 238 Rdn. 8 für verfehlt; skeptisch auch Staub/*Oetker* § 1 Rdn. 97.

315 Zu letzterem Aspekt und den Spannungen, die mit Blick auf die §§ 241a, 242 Abs. 4 HGB aufkommen, *Schulze-Osterloh* DStR **2009**, 63, 71; *ders.* Hüffer-FS, S. 917, 921; M-G/*Wolf* Kap. 26 Rdn. 17b; allg. zu den Indizien, deren Vorliegen den Rückschluss auf die Kaufmannseigenschaft gestattet, BGH LM Nr. 7 zu § 240 KO (in NJW **1954**, 1854 nicht abgedr.); BGH/H GA **1964**, 136; BGH BB **1960**, 917; OLG Karlsruhe GA **1975**, 313 f.; OLG Stuttgart BB **1965**, 517; OLG Oldenburg BB **1963**, 324; KG HRR **1937**, Nr. 857; RG LR **1913**, 703; NK/*Kindhäuser* § 283 Rdn. 56; Beck'scher Bilanz-Kommentar/*Störk*/*Lewe* § 238 Rdn. 8.

Handelsgewerbes zwar nicht entspricht, ihm aber – zumindest vorübergehend[316] – nahekommt.[317] Keine strafbewehrte Buchführungspflicht begründet hingegen die **Kaufmannsfiktion** des § 5 HGB,[318] da ein Kaufmann kraft Fiktion schon handelsrechtlich nicht verpflichtet ist, Bücher zu führen.[319] Gleiches gilt für den **Minderjährigen**, der ohne die hierfür erforderliche Genehmigung (vgl. § 112 BGB) ein Handelsgeschäft betreibt.[320]

Spielt der Verstoß gegen die von § 283 Abs. 1 Nrn. 5–7 geschützten Pflichten in einer **Kapital-** 52
gesellschaft, bedarf es erneut des Rückgriffs auf § 14 Abs. 1 Nr. 1, da zwar die Kapitalgesellschaft gem. § 6 Abs. 1 HGB Kaufmann[321] (für die eG s. § 17 Abs. 2 GenG) und damit buch- und bilanzführungspflichtig ist,[322] nicht aber ihre Vertretungsorgane.[323] Allerdings bereitet die Transformation dieser Position genauso wenige Probleme wie zuvor schon die Überwälzung des Gemeinschuldnerstatusses. Richtigerweise genügt dem Zurechnungszusammenhang „als" auch hier die Mitgliedschaft im Vertretungsorgan; weitergehende Voraussetzungen – etwa ein wirksames Gesellschaftereinverständnis oder das Handeln im Interesse des Verbandes – sind nicht erforderlich.[324] Ob darüber hinaus der Geschäftsführer einer **Vor-GmbH** – vergleichbare „Vorformen" kennen natürlich auch die übrigen Kapitalgesellschaften und die eG – tauglicher Täter des § 283 Abs. 1 Nrn. 5–7 sein kann,[325] hängt – da § 6 Abs. 1 HGB diesen Fall nicht erfasst – von den Voraussetzungen des § 1 Abs. 2 HGB und somit vom jeweiligen Einzelfall ab.[326, 327]

Inwieweit den § 14 Abs. 1 Nr. 2 auch bzgl. des Merkmals „Kaufmann" bemühen muss, wer die 53
geschäftsführenden[328] Gesellschafter einer **oHG** bzw. **Kommanditgesellschaft** gem. § 283 Abs. 1 Nrn. 5–7 bestrafen will, hängt davon ab, wen die Kaufmannseigenschaft trifft – nur die Personenhandelsgesellschaft oder zusätzlich die persönlich haftenden Gesellschafter. Während in Rspr. und gesellschaftsrechtlichem Schrifttum über den Kaufmannsstatus der Personenhandelsgesellschaf-

316 Dazu, dass es genügt, wenn die Kriterien während vier Monaten eines Jahres vorliegen, s. AG Wyk BB **1958**, 891.

317 Zum Ganzen LK[12]/*Tiedemann* § 283 Rdn. 97; ferner BGH BB **1960**, 917; OLG Oldenburg BB **1963**, 324; OLG Stuttgart BB **1965**, 517; BayObLG BB **1965**, 517; OLG Karlsruhe GA **1975**, 313, 314: entscheidend ist das Gesamtbild.

318 OLG Celle NJW **1968**, 2119, 2120; *Sch/Schröder/Heine/Schuster* § 283 Rdn. 29; MK/*Petermann/Sackreuther* Vor §§ 283 ff. Rdn. 50; SK/*Hoyer* § 283 Rdn. 69; G/J/W/*Reinhart* § 283 Rdn. 43; M/R/*Altenhain* § 283 Rdn. 32 m. Fn. 192; A/R/R/*Himmelreich* Kap. 7/1 Rdn. 140; B/*Quedenfeld/Bechtel/Richter* Kap. 22 Rdn. 208; *Weyand/Diversy* Rdn. 84; W/J/S/*Pelz* 9/162; HambK/*Borchardt* § 283 StGB Rdn. 22; M/G/*Rotsch/Wagner* 8/194; *Geers*, S. 69; *Regner*, S. 43 f.; *Hüttermann/Meinert* BB **2007**, 1436, 1439, 1441; *Hartung* Stbg **1991**, 332, 333; *Richter* NZI **2002**, 121, 123.

319 **H.M.**; s. nur OLG Celle NJW **1968**, 2119, 2120; Staub/*Oetker* § 5 Rdn. 22; Hopt/*Merkt* § 238 Rdn. 8; Ebenroth/Boujong/Joost/Strohn/*Böcking/Gros/Wirth* § 238 Rdn. 6; ADS § 238 Rdn. 4; *Kanitz* Rdn. 107; a.A. aber Beck'scher Bilanz-Kommentar/*Störk/Lewe* § 238 Rdn. 22, sofern der Scheinkaufmann im Handelsregister eingetragen ist; diff. *Hüttermann/Meinert* BB **2007**, 1436, 1438 ff.

320 RGSt **45**, 3, 5; RGSt **36**, 357 f.; RGSt **26**, 93 f.; Hopt/*Merkt* § 238 Rdn. 8; Ebenroth/Boujong/Joost/Strohn/*Böcking/Gros/Wirth* § 238 Rdn. 10; implizit Haag/Löffler/*Gerner-Beuerle* § 238 Rdn. 9.

321 Zur Reichweite des § 6 Abs. 1 HGB und der von dieser Vorschrift erfassten Gesellschaften s. nur Beck'scher Bilanz-Kommentar/*Störk/Lewe* § 238 Rdn. 27 ff.; MK-BilR/*Graf* § 238 Rdn. 6; *Thiel/Lüdtke-Handjery* Rdn. 85.

322 NK/*Kindhäuser* § 283 Rdn. 57.

323 Dazu nur Staub/*Oetker* § 1 Rdn. 86; *Zöllner* DB **1964**, 795, 797; *Schmucker* ZJS **2011**, 30.

324 So auch NK/*Kindhäuser* § 283 Rdn. 57.

325 Zu den Problemen *sub specie* des § 14 s. Vor §§ 283 ff. Rdn. 23.

326 S.o. Rdn. 51.

327 BGHSt **3**, 23, 26 = LM Nrn. 2,3 zu § 240 KO (Ls) m. zust. Anm. *Geier*; BGH LM Nr. 6 zu § 239 KO; NK/*Kindhäuser* § 283 Rdn. 56; *Sch/Schröder/Heine/Schuster* § 283 Rdn. 29; SK/*Hoyer* § 283 Rdn. 70; G/J/W/*Reinhart* § 283 Rdn. 43; *Fischer* § 283 Rdn. 19; S/S/W/*Bosch* § 283 Rdn. 21; MAH/*Böttger* § 19 Rdn. 147; vgl. auch schon *K Schmidt* JZ **1973**, 299, 304; zum alten Recht noch BGHSt **3**, 23, 26; weitergehend, kein Rückgriff auf § 1 Abs. 2 HGB nötig, M-G/*Wolf* Kap. 26 Rdn. 24; *Kanitz* Rdn. 115; Ebenroth/Boujong/Joost/Strohn/*Böcking/Gros/Wirth* § 238 Rdn. 17; ADS § 238 Rdn. 17; *Böhle-Stamschräder* KTS **1957**, 17, 21; so wohl auch Beck'scher Bilanz-Kommentar/*Störk/Lewe* § 238 Rdn. 44; Park/*Deiters/Wagner* Teil 3, Kap. 10.2 Rdn. 8; *Richter* GmbHR **1984**, 137, 147 m. Fn. 174; *Biletzki* ZIP **1997**, 9, 10; den Meinungsstand zusf. Haag/Löffler/*Gerner-Beuerle* § 238 Rdn. 4.

328 Dafür, dass nur die geschäftsführungsbefugten persönlich haftenden Gesellschafter als taugliche Zurechnungsadressaten in Betracht kommen, s. z.B. *Louis*, S. 33.

ten Einigkeit herrscht – eine Personengesellschaft avanciert zur Handelsgesellschaft entweder mit ihrer Eintragung im Handelsregister (vgl. § 123 Abs. 1 HGB) oder mit der Aufnahme einer dem § 1 Abs. 2 HGB entsprechenden Geschäftstätigkeit (vgl. § 123 Abs. 2 HGB) –, gehen die Meinungen auseinander, sobald die Rede auf die Kaufmannseigenschaft des persönlich haftenden Gesellschafters kommt. Zwar fällt die Position der **h.M.** wohl derjenigen Ansicht zu, die neben der Personenhandelsgesellschaft auch die persönlich haftenden Gesellschafter als Kaufleute begreift.[329] Mit Blick auf die zwischenzeitlich erreichte Selbständigkeit der rechtsfähigen Personenhandelsgesellschaften[330] verdient jedoch die Gegenansicht den Vorzug, die sich dafür ausspricht, die persönlich haftenden Gesellschafter grds. nicht zum Kreis der Kaufleute zu rechnen und hiervon nur unter Normzweckgesichtspunkten Ausnahmen zulässt, indem sie – im Wege der Analogie – einzelne für Kaufleute geltende Vorschriften auf die persönlich haftenden Gesellschafter erstreckt.[331]

54 Fällt die Kaufmannseigenschaft nach Tatbegehung, aber noch vor Eintritt der objektiven Strafbarkeitsbedingung (vgl. § 283 Abs. 6) weg, etwa weil das betriebene Gewerbe umfangmäßig auf ein Nichthandelsgewerbe herabsinkt oder der „Kannkaufmann" (vgl. § 2 HGB) seine Eintragung im Handelsregister löschen lässt, beseitigt dieser Umstand nicht die bereits verwirkte Strafbarkeit.[332] Denn der Vollendungszeitraum des § 283 Abs. 1 Nrn. 5–7, innerhalb dessen der Täter die nötigen Tätermerkmale aufweisen muss, endet, sobald der Täter eine der drei Tatmodalitäten umgesetzt hat. Der Eintritt der objektiven Strafbarkeitsbedingung berührt die Deliktsvollendung nicht.[333]

55 **c) Weitere taugliche Täter der Buchführungsdelikte.** Neben den Einzelkaufleuten und den Geschäftsleitern der Formkaufleute kommen des Weiteren der **Steuerberater** bzw. der **Buchhalter** sowie der **Liquidator** und der **Insolvenzverwalter** als taugliche Täter in Betracht. Während Steuerberater und Buchhalter allenfalls unter den Voraussetzungen des § 14 Abs. 2 S. 1 Nr. 2 die Täterposition einnehmen,[334] adressieren die §§ 71 Abs. 1 GmbHG, 155 InsO originäre Buch- und Bilanzführungspflichten an den Liquidator bzw. den Insolvenzverwalter. Insgesamt muss man drei Punkte auseinanderhalten: *Erstens*: Im Unterschied zu Steuerberatern, Buchhaltern und Liquidatoren bereitet es erhebliche Schwierigkeiten, den Insolvenzverwalter als Täter eines Bankrottdelikts zu konstruieren. *Zweitens*: Mit letzterem Problem eng zusammen hängt die Frage, ob die Vornahme der in den Nrn. 1–8 des § 283 Abs. 1 inkriminierten Bankrotthandlungen auch noch nach Eintritt der objektiven Strafbarkeitsbedingung strafbewehrt ist.[335] *Drittens*: Um den pflichtvergessenen Steuerberater oder Buchhalter gem. § 283 Abs. 1 Nrn. 5–7 zu bestrafen, müssen die

---

329 So BGHZ **45**, 282, 284; BGH NJW **1960**, 1852; BGH NJW **2006**, 917, 918; MK-BilR/*Graf* § 238 Rdn. 35; ferner RGSt **69**, 65, 66.

330 Zur Entwicklung und zum erreichten Stand s. nur *Brand*, S. 153 ff. m.w.N. zum gesellschaftsrechtlichen Schrifttum.

331 Ausführl. zu diesem Ansatz Hopt/*Roth* § 105 Rdn. 19 ff.; Staub/*C Schäfer* § 105 Rdn. 79; Staub/*Oetker* § 1 Rdn. 67; vgl. ferner bereits *Landwehr* JZ **1967**, 198, 201 ff., der zwar noch von den Gesellschaftern als „Gemeinschaftskaufleuten" spricht, damit aber letztendlich nichts anderes zum Ausdruck bringt, als dass die Kaufmannseigenschaft bei der Gesamthandsgemeinschaft liegt (a.a.O., S. 204 f.); ähnl. *Lieb* DB **1967**, 759, 761 ff.; skeptisch auch schon *Zöllner* DB **1964**, 795, 796 f.; *K. Schmidt* JZ **1973**, 299, 300; *Kötter* ZHR 137 **(1973)**, 178, 179.

332 RG JW **1934**, 841 f.; NK/*Kindhäuser* Vor §§ 283 bis 283d Rdn. 40; MK/*Petermann*/*Sackreuther* Vor §§ 283 ff. Rdn. 50; *Dannecker*/*Knierim*/*Dannecker*/*Hagemeier* Rdn. 50; W/J/S/*Pelz* 9/110 sowie *Renkl* JuS **1973**, 611, 612; mit Blick auf die Gemeinschuldnereigenschaft; in diese Richtung wohl auch schon RGSt **4**, 41, 42; vgl. ferner RGSt **15**, 64, 66, wonach der Wegfall der Kaufmannseigenschaft vor Eintritt der objektiven Strafbarkeitsbedingung nur dann nichts an der bereits verwirkten Strafbarkeit ändert, wenn sich die Zahlungseinstellung/das Insolvenzverfahren auch auf solche Forderungen bezieht, die im ursprünglichen kaufmännischen Betrieb entstanden sind; weitergehend aber RG LR **1913**, 695, dem zufolge die Buch-/Bilanzführungspflicht auch nach Verlust der Kaufmannseigenschaft insofern fortbestehen soll, als Vermögensgegenstände betroffen sind, die noch aus dem kaufmännischen Gewerbe herrühren.

333 S.u. Rdn. 197.

334 S. nur *Fischer* Vor § 283 Rdn. 25; M-G/*Häcker*/*Trück* Kap. 96 Rdn. 3.

335 Ausführl. dazu Vor §§ 283 ff. Rdn. 10.

Voraussetzungen bekannt sein, unter denen dem Steuerberater oder Buchhalter die Täterposition anwächst.

Gem. § 155 Abs. 1 S. 2 InsO hat zwar der **Insolvenzverwalter** die Buch- und Bilanzführungs- 56
pflichten, soweit sie die Masse betreffen,[336] zu erledigen.[337] Kommt er diesen Pflichten jedoch nicht bzw. nicht ordnungsgemäß nach, führt dies keinesfalls – quasi automatisch – dazu, ihn gem. § 283 Abs. 1 Nrn. 5–7 zu bestrafen. Im Gegenteil: Da über das schuldnerische Vermögen ein Insolvenzverfahren bereits eröffnet, die objektive Strafbarkeitsbedingung des §§ 283 Abs. 6 mithin eingetreten ist, kann die Pflichtvergessenheit des Insolvenzverwalters auf dem Gebiet der Buch- und Bilanzführung weder die Gefahr eines Unternehmenszusammenbruchs, vor dem § 283 vor allem schützen will,[338] noch den allenthalben geforderten tatsächlichen Zusammenhang zwischen Bankrotthandlung und objektiver Strafbarkeitsbedingung[339] begründen.[340] Vor diesem Hintergrund überzeugt es deshalb nicht, den Insolvenzverwalter, der die Bücher oder Bilanzen nicht bzw. unsachgerecht führt, mithilfe der fragwürdigen[341] These, wonach die Vornahme der Bankrotthandlungen auch und erst recht nach Eintritt der objektiven Strafbarkeitsbedingung strafbewehrt sei,[342] gem. § 283 Abs. 1 Nrn. 5–7 zu pönalisieren.[343]

Führen dagegen **Steuerberater** bzw. **Buchhalter** die Bücher nicht bzw. ordnungswidrig, haf- 57
ten sie gem. § 283 Abs. 1 Nr. 5, sofern sich dem schuldnerischen Auftrag eindeutig die Pflicht entnehmen lässt, neben der **steuerrechtlichen** Buchführung auch die **handelsrechtliche** zu bewerkstelligen.[344] Dann, aber auch nur dann, ist es ohne weiteres möglich, dem Steuerberater oder Buchhalter die Tätermerkmale *via* § 14 Abs. 2 S. 1 Nr. 2 bzw. Nr. 1 zuzuweisen.[345] Wegen **Beihilfe** hat sich der Steuerberater zu verantworten, der den Schuldner (kraft Zurechnung) dabei unterstützt, die Jahresabschlüsse zu fälschen, indem er in den Büchern tatsächlich nicht vorhandene Vermögenswerte aktiviert.[346] – Das Verteidigungsvorbringen mancher Steuerberater, sie hätten keine Bücher geführt, weil ihr Auftraggeber sie nicht vertragsgemäß bezahlt habe, hilft ihnen

336 Zu dieser Beschränkung s. nur Uhlenbruck/*Sinz* § 155 Rdn. 11.

337 Ausführl. hierzu *Weisang* BB **1998**, 1149 ff.

338 S.a. LG München I ZIP **2001**, 2291, 2292.

339 S. Vor §§ 283 ff. Rdn. 10.

340 Ausführl. zu dieser Position *Grub* Runkel-FS, S. 85, 87 ff.; a.A. freilich die ganz **h.M.** LK[12]/*Tiedemann* Vor § 283 Rdn. 96, 100; *Richter* NZI **2002**, 121, 124, dem zufolge Bankrotthandlungen nach Eintritt der objektiven Strafbarkeitsbedingung besonders gefährlich seien; vgl. ferner BGH/H GA **1953**, 74.

341 Dazu s. Vor §§ 283 ff. Rdn. 10.

342 Dafür etwa BGHSt **1**, 186, 191; RGSt **27**, 316, 318; RG Rspr. **5**, 52, 54; MK/*Petermann*/*Sackreuther* Vor §§ 283 ff. Rdn. 144 f.; B/*Quedenfeld*/*Bechtel*/*Richter* Kap. 22 Rdn. 131, 224; *Wittig* § 23 Rdn. 117; *Otto* Bruns-GS, S. 265, 282; *Heidland* KTS **1958**, 161, 162; *Böhle-Stamschräder* KTS **1957**, 17 sowie Bittmann[1]/*Bittmann* § 12 Rdn. 26; implizit RGSt **55**, 30; *Kribs-Drees*, S. 86; *Röhm* NZI **2002**, 134, 136; wohl auch schon *Hälschner* GA 18 **(1870)**, 665, 669; s.a. zur umgekehrten Fragestellung, ob die Vornahme der Bankrotthandlung der Zahlungseinstellung nachfolgen muss, Pr. Obertribunal GA 23 **(1875)**, 59 f., das die Frage verneint.

343 So aber W/J/S/*Pelz* 9/388; ferner wohl *Richter* NZI **2002**, 121, 124; *Bales* ZInsO **2010**, 2073, 2078; vgl. des Weiteren die instruktiven Ausführungen von HambK/*Borchardt* § 283 StGB Rdn. 56, der darauf hinweist, dass dem § 155 InsO häufig bereits genügt, wer lediglich intern Rechnung legt.

344 HambK/*Borchardt* § 283 StGB Rdn. 52 f.; M-G/*HäckerTrück* Kap. 96 Rdn. 5; *Weyand*/*Diversy* Rdn. 207; *Hagedorn*, S. 89 f.; *Mühlberger* DStR **1978**, 211, 214; *Sundermeier*/*C Gruber* DStR **2000**, 929, 933; *Bittmann* ZGR **2009**, 931, 941; *Bales* ZInsO **2010**, 2073, 2076; vgl. aber auch *Regierer*, S. 144, 149 ff., 162 ff., der dieses Erfordernis nur im Falle der Bilanzierung, nicht aber der Buchführung gelten lassen will; da sich steuer- und handelsrechtliche Buchführung entsprächen, sei der Steuerberaterauftrag generell dahingehend auszulegen, auch die handelsrechtliche Buchführung zu bewerkstelligen.

345 W/J/S/*Pelz* 9/116 ff.; Park/*Deiters*/*Wagner* Teil 3, Kap. 10.2 Rdn. 10; S/S/W/*Bosch* § 14 Rdn. 15; Pape/Uhländer/*Hofmann* § 283 Bankrott Rdn. 65; *Schramm* DStR **1998**, 500, 501; *Weyand* ZInsO **1999**, 327, 329 f.; *ders.* PStR **2004**, 235; ferner *Meilicke* StbJb **1979/80**, 447, 452; skeptisch bzgl. eigener Buchhaltungskräfte des Buchführungspflichtigen *Regner*, S. 54, wegen deren Weisungsgebundenheit.

346 S. dazu LG Freiburg DStRE **2012**, 390, 391.

nicht.[347] Bedient der buchführungspflichtige Auftraggeber seine Zahlungspflichten gegenüber dem Steuerberater bzw. Buchhalter nicht, muss dieser – will er nicht in bankrottstrafrechtliches Gefilde geraten – sein Leistungsverweigerungsrecht ausüben und die Unterlagen zurückgeben.[348] Anders liegen die Dinge, wenn der Steuerberater/Buchhalter zusätzlich die Aufgabe übernimmt, etwa die **Jahresabschlussbilanz** zu erstellen. Da es sich hierbei um eine **höchstpersönliche Pflicht** handelt, also nur der Kaufmann bzw. Geschäftsleiter die Bilanz aufstellen kann – das erhellt u.a. aus dem Erfordernis der Unterschrift[349] –, scheidet der Steuerberater oder Buchhalter richtigerweise als tauglicher Täter aus. Konkret: Weder dem Steuerberater noch dem Buchhalter lässt sich die kaufmännische Pflicht, bspw. am Ende des Geschäftsjahres Bilanz zu ziehen, gem. § 14 Abs. 2 zurechnen. Sie haften allenfalls als Gehilfen eines vom bilanzpflichtigen Kaufmann oder Geschäftsleiter begangenen vorsätzlichen Vergehens des § 283 Abs. 1 Nr. 7.[350] Strafrechtliche Risiken geht schließlich auch der Steuerberater ein, der die Bilanz auf der Grundlage falscher, ihm von seinem Auftraggeber übermittelter Zahlen erstellt, sofern er um die Fehlerhaftigkeit der Angaben weiß.[351]

58 Abschließend sei noch folgender Aspekt erwähnt: Beschließen die Gesellschafter einer GmbH deren Liquidation, hat der **Liquidator** nicht nur die Liquidationseröffnungs- sowie die jeweiligen Liquidationsabschlussbilanzen,[352] sondern auch – sofern noch nicht geschehen – die letzte Jahresabschlussbilanz der werbenden Gesellschaft zu erstellen. Dabei beginnt die Frist, die das Gesetz einräumt, um die Jahresabschlussbilanz zu fertigen, nicht von neuem zu laufen. D.h., der Liquidator muss innerhalb des verbliebenen Zeitraums versuchen, die Jahresabschlussbilanz aufzustellen. Gelingt ihm das nicht, bleibt er freilich dann gem. § 283 Abs. 1 Nr. 7b straflos, falls die Bilanzierung in dieser Zeit unmöglich war.[353]

59 **d) Buchführungspflichtigkeit der Zweigniederlassung.** Wer sich der Frage zuwendet, inwieweit **Zweigniederlassungen** eigenständig Bücher und Bilanzen nach HGB führen müssen, hat mehrere Aspekte auseinanderzuhalten. Besondere Bedeutung gewinnt die Thematik für Zweigniederlassungen **ausländischer Gesellschaften**. Da die Buch- und Bilanzführungspflichten richtigerweise international-privatrechtlich nicht öffentlich-rechtlich,[354] sondern privatrechtlich anknüpfen,[355] treffen sie die Geschäftsleitungsorgane solcher Auslandsgesellschaften nicht, die zwar ihren satzungsmäßigen Sitz im EU-Ausland, ihren wirtschaftlichen Schwerpunkt aber im Inland haben. Diese Gesellschaften sind nach dem Recht ihres Sitzstaates rechnungslegungspflichtig. Mittelbar bestätigt dieses Ergebnis **§ 325a HGB**, der die Geschäftsleiter dieser **„Scheinauslandsgesellschaften"** dazu anhält, lediglich ihre nach ausländischem Recht erstellten Bücher und Bilanzen offenzulegen.[356] Ob anderes

347 Vgl. etwa *Hillenkamp* Tiedemann-FS, S. 949, 965.

348 S. zum Ganzen auch *Regierer*, S. 171 f.; HambK/*Borchardt* § 283 StGB Rdn. 53; *Bales* ZInsO **2010**, 2073, 2077; vgl. auch M-G/*Häcker/Trück* Kap. 96 Rdn. 8; *Hartung* Stbg **1991**, 332, 335; *Sundermeier/C Gruber* DStR **2000**, 929, 936; a.A. aber MAH/*Böttger* § 19 Rdn. 161, der aus § 66 StBerG ein Zurückbehaltungsrecht an den Buchhaltungsunterlagen konstruiert (dagegen zutr. *Brenner* BB **1984**, 842, 846 und *passim*; i.E. ebenso W/J/S/*Pelz* 9/191; *Weyand/Diversy* Rdn. 209).

349 Zu diesem und zu weiteren für die Höchstpersönlichkeit der Bilanzaufstellungspflicht streitenden Indizien *Regierer*, S. 99 ff.

350 Grdl. zu dieser Differenzierung *Regierer*, S. 25, 105, 107 ff., 110 f., 115 ff. und *passim*; zust. *Ceffinato*, S. 354; wohl auch *Rönnau* Kühl-FS, S. 711, 717; a.A. etwa *Hagedorn*, S. 89; *Mühlberger* DStR **1978**, 211, 215; *Bittmann* ZGR **2009**, 931, 941; wohl auch *Weyand* StuB **1999**, 178, 179 f., 181 f., der bei entsprechender Delegation von täterschaftlicher Haftung auszugehen scheint.

351 Dazu s. *Sundermeier/C Gruber* DStR **2000**, 929, 934.

352 Dazu s.u. Rdn. 116.

353 Zum Ganzen BayObLG wistra **1990**, 201 f.; OLG Frankfurt/M BB **1977**, 312 f.; *Marxen* EWiR **1990**, 503 f.

354 Dafür aber die wohl **h.M.**; vgl. nur ADS § 238 Rdn. 2, 58; Beck'scher Bilanz-Kommentar/*Störk/Lewe* § 238 Rdn. 46; *Kanitz* Rdn. 105.

355 Vor §§ 283 ff. Rdn. 85.

356 Ausführl. zum Ganzen Vor §§ 283 ff. Rdn. 85.

gilt, sobald die Auslandsgesellschaft eine „echte" Zweigniederlassung errichtet, sie also ihren satzungsmäßigen Sitz sowie ihren wirtschaftlichen Schwerpunkt in ihrem Herkunftsstaat belässt, erscheint fraglich. Zwar spricht sich die wohl überwiegende Meinung im bilanzrechtlichen Schrifttum dafür aus, sämtliche inländische Zweigniederlassungen einer ausländischen Hauptniederlassung der Buch- und Bilanzführungspflicht nach HGB zu unterwerfen[357] und stimmt dem die insolvenzstrafrechtliche Literatur im Wesentlichen zu.[358] Dem liegt jedoch – zumindest unausgesprochen – die hier nicht geteilte Prämisse zugrunde, wonach die §§ 238 ff. HGB nicht dem Personal- bzw. Gesellschaftsstatut angehören.[359] Unterhält die ausländische Hauptniederlassung hingegen eine inländische Zweigstelle, die Bankgeschäfte betreibt oder Finanzdienstleistungen erbringt, verpflichtet § 53 Abs. 2 Nr. 2 S. 1 und 2 KWG diese Zweigstelle dazu, entsprechend den §§ 238 ff. HGB Bücher und Bilanzen zu führen. Ein etwas kurioser Fall lag dem OLG Karlsruhe Mitte der 1980er Jahre zur Entscheidung vor. Der angeklagte Deutsche betrieb in Basel eine Aktiengesellschaft Schweizer Rechts und hatte es unterlassen, gem. dem einschlägigen Schweizer Obligationenrecht die Bücher dieser Gesellschaft zu führen. Obschon der erkennende Senat – zu Recht – der Ansicht beitrat, die es verneint, die von den §§ 283 Abs. 1 Nrn. 5–7, 283b Abs. 1 angesprochenen Buch- und Bilanzführungspflichten dem ausländischen Recht zu entnehmen,[360] hat er den Angeklagten gem § 283b Abs. 1 Nr. 1 verurteilt und hierzu auf die Buchführungs- und Bilanzierungsvorschriften des HGB zurückgegriffen.[361] Das überzeugt schon deshalb nicht, weil der Angeklagte eben nicht nach deutschem, sondern nach Schweizer Recht buchführungspflichtig war. Machte man mit der Ansicht des OLG Karlsruhe ernst, stünden sämtliche deutsche Geschäftsleitungsorgane ausländischer Gesellschaften mit einem Bein im Gefängnis, die zwar der ausländischen Rechtsordnung entsprechend ihre Bücher führen, dabei aber nicht den deutschen Standards genügen.

Darüber hinaus erhebt sich die Frage, ob der Inhaber eines inländischen Unternehmens zusätzlich über die seine **Zweigniederlassungen** betreffenden Geschäftsvorfälle Buch zu führen hat, andernfalls er gem. § 283 Abs. 1 Nr. 5 haftet. Da als Zweigniederlassungen nur solche Betriebe firmieren, die selbstständig am Geschäftsverkehr teilnehmen, spricht sich die **h.M.** zu Recht für eine gesonderte Buchführungspflicht aus. Allerdings steht es dem Inhaber der Haupt- und Zweigniederlassung frei, entweder die Bücher **dezentral** sowohl in der Haupt- als auch der Zweigniederlassung oder aber **zentral** nur in der Hauptniederlassung zu führen.[362] Das Fehlen einer sog. **Filialbuchhaltung** berührt die Ordnungsmäßigkeit der Gesamtbuchhaltung mithin nicht.[363] Verfügt ein inländisches Unternehmen über ausländische Niederlassungen, hat es entweder am Ort dieser ausländischen Niederlassung nach deutschem Recht Buch zu führen und später diese Bücher in die Buchführung der Hauptniederlassung zu integrieren oder aber sogleich die Geschäftsvorfälle der ausländischen Niederlassung in den Büchern der Hauptniederlassung zu buchen.[364] 60

e) Keine Buch- und Bilanzführungspflicht trotz Kaufmannsstatus. Da die Tathandlungen des § 283 Abs. 1 Nrn. 5–7 die Pflicht zur Buch- und Bilanzführung voraussetzen, bleiben solche 61

---

357 So Beck'scher Bilanz-Kommentar/*Störk/Lewe* § 238 Rdn. 46; Staub⁴/*Hüffer* § 238 Rdn. 24; Ebenroth/Boujong/Joost/Strohn/*Böcking/Gros/Wirth* § 238 Rdn. 10; MK-BilR/*Graf* § 238 Rdn. 9; ADS § 238 Rdn. 18; a.A. aber Staub/*Pöschke* § 238 Rdn. 26.

358 S. etwa *Sch/Schröder/Heine/Schuster* § 283 Rdn. 29; S/S/W/*Bosch* § 283 Rdn. 21; G/J/W/*Reinhart* § 283 Rdn. 43.

359 Ausdrücklich Staub^4/*Hüffer* § 238 Rdn. 24; anders jetzt Staub/*Pöschke* § 238 Rdn. 26: Buch- und Bilanzführungspflichten sind Teil des Gesellschaftsstatuts.

360 Ausführl. Vor §§ 283 ff. Rdn. 87.

361 OLG Karlsruhe NStZ **1985**, 317 = MDR **1985**, 691 f.; zust. wohl *Sch/Schröder/Heine/Schuster* § 283 Rdn. 29; MK/*Petermann/Sackreuther* § 283 Rdn. 41; offen gelassen von *Pelz/Grotebrune* Rdn. 801 f.

362 Zum Ganzen Staub/*Pöschke* § 238 Rdn. 21; MK-BilR/*Graf* § 238 Rdn. 61; ähnl. wohl auch M-G/*Wolf* Kap. 26 Rdn. 17a; vgl. ferner ADS § 238 Rdn. 9, wonach beim Betrieb mehrerer Firmen aus Gründen der Selbstinformation getrennte Buchungskreise angezeigt seien; vgl. zum Ganzen auch RGSt **5**, 407, 408 f.

363 Beck'scher Bilanz-Kommentar/*Störk/Lewe* § 238 Rdn. 45.

364 MK-BilR/*Graf* § 238 Rdn. 63; MK-HGB/*Ballwieser* § 238 Rdn. 38; vgl. auch Haag/Löffler/*Gerner-Beuerle* § 238 Rdn. 12.

Kaufleute *sub specie* dieser Vorschriften straflos, die das Gesetz von der Buch- und Bilanzführung freistellt. Mit dem Gesetz zur Modernisierung des Bilanzrechts vom 25.5.2009 (**BilMoG**)[365] haben u.a. die **§§ 241a, 242 Abs. 4 HGB** Einzug in das HGB gehalten.[366] Deren Sätze 1 befreien von der Buch- und Bilanzführungspflicht die Betriebe solcher Einzelkaufleute,[367] die an den Abschlussstichtagen zweier aufeinanderfolgender Geschäftsjahre kumulativ[368] nicht mehr als € 600.000 Umsatz und € 60.000 Jahresüberschuss erwirtschaften. Darüber hinaus entlassen die §§ 241a S. 2, 242 Abs. 4 S. 2 HGB neu gegründete Gewerbe aus der Pflicht, Bücher und Bilanzen zu führen, deren Erträge am ersten Abschlussstichtag die o.g. Beträge nicht überschreiten. Diese beiden Ausnahmen vom Buch- und Bilanzführungserfordernis dürften indes geringere Auswirkungen auf die Reichweite des § 283 Abs. 1 Nrn. 5–7 zeitigen, als gemeinhin angenommen.[369] Das erhellt an folgendem Beispiel: Unterlässt es ein **Existenzgründer** nach Aufnahme seines Gewerbebetriebs Bücher i.S.d. § 238 Abs. 1 HGB zu führen, weil er glaubt, sein einen kaufmännischen Geschäftsbetrieb erforderndes Unternehmen werde die Schwellenwerte des § 241a S. 1 HGB nicht erreichen, erfüllt er selbst dann den objektiven Tatbestand des § 283b Abs. 1 Nr. 1 Var. 1, wenn seine Annahme zutrifft und Umsatz sowie Jahresüberschuss unterhalb der Schwellenwerte bleiben.[370] Denn im bilanzrechtlichen Schrifttum hat sich die Lesart durchgesetzt, wonach § 241a S. 2 HGB vom Buchführungserfordernis erst ab dem zweiten, § 241a S. 1 erst ab dem dritten Geschäftsjahr dispensiert;[371] die Pflicht, Bücher zu führen, entfällt somit für das erste Geschäftsjahr eines neu gegründeten bzw. die ersten beiden Geschäftsjahre eines schon werbend tätigen Gewerbebetriebs nicht – freilich immer vorausgesetzt, das Unternehmen genügt den Kriterien des § 1 Abs. 2 HGB. Die Pflicht, Bücher und Bilanzen zu erstellen, lebt mit Wirkung *ex nunc* wieder auf, sobald das einzelkaufmännische Unternehmen in einem Geschäftsjahr[372] Erträge generiert, die oberhalb der von §§ 241a, 242 Abs. 4 HGB genannten Schwellenwerte liegen.[373] Um zu ermitteln, ob und wenn ja, ab wann der Unternehmensertrag die Schwellenwerte übersteigt, genügt es, Umsatz und Jahresüberschuss **jährlich** näherungsweise zu berechnen, da andernfalls die Befreiungsvorschriften praktisch nutzlos wä-

---

365 BGBl. I, S. 1102; instruktiver Überblick über die Änderungen bei *Hagedorn*, S. 195 ff.

366 Sehr krit. gegenüber diesen Vorschriften *Schulze-Osterloh* DStR **2009**, 63, 71; ferner *Dannecker/Knierim/Dannecker/Hagemeier* Rdn. 1069, die aus strafverfolgungsrechtlicher Perspektive erhebliche Schwierigkeiten etwa bei dem Nachweis der Krise monieren (allg. zu den Nachweisschwierigkeiten bei fehlender Buchführung *Weyand* ZInsO **1999**, 327); s. des Weiteren *Bittmann* wistra **2008**, 441, 444 f., der sogar Zweifel an der Legitimität der insolvenzstrafrechtlichen Buchführungsdelikte äußert; sympathisierend dagegen *Herzig* DB **2008**, 1, 2; wohl auch *Kußmaul/Meyering* DB **2008**, 1445, 1446 f.; ferner *Reck* ZInsO **2011**, 1969, 1970, der den Vorschriften einen Beitrag zu größerer Rechtssicherheit entnimmt; ausdrücklich begrüßt werden die Vorschriften von *Fülbier/Gassen* DB **2007**, 2605, 2607.

367 Zur Beschränkung der §§ 241a, 242 Abs. 4 HGB auf Einzelkaufleute s. BRDrucks. 344/08, S. 100; BTDrucks. 1610067, S. 1; MK-HGB/*Ballwieser* § 241a Rdn. 1; Beck'scher Bilanz-Kommentar/*Störk/Lawall* § 241a HGB Rdn. 2; Hopt/*Merkt* § 241a Rdn. 1; Koller/Kindler/Roth/Drüen/*Morck/Drüen* § 241a Rdn. 1; *C Theile* § 241a Rdn. 2; *Kanitz* Rdn. 108; *Aigner* Rdn. 62; *Hennrichs* K Schmidt-FS, S. 581, 588; M-G/*Wolf* Kap. 26 Rdn. 17b; AnwK/*Püschel* § 283 Rdn. 18; *Ebner* wistra **2010**, 92, 93 f.; *Bittmann* wistra **2008**, 441, 444.

368 Ausdrücklich Beck'scher Bilanz-Kommentar/*Störk/Lawall* § 241a HGB Rdn. 5; *Ebner* wistra **2010**, 92, 94; *Reck* ZInsO **2011**, 1969, 1970.

369 *Dannecker/Knierim/Dannecker/Hagemeier* Rdn. 934 f. sprechen von einer „Aufhebung der Buchführungs- und Bilanzierungspflichten für den weit überwiegenden Teil der Einzelkaufleute"; ebenso AnwK/*Püschel* § 283 Rdn. 18; S/S/W/*Bosch* § 283 Rdn. 19; *Habetha*, S. 271 m. Fn. 154; *Ebner* wistra **2010**, 92, 94.

370 A.A. *Ebner* wistra **2010**, 92, 95: Straffreiheit.

371 Ausführl. Beck'scher Bilanz-Kommentar/*Störk/Lawall* § 241a HGB Rdn. 10; Hopt/*Merkt* § 241a Rdn. 3; unklar aber MK-HGB/*Ballwieser* § 241a Rdn. 3; ausdrückl. a.A. *Ebner* wistra **2010**, 92, 96; vgl. ferner M-G/*Wolf* Kap. 26 Rdn. 17c mit dem beachtlichen Einwand, wonach § 242 Abs. 4 HGB auch von dem Erfordernis dispensiere, eine Eröffnungsbilanz aufzustellen, eine Erleichterung, die keinen Sinn ergäbe, wollte man den Existenzgründer verpflichten, für das erste Geschäftsjahr Bücher und Bilanzen zu führen.

372 Nicht erforderlich ist das Überschreiten der Schwellenwerte in zwei aufeinanderfolgenden Geschäftsjahren, um die Buch-/Bilanzführungspflicht zu reaktivieren; so zu Recht *Ebner* wistra **2010**, 92, 95, der insoweit einen Umkehrschluss zur Anordnung des § 267 Abs. 4 S. 1 HGB zieht; ebenso wohl auch *Schulze-Osterloh* Hüffer-FS, S. 917, 923.

373 So *Aigner* Rdn. 71; *Schulze-Osterloh* Hüffer-FS, S. 917, 923; *Ebner* wistra **2010**, 92, 95.

ren.[374] Schwierigkeiten bereitet das Verhältnis der §§ 241a, 242 Abs. 4 HGB zu § 283 Abs. 1 Nrn. 5–7 in sog. **Altfällen**, Fällen also, deren Geschehen vor Inkrafttreten der §§ 241a, 242 Abs. 4 HGB begann, jedoch erst nach dem 25.5.2009 endete, etwa durch Eintritt der objektiven Strafbarkeitsbedingung oder durch rechtskräftige Aburteilung der begangenen Tat. Wegen des Blankettcharakters, der dem § 283 Abs. 1 Nrn. 5–7 eignet, gelangt § 2 Abs. 2, 3 zur Anwendung, mit der Folge, dass die §§ 241a, 242 Abs. 4 HGB auch für die Altfälle Geltung beanspruchen.[375]

f) Delegation und Verteilung der Strafbarkeitsrisiken. Weder die §§ 238, 242 HGB noch die 62
§§ 41 GmbHG, 91 Abs. 1 AktG, 33 Abs. 1 S. 1 GenG verpflichten ihre Adressaten darauf, die Bücher und Bilanzen in eigener Person zu führen. Vielmehr steht es den Buchführungspflichtigen frei, Bücher und Bilanzen[376] von **Dritten**, etwa einem Steuerberater oder eigenen Mitarbeitern, erstellen zu lassen.[377] Allerdings kann der originär Buch- und Bilanzführungsverpflichtete seine Pflichten nicht in strafrechtlich relevanter Weise komplett „hinwegdeligieren".[378] Vielmehr hat er die Delegaten **sorgfältig auszuwählen**, sie während der gesamten Dauer ihrer Tätigkeit ordnungsgemäß zu **überwachen**[379] sowie sie in technischer, zeitlicher und finanzieller Hinsicht angemessen auszustatten,[380] andernfalls (auch) ihm für den Fall, dass sein Delegat aufgrund von Auswahl-, Überwachungsfehlern, etc. die übernommenen Pflichten verletzt, strafrechtliche Sanktionen drohen.[381] Kommt er seiner Auswahl- und Überwachungspflicht hingegen nach, indem er bspw. einen anerkannten Steuerberater mit der Buch- und Bilanzführung betraut, diesem die erforderlichen

---

374 *Schulze-Osterloh* Hüffer-FS, S. 917, 923; ferner *Aigner* Rdn. 71.

375 Ausführl. zum Ganzen *Hagedorn*, S. 211 f.; *Ebner* wistra **2010**, 92, 94 f.; pauschal so auch AnwK/*Püschel* § 283 Rdn. 18; M/G[1]/*Rinjes* 8/212.

376 Zwar handelt es sich bei der Pflicht, Bilanzen zu erstellen, um eine höchstpersönliche und deshalb grds. nicht delegationsfähige Angelegenheit (vgl. nur *Regierer*, S. 99 ff. und *passim* m.w.N.), weshalb Steuerberater und Buchhalter nicht als Täter der §§ 283 Abs. 1 Nr. 7, 283b Abs. 1 Nr. 3 in Betracht kommen. D.h. aber nicht, dass der Bilanzpflichtige, der die Bilanzaufstellung wie *in praxi* üblich einem Steuerberater/Buchhalter anvertraut, trotz ordnungsgemäßer Auswahl und Überwachung für sämtliche Fehler des Buchhalters/Steuerberaters einzustehen hätte.

377 RGSt **12**, 78, 81; Hopt/*Merkt* § 238 Rdn. 11; *Fischer* § 283 Rdn. 20; MK/*Petermann/Sackreuther* § 283 Rdn. 40; M/R/*Altenhain* § 283 Rdn. 32; S/S/W/*Bosch* § 283 Rdn. 22; *Dannecker/Knierim/Dannecker/Hagemeier* Rdn. 937; Lackner/Kühl/*Heger* § 283 Rdn. 16; NK/*Kindhäuser* § 283 Rdn. 58; *Sch/Schröder/Heine/Schuster* § 283 Rdn. 32; Park/*Deiters/Wagner* Teil 3, Kap. 10.2 Rdn. 15; G/J/W/*Reinhart* § 283 Rdn. 44; M-G/*Wolf* Kap. 26 Rdn. 28; W/J/S/*Pelz* 9/166; AnwK/*Püschel* § 283 Rdn. 19; *Weyand/Diversy* Rdn. 85; HambK/*Borchardt* § 283 StGB Rdn. 23 M/G/*Rotsch/Wagner* 8/195; *Louis*, S. 35; *Hauck*, S. 112; *Gosch*, S. 199 f.; *Regner*, S. 51; *Groß*, S. 145; *Reichelt*, S. 63; *Kanitz* Rdn. 114; MK-BilR/*Graf* § 238 Rdn. 37; ADS § 238 Rdn. 47; *Weyand* ZInsO **1999**, 327, 329; *Reck* ZInsO **2001**, 633, 634; *ders.* GmbHR **2001**, 424, 425; *Maurer* wistra **2003**, 174, 175; *Biletzki* ZIP **1997**, 9, 10; implizit BGHSt **15**, 103, 106; RGSt **45**, 387, 388; M-G/*Richter* Kap. 85 Rdn. 19 ff.; *Schramm* DStR **1998**, 500, 501; *Schäfer* wistra **1986**, 200, 204.

378 Grdl. RGSt **4**, 418, 421; vgl. auch BGH/H GA **1959**, 337 mit Blick auf die GmbH-interne Ressortverteilung sowie RGSt **43**, 407, 419 zu den Pflichten eines Aufsichtsratsmitglieds; ferner *Dinkhoff*, S. 30; *Reck* GmbHR **2001**, 424, 425.

379 BGH NStZ **2000**, 206; BGH/H GA **1953**, 75; RG JW **1917**, 859; *Sch/Schröder/Heine/Schuster* § 283 Rdn. 32; *Fischer* § 283 Rdn. 20; Park/*Deiters/Wagner* Teil 3, Kap. 10.2 Rdn. 15; M-G/*Wolf* Kap. 26 Rdn. 28; AnwK/*Püschel* § 283 Rdn. 19; S/S/W/*Bosch* § 283 Rdn. 22; Lackner/Kühl/*Heger* § 283 Rdn. 16; Böttger/*Verjans/Rixe* 4/90; MK-BilR/*Graf* § 238 Rdn. 38; ADS § 238 Rdn. 48; MAH/*Böttger* § 19 Rdn. 161; MAH/*Leipold* § 19 Rdn. 95; HambK/*Borchardt* § 283 StGB Rdn. 23; M/G/*Rotsch/Wagner* 8/195; *Louis*, S. 36; *Hauck*, S. 112; *Regierer*, S. 76, 79 f.; *Neumeyer*, S. 150; *Reichelt*, S. 63; *Groß*, S. 145; *Reck* GmbHR **2001**, 424, 425; *ders.* StuB **2000**, 1281; *Biletzki* ZIP **1997**, 9, 10; *Wersdörfer* BB **1952**, 679, 680; skeptisch gegenüber dieser Überwachungspflicht aber *Regner*, S. 56 mit Blick auf die größeren Kompetenzen des Steuerberaters.

380 Zu letzterem Aspekt s. M-G/*Wolf* Kap. 26 Rdn. 28; *Hillenkamp* Tiedemann-FS, S. 949, 965; vgl. ferner BGH NStZ **1998**, 247, 248.

381 BGH/H GA **1953**, 75; RGSt **4**, 418, 421; RG JW **1917**, 859 f.; *Sch/Schröder/Heine/Schuster* § 283 Rdn. 32; MK/*Petermann/Sackreuther* § 283 Rdn. 40; NK/*Kindhäuser* § 283 Rdn. 58; SK/*Hoyer* § 283 Rdn. 71; M-G/*Richter* Kap. 85 Rdn. 24; G/J/W/*Reinhart* § 283 Rdn. 44; M/R/*Altenhain* § 283 Rdn. 32; *Ehlers* DStR **1998**, 1756, 1758; *Reck* ZInsO **2001**, 633, 634; implizit so auch BGH NStZ **1998**, 247 f. = StV **1999**, 26 = BGHR StGB § 283 Abs. 1 Nr. 5 – Buchführung 2; krit. wohl S/S/W/*Bosch* § 283 Rdn. 22.

Unterlagen rechtzeitig zur Verfügung stellt sowie regelmäßig die Fortschritte kontrolliert, bleibt er gem. § 283 Abs. 1 Nrn. 5, 7 straflos, sofern der Bilanzierungsfehler oder die unvollständige Buchführung aus der Sphäre des Steuerberaters stammt und auch bei gehöriger Aufsicht nicht hätte vermieden werden können.[382]

63 Zurechnungsprobleme entstehen zudem in Verbänden mit mehreren – etwa gem. § 41 GmbHG – buchführungspflichtigen Geschäftsleitern, wenn der verbandsinterne **Geschäftsverteilungsplan** die Buch-und Bilanzführungspflicht bei einem oder einigen wenigen Geschäftsleitern loziert. Da einer Delegation der Buch- und Bilanzführungspflicht nichts entgegensteht, gelten im Ausgangspunkt die vorstehend Rdn. 62 dargelegten Grundsätze.[383] D.h.: Haben die gesellschaftsvertraglich von der Buch- und Bilanzführungspflicht befreiten Geschäftsleiter ihren mit der Buch- und Bilanzführung betrauten Kollegen nach sachlichen Kriterien ausgewählt – z.B. demjenigen von mehreren Geschäftsleitern das Ressort „Buch- und Bilanzführung" zugewiesen, der über entsprechende Fachkenntnisse verfügt – und ihn regelmäßig überwacht,[384] trifft sie für dennoch auftretende Mängel keine strafrechtliche Verantwortlichkeit.[385] Im Umkehrschluss muss – für den Fall mangelhafter Buch- oder Bilanzführung – strafrechtliche Sanktionen befürchten, wer diese Vorgaben nicht einhält und bspw. den laut Gesellschaftsvertrag buch- und bilanzführungspflichtigen Geschäftsleiterkollegen nicht überwacht[386] bzw. einer Person den Aufgabenbereich „Buch- und Bilanzführung" überträgt, die hierfür erkennbar ungeeignet ist.[387] Darüber hinaus haben sich sämtliche Geschäftsleiter ungeachtet der geschäftsleitungsinternen Ressortaufteilung über die Ordnungsmäßigkeit der Buchführung zu vergewissern, sobald sie von wirtschaftlichen Schwierigkeiten „ihrer" Gesellschaft Kenntnis erlangen.[388]

2. Der Tatbestand des § 283 Abs. 1 Nr. 5

64 Der § 283 Abs. 1 Nr. 5 enthält jeweils zwei Tatbestände, wovon der erste ein **echtes Unterlassensdelikt**,[389] der zweite hingegen ein „Gefährdungsdelikt mit Erfolgsmoment"[390] oder nach a.A. ein

---

382 BGH NStZ **2000**, 206; *Holzapfel* Wahle-FS, S. 16, 20 f.; implizit *Biletzki* NStZ **1999**, 537, 540.

383 *Fischer* § 283 Rdn. 20; M-G/*Richter* Kap. 85 Rdn. 25; M/G/*Rotsch/Wagner* 8/195; *Biletzki* NStZ **1999**, 537, 540; *ders.* ZIP 1997, 9, 10.

384 Zu den bestehenden Kontrollpflichten s. BGHSt **47**, 318, 325; OLG Celle wistra **2014**, 109 (beide bzgl. § 266a); MK-BilR/*Graf* § 238 Rdn. 33; Haag/Löffler/*Gerner-Beuerle* § 238 Rdn. 11; S/S/W/*Bosch* § 283 Rdn. 22; *Weyand/Diversy* Rdn. 85; W/J/S/*Pelz* 9/165; A/R/R/*Himmelreich* Kap. 7/1 Rdn. 141; MAH/*Böttger* § 19 Rdn. 151; *Louis*, S. 34; *Regierer*, S. 77 f.; vgl. ferner zu den Auswahl- und Überwachungspflichten BGH ZIP **1995**, 1334, 1336, RG HRR **1941**, Nr. 132 sowie *Lütke* wistra **2008**, 409, 410 f.; *Richter* NZI **2002**, 121, 122; äußerst skeptisch gegenüber solchen Kontrollpflichten aber *Ceffinato*, S. 248 ff., 253 f., der nur das für den jeweiligen Ressortbereich zuständige Organ aus dem Sonderdelikt bestrafen will.

385 S. etwa RGZ **91**, 72, 77 sowie RGZ **138**, 156, 164 (beide bzgl. § 1 GSB a.F. = § 1 BauFordSiG); OLG Karlsruhe Justiz **1977**, 206; a.A. wohl *Weyand* ZInsO **1999**, 327, 329; s.a. W/J/S/*Pelz* 9/122, dem zufolge die Ressortverteilung keinen Geschäftsführer entlastet; ebenso wohl *Dinkhoff*, S. 30.

386 Zu einem solchen Fall RG JW **1908**, 604; OLG Karlsruhe Justiz **1977**, 206; vgl. ferner M-G/*Richter* Kap. 85 Rdn. 25.

387 S. etwa RGSt **13**, 235, 242; anders noch RGSt **12**, 78, 80 ff.: Strafrechtlich haftet nur dasjenige Vorstandsmitglied, das die Bankrotthandlung selbst begangen hat.

388 BGH NStZ **1998**, 247 = StV **1999**, 26 = BGHR StGB § 283 Abs. 1 Nr. 5 – Buchführung 2; RGSt **64**, 81, 85; zust. etwa MAH/*Böttger* § 19 Rdn. 151; *Holzapfel* Wahle-FS, S. 16, 28; vgl. ferner am Bsp. einer OHG RGSt **45**, 387 f.; allg. zu den erhöhten Anforderungen in einer Unternehmenskrise s.a. BGHZ **134**, 304, 314.

389 RGSt **13**, 235, 241 noch zu § 210 Nrn. 2, 3 KO 1877; BGH/H GA **1964**, 136 zu § 240 Abs. 1 Nr. 3 KO 1898; BGH/H MDR **1981**, 100; *Fischer* § 283 Rdn. 22; NK/*Kindhäuser* § 283 Rdn. 59; SK/*Hoyer* § 283 Rdn. 66; *Sch/Schröder/Heine/Schuster* § 283 Rdn. 33; MK/*Petermann/Sackreuther* § 283 Rdn. 37, 42; S/S/W/*Bosch* § 283 Rdn. 19; A/R/R/*Himmelreich* Kap. 7/1 Rdn. 139; M/R/*Altenhain* § 283 Rdn. 31; G/J/W/*Reinhart* § 283 Rdn. 46; AnwK/*Püschel* § 283 Rdn. 20; Park/*Deiters/Wagner* Teil 3, Kap. 10.2 Rdn. 17; *Schäfer* wistra **1986**, 200, 203; *Hagemeier* NZWiSt **2012**, 105; *Beckemper* JZ **2003**, 806; allg. gegen die Einteilung in echte und unechte Unterlassensdelikte, die „höchst streitig, jedoch wenig fruchtbar" sei, spricht sich *Maiwald* JuS **1981**, 473 m. Fn. 4 aus.

390 S.o. Rdn. 41.

schlichtes Tätigkeitsdelikt[391] bzw. ein abstrakt-konkretes Gefährdungsdelikt[392] normiert. Während die erste Modalität des § 283 Abs. 1 Nr. 5 demjenigen Kriminalstrafe androht, der es entgegen gesetzlicher Verpflichtung unterlässt, Handelsbücher zu führen,[393] fällt die zweite Modalität das Verdikt strafbaren Unrechts über solche Personen, die Handelsbücher entweder unsorgfältig führen oder (nachträglich) verändern und dadurch die Übersicht über ihren Vermögensstand erschweren.[394]

Ohne schon an dieser Stelle auf die Einzelheiten einzugehen,[395] sind Tatgegenstand des § 283 Abs. 1 Nr. 5 ausschließlich **Handelsbücher**. Damit fallen **freiwillig** geführte sowie auf steuer- (vgl. etwa § 141 Abs. 1 S. 1 AO) und gewerberechtlicher Grundlage erstellte Bücher aus dem Anwendungsbereich des § 283 Abs. 1 Nr. 5 heraus.[396] Ihre unterbliebene oder unsachgerechte Führung mag nach bestimmten Spezialgesetzen strafrechtlich relevant sein, Bankrottunrecht verwirkt sie nicht. Genausowenig unterfallen den Handelsbüchern i.S.d. § 283 Abs. 1 Nr. 5 das **Tagebuch des Handelsmaklers** (vgl. § 100 HGB),[397] das **Aktienregister** (vgl. § 67 AktG),[398] Unterlagen zum **Risikofrüherkennungssystem** eines Unternehmens[399] sowie das – zwischenzeitlich inexistente, weil vom BauFordSiG nicht übernommene[400] – Baubuch (vgl. § 2 GSB a.F.).[401] Nicht zum Kreis der von § 283 Abs. 1 Nr. 5 geschützten Handelsbücher rechnet schließlich der **Lagebericht** einer Kapitalgesellschaft (vgl. § 264 Abs. 1 HGB i.V.m. § 289 Abs. 1 S. 1), da dieser weniger die Selbstinformation des Kaufmanns „Kapitalgesellschaft", als vielmehr die Information des Kapitalmarktes bezweckt.[402] Dagegen soll das **Verwahrungsbuch**, das § 14 Abs. 1 S. 1 DepotG ausdrücklich als Handelsbuch bezeichnet und das der Verwahrer von Wertpapieren (vgl. § 1 Abs. 2 DepotG) führen muss, **h.M.** zufolge tauglicher Tatgegenstand des § 283 Abs. 1 Nr. 5 sein.[403] Die Gegenansicht will hingegen nur das **persönliche**, auf den einzelnen Hinterlegern aufbauende (vgl. § 14 Abs. 1 S. 1 DepotG), nicht 65

391 Dafür LK[12]/*Tiedemann* § 283 Rdn. 109; vgl. ferner Park/*Deiters/Wagner* Teil 3, Kap. 10.2 Rdn. 19, der die §§ 283 Abs. 1 Nr. 5 Var. 2, 283b Abs. 1 Nr. 1 Var. 2 als Begehungsdelikte einstuft; ebenso MK/*Petermann/Sackreuther* § 283 Rdn. 37; SK/*Hoyer* § 283 Rdn. 66.

392 *Schüppen*, S. 174.

393 Dazu ausführl. u. Rdn. 79 ff.

394 S.u. Rdn. 89 ff.

395 S. dazu sogleich u. Rdn. 66 ff.

396 *Sch/Schröder/Heine/Schuster* § 283 Rdn. 29; Lackner/Kühl/*Heger* § 283 Rdn. 16; Böttger/*Verjans/Rixe* 4/81; Park/*Deiters/Wagner* Teil 3, Kap. 10.2 Rdn. 12, 15; *Dannecker/Knierim/Dannecker/Hagemeier* Rdn. 936; G/J/W/*Reinhart* § 283 Rdn. 43; M-G/*Richter* Kap. 85 Rdn. 17; W/J/S/*Pelz* 9/160; *Regierer*, S. 144; *Louis*, S. 165 f.; *ders.* BC **2002**, 18, 20; *Höfner*, S. 70 bzgl. der steuerrechtlichen Pflichten; a.A. bzgl. freiwillig geführter Bücher BGHSt **4**, 271, 275 zu § 239 Abs. 1 Nr. 4 KO; ferner bzgl. der freiwillig geführten Bücher eines Minderkaufmanns BGH/H GA **1953**, 74.

397 Dazu, dass es sich hierbei um kein Handelsbuch i.S.d. § 238 HGB handelt, s. nur Hopt/*Merkt* § 238 Rdn. 1; vgl. ferner *Sch/Schröder/Heine/Schuster* § 283 Rdn. 30; *Fischer* § 283 Rdn. 19; Lackner/Kühl/*Heger* § 283 Rdn. 16; *Böhle-Stamschräder* § 239 KO Anm 8c; *v. Babo*, S. 34; *Kuhn*, S. 31; *Nieberg*, S. 22; *Steinbrück*, S. 27; *Louis*, S. 166.

398 Dazu nur Beck'scher Bilanz-Kommentar/*Störk/Lewe* § 238 Rdn. 119; *Sch/Schröder/Heine/Schuster* § 283 Rdn. 30; *Fischer* § 283 Rdn. 19; Lackner/Kühl/*Heger* § 283 Rdn. 16; M-G/*Wolf* Kap. 26 Rdn. 41; *Böhle-Stamschräder* § 239 KO Anm 8c; *v. Babo*, S. 34; *Kuhn*, S. 31; *Nieberg*, S. 22; *Steinbrück*, S. 28.

399 So Park[3]/*Sorgenfrei* Teil 3, Kap. 5 Rdn. 17; a.A. aber Beck'scher Bilanz-Kommentar/*Störk/Lewe* § 238 Rdn. 121; M-G/*Wolf* Kap. 26 Rdn. 15.

400 S etwa M-G/*Richter* Kap. 85 Rdn. 18; s. aber *Weyand* INF **2006**, 436, 440, der fehlerhafte Aufzeichnungen gem § 283 Abs. 1 Nr. 5 bestrafen will.

401 *Fischer* § 283 Rdn. 19; *Sch/Schröder/Heine/Schuster* § 283 Rdn. 30; M-G/*Richter* Kap. 85 Rdn. 17 f.; Park/*Deiters/Wagner* Teil 3, Kap. 10.2 Rdn. 13; S/S/W/*Bosch* § 283 Rdn. 20; Lackner/Kühl/*Heger* § 283 Rdn. 16; G/J/W/*Reinhart* § 283 Rdn. 45; *Böhle-Stamschräder* § 239 KO Anm 8c; a.A. aber wohl noch *Kuhn*, S. 31.

402 Zutr. Park/*Deiters/Wagner* Teil 3, Kap. 10.2 Rdn. 14, die aber darauf hinweisen, dass fehlerhafte Angaben im Lagebericht u.U. zur einer Bestrafung nach § 283 Abs. 1 Nr. 8 führen können; i.E. zust. S/S/W/*Bosch* § 283 Rdn. 20; s.a. *Hadamitzky* ZInsO **2015**, 1778, 1784.

403 Dafür *Sch/Schröder/Heine/Schuster* § 283 Rdn. 30; *Fischer* § 283 Rdn. 19; S/S/W/*Bosch* § 283 Rdn. 20; M-G/*Richter* Kap. 85 Rdn. 17; G/J/W/*Reinhart* § 283 Rdn. 45; *Böhle-Stamschräder* § 239 KO Anm 8b; *Kuhn*, S. 31; *Louis*, S. 166.

aber das **sachliche**, nach Wertpapierarten differenzierende Verwahrungsbuch[404] dem Schutz des § 283 Abs. 1 Nr. 5 unterstellen.[405] Beides überzeugt nicht. Obschon das Verwahrungsbuch als Handelsbuch den Vorschriften der §§ 238 ff. HBG folgt,[406] spricht mehr dafür, seine unterbliebene bzw. unsachgemäße Führung nicht gem. § 283 Abs. 1 Nr. 5 zu pönalisieren. Betrachtet man nämlich die Intention, die § 14 DepotG verfolgt, etwas genauer, dient das Depotbuch nicht dazu, dem Kaufmann einen Überblick über sein Vermögen und damit die Einsicht zu verschaffen, welche Risiken er eingehen kann und welche er besser bleiben lässt,[407] sondern dazu, einerseits dem Verwahrer der hinterlegten Papiere, seine Verwaltungs- und Überwachungsaufgaben zu ermöglichen und andererseits dem Hinterleger den einfachen Nachweis zu gestatten, welche Papiere er dem Verwahrer überlassen hat.[408] Diese Aspekte haben mit der Zielsetzung der „klassischen" von § 283 Abs. 1 Nr. 5 erfassten Handelsbücher wenig gemein, bezieht sich doch das Verwahrungsbuch gerade nicht auf das Vermögen des Kaufmanns. Hinzu kommt: Gem. **§ 37 DepotG** macht sich strafbar, wer bspw. seinen Pflichten aus § 14 DepotG zuwiderhandelt, sofern er entweder seine Zahlungen eingestellt hat bzw. über sein Vermögen das Insolvenzverfahren eröffnet wurde oder aber die ordnungswidrige bzw. unterbliebene Führung des Verwahrungsbuches Nachweisschwierigkeiten der Hinterleger verursachte. Da § 37 DepotG denselben Strafrahmen vorsieht, ergäbe der zusätzliche Rückgriff auf § 283b Abs. 1 keinen Sinn, zumal § 283b Abs. 1 ohnehin hinter den spezielleren § 37 DepotG zurückträte. Gleiches gälte zwar nicht für den schärfer sanktionierten § 283 Abs. 1 Nr. 5.[409] Jedoch differenziert § 37 DepotG nicht danach, ob der Täter die Tathandlung außerhalb oder während einer Krise vorgenommen hat, sondern bestraft beide Verhaltensweisen gleich, weshalb § 37 DepotG insoweit den Rekurs auf § 283 Abs. 1 Nr. 5 sperrt.[410, 411] Dafür spricht insbesondere auch ein systematischer Vergleich zu § 34 DepotG, der die sog. Depotunterschlagung regelt. Während § 34 Abs. 1 DepotG schon seinem Wortlaut nach den §§ 266, 246 den Vortritt lässt, enthält § 37 DepotG eine vergleichbare Subsidiaritätsklausel[412] nicht, obschon es für den Gesetzgeber mit Blick auf § 34 DepotG ein Leichtes gewesen wäre, den § 37 DepotG um die Wendung „abgesehen von den Fällen des § 283" zu ergänzen.

66 **a) Tatgegenstand: Das Handelsbuch.** Sämtliche inkriminierte Verhaltensweisen des §§ 283 Abs. 1 Nr. 5 müssen sich auf **Handelsbücher** beziehen. Die Reichweite des § 283 Abs. 1 Nr. 5 hängt somit entscheidend davon ab, was das Gesetz unter Handelsbüchern versteht. Wer sich, um diese Frage zu beantworten, dem – insoweit maßgebenden – HGB zuwendet, stößt schnell auf das mit

---

404 Zu diesen beiden Formen s. Hopt/*Kumpan* § 14 DepotG Rdn. 1; *Böttcher* § 14 Rdn. 1; MK/*Bröker* § 37 DepotG Rdn. 4; G/J/W/*Waßmer* § 37 DepotG Rdn. 12.

405 So LK[12]/*Tiedemann* § 283 Rdn. 91. Freilich ist fraglich, ob damit überhaupt von der **h.M.** abgewichen wird. Denn § 14 Abs. 1 DepotG regelt ohnehin nur das persönliche Verwahrungsbuch (allg.M.; s. nur /Hopt/*Kumpan* § 14 DepotG Rdn. 1).

406 S. nur Hopt/*Merkt* § 238 Rdn. 1; Hopt/*Kumpan* § 14 DepotG Rdn. 1; M-G/*Wolf* Kap. 26 Rdn. 41; Beck'scher Bilanz-Kommentar/*Störk*/*Lewe* § 238 Rdn. 119; Erbs/Kohlhaas/*Wehowsky*/*Richter* § 14 DepotG Rdn. 2; MK/*Bröker* § 37 DepotG Rdn. 4; G/J/W/*Waßmer* § 37 DepotG Rdn. 12.

407 Dazu s.o. Rdn. 42.

408 Erbs/Kohlhaas/*Wehowsky*/*Richter* § 14 DepotG Rdn. 1; ferner G/J/W/*Waßmer* § 37 DepotG Rdn. 12, der zusätzlich noch auf den Zweck des Verwahrungsbuches hinweist, dem Depotprüfer die Überwachung des Verwahrers zu erleichtern.

409 Dafür aber *Fischer* § 283 Rdn. 43.

410 Zu einer vergleichbaren Sperrwirkung des § 2 BauFordSiG gegenüber § 266 s. G/v B/*Brand* § 2 BauFordSiG Rdn. 40 sowie ausführl. *dens.* wistra **2012**, 92 ff.

411 A.A. wohl Hopt/*Kumpan* § 37 DepotG Rdn. 1, dem zufolge die Strafbarkeit nach anderen Vorschriften denkbar bleibt.

412 Für die Einstufung der Formulierung „abgesehen von den Fällen der §§ 246 und 266 des Strafgesetzbuchs" als Subsidiaritätsklausel die ganz **h.M.**; vgl. nur A/R/R/*Trüg* Kap. 3/10 Rdn. 180; G/J/W/*Waßmer* § 37 DepotG Rdn. 47; Park/*Zieschang* Teil 3, Kap. 5.2 Rdn. 18; a.A. mit beachtlichen Gründen *Hellmann* Rdn. 134.

„Handelsbücher" überschriebene dritte Buch. Danach rechnen zu den Handelsbüchern die im zweiten Unterabschnitt des ersten Abschnitts geregelten **Bilanzen**. Ob ein solch weites Verständnis, das die Bilanzen dem Terminus „Handelsbücher" einverleibt, auch dem § 283 Abs. 1 Nr. 5 zugrunde liegt, erscheint angesichts des § 283 Abs. 1 Nr. 7 indes fraglich. Letzterer Tatbestand knüpft seinen Strafvorwurf an die unterbliebene bzw. unrichtige Bilanzierung und erhebt damit ausdrücklich die Bilanz zum Tatobjekt der von ihm verbotenen Verhaltensweisen. Wollte man in strenger Akzessorietät zum HGB die Bilanzen dem Tatbestandsmerkmal „Handelsbücher" i.S.v. § 283 Abs. 1 Nr. 5 subsumieren,[413] wäre die Vorschrift des § 283 Abs. 1 Nr. 7 überflüssig und erschöpfte sich schlicht darin, das Unrecht des § 283 Abs. 1 Nr. 5 bezogen auf Bilanzen noch einmal zu wiederholen. Deshalb gebührt der Ansicht der Vorzug, die die Bilanzen aus dem Einzugsbereich des § 283 Abs. 1 Nr. 5 herausnimmt.[414] Neben dem Bedeutungszuwachs, den § 283 Abs. 1 Nr. 7 durch diese Interpretation gewinnt, streitet hierfür vor allem folgendes Argument: Der Gesetzgeber sowohl des § 283 Abs. 1 als auch des § 283b Abs. 1 pönalisiert zwar das **Verändern** von Handelsbüchern, nicht aber von Bilanzen. Gem. dem eindeutigen Wortlaut der §§ 283 Abs. 1 Nr. 7, 283b Abs. 1 Nr. 3 erfüllt das Verändern von Bilanzen diese Tatbestände nicht. Man mag das unbefriedigend finden und teleologisch für verfehlt halten. Einem Rückgriff auf die §§ 283 Abs. 1 Nr. 5, 283b Abs. 1 Nr. 1, um den Täter, der Bilanzen verfälscht, zu bestrafen, steht jedoch vor diesem Hintergrund richtigerweise Art. 103 Abs. 2 entgegen.

Die eben[415] erörterte Problematik kehrt wieder, sobald man die Frage aufwirft, ob das **Inventar**, zu dessen Erstellung § 240 Abs. 1, Abs. 2 S. 1 HGB den Kaufmann verpflichtet, den Handelsbüchern i.S.v. § 283 Abs. 1 Nr. 5 angehört. Der Regelungsstandort des § 240 HGB legt ein solches Verständnis nahe, hat doch der Gesetzgeber den § 240 HGB im dritten mit „Handelsbücher" überschriebenen Buch normiert. Hierbei darf aber nicht stehen geblieben werden. Vielmehr gilt es erneut, den Aussagegehalt des § 283 Abs. 1 Nr. 7 mit in die Betrachtung einzubeziehen. Gem. dem § 283 Abs. 1 Nr. 7b Var. 2 macht sich – die übrigen Voraussetzungen unterstellt – strafbar, wer es unterlässt, innerhalb der vorgeschriebenen Zeit ein Inventar aufzustellen. Hingegen bleibt derjenige Kaufmann gem. § 283 Abs. 1 Nr. 7 straflos, der entweder ein unzutreffendes Inventar aufstellt oder aber ein zunächst richtiges Inventar nachträglich verfälscht. Deshalb plädiert ein Teil des Schrifttums dafür, das Inventar den Handelsbüchern zuzuschlagen und solches Verhalten mithilfe des § 283 Abs. 1 Nr. 5 zu sanktionieren.[416] Die Systematik und Art. 103 Abs. 2 GG stünden diesem Vorgehen nicht entgegen, da den Tathandlungen des § 283 Abs. 1 kein logisches Gesamtkonzept eigne.[417] Das überzeugt nicht: Hätte der Gesetzgeber das Inventar demselben Schutz unterstellen wollen wie die Handelsbücher i.S.d. §§ 238 f. HGB, hätte er davon abgesehen, das Inventar als zusätzlichen Tatgegenstand i.R.d. § 283 Abs. 1 Nr. 7b zu erwähnen. Indem er gem. § 283 Abs. 1 Nr. 7b nur dem **vollständigen Fehlen** eines Inventars den Rang strafwürdigen Unrechts beilegt, bringt er zugleich zum Ausdruck, verfälschte oder unzutreffend geführte Inventare nicht nach § 283 Abs. 1 Nrn. 5–7 bestrafen zu wollen.[418] Allenfalls unter dem Blickwinkel des **§ 283 Abs. 1 Nr. 8** könnte sich der Kaufmann, der ein Inventar unsachgemäß führt bzw. verfälscht, strafbar machen.[419] 67

413 So aber noch BGH LM Nr. 3 zu § 239 KO, freilich im Kontext des § 239 Abs. 1 Nr. 4 KO, der lediglich den Terminus „Handelsbücher" kannte.

414 Dafür SK/*Hoyer* § 283 Rdn. 68; Lackner/Kühl/*Heger* § 283 Rdn. 16; Park/*Deiters*/*Wagner* Teil 3, Kap. 10.2 Rdn. 13; A/R/R/*Himmelreich* Kap. 7/1 Rdn. 142; M/S/M/*Maiwald* § 48 Rdn. 26; *Regierer*, S. 134 f.; *Regner*, S. 71; MK/*Petermann*/*Sackreuther* § 283 Rdn. 41.

415 Rdn. 66.

416 Dafür etwa M-G/*Richter* Kap. 85 Rdn. 54, *Hauck*, S. 123 sowie Bittmann[1]/*Bittmann* § 12 Rdn. 167.

417 So Bittmann[1]/*Bittmann* § 12 Rdn. 167.

418 I.E. ebenso Park/*Deiters*/*Wagner* Teil 3, Kap. 10.2 Rdn. 13, SK/*Hoyer* § 283 Rdn. 68; MK/*Petermann*/*Sackreuther* § 283 Rdn. 41, M/G/*Rotsch*/*Wagner* 8/236; A/R/R/*Himmelreich* Kap. 7/1 Rdn. 142, allerdings ohne Begründung.

419 Dazu Rdn. 153.

68 Den Umfang des § 283 Abs. 1 Nr. 5 legen somit in tatgegenständlicher Hinsicht die §§ 238, 239 HGB fest. Hinzu kommen ergänzend Spezialvorschriften, etwa die §§ 150, 152 AktG, 41 ff. GmbHG, 33 Abs. 1 GenG sowie die §§ 1, 5, 11 PublG. Die §§ 238, 239 HGB differenzieren zwischen den **äußerlichen** und den **inhaltlichen** Anforderungen, denen ein ordnungsgemäß geführtes Handelsbuch genügen muss. Diese Unterscheidung liegt auch den nachfolgenden Ausführungen zugrunde.

69 **aa) Die äußerliche Gestaltung des Handelsbuchs.** Die Beschaffenheit, die den von § 283 Abs. 1 Nr. 5 geschützten Handelsbüchern eignen muss, lässt sich anhand des § 238 Abs. 1 HGB i.V.m. den dort genannten Grundsätzen ordnungsgemäßer Buchführung (**GoB**) ermitteln. Was zunächst das äußere Erscheinungsbild der Handelsbücher anbelangt, zwingt der Wortbestandteil „Buch" – schon mit Blick auf die fortschreitende Technisierung – keinesfalls dazu, die Handelsbücher in gebundener Buchform vorzuhalten.[420] Mit dieser Erkenntnis beginnen die Schwierigkeiten aber erst. Bis heute ist unklar und umstritten, ab welchem **Verfestigungsgrad** eine lose, (un)geordnete Sammlung von Belegen zum Handelsbuch avanciert. Gem. § 239 Abs. 4 S. 1 HGB genügt bereits die **geordnete Ablage** von Belegen[421] bzw. das Anfertigen eines **EDV-gestützten** Handelsbuchs,[422] sofern diese Form den GoB entspricht. Mehr als ein erster Anhaltspunkt ist damit aber wegen der Bezugnahme auf die GoB nicht gewonnen. Deshalb verwundert es auch nicht, dass die Meinungen auseinandergehen, sobald Konvolute in Rede stehen, die nur unter erheblichen Mühen allenfalls einem äußerst weit verstandenen Buchbegriff subsumierbar sind.[423] Die Probleme, die vor allem dann entstehen, wenn die kaufmännische Buchführung sich darin erschöpft, die einzelnen Belege lose zu ordnen, sollen nach teilweise vertretener Ansicht lösbar sein, ziehe man den § 283 Abs. 1 Nr. 6 sowie den § 257 Abs. 1 Nr. 4 HGB zu Rate. § 257 Abs. 1 HGB verpflichtet den Kaufmann, bestimmte Unterlagen aufzubewahren, zu denen gem Nr. 4 die Buchungsbelege rechnen, die die Grundlage der Handelsbücher i.S.v. § 238 HGB bilden. Missachte der Kaufmann diese **handelsrechtliche Aufbewahrungspflicht**, mache er sich unter den Voraussetzungen des § 283 Abs. 1 Nr. 6 strafbar. Vor diesem Hintergrund bestehe kein Bedürfnis, Belegsammlungen den Handelsbüchern und damit dem Schutz des § 283 Abs. 1 Nr. 5 zu überantworten.[424] Das überzeugt nur bedingt. Entspricht es nämlich im jeweiligen Geschäftsbereich den GoB, die Handelsbücher dadurch zu führen, dass der Kaufmann die Belege geordnet ablegt, widerspräche es dem anerkannten Grundsatz, wonach strafrechtlich nicht geahndet werden darf, was zivil-, handels- oder gesellschaftsrechtlich erlaubt ist, wollte man hieran den Vorwurf unterlassener Buchführung knüpfen.[425] Ins Allgemeine gewendet: Was Handelsbuch i.S.d. § 283 Abs. 1 Nr. 5 ist, bestimmt sich – **streng akzessorisch** – anhand der §§ 238 f. HGB.[426] Danach rechnen zwar bloß vorbereitende Notizen, Zwischenablagen oder sonstige Aufzeichnungen nicht zu den Handelsbüchern. Geordnete

420 Zur grds. Zulässigkeit einer Speicherbuchhaltung s. BGH NStZ **1998**, 247 = StV **1999**, 26 = BGHR StGB § 283 Abs. 1 Nr. 5 – Buchführung 2; s. ferner MK-BilR/*Graf* § 238 Rdn. 57.

421 Ausführl. zu den Anforderungen an die Belegbuchführung ADS § 239 Rdn. 48 ff.

422 S. dazu LK[12]/*Tiedemann* § 283 Rdn. 95; ferner *Fischer* § 283 Rdn. 21.

423 Großzügig etwa BGHSt **14**, 262, 264 am Bsp. des Weinbuchs i.S.v. § 19 Abs. 1 WeinG sowie BGH BB **1955**, 109 = LM Nr. 10 zu § 239 KO: Lieferscheinblocks als Handelsbücher (insoweit zust. *Rowedder* BB **1955**, 109); enger dagegen RGSt **50**, 131, 132: Kassenzettel können Handelsbücher nicht ersetzen; auf dieser Linie ferner RGSt **17**, 301, 302 f. sowie RG Rspr. **3**, 304 f.: Tagenotizbuch ist kein Handelsbuch.

424 Auf dieser Linie bewegt sich die Argumentation von LK[12]/*Tiedemann* § 283 Rdn. 94; vgl. aber auch a.a.O., Rdn. 112a, wo die vollständige Belegsammlung genügen soll, sofern sie den GoB entspricht; nur ersterem zust. SK/*Hoyer* § 283 Rdn. 68.

425 I.E. so auch *Fischer* § 283 Rdn. 21 unter Hinweis auf § 239 Abs. 4 HGB; Park/*Deiters/Wagner* Teil 3, Kap. 10.2 Rdn. 13; S/S/W/*Bosch* § 283 Rdn. 20; G/J/W/*Reinhart* § 283 Rdn. 45; *Weyand/Diversy* Rdn. 88; a.A., geordnete Ablage der Buchungsbelege genügt nicht dem Handelsbuchbegriff, SK/*Hoyer* § 283 Rdn. 68; *Dannecker/Knierim/Dannecker/Hagemeier* Rdn. 932.

426 Für strenge Akzessorietät auch LK[12]/*Tiedemann* § 283 Rdn. 94; ferner wohl Park/*Deiters/Wagner* Teil 3, Kap. 10.2 Rdn. 13.

Belegsammlungen können jedoch durchaus die Anforderungen erfüllen, die §§ 238 f. HGB an ein Handelsbuch stellen.

bb) Inhaltliche Anforderungen an ein Handelsbuch. Um die inhaltlichen Anforderungen zu ermessen, denen die Handelsbücher eines Kaufmanns genügen müssen, ist es erneut notwendig, die **GoB** zu bemühen.[427] Sie geben einerseits Auskunft darüber, wie viele Bücher der Kaufmann vorhalten muss – ob also bspw. ein **Grundbuch** bzw. **Journal** genügt oder ob er wegen der Komplexität der Geschäftsvorfälle zusätzliche Bücher zu führen hat[428] Andererseits konkretisieren sie die inhaltlichen Vorgaben, die § 239 Abs. 2 HGB bereits rudimentär benennt. Da die GoB nirgends kodifiziert sind, ist es Aufgabe des Richters zu ermitteln, welche Aussagen die GoB im jeweils einschlägigen Fall treffen. Drei „Ermittlungsverfahren" stehen hierfür zur Verfügung: ein deduktives, ein induktives und ein hermeneutisches.[429] Während das deduktive Modell u.a. das Gesetz[430] zum Ausgangspunkt nimmt und anhand der dort vorgefundenen Wertungen die GoB ermittelt,[431] destillierte das induktive Modell die GoB zunächst aus der ständig geübten Geschäftspraxis ordentlicher und ehrenwerter Kaufleute[432] um kurze Zeit später das Augenmerk darauf zu richten, was ordentliche und ehrenwerte Kaufleute für richtig halten.[433, 434] Der hermeneutische Weg verbindet ausgehend von den üblichen Methoden der Normauslegung deduktives und induktives Modell miteinander, ohne freilich der tatsächlich geübten Praxis die Kraft zuzugestehen, GoB rechtsschöpferisch zu gestalten.[435] Die **h.M.** in Rspr. und Schrifttum bestimmt den Inhalt der GoB mithilfe des **hermeneutischen Verfahrens**,[436] orientiert sich also an den durch Auslegung gewonnenen, tragenden Bilanzrechtsgrundsätzen. Vor allem folgende Aspekte bestätigen die Stimmigkeit dieser **h.M.**: Zum einen liefe der Gläubiger- und Gesellschafterschutz, den die Rechnungslegung intendiert, weitgehend leer, gestattete man den Kaufleuten i.S.d. induktiven Methode darüber zu entscheiden, was ordentliche Buchführung ist.[437] Der Verdacht, auf diese Weise den sprichwörtli- 70

427 Hopt/*Merkt* § 238 Rdn. 1, 12.

428 S. nur Beck'scher Bilanz-Kommentar/*Störk*/*Lewe* § 238 Rdn. 114; MK-BilR/*Graf* § 238 Rdn. 68.

429 Vgl. aber auch *Körner* BB **1986**, 1742, 1746 ff., der zwischen GOB-Grundsatz (Wahrheit, Klarheit, Vorsicht) und hieraus abgeleiteten GOB-Prinzipien unterscheidet.

430 Zu weiteren Anhaltspunkten, die Rückschlüsse auf die GoB gestatten, s. Hopt/*Merkt* § 238 Rdn. 12; ferner M-G/*Wolf* Kap. 26 Rdn. 33; zu den Problemen, die auf den deduktiven Ansatz durch das BilMoG zukommen, s. *Fülbier*/*Gassen* DB **2007**, 2605, 2610 f.

431 So etwa *Regner*, S. 66, der allerdings die Zwecke des Jahresabschlusses mitberücksichtigen will und sich somit stark dem hermeneutischen Modell annähert; s. ferner *Biletzki* ZIP **1997**, 9; *Döllerer* BB **1959**, 1217, 1220, der der kaufmännischen Übung aber einen gewissen Indizcharakter attestiert; letzterem zust. etwa *Havermann* DB **1961**, 985, 986; auf dieser Linie wohl auch *Moxter* ZGR **1980**, 254, 262 ff., obschon er die Schwierigkeiten dieser Methode deutlich benennt; sehr skeptisch gegenüber diesem Vorgehen *Tiedemann* Schaffstein-FS, S. 195, 207; als **h.M.** bezeichnet dieses Modell *Schüppen*, S. 156.

432 Dazu RGSt **41**, 293, 299 f.; RGZ **91**, 408, 411; so wohl auch noch BFHE **86**, 118, 119 f. sowie BGHZ **34**, 324 ff.

433 Zu den beiden Modellen Hopt/*Merkt* § 238 Rdn. 12.

434 Zu dieser Akzentverschiebung innerhalb des induktiven Modells s. MK-BilR/*Graf* § 238 Rdn. 51; dafür wohl *Tiedemann* Schaffstein-FS, S. 195, 207 im Kontext der aktienrechtlichen Berichterstattungspflicht.

435 Ausführl. MK-BilR/*Graf* § 238 Rdn. 53 f.; *Baetge* DB **1986** Beil 26, 1, 4 f.; vgl. ferner BFHE **89**, 191, 194, wo aber die tatsächlich geübte Praxis noch als wichtige Erkenntnisquelle bezeichnet wird sowie BFHE **95**, 31, 34; weitergehend noch BFHE **86**, 118, 120.

436 Dafür Haag/Löffler/*Gerner-Beuerle* § 238 Rdn. 20; *Kirsch* StuB **2008**, 453 f.; wohl auch Hopt/*Merkt* § 238 Rdn. 12 (obschon er nur von der deduktiven Methode spricht; der Sache nach dürfte er aber dem hermeneutischen Ansatz nahe stehen); ähnl. MK-HGB/*Ballwieser* § 238 Rdn. 21, 23; LK[12]/*Tiedemann* § 283 Rdn. 111; *Louis*, S. 40; das deduktive Modell als hM bezeichnet etwa *Schüppen*, S. 156.

437 S.a. MK-HGB/*Ballwieser* § 238 Rdn. 21, der darüber hinaus zu bedenken gibt, dass der Hinweis auf den ehrenwerten Kaufmann zirkulär ist, folgt doch die Ehrenwertigkeit nicht zuletzt daraus, ob die GoB eingehalten werden; ähnl. *Louis*, S. 40; ferner *Baetge* DB **1986** Beil 26, 1, 3; vgl. aber zu den Handelsbräuchen i.S.d. § 346 HGB OLG Jena NJ **2003**, 436.

chen Bock zum Gärtner zu machen, läge nicht ganz fern.[438] Zum anderen versagt die induktive Methode, sobald neue Fragestellungen aufkommen, bzgl. derer sich noch keine kaufmännische Übung herausgebildet hat.[439] Die deduktive Methode, die mit dem Gesetzeszweck arbeitet, hat hingegen regelmäßig damit zu kämpfen, dass das Gesetz in seinen unterschiedlichen Normen nicht *den* einen, sondern zahlreiche verschiedene Zwecke verfolgt.[440] Allen diesen Schwierigkeiten geht das hermeneutische Modell erfolgreich aus dem Weg. Unterscheiden lassen sich die GoB in einen formellen (**Buchführungstechnik**[441]) und einen materiellen (allg. **Buchführungsgrundsätze**[442]) Teil.[443]

71 Schließt man sich der **h.M.** im Bilanzrecht an und ermittelt die GoB auf der Basis eines hermeneutischen Modells, überzeugt es nicht, die GoB im Strafprozess wie Tatsachen zu behandeln.[444] D.h.: Besteht über den Inhalt der GoB im konkreten Fall Streit, hat der Richter diesen Streit zu entscheiden, indem er sich der aus seiner Sicht überzeugenderen Auffassung anschließt.[445] Mithilfe des *in-dubio*-Grundsatzes kann er sich nicht „aus der Affäre stehlen".[446]

72 **(1) Buchführungstechnik.** Hinter dem Oberbegriff „Buchführungstechnik" verbirgt sich vor allem die Fragestellung, wie viele Bücher der Kaufmann zu führen hat, damit er die Vorgaben der §§ 238, 239 HGB erfüllt. Herkömmlich unterscheidet man zwischen Grund-, Haupt- und Nebenbüchern.[447] Während das **Grundbuch** dazu dient, sämtliche Geschäftsvorfälle des Unternehmens chronologisch zu erfassen und als Kassen-, Wareneingangs-/Warenausgangs- sowie Bankbuch[448] vorkommt, besteht das **Hauptbuch** aus verschiedenen Sachkonten, denen die einzelnen Positionen des Jahresabschlusses zugeordnet sind. Die Nebenbücher verarbeiten etwa in Form der Kontokorrent-, Lager-, Anlagen- oder Lohn- bzw. Gehaltsbuchhaltung[449] bestimmte Einzelinformationen, deren Aufnahme im Grund- bzw. Hauptbuch auf Kosten der Klarheit und Übersichtlichkeit ginge.[450] Die Anzahl der im Hauptbuch vereinigten **Sachkonten** bemisst sich nach einem vom Kaufmann festgelegten und an den speziellen Gegebenheiten seines Unternehmens orientierten Kontenplan. *In praxi* greifen Kaufleute, die einen Kontenplan erstellen, häu-

---

438 S. schon *Bretzke*, S. 136; ebenso *Regner*, S. 12, 65, der zudem den verfassungsrechtlichen Einwand ins Feld führt, wonach die Gruppe der „ehrenwerten Kaufleute" keine demokratische Legitimation besäße, um verbindliche Rechtsregeln *qua* ihres Verhaltens hervorzubringen.

439 Zu diesen beiden Argumenten s. MK-BilR/*Graf* § 238 Rdn. 51; ferner *Kirsch* StuB **2008**, 453; s.a. schon *Nelles*, S. 28; zu letzterem Aspekt *Bretzke*, S. 136 f.; *dies.* KTS **1985**, 413, 417 im Kontext der Sorgfaltspflicht ordentlicher Kaufleute.

440 Zu diesem und weiteren Einwänden gegen die deduktive Methode in ihrer Reinform MK-BilR/*Graf* § 238 Rdn. 52; *Moxter* ZGR **1980**, 254, 262; *Kirsch* StuB **2008**, 453; s. ferner *Louis*, S. 40.

441 S.u. Rdn. 72 ff.

442 S.u. Rdn. 75 ff.

443 S. etwa MK-HGB/*Ballwieser* § 238 Rdn. 19; *Hagedorn*, S. 36 f.; *Regner*, S. 66.

444 Zutr. *Döllerer* BB **1959**, 1217; a.A. aber Bittmann[1]/*Bittmann* § 12 Rdn. 168; ferner wohl Park/*Deiters*/*Wagner* Teil 3, Kap. 10.2 Rdn. 19.

445 Für den Zivilprozess so auch schon *Döllerer* BB **1959**, 1217, 1220, dem zufolge der Grundsatz gilt: „*iura novit curia*"; für den Strafprozess so scheinbar ebenfalls *Regner*, S. 75, dem zufolge der Strafrichter im Einzelfall durch Auslegung die Kriterien ordnungsgemäßer Buchführung zu ermitteln habe, um zu eruieren, ob die vorliegende Buchführung die Vermögensübersicht erschwert.

446 So aber Bittmann[1]/*Bittmann* § 12 Rdn. 168 sowie NK/*Kindhäuser* § 283 Rdn. 61; Park/*Deiters*/*Wagner* Teil 3, Kap. 10.2 Rdn. 19; unklar *Tiedemann* Lackner-FS, S. 737, 747, der den *in-dubio*-Grundsatz für den empirischen Teil der kaufmännischen Verkehrssitte anwenden will.

447 Ebenroth/Boujong/Joost/Strohn/*Böcking*/*Gros*/*Wirth* § 238 Rdn. 13; MK-HGB/*Ballwieser* § 238 Rdn. 34; Beck'scher Bilanz-Kommentar/*Störk*/*Lewe* § 238 Rdn. 114 ff.

448 Hierzu Ebenroth/Boujong/Joost/Strohn/*Böcking*/*Gros*/*Wirth* § 238 Rdn. 14.

449 Zu diesen Arten der Nebenbücher s. Ebenroth/Boujong/Joost/Strohn/*Böcking*/*Gros*/*Wirth* § 238 Rdn. 16; Beck'scher Bilanz-Kommentar/*Störk*/*Lewe* § 238 Rdn. 116; MK-BilR/*Graf* § 238 Rdn. 70; ADS § 239 Rdn. 9; *Kanitz* Rdn. 118.

450 Instruktiv zu dieser Gliederung *Kanitz* Rdn. 117; s. ferner MK-HGB/*Ballwieser* § 238 Rdn. 35 f.; Ebenroth/Boujong/Joost/Strohn/*Böcking*/*Gros*/*Wirth* § 238 Rdn. 14 ff.; *Louis*, S. 36 f.; *Regierer*, S. 73 f.

fig auf **Standardkontenrahmen** wie den Einzel- und Großhandeslskontenrahmen, den Industriekontenrahmen (IKR) oder den Handelskontenrahmen (HKR) zurück[451] und passen diese vorgefundenen Kontenrahmen den jeweiligen Besonderheiten ihres Unternehmens an.[452]

Welche der genannten Bücher ein Kaufmann vorhalten muss, hängt im Ausgangspunkt von Art und Umfang des jeweiligen Handelsgewerbes ab.[453] So kommt der Kleingewerbetreibende, der nur wenige und zudem völlig gleichartige Geschäfte tätigt, bzw. die echte Komplementär-GmbH grds. dieser Pflicht nach, wenn er/sie der einfachen Buchführung folgend ein oder mehrere Grundbücher führt, in das er/sie sämtliche Verfügungsgeschäfte chronologisch geordnet und durch entsprechende Belege nachgewiesen einträgt.[454] Von diesem Ausnahmefall abgesehen, hat sich jedoch zwischenzeitlich das Erfordernis einer **doppelten Buchführung** durchgesetzt.[455] D.h.: Der Kaufmann muss neben dem Grund- ein Hauptbuch einrichten, das verallgemeinernd aus Bestands- und Erfolgskonten besteht.[456] Die Besonderheiten der doppelten Buchführung lassen sich bereits an ihrem Namen ablesen: Wer sich dieser Buchführungsform bedient, zeichnet zum einen sämtliche Geschäftsvorfälle sowohl im Grund- als auch im Hauptbuch auf und bucht zum anderen alle Geschäftsvorfälle doppelt – einmal im **Soll** und einmal im **Haben**.[457] Anders gewendet interpretiert eine Buchführung, die die Regeln der Doppik anwendet, die Geschäftsvorfälle im Unternehmen als „**Tauschakte**", die Wertbewegungen sowohl auf den Bestands- als auch den Erfolgskonten verursachen.[458] Im Unterschied zu den **Erfolgskonten**, die den Ertrag bzw. Aufwand des Unternehmens abbilden und damit die Grundlage der **Gewinn- und Verlustrechnung** (GuV; vgl. § 242 Abs. 2 HGB) darstellen,[459] zeichnen sich die **Bestandskonten**, die wiederum in Aktiv- und Passivkonten zerfallen,[460] durch ihre Erfolgsneutralität aus. Erwirbt ein Kaufmann bspw. Vorräte zu einem Preis von 50, hat er auf der Sollseite des Aktivkontos „Vorräte" einen Zugang von 50 und auf der Habenseite des Aktivkontos „Kasse" einen Abgang von 50 zu verbuchen.[461] Man spricht vom sog. **Aktivtausch**.[462] Das Gegenstück, der sog. **Passivtausch**, betrifft Konstellationen, in denen etwa der Kaufmann, um eine bereits bestehende Verbindlichkeit i.H.v. 50 zu begleichen, einen von ihm akzeptierten Wechsel in gleicher Höhe begibt. Buchungstechnisch verringert sich die Sollseite des Passivkontos „Verbindlichkeiten" um 50, während die Habenseite des Passivkontos „Wechselverbindlichkeiten" um 50 anwächst. Sowohl ein Aktiv- als auch ein Passivkonto sind 73

451 Zu diesen und weiteren standardisierten Kontenrahmen s. MK-HGB/*Ballwieser* § 238 Rdn. 35; vgl. ferner auch schon *Regner*, S. 124 m. Fn. 12.

452 Zum Ganzen ADS § 239 Rdn. 32; MK-BilR/*Graf* § 238 Rdn. 72; ferner *Fink/Woring* JuS **2001**, 1067, 1072.

453 RG LR **1913**, 695, 696; BGH LM Nr. 6 zu § 240 KO; *Louis*, S. 36.

454 Hopt/*Merkt* § 238 Rdn. 13; Staub/*Pöschke* § 239 Rdn. 7; MK-BilR/*Graf* § 238 Rdn. 67; Haag/Löffler/*Gerner-Beuerle* § 238 Rdn. 23; skept. hingegen Beck'scher Bilanz-Kommentar/*Störk/Lewe* § 238 Rdn. 125; s. ferner u.a. zur echten Komplementär-GmbH Ebenroth/Boujong/Joost/Strohn/*Böcking/Gros/Wirth* § 238 Rdn. 24; aus dem strafrechtlichen Schrifttum NK/*Kindhäuser* § 283 Rdn. 61; LK[12]/*Tiedemann* § 283 Rdn. 112.

455 Dazu, dass die doppelte Buchführung mittlerweile dem praktischen Regelfall entspricht, s. *Dannecker/Knierim/Dannecker/Hagemeier* Rdn. 935; *Weyand/Diversy* Rdn. 89; MAH/*Böttger* § 19 Rdn. 148; BilR/*Graf* § 238 Rdn. 65; Hopt/*Merkt* § 238 Rdn. 13; Beck'scher Bilanz-Kommentar/*Störk/Lewe* § 238 Rdn. 123; ADS § 239 Rdn. 4; Haag/Löffler/*Gerner-Beuerle* § 238 Rdn. 22; vgl. ferner *Thiel/Lüdtke-Handjery* Rdn. 89, denen zufolge die doppelte Buchführung wegen der von allen Kaufleuten zu erstellenden GuV (vgl. § 242 Abs. 2 HGB) zwingend ist; ebenso bereits *Schulze-Osterloh* ZHR 150 (**1986**), 403, 410; zust. *Regierer*, S. 72; so i.E. wohl auch *Großfeld/Luttermann* Rdn. 63; *Körner* BB **1986**, 1742, 1745; *Weyand* ZInsO **1999**, 327, 328; *ders.* PStR **2004**, 235, *ders.* StuB **1999**, 178, 180 sowie Bittmann[1]/*Bittmann* § 12 Rdn. 169; a.A. wohl G/J/W/*Reinhart* § 283 Rdn. 45.

456 *K. Schmidt* § 15 III 1c (= S. 426); *Weyand/Diversy* Rdn. 89.

457 Ebenroth/Boujong/Joost/Strohn/*Böcking/Gros/Wirth* § 238 Rdn. 23; Hopt/*Merkt* § 238 Rdn. 13; MK-BilR/*Graf* § 238 Rdn. 65; MK-HGB/*Ballwieser* § 238 Rdn. 31; *K. Schmidt* § 15 III 1c (= S. 426); Haag/Löffler/*Gerner-Beuerle* § 238 Rdn. 22; *Regierer*, S. 71; *Fink/Woring* JuS **2001**, 1067, 1071.

458 Hopt/*Merkt* § 238 Rdn. 13; Beck'scher Bilanz-Kommentar/*Störk/Lewe* § 238 Rdn. 123.

459 *N. Wolf* JuS **2012**, 486, 489.

460 *Fink/Woring* JuS **2001**, 1067, 1071.

461 *K. Schmidt* § 15 III 1c (= S. 426).

462 S. etwa das Bsp. bei *Fink/Woring* JuS **2001**, 1067, 1071.

betroffen, wenn der Kaufmann entweder Waren für 50 erwirbt, den Kaufpreis aber nicht sofort bezahlt, sondern sich stunden lässt, oder eine Verbindlichkeit i.H.v. 50 aus der Kasse begleicht. Im ersten Fall erfahren der Sollbestand des Aktivkontos „Waren“ und der Habenbestand des Passivkontos „Verbindlichkeiten“ jeweils einen Zuwachs von 50, wohingegen im zweiten Fall der Sollbestand des Aktivkontos „Kasse“ und der Habenbestand des Passivkontos „Verbindlichkeiten“ beide einen Abgang von 50 zu verzeichnen haben. Der Fachjargon spricht von **Bilanzverlängerung** bzw. von **Bilanzverkürzung.**[463] Neben die Bestandskonten treten – wie schon gesagt – in Gestalt der Aufwands- und Ertragskonten die Erfolgskonten. Sie geben Auskunft darüber, wie sich das Eigenkapital des Kaufmanns innerhalb eines Geschäftsjahrs entwickelt. Veräußert ein Kaufmann bspw. Waren, die er zuvor für 50 gekauft hat, zu einem Preis von 100 und bezahlt er zudem Löhne und Miete i.H.v. jeweils 100, erhöht sich die Sollseite der Aufwandskonten „Personal“, „Wareneinkauf“, „Miete“ um 100 bzw. 50 und die Habenseite des Ertragskontos „Umsatz“ um 100. Handelt es sich hierbei um die einzigen Geschäftsvorfälle des Geschäftsjahrs, hat der Kaufmann einen Jahresfehlbetrag von 150 erwirtschaftet.[464]

74 Resümierend: Indem der Kaufmann Bestands- wie Erfolgskonten führt, kann er zum einen den Erfolg seiner Unternehmung auf zweifache Art ermitteln, nämlich durch Vermögensvergleich und durch Vergleich von Aufwand und Ertrag.[465] Zum anderen entspricht solches Vorgehen dem gesetzlichen Leitbild, zwingt doch § 242 Abs. 3 HGB nicht nur dazu, eine Bilanz, sondern darüber hinaus auch eine GuV aufzustellen.

75 **(2) Allg Buchführungsgrundsätze.** Gem. § 238 Abs. 1 S. 2 HGB bezweckt das Handelsbuch sämtliche Geschäftsvorfälle in ihrer Entstehung und Abwicklung so darzustellen, dass ein **sachverständiger Dritter** innerhalb angemessener Zeit einen Überblick über die Geschäftsvorfälle und die Lage des Unternehmens erlangen kann. Die maßgebenden materiellen Vorgaben, denen ein ordnungsgemäß geführtes Handelsbuch entsprechen muss, listet stichwortartig **§ 239 Abs. 2 HGB** auf. Danach hat der Kaufmann die Eintragungen und sonst erforderlichen Aufzeichnungen vollständig, richtig, zeitgerecht und geordnet vorzunehmen. Diese vier Prinzipien, deren exakten Inhalt § 239 Abs. 2 HGB im Dunkeln lässt, bedürfen zu ihrer näheren Konkretisierung ebenfalls der GoB.[466]

76 Das **Vollständigkeitsprinzip** fordert, alle baren und unbaren Geschäftsvorfälle chronologisch sortiert in einem oder mehreren Grundbüchern einzeln[467] festzuhalten und sodann sachlich geordnet auf Bestands- und Erfolgskonten zu verbuchen.[468] Da Buch- und Bilanzführung – wie gesehen – die wirtschaftliche Lage des kaufmännischen Unternehmens darstellen wollen, rechnen zu den Geschäftsvorfällen, die die §§ 238, 239 HGB vor Augen haben, nur solche, die den Vermögensbestand wirtschaftlich betrachtet mehren oder mindern (sog. **Realisationsprinzip**).[469] Folglich findet das schuldrechtliche Verpflichtungsgeschäft solange keinen Eingang in das Buchwerk,[470] solange nicht etwa der Kaufmann, indem er die versprochene Leistung erbringt, den Anspruch auf die Gegenleistung verdient.[471] Anders gewendet: Erst Bestandsveränderungen – die aber keinesfalls dinglich wirken müssen[472] –, wie der Empfang von Waren oder die Bezahlung von Rechnungen werden gebucht und zwar so, dass – dem Ordnungsprinzip entsprechend –

463 Hierzu instruktiv *Großfeld/Luttermann* Rdn. 51 ff.; *N. Wolf* JuS **2012**, 486, 489.
464 Zu diesem Bsp. *N. Wolf* JuS **2012**, 486, 489 f.; zu einem weiteren anschaulichen Bsp. s. *Fink/Woring* JuS **2001**, 1067, 1073.
465 Beck'scher Bilanz-Kommentar/*Störk/Lewe* § 238 Rdn. 123; MK-HGB/*Ballwieser* § 238 Rdn. 31.
466 Ausführl dazu o. Rdn. 70.
467 Zur möglichen Vorverdichtung des Buchungsstoffes s. ADS § 239 Rdn. 9, 18.
468 *Thiel/Lüdtke-Handjery* Rdn. 90; s. ferner ADS § 239 Rdn. 6.
469 S. nur Haag/Löffler/*Gerner-Beuerle* § 238 Rdn. 15; *Baetge* DB **1986** Beil. 26, 1, 11; *N. Wolf* JuS **2012**, 486.
470 G/J/W/*Reinhart* § 283 Rdn. 45.
471 Haag/Löffler/*Gerner-Beuerle* § 238 Rdn. 15.
472 Dazu am Bsp. von Eigentumsvorbehalt und Sicherungsübereignung Haag/Löffler/*Gerner-Beuerle* § 238 Rdn. 15.

neben den Zahlen auch die zugrundeliegenden Geschäfte nach Art und Vertragspartner erkennbar sind.[473] Eine Ausnahme vom strengen Realisationsprinzip besteht für **Verluste**, deren Eintritt die schwebenden Geschäfte nahelegen.[474]

Der Grundsatz der **Richtigkeit** verlangt zum einen, ausschließlich die tatsächlich vorgefalle- 77
nen Geschäfte zu erfassen, nichts wegzulassen und nichts hinzuzudichten sowie zum anderen, die Geschäftsvorfälle auf den sachlich zutreffenden Konten zu buchen.[475] Hiermit eng verwoben ist das **Belegprinzip**, das den Kaufmann darauf verpflichtet, nur solche Geschäftsvorfälle zu buchen, bzgl. derer er über die entsprechenden Belege verfügt („keine Buchung ohne Beleg").[476] Inhaltlich müssen die Belege Auskunft geben über die zu buchenden Beträge bzw. die Mengen- und Wertangaben, den Zeitpunkt sowie den Gegenstand des Geschäftsvorfalls.[477] Die Belege hat der Kaufmann, bevor er sie verbucht, zu nummerieren, abzuzeichnen, mit einem Hinweis auf den Buchungstag sowie das Buchungskonto zu versehen[478] und geordnet aufzubewahren.[479] Hiermit korrespondierend muss das Konto, das der Kaufmann benutzt, um die Belegangaben zu verbuchen, den jeweiligen Beleg und – bei doppelter Buchführung – zusätzlich noch das Gegenkonto verzeichnen.[480]

Ob die Verbuchung **zeitgerecht** erfolgte, hängt vom jeweiligen Geschäftsvorfall ab. So erfor- 78
dert der bare Zahlungsverkehr die tägliche Aufzeichnung (vgl. für die steuerrechtliche Buchführung auch § 146 Abs. 1 S. 2 AO),[481] wohingegen die übrigen Geschäftsvorfälle nicht zu solcher Eile drängen und – **h.M.** zufolge – auch noch **einen Monat** nach ihrem Entstehen verbucht werden dürfen,[482] ohne deshalb als verspätet zu gelten.[483] Starre Grenzen existieren freilich nicht.[484] Ab wann ein Buchungsvorgang noch zeitgerecht erfolgt bzw. ab wann ein Buchungsrückstand nicht mehr akzeptabel ist, hängt davon ab, welchen Zweck § 239 Abs. 2 HGB mit dem Erfordernis verfolgt, die Geschäftsvorfälle zeitgerecht zu verbuchen. Neben der kaufmännischen Selbstinformation, die die §§ 238 ff. HGB gewährleisten wollen und die gefährdet wäre, verbuchte der Kaufmann Geschäftsvorfälle erst Monate nach ihrem Eintritt, dient die Pflicht zur zeitgerechten Verbuchung vor allem der **Belegsicherung**, deren Verlustwahrscheinlichkeit zunimmt, je länger die Belege unverbucht im Betrieb zirkulieren. Im Grundsatz bedeutet das: Fallen nur wenige Belege an, kann die Spanne, innerhalb derer Verbuchungen zeitgerecht erfolgen, mehr als einen Monat betragen, wohingegen Betrieben mit großem Belegaufkommen womöglich ein geringerer zeitlicher Spielraum zur Verfügung steht. Gleichwohl griffe die Formel, „je größer das Belegaufkommen, desto rigider die Anforderungen des Merkmals 'zeitgerecht'" zu kurz. Hat nämlich der kaufmännische Unternehmer ein geeignetes Sicherungssystem installiert, das die anfallenden Belege vor Verlust

---

473 BFHE **86**, 118, 121.

474 Haag/Löffler/*Gerner-Beuerle* § 238 Rdn. 15.

475 *Mösbauer* DB **2002**, 498 am Bsp. des insoweit gleichlautenden § 146 Abs. 1 S. 1 AO.

476 BGH LM Nr. 6 zu § 240 KO; MK-HGB/*Ballwieser* § 238 Rdn. 39; Haag/Löffler/*Gerner-Beuerle* § 238 Rdn. 24; *Baetge* DB **1986** Beil. 26, 1, 8; *Mösbauer* DB **2002**, 498 am Bsp. des § 146 Abs. 1 S. 1 AO; *Fink/Woring* JuS **2001**, 1067, 1072; AnwK/*Püschel* § 283 Rdn. 21; *Louis*, S. 41; *Weyand* ZInsO **1999**, 327, 328; *ders.* PStR **2004**, 235; *Biletzki* NStZ **1999**, 537, 539; ausführl. zur Belegfunktion ADS § 238 Rdn. 35 f.

477 ADS § 238 Rdn. 37.

478 Zu letzterem Aspekt s. *Fink/Woring* JuS **2001**, 1067, 1072.

479 Haag/Löffler/*Gerner-Beuerle* § 238 Rdn. 9; s. zum Ganzen auch ADS § 238 Rdn. 37; vgl. ferner LK/*Tiedemann* § 283 Rdn. 112a; NK/*Kindhäuser* § 283 Rdn. 62; Park/*Deiters/Wagner* Teil 3, Kap. 5 Rdn. 20.

480 Haag/Löffler/*Gerner-Beuerle* § 238 Rdn. 9.

481 Ausdrücklich BFHE **168**, 527, 530; BFHE **86**, 118, 122 f.; Haag/Löffler/*Gerner-Beuerle* § 238 Rdn. 6; ferner ADS § 239 Rdn. 27; *Lohmeyer* GA **1972**, 302, 304.

482 So BFHE **168**, 527, 530; ebenso SK/*Hoyer* § 283 Rdn. 73; A/R/R/*Himmelreich* Kap. 7/1 Rdn. 145; im Schrifttum finden sich darüber hinaus weitere Zeitangaben; so erachtet etwa *Weyand* ZInsO **1999**, 327, 328 einen Zeitraum von sechs Wochen als das Maximum; dem zust. M-G/*Richter* Kap. 85 Rdn. 36a; MAH/*Böttger* § 19 Rdn. 155; *Beckemper* JZ **2003**, 806, 808.

483 *Thiel/Lüdtke-Handjery* Rdn. 90.

484 *Mösbauer* DB **2002**, 498, 499 am Bsp. des § 146 Abs. 1 S. 1 AO.

schützt, soll trotz hohem Belegaufkommen selbst eine Verbuchung binnen Monatsfrist unschädlich sein.[485] Dessen ungeachtet hat der Kaufmann bzw. Geschäftsführer mit **Eintritt der Krise** unverzüglich zu buchen.[486] Darüber hinaus rechnet zum Inhalt des Merkmals „zeitgerecht" das Erfordernis, den jeweiligen Geschäftsvorfall einem bestimmten Buchungstag zuzuordnen. Ob der Buchungstag den kalendarischen Tagen entspricht oder ein längeres bzw. kürzeres Intervall umfasst, steht im Ermessen des Buchführungspflichtigen, solange er eindeutig benennt, was er unter einem Buchungstag versteht.[487]

79 **b) Tathandlung des § 283 Abs. 1 Nr. 5 Var. 1.** Wie schon gesehen knüpft § 283 Abs. 1 Nr. 5 Var. 1 seinen Strafvorwurf an das unterbliebene Führen von Handelsbüchern und sanktioniert damit ein Unterlassen.[488] Hat der Kaufmann von mehreren notwendigen Büchern[489] bspw. nur eines erstellt oder die Buchführung vorübergehend ausgesetzt, hängt seine Bankrottstrafbarkeit häufig davon ab, ob solches Verhalten die erste Variante des § 283 Abs. 1 Nr. 5 erfüllt. Ansonsten bliebe nur die zweite Variante des § 283 Abs. 1 Nr. 5, die jedoch das unvollständige Führen der Handelsbücher nicht genügen lässt, sondern darüber hinaus eine **erschwerte Übersicht** über den Vermögensstand des Kaufmanns verlangt. Die in Rspr. und Schrifttum **h.M.** fordert gleichwohl zu Recht das vollständige Fehlen jeglicher Handelsbücher, bevor sie dem Täter den Vorwurf des § 283 Abs. 1 Nr. 5 Var. 1 macht. D.h., hat der angeklagte Kaufmann lediglich ein Journal geführt, obschon die Größe seines Betriebs eine umfangreichere Buchführung gebot,[490] bzw. hat er über einen längeren Zeitraum hinweg keine Eintragungen in den Büchern vorgenommen,[491] bleibt er, da zumindest Ansätze einer Buchführung vorhanden sind, gem. § 283 Abs. 1 Nr. 5 Var. 1 straflos.[492] Ein Strafbarkeitsrisiko besteht allenfalls unter dem Blickwinkel des § 283 Abs. 1 Nr. 5 Var. 2.

80 Während § 242 HGB fordert, den gewöhnlichen Jahresabschluss zum Ende eines jeden Geschäftsjahres aufzustellen und dies für Kapitalgesellschaften § 264 Abs. 1 Sätze 3 und 4 HGB noch einmal zeitlich konkretisiert, fehlen Regelungen darüber, bis wann der Kaufmann die Handelsbücher erstellt haben muss. Da die Handelsbücher die Grundlage der Bilanz bilden, letztere also aus ersteren entwickelt wird,[493] sind die Voraussetzungen des § 283 Abs. 1 Nr. 5 Var. 1 spätestens zu dem Zeitpunkt erfüllt, zu dem die Bilanz hätte vorliegen müssen. Konkret bedeutet das: Hat der

---

485 BFHE **168**, 527, 530; vgl. ferner *Mösbauer* DB **2002**, 498, 499 am Bsp. des § 146 Abs. 1 S. 1 AO.

486 Ganz **h.M.**; s. nur M-G/*Richter* Kap. 85 Rdn. 36a.

487 S. zum Ganzen ADS § 239 Rdn. 24.

488 S.o. Rdn. 64.

489 S.o. Rdn. 72 ff.

490 *Schäfer* wistra **1986**, 200, 202 spricht anschaulich von einer horizontalen Lücke in der Buchführung, die er plakativ als ein Band bezeichnet.

491 Insoweit bemüht *Schäfer* wistra **1986**, 200, 202 das Bild von der vertikalen Lücke.

492 **H.M.**; vgl. nur RGSt **49**, 276, 277; RGSt **39**, 217, 218; RGSt **30**, 170; RGSt **13**, 235, 242 f.; RGSt **11**, 142, 144; RGSt **11**, 161, 162; RG LR **1913**, 695, 696; RG JW **1894**, 502; BGHSt **4**, 271, 274; BGH NStZ **1995**, 347 = wistra **1995**, 146, 147; BGH/H MDR **1980**, 455; BGH/H GA **1961**, 359; BGH BB **1957**, 274; *Sch/Schröder/Heine/Schuster* § 283 Rdn. 33; *Fischer* § 283 Rdn. 23; NK/*Kindhäuser* § 283 Rdn. 60; MK/*Petermann/Sackreuther* § 283 Rdn. 42; M/R/*Altenhain* § 283 Rdn. 34; *Dannecker/Knierim/Dannecker/Hagemeier* Rdn. 938; Lackner/Kühl/*Heger* § 283 Rdn. 17; Park/*Deiters/Wagner* Teil 3, Kap. 10.2 Rdn. 17; M-G/*Richter* Kap. 85 Rdn. 35; Preisendanz/*Bieneck* § 283 Anm 6e dd); AnwK/*Püschel* § 283 Rdn. 20; M/G/*Rotsch/Wagner* 8/202; Böttger/*Verjans/Rixe* 4/82; *Böhle-Stamschräder* § 239 KO Anm 8c; *ders.* KTS **1957**, 17, 21; *Mathieu* GA **1954**, 225, 229; *Biletzki* NStZ **1999**, 537, 538; *Kuhn*, S. 31; *Nieberg*, S. 22 f.; *Büttiker*, S. 55; *Louis*, S. 173; *ders.* BC **2002**, 18, 20; wohl auch M/S/M/*Maiwald* § 48 Rdn. 26; G/J/W/*Reinhart* § 283 Rdn. 46; W/J/S/*Pelz* 9/168; *Weyand/Diversy* Rdn. 90; *Weyand* ZInsO **1999**, 327, 330; *ders.* PStR **2004**, 235; partiell a.A. Bittmann[1]/*Bittmann* § 12 Rdn. 152, der das Aufgeben der Buchführung im Stadium materieller Insolvenz als Fall der ersten Variante einstuft; offen gelassen von S/S/W/*Bosch* § 283 Rdn. 23; diff. *Schäfer* wistra **1986**, 200, 203, der zumindest für die von ihm als horizontale Lücke bezeichneten Sachverhaltsgestaltungen zu dem auch hier vertretenen Ergebnis gelangt.

493 BFHE **168**, 527, 528; ADS § 239 Rdn. 34; M-G/*Wolf* Kap. 26 Rdn. 4; *Schüppen*, S. 4; *Louis*, S. 35; s.a. *Körner* BB **1986**, 1742, 1743: „Die Buchführung ist für den Jahresabschluss eine *conditio sine qua non*"; ferner *Fink/Woring* JuS **2001**, 1067, 1068.

Kaufmann ein gesamtes Geschäftsjahr über keine Bücher geführt, macht er sich – das Vorliegen der übrigen Merkmale unterstellt – gem. § 283 Abs. 1 Nr. 5 Var. 1 strafbar.[494] Ob § 283 Abs. 1 Nr. 5 Var. 1 schon früher greift, erscheint hingegen fraglich. Denkbar wäre es immerhin.[495] Erblickt man nämlich den maßgeblichen Schutzgutaspekt des § 283 Abs. 1 Nr. 5 Var. 1 zu Recht u.a. darin, die Selbstinformation des Kaufmanns über seine Geschäfte zu gewährleisten,[496] verfehlte jedenfalls diesen Zweck, wer bspw. das Verbuchen von Geschäftsvorfällen erst Monate nach ihrem Eintritt *sub specie* des § 283 Abs. 1 Nr. 5 *gänzlich* straflos stellte. Jedoch zwingen diese Konstellationen nicht dazu, den Anwendungsbereich des § 283 Abs. 1 Nr. 5 Var. 1 auszudehnen. Mit Blick auf die o. Rdn. 79 getätigten Ausführungen verdient vielmehr die Ansicht den Vorzug, die in solchen Fällen verspäteter Verbuchungen „lediglich" den § 283 Abs. 1 Nr. 5 Var. 2 bemüht.[497]

Die Intention der Buchführung, dem Kaufmann jederzeit seinen Vermögensstand aufzuzeigen, 81
beschränkt zugleich die Möglichkeit, die vorübergehend unterbliebene Buchführung in strafbarkeitsbeseitigender Weise **nachzuholen**. Unterblieb die Buchführung für die Dauer eines Geschäftsjahres, ist es ausgeschlossen, den bereits verwirkten Tatbestand des § 283 Abs. 1 Nr. 5 Var. 1 dadurch auszuräumen, dass der Täter die entsprechenden Bücher nachträglich anfertigt.[498] Selbst wenn der Kaufmann sämtliche Bücher bis zum Unternehmenszusammenbruch retrospektiv erstellt, ändert dies richtigerweise nichts an seiner Haftung gem. § 283 Abs. 1 Nr. 5 Var. 1.[499] Zwar tangiert ein solches Verhalten nicht die von § 283 Abs. 1 Nr. 5 Var. 1 (mit)geschützten Belange des Insolvenzverfahrens, da dem Insolvenzverwalter die vollständigen Bücher zur Verfügung stehen, er also seine Aufgabe, das schuldnerische Vermögen abzuwickeln und zu verteilen, ohne Schwierigkeiten beginnen kann. Gleichwohl hat der Kaufmann sein Unternehmen längere Zeit betrieben, ohne die erforderlichen Bücher zu führen und damit den vorrangigen Zweck der Buchführung, nämlich die **Selbstinformation im Gläubigerinteresse**,[500] missachtet. Das genügt, um den Kaufmann gem. § 283 Abs. 1 Nr. 5 Var. 1 zu bestrafen.[501] Allerdings kann der Kaufmann, der seine Bücher nachträglich erstellt hat, berechtigt darauf hoffen, dass sich dieses Verhalten günstig i.R.d. Strafzumessung niederschlägt.[502]

c) Exkurs: Unmöglichkeit der Buchführung. Der Kaufmann, der es unterlassen hat, seine 82
Bücher zu führen, haftet aus § 283 Abs. 1 Nr. 5 Var. 1 nur, sofern es ihm rechtlich und tatsächlich möglich war, seiner Pflicht nachzukommen.[503] Wer außerstande ist, eine an ihn adressierte Pflicht

---

494 NK/*Kindhäuser* § 283 Rdn. 59; MK/*Petermann/Sackreuther* § 283 Rdn. 42; SK/*Hoyer* § 283 Rdn. 72; *Dannecker/Knierim/Dannecker/Hagemeier* Rdn. 938; M-G/*Richter* Kap. 85 Rdn. 35; A/R/R/*Himmelreich* Kap. 7/1 Rdn. 144; M/R/*Altenhain* § 283 Rdn. 34; enger wohl G/J/W/*Reinhart* § 283 Rdn. 46: Unterlassen erst, wenn Bücher mehr als zwei Geschäftsperioden nicht geführt wurden; undeutlich RGSt **49**, 276, 277 f., das von einem längeren, deutlich unterscheidbaren Zeitraum spricht.

495 S. etwa RG GA 61 (**1914**), 115: Unterlassen der Buchführung während eines Zeitraums von sechs Wochen mit der Tendenz, einer „Unterlassung bis ins Ungewisse".

496 S.o. Rdn. 42.

497 A.A. *Schäfer* wistra **1986**, 200, 203, der die §§ 283 Abs. 1 Nr. 5 Var. 1, 283b Abs. 1 Nr. 1 Var. 1 anwenden will, sofern der Kaufmann für einen längeren Zeitraum (die Grenze will er bei sechs Wochen ziehen) keine Bücher führt.

498 *Sch/Schröder/Heine/Schuster* § 283 Rdn. 33; Lackner/Kühl/*Heger* § 283 Rdn. 17; S/S/W/*Bosch* § 283 Rdn. 23; M/R/*Altenhain* § 283 Rdn. 34; MAH/*Böttger* § 19 Rdn. 155; *Weyand/Diversy* Rdn. 90; *Windsberger*, S. 197; s.a. *Weyand* ZInsO **1999**, 327, 330.

499 So anscheinend BGH/H GA **1954**, 311; a.A. BGH LM Nr. 6 zu § 240 KO; wohl auch BGH/H GA **1961**, 359 im Falle unordentlicher, aber vor Konkurseröffnung berichtigter Buchführung.

500 S.o. Rdn. 42.

501 I.E. so auch LK[12]/*Tiedemann* § 283 Rdn. 104.

502 *Weyand* ZInsO **1999**, 327, 330.

503 BGH NStZ **1998**, 247, 248; BGH wistra **1998**, 105 = NStZ **1998**, 192, 193 = BGHR StGB § 283b, Bilanz 2; BGH NStZ **2000**, 206; BGH NStZ **2012**, 511; KG NStZ **2008**, 406; KG wistra **2002**, 313, 314; BayObLG wistra **1990**, 201, 202; MK/*Petermann/Sackreuther* § 283 Rdn. 43; *Fischer* § 283 Rdn. 23a, 29b; Lackner/Kühl/*Heger* § 283 Rdn. 20; NK/*Kindhäuser* § 283 Rdn. 59; Park/*Deiters/Wagner* Teil 3, Kap. 10.2 Rdn. 17, 49; HambK/*Borchardt* § 283 StGB Rdn. 29; *Renzikowski* Weber-FS, S. 333, 335; *Maurer* wistra **2003**, 174, 176; *Holzapfel* Wahle-FS, S. 16, 19; *Hagemeier* NZWiSt **2012**, 105.

zu erfüllen und deshalb untätig bleibt, dem kann das Recht und insbesondere das Strafrecht keinen Vorwurf machen. Dieser unbestrittene Grundsatz wirft intrikate Probleme auf, sobald ein Kaufmann die Rolle des Angeklagten einnimmt, der weder aus eigener Kraft – etwa mangels entsprechender intellektueller Fertigkeiten[504] oder wegen Krankheit – die Bücher führen noch – mangels finanzieller Mittel – die Pflicht zur Buchführung an einen kompetenten Dritten delegieren kann. Die Rspr. hat in derartigen Konstellationen bislang vom Vorwurf der unterlassenen Buchführung freigesprochen.[505]

83 Während diese beschuldigtenfreundliche Linie wohl nach wie vor die Zustimmung der überwiegenden Kommentarliteratur findet,[506] haben einzelne Vertreter des Schrifttums schon früh Bedenken an dieser Rspr.-Praxis geäußert. So sei es nicht einsehbar, denjenigen Kaufmann (bankrott-)strafrechtlich freizuzeichnen, der in Kenntnis der Buch- und Bilanzführungspflicht seinen Geschäftsbetrieb aufgenommen, gleichwohl aber nicht dafür gesorgt habe, im Zeitpunkt der Krise über die Mittel zu verfügen, die erforderlich sind, um bei fehlender eigener Kenntnis Dritte mit der Aufgabe zu betrauen, die Bücher und Bilanzen zu erstellen.[507] Zeichne sich am „wirtschaftlichen Unternehmenshorizont" eine Krise ab, die die Befürchtung nähre, künftig den Buchhalter oder Steuerberater nicht mehr bezahlen zu können, müsse der Kaufmann seinen Geschäftsbetrieb eben einstellen, falls er die Bücher und Bilanzen nicht selbst ordnungsgemäß zu führen befähigt sei.[508] Des Weiteren privilegiere diese Rspr. denjenigen Kaufmann bzw. Geschäftsführer, der über keinerlei Buch- und Bilanzführungskenntnisse verfüge und zudem unterkapitalisiert sei.[509] Darüber hinaus konterkariere den Tatbestand des § 283 Abs. 1 Nr. 5 Var. 1 – nichts anderes gelte für § 283 Abs. 1 Nr. 7b –, wer den Freispruch wegen **unmöglicher Pflichterfüllung** ausgerechnet an die eingetretene Zahlungsunfähigkeit knüpfe. Denn die eingetretene Zahlungsunfähigkeit bilde gemeinsam mit der drohenden Zahlungsunfähigkeit und der Überschuldung die „Krisentrias" des

504 Die tatrichterliche Feststellung einer kaufmännischen Ausbildung genügt nicht, um hieraus *per se* den Schluss zu ziehen, der Angekl. wäre intellektuell in der Lage gewesen, Bücher zu führen und Bilanzen zu erstellen; vgl. dazu und zu den nötigen Feststellungen OLG Stuttgart NStZ **1987**, 460 = Justiz **1988**, 30, 31; ferner *Holzapfel* Wahle-FS, S. 16, 28.

505 BGHSt **28**, 231, 233; BGH wistra **2007**, 308, 309; BGH NStZ **2003**, 546, 548 = wistra **2003**, 232, 233; BGH wistra **2001**, 465, 466; BGH wistra **1998**, 105 = NStZ **1998**, 192, 193 = BGHR StGB § 283 Abs. 1 Nr. 7b – Bilanz 2; BGH NStZ **1992**, 182 = wistra **1992**, 145, 146 f. = BGHR StGB § 283 Abs. 1 Nr. 7b – Bilanz 1; KG NStZ **2008**, 406; OLG Düsseldorf wistra **1998**, 360, 361 = DB **1998**, 1856 f. = BB **1999**, 149, 150 = StV **1999**, 28, 30; KG, v. 5.5.2000, (5) 1 Ss 113/99 (49/99), Rdn. 12 (juris); OLG Stuttgart NStZ **1987**, 460, 461 = Justiz **1988**, 30, 31; vgl. ferner OLG Düsseldorf StV **2007**, 38, 39; im Grundsatz zust. *Biletzki* NStZ **1999**, 537, 540, der aber darauf hinweist, dass der Geschäftsführer bzw. Kaufmann, der weiterwirtschaftet, anstatt den Betrieb einzustellen, nachdem er seine Zahlungsunfähigkeit erkannt oder fahrlässig verkannt hat, gem. § 283 Abs. 1 Nr. 8 haftet; ebenso AnwK/*Püschel* § 283 Rdn. 20; dezidiert gegen diese Rspr.-Praxis sprach sich indes schon früh *Richter* GmbHR **1984**, 137, 147 aus.

506 Vgl. etwa NK/*Kindhäuser* § 283 Rdn. 59; *Schramm* DStR **1998**, 500, 502; *Brand* ZWH **2016**, 238, 239.

507 *Schlüchter* JR **1979**, 513, 515; krit. aber *Sch/Schröder/Heine/Schuster* § 283 Rdn. 47a; *Gosch*, S. 214 f.

508 Auf dieser Linie etwa *Fischer* § 283 Rdn. 23a; SK/*Hoyer* § 283 Rdn. 73; *Weyand/Diversy* Rdn. 86; *Weyand* ZInsO **1999**, 327, 331; *ders.* ZInsO **2011**, 2228; *ders.* ZInsO **2012**, 770, 772; *Schäfer* wistra **1986**, 200, 204; *Doster* wistra **1998**, 326, 327; vgl. auch *Beckemper* JZ **2003**, 806, 808, die für eine Betriebseinstellung jedenfalls dann plädiert, wenn dem Täter die Buch-/Bilanzführung auf Dauer unmöglich ist; freilich sagt sie nicht, was sie hierunter versteht; ähnl. *Dannecker/Knierim/Dannecker/Hagemeier* Rdn. 941; a.A. *Pohl* wistra **1996**, 14, 16, dem zufolge „lediglich" die Pflicht besteht, den Insolvenzantrag zu stellen, da ein Fall der Unmöglichkeit noch dann in Betracht komme, wenn das Ende der Bilanzierungsfrist und die Zahlungseinstellung zeitlich zusammen fielen; krit. gegenüber der Forderung, den Geschäftsbetrieb einzustellen, sobald die Mittel fehlen, Externe mit der Buch-/Bilanzführung zu betrauen, M/R/*Altenhain* § 283 Rdn. 34; *Gosch*, S. 229, der mit dem Charakter der §§ 283 Abs. 1 Nrn. 5, 7b, 283b Abs. 1 Nrn. 1, 3b als echten Unterlassensdelikten argumentiert, die lediglich die Nichterstellung der Bücher/Bilanzen, nicht aber die Weiterführung des Unternehmens trotz fehlender Möglichkeit, Bücher und Bilanzen extern führen zu lassen, mit Strafe bedrohen; vgl. auch W/J/S/*Pelz* 9/193, der für den Fall, dass der Kaufmann den Betrieb nicht einstellt, obschon ihm die Mittel fehlen, seinen Buch- und Bilanzführungspflichten nachzukommen, diesen aus dem § 283 Abs. 1 Nr. 8 bestrafen will (dagegen etwa *Gosch*, S. 236 f.); unentschlossen A/R/R/*Himmelreich* Kap. 7/1 Rdn. 149.

509 *Richter* GmbHR **1984**, 137, 147.

§ 283 Abs. 1, innerhalb derer die unterbliebene Buch-und Bilanzführung gegenüber § 283b stärkeres Unrecht verwirke. Auf dem Boden der Rspr. begründe die Zahlungsunfähigkeit die Strafbarkeit (nach § 283 Abs. 1 Nrn. 5, 7b) und beseitige sie sogleich wieder, ein Ergebnis, das dem gesetzgeberischen Willen widerspreche.[510] Ein weiterer, jüngerer Bedenkenträger versteckt sich schließlich im Recht der strafbaren Beitragsvorenthaltung (vgl. § 266a Abs. 1).[511] Dort entspricht es gefestigter Rspr., den GmbH-Geschäftsführer, der es bei Überschuldung unterlässt, die Arbeitnehmeranteile zur Sozialversicherung abzuführen, aus dem echten Unterlassensdelikt des § 266a Abs. 1 zu verurteilen, obschon ihm § 64 S. 1 GmbHG a.F. = § 15b Abs. 1 S. 1 InsO n.F. die Vornahme der unterbliebenen Handlung ausdrücklich untersagt. Dieses Ergebnis begründet der BGH vor allem mit dem Argument, wonach der Gesetzgeber, indem er das Nichtabführen der Arbeitnehmeranteile zur Sozialversicherung gem § 266a Abs. 1 strafbewehrte, den Vorrang dieser Verbindlichkeiten gegenüber allen anderen Verbindlichkeiten zum Ausdruck bringen wollte, das Verbot des § 64 S. 1 GmbHG a.F. = § 15b Abs. 1 S. 1 InsO n.F. also überhaupt nicht greife. Auf dem Boden dieser **„Vorrang-Rspr.“** trifft den Geschäftsführer zum einen die Pflicht, sämtliche im Zeitpunkt der materiellen Insolvenz noch vorhandenen Gesellschaftsmittel dazu einzusetzen, die Arbeitnehmeranteile zur Sozialversicherung abzuführen. Zum anderen hat er schon im Vorfeld der Krise dafür Sorge zu tragen, über die nötigen Mittel zur Tilgung der Arbeitnehmeranteile zu verfügen, andernfalls er i.V.m. dem Grundsatz *„omissio libera in causa“* gem. § 266a Abs. 1 haftet. Nichts anderes könne dann aber konsequenterweise im Rahmen von § 283 Abs. 1 Nrn. 5 Var. 1, 7b gelten.[512] Der Vorrang, der den Buch- und Bilanzführungspflichten gegenüber den anderen (Zahlungs-)Pflichten in der Krise zukomme, zeige sich anschaulich an der Existenz des § 283b, der die eminente Wichtigkeit der Buch- und Bilanzführung dadurch zum Ausdruck bringe, dass er die Missachtung dieser Pflichten selbst außerhalb der Krise zu strafbarem Unrecht erkläre.[513] Vor diesem Hintergrund sei der Pflichtige dazu angehalten, einerseits seine Leistungsfähigkeit während der gesamten Dauer des Betriebs aufrecht zu erhalten, etwa indem er Rücklagen bilde, aus denen er auch im Zeitpunkt der Krise einen mit der Buch- und Bilanzführung betrauten Steuerberater oder Buchhalter bezahlen könne[514] und andererseits sämtliche noch vorhandene Mittel **vorrangig** dafür einzusetzen, die Verbindlichkeiten des buch- und bilanzführenden Steuerberaters bzw. Buchhalters zu begleichen.[515]

Zwischenzeitlich hat es den Anschein, als ob die o. referierte Kritik des Schrifttums beim BGH Gehör findet. So verwehrte der 2. Strafsenat mit Beschluss vom 30.8.2011 einem GmbH-Geschäftsführer, sich auf den Einwand zu berufen, ihm hätten die Mittel gefehlt, einen Steuerberater bzw. Buchhalter zu mandatieren, der trotz sich abzeichnender Liquiditätsprobleme eingehende Gelder zu anderen als zu Zwecken der Rücklagenbildung für die Buch- und Bilanzführung einsetzte.[516] Ähnlich argumentierte Ende der 1990er Jahre bereits das OLG Frankfurt am Main. In **84**

510 Eingehend zu dieser Argumentation *Schäfer* wistra **1986**, 200, 203 f.; zust. M-G/*Richter* Kap. 85 Rdn. 30; *Weyand/Diversy* Rdn. 86; *Hagemeier* NZWiSt **2012**, 105, 108; ähnl. schon *Schlüchter* JR **1979**, 513, 515; vgl. auch *Renzikowski* Weber-FS, S. 333, 335; zu Recht krit. *Gosch*, S. 219.

511 Hierzu s. *Rönnau* NStZ **2003**, 525, 530; *Beckemper* JZ **2003**, 806, 807; vgl. auch MK/*Petermann/Sackreuther* § 283 Rdn. 43, 59; AnwK/*Püschel* § 283 Rdn. 20; *Weyand/Diversy* Rdn. 86; ferner *Fischer* § 283 Rdn. 29c; s. des Weiteren *Renzikowski* Weber-FS, S. 333, 335 freilich mit gegenläufiger Intention.

512 Für einen Vorrang der Buch-/Bilanzführungspflichten *Fischer* § 283 Rdn. 29c; W/J/S/*Pelz* 9/192; B/*Quedenfeld/Bechtel/Richter* Kap. 22 Rdn. 219; *Doster* wistra **1998**, 326, 327 unter Hinweis auf § 266a Abs. 1; s. ferner *Beckemper* JZ **2003**, 806, 807; *Weyand* ZInsO **2011**, 2228, 2229.

513 *Floeth* EWiR **2012**, 221, 222.

514 W/J/S/*Pelz* 9/170; AnwK/*Püschel* § 283 Rdn. 20; *Weyand/Diversy* Rdn. 86; *Floeth* EWiR **2012**, 221, 222; so auch schon *Doster* wistra **1998**, 326, 327.

515 *Rönnau* NStZ **2003**, 525, 530; *Pohl* wistra **1996**, 14, 16; letzteren Aspekt bejahend LK[12]/*Tiedemann* § 283 Rdn. 119; s.a. *Sch/Schröder/Heine/Schuster* § 283 Rdn. 33, 47a, dem zufolge sich auf Unmöglichkeit nicht berufen kann, wer die letzten freien Mittel nach den Maßstäben des § 283c inkongruent eingesetzt hat.

516 BGH NJW **2011**, 3733, 3734 m. zust. Anm. *Floeth* EWiR **2012**, 221, 222 und *Weyand* ZInsO **2011**, 2228, 2229; zust. auch S/S/W/*Bosch* § 283 Rdn. 31; sympathisierend ferner KG ZWH **2016**, 235, 237; MK/*Petermann/Sackreuther* § 283 Rdn. 43.

seinem Beschluss vom 22.9.1998 hielt es einem GmbH-Geschäftsführer vor, er wäre sehr wohl in der Lage gewesen, einen Steuerberater zu bezahlen, hätte er die hierfür benötigten Gelder nicht dazu verwendet, andere Verbindlichkeiten zu begleichen.[517] Zuletzt hat der 1. Strafsenat *obiter* erwogen, einen GmbH-Geschäftsführer, der keine finanzielle Vorsorge trifft, um die Bücher und Bilanzen auch dann noch von einem Steuerberater oder Buchhalter führen zu lassen, wenn „seine" Gesellschaft in Zahlungsschwierigkeiten gerät, trotz fehlender Mittel und Fertigkeiten gem. § 283 Abs. 1 Nrn. 5 Var. 1, 7b zu bestrafen.[518]

85 Wer sich in dem vorstehend nachgezeichneten „Wirrwarr" der Meinungen zurecht finden will, muss folgende gedankliche Eckpfeiler einschlagen, von denen alle weiteren Überlegungen ausgehen: *Erstens* kann von Unmöglichkeit nicht schon bei **Zahlungsunfähigkeit im rechtlichen Sinne**, verstanden als die Unfähigkeit, die fälligen Zahlungspflichten zu erfüllen (vgl. § 17 Abs. 2 S. 1 InsO),[519] sondern erst dann die Rede sein, wenn dem Kaufmann bzw. Geschäftsführer jegliche Mittel fehlen, um den Buchhalter oder Steuerberater zu bezahlen.[520] Allerdings dürfte es zu weit gehen, dem Kaufmann bzw. Geschäftsführer aufzugeben, neben den vorhandenen Mitteln noch – soweit kaufmännisch vertretbar – sämtliche Kreditlinien auszuschöpfen, bevor man ihm den Einwand der finanziellen Unmöglichkeit gestattet.[521] *Zweitens* mag es dem Kaufmann bzw. Geschäftsführer zwar tatsächlich unmöglich sein, seiner Pflicht, die Bücher und Bilanzen zu führen, nachzukommen, weil er weder über die erforderlichen intellektuellen Fertigkeiten noch über die zur Delegation nötigen finanziellen Mittel verfügt; es erscheint jedoch nahezu ausgeschlossen, einen Fall der **rechtlichen Unmöglichkeit** zu konstruieren,[522] da selbst das Zahlungsverbot des § 64 S. 1 GmbHG a.F. = § 15b Abs. 1 S. 1 InsO n.F. Zahlungen nicht hindert, die an den Steuerberater oder Buchhalter erfolgen, damit dieser die Bücher und Bilanzen weiterführt (vgl. § 64 S. 2 GmbHG a.F. = § 15b Abs. 1 S. 2, Abs. 2 InsO n.F.). *Drittens* dürfte der Einwand, die Bilanz- und Buchführung sei mangels vorhandener Kenntnisse und Mittel unmöglich, *in praxi* nur i.R.d. § 283 Abs. 1 Nrn. 5, 7b, nicht hingegen bei § 283b Abs. 1 Nrn. 1, 3b eine Rolle spielen, weil letzterer Tatbestand nicht greift, sobald Zahlungsunfähigkeit eintritt, Unmöglichkeit nach dem o. Gesagten jedoch sogar noch mehr voraussetzt als bloße Zahlungsunfähigkeit.[523] Es bedarf schon der **doppelten Anwendung** des *in-dubio*-Grundsatzes – § 283 Abs. 1 Nrn. 5, 7b scheitert an der *in dubio* nicht nachweisbaren, § 283b Abs. 1 Nrn. 1, 3b an der *in dubio* unterstellten Zahlungsunfähigkeit und somit Unmöglichkeit der Bilanz- und Buchführung[524] –, damit die „Unmöglichkeits-Problematik" bei § 283b Abs. 1 Nrn. 1, 3b Virulenz entfaltet.[525] *Viertens* und letztens führt allenfalls der **erstmalige Verstoß** gegen die Buch- und Bilanzführungspflicht unter dem Gesichtspunkt der Rechtsparömie *„impossibilium nulla obligatio est"* zur Straflosigkeit. Wirtschaftet der Kaufmann nach dem ersten Buch- und Bilanzführungsverstoß trotz dem bestehenden finanziellen Engpass weiter, als wäre nichts geschehen, muss er sich bzgl. der nachfolgenden Buch- und Bilanzführungsverstöße richtigerweise den Vorwurf gefallen lassen, sein die Buchführungspflicht begründendes Gewerbe nicht eingestellt zu haben.

---

517 OLG Frankfurt am Main NStZ-RR **1999**, 104, 105; *Floeth* EWiR **2012**, 221, 222; s.a. schon *Doster* wistra **1998**, 326, 327; *Pohl* wistra **1996**, 14, 16; *Richter* GmbHR **1984**, 137, 147.

518 BGH NStZ **2012**, 511.

519 M-G/*Richter* Kap. 85 Rdn. 30; *Reck* GmbHR **2001**, 424, 428.

520 OLG Dresden NZI **2003**, 375, 376 = GmbHR **2003**, 422, 423 (im Kontext des § 266a Abs. 1); M-G/*Richter* Kap. 85 Rdn. 30; W/J/S/*Pelz* 9/192; B/*Quedenfeld*/*Bechtel*/*Richter* Kap. 22 Rdn. 219; *Gosch*, S. 209, 219; *Hillenkamp* Tiedemann-FS, S. 949, 965 f.; *Doster* wistra **1998**, 326, 328; *Pohl* wistra **1996**, 14, 16; *Ehlers* DStR **1998**, 1756, 1758; *Reck* ZInsO **2001**, 633, 638; *Hagemeier* NZWiSt **2012**, 105, 108; *Richter* NZI **2002**, 121, 127; *Hartung* Stbg **1991**, 332, 335; *Brand* ZWH **2016**, 238, 239; implizit auch schon *Richter* GmbHR **1984**, 137, 147; so wohl auch BGH wistra **2007**, 308, 309; *Sch*/*Schröder*/*Heine*/*Schuster* § 283 Rdn. 47a; a.A. aber *Holzapfel* Wahle-FS, S. 16, 27.

521 So aber *Hillenkamp* Tiedemann-FS, S. 949, 966; skeptisch hingegen *Renzikowski* Weber-FS, S. 333, 337 f.

522 Zu diesem Erg. gelangt etwa *Hagemeier* NZWiSt **2012**, 105, 107.

523 Vgl. auch *Holzapfel* Wahle-FS, S. 16, 30.

524 Zu dieser doppelten Anwendung des *in-dubio*-Grundsatz s. schon *Schlüchter* JR **1979**, 513, 515 m. Fn. 36.

525 Ausführl. zum Ganzen *Beckemper* JZ **2003**, 806, 807; ferner *Hagemeier* NZWiSt **2012**, 105, 107; *Holzapfel* Wahle-FS, S. 16, 30.

Akzeptiert man die soeben Rdn. 85 eingeschlagenen vier Pflöcke als Grundlage weiteren Nachdenkens, gelingt es, die eigentliche „Unmöglichkeits-Problematik" auf ihren Kern zurückzuführen. D.h.: Nur falls dem zur Buch- und Bilanzführung unfähigen Kaufmann bzw. Geschäftsführer erstmalig innerhalb eines Geschäftsjahres die Mittel ausgehen, um einen Steuerberater oder Buchhalter zu bezahlen, stellt sich die Frage, ob er Straflosigkeit erlangt, weil ihm die Pflichterfüllung unmöglich ist. Im Ausgangspunkt – und insoweit herrscht wohl auch kein Streit – lautet die Antwort auf diese Frage: ja.[526] Schwierigkeiten entstehen aber, sobald die Ermittlungen ergeben, dass der Kaufmann bzw. Geschäftsführer entweder keine **Rücklagen** zur Finanzierung seiner Buch- und Bilanzführungspflicht gebildet oder aber während der Krise die noch vorhandenen Mittel anderweitig ausgegeben hat und deshalb „seinen" Steuerberater oder Buchhalter nicht bezahlen kann. Die Vorschläge, die – mit mehr oder weniger großen Abweichungen im Detail – dahin gehen, einen solchen Geschäftsführer bzw. Kaufmann gleichwohl gem. § 283 Abs. 1 Nrn. 5 Var. 1, 7b zu bestrafen, überzeugen nicht, und zwar ungeachtet dessen, ob sie das Instrument der *omissio libera in causa* einsetzen[527] oder nicht.[528] Wer den Kaufmann bzw. Geschäftsführer darauf verpflichten will, Rücklagen für die Buch- und Bilanzführung zu bilden sowie vorhandenes Vermögen zunächst dafür einzusetzen, seine Steuerberater- oder Buchhalterverbindlichkeiten zu bedienen, muss von einem **Vorrang** der Buch- und Bilanzführungspflichten in der Krise ausgehen.[529] Außer der Strafbewehrung durch die §§ 283 Abs. 1 Nrn. 5 Var. 1, 7b, 283b Abs. 1 Nrn. 1 Var. 1, 3b existieren jedoch keine Anhaltspunkte, die einen solchen Vorrang nahelegen. Zwar begründet der BGH seine „Vorrangrechtsprechung" im Rahmen von § 266a Abs. 1 maßgebend mit dem Argument, wonach § 266a Abs. 1 das rechtzeitige Abführen der Arbeitnehmeranteile zur Sozialversicherung strafbewehre.[530] Allerdings überzeugt diese Rspr. – worauf schon häufig hingewiesen wurde – schon bei § 266a Abs. 1 nicht,[531] weshalb es nicht angezeigt erscheint, die anfechtbaren Thesen zu § 266a Abs. 1 auch noch in den § 283 Abs. 1 Nrn. 5 Var. 1, 7b hinein zu verlängern.[532] Zweifel erheben sich schließlich gegen die Ansicht, die den Kaufmann bzw. Geschäftsführer dann gem. dem § 283 Abs. 1 Nrn. 5 Var. 1, 7b bestrafen will, wenn er mit seinen letzten Finanzressourcen **inkongruent** Gläubiger befriedigt.[533] Solches Verhalten sanktioniert § 283c, dessen Privilegierungscharakter indes ausgehebelt würde, knüpfte man an die Inkongruenz der Leistung zudem den Vorwurf, die Unmöglichkeit der Buch- und Bilanzführung verschuldet zu haben. 86

Kann sich der Kaufmann bzw. Geschäftsführer nach dem o. Rdn. 86 Gesagten berechtigterweise darauf berufen, ihm sei es unmöglich gewesen, seinen Buch- und Bilanzführungspflichten nachzukommen, erhebt sich abschließend die Frage, ob auch derjenige Kaufmann bzw. Geschäftsfüh- 87

526 S. aus dem Schrifttum nur *Sch/Schröder/Heine/Schuster* § 283 Rdn. 47a; M-G/*Richter* Kap. 85 Rdn. 28; *Holzapfel* Wahle-FS, S. 16, 21 ff.; *Ehlers* DStR **1998**, 1756, 1758; implizit *Hillenkamp* Tiedemann-FS, S. 949, 965 f.

527 Dafür anscheinend *Gosch*, S. 232, sofern sich der Buch- und Bilanzführungspflichtige vorsätzlich außer Stande setzt, seinen Pflichten nachzukommen.

528 Zur Kritik an der Figur der „*omissio libera in causa*" in diesem Kontext s. nur M/R/*Altenhain* § 283 Rdn. 34; Park/*Deiters/Wagner* Teil 3, Kap. 10.2 Rdn. 49.

529 Dafür W/J/S/*Pelz* 9/170; B/*Quedenfeld/Bechtel/Richter* Kap. 22 Rdn. 219; *Richter* NZI **2002**, 121, 123, 127; *ders.* GmbHR **1984**, 137, 147; wohl auch AnwK/*Püschel* § 283 Rdn. 27; dagegen *Hillenkamp* Tiedemann-FS, S. 949, 966 f.

530 S. nur BGHSt **47**, 318, 321 f.; BGH GmbHR **2005**, 1419, 1420; BGH GmbHR **1997**, 305, 306 f.; OLG Dresden NZI **2003**, 375, 377 = GmbHR **2003**, 422, 425; für einen Vorrang auch OLG Karlsruhe NJW **2006**, 1364, 1365 = wistra **2006**, 352, 354.

531 Vgl. nur BGH (Z) GmbHR **2005**, 874, 876; MK/*Petermann/Sackreuther* § 283 Rdn. 43; *Dupper/Petzsche* wistra **2016**, 294, 299; *Tag* JZ **2005**, 1118, 1120 sowie *Brand* WM **2010**, 1783, 1785 m.w.N.; ferner *Gosch*, S. 190 und *passim*; *Blank* ZInsO **2013**, 461, 469; skeptisch auch Lutter/Hommelhoff/*Kleindiek* § 43 Rdn. 95.

532 So bereits *Renzikowski* Weber-FS, S. 333, 345 f.; *Brand* ZWH **2016**, 238, 239; i.E. wie hier Park/*Deiters/Wagner* Teil 3, Kap. 10.2 Rdn. 49; äußerst skeptisch gegenüber einem Vorrang der Buch-/Bilanzführungspflichten gegenüber anderen (Zahlungs-)Pflichten auch *Holzapfel* Wahle-FS, S. 16, 25 ff.

533 So *Hillenkamp* Tiedemann-FS, S. 949, 966; wohl auch *Sch/Schröder/Heine/Schuster* § 283 Rdn. 47a; ähnl. M-G/B[5]/*Bieneck* § 82 Rdn. 28a, der zusätzlich noch den Fall nennt, dass der Buch-/Bilanzführungspflichtige die letzten verbleibenden Mittel in einer Weise verwendet, die den Tatbestand des § 283 Abs. 1 Nrn. 1–3, 8 erfüllt. Angesichts der dann bereits verwirkten Strafbarkeit gem. § 283 Abs. 1 bedarf es aber des Rückgriffs auf § 283 Abs. 1 Nrn. 5, 7 nicht mehr.

rer Straffreiheit erlangt, der aufgrund fehlender finanzieller Mittel nicht die „Hände in den Schoß legt“ und schlicht untätig bleibt, sondern trotz seiner nicht vorhandenen Kenntnisse den Versuch unternimmt, die Bücher und Bilanzen selbst zu erstellen, dabei aber Fehler macht, die den Tatbestand des **§ 283 Abs. 1 Nrn. 5 Var. 2, 7a** erfüllen. Da der entstandene Mangel unmittelbar den zur Unmöglichkeit führenden Gründen entspringt und § 283 Abs. 1 Nrn. 5 Var. 2, 7a Unterlassungs- sowie Überwachungsmomente enthält, spricht viel dafür, den Kaufmann bzw. Geschäftsführer strafrechtlich freizuzeichnen.[534]

88 Eine weitere Fallgestaltung, die dem Kaufmann bzw. Geschäftsführer auf dem Boden der höchstrichterlichen Rspr. den Unmöglichkeitseinwand eröffnet, sei abschließend kurz erwähnt. Beauftragt der bilanzpflichtige Kaufmann bzw. Geschäftsführer einen externen **Steuerberater** oder **Buchhalter** mit der Buchführung und übergibt er dem Steuerberater oder Buchhalter hierzu sämtliche erforderliche Unterlagen, soll er aus dem Gesichtspunkt **tatsächlicher Unmöglichkeit** gem. dem § 283 Abs. 1 Nrn. 5 Var. 1, 7b straflos ausgehen, sofern er die Unterlagen dem ordnungsgemäß ausgewählten Steuerberater oder Buchhalter rechtzeitig zur Verfügung stellte, dieser es aber gleichwohl unterließ, innerhalb der gesetzlich vorgesehenen Frist Bücher und Bilanz zu erstellen. Da der Kaufmann bzw. Geschäftsführer die zur Buch- und Bilanzführung nötigen Unterlagen nicht mehr zur Hand habe, könne ihm – selbst wenn er intellektuell hierzu befähigt wäre – nicht zugemutet werden, die Bücher sowie die Bilanz selbst anzufertigen.[535] Ob diese beschuldigtenfreundliche Linie trägt, erscheint angesichts des Umstands, dass die erforderlichen Unterlagen dem Steuerberater grds. nur als **Duplikat** zur Verfügung stehen sowie der Möglichkeit, sämtliche relevanten Informationen elektronisch zu speichern, zumindest zweifelhaft.[536]

89 **d) Tathandlung des § 283 Abs. 1 Nr. 5 Var. 2.** Die zweite Variante des § 283 Abs. 1 Nr. 5 statuiert im Unterschied zur ersten Variante erhöhte Anforderungen an die Strafbarkeit. So gerät in das Fahrwasser des Tatbestandes nicht schon, wer die Handelsbücher unordentlich führt bzw. verändert. Vielmehr muss die Tathandlung zusätzlich dazu führen, die Übersicht über den Vermögensstand zu erschweren. Allerdings normiert das Merkmal der erschwerten Übersicht keinen tatbestandlichen Erfolg,[537] sondern benennt richtigerweise lediglich einen Schweregrad, dem die Tathandlungen der zweiten Variante genügen müssen.[538] Nachdem die Voraussetzungen der Modalitäten des unordentlichen Führens (*sub* aa; u. Rdn. 90 ff.) sowie des Veränderns (*sub* bb[539]) dargestellt sind, gilt es zu eruieren, ab wann die Übersicht über den Vermögensstand erschwert ist (*sub* cc[540]).

90 **aa) Unordentliches Führen der Handelsbücher.** Die Tatmodalität des **unordentlichen Führens** von Handelsbüchern erfüllt im Ausgangspunkt, wer seine Bücher entgegen den Prinzipien der §§ 238 Abs. 1, 239 Abs. 2 HGB erstellt,[541] also entweder die Eintragungen unvollständig, nicht

534 Grdl. zu dieser Ansicht LK[12]/*Tiedemann* § 283 Rdn. 119.

535 BGH NStZ **2000**, 206 = wistra **2000**, 136; zust. etwa Park/*Deiters*/*Wagner* Teil 3, Kap. 10.2 Rdn. 49; A/R/R/*Himmelreich* Kap. 7/1 Rdn. 168; wohl auch MAH/*Böttger* § 19 Rdn. 161; HambK/*Borchardt* § 283 StGB Rdn. 29.

536 S. nur *Reck* GmbHR **2001**, 424, 428; *ders.* StuB **2000**, 1281; ferner B/*Quedenfeld*/*Bechtel*/*Richter* Kap. 22 Rdn. 220, denen zufolge der Schuldner die Bücher in solchen Konstellationen zurückfordern muss, um die Bilanz selbst oder durch einen Dritten erstellen zu lassen.

537 S. aber BGH/H GA **1964**, 136, der insoweit von einem „tatbestandsmäßige[n] ‚Erfolg'“ spricht; vgl. ferner SK/*Hoyer* § 283 Rdn. 74, der ebenfalls vom Erfolg redet.

538 LK[12]/*Tiedemann* § 283 Rdn. 109, 135, der deshalb von einem schlichten Tätigkeitsdelikt spricht; Park/*Deiters*/*Wagner* Teil 3, Kap. 10.2 Rdn. 19 stufen den Tatbestand hingegen als Begehungsdelikt ein.

539 S.u. Rdn. 94 f.

540 S.u. Rdn. 96 ff.

541 Zur Bedeutung dieser Prinzipien i.R.d. §§ 283 Abs. 1 Nr. 5 Var. 2, 283b Abs. 1 Nr. 1 Var. 2 s. *Sch*/*Schröder*/*Heine*/*Schuster* § 283 Rdn. 34; SK/*Hoyer* § 283 Rdn. 73; G/J/W/*Reinhart* § 283 Rdn. 48; M-G/*Richter* Kap. 85 Rdn. 36; AnwK/*Püschel* § 283 Rdn. 21; *Weyand*/*Diversy* Rdn. 91.

richtig, verspätet bzw. ungeordnet vornimmt – wobei ein und derselbe Verstoß mehrere der genannten Prinzipien tangieren kann, – oder aber abweichend von den maßgebenden Grundsätzen ordnungsgemäßer Buchführung (GoB) zu wenige bzw. vorübergehend überhaupt keine Bücher führt.[542]

Erforderte die Größe des Betriebs Aufzeichnungen nach den Regeln der **doppelten Buchführung**, hat der Kaufmann bzw. Geschäftsführer jedoch lediglich einfach gebucht, fehlen einzelne erforderliche Bücher oder unterließ es der Kaufmann bzw. Geschäftsführer, die Eintragungen im Kassenbuch auf die Konten des Hauptbuchs zu übertragen,[543] verwirklicht solches Verhalten die zweite Variante des § 283 Abs. 1 Nr. 5.[544] Genauso gerät in das Fahrwasser der zweiten Variante, wer vorübergehend keine Bücher führt, solange der Zeitraum der unterbliebenen Buchführung ein Geschäftsjahr nicht überschreitet (dann greift die erste Variante[545]). Ebenfalls der zweiten Variante unterfällt der fehlende bzw. unübersichtliche Kontenplan. 91

Praktisch am häufigsten gerät in Konflikt mit der zweiten Variante, wer den Grundsätzen des § 239 Abs. 2 HGB zuwider bucht. Der Phantasie sind hier keine Grenzen gesetzt.[546] Deshalb mag es dabei bewenden, einige besonders gängige Verstöße gegen § 239 Abs. 2 HGB herauszugreifen, die auch die strafgerichtliche Rspr. zu § 283 Abs. 1 Nr. 5 Var. 2 schon beschäftigten: Sämtliche Grundsätze des § 239 Abs. 2 HGB kulminieren – wie gesehen[547] – im **Belegprinzip**, das eine Buchung nur gestattet, sofern der Vorgang belegmäßig erfasst ist. Fehlen Belege über gebuchte Geschäftsvorfälle oder hat der Kaufmann bzw. Geschäftsführer die Belege nicht geordnet aufbewahrt, mangelt es an einer ordentlichen Buchführung und droht deshalb die Strafbarkeit aufgrund des § 283 Abs. 1 Nr. 5 Var. 2.[548] Sowohl den Grundsatz der **Richtigkeit** als auch den Grundsatz der **Vollständigkeit** und damit die zweite Variante des § 283 Abs. 1 Nr. 5 verletzt, wer Geschäftsvorfälle bucht, die tatsächlich gar nicht erfolgten, etwa indem er zu viele Aktiva bzw. zu wenige Passiva ausweist, um eine bestehende oder drohende Überschuldung zu verheimlichen[549] oder aber indem er die Aktiva zu niedrig bzw. die Passiva zu hoch ansetzt, mit dem Ziel, Steuern zu sparen.[550] Gleichfalls unrichtig bucht, wer die Art der Geschäfte etwa durch falsche Angaben über den Gläubiger unzutreffend darstellt und dies mithilfe falscher Belege verschleiert.[551] Freilich besteht für den Betreiber eines Einzelhandelsgeschäfts keine Pflicht, jeden einzelnen Geschäftsvorfall exakt nach Betrag und Kunden aufzuzeichnen.[552] Auf Kollisionskurs zum „Richtigkeits-Grundsatz" gerät des Weiteren der Kaufmann oder Geschäftsführer, der einzelne Vermögensgegenstände zu hoch bzw. Verbindlichkeiten zu niedrig bewertet. Allerdings mündet keinesfalls jeder **Bewertungsfehler** in den Vorwurf, die Handelsbücher unordentlich geführt zu haben. Angesichts der zahlreichen **Bewertungsspielräume**, die das Bilanzrecht dem Kaufmann einräumt, führen nur solche Fehlbewertungen zu § 283 Abs. 1 Nr. 5 Var. 2, denen die Mangelhaftigkeit quasi auf die Stirn geschrieben steht, die also **evident** und **willkürlich** von 92

---

542 Zu letzterem s.o. Rdn. 79.

543 Konstellation nach RGSt **47**, 311.

544 BGH NStZ **1995**, 347 = wistra **1995**, 146, 147; BGHSt **4**, 271, 274 am Bsp. des § 239 Abs. 1 Nr. 3 KO a.F.; RGSt **30**, 170 f.; RGSt **11**, 142, 144; RGSt **11**, 161, 162; s. ferner AnwK/*Püschel* § 283 Rdn. 20; Park/*Deiters*/*Wagner* Teil 3, Kap. 10.2 Rdn. 20; W/J/S/*Pelz* 9/171; vgl. auch *Regner*, S. 125 f., der trotz seines engeren Verständnisses – die Vermögensübersicht ist ihm zufolge erst dann erschwert, wenn aus den Büchern kein Überschuldungs- bzw. Zahlungsunfähigkeitsstatus abgeleitet werden kann – bei entspr. formellen Verstößen ebenfalls regelmäßig eine bankrottstrafrechtlich relevante Pflichtverletzung annimmt.

545 Dazu o. Rdn. 79.

546 S. etwa die Auflistung bei *Louis* BC **2002**, 18, 19; vgl. ferner die Feststellung bei *Zirpins*/*Terstegen*, S. 196.

547 S.o. Rdn. 77.

548 BGH NJW **1954**, 1010; BGH/H GA **1961**, 358 f.; BGH/H GA **1956**, 348; *Weyand* PStR **2004**, 235.

549 Zu einer solchen Konstellation s. BGHR StGB § 283 Abs. 1 – Geschäftsführer 1; BGH wistra **1995**, 146, 147 (insoweit nicht abgedr. in NStZ **1995**, 347) = BGHR StGB § 283 Abs. 1 Nr. 5 – Konkurrenzen 3.

550 *Louis* BC **2002**, 18, 19.

551 BGH/H GA **1961**, 358; LK[12]/*Tiedemann* § 283 Rdn. 112.

552 Grdl BFHE **86**, 118, 121.

den bilanzrechtlichen Vorgaben abweichen.[553] Konkret bedeutet das: Hat bspw. ein Kaufmann einen Vermögensgegenstand über einen Zeitraum von vier statt – wie es richtig gewesen wäre – von fünf Jahren abgeschrieben, erscheint solches Verhalten nicht willkürlich und verstößt somit nicht gegen den Grundsatz der Richtigkeit. Anders liegen die Dinge, wenn nach fünf Jahren überhaupt keine Abschreibungen erfolgten, der Gegenstand vielmehr immer noch zum Anschaffungspreis im Buchwerk erscheint. Ordnungswidrig führt seine Bücher schließlich auch, wer darin Forderungen zum Nennwert bucht, die er aufgrund des beim Schuldner eingetretenen Zahlungsverfalls teilweise oder sogar vollständig wertberichtigen müsste.[554]

93 Mit den Vorgaben des § 239 Abs. 2 HGB unvereinbar sind darüber hinaus **verspätete** Buchungen.[555] Hat der Kaufmann bzw. Geschäftsführer einzelne Geschäftsvorfälle nicht innerhalb eines Zeitfensters von vier, sondern erst nach sechs oder acht Wochen bzw. noch später gebucht, erhebt sich die Frage, ob solches Fehlverhalten nach Eintritt der objektiven Strafbarkeitsbedingung (vgl. § 283 Abs. 6) den Vorwurf ordnungswidriger Buchführung evoziert. Ausgehend vom Wortlaut des § 283 Abs. 1 Nr. 5 Var. 2 bestehen an der Strafbarkeit des verspätet buchenden Kaufmanns bzw. Geschäftsführers eigentlich keine Zweifel, sofern nur die verspätete Buchung die Vermögensübersicht erschwert. Bedenken gegenüber diesem vermeintlich eindeutigen Ergebnis kommen aber auf, betrachtet man die Rspr. des Reichsgerichts. Danach war der Tatbestand des § 283 Abs. 1 Nr. 5 Var. 2 erst mit dem Eintritt der objektiven Strafbarkeitsbedingung vollendet.[556] Konsequenterweise blieb der Kaufmann bzw. Geschäftsführer, der die Buchungen vor diesem Zeitpunkt nachholte, gem. § 283 Abs. 1 Nr. 5 Var. 2 straflos. Das überzeugt aus zweierlei Gründen nicht: Zum einen tangiert die verspätete Buchung in erheblichem Maße den von § 283 Abs. 1 Nr. 5 Var. 2 vorrangig geschützten Zweck der **Selbstinformation** und kann deshalb nicht über weite Strecken ungesühnt bleiben.[557] Zum anderen rechnen die Voraussetzungen des § 283 Abs. 6 nicht zum gesetzlichen Tatbestand. Vor diesem Hintergrund liefe es ihrer – heute unangefochtenen – Klassifikation als objektive Strafbarkeitsbedingung diametral zuwider, wollte man ihnen die Aufgabe zuweisen, den Vollendungszeitpunkt des § 283 Abs. 1 Nr. 5 Var. 2 zu markieren.[558] Vollendung tritt demnach ein, sobald der Kaufmann bzw. Geschäftsführer die Buchungsfristen überschreitet.[559] Allerdings dürften solche Verstöße kaum einmal praktische Relevanz entfalten. Sollten die Strafverfolgungsbehörden überhaupt Kenntnis von der verspäteten Buchung erlangen, spricht viel dafür, gem. **§ 153 Abs. 1 StPO** zu verfahren, da der Kaufmann bzw. Geschäftsführer, indem er nachbucht, seine Rückkehr in die Legalität zum Ausdruck bringt.[560]

94 **bb) Verändern von Handelsbüchern.** Die Modalität des **Veränderns von Handelsbüchern** erfüllt, wer den Büchern nachträglich Geschäftsvorfälle hinzufügt oder aber bereits gebuchte Vorfälle wieder streicht und dadurch entweder den ursprünglichen Inhalt verdunkelt oder aber den Leser der Bücher darüber im Unklaren lässt, ob er die Eintragungen einem geordneten Geschäftsgang entsprechend vorgenommen hat.[561] Straflos bleibt hingegen der Kaufmann bzw. Geschäftsführer, der zunächst irrtümlich falsch gebucht und, nachdem er den Fehler bemerkt, diesen berichtigt hat.[562] Ordnungsgemäß erfolgt die Korrektur jedoch nur, indem der Kaufmann bzw.

---

553 LK[12]/*Tiedemann* § 283 Rdn. 115; *Sch/Schröder/Heine/Schuster* § 283 Rdn. 34; vgl. auch *Schüppen*, S. 167.

554 Vgl. zu einem solchen Fall OLG Hamburg NJW **1987**, 1342, 1344 = GmbHR **1987**, 273, 274.

555 Zu den einzuhaltenden Zeiträumen s.o. Rdn. 79.

556 RGSt **29**, 222, 225; wohl auch RG JW **1936**, 3007.

557 Vgl. dazu auch LK[12]/*Tiedemann* § 283 Rdn. 118.

558 S. dazu schon *Heidland* KTS **1958**, 161, 164.

559 **H.M.**; s. nur LK[12]/*Tiedemann* § 283 Rdn. 118; M-G/*Richter* Kap. 85 Rdn. 69.

560 Dazu schon Bittmann[1]/*Bittmann* § 12 Rdn. 184; s.a. M-G/*Richter* Kap. 85 Rdn. 69: Berücksichtigung bei der Strafzumessung.

561 *Sch/Schröder/Heine/Schuster* § 283 Rdn. 35; G/J/W/*Reinhart* § 283 Rdn. 49.

562 Vgl. auch BGH/H GA **1963**, 106 f.; zur Zulässigkeit der nachträglichen Fehlerbehebung s. des Weiteren *Mösbauer* DB **2002**, 498, 501.

Geschäftsführer die Fehlbuchung **storniert**[563] und die zutreffende **Nachbuchung** als solche kenntlich macht.[564] Unzulässig sind Radierungen, Streichungen sowie Überschreibungen, wobei solches Verhalten nicht notwendig strafbar ist.

Wer Handelsbücher nachträglich verändert, verwirklicht regelmäßig neben § 283 Abs. 1 Nr. 5 Var. 2 **tateinheitlich** auch ein Urkundsdelikt.[565] Um sich gem. den §§ 267 Abs. 1, 274 Abs. 1 Nr. 1 strafbar zu machen, kommt es entgegen der reichsgerichtlichen Rspr., der zufolge das Tatbestandsmerkmal „verfälschen" i.S.v. § 267 Abs. 1 ein unberechtigtes Abändern voraussetzt, nicht darauf an, dass bspw. ein Gläubiger des Kaufmanns im Zeitpunkt der Veränderung ein vertragliches oder gesetzliches (etwa nach § 810 BGB) Recht auf den unveränderten Fortbestand der Bücher erworben hatte.[566] Denn die Buchführungspflicht besteht – wie bereits ausgeführt[567] – nicht im alleinigen Interesse des Kaufmanns, weshalb dieser die Dispositionsbefugnis verliert, sobald er einen Geschäftsvorfall in seinen Büchern vermerkt.[568] Verzichtet der Kaufmann darauf, seine Bücher papieren zu führen und bedient sich stattdessen eines EDV-Programms (vgl. § 239 Abs. 4 S. 1 HGB), bleibt er zwar gem. den §§ 267 Abs. 1, 274 Abs. 1 Nr. 1 straflos, wenn er nachträglich Veränderungen am Datenbestand vornimmt. Die entstehende urkundenstrafrechtliche Lücke schließen jedoch die §§ 269, 274 Abs. 1 Nr. 2.[569] 95

cc) Erschwerte Übersicht über den Vermögensstand. Nach dem Gesetzeswortlaut genügt die unordentliche Buchführung bzw. das nachträgliche Verändern der Handelsbücher alleine nicht, um den Kaufmann bzw. Geschäftsführer gem. § 283 Abs. 1 Nr. 5 Var. 2 zu bestrafen. Vielmehr muss die unordentliche Buchführung bzw. die nachträgliche Veränderung ein Ausmaß erreichen, das die **Übersicht über das kaufmännische Vermögen erschwert.** An der erforderlichen Vermögensübersicht fehlt es, wenn die Buchführungsmängel derart schwer wiegen, „daß ein sachverständiger Dritter sich den erforderlichen Überblick über die Vermögenslage des Schuldners entweder überhaupt nicht oder doch nur mit erheblichen Schwierigkeiten, unter Anwendung besonderer Mühen zu beschaffen vermag".[570] Diese Formel birgt vor allem zwei Probleme: Zum einen muss Klarheit über die 96

563 Allerdings können häufige Stornierungen ein kriminologisches Anzeichen für eine Manipulation der Bücher sein; s. dazu *Teufel* Kriminalistik **1971**, 630, 631.

564 M-G/*Richter* Kap. 85 Rdn. 37; *Louis*, S. 42.

565 M-G/*Richter* Kap. 85 Rdn. 37; Lackner/Kühl/*Heger* § 283 Rdn. 18; AnwK/*Püschel* § 283 Rdn. 21; *v. Babo*, S. 59; *Kuhn*, S. 64 f.; *Büttiker*, S. 36; *Biletzki* NStZ **1999**, 537, 541; s.a. *Schäfer* wistra **1990**, 81, 85 mit weiteren Ausführungen zu Fragen der Wahlfeststellung zwischen Bankrott- und Urkundsdelikt.

566 So aber RGSt **69**, 396, 398; RGSt **52**, 88, 90 f.; RGSt **50**, 420, 421 f. (Abänderungsbefugnis erlischt, sobald die Urkunde in den Rechtsverkehr eingeführt wurde); RGSt **5**, 430, 431 f.; RG JW **1936**, 1538.

567 S.o. Rdn. 42.

568 LK[12]/*Tiedemann* § 283 Rdn. 107; Park/*Deiters*/*Wagner* Teil 3, Kap. 10.2 Rdn. 20; a.A. aber *Louis*, S. 182, dem zufolge der Kaufmann/Geschäftsleiter solange keine urkundenstrafrechtlichen Konsequenzen befürchten muss, als er entweder die Bücher noch nicht in den Rechtsverkehr eingeführt hat oder sie auf sonstige Weise eingesehen oder abgenommen wurden.

569 *Louis*, S. 187 f.

570 RGSt **47**, 311, 312; RGSt **4**, 119, 121; RG DJ **1939**, 1779; RG JW **1917**, 859, 860; heute **h.M.**; s. nur BTDrucks. 7/3441, S. 35; BGH wistra **2002**, 225 = NStZ **2002**, 327; BGH NStZ **1998**, 247 = wistra **1998**, 177, 178 = StV **1999**, 26; BGH/H MDR **1980**, 455; *Fischer* § 283 Rdn. 23; *Sch*/*Schröder*/*Heine*/*Schuster* § 283 Rdn. 36; NK/*Kindhäuser* § 283 Rdn. 64; S/S/W/*Bosch* § 283 Rdn. 24; W/J/S/*Pelz* 9/172; A/R/R/*Himmelreich* Kap. 7/1 Rdn. 147; G/J/W/*Reinhart* § 283 Rdn. 50; AnwK/*Püschel* § 283 Rdn. 22; M-G/*Richter* Kap. 85 Rdn. 36b; M/R/*Altenhain* § 283 Rdn. 35; Park/*Deiters*/*Wagner* Teil 3, Kap. 10.2 Rdn. 24; *Dannecker*/*Knierim*/*Dannecker*/*Hagemeier* Rdn. 940; SK/*Hoyer* § 283 Rdn. 74; Lackner/Kühl/*Heger* § 283 Rdn. 18; *Weyand*/*Diversy* Rdn. 92; *Weyand* ZInsO **1999**, 327, 331; HambK/*Borchardt* § 283 StGB Rdn. 24; M/G/*Rotsch*/*Wagner* 8/208; Pape/Uhländer/*Hofmann* § 283 Bankrott Rdn. 36; *Kuhn*, S. 34 f.; *Büttiker*, S. 57; *Steinbrück*, S. 30; *Höfner*, S. 71; *Hiltenkamp-Wisgalle*, S. 182; *Louis*, S. 173; *ders.* BC **2002**, 18, 20; *Mathieu* GA **1954**, 225, 232; weiter diff. *Hauck*, S. 137 f., der bei Verstößen gegen ausdrückliche gesetzliche Gebote – etwa die Gliederungsvorgaben des § 266 HGB – immer eine Erschwernis bejahen, hingegen bei Verstößen gegen ungeschriebene GoB einen weniger strengen Maßstab anlegen will; enger als die vorstehend Genannten wohl *Regner*, S. 80 ff., dem zufolge die Vermögensübersicht erst dann erschwert sein

Maßstabsfigur des **sachverständigen Dritten** herrschen. Handelt es sich hierbei lediglich um einen idealtypischen Kaufmann bzw. Geschäftsführer oder um einen „mit allen Wassern gewaschenen" Steuerberater oder Buchhalter? Zum anderen bedarf die Frage einer Antwort, ab wann die Schwierigkeiten, eine Vermögensübersicht zu erlangen, erheblich sind.

97 Wendet man sich zunächst der Maßstabsfigur zu, macht es einen großen Unterschied, welche Kenntnisse und Fertigkeiten ihr zur Verfügung stehen. Ein – auch idealtypischer – Kaufmann bzw. Geschäftsführer wird deutlich früher vor der mangelhaften Buchführung kapitulieren und somit keine Vermögensübersicht erlangen als ein Steuerberater oder Buchhalter. Gleichwohl wollen Teile des Schrifttums angesichts des Umstands, dass die Buchführung u.a. der Selbstinformation des Kaufmanns dient, eine ***ex-ante*-Betrachtung** anstellen und aus der Sicht eines **idealtypischen Kaufmanns** eruieren, ob die festgestellten Buchführungsmängel geeignet sind, die Vermögensübersicht zu erschweren.[571] Das überzeugt jedoch nicht. Da § 283 Abs. 1 Nr. 5 Var. 2 keinesfalls nur die Selbstinformationsfunktion der Buchführung schützt, sondern gleichrangig auch die übrigen Buchführungsaspekte[572] absichert, spricht mehr für die Ansicht, die den sachverständigen Dritten in Form des Steuerberaters oder Buchhalters bemüht[573] und im Übrigen dadurch zu einer restriktiveren Handhabung des § 283 Abs. 1 Nr. 5 Var. 2 beiträgt. Hingegen – hierüber dürfte ungeachtet der vorstehend nachgezeichneten Kontroverse Konsens herrschen – kann sich der Kaufmann bzw. Geschäftsführer nicht mit dem Vorbringen verteidigen, er habe trotz der festgestellten Buchführungsmängel sein bzw. das Vermögen der Gesellschaft hinreichend übersehen.[574]

98 Steht ein Fall der unordentlichen Buchführung zur Beurteilung an, dürfte es angesichts der zumeist vorhandenen Buchführungsfragmente selten gänzlich ausgeschlossen sein, einen Überblick über das Schuldnervermögen zu erlangen. Damit gewinnt die Frage, ob dieser grds. mögliche Überblick nur unter **erheblichen Schwierigkeiten** erlangt werden kann, regelmäßig strafbarkeitsentscheidende Bedeutung. Freilich existieren keine eindeutigen Antworten auf diese Frage, hängt es doch entscheidend von der Größe des Unternehmens und damit der Komplexität der Buchführung ab, welchen Zeitraum man normalerweise veranschlagen muss, um sich einen Überblick über den Vermögensstand zu verschaffen.[575] Vor diesem Hintergrund ist das Tatgericht dazu aufgerufen, mithilfe **sachverständiger Unterstützung** zunächst den Zeitraum zu ermitteln, der üblicherweise benötigt wird, um in dem konkreten Unternehmen anhand der Bücher eine Vermögensübersicht zu erstellen und hat es sodann die tatsächlich aufgewendete Zeit hierzu in Relation zu setzen. Weichen beide Größen nicht nur unerheblich voneinander ab, liegt das Merkmal der erschwerten Übersicht grds. vor.[576] Dagegen fehlt es u.U. an einer erschwerten Übersicht, falls der Kaufmann bzw. Geschäftsführer zwar nichts gebucht, wohl aber sämtliche Belege geordnet aufbewahrt hat, da die fehlenden Bücher auf der Basis einer solchen **Belegsammlung** zumeist ohne größere Schwierigkeiten rekonstruierbar sind.[577] Gleiches gilt für nicht gebuchte Aufwen-

---

soll, wenn es der Buchführungsverstoß verhindert, mithilfe der Buchhaltungsunterlagen die Krisensituationen „(drohende) Zahlungsunfähigkeit" bzw. „Überschuldung" festzustellen.

571 Insbesondere Teile des bilanzrechtlichen Schrifttum verstehen i.R.d. § 238 HGB unter dem sachverständigen Dritten jemanden, der Bilanzen lesen kann; vgl. dazu Hopt/*Merkt* § 238 Rdn. 15; ADS § 238 Rdn. 45; weitergehend aber Koller/Kindler/Roth/Drüen/*Morck*/*Drüen* § 238 Rdn. 5a, die auch Steuerberater, Wirtschaftsprüfer und Buchhalter einbezieht.

572 Dazu s.o. Rdn. 42.

573 Dass dies gängiger Praxis entspricht, darauf weisen Park/*Deiters*/*Wagner* Teil 3, Kap. 10.2 Rdn. 24 hin; nicht eindeutig *v. Babo*, S. 37, der von einer Person spricht, die mit der Technik der Buchführung vertraut ist; vgl. auch S/S/W/*Bosch* § 283 Rdn. 24: bilanzkundiger sachverständiger Dritter.

574 S. nur RGSt **4**, 119, 121 f.; *Louis*, S. 174 f.; ferner *Weyand*/*Diversy* Rdn. 92 m. Fn. 411; *Böhle-Stamschräder* § 239 KO Anm 9d; *Nieberg*, S. 24 f.; *Büttiker*, S. 57; *Steinbrück*, S. 30.

575 Park/*Deiters*/*Wagner* Teil 3, Kap. 10.2 Rdn. 24.

576 In diese Richtung schon RGSt **47**, 311, 312; vgl. ferner LK[12]/*Tiedemann* § 283 Rdn. 118, dem zufolge die Übersicht erheblich erschwert ist, wenn der Sachverständige mehrere Wochen benötigt, um sich einen Überblick zu verschaffen.

577 Zu dieser Möglichkeit s. BGH NStZ **1998**, 247 = wistra **1998**, 177, 178 = StV **1999**, 26; vgl. ferner bereits BGH/H MDR **1980**, 455; *Fischer* § 283 Rdn. 23; SK/*Hoyer* § 283 Rdn. 74; *Louis*, S. 174; *Dannecker*/*Knierim*/*Dannecker*/*Hagemeier* Rdn. 940; MAH/*Böttger* § 19 Rdn. 160; S/S/W/*Bosch* § 283 Rdn. 24; ähnl. NK/*Kindhäuser* § 283 Rdn. 64.

dungen, die im betreffenden Betrieb offensichtlich wiederkehrend in bestimmter Höhe anfallen und deshalb ohne Weiteres ergänzt werden können[578] sowie für einzelne nicht erfasste Geschäftsvorfälle, sofern die entsprechenden Belege vorliegen[579] oder aber ihr Fehlen nicht geeignet ist, Dritten ein falsches Bild vom kaufmännischen Vermögen zu vermitteln (z.B. Rechenfehler bei Bagatellbeträgen).[580]

Was schließlich den Zeitpunkt anbelangt, zu dem die Übersicht über den Vermögensstand erschwert sein muss, ist auf den **Abschluss der Tathandlung** und nicht – wie von der älteren Rspr. verschiedentlich gefordert[581] – auf den Eintritt der objektiven Strafbarkeitsbedingung abzustellen.[582] Neben den bereits oben im Kontext der verspäteten Buchungen genannten Argumenten,[583] die hier gleichermaßen Geltung beanspruchen, streitet für dieses Ergebnis der Charakter des § 283 Abs. 1 Nr. 5 Var. 2 als abstraktes Gefährdungsdelikt (mit Erfolgsmoment).[584] Dieser würde konterkariert, forderte man einen erschwerten Vermögensüberblick auch noch nachdem das zuständige Gericht das Insolvenzverfahren eröffnet bzw. die Eröffnung mangels Masse abgelehnt hat.[585] Jedoch kann die zunächst fehlende, später aber wieder hergestellte Vermögensübersicht den erforderlichen Zusammenhang zwischen Bankrotthandlung und objektiver Strafbarkeitsbedingung ausschließen.[586, 587] 99

3. Der Tatbestand des § 283 Abs. 1 Nr. 6

Große praktische Bedeutung erlangt § 283 Abs. 1 Nr. 6 in den mit „**Firmenbestattung**“ überschriebenen Konstellationen.[588, 589] Um die Gläubiger des insolvenzbedrohten Unternehmens erfolgreich abzuschütteln, genügt es regelmäßig nicht, die Geschäftsanteile an „Strohgesellschafter“ zu veräußern, die Firma zu ändern und irgendwelche „Strohgeschäftsführer“ zu bestellen.[590] Vielmehr entspricht es gängiger „Bestattungspraxis“, darüber hinaus das gesamte Buchwerk entweder zu 100

---

578 *Sch/Schröder/Heine/Schuster* § 283 Rdn. 36; LK/*Tiedemann* § 283 Rdn. 118; *Dannecker/Knierim/Dannecker/Hagemeier* Rdn. 940; NK/*Kindhäuser* § 283 Rdn. 64; G/J/W/*Reinhart* § 283 Rdn. 50; Park/*Deiters/Wagner* Teil 3, Kap. 10.2 Rdn. 24.

579 BGH/H GA **1959**, 341; LK[12]/*Tiedemann* § 283 Rdn. 118; *Louis*, S. 174; wohl auch Park/*Deiters/Wagner* Teil 3, Kap. 10.2 Rdn. 24.

580 Zu letzterem s. RGSt **29**, 304, 308; *Weyand* ZInsO **1999**, 327, 331; *Louis* BC **2002**, 18, 20.

581 RGSt **40**, 105, 106; RGSt **39**, 217, 219 (wobei die fehlende Buchführung über einen Zeitraum von sechs bis acht Monaten nicht mehr „ausgebügelt“ werden konnte); RGSt **29**, 222, 225 (allerdings mit dem Hinweis, dass frühere, im Zeitpunkt der Zahlungseinstellung nicht mehr bestehende Mängel u.U. fortwirken können); RGSt **5**, 415, 416; RG JW **1917**, 859, 860; wohl auch noch BGH/H GA **1961**, 359; dieser Rspr. ausdrückl zust. W/J/S/*Pelz* 9/129; *v. Babo*, S. 47; *Nieberg*, S. 26; *Büttiker*, S. 58; *Hauck*, S. 145 f.; *Mathieu* GA **1954**, 225, 232; wohl auch *Böhle-Stamschräder* KTS **1957**, 17, 21. Hingegen soll ein zeitliches Zusammentreffen von Tathandlung und objektiver Strafbarkeitsbedingung im Falle der unterlassenen Buchführung nicht erforderlich sein; vgl. RGSt **7**, 391, 392 f.

582 Grdl. LK[12]/*Tiedemann* § 283 Rdn. 118; ferner *Sch/Schröder/Heine/Schuster* § 283 Rdn. 36; NK/*Kindhäuser* § 283 Rdn. 65; SK/*Hoyer* § 283 Rdn. 75; G/J/W/*Reinhart* § 283 Rdn. 50; M/R/*Altenhain* § 283 Rdn. 35; Park/*Deiters/Wagner* Teil 3, Kap. 10.2 Rdn. 25; M/G/*Rotsch/Wagner* 8/209; *Weyand/Diversy* Rdn. 92; *Louis*, S. 175; *Hammerl*, S. 16; vgl. auch BGH/H GA **1954**, 311; Lackner/Kühl/*Heger* § 283 Rdn. 18.

583 Vgl. Rdn. 81.

584 Park/*Deiters/Wagner* Teil 3, Kap. 10.2 Rdn. 25; S/S/W/*Bosch* § 283 Rdn. 24.

585 Ausführl. hierzu *Sch/Schröder/Heine/Schuster* § 283 Rdn. 36.

586 Dazu s. Vor §§ 283 ff. Rdn. 64.

587 Vgl. auch NK/*Kindhäuser* § 283 Rdn. 65; SK/*Hoyer* § 283 Rdn. 75; M/R/*Altenhain* § 283 Rdn. 35.

588 S. dazu auch u. Rdn. 155 ff.

589 Zu diesem Befund auch Park/*Deiters/Wagner* Teil 3, Kap. 10.2 Rdn. 30; s. ferner M-G/*Richter* Kap. 87 Rdn. 45, 47, 49; HambK/*Borchardt* § 283 StGB Rdn. 25.

590 Zum typischen Ablauf einer Firmenbestattung s. *Hey/Regel* Kriminalistik **1999**, 258 ff.; vgl. ferner M-G/*Richter* Kap. 87 Rdn. 44; W/J/S/*Beck* 8/82a; M/G/*Rotsch/Wagner* 8/89; Böttger/*Verjans/Rixe* 4/277; *Ehlers* Insbüro **2005**, 60, 67 f.; *Habenicht* JR **2011**, 17, 19 und ausführl. *Nickmann*, S. 99 ff.

vernichten oder vor dem Zugriff der Gläubiger und des Insolvenzverwalters zu verbergen.[591] Allerdings dürfte es häufig ganz erhebliche Schwierigkeiten bereiten, festzustellen, wer die Unterlagen vernichtet hat. Als taugliche Täter stehen grds. sowohl der Alt- als auch der Neugeschäftsführer bzw. die Hintermänner bereit – eine fast schon klassisch anmutende Konstellation für den Einsatz des *in-dubio*-Grundsatzes.[592] Abhilfe könnte allenfalls § 25 Abs. 2 schaffen, dessen Anwendung im Firmenbestattungskontext jedoch intrikate Probleme zeitigt.[593, 594] Inwieweit die Vernichtung der Bücher und Bilanzen hingegen Untreueunrecht verwirkt, ist im einschlägigen Schrifttum umstritten.[595]

101 **a) Der Täterkreis des § 283 Abs. 1 Nr. 6.** Anders als die §§ 283 Abs. 1 Nrn. 5, 7, 283b Abs. 1 Nrn. 1, 3, hat der Gesetzgeber die §§ 283 Abs. 1 Nr. 6, 283b Abs. 1 Nr. 2 nicht mit demselben Wortlaut ausgestattet. Zwar sanktionieren beide Tatbestände das Beiseiteschaffen, Verheimlichen, Zerstören oder Beschädigen von Handelsbüchern und sonstigen aufbewahrungspflichtigen Unterlagen. Während aber § 283 Abs. 1 Nr. 6 sämtliche Unterlagen, die ein *Kaufmann* nach Handelsrecht aufbewahren muss, erfasst, spricht § 283b Abs. 1 Nr. 2 schlichter von den Unterlagen, „zu deren Aufbewahrung *er* [...] verpflichtet ist". Inwiefern diese unterschiedlichen Sprachfassungen Auswirkungen auf die Reichweite der beiden Vorschriften zeitigen, darum debattieren Vertreter des Schrifttums und der Rspr. seit langem.[596]

102 Obschon § 283 Abs. 1 Nr. 6 Unterlagen in Bezug nimmt, die ein Kaufmann **aufzubewahren hat** und damit im Unterschied zu § 283b Abs. 1 Nr. 2 nicht ausdrücklich an die Schuldnerposition anknüpft, herrscht insoweit Konsens, als Täter des § 283 Abs. 1 Nr. 6 **jedermann** sein kann, der fremde (kaufmännische) Handelsbücher etc. vernichtet, sofern er nur entweder selbst Schuldner ist oder für diesen gem. § 14 handelt.[597] Zum Täterkreis des § 283 Abs. 1 Nr. 6 rechnet mithin auch der Unternehmer, der zunächst die Voraussetzungen des § 1 Abs. 2 HGB[598] erfüllte, deshalb gem. den §§ 238 ff. HGB Bücher führte und diese Bücher vernichtete, nachdem er seinen Kaufmannsstatus verloren hatte.[599] Genauso trifft die Aufbewahrungspflicht den Geschäftserwerber, die Erben eines Kaufmanns, den Testamentsvollstrecker sowie den Insolvenzverwalter, und zwar unabhängig davon, ob die Genannten selbst Kaufleute sind.[600]

103 Die Schwierigkeiten beginnen erst, sobald ein Schuldner **freiwillig geführte Bücher** beiseiteschafft, verheimlicht, zerstört oder beschädigt. Namentlich im Schrifttum findet sich die An-

---

591 Dazu BGH NJW **2013**, 1892, 1893 = NZG **2013**, 397, 398 m. Anm. *Brand*; OLG Karlsruhe NZG **2013**, 818; MK/*Kiethe*/*Hohmann* § 15a InsO Rdn. 53; Böttger/*Verjans*/*Rixe* 4/277; *Weyand*/*Diversy* Rdn. 95; *Schröder* DNotZ **2005**, 596, 597 f.; *Bittmann* GmbHR **2007**, 70, 71; *Hey*/*Regel* Kriminalistik **1999**, 258, 260; *Rattunde* DZWir **1998**, 271, 272; *Werner* NZWiSt **2013**, 418, 422.

592 Zur Bedeutung des *in-dubio*-Grundsatz in diesen Konstellationen s. MAH/*Böttger* § 19 Rdn. 281; *Brand*/*Reschke* ZIP **2010**, 2134; *Ogiermann* wistra **2000**, 250; vgl. ferner *Pananis*/*Börner* GmbHR **2006**, 513 sowie *Goltz*/*Klose* NZI **2000**, 108, 109.

593 S.u. Rdn. 157.

594 Zum Ganzen *Brand*/*Reschke* ZIP **2010**, 2134, 2136 f.

595 Dafür *Hey*/*Regel* Kriminalistik **1999**, 258, 261; dagegen *Ogiermann* wistra **2000**, 250, 251. Zivilrechtlich führt die Vernichtung der Bücher und sonstigen Unterlagen zu einer Umkehr der Beweislast, mit der Folge, dass der gem. § 823 Abs. 2 BGB i.V.m. § 15a InsO auf Schadensersatz in Anspruch genommene Schuldner beweisen muss, im streitgegenständlichen Zeitpunkt nicht zahlungsunfähig gewesen zu sein; s. dazu BGH NZG **2012**, 464, 465 f.

596 S. Rdn. 102 ff.

597 NK/*Kindhäuser* § 283 Rdn. 67; SK/*Hoyer* § 283 Rdn. 77 f.; MK/*Petermann*/*Sackreuther* Vor §§ 283 ff. Rdn. 51; HambK/*Borchardt* § 283 StGB Rdn. 25; M/G/*Rotsch*/*Wagner* 8/210; Pape/Uhländer/*Hofmann* § 283 Bankrott Rdn. 40; *Dohmen*, S. 69; *Habetha*, S. 274; vgl. auch *Kribs-Drees*, S. 125.

598 S.o. Rdn. 51.

599 NK/*Kindhäuser* § 283 Rdn. 70; MK/*Petermann*/*Sackreuther* § 283 Rdn. 48; *Dannecker*/*Knierim*/*Dannecker*/*Hagemeier* Rdn. 942; *Sch*/*Schröder*/*Heine*/*Schuster* § 283 Rdn. 39; SK/*Hoyer* § 283 Rdn. 79; M/R/*Altenhain* § 283 Rdn. 36.

600 NK/*Kindhäuser* § 283 Rdn. 70; SK/*Hoyer* § 283 Rdn. 79.

sicht, die etwa den **Freiberufler**, der seine Bücher nach Eintritt der Krise vernichtet, dann gem § 283 Abs. 1 Nr. 6 bestrafen will, wenn die vernichteten Bücher qualitativ denjenigen entsprochen haben, die ein Kaufmann führt.[601, 602] Die wohl überwiegende Meinung widerspricht dem zu Recht. Zwar soll der Wortlaut – teilweise geäußerter Auffassung zufolge – einer Interpretation nicht entgegenstehen, die auch freiwillig geführte Bücher dem Schutz des § 283 Abs. 1 Nr. 6 unterstellt.[603] Zwingend ist aber schon das nicht. Denn wer nur solche freiwillig geführte Bücher erfassen will, die, hätte sie ein Kaufmann geführt, den Büchern i.S.v. § 257 HGB unterfielen, gerät automatisch auf Kollisionskurs mit dem Wortlaut des § 283 Abs. 1 Nr. 6, der von den Unterlagen spricht, zu deren Aufbewahrung ein Kaufmann verpflichtet *ist* und gerade nicht den Konjunktiv „wäre" verwendet.[604] Darüber hinaus erschiene es ungereimt, bliebe der Gewerbetreibende, der berechtigterweise keine Bücher führt, *sub specie* des Bankrottstrafrechts straflos, wohingegen sein Kollege, der die freiwillig geführten Bücher später vernichtet, bankrottstrafrechtliche Konsequenzen gewärtigen muss.[605] Des Weiteren vermag sich die Ansicht, die den Gewerbetreibenden, der seine freiwillig erstellten Bücher vernichtet, gem. § 283 Abs. 1 Nr. 6 bestraft, auch nicht auf historische Kontinuitäten zu berufen. Im Gegenteil: Die höchstrichterliche Rspr. hat zwar den **Minderkaufmann**, der seine Bücher beseitigte, wegen Verstoßes gegen § 239 Nr. 4 KO verurteilt.[606] Diese Vorschrift sanktionierte jedoch ausschließlich den sog. „betrüglichen Bankerutt", den ein Schuldner beging, der die Tathandlungen des § 239 KO in der Absicht verwirklichte, seine Gläubiger zu benachteiligen. Gerade diese **Benachteiligungsabsicht** war es, die den BGH dazu veranlasste, eine extensive Interpretation des § 239 Nr. 4 KO zu befürworten.[607] Da der gegenwärtige § 283 dieses besondere subjektive Merkmal nicht kennt, spricht viel dafür, die Extension des § 239 Nr. 4 KO nicht auf § 283 Abs. 1 Nr. 6 zu übertragen. Schließlich stimmt es bedenklich, freiwillig geführte Bücher *via* § 283 Abs. 1 Nr. 6 den handelsrechtlich vorgesehenen Aufbewahrungspflichten zu unterwerfen und damit womöglich strafrechtlich längere Fristen zu statuieren, als sie das einschlägige Zivil-, Gewerbe- oder Steuerrecht vorsehen.[608] Mit dem Grundsatz, strafrechtlich nicht zu ahnden, was zivil-, gewerbe- oder steuerrechtlich erlaubt ist,

---

601 Vgl. § 257 HGB und u. Rdn. 105.

602 Dafür Lackner/Kühl/*Heger* § 283 Rdn. 19; A/R/R/*Himmelreich* Kap. 7/1 Rdn. 150; *Weyand/Diversy* Rdn. 93; *Weyand* StuB **1999**, 178, 181; ebenso scheinbar *Sch/Schröder/Heine/Schuster* § 283 Rdn. 39; Preisendanz/*Bieneck* § 283 Anm 6f aa); *Böhle-Stamschräder* § 239 KO Anm 9a; indifferent BTDrucks. 7/3441, S. 36, wo jedenfalls freiwillig geführte Bücher dem Schutzbereich zugeschlagen werden, ohne allerdings zu sagen, ob dies auch für Freiberufler gilt; ebenso *Göhler/Wilts* DB **1976**, 1657, 1660; s. ferner BGHSt **4**, 271, 275; BGH/H GA **1953**, 74; vgl. auch M-G/*Richter* Kap. 85 Rdn. 56 f., der zwar nicht die Freiberufler, wohl aber Kleingewerbetreibende sowie von der Buchführungspflicht gem § 241a HGB befreite Gewerbetreibende erfassen will (ebenso AnwK/*Püschel* § 283 Rdn. 23; *Grosche*, S. 92 f.) sowie *Fischer* § 283 Rdn. 24, der sich zwar für ein Vernichtungsverbot im Krisenfall ausspricht, hingegen einer Aufbewahrungspflicht etwa von „empfangenen Handelsbriefen" bei Nichtkaufleuten skeptisch gegenüber steht, da kaum einmal gesagt werden könne, welche Korrespondenz der Nichtkaufleute den Handelsbriefen entspreche; letzterem zust. Park/*Wagner* Teil 3, Kap. 10.3 Rdn. 20, dem zufolge auch die freiwillig geführten Bücher des Freiberuflers erfasst sind; ebenso G/J/W/*Reinhart* § 283 Rdn. 51; *Hauck*, S. 66 ff.; ähnl. wohl S/S/W/*Bosch* § 283 Rdn. 25; s. des Weiteren *Kuhn*, S. 32 f., *Büttiker*, S. 56 sowie *Höfner*, S. 67, zumindest mit Blick auf die von einem Minderkaufmann i.S.d. § 4 HGB a.F. freiwillig geführten Bücher; hiergegen aber *Steinbrück*, S. 25: Taugliche Täter sind nur Kaufleute.

603 MK/*Petermann/Sackreuther* § 283 Rdn. 49.

604 S. dazu schon NK/*Kindhäuser* § 283 Rdn. 67; zust. *Habetha*, S. 275.

605 NK/*Kindhäuser* § 283 Rdn. 68; ähnl. schon *v. Babo*, S. 35; dagegen dezidiert SK/*Hoyer* § 283 Rdn. 76.

606 BGHSt **2**, 386 f. = NJW **1952**, 898 f. = LM Nr. 2 zu § 239 KO; BGHSt **4**, 271, 275; vgl. auf dieser Linie auch schon RGSt **16**, 426, 429.

607 BGHSt **2**, 386, 387 = NJW **1952**, 898, 899 = LM Nr. 2 zu § 239 KO.

608 S. etwa LK[12]/*Tiedemann* § 283 Rdn. 122; ferner MK/*Petermann/Sackreuther* § 283 Rdn. 49 am Bsp. von steuerrechtlichen Aufzeichnungen.

wäre das nicht vereinbar. Resümierend erfasst § 283 Abs. 1 Nr. 6 somit lediglich solche Unterlagen, die von einem Kaufmann herrühren.[609]

104 Was dagegen den Täterkreis des § 283b Abs. 1 Nr. 2 anbelangt, bleibt es bei der oben[610] schon angesprochenen **doppelten Einschränkung**. Täterschaftlich kann den § 283b Abs. 1 Nr. 2 nur verwirklichen, wer zugleich Schuldner und Kaufmann ist,[611] wobei der spätere Wegfall der Kaufmannseigenschaft die Aufbewahrungspflicht genauso wie bei § 283 Abs. 1 Nr. 6 unberührt lässt.[612]

105 **b) Die Tatgegenstände des § 283 Abs. 1 Nr. 6.** Gegenüber dem § 283 Abs. 1 Nrn. 5, 7 erweitert § 283 Abs. 1 Nr. 6 den Kreis der geschützten Gegenstände von den Handelsbüchern auf **sonstige aufbewahrungspflichtige Unterlagen**. Zu den Handelsbüchern rechnen bspw. die Journale, das Grundbuch, Kassenbücher sowie Sach- und Personenkontenblätter.[613] Was „sonstige Unterlagen" sind, ergibt sich vor allem[614] aus **§ 257 HGB**. Nach dessen Abs. 1 Nrn. 1–4 gehören zu den „sonstigen Unterlagen" etwa die Eröffnungsbilanzen, die Inventare, die Jahresabschlüsse, die Lageberichte und die zu ihrem Verständnis erforderlichen Arbeitsanweisungen sowie sonstige Organisationsunterlagen, die empfangenen Handelsbriefe, die Kopien der abgesandten Handelsbriefe (in Papierform oder Mikrokopie) und die Buchungsbelege. Mit Ausnahme der Eröffnungsbilanzen und der Abschlüsse dürfen sämtliche aufgezählte Unterlagen auch elektronisch etwa auf Datenträgern aufbewahrt werden (vgl. § 257 Abs. 3 HGB). Ob der Kaufmann daneben Ausdrucke der elektronisch (EDV-mäßig) gespeicherten Unterlagen aufbewahren muss, deren alleinige Vernichtung etc. bankrottstrafrechtliche Konsequenzen zu zeitigen vermag,[615] erscheint angesichts der Regelung des § 257 Abs. 3 HGB zweifelhaft. Jedenfalls dürfte die **Vermögensübersicht** nicht erschwert sein, sollte der Kaufmann bzw. Geschäftsführer zwar die Ausdrucke, nicht aber die Datenträger vernichtet haben. Dagegen soll der umgekehrte Fall, in dem der Kaufmann bzw. Geschäftsführer das **Original** vernichtet, nachdem er hiervon eine Abschrift gefertigt hat, dem Tatbestand des § 283 Abs. 1 Nr. 6 unterfallen, da später zum einen nicht mehr feststellbar sei, ob Original und Abschrift wirklich übereinstimmen und zum anderen Änderungen, die der Kaufmann bzw. Geschäftsführer im Original vorgenommen hat, verloren seien.[616]

106 **c) Schutzdauer.** Die Aufbewahrungsfrist beträgt für die in § 257 Abs. 1 Nrn. 1, 4 HGB genannten Unterlagen **zehn**, für die in § 257 Abs. 1 Nrn. 2, 3 gelisteten Unterlagen **sechs Jahre** (vgl. § 257

609 MK/*Petermann*/*Sackreuther* Vor §§ 283 ff. Rdn. 51 und § 283 Rdn. 49; M/R/*Altenhain* § 283 Rdn. 36; Böttger/*Verjans*/*Rixe* 4/86; *Dohmen*, S. 68 f.; *Habetha*, S. 274 ff.; vgl. auch SK/*Hoyer* § 283 Rdn. 78, der von Unterlagen spricht, die von einem Ist-, Kann- oder Formkaufmann herrühren; s. des Weiteren *Hiltenkamp-Wisgalle*, S. 185 ff., die jedoch die Minderkaufleute alten Rechts anscheinend erfassen will; vgl. schließlich auch *Sch*/*Schröder*/*Heine*/*Schuster* § 283 Rdn. 39, der Privatleute nur bei Vorliegen besonderer Umstände als Täter erfassen will, ohne allerdings zu sagen, unter welchen Voraussetzungen solche besonderen Umstände vorliegen, die es rechtfertigen, Privatpersonen, die bspw. freiwillig geführte Bücher vernichten, gem. § 283 Abs. 1 Nr. 6 zu bestrafen; a.A. A/R/R/*Himmelreich* Kap. 7/1 Rdn. 153.

610 Vgl. Rdn. 44.

611 Allg.M.; s. nur *Fischer* § 283b Rdn. 4; MK/*Petermann*/*Hofmann* § 283b Rdn. 8; SK/*Hoyer* § 283b Rdn. 4; S/S/W/*Bosch* § 283b Rdn. 2; *Sch*/*Schröder*/*Heine*/*Schuster* § 283b Rdn. 3; NK/*Kindhäuser* § 283b Rdn. 2; Lackner/Kühl/*Heger* § 283b Rdn. 1; M-G/*Richter* Kap. 85 Rdn. 56; Park/*Deiters*/*Wagner* Teil 3, Kap. 10.2 Rdn. 27; W/J/S/*Pelz* 9/216; HambK/*Borchardt* § 283b StGB Rdn. 2; M/G/*Rotsch*/*Wagner* 8/288; MAH/*Böttger* § 19 Rdn. 165; Böttger/*Verjans*/*Rixe* 4/114; *Weyand*/*Diversy* Rdn. 126; *Hagedorn*, S. 74.

612 Park/*Deiters*/*Wagner* Teil 3, Kap. 10.2 Rdn. 27.

613 M-G/*Richter* Kap. 85 Rdn. 58.

614 Fraglich ist etwa, ob der von § 264 HGB geforderte, in § 257 HGB freilich nicht erwähnte Anhang zu den sonstigen Unterlagen i.S.d. §§ 283 Abs. 1 Nr. 6, 283b Abs. 1 Nr. 2 rechnet; befürwortend etwa LK[12]/*Tiedemann* § 283 Rdn. 124.

615 In diese Richtung tendiert anscheinend M-G/*Richter* Kap. 85 Rdn. 58.

616 Grdl. RGSt **16**, 426, 430.

Abs. 4 HGB; zum Fristbeginn s. § 257 Abs. 5 HGB).[617] Probleme bereiten Konstellationen, in denen der kaufmännische Unternehmer ein Insolvenzverfahren durchlaufen hat und nach dessen Abschluss Unterlagen i.S.d. § 283 Abs. 1 Nr. 6 vernichtet.[618] Je nachdem, ob das Insolvenzverfahren das Vermögen eines Einzelkaufmanns oder aber das Gesellschaftsvermögen einer Personengesellschaft bzw. juristischen Person betraf, sind unterschiedliche Ergebnisse denkbar. Endet das Insolvenzverfahren über ein einzelkaufmännisches Unternehmen und erlangt der Kaufmann seine Verfügungsbefugnis zurück, soll er nach teilweise vertretener Ansicht nur dann gem. § 283 Abs. 1 Nr. 6 haften, falls die Gläubiger an den vernichteten Unterlagen weiterhin ein **berechtigtes Aufbewahrungsinteresse** hatten.[619] Die Gegenansicht wirft diesem Ansatz vor, er sei *in praxi* nicht handhabbar und letzten Endes zu unbestimmt. Weil die Unterlagen immer wieder und aus verschiedenen Anlässen von Bedeutung sein könnten, bleibt es ihr zufolge bei den Aufbewahrungsfristen des § 257 Abs. 4 HGB. Das durchlaufene **Insolvenzverfahren** verkürze diese Fristen nicht.[620] Den Vorzug verdient eine differenzierende Lösung, die im Übrigen auch mit den sogleich zu behandelnden, gleichgelagerten Sachverhaltsgestaltungen auf der Ebene der Personengesellschaften bzw. juristischen Personen harmoniert. Danach trifft den einzelkaufmännischen Unternehmer, der ein Insolvenzverfahren durchlaufen hat, die strafbewehrte Aufbewahrungspflicht unverändert, sofern er im Anschluss an das Insolvenzverfahren seinen Betrieb weiterführt bzw. diesen aufgibt, ohne beim zuständigen Insolvenzgericht Antrag auf **Restschuldbefreiung** zu stellen.[621] Verzichtet der einzelkaufmännische Unternehmer hingegen darauf, seinen Betrieb wieder aufzunehmen und schlägt er stattdessen den Weg der Restschuldbefreiung (vgl. §§ 286 ff. InsO) ein, spricht viel dafür, die Aufbewahrungspflichten enden zu lassen, sobald die **Wohlverhaltensperiode** (derzeit drei Jahre, vgl. § 287 Abs. 2 S. 1 InsO) komplikationslos verstrichen ist,[622] da ab diesem Zeitpunkt die Forderungen sämtlicher normaler (zu den ausgenommenen Forderungen s. § 302 InsO) Insolvenzgläubiger erlöschen (s. § 301 Abs. 1 InsO), mithin niemand mehr existiert, der an den früheren Handelsbüchern und sonstigen Unterlagen noch ein Interesse haben könnte. Ersetzt man den einzelkaufmännischen Unternehmer durch eine Personengesellschaft bzw. juristische Person, gelangt man richtigerweise zu ganz ähnlichen Ergebnissen: Schließt sich an das Insolvenzverfahren ein **Liquidationsverfahren** an oder beschließen die Gesellschafter, ihre Gesellschaft als werbende fortzuführen, bleibt die strafbewehrte Aufbewahrungspflicht bestehen. Führt das Insolvenzverfahren jedoch zur **Vollbeendigung** der Gesellschaft, soll die strafbewehrte Aufbewahrungspflicht endigen, obschon – insoweit parallel zum Widerruf der Restschuldbefreiung (vgl. § 303 InsO) – die geringe Wahrscheinlichkeit besteht, dass noch Gesellschaftsvermögen auftaucht und deshalb – um diese Vermögensgegenstände zu verteilen –, ein Liquidationsverfahren nötig wird. – Einzelne Gesetze knüpfen an die Auflösung und Löschung der Gesellschaft

---

617 Nach *Alsberg* Pinner-FS, S. 215, 230 soll sich auch gem § 239 Nr. 4 KO a.F. strafbar machen, wer die Geschäftsbücher nach Ablauf der Aufbewahrungsfristen mit der Intention vernichtet, seine Gläubiger zu gefährden. Mit dem von ihm hochgehaltenen Grundsatz, strafrechtlich nicht zu ahnden, was das Zivilrecht gestattet (a.a.O., S. 229), ist diese Ansicht freilich nicht vereinbar.

618 Bankrottstrafrechtliche Relevanz kann diese nach Abschluss des Insolvenzverfahrens erfolgende Zerstörung aber nur erlangen, wenn in ihrer Folge erneut die objektive Strafbarkeitsbedingung eintritt. An die vorangegangene Strafbarkeitsbedingung kann hingegen nicht angeknüpft werden; zutr. RGSt **9**, 134, 135 f.; SK/*Hoyer* § 283 Rdn. 79; wohl auch NK/*Kindhäuser* § 283 Rdn. 73; a.A. aber RGSt **11**, 386 f.

619 BGH/H GA **1954**, 311; RGSt **22**, 436, 437 f.; LK[12]/*Tiedemann* § 283 Rdn. 123, 125; zust. *Sch/Schröder/Heine/Schuster* § 283 Rdn. 41; G/J/W/*Reinhart* § 283 Rdn. 53; enger NK/*Kindhäuser* § 283 Rdn. 73, dem zufolge nach Abschluss des Insolvenzverfahrens die strafbewehrte Aufbewahrungspflicht in jedem Fall endet.

620 So Bittmann[1]/*Bittmann* § 12 Rdn. 202.

621 Die schlichte Betriebsaufgabe lässt die strafbewehrte Aufbewahrungspflicht schon deshalb nicht entfallen, weil der Schuldner nach Aufhebung des Insolvenzverfahrens gem. § 201 Abs. 1 InsO für die nicht befriedigten Forderungen seiner Gläubiger weiter haftet, diese also ein Interesse an der Existenz der Bücher haben.

622 Andeutungsweise schon Bittmann[1]/*Bittmann* § 12 Rdn. 202.

erneute Aufbewahrungspflichten (vgl. §§ 74 Abs. 2 S. 1 GmbHG, 273 Abs. 2 AktG, 93 GenG). Einen Verstoß hiergegen erfasst § 283 Abs. 1 Nr. 6 indes nicht.[623]

107 **d) Tathandlungen.** Der Tatbestand des § 283 Abs. 1 Nr. 6 bestraft das Beiseiteschaffen, Verheimlichen, Zerstören oder Beschädigen von Handelsbüchern und sonstigen aufbewahrungspflichtigen Unterlagen. Was die Interpretation der einzelnen Handlungsmodalitäten anbelangt, sei auf die Ausführungen zu § 283 Abs. 1 Nr. 1 verwiesen.[624] Insoweit bestehen keine Unterschiede.[625] Allerdings schützt § 283 Abs. 1 Nr. 6 nicht die Substanz, sondern den **Inhalt** der Bücher.[626] Vor diesem Hintergrund genügt bereits die irreparable Auflösung einer Loseblattsammlung den tatbestandlichen Anforderungen.[627] Auch setzt der Tatbestand nicht die Vernichtung sämtlicher geschützter Unterlagen voraus.[628] Vielmehr verletzt den § 283 Abs. 1 Nr. 6 schon, wer einzelne Tatobjekte vernichtet, etwa indem er elektronisch gespeicherte Daten löscht bzw. sperrt.[629] Zerstört ein **Dritter** die Handelsbücher bzw. die sonstigen Unterlagen oder fallen diese Dokumente einem zufälligen Ereignis zum Opfer, verpflichtet § 283 Abs. 1 Nr. 6 den Kaufmann bzw. Geschäftsführer nicht dazu, die untergegangenen Dokumente wiederherzustellen.[630] Gleichwohl kann der Kaufmann bzw. Geschäftsführer nach dem Untergang seiner Bücher nicht einfach untätig bleiben, ohne (bankrott-)strafrechtliche Konsequenzen befürchten zu müssen. Will er nicht in das Fahrwasser der §§ 283 Abs. 1 Nrn. 5, 7, 283b Abs. 1 Nrn. 1, 3 geraten, hat er die zerstörten Bücher/Bilanzen innerhalb einer angemessenen Frist zu rekonstruieren.[631] Neben die Voraussetzung ein Handelsbuch etc. zu zerstören usw. stellt § 283 Abs. 1 Nr. 6 das Erfordernis einer **erschwerten Vermögensübersicht**. Inhaltlich verläuft dieses Merkmal in denselben Bahnen wie bei § 283 Abs. 1 Nr. 5 Var. 2.[632, 633] Dieser Gleichlauf gilt insbesondere auch für den **maßgebenden Zeitpunkt**, zu dem die Vermögensübersicht erschwert sein muss. D.h.: Hat der Täter bspw. nicht die aktuellen Handelsbücher, sondern bereits Jahre zurückliegende Dokumente vernichtet, erschwert solches Verhalten im Zeitpunkt seiner Vornahme keinesfalls zwingend die Vermögensübersicht. Formelhaft ausgedrückt: Je älter die vernichteten Unterlagen sind, desto weniger dürfte ihre Zerstörung Auswirkungen auf die Vermögensübersicht zeitigen. Freilich ist diese Formel nicht in Stein gemeißelt. So erschwert etwa die Übersicht über sein Vermögen, wer Unterlagen vernichtet, die noch offene, unverjährte Forderungen betreffen.

108 Lässt sich im Nachhinein nicht mehr aufklären, ob der Kaufmann bzw. Geschäftsführer die Handelsbücher vernichtet bzw. erst gar nicht geführt hat, ergeben die ermittlungsbehördlichen Feststellungen also lediglich, dass keine Handelsbücher existieren, bestehen keine Bedenken ge-

---

623 **H.M.**; s. nur LK[12]/*Tiedemann* § 283 Rdn. 123; a.A. aber M-G/*Richter* Kap. 81 Rdn. 91 für die Verwahrungspflicht des § 74 Abs. 2 GmbHG.

624 S.o. Rdn. 5, 11 ff.

625 SK/*Hoyer* § 283 Rdn. 76; G/J/W/*Reinhart* § 283 Rdn. 52; M-G/*Richter* Kap. 85 Rdn. 61.

626 NK/*Kindhäuser* § 283 Rdn. 71; *Fischer* § 283 Rdn. 24.

627 BTDrucks. 7/3441, S. 36; *Sch/Schröder/Heine/Schuster* § 283 Rdn. 40; NK/*Kindhäuser* § 283 Rdn. 71; SK/*Hoyer* § 283 Rdn. 76; M-G/*Richter* Kap. 85 Rdn. 61; Preisendanz/*Bieneck* § 283 Anm 6f cc); G/J/W/*Reinhart* § 283 Rdn. 52.

628 *Sch/Schröder/Heine/Schuster* § 283 Rdn. 40; NK/*Kindhäuser* § 283 Rdn. 71; G/J/W/*Reinhart* § 283 Rdn. 52; Park/*Deiters/Wagner* Teil 3, Kap. 10.2 Rdn. 31; Preisendanz/*Bieneck* § 283 Anm 6f cc); a.A. wohl *Böhle-Stamschräder* § 239 KO Anm 9b, f.; *ders.* KTS **1957**, 17, 21 f.; *Mathieu* GA **1954**, 225, 229, alle freilich noch zu § 239 Abs. 1 Nr. 4 KO, der Zuchthausstrafe androhte und deshalb restriktiv gehandhabt wurde.

629 Zum Ganzen LK[12]/*Tiedemann* § 283 Rdn. 125b; ferner M-G/*Richter* Kap. 85 Rdn. 61; M/G/*Rotsch/Wagner* 8/219; zu Recht einschränkend A/R/R/*Himmelreich* Kap. 7/1 Rdn. 151, der jedenfalls dann eine vollendete Unterdrückung verneint, wenn die gelöschten Daten innerhalb angemessener Zeit wiederhergestellt werden können.

630 RG JW **1899**, 804; insoweit zust. NK/*Kindhäuser* § 283 Rdn. 72.

631 S. schon RG JW **1899**, 804; NK/*Kindhäuser* § 283 Rdn. 72.

632 S.o. Rdn. 96 ff.

633 S. nur *Sch/Schröder/Heine/Schuster* § 283 Rdn. 42.

genüber einer **Wahlfeststellung** zwischen § 283 Abs. 1 Nr. 5 und § 283 Abs. 1 Nr. 6.[634] Allerdings bedarf es gem § 265 StPO eines diesbezüglich Hinweises, sofern der Eröffnungsbeschluss dem Angeklagten lediglich unterlassene Buchführung vorgeworfen hat.[635]

4. Der Tatbestand des § 283 Abs. 1 Nr. 7a

Der Tatbestand des § 283 Abs. 1 Nr. 7a sanktioniert – ähnlich wie § 283 Abs. 1 Nr. 5 Var. 2 – sämtliche **Bilanzmängel**, die geeignet sind, den Vermögensüberblick zu erschweren. Neben die Schwierigkeiten, die aufkommen, sobald man danach fragt, was das Gesetz unter einer Bilanz versteht,[636] tritt die Frage, welche Verstöße gegen das Bilanzrecht so schwer wiegen, dass sie ein (bankrott-)strafrechtliches Einschreiten erfordern.[637] 109

a) Der Bilanzbegriff des § 283 Abs. 1 Nr. 7. Die Frage nach dem **Bilanzbegriff**, der dem § 283 Abs. 1 Nr. 7 zugrunde liegt, berührt zwei Themenkreise. Zum einen geht es darum, ob § 283 Abs. 1 Nr. 7 zusätzlich zu den Bilanzen i.S.v. § 242 Abs. 1 HGB auch die Gewinn- und Verlustrechnung (GuV) sowie – bei Kapitalgesellschaften (vgl. § 264 HGB) – den Anhang und den Lagebericht erfassen.[638] Zum anderen muss Klarheit darüber herrschen, welche Bilanzarten das Bilanzrecht kennt, hängen doch hiervon womöglich die Anforderungen ab, die ein Kaufmann bzw. Geschäftsführer i.R.d. Bilanzaufstellung zu beachten hat.[639] 110

aa) Die Tatgegenstände des § 283 Abs. 1 Nr. 7. Völlig unstreitig erfasst § 283 Abs. 1 Nr. 7 die Bilanzen i.S.v. § 242 Abs. 1 HGB. Ob des Weiteren den Tatbestand verwirklicht, wer die **GuV** bzw. den **Anhang** oder den **Lagebericht** unordentlich erstellt,[640] darüber lässt sich trefflich streiten. Die ganz **h.M.** verficht einen **engen Bilanzbegriff** und fasst hierunter lediglich die von § 242 Abs. 1 HGB geregelten Bilanzen. Der fehlerhafte Anhang oder Lagebericht bzw. die unsachgemäß errichtete GuV führen somit nicht zur Strafbarkeit gem. § 283 Abs. 1 Nr. 7a.[641] Freilich evozierte die Gegenansicht, die unter den Bilanzbegriff des § 283 Abs. 1 Nr. 7 auch GuV, Lageberichte und Anhänge fasst,[642] nicht automatisch den Vorwurf, hierbei handele es sich um eine ganz abwegige Interpretation. Vielmehr könnte sie den Wortlaut der §§ 242 Abs. 3, 264 Abs. 1 HGB bemühen, wonach Bilanz und GuV bzw. Bilanz, GuV, Anhang und Lagebericht eine Einheit bilden. Trotz dieser vom Bilanzrecht angeordneten engen Beziehung zwischen Bilanz, GuV, Anhang und Lagebericht verdient die enge Auslegung der **h.M.** den Vorzug. Zunächst ändert die gem. den §§ 242 Abs. 3, 264 Abs. 1 HGB bewirkte Einheit nichts an der Tatsache, dass die Termini „GuV", „Anhang" und „Lagebericht" schon nach dem HGB von der Bilanz abweichende Gegenstände benennen, die anderen Regelungen folgen und die deshalb – nicht zuletzt mit Blick auf Art. 103 Abs. 2 GG – nur 111

---

634 *Sch/Schröder/Heine/Schuster* § 283 Rdn. 49a; W/J/S/*Pelz* 9/199; G/J/W/*Reinhart* § 283 Rdn. 77; *Bittmann* ZGR **2009**, 931, 976.

635 BGH/H GA **1954**, 312.

636 Dazu s. Rdn. 111 ff.

637 S. Rdn. 127 ff.

638 S. Rdn. 111.

639 S. Rdn. 117 ff.

640 *In praxi* dürften solche Fälle freilich nur äußerst selten vorkommen, geht doch etwa die unrichtige GuV fast immer mit einer Manipulation der Jahresabschlussbilanz einher; dazu *Nelles*, S. 145; ferner *Schüppen*, S. 149 f.

641 Park/*Deiters/Wagner* Teil 3, Kap. 10.2 Rdn. 34; SK/*Hoyer* § 283 Rdn. 82; M-G/*Richter* Kap. 85 Rdn. 42; *Schüppen*, S. 151 f.; *Hagedorn*, S. 76 ff.; im Ergebnis so auch *Wolf/Nagel* StuB **2006**, 621, 623 f., die aber *de lege ferenda* vorschlagen, den von §§ 283 Abs. 1 Nr. 7, 283b Abs. 1 Nr. 3 verwendeten Terminus „Bilanz" durch „Jahresabschluss" zu ersetzen; offen gelassen von *Regierer*, S. 83.

642 *Hauck*, S. 122, 129 rechnet zu den Bilanzen i.S.d. Nr. 7 auch die GuV.

schwer dem Merkmal „Bilanz" i.S.d. § 283 Abs. 1 Nr. 7 subsumierbar sind.[643] Darüber hinaus nährt ein Blick auf **§ 265b Abs. 1 Nr. 1a** Zweifel an der Stimmigkeit eines weiten Bilanzverständnisses.[644] Dort hat nämlich der Gesetzgeber als Täuschungsinstrument neben der Bilanz ausdrücklich die GuV erwähnt. Genauso hätte er i.R.d. § 283 Abs. 1 Nr. 7 verfahren können, wäre es sein Ziel gewesen, auch denjenigen (bankrott-)strafrechtlich zu ahnden, der die erforderliche GuV, den nötigen Lagebericht oder Anhang unzutreffend erstellt. Schließlich streitet zugunsten des engen Bilanzbegriffs ein intrasystematischer Vergleich zu § 283 Abs. 1 Nr. 7b. Indem die Vorschrift der Bilanz das **Inventar** zur Seite stellt, zeigt sich deutlich: Wenn er will, nennt der Gesetzgeber die tauglichen Tatgegenstände ausdrücklich. Schweigt er hingegen und lässt GuV, Lagebericht sowie Anhang unerwähnt, bringt er damit nur einmal mehr den Grunsatz der Fragmentarietät des Strafrechts zum Ausdruck. Schließlich drohen auf dem Boden eines engen Bilanzverständnisses auch keine unerträglichen Strafbarkeitslücken, lassen sich doch gravierende Missstände in der GuV, dem Anhang oder Lagebericht mithilfe des § 283 Abs. 1 Nr. 8 ahnden.[645, 646] Umgekehrt freilich können GuV, Anhang und Lagebericht durchaus Wirkung zeitigen, indem sie trotz ordnungswidrig erstellter Bilanz verhindern, dass ein sachverständiger Dritter sich keinen Vermögensüberblick verschaffen kann.[647]

112 **bb) Die gängigen Bilanzarten.** Die Vorschrift des § 242 Abs. 1 HGB verpflichtet den Kaufmann zu Beginn seines Handelsgewerbes sowie für den Schluss eines jeden Geschäftsjahrs eine Bilanz aufzustellen. Damit sind die beiden wichtigsten Bilanzarten benannt: die **Eröffnungs-** und die **Jahresabschlussbilanz** (§ 242 Abs. 1 S. 1 HGB spricht insofern kurz von der Bilanz). Hinzu treten die Liquidations(eröffnungs)bilanz[648] sowie bestimmte Sonderbilanzen[649] – letztere bleiben hier ausgeklammert, da ihre bspw. unterbliebene Aufstellung nicht den Vorwurf des § 283 Abs. 1 Nr. 7b evoziert[650] – wie etwa die Überschuldungsbilanz oder die Bilanz, die einen Verstoß gegen § 30 Abs. 1 GmbHG (sog. Unterbilanz) ermittelt.

113 **(1) Die Eröffnungsbilanz.** Wer ein Unternehmen gründet, das einen in kaufmännischer Weise eingerichteten Gewerbebetrieb erfordert[651] und die Schwellenwerte gem. § 242 Abs. 4 HGB i.V.m. § 241a HGB überschreitet, hat eine **Eröffnungsbilanz** aufzustellen.[652] Dabei spielt es keine Rolle, ob das Unternehmen im Zeitpunkt der Bilanzerstellung überhaupt schon Vermögen besitzt.[653] Hat das Unternehmen also noch kein Vermögen erworben und keine Verbindlichkeiten begründet, weisen beide Seiten der Bilanz eben jeweils den Betrag „null" aus.[654] Des Weiteren entsteht die Pflicht, eine Eröffnungsbilanz zu erstellen, für den Kleingewerbetreibenden, sobald er die Schwel-

643 LK[12]/*Tiedemann* § 283 Rdn. 130.
644 LK[12]/*Tiedemann* § 283 Rdn. 130; *Schüppen*, S. 152; *Hagedorn*, S. 76.
645 S.u. Rdn. 153.
646 *Schüppen*, S. 152 f.
647 M-G/*Richter* Kap. 85 Rdn. 42.
648 S.u. Rdn. 116.
649 Eine Aufzählung findet sich etwa bei *Hoffmann* MDR **1979**, 93, 95; s. ferner *Hagedorn*, S. 38.
650 *Meilicke* BB **1984**, 893 am Bsp. der nicht erstellten Überschuldungsbilanz.
651 Vgl. § 1 Abs. 2 HGB und o. Rdn. 51.
652 S. etwa den Sachverhalt bei RG GA 38 **(1891)**, 351; *Blumers*, S. 23; zum Zeitpunkt, ab dem die Pflicht entsteht, eine Eröffnungsbilanz zu ziehen, s. instruktiv *Schulze-Osterloh* Hüffer-FS, S. 917, 918 ff.
653 RG LZ **1915**, 897; RG JW **1908**, 603; Staub/*Pöschke* § 242 Rdn. 24; *Fischer* § 283 Rdn. 26; S/S/W/*Bosch* § 283 Rdn. 28.
654 RG Rspr. **4**, 316, 317; wohl auch RG JW **1890**, 432; s. ferner LK[12]/*Tiedemann* § 283 Rdn. 132; M-G/*Richter* Kap. 85 Rdn. 46; *Schulze-Osterloh* Hüffer-FS, S. 917, 920, 927.

le des § 1 Abs. 2 HGB überschreitet[655] bzw. sich gem. § 2 HGB eintragen lässt[656] und zudem Umsatzerlöse und Jahresüberschüsse oberhalb der Grenzwerte des § 241a HGB erwirtschaftet sowie für denjenigen, der ein Handelsgewerbe entweder rechtsgeschäftlich[657] – wobei es nicht darauf ankommt, ob er die alte Firma weiterführt[658] – oder gesetzlich etwa im Wege des Erbgangs[659] erwirbt.[660] Gleiches gilt, wenn der Kaufmann einen Partner aufnimmt und sein Unternehmen zur oHG bzw. Kommanditgesellschaft avanciert,[661] wenn der vorletzte Gesellschafter eine oHG oder Kommanditgesellschaft verlässt, wodurch diese auf den Status eines einzelkaufmännischen Unternehmens herabsinkt,[662] oder wenn der minderjährige Betreiber eines Handelsgewerbes volljährig wird bzw. ihm das Vormundschaftsgericht die entsprechende „Betriebsgenehmigung" erteilt.[663] Wechsel im Gesellschafterbestand einer Personenhandelsgesellschaft nötigen hingegen nicht dazu, eine Eröffnungsbilanz zu ziehen, da sich der Rechtsträger im Unterschied zu den vorstehend genannten Konstellationen nicht ändert.[664]

Da § 242 Abs. 1 HGB zwischen einzelkaufmännischen Unternehmen und Kapitalgesellschaften **114**
nicht unterscheidet, sondern beide Gruppen gleichermaßen adressiert, haben bspw. auch die Gründer einer **GmbH** eine Eröffnungsbilanz zu erstellen. Allerdings streitet das bilanzrechtliche Schrifttum über die Frage, innerhalb welchen Stadiums ihres Gründungsprozesses die Kapitalgesellschaft eine **Eröffnungsbilanz** ziehen muss.[665] Zutreffend erscheint ein vermittelnder Ansatz, der im Ausgangspunkt danach fragt, ob die Vor- bzw. die Vorgründungsgesellschaft bereits ein kaufmännisches Unternehmen betreibt und bejahendenfalls schon dieses Vorgebilde verpflichtet, eine Eröffnungsbilanz aufzustellen.[666] Dabei bewendet es aber nicht. Hat das Registergericht die neu gegründete juristische Person im Handelsregister eingetragen, tritt sie – nach **h.M.** – im

655 BGH LM Nr. 7 zu § 240 KO (in NJW **1954**, 1854 nicht abgedr.); RG DJZ **1906**, 656; RG DJZ **1908**, 875 f.; ferner RGSt **45**, 3, 6; Staub/*Pöschke* § 242 Rdn. 24; Ebenroth/Boujong/Joost/Strohn/*Böcking*/*Gros* § 242 Rdn. 5; MK-HGB/*Ballwieser* § 242 Rdn. 2; ADS § 238 Rdn. 22; SK/*Hoyer* § 283 Rdn. 83; M-G/*Richter* Kap. 85 Rdn. 46; M/G/*Rotsch*/*Wagner* 8/227; *Blumers*, S. 27 ff.; *Schulze-Osterloh* Hüffer-FS, S. 917, 921, dem zufolge es einer Eröffnungsbilanz jedoch nicht bedarf, wenn schon der Kleingewerbetreibende freiwillig den Anforderungen einer kaufmännischen Buchführung nachgekommen ist und der i.R.d. §§ 283b Abs. 1 Nrn. 1, 7b, 283b Abs. 1 Nrn. 1, 3b das Verschulden verneinen will, sofern dem „frischgebackenen" Kaufmann aufgrund der Schwierigkeit, den Zeitpunkt festzustellen, zu dem sein Gewerbe einer kaufmännischen Einrichtung bedarf, kein Vorwurf gemacht werden kann (a.a.O., S. 922).

656 MAH/*Böttger* § 19 Rdn. 149; SK/*Hoyer* § 283 Rdn. 83; W/J/S/*Pelz* 9/187; MK/*Petermann*/*Sackreuther* § 283 Rdn. 55; *Schulze-Osterloh* Hüffer-FS, S. 917, 923.

657 Zur Pflicht, eine Eröffnungsbilanz zu erstellen bei Inhaberwechsel durch Veräußerung s. RG GA 35 (**1888**), 312; Staub/*Pöschke* § 242 Rdn. 24; MK-HGB/*Ballwieser* § 242 Rdn. 2; *Schulze-Osterloh* Hüffer-FS, S. 917, 924; s.a. *Fischer* § 283 Rdn. 26.

658 S. RGSt **26**, 222, 224 f.

659 RGSt **28**, 428, 429 f.; Staub/*Pöschke* § 242 Rdn. 24; *Sch*/*Schröder*/*Heine*/*Schuster* § 283 Rdn. 45.

660 S/S/W/*Bosch* § 283 Rdn. 28; W/J/S/*Pelz* 9/187; HambK/*Borchardt* § 283 StGB Rdn. 27; *Blumers*, S. 24 f.; *Nieberg*, S. 27.

661 RG LZ **1914**, 689; RG GA 43 (**1895**), 387, 388; MK-HGB/*Ballwieser* § 242 Rdn. 2; *Sch*/*Schröder*/*Heine*/*Schuster* § 283 Rdn. 45; *Fischer* § 283 Rdn. 26; SK/*Hoyer* § 283 Rdn. 83; M-G/*Richter* Kap. 85 Rdn. 46; W/J/S/*Pelz* 9/187; S/S/W/*Bosch* § 283 Rdn. 28; MK/*Petermann*/*Sackreuther* § 283 Rdn. 55; *Blumers*, S. 30 f.; *Nieberg*, S. 27; *Maul* DB **1974**, 697, 698, allerdings vor allem unter Hinweis darauf, dass der Einzelkaufmann im Unterschied zu den persönlich haftenden Gesellschaftern auch sein Privatvermögen bilanzieren müsse.

662 RGSt **26**, 222, 223 f.; RGSt **16**, 55 f.; ferner RGSt **45**, 3, 6; *Fischer* § 283 Rdn. 26; *Sch*/*Schröder*/*Heine*/*Schuster* § 283 Rdn. 45; SK/*Hoyer* § 283 Rdn. 83; S/S/W/*Bosch* § 283 Rdn. 28; W/J/S/*Pelz* 9/187; *Blumers*, S. 33; *Nieberg*, S. 27; zu beiden Konstellationen Staub/*Pöschke* § 242 Rdn. 25; s.a. *Schulze-Osterloh* Hüffer-FS, S. 917 f., 924.

663 RGSt **45**, 3, 5 f.; Staub/*Pöschke* § 242 Rdn. 24; MK/*Petermann*/*Sackreuther* § 283 Rdn. 55; *Blumers*, S. 25; skeptisch *Meilicke* BB **1984**, 893.

664 Staub/*Pöschke* § 242 Rdn. 25; Ebenroth/Boujong/Joost/Strohn/*Böcking*/*Gros* § 242 Rdn. 5; MK-HGB/*Ballwieser* § 242 Rdn. 2; MAH/*Böttger* § 19 Rdn. 149; ausführl. ferner *Blumers*, S. 39 ff.

665 Nachw. zum Meinungsstand bei Staub/*Pöschke* § 242 Rdn. 37.

666 Weitergehend wohl *Th. Wolf*/*Lupp* wistra **2008**, 250, die den § 6 Abs. 2 HGB auch auf die Vor-GmbH anwenden und deshalb nicht nach dem Vorliegen der Voraussetzungen des § 1 Abs. 2 HGB fragen müssen; vgl. zur Bilanzierungsfrist der Gründungsgesellschaft auch *Richter* GmbHR **1984**, 137, 147 m. Fn. 174.

Wege der Universalsukzession das „Erbe" ihres Vor-Verbandes an.[667] Mit anderen Worten: Das kaufmännische Unternehmen, das der Vor-Verband unterhielt, wechselt seinen Rechtsträger, weshalb § 242 Abs. 1 S. 1 HGB eine erneute Eröffnungsbilanz fordert.[668] Bilanzführungspflichtig ist schließlich auch die **Komplementär-GmbH** einer GmbH & Co. KG, selbst wenn sie selbst keine eigenen Geschäfte betreibt.[669]

115 **(2) Die Abschlussbilanz und die Liquidationsbilanz.** Neben der Eröffnungsbilanz verlangt § 242 Abs. 1 HGB vom Kaufmann bzw. Geschäftsführer zum Ende eines jeden Geschäftsjahres eine **Abschlussbilanz** anzufertigen. Dabei muss das **Geschäftsjahr** dem kalendarischen Jahr nicht entsprechen, sondern kann – bspw. gesellschaftsvertraglich – hiervon abweichend festgelegt werden, darf jedoch zwölf Monate nicht über- (vgl. § 240 Abs. 2 S. 2 HGB) wohl aber unterschreiten. Mit anderen Worten: Nach Ablauf einer Zeitspanne von zwölf Monaten hat der Kaufmann bzw. Geschäftsführer seine Abschlussbilanz vorzulegen. Sinkt das kaufmännische Unternehmen während des Geschäftsjahres nicht nur vorübergehend unter die Anforderungen des § 1 Abs. 2 HGB herab, betreibt der vormalige Kaufmann künftig also ein nichtkaufmännisches Gewerbe, oder gibt er seinen Betrieb vor Ablauf der Zwölfmonatsfrist auf, hat er auf diesen Zeitpunkt eine Abschlussbilanz zu erstellen.[670]

116 Die wegen ihrer praktischen Relevanz gesondert erwähnte **Liquidationsbilanz** folgt denselben Regeln wie Eröffnungs- und Abschlussbilanz, rechnet also – im Unterschied etwa zur Überschuldungsbilanz – nicht zum Kreis der Sonderbilanzen. Genaugenommen bildet die Liquidationsbilanz einen besonderen Typus der Eröffnungsbilanzen,[671] da der Beginn eines Liquidationsverfahrens immer ihre Aufstellung erfordert. D.h., führt bspw. das Insolvenzverfahren über das Vermögen einer juristischen Person nicht zu deren Vollbeendigung,[672] findet sich, nachdem das Handelsregister die juristische Person gelöscht hat, noch Gesellschaftsvermögen[673] – war der Löschung ein Insolvenzverfahren vorausgegangen, liegt grds. der Verdacht eines Bankrotts gem. § 283 Abs. 1 Nr. 1 nahe[674] – oder beschließen die Gesellschafter einer Personenhandelsgesellschaft diese aufzulösen, müssen die **geborenen Liquidatoren** – das sind die (ehemaligen) Geschäftsleiter (vgl. §§ 66 Abs. 1 GmbHG, 265 Abs. 1 AktG) bzw. sämtliche persönlich haftende Gesellschafter (vgl. § 146 Abs. 1 S. 1 HGB) – eine Liquidationseröffnungsbilanz errichten. Darüber hinaus haben die Liquidatoren, sobald das Gesellschaftsvermögen verteilungsfähig vorliegt, eine **Liquidationsabschlussbilanz** aufzustellen.[675]

---

667 Zu dieser „Universalsukzessionslösung" s. nur *K. Schmidt* § 34 III 4a (= S. 1028 f.).

668 Grdl. und ausführl. zu diesem Ansatz Staub[4]/*Hüffer* § 242 Rdn. 38; a.A. jetzt Staub/*Pöschke* § 242 Rdn. 38; wohl auch MK-HGB/*Ballwieser* § 242 Rdn. 14, dem zufolge es auf den Registereintrag nicht ankommt; ebenso wohl Ebenroth/Boujong/Joost/Strohn/*Böcking*/*Gros* § 242 Rdn. 6; maßgebend auf die Registereintragung hebt dagegen RGSt **29**, 222, 223 ab.

669 BGH GA **1981**, 518.

670 BGH NJW **1954**, 1854 = BGH LM Nr. 7 zu § 240 KO; OLG Karlsruhe GA **1975**, 313, 315; OLG Celle NJW **1968**, 2119, 2120; *Sch/Schröder/Heine/Schuster* § 283 Rdn. 45; M-G/*Richter* Kap. 85 Rdn. 46; *Böhle-Stamschräder* § 240 KO Anm 5a; *ders.* KTS **1957**, 17, 24; *Blumers*, S. 35 ff.

671 S. etwa *Th. Wolf*/*Lupp* wistra **2008**, 250.

672 Etwa im Falle der Insolvenzablehnung mangels Masse; in solchen Konstellationen ist das Aufstellen einer Liquidationseröffnungsbilanz zwingend erforderlich, wird aber *in praxi* oft vernachlässigt; dazu M-G/*Richter* Kap. 85 Rdn. 46.

673 Da die Löschung keine konstitutive, sondern lediglich deklaratorische Wirkung entfaltet, hat in solchen Fällen die Gesellschaft nie aufgehört zu existieren, weshalb die Liquidation als Nachtragsliquidation fortgesetzt werden muss; vgl. dazu nur *Kalter* KTS **1983**, 525, 526; s. ferner *Th. Wolf*/*Lupp* wistra **2008**, 250, 252.

674 Bittmann[1]/*Bittmann* § 12 Rdn. 221; zust. LK[12]/*Tiedemann* § 283 Rdn. 132.

675 *Blumers*, S. 10, 47; s. ferner *Sch/Schröder/Heine/Schuster* § 283 Rdn. 45.

b) Inhaltliche Anforderungen an eine ordnungsgemäße Bilanzerstellung. Nachfolgend kann es nicht darum gehen, sämtliche Anforderungen zu benennen, denen eine ordnungsgemäße Bilanz in formeller und materieller Hinsicht genügen muss. Insbesondere die zahlreichen Streitfragen, die sich um die Bilanzierungsgegenstände sowie die zutreffende Wertermittlung ranken, können allenfalls partiell angerissen, keinesfalls aber umfassend beleuchtet werden. Insoweit sei auf die einschlägige bilanzrechtliche Literatur verwiesen. – Stark vereinfacht dient die Bilanz dazu, **stichtagsbezogen** (vgl. § 252 Abs. 1 Nr. 3 HGB) das Vermögen des Kaufmanns darzustellen, indem sie auf der **Aktivseite** die Verwendung (vor allem als Anlage- oder Umlaufvermögen; vgl. § 266 Abs. 2 HGB) und auf der **Passivseite** die Herkunft der Mittel (vor allem in Form von Eigenkapital, Rückstellungen und Verbindlichkeiten; vgl. § 266 Abs. 3 HGB) ausweist.[676] Im Ergebnis müssen sich beide Seiten die Waage halten.[677] Drei Themenkreise bilden das Zentrum einer jeden Bilanzerstellung. Zum einen die Frage, welche Vermögensgegenstände überhaupt in die Bilanz gehören,[678] zum anderen – und ersterer nachgelagert – die Frage, wie diese Vermögensgegenstände zu bewerten sind.[679] Drittens steht der bilanzierende Kaufmann vor dem Problem, seine Bilanz formal-technisch ordnungsgemäß zu gestalten.[680] Antworten geben die §§ 242 ff. HGB, wobei die §§ 242–263 HGB allgemeine Vorgaben normieren und die §§ 264–289a HGB spezielle Anforderungen festlegen, denen die Bilanzen juristischer Personen – mit Ausnahme der eG, für die die §§ 336 ff. HGB z.T. abweichende Regelungen vorsehen – bzw. solcher Personengesellschaften genügen müssen, deren persönlich haftende Gesellschafter keine natürlichen Personen sind (vgl. § 264a HGB; sog. **haftungsbeschränkte Personenhandelsgesellschaften**[681]).[682] 117

aa) Der Bilanzinhalt – die zu bilanzierenden Vermögensgegenstände und Verbindlichkeiten.[683] Gem. § 242 Abs. 1 S. 1 HGB soll die Bilanz Aufschluss über das Vermögen und die Schulden geben. Um dieses Ziel zu erreichen, müssen die Vermögensgegenstände – Aktiva wie Passiva – feststehen, die in das Zahlenwerk „Bilanz" eingehen. Den Ausgangspunkt markiert § 246 Abs. 1 S. 1 HGB, der den **Vollständigkeitsgrundsatz** normiert und die Forderung aufstellt, sämtliche wesentliche[684] Vermögensgegenstände, Schulden etc. auszuweisen. Die Sätze 2 und 3 des § 246 Abs. 1 HGB legen sodann ganz allgemein fest, welche Posten zu den Vermögensgegenständen und welche zu den Schulden rechnen. Mit dem Vollständigkeitsgrundsatz verwandt ist die Regelung des § 246 Abs. 2 S. 1 HGB, die es verbietet, Aktiva und Passiva miteinander zu verrechnen und damit das sog. **Saldierungsverbot** zum Ausdruck bringt. Eng begrenzte Ausnahmen vom Saldierungsverbot bestehen lediglich unter den Voraussetzungen des § 246 Abs. 2 S. 2 HGB, der es bspw. gestattet, die aus Pensionsverpflichtungen resultierenden Verbindlichkeiten mit den hierfür separierten Vermögenswerten zu verrechnen.[685] Neben den Vollständigkeitsgrundsatz und das Saldierungsverbot tritt der **Einzelbewertungsgrundsatz**, der sich in § 252 Abs. 1 Nr. 3 HGB sowie – andeutungsweise – in § 240 Abs. 1 HGB geregelt findet. Danach sind die Vermögensgegenstände und Schulden zum Abschlussstichtag jeweils einzeln zu bewerten. Ein Abweichen hiervon erlaubt § 252 Abs. 2 HGB nur in begründeten Ausnahmefällen. Darüber hinaus durchbricht § 240 Abs. 3, 4 HGB den Einzelbewertungsgrundsatz. 118

676 *K. Schmidt* § 15 III 3a (= S. 428); *Nelles*, S. 50; *Fink/Woring* JuS **2001**, 1067, 1070.
677 *Fink/Woring* JuS **2001**, 1067, 1072.
678 S.u. Rdn. 118 ff.
679 S.u. Rdn. 121 ff.
680 S.u. Rdn. 126.
681 Formulierung von *Kanitz* Rdn. 155.
682 Anschaul. zu dieser Grobgliederung des Bilanzrechts *Kanitz* Rdn. 156 ff.
683 Zur Behandlung von Altfällen unter dem Regime des BilMoG *Reck* ZInsO **2011**, 1969, 1971.
684 Zum Wesentlichkeitsgrundsatz als einem ungeschriebenen bilanzrechtlichen Prinzip s. *Kanitz* Rdn. 368 ff.
685 Zu den Voraussetzungen im Ergebnis s. *Schulze-Osterloh* DStR **2008**, 63, 66. Eine weitere Ausnahme statuiert § 253 Abs. 1 S. 4 HGB, der vorschreibt, die verrechneten Vermögensgegenstände nach der Zeitwertmethode zu bilanzieren; dazu *Kanitz* Rdn. 312; skeptisch gegenüber dieser Ausnahme vom Saldierungsverbot wohl *Fülbier/Gassen* DB **2007**, 2605, 2610; gegen ein Saldierungsverbot RG GA 47 (**1900**), 171.

So darf der Unternehmer Vermögensgegenstände des Sachanlagevermögens bzw. Roh-, Hilfs- oder Betriebsstoffe, die nur geringfügigen Mengen- und Wertschwankungen unterliegen und für den Gesamtwert des Unternehmens von nachrangiger Bedeutung sind (vgl. § 240 Abs. 3 HGB; sog. **Festwertverfahren**) sowie gleichartige Vermögensgegenstände des Vorratsvermögens (vgl. § 240 Abs. 4 HGB; sog. **Gruppenbewertung**) zusammengefasst bilanzieren und bzgl. letzterer den gewogenen Durchschnittswert ansetzen.[686] Schließlich eröffnet § 254 HGB die Möglichkeit, **Bewertungseinheiten** zu bilden[687] und damit ebenfalls den Einzelbewertungsgrundsatz zu umgehen. Weitreichende Auswirkungen auf den Bilanzinhalt hat des Weiteren das sog. **Vorsichtsprinzip**, dem zufolge Gewinne am Abschlussstichtag realisiert sein müssen,[688] um Einzug in die Bilanz zu halten (sog. **Realisationsprinzip**), wohingegen Verluste und Risiken selbst dann zu bilanzieren sind, wenn sie erst zwischen dem Abschlussstichtag und dem Tag der Bilanzaufstellung bekannt wurden (sog. **Imparitätsprinzip**; vgl. § 252 Abs. 1 Nr. 4 HGB).[689] In Vorstehendem erschöpft sich das Vorsichtsprinzip jedoch nicht, sondern nimmt Einfluss auch auf den Bewertungsansatz einzelner Vermögensgegenstände. D.h.: Im Zweifel gebietet das Vorsichtsprinzip, von zwei denkbaren Wertansätzen den niedrigeren zu bilanzieren.[690]

119 Zu den **Aktiva** zählen gem. § 246 Abs. 1 S. 2 HGB zunächst sämtliche Gegenstände, die im Eigentum des Bilanzpflichtigen stehen, wobei der Gesetzgeber den Terminus „Eigentum" insofern untechnisch verwendet, als hierzu natürlich auch sonstige immaterielle Rechte – soweit kein Ansatzverbot besteht – sowie die Forderungen gehören, die dem Bilanzierenden gegen seine Schuldner zustehen.[691] Darüber hinaus hat das am 1.1.2009 in Kraft getretene BilMoG den Kreis der Aktiva ausdrücklich[692] um solche Vermögensgegenstände erweitert, an denen der Bilanzierungspflichtige zwar kein Eigentum hat, die aber wirtschaftlich betrachtet Bestandteil seines Vermögens sind. Freilich bringt § 246 Abs. 1 S. 2 HS. 2 HGB lediglich eine Ausnahme zum Ausdruck und lässt den grds. bestehenden **Vorrang des Zivilrechts** unberührt. Nur wenn die Eigentumsposition über den Zustand einer rechtlich-formalen Hülle nicht hinauskommt, geht es an, den betreffenden Vermögensgegenstand bilanziell dem wirtschaftlich Berechtigten zuzuweisen.[693] Beispielhaft seien zum einen die sog. „Mieterein- und -umbauten" genannt, die der Mieter eines Ladenlokals seinen gewerblichen Bedürfnissen entsprechend vornimmt und die, obschon sie gewöhnlich als wesentlicher Bestandteil der Mietsache in das Eigentum des Vermieters wechseln, wirtschaftlich dem Mieter zustehen, der sie während der Dauer des Mietverhältnisses regelmäßig abnutzt und somit „wirtschaftlich verbraucht".[694] Zum anderen sei der Sicherungsgeber erwähnt, der die sicherungsübereigneten Gegenstände trotz dem ihm verloren gegangenen Eigentum zu bilanzieren hat, sofern sie ihm – was den Regelfall darstellt – zur weiteren Nutzung überlassen

686 Dazu *Kanitz* Rdn. 286 ff.

687 Ausführl. zu den Voraussetzungen einer Bewertungseinheit i.S.d. § 254 HGB *Kanitz* Rdn. 299 ff.

688 Dies ist der Fall, sobald der Bilanzpflichtige seine Leistung erbracht und dadurch den Anspruch auf die Gegenleistung verdient hat; s. dazu nur MK-BilR/*Graf* § 238 Rdn. 77; *Münzinger*, S. 18 ff., 117, 166, 383.

689 *K. Schmidt* § 15 IV 2e (= S. 434); *Münzinger*, S. 22 f.; *Moxter* Goerdeler-FS, S. 361, 365; *Fink/Woring* JuS **2001**, 1067, 1068.

690 *Kanitz* Rdn. 325; zurückhaltender jetzt die 3. Aufl: es ist der wahrscheinlichste Verlauf zu unterstellen.

691 Koller/Kindler/Roth/Drüen/*Morck/Drüen* § 246 Rdn. 2; zu den Forderungen, deren Bestand rechtlich zweifelhaft ist, s. etwa *Münzinger*, S. 123 ff.

692 Vor Inkrafttreten der BilMoG-Änderungen entsprach es den GoB, die zugehörigen Vermögensgegenstände auf der Basis eines an § 39 AO orientierten „wirtschaftlichen Eigentumsbegriffs" zu ermitteln; vgl. dazu etwa *Kanitz* Rdn. 273; *Herzig* DB **2008**, 1, 5.

693 *Kanitz* Rdn. 272; vgl. auch *Herzig* DB 2008, 1, 5, der betont, dass maßgebend für die Annahme von wirtschaftlichem Eigentum der Aspekt sein dürfte, wer die wirtschaftlichen Chancen und Risiken des Vermögensgegenstandes trägt; ebenso wohl *Schulze-Osterloh* DStR **2008**, 63, 65.

694 *Kanitz* Rdn. 275, 386; vgl. aber auch *Regner*, S. 142 ff., dem zufolge die unterbliebene Aufnahme solcher Vermögenspositionen in die Bücher/Bilanz nicht geeignet ist, den Vermögensüberblick zu erschweren.

sind.[695] Erhebliche Schwierigkeiten bereiten der Praxis Forderungsübertragungen, die die hieran Beteiligten mit Nebenabreden wie bedingten Rückerwerbspositionen, Vorkaufsrechten oder „total return swaps" verknüpfen. Maßgebend für die bilanzielle Zuordnung soll der Gesichtspunkt sein, wem die Verträge das **Bonitätsrisiko** zuweisen.[696] Ebenfalls große Probleme evoziert die bilanzielle Erfassung von **geleasten Vermögensgegenständen**. Während das Miet- oder Operating-Leasing die wirtschaftlichen Risiken beim Leasinggeber belässt, die entsprechend „verleasten" Gegenstände deshalb von diesem zu bilanzieren sind,[697] gestalten sich die Verhältnisse beim Finanzierungsleasing komplexer und hängen entscheidend von der jeweiligen Vertragsgestaltung ab.[698] Nicht zu den bilanzierungspflichtigen Vermögensgegenständen rechnet nach ganz **h.M.** das **Privatvermögen** des Einzelkaufmanns bzw. des persönlich haftenden Gesellschafters einer Personenhandelsgesellschaft,[699] obschon diese beiden Personengruppen persönlich und unbeschränkt für die Unternehmensschulden haften und im Falle des Einzelkaufmanns Unternehmens- sowie Privatvermögen rechtlich eine Einheit bilden.[700] Für dieses Ergebnis streitet insbesondere § 5 Abs. 4 PublG, der im Anwendungsbereich des PublG die Bilanzierung des Privatvermögens ausdrücklich untersagt.[701] Weitere **Ansatzverbote** nennt § 248 Abs. 1 HGB. Ein **Bilanzierungswahlrecht** räumt hingegen § 248 Abs. 2 S. 1 HGB bzgl. selbst geschaffener immaterieller Vermögensgegenstände des Anlagevermögens ein, die nicht zur Kategorie der Marken, Drucktitel etc. gehören[702] (vgl. § 248 Abs. 2 S. 2 HGB sowie die Ausschüttungssperre des § 268 Abs. 8 S. 1 HGB[703]).[704] Schließlich hat das

695 Ebenroth/Boujong/Joost/Strohn/*Böcking*/*Gros*/*Wirth* § 246 Rdn. 6; *Kanitz* Rdn. 274, 276 m. Fn. 39; *Münzinger*, S. 72; allerdings muss der Sicherungsgeber in seiner Bilanz die Sicherungsübereignung kenntlich machen; vgl. dazu RG LR **1916**, 956, 957; s. in diesem Kontext auch *Regner*, S. 130 ff., der ausgehend von seinem Ansatz, wonach die fehlerhafte Buchführung bzw. Bilanzerstellung die Übersicht über den kaufmännischen Vermögensstand nur dann erschwert, wenn es die Bücher nicht gestatten, aus ihnen den Überschuldungs-/Zahlungsunfähigkeitsstatus abzuleiten, die unterlassene Buchung der unter Eigentumsvorbehalt erworbenen Sache beim Vorbehaltskäufer als bankrottstrafrechtlich irrelevant erklärt, weil dieser Verstoß nicht geeignet sei, dem buchführungspflichtigen Vorbehaltskäufer seine Krise nicht bzw. zu spät anzuzeigen; zur vergleichbaren Behandlung des Sicherungseigentums s.a. a.O., S. 138 ff.

696 *Kanitz* Rdn. 278 sowie Rdn. 464 ff. zum Factoring, zur Forfaitierung und Securitisation.

697 Ebenroth/Boujong/Joost/Strohn/*Böcking*/*Gros*/*Wirth* § 246 Rdn. 31; *Kanitz* Rdn. 390; *Nelles*, S. 74 f.; *Hiltenkamp-Wisgalle*, S. 248.

698 Ausführl. zur bilanziellen Erfassung des Finanzierungsleasing *Kanitz* Rdn. 390 ff.; vgl. ferner Ebenroth/Boujong/Joost/Strohn/*Böcking*/*Gros*/*Wirth* § 246 Rdn. 7, 32 ff.; *Nelles*, S. 76 sowie *Schlüchter* MDR **1978**, 265, 266; s. ferner *Hiltenkamp-Wisgalle*, S. 248; zum Ganzen vom Standpunkt seines abw. Ansatzes bei der Interpretation des Merkmals „beeinträchtigte Vermögensübersicht" ausführl. auch *Regner*, S. 148 ff.

699 Grdl. *Muhler* wistra **1996**, 125, 126; s. ferner Sch/*Schröder*/*Heine*/*Schuster* § 283 Rdn. 44; SK/*Hoyer* § 283 Rdn. 86; Lackner/Kühl/*Heger* § 283 Rdn. 20; Park/*Deiters*/*Wagner* Teil 3, Kap. 10.2 Rdn. 21, 40; M-G/*Richter* Kap. 85 Rdn. 41; A/R/R//*Himmelreich* Kap. 7/1 Rdn. 158; MAH/*Böttger* § 19 Rdn. 185; Pape/Uhländer/*Hofmann* § 283 Bankrott Rdn. 43; *Höfner*, S. 108 f.; wohl auch RGSt **29**, 347, 348.

700 A.A. deshalb noch BGH/H GA **1963**, 107; RGSt **5**, 407, 409; wohl auch RG GA 35 (**1888**), 312; ferner und grdl. RGSt **41**, 41, 43 ff., dem zufolge zwar der Einzelkaufmann, nicht aber der persönlich haftende Gesellschafter sein Privatvermögen bilanzieren muss, wobei sowohl das Privatvermögen wie auch dasjenige Vermögen, das der Kaufmann einem zusätzlichen kleingewerblichen bzw. land- oder forstwirtschaftlichen Betrieb gewidmet hatte, nicht einzeln, sondern als Ganzes angeführt werden durfte (a.a.O., S. 46 f.); ebenso RG LR **1913**, 698, 699; zust. *Nieberg*, S. 25; ähnl. *Böhle-Stamschräder* § 240 KO Anm 4f.

701 Zum Ganzen und zur Abgrenzung zwischen privater und unternehmerischer Vermögenssphäre MK-HGB/*Ballwieser* § 242 Rdn. 7 ff. sowie § 246 Rdn. 11.

702 Letzteren Werten lassen sich Herstellungskosten nicht verlässlich zuordnen; zudem ist die Abgrenzung zum selbst geschaffenen Firmenwert nicht zweifelsfrei möglich, weshalb sie in der Bilanz außer Ansatz bleiben; dazu *Kanitz* Rdn. 410 unter Hinweis auf die Gesetzesmaterialien; krit. gegenüber der Herausnahme von „vergleichbare[n] immaterielle[n] Vermögensgegenstände[n] aber *Bittmann* wistra **2008**, 441, 443 unter Hinweis auf Manipulationsgefahren und vorgeschobene Irrtumsfragen.

703 Zu den untreuestrafrechtlichen Konsequenzen dieser Ausschüttungssperre s. *Bittmann* wistra **2008**, 441, 442.

704 Zu den selbstgeschaffenen immateriellen Vermögensgegenständen ausführl. *Kanitz* Rdn. 405 ff.; s.a. *Reck* ZInsO **2011**, 1969, 1972; zur früheren Rechtslage, die nur den Ansatz erworbener immaterieller Rechte gestattete, s. *Moxter*

BilMoG den **entgeltlich erworbenen Geschäfts**- oder **Firmenwert**[705] kraft Fiktion ausdrücklich dem Kreis der aktivierbaren Vermögensgegenstände zugeschlagen (vgl. § 246 Abs. 1 S. 4 HGB).[706] Indem § 246 Abs. 1 S. 4 HGB lediglich den entgeltlich erworbenen Geschäfts- bzw. Firmenwert anspricht, untersagt er im Umkehrschluss, einen **selbst geschaffenen** Geschäfts- oder Firmenwert zu bilanzieren.[707]

120 Im Unterschied zu den Aktiva bemisst sich der **Schuldenbestand** allein anhand rechtlicher und nicht zusätzlich anhand wirtschaftlicher Maßstäbe.[708] Wer Verbindlichkeiten eingeht, muss sie bilanzieren (vgl. § 246 Abs. 1 S. 3 HGB), egal ob ein Dritter sich intern verpflichtet, die Verbindlichkeit zu begleichen.[709] Allenfalls wenn der Gläubiger seine Forderung mit Sicherheit nicht geltend machen wird, kann ihr Ansatz im Passivenbestand unterbleiben.[710] Hingegen entgeht der Bilanzierungspflicht nicht, wer eine Verbindlichkeit bestreitet, sofern gehörige Prüfung und Bewertung ihren Bilanzausweis gebieten.[711] Darüber hinaus schreibt § 249 Abs. 1 HGB in Ausprägung des Imparitätsprinzips[712] vor, Rückstellungen für ungewisse Verbindlichkeiten, drohende Verluste aus schwebenden Geschäften, freiwillig erbrachte Gewährleistungen sowie für solche Instandhaltungsaufwendungen zu bilden, die im vergangenen Geschäftsjahr unterblieben, jedoch innerhalb der ersten drei Monate des kommenden Geschäftsjahrs anfallen.

121 **bb) Die Bewertung der zu bilanzierenden Vermögensgegenstände und Verbindlichkeiten.** Wer daran geht, die bilanzrelevanten Vermögensgegenstände im Einzelnen zu bewerten, hat sich zunächst Klarheit über die **Bestandsprognose** des bilanzpflichtigen Unternehmens zu verschaffen. Denn es macht einen erheblichen Unterschied, ob man die Vermögensgegenstände auf **Fortführungs**- oder **Zerschlagungsbasis** bewertet. Da zahlreiche Vermögensgegenstände nur der Unternehmer, dem sie gehören, sinnvoll nutzen kann, tritt der Vorteil eines Ansatzes zu Fortführungswerten klar zutage.[713] Das Bilanzrecht legt der Bewertung gem § 252 Abs. 1 Nr. 2 HGB Fortführungswerte zugrunde („Going-Concern-Prinzip"),[714] sofern dem nicht tatsächliche oder rechtliche Gegebenheiten entgegenstehen, es also – mit anderen Worten – nicht an der Fortführungsfähigkeit des Unternehmens fehlt. Zwar vermutet § 252 Abs. 1 Nr. 2 HGB die Fortführungsfähigkeit und spricht nichts dagegen, diese Vermutung auch im Strafrecht zu bemühen, weil sie den präsumtiven Täter begünstigt. Steht aber fest, dass das Unternehmen seine werbende Tätigkeit höchstwahrscheinlich innerhalb der nächsten zwölf Monate einstellen muss, fällt die Fortführungsprognose negativ aus und sind die Vermögensgegenstände zu Zerschlagungswerten anzusetzen.[715]

122 Die maßgebenden Bewertungsvorgaben finden sich in den §§ 252–256a HGB. Über allem stehen der Grundsatz des **formellen Bilanzzusammenhangs**, d.h. die Werte der letzten Bilanz bil-

---

Goerdeler-FS, S. 361, 367; *Schulze-Osterloh* Hüffer-FS, S. 917, 925 f.; ferner *Fülbier/Gassen* DB **2007**, 2605, 2609; *Herzig* DB **2008**, 1, 5; *Bittmann* wistra **2008**, 441, 442.

705 Zur Rechtsnatur des know-how ausführl. *Tiedemann* v. Caemmerer-FS, S. 643, 646 ff.

706 Inwieweit diese gesetzliche Fiktion Auswirkungen auf das Verständnis des Vermögensgegenstandes zeitig, ist derzeit streitig; zur Diskussion s. *Herzig* DB **2008**, 1, 4 m.w.N.; gegen eine Änderung des Vermögensgegenstandsbegriffs *Schulze-Osterloh* DStR **2008**, 63 f.; zum früheren Ansatzwahlrecht *Tiedemann* v. Caemmerer-FS, S. 643, 644; *Nelles*, S. 71 ff.

707 *Kanitz* Rdn. 407, 417; *Bittmann* wistra **2008**, 441, 443.

708 S. schon *Münzinger*, S. 298 f.

709 *Kanitz* Rdn. 280; vgl. auch RG Rspr. **3**, 304, 305 f. am Bsp. eines gefälligkeitshalber hingegebenen Wechselakzepts.

710 Dazu s. RG JW **1937**, 3161; *Münzinger*, S. 306.

711 BGH BB **1958**, 95; BGH/H GA **1959**, 49.

712 Dazu *Kanitz* Rdn. 335.

713 Zum Ganzen *Kanitz* Rdn. 265.

714 *K. Schmidt* § 15 IV 2f (= S. 435); *Kilger/Nitze* ZIP **1988**, 957, 959.

715 Ausführl. *Kanitz* Rdn. 266 f.

den die Ausgangswerte der nächsten u.s.w. (vgl. § 252 Abs. 1 Nr. 1 HGB)[716] sowie der Grundsatz der **Bilanzkontinuität**, dem zufolge die einmal angewandten Ansatz- und Bewertungswahlrechte beizubehalten sind (vgl. §§ 246 Abs. 3, 252 Abs. 1 Nr. 6 HGB).[717] Gem. § 253 Abs. 1 S. 1 HGB hat der Bilanzersteller die einzelnen Vermögensgegenstände mit ihren **Anschaffungs-** oder **Herstellungskosten** vermindert um die Abschreibungen anzusetzen.[718] Auf dem Boden dieser Vorgabe ist es freilich ausgeschlossen, Wertsteigerungen, die einzelne Vermögensgegenstände erfahren – das vor Jahren erworbene Ackerland avanciert zum Baugrund[719] –, bilanziell zu berücksichtigen. Es entstehen – vom Gesetz gewollt – sog. **„stille Reserven"**.[720] Allerdings hat das BilMoG den Anschaffungs- und Herstellungskostengrundsatz an einigen Stellen perforiert, indem es etwa unter den Voraussetzungen des § 253 Abs. 3 S. 3, Abs. 4 HGB **außerplanmäßige Abschreibungen** auf den niedrigeren Wert (zur Berechnung s. § 255 Abs. 4 HGB) fordert.[721] Darüber hinaus verpflichtet § 253 Abs. 1 S. 4 HGB dazu, die gem. § 246 Abs. 2 S. 2 HGB verrechneten Vermögensgegenstände nach der **Zeitwertmethode** zu bilanzieren, wodurch die Gefahr entsteht, entgegen dem Realisationsprinzip Gewinne auszuweisen, die tatsächlich nicht erwirtschaftet wurden. Der Gesetzgeber hat hierauf mit der **Ausschüttungssperre** des § 268 Abs. 8 S. 3 HGB reagiert.[722] Forderungen des Umlaufvermögens weist die Bilanz entsprechend dem strengen **Niederstwertprinzip** zu dem Wert aus, der ihnen am Abschlussstichtag zukommt (vgl. § 253 Abs. 4 S. 2 HGB). Ausfluss des Vorsichtsprinzips (§ 252 Abs. 1 Nr. 4 HGB) ist es schließlich, **zweifelhafte Forderungen** nur mit ihrem wahrscheinlichen Wert anzusetzen und uneinbringliche Forderungen ganz abzuschreiben.[723] **Wertaufhellende** Tatsachen, die sich erst nach dem Abschlussstichtag zeigen (etwa die Insolvenz des Schuldners, die zur Uneinbringlichkeit der Forderung führt) sind zu berücksichtigen.[724]

Unter **Anschaffungskosten** versteht das Gesetz die Aufwendungen, die der Bilanzpflichtige geleistet hat, um einen Vermögensgegenstand zu erwerben (vgl. § 255 Abs. 1 S. 1 HGB),[725] unter **Herstellungskosten** die Aufwendungen, die durch den Verbrauch von Gütern und die Inanspruchnahme von Diensten entstehen, um einen bestimmten Vermögensgegenstand zu schaffen bzw. einen bereits vorhandenen Vermögensgegenstand qualitativ zu verbessern (vgl. § 255 Abs. 2 S. 1 HGB).[726] Die Herstellungskosten erhöhen sich zum einen um Material-, Fertigungs-, Sonder- und angemessene Teile der Materialgemein- und Fertigungsgemeinkosten sowie um den durch die Fertigung veranlassten Wertverzehr des Anlagevermögens (vgl. § 255 Abs. 2 S. 2 HGB). Zum anderen darf der bilanzpflichtige Unternehmer den Herstellungskosten angemessene Teile der auf den Herstellungszeitraum entfallenden allgemeinen Verwaltungskosten und Ausgaben für soziale 123

716 *K. Schmidt* § 15 IV 2b (= S. 432); *Kanitz* Rdn. 358; *Fink/Woring* JuS **2001**, 1067, 1069; *Reck* ZInsO **2001**, 633, 636; *ders.* GmbHR **2001**, 424, 426.

717 Das gilt i.Üb. auch für die planmäßigen Abschreibungen; dazu nur *Moxter* Goerdeler-FS, S. 361, 367.

718 Dies gilt richtigerweise auch für den Fall, dass ein kleingewerbliches Unternehmen im Laufe der Zeit entweder die Voraussetzungen des § 1 Abs. 2 HGB erfüllt oder aber sich später gem. § 2 HGB eintragen lässt. Die vorhandenen Vermögensgegenstände sind dann mit ihren Anschaffungs- bzw. Herstellungskosten vermindert um die Abschreibungen anzusetzen, die erforderlich gewesen wären, hätte das Unternehmen von Anfang an bilanzieren müssen; dazu *Schulze-Osterloh* Hüffer-FS, S. 917, 928.

719 Vergleichbares Bsp. bei *Hauck*, S. 86.

720 Zu den Gründen i.E. *Kanitz* Rdn. 308.

721 Dazu *Kanitz* Rdn. 309.

722 Ausführl. *Kanitz* Rdn. 312.

723 *Kanitz* Rdn. 470.

724 *Kanitz* Rdn. 470.

725 Ausführl. insbesondere zu den Anschaffungsnebenkosten (§ 255 Abs. 1 S. 2 HGB), den nachträglichen Anschaffungskosten und den Anschaffungspreisminderungen (vgl. § 255 Abs. 1 S. 3 HGB), deren vollumfängliche Berücksichtigung nötig ist, um der Ergebnisneutralität des Anschaffungsvorgangs gerecht zu werden, *Kanitz* Rdn. 314 f.

726 Die Ermittlung der Herstellungskosten gehört nach *Kanitz* Rdn. 317 „zu den strukturell kompliziertesten Materien der Rechnungslegung".

Leistungen etc. hinzurechnen; vgl. § 255 Abs. 2 S. 3 HGB, der ein Bewertungswahlrecht einräumt.[727] Ein weiteres Bewertungswahlrecht eröffnet § 255 Abs. 3 S. 2 HGB, dem zufolge Zinsen den Herstellungsaufwand erhöhen, sofern das zinspflichtige Fremdkapital dazu dient, einen bestimmten Vermögensgegenstand herzustellen. Dagegen erhöhen die Aufwendungen zugunsten von Forschung und Vertrieb die Herstellungskosten nicht (vgl. § 255 Abs. 2 S. 4 HGB). Die Herstellungskosten selbst geschaffener **immaterieller Vermögenswerte** bemessen sich nach § 255 Abs. 2a HGB,[728] die Abschreibung dieser Positionen richtet sich nach den allg. Vorgaben des § 253 Abs. 1, 3 HGB.[729] Eine Ausnahme vom Anschaffungs- und Herstellungskostenprinzip besteht richtigerweise für die Eröffnungsbilanz. Hat der Unternehmer in seinen kaufmännischen Betrieb einzelne Vermögensgegenstände eingebracht, sind diese i.R.d. Eröffnungsbilanz mit ihrem **Zeitwert** anzusetzen.[730]

124 Hat der Bilanzpflichtige die Anschaffungs- bzw. Herstellungskosten ermittelt, muss er in einem zweiten Schritt die erforderlichen **Abschreibungen** vornehmen. Je nachdem, ob der jeweilige Vermögensgegenstand zum **Anlage**- (vgl. § 247 Abs. 2 HGB)[731] oder zum **Umlaufvermögen** gehört, richtet sich die Abschreibung entweder nach § 253 Abs. 3 HGB oder nach § 253 Abs. 4 HGB. Die Anschaffungs- und Herstellungskosten hat der bilanzpflichtige Unternehmer entsprechend der **voraussichtlichen Nutzungsdauer** des zum Anlagevermögen rechnenden Vermögensgegenstandes planmäßig auf die einzelnen Geschäftsjahre zu verteilen, sofern die Nutzung des Gegenstandes zeitlich begrenzt ist (vgl. § 253 Abs. 4 Sätze 1, 2 HGB; d.h., Grundvermögen [s. § 266 Abs. 2 A.II.1. HGB] sowie Gegenstände des Finanzanlagevermögens [s. § 266 Abs. 2 A.III. HGB] unterliegen mangels Abnutzbarkeit nicht der Pflicht zur planmäßigen Abschreibung[732]). Dies gilt auch für den entgeltlich erworbenen Geschäfts- oder Firmenwert, den der Gesetzgeber des BilMoG als begrenzt nutzbaren Vermögensgegenstand fingiert hat.[733, 734] Da der Nutzungsdauer ein prognostisches Element eignet, sind **Schätzungen** unvermeidlich.[735] Erzwang die voraussichtlich dauerhafte Wertminderung eines zum Anlagevermögen gehörenden Vermögensgegenstandes dessen **außerplanmäßige Abschreibung** (vgl. § 253 Abs. 3 S. 3 HGB), fielen diese Gründe indes später wieder weg, hat der Bilanzierende die außerplanmäßige Abschreibung rückgängig zu machen (vgl. § 253 Abs. 5 S. 1 HGB, sog. **Wertaufholungsgebot**).[736] Die Gegenstände des **Umlaufvermögens** sind hingegen nicht planmäßig, sondern auf den sich zum Abschlussstichtag ergebenden niedrigeren Wert abzuschreiben (vgl. § 253 Abs. 4 S. 1 HGB).[737]

125 **Verbindlichkeiten** hat der Bilanzierende zu ihrem Erfüllungsbetrag,[738] **Rückstellungen** hat er „in Höhe des nach vernünftiger kaufmännischer Beurteilung notwendigen Erfüllungsbetrags anzusetzen" (vgl. § 253 Abs. 1 S. 2 HGB).[739]

727 *Kanitz* Rdn. 321.

728 Zu den Schwierigkeiten der dort vorgesehenen Differenzierung zwischen ansatzfähigen Entwicklungs- und nicht zu berücksichtigenden Forschungskosten s. *Kanitz* Rdn. 411; ferner *Bittmann* wistra **2008**, 441, 442 f., der zugleich auf die damit einhergehenden Manipulationsgefahren hinweist.

729 *Kanitz* Rdn. 414.

730 *Schulze-Osterloh* Hüffer-FS, S. 917, 927.

731 Zu den Einzelheiten s. *Kanitz* Rdn. 385.

732 *Kanitz* Rdn. 430, 439.

733 Vgl. § 246 Abs. 1 S. 4 HGB und o. Rdn. 119.

734 Zu den Schwierigkeiten diesbzgl. eine „Nutzungsdauer" festzulegen s. *Kanitz* Rdn. 423; ferner *Bittmann* wistra **2008**, 441, 443.

735 *Moxter* Goerdeler-FS, S. 361, 367: „[...]; die objektive Richtigkeit bestimmter Abschreibungsbemessungen ist nicht nachweisbar"; *Nelles*, S. 101; *Hax* JuS **1964**, 132, 134.

736 Ausführl. zum Wertaufholungsgebot *Kanitz* Rdn. 352 ff.; allerdings ist zweifelhaft, ob dies auch dann gilt, wenn der Grund für die außerplanmäßige Abschreibung zwar bestehen bleibt, der Vermögensgegenstand jedoch aus anderen Gründen einen Wertzuwachs erfährt; dazu *Herzig* DB **2008**, 1, 7.

737 Instruktives Bsp. bei *Kanitz* Rdn. 341.

738 *Kanitz* Rdn. 662 spricht indes vom Nennwert, *Schulze-Osterloh* Hüffer-FS, S. 917, 927 vom Rückzahlungsbetrag.

739 Näher zum Ganzen *Baetge* DB **1986** Beil. 26, 1, 12 f.

cc) Die formale Gestaltung der Handelsbilanz. Während § 243 Abs. 2 HGB lediglich bestimmt, den Jahresabschluss **klar** und **übersichtlich** zu gestalten und § 247 Abs. 1 HGB den gesonderten Ausweis des Anlage-/Umlaufvermögens, des Eigenkapitals, der Schulden sowie der Rechnungsabgrenzungsposten verlangt, statuieren die Vorschriften, die den Jahresabschluss der **juristischen Personen** und **„haftungsbeschränkten Personenhandelsgesellschaften“** regeln, weitaus detailliertere Gliederungsvorgaben. So schreibt § 266 Abs. 1 S. 1 HGB zum einen zwingend die **Kontoform** vor – verbietet also die dem § 243 Abs. 2 HGB genügende Staffelform[740] – und benennt zum anderen in Abs. 2 das exakte Aussehen der **Aktiv**-, in Abs. 3 dasjenige der **Passivseite**. Von der Größe der bilanzierungspflichtigen juristischen Person bzw. „haftungsbeschränkten Personenhandelsgesellschaft“ hängt es ab, welche Tiefe die Gliederung erreichen muss (vgl. §§ 266 Abs. 1 Sätze 2, 3, 267 HGB). Obschon § 266 HGB Einzelkaufleute und idealtypische Personenhandelsgesellschaften ausweislich seiner Position im dritten Buch des HGB nicht adressiert, dient die dort vorgesehene Bilanzgliederung diesen Personengruppen – nicht zuletzt mit Blick auf § 247 Abs. 1 HGB – gleichwohl häufig als Orientierungsmaßstab.[741] 126

c) Die Tathandlung des § 283 Abs. 1 Nr. 7a. Seinem Wortlaut nach droht § 283 Abs. 1 Nr. 7a demjenigen Kaufmann bzw. Geschäftsleiter Kriminalstrafe an, dessen Bilanzen die Übersicht über seinen Vermögensstand erschweren. Mit anderen Worten: Wer entgegen den einschlägigen Vorgaben des HGB sowie der gesellschaftsrechtlichen Spezialgesetze Bilanz zieht, muss – sofern die übrigen Voraussetzungen vorliegen – eine Bestrafung gem § 283 Abs. 1 Nr. 7a befürchten. Dabei entspricht das Erfordernis, aufgrund der Tathandlung die Vermögensübersicht zu erschweren, dem gleichlautenden Merkmal des § 283 Abs. 1 Nr. 5 Var. 2.[742] Auf die dortigen Ausführungen sei folglich verwiesen (o. Rdn. 96 ff.). Unterscheiden lassen sich formelle und materielle Bilanzierungsverstöße, wovon die nachfolgend Dargestellten *in praxi* die größte Rolle spielen dürften: 127

aa) Formelle Verstöße. Wie gesehen[743] verpflichtet § 266 Abs. 2, 3 HGB die Geschäftsleiter von juristischen Personen und „haftungsbeschränkten Personenhandelsgesellschaften“ dazu, ihre Bilanz entsprechend den dort niedergelegten detaillierten Gliederungsvorgaben zu erstellen. Im Lichte dieser Vorgaben begründet es einen **formellen Verstoß**, wenn der Geschäftsleiter Forderungen, die dem Verband bspw. aus Veräußerungsgeschäften zustehen, nicht gem. § 266 Abs. 2 B.II.1. HGB unter dem Posten „Forderungen aus Lieferungen und Leistungen“, sondern stattdessen unter dem Posten „Kassenbestand“ (§ 266 Abs. 2 B.IV. HGB) verbucht. Regelmäßig genügt solches Verhalten auch dem „Erschwernismerkmal“, da der Ausweis von Forderungen unter dem Posten „Kassenbestand“ suggeriert, es handele sich um flüssige und somit besonders werthaltige Mittel.[744] Weniger eindeutig liegen hingegen Sachverhaltsgestaltungen, deren Charakteristikum lediglich darin besteht, von den Gliederungsvorgaben des § 266 HGB abzuweichen, da dies nicht zwingend den Vermögensüberblick erschwert.[745] 128

---

740 S. nur Ebenroth/Boujong/Joost/Strohn/*Böcking*/*Gros* § 247 Rdn. 4.

741 *K. Schmidt* § 15 IV 2a (= S. 432); s. etwa auch *Kanitz* Rdn. 367, dem zufolge ein dem § 266 HGB entsprechender Abschluss auch den Vorgaben der §§ 243 Abs. 2, 247 Abs. 1 HGB genügt; vgl. ferner *Fink*/*Woring* JuS **2001**, 1067, 1070 sowie *Schulze-Osterloh* ZHR 150 **(1986)**, 404, 427, dem zufolge es einen Verstoß gegen das Gebot der Klarheit begründet, wenn der Einzelkaufmann in seinem Jahresabschluss Bezeichnungen des § 266 HGB verwendet, diesen aber einen abweichenden Inhalt beilegt.

742 Dazu nur Pape/Uhländer/*Hofmann* § 283 Bankrott Rdn. 43.

743 S.o. Rdn. 126.

744 *Reck* GmbHR **2001**, 424, 426.

745 LK[12]/*Tiedemann* § 283 Rdn. 142.

129 **bb) Materielle Verstöße.** Zu den klassischen materiellen Verstößen zählen neben dem Aktivieren **nicht vorhandener Vermögensgegenstände**, um etwa eine Überschuldung zu verschleiern oder höhere, tatsächlich aber nicht erwirtschaftete Gewinne auszuweisen, dem Passivieren **nicht bestehender Verbindlichkeiten**, um die Steuerbemessungsgrundlage oder die Gewinnanteile von Minderheitsgesellschaftern zu verkürzen[746] und dem Weglassen von Vermögensgegenständen,[747] die entgegen § 249 Abs. 1 S. 1 HGB unterbliebene Rücklagenbildung sowie die fehlende Einzelwertberichtigung solcher Forderungen, deren Durchsetzung am Stichtag mehr als zweifelhaft erscheint.[748] Materiell mangelhaft bilanziert des Weiteren, wer den Rangrücktritt eines seiner Gläubiger nicht erwähnt.[749] Allerdings begründet keinesfalls jeder materielle Verstoß die Gefahr, gem. § 283 Abs. 1 Nr. 7a zu haften. Vielmehr entfaltet nur die **gravierende** Missachtung der bilanzrechtlichen Vorgaben bankrottstrafrechtliche Relevanz.[750] Insbesondere dort, wo das Bilanzrecht dem Bilanzpflichtigen **Wertungs- und Ermessensspielräume** einräumt – etwa bei der planmäßigen Abschreibung des Anlagevermögens; siehe o. Rdn. 124 – kann der Strafrichter nicht seine Vorstellung zugrunde legen, sofern der Bilanzpflichtige den Wertungs- bzw. Ermessensspielraum nicht eklatant und in eindeutiger Weise überschreitet. Straflos gem. § 283 Abs. 1 Nr. 7a bleibt auch, wer neben der ordnungsgemäß aufgestellten eine **unzutreffende** Bilanz fertigt, um letztere etwa Geschäftspartnern oder Kreditgebern vorzulegen.[751] Insoweit kommt allenfalls eine Strafbarkeit wegen Betrugs (§ 263), Subventionsbetrugs (§ 264) oder Kreditbetrugs (§ 265b) in Betracht.[752]

130 **cc) Erschwerte Übersicht über den Vermögensstand.** Wie bereits erwähnt,[753] macht sich der Kaufmann bzw. Geschäftsleiter gem. § 283 Abs. 1 Nr. 7a nur dann strafbar, wenn die ordnungswidrige Bilanzierung die Übersicht über seinen Vermögensstand **erschwert**. Differenzen zum gleichlautenden Merkmal des § 283 Abs. 1 Nr. 5 Var. 2 bestehen nicht, weshalb auf die dortigen Ausführungen verwiesen sei.[754] Insbesondere der **Zeitpunkt**, zu dem die Vermögensübersicht erschwert sein muss, fällt richtigerweise genauso wenig wie bei § 283 Abs. 1 Nr. 5 Var. 2 auf den Eintritt der objektiven Strafbarkeitsbedingung.[755] Die Reichsgerichtsrechtsprechung, die vor allem diesen Standpunkt einnahm,[756] überzeugt hier schon mit Blick auf § 283 Abs. 1 Nr. 7b nicht. Andernfalls begründete die verspätete, also immerhin **nachgeholte Bilanz**, den Strafbarkeitsvorwurf des § 283 Abs. 1 Nr. 7b, wohingegen die manipulierte Bilanz straffrei bliebe, sofern sie der Kauf-

---

746 S. zu diesen beiden Aspekten im Kontext des Steuerstrafrechts *Lohmeyer* GA **1972**, 302, 304; vgl. ferner RGSt **67**, 349, 350; RGSt **43**, 407, 417.

747 Zu einer solchen Konstellation s. RGSt **62**, 357, 359.

748 Zu diesen und weiteren Verstößen M-G/*Richter* Kap. 85 Rdn. 43; MAH/*Böttger* § 19 Rdn. 159; *Reck* GmbHR 2001, 424, 426 f.; s.a. *Weyand* PStR **2004**, 235; weitere Verstöße nennen *Nelles*, S. 34 ff., *Schüppen*, S. 19 f.; zur unterbliebenen Abschreibung s. RGSt **13**, 354, 355 f.

749 *Hartung* NJW **1995**, 1186, 1190.

750 RGSt **39**, 222, 223, das gleichbedeutend von Willkür spricht; A/R/R/*Himmelreich* Kap. 7/1 Rdn. 158; MAH/*Böttger* § 19 Rdn. 159; *Schüppen*, S. 167; *Ehlers* DStR **1998**, 1756, 1758; wohl auch Park/*Deiters*/*Wagner* Teil 3, Kap. 10.2 Rdn. 44; M-G/*Richter* Kap. 85 Rdn. 43; *Biletzki* NStZ **1999**, 537, 539.

751 BGHSt **30**, 186 f.; *Sch*/*Schröder*/*Heine*/*Schuster* § 283 Rdn. 44 und § 283b Rdn. 4; MK/*Petermann*/*Hofmann* § 283b Rdn. 11 f.; A/R/R/*Himmelreich* Kap. 7/1 Rdn. 159; *Weyand*/*Diversy* Rdn. 100; *Richter* GmbHR **1984**, 137, 148; wohl auch Lackner/Kühl/*Heger* § 283 Rdn. 20, der dieses Ergebnis aber für zweifelhaft hält; a.A. *Schäfer* wistra **1986**, 200, 201, der maßgebend darauf abstellt, es ließe sich nachträglich nicht eindeutig feststellen, welches die richtige und welches die falsche Bilanz sei; diff. *Grosche*, S. 100, der in solchen Konstellationen wegen § 283 Abs. 1 Nr. 8 verurteilen will.

752 MK/*Petermann*/*Hofmann* § 283b Rdn. 12; A/R/R/*Himmelreich* Kap. 7/1 Rdn. 159; *Weyand*/*Diversy* Rdn. 100; vgl. aber auch *Tiedemann* Dünnebier-FS, S. 519, 539, der zusätzlich eine Strafbarkeit gem. § 283 Abs. 1 Nr. 8 erwägt.

753 S.o. Rdn. 127.

754 S.o. Rdn. 96 ff.

755 M-G/*Richter* Kap. 85 Rdn. 39; SK/*Hoyer* § 283 Rdn. 87.

756 RGSt **29**, 222, 225; RGSt **40**, 105, 106; RG JW **1917**, 859, 860; s. aber auch noch BGH/H GA **1961**, 359; zust. *Böhle-Stamschräder* § 239 KO Anm 9e. und § 240 KO Anm 4c.

mann bzw. Geschäftsleiter nur vor Eintritt der objektiven Strafbarkeitsbedingung berichtigte.[757] Maßgeblicher Zeitpunkt ist somit derjenige der **Tathandlung**.

dd) Teleologische Reduktion des § 283 Abs. 1 Nr. 7a. Im Schrifttum findet sich der Vorschlag, strafrechtliche Konsequenzen nicht schon an den ordnungswidrig aufgestellten, sondern erst an den **festgestellten** ordnungswidrigen Jahresabschluss zu knüpfen. Erst der von den zuständigen Gesellschaftsorganen für verbindlich erklärte und damit festgestellte Jahresabschluss (vgl. §§ 42a GmbHG, 172, 173 AktG) gefährde die geschützten Rechtsgüter. Der zwar auf-, aber noch nicht festgestellte Jahresabschluss reiche hingegen über das **Entwurfsstadium** nicht hinaus.[758] Das überzeugt schon mit Blick auf den Wortlaut des § 283 Abs. 1 Nr. 7a nicht, der ausdrücklich von auf- und nicht von feststellen spricht. Hinzu kommt: Der Tatbestand des § 283 Abs. 1 Nr. 7a adressiert seinen Strafvorwurf an denjenigen, der verpflichtet ist, die Bilanz aufzustellen. Wollte man diesen Strafvorwurf davon abhängig machen, ob die zuständigen Gesellschaftsorgane den Jahresabschluss festgestellt haben, räumte man diesen Organen *de facto* und systemwidrig die Kompetenz ein, über Strafbarkeit oder Straflosigkeit des bilanzierenden Geschäftsleiters zu entscheiden. Richtigerweise bleibt es also dabei, bereits die **ordnungswidrig aufgestellte** Bilanz gem. § 283 Abs. 1 Nr. 7a zu pönalisieren.[759] 131

5. Der Tatbestand des § 283 Abs. 1 Nr. 7b

Parallel zu § 283 Abs. 1 Nr. 5 bestraft § 283 Abs. 1 Nr. 7b Kaufleute bzw. Geschäftsleiter, die entweder verspätet oder überhaupt nicht Bilanz ziehen. Darüber hinaus erweitert § 283 Abs. 1 Nr. 7b den Tatgegenstand gegenüber § 283 Abs. 1 Nr. 7a insoweit, als er auch demjenigen Kriminalstrafe androht, der kein **Inventar** aufstellt bzw. dieses nicht in der vorgesehenen Zeit errichtet.[760] Im Zentrum des Tatbestandes stehen somit die Fristen, innerhalb derer bilanziert bzw. inventarisiert werden muss. Je nachdem, welche Bilanz oder welches Inventar der Kaufmann bzw. Geschäftsleiter erstellt, hat er unterschiedliche Fristen einzuhalten.[761] 132

a) Tatgegenstand. Während sich die Bilanzbegriffe des § 283 Abs. 1 Nr. 7a und des § 283 Abs. 1 Nr. 7b inhaltlich decken, erfasst § 283 Abs. 1 Nr. 7b zusätzlich das **Inventar**. Gem. § 240 Abs. 1, 2 HGB haben Kaufleute zu Beginn ihres kaufmännischen Unternehmens und am Ende eines jeden Geschäftsjahrs Inventur zu machen, indem sie sämtliche Vermögensgegenstände und Schulden genau verzeichnen sowie deren Wert angeben. Die exakte Angabe sämtlicher Vermögensgegenstände kann naturgemäß erhebliche Schwierigkeiten bereiten, etwa wenn ein Fertigungsbetrieb im Extremfall jede einzelne Schraube zählen müsste, um den Anforderungen des § 240 Abs. 1, 2 HGB zu genügen. Deshalb sehen die §§ 240 Abs. 3, 4, 241 HGB gewisse Erleichterungen vor. So dürfen unter den Voraussetzungen des § 240 Abs. 3 HGB Vermögensgegenstände des **Sachanlagevermögens** bzw. Roh-, Hilfs- und Betriebsstoffe mit einer gleichbleibenden Menge und einem gleichbleibenden Wert angesetzt und müssen lediglich alle drei Jahre einer körperlichen Bestandsaufnahme zugeführt werden. Darüber hinaus erlaubt § 240 Abs. 4 HGB dem Kaufmann bzw. Ge- 133

757 Erkannt von RG JW **1917**, 859, 860, das hieraus aber nicht die nötigen Schlüsse zog.

758 Park/*Deiters*/*Wagner* Teil 3, Kap. 10.2 Rdn. 37; vgl. auch *Rose* DB **1974**, 1031, 1034; a.A., Entwurf nur insoweit, als der aufgestellte, aber noch nicht festgestellte Jahresabschluss Aufsichtsrat und Hauptversammlung nicht bindet, *Weiß* WM **2010**, 1010, 1014.

759 I.E. wie hier A/R/R/*Himmelreich* Kap. 7/1 Rdn. 159; wohl auch *Weiß* WM **2010**, 1010, 1014; vgl. ferner *Regierer*, S. 94 f.

760 Unter Bestimmtheitsgesichtspunkten skeptisch gegenüber dieser Erweiterung Park[3]/*Sorgenfrei* Teil 3, Kap. 5 Rdn. 53; als bloße Ordnungswidrigkeit will solches Verhalten *Schöne* JZ **1973**, 446, 451 erfassen.

761 S.u. Rdn. 138 ff.

schäftsleiter bspw. gleichartige Vermögensgegenstände des Vorratsvermögens gruppenmäßig zu erfassen und mit einem **gewogenen Durchschnittswert** anzusetzen. Schließlich eröffnet § 241 HGB Ausnahmen vom Erfordernis körperlicher Bestandsaufnahme, sofern das alternative Erfassungsverfahren – etwa aufgrund mathematisch-statistischer Methoden – den Grundsätzen ordnungsgemäßer Buchführung entspricht und es einen Aussagewert besitzt, der dem der körperlichen Bestandsaufnahme gleichkommt (vgl. § 241 Abs. 1 Sätze 2 und 3 HGB).

134 **b) Die unterlassene Bilanz- bzw. Inventarerstellung.** Hat der Bilanzpflichtige keine oder nur einige wenige Bilanzen bzw. Inventare aufgestellt, verwirklicht er – wenn er die Tathandlung innerhalb der Krise beging – ohne Weiteres den Tatbestand des §§ 283 Abs. 1 Nr. 7b. Finden sich im kaufmännischen Betrieb immerhin **Bilanzentwürfe** für einige oder gar sämtliche Geschäftsjahre, ändert dies – das Vorliegen der übrigen Voraussetzungen unterstellt – nichts an der Strafbarkeit gem. § 283 Abs. 1 Nr. 7b. Nur ein Rechenwerk, das der Kaufmann eindeutig als seine Bilanz verstanden wissen will, erfüllt die handelsrechtliche Bilanzierungspflicht und schließt eine Haftung nach § 283 Abs. 1 Nr. 7b aus.[762] Allerdings darf man ein kaufmännisches Rechenwerk nicht vorschnell den Bilanzentwürfen zuschlagen. Insbesondere das Fehlen der von § 245 HGB geforderten **Unterschrift** führt nach ständiger Rspr. und ganz **h.M.** keinesfalls zwingend zur Annahme eines bloßen Bilanzentwurfs, sofern andere Tatsachen – etwa die eigenhändige Bilanzerstellung[763] oder die Weitergabe an Dritte[764] – den Schluss zulassen, der Kaufmann wolle mit dem nicht unterschriebenen Rechenwerk seiner Bilanzierungspflicht nachkommen.[765] Sieht die Bilanzurkunde jedoch ein besonderes Feld vor, das sie der Unterschrift des Kaufmanns bzw. Geschäftsleiters widmet und bleibt dieses Feld leer, spricht viel dafür, lediglich von einem Bilanzentwurf auszugehen.[766] Ungeachtet dessen begründet die fehlende Unterschrift gem. § 334 Abs. 1 Nr. 1a HGB eine Ordnungswidrigkeit.

135 Des Weiteren erwogen das Reichsgericht und ihm folgend der BGH, einer an besonders schwerwiegenden Mängeln leidenden Bilanz den Bilanzcharakter abzusprechen (sog. **Scheinbilanz**).[767] Unter dem Regime des geltenden Rechts besteht für eine solche Extension eigentlich kein Bedürfnis mehr,[768] erfasst doch § 283 Abs. 1 Nr. 7a im Unterschied zu §§ 210 KO i.d.F. v. 10.2.1877, 240 KO i.d.F. v. 20.5.1898 heute sämtliche Fälle mangelhafter Bilanzierung. Lediglich im Lichte derjenigen (nicht überzeugenden[769]) Rspr., die den Bilanzpflichtigen, der die Bilanzmängel vor Eintritt der objektiven Strafbarkeitsbedingung beseitigt, vom Vorwurf des § 283 Abs. 1 Nr. 7a freispricht, weil im Zeitpunkt des § 283 Abs. 6 die Vermögensübersicht wieder besteht, macht es einen erheblichen Unterschied, ob das kaufmännische Rechenwerk als Bilanz

762 LK[12]/*Tiedemann* § 283 Rdn. 150; W/J/S/*Pelz* 9/184; M/G/*Rotsch/Wagner* 8/229.

763 Hierzu RGSt **8**, 424, 427.

764 M-G/*Richter* Kap. 85 Rdn. 44.

765 RGSt **8**, 424, 427; RGSt 7, 87, 88; BayObLG DJZ **1929**, 926, das von einer „perfekten Rechtshandlung" spricht; s. ferner BGH wistra **2010**, 219, 220; LG Koblenz WM **1990**, 2078, 2079; aus dem Schrifttum AnwK/*Püschel* § 283 Rdn. 26; A/R/R/*Himmelreich* Kap. 7/1 Rdn. 159; M-G/*Richter* Kap. 85 Rdn. 45; M/G/*Rotsch/Wagner* 8/229; *Weiß* WM **2010**, 1010, 1015; *Wolf/Nagel* StuB **2006**, 621, 625; wohl auch *Regierer*, S. 100 m. Fn. 305; skeptisch freilich Park/*Deiters/Wagner* Teil 3, Kap. 10.2 Rdn. 38.

766 Zu diesem Bsp. M-G/*Richter* Kap. 85 Rdn. 45; vgl. aber auch SK/*Hoyer* § 283 Rdn. 87, der darauf hinweist, dass in den Fällen der fehlenden Unterschrift häufig der Überblick über die Vermögenslage nicht erschwert ist.

767 RGSt **12**, 78, 82; RGSt **13**, 354, 357; RGSt **15**, 174, 175 f.; RG LR **1916**, 956, 958; RG JW **1935**, 2061; BGH/H GA **1953**, 75; MK/*Petermann/Sackreuther* § 283 Rdn. 58; *Fischer* § 283 Rdn. 29a; *Weyand/Diversy* Rdn. 105; Böttger/*Verjans/Rixe* 4/89; *Sch/Schröder/Heine/Schuster* § 283 Rdn. 46, denen zufolge es Tatfrage ist, wie die Mängel i.E. zu gewichten sind; *Böhle-Stamschräder* KTS **1957**, 17, 24; *Wolf/Nagel* StuB **2006**, 621, 622; a.A. M/G/*Rotsch/Wagner* 8/236; W/J/S/*Pelz* 9/188; wohl auch *Meilicke* BB **1984**, 893.

768 Lediglich mit Blick auf Nr. 7a, die nur fehlerhafte Bilanzen, nicht aber fehlerhafte Inventare erfasst, kann ein solches Bedürfnis noch angenommen werden; dazu s. SK/*Hoyer* § 283 Rdn. 89.

769 Dazu s.o. Rdn. 81.

firmiert.[770] Denn eine vergleichbare Möglichkeit, der Bestrafung zu entgehen, anerkennt die Rspr. i.R.d. § 283 Abs. 1 Nr. 7b nicht.[771] D.h., fällt der kaufmännische Vermögensstatus wegen gravierender Mängel aus dem Kreis der Bilanzen heraus, erlangt der Bilanzierende selbst dann keine Straffreiheit, wenn er vor Eintritt der objektiven Strafbarkeitsbedingung eine zutreffende Bilanz vorlegt.[772]

In das Fahrwasser des § 283 Abs. 1 Nr. 7b gerät womöglich auch, wer zwar eine **Steuerbilanz**, 136
jedoch keine Handelsbilanz erstellt hat.[773] Damit ist ein Themenkomplex angesprochen, den das einschlägige Schrifttum unter dem Stichwort **„Einheitsbilanz"** behandelt.[774] Vor allem kleinere und mittlere kaufmännische Betriebe betrauen häufig einen Steuerberater mit der Aufgabe, ihre Handels- und Steuerbilanz zu fertigen. Um Kosten zu sparen und wegen des in § 5 Abs. 1 S. 1 HS. 1 EStG verankerten **Maßgeblichkeitsgrundsatzes** – die Angaben der Handels- und Steuerbilanz entsprechen sich, solange das Steuerrecht keinen ausdrücklichen Abweichungsbefehl normiert (vgl. § 5 Abs. 1 S. 1 HS. 2 EStG) – entspricht es gängiger Praxis, statt zweier nur eine, und zwar die Steuerbilanz zu erstellen.[775] Weist freilich diese Steuerbilanz die Unterschiede zwischen Steuer- und Handelsbilanzrecht besonders aus,[776] drohen dem Kaufmann keine bankrottstrafrechtlichen Gefahren. Anders liegen die Dinge, wenn die Steuerbilanz die Abweichungen gegenüber der Handelsbilanz nicht kenntlich macht. Da nämlich der Gesetzgeber des BilMoG den Grundsatz der **umgekehrten Maßgeblichkeit** gestrichen hat,[777] steuerbilanzielle Wahlrechte also keine Geltung mehr für die Handelsbilanz beanspruchen, Steuer- und Handelsbilanz somit weiter auseinander driften,[778] genügt das Erstellen einer Steuerbilanz nicht, um einer Bestrafung gem. dem § 283 Abs. 1 Nr. 7b zu entgegen.[779]

c) Die verspätete Bilanz- bzw. Inventarerstellung. Gem. § 283 Abs. 1 Nr. 7b macht sich nicht 137
nur strafbar, wer es gänzlich unterlässt Bilanzen zu ziehen, sondern auch derjenige Kaufmann bzw. Geschäftsleiter gerät in den Strudel der Bankrottstrafbarkeit, der seine Bilanzen verspätet erstellt. Bis zu welchem Zeitpunkt die Bilanz vorzuliegen hat, ergibt sich mehr oder weniger deutlich aus dem HGB und differiert teilweise erheblich, je nachdem, welches Unternehmen die Bilanzierungspflicht trifft und welcher Kategorie – Eröffnungs-, Liquidationseröffnungs-[780] oder Jahresabschlussbilanz – die erforderliche Bilanz angehört. Komplexe Abgrenzungsprobleme zwischen § 283 Abs. 1 Nr. 7b einer- und § 283b Abs. 1 Nr. 3b andererseits entstehen, wenn das **Ende der Bilanzierungsfrist** und die Tathandlung auf einen Zeitpunkt außerhalb der von § 283 Abs. 1 umschriebenen Krisentrias (bestehend aus Überschuldung, eingetretener und drohender Zahlungsunfähigkeit; zu den Einzelheiten siehe Vor §§ 283 ff. Rdn. 36 ff.) fallen, später aber die Krise doch noch eintritt, ohne dass der Kaufmann bzw. Geschäftsleiter bis *dato* seiner Buchführungspflicht nachgekommen wäre. Von Nuancen im Detail abgesehen, stehen sich zwei Meinungslager gegenüber: Das Attribut der **h.M.** dürfte der Auffassung zufallen, die

770 Darauf weist etwa LK[12]/*Tiedemann* § 283 Rdn. 152 hin.
771 S. etwa RG GA 48 (**1901**), 452, freilich noch zu § 240 Nr. 4 KO.
772 Allg.M.; s. nur *Fischer* § 283 Rdn. 29a; Park/*Deiters*/*Wagner* Teil 3, Kap. 10.2 Rdn. 48; A/R/R/*Himmelreich* Kap. 7/1 Rdn. 165.
773 *Reck* ZInsO **2011**, 1969, 1972.
774 *Schüppen*, S. 39; s. ferner *Regierer*, S. 147.
775 Zu dieser Praxis s. Park/*Deiters*/*Wagner* Teil 3, Kap. 10.2 Rdn. 35; M-G/*Richter* Kap. 85 Rdn. 42; *Schüppen*, S. 39; *Louis*, S. 43; *Muscat* PStR **2001**, 252.
776 Zu den erheblichen Schwierigkeiten, unter dem Regime des BilMoG noch eine Einheitsbilanz zu erstellen, s. *Hennrichs* K Schmidt-FS, 581, 598.
777 Zum entsprechenden Entwurf s. *Fülbier*/*Gassen* DB **2007**, 2605, 2607.
778 Zu dieser Feststellung s. *Fülbier*/*Gassen* DB **2007**, 2605, 2612; ferner *Hennrichs* K. Schmidt-FS, 581, 587.
779 S. etwa *Reck* ZInsO **2011**, 1969, 1971; ferner *Wolf*/*Nagel* StuB **2006**, 621, 625; vgl. auch schon *Böhle-Stamschräder* § 240 KO Anm 5a.
780 Ausführl. hierzu *Th. Wolf*/*Lupp* wistra **2008**, 250, 252 ff.

solche Fallgestaltungen ausschließlich gem. § 283b Abs. 1 Nr. 3b behandeln will,[781] indem sie den Standpunkt einnimmt, die Bilanzierungspflicht ende mit dem Fristablauf. Die Gegenansicht hebt entscheidend auf den Unterlassens- und Dauerdeliktscharakter der §§ 283 Abs. 1 Nr. 7b, 283b Abs. 1 Nr. 3b ab und gelangt zur **Tatbeendigung** frühestens bei Eintritt der objektiven Strafbarkeitsbedingung. Auf dem Boden dieser Prämissen macht sich der Kaufmann bzw. Geschäftsleiter, der nach Ablauf der Bilanzierungsfrist weiterhin untätig bleibt und keine Bilanzen fertigt, nicht nur gem. § 283b Abs. 1 Nr. 3b, sondern gem. dem strengeren § 283 Abs. 1 Nr. 7b strafbar, sofern das kaufmännische Unternehmen zwischenzeitlich in das Stadium der Krise geraten ist.[782] Obschon letztere Position gute Argumente auf ihrer Seite hat – so leuchtet es kaum ein, den Neu-Geschäftsführer, der sein Amt im Zeitpunkt der Krise antritt, gem. § 283 Abs. 1 Nr. 7b zu bestrafen, falls er die von seinem Vorgänger unterlassene Bilanzierung nicht nachholt, ohne einen solchen Geschäftsführerwechsel aber lediglich § 283b Abs. 1 Nr. 3b anzuwenden[783] –, streitet der Wortlaut des § 283 zugunsten der **h.M.** Denn § 283 Abs. 1 fordert, dass es der Bilanzpflichtige „*bei*[784] eingetretener Zahlungsunfähigkeit [...] entgegen dem Handelsrecht [...] unterlässt, die Bilanz [...] aufzustellen".[785] Hinzu kommt: Wer die Bilanzierungsfrist während bestehender Krise verstreichen lässt, verwirkt schwereres Unrecht und bringt größere kriminelle Energie zum Ausdruck als der, der die Bilanz seines gesunden Unternehmens nicht fristgerecht erstellt und dies später – bei zwischenzeitlich eingetretener Krise – auch nicht nachholt.[786]

138 **aa) Die maßgebenden Fristen.** Die erste Weiche auf dem Weg, die **Bilanzierungsfristen** zu ermitteln, stellt sich bei den Bilanzarten. Während sämtliche bilanzierungspflichtige Unternehmen die **Eröffnungsbilanz** „innerhalb der einem ordnungsgemäßen Geschäftsgang entsprechenden Zeit aufzustellen" haben (vgl. § 243 Abs. 3 HGB),[787] der Buchstabe des Gesetzes also keine konkreten Fristen benennt, trifft § 264 Abs. 1 Sätze 3, 4 HGB zwar nicht für jeden Bilanzpflichtigen, wohl aber für alle **Kapitalgesellschaften** sowie die **„haftungsbeschränkten Personenhandelsgesellschaften"** i.S.v. § 264a HGB konkrete Aussagen, bis zu welchem Zeitpunkt spätestens die **Abschlussbilanz** vorliegen muss.[788] Gehört das bilanzierungspflichtige Unternehmen zum Kreis der großen bzw. mittelgroßen Kapitalgesellschaften (vgl. die Voraussetzungen des § 267 Abs. 2, 3 HGB), verpflichtet § 264 Abs. 1 S. 3 HGB die gesetzlichen Vertreter dieses Unternehmens, den Jahresab-

781 So BGH wistra **2003**, 232, 233; BGH NStZ **2000**, 206; BGH wistra **1998**, 105; OLG Stuttgart NStZ-RR **2011**, 277 f. = ZWH **2011**, 102; KG wistra **2002**, 313, 314; *Fischer* § 283 Rdn. 25; Lackner/Kühl/*Heger* § 283b Rdn. 1; S/S/W/*Bosch* § 283 Rdn. 30; Pape/Uhländer/*Hofmann* § 283 Bankrott Rdn. 37, 41; *Windsberger*, S. 201; *Rönnau* NStZ 2003, 525, 531; wohl auch *Wilhelm* NStZ 2003, 511, 512 f.; *Weyand* ZInsO 2012, 770, 773; offen gelassen von OLG Hamburg NJW **1987**, 1342, 1344 = GmbHR **1987**, 273, 274; vgl. ferner HambK/*Borchardt* § 283 StGB Rdn. 28, bei dem nicht deutlich wird, ob er solches Verhalten womöglich ganz straflos stellen will.

782 M-G/*Richter* Kap. 85 Rdn. 66 f., 76; S/S/W/*Bosch* § 283b Rdn. 4; B/*Quedenfeld*/*Bechtel*/*Richter* Kap. 22 Rdn. 212; *Weyand*/*Diversy* Rdn. 105; *Reither*, wistra **2014**, 48, 49 f.; *Richter* NZI **2002**, 121, 123; *Maurer* wistra **2003**, 174 f.; *Doster* wistra **1998**, 326, 327; wohl auch *Schäfer* wistra **1990**, 81, 86, obschon er sich nur mit den §§ 283 Abs. 1 Nr. 5, 283b Abs. 1 Nr. 1 beschäftigt.

783 Zu dieser Argumentation s. *Doster* wistra **1998**, 326, 327; ferner B/*Quedenfeld*/*Bechtel*/*Richter* Kap. 22 Rdn. 212.

784 Hervorhebung durch den *Verf.*

785 OLG Stuttgart NStZ-RR **2011**, 277 f. = ZWH **2011**, 102 m. zust. Anm. *Adick* ebd.; *Hüls* ZWH **2012**, 233 f.; *Floeth* EWiR **2011**, 719, 720; ebenso S/S/W/*Bosch* § 283 Rdn. 30; a.A. *Reither*, wistra **2014**, 48, 49 f.

786 OLG Stuttgart NStZ-RR **2011**, 277 f. = ZWH **2011**, 102; zust. *Hüls* ZWH **2012**, 233, 234.

787 Zur hinreichenden Bestimmtheit dieser Regelung s. BVerfGE **48**, 48, 57, freilich noch zu §§ 240 Abs. 1 Nr. 4 KO, 39 Abs. 2 S. 2 HGB; skept. mit Blick auf die §§ 283 Abs. 1 Nr. 7b, 283b Abs. 1 Nr. 3b freilich *Blumers*, S. 3, dem zufolge § 283 Abs. 2, Abs. 4, Abs. 5 (soweit er den Abs. 2 betrifft) und § 283b i.V.m. § 39 Abs. 2 S. 2 HGB a.F. verfassungswidrig sind (a.a.O., S. 142 f.).

788 Unbeachtlich sind insofern aber Feststellungsfristen, wie sie etwa § 42a Abs. 2 S. 1 GmbHG vorsieht; vgl. dazu nur *Reck* StuB **2000**, 1281, 1282; *ders.* ZInsO **2001**, 633, 637; a.A. aber wohl BGH NStZ **2000**, 206.

schluss innerhalb der ersten **drei Monate** des auf das abgelaufene Geschäftsjahr folgenden Geschäftsjahrs zu erstellen, rechnet es zu den eingetragenen Genossenschaften beträgt die Frist **fünf Monate** (vgl. § 336 Abs. 1 S. 2 HGB). Den Geschäftsleitern von kleinen Kapitalgesellschaften (vgl. § 267 Abs. 1 HGB)[789] räumt § 264 Abs. 1 S. 4 HGB eine **sechsmonatige** Aufstellungsfrist ein,[790] sofern dies einem ordnungsgemäßen Geschäftsgang entspricht. Das um Rechtssicherheit und Bestimmtheit bemühte Strafrecht gewährt hingegen – von Krisensituationen abgesehen; dazu sogleich Rdn. 140 – generell die Sechsmonatsfrist und macht von dem Einschränkungsvorbehalt des ordnungsgemäßen Geschäftsgangs keinen Gebrauch.[791]

Deutlich schwieriger gestaltet sich die Rechtslage, sobald die Eröffnungsbilanz eines **Einzelkaufmanns** bzw. einer nicht unter § 264a HGB fallenden Personenhandelsgesellschaft in Rede steht. Sybillinisch spricht § 243 Abs. 3 HGB insoweit lediglich von der einem ordnungsgemäßen Geschäftsgang entsprechenden Zeit, ohne einen konkreten Zeitraum anzugeben.[792] Freilich mangelt es nicht an Konkretisierungsbemühungen des bilanz- und strafrechtlichen Schrifttums.[793] Die Vorschläge reichen von einer Zehnwochenfrist[794] über einen Dreimonatszeitraum[795] bis hin zur Sechsmonatsfrist,[796] die § 264 Abs. 1 S. 4 HGB den kleinen Kapitalgesellschaften eröffnet bzw. zu der Aussage, konkrete Fristen ließen sich dem Gesetz und seinen Zwecken nicht entnehmen,[797] es dürfe jedoch keinesfalls länger als ein Jahr zugewartet werden.[798] Zustimmung gebührt keinem dieser Extremansätze, sondern einer vermittelnden, an § 267 HGB orientierten Lösung, die danach differenziert, ob das kaufmännische Unternehmen umfangmäßig eher den großen und mittelgroßen – die Frist beträgt dann **drei Monate** – oder eher den kleinen Kapitalgesellschaften – dann gilt die **Sechsmonatsfrist** – nahesteht.[799] 139

Starre Fristen sind mit alldem aber nicht ausgedrückt. Insbesondere die **Unternehmenskrise** zwingt regelmäßig dazu, die Bilanz zügiger, meist innerhalb weniger Wochen zu errichten,[800] 140

---

789 Dazu, dass die Mehrheit der in Ermittlungsverfahren verwickelten Kapitalgesellschaften zu den kleinen gehören, s. *Mertes* wistra **1991**, 251, 252.

790 Sehr krit. äußerte sich zu einer Sechsmonatsfrist *Rose* DB **1974**, 1031, 1035.

791 Dazu s. M-G/*Richter* Kap. 85 Rdn. 49; *Mertes* wistra **1991**, 251, 252 f.

792 Vgl. auch noch RGSt **2**, 30, 33, das jede Bilanzerstellung, die nach Ablauf des Geschäftsjahres erfolgte, als verspätet ansah.

793 Indifferent etwa *Richter* GmbHR **1984**, 137, 148.

794 BGH/H GA **1961**, 359 noch zu § 240 KO; sympathisierend BVerfGE **48**, 48, 62.

795 BGH/H GA **1956**, 348; M/G/*Rotsch*/*Wagner* 8/235: acht bis zwölf Wochen.

796 OLG Düsseldorf DB **1979**, 2317; SK/*Hoyer* § 283 Rdn. 90; W/J/S/*Pelz* 9/184; HambK/*Borchardt* § 283 StGB Rdn. 28; *Weyand*/*Diversy* Rdn. 104; *Hauck*, S. 132; *Doster* wistra **1998**, 326; *Weyand* StuB **1999**, 178, 182; *Offerhaus* BB **1976**, 1622; *Wolf*/*Nagel* StuB **2006**, 621; vgl. auch BGH BB **1955**, 109, wo die Bilanzerstellung des am 31.12. abgelaufenen Geschäftsjahres im Juli des Folgejahres als verspätet betrachtet wurde; s. ferner *Richter* GmbHR **1984**, 137, 148, dem zufolge eine sechsmonatige Verspätung der Bilanzerstellung regelmäßig Gegenstand des strafrechtlichen Schuldvorwurfs ist, allerdings auch schon vier Monate Verspätung genügen können; vgl. auch Lackner/Kühl/*Heger* § 283 Rdn. 20: Sechsmonatsfrist gibt Anhaltspunkte auf die *in concreto* einzufordernde Frist.

797 So anscheinend *Hiltenkamp-Wisgalle*, S. 190 ff., die deshalb auf den jeweiligen Einzelfall abstellen will.

798 Dazu *Blumers*, S. 121 ff., 148 und *passim*; weitergehend *Mittelbach* DStR **1972**, 486, der selbst einen Zeitraum von mehr als zwölf Monaten u.U. noch für ordnungsgemäß hält; insoweit zust. MAH/*Böttger* § 19 Rdn. 156; s. ferner *Ehlers* Insbüro **2005**, 60, 66; vgl. auch FG Düsseldorf EFG **1977**, 421: Bilanzerstellung nach fünfzehn Monaten überschreitet die einem ordnungsgemäßen Geschäftsgang entsprechende Zeit.

799 Dafür etwa M-G/*Richter* Kap. 85 Rdn. 52; *ders.* NZI **2002**, 121, 123; sehr krit. *Blumers*, S. 74.

800 *Fischer* § 283 Rdn. 29; M-G/*Richter* Kap. 85 Rdn. 50; M/G/*Rotsch*/*Wagner* 8/235; S/S/W/*Bosch* § 283 Rdn. 30; *Mertes* wistra **1991**, 251, 252 f.; *Th. Wolf*/*Lupp* wistra **2008**, 250, 251; *Reck* ZInsO **2001**, 633, 637; *Ehlers* Insbüro **2005**, 60, 66; *Rowedder* BB **1955**, 109, 110; s.a. BVerfGE **48**, 48, 61 sowie *Blumers*, S. 114 ff., der aber zusätzlich darauf hinweist, dass eine schnellere Bilanzierung nicht gefordert werden kann, wenn der Bilanzpflichtige die Krise fahrlässig bzw. leichtfertig nicht erkennt (a.a.O., S. 132 f.); vgl. ferner M/R/*Altenhain* § 283 Rdn. 42, *Mittelbach* DStR 1972 und *Reck* ZInsO **2011**, 1969, 1970 m. Fn. 5, denen zufolge kleine Kapitalgesellschaften in der Krise ihre Abschlussbilanz nicht in sechs, sondern in drei Monaten zu erstellen haben; noch restriktiver Lackner/Kühl/*Heger* § 283 Rdn. 20: unverzüglich.

da andernfalls womöglich bereits vor Ablauf der Drei- bzw. Sechsmonatsfrist ein Strafverfahren aufgrund des § 283 Abs. 1 Nr. 7b droht.[801]

141 Die Schwierigkeiten potenzieren sich schließlich, nimmt man die **Eröffnungs**- bzw. **Liquidationseröffnungsbilanz** in den Blick. Da spezielle Fristenregelungen nicht existieren, markiert § 243 Abs. 3 HGB den einzigen Anhaltspunkt. Ob es der Anlass dieser Bilanzierungspflicht gebietet, unverzüglich nach Geschäftsbeginn Bilanz zu ziehen, wie verschiedentlich behauptet, erscheint angesichts einer Praxis fraglich, die das Erfordernis, die Abschlussbilanz zum Ende des jeweiligen Geschäftsjahres aufzustellen, auch nicht eben wortgetreu versteht.[802] Durchgesetzt hat sich zwischenzeitlich die Ansicht, die eine Eröffnungsbilanz innerhalb der ersten **drei Monate** nach Geschäftsaufnahme als rechtzeitig erstellt betrachtet,[803] sofern nicht Krisenanzeichen eine schnellere Bilanzierung erfordern.[804]

142 Im Unterschied zum Steuerrecht kennt das Handelsbilanzrecht keine Möglichkeit, die Aufstellungsfristen zu verlängern (vgl. aber den gestrichenen § 41 Abs. 3 GmbHG a.F., der es erlaubte, gesellschaftsvertraglich die Frist zu verlängern). D.h. auch: Hat die Steuerbehörde dem Steuerpflichtigen einen **Aufschub** gewährt, wirkt sich dies nicht auf die Fristen aus, innerhalb derer der steuerpflichtige Kaufmann bzw. Geschäftsleiter handelsrechtlich Bilanz ziehen muss.[805]

143 **bb) Fristablauf nach Eintritt der objektiven Strafbarkeitsbedingung.** Egal ob das Gesetz dem Kaufmann bzw. Geschäftsleiter eine längere oder kürzere Aufstellungsfrist einräumt,[806] erhebt sich die streitig diskutierte Frage, was gilt, wenn vor Fristablauf die objektive Bedingung der Strafbarkeit eintritt. Der BGH und die ihm folgenden Vertreter des Schrifttums sprechen vom Vorwurf des § 283 Abs. 1 Nr. 7b frei, sofern es der Täter im Vorfeld der objektiven Strafbarkeitsbedingung nicht unterlassen hat, **hinreichende Vorsorge** zu treffen, um die Bilanz zu fertigen.[807] Die Gegenansicht nimmt einen differenzierenden Standpunkt ein und unterscheidet zwischen der Insolvenzeröffnung einer- und der Zahlungseinstellung bzw. der Insolvenzablehnung mangels Masse andererseits. Habe das zuständige Gericht das Insolvenzverfahren eröffnet und ende die Bilanzaufstellungsfrist erst nach diesem Zeitpunkt, bleibe der bilanzpflichtige Kaufmann bzw.

---

801 M-G/*Richter* Kap. 85 Rdn. 52; s.a. *Weyand/Diversy* Rdn. 103.

802 S.a. schon *Blumers*, S. 52 ff.; *Maul* DB **1974**, 697, 698.

803 *Blumers*, S. 55; *Th. Wolf/Lupp* wistra **2008**, 250, 251; *Weyand* PStR **2004**, 235; *ders.* StuB **1999**, 178, 182; *Uppenbrink* AUR **2010**, 357 f.; vgl. des Weiteren RGSt **28**, 428, 430, das einen Zeitraum von mehreren Monaten zwischen Geschäftsaufnahme und Errichten der Eröffnungsbilanz nicht mehr für fristgerecht erachtet; anders freilich *Schulze-Osterloh* Hüffer-FS, S. 917, 931 ff., 934, der nach dem Aufwand differenziert, den das Aufstellen der Eröffnungsbilanz verursacht; ferner *Richter* NZI **2002**, 121, 123, der nur zwei bis vier Wochen gewähren will.

804 In diesem Kontext s. LK[12]/*Tiedemann* § 283 Rdn. 148; *Blumers*, S. 56.

805 AnwK/*Püschel* § 283 Rdn. 38; *Weyand/Diversy* Rdn. 105; Pape/Uhländer/*Hofmann* § 283 Bankrott Rdn. 44; *Richter* GmbHR **1984**, 137, 147; *Weyand* PStR **2004**, 235; *ders.* StuB **1999**, 178, 182; *Hartung* Stbg **1991**, 332, 334; *Uppenbrink* AUR **2010**, 357; s. ferner *Wolf/Nagel* StuB **2006**, 621; *Sundermeier/C. Gruber* DStR **2000**, 929, 934.

806 S.o. Rdn. 138 ff.

807 BGH wistra **1992**, 145, 146 f. = NStZ **1992**, 182; BGH MDR **1991**, 1023 f.; BGH/H GA **1959**, 49; BGH/H GA **1956**, 348; BGH GA **1956**, 356, 357; BGH BB **1957**, 274; BGH/H GA **1971**, 38; OLG Düsseldorf StV **1999**, 28, 30 = wistra **1998**, 360, 361 = DB **1998**, 1856 = BB **1999**, 149, 150; KG NStZ **2008**, 406 f.; KG, v. 5.5.2000, (5) 1 Ss 113/99 (49/99), Rdn. 12 (juris); vgl. auch BGH NStZ **2009**, 635, 636 = wistra **2009**, 273, 274; zust. etwa *Sch/Schröder/Heine/Schuster* § 283 Rdn. 47; W/J/S/*Pelz* 9/186; Park/*Deiters/Wagner* Teil 3, Kap. 10.2 Rdn. 48; *Weyand/Diversy* Rdn. 105; Lackner/Kühl/*Heger* § 283 Rdn. 20; M/R/*Altenhain* § 283 Rdn. 43; Böttger/*Verjans/Rixe* 4/90; *Rönnau* NStZ **2003**, 525, 530, dem zufolge sich die Pflichtverletzung nicht mehr auf den wirtschaftlichen Zusammenbruch auswirken kann; *Uppenbrink* AUR **2010**, 357, 358; s.a. schon *Böhle-Stamschräder* § 240 KO Anm. 5c sowie *dens.* KTS **1957**, 17, 25; ebenso wohl *Ogiermann* wistra **2000**, 250, 251; weitergehend anscheinend trotz seines Rekurses auf OLG Düsseldorf StV **1999**, 29 *Fischer* § 283 Rdn. 23a; ebenso wohl Pape/Uhländer/*Hofmann* § 283 Bankrott Rdn. 37, 45.

Geschäftsleiter gem. § 283 Abs. 1 Nr. 7b entweder straflos oder hafte, falls er überhaupt nicht vorhatte Bilanz zu ziehen, allenfalls wegen Versuchs.[808, 809] Keine Auswirkungen auf die Bilanzaufstellungspflicht zeitige hingegen die Zahlungseinstellung bzw. die Verfahrensabweisung mangels Masse.[810]

VI. Die Tathandlungen des § 283 Abs. 1 Nr. 8

Der Gesetzgeber des 1. WiKG 1976 hat den Bankrotthandlungen des § 283 Abs. 1 Nrn. 1–7 – trotz z.T. vehement geäußerter Bestimmtheitsbedenken[811] – den **Auffang**-[812] bzw. nach anderer Ansicht **Grundtatbestand**[813] des § 283 Abs. 1 Nr. 8 hinzugefügt, um zum damaligen Zeitpunkt noch nicht absehbare, gleichwohl gem. § 283 strafwürdige Verhaltensweisen erfassen zu können.[814] Bedeutung erlangt § 283 Abs. 1 Nr. 8 freilich erst dann, wenn sich die inkriminierte Verhaltensweise keiner anderen Nummer des § 283 Abs. 1 subsumieren lässt.[815] Sah es deshalb zunächst so aus, als ob § 283 Abs. 1 Nr. 8 keine praktische Relevanz entfalten würde[816] – obschon Nrn. 1–7 für ihren Bereich keine abschließenden Vorgaben normieren[817] –, sondern es vielmehr Aufgabe der Strafrechtswissenschaft sei, sich Fallgestaltungen auszudenken, die ausschließlich dem § 283 Abs. 1 Nr. 8 unterfallen, hat die Rspr. vor einiger Zeit den Versuch unternommen, mithilfe des § 283 Abs. 1 Nr. 8 das sog. **„Firmenbestattungsunwesen"** in den Griff zu bekommen.[818, 819] – Der Tatbestand des § 283 Abs. 1 Nr. 8 enthält zwei Varianten, wovon die erste Vermögensverringerungen erfasst, soweit diese nicht bereits die Nrn. 1, 2 oder 3 verwirklichen, und die zweite das Verschleiern der wahren wirtschaftlichen Verhältnisse sanktioniert, soweit nicht bereits Nrn. 4, 5 oder 7 eingreifen. Ob das, die Vermögensverringerungen der ersten Variante begrenzende Erfordernis des groben Verstoßes gegen die Anforderungen ordnungsgemäßen Wirtschaftens auch i.R.d. zweiten Variante gilt, ist heftig umstritten.[820] **144**

808 Vgl. § 283 Abs. 3 und u. Rdn. 187 ff.

809 Für Versuch auch B/*Quedenfeld*/*Bechtel*/*Richter* Kap. 22 Rdn. 213; ferner LK[12]/*Tiedemann* § 283 Rdn. 151, der allerdings nicht zwischen den unterschiedlichen Varianten der objektiven Strafbarkeitsbedingung unterscheidet.

810 So M-G/*Richter* Kap. 85 Rdn. 47; *ders.* NZI **2002**, 121, 123 f.; wohl auch Steinberg/Valerius/Popp/*Hagemeier*, S. 129, 137; *dies.* StV **2010**, 26, 28 f.

811 *Schöne* JZ **1973**, 446, 450; als im Hinblick auf Art. 103 Abs. 2 GG nicht hinnehmbar bezeichnet den Tatbestand AnwK/*Püschel* § 283 Rdn. 28; s.a. *dens.* Rissing-van Saan-FS, S. 471, 474; skeptisch ferner A/R/R/*Himmelreich* Kap. 7/1 Rdn. 171; *Jahn* wistra **2013**, 41, 43; a.A. freilich *Grosche*, S. 16; keine Bestimmtheitsbedenken sah auch der Gesetzgeber; vgl. BTDrucks. 7/3441, S. 36.

812 OLG Düsseldorf NJW **1982**, 1712, 1713; *Fischer* § 283 Rdn. 30; NK/*Kindhäuser* § 283 Rdn. 89; SK/*Hoyer* § 283 Rdn. 91; MK/*Petermann*/*Sackreuther* § 283 Rdn. 61; AnwK/*Püschel* § 283 Rdn. 28; G/J/W/*Reinhart* § 283 Rdn. 8; S/S/W/*Bosch* § 283 Rdn. 32; M/R/*Altenhain* § 283 Rdn. 44; M-G/*Richter* Kap. 83 Rdn. 73; W/J/S/*Pelz* 9/157; *Weyand*/*Diversy* Rdn. 62; Pape/Uhländer/*Hofmann* § 283 Bankrott Rdn. 46; *Pohl*, S. 134; *Habetha*, S. 235.

813 So *Tiedemann* KTS **1984**, 539, 552; zust. MAH/*Böttger* § 19 Rdn. 163; *Grosche*, S. 12 f.

814 BTDrucks. 7/3441, S. 33, 36; ausführl. zur Entstehungsgeschichte dieses Auffangtatbestandes *Hiltenkamp-Wisgalle*, S. 199 ff.

815 Implizit MK/*Petermann*/*Sackreuther* § 283 Rdn. 61.

816 S. etwa *Tiedemann* KTS **1984**, 539, 552.

817 Dazu s. nur G/J/W/*Reinhart* § 283 Rdn. 8.

818 Dazu s.u. Rdn. 155 ff.

819 S. bereits die Prophezeiung von *Richter* GmbHR **1984**, 137, 148, der schon früh darauf hinwies, dass § 283 Abs. 1 Nr. 8 in Zukunft größere Bedeutung erlangen wird.

820 S.u. Rdn. 159 und Vor §§ 283 ff. Rdn. 27.

1. Das wirtschaftswidrige Verringern des Vermögensstandes in anderer Weise (§ 283 Abs. 1 Nr. 8 Var. 1)

145 Dem Merkmal „**Verringern des Vermögensstandes**“ lassen sich nicht nur Einwirkungen des Schuldners auf den Aktivenbestand seines Vermögens subsumieren, sondern auch die Erhöhung der Passiva durch das Eingehen wirtschaftswidriger Verbindlichkeiten.[821] Während ersteres den – auch unwirksamen – Vollzug des Erfüllungsgeschäfts erfordert, genügt letzterem der Abschluss des – selbst zivilrechtlich nichtigen – Verpflichtungsgeschäfts.[822] Interpretiert man wie hier das Beiseiteschaffen i.S.v. § 283 Abs. 1 Nr. 1 Var. 1 restriktiv und fasst darunter nur solche Vermögensverschiebungen, die dem Schuldner den Zugriff auf die verschobenen Vermögensbestandteile belassen,[823] verringert seinen Vermögensstand in anderer Weise und verwirklicht somit – die grobe Wirtschaftswidrigkeit der Verfügung unterstellt – § 283 Abs. 1 Nr. 8 Var. 1 darüber hinaus, wem nach Weggabe der Vermögensgegenstände keine Zugriffsmöglichkeiten mehr verbleiben,[824] sofern nicht die Voraussetzungen des vorrangigen § 283 Abs. 1 Nr. 2 vorliegen.[825] Neben solchen Einzelhandlungen, die einen bestimmten Vermögensbestandteil betreffen, sowie dem Vereiteln einer konkreten **Vermögensmehrung**, das nach teilweise vertretener Ansicht den Prototyp des § 283 Abs. 1 Nr. 8 Var. 1 bildet,[826] sollen dem § 283 Abs. 1 Nr. 8 Var. 1 des Weiteren auch Handlungskomplexe unterfallen, die sich aus zahlreichen – z.T. für sich allein betrachtet durchaus vermögensmehrenden – Einzelhandlungen zusammensetzen, sofern das Gesamtergebnis den Vermögensstand wirtschaftswidrig benachteiligt.

146 **a) Tathandlungen auf der Aktivseite.** Wie bereits vorstehend Rdn. 145 gesehen, ahndet § 283 Abs. 1 Nr. 8 Var. 1 sämtliche wirtschaftswidrige Einzelhandlungen des Schuldners, die den Aktivenbestand seines Vermögens verringern, ohne bereits eine Bankrotthandlung des § 283 Abs. 1 Nrn. 1–7 zu verwirklichen. Die **tauglichen Tatgegenstände**, an denen der Schuldner die Bankrotthandlung des § 283 Abs. 1 Nr. 8 Var. 1 begehen kann, reichen deutlich über diejenigen des § 283 Abs. 1 Nr. 1 hinaus. So rechnen zum Vermögensbestand i.S.v. § 283 Abs. 1 Nr. 8 Var. 1 nicht nur die pfändbaren, der Masse zugehörigen Vermögensbestandteile, sondern auch nicht fassbare Vermögensgüter, sofern sie geldwert sind,[827] wie etwa der Kundenstamm, verfestigte Erwerbsexspektanzen, der feststehende Vertragsschluss mit einem Gelegenheitskunden, der Besitz von Beweismitteln sowie konkrete Absatz- und Gewinnerwartungen bei starrer Marktlage. Vor diesem Hintergrund erfüllt der Schuldner den Tatbestand des § 283 Abs. 1 Nr. 8 Var. 1, der im Stadium der Krise den Ruf seines Unternehmens schädigt, der Waren ohne ausreichende Sicherheiten liefert, der Kredite zu überhöhten Kosten aufnimmt, der wirtschaftlich untragbare Investitionen tätigt, der ohne ausrei-

---

821 Allg.M.; s. nur *Sch/Schröder/Heine/Schuster* § 283 Rdn. 49; NK/*Kindhäuser* § 283 Rdn. 90; SK/*Hoyer* § 283 Rdn. 92; S/S/W/*Bosch* § 283 Rdn. 32; MK/*Petermann/Sackreuther* § 283 Rdn. 62; Lackner/Kühl/*Heger* § 283 Rdn. 21; AnwK/*Püschel* § 283 Rdn. 28; M/R/*Altenhain* § 283 Rdn. 44; M-G/*Richter* Kap. 83 Rdn. 76; *Dannecker/Knierim/Dannecker/Hagemeier* Rdn. 959; MAH/*Böttger* § 19 Rdn. 163; *Grosche*, S. 60; *Geers*, S. 168.

822 M/R/*Altenhain* § 283 Rdn. 44; sympathisierend auch *Grosche*, S. 60 m. Fn. 3.

823 Dazu s.o. Rdn. 5.

824 Versteht man das Beiseiteschaffen i.S.d. § 283 Abs. 1 Nr. 1 hingegen weit, mag man wie *Grosche*, S. 87 f., 156 f. zu dem Ergebnis gelangen, dass die erste Variante des § 283 Abs. 1 Nr. 8 keinen eigenständigen Anwendungsbereich besitzt, sondern im Gegenteil sämtliche schuldnerische Handlungen, die gemeinhin dem § 283 Abs. 1 Nr. 8 Var. 1 zugeschlagen werden, schon den übrigen Bankrotthandlungen – insbesondere aber den Nrn. 1 und 2 des § 283 Abs. 1 – unterfallen, weshalb er dafür plädiert, die erste Variante ersatzlos zu streichen.

825 S.o. Rdn. 21.

826 S. etwa LK[12]/*Tiedemann* § 283 Rdn. 158, 160; zust. *Grosche*, S. 60.

827 *Dannecker/Knierim/Dannecker/Hagemeier* Rdn. 959; wohl auch NK/*Kindhäuser* § 283 Rdn. 90; skeptisch aber *Grosche*, S. 57 m. Fn. 1.

chenden Überblick wirtschaftet und dadurch Verluste generiert,[828] der Kredite gewährt, ohne die Kreditwürdigkeit des Darlehensnehmers zu prüfen, der einen Kunden trotz erheblichen Zahlungsrückstandes weiter beliefert, der Exportlizenzen nicht ausnutzt,[829] der Waren mithilfe eines Darlehens beschafft und sodann verschleudert,[830, 831] der es unterlässt bereits angebahnte Verträge zugunsten des strauchelnden Unternehmens abzuschließen, der den Kundenstamm bzw. die Ausführung schon erteilter Aufträge unter Wert einem Nachfolgeunternehmen überträgt,[832] der das günstigste Angebot in einem Vergabeverfahren grundlos zurückzieht[833] sowie der Schuldner, der qualifizierte Arbeitnehmer kündigt, um sie bei einem Nachfolgeunternehmen weiter zu beschäftigen und so dem kriselnden Unternehmen die Chance nimmt, durch den Einsatz dieser Arbeitnehmer einen Vermögenszuwachs zu erzielen. Hingegen verringert seinen Vermögensstand nicht, wer sein Unternehmen durch **„Totschrumpfen"** aufgibt, dabei aber die Gläubigerinteressen beachtet.[834] Ebensowenig führen fehlerhafte unternehmerische Entscheidungen, die auf fachlicher Unzulänglichkeit beruhen, zur Strafbarkeit gem. § 283 Abs. 1 Nr. 8 Var. 1.

Ob darüber hinaus der Schuldner, der ein Unternehmen gründet, ohne es mit dem Kapital auszustatten, das erforderlich wäre, um den Unternehmenszweck zu erreichen (sog. **materielle Unterkapitalisierung**), den Tatbestand des § 283 Abs. 1 Nr. 8 Var. 1 verwirklicht, wie verschiedentlich behauptet wird,[835] erscheint hingegen zweifelhaft.[836] Da der Tatbestand des § 283 Abs. 1 Nr. 8 Var. 1 ein Verringern des Vermögensstandes voraussetzt, dürfte schon mit dem Wortlaut und folglich mit Art. 103 Abs. 2 GG in Konflikt geraten, wer den Schuldner, der ein materiell unterkapitalisiertes Unternehmen gründet und betreibt, gem. § 283 Abs. 1 Nr. 8 Var. 1 bestrafen will.[837] Zwar mag die Teilnahme solcher unterkapitalisierter Unternehmen am Rechtsverkehr Gläubigerinteressen beeinträchtigen. Diese Beeinträchtigung der Gläubigerinteressen rührt jedoch nicht aus Verringerungen des Vermögensstandes seitens des Schuldners, sondern daher, dass sich die Gläubiger womöglich über die zu geringe Kapitalausstattung des schuldnerischen Unternehmens irren und deshalb mit diesem Unternehmen kontrahieren.[838] D.h.: Wenn überhaupt erfasst § 283 Abs. 1 Nr. 8 Var. 2 den Betrieb materiell unterkapitalisierter Unternehmen.[839] 147

828 Dafür wohl *Tiedemann* ZIP **1983**, 513, 522, obschon er ausdrückl. über solches Verhalten nur das Verdikt grober Wirtschaftswidrigkeit fällt; weitergehend aber *ders.* KTS **1984**, 539, 555; enger *Grosche*, S. 65 f., 82, dem zufolge in solchen Konstellationen entweder schon eine Strafbarkeit gem § 283 Abs. 1 Nr. 2 im Raum steht und es somit eines Rückgriffs auf die Generalklausel der Nr. 8 nicht bedarf, oder es aber an einem Verringern des Vermögensstandes ermangelt.

829 NK/*Kindhäuser* § 283 Rdn. 90; a.A. *Grosche*, S. 83 f., der hierin lediglich ein Unterlassen erblickt, das regelmäßig mangels Garantenstellung des Schuldners straflos bleibt.

830 Dazu, dass § 283 Abs. 1 Nr. 3 dieses Verhalten nicht erfasst und auch Nr. 1 nicht greift, s.o. Rdn. 30.

831 Vgl. auch *Fischer* § 283 Rdn. 30a; AnwK/*Püschel* § 283 Rdn. 28; ferner LK[12]/*Tiedemann* § 283 Rdn. 186, der auch das Verschleudern eigener, nicht kreditierter Waren erfassen will. A.A. aber *Grosche*, S. 81, der auch hier § 283 Abs. 1 Nr. 3 anwenden will; zust. *Habetha*, S. 279 f.

832 Ob auch schon das Umleiten von Aufträgen vom Alt- auf ein Neuunternehmen dem § 283 Abs. 1 Nr. 8 Var. 1 unterfällt, ist streitig; dagegen *Grosche*, S. 62.

833 LK[12]/*Tiedemann* § 283 Rdn. 161, der zudem eine Ausnahmekonstellation benennt, deren Vorliegen nicht zu § 283 Abs. 1 Nr. 8 Var. 2 führt; NK/*Kindhäuser* § 283 Rdn. 90; a.A. aber *Grosche*, S. 87; dazu, dass solche Positionen Vermögenswert besitzen, s. nur BGHSt **17**, 147, 148.

834 M-G/*Richter* Kap. 87 Rdn. 27; *Weyand/Diversy* Rdn. 32; *Tiedemann* KTS **1984**, 539, 553.

835 Dafür etwa LK[12]/*Tiedemann* § 283 Rdn. 163; *ders.* KTS **1984**, 539, 554 f.

836 Gegen Bestrafung des Schuldners gem § 283 Abs. 1 Nr. 8 Var. 1, der eine unterkapitalisierte Gesellschaft gründet bzw. eine bereits bestehende Gesellschaft trotz fehlenden Kapitals erweitert zutr. *Grosche*, S. 64 f.

837 Vgl. auch BGHZ **176**, 204, 210 f., dem zufolge bei Unterkapitalisierung „schon begrifflich kein ‚Eingriff' in das zweckgebundene [...] Vermögen" vorliegt.

838 S. etwa den in Österreich spielenden Fall OGH ÖJZ **1969**, 498, 499: Der Angeklagte gründete ohne genügendes Eigenkapital ein Unternehmen und war deshalb gezwungen, einen Kredit aufzunehmen, der seine wirtschaftlichen Verhältnisse überstieg. Würdigt man diesen Fall *sub specie* des § 283 Abs. 1 Nr. 8, macht sich der Angeklagte danach allenfalls strafbar, wenn er den Kreditgeber über seine wirtschaftliche Lage, insbesondere seine Eigenkapitalausstattung, täuscht.

839 Dazu s.u. Rdn. 154.

148 Richtigerweise beschränkt sich § 283 Abs. 1 Nr. 8 Var. 1 nicht darauf, wirtschaftswidrige Einzelhandlungen zu ahnden, die den Vermögensstand verringern, sondern gestattet darüber hinausgehend eine Art **Gesamtbetrachtung**.[840] Diese Gesamtbetrachtung erlaubt es, ein grob wirtschaftswidriges Wirtschaften, das sich über einen längeren Zeitraum hinzieht, dem § 283 Abs. 1 Nr. 8 Var. 1 zu subsumieren. Beispielhaft genannt seien die je für sich wirtschaftsgemäßen zahlreichen Luxusaufwendungen, die jedoch in ihrem Zusammenspiel ein wirtschaftswidriges Ergebnis zeitigen bzw. die wirtschaftsgemäße Erfüllung einer wirtschaftswidrig eingegangenen Verbindlichkeit. Allerdings darf die Gesamtbetrachtung nicht dazu führen, dem Beschuldigten strafprozessuale Rechte abzuschneiden. So bleibt der Einwand beachtlich, der Nachteilseintritt sei eine Folge unglücklicher, zufälliger Ereignisse, auf die der Schuldner keinen Einfluss gehabt habe und beruhe nicht auf grob wirtschaftswidrigen Verhaltensweisen. D.h.: Wer die Verurteilung des Schuldners gem. § 283 Abs. 1 Nr. 8 Var. 1 mithilfe der Gesamtbetrachtung bewerkstelligen will, muss den Nachweis führen, dass das grob wirtschaftswidrige Wirtschaften kausal eine zumindest billigend in Kauf genommene Vermögensverringerung herbeigeführt hat.[841]

149 Fast schon einen Klassiker im Kontext des § 283 Abs. 1 Nr. 8 Var. 1 bilden die Konstellationen, in denen der Schuldner eine **Auffanggesellschaft** gründet und dieser aus dem Bestand seines zahlungsunfähigen bzw. überschuldeten Unternehmens eine sich wertmäßig entsprechende Menge an Aktiva und Passiva überträgt.[842] Da sich trotz des Passivaübergangs die Quote der Gläubiger, deren Forderungen beim Altunternehmen bleiben, typischerweise verringert[843] und zudem auch die Privilegierung des § 283c nicht greift,[844] steht eine Bankrottstrafbarkeit im Raum, sofern die Betriebsaufspaltung den Anforderungen ordnungsgemäßen Wirtschaftens zuwiderläuft.[845] Allerdings dürfte der Schuldner, der entgegen ordnungsgemäßem Wirtschaften seinen Betrieb aufspaltet, bereits die Tatvariante des Beiseiteschaffens von Vermögenswerten und somit § 283 Abs. 1 Nr. 1 Var. 1 verwirklichen, weil ihm regelmäßig der Zugriff auf das Vermögen der Auffanggesellschaft offen stehen wird;[846] eines Rückgriffs auf § 283 Abs. 1 Nr. 8 Var. 1 bedarf es dann nicht.[847] – Ob sich gem. § 283 Abs. 1 Nr. 8 strafbar macht, wer **nachschussbereite Gesellschafter** dazu bewegt, ihr Geld nicht dem überschuldeten bzw. zahlungsunfähigen Unternehmen, sondern der Auffanggesellschaft zur Verfügung zu stellen, ist streitig. Jedenfalls bleibt der Gesellschafter straflos, der aus freien Stücken entscheidet, bei der Auffanggesellschaft zu investieren.

150 **b) Tathandlungen auf der Passivseite.** Seinen Vermögensstand verringert auch, wer zwar die Aktiva unangetastet lässt, jedoch durch grob wirtschaftswidriges Verhalten die **Passiva erhöht**. Im Zentrum der Debatte steht der Schuldner, der die künftige Masse belastet, indem er entgegen ordnungsgemäßem Wirtschaften Familienangehörige oder sonst nahestehende Personen kurz vor dem sich abzeichnenden Zusammenbruch seines Unternehmens anstellt bzw. ihre Gehälter erhöht, um ihnen einen (höheren) Anspruch auf **Insolvenzgeld** zu verschaffen. Neben dem Betrug (vgl. § 263), den solches Verhalten zu Lasten der Agentur für Arbeit darstellt, vergrößert sich das Volumen der Masseverbindlichkeiten, weil die Agentur für Arbeit kraft der *cessio legis* des § 169

---

840 Dezidiert hiergegen NK/*Kindhäuser* § 283 Rdn. 91; wohl auch A/R/R/*Himmelreich* Kap. 7/1 Rdn. 171.

841 Zutr. LK[12]/*Tiedemann* § 283 Rdn. 162 a.E.; *ders.* KTS **1984**, 539, 553 f.; anders dürfte i.E. auch *v. Spee*, S. 57 f. nicht zu verstehen sein, obschon er sich ablehnend gegenüber der Gesamtbetrachtung positioniert.

842 S. zum Ganzen etwa LK[12]/*Tiedemann* § 283 Rdn. 164 sowie *dens.* KTS **1984**, 539, 555, der wohl mit § 283 Abs. 1 Nr. 8 arbeiten will; vgl. ferner zu einer solchen Konstellation AG Ingolstadt, Urt. v. 28.5.2004, 8 Ls 31 Js 5828/04 (juris; nur Ls); *Dannecker/Knierim/Dannecker/Hagemeier* Rdn. 963, die die zweite Variante heranziehen.

843 S.a. NK/*Kindhäuser* § 283 Rdn. 91; *Habetha*, S. 283.

844 Dazu s. Bittmann/*Brand* § 28 Rdn. 60 sowie ergänzend § 283c Rdn. 28.

845 Nach **h.M.** soll sich solches Verhalten freilich nicht als wirtschaftswidrig präsentieren, da es sich hierbei um eine bloße Vermögensumschichtung handele; dazu s. etwa LK[12]/*Tiedemann* Vor § 283 Rdn. 30; *Rönnau* Kühl-FS, S. 711, 726.

846 Zu diesem Abgrenzungskriterium s.o. Rdn. 5.

847 So i.E. auch schon *Grosche*, S. 67 f., der aber für Straflosigkeit votiert, sofern sich die übertragenen Aktiva und Passiva wertmäßig entsprechen (a.a.O., S. 85); ähnl. wie hier auch NK/*Kindhäuser* § 283 Rdn. 91.

S. 1 SGB III den Arbeitsentgeltanspruch des Arbeitnehmers erwirbt. Allerdings ist diese Massezunahme grds. nicht weiter bedenklich, fließt ihr doch im Gegenzug die Arbeitsleistung des Insolvenzgeld beanspruchenden Arbeitnehmers zu. Das gilt aber nicht, wenn die Arbeitsleistung – so sie die Familienmitglieder bzw. nahen Angehörigen des Schuldners überhaupt erbringen – der Masse nichts nützt. Freilich erfasst § 283 Abs. 1 Nr. 8 Var. 1 diese Konstellationen nur, falls das Vorgehen des Schuldners nicht bereits einen spezielleren Tatbestand des § 283 Abs. 1 verwirkt. Hier dürfte regelmäßig § 283 Abs. 1 Nr. 2 in der Variante des Schuldigwerdens übermäßiger Beträge durch unwirtschaftliche Ausgaben eingreifen.[848] Lassen sich jedoch die Arbeitslöhne nicht dem Merkmal „übermäßige Beträge"[849] subsumieren, bleibt Raum für § 283 Abs. 1 Nr. 8 Var. 1. – Straflos gem. § 283 geht jedoch der Schuldner aus, der bspw. mit einem Kreditinstitut und seinen Arbeitnehmern vereinbart, das Insolvenzgeld vorzufinanzieren, indem das Kreditinstitut den Arbeitnehmern ihre gegen den Schuldner zustehenden Nettolohnforderungen abkauft.[850] Im Unterschied zur Rechtslage unter dem Regime des alten Konkursausfallgesetzes (KAG) ist ein solches Vorgehen – wie § 170 SGB III belegt – heute nicht mehr missbräuchlich und können deshalb hieran nicht *per se* strafrechtliche Konsequenzen anknüpfen.[851] – Noch nicht vollständig geklärt ist die Frage, ob der Geschäftsleiter einer wirtschaftlich gesunden Gesellschaft, deren Gesellschafter den Beschluss gefasst haben, eine überschuldete bzw. zahlungsunfähige Gesellschaft zu übernehmen, obschon der übernehmende Rechtsträger nicht in der Lage ist, die Verbindlichkeiten des übernommenen Rechtsträgers zu tragen, sich gem. § 283 Abs. 2 i.V.m. § 283 Abs. 1 Nr. 8 strafbar macht, wenn er diesen Beschluss beim zuständigen Registergericht anmeldet und dadurch der **übernehmende Rechtsträger** seinerseits in den Zustand der Zahlungsunfähigkeit bzw. Überschuldung gerät.[852] Da die Anmeldung des Beschlusses beim Registergericht neben dem **Verschmelzungsbeschluss** selbst den zentralen Baustein für den Erfolg der Verschmelzungsaktion bildet, erfüllt dieses Verhalten den Tatbestand des § 283 Abs. 1 Nr. 8 Var. 1.[853]

2. Das Verheimlichen bzw. Verschleiern der wirklichen geschäftlichen Verhältnisse (§ 283 Abs. 1 Nr. 8 Var. 2)

Obschon sich die zweite Variante des § 283 Abs. 1 Nr. 8 auf die **geschäftlichen Verhältnisse** bezieht und somit den tauglichen Tatgegenstand gegenüber der ersten Variante enger fasst, kann Täter des § 283 Abs. 1 Nr. 8 Var. 2 nicht nur ein unternehmerisch tätiger Schuldner sein. Auch der **Privatmann** ist in der Lage, seine geschäftlichen Verhältnisse zu verheimlichen bzw. zu verschleiern, etwa wenn er um einen Kredit nachsucht und dabei seine Kreditwürdigkeit unzutreffend – nämlich zu positiv – darstellt.[854] Die Tathandlungen „verheimlichen" und „verschleiern" setzen einen **Adressaten** voraus. Allerdings muss der Täter keine bestimmte Person ins Auge fassen, der gegenüber er seine geschäftlichen Verhältnisse verschleiert oder verheimlicht. Vielmehr genügt ein bestimmbarer Personenkreis, etwa die potentiellen Gläubiger, nicht aber die Allgemeinheit.[855] Medium des Verschleierns bzw. Verheimlichens können neben verbindlichen Auskünften auch geschäftliche Mitteilungen in Werbebroschüren bzw. sonstigen Prospekten[856] sowie **Scheinbilanzen** sein. 151

848 Richtig *Grosche*, S. 71 ff.
849 Dazu s.o. Rdn. 23.
850 A.A. – Fall des § 283 Abs. 1 Nr. 2 – *Grosche*, S. 74 ff., freilich noch zum KAG.
851 Zu den gleichwohl noch existierenden Strafbarkeitsrisiken in diesem Kontext s.u. Rdn. 210.
852 Fall nach BGH NJW **2019**, 589.
853 Näher zum Ganzen *Brand* ZIP **2019**, 1993, 1998 f.
854 LK[12]/*Tiedemann* § 283 Rdn. 171; NK/*Kindhäuser* § 283 Rdn. 94.
855 Richtig LK[12]/*Tiedemann* § 283 Rdn. 174.
856 S. etwa *Sch/Schröder/Heine/Schuster* § 283 Rdn. 49, der hierin die besondere Bedeutung der Nr. 8 erblickt; insoweit a.A. NK/*Kindhäuser* § 283 Rdn. 95, da die Norm nur den Gläubigerschutz betrifft.

152 **a) Geschäftliche Verhältnisse.** Die Tathandlungen „verschleiern" und „verheimlichen" müssen die **geschäftlichen Verhältnisse** des Täters betreffen. In Anlehnung an § 400 Abs. 1 Nr. 1 AktG unterfallen dem Terminus „geschäftliche Verhältnisse" alle Informationen und Aspekte, die für die Teilnahme am Wirtschaftsverkehr wesentlich sind (z.B. Angaben zu Bonität und Kreditwürdigkeit,[857] zu Verkaufs- bzw. Anlageobjekten, zur Höhe von Provisionen oder zur Verschachtelung von Gesellschaften[858]).[859] Auf dem Boden dieses weiten Verständnisses meint, wer von geschäftlichen Verhältnissen spricht, nicht nur gegenwärtige Tatsachen, sondern auch **Werturteile** und **Prognosen**.[860] Deshalb verheimlich bzw. verschleiert seine wirtschaftlichen Verhältnisse der Unternehmer, der während der Unternehmenskrise äußert, „er habe erfreuliche Ergebnisse erwirtschaftet",[861] bzw. der Schuldner, der falsche Angaben zu dem von ihm beabsichtigten Einsatz des nachgefragten Darlehens macht.

153 **b) Die Tathandlung „verheimlichen".** Die Tathandlungen „verheimlichen" und „verschleiern" lassen sich zwar nicht strikt voneinander abgrenzen; angesichts ihrer tatbestandlichen Gleichwertigkeit bereitet dieser Umstand jedoch keine Probleme.[862] Schwerpunktmäßig erfasst das Tatbestandsmerkmal **„verheimlichen"** Konstellationen, die sich dadurch auszeichnen, dass der Schuldner in entscheidenden Punkten Unzutreffendes erklärt bzw. darstellt und entspricht somit im Wesentlichen der Interpretation des gleichlautenden Merkmals bei § 283 Abs. 1 Nr. 1.[863, 864] Darüber hinaus verheimlicht i.S.d. zweiten Variante des § 283 Abs. 1 Nr. 8, wer das Thema einer geschäftlichen Mitteilung unvollständig behandelt, indem er wichtige Informationen weglässt und so einen falschen Eindruck hervorruft oder wer als Nichtbuchführungspflichtiger – ansonsten stehen §§ 283 Abs. 1 Nr. 6, 283b Abs. 1 Nr. 2 bereit – Geschäftsunterlagen vernichtet[865] bzw. manipuliert.[866] Hierher rechnen auch die Konstellationen, in denen der buchführungspflichtige Schuldner entweder das **Inventar** unsachgemäß aufstellt bzw. verfälscht oder aber dem **Lagebericht**, der **GuV** bzw. dem **Anhang** unzutreffende, seine tatsächliche wirtschaftliche Lage beschönigende Angaben hinzufügt.[867] Des Weiteren verheimlicht der Schuldner seine Vermögensverhältnisse, der gegenüber der Agentur für Arbeit wider besseres Wissen behauptet, der Vorgriff auf das **Insolvenzgeld**[868] ermögliche es, einen erheblichen Teil der Arbeitsstellen zu erhalten (vgl. § 170 Abs. 4 S. 2 SGB III)[869] bzw. der Schuldner, der dem Insolvenzverwalter eine rückdatierte Abtretungsur-

---

857 Darauf rekurriert maßgebend BGH NJW **2013**, 1892, 1893; BGH NStZ **2009**, 635, 636; ferner *Fischer* § 283 Rdn. 30; MK/*Petermann*/*Sackreuther* § 283 Rdn. 63.

858 Zu diesen Bsp. *Dannecker*/*Knierim*/*Dannecker*/*Hagemeier* Rdn. 961; Steinberg/Valerius/Popp/*Hagemeier*, S. 129, 132; *dies.* StV **2010**, 26, 27.

859 Zur Anlehnung an § 400 Abs. 1 Nr. 1 AktG s. LK[12]/*Tiedemann* § 283 Rdn. 172; zust. *Grosche*, S. 89; vgl. ferner *Dannecker*/*Knierim*/*Dannecker*/*Hagemeier* Rdn. 961; SK/*Hoyer* § 283 Rdn. 94; *Floeth* EWiR **2010**, 265; Steinberg/Valerius/Popp/*Hagemeier*, S. 129, 132; krit. M/R/*Altenhain* § 283 Rdn. 44 m. Fn. 246.

860 LK[12]/*Tiedemann* § 283 Rdn. 173; *Dannecker*/*Knierim*/*Dannecker*/*Hagemeier* Rdn. 961; *Grosche*, S. 89.

861 RGSt **38**, 195, 196, 199, freilich mit Blick auf die Vorgängerregelung zu § 400 AktG.

862 LK[12]/*Tiedemann* § 283 Rdn. 175.

863 Dazu s.o. Rdn. 11.

864 M-G/*Richter* Kap. 83 Rdn. 77; MK/*Petermann*/*Sackreuther* § 283 Rdn. 63; *Grosche*, S. 90 f.; *Dannecker*/*Knierim*/*Dannecker*/*Hagemeier* Rdn. 962; *Hagemeier* StV **2010**, 26, 27; s.a. BGH NStZ **2009**, 635, 636 = wistra **2009**, 273, 274.

865 Zu letzterem LK[12]/*Tiedemann* § 283 Rdn. 174a; zust. SK/*Hoyer* § 283 Rdn. 94; *Grosche*, S. 92 ff.

866 NK/*Kindhäuser* § 283 Rdn. 93.

867 Dazu, dass diese Verhaltensweisen nicht den Nrn. 5–7 des § 283 Abs. 1 unterfallen, s.o. Rdn. 67 und 111.

868 Zur zivilrechtlichen Gestaltung dieses Vorgriffs auf das Insolvenzgeld s. K. Schmidt/Uhlenbruck/*Kuder*/*Unverdorben* Rdn. 5.383, 5.396 ff. und jüngst ausführl. *Cranshaw* ZInsO **2013**, 1493 ff.; ferner *Hunold* NZI **2015**, 785, 787 ff.; *Oppermann*/*Smid* ZInsO **2012**, 862, 864; *Werres* ZInsO **2005**, 1233, 1234; *Uhlenbruck* KTS **1980**, 81, 83 f., noch zum alten Konkursausfallgeld (kurz: Kaug).

869 So wohl M-G/*Richter* Kap. 87 Rdn. 24; s.a., noch zur Rechtslage unter dem Regime des Arbeitsförderungsgesetzes (AFG) *Hanau*/*Kappus* ZIP **1988**, 885, 890 f.; zur ebenfalls denkbaren Betrugsstrafbarkeit s. *Uhlenbruck* KTS **1980**, 81, 86 f.

kunde vorlegt, um dem Zessionar im Rahmen eines bevorstehenden Anfechtungsprozesses eine **bessere Beweisposition** zu verschaffen.[870] Eine neue denkbare Konstellation des Verheimlichens hat das „Gesetz zur weiteren Erleichterung der Sanierung von Unternehmen" (kurz: ESUG) gebracht. Unter den **Schutzschirm** des § 270d InsO, der eine erleichterte Sanierung außerhalb des Insolvenzverfahrens ermöglicht, kann nämlich nur schlüpfen, wer noch nicht zahlungsunfähig ist und zudem eine Bescheinigung vorlegen kann, dass die angestrebte Sanierung nicht offensichtlich aussichtslos ist (vgl. § 270d Abs. 1 S. 1 InsO).[871] Täuscht der Schuldner das Insolvenzgericht über die Umstände, die seine Zahlungsunfähigkeit begründen oder spiegelt er dem Sanierungsgutachter Tatsachen vor, die die angestrebte Sanierung in einem günstigen Licht erscheinen lassen, obwohl die wirtschaftliche Lage es gebietet, sofort Insolvenzantrag zu stellen, erfüllt dieses Verhalten neben dem Tatbestand der strafbaren Insolvenzverschleppung gem. § 15a Abs. 4 InsO,[872] auch den Tatbestand des Verheimlichens und macht sich der Schuldner bei Eintritt der objektiven Strafbarkeitsbedingung zusätzlich gem. § 283 Abs. 1 Nr. 8 strafbar.[873]

c) Die Tathandlung „verschleiern". Sanktioniert das Verheimlichen zuvörderst unrichtige Darstellungen, erfasst das **Verschleiern** Handlungen, die darauf abzielen, dem Erklärungsempfänger das zutreffend Mitgeteilte nicht kenntlich zu machen.[874] Beispielhaft seien die (beschönigende) Werbung für Kapitalanlagen, Warentermingeschäfte und steuerbegünstigte Bauvorhaben genannt.[875] Des Weiteren verschleiert seine Vermögensverhältnisse, wer entgegen seiner Zusage Kundengelder nicht auf einem Sonderkonto verwaltet, sondern sie zweckentfremdet. Praktisch dürften solche Fallgestaltungen vor allem im Baugewerbe eine Rolle spielen.[876] Ob seine Vermögensverhältnisse auch der Gründer einer **materiell unterkapitalisierten** Gesellschaft verschleiert, erscheint hingegen zweifelhaft. Dafür wäre es nötig, den Handelsregistereintragungen „Stamm-/Grundkapitalziffer" und „Gesellschaftszweck" die weitergehende Aussage zu entnehmen, das Stamm- bzw. Grundkapital genüge, um den Gesellschaftszweck zu erreichen. Dass eine solche Interpretation des Handelsregisterinhalts über das Ziel hinausschießt, liegt auf der Hand, zumal der Gesetzgeber ausdrücklich an der starren Mindestkapitalziffer festgehalten und Vorschlägen, den Stamm- bzw. Grundkapitalbedarf dynamisch anhand des angestrebten Unternehmenszwecks zu ermitteln, eine Absage erteilt hat.[877] 154

d) Das „Firmenbestattungsunwesen" – ein Fall des § 283 Abs. 1 Nr. 8? In jüngerer Zeit hatte der BGH gleich zweimal die Gelegenheit erhalten, das Phänomen der **Firmenbestattung** (insolvenz-)strafrechtlich zu würdigen.[878] Hinter dem schillernden Begriff der Firmenbestattung 155

870 AG Nürnberg ZInsO **2012**, 339, 342 = NStZ-RR **2012**, 208, 209 (Ls).

871 Zu den Voraussetzungen eines Schutzschirmantrags i.S.v. § 270b InsO a.F. = § 270d InsO n.F. s. die geraffte Darstellung bei *Brand*, KTS **2014**, 1, 3 ff. m.w.N.

872 Dazu *Brand*, KTS **2014**, 1, 10 ff.; zust. *Meier* ZInsO **2016**, 1499, 1501 f.; ähnl. M-G/*Richter* Kap. 77 Rdn. 9.

873 Ausf. zum Ganzen *Brand* KTS **2014**, 1, 17 ff.; *Meier* ZInsO **2016**, 1499, 1504.

874 LK[12]/*Tiedemann* § 283 Rdn. 175, der zutr. von irreführender Darstellung spricht; zust. *Dannecker/Knierim/Dannecker/Hagemeier* Rdn. 963; MK/*Petermann/Sackreuther* § 283 Rdn. 63; NK/*Kindhäuser* § 283 Rdn. 95; Lackner/Kühl/*Heger* § 283 Rdn. 21; Steinberg/Valerius/Popp/*Hagemeier*, S. 129, 132; *dies.* StV **2010**, 26, 27; *Grosche*, S. 101; wohl auch BGH NStZ **2009**, 635, 636 = wistra **2009**, 273, 274.

875 Zu diesen und weiteren Bsp. LK[12]/*Tiedemann* § 283 Rdn. 176; *Dannecker/Knierim/Dannecker/Hagemeier* Rdn. 963; *Grosche*, S. 101 ff.

876 Ausführl. zu diesen Konstellationen Bittmann[1]/*Bittmann* § 12 Rdn. 264 f.; vgl. ferner LK[12]/*Tiedemann* § 283 Rdn. 176; *Dannecker/Knierim/Dannecker/Hagemeier* Rdn. 964; *Grosche*, S. 98 f.

877 S. etwa *Römermann* GmbHR **2013**, 337, 344, dem zufolge der BGH die materielle Unterkapitalisierung in seiner Entscheidung „GAMMA" (BGHZ **176**, 204, 212 ff.) zu Recht in die „gesellschaftsrechtliche Mottenkiste" verbannt hat.

878 BGH NJW **2013**, 1892 m. Anm. *Köllner* NZI **2013**, 368, *Bittmann* ZWH **2013**, 320 und *Brand* NZG **2013**, 400; BGH NStZ **2009**, 635 = wistra **2009**, 273 m. Anm. *Hagemeier* StV **2010**, 26.

verbergen sich – mit Abweichungen im Detail – folgende Fallgestaltungen: Der Inhaber einer überschuldeten bzw. (drohend) zahlungsunfähigen GmbH scheut aufgrund des vermeintlichen Reputationsverlustes den Gang zum Insolvenzgericht[879] und beauftragt stattdessen einen sog. Firmenbestatter damit, gegen eine Gebühr, die mehrere tausend Euro betragen kann, die GmbH geräuschlos zu entsorgen. Hierfür überträgt er seine GmbH-Anteile dem Firmenbestatter und lässt sich als Geschäftsführer abberufen. Der Firmenbestatter, der nunmehr die Rolle des einzigen Gesellschafters bekleidet, ernennt sodann einen neuen sog. „Strohgeschäftsführer" – meist handelt es sich um weitgehend mittellose Personen, die sich auf diese Weise etwas hinzuverdienen –, ändert die Firma der Gesellschaft, verlegt ihren Sitz[880] und vernichtet die noch vorhandenen Bücher und Bilanzen. Anschließend stellt der Geschäftsführer bei dem zuständigen Gericht am neuen Sitz der Gesellschaft Antrag auf Eröffnung des Insolvenzverfahrens, der – wiederum in aller Regel – mangels Masse abgewiesen wird.[881]

156 **aa) Die höchstrichterliche Rspr.** Die Sachverhalte, die dem BGH zur Entscheidung vorlagen, unterschieden sich vom soeben geschilderten typischen Ablauf einer Firmenbestattung dadurch, dass der abberufene Alt-Geschäftsführer weiterhin als **faktischer Geschäftsführer** tätig blieb. Da das strafrechtliche Standardrepertoire kaum einmal geeignet ist, das „Firmenbestattungsunwesen" angemessen zu ahnden – der Vorwurf, Bücher und Bilanzen vernichtet zu haben, dürfte zumeist nicht nachweisbar sein, weil sich Alt- und Neu-Geschäftsführer wechselseitig belasten,[882] § 15a Abs. 4 InsO sieht im Unterschied zu § 283 einen deutlich geringeren Strafrahmen vor und § 266a Abs. 1 wirft, sobald eine GmbH beteiligt ist, schwierige, nach wie vor ungelöste Probleme auf[883] –, erwogen der 5. und der 3. Strafsenat den § 283 Abs. 1 Nr. 8 Var. 2 zu aktivieren. Indem die an der Firmenbestattung Beteiligten die Geschäftsanteile veräußern, den alten Geschäftsführer abberufen und einen Strohgeschäftsführer bestellen, den Sitz verlegen und die Firma ändern, verschleiern sie – so der BGH – ihre Absicht, das Unternehmen auf „kaltem Wege" zu liquidieren und täuschen somit die Gläubiger über ihren Willen, das Unternehmen fortzuführen.[884] Dieses Bündel an Bankrotthandlungen, das das Merkmal „verschleiern" erfüllt,[885] rechnet der 3. Strafsenat sodann beiden Hauptprotagonisten – dem Alt-Gesellschaftergeschäftsführer und dem Neu-

---

879 Zu diesem und weiteren Motiven s. *Schröder* DNotZ **2005**, 596, 598.

880 Teilweise auch ins Ausland, was den Ermittlungsaufwand für Gläubiger und Insolvenzgericht weiter erhöht; s. nur MAH/*Böttger* § 19 Rdn. 278; *Goette* WPg **2008**, 231, 238; *Werner* NZWiSt **2013**, 418, 419; ferner *v.d. Heydt*, S. 38; zu der Möglichkeit, durch eine Sitzverlegung ins Ausland die Insolvenzantragspflicht des § 15a Abs. 1 S. 1 InsO „abzustreifen", s. Uhlenbruck/*Hirte* § 15a Rdn. 4.

881 Zu einer hiermit vergleichbaren Sachverhaltskonstellation s. BGH NJW **2013**, 1892 f.; vgl. ferner die Ausführungen bei OLG Karlsruhe NZI **2013**, 653, 654 = GmbHR **2013**, 1090, 1091; aus dem Schrifttum s. *Dannecker/Knierim/Knierim/Smok* Rdn. 516 ff.; M-G/*Richter* Kap. 87 Rdn. 44 ff.; M-G/*Häcker/Trück* Kap. 96 Rdn. 19a f.; Böttger/*Verjans/Rixe* 4/277; MAH/*Böttger* § 19 Rdn. 278; W/J/S/*Pelz* 9/353; K. Schmidt/Uhlenbruck/*Uhlenbruck* Rdn. 11.108; MK-GmbHG²/*Wißmann* § 84 Rdn. 64; *Reichelt*, S. 167; *v.d. Heydt*, S. 38; *Weyand* ZInsO **2013**, 1316; *Werner* NZWiSt **2013**, 418 f.; *Schröder* DNotZ **2005**, 596, 597; *Drygala* ZIP **2005**, 423, 427; *Ogiermann* wistra **2000**, 250; *Reck* ZInsO **2000**, 121, 126; *Pluta/Keller* S. Beck-FS, S. 405; *Leonard/Hilger* jurisPR-HaGesR 8/2013 Anm. 2; zu einer weiteren Spielart der Firmenbestattung s. *Melchior* GmbHR **2013**, R305 f., der den Fall schildert, dass die bestattungsreife GmbH auf eine aus zwei Ltd. gebildete Kommanditgesellschaft verschmolzen wird, die beiden Ltd. sodann aus der Kommanditgesellschaft ausscheiden und im companys register gelöscht werden.

882 S.o. Rdn. 100.

883 S. zum Ganzen ausführl. nur *Brand/Reschke* ZIP **2010**, 2134 m.w.N.; zum unbefriedigenden Strafrahmenunterschied zw. § 283 und § 15a Abs. 4 InsO s. ferner *Kümmel* wistra **2012**, 165.

884 BGH NJW **2013**, 1892, 1893; ähnl. bereits BGH NStZ **2009**, 635, 636 = wistra **2009**, 273, 274; i.E. wohl zust. *Habetha*, S. 286 f.

885 Zutr. *Dannecker/Knierim/Dannecker/Hagemeier* Rdn. 961, 963; Steinberg/Valerius/Popp/*Hagemeier*, S. 129, 133; *dies.* StV **2010**, 26, 27; *Kümmel* wistra **2012**, 165, 168 f.; *Werner* NZWiSt **2013**, 418, 422; *Bittmann* ZWH **2013**, 320, 321: jede Maßnahme, die es für den Rechtsverkehr unmöglich macht, mit der fallierenden GmbH in Kontakt zu treten, begründet ein tatbestandliches Verschleiern; weitergehend wohl *Floeth* EWiR **2010**, 265, 266, der bereits darin, dass der abberufene Alt-Geschäftsführer weiterhin – heimlich – als faktischer Geschäftsführer tätig bleibt, ein Verschleiern sehen will.

Gesellschaftergeschäftsführer – gem. § **25 Abs. 2** täterschaftlich zu: Wegen der faktischen Geschäftsführerstellung des Alt-Gesellschaftergeschäftsführers wachse sowohl ihm als auch dem Neu-Gesellschaftergeschäftsführer *via* § 14 Abs. 1 Nr. 1 die (Gemein-)Schuldnerposition an. Den denkbaren Einwand, wonach der Alt-Gesellschaftergeschäftsführer lediglich seine Anteile veräußere und damit eine *sub specie* des Bankrottstrafrechts neutrale Handlung vornehme, lässt der 3. Strafsenat mit Blick auf den zwischen Alt- und Neu-Gesellschaftergeschäftsführer gefassten gemeinsamen Tatplan nicht gelten.[886]

bb) Einwände gegenüber dem Konzept der Rspr. So sehr die Aussagen des BGH überzeugen, soweit sie die Interpretation des § 283 Abs. 1 Nr. 8 Var. 2 betreffen und so sehr die Idee, dem „Firmenbestattungsunwesen" *via* § 283 Abs. 1 Nr. 8 Var. 2 das Handwerk zu legen, Beachtung verdient, so wenig gelingt es dem BGH zu begründen, warum Alt- und Neu-Gesellschaftergeschäftsführer (mit-)täterschaftlich wegen Bankrotts haften.[887] Denn auf dem Boden des hier favorisierten **organisationsbezogenen Ansatzes**[888] lässt sich in den Firmenbestattungskonstellationen regelmäßig weder dem Alt- noch dem Neu-Gesellschaftergeschäftsführer gem. § 14 Abs. 1 Nr. 1 die (Gemein-)Schuldnereigenschaft der Gesellschaft zurechnen, und zwar unabhängig davon, ob der Alt-Gesellschaftergeschäftsführer wirksam von seinem Amt abrufen wurde oder weiterhin die Position eines faktischen Geschäftsführers inne hat. Folgt man dem organisationsbezogenen Ansatz, eröffnen nur solche Bankrotthandlungen den Zurechnungsmechanismus des § 14 Abs. 1 Nr. 1, die – sofern sie rechtsgeschäftlich erfolgen – den Schuldner rechtlich binden, oder die – sofern sie faktischer Natur sind – die Gesellschafter bzw. das sonst zuständige Willensbildungsorgan gesellschaftsrechtlich wirksam konsentieren.[889] Daran fehlt es jedoch, da nach zutreffender **h.M.** „Bestattungshandlungen" wie die Firmenänderung und Sitzverlegung **sittenwidrig** und somit nichtig sind, wenn sie mit der Intention erfolgen, ein kriselndes Unternehmen lautlos verschwinden zu lassen.[890] Allenfalls wer dem – hier abgelehnten – **Funktionsmodell**[891] den Vorzug bei der Interpretation der Partikel „als" i.S.d. § 14 Abs. 1 Nr. 1 einräumt, kann sowohl den Alt- als auch den Neu-Gesellschaftergeschäftsführer gem. § 283 Abs. 1 Nr. 8 Var. 2 verurteilen, allerdings auch nur, wenn der Alt-Gesellschaftergeschäftsführer mehr getan hat, als seine Geschäftsanteile zu veräußern[892] und die tatrichterlichen Feststellungen ergeben, dass er trotz seiner Abberufung weiterhin als faktischer Geschäftsführer tätig blieb. Andernfalls macht der Alt-Gesellschaftergeschäftsführer sich lediglich wegen Beihilfe zum Bankrott des Neu-Gesellschaftergeschäftsführers strafbar,[893] weil seine Abberufung vom Amt des Geschäftsführers entgegen zahlreicher Stimmen in Literatur und instanzgerichtlicher 157

886 Zu dieser Zurechnungsoperation s. BGH NJW **2013**, 1892, 1893 f.; zust. *Werner* NZWiSt **2013**, 418, 422.

887 S. bereits die Kritik bei *Brand* NZG **2013**, 400.

888 Dazu s. Vor §§ 283 ff. Rdn. 20.

889 S. ausführl. Vor §§ 283 ff. Rdn. 20.

890 Zur Nichtigkeit solcher „Bestattungshandlungen" KG RNotZ **2011**, 562, 563: zur Sitzverlegung; OLG Zweibrücken GmbHR **2013**, 1093 f.; AG Memmingen NZG **2006**, 70, 72; BeckOK-GmbHG/*C. Jaeger* § 4 Rdn. 36 und § 4a Rdn. 7; *Kleindiek* ZGR **2007**, 276, 286, 308; *Melchior* GmbHR **2013**, R305; *Wachter* GmbHR **2004**, 955, 956; zust. *Brand/Reschke* ZIP **2010**, 2134, 2138; wohl auch *Ogiermann* wistra 2000, 250, 251, obschon sie sich vorrangig nur mit der Frage beschäftigt, ob der neue Geschäftsführer wirksam bestellt wurde; s. des Weiteren auch Altmeppen/*Altmeppen* § 4a Rdn. 8.

891 S. Vor §§ 283 ff. Rdn. 19.

892 Dazu, dass die bloße Anteilsveräußerung niemals genügt, um den Zurechnungsmechanismus des § 14 Abs. 1 Nr. 1 auszulösen, s. AnwK/*Püschel* § 283 Rdn. 28; *Brand/Reschke* ZIP **2010**, 2134, 2137; a.A., ohne aber auf diese Aspekte einzugehen und damit den Kern der Problematik verfehlend, *Kümmel* wistra **2012**, 165, 169.

893 Zu diesem im Lichte der Funktionstheorie möglichen Ergebnis und dazu, dass kein Fall der notwendigen Teilnahme vorliegt, s. *Brand/Reschke* ZIP **2010**, 2134, 2139; vgl. aber auch *Schubert* wistra **2013**, 429, 430, die den Vorwurf strafbaren Bankrotts an die Initiierung der Firmenbestattung knüpfen will.

Rspr.[894] wirksam ist,[895] er also im Zeitpunkt der Firmenänderung und Sitzverlegung nicht mehr zum Kreis der tauglichen Zurechnungsadressaten des § 14 Abs. 1 Nr. 1 gehört.

3. Grober Verstoß gegen die Anforderungen ordnungsgemäßen Wirtschaftens

158 Im Unterschied zu den übrigen **bestandsbezogenen Bankrotthandlungen** des § 283 Abs. 1 Nr. 1 setzt § 283 Abs. 1 Nr. 8 Var. 1 einen **groben Verstoß** gegen die Anforderungen ordnungsgemäßen Wirtschaftens voraus.[896] Anders gewendet muss der Schuldner eindeutig unvertretbar[897] gehandelt und elementare bzw. besonders gewichtige Pflichten missachtet haben, damit man über sein Verhalten das Verdikt „grob wirtschaftswidrig“ fällen kann.[898] Insbesondere beharrliche und wiederholte Verstöße gegen die allgemeinen Anforderungen ordnungsgemäßen Wirtschaftens gestatten den Schritt zur Annahme des Attributs „grob“.[899] Beispielhaft nennt das insolvenzstrafrechtliche Schrifttum vor allem das „Weiterwirtschaften“ des Schuldners nach Eintritt der Insolvenzreife.[900] Das trifft sich mit der hier vertretenen Interpretation des ordnungswidrigen Wirtschaftens, der zufolge sämtliche schuldnerische Handlungen, die die präsumtive Masse schmälern, den Anforderungen ordnungsgemäßen Wirtschaftens zuwiderlaufen, sofern der Schuldner kraft Zurechnung Geschäftsleiter einer insolvenzantragspflichtigen Gesellschaft ist und die Tathandlung begeht, nachdem die Drei- bzw. Sechswochenfrist des § 15a Abs. 1 InsO abgelaufen ist.[901] Ob derselbe Maßstab auch für Schuldner gilt, die keine Insolvenzantragspflicht trifft,[902] erscheint hingegen zweifelhaft. Knüpft man nämlich an das bloße „Weiterwirtschaften“ trotz Insolvenzreife den Vorwurf grober Wirtschaftswidrigkeit, droht die Gefahr, das Erfordernis eines Handelns in der Krise (vgl. § 283 Abs. 1!) mit dem zusätzlichen restriktiven Merkmal des Verstoßes gegen die Anforderungen ordnungsgemäßen Wirtschaftens zu **verschleifen**. Wer also einen nicht insolvenzantragspflichtigen Schuldner gem § 283 Abs. 1 Nr. 8 Var. 1 bestrafen will, muss eruieren, ob der Verstoß gegen die allgemeinen Anforderungen ordnungsgemäßen Wirtschaftens[903] ein Ausmaß besitzt, das es rechtfertigt, ihn als grob zu bezeichnen.

159 Obschon der Wortlaut des § 283 Abs. 1 Nr. 8 dafür spricht, einen groben Verstoß gegen die Anforderungen ordnungsgemäßen Wirtschaftens nur i.R.d. ersten Variante zu fordern, verfechten zahlreiche Vertreter des insolvenzstrafrechtlichen Schrifttums den Standpunkt, auch die **zweite Variante** erfordere ein grob wirtschaftswidriges Verhalten.[904] Allerdings redet die Gegenansicht, der zufolge die zweite Variante keinen groben Verstoß gegen die Anforderungen ordnungsgemä-

---

894 Die von Nichtigkeit des Abberufungsbeschlusses analog § 241 Nr. 4 AktG ausgehen; dazu LG Potsdam wistra **2005**, 193, 195 f.; AG Memmingen GmbHR **2004**, 952, 954 f.; *Ries* Rpfleger **2004**, 226; *Wachter* GmbHR **2004**, 955, 956; *Kümmel* wistra **2012**, 165, 167 f.; *Schütz* wistra **2016**, 53, 54 f.; wohl auch *Werner* NZWiSt **2013**, 418, 421.

895 So Altmeppen/*Altmeppen* § 39 Rdn. 21; MK-GmbHG/*Wertenbruch* § 47 Anh Rdn. 71; *Brand/Reschke* ZIP **2010**, 2134, 2136 f.; *Weng* NZI **2013**, 656, 657; MAH/*Böttger* § 19 Rdn. 282; ebenso wohl schon *Pananis/Börner* GmbHR **2006**, 513, 515 ff.; wohl auch OLG Karlsruhe NZI **2013**, 653, 655 = GmbHR **2013**, 1090, 1092 (m. krit. Anm. *Weyand* ZInsO **2013**, 1316), obschon nicht recht deutlich wird, ob die Ausführungen des OLG nur die Bestellung des Neu-Geschäftsführers oder auch die Abberufung des Alt-Geschäftsführers betreffen.

896 Vgl. aber auch NK/*Kindhäuser* § 283 Rdn. 92, dem zufolge das Adjektiv „grob“ keine spezifische Beschränkung ausdrückt.

897 LK[12]/*Tiedemann* § 283 Rdn. 167; *Weyand/Diversy* Rdn. 107; *Grosche*, S. 53.

898 LK[12]/*Tiedemann* § 283 Rdn. 169.

899 LK[12]/*Tiedemann* § 283 Rdn. 169.

900 LK[12]/*Tiedemann* § 283 Rdn. 168, 170; *ders.* KTS **1984**, 539, 556.

901 Siehe Vor §§ 283 ff. Rdn. 32.

902 Dafür etwa LK[12]/*Tiedemann* § 283 Rdn. 170.

903 Siehe Vor §§ 283 ff. Rdn. 33.

904 So *Sch/Schröder/Heine/Schuster* § 283 Rdn. 49; SK/*Hoyer* § 283 Rdn. 91; AnwK/*Püschel* § 283 Rdn. 28; Lackner/Kühl/*Heger* § 283 Rdn. 21; M-G/*Richter* Kap. 83 Rdn. 79; wohl auch LK[12]/*Tiedemann* § 283 Rdn. 177; ebenso anscheinend M/R/*Altenhain* § 283 Rdn. 44; skeptisch aber MK/*Petermann/Sackreuther* § 283 Rdn. 66.

ßen Wirtschaftens voraussetzt,[905] nicht einer extensiven Interpretation des § 283 Abs. 1 Nr. 8 Var. 2 das Wort, sondern fordert stattdessen ein besonders verwerfliches oder gefährliches Verhalten.[906] Da diese Kriterien noch weniger Konturen aufweisen als das Merkmal „grob wirtschaftswidrig",[907] verdient die Ansicht, die dieses Merkmal auf die zweite Variante überträgt, den Vorzug.

VII. Der Tatbestand des § 283 Abs. 2

Gem. § 283 Abs. 2 macht sich strafbar, wer seine Überschuldung bzw. Zahlungsunfähigkeit durch eine der in § 283 Abs. 1 Nrn. 1–8 normierte Tathandlung **kausal**[908] und **objektiv zurechenbar**[909] herbeiführt.[910] Es gelten die allgemeinen Grundsätze. D.h., Handlungen eines Dritten, die lediglich an das Verhalten des Schuldners anknüpfen (bspw. Kündigung eines Kredits wegen grober Misswirtschaft oder Erlass einer **Übertragungsanordnung** [vgl. §§ 48a ff. KWG a.F. = §§ 107 ff. SAG] durch die BaFin, weil existenzgefährdende Geschäfte die Bank in eine Schieflage gebracht haben[911]) unterbrechen weder den Kausal- noch den Zurechnungszusammenhang.[912] Lässt sich hingegen nicht sicher sagen, dass die Krise auch ohne Vornahme der Bankrotthandlung eingetreten wäre, entfällt der Tatbestand.[913] Verstärkt der Schuldner schließlich nur die bereits bestehende Krise, hängt seine Strafbarkeit gem. § 283 Abs. 2 davon ab, ob seine Tathandlung den Eintritt von Überschuldung bzw. Zahlungsunfähigkeit beschleunigt hat.[914] 160

Freilich sind die Bankrotthandlungen des § 283 Abs. 1 Nrn. 1–8 zur Herbeiführung der Krise unterschiedlich gut geeignet. Während es einerseits durchaus vorstellbar ist, dass der Schuldner seine Zahlungsunfähigkeit bzw. Überschuldung verursacht, indem er entgegen den Anforderungen ordnungsgemäßer Wirtschaft Verlust-, Spekulations- oder Differenzgeschäfte (vgl. Nr. 2) tätigt bzw. Vermögensbestandteile beiseiteschafft, scheint es andererseits – zumindest auf den ersten Blick – nahezu ausgeschlossen, dass die unterbliebene oder **fehlerhafte Buchführung** bzw. **Bilanzierung** den Auslöser für Zahlungsunfähigkeit bzw. Überschuldung bildet.[915] Bei genauerem Hinsehen erhellt aber: Unterbliebene bzw. fehlerhafte Buchführung und Bilanzierung können sehr wohl die Krise auslösen, da der Schuldner, der seine Bücher nicht ordnungsgemäß führt, den Überblick über seine Geschäfte verliert und somit drohende Gefahren nicht oder zu spät erkennt bzw. Risiken nicht hinreichend ernst nimmt.[916, 917] Etwas anderes gilt hingegen, wenn der Schuldner 161

---

905 NK/*Kindhäuser* § 283 Rdn. 89; *Habetha*, S. 285.

906 *Grosche*, S. 55 f.

907 Bittmann[1]/*Bittmann* Voraufl Rdn. 268.

908 S. dazu die Entscheidung des OLG Frankfurt am Main wistra **1997**, 274.

909 Einen Zurechnungszusammenhang fordern *Sch/Schröder/Heine/Schuster* § 283 Rdn. 1; Pape/Uhländer/*Hofmann* § 283 Bankrott Rdn. 1; *Brand* KTS **2012**, 195, 207 f.

910 S. dazu den Fall BGH JZ **1979**, 75, 76; allg. zu den Nachweisschwierigkeiten s. schon *Zweigert* DJZ **1907**, 1112, 1114; vgl. ferner AnwK/*Püschel* § 283 Rdn. 29; S/S/W/*Bosch* § 283 Rdn. 33; A/R/R/*Himmelreich* Kap. 7/1 Rdn. 176; *Richter* Schiller-FS, S. 547, 550.

911 Zu letzterem Bsp. ausführl. *Brand* KTS **2012**, 195, 207 ff.

912 LK[12]/*Tiedemann* § 283 Rdn. 180.

913 LK[12]/*Tiedemann* § 283 Rdn. 180; s.a. BGH v. 28.9.2016 – 4 StR 293/16 Rdn. 13.

914 LK[12]/*Tiedemann* § 283 Rdn. 180; s.a. SK/*Hoyer* § 283 Rdn. 112.

915 So etwa AnwK/*Püschel* § 283 Rdn. 29; HambK/*Borchardt* § 283 StGB Rdn. 32; MAH/*Böttger* § 19 Rdn. 145; *Weyand/Diversy* Rdn. 110; *Bemmann*, S. 48; selbst der Gesetzgeber steht auf dem Standpunkt, der Ursachenzusammenhang werde sich in diesen Konstellationen kaum einmal nachweisen lassen; s. BTDrucks. 7/3441, S. 37; in diese Richtung auch *Fischer* § 283 Rdn. 31; W/J/S/*Pelz* 9/197; G/J/W/*Reinhart* § 283 Rdn. 66; *Krause*, S. 37; *v.d. Heydt*, S. 40 f.; vgl. auch schon *Steinbrück*, S. 47.

916 Dazu s.o. Rdn. 42.

917 Zutr. bereits *Neumeyer*, S. 132; s. ferner LK[12]/*Tiedemann* § 283 Rdn. 181, der zudem das Bsp. nennt, dass ein Kreditinstitut das bereits zugesagte Darlehen kündigt, weil es der Schuldner unterlässt, rechtzeitig eine zutr. Bilanz vorzulegen; *Habetha*, S. 298 f.; restriktiver S/S/W/*Bosch* § 283 Rdn. 33.

seine (ordnungsgemäß) geführten Bücher zerstört oder sonst verheimlicht. Solches Verhalten dürfte kaum einmal geeignet sein, den Schuldner in den Zustand der Überschuldung bzw. Zahlungsunfähigkeit zu versetzen – denkbar ist aber immerhin der Fall, dass der Schuldner aufgrund der zerstörten Bücher Forderungen nicht mehr durchsetzen kann – und deshalb *sub specie* des § 283 Abs. 2 keine Rolle spielen.[918]

162 Während die Interpretation der Nrn. 1–8 i.R.d. § 283 Abs. 2 denselben Bahnen folgt wie bei § 283 Abs. 1 und insoweit auf die vorstehend getätigten Ausführungen verwiesen sei, ergeben sich Unterschiede, sobald die Frage im Raum steht, ob die außerhalb der Krise begangene Bankrotthandlung, die jedoch die Krise verursacht hat, den Anforderungen **ordnungsgemäßen Wirtschaftens** entsprach. Da die eingetretene Krise den Pflichtenstandard erhöht, den der Schuldner einzuhalten hat, um wirtschaftsgemäß zu handeln, unterfallen Bankrotthandlungen, die der Schuldner außerhalb der Krise vorgenommen hat, nicht automatisch dem Verdikt der Wirtschaftswidrigkeit, wenn sie dem innerhalb der Krise geltenden Pflichtenmaßstab widersprechen. Allerdings gilt es folgenden Aspekt zu beachten: In bankrottstrafrechtliches Fahrwasser geraten nur solche Bankrotthandlungen außerhalb einer Krise, die die schuldnerische Überschuldung bzw. Zahlungsunfähigkeit – zumindest mitursächlich – herbeiführen. Solche **existenzgefährdenden** Handlungen entsprechen aber niemals ordnungsgemäßem Wirtschaften. D.h.: Steht die Mitursächlichkeit einer Bankrotthandlung für den Eintritt der Zahlungsunfähigkeit bzw. Überschuldung fest, dürfte es nur ausnahmsweise angehen, dem schuldnerischen Verhalten die Vereinbarkeit mit den Anforderungen einer ordnungsgemäßen Wirtschaft zu attestieren.[919] Hierzu rechnen **Sanierungsmaßnahmen**, die der Schuldner z.B. im Stadium der drohenden Zahlungsunfähigkeit berechtigterweise ergriffen hat, die aber wider Erwarten fehlgeschlagen sind und dadurch die Zahlungsunfähigkeit bzw. Überschuldung verursacht haben.[920]

VIII. Vorsatz und Irrtümer

163 Die Strafbarkeit gem. § 283 setzt grds. **vorsätzliches** Verhalten voraus, wobei *dolus eventualis* genügt.[921] Allerdings erweitern die Abs. 4 und 5 des § 283 die Strafbarkeit erheblich. So macht sich nach § 283 Abs. 4 auch derjenige Schuldner gem. § 283 Abs. 1, 2 strafbar, der vorsätzlich eine Bankrotthandlung begeht und dabei entweder fahrlässig das Bestehen einer Krisensituation verkennt (vgl. § 283 Abs. 4 Nr. 1) oder aber leichtfertig die Krise verursacht (vgl. § 283 Abs. 4 Nr. 2). Darüber hinaus droht § 283 Abs. 5 dem Schuldner Kriminalstrafe an, der fahrlässig die Bankrotthandlungen der Nrn. 2, 5 und 7 begeht und fahrlässig verkennt, dass er sich im Zustand (drohender) Zahlungsunfähigkeit oder Überschuldung befindet (vgl. § 283 Abs. 5 Nr. 1) bzw. leichtfertig seine Zahlungsunfähigkeit oder Überschuldung herbeiführt (vgl. § 283 Abs. 5 Nr. 2).

1. Bezugspunkt des Vorsatzes

164 Der Vorsatz des Täters muss sich auf sämtliche objektive Tatbestandsmerkmale beziehen. Im Kontext des § 283 heißt das: Will man den Schuldner aus dem Vorsatzdelikt bestrafen, kommt man nicht umhin, zu eruieren, ob er bei Vornahme der Bankrotthandlungen sämtliche – z.T. extrem normativ gefärbte – Tatbestandsmerkmale in seinen Vorsatz aufgenommen hat. Ganz konkret muss sich der Vorsatz also erstrecken auf die Krisenmerkmale (Überschuldung, drohende und eingetretene Zahlungsunfähigkeit), die Schuldnerstellung, die jeweilige Bankrotthandlung, das ordnungswidrige Wirtschaften (sofern tatbestandlich relevant) sowie – falls dem Schuldner ein

918 *Neumeyer*, S. 132 f., 161.
919 I.E. so wohl auch SK/*Hoyer* § 283 Rdn. 3.
920 Vgl. auch LK[12]/*Tiedemann* § 283 Rdn. 182; s. ferner S/S/W/*Bosch* § 283 Rdn. 33.
921 S. nur LK[12]/*Tiedemann* § 283 Rdn. 188; *Sch/Schröder/Heine/Schuster* § 283 Rdn. 56.

Verstoß gegen § 283 Abs. 1 Nrn. 5–7 vorgeworfen wird – die Kaufmannseigenschaft und die Anforderungen einer ordentlichen Buch- und Bilanzführung. Angesichts dieser Phalanx von (normativen) Bezugspunkten des Vorsatzes verwundert es nicht, dass § 283 geradezu ein Panoptikum an Irrtumsproblemen bietet.

2. Tatumstands[922]- *versus* Verbotsirrtum

a) Allgemeine Aussagen. Im Ausgangspunkt hängt die Reichweite eines **vorsatzausschließenden Tatumstandsirrtums** davon ab, ob sich der Irrtum des Täters auf ein **deskriptives**, ein **normatives** oder ein **Blankettatbestandsmerkmal** bezieht.[923] Während – von Nuancen im Detail und „Ausreißern" der Rspr. einmal abgesehen – im Wesentlichen insoweit Einigkeit herrscht, als der Täter, der objektiv ein deskriptives bzw. normatives Tatbestandsmerkmal verwirklicht, vorsatzlos handelt, wenn er entweder nicht sämtliche Tatsachen kennt, die den Subsumtionsschluss auf das Vorliegen dieses Tatbestandsmerkmals gestatten[924] oder aber trotz voller Tatsachenkenntnis den sozialen Sinngehalt eines normativen Tatbestandsmerkmals verkennt, weil er die rechtliche Wertung aus seiner **Laienperspektive**[925] – eine exakte juristische Subsumtion ist freilich unnötig[926] – nicht nachvollzieht und ihn somit die **Appellfunktion** des Tatbestandes[927, 928] 165

922 Zur Begrifflichkeit s. LK[12]/*Vogel* § 16 Rdn. 14; *Herzberg/Hardtung* JuS **1999**, 1073 m. Fn. 1.

923 Eine klare Grenzziehung zwischen normativen und deskriptiven Merkmalen führt indessen nicht weiter, da es rein deskriptive bzw. rein normative Merkmale nicht gibt (zu dieser Einschätzung s. schon *Bemmann*, S. 14; *Herdegen* BGH-FS, S. 195, 197); instruktiv zum Ganzen SK/*Stein* § 16 Rdn. 18; NK/*Puppe* § 16 Rdn. 41; *dies.* GA **1990**, 145, 149; KK-OWiG/*Rengier* § 11 Rdn. 12; *Herzberg/Hardtung* JuS **1999**, 1073; *B. Heinrich* Roxin-FS II, S. 449, 456 f.; *T Walter* Tiedemann-FS, S. 969, 976; *Papathanasiou* Roxin-FS II, S. 467, 473 m. Fn. 27; für Aufgabe der Unterscheidung auch *Dopslaff* GA **1987**, 1, 24; a.A. freilich *Kindhäuser* JURA **1984**, 465, 474 und *passim*, der aber zu anderen Erg. gelangt als die üblichen Differenzierungen.

924 S. dazu nur KK-OWiG/*Rengier* § 11 Rdn. 13 m.w.N. zur Rspr.

925 Zur sog. „Parallelwertung in der Laiensphäre" s. BVerfG BeckRS **2010**, Nr. 51332; BGHSt **3**, 248, 255; BGHSt **4**, 347, 352; BayObLGSt **1980**, 146, 148; LG Ravensburg StV **2007**, 412, 414; KK-OWiG/*Rengier* § 11 Rdn. 15; *ders.* ZStW 101 (**1989**), 874, 884; AnwK/*Püschel* § 283 Rdn. 30; *Zieschang*, Rdn. 118; *Mezger* JZ **1951**, 179, 180; *Schaffstein* OLG Celle-FS, S. 175, 188; *Arthur Kaufmann* Lackner-FS, S. 185, 191 f.; *Warda* JR **1950**, 546, 548; *Otto* Meyer-GS, S. 583, 601; *Herdegen* BGH-FS, S. 195, 203; *Baumann* NJW **1962**, 16, 17; *Blei* JA **1973**, 601, 602; *Schlüchter* JR **1982**, 29, 31; *Backes* StuW **1982**, 253, 257; *Seibt/Schwarz* AG **2010**, 301, 310; *Latzel* wistra **2013**, 334, 337; vgl. auch *Welzel* JZ **1954**, 276, 279, der den Terminus „Parallelbeurteilung im Täterbewusstsein" präferiert; ferner *Papathanasiou* Roxin-FS II, S. 467, 482 f., die auf eine „Wiederspiegelung im Verständnishorizont" des jeweiligen Täters abstellt; nichts sei mit dieser Figur im Bereich von normativen bzw. Blankettatbestandsmerkmalen anzufangen; so *Roxin* Tiedemann-FS, S. 375, 380; sehr skeptisch gegenüber dieser Figur SK/*Stein* § 16 Rdn. 15a, dem zufolge das zum objektiven Tatbestand gehörende Rechtsverhältnis so im Bewusstsein des Täters präsent sein muss, wie es rechtlich beschaffen ist; *Jakobs* Rudolphi-FS, S. 107, 114; abl. stehen der „Parallelwertung in der Laiensphäre" auch gegenüber: NK/*Puppe* § 16 Rdn. 46: mit § 16 unvereinbar sowie Rdn. 59; *dies.* GA **1990**, 145, 158; *dies.* Herzberg-FS, S. 275, 281 ff.; *Herzberg* JZ 1993, 1017, 1019; *Enderle*, S. 335 f.; *J Schulz* Bemmann-FS, S. 246, 253; *Dopslaff* GA 1987, 1, 25; *Schlüchter* JuS 1993, 14, 17 f.; *dies.* JuS **1985**, 373, 375; *dies.* wistra **1985**, 43, 44 f., die stattdessen auf eine teleologisch-reduzierte Sachverhaltssicht abstellt, der zufolge der Täter, um vorsätzlich zu handeln, den Rechtsgutsbezug seines Verhaltens erfasst haben muss (abl. gegenüber dieser Konzeption *Herzberg* JZ **1993**, 1017, 1019 f.; sympathisierend hingegen *Nierwetberg* JURA **1985**, 238, 241); *Kindhäuser* GA **1990**, 407, 417 f., der die Abgrenzung zwischen Verbots- und Tatumstandsirrtum danach vornehmen will, ob der Täter bei Kenntnis des Verbots- bzw. Gebotsinhalts auf der Grundlage seiner Sachverhaltseinschätzung das Motiv zur Unterlassung bzw. Vornahme der Handlung hätte bilden müssen (abl. gegenüber dieser Konzeption *Herzberg* GA **1993**, 439, 447 ff.).

926 BayObLGSt **1980**, 146, 148; KK-OWiG/*Rengier* § 11 Rdn. 15; NK/*Puppe* § 16 Rdn. 42 ff.; MK/*Joecks/Kulhanek* § 16 Rdn. 70; *Zieschang*, Rdn. 118; *Welzel* JZ **1954**, 276, 279; *Warda* JR **1950**, 546, 548; *Mezger* JZ **1951**, 179 f.; *Roxin* Tiedemann-FS, S. 375, 384 f.; *Schlüchter* JuS **1993**, 14, 17; *Nierwetberg* JURA **1985**, 238, 239; *Backes* StuW **1982**, 253, 257; *Bülte* NStZ **2013**, 65, 71.

927 Zum Begriff s. *Naka* JZ **1961**, 210 f.

928 Vgl. aber auch *Jakobs* Rudolphi-FS, S. 107, 111, dem zufolge auch jeder Fahrlässigkeitstäter einen Impuls verspüren sollte, der dahin geht, sein Verhalten nicht zu vollziehen.

nicht erreicht,[929] fehlt es an einem vergleichbaren Konsens, sobald ein **Irrtum über Blanketttatbestandsmerkmale** in Rede steht. Der BGH geht in ständiger Rspr. davon aus, der Täter, der die Vorschrift nicht kennt, auf die das Blankett verweist und die es kraft dieser Verweisung strafbewehrt, oder der diese Vorschrift unzutreffend (zu seinen Gunsten) interpretiert, befinde sich im **Verbotsirrtum.**[930] Ohne die Diskussion hier im Einzelnen nachzeichnen zu können, spricht viel für die Ansicht, die bei der Abgrenzung zwischen Tatumstands- und Verbotsirrtum keinen Unterschied zwischen normativen und Blanketttatbestandsmerkmalen macht. Schon ein Blick in das **Steuerstrafrecht** lässt daran zweifeln, dass es dem BGH gelingt, seine unterschiedlichen „Irrtumsverständnisse", je nachdem, ob ein normatives oder ein Blanketttatbestandsmerkmal betroffen ist, widerspruchsfrei durchzuhalten. Gem. § 370 Abs. 1 Nr. 1 AO macht sich strafbar, wer das staatliche Steueraufkommen verkürzt, indem er gegenüber den Finanzbehörden pflichtwidrig unrichtige oder unvollständige Angaben über steuerlich relevante Tatsachen macht. Glaubt der Steuerpflichtige jedoch, er sei zur Steuerzahlung nicht verpflichtet, weil er ein bestimmtes Einkommen für steuerirrelevant hält oder verkennt er irrtümlich das Bestehen eines gegen ihn gerichteten Steueranspruchs, soll er auf dem Boden der Rspr. mangels Vorsatzes gem. § 370 Abs. 1 Nr. 1 AO straflos bleiben[931] und das obschon die Rspr. im Unterschied zur ganz **h.L.**[932] den § 370 AO zu den **Blankettstraftatbeständen** rechnet.[933] Warum aber der Täter in den Genuss des Tatumstandsirrtums kommt, der keine oder zu wenige Steuern bezahlt, weil er die Vorschriften nicht kennt, die ihm

929 S. etwa KK-OWiG/*Rengier* § 11 Rdn. 15; *Tiedemann* Schaffstein-FS, S. 195, 210; BGHSt **2**, 194, 197: Unkenntnis des Merkmals „fremd"; BGH GA **1977**, 340, 341: Das wegen Kapitalerhöhungsschwindel (heute § 399 Abs. 1 Nr. 4 AktG) angeklagte Vorstandsmitglied ging trotz vorheriger Verpfändung der Einlagen davon aus, diese stünden zur freien Verfügung des Vorstandes. Der BGH wertet diesen Irrtum über das Merkmal „falsche Angabe" als Tatumstandsirrtum; a.A. aber im Kontext des § 266a Abs. 1 BGH NStZ **2010**, 337 f.: Der 1. Strafsenat verneint das Vorliegen eines Tatumstandsirrtums, weil der Täter sämtliche Tatsachen, die seine Arbeitgeberstellung begründeten, gekannt und lediglich falsch subsumiert habe; ebenso OLG Celle wistra **2014**, 109, 110; *U. Schulz* NJW **2006**, 183, 186. Das überzeugt nicht: Wenn im Kontext des Tatbestandsmerkmals „fremd", derjenige, der sich trotz vollständiger Tatsachenkenntnis entgegen der sachenrechtlichen Rechtslage für den Eigentümer einer weggenommenen, zerstörten etc. Sache hält, wegen eines Tatumstandsirrtums vorsatzlos handeln soll, kann für den Arbeitgeber, der die arbeits-/sozialrechtsakzessorisch verstandene Arbeitgeberstellung falsch interpretiert, richtigerweise nichts anderes gelten; zutr. deshalb LG Ravensburg StV **2007**, 412, 414; wohl auch I/M/*Brettschneider* § 2 Rdn. 52; ausführl. zum Ganzen schließlich Steinberg/Valerius/Popp/*Popp*, S. 113, 116 ff.

930 BGHSt **13**, 135, 138: Täter weiß nicht, dass er aus Trester keinen Wein herstellen darf; BGHSt **9**, 358, 360 f.: Täter weiß nicht, dass der überlassene Wohnraum der Bewirtschaftung unterliegt; BGH wistra **2003**, 65, 66 f. = NStZ-RR **2003**, 55, 56: Reichweite des Irak-Embargos; BGH NStZ **1993**, 594, 595: Irrtum über die Merkmale „Kriegswaffen" und „ohne Genehmigung" i.S.v. § 22a Abs. 1 KrWaffG; aus dem Schrifttum s. etwa *Backes* StuW **1982**, 253, 254 f.; *Nestler* NZWiSt **2014**, 303, 306; *Roger* StraFo **2016**, 497, 498 m. Fn. 8.

931 Grdl. BGHSt **5**, 90, 92; ferner BGHSt **9**, 358, 360; BGH wistra **1989**, 262, 264; BGH wistra **1986**, 220, 221; BGH wistra **1986**, 174; BGH NJW **1980**, 1005, 1006 (insoweit in BGHSt **29**, 152 nicht abgedr.); BGH DB **1977**, 1776; BFH wistra **1987**, 151, 152 f.; BayObLG MDR **1990**, 655; BayObLGSt **1980**, 146, 148; BayObLGSt **1975**, 109, 111; OLG Hamm BB **1957**, 395; OLG Hamm BB **1964**, 871, 872; s.a. RGSt **61**, 259, 263; zust. *Schuster*, S. 188 f.; *Blumers* StbJb 1983/84, 319, 347; *Welzel* NJW **1953**, 486 f.; *Otto* Meyer-GS, S. 583, 603; *Herdegen* BGH-FS, S. 195, 203; *Herzberg* JZ **1993**, 1017, 1019; *Schlüchter* wistra **1985**, 43, 49; *Reiß* wistra 1987, 161, 164; *Backes* StuW 1982, 253, 263; *Meilicke* BB 1984, 1885, 1887; *K. Thomas* NStZ 1987, 260, 261 ff.; *Tiedemann* Geerds-FS, S. 95, 107; *Roxin* Tiedemann-FS, S. 375, 378, 383; *Nierwetberg* JURA **1985**, 238, 240; *Bülte* NStZ **2013**, 65, 69; *Roger* StraFo **2016**, 497, 500 f.; *Lenger/Apfel* WiJ **2012**, 100, 117; i.E. auch SK/*Stein* § 16 Rdn. 24; implizit *Latzel* wistra **2013**, 334, 338; abl. aber *F. Meyer* NStZ **1986**, 443, 444 ff. sowie *ders.* NStZ **1987**, 500 f.; ferner *Glöggler* NJW **1953**, 488, 489 mit Blick auf § 395 AO a.F.

932 Tatbestände der Steuer- und Zollhinterziehung sind keine Blankettgesetze: *Enderle*, S. 235, 243 f.; *Schuster*, S. 195 f.; *Tiedemann* Geerds-FS, S. 95, 107; *Puppe* Herzberg-FS, S. 275, 294; *Weidemann* Herzberg-FS, S. 299, 303; *T. Walter* Tiedemann-FS, S. 969, 990 und *passim*; *Backes* StuW **1982**, 253, 261 ff.

933 BVerfG NJW **2011**, 3778, 3779; BGH NStZ **2008**, 408, 409: „blankettausfüllende[n] Steuernorm"; BGH StV **2007**, 468: „Steuerstrafrecht ist Blankettstrafrecht"; BayObLGSt **1980**, 146, 147; ebenso *K. Thomas* NStZ **1987**, 260, 261; offen gelassen aber von BVerfG BeckRS **2010**, Nr. 51332 und BGHSt **37**, 266, 272; auf die mit der Einstufung als Blankettvorschrift einhergehende Inkonsequenz weist etwa *T. Walter* Tiedemann-FS, S. 969, 972 hin; zu dieser und weiteren Inkonsequenzen s. ferner *Lindheim*, S. 231 ff.

eine Steuerzahlungspflicht auferlegen, hingegen der Täter, der bspw. um ein lebensmittelrechtliches Verbot nicht weiß, die Lasten des Verbotsirrtums tragen soll[934] und seiner lebensmittelstrafrechtlichen Pönalisierung nur entgeht, falls dieser Irrtum unvermeidbar war – was kaum einmal der Fall sein dürfte[935] –, erschließt sich nicht.[936] Hinzu kommt: Normative von Blanketttatbestandsmerkmalen abzugrenzen, gestaltet sich mitunter äußerst schwierig,[937] wie die Debatte um den Blankettcharakter des § 370 AO anschaulich belegt. Es vom Ausgang einer solchen – zumeist nicht sicher vorhersehbaren – Abgrenzung abhängig zu machen, ob der irrende Täter die Wohltat des Tatumstandsirrtums erhält oder die Belastungen des Verbotsirrtums aufgebürdet bekommt,[938] überzeugt nicht, da der Einsatz eines normativen oder eines Blankettmerkmals häufig auf bloßem Zufall beruht.[939] Schließlich gerät das Vorgehen, den Blanketttatbestand umzuformulieren, indem die Aussage der Bezugsnorm einfach in den Blankettstraftatbestand implementiert und so der **Bezugspunkt des Vorsatzes** verändert wird,[940] auf Kollisionskurs zu Art. 103 Abs. 2.[941] Denn zum objektiven Tatbestand des Blanketts gehören eben nicht die einzelnen Merkmale der Bezugsnorm, sondern diese Norm selbst, auf die sich deshalb auch der Vorsatz des Täters erstrecken muss.[942]

Resümierend heißt das: Sowohl der Täter, der die (außerstrafrechtliche[943]) Bezugsnorm bzw. **166**
die sie ausfüllenden Tatsachen eines Blanketttatbestandsmerkmals nicht kennt[944] als auch der

---

934 So für den Irrtum über die Ausfüllungsnorm KK-OWiG/*Rengier* § 11 Rdn. 26, der aber über die Figur der Parallelwertung in der Laiensphäre häufig zu ähnl. Erg. gelangt wie die hier präferierte Lösung; vgl. etwa mit Blick auf die Unkenntnis über das Erfordernis einer Genehmigung *dens.* ZStW 101 (**1989**), 874, 884.

935 Zu diesem Befund s. etwa *Enderle*, S. 297 f.

936 S. schon *Tiedemann* Geerds-FS, S. 95, 108; *Herzberg* JuS **2008**, 385, 389 f.; ferner ausführl. zum Ganzen *Bülte* NStZ **2013**, 65, 66 ff.; allg. zu den Missständen, die eine unterschiedliche Irrtumsbehandlung mit sich bringt, je nachdem ob ein normatives oder ein Blanketttatbestandsmerkmal betroffen ist, *Gómez* GA **2010**, 259, 273 und *passim*.

937 Zu dieser Einschätzung s. etwa KK-OWiG/*Rengier* § 11 Rdn. 28; ferner *Peukert*, S. 223 ff.; *Hotz* JuS **2016**, 221, 223; zu den zahlreichen Abgrenzungsvorschlägen anschaul *Enderle*, S. 82–110.

938 Vgl. etwa KK-OWiG/*Rengier* § 11 Rdn. 28, der konstatiert, dass die Annahme eines normativen Tatbestandsmerkmals für den Täter mit Blick auf die Irrtumsregeln günstiger ist.

939 *Bülte* NStZ **2013**, 65, 72; s.a. schon *Stöckel*, S. 133, der zutreffend darauf hinweist, dass „die Grenze zum normativen Tatbestandsmerkmal […] flüssig" ist.

940 Für ein solches Vorgehen stehen: BGHSt **14**, 223, 227; BGHSt **9**, 358, 360 f.; wohl auch BGH LRE **1**, 105, 106; aus dem Schrifttum s. nur KK-OWiG/*Rengier* § 11 Rdn. 25 f.; *Warda* JR 1950, 546, 551; ähnl. *Dopslaff* GA 1987, 1, 23 im Kontext der sog normativen Tatbestandsmerkmale, wo er vorschlägt, etwa das normative Tatbestandsmerkmal „Urkunde" einfach durch die Elemente seiner Definition zu ersetzen und diese als Bezugspunkte des Vorsatzes ausmacht; diff. *Herzberg/Hardtung* JuS **1999**, 1073, 1075, die ein Zusammenlesen bei sog. Sammelmerkmalen wie „Angehöriger" i.S.v. § 235 (die Aufzählung findet sich in § 11 Abs. 1 Nr. 1) oder „Wild" i.S.v. § 292 Abs. 1 Nr. 1 (die Aufzählung findet sich in § 2 BJagdG) befürworten und deshalb demjenigen, der zwar alle Tatsachen kennt, gleichwohl aber verkennt, dass er kein Angehöriger ist bzw. Wild erlegt/gefangen hat, lediglich einen Verbotsirrtum attestieren; so wohl auch *Backes* StuW **1982**, 253, 255.

941 Zu diesem verfassungsrechtlichen Aspekt s. LK[12]/*Tiedemann* § 283 Rdn. 188a; *ders.* Geerds-FS, S. 95, 101; *Gómez* GA **2010**, 259, 264; *Bülte* NStZ **2013**, 65, 70; vgl. auch *Puppe* Herzberg-FS, S. 275, 280, 290; *dies.* GA **1990**, 145, 155 ff.; *Herzberg* JZ **1993**, 1017 f.; *Enderle*, S. 337 ff.; ferner *Weidemann* Herzberg-FS, S. 299, 303.

942 Richtig deshalb *Enderle*, S. 338 f.; *Puppe* Herzberg-FS, S. 275, 291; *Lange* JZ **1956**, 73, 76; *Herzberg* JZ **1993**, 1017, 1019; *Bülte* NStZ **2013**, 65, 70; *Hotz* JuS **2016**, 221, 225.

943 S. aber auch *Roxin* Tiedemann-FS, S. 375, 380, der von außertatbestandlichen Rechtsvorschriften spricht, um zu verdeutlichen, dass auch derjenige, der einem Straftäter Hilfe leistet, indem er ihn z.B. vor den Strafverfolgungsbehörden versteckt, mangels Vorsatzes straflos bleibt, wenn er glaubt, der von ihm unterstützte Straftäter habe keine Straftat begangen; zu diesen Konstellationen s.a. grdl. BGHSt **15**, 210, 213.

944 Zutr. BGH GA **1962**, 25: kein Vorsatz, weil Täter die blankettausfüllenden lebensmittelrechtlichen Vorschriften nicht kannten; OLG Celle NJW **1954**, 1618, 1619: Tatumstandsirrtum, weil Täter die *qua* Verordnung festgelegte Dauer der Schonzeit nicht kannte; wohl auch BVerfG BeckRS **2010**, Nr. 51332; ferner aus dem Schrifttum: SK/*Stein* § 16 Rdn. 23, wonach es sich bei diesen Bezugsnormen typischerweise nicht um Normen handelt, die jedermann im Laufe seiner Sozialisation internalisiert; ebenso NK/*Puppe* § 16 Rdn. 65 ff.; *dies.* GA **1990**, 145, 166 ff., 170; *dies.* NStZ **1993**, 595, 596; *dies.* Herzberg-FS, S. 275, 290 f.; *Herzberg* GA **1993**, 439, 455 f., 457 ff.; *ders.* JZ **1993**, 1017 f.; *Dannecker* ZLR **2000**, 58, 64 f.; *Gómez* GA **2010**, 259, 269; *Papathanasiou* Roxin-FS II, S. 467, 475; jetzt auch *Roxin* Tiedemann-FS, S. 375, 378 f., 381;

Täter, dem der soziale Bedeutungsgehalt eines normativen Tatbestandsmerkmals verschlossen bleibt, weil er entweder um das von diesem Tatbestandsmerkmal in Bezug genommene konkrete Rechtsverhältnis nicht weiß, indem er bspw. trotz vollständiger Tatsachenkenntnis die falschen Schlüsse zieht[945] (etwa glaubt, der abgeschlossene Kaufvertrag habe ihm das Eigentum am Kaufgegenstand verschafft),[946] oder aber die dem vorstrafrechtlichen Bereich entstammenden zivil- bzw. öffentlich-rechtlichen Wertungen falsch eingeschätzt hat,[947] befindet sich im Tatumstandsirrtum.[948] Auf den Punkt gebracht hat es *Otto*, indem er zwischen dem Täter unterscheidet, „der sich des sozial negativen Sinnes seines Verhaltens bewusst ist (Vorsatztäter), demjenigen, dem dieses Bewusstsein zwar fehlt, der aber über die Möglichkeit verfügt, sich dieses Bewusstsein zu verschaffen (Fahrlässigkeitstäter), und demjenigen, der trotz Nutzung der ihm eigenen Möglichkeiten nicht im Stande ist, dieses Bewusstsein zu erlangen".[949]

---

ebenso anscheinend *Jakobs* RW **2010**, 283, 302 f.; in diese Richtung gehen auch schon die Ausführungen von *Arthur Kaufmann* Lackner-FS, S. 185, 188 ff.; ferner *Bülte* NStZ **2013**, 65, 71, dem zufolge zur Annahme von Vorsatz aber genügt, wenn der Täter ernstlich damit rechnet, dass sein Verhalten verboten ist; vgl. auch *Tiedemann* ZStW 81 **(1969)**, 869, 879; *ders.* Geerds-FS, S. 95, 106, dem zufolge das abstrakte Ge- oder Verbot zum Inhalt des objektiven Tatbestandes rechnen soll, wenn dieser entweder ungeachtet des Ge-/Verbots nur sozialadäquates Verhalten benennt (zu diesem Aspekt im Kontext des § 370 AO s.a. *K.Thomas* NStZ **1987**, 260, 262) oder aber auf untergesetzliche Normen bzw. Einzelakte verweist; s. des Weiteren *Schaffstein* OLG Celle-FS, S. 175, 179 f. m. Fn. 7, dem zufolge die Annahme eines Verbotsirrtums bei Irrtümern über ethisch neutrale, gleichwohl strafbewehrte Pflichten regelmäßig zum selben Ergebnis gelangt, wie der Tatumstandsirrtum, da solche Irrtümer häufig unvermeidbar seien; a.A. aber die wohl noch **h.M.**; danach führt die Unkenntnis der Ausfüllungsnorm lediglich zu einem Verbotsirrtum; vgl. nur MK/*Joecks*/*Kulhanek* § 16 Rdn. 76 f.; KK-OWiG/*Rengier* § 11 Rdn. 26; wohl auch *Kindhäuser* GA **1990**, 407, 421 f.

945 SK/*Stein* § 16 Rdn. 19, der zu Recht darauf hinweist, dass hier der Vorsatz nicht die Kenntnis von den konkreten Normen, nach denen sich bspw. der Eigentumsübergang vollzogen hat, erfordert; ebenso NK/*Puppe* § 16 Rdn. 50, 62; *dies.* GA **1990**, 145, 156 ff., 178 f.; *Tiedemann* Geerds-FS, S. 95, 107; *Herzberg* GA **1993**, 439, 446 f.; *Baumann* NJW **1962**, 16, 17; vgl. ferner BGH NJW **1989**, 1939 = JZ **1989**, 549, 550: Täter glaubt, das gegen ihn verhängte Berufsverbot entfalte wegen seines Widerspruchs keine Wirkung.

946 S. in diesem Kontext etwa BGHSt **3**, 248, 255; vgl. ferner auch *Mezger* JZ **1951**, 179, 180.

947 NK/*Puppe* § 16 Rdn. 48: Gast, der ohne zu bezahlen mit seinen Sachen aus dem Hotel verschwindet, handelt *sub specie* des § 289 vorsatzlos, wenn er nicht weiß, dass der Hotelier an diesen Sachen ein (gesetzliches) Pfandrecht erworben hat; *dies.* Herzberg-FS, S. 275, 281 f., 291; *Roxin* Tiedemann-FS, S. 375, 380; *Otto* Meyer-GS, S. 583, 603; *Darnstädt* JuS **1978**, 441, 443 f., der anschaul. von „institutionellen Tatsachen" spricht; *Bülte* NStZ **2013**, 65, 66, 72; *Latzel* wistra **2013**, 334, 339 am Bsp. des § 119 BetrVG; vgl. auch BGH NJW **1989**, 1939 = JZ **1989**, 549 f.: Tatumstandsirrtum, weil Täter des § 145c glaubte, das gegen ihn ausgesprochene Berufsverbot entfalte wegen seines hiergegen eingelegten Einspruchs momentan keine Wirkung; OLG Schleswig SchlHA **1986**, 117, 118: Tatumstandsirrtum, weil Täter Autowrack nicht als Abfall eingestuft hat; BayObLG GA **1956**, 90, 91: Irrtum über Bewirtschaftung einer Wohnung; BayObLG GA **1961**, 152, 153; ferner *Haft* JA **1981**, 281, 284 f., der zwischen gegenstands- und begriffsbezogenem Irrtum unterscheiden will und auf dieser Grundlage z.T. zu abw. Ergebnissen gelangt; enger wohl auch *Herzberg* GA **1993**, 439, 446, 452; *ders*/*Hardtung* JuS **1999**, 1073, 1076, der lediglich einen Verbotsirrtum annimmt, wenn der Inhaber eines Doktortitels diesen führt, obschon ihm seine Promotionsurkunde gestohlen bzw. noch nicht ausgehändigt wurde, und er zwar um diesen Diebstahl bzw. die unterbliebene Übergabe der Urkunde, nicht aber um die Vorschrift weiß, die ihm in solchem Fall die Führung des Doktorgrades bis zur Wiederausstellung/Erstausstellung der Promotionsurkunde verbietet. Das überzeugt jedoch nicht, erreicht doch den Täter die Appellfunktion des Tatbestandes nicht (zwischenzeitlich auch von *Herzberg* Otto-FS, S. 265, 284 f. und *passim* aufgegeben).

948 Weitergehend – im Anschluss an *Otto* Meyer-GS, S. 583, 601 ff.; zust. *D. Geerds* JURA **1990**, 421, 429 f.; ähnl. *Dopslaff* GA **1987**, 1, 21 – etwa *Herzberg* Otto-FS, S. 265, 284 f. und *passim* sowie *ders.* JuS **2008**, 385, 388 ff., dem zufolge der Täter vorsatzlos handelt, der nicht erkennt, dass seine Handlung Unrecht verwirkt, etwa weil er um den Straftatbestand, der sein Verhalten sanktioniert, nicht weiß und der somit Ergebnisse erzielt, die der sog. Vorsatztheorie entsprechen (anders aber noch *Herzberg*/*Hardtung* JuS **1999**, 1073); s. in diesem Kontext auch *Jakobs* Rudolphi-FS, S. 107, 121; deutlich enger hingegen *B Heinrich* Roxin-FS II, S. 449, 464 f. und *passim*, der nur Irrtümer über tatsächliche Umstände dem § 16 Abs. 1 S. 1 zuschlagen, alle anderen Irrtümer hingegen nach § 17 behandeln will, wobei aber die Anforderungen an die Unvermeidbarkeit herabzusetzen seien (dagegen aber *Jakobs* RW **2010**, 283, 299 m. Fn. 57).

949 *Otto* Meyer-GS, S. 583, 601.

Eine Besonderheit gilt es bei – um mit *Welzel* zu sprechen – **offenen Tatbeständen** zu bedenken. Solche offenen Tatbestände unterscheiden sich von den geschlossenen dadurch, dass der vom Täter verwirklichte Deliktstatbestand die Rechtswidrigkeit nicht indiziert, sondern deren Vorliegen auf tatbestandlicher Ebene positiv festgestellt werden muss.[950] Nach heute **h.M.** soll der Täter bzgl. dieser sog. **gesamttatbewertenden Merkmale** bereits dann vorsätzlich handeln, wenn er sämtliche Tatsachen kennt, die das gesamttatbewertende Merkmal konstituieren. Die Wertung selbst braucht er nicht nachzuvollziehen. 167

Hat der Täter den objektiven Tatbestand eines **Unterlassensdelikts** verwirklicht, richten sich die Anforderungen an seinen Vorsatz danach, ob ihm die Begehung eines echten oder eines unechten Unterlassensdelikts vorgeworfen wird. Nach **h.M.** handelt der Täter eines **unechten Unterlassensdelikts** vorsätzlich, der sämtliche Sachverhaltsaspekte kennt, aus denen sich seine Garantenstellung ergibt; den Schluss von diesen Sachverhaltsaspekten auf die Garantenpflicht muss er nicht gezogen haben.[951] Hieran anknüpfend verurteilt die Rspr. aus einem vorsätzlich begangenen echten Unterlassensdelikt, wenn der Täter sein verbotenes Unterlassen und den vom Tatbestand umschriebenen Sachverhalt kennt; nicht erforderlich soll die Kenntnis des Gebots sein.[952] Nach dem hier zu den Blankettmerkmalen vertretenen Ansatz[953] überzeugt das jedenfalls insoweit nicht, als die Rechtspflicht, deren Missachtung dem Täter zur Last liegt, außerhalb des Unterlassensdelikts wurzelt. Hierfür streitet erneut eine Parallele zum Steuerstrafrecht. Nach überzeugender Ansicht macht sich nämlich gem. § 370 Abs. 1 Nr. 2 AO – einem echten Unterlassensdelikt[954] – nur strafbar, wer auch die Pflicht kennt, die steuerrelevante Tatsache zu offenbaren.[955] Folglich bleibt dem Täter solcher Tatbestände, der um das Gebot nicht weiß, dessen Nichtbeachtung das echte Unterlassensdelikt strafbewehrt, der soziale Sinngehalt seines Verhaltens verborgen. Ähnlich sehen das freilich auch diejenigen Autoren, die der Gebotsunkenntnis als solcher keine vorsatzausschließende Kraft bescheinigen. Ihnen zufolge muss der Täter, damit man ihm vorsätzliches Verhalten attestieren kann, „das aktuelle, konkrete (Mit-)Bewusstsein von der Möglichkeit [besitzen], durch eigene Aktivitäten (...) die Verwirklichung des Tatbestandes verhindern zu können".[956] 168

Allerdings befindet sich der Täter, der die ihm ungünstige Interpretation einer Blankettvorschrift durch die Rspr. kennt, jedoch glaubt, seine Argumente, die zu einem ihm günstigeren 169

---

950 Grdl. zur Unterscheidung in offene und geschlossene Tatbestände *Welzel* JZ **1952**, 340, 344.

951 Grdl. BGHSt **16**, 155, 158 ff.; angedeutet bereits bei BGHSt **3**, 18, 19 f.; s. ferner aus dem Schrifttum: SK/*Stein* § 16 Rdn. 21; KK-OWiG/*Rengier* § 11 Rdn. 31; *Schaffstein* OLG Celle-FS, S. 175, 192, 198 ff.; *Roxin* Tiedemann-FS, S. 375, 379; *Puppe* GA **1990**, 145, 172; *Herdegen* BGH-FS, S. 195, 199; *Herzberg/Hardtung* JuS **1999**, 1073, 1076; *Schlüchter* JuS **1985**, 373, 380; *K. Thomas* NStZ **1987**, 260, 263; nach *Jakobs* Rudolphi-FS, S. 107, 115 f. sowie *dems.* RW **2010**, 283, 302 scheint ein Irrtum über die Garantenpflicht wohl gar nicht möglich, wenn der Täter sämtliche Umstände kennt, die seine Garantenstellung begründen; zur Gegenansicht vgl. *R. Schmitt* JZ **1959**, 432, 433 f., der auch die Sachverhaltselemente, die die Garantenstellung begründen, zur Garantenpflicht zieht und deshalb sowohl den Irrtum über die Garantenpflicht als auch über die maßgebenden Tatsachen dem Verbotsirrtum zuschlägt.

952 Grdl. BGHSt **19**, 295, 298 f., der aber im Falle von Geboten, deren Einhaltung bzw. Kenntnis keinesfalls selbstverständlich ist, den Täter großzügig entschuldigen will; BGH NJW **1981**, 354, 355 zu § 283b Abs. 1 Nr. 3b (insoweit in BGHSt **29**, 396 nicht abgedr.); zust. etwa *Herdegen* BGH-FS, S. 195, 198; *Roxin* Tiedemann-FS, S. 375, 379 am Bsp. der §§ 142, 323c; a.A. noch, Kenntnis des Gebots erforderlich BGH GA **1959**, 87, 89; s.a. BGHSt **46**, 373, 379 = NStZ **2001**, 600, 602 m. insoweit zust. Anm. *Lemme*, wonach sich im Tatumstandsirrtum befinden und deshalb nur fahrlässig handeln sollte, wer seine Pflicht nicht kannte, gem. dem (zwischenzeitlich gestrichenen) § 6 GSB ein Baubuch zu führen; ebenso BGH GA **1959**, 87, 89: Tatumstandsirrtum, wenn Täter die Pflicht nicht kennt, bei Überschuldung bzw. Zahlungsunfähigkeit Insolvenzantrag zu stellen; vgl. ferner OLG Köln NJW **1981**, 63, 64, wonach im Kontext des § 170 die Handlungspflicht, *scil.* die Pflicht, Unterhalt zu bezahlen, Tatbestandsmerkmal ist; ähnl. *Bemmann*, S. 18 f.

953 S.o. Rdn. 166.

954 S. nur *Backes* StuW **1982**, 253, 262.

955 Richtig *Schlüchter* wistra **1985**, 43, 49; vgl. ferner *Backes* StuW **1982**, 253, 263, der zwar den Irrtum über das Bestehen einer Mitteilungspflicht nicht dem § 16 Abs. 1 S. 1 subsumiert, gleichwohl aber in solchen Fällen regelmäßig zum Vorsatzausschluss gelangt, weil der Täter, der die entsprechende Pflicht nicht kennt, nicht vorsätzlich unterlässt.

956 KK-OWiG/*Rengier* § 11 Rdn. 34.

Verständnis führen, seien vorzugswürdig, gleichwohl aber die Möglichkeit erkennt, dass die Ansicht der Rspr. die zutreffende sein könnte, nicht zwingend im Tatumstandsirrtum, sondern muss im Gegenteil den Vorwurf gewärtigen, die eingetretene Rechtsgutsverletzung mit *dolus eventualis* herbeigeführt zu haben.[957] Freilich handelt, wer eine bestimmte Möglichkeit bedenkt, nicht automatisch vorsätzlich, stimmen doch *dolus eventualis* und bewusste Fahrlässigkeit in der **Möglichkeitsvorstellung** überein.[958] Genausowenig überzeugt es aber, einem Täter, der es immerhin für möglich hält, ein Verhalten an den Tag zu legen, das auf dem Boden einer (höchstrichterlichen) Rspr. dem Strafrecht zuwiderläuft, generell den § 16 Abs. 1 S. 1 zuzubilligen.[959] Vielmehr kommt es entscheidend darauf an, ob der Täter zugunsten seiner Ansicht plausible Argumente vortragen kann.[960] Gelingt ihm das, steht der Annahme eines Tatumstandsirrtums nichts im Wege; andernfalls trifft ihn der Vorwurf vorsätzlichen Handelns zu Recht.[961] Ebenfalls vorsätzlich handelt, wer die Strafrechtswidrigkeit seines Verhaltens als möglich voraussieht und trotz dieser Erkenntnis von seinem Tun nicht Abstand nimmt, weil er es auch für diesen Fall – *i.e.* Strafbarkeit – in die Tat umsetzen will.[962]

170 **b) Tatumstands- und Verbotsirrtum im Kontext der §§ 283, 283b.** Ausgehend von den vorstehend dargestellten allgemeinen Grundsätzen, anhand derer sich bemisst, was den Tatumstands- vom Verbotsirrtum unterscheidet, lassen sich im Folgenden die bei §§ 283, 283b vorkommenden Irrtumsprobleme einer Lösung zuführen. Dabei kann es aber weder darum gehen, sämtliche denkbaren Irrtumskonstellationen zu würdigen, sind doch diese so vielgestaltig wie das Leben selbst, noch darum, die ausgewählten Irrtumskonstellationen unter dem Blickwinkel aller zur Abgrenzung von Tatumstands- und Verbotsirrtum in Rspr. und Lehre unterbreiteten Vorschläge zu untersuchen. Vielmehr beschränken sich die nachfolgenden Ausführungen darauf, die gängigen, i.R.d. §§ 283, 283b immer wiederkehrenden Irrtümer auf der Basis des oben für richtig befundenen Abgrenzungsmodells zu behandeln. Freilich erfolgt ein Hinweis auf die abweichenden Ergebnisse, die man erzielt, wenn man den Vorsatzumfang bei Blankettatbeständen und echten Unterlassensdelikten mit der **h.M.** bestimmt. – Zur besseren Aufteilung bietet es sich an, zunächst die Irrtümer über allgemeine Merkmale wie „Schuldner", „entgegen den Anforderungen ordnungsgemäßer Wirtschaft" sowie über die Krisenmerkmale zu behandeln, bevor man die gängigen Irrtümer über die Merkmale der einzelnen Bankrotthandlungen darstellt.

171 **aa) Irrtümer über allgemeine Merkmale des § 283.** Der objektive Tatbestand des § 283 fordert zunächst einen tauglichen Täter, der in jedem Fall **Schuldner**[963] und im Kontext des § 283

957 S. etwa OLG Stuttgart NJW **1953**, 1848 (Ls.): Täter handelt vorsätzlich i.S.d. § 19 Abs. 1 WiStG, wenn er mit der Möglichkeit der Unangemessenheit des Preises rechnet und diese billigend in Kauf nimmt; vgl. ferner *Blumers* StbJb **1983/84**, 319, 333 ff.

958 *Zieschang*, Rdn. 123; *Schlüchter* wistra **1985**, 43, 48.

959 In diese Richtung aber *Meilicke* BB **1984**, 1885, 1887 f., der Vorsatz nur annehmen will, wenn der Nachweis gelingt, dass der Steuerpflichtige seine Steuererklärung auf einer unvertretbaren Gestaltung aufgebaut hat.

960 Wohl auch *Latzel* wistra **2013**, 334, 340 im Kontext des § 119 BetrVG.

961 Überzeugend zum Ganzen *Schlüchter* wistra **1985**, 43, 47 f.; vgl. ferner *Backes* StuW **1982**, 253, 264, der vorsätzliches Handeln annehmen will, wenn der Steuerpflichtige in rechtsfeindlicher Gesinnung einer höchstrichterlichen Rspr. zuwider agiert.

962 *Welzel* NJW **1953**, 486, 487: Täter rechnet mit der Möglichkeit, dass sein Sparkassenguthaben steuerpflichtig ist, will es aber auch für diesen Fall nicht versteuern; enger BGH GA **1962**, 25: Kein *dolus eventualis*, obschon die Täter glaubten, dass das von ihnen hergestellte Erzeugnis „irgendwie" bestimmten lebensmittelrechtlichen Vorschriften widersprach.

963 Zu den objektiven Anforderungen s. Vor §§ 283 ff. Rdn. 11.

Abs. 1 Nrn. 5, 7 zudem noch **Kaufmann**[964] sein muss. Weiß der Täter, der objektiv gesehen Schuldner bzw. Kaufmann ist, nicht um diese Eigenschaft, weil ihm entweder nicht sämtliche Tatsachen bekannt sind, die den Subsumtionsschluss auf die Merkmale „Schuldner bzw. Kaufmann" gestatten oder weil er trotz vollständiger Tatsachenkenntnis die strikt zivilrechtsakzessorisch verstandenen Täterumschreibungen falsch interpretiert, befindet er sich in einem vorsatzausschließenden Tatumstandsirrtum.[965]

Schwieriger gestaltet sich die Rechtslage, falls der Täter den gesamten Sachverhalt kennt, der es erlaubt, über sein Verhalten das Verdikt der **Wirtschaftswidrigkeit** zu fällen, gleichwohl aber davon ausgeht, im Einklang mit den Anforderungen ordnungsgemäßen Wirtschaftens zu handeln. Klassifiziert man das Merkmal „entgegen den Anforderungen einer ordnungsgemäßen Wirtschaft" als ein **gesamttatbewertendes**, gelangt man lediglich zur Annahme eines Verbotsirrtums, da nach **h.M.** solche Merkmale bereits vorsätzlich verwirkt, wer die entscheidenden Tatsachen kennt.[966] Mehr spricht jedoch dafür – und zwar ungeachtet dessen, ob das Merkmal „ordnungswidriges Wirtschaften" unter der Kategorie „normative oder gesamttatbewertende Merkmale" rubriziert – dem Täter Vorsatz erst dann zur Last zu legen, wenn er neben der vollständigen Sachverhaltskenntnis das **Bewusstsein von der Wirtschaftswidrigkeit** seiner Maßnahmen erlangt hat.[967] Zugunsten dieses Ergebnisses streitet vor allem folgendes Argument: Die Tathandlungen, die § 283 nur bei Verstoß gegen die Anforderungen ordnungsgemäßen Wirtschaftens strafbewehrt, sind – selbst in der Krise – unrechtsneutral, sofern sie die Grenze ordnungsgemäßen Wirtschaftens einhalten. Vor diesem Hintergrund bleibt dem Schuldner, der glaubt, seine geschäftlichen Aktivitäten hielten sich innerhalb dieses Sorgfaltsmaßstabs, der soziale Sinn seines Verhaltens verschlossen. Er handelt mithin ohne den erforderlichen Vorsatz. – Gleiches gilt für das Merkmal des **„übermäßigen" Verbrauchs** i.S.v. § 283 Abs. 1 Nr. 2. Auch hier reicht der Hinweis nicht aus, der Täter habe sämtliche, das Merkmal „übermäßig" konstituierende Tatsachen gekannt, um ihm Vorsatz nachzuweisen, sondern bedarf es zusätzlich der Feststellung, dass dem Täter bewusst war, übermäßige Beträge zu verbrauchen.[968] 172

Ebenso wenig genügt schlichte Tatsachenkenntnis, um dem Täter Vorsatz bzgl. der **Krisenmerkmale** (drohende) Zahlungsunfähigkeit und Überschuldung vorzuwerfen.[969] Vielmehr muss der Täter, dessen liquide Mittel nicht ausreichen, innerhalb der nächsten drei Wochen 10 % der fälligen Verbindlichkeiten zu begleichen,[970] hierum sowie um die insolvenzrechtliche Wertung wissen, der zufolge ein solcher Zustand Zahlungsunfähigkeit bedeutet.[971] Nichts anderes gilt für den Krisentatbestand der Überschuldung. Damit der Täter erkennen kann, ob die Passiva die Aktiva überwiegen, muss er nicht nur wissen, welche Vermögensbestandteile zu den Aktiva und welche Verbindlichkeiten zu den Passiva rechnen, sondern darüber hinaus die nach dem heute geltenden Überschuldungsbegriff erforderliche negative Fortführungsprogno- 173

964 Dazu s.o. Rdn. 51.

965 I.E. so auch bzgl. der Kaufmannseigenschaft LK[12]/*Tiedemann* § 283 Rdn. 188a; SK/*Hoyer* § 283 Rdn. 109 f.; *v.d. Heydt*, S. 48; a.A. aber RG LR **1913**, 703; *Regner*, S. 117 f. bzgl. der unzutreffenden rechtlichen Wertung; s. ferner *Wersdörfer* BB **1952**, 679, 680; zum Irrtum über die Organwaltereigenschaft s. *Lindheim*, S. 234 f.

966 Dafür *Fischer* § 283 Rdn. 32; *Sch/Schröder/Heine/Schuster* § 283 Rdn. 56; G/J/W/*Reinhart* § 283 Rdn. 68; W/J/S/*Pelz* 9/204; *Schlüchter* JR **1982**, 29, 31.

967 Zutr. LK[12]/*Tiedemann* § 283 Rdn. 189 a.E., 193, 196; SK/*Hoyer* § 283 Rdn. 41, 110; *v.d. Heydt*, S. 219; *v. Spee*, S. 62; s.a. S/S/W/*Bosch* § 283 Rdn. 34: laienhafter Nachvollzug nötig; i.E. wie hier wohl auch MK/*Petermann/Sackreuther* § 283 Rdn. 75.

968 LK[12]/*Tiedemann* § 283 Rdn. 189, 192; *Hammerl*, S. 11; *v.d. Heydt*, S. 219; enger wohl *Schlüchter* JR **1982**, 29, 30: Vorsatz bzgl. Unangemessenheit der getätigten Ausgaben liegt vor, wenn der Täter erkennt, dass seine Entnahmen über das Existenzminimum hinausgehen; ähnl. *Sch/Schröder/Heine/Schuster* § 283 Rdn. 56.

969 So aber BGH/H GA **1954**, 312; *Habetha*, S. 326; *Brackmann*, S. 221; ebenso anscheinend S/S/W/*Bosch* § 283 Rdn. 34; M-G/*Richter* Kap. 79 Rdn. 52; *Regner*, S. 89.

970 Dazu s. Vor §§ 283 ff. Rdn. 52 ff.

971 Wohl auch AG Frankfurt (Oder) NZI **2020**, 187, 189; LK[12]/*Tiedemann* § 283 Rdn. 189.

se[972] sowie die liquidationswertbasierte Bewertung der Aktiva und Passiva[973] nachvollzogen haben.[974]

174 **bb) Irrtümer über die Begehungsmodalitäten des § 283.** Begeht der Täter eine **bestandsbezogene** Bankrotthandlung, glaubt er dabei jedoch, keine potentiellen **Massebestandteile** zu beeinträchtigen, handelt er ohne Vorsatz. Dabei ist es unerheblich, ob der Irrtum auf einer rechtlichen Fehlannahme beruht – z.B. meint der Täter, bestimmte Gegenstände rechneten zum pfändungsfreien Vermögen, weil er den § 811 ZPO entweder nicht kennt oder zu seinen Gunsten auslegt bzw. den § 36 InsO falsch versteht und deshalb dem Missverständnis aufsitzt, der Insolvenzbeschlag umfasse nicht die Geschäftsbücher – oder ob der Täter den beiseitegeschafften Gegenstand irrtümlich für wertlos hält.[975] Bloß ein **Verbotsirrtum** liegt vor, wenn der Täter denkt, unrechtmäßig erworbene Vermögensgegenstände dürfe er straflos beiseiteschaffen;[976] hingegen befindet er sich im Tatumstandsirrtum, wenn seine Fehlannahme dahin geht, gestohlene bzw. betrügerisch erlangte Gegenstände fielen nicht in die Masse und seien deshalb keine tauglichen Tatobjekte.

175 Dem § 16 Abs. 1 S. 1 unterfällt der Irrtum, das anerkannte, objektiv inexistente Recht i.S.v. § 283 Abs. 1 Nr. 4 bestehe in Wirklichkeit.[977] Ebenso agiert vorsatzlos, wer die Höhe des Verlustrisikos falsch einschätzt und deshalb bestimmte Spekulationsgeschäfte i.S.d. § 283 Abs. 1 Nr. 2 tätigt.[978] Im Verbotsirrtum (vgl. § 17) befindet sich hingegen, wer z.B. glaubt, Spekulationsgeschäfte seien immer statthaft,[979] vermögenswerte Aussichten bzw. Anwartschaften unterfielen nicht dem Vermögensbegriff des § 283 Abs. 1 Nr. 8[980] oder § 283 Abs. 1 Nr. 4 betreffe nur dingliche Rechte.[981] Dass der Irrtum über die Reichweite des Vermögensbegriffs, wie ihn § 283 Abs. 1 Nr. 8 verwendet, lediglich zu § 17 führt, wohingegen der Irrtum über den gegenständlichen Umfang der Insolvenzmasse gem. § 16 den Vorsatz entfallen lässt, hängt mit der unterschiedlichen Herkunft der Begriffe zusammen. Während der Vermögensbegriff des § 283 Abs. 1 Nr. 8 dem Strafrecht entstammt, eine falsche Subsumtion also allenfalls bei Unvermeidbarkeit den Schuldvorwurf beseitigt, handelt es sich bei dem Merkmal „Insolvenzmasse" um ein außerstrafrechtliches Merkmal, bei dem Subsumtionsirrtümer – man denke an das klassische Beispiel der Fehlinterpretation des Merkmals „fremd" i.S.d. § 242 – regelmäßig dem § 16 unterfallen.

176 Schwierige Probleme bereiten Praxis und Wissenschaft *sub specie* der Abgrenzung Tatumstands-/Verbotsirrtum schließlich die **Buch- und Bilanzführungsmodalitäten** des § 283 Abs. 1 Nrn. 5–7. Während der BGH dem Schuldner, der über seine handelsrechtliche Pflicht irrt, innerhalb eines ordnungsgemäßen Geschäftsgangs Bilanz zu ziehen, lediglich einen Verbotsirrtum zubilligt,[982]

---

972 Dazu s. Vor §§ 283 ff. Rdn. 41.

973 S. Vor §§ 283 ff. Rdn. 43 f.

974 Ebenso wohl LK[12]/*Tiedemann* § 283 Rdn. 189; weitergehend anscheinend *Richter* Schiller-FS, S. 547, 557 f.; unklar, zwischen den einzelnen Positionen widersprüchlich changierend *Büttner* ZInsO **2009**, 841, 853, der einmal Tatsachenkenntnis für den Vorsatz genügen lassen will, um im selben Atemzug zu fordern, der Täter müsse auch die rechtliche Bewertung der erkannten Tatsachen nachvollzogen haben.

975 Zum Ganzen LK[12]/*Tiedemann* § 283 Rdn. 191; a.A. aber AG Nürnberg ZInsO **2012**, 339, 342.

976 LK[12]/*Tiedemann* § 283 Rdn. 191 a.E.; s. des Weiteren S/S/W/*Bosch* § 283 Rdn. 34: Täter glaubt, der beiseite geschaffte Gegenstand sei nicht pfändbar.

977 LK[12]/*Tiedemann* § 283 Rdn. 194; vgl. in diesem Kontext auch die Entscheidung RG DR **1940**, 793.

978 LK[12]/*Tiedemann* § 283 Rdn. 192.

979 LK[12]/*Tiedemann* § 283 Rdn. 192.

980 LK[12]/*Tiedemann* § 283 Rdn. 196.

981 LK[12]/*Tiedemann* § 283 Rdn. 194.

982 BGH NJW **1981**, 354, 355 (insoweit in BGHSt **29**, 396 nicht abgedr.); ebenso *Sch/Schröder/Heine/Schuster* § 283 Rdn. 56; MK/*Petermann/Sackreuther* § 283 Rdn. 74; M-G/*Richter* Kap. 85 Rdn. 33; W/J/S/*Pelz* 9/203; *Weyand/Diversy* Rdn. 111; *Fischer* § 283 Rdn. 32; S/S/W/*Bosch* § 283 Rdn. 34; *Regner*, S. 118 ff.; ferner *Lemme* NStZ **2001**, 602, 603, weil es sich

sehen Teile des Schrifttums hierin einen Tatumstandsirrtum.[983] Den Vorzug verdient die zweitgenannte Ansicht. Denn unabhängig davon, ob man § 283 Abs. 1 Nrn. 5–7 der Kategorie der Blanketttatbestände zuordnet oder aber die Termini „Handelsbücher" und „entgegen dem Handelsrecht" als normative Tatbestandsmerkmale begreift, muss der Täter, will er den sozialen Bedeutungsgehalt seines Tuns erfassen, die Pflichten und ihren Inhalt kennen, die ihn zur Buch- und Bilanzführung anhalten. Bloßes Tatsachenwissen – der Täter weiß, dass er keine Bücher und Bilanzen führt – ohne Pflichtenkenntnis – der Täter verkennt seine Verpflichtung zur Buch- und Bilanzführung – genügt richtigerweise nicht, um ihm Vorsatz anzulasten.[984] Verallgemeinernd gesprochen verwirklicht somit nur derjenige Schuldner den § 283 Abs. 1 Nrn. 5–7 vorsätzlich, der die dort in Bezug genommenen handelsrechtlichen Vorschriften und ihren Inhalt kennt.[985] So befindet sich bspw. der kaufmännische Schuldner im Tatumstandsirrtum, der seine Bilanzen verspätet erstellt, weil er die Bilanzierungsfristen falsch versteht[986] und deshalb glaubt, ihm stünde ein längerer Zeitraum zur Verfügung.[987] Nichts anderes gilt, wenn der Schuldner objektiv seine Bücher bzw. Bilanzen unvollständig bzw. unzutreffend erstellt, jedoch meint, seine Bücher und Bilanzen entsprächen den materiell-rechtlichen Anforderungen, die das Handelsrecht an sie stellt.[988] Ebenfalls ohne Vorsatz handelt der Schuldner, der Handelsbücher bzw. sonstige kaufmännische Unterlagen vernichtet (vgl. § 283 Abs. 1 Nr. 6) und dabei entweder nicht bemerkt, dass die vernichteten Schriftstücke zur Gattung der Handelsbücher bzw. der sonstigen kaufmännischen Unterlagen gehören oder aber sich über die Länge der Aufbewahrungsfristen irrt.[989]

IX. § 283 Abs. 4

Gem. § 283 Abs. 4 macht sich auch derjenige Schuldner wegen Bankrotts strafbar, der die Tathandlungen des § 283 Abs. 1 Nrn. 1–8 **vorsätzlich** begeht, dabei aber entweder **fahrlässig** seine (drohende) Zahlungsunfähigkeit bzw. Überschuldung verkennt (§ 283 Abs. 4 Nr. 1)[990] oder seine Zahlungsunfähigkeit bzw. Überschuldung **leichtfertig** herbeiführt (§ 283 Abs. 4 Nr. 2). Während § 283 Abs. 4 Nr. 1 ein **Fahrlässigkeitsdelikt** normiert, Teilnahme hieran und Versuch hierzu also aus- 177

bei § 283b Abs. 1 Nr. 3b im Gegensatz zu § 6 GSB a.F. nicht nur um eine Pflicht des Nebenstrafrechts handele; ferner bereits *v. Babo*, S. 40 f.; *Kuhn*, S. 45; *Steinbrück*, S. 50: Kenntnis von der Buchführungspflicht gehört nicht zum Vorsatz; anders aber im Kontext des § 6 GSB a.F. BGHSt **46**, 373, 379.

983 LK[12]/*Tiedemann* § 283 Rdn. 188a; SK/*Hoyer* § 283 Rdn. 109 f.; wohl auch AnwK/*Püschel* § 283 Rdn. 30; *v.d. Heydt*, S. 48.

984 So auch LK[12]/*Tiedemann* § 283 Rdn. 188a; Lackner/Kühl/*Heger* § 283 Rdn. 23; anders freilich M-G/*Richter* Kap. 85 Rdn. 33.

985 LK[12]/*Tiedemann* § 283 Rdn. 188a; *Hammerl*, S. 13.

986 Zu deren Länge ausführl. Rdn. 138 ff.

987 LK[12]/*Tiedemann* § 283 Rdn. 188a; a.A. M-G/*Richter* Kap. 85 Rdn. 33; MAH/*Böttger* § 19 Rdn. 178.

988 LK[12]/*Tiedemann* § 283 Rdn. 188b; a.A. freilich *Regner*, S. 118 ff.

989 LK[12]/*Tiedemann* § 283 Rdn. 195.

990 Vgl. aber auch *Bretzke*, S. 221 f., der zufolge die Kombination aus vorsätzlich begangener Bankrotthandlung und fahrlässig verkannter Krise, wie sie dem § 283 Abs. 4 Nr. 1 vorschwebt, nur in Bezug auf § 283 Abs. 1 Nrn. 1 HS. 2, 2, 3 und 8 denkbar sein soll. In den Konstellationen des § 283 Abs. 1 Nrn. 1 HS 1, 4, 5, 6 und 7 hafte der Schuldner immer aus dem Vorsatzdelikt, weil der Schuldner eines gesunden Betriebs keinen Grund habe, geschäftsschädigende Handlungen vorzunehmen, die Verteidigung, die Krise im Zeitpunkt der Vornahme der Bankrotthandlung fahrlässig nicht erkannt zu haben, also immer nur dazu diene, nicht gerechtfertigte Vorteile in Anspruch zu nehmen. Diese These beruht jedoch auf einer nicht stichhaltigen Prämisse, wie der Fall zeigt, dass der Geschäftsführer einer GmbH die Bilanz „frisiert", um ungerechtfertigte Entnahmen aus dem Gesellschaftsvermögen zu seinen Gunsten vor den Gesellschaftern zu verschleiern. Daraus folgt: Bankrotthandlungen i.S.d. Nrn. 5 und 7 kommen durchaus auch außerhalb des Krisenstadiums vor.

scheiden,[991] regelt § 283 Abs. 4 Nr. 2 gem. § 11 Abs. 2 ein teilnahmefähiges **Vorsatzdelikt**.[992] *In praxi* besitzt § 283 Abs. 4 große Relevanz als Auffangtatbestand, falls der Vorsatznachweis angesichts der an ihn gestellten hohen Hürden[993] scheitert.[994]

178 Da § 283 Abs. 4 Nr. 1 die vorsätzliche Begehung einer Bankrotthandlung auch dann mit Kriminalstrafe belegt, wenn der Schuldner leicht fahrlässig seine Krise verkennt, sieht sich die Vorschrift von Seiten des insolvenzstrafrechtlichen Schrifttums dem Vorwurf ausgesetzt, es fehle ihr vor dem Hintergrund des verfassungsrechtlichen **Übermaßverbotes** die erforderliche Rechtfertigung.[995] Ob man freilich so weit gehen muss, erscheint (heute) eher fraglich. Zum einen steht nämlich *in praxi* die grobe Fahrlässigkeit (Leichtfertigkeit) im Vordergrund,[996] da sich angesichts der unsicheren und lediglich an Großunternehmen ausgerichteten betriebswirtschaftlichen Krisenforschung kaum je einmal sicher sagen lässt, dass der Schuldner zu einem bestimmten Zeitpunkt – bildlich gesprochen – die Schwelle zur einfachen Fahrlässigkeit überschritten hat.[997] Zum anderen entspricht es einer langen, historisch gewachsenen Tradition,[998] auch den fahrlässigen Bankrott strafrechtlich zu ahnden und stand das Reichsgericht vorübergehend sogar auf dem Standpunkt, der Täter eines Bankrotts hafte selbst dann gem. den §§ 239, 240 KO a.F., falls ihm weder Vorsatz noch Fahrlässigkeit nachgewiesen werden könne.[999]

1. Der Tatbestand des § 283 Abs. 4 Nr. 1

179 Wer dem Schuldner den Vorwurf machen will, er habe im Zeitpunkt, als er vorsätzlich eine Bankrotthandlung vornahm, fahrlässig seine bereits bestehende **Krise** übersehen und deshalb den Tatbestand des § 283 Abs. 1 i.V.m. Abs. 4 Nr. 1 erfüllt, muss den Nachweis führen, dass die Krise objektiv erkennbar war und der Schuldner pflichtwidrig hiervon keine Kenntnis hatte. Anders gewendet verzichtet der Schuldner also darauf, Anstrengungen zu unternehmen, um seine Krise festzustellen und das obschon er ihr Bestehen ahnt bzw. sogar als möglich voraussieht.[1000] Da die objektive Erkennbarkeit der Krise zumeist keine Probleme bereitet, konzentriert sich die Diskussion auf die Frage, ab wann die fehlende Kenntnis des Schuldners von seiner Krise pflichtwidrig ist. Neben die im Schrifttum weit verbreitete Ansicht, **pflichtwidrige Unkenntnis** erst anzunehmen, wenn sich für den Schuldner außerstrafrechtlich die Pflicht ergibt, seine Vermögenssituation zu beobachten und zu analysieren,[1001] gesellte sich die These, dem Schuldner obliege eine generelle Beobachtungspflicht der Liquidität und Rentabilität seines Unternehmens schon aufgrund der in § 283 Abs. 4 Nr. 1 angeordneten Fahrlässigkeitshaftung.[1002] Angesichts der Schwie-

991 NK/*Kindhäuser* § 283 Rdn. 102; SK/*Hoyer* § 283 Rdn. 116; MK/*Petermann*/*Sackreuther* § 283 Rdn. 81; *Fischer* § 283 Rdn. 34; S/S/W/*Bosch* § 283 Rdn. 38; G/J/W/*Reinhart* § 283 Rdn. 4; Böttger/*Verjans*/*Rixe* 4/96.

992 S. nur *Sch*/*Schröder*/*Heine*/*Schuster* § 283 Rdn. 57; MK/*Petermann*/*Sackreuther* § 283 Rdn. 82; SK/*Hoyer* § 283 Rdn. 117; Lackner/Kühl/*Heger* § 283 Rdn. 24; S/S/W/*Bosch* § 283 Rdn. 39; M/R/*Altenhain* § 283 Rdn. 49; G/J/W/*Reinhart* § 283 Rdn. 3, 72; W/J/S/*Pelz* 9/205; Böttger/*Verjans*/*Rixe* 4/98.

993 S.o. Rdn. 170 ff.

994 Zu diesem Befund LK[12]/*Tiedemann* § 283 Rdn. 204; NK/*Kindhäuser* § 283 Rdn. 102; *Weyand*/*Diversy* Rdn. 113.

995 So etwa AnwK/*Püschel* Vor § 283 – 283d Rdn. 2; *ders.* Rissing-van Saan-FS, S. 471, 477.

996 Für eine Beschränkung auf die Schuldform *„luxuria“* votierte schon *Köstlin* GA 5 (**1857**), 721, 733, 738.

997 LK[12]/*Tiedemann* § 283 Rdn. 207.

998 Zu diesem Befund BGHSt **15**, 103, 104 ff.; LK[12]/*Tiedemann* Vor § 283 Rdn. 35 und § 283 Rdn. 205; s. ferner auch *Köstlin* GA 5 (**1857**), 721, 727 f., 730.

999 S. etwa RGSt **4**, 418, 419 f.; RGSt **5**, 407, 410; RG Rspr. **4**, 92, 93; zur weiteren Entwicklung s. die anschauliche Zusammenfassung bei RGSt **45**, 88, 92 f.; vgl. ferner auch *Hammerl*, S. 14 m. Fn. 50.

1000 *Bretzke*, S. 126; s.a. den österreichischen OGH ÖJZ **1969**, 498, 499.

1001 *Tiedemann* Schröder-GS, S. 289, 293.

1002 Vorsichtig in diese Richtung *Bretzke*, S. 127 ff., 139 f.; *dies.* KTS **1985**, 413, 419, die zumindest einen faktischen Zwang zum Einsatz prospektiver Informationsinstrumente annimmt; diff. SK/*Hoyer* § 283 Rdn. 116 für solche Verbände, die einer (strafbewehrten) Insolvenzantragspflicht unterliegen.

rigkeiten, Überschuldung bzw. (drohende) Zahlungsunfähigkeit festzustellen,[1003] spricht mehr dafür, dem Schuldner nur dann pflichtwidriges Verhalten vorzuwerfen, falls er seine wirtschaftliche Situation trotz entsprechender **Warnanzeichen**[1004] nicht daraufhin überprüft, ob er sich zwischenzeitlich im Zustand (drohender) Zahlungsunfähigkeit oder Überschuldung befindet. Wollte man hingegen aufgrund der von § 283 Abs. 4 Nr. 1 angeordneten Fahrlässigkeitsstrafbarkeit jedem Schuldner aufgeben, bei Vornahme einer Handlung, die den Nrn. 1–8 des § 283 Abs. 1 entspricht, zunächst einen Überschuldungs- bzw. Zahlungsfähigkeitsstatus aufzustellen, verschärfte man zum einen die Voraussetzungen des Zivil- und Insolvenzrechts[1005] und zwänge zum anderen jeden Schuldner unabhängig von seinem Kaufmannsstatus dazu, eine zumindest rudimentäre Buchführung vorzuhalten, um den Prüfpflichten nachzukommen.

Im Zentrum des § 283 Abs. 4 Nr. 1 steht somit die Frage, ab wann der Schuldner pflichtwidrig 180
seine Krise verkennt. Hierfür hat man die Anzeichen zu benennen, deren Vorliegen die schuldnerische Ausrede entkräftet, ihm sei im Zeitpunkt, als er die Bankrotthandlungen beging, die Krise nicht erkennbar gewesen. Eine allgemeingültige Antwort, die für den Verbraucher wie für das kapitalgesellschaftlich organisierte Großunternehmen gleichermaßen gilt, gibt es naturgemäß nicht und kommt es deshalb – wie so oft – auf den jeweiligen Einzelfall an. Dieser Befund bedeutet aber nicht, dass überhaupt keine generellen Aussagen getroffen werden könnten. So muss sich – egal ob Verbraucher oder Klein- bzw. Großunternehmer – den Vorwurf gefallen lassen, seine Krise pflichtwidrig nicht bemerkt zu haben, wer ohne jede **Übersicht** und **Planung** wirtschaftet.[1006] Ebenfalls pflichtwidrig handelt der Kaufmann, der seine Krise übersieht, weil er die Bücher nicht bzw. mangelhaft führt.[1007] Hält der Schuldner hingegen eine gewisse Übersicht und Planung ein und rechnet er auch nicht zum Kreis der buchführungspflichtigen Kaufleute, ist damit freilich noch nicht das Ergebnis präjudiziert, der Schuldner, der gleichwohl trotz nicht erkannter Krise eine Bankrotthandlung begangen hat, habe alles richtig gemacht, ein Fahrlässigkeitsvorwurf treffe ihn folglich nicht. Vielmehr haben Literatur und Praxis Anlässe herausgearbeitet, bei deren Eintritt der Schuldner – will er später nicht den Vorwurf des § 283 Abs. 4 Nr. 1 gewärtigen – einen **Finanzplan** oder **Überschuldungsstatus** aufstellen sollte. Diese Anlässe lassen sich – einem Vorschlag *Tiedemanns* folgend – in ***exogene*** und ***endogene*** Störungen unterteilen.[1008] Von *exogenen* Störungen spricht man bei erheblichen Vermögensverlusten infolge höherer Gewalt, Schädigungen Dritter oder Absatzrückgängen wegen des Ausfalls wesentlicher Abnehmer, von *endogenen* Störungen bei laufenden Verlusten ohne entsprechende Reserven, mehrfachen Ablehnungen von Kreditgesuchen oder häufigen Umgründungen.[1009] Darüber hinaus muss sich der Schuldner, der wiederholt erhebliche Privatentnahmen tätigt, vergewissern, ob seine Vermögenssituation solche Entnahmen zulässt.[1010] Schließlich agiert auch derjenige Schuldner hinsichtlich seiner Überschuldung bzw. (drohenden) Zahlungsunfähigkeit fahrlässig, der trotz **kriminologischer Krisenwarnanzeichen**[1011] keinen Finanzplan bzw. Überschuldungsstatus erstellt.[1012]

Bestanden, als der Schuldner die Bankrotthandlung beging, objektive Anhaltspunkte, die das 181
Bestehen einer Krise nahelegten, unterließ aber der Schuldner gleichwohl die gebotenen Nachfor-

---

1003 S. Vor §§ 283 ff. Rdn. 41 ff. und 58 ff.

1004 Dazu sogleich Rdn. 180.

1005 Zutr. LK[12]/*Tiedemann* § 283 Rdn. 208.

1006 BGH NJW **1981**, 354, 355 (insoweit in BGHSt **29**, 396 nicht abgedr.); NK/*Kindhäuser* § 283 Rdn. 103; SK/*Hoyer* § 283 Rdn. 116.

1007 NK/*Kindhäuser* § 283 Rdn. 103; SK/*Hoyer* § 283 Rdn. 116; MK/*Petermann*/*Sackreuther* § 283 Rdn. 79; MAH/*Böttger* § 19 Rdn. 178; M-G/*Richter* Kap. 79 Rdn. 55.

1008 LK[12]/*Tiedemann* § 283 Rdn. 207.

1009 Grdl. zu dieser Unterscheidung LK[12]/*Tiedemann* § 283 Rdn. 207; zust. NK/*Kindhäuser* § 283 Rdn. 103.

1010 LK[12]/*Tiedemann* § 283 Rdn. 207.

1011 Zu diesen s. Vor §§ 283 ff. Rdn. 55.

1012 So schon Bittmann[1]/*Bittmann* § 12 Rdn. 299; s.a. SK/*Hoyer* § 283 Rdn. 116; *Bretzke*, S. 213; enger LK[12]/*Tiedemann* § 283 Rdn. 207; *ders.* Schröder-GS, S. 289, 295, der nur bei Vorliegen mehrerer Frühsignale eine Pflicht des Schuldners annehmen will, sich über seine Vermögenssituation Kenntnis zu verschaffen.

schungen und handelte deshalb objektiv pflichtwidrig i.S.v. § 283 Abs. 4 Nr. 1, kann ihm jedenfalls grds. dann kein Fahrlässigkeitsvorwurf gemacht werden, wenn er **subjektiv** entweder schon nicht in der Lage war, die objektiven Krisenanzeichen richtig zu deuten oder aber zwar die Krisenanzeichen zutreffend erkannte und verstand, jedoch nicht über die Fähigkeit verfügte, den gebotenen Zahlungs- bzw. Überschuldungsstatus sachgerecht aufzustellen und deshalb darauf vertraute, eine Krise sei noch nicht eingetreten.[1013] Allerdings irrt, wer glaubt, die intellektuelle Unfähigkeit, Überschuldung bzw. (drohende) Zahlungsunfähigkeit zu erkennen, bewahre stets vor Strafbarkeit. So gestattet es nämlich nach **h.M.** die Figur des **Übernahmeverschuldens** auch demjenigen Schuldner Fahrlässigkeit anzulasten, der eine wirtschaftliche Unternehmung beginnt, obschon er voraussehen kann, dass ihm die Fertigkeiten fehlen, um einen Finanzstatus oder eine Überschuldungsbilanz anzufertigen.[1014] Zu weit dürfte es jedoch gehen, den Fahrlässigkeitsvorwurf bereits an die Aufnahme der unternehmerischen Tätigkeit trotz Fehlens der hierfür erforderlichen Kenntnisse zu knüpfen[1015] und auf den Nachweis zu verzichten, dass der Schuldner seine Unerfahrenheit in wirtschaftlichen Dingen kannte bzw. hätte erkennen können.[1016]

2. Der Tatbestand des § 283 Abs. 4 Nr. 2

182 Gem. § 283 Abs. 4 Nr. 2 macht sich strafbar, wer vorsätzlich eine Bankrotthandlung i.S.d. § 283 Abs. 1 Nrn. 1–8 begeht und dadurch leichtfertig entweder seine Überschuldung oder Zahlungsunfähigkeit herbeiführt. Obschon § 283 Abs. 4 Nr. 2 zu den Vorsatzdelikten rechnet (vgl. § 11 Abs. 2), Teilnahme hieran also möglich ist,[1017] verneint die ganz **h.M.** zu Recht die Konstruktion eines **Versuchs** des § 283 Abs. 4 Nr. 2, da sich § 283 Abs. 3 nach seiner systematischen Stellung ausschließlich auf die Abs. 1 und 2, nicht aber auf Abs. 4 bezieht.[1018]

183 Während dem § 283 Abs. 4 Nr. 1 wie gesehen[1019] jede Fahrlässigkeit genügt, fordert § 283 Abs. 4 Nr. 2 **Leichtfertigkeit** und damit eine besonders gesteigerte Form der Fahrlässigkeit, die man mit **grober Fahrlässigkeit** übersetzen kann[1020] und die sich dadurch auszeichnet, dass der Täter „in besonderem Maße die Sorgfalt, zu der er nach den Umständen und nach seinen persönlichen Fähigkeiten und Kenntnissen verpflichtet und im Stande war, außer Acht gelassen"[1021] hat. Übertragen auf die Situation des § 283 Abs. 4 Nr. 2 heißt das: Der Schuldner muss beim Umgang mit seinem Vermögen hinsichtlich des Taterfolgs eine **grobe Rücksichtslosigkeit** an den Tag legen, die seine Einstellung in die Nähe des Vorsatzes rückt.[1022] Beispiele für solchermaßen leichtfertiges Verhalten sind Privatentnahmen ohne Rücksicht auf die angespannte wirtschaftliche Situation, Investitionen ohne ausreichende Planung oder (bei Privaten) übermäßiges, dem Vermögen und den Einnahmen nicht entsprechendes Konsumieren.[1023]

1013 Zum Ganzen s. etwa LK[12]/*Tiedemann* § 283 Rdn. 210.

1014 LK[12]/*Tiedemann* § 283 Rdn. 210.

1015 So bereits RGSt **4**, 418, 421.

1016 LK[12]/*Tiedemann* § 283 Rdn. 210; weitergehend Bittmann[1]/*Bittmann* § 12 Rdn. 301, der insoweit auf die Schuldfähigkeit des Täters abstellt.

1017 S.o. Rdn. 177.

1018 SK/*Hoyer* § 283 Rdn. 117; MK/*Petermann/Sackreuther* § 283 Rdn. 90; S/S/W/*Bosch* § 283 Rdn. 39; G/J/W/*Reinhart* § 283 Rdn. 3, 72; W/J/S/*Pelz* 9/208; *Weyand/Diversy* Rdn. 115.

1019 S.o. Rdn. 179.

1020 Nahezu allg.M.; s. nur BayObLGSt **1980**, 146, 149 f.; SK/*Hoyer* § 283 Rdn. 117; MK/*Petermann/Sackreuther* § 283 Rdn. 82; *Weyand/Diversy* Rdn. 113.

1021 BayObLGSt **1980**, 146, 150.

1022 Zutr. und grdl. zum Ganzen LK[12]/*Tiedemann* § 283 Rdn. 213; skeptisch gegenüber der postulierten Vorsatznähe Bittmann[1]/*Bittmann* § 12 Rdn. 302.

1023 Zu weiteren Konstellationen leichtfertigen Verursachens einer Krise s. LK[12]/*Tiedemann* § 283 Rdn. 213.

X. Fahrlässige Bankrotthandlungen, § 283 Abs. 5

Der Tatbestand des § 283 Abs. 5 sanktioniert die **fahrlässige** Vornahme der in § 283 Abs. 1 Nrn. 2, 5 und 7 normierten Bankrotthandlungen,[1024] sofern der Schuldner entweder die Krise im Zeitpunkt der Tat wenigstens fahrlässig nicht kennt (vgl. Abs. 5 Nr. 1) oder aber seine Überschuldung bzw. Zahlungsunfähigkeit durch die Bankrotthandlung wenigstens leichtfertig verursacht (vgl. Abs. 5 Nr. 2). Die Formulierung **„wenigstens"** zeigt an, dass dem Gesetzgeber neben „Fahrlässigkeit-Fahrlässigkeit- bzw. Fahrlässigkeit-Leichtfertigkeit-Kombinationen" auch Konstellationen vorschwebten, in denen der Schuldner fahrlässig handelt, gleichwohl aber seine Krise kennt oder diese vorsätzlich herbeiführt. Demgegenüber hat das Schrifttum schon früh auf die konstruktive Unmöglichkeit hingewiesen, mithilfe einer fahrlässig begangenen Bankrotthandlung vorsätzlich den Eintritt von Überschuldung bzw. Zahlungsunfähigkeit i.S.v. § 283 Abs. 2 zu bewerkstelligen.[1025] 184

1. Fahrlässige Begehung der Bankrotthandlung des § 283 Abs. 1 Nr. 2[1026]

Große Schwierigkeiten bereitet es dem Rechtsanwender, Fälle zu erdenken, in denen der Schuldner die Handlungsmodalitäten des **§ 283 Abs. 1 Nr. 2** fahrlässig begeht. Aufgrund ihrer finalen Tendenz erscheint es *prima vista* weder möglich, fahrlässig ein Differenz-, Spekulations- oder Verlustgeschäft einzugehen noch denkbar, fahrlässig übermäßige Beträge durch unwirtschaftliche Ausgaben, Spiel oder Wette zu verbrauchen. So müssen Operationen, damit sie dem Merkmal des Verlustgeschäfts unterfallen, von Anfang an auf Verlust angelegt sein, besteht das Handlungsunrecht der Modalität „Spekulationsgeschäft" gerade darin, *bewusst* ein (zu) hohes Risiko einzugehen, um einen hohen Gewinn zu erzielen, erfordert das Differenzgeschäft einen – begrifflich schon nicht fahrlässig begehbaren – Vertragsschluss, der darauf gerichtet ist, dem verlierenden Vertragsteil die Pflicht aufzuerlegen, die Differenz zwischen dem vereinbarten Preis und dem Börsen- bzw. Marktpreis der Lieferzeit an den gewinnenden Vertragsteil zu bezahlen und sind die Varianten „Spiel", „Wette" sowie „unwirtschaftliche Ausgaben" nur vorstellbar, wenn sie der Schuldner bewusst vornimmt.[1027] Vor diesem Hintergrund verwirklicht den § 283 Abs. 1 Nr. 2 allenfalls fahrlässig, wer sich über die **Wirtschaftswidrigkeit** des eingegangenen Verlust-, Differenz- oder Spekulationsgeschäfts bzw. die Unwirtschaftlichkeit oder die Übermäßigkeit der getätigten Ausgabe in einem den Vorsatz ausschließenden Tatumstandsirrtum befindet,[1028] bei gehöriger Anstrengung aber die Wirtschaftswidrigkeit, die Unwirtschaftlichkeit oder die Übermäßigkeit hätte erkennen können.[1029] 185

2. Fahrlässige Begehung der Bankrotthandlungen des § 283 Abs. 1 Nrn. 5, 7

Da das Führen von Büchern genauso wie das Eingehen von Geschäften nur bewusst erfolgen kann, kommt eine fahrlässig unterbliebene **Buchführung** bzw. **Bilanzerstellung** wiederum vor allem in den Konstellationen des **Tatumstandsirrtums** vor. Verkennt der Schuldner seine Pflicht, Bücher zu führen und Bilanzen zu erstellen, weil er glaubt, nicht zum Kreis der buch- und bilanzführungspflichtigen Kaufleute zu gehören und erstellt er deshalb keine Bücher und Bilanzen, 186

1024 Sehr skeptisch demgegenüber *Pfeiffer* Gutachten, S. 26: „kein kriminalpolitisches Bedürfnis".

1025 *Fischer* § 283 Rdn. 37; *Weyand/Diversy* Rdn. 114; G/J/W/*Reinhart* § 283 Rdn. 5, der insoweit plastisch von „totem Recht" spricht; zw. auch MK/*Petermann/Sackreuther* § 283 Rdn. 84; S/S/W/*Bosch* § 283 Rdn. 40.

1026 Zur Strafwürdigkeit der fahrlässigen Vornahme einer der in § 283 Abs. 1 Nr. 2 genannten Handlungen s. BTDrucks. 7/3441, S. 33.

1027 Ausführl. und grdl. zum Ganzen LK[12]/*Tiedemann* § 283 Rdn. 215 f.

1028 S.o. Rdn. 172, 175.

1029 LK[12]/*Tiedemann* § 283 Rdn. 215 f.; zust. etwa SK/*Hoyer* § 283 Rdn. 118; MK/*Petermann/Sackreuther* § 283 Rdn. 83.

kann ihm zwar kein Vorsatz wohl aber – wenn ihm seine Buch- und Bilanzführungspflicht erkennbar war – Fahrlässigkeit zur Last gelegt werden. Allenfalls fahrlässig vernachlässigt seine Pflicht zur rechtzeitigen Bilanzerstellung auch der Schuldner, der sich über die Länge der **Bilanzierungsfrist** irrt.[1030] Darüber hinaus muss den Vorwurf fahrlässig nicht bzw. nicht ordnungsgemäß geführter Bücher oder Bilanzen gewärtigen, wer seine Buchführungs- und Bilanzierungspflicht bspw. an einen Steuerberater oder Buchhalter delegiert,[1031] dem beauftragten Steuerberater oder Buchhalter aber das Mandat nicht entzieht, obschon er bei gehöriger Auswahl und Überwachung hätte erkennen können und müssen,[1032] dass der Steuerberater oder Buchhalter dem Auftrag nicht bzw. nicht sorgfältig genug nachkommt.[1033] Größere praktische Relevanz entfaltet die von § 283 Abs. 5 angeordnete Fahrlässigkeitsstrafbarkeit schließlich auf dem Gebiet der **mangelhaften** Buchführung bzw. Bilanzierung.[1034]

XI. Der Versuch des § 283

187 Die Vorschrift des § 283 Abs. 3 eröffnet die Möglichkeit der Versuchsstrafbarkeit sowohl für § 283 Abs. 1 als auch für § 283 Abs. 2, nicht aber – das belegt die systematische Stellung – für die „Vorsatz-Leichtfertigkeits-Konstellation" des § 283 Abs. 4 Nr. 2.[1035] Allerdings fallen Versuchs- und Vollendungsstadium regelmäßig zusammen, wenn man mit einer hier abgelehnten[1036] Ansicht meint, die Bankrotthandlungen des § 283 Abs. 1 Nrn. 5, 7 seien nicht bereits mit ihrer Vornahme, sondern erst ab Eintritt der objektiven Strafbarkeitsbedingung vollendet.[1037] – Angesichts des **Gefährdungsdeliktscharakters**, den § 283 Abs. 1 trägt und der den Beginn der Strafbarkeit ohnehin weit nach vorn verlagert, sieht sich § 283 Abs. 3 seit jeher erheblicher **rechtspolitischer Kritik** ausgesetzt. Freilich wird die Kritik, die in der Forderung gipfelt, § 283 Abs. 3 ganz zu streichen[1038] bzw. seinen Anwendungsbereich auf den Tatbestand des § 283 Abs. 2 zu beschränken, erheblich relativiert, wenn man bedenkt, dass der Versuch des § 283 zum einen *in praxi* kaum eine Rolle spielt und zum anderen richtiger Ansicht gemäß ebenfalls den Eintritt der objektiven Strafbarkeitsbedingung voraussetzt.[1039] Hinzu kommt: Fordert man entgegen der hier vertretenen Ansicht mit der ganz **h.M.** einen **tatsächlichen Zusammenhang** zwischen Bankrotthandlung und objektiver Strafbarkeitsbedingung, dürfte dem § 283 Abs. 3 ohnehin nur ein äußerst schmaler Anwendungsbereich verbleiben, da selbst aus der subjektiven Perspektive des Versuchs dieser Zusam-

---

1030 Zu diesen und weiteren Konstellationen s. LK[12]/*Tiedemann* § 283 Rdn. 217.

1031 Dazu s.o. Rdn. 62.

1032 Zu dem sehr rigiden Sorgfaltsmaßstab, der bei fehlender buchhalterischer Kenntnis den Pflichtigen dazu anhält, sich die erforderlichen Kenntnisse zu verschaffen, s. OLG Karlsruhe Justiz **1977**, 206; s. ferner auch RG HRR **1941**, 132; *Bretzke*, S. 147.

1033 RGSt **58**, 304, 305; RGSt **16**, 277, 279; SK/*Hoyer* § 283 Rdn. 118; MK/*Petermann*/*Sackreuther* § 283 Rdn. 83; G/J/W/*Reinhart* § 283 Rdn. 71.

1034 *Fischer* § 283 Rdn. 35; nach *Nieberg*, S. 32 bildet die fahrlässige Begehung hier den Regelfall; s.a. *Hammerl*, S. 13, dem zufolge eine vorsätzliche unordentliche Buchführung ausgeschlossen ist, hier also nur Fahrlässigkeit in Betracht kommt.

1035 Dazu s.o. Rdn. 182.

1036 S.o. Rdn. 99, 130.

1037 Ausführl. dazu Bittmann[1]/*Bittmann* § 12 Rdn. 275; skeptisch wohl LK[12]/*Tiedemann* § 283 Rdn. 202.

1038 So etwa NK/*Kindhäuser* § 283 Rdn. 100.

1039 Zu letzterem SK/*Hoyer* § 283 Rdn. 113; MK/*Petermann*/*Sackreuther* § 283 Rdn. 89; AnwK/*Püschel* § 283 Rdn. 31; A/R/R/*Himmelreich* Kap. 7/1 Rdn. 180; *Kollmar*, S. 75; *Schuster*, S. 127 f.; *F.-W. Krause* JURA **1980**, 449, 454; vgl. ferner NK/*Kindhäuser* § 283 Rdn. 100, dem zufolge damit aber keine Einschränkung des § 283 Abs. 3 einhergeht, da der Risikozusammenhang zwischen Bankrotthandlung und objektiver Strafbarkeitsbedingung beim Versuch naturgemäß entfalle; a.A. wohl noch OLG Kassel GA 37 (**1890**), 314, das einen strafbaren Versuch zum Bankrott auch dann annehmen will, wenn der Schuldner in der Erwartung künftiger Zahlungseinstellung Vermögen beiseiteschafft; ebenso *v. Babo*, S. 51, der aber Konkurseröffnung und Zahlungseinstellung zum gesetzlichen Tatbestand rechnet.

menhang bei einem untauglichen Versuch nahezu immer fehlen, bei einem tauglichen hingegen regelmäßig nicht nachweisbar sein wird.[1040] Vor diesem Hintergrund soll § 283 Abs. 3 praktische Bedeutung vor allem in Sachverhaltsgestaltungen entfalten, die **nach** Eintritt der objektiven Strafbarkeitsbedingung spielen.[1041]

1. Der untaugliche Versuch des § 283

Angesichts der zahlreichen normativen Tatbestandsmerkmale, die § 283 enthält, verwundert es **188** nicht, dass die Frage, ob der Schuldner, der irrig meint, den Tatbestand des § 283 zu verwirklichen, einen **untauglichen Versuch** oder ein strafloses **Wahndelikt** begeht, in der Diskussion um § 283 Abs. 3 besonders breiten Raum einnimmt. Während der Schuldner, der sich über die Tauglichkeit seiner Tathandlung oder die Tauglichkeit des Tatobjekts irrt, also etwa glaubt, der beiseite geschaffte Gegenstand sei pfändbar, richtigerweise einen untauglichen Versuch begeht,[1042] herrscht erhebliche Unklarheit, sobald Fälle zur Beurteilung anstehen, in denen der präsumtive Täter einem Irrtum über seinen Status erliegt und sich infolge falscher rechtlicher oder tatsächlicher Einschätzung für einen Schuldner bzw. einen Kaufmann hält. Weil die irrige Vorstellung, Kaufmann zu sein oder sich im Zustand der Krise zu befinden, nur die Rechtsgeltung nicht aber einen Tatumstand betreffe, steht nach der einen – früher ganz überwiegend vertretenen – Ansicht lediglich ein strafloses Wahndelikt im Raum.[1043] Die heute wohl herrschende und überzeugende Meinung kommt hingegen zur Annahme eines untauglichen Versuchs.[1044] Zwei Argumente sind es, die das Ergebnis – *i.e.* untauglicher Versuch statt strafloses Wahndelikt – tragen: Zum einen läge der Tatbestand des Bankrotts vor, träfe die Vorstellung des Täters zu; somit fehlt es an einem zentralen Merkmal des Wahndelikts, nämlich der Straflosigkeit auch bei zutreffender Sachverhaltskenntnis.[1045] Zum anderen überzeugt es nicht, den Irrtum, kein tauglicher Täter des § 283 zu sein, zwar richtigerweise gem. § 16 Abs. 1 S. 1 zu behandeln,[1046] den umgekehrten Irrtum jedoch den straflosen Wahndelikten zuzuweisen.[1047]

1040 Dazu s. nur LK[12]/*Tiedemann* § 283 Rdn. 197; vgl. ferner SK/*Hoyer* § 283 Rdn. 113, dem zufolge der Versuch, wäre er geglückt, zum Eintritt der objektiven Strafbarkeitsbedingung hätte beitragen können müssen; skeptisch gegenüber dem Erfordernis eines Zusammenhangs insgesamt deshalb S/S/W/*Bosch* § 283 Rdn. 35.

1041 LK[12]/*Tiedemann* § 283 Rdn. 197 a.E.

1042 LK[12]/*Tiedemann* § 283 Rdn. 198; *Fischer* § 283 Rdn. 33; s. ferner BGH wistra **1988**, 193: Täter glaubte irrtümlich durch die Verwertung ihm zuvor sicherungsübereigneter Verlagsrechte die Masse zu schädigen.

1043 Dafür etwa LK[12]/*Tiedemann* § 283 Rdn. 199; *ders.* Schröder-GS, S. 289, 295 f.; *ders.* NJW **1979**, 254; zust. *Geers*, S. 180 f.; vgl. ferner RGSt **8**, 198, 199 f.: Irrtum über die Beamteneigenschaft führt nicht zum untauglichen Versuch; Plädoyer für die „Wahndeliktslösung" jüngst bei *Hotz* JuS **2016**, 221, 223 ff.

1044 So BGH JZ **1979**, 75, 77; *Sch/Schröder/Heine/Schuster* § 283 Rdn. 64; NK/*Kindhäuser* § 283 Rdn. 101; MK/*Petermann/Sackreuther* § 283 Rdn. 90; G/J/W/*Reinhart* § 283 Rdn. 72; Lackner/Kühl/*Heger* § 283 Rdn. 23; AnwK/*Püschel* § 283 Rdn. 31; *Weyand/Diversy* Rdn. 116; diff. SK/*Hoyer* § 283 Rdn. 114, der weitergehend einen untauglichen Versuch auch dann annimmt, wenn der Täter irrig glaubt als nicht eingetragener Kleingewerbetreibender buch- und bilanzführungspflichtig zu sein, hingegen enger nur ein strafloses Wahndelikt bejaht, wenn der Täter sich über seine Zahlungsunfähigkeit bzw. Überschuldung irrt; s. ferner *Blei* JA **1973**, 601, 603: untauglicher Versuch nur, wenn sich Täter über die Tatsachengrundlage der Statuseigenschaft irrt.

1045 NK/*Kindhäuser* § 283 Rdn. 101; vgl. auch *Schünemann* GA **1986**, 293, 318 f., der mit Blick auf die Eindruckstheorie solche Irrtumskonstellationen über die Täterstellung den untauglichen Versuchen zuschlägt, bei denen das Sicherheitsinteresse der Allgemeinheit im Hinblick auf künftige situative Veränderungen bedroht ist. D.h., der Täter, der sich für den Schuldner hält und trotzdem (für ihn fremde) Vermögensgegenstände beiseiteschafft, avanciert unter anderen Umständen – *scil.* sobald er selbst Schuldner ist – durchaus zu einer Gefahr für die Allgemeinheit; sein Irrtum führt somit zur Annahme eines untauglichen Versuchs.

1046 Dazu s.o. Rdn. 171.

1047 NK/*Kindhäuser* § 283 Rdn. 101.

2. Unmittelbares Ansetzen zum und Rücktritt vom Versuch des Bankrotts

189 Das **unmittelbare Ansetzen** richtet sich nach § 22 und somit maßgebend danach, welche Vorstellungen der Täter von seiner Tat hat. Unproblematisch setzt somit zur Tatbestandsverwirklichung unmittelbar an, wer bereits einzelne Tatbestandsmerkmale verwirklicht hat, etwa der Schuldner, der Waren oder Wertpapiere beschafft, um sie später zu verschleudern[1048, 1049] oder Bücher beschädigt, ohne dadurch die Übersicht über seinen Vermögensstand zu erschweren.[1050] Schwieriger gestaltet sich die Rechtslage, wenn der Täter kein Merkmal des gesetzlichen Tatbestandes erfüllt hat. Ob eine Handlung, die der Täter mit der Intention vornimmt, eines oder mehrere Merkmale des anvisierten Tatbestandes zu begehen, bereits die Schwelle zum unmittelbaren Ansetzen überschreitet oder aber noch im Vorbereitungsstadium verharrt, hängt – wie so oft – vom jeweiligen Einzelfall ab. So setzt bspw. der Schuldner unmittelbar zu § 283 Abs. 1 Nr. 1 an, der die Auflassung für ein massezugehöriges Grundstück erklärt[1051] oder der einen zur präsumtiven Masse gehörenden Gegenstand auf den Weg zu einem Bekannten bringt, um ihn dort vor den Gläubigern und dem Insolvenzverwalter zu verstecken. Hingegen begründet der Abschluss obligatorischer Verträge nicht stets ein unmittelbares Ansetzen zu § 283 Abs. 1 Nr. 1.[1052] Vor diesem Hintergrund überzeugt es deshalb nicht, dem Schuldner ein unmittelbares Ansetzen zum Beiseiteschaffen anzulasten, der einen Brief mit dem Inhalt versendet, dem Adressaten einen Gegenstand der künftigen Masse schenken zu wollen.[1053] Auch die Aufnahme unrichtiger Belege in die Buchhaltung führt nicht zwingend zur Annahme eines Versuchs, sondern kann sich durchaus nur als schlichte Vorbereitungshandlung präsentieren.[1054]

190 Zu den **Unterlassensdelikten** des § 283 Abs. 1 Nrn. 5 Var. 1, 7b setzt der Schuldner unmittelbar an, sobald er die Frist, die ihm das Gesetz noch zur Verfügung stellt, um seinen Pflichten – der Buchführung und der Bilanzerstellung – nachzukommen, in der Absicht (weiter) verstreichen lässt, die notwendigen Handlungen auch bis zum Fristablauf nicht vorzunehmen. Allerdings genügt der rein innerlich gebliebene Vorbehalt, die Pflichten nicht erfüllen zu wollen, nicht, sondern muss der entsprechende Tatentschluss durch äußere Umstände objektiviert werden.[1055] Unüberwindliche Hürden sind damit aber nicht aufgestellt. Vielmehr soll es die Annahme unmittelbaren Ansetzens bereits rechtfertigen, wenn der Täter trotz fortgeschrittenen Fristlaufs keine Anstalten trifft, seine Bücher zu führen bzw. zu bilanzieren. Ebenso sollen vorausgegangene vergleichbare Pflichtverstöße den Schluss gestatten, der Schuldner werde auch künftig seine Pflichten verletzen.

191 Der **Rücktritt** vom versuchten Bankrott richtet sich nach den allgemeinen Regeln (vgl. § 24) und ist selbst dann noch möglich, wenn der Entschluss, nicht weiter zu handeln, auf einer vom Täter nicht beeinflussten Verbesserung der wirtschaftlichen Lage beruht. So bleibt der Täter, der mit Verschleuderungsabsicht Waren bestellt, wegen Rücktritts vom Versuch straflos, der die Waren aufgrund günstiger Marktlage zum Normalpreis oder mit Gewinn verkauft.[1056] Als weiteres Beispiel für einen strafbefreienden Rücktritt vom versuchten Beiseiteschaffen sei der Fall genannt, in dem der Täter ein massezugehöriges Grundstück an den Erwerber auflässt, die Eigentumsumtragung im Grundbuch jedoch verhindert, weil er die anfallenden Gebühren nicht bezahlt.[1057]

1048 Vgl. § 283 Abs. 1 Nr. 3 und o. Rdn. 28 ff.
1049 Zu diesem Bsp. s. LK[12]/*Tiedemann* § 283 Rdn. 200.
1050 Vgl. § 283 Abs. 1 Nr. 6 und o. Rdn. 107.
1051 RGSt **61**, 107, 109; zust. *Sch/Schröder/Heine/Schuster* § 283 Rdn. 64; *Kollmar*, S. 76.
1052 *Sch/Schröder/Heine/Schuster* § 283 Rdn. 64; S/S/W/*Bosch* § 283 Rdn. 35; weitergehend aber *Kollmar*, S. 76.
1053 So aber noch BGH/H GA **1954**, 310; hiergehen überzeugend etwa LK[12]/*Tiedemann* § 283 Rdn. 200.
1054 LK[12]/*Tiedemann* § 283 Rdn. 200.
1055 LK[12]/*Tiedemann* § 283 Rdn. 201.
1056 Zu diesem Bsp. s. LK[12]/*Tiedemann* § 283 Rdn. 203.
1057 RGSt **61**, 107, 109.

XII. Täterschaft und Teilnahme

Bis auf § 283d[1058] normieren die §§ 283 ff. Sonderdelikte. D.h., Täter kann nur ein **Schuldner** bzw. im Falle der §§ 283 Abs. 1 Nrn. 5, 7, 283b ein Schuldner sein, der zugleich **Kaufmann** ist.[1059] Hinzu kommen die „Schuldner kraft Zurechnung“, die gem § 14 zu tauglichen Tätern der §§ 283 ff. avancieren.[1060, 1061] Vor dem Hintergrund dieses limitierten Täterkreises spielt die **mittäterschaftliche Begehung** der §§ 283 ff. – von den wenig praxisrelevanten Konstellationen gesamtschuldnerischer Haftung einmal abgesehen[1062] – regelmäßig nur dann eine Rolle, wenn mehrere Organmitglieder in ihrer Eigenschaft „als Organ“ arbeitsteilig eine Bankrotthandlung vornehmen.[1063] Die Ansicht, die darüber hinaus Mittäterschaft zwischen dem Schuldner bzw. den ihm gleichgestellten Personen (vgl. § 14) und Externen konstruktiv für möglich hält, sofern eine Strafbarkeit gem. § 283 Abs. 2 bzw. gem. § 283 Abs. 4 Nr. 2 im Raum steht, überzeugt schon deshalb nicht, weil der Täterkreis der beiden Tatmodalitäten mit Blick auf die objektive Strafbarkeitsbedingung des § 283 Abs. 6 denselben Restriktionen unterworfen ist wie § 283 Abs. 1.[1064] 192

Ist ein Beteiligter kein Schuldner und rückt er in diese Position auch nicht gem. § 14 ein, richtet sich seine Strafbarkeit – falls nicht ausnahmsweise die Voraussetzungen des § 283d vorliegen – nach den §§ 26, 27. Je nachdem, ob er den Schuldner bzw. den ihm gem. § 14 Gleichgestellten zu der Bankrotttat bestimmt oder aber ihm „lediglich“ bei der Tat Hilfe leistet, haftet er entweder wegen Anstiftung oder wegen Beihilfe zum Bankrott. Der Eintritt der **objektiven Strafbarkeitsbedingung** braucht dabei vom Vorsatz des Teilnehmers nicht umfasst zu sein.[1065] Keine Überzeugungskraft besitzt die früher gelegentlich vertretene, heute aber nicht mehr zu findende Ansicht, die Existenz der Schuldnerbegünstigung stehe einer Strafbarkeit wegen Beihilfe oder Anstiftung zum Bankrott entgegen.[1066] Macht sich der Täter allerdings sowohl gem. § 283d als auch gem. §§ 283, 26 (27) strafbar, verdrängt § 283d die Teilnahme am Bankrott.[1067] 193

Ob sich der Teilnehmer an einer Bankrotttat auf die obligatorische Strafmilderung des **§ 28 Abs. 1** i.V.m. § 49 Abs. 1 berufen kann, darüber streiten Rspr. und Schrifttum. Herrschend dürfte im Schrifttum die Ansicht sein, die die Schuldnereigenschaft nicht zu den besonderen persönlichen Merkmalen i.S.v. § 28 Abs. 1 zählt, sondern sie als sachbezogen klassifiziert.[1068] Lediglich die Krisenbefangenheit im Zeitpunkt der Tat soll nach teilweise vertretener Ansicht zu den besonderen persönlichen Merkmalen rechnen, weshalb § 28 Abs. 1 zwar dem Teilnehmer an 194

1058 S. § 283d Rdn. 1, 6.

1059 Siehe Vor §§ 283 ff. Rdn. 11 u.o. 44.

1060 Zu den Voraussetzungen, unter denen die Zurechnungsoperation des § 14 stattfindet, siehe Vor §§ 283 ff. Rdn. 16 ff.

1061 Näher LK[12]/*Tiedemann* § 283 Rdn. 225.

1062 Zu dieser Konstellation s. etwa *v. Babo*, S. 52; *Kollmar*, S. 79.

1063 *Sch/Schröder/Heine/Schuster* § 283 Rdn. 65; NK/*Kindhäuser* § 283 Rdn. 110; Lackner/Kühl/*Heger* § 283 Rdn. 25; M/R/*Altenhain* § 283 Rdn. 54; AnwK/*Püschel* § 283 Rdn. 34; s.a. G/J/W/*Reinhart* § 283 Rdn. 75.

1064 Richtig LK[12]/*Tiedemann* § 283 Rdn. 226a.

1065 BGH JR **2013**, 465, 466 (insoweit in BGHSt **58**, 115 nicht abgedr.); RGSt **45**, 88, 91 f.; LK[12]/*Tiedemann* § 283 Rdn. 227; implizit auch schon *v. Babo*, S. 53.

1066 Gegen solche Lesart sprach sich zutr. schon *v. Babo*, S. 53 aus; i.E. wie er: *Sch/Schröder/Heine/Schuster* § 283 Rdn. 65; NK/*Kindhäuser* § 283 Rdn. 111; MK/*Petermann/Sackreuther* § 283 Rdn. 88; *Kollmar*, S. 78.

1067 NK/*Kindhäuser* § 283 Rdn. 111; SK/*Hoyer* § 283 Rdn. 121; MK/*Petermann/Sackreuther* § 283 Rdn. 88; Lackner/Kühl/*Heger* § 283 Rdn. 25; S/S/W/*Bosch* § 283 Rdn. 43; AnwK/*Püschel* § 283 Rdn. 34; W/J/S/*Pelz* 9/255.

1068 S/S/*Heine*[28] § 283 Rdn. 65; Lackner/Kühl/*Heger* § 283 Rdn. 25, anders aber in Rdn. 3, wo die Schuldnereigenschaft als besonderes persönliches Merkmal i.S.d. § 28 Abs. 1 klassifiziert wird.

§ 283 Abs. 1 nicht aber dem Teilnehmer an § 283 Abs. 2, Abs. 4 Nr. 2 zugutekommt.[1069] Die überzeugende Gegenansicht, der sich der BGH angeschlossen hat,[1070] qualifiziert bereits die Schuldnereigenschaft als besonderes persönliches Merkmal und wendet deshalb den § 28 Abs. 1 auf sämtliche Tatbestandsmodalitäten des § 283 an.[1071] Begründen lässt sich dieses Ergebnis mit dem Argument, wonach die Schuldnereigenschaft die rechtliche Pflichtenstellung des Handlungssubjekts kennzeichnet und nicht primär die Rechtsgutsverletzung betrifft.[1072] – Steht lediglich Beihilfe gem. § 27 im Raum, ist die Strafe des Gehilfen **doppelt**, nämlich sowohl nach § 27 Abs. 2 als auch nach § 28 Abs. 1 zu mildern.[1073] Die überwiegend vertretene Gegenansicht,[1074] die eine doppelte Milderung jedenfalls dann ablehnt, wenn die Gehilfenstellung ausschließlich auf der fehlenden Tätertauglichkeit beruht,[1075] überzeugt mit Blick auf **§ 50** nicht.[1076] Danach dürfen Milderungsgründe nur unberücksichtigt bleiben, sofern ein minder schwerer Fall mit einem besonderen gesetzlichen Milderungsgrund zusammentrifft. Das Zusammentreffen zweier besonderer gesetzlicher Milderungsgründe regelt § 50 hingegen gerade nicht.[1077]

195 Beschränkt sich der Gehilfenbeitrag darauf, als Geschäftspartner bzw. Mitspieler an Verlust-, Spekulations- oder Differenzgeschäften bzw. den sonstigen Tathandlungen des § 283 Abs. 1 Nr. 2 i.R.d. Geschäfts- bzw. Spielüblichen mitzuwirken, bleibt solches Verhalten unter dem Gesichtspunkt der **notwendigen Teilnahme** straflos. Gleiches gilt für die Erwerber von Waren, die der Schuldner verschleudert, obschon er sie auf Kredit erhalten hat (vgl. § 283 Abs. 1 Nr. 3).[1078] Hingegen kann sich auf den Gedanken der notwendigen Teilnahme nicht der **Scheingläubiger** berufen, der mit dem Schuldner kollusiv zusammenwirkt, um die Existenz weiterer Verbindlichkeiten vorzutäuschen.[1079, 1080]

196 Unterstützt der Teilnehmer den Schuldner, nachdem dieser die Bankrotthandlung vorgenommen hat, aber noch vor Eintritt der objektiven Strafbarkeitsbedingung, kommt richtigerweise „nur" eine Strafbarkeit gem. den §§ 257 ff. in Betracht.[1081] Die Annahme eines **Beendigungsstadiums**, das von der Vornahme der Bankrotthandlung bis hin zum Eintritt der objektiven Strafbarkeitsbedingung reicht und innerhalb dessen sukzessive Teilnahme möglich ist, überzeugt schon angesichts der enormen Länge nicht, die dieses Stadium erreichen kann.

1069 So etwa *Fischer*[60] § 283 Rdn. 38 (zwischenzeitlich [seit 61. Aufl.] aber aufgegeben vgl. § 283 Rdn. 38); noch weiter differenzierend *Brammsen/Ceffinato* NZI **2013**, 619, 622, die den § 28 Abs. 1 nur im Kontext des § 283 Abs. 1 Nrn. 5–7 anwenden wollen.

1070 BGHSt **58**, 115, 117 f. = JR **2013**, 465, 466 m. zust. Anm. *Fauser* ZWH **2013**, 273.

1071 Dafür etwa NK/*Kindhäuser* § 283 Rdn. 111; SK/*Hoyer* Vor § 283 Rdn. 7 und § 283 Rdn. 107; MK/*Petermann/Sackreuther* § 283 Rdn. 87; S/S/W/*Bosch* § 283 Rdn. 41; G/J/W/*Reinhart* § 283 Rdn. 75; M/R/*Altenhain* § 283 Rdn. 55; AnwK/*Püschel* § 283 Rdn. 34; A/R/R/*Himmelreich* Kap. 7/1 Rdn. 188; *Weyand/Diversy* Rdn. 22; Böttger/*Verjans/Rixe* 4/42; *Habetha*, S. 88; *Kraatz* JR **2013**, 466, 472; *Fauser* ZWH **2013**, 273, 274.

1072 LK[12]/*Tiedemann* § 283 Rdn. 228.

1073 So schon – freilich im Kontext des § 2 BauFordSiG – G/v B/*Brand* § 2 BauFordSiG Rdn. 41.

1074 S. etwa LK[12]/*Tiedemann* § 283 Rdn. 228.

1075 NK/*Kindhäuser* § 283 Rdn. 111; allg. dazu *Schünemann* GA **1986**, 293, 341 f.

1076 Dazu s. bereits G/v B/*Brand* § 2 BauFordSiG Rdn. 41.

1077 S/S/*Stree/Kinzig* § 50 Rdn. 6.

1078 Ausführl. zum Ganzen LK[12]/*Tiedemann* § 283 Rdn. 229; s. ferner MK/*Petermann/Sackreuther* § 283 Rdn. 85; NK/*Kindhäuser* § 283 Rdn. 113; SK/*Hoyer* § 283 Rdn. 107; *Sch/Schröder/Heine/Schuster* § 283 Rdn. 65; G/J/W/*Reinhart* § 283 Rdn. 75; M/R/*Altenhain* § 283 Rdn. 55; A/R/R/*Himmelreich* Kap. 7/1 Rdn. 188; W/J/S/*Pelz* 9/125; a.A. Bittmann[1]/*Bittmann* § 12 Rdn. 333.

1079 Vgl. § 283 Abs. 1 Nr. 4 und o. Rdn. 38.

1080 NK/*Kindhäuser* § 283 Rdn. 113; G/J/W/*Reinhart* § 283 Rdn. 75; großzügiger aber M-G/*Richter* Kap. 83 Rdn. 45 in Fällen des Anerkennens.

1081 Zutr. SK/*Hoyer* § 283 Rdn. 108; G/J/W/*Reinhart* § 283 Rdn. 75; M/R/*Altenhain* § 283 Rdn. 55; *Stree* JuS **1965**, 365, 374; a.A. NK/*Kindhäuser* § 283 Rdn. 112; Bittmann[1]/*Bittmann* § 12 Rdn. 334.

XIII. Vollendung, Beendigung, Strafrahmen und Verjährung

1. Vollendung, Beendigung und Verjährung

Die Tat des § 283 Abs. 1 ist mit Vornahme einer Bankrotthandlung, die des § 283 Abs. 2 mit Eintritt des Krisenerfolgs vollendet. Steht der Vorwurf eines Unterlassens gem. § 283 Abs. 1 Nrn. 5 Var. 1, 7b im Raum, tritt **Vollendung** erst mit Ablauf der dem kaufmännischen Schuldner bzw. seinem organschaftlichen Vertreter gewährten Aufstellungsfrist[1082] ein.[1083] Keine Auswirkungen auf den Vollendungszeitpunkt der §§ 283 ff. markiert der Eintritt der objektiven Strafbarkeitsbedingung.[1084] 197

Beendet sind die Taten der §§ 283 ff. nach **h.M.** grds. mit Eintritt der objektiven Strafbarkeitsbedingung.[1085] D.h., die Verjährung gem. § 78a S. 1 fängt regelmäßig ab Zahlungseinstellung, Eröffnung des Insolvenzverfahrens bzw. Abweisung des Eröffnungsantrags mangels Masse an zu laufen.[1086] Etwas anderes gilt nur für die Fälle, in denen der Täter nach dem hier vertretenen Ansatz Handlungen des § 283 Abs. 1 auch noch nach Eintritt der objektiven Strafbarkeitsbedingung bankrottstrafrechtlich relevant begehen kann.[1087] Der Verjährungslauf beginnt hier mit Vornahme der Bankrotthandlung.[1088] Mehr spricht jedoch für die Ansicht, die das Beendigungsstadium i.S.v. § 78a S. 1 autonom, unabhängig vom Eintritt der objektiven Strafbarkeitsbedingung bestimmen will. Danach ist ein Delikt beendet, wenn das geschützte Rechtsgut nicht weiter beeinträchtigt werden kann, der Täter mit anderen Worten sein rechtsverneinendes Tun vollständig vorgenommen hat. Da die objektive Strafbarkeitsbedingung des § 283 Abs. 6 mit dem Unrecht des Bankrotts nichts zu tun hat, markiert die Vornahme der Bankrotthandlung richtigerweise nicht nur das Vollendungs-, sondern auch das Beendigungsstadium.[1089] – Ist der Insolvenzschuldner eine natürliche Person und hat er einen Antrag auf **Restschuldbefreiung** gestellt, soll die Verjährungsfrist nach Ansicht des BGH erst zu laufen beginnen, nachdem das Gericht entschieden hat, dem Schuldner gem § 287a Abs. 1 S. 1 InsO die beantragte Restschuldbefreiung zu erteilen.[1090] Der 1. Strafsenat begründet sein Ergebnis zum einen mit der in der Wohlverhaltensperiode fortbestehenden Auskunftspflicht gem. §§ 20, 97 InsO und zum anderen mit der These, das Tatunrecht sei vollständig erst verwirklicht, wenn das Insolvenzgericht die Restschuldbefreiung erteilt hat.[1091] Beide Argumente überzeugen nicht.[1092] Während die Pflicht der §§ 20, 97 InsO nur bis zum Abschluss des Insolvenzverfahrens, nicht aber für die Dauer der Wohlverhaltensperiode gilt,[1093] erschließt sich anderseits 198

1082 Zu den maßgebenden Fristen s.o. Rdn. 80, 138 ff.

1083 NK/*Kindhäuser* § 283 Rdn. 114; M/R/*Altenhain* § 283 Rdn. 57.

1084 S. nur *Sch/Schröder/Heine/Schuster* § 283 Rdn. 63; M/R/*Altenhain* § 283 Rdn. 57; A/R/R/*Himmelreich* Kap. 7/1 Rdn. 185; Böttger/*Verjans/Rixe* 4/101.

1085 NK/*Kindhäuser* § 283 Rdn. 115; S/S/W/*Bosch* Vorbem §§ 283 ff. Rdn. 15; MAH/*Böttger* § 19 Rdn. 182; Böttger/*Verjans/Rixe* 4/101.

1086 RGSt **16**, 188, 190; RGSt 7, 391, 392; *Fischer* § 283 Rdn. 33, 39; *Sch/Schröder/Heine/Schuster* § 283 Rdn. 70; NK/*Kindhäuser* § 283 Rdn. 115; Lackner/Kühl/*Heger* § 283 Rdn. 31; S/S/W/*Bosch* Vorbem §§ 283 ff. Rdn. 15 und § 283 Rdn. 36; M/R/*Altenhain* § 283 Rdn. 57; AnwK/*Püschel* § 283 Rdn. 32; A/R/R/*Himmelreich* Kap. 7/1 Rdn. 186; MAH/*Böttger* § 19 Rdn. 182; Böttger/*Verjans/Rixe* 4/101; *Oehmichen* FD-StrafR **2016**, 377451; allg. so auch *Stree* JuS **1965**, 465, 473; sehr skeptisch aber *F.-W. Krause* JURA **1980**, 449, 454.

1087 S.o. Vor §§ 283 ff. Rdn. 10.

1088 S. dazu auch, freilich von ihrem der hier vertretenen Ansicht entgegengesetzten Standpunkt LK[12]/*Tiedemann* § 283 Rdn. 221; NK/*Kindhäuser* § 283 Rdn. 115; *Kemperdick* ZInsO **2016**, 1148, 1149 f.

1089 Überzeugend zum Ganzen *Windsberger*, S. 212; so auch *Lenk* ZInsO **2021**, 2721, 2274 f.

1090 BGH NJW **2016**, 1525, 1526 ff.; zust. *Richter* ZInsO **2016**, 1346, 1347 f.

1091 BGH NJW **2016**, 1525, 1526 f.

1092 So i.E. auch *Oehmichen* FD-StrafR **2016**, 377451, ohne dies aber näher zu begründen.

1093 Richtig *Kemperdick* ZInsO **2016**, 1148 f.; a.A., freilich ohne Begründung *Daners* NZI **2016**, 422, 423; ähnl. *Richter* ZInsO **2016**, 1346, 1347 f., der die unterschiedlichen Auskunftspflichten während des Insolvenzverfahrens sowie im Stadium der Wohlverhaltensperiode zwar erkennt, darin jedoch keine rechtlich bedeutsamen Unterschiede erblickt.

nicht, warum in Verfahren ohne Restschuldbefreiung das vollständige Unrecht des Bankrotts schon mit Insolvenzverfahrenseröffnung ungeschmälert zu Tage treten soll.[1094] Mit Blick auf die herrschende und entgegen der hier (Vor §§ 283 ff. Rdn. 10) vertretenen Meinung einfacher hätte der 1. Strafsenat sein Ergebnis begründen können, hätte er den bis zum Ende des Insolvenzverfahrens andauernden Verstoß des Schuldners gegen die §§ 20, 97 InsO als Verheimlichen qualifiziert.[1095] Sämtliche Tatmodalitäten des § 283, also sowohl § 283 Abs. 1 und 2 als auch der Versuch (§ 283 Abs. 3) sowie die Tatbestände des § 283 Abs. 4 und 5 verjähren gem. § 78 Abs. 3 Nr. 4 in **fünf Jahren**.

2. Strafrahmen

199 Der einfache Bankrott des § 283 Abs. 1, 2 droht dem Täter Geldstrafe oder Freiheitsstrafe bis zu fünf Jahren an. Begeht der Täter hingegen „lediglich" eine Tat gem. § 283 Abs. 4, 5, hat er maximal mit zwei Jahren Freiheitsstrafe zu rechnen. In besonders schweren Fällen des Bankrotts reicht der Strafrahmen von sechs Monaten bis zu zehn Jahren (vgl. § 283a). Verletzt der Täter außerhalb einer Krisensituation vorsätzlich seine Buch- bzw. Bilanzführungspflicht, offeriert § 283b Abs. 1 einen Strafrahmen von Geldstrafe bis zu zwei Jahren Freiheitsstrafe, während der Täter, der fahrlässig seinen Buch- bzw. Bilanzführungspflichten nicht nachkommt, nur Freiheitsstrafe bis zu einem Jahr oder Geldstrafe gewärtigen muss (vgl. § 283b Abs. 2). – Wird der Schuldner wegen einer Straftat gem. den §§ 283–283c verurteilt, droht ihm zum einen die Versagung der Restschuldbefreiung (vgl. § 290 Abs. 1 Nr. 1 InsO)[1096] und ereilt ihn zum anderen die **Inhabilität** gem. den §§ 6 Abs. 2 S. 2 Nr. 3b GmbHG, 76 Abs. 3 S. 2 Nr. 3b AktG, d.h., er kann für die Dauer von fünf Jahren seit Rechtskraft der Verurteilung weder das Amt eines GmbH-Geschäftsführers bekleiden noch zum Mitglied eines Vorstands einer Aktiengesellschaft avancieren.

XIV. Konkurrenzen

1. Innerhalb von § 283

200 Da der Eintritt der objektiven Strafbarkeitsbedingung nicht die Kraft besitzt, mehrere Bankrotthandlungen, die der Schuldner gegenüber der (präsumtiven) Masse begangen hat, zu einer einzigen Tat zu verklammern,[1097] bestimmen sich die Konkurrenzen nach allgemeinen Grundsätzen und stehen die einzelnen Bankrotthandlungen deshalb grds. im Verhältnis der **Tatmehrheit** zueinander,[1098] es sei denn, die Ausführungshandlungen überschneiden sich (dann Tateinheit gem. § 52). Diese Grundsätze gelten auch für den Fall, dass der Schuldner hintereinander mehrere unwirtschaftliche Ausgaben (vgl. § 283 Abs. 1 Nr. 2 Var. 4) tätigt, sofern diese nicht aufeinander

---

1094 Zu letzterem Kritikpunkt *Brand* NJW **2016**, 1528.

1095 Zu diesem vom Standpunkt der **h.M.** möglichen Weg s. *Brand* NJW **2016**, 1528; *Kemperdick* ZInsO **2016**, 1148, 1149 f.

1096 Näher etwa M-G/*Richter* Kap. 76 Rdn. 77.

1097 BGHSt **1**, 186, 190 ff.; BGHSt **3**, 23, 26; BGHSt **11**, 145, 147; BGH/H GA **1971**, 38; BGH wistra **1998**, 105, 106 = NStZ **1998**, 192, 193; *Sch/Schröder/Heine/Schuster* § 283 Rdn. 66; MK/*Petermann/Sackreuther* § 283 Rdn. 94; Lackner/Kühl/*Heger* § 283 Rdn. 32; SK/*Hoyer* § 283 Rdn. 120; G/J/W/*Reinhart* § 283 Rdn. 76; M/R/*Altenhain* § 283 Rdn. 58; S/S/W/*Bosch* § 283 Rdn. 42; AnwK/*Püschel* § 283 Rdn. 37; wohl auch *Kollmar*, S. 84 f.; ebenso, trotz gewisser Bedenken NK/*Kindhäuser* § 283 Rdn. 116.

1098 BGHSt **1**, 186, 190 ff.; BGH GA **1978**, 185, 186; BGH/H GA **1971**, 38; *Sch/Schröder/Heine/Schuster* § 283 Rdn. 66; NK/*Kindhäuser* § 283 Rdn. 119; Lackner/Kühl/*Heger* § 283 Rdn. 32; G/J/W/*Reinhart* § 283 Rdn. 76; MK/*Petermann/Sackreuther* § 283 Rdn. 94; M/R/*Altenhain* § 283 Rdn. 58; S/S/W/*Bosch* § 283 Rdn. 42; dezidiert a.A. *Stötter* KTS **1963**, 12, 14 ff.; a.A. war ebenfalls die reichsgerichtliche Rspr.; s. nur RGSt **48**, 117, 118 m.w.N.; RGSt **16**, 188, 190; so auch *v. Babo*, S. 56; auf dieser Linie auch noch BGH JZ **1954**, 56. Ein Formulierungsvorschlag der Urteilsformel, der den Bedenken von *Stötter* KTS **1963**, 12, 14 gerecht zu werden versucht, findet sich bei LK[12]/*Tiedemann* § 283 Rdn. 231.

bezogen sind und deshalb eine **Bewertungseinheit** bilden (dann nur eine Tat).[1099] Die gegenteilige Rspr., die hier generell nur einmal aus § 283 Abs. 1 Nr. 2 Var. 4 (bzw. seinem Vorgänger) verurteilte,[1100] hat sich mit der Aufgabe des **Fortsetzungszusammenhangs**[1101] erledigt. Verheimlicht der Schuldner Massebestandteile, die er bereits zuvor strafrechtlich relevant verheimlicht hat, ein weiteres Mal, begeht er hingegen nur einen Bankrott gem. § 283 Abs. 1 Nr. 1.[1102] Schafft der Schuldner bzw. sein Repräsentant (vgl. § 14) Bestandteile der (präsumtiven) Masse beiseite, tritt ein vorangegangenes Vortäuschen bzw. Anerkennen erdichteter Rechte als **mitbestrafte Vortat**, ein nachträgliches Verheimlichen des beiseite geschafften Vermögensbestandes als **mitbestrafte Nachtat** hinter § 283 Abs. 1 Nr. 1 Var. 1 zurück.[1103] Bleibt das Beiseiteschaffen jedoch im Versuchsstadium stecken, treten die Tathandlungen des Vortäuschens bzw. Anerkennens nicht zurück.[1104] Eine mit der mitbestraften Nachtat tateinheitlich zusammentreffende weitere Tat steht zur „Haupttat" in Tatmehrheit.[1105] Der Auffang- bzw. Grundtatbestand des § 283 Abs. 1 Nr. 8 wird, sofern das schuldnerische Verhalten bereits eine Modalität der Nrn. 1–7 erfüllt, als *lex generalis* von diesen Tatbeständen verdrängt.[1106]

Das Konkurrenzverhältnis der §§ 283 Abs. 1 Nrn. 5–7, 283b Abs. 1 gestaltet sich weitaus komplexer, als ein erster unbefangener Blick vermuten ließe. Wer glaubt, § 283b trete, dem methodischen Grds *„lex specialis derogat lex generalis"* folgend, generell hinter § 283 Abs. 1 Nrn. 5–7 zurück,[1107] der irrt.[1108] Namentlich die Rspr. hat das Verhältnis der §§ 283 Abs. 1 Nrn. 5–7, 283b Abs. 1 zueinander geradezu feinsinnig austariert. So soll der Täter, der bspw. die Bilanzen **zweier Geschäftsjahre** nicht erstellt hat, tatmehrheitlich gem. § 283b Abs. 1 Nr. 3b und gem. § 283 Abs. 1 Nr. 7b haften, sofern die Aufstellungsfrist der ersten Bilanz außerhalb der Krise endete.[1109] Weder der Eintritt der objektiven Strafbarkeitsbedingung noch die gleichzeitige dauerhafte Verletzung der Buchführungspflicht seien geeignet, die beiden Taten zu einer Bewertungseinheit zu verbinden.[1110] Diese Aussagen leiten über zu drei von der Rspr. geprägten Grundsätzen, die seit jeher das Konkurrenzverhältnis der einzelnen in §§ 283 Abs. 1 Nrn. 5–7, 283b Abs. 1 normierten Buch- und Bilanzführungsverstöße zueinander bestimmen: *Erstens*: Zieht der bilanzaufstellungspflichti- 201

1099 Zu dieser Einschränkung G/J/W/*Reinhart* § 283 Rdn. 76; NK/*Kindhäuser* § 283 Rdn. 117; S/S/W/*Bosch* § 283 Rdn. 42 a.E.; näher Bittmann[1]/*Bittmann* § 12 Rdn. 338; weitergehend wohl LK[12]/*Tiedemann* § 283 Rdn. 234, der bei übermäßigem Aufwand in mehrfacher Hinsicht generell nur von einer Tat des § 283 Abs. 1 Nr. 2 ausgeht.

1100 BGHSt **3**, 23, 26, mit dem Hinweis, Aufwand erfasse auch schon sprachlich wiederholte ungerechtfertigte Ausgaben; so auch noch *Sch/Schröder/Heine/Schuster* § 283 Rdn. 17; andeutungsweise auch BGH/H GA **1956**, 348; vgl. ferner im Kontext der Buch- und Bilanzführungsmodalitäten BGHR StGB § 283 Abs. 1 Nr. 5, Konkurrenzen 1.

1101 BGHSt **40**, 138, 145 ff.

1102 BGH wistra **1982**, 231; S/S/W/*Bosch* § 283 Rdn. 42; G/J/W/*Reinhart* § 283 Rdn. 76.

1103 SK/*Hoyer* § 283 Rdn. 120; *Sch/Schröder/Heine/Schuster* § 283 Rdn. 24, 66; MK/*Petermann/Sackreuther* § 283 Rdn. 94; S/S/W/*Bosch* § 283 Rdn. 42; vgl. ferner BGHSt **11**, 145, 146; M-G/*Richter* Kap. 83 Rdn. 39; *Fischer* § 283 Rdn. 41; NK/*Kindhäuser* § 283 Rdn. 120; Lackner/Kühl/*Heger* § 283 Rdn. 32; G/J/W/*Reinhart* § 283 Rdn. 76; M/R/*Altenhain* § 283 Rdn. 58.

1104 LK[12]/*Tiedemann* § 283 Rdn. 234.

1105 LK[12]/*Tiedemann* § 283 Rdn. 234; a.A., von ihrem Standpunkt aus aber konsequent die Rspr; vgl. BGHSt **11**, 145, 147; BGH/H GA **1971**, 38.

1106 LK[12]/*Tiedemann* § 283 Rdn. 233; SK/*Hoyer* § 283 Rdn. 120.

1107 So anscheinend *Hagedorn*, S. 90 f.

1108 Zw. gegenüber einem Spezialitätsverhältnis zwischen § 283b einer- und § 283 Abs. 1 Nrn. 5–7 andererseits *Höfner*, S. 74, der aber hierzu keine Stellung nimmt.

1109 BGH wistra **1998**, 105, 106 = NStZ **1998**, 192, 193.

1110 BGHSt **1**, 186, 192; BGH wistra **1998**, 105, 106 = NStZ **1998**, 192, 193; BGH/H GA **1971**, 38; BGH LM Nr. 1 zu § 240 KO; ebenso *Fischer* § 283 Rdn. 23; SK/*Hoyer* § 283 Rdn. 120; W/J/S/*Pelz* 9/173, 196; *Böhle-Stamschräder* KTS **1957**, 17, 25; a.A. freilich noch RGSt **1**, 101; RGSt **2**, 337, 340; RGSt **6**, 94, 97; RG Rspr. **5**, 52, 53; RG JW **1934**, 841, 843; RG LR **1913**, 703, 704, wonach gegenüber derselben Zahlungseinstellung etc. das Delikt des strafbaren Bankrotts nur einmal begangen werden kann; zust. etwa *v. Babo*, S. 56; *Nieberg*, S. 37; ferner *Büttiker*, S. 33 f., der aber Zahlungseinstellung und Konkurseröffnung dem gesetzlichen Tatbestand zuschlägt; skeptisch gegenüber der These, der Verstoß gegen die Buchführungspflicht sei nicht geeignet, Tateinheit mit der deshalb unterbliebenen Bilanzierung herzustellen, *Sch/Schröder/Heine/Schuster* § 283 Rdn. 37; S/S/W/*Bosch* § 283 Rdn. 42.

ge Täter bspw. vier Geschäftsjahre keine Bilanz, begeht er nicht nur eine Tat des § 283 Abs. 1 Nr. 7b bzw. des § 283b Abs. 1 Nr. 3b, sondern derer vier.[1111] *Zweitens*: Unterlässt es der Kaufmann bzw. Geschäftsleiter hingegen für mehrere Geschäftsjahre seine Bücher zu führen, verwirkt er nur eine Tat des § 283 Abs. 1 Nr. 5 bzw. des § 283b Abs. 1 Nr. 1,[1112] wobei § 283b Abs. 1 Nr. 1 *qua* **Subsidiarität** hinter § 283 Abs. 1 Nr. 5 zurücktritt.[1113] *Drittens*: Treffen ein Verstoß gegen § 283 Abs. 1 Nr. 5 oder § 283b Abs. 1 Nr. 1 sowie ein Verstoß gegen § 283 Abs. 1 Nr. 7b oder § 283b Abs. 1 Nr. 3b aufeinander, liegt regelmäßig Tatmehrheit und nur in besonders gelagerten Konstellationen Tateinheit vor.[1114] Eine solche besonders gelagerte Konstellation, die sowohl die unterbliebene Buch- und Bilanzführung als auch mehrere Taten des § 283 Abs. 1 Nr. 7b bzw. § 283b Abs. 1 Nr. 3b zur Tateinheit verknüpft, nimmt der BGH bspw. an, wenn der vom Täter beauftragte, aber nicht ordnungsgemäß überwachte **Steuerberater** weder die Buch- noch die Bilanzführung fristgerecht erledigt.[1115] Ebenfalls nur eine Tat des § 283 Abs. 1 Nr. 7b bzw. des § 283b Abs. 1 Nr. 3b sei dem Geschäftsführer einer **GmbH & Co. KG** vorzuwerfen, der sowohl die Bilanz der Komplementär-GmbH als auch die Bilanz der Kommanditgesellschaft nicht erstelle, da er die Bilanzierungspflicht gegenüber der Komplementär-GmbH nur erfüllen könne, wenn er zuvor das Vermögen der Kommanditgesellschaft bilanziert habe, mithin ein und dieselbe Unterlassung zu zwei Gesetzesverstößen führe.[1116] Hingegen mache sich sowohl wegen unterbliebener als auch wegen mangelhafter Buchführung strafbar, wer zunächst über einen nicht unerheblichen Zeitraum keine Bücher, später zwar Bücher führt, dabei aber den Anforderungen des Handelsrechts nicht genügt.[1117] Verletzt der Täter seine Pflicht zur Buchführung sowohl vorsätzlich als auch fahrlässig, geht der fahrlässige Verstoß in dem vorsätzlichen auf.[1118]

202 Tateinheit zwischen § 283 Abs. 1 und § 283 Abs. 2 besteht, wenn der Schuldner eine Bankrotthandlung im Zeitpunkt drohender Zahlungsunfähigkeit vornimmt und dadurch gleichzeitig seine Überschuldung bzw. Zahlungsunfähigkeit herbeiführt.[1119] Ließe man hier § 283 Abs. 1 hinter § 283

1111 BGH/H GA **1956**, 348; OLG Frankfurt/M NStZ-RR **1999**, 104; SK/*Hoyer* § 283 Rdn. 120; *Sch/Schröder/Heine/Schuster* § 283 Rdn. 48; W/J/S/*Pelz* 9/196; Pape/Uhländer/*Hofmann* § 283 Bankrott Rdn. 41; ähnlich *Böhle-Stamschräder* § 240 KO Anm 5a; unklar OLG Karlsruhe GA **1975**, 313, 315.

1112 BGHSt **3**, 23, 26 f.; BGH LM Nr. 6 zu § 239 KO; BGH/H GA **1971**, 38; BGH wistra **1998**, 105 f. = NStZ **1998**, 192, 193; BGH NStZ **1995**, 347 = wistra **1995**, 146, 147; s.a. schon RGSt **49**, 276, 277; zust. *Fischer* § 283 Rdn. 23; *Sch/Schröder/Heine/Schuster* § 283 Rdn. 37; S/S/W/*Bosch* § 283 Rdn. 42; W/J/S/*Pelz* 9/173, 199; Pape/Uhländer/*Hofmann* § 283 Bankrott Rdn. 37; *Bittmann/Dreier* NStZ 1995, 105, 108; *Richter* NZI **2002**, 121, 123; *Böhle-Stamschräder* § 239 KO Anm 9d und § 240 Anm 4d; abl. stehen dieser Differenzierung zwischen unterbliebener Buchführung und Bilanzierung etwa *Doster* wistra **1998**, 326, 328; M-G/*Richter* Kap. 85 Rdn. 76; B/*Quedenfeld/Bechtel/Richter* Kap. 22 Rdn. 215; sowie Bittmann[1]/*Bittmann* § 12 Rdn. 339 gegenüber.

1113 BGH wistra **1998**, 105 f. = NStZ **1998**, 192, 193; W/J/S/*Pelz* 9/173, 220, der aber nicht Subsidiarität, sondern Spezialität annimmt.

1114 BGH GA **1978**, 185, 186; so auch M-G/*Richter* Kap. 85 Rdn. 77; *Doster* wistra **1998**, 326, 328; anders noch RGSt **13**, 235, 242 f.; RG LR **1913**, 695, 696, das für den Fall, dass der Täter mehrere Modalitäten des § 210 Nrn. 1–3 KO i.d.F. v. 1877 bzw. § 240 KO a.F. verwirklichte, nur eine Tat des § 210 KO i.d.F. v. 1877 bzw. § 240 KO a.F. annahm; s.a. OLG München wistra **1994**, 278, 279, das Tateinheit zwischen § 283 Abs. 1 Nr. 5 und § 283 Abs. 1 Nr. 7b annahm, weil die Buchhaltungsmanipulationen bis Konkurseröffnung fortbestanden; vgl. ferner W/J/S/*Pelz* 9/176, HambK/*Borchardt* § 283 Rdn. 26, denen zufolge § 283 Abs. 1 Nr. 7 *lex specialis* gegenüber § 283 Abs. 1 Nr. 5 ist.

1115 BGH GA **1978**, 185, 186; BGH/H MDR **1981**, 100; zust. *Sch/Schröder/Heine/Schuster* § 283b Rdn. 10; S/S/W/*Bosch* § 283b Rdn. 4; NK/*Kindhäuser* § 283 Rdn. 118; M-G/*Richter* Kap. 85 Rdn. 75.

1116 BGH/H MDR **1981**, 454 = GA **1981**, 518; NK/*Kindhäuser* § 283 Rdn. 118; *Sch/Schröder/Heine/Schuster* § 283 Rdn. 48; W/J/S/*Pelz* 9/114, 196; G/J/W/*Reinhart* § 283 Rdn. 76; M-G/*Richter* Kap. 85 Rdn. 75; zu Buch- und Bilanzführungsverstößen in Konzernverhältnissen s. Bittmann[1]/*Bittmann* § 12 Rdn. 340.

1117 Grdl. RGSt **49**, 276, 277; zust. LK[12]/*Tiedemann* § 283 Rdn. 235a.

1118 BGH/H GA **1956**, 347; *Sch/Schröder/Heine/Schuster* § 283 Rdn. 37; G/J/W/*Reinhart* § 283 Rdn. 78.

1119 BGH JZ **1979**, 75, 77; NK/*Kindhäuser* § 283 Rdn. 118; SK/*Hoyer* § 283 Rdn. 3; MK/*Petermann/Sackreuther* § 283 Rdn. 94; AnwK/*Püschel* § 283 Rdn. 37; M-G/*Richter* Kap. 81 Rdn. 76; A/R/R/*Himmelreich* Kap. 7/1 Rdn. 189; a.A. LK[12]/*Tiedemann* § 283 Rdn. 233: § 283 Abs. 2 verdrängt den gleichfalls verwirklichten § 283 Abs. 1; zust. S/S/W/*Bosch* § 283 Rdn. 42; so wohl auch G/J/W/*Reinhart* § 283 Rdn. 78.

Abs. 2 zurücktreten, brächte der Tenor nicht das gesamte vom Schuldner verwirkte Unrecht zum Ausdruck. Denn es macht einen erheblichen Unterschied, ob der Schuldner die Bankrotthandlung außer- oder innerhalb einer Krisensituation vornimmt. Verursachen erst mehrere Bankrotthandlungen zusammen die Überschuldung bzw. Zahlungsunfähigkeit, begeht der Täter nur eine Tat des § 283 Abs. 2.[1120]

2. Verhältnis zu anderen Delikten

Zu **Insolvenzverschleppung** und **Untreue** stehen Taten nach den §§ 283 ff. grds. im Verhältnis 203
der Tatmehrheit.[1121] Tateinheit zwischen Untreue und Bankrott besteht hingegen, wenn dieselbe Handlung, etwa das Beiseiteschaffen von Gesellschaftsvermögen durch den gem. § 14 Verantwortlichen, ausnahmsweise beide Tatbestände erfüllt.[1122] Begeht der Täter einen Bankrott gem. § 283 Abs. 1 Nr. 1, um einen zuvor betrügerisch erlangten Vorteil zu sichern, präsentiert sich der Bankrott nicht als mitbestrafte Nachtat des Betrugs, sondern tritt tatmehrheitlich zu § 263 hinzu.[1123] Verwirklicht der Schuldner neben § 283 zusätzlich den Tatbestand des **§ 2 BauFordSiG**, verhalten sich diese beiden Tatbestände richtigerweise tateinheitlich zueinander.[1124] Nichts anderes gilt für das Verhältnis von § 283 zu **§ 37 DepotG.**[1125] Tateinheit soll des Weiteren zwischen **§ 246** und § 283 Abs. 1 Nr. 1 bestehen, falls der Schuldner eine unter Eigentumsvorbehalt gelieferte Sache beiseiteschafft.[1126, 1127] Nebeneinander stehen schließlich auch Bankrott und Steuerhinterziehung (**§ 370 AO**), selbst wenn außer dem Fiskus ein weiterer Gläubiger nicht existiert.[1128] Ob der zahlungsunfähige Schuldner, der im Zeitpunkt einer ihm drohenden Zwangsvollstreckung Vermögensgegenstände mit der Absicht beiseiteschafft, sie dem die Zwangsvollstreckung betreibenden Gläubiger zu entziehen und stattdessen anderen Gläubigern zuzuwenden, neben **§ 288** zudem gem. § 283c haftet, falls später die objektive Strafbarkeitsbedingung eintritt (vgl. § 283c Abs. 3)[1129] oder ob § 283c den § 288 verdrängt,[1130] ist umstritten. Mehr dürfte für die Ansicht sprechen, die dem § 283c den Vorrang einräumt, da der Schutz des einen, die Zwangsvollstreckung betreibenden Gläubigers, wie ihn § 288 bezweckt, vom Schutzzweck der Bankrottdelikte – *scil* den Befriedigungsinteressen sämtlicher Gläubiger; siehe Vor §§ 283 ff. Rdn. 7 – umfasst ist.[1131]

1120 SK/*Hoyer* § 283 Rdn. 120; G/J/W/*Reinhart* § 283 Rdn. 76; anders wohl LK[12]/*Tiedemann* § 283 Rdn. 235a: Tatmehrheit.
1121 S. etwa LK[12]/*Tiedemann* § 283 Rdn. 238 bzgl. § 15a Abs. 4, 5 InsO.
1122 BGHSt **3**, 23, 27; BGH wistra **1995**, 146, 147 (Untreue infolge nicht ordnungsgemäßer Buchführung); LK[12]/*Tiedemann* § 283 Rdn. 239 m.w. Bsp.; a.A. SK/*Hoyer* § 283 Rdn. 122, der ein Exklusivitätsverhältnis zwischen § 266 einer- und § 283 andererseits annimmt.
1123 BGH/H GA **1955**, 365; *Sch/Schröder/Heine/Schuster* § 283 Rdn. 68; *Fischer* § 283 Rdn. 43; SK/*Hoyer* § 283 Rdn. 122; G/J/W/*Reinhart* § 283 Rdn. 81; wohl auch NK/*Kindhäuser* § 283 Rdn. 123; für Tateinheit bei Verschleudern betrügerisch erlangter Waren RGSt **66**, 175, 180.
1124 Ausführl. G/v B/*Brand* § 2 BauFordSiG Rdn. 39; für Vorrang des § 2 BauFordSiG LK[12]/*Tiedemann* § 283 Rdn. 241, falls Geschädigte der Tathandlung ausschließlich die Baugläubiger sind; s. ferner NK/*Kindhäuser* § 283 Rdn. 122: § 2 BauFordSiG ist *lex specialis* zu § 283.
1125 Zutr. LK[12]/*Tiedemann* § 283 Rdn. 241; NK/*Kindhäuser* § 283 Rdn. 122; S/S/W/*Bosch* § 283 Rdn. 44; s.a. *Kollmar*, S. 87; *v. Babo*, S. 59; a.A. *Fischer* § 283 Rdn. 43: § 37 DepotG ist *lex specialis*.
1126 Zum Anwartschaftsrecht als Gegenstand des Beiseiteschaffens s.o. Rdn. 2.
1127 MK/*Petermann/Sackreuther* § 283 Rdn. 96; *Fischer* § 283 Rdn. 43; SK/*Hoyer* § 283 Rdn. 122; M/R/*Altenhain* § 283 Rdn. 58; a.A. S/S/W/*Bosch* § 283 Rdn. 44 und Bittmann[1]/*Bittmann* § 12 Rdn. 342 unter Berufung auf die Subsidiaritätsklausel; vgl. ferner schon RGSt **66**, 175, 178: Bankrott und Unterschlagung schließen sich gegenseitig aus.
1128 BGH NStZ **1987**, 23; *Sch/Schröder/Heine/Schuster* § 283 Rdn. 68; *Fischer* § 283 Rdn. 43; NK/*Kindhäuser* § 283 Rdn. 124; S/S/W/*Bosch* § 283 Rdn. 44; G/J/W/*Reinhart* § 283 Rdn. 81.
1129 Für Idealkonkurrenz RGSt **20**, 214, 215.
1130 Dafür LK[12]/*Tiedemann* § 283 Rdn. 240.
1131 Richtig LK[12]/*Tiedemann* § 283 Rdn. 240; zust. S/S/W/*Bosch* § 283 Rdn. 44.

XV. Internationales Strafrecht

204 Da den (insolvenz-)strafrechtlichen Fragen, die aufkommen, sobald eine Auslandsgesellschaft das Kleid des Gemeinschuldners trägt, Vor §§ 283 ff. Rdn. 70 ff. ein eigener Abschnitt gewidmet ist und die Buchführungspflicht ausländischer Zweigniederlassungen bereits o. Rdn. 59 f. abgehandelt wurde, bleibt hier nur noch der Fall zu erörtern, dass ein Schuldner die inkriminierten Bankrotthandlungen im Ausland vornimmt, die objektive Strafbarkeitsbedingung jedoch im Inland eintritt.[1132] Obschon die objektive Strafbarkeitsbedingung nicht den Erfolg der §§ 283 ff. umschreibt und deshalb **§ 9 Abs. 1** seinem Wortlaut nach eigentlich nicht einschlägig ist,[1133] gelangt die **h.M.** gleichwohl zur Anwendung deutschen Strafrechts.[1134] Zu Recht: Denn § 9 meint nicht den Unrechts-, sondern den Gesamttatbestand, der für die Strafbarkeit maßgebend ist[1135] und umfasst deshalb auch die objektive Strafbarkeitsbedingung, da erst ihr Eintritt die Gläubigerbeeinträchtigung plastisch zu Tage treten lässt.

1132 S. den plakativen Fall RGSt **16**, 188: Nachdem der Schuldner große Teile seines Vermögens in Monte Carlo verspielt hat, eröffnet ein deutsches Gericht das Konkursverfahren über sein Vermögen.

1133 *F.-W. Krause* JURA **1980**, 449, 454.

1134 Dafür etwa BGHSt **42**, 235, 242 f. (am Bsp. des Vollrauschtatbestandes); LK[12]/*Tiedemann* § 283 Rdn. 242a; *Brackmann*, S. 416 ff.; ferner auch RGSt **16**, 188, 190 und RGSt **43**, 84, 85, freilich auf dem Boden seiner damaligen Ansicht, wonach Zahlungseinstellung und Konkurseröffnung Bestandteile des gesetzlichen Tatbestands seien; a.A. aber *Stree* JuS **1965**, 465, 473 f.; *F.-W. Krause* JURA **1980**, 449, 454; wohl auch *Schnorr v. Carolsfeld* Heinitz-FS, S. 765, 769.

1135 BGHSt **42**, 235, 242 f.; LK[12]/*Tiedemann* § 283 Rdn. 242a.

§ 283a Besonders schwerer Fall des Bankrotts

In besonders schweren Fällen des § 283 Abs. 1 bis 3 wird der Bankrott mit Freiheitsstrafe von sechs Monaten bis zu zehn Jahren bestraft. Ein besonders schwerer Fall liegt in der Regel vor, wenn der Täter
1. **aus Gewinnsucht handelt oder**
2. **wissentlich viele Personen in die Gefahr des Verlustes ihrer ihm anvertrauten Vermögenswerte oder in wirtschaftliche Not bringt.**

Schrifttum

Siehe Vor und zu § 283.

Entstehungsgeschichte

Siehe Rdn. 1 ff. Vor § 283.

Übersicht

I. Aufbau und Einordnung der Vorschrift

1 Die **Strafzumessungsvorschrift** des § 283a enthält in Form der Regelbeispielstechnik zwei benannte besonders schwere Fälle des Bankrotts, deren Vorliegen es gestattet, den Täter mit Freiheitsstrafe von sechs Monaten bis zu zehn Jahren zu bestrafen, hierzu aber nicht zwingt, sofern der zur Entscheidung anstehende Einzelfall so sehr vom Regelfall der Nrn. 1 und 2 des § 283a S. 2 abweicht, dass es ungerechtfertigt erschiene, den Täter gleichwohl aus dem erhöhten Strafrahmen des § 283a zu sanktionieren.[1] Daneben normiert § 283a S. 1 unbenannte besonders schwere Fälle; d.h., der Richter darf auch dann aus dem erhöhten Strafrahmen des § 283a verurteilen, wenn der Täter zwar nicht die Voraussetzungen des § 283a S. 2 erfüllt, sein Verhalten jedoch einen Unrechtsgehalt an den Tag legt, der zum einen demjenigen der Nrn. 1 und 2 des S. 2 entspricht[2] und zum anderen mithilfe des von § 283 vorgesehenen Strafrahmens nicht angemessen geahndet werden kann. Hat das Gericht einen besonders schweren Fall festgestellt, ist es regelmäßig ausgeschlossen, eine bloße Geldstrafe zu verhängen (vgl. § 47).[3]

2 Ausweislich seines eindeutigen Wortlauts gilt § 283a nicht nur für den Täter, der vorsätzlich einen Bankrott gem. § 283 Abs. 1 bzw. Abs. 2 begeht, sondern auch für den Täter, der den Bankrott

1 *Sch/Schröder/Heine/Schuster* § 283a Rdn. 2; MK/*Petermann/Hofmann* § 283a Rdn. 1; NK/*Kindhäuser* § 283a Rdn. 1; SK/*Hoyer* § 283a Rdn. 3; M/R/*Altenhain* § 283a Rdn. 1; a.A. wohl A/R/R/*Himmelreich* Kap. 7/1 Rdn. 192.

2 S dazu etwa NK/*Kindhäuser* § 283a Rdn. 1; SK/*Hoyer* § 283a Rdn. 3; MK/*Petermann/Hofmann* § 283a Rdn. 1; M/R/*Altenhain* § 283a Rdn. 1.

3 *Fischer* § 283a Rdn. 1; AnwK/*Püschel* § 283a Rdn. 10.

https://doi.org/10.1515/9783110490220-019

lediglich **versucht** (vgl. § 283 Abs. 3). Ob freilich der Täter, der einen Bankrott versucht und dabei ein Regelbeispiel des § 283a erfüllt, aus dem nicht reduzierten Strafrahmen des § 283a S. 1 haftet, wie mehrheitlich behauptet wird,[4] erscheint hingegen äußerst zweifelhaft.[5] Zwar ordnet der Wortlaut des § 283a S. 1 denselben Strafrahmen an, unabhängig davon ob der Täter den Bankrott vollendet oder versucht hat. Hieraus aber den Schluss zu ziehen, ein Rückgriff auf § 49 sei deshalb gesperrt, überzeugt nicht. Denn wie sich aus § 23 Abs. 2 ergibt, nimmt der strafbare Versuch immer den Strafrahmen des Vollendungsdelikts zum Ausgangspunkt der Strafzumessung und reduziert diesen dort, wo es unangebracht wäre, den Versuchstäter gleich einem Vollendungstäter zu bestrafen. Dass § 283a S. 1 hieran etwas ändern wollte, weil er im Unterschied zu § 23 Abs. 2 nicht ausdrücklich auf § 49 verweist, wäre eine bloße Unterstellung.

II. Regelbeispiele (S. 2)

1. Das Regelbeispiel des § 283a S. 2 Nr. 1

3 Das Regelbeispiel des § 283a S. 2 Nr. 1 droht dem Täter, der die Bankrottat mit **Gewinnsucht** begeht, den erhöhten Strafrahmen des § 283a S. 1 an. Der Wortbestandteil „Sucht" verdeutlicht, dass schlichtes Gewinnstreben nicht genügt, um den Schritt zu § 283a S. 2 Nr. 1 zu gehen und bildet somit den gesetzgeberischen Versuch, der rechtspoltischen Kritik, die schon bei Einführung des § 283a S. 2 Nr. 1 dieser Vorschrift entgegenschlug, den Wind aus den Segeln zu nehmen. Vor diesem Hintergrund versteht man unter Gewinnsucht das ungesunde, besonders rücksichtslose oder sittlich anstößige Streben nach Gewinn um jeden Preis, ohne aber gleichzeitig einen Hang zu entsprechender Gewinnmaximierung zu fordern.[6] Vielmehr verwirklicht das Regelbeispiel bereits, wer nur bei einer Gelegenheit die Bankrottat unter dem bestimmenden Motiv der Gewinnsucht begeht.[7]

4 Mit Gewinnsucht agiert in erster Linie, wem es darum geht, sein Vermögen zu mehren, nicht hingegen der, der durch die Bankrotthandlung lediglich den Zugriff der Gläubiger auf sein Vermögen verhindern will und somit vorrangig **„Sicherungsinteressen"** verfolgt.[8] Prototypen des Regelbeispiels „Gewinnsucht" sind somit Unternehmen, die der Täter zu dem einzigen Zweck ins Leben ruft, illegitime Gewinne zu erwirtschaften, indem er etwa betrügerisch Kapitalanlagen platziert oder es unterlässt, Steuern bzw. Sozialabgaben zu bezahlen.[9] Bezwecken die Bankrotthandlungen wie die Nrn. 1, 4 und 8 des § 283 Abs. 1 jedoch vorrangig die Abwehr des Gläubigerzugriffs und damit keine Vermögensmehrung, kommt § 283a S. 2 Nr. 1 allenfalls in Betracht, wenn der Täter entweder überaus hohe Schäden verursacht[10] oder aber von Anfang an, also noch vor Eintritt der Krise, geplant hat, illegal erlangtes Vermögen auf diese Weise zu sichern. Kaum anders steht es um § 283 Abs. 1 Nr. 2 i.V.m. § 283a S. 2 Nr. 1, dürften doch die dort genannten Bankrotthandlungen

---

4 Etwa von MK/*Petermann*/*Hofmann* § 283a Rdn. 16; *Sch*/*Schröder*/*Heine*/*Schuster* § 283a Rdn. 9 (der aber den „Versuchsaspekt" innerhalb des Sonderstrafrahmens strafmildernd berücksichtigen will); ebenso S/S/W/*Bosch* § 283a Rdn. 1); NK/*Kindhäuser* § 283a Rdn. 3, 13; M/R/*Altenhain* § 283a Rdn. 1; Bittmann[1]/*Bittmann* § 12 Rdn. 351.

5 Zw. auch SK/*Hoyer* § 283a Rdn. 2.

6 Ausführl. zum Ganzen LK[12]/*Tiedemann* § 283a Rdn. 3; s. ferner BTDrucks. 7/3441, S. 37; *Sch*/*Schröder*/*Heine*/*Schuster* § 283a Rdn. 4; NK/*Kindhäuser* § 283a Rdn. 4; MK/*Petermann*/*Hofmann* § 283a Rdn. 5; *Fischer* § 283a Rdn. 2; S/S/W/*Bosch* § 283a Rdn. 2; M/R/*Altenhain* § 283a Rdn. 2; *Weyand*/*Diversy* Rdn. 118; vgl. in anderem Regelungskontext des Weiteren BGHSt **1**, 388, 389 f.; OGHSt **2**, 369, 372; RGSt **60**, 306, 307; RG DR **1940**, 1941, 1943; RG HRR **1936**, 1464; RG HRR **1936**, 1018.

7 LK[12]/*Tiedemann* § 283a Rdn. 3; *Sch*/*Schröder*/*Heine*/*Schuster* § 283a Rdn. 4; s.a. Böttger/*Verjans*/*Rixe* 4/108.

8 Anschaulich SK/*Hoyer* § 283a Rdn. 4 sowie A/R/R/*Himmelreich* Kap. 7/1 Rdn. 194, der von „strategisch angelegte[r] Kriminalität" spricht.

9 Dazu s. LK[12]/*Tiedemann* § 283a Rdn. 4; *Weyand*/*Diversy* Rdn. 118.

10 LK[12]/*Tiedemann* § 283a Rdn. 4; s.a. *Sch*/*Schröder*/*Heine*/*Schuster* § 283a Rdn. 4.

nur bei gezieltem Aushöhlen des schuldnerischen Unternehmens oder bei Privatentnahmen, mithilfe derer der Täter ein neues Unternehmen aufzubauen gedenkt,[11] vorliegen.

2. Das Regelbeispiel des § 283a S. 2 Nr. 2

Um den Täter aus dem Regelbeispiel des § 283a S. 2 Nr. 2 zu bestrafen, muss er wissentlich viele 5
Personen entweder in die Gefahr des Verlustes ihrer ihm anvertrauten Vermögenswerte oder aber in wirtschaftliche Not gebracht haben. Der Wortlaut des § 283a S. 2 Nr. 2 legt das Erfordernis eines Kausalzusammenhangs zwischen der inkriminierten Bankrotthandlung und dem Eintritt der **Verlustgefahr** bzw. der **wirtschaftlichen Notlage** nahe. Allerdings herrscht wenig Einigkeit über die Beschaffenheit dieses Kausalzusammenhangs. Während einerseits der Vorschlag, der eine durchlaufende **Kausalität** von der Bankrotthandlung über die Zahlungseinstellung bzw. Insolvenzeröffnung bis hin zum Eintritt der Verlustgefahr oder der wirtschaftlichen Not fordert,[12] schon deshalb nicht überzeugt, weil sich dadurch der Anwendungsbereich des § 283a S. 2 Nr. 2 entgegen dem eindeutigen Wortlaut des § 283a S. 1 auf Konstellationen des § 283 Abs. 2 verengt,[13] spricht andererseits viel dafür, nicht jede **Mitursächlichkeit** des Täters für die eingetretene Verlustgefahr bzw. wirtschaftliche Not genügen zu lassen, sondern im Gegenteil zumindest bei vorsätzlichem „Opfermitverschulden" die Zurechnung der schweren Folge zum Täter auszuschließen.[14] Vor diesem Hintergrund soll der Kausalzusammenhang bspw. auch entfallen, wenn sich die wirtschaftliche Not bzw. die Vermögensgefährdung unabhängig von der Bankrotthandlung allein als Folge des Unternehmenszusammenbruchs präsentiert.[15] Allerdings bleibt unklar, ob solche Konstellationen – genannt wird der Fall des Unternehmenszusammenbruchs infolge des Ausfalls wichtiger Schuldner[16] – überhaupt den Tatbestand des § 283 erfüllen, dürfte es doch regelmäßig an dem nach **h.M.** erforderlichen Zusammenhang zwischen Bankrotthandlung und objektiver Strafbarkeitsbedingung ermangeln.

Im Unterschied zu § 283a S. 2 Nr. 2 Var. 1, dem eine Gefährdung des dem Täter anvertrauten 6
Vermögens genügt, setzt § 283a S. 2 Nr. 2 Var. 2 einen **Verletzungserfolg** – nämlich den Eintritt einer wirtschaftlichen Notlage – voraus. D.h., überschneiden sich beide Varianten, gefährdet der Täter also ihm anvertrautes Vermögen und bringt dadurch zusätzlich viele Personen in wirtschaftliche Not, geht die zweite der ersten Variante des § 283a S. 2 Nr. 2 vor.[17] Beide Varianten erfordern – anders als § 283a S. 2 Nr. 1, zu dessen Verwirklichung *dolus eventualis* ausreicht – **Wissentlichkeit**. Der Täter muss also die Verlustgefahr bzw. die wirtschaftliche Not sicher voraussehen oder gar anstreben.[18]

a) Gefahr des Verlusts von Vermögenswerten, § 283a S. 2 Nr. 2 Var. 1. Die erste Variante 7
des § 283a S. 2 Nr. 2 erfasst vorrangig die Leiter bzw. Inhaber von **Geldinstituten** sowie die Betreiber von **Kapitalanlagegesellschaften**, weil Anleger ihnen typischerweise Vermögenswerte – etwa

---

11 Zu diesem Bsp. s. LK[12]/*Tiedemann* § 283a Rdn. 4.
12 S. dazu *Fischer* § 283a Rdn. 4; s.a. NK/*Kindhäuser* § 283a Rdn. 6: Kausalität zwischen Handlung und Gefahrerfolg erforderlich.
13 S. bereits Bittmann[1]/*Bittmann* § 12 Rdn. 355.
14 Überzeugend LK[12]/*Tiedemann* § 283a Rdn. 5; ähnlich *Sch/Schröder/Heine/Schuster* § 283a Rdn. 6; weitergehend anscheinend SK/*Hoyer* § 283a Rdn. 7, der den Zurechnungszusammenhang auch bei fahrlässigem Opfermitverschulden ausschließen will; ferner NK/*Kindhäuser* § 283a Rdn. 6: obliegenheitswidriges Opferverhalten trägt maßgeblich zur Gefahrverursachung bei.
15 LK[12]/*Tiedemann* § 283a Rdn. 5; s.a. *Sch/Schröder/Heine/Schuster* § 283a Rdn. 6.
16 LK[12]/*Tiedemann* § 283a Rdn. 5.
17 Allg.M.; s. nur NK/*Kindhäuser* § 283a Rdn. 9.
18 LK[12]/*Tiedemann* § 283a Rdn. 5; ferner SK/*Hoyer* § 283a Rdn. 5.

in Form von Darlehen[19] – anvertrauen,[20] ist hierauf aber nicht beschränkt. Das im Fokus des § 283a S. 2 Nr. 2 Var. 1 stehende Merkmal des **Anvertrautseins** interpretiert die ganz **h.M.** genauso wie bei § 246 Abs. 2[21] und versteht hierunter somit die Hingabe bzw. das Belassen von Vermögenswerten in dem Vertrauen, der Täter werde mit ihnen ausschließlich i.S.d. Anvertrauenden verfahren.[22] Während derjenige Täter relativ unproblematisch aus dem erhöhten Strafrahmen des § 283a S. 2 Nr. 2 Var. 1 haftet, der durch eine Bankrotthandlung Vermögenswerte gefährdet, die er erhalten hat, um sie bspw. gewinnbringend anzulegen, bereitet das Merkmal „anvertraut" erhebliche Schwierigkeiten, sobald der Täter durch dieselbe Bankrotthandlung die Gefahr heraufbeschwört, Einlagen, die Kunden in die, von ihm geleitete Gesellschaft investiert haben, zu entwerten. Folgende Leitlinie hat sich herausgebildet: Verfügt der Anleger, nachdem er seine Einlage erbracht hat, über nahezu keine Kontrollmöglichkeiten – etwa als Kommanditist einer Publikums-Kommanditgesellschaft – soll das Merkmal „anvertraut" erfüllt sein, wohingegen der Aktienerwerb keinen Fall von anvertrauten Vermögenswerten darstellen soll.[23] Angesichts der zahlreichen Anforderungen, denen **Publikums-Kommanditgesellschaften** mittlerweile genügen müssen und eingedenk der ebenfalls nicht gerade umfassend ausgestalteten Kontrollmöglichkeiten der Aktionäre, scheint die soeben referierte Differenzierung kaum nachvollziehbar, beginnt jedoch einzuleuchten, wenn man zweierlei bedenkt: Zum einen ist die Aktiengesellschaft trotz aller richterrechtlich entwickelter Vorgaben immer noch weit stärker „durchnormiert" als die Publikums-Kommanditgesellschaft – so sieht das AktG bspw. zwingend die Einrichtung eines Aufsichtsrates vor, der nicht zuletzt die Interessen der Aktionäre wahrzunehmen hat. Zum anderen kann sich der Aktionär regelmäßig leichter von seiner Anlage lösen als der Anleger, der Anteile an einer Publikums-Kommanditgesellschaft zeichnet. Taugliche Tatobjekte des § 283a S. 2 Nr. 2 Var. 1 sind des Weiteren solche Vermögenswerte, die der Anleger bspw. einer **ausländischen Kapitalgesellschaft** zur Verfügung stellt, hierfür jedoch keine gesellschaftsrechtliche Beteiligung, sondern sog. **Gewinnanteilsscheine** erhält.[24] Ob § 283a S. 2 Nr. 2 Var. 1 schließlich auch die Beteiligung an **Abschreibungsgesellschaften** sowie **Waren- und Lieferantenkredite** erfasst, ist im Schrifttum umstritten, richtigerweise aber zu bejahen. Weder überzeugt es nämlich, die einer Abschreibungsgesellschaft gewährte Einlage deshalb nicht zu den anvertrauten Vermögenswerten zu zählen, weil diese aus steuerlichen Gründen ohnehin verloren sei[25] und dem Täter somit einen Freibrief auszustellen, die eingebrachten Vermögenswerte zu anderen als den vereinbarten Zwecken einzusetzen,[26] noch geht es an, Waren- und Lieferantenkredite ohne jede Begründung vom Einzugsbereich des § 283a S. 2 Nr. 2 Var. 1 auszunehmen,[27] zumal *sub specie* des § 246 Abs. 2 Vermögensgegenstände anvertraut, wer dem Täter Waren unter Eigentumsvorbehalt überlässt und auf sofortige Bezahlung verzichtet.[28]

8 Da dem § 283a S. 2 Nr. 2 Var. 1 eine **konkrete Gefährdung** der anvertrauten Vermögenswerte genügt, bedarf es keines Verlusts derselben, um den Täter aus dem erhöhten Strafrahmen des

---

19 Dazu, dass die Hingabe von Darlehen erfasst wird, s. LK[12]/*Tiedemann* § 283a Rdn. 6; a.A. aber SK/*Hoyer* § 283a Rdn. 6; M/R/*Altenhain* § 283a Rdn. 3.

20 Ausführl. BTDrucks. 7/3441, S. 37 f.; LK[12]/*Tiedemann* § 283a Rdn. 6.

21 *Sch/Schröder/Heine/Schuster* § 283a Rdn. 5; MK/*Petermann/Hofmann* § 283a Rdn. 9; NK/*Kindhäuser* § 283a Rdn. 5.

22 Zu diesem Verständnis des Merkmals „anvertraut sein" im Kontext des § 246 Abs. 2 s. nur BGHSt **16**, 280, 282; *Fischer* § 246 Rdn. 16.

23 S. zu dieser Linie NK/*Kindhäuser* § 283a Rdn. 5; ferner SK/*Hoyer* § 283a Rdn. 6; unklar *Sch/Schröder/Heine/Schuster* § 283a Rdn. 5 und M/R/*Altenhain* § 283a Rdn. 3, die anscheinend jede gesellschaftsrechtliche Kapitaleinlage erfassen wollen.

24 LK[12]/*Tiedemann* § 283a Rdn. 6.

25 Dafür noch SK[4]/*Samson* § 283a Rdn. 4.

26 Grdl. zur Kritik hieran LK[12]/*Tiedemann* § 283a Rdn. 7.

27 So aber *Fischer* § 283a Rdn. 3; vgl. auch S/S/W/*Bosch* § 283a Rdn. 3, der auf Benachteiligung bestimmter Branchen verweist, bei denen die Vereinbarung eines Eigentumsvorbehalts üblich ist sowie AnwK/*Püschel* § 283a Rdn. 5, dem zufolge Warenkreditgeber durch die Eigentumsdelikte bereits hinreichend geschützt sind.

28 MK/*Petermann/Hofmann* § 283a Rdn. 9; SK/*Hoyer* § 283a Rdn. 6; *Weyand/Diversy* Rdn. 121; ebenso auf der Ebene der Unterschlagung BGHSt **16**, 280, 282.

§ 283a S. 1 zu belangen.[29] Weitergehend verwirklicht das Regelbeispiel des § 283a S. 2 Nr. 2 Var. 1 sogar, wer die Gefahr eines **Teilverlusts** evoziert, sofern nur der gefährdete Teil einen großen Ausschnitt des anvertrauten Vermögens repräsentiert.[30] Demzufolge fehlt es an einer konkreten Gefährdung i.S.d. § 283a S. 2 Nr. 2 Var. 1, wenn die Bankrotthandlung des Täters nur einen kleinen Teil des anvertrauten Vermögens gefährdet. Das Schrifttum nennt Schwellenwerte von (unter) einem Drittel bzw. 25 %,[31] die erreicht sein müssen, damit man dem Täter vorwerfen kann, er habe die ihm anvertrauten Vermögenswerte gefährdet.

Die durch die Bankrotthandlung geschaffene Gefahr, anvertraute Vermögenswerte zu verlieren, muss schließlich **viele Personen** betreffen. Mehrheitlich spricht sich das Schrifttum dafür aus, viele Personen erst ab einer Geschädigtenzahl von zehn und mehr anzunehmen.[32] D.h. aber nicht, dass der Täter, der diese Schwelle unterschreitet, indes gleichwohl erhebliche ihm anvertraute Vermögenswerte gefährdet, nur aus dem Regelstrafrahmen des § 283 haftet. Vielmehr liegt in solchen Konstellationen, deren Unrechtsgehalt an die vertypten Regelbeispiele des § 283a S. 2 heranreicht, die Annahme eines unbenannten besonders schweren Falls (vgl. § 283a S. 1) nahe.[33] 9

b) Wirtschaftliche Not, § 283a S. 2 Nr. 2 Var. 2. Wie schon gesehen setzt § 283a S. 2 Nr. 2 Var. 2 den Eintritt der **wirtschaftlichen Not**[34] bei vielen Personen als Erfolg voraus; die Begründung einer – auch konkreten – Gefahr genügt somit nicht. Von wirtschaftlicher Not kann erst die Rede sein, wenn sich das Opfer in einer ernsten wirtschaftlichen Bedrängnis befindet, ohne dass allerdings das Existenzminimum bedroht sein müsste; vielmehr genügt es, wenn dem Opfer infolge der Bankrotthandlung die finanziellen Mittel fehlen, um durchschnittliche materielle und kulturelle Bedürfnisse zu befriedigen.[35] Der Zwang, den gewöhnten Lebensstil einzuengen oder geringfügige bzw. kurzfristige wirtschaftliche Bedrängnis begründen hingegen keine wirtschaftliche Not. Versicherungsleistungen, auch öffentliche wie Arbeitslosen- oder Insolvenzgeld kommen dem Täter zugute, nicht aber der Bezug von Sozialhilfe.[36] 10

Einen wesentlichen Anwendungsfall des § 283a S. 2 Nr. 2 Var. 2 bilden entlassene und dadurch in wirtschaftliche Not geratene Arbeitnehmer.[37] Das Erfordernis, wissentlich viele Personen in wirtschaftliche Not zu bringen, sorgt für die nötige Restriktion und vermeidet es, jeden **Unternehmenszusammenbruch**, der mit der Entlassung mehrerer Arbeitnehmer einhergeht, zu einem besonders schweren Fall (hoch) zu stilisieren.[38] Bankrotthandlungen eines Veräußerers unfertiger Eigenheime erfüllen regelmäßig sowohl § 283a S. 2 Nr. 2 Var. 1 – die Erwerber vertrauen dem Veräußerer ihr Erspartes an, damit er das gewünschte Eigenheim errichtet – als auch § 283a S. 2 Nr. 2 Var. 2, weil die anvertrauten Vermögenswerte zumeist den gesamten Besitz der Geschädigten bilden, ihr Verlust folglich eine wirtschaftliche Notlage herbeiführt.[39] Liegen beide Varianten vor, tritt, nach dem o. Rdn. 6 Ausgeführten, die erste hinter der zweiten zurück. Das Regelbeispiel des 11

29 BTDrucks. 7/3441, S. 38.

30 *Sch/Schröder/Heine/Schuster* § 283a Rdn. 5.

31 SK/*Hoyer* § 283a Rdn. 6; M/R/*Altenhain* § 283a Rdn. 3; AnwK/*Püschel* § 283a Rdn. 6; A/R/R/*Himmelreich* Kap. 7/1 Rdn. 196; Böttger/*Verjans/Rixe* 4/109.

32 NK/*Kindhäuser* § 283a Rdn. 7; MK/*Petermann/Hofmann* § 283a Rdn. 8; AnwK/*Püschel* § 283a Rdn. 4; *Weyand/Diversy* Rdn. 119; Böttger/*Verjans/Rixe* 4/109; s.a. SK/*Hoyer* § 283a Rdn. 5.

33 NK/*Kindhäuser* § 283a Rdn. 7; MK/*Petermann/Hofmann* § 283a Rdn. 8; *Weyand/Diversy* Rdn. 119.

34 Dazu s.o. Rdn. 6.

35 Grdl. zum Ganzen SK/*Hoyer* § 283a Rdn. 7; *Sch/Schröder/Heine/Schuster* § 283a Rdn. 6; ferner MK/*Petermann/Hofmann* § 283a Rdn. 11; S/S/W/*Bosch* § 283a Rdn. 3; M/R/*Altenhain* § 283a Rdn. 4; *Weyand/Diversy* Rdn. 122; enger wohl NK/*Kindhäuser* § 283a Rdn. 8.

36 NK/*Kindhäuser* § 283a Rdn. 8.

37 BTDrucks. 7/3441, S. 38; s.a. *Sch/Schröder/Heine/Schuster* § 283a Rdn. 6; NK/*Kindhäuser* § 283a Rdn. 8; Lackner/Kühl/*Heger* § 283a Rdn. 2; *Weyand/Diversy* Rdn. 122.

38 Dazu s. LK[12]/*Tiedemann* § 283a Rdn. 11.

39 LK[12]/*Tiedemann* § 283a Rdn. 11.

§ 283a S. 2 Nr. 2 Var. 2 soll hingegen nicht verwirklichen, wer durch seine Bankrotthandlung eine bereits bestehende wirtschaftliche Notlage lediglich verstärkt;[40] allerdings liegt die Annahme eines unbenannten besonders schweren Falles nahe.[41]

III. Unbenannte besonders schwere Fälle, § 283a S. 1

12 Weist eine Bankrotttat denselben Unrechts- oder Schuldgehalt auf wie die in § 283a S. 2 benannten Fälle, ohne aber die Voraussetzungen der Nrn. 1 und 2 des § 283a S. 2 zu erfüllen, steht gem. § 283a S. 1 ein **unbenannter besonders schwerer Fall** im Raum. Nahe liegt die Annahme eines unbenannten besonders schweren Falls, wenn der Täter entweder besonders raffiniert vorgeht oder aber das durchschnittliche Maß kriminellen Handels wesentlich überschreitet, indem er eine **Großinsolvenz** verursacht bzw. seinen Gläubigern oder unbeteiligten Dritten besonders hohe Schäden zufügt.[42] Trotz der Verwandtschaft, die zwischen den Regelbeispielen des § 283a S. 2 und den beispielhaft genannten Konstellationen eines unbenannten besonders schweren Falls besteht, erfordert § 283a S. 1 keine Ähnlichkeit mit den gesetzlich vertypten besonders schweren Fällen des § 283a S. 2.[43]

IV. Subjektiver Tatbestand und Versuch

13 Obschon die Regelbeispiele keinen Tatbestand, sondern Strafzumessungsregeln normieren, muss der Täter die Voraussetzungen des jeweiligen besonders schweren Falls **vorsätzlich** verwirklichen, wobei § 283a S. 2 Nr. 2 anders als § 283a S. 2 Nr. 1 **Wissentlichkeit** erfordert; *dolus eventualis* genügt folglich nicht. Was § 283a S. 2 Nr. 1 anbelangt, braucht der Täter die Wertung, die sein Verhalten als **gewinnsüchtig** erscheinen lässt, nicht selbst nachvollzogen zu haben. Vielmehr genügt es, wenn er sämtliche Umstände kennt, die das Urteil eines gewinnsüchtigen Vorgehens begründen.[44] War dem Täter hingegen nicht bewusst, dass seine Bankrotthandlungen viele Personen in wirtschaftliche Not bringen würde, fehlt ihm die von § 283a S. 2 Nr. 2 Var. 2 geforderte Wissentlichkeit und haftet er – sofern kein unbenannter besonders schwerer Fall in Betracht kommt – lediglich aus dem Regelstrafrahmen des § 283.[45]

14 Nach dem insoweit eindeutigen Wortlaut des § 283a S. 1 ist jedenfalls der Fall eines **versuchten Bankrotts** i.V.m. einem vollendeten Regelbeispiel konstruktiv möglich. D.h., versucht der Täter, eine Bankrotthandlung des § 283 Abs. 1 Nrn. 1–8 vorzunehmen und handelt er dabei gewinnsüchtig bzw. schwört er bereits durch den Versuch die Gefahr herauf, ihm anvertraute Vermögenswerte vieler Personen zu verlieren, richtet sich seine Bestrafung nach dem – fakultativ zu mildernden; vgl. § 49[46] – Strafrahmen des § 283a S. 1. Ob aus dem erhöhten Strafrahmen des § 283a S. 1 auch haftet, wer eine Bankrotthandlung versucht und dabei erkennt, dass diese – sollte der Versuch gelingen – eine Vielzahl von Personen in wirtschaftliche Not bringen kann, darüber herrscht keine Einigkeit. Angesichts des Strafzumessungscharakters, den die Regelbeispiele des § 283a S. 2 tragen, spricht mehr für die Ansicht, die hier § 283a S. 2 nicht anwendet.[47] Allerdings soll aufgrund

---

40 MK/*Petermann*/*Hofmann* § 283a Rdn. 13; *Sturm* JZ **1977**, 84, 87 am Bsp. des strafbaren Wuchers.

41 Zum Ganzen Lackner/Kühl/*Heger* § 283a Rdn. 2; s.a. MK/*Petermann*/*Hofmann* § 283a Rdn. 13.

42 Näher *Sch*/*Schröder*/*Heine*/*Schuster* § 283a Rdn. 7; MK/*Petermann*/*Hofmann* § 283a Rdn. 14; NK/*Kindhäuser* § 283a Rdn. 11; *Fischer* § 283a Rdn. 5; s. ferner auch MAH/*Böttger* § 19 Rdn. 180.

43 LK[12]/*Tiedemann* § 283a Rdn. 12; s.a. Lackner/Kühl/*Heger* § 283a Rdn. 2.

44 LK[12]/*Tiedemann* § 283a Rdn. 13; vgl. des Weiteren MK/*Petermann*/*Hofmann* § 283a Rdn. 15, die darauf hinweisen, dass *dolus eventualis* und Gewinnsucht regelmäßig nicht miteinander kompatibel sein werden.

45 S. dazu nur LK[12]/*Tiedemann* § 283a Rdn. 13.

46 Dazu, dass der Strafrahmen gemildert werden darf, s.o. Rdn. 2.

47 Zutr. LK[12]/*Tiedemann* § 283a Rdn. 14; a.A. freilich BGHSt **33**, 370, 373 ff. im Kontext des § 243.

einer Gesamtbetrachtung die Annahme eines unbenannten besonders schweren Falls denkbar sein, falls sich der Täter den Eintritt wirtschaftlicher Not immerhin vorstellt.[48]

V. Teilnahme

Die Gewinnsucht i.S.d. § 283a S. 2 Nr. 1 bildet ein **täterbezogenes Merkmal**, das zur Anwendung des § 28 Abs. 2 führt. D.h., der Mittäter oder Teilnehmer eines gewinnsüchtig verübten Bankrotts haftet nur dann aus dem erhöhten Strafrahmen des § 283a S. 2 Nr. 1, wenn ihn selbst Gewinnsucht leitet.[49] Verwirklicht hingegen der Mittäter bzw. der Teilnehmer die Voraussetzungen des § 283a S. 2 Nr. 2 nicht in eigener Person, können sie ihm, weil es sich hierbei um tatbezogene Merkmale (vgl. § 28 Abs. 1) handelt, nur zugerechnet werden, falls er um ihr Vorliegen weiß. Da § 283a S. 2 Nr. 2 eine Strafzumessungsvorschrift normiert, die Akzessorietätsgrundsätze also nicht uneingeschränkt gelten, kann der Teilnehmer selbst dann aus dem Regelbeispiel des § 283a S. 2 Nr. 2 belangt werden, sofern zwar er, nicht aber der Haupttäter den Eintritt der Verlustgefahr bzw. der wirtschaftlichen Not erkennt.[50] 15

48 S. dazu LK[12]/*Tiedemann* § 283a Rdn. 14, der aber sogleich relativierend festhält, dass es i.R.d. Strafzumessung grds. nur auf die tatsächlich eingetretenen, nicht hingegen auf bloß vorgestellte Folgen ankommt; vgl. ferner NK/*Kindhäuser* § 283a Rdn. 13.

49 *Sch/Schröder/Heine/Schuster* § 283a Rdn. 10; MK/*Petermann/Hofmann* § 283a Rdn. 17; NK/*Kindhäuser* § 283a Rdn. 14; SK/*Hoyer* § 283a Rdn. 9; M/R/*Altenhain* § 283a Rdn. 5; A/R/R/*Himmelreich* Kap. 7/1 Rdn. 202.

50 *Sch/Schröder/Heine/Schuster* § 283a Rdn. 10; MK/*Petermann/Hofmann* § 283a Rdn. 18; a.A. SK/*Hoyer* § 283a Rdn. 9: nur unbenannter besonders schwerer Fall denkbar; ebenso M/R/*Altenhain* § 283a Rdn. 5; NK/*Kindhäuser* § 283a Rdn. 14.

§ 283b Verletzung der Buchführungspflicht

(1) Mit Freiheitsstrafe bis zu zwei Jahren oder mit Geldstrafe wird bestraft, wer

1. Handelsbücher, zu deren Führung er gesetzlich verpflichtet ist, zu führen unterläßt oder so führt oder verändert, daß die Übersicht über seinen Vermögensstand erschwert wird,

2. Handelsbücher oder sonstige Unterlagen, zu deren Aufbewahrung er nach Handelsrecht verpflichtet ist, vor Ablauf der gesetzlichen Aufbewahrungsfristen beiseite schafft, verheimlicht, zerstört oder beschädigt und dadurch die Übersicht über seinen Vermögensstand erschwert,

3. entgegen dem Handelsrecht

a) Bilanzen so aufstellt, daß die Übersicht über seinen Vermögensstand erschwert wird, oder

b) es unterläßt, die Bilanz seines Vermögens oder das Inventar in der vorgeschriebenen Zeit aufzustellen.

(2) Wer in den Fällen des Absatzes 1 Nr. 1 oder 3 fahrlässig handelt, wird mit Freiheitsstrafe bis zu einem Jahr oder mit Geldstrafe bestraft.

(3) § 283 Abs. 6 gilt entsprechend.

Schrifttum

Siehe Vor und zu § 283, insbes. *Bales* Zivil- und strafrechtliche Haftungsgefahren für Berater und Insolvenzverwalter in der Krise und der Insolvenz, ZInsO **2010**, 2073; *Dreher* Zur Problematik des § 283b Abs. 2 StGB, MDR **1978** 724; *H. Schäfer* Die Verletzung der Buchführungspflicht in der Rechtsprechung des BGH, wistra **1986** 200; *Wilhelm* Strafbares Verhalten und objektive Strafbarkeitsbedingung bei § 283b I Nr. 3b StGB, NStZ **2003** 511.

Entstehungsgeschichte

Siehe Rdn. 1 ff. Vor § 283.

Übersicht

I. Aufbau und Einordnung des Tatbestandes (Bedeutung der Buchdelikte und der objektiven Strafbarkeitsbedingung)

1 Gem. § 283b Abs. 1 macht sich strafbar, wer entweder **außerhalb** oder in **subjektiver Unkenntnis** der Krise[1] eine der in den Nrn. 1–3 genannten, inkriminierten Verhaltensweisen begeht, sofern er (später) seine Zahlungen einstellt oder über sein Vermögen das Insolvenzverfahren eröffnet bzw. dessen Eröffnung mangels Masse abgelehnt wird (vgl. § 283b Abs. 3 i.V.m. § 283 Abs. 6).[2] Unter

1 BGH NStZ **2000**, 206; *Schlüchter* JR **1979**, 513; ferner NK/*Kindhäuser* § 283b Rdn. 1; MK/*Petermann*/*Hofmann* § 283b Rdn. 4; M-G/*Richter* Kap. 85 Rdn. 65; MAH/*Böttger* § 19 Rdn. 166; *Louis* S. 175.

2 Grdl. BGHSt **28**, 231, 233.

https://doi.org/10.1515/9783110490220-020

Legitimationsgesichtspunkten bereitet § 283b allerdings gewisse Bedenken.[3] Denn gem. § 283b haftet bereits, wer vorsätzlich oder fahrlässig den Buch- bzw. Bilanzierungsvorschriften zuwiderhandelt, wohingegen das HGB nur bestimmte vorsätzlich begangene Verstöße gegen Bilanzierungsvorgaben als Ordnungswidrigkeit ahndet (vgl. § 334 HGB).[4] Da § 283b darüber hinaus auch dem wirtschaftlich gesunden Täter, der seine Bücher bzw. Bilanzen nicht oder nicht richtig führt, Kriminalstrafe androht, wenn irgendwann die Bedingung des § 283b Abs. 3 i.V.m. § 283 Abs. 6 eintritt, ist die Kritik, § 283b normiere eine verfassungsrechtlich unzulässige Erfolgshaftung,[5] nicht leicht von der Hand zu weisen.[6] Ob sich diese Legitimationsbedenken freilich ausräumen lassen, indem man *contra legem* die objektive Strafbarkeitsbedingung des § 283b Abs. 3 i.V.m. § 283 Abs. 6 als tatbestandlichen Erfolg interpretiert, erscheint indes zweifelhaft. Zum einen wäre eine solche Interpretation nicht mit dem eindeutigen Willen des Gesetzgebers vereinbar. Zum anderen dürfte sich kaum einmal der Nachweis führen lassen, die gem. § 283b Abs. 1 inkriminierte Verhaltensweise sei für den Zusammenbruch kausal gewesen.[7] Hinzu kommt: Dem Gesetzgeber des 1. WiKG ging es mit § 283b darum, die Wichtigkeit **kaufmännischer Buchführung und Bilanzierung** sowohl für den kaufmännischen Betrieb i.F.d. Selbstinformation als auch für die Gläubiger und einen späteren Insolvenzverwalter zu unterstreichen.[8] Denn Unternehmenszusammenbrüche resultieren nicht selten aus einer fehlenden oder fehlerhaften Buchführung und Bilanzierung, weil sie dem kaufmännischen Unternehmer bzw. seinem Geschäftsleiter die wahre wirtschaftliche Situation des Betriebs verschleiern und ihn dadurch womöglich zu riskanten Engagements animieren, deren Fehlgehen letztlich in die Unternehmenskrise mündet.[9]

Den Tatbestand des § 283b hat der Gesetzgeber des 1. WiKG als **abstraktes Gefährdungsde- 2
likt** ausgestaltet. Zu einer Vermögensgefährdung der Gläubiger durch die fehlerhafte oder fehlende Buchführung bzw. Bilanzierung muss es folglich nicht kommen.[10] Vielmehr verwirklicht den Tatbestand bereits der kaufmännisch organisierte Schuldner bzw. sein Geschäftsleiter, der seine Bücher oder Bilanzen nicht bzw. fehlerhaft führt oder diese vernichtet, bevor die handelsrechtlich vorgegebenen Aufbewahrungsfristen abgelaufen sind.

II. Täterkreis

Tauglicher Täter des § 283b kann nur der **kaufmännisch organisierte Schuldner** sein, da § 283b 3
wie § 283 Abs. 1 Nrn. 5, 7 an die handelsrechtlich Buchführungs- und Bilnazierungspflicht anknüpft. Im Unterschied zu seinem Pendant bei § 283, dem § 283 Abs. 1 Nr. 6, gilt das auch für § 283b Abs. 1 Nr. 2. Während nämlich die Tathandlungen des § 283b Abs. 1 Nrn. 1, 3 mit denen des § 283 Abs. 1 Nrn. 5, 7 identisch sind, formuliert § 283b Abs. 1 Nr. 2 das strafwürdige Verhalten partiell anders als § 283 Abs. 1 Nr. 6. Im Unterschied zu § 283 Abs. 1 Nr. 6, der von Handelsbüchern und sonstigen Unterlagen, die ein Kaufmann aufzubewahren hat, spricht, verwendet § 283b Abs. 1 Nr. 2 statt des Nomens „Kaufmann" das Personalpronomen „er". Für § 283b Abs. 1 Nr. 2 bedeutet

3 S. schon *Dreher* MDR **1978**, 724: „verfassungsrechtlich dubios".
4 Grdl. zu dieser Inkonsistenz *Windsberger* S. 221.
5 *Windsberger* S. 226.
6 S. aber *Schlüchter* JR **1979**, 513, der zufolge die von §§ 283 Abs. 1 Nrn. 5–7, 283b Abs. 1 strafbewehrten Pflichtverletzungen eine krasse Gläubigergefährdung begründen und deshalb schon als solche – also ohne Hinzutreten einer Krise oder dergleichen – strafwürdig sind.
7 Näher dazu *Windsberger* S. 222.
8 BTDrucks. 7/3441 S. 38.
9 *Schlüchter* MDR **1978**, 977, 979.
10 *Sch/Schröder/Heine/Schuster* § 283b Rdn. 1; MK/*Petermann/Hofmann* § 283b Rdn. 6; *Schlüchter* JR **1979**, 513, 514.

das: Tauglicher Täter kann nur der kaufmännisch tätige Schuldner sein.[11] Zum Täterkreis des § 283 Abs. 1 Nr. 6 s.o. § 283 Rdn. 101 ff.

4 *In praxi* dominiert der einzelkaufmännisch organisierte Schuldner bei § 283b freilich genausowenig wie bei § 283 Abs. 1 Nrn. 5–7 (s. dort Rdn. 45). Der Vorwurf, den Tatbestand des § 283b verwirklicht zu haben, richtet sich auch hier v.a. gegen die **Organwalter von Personenverbänden**. Um sie gem. § 283b bestrafen zu können, bedarf es des § 14.[12] Nur wenn es gelingt, den beschuldigten Organwaltern neben der Schuldner- auch die Kaufmannsposition gem. § 14 Abs. 1 zuzurechnen, ist eine auf § 283b gestützte Anklage erfolgsverprechend. Die Zurechnungsoperation verläuft dabei in denselben Bahnen wie bei § 283 Abs. 1 Nrn. 5–7; auf die dortigen Ausführungen sei deshalb verwiesen (Rdn. 46 ff., 51 ff.).

5 Strafrechtliche Risiken birgt § 283b darüber hinaus für solche **Berater des kaufmännischen Unternehmens**, die vertraglich die Pflicht übernommen haben, die Bücher zu führen und die Bilanzen zu erstellen.[13] Über § 14 Abs. 2 S. 1 Nr. 2 ist es möglich, ihnen den Gemeinschuldner- und Kaufmannsstatus des Unternehmens zuzurechen und damit die Grundlage für eine Bestrafung aus dem Sonderdelikt des § 283b zu schaffen.[14] Allerdings erlangen der Unternehmer bzw. seine organschaftlichen Vertreter keine generelle Straffreiheit *sub specie* des § 283b, sobald sie Dritte damit beauftragen die Bücher zu führen und die Bilanzen zu erstellen. Vielmehr haben sie den Auftragnehmer, der vertraglich die Pflicht zur Buchführung oder Bilanzerstellung übernommen hat, zu überwachen, andernfalls – *scil.* bei vom Auftragnehmer verursachten Fehlern – ihnen womöglich auch strafrechtliches Ungemach droht (näher o. § 283 Rdn. 57).

III. Tathandlungen

6 Die Tathandlungen des § 283b Abs. 1 Nrn. 1–3 sind mit denen des § 283 Abs. 1 Nrn. 5–7 weitgehend identisch. Während § 283b Abs. 1 Nrn. 1, 3 dem § 283 Abs. 1 Nrn. 5, 7 buchstabengetreu nachgebildet ist (insofern kann auf die Ausführungen zu § 283 Abs. 1 Nrn. 5, 7 verwiesen werden; s. bei § 283Rdn. 64 ff., 109 ff.), weicht § 283b Abs. 1 Nr. 2 – wie gesehen (Rdn. 3) – geringfügig vom Wortlaut des § 283 Abs. 1 Nr. 6 ab. D.h.: Tatgegenstand des § 283b Abs. 1 Nr. 2 können nur **kaufmännische Handelsbücher** i.S.d. **§ 257 HGB** und sonstige Unterlagen sein. An Büchern, die ein nicht kaufmännisch organisierter Schuldner **freiwillig** geführt hat, und die er, nachdem er zum Kaufmann avanciert ist, beiseite schaffft, vernichtet etc., kann er den Tatbestand des § 283b Abs. 1 Nr. 2 nicht verwirklichen.

7 Erstellt der Kaufmann ordnungsgemäße Bücher und Bilanzen, bleibt er gem. § 283b straflos. Ob das auch gilt, wenn der Kaufmann neben den ordnungsgemäßen Büchern und Bilanzen **geschönte** Bücher und Bilanzen herstellt, um diese bspw. einem Kreditinstitut vorzulegen, ist umstritten. Vereinzelt findet sich die Ansicht, die den Kaufmann in diesem Fall gem. § 283b Abs. 1 Nrn. 1, 3 bestrafen will.[15] Begründen lässt sich diese Ansicht unter Rekurs auf den Schutzzweck des § 283b, der nicht nur ein „Blindwirtschaften" des Kaufmanns verhindern, sondern darüber hinaus die Interessen der Gläubiger an der Vorlage ordnungsgemäß erstellter Bücher und Bilanzen schützen will.[16] Dennoch verdient die **h.M.**, die den Kaufmann, der einzelnen Gläubigern

---

11 NK/*Kindhäuser* § 283b Rdn. 2; anders wohl *Mühlberger* DStR **1978**, 211, 214, dem zufolge § 283b Abs. 1 Nr. 2 weiter gefasst ist als § 283 Abs. 1 Nr. 6 und auch solche Täter einschließt, die keine handelsrechtlichen Aufbewahrungspflichten trifft.

12 S. nur *Mühlberger* DStR **1978**, 211, 214.

13 S. nur *Bales* ZInsO **2010**, 2073, 2076.

14 *Ehlers* DStR **1999**, 461; *Mühlberger* DStR **1978**, 211, 214.

15 Dafür *Schäfer* wistra **1986**, 200, 201.

16 Zu diesem Begründungstopos s. *Schäfer* wistra **1986**, 200, 201, der zudem darauf hinweist, dass ohne einen Blick in die ordnungsgemäß geführten Bücher und folglich nicht ohne einen gewissen Aufwand nicht geklärt werden kann, welche von mehreren unterschiedlichen Bilanzen die richtige ist.

geschönte Bücher oder Bilanzen vorlegt, daneben aber eine ordnungsgemäße Buchhaltung und Bilanzierung vorhält, vom Vorwurf des § 283b freispricht,[17] den Vorzug. Zum einen verhindern ordnungsgemäß geführte Bücher und Bilanzen die Gefahr, dass der Kaufmann, der seine wirtschaftliche Lage nicht kennt, Risiken eingeht, die sein Unternehmen in eine wirtschaftliche Schieflage bringen können.[18] Zum anderen stehen Tatbestände wie die **§§ 263, 265b** bereit, um die Vorlage gefäschter Bücher oder Bilanzen mit dem Ziel, bspw. einen Kredit zu erschleichen, angemessen zu ahnden.[19] Darüber hinaus kommt eine Strafbarkeit gem. **§ 283 Abs. 1 Nr. 8** in Betracht, falls der Kaufmann die verfälschten Bücher oder Bilanzen seinen Kreditgebern vorlegt, nachdem sein Unternehmen in das Stadium der von § 283 Abs. 1 umschriebenen Krise geraten ist und sofern später der Kaufmann entweder seine Zahlungen eingestelt hat oder über sein Vermögen das Insolvenzverfahren eröffnet bzw. mangels Masse nicht eröffnet wurde.[20] Eines Rückgriffs auf § 283b bedarf es daneben nicht.

IV. Vorsatz und Fahrlässigkeit

Die Tatbestände des § 283b Abs. 1 Nrn. 1, 3 sind nicht nur **vorsätzlich**, sondern gem. § 283b Abs. 2 8
auch **fahrlässig** begehbar. Entgegen anderlautender Vorschläge, die dahin gingen, den § 283b insgesamt als Vorsatzdelikt auszugestalten,[21] hat sich der Gesetzgeber letztendlich dafür entschieden, mit § 283b Abs. 2 die Rechtslage zu übenehmen, die die Rechtsprechung für den Vorgänger des § 283b, den § 240 KO a.F., entwickelt hat. Obschon § 240 KO a.F. eine Fahrlässigkeitsstrafbarkeit nicht ausdrücklich vorsah, hat der BGH sich auf den Standpunkt gestellt, strafbar mache sich gem. § 240 KO a.F. auch, wer die Bücher oder Bilanzen fahrlässig nicht bzw. nicht ordnungsgemäß führe. Begründet hat der BGH diese Ansicht zum einen unter Rückgriff auf die Genese des Tatbestands[22] und zum anderen mit dem Willen des Gesetzgebers, dessen Schweigen zur Fahrlässigkeitsstrafbarkeit er die Aussage entnahm, der Gesetzgeber des § 240 KO a.F. habe an der schon vorher bestehenden Strafbarkeit fahrlässig unterbliebener bzw. ordnungswidriger Buchführung oder Bilanzierung nichts ändern wollen.[23] Ob diese Lesart des § 240 KO a.F. überzeugte, kann heute offen bleiben. Denn mit dem 1. WiKG hat der Gesetzgber, der Vorgabe des § 15 folgend, die Fahrlässigkeitsstrafbarkeit in § 283b Abs. 2 ausdrücklich normiert. Indem der Gesetzgeber eine Fahrlässigkeitsstrafbarkeit anordnete, wollte er vor allem die Fälle erfassen, in denen ein Geschäftsleiter seine Buchführungs- und Bilanzierungspflicht an einen Dritten, bspw. einen **Steuerberater**, delegiert, diesen aber nicht ordnungsgemäß überwacht.[24] Ordnete § 283b nur eine Vorsatzstrafbarkeit an, wären solche Konstellationen gem. § 283b nicht zu erfassen, da der **Überwachungsmangel** des Geschäftsleiters lediglich einen Fahrlässigkeitsvorwurf begründet.[25] Dieses Ziel hat der Gesetzgeber mit § 283b Abs. 2 erreicht, da die unsorgfältige Auswahl und Beaufsichtigung von beauftragten Personen Hauptanwendungsfälle des § 283b Abs. 2 bilden.[26] Daneben haftet der kaufmännische Schuldner bzw. sein Organwalter oder sonstiger Vertreter i.S.d. § 14 auch für fahrlässig verursachte Buchführungs- und Bilanzierungsmängel sowie die fahrlässig unter-

---

17 So BGH NJW **1981**, 2206, 2207; aus dem Schrifttum etwa MK/*Petermann/Hofmann* § 283b Rdn. 12.

18 Dazu s. MK/*Petermann/Hofmann* § 283b Rdn. 12; *Wilhelm* NStZ **2003**, 511, 512.

19 MK/*Petermann/Hofmann* § 283b Rdn. 12; a.A. *Schäfer* wistra **1986**, 200, 201, der – von seinem Standpunkt aus konsequent – Tateinheit mit dem Tatbestand des § 265b annimmt.

20 LK[12]/*Tiedemann* § 283b Rdn. 8, allerdings nur für den Fall des wiederholten Gebrauchs der gefälschten Bücher/Bilanzen zu Täuschungszwecken.

21 S. den Regierungsentwurf zum 1. WiKG, BTDrucks. 7/3441, S. 38.

22 BGHSt **15**, 103, 104 ff.

23 BGHSt **15**, 103, 105 f.

24 Zu diesem Regelungsziel s. BTDrucks. 7/5291, S. 19.

25 S. nur NK/*Kindhäuser* § 283b Rdn. 4; MK/*Petermann/Hofmann* § 283b Rdn. 15.

26 S. etwa BGH NStZ **2000**, 206; ferner *Sch/Schröder/Heine/Schuster* § 283b Rdn. 5.

bliebene Buchführung bzw. Bilanzierung. Insofern sei auf die Ausführungen zu § 283 Rdn. 186 verwiesen.

9 Auf die **objektive Strafbarkeitsbedingung** des § 283b Abs. 3 i.V.m. § 283 Abs. 6 braucht sich die Fahrlässigkeit nicht zu beziehen. Die gegenteilige Ansicht[27] verkennt den Charakter des § 283b Abs. 3 als eine objektive Strafbarkeitsbedingung und ignoriert zugleich den Willen des Gesetzgebers. Insbes. die Annahme, die Missachtung der Buchführungs- und Bilanzierungspflichten begründe bloßes **Ordnungsunrecht**,[28] passt nicht zu der Bedeutung, die der Gesetzgeber diesen Pflichten beimisst.[29] Sie hat sich deshalb zu Recht nicht durchgesetzt und ist ganz vereinzelt geblieben.

V. Objektive Bedingung der Strafbarkeit

10 Die Vorschrift des § 283b Abs. 3 macht die Strafbarkeit gem. § 283b Abs. 1 vom Eintritt einer **objektiven Strafbarkeitsbedingung** abhängig, die durch die Geltungsverweisung mit § 283 Abs. 6 identisch ist. Wann der Schuldner seine Zahlungen eingestellt hat bzw. wann über sein Vermögen das Insolvenzverfahren eröffnet oder mangels Masse nicht eröffnet wurde, folgt bei § 283b Abs. 3 denselben Regeln wie bei § 283 Abs. 6 (Vor §§ 283 ff. Rdn. 62 f.). Hingegen lässt sich der Vorschlag, auf einen **tatsächlichen Zusammenhang** zwischen Bankrotthandlung und objektiver Bedingung der Strafbarkeit zu verzichten (Vor §§ 283 ff. Rdn. 65), auf § 283b nicht übertragen. Denn die Legitimationsbedenken gegenüber den Vorläufern des § 283 treffen den § 283b nach wie vor (Rdn. 1). Diese Bedenken hat der Gesetzgeber zwar für § 283 StGB ausgeräumt, indem er dem § 283 Abs. 1 die Krisentrias implementierte und an die Vornahme der Bankrotthandlungen den Vorwurf strafrechtlichen Unrechts nur noch knüpft, wenn sie während einer Krise erfolgt (§ 283 Abs. 1) oder eine solche herbeiführt (§ 283 Abs. 2). Für § 283b gilt dieser Befund jedoch nicht. Deshalb ist es erforderlich, einen tatsächlichen Zusammenhang zwischen der Tathandlung i.S.d. § 283b und der objektiven Strafbarkeitsbedingung festzustellen.[30] Wie dieser Zusammenhang beschaffen sein muss, darüber herrscht freilich keine Einigkeit. Insbes. der Rechtsprechung ist es bis heute nicht gelungen, dem Rechtsanwender exakte Kriterien an die Hand zu geben, mithilfe derer er eruieren kann, ob der tatsächliche Zusammenhang im konkreten Fall besteht oder nicht.[31] Fest steht nur: Eines **Kausalzusammenhangs** i.S.d. *conditio-sine-qua-non*-Formel bedarf es nicht.[32] Die darüber hinausgehenden Aussagen der Rechtsprechung und h.L. erschöpfen sich darin, anhand von Einzelfällen – quasi **induktiv** – den tatsächlichen Zusammenhang zu ermitteln, ohne hieraus aber eine allgemeingültige Linie abzuleiten. So nimmt die Rspr. einen tatsächlichen Zusammenhang an, falls Gläubigerforderungen, die schon bei Vornahme der Tathandlung bestanden, im Zeitpunkt der Krisenmanifestation noch nicht getilgt waren.[33] Bei mangelhafter oder gänzlich fehlender Buchführung bzw. Bilanzierung bejaht die Rspr. den tatsächlichen Zusammenhang, wenn dieser Zustand es den Gläubigern oder dem Insolvenzverwalter erschwert, sich einen Überblick über das schuldnerische Vermögen zu verschaffen.[34] Damit rückt die Rechtsprechung ein Ziel der Buchführungs- und Bilanzierungspflichten – *i.e.* die Information der Gläubiger und des Insolvenzverwalters – klar in den Vordergrund und verneint konsequenterweise den Zusammenhang, falls es dem Schuldner gelingt, vor Eintritt der Strafbarkeitsbedingung seine fehlerhaften Bücher bzw. Bilanzen

27 *Dreher* MDR **1978**, 724, 725.

28 So *Dreher* MDR **1978**, 724.

29 Richtig LK[12]/*Tiedemann* § 283b Rdn. 10.

30 S. auch BGHR StGB § 283b Krise 1; BGH NStZ **2008**, 401, 402.

31 Zu diesem Befund schon *Wilhelm* NStZ **2003**, 511, 512.

32 BGHSt **28**, 231, 232, 234; BGH bei *Holtz* MDR **1981**, 452, 454; BGH NStZ **2008**, 401, 402; BayObLG NStZ **2003**, 214.

33 BGH NStZ **2008**, 401, 402.

34 BGHSt **28**, 231, 232, wo der tatsächliche Zusammenhang bejaht wurde, weil der Konkursverwalter die Bilanzierung nachholen musste.

zu berichtigen bzw. die bis *dato* fehlenden Bücher oder Bilanzen aufzustellen.[35] Unter die Räder gerät damit, dass die Buchführungs- und Bilanzierungspflichten nicht nur der Gläubiger- und Insolvenzverwalterinformation, sondern darüber hinaus auch der **Selbstinformation** des Schuldners dienen.[36] D.h.: Bleibt offen, ob die zunächst fehlende bzw. mangelhafte und später nachgeholte bzw. berichtigte Buch- oder Bilanzführung dem Schuldner seine wirtschaftlichen Verhältnisse verschleiert und dadurch den Zusammenbuch des schuldnerischen Unternehmens mitverursacht hat, ist vom Bestehen des tatsächlichen Zusammenhangs auszugehen.[37]

VI. Vollendung, Versuch und Verjährung

Der **Versuch** des § 283b ist straflos. Damit gewinnt die Frage, wann die Taten des § 283b Abs. 1 11
vollendet sind, große Bedeutung. Die Tat des § 283b Abs. 1 Nr. 2 ist mit Abschluss des Zerstörens, Beiseiteschaffens etc. vollendet, die Taten des § 283b Abs. 1 Nrn. 1 Var. 1, 3b mit Ablauf des Zeitraums, innerhalb dessen die Handelsbücher geführt bzw. die Bilanz oder das Inventar aufgestellt sein müssen (s. § 283 Rdn. 81).[38] Größere Schwierigkeiten bereitet die Angabe des Vollendungszeitpunkts bei den Tatbeständen des § 283b Abs. 1 Nrn. 1 Var. 2, 3a. Dies hängt mit der Position der Rspr. zusammen, die den Vollendungszeitpunkt der mangelhaften Buchführung bzw. Bilanzierung (vgl. § 283b Abs. 1 Nrn. 1 Var. 2, 3a) auf den **Eintritt der objektiven Strafbarkeitsbedingung** (vgl. § 283b Abs. 3) verlegt und damit dem Schuldner weitreichende Möglichkeiten offeriert, die Mängel seiner Buchführung oder Bilanz in strafbarkeitsbeseitigender Weise zu beheben. Diese Ansicht überzeugt hier so wenig wie bei § 283 Abs. 1 Nrn. 5 Var. 2, 7a.[39] Auf die dort vorgetragenen Einwände gegen diese Sichtweise sei hier verwiesen (§ 283 Rdn. 81, 99, 130).

Nach **h.M.** beginnt die **Verjährungsfrist** des § 283b – wie die des § 283 – mit Eintritt der 12
objektiven Strafbarkeitsbedingung zu laufen.[40] Vorzugswürdig ist indes die Gegenansicht, der zufolge die Tat i.S.d. § 78a beendet ist, sobald der Täter sein rechtsverneinendes Tun vollständig vorgenommen hat (näher dazu § 283 Rdn. 198). – Die Vorsatztat des § 283b Abs. 1 verjährt gem. § 78 Abs. 3 Nr. 4 in fünf, die Fahrlässigkeitstat des § 283b Abs. 2 gem. § 78 Abs. 3 Nr. 5 in drei Jahren.

VII. Konkurrenzen

Unterlässt es ein Kaufmann, sowohl seine Bücher zu führen als auch die erforderlichen Bilanzen 13
rechtzeitig zu erstellen, stehen die dadurch verwirklichten Taten gem. § 283b Abs. 1 Nr. 1 und § 283b Abs. 1 Nr. 3b grds. nicht in Tateinheit zueinander. Vielmehr handelt es sich regelmäßig um **zwei selbständige** Taten.[41] Anders können die Dinge jedoch liegen, wenn der Kaufmann einen **Dritten** damit beauftragt, die Bücher zu führen und die Bilanzen zu erstellen.[42] Hat es der Kaufmann in diesem Fall unterlassen, den Beauftragten ordnungsgemäß auszuwählen bzw. zu überwachen und beruht der Buchführungs- bzw. Bilanzierungsmangel auf diesem Auswahl- bzw. Überwa-

35 BayObLG NStZ **2003**, 214 f.; implizit bereits BGHSt **28**, 231, 234.

36 Grdl. LK[12]/*Tiedemann* § 283b Rdn. 15; s. aber BGH bei *Holtz* MDR **1981**, 452, 454, der hieraus aber keine weiteren Konsequenzen zieht.

37 In diese Richtung auch *Schlüchter* JR **1979**, 513, 515; enger wohl LK[12]/*Tiedemann* § 283b Rdn. 14 f., der den Nachweis tatsächlicher Auswirkungen für erforderlich zu halten scheint; ebenso anscheinend NK/*Kindhäuser* § 283b Rdn. 8; weitergehend wohl *Wilhelm* NStZ **2003**, 511, 514 für den Fall, dass die objektive Bedingung der Strafbarkeit innerhalb des Jahres eintritt, das auf den Zeitpunkt folgt, zu dem die Bilanz hätte vorgelegt werden müssen.

38 NK/*Kindhäuser* § 283b Rdn. 6.

39 Zur Kritik an dieser Rspr. s. auch MK/*Petermann*/*Hofmann* § 283b Rdn. 27.

40 Exemplarisch NK/*Kindhäuser* § 283b Rdn. 7; MK/*Petermann*/*Hofmann* § 283b Rdn. 30.

41 BGH GA **1978**, 185, 186; s. ferner BGH bei *Holtz* MDR **1981**, 98, 100.

42 BGH bei *Holtz* MDR **1981**, 98, 100.

chungsfehler, ist es vorzugswürdig, den Kaufmann gem. § 283b Abs. 1, Abs. 2 in Tateinheit mit § 283b Abs. 1 Nr. 3a/b, Abs. 2 zu bestrafen, da dem Kaufmann nur eine Pflichtverletzung – *scil.* die fehlerhafte Auswahl oder Überwachung – zur Last liegt und er durch diese eine Pflichtverletzung zwei Strafgesetze fahrlässig (dazu s.o. Rdn. 8) übertreten hat. Tateinheitlich handelt darüber hinaus der Geschäftsführer einer **Komplementär-GmbH**, der weder für diese noch für die GmbH & Co. KG fristgerecht bilanziert. Da die Bilanz der Komplementär-GmbH von der Bilanz der GmbH & Co. KG abhängt, begeht der Geschäftsführer durch ein und dieselbe Handlung – *scil.* das nicht rechtzeitige Aufstellen der Bilanz der GmbH & Co. KG – zwei Gesetzesverletzungen des § 283b Abs. 1 Nr. 3b.[43] – Zum Konkurrenzverhältnis zwischen den Tatbeständen des § 283 Abs. 1 Nrn. 5–7 und § 283b Abs. 1 s. § 283 Rdn. 201.

43 BGH bei *Holtz* MDR **1981**, 452, 454; BGH GA **1981**, 518.

§ 283c Gläubigerbegünstigung

(1) Wer in Kenntnis seiner Zahlungsunfähigkeit einem Gläubiger eine Sicherheit oder Befriedigung gewährt, die dieser nicht oder nicht in der Art oder nicht zu der Zeit zu beanspruchen hat, und ihn dadurch absichtlich oder wissentlich vor den übrigen Gläubigern begünstigt, wird mit Freiheitsstrafe bis zu zwei Jahren oder mit Geldstrafe bestraft.
(2) Der Versuch ist strafbar.
(3) § 283 Abs. 6 gilt entsprechend.

Schrifttum

Siehe Vor und zu § 283, insbes. *Bittmann* Kapitalersatz, der 5. Strafsenat des BGH und das MoMiG, wistra **2009** 102 und ferner *Hartwig* Der strafrechtliche Gläubigerbegriff in § 283c, Festschrift Bemmann (1997) 311; *Sowada* Der begünstigte Gläubiger als strafbarer „notwendiger" Teilnehmer im Rahmen des § 283c? GA **1995** 60; *Thilow* Die Gläubigerbegünstigung im System des Insolvenzrechts (2001); *Vormbaum* Probleme der Gläubigerbegünstigung – zur Auslegung des § 283c, GA **1981** 103.

Entstehungsgeschichte

Siehe Rdn. 1 ff. Vor § 283 ff.

Übersicht

I. Einführendes zum Verständnis der Gläubigerbegünstigung

Nach § 283c Abs. 1 ist strafbar, wer trotz Zahlungsunfähigkeit[1] (drohende Zahlungsunfähigkeit und Überschuldung genügen nicht[2]) einem Gläubiger Sicherheit oder Befriedigung gewährt, die dieser 1

1 Zum Begriff siehe Vor §§ 283 ff. Rdn. 46 ff.
2 Für eine Ausdehnung auf die Überschuldungssituation spricht sich *de lege ferenda Thilow*, S. 172 f. aus.

https://doi.org/10.1515/9783110490220-021

nicht (Var. 1), nicht in der Art (Var. 2) oder nicht zu der Zeit (Var. 3) zu beanspruchen hat und ihn dadurch im Verhältnis zu den übrigen Gläubigern begünstigt. Diese Formulierung des tatbestandlichen Unrechts lässt im Dunkeln, dass eine Begünstigung des inkongruent befriedigten bzw. besicherten Gläubigers nur um den Preis einer Benachteiligung der übrigen Gläubiger zu haben ist. Mit anderen Worten tritt zu den geschriebenen objektiven Tatbestandsmerkmalen des § 283c das ungeschriebene Merkmal der **Gläubigerbenachteiligung** hinzu.[3] Umgekehrt folgt daraus: Erlangt der Schuldner für seine inkongruente Tilgungs- oder Sicherungsleistung eine vollwertige Gegenleistung, scheidet eine Bestrafung wegen Gläubigerbegünstigung aus.[4]

2 Deliktsspezifisch handelt es sich bei § 283c um ein als **Sonderdelikt** ausgestaltetes Erfolgsdelikt,[5] das nur der Schuldner begehen kann.[6] Die Ratio dieses Tatbestandes mutet auf den ersten Blick seltsam an, da der Schuldner, der einzelne Gläubiger bevorzugt befriedigt, regelmäßig schon die Voraussetzungen des Bankrotts erfüllt.[7] Sie erhellt, wenn man ausgehend von der ursprünglichen Zielgruppe – das ist die unternehmerisch tätige natürliche Einzelperson[8] – Folgendes bedenkt: Der Täter der Gläubigerbegünstigung verwendet sein Vermögen anders als der Täter des Bankrotts immerhin nicht zu eigenen Zwecken, schädigt also nicht die künftige Masse, sondern lässt es – wenn auch unter Verstoß gegen den Grundsatz *„par conditio creditorum"* – einem Teil derjenigen Personen zukommen, denen es in der Schuldnerinsolvenz gebührt.[9] Das verwirkte kriminelle Unrecht ist somit im Verhältnis zu § 283 geringer,[10] weshalb § 283c den Täter privilegiert behandelt.[11] Ob sich die Bedeutung des § 283c in dieser Privilegierungswirkung erschöpft, ist damit freilich nicht gesagt.

3 Der **Privilegierungscharakter** des § 283c bringt es mit sich, dass er den § 283 im Einzugsbereich der Gläubigerbegünstigung nicht nur verdrängt, sofern der Täter die Voraussetzungen bei-

---

3 Zum Nachteilserfordernis s. BGH/H GA **1954**, 312; *Tiedemann* ZIP **1983**, 513, 519: *ders.* KTS **1984**, 539, 540.

4 SK/*Hoyer* § 283c Rdn. 7; *Vormbaum* GA **1981**, 101, 120; *ders.* Jura **1980**, 421, 424.

5 NK/*Kindhäuser* § 283c Rdn. 2; *Fischer* § 283c Rdn. 1; S/S/W/*Bosch* § 283c Rdn. 1; MK/*Petermann*/*Hofmann* § 283c Rdn. 2, 3; AnwK/*Püschel* § 283c Rdn. 1; M-G/*Richter* Kap. 84 Rdn. 36; Böttger/*Verjans*/*Rixe* 4/116; HambK/*Borchardt* § 283c Rdn. 1; M/G/*Rotsch*/*Wagner* 8/295; *Wauschkuhn*, S. 21 f.; *v. d. Heydt*, S. 53; *Vormbaum* GA **1981**, 101, 119.

6 S. nur MK/*Petermann*/*Hofmann* § 283c Rdn. 2, 5; M/R/*Altenhain* § 283c Rdn. 2; M-G/*Richter* Kap. 84 Rdn. 4, 22; *Wauschkuhn*, S. 22 f.; *Thilow*, S. 86.

7 Dazu RGSt **68**, 368, 369; RGSt **6**, 94, 95; *Weyand*/*Diversy* Rdn. 129; *Thilow*, S. 97; *Habetha*, S. 203; *Ackermann*, S. 5 f.; *Vormbaum* GA **1981**, 101, 123; *Hartwig* Bemmann-FS, S. 311, 317; *Hombrecher* JA **2013**, 541, 544; aA und für die Einstufung des § 283c als ein *delictum sui generis Wauschkuhn*, S. 31 (widersprüchlich aber a.a.O., S. 60 m. Fn. 3).

8 Zu diesem historischen Täterleitbild s. Pr. Obertribunal GA 23 **(1875)**, 31, 32; ferner *Brand*, S. 235; zust. *Habetha* NZG **2012**, 1134, 1137 m. Fn. 37.

9 BGH NStZ **1996**, 543, 544; BGH NJW **1969**, 1494; *Sch*/*Schröder*/*Heine*/*Schuster* § 283c Rdn. 1; MK/*Petermann*/*Hofmann* § 283c Rdn. 1; AnwK/*Püschel* § 283c Rdn. 1; M-G/*Richter* Kap. 84 Rdn. 19; W/J/S/*Pelz* 9/227; HambK/*Borchardt* § 283c Rdn. 1; MAH/*Böttger* § 19 Rdn. 168; M/G/*Rotsch*/*Wagner* 8/293; *Thilow*, S. 173; *Pattberg*, S. 192; *v. d. Heydt*, S. 53; *Weyand*/*Diversy* Rdn. 129; *Pelz* Rdn. 427; *Hartwig* Bemmann-FS, S. 311, 318; *Vormbaum* GA **1981**, 101, 106, 124 f.; *Sowada* GA **1995**, 60, 71; *Hendel* NJW **1977**, 1943, 1945; *Muhler* wistra **1994**, 283, 284; *Renkl* JuS **1973**, 611, 612 (noch zu § 241 KO); *Weyand* ZInsO **2002**, 851, 855; krit. S/S/W/*Bosch* § 283c Rdn. 1, der die Aussage, wonach der Schuldner der einen seiner Gläubiger inkongruent befriedige, „nur" gegen den Gläubigergleichbehandlungsgrundsatz verstoße, als verharmlosend bezeichnet; modifizierend *Wauschkuhn*, S. 25, dem zufolge der Schuldner lediglich den von der KO (heute InsO) vorgesehenen Verteilungsmodus beeinträchtigt.

10 Zu dieser Feststellung RGSt **6**, 94, 95; *Kollmar*, S. 74; *Hartwig* Bemmann-FS, S. 311, 318; *Renkl* JuS **1973**, 611, 612; *Hombrecher* JA **2013**, 541, 544; zust. *Thilow*, S. 98.

11 Zum Privilegierungscharakter des § 283c allg.: BTDrucks. 7/3441, S. 34; BGHSt **8**, 55, 56 (noch zu § 241 KO); BGHSt **35**, 357, 359; *Tiedemann* KTS **1984**, 539, 540; MK/*Petermann*/*Hofmann* § 283c Rdn. 1; M/R/*Altenhain* § 283c Rdn. 1; Lackner/Kühl/*Heger* § 283c Rdn. 1; AnwK/*Püschel* § 283c Rdn. 1; M-G/*Richter* Kap. 83 Rdn. 81; W/J/S/*Pelz* 9/221; MAH/*Böttger* § 19 Rdn. 168; Böttger/*Verjans*/*Rixe* 4/116; B/*Quedenfeld*/*Richter* 5/200; M/G/*Rotsch*/*Wagner* 8/293; *Weyand*/*Diversy* Rdn. 129; *Thilow*, S. 96 f.; *Geers*, S. 82; *v.d. Heydt*, S. 53; *Wittig* § 23 Rdn. 145; *Pelz* Rdn. 427; *Dannecker*/*Knierim*/*Dannecker*/*Hagemeier* Rdn. 981; HambK/*Borchardt* § 283c Rdn. 1; *Büttiker*, S. 37; *Zweigert* DJZ **1907**, 1112, 1115; *Winkelbauer* JR **1988**, 33, 35; *Hartung* NJW **1995**, 1186, 1190; *ders.* Stbg **1991**, 476, 477; *Niesert*/*Hohler* NZI **2010**, 127, 130; *Hombrecher* JA **2013**, 541, 544; *Otto* JK 89, § 283d/1.

der Tatbestände verwirklicht, sondern begründet gleichzeitig eine **Sperrwirkung.** Diese verbietet es, einen Täter, der aus tatbestandsimmanenten Gründen nach § 283c straflos bleibt, stattdessen wegen Bankrotts zu bestrafen. Befriedigt also der Schuldner bzw. sein Organwalter einen Gläubiger im Zeitpunkt drohender Zahlungsunfähigkeit bzw. Überschuldung inkongruent, macht er sich nicht wegen Gläubigerbegünstigung strafbar – insoweit fehlt es an der Koinzidenz zwischen Tathandlung und eingetretener Zahlungsunfähigkeit. – Doch auch eine Strafbarkeit wegen Bankrotts scheidet aus, da andernfalls der Schuldner, der im gefährlicheren Stadium der Zahlungsunfähigkeit inkongruente Leistungen bewirkt, unsachgemäß privilegiert[12] würde.[13] Genausowenig verwirkt Bankrottunrecht, wer Vermögen beiseiteschafft (vgl. § 283 Abs. 1 Nr. 1), um damit einzelne seiner Gläubiger kongruent zu befriedigen.[14] Wendet der Schuldner dem Gläubiger indes mehr zu, als dieser zu fordern hat, begeht er bei eingetretener Zahlungsunfähigkeit eine Gläubigerbegünstigung in Tateinheit mit Bankrott,[15] bei drohender Zahlungsunfähigkeit bzw. Überschuldung einen Bankrott in Bezug auf die den Anspruch des Gläubigers übersteigenden Mittel.[16]

Die Gläubigerbegünstigung schützt wie § 283 das Interesse der Gläubiger daran, ihre vermögenswerten Ansprüche befriedigt zu erhalten,[17] akzentuiert aber die **Verteilungsgerechtigkeit** und somit das grundlegende insolvenzrechtliche Prinzip der *par conditio creditorum.*[18] 4

II. Gläubiger

1. Allgemeine Anforderungen an die Gläubigerstellung

Das Merkmal „Gläubiger“ ist das zentrale Tatbestandsmerkmal des § 283c, legt doch seine Reichweite den Umfang des § 283c gegenüber § 283 Abs. 1 Nr. 1 fest.[19] Danach ist **Gläubiger** jeder Inha- 5

12 Zu diesem Gedanken s. *Hendel* NJW **1977**, 1943, 1945.

13 Allg. zu dieser Sperrwirkung des § 283c gegenüber § 283: BGHSt **8**, 55, 56 f. (zum Verhältnis zwischen § 239 KO und § 241 KO); *Fischer* § 283c Rdn. 1; SK/*Hoyer* § 283c Rdn. 8; M/R/*Altenhain* § 283c Rdn. 1; A/R/R/*Himmelreich* Kap. 7/1 Rdn. 214; M-G/*Richter* Kap. 84 Rdn. 17, 52; Böttger/*Verjans*/*Rixe* 4/121; *Thilow*, S. 99 f.; *Geers*, S. 83; *Maurer*/*Wolf* wistra **2011**, 327, 334 (keine Sperrwirkung gegenüber der Untreue wegen der unterschiedlichen Schutzgüter); *Vormbaum* GA **1981**, 101, 126 f.; gegen den Gedanken der Sperrwirkung *Wauschkuhn*, S. 35 f., der bereits den Tatbestand des § 283 Abs. 1 Nr. 1 bei der Befriedigung eines Gläubigers nicht als erfüllt ansieht.

14 MK/*Petermann*/*Sackreuther* Vor §§ 283 ff. Rdn. 42; *Tiedemann* ZIP **1983**, 513, 516.

15 BGH NJW **1969**, 1494, 1495 = BGH/H GA **1971**, 36; BGH/H GA **1953**, 74; RGSt **63**, 78, 81; RGSt **6**, 94, 96; RG JW **1934**, 1290, 1291 (noch zu §§ 239, 241 KO); *Sch*/*Schröder*/*Heine*/*Schuster* § 283c Rdn. 22; NK/*Kindhäuser* § 283 Rdn. 121; SK/*Hoyer* § 283 Rdn. 121; MK/*Petermann*/*Sackreuther* Vor §§ 283 ff. Rdn. 42 und MK/*Petermann*/*Hofmann* § 283c Rdn. 7; S/S/W/*Bosch* § 283c Rdn. 13; M-G/*Richter* Kap. 84 Rdn. 19, 52 W/J/S/*Pelz* 9/237; Böttger/*Verjans*/*Rixe* 4/120; *Büttiker*, S. 37; *Kollmar*, S. 85; *Dohmen*, S. 62; *Nickmann*, S. 163; *Renkl* JuS **1973**, 611, 612; *Hombrecher* JA **2013**, 541, 544; vgl. auch *Krause*, S. 252 m. Fn. 84; ferner schon, allerdings zu den §§ 239, 241 KO *Weber* JW **1934**, 1290, 1291; a.A. LK[12]/*Tiedemann* § 283c Rdn. 40, der nur § 283 anwenden und die teilweise bestehende Privilegierungssituation bei der Strafzumessung berücksichtigen will; modifizierend auch *Vormbaum* GA **1981**, 101, 126, der Tateinheit zwischen Gläubigerbegünstigung und Bankrott nur annehmen will, wenn der Schuldner seinem Gläubiger neben der inkongruenten Befriedigung/Sicherung eine zusätzliche, andersartige Mehrleistung erbracht hat; hingegen soll es bei einer „bloßen“ Zuvielleistung bereits an der Gläubigerstellung fehlen; für einen Vorrang des § 283c spricht sich auch das AG Siegen wistra **1985**, 196, 197 aus, sofern im Rahmen einer „Firmengruppe“ eine „Firma“ Leistungen erbringt, die ihre Verbindlichkeiten übersteigen, alle Leistungen zusammengenommen jedoch den Gesamtverbindlichkeiten der „Firmengruppe“ entsprechen.

16 M/R/*Altenhain* § 283c Rdn. 15; *Vormbaum* GA **1981**, 101, 127.

17 Vor §§ 283 ff. Rdn. 7.

18 LK[12]/*Tiedemann* § 283c Rdn. 1; *Krause*, S. 155; *Radischat* NJW **1961**, 1707; ähnlich MK/*Petermann*/*Hofmann* § 283c Rdn. 1: Interesse der Gläubiger an größtmöglicher Befriedigung ihrer geldwerten Ansprüche; ausführl. zum geschützten Rechtsgut unter Auseinandersetzung mit sämtlichen hierzu vertretenen Ansichten *Wauschkuhn*, S. 7 ff.; *Thilow*, S. 112 ff.; für den Schutz des Kreditverkehrs etwa *Ackermann*, S. 2.

19 *Wauschkuhn*, S. 34 f.

ber eines vermögenswerten Anspruchs gegen den Schuldner,[20] und zwar ungeachtet dessen, ob der Anspruch **öffentlich-rechtlicher** oder **privatrechtlicher** Natur ist.[21] Zu den Forderungen, deren überobligationsmäßige Bedienung seitens des Schuldners den Sanktionsmechanismus des § 283c auslösen kann, rechnen sowohl Masse- als auch Insolvenzforderungen. Selbst der **Bürge**, der aus seiner Bürgschaftsverpflichtung noch nicht in Anspruch genommen wurde, gehört mit seinem zukünftigen Rückgriffsanspruch (vgl. § 774 BGB) zu den Gläubigern i.S.d. § 283c.[22] Gleiches gilt für die Inhaber aufschiebend[23] sowie auflösend bedingter bzw. betagter Forderungen.

6 Eindeutig nicht zu den Gläubigern gehören solche Personen, deren (vermeintliche) Forderungen gegen den Schuldner bspw. wegen Verstoßes gegen die guten Sitten (§ 138 BGB) oder ein gesetzliches Verbot (§ 134 BGB i.V.m. dem jeweiligen Verbotsgesetz) **nichtig** sind. Wendet der Schuldner ihnen Vermögenswerte der präsumtiven Masse zu, steht eine Strafbarkeit nach § 283 im Raum.[24] Zum selben Ergebnis gelangt, wer Konstellationen unter dem Blickwinkel der Gläubigerbegünstigung beurteilt, die sich dadurch auszeichnen, dass die Erfüllung der (zumeist formunwirksamen) Forderung diese **nachträglich** (*ex nunc*) wirksam macht. Denn der so befriedigte Gläubiger hätte auch im Insolvenzverfahren nichts zu beanspruchen gehabt, weshalb seine Befriedigung nicht nur den Gläubigergleichbehandlungsgrundsatz, sondern den Massebestand tangiert.[25] Anderes mag gelten, wenn der Schuldner über die Rechtswirksamkeit der betreffenden Forderungen irrt.[26]

7 Darüber hinaus fordert die ganz herrschende Meinung, dass die Gläubigerstellung bei Vornahme der Tathandlung bereits bestanden hat und nicht erst gleichzeitig mit dieser Handlung entsteht.[27] Überzeugend ist das freilich nicht: Im Lichte des von § 283c verfolgten Schutzgutes spielt es keine Rolle, ob die inkongruente Befriedigung oder Sicherung mit der Begründung der Forderung zusammenfällt oder erst – eine juristische Sekunde? – später erfolgt. Anderes – nämlich Strafbarkeit wegen Bankrotts – gilt, wenn der Abschluss und die gleichzeitige Erfüllung des Schuldverhältnisses allein dem Zweck dienen, die mit den Regeln ordnungsgemäßer Wirtschaftsführung kollidierende Vermögensverschiebung zu verschleiern.

8 Nach wie vor umstritten ist die Frage, wann die Forderung begründet worden sein muss, um ihren Inhaber als Gläubiger i.S.d. § 283c zu qualifizieren. Drei Ansichten stehen sich gegenüber: Während es nach der weitesten **h.M.** unerheblich ist, ob die Forderung vor oder nach Eintritt der Zahlungsunfähigkeit begründet wurde,[28] will die engste Auffassung zur Einschränkung von

---

20 *Fischer* § 283c Rdn. 2; MK/*Petermann/Hofmann* § 283c Rdn. 8; M/R/*Altenhain* § 283c Rdn. 3.

21 Zu letzterem s. nur *Weyand/Diversy* Rdn. 130; *Wauschkuhn*, S. 55.

22 RGSt **30**, 73, 75; *Sch/Schröder/Heine/Schuster* § 283c Rdn. 12; *Fischer* § 283c Rdn. 2; Lackner/Kühl/*Heger* § 283c Rdn. 2; NK/*Kindhäuser* § 283c Rdn. 3; M-G/*Richter* Kap. 84 Rdn. 26; M/R/*Altenhain* § 283c Rdn. 3; Böttger/*Verjans/Rixe* 4/118; M/G/*Rotsch/Wagner* 8/296; *Ackermann*, S. 13; z.T. abw. *Wauschkuhn*, S. 99 f., der die Gläubigerstellung des noch nicht in Anspruch genommenen Bürgen aus § 775 Abs. 1 Nr. 1 BGB folgert; vgl. ferner RGSt **62**, 277, 280, wonach der Sicherheitenbesteller nicht Zuwendungsempfänger ist, wenn der Schuldner den besicherten Anspruch befriedigt und dadurch die Sicherheit in Wegfall bringt.

23 A.A. soweit aufschiebend bedingte Forderungen in Rede stehen *Wauschkuhn*, S. 97 f., mit dem Argument, wonach der Gläubiger eines solchen Anspruchs in der Insolvenz des Schuldners nichts fordern könne. Dies überzeugt nicht, da sämtliche Gläubiger, die inkongruent befriedigt/besichert wurden, in der Schuldnerinsolvenz bei fortbestehender „Inkongruenzlage" nichts zu fordern hätten.

24 W/J/S/*Pelz* 9/225; G/J/W/*Reinhart* § 283c Rdn. 8; *Wauschkuhn*, S. 54 f.; *Kruse*, S. 26; *Vormbaum* GA **1981**, 101, 108.

25 Zutr. *Wauschkuhn*, S. 82 f.; SK/*Hoyer* § 283c Rdn. 15; ferner MK/*Petermann/Hofmann* § 283c Rdn. 11; a.A. aber *Sch/Schröder/Heine/Schuster* § 283c Rdn. 9; vgl. auch G/J/W/*Reinhart* § 283c Rdn. 8, der Inkongruenz in Form der ersten Variante annimmt.

26 Dazu unten Rdn. 46.

27 *Sch/Schröder/Heine/Schuster* § 283c Rdn. 12; SK/*Hoyer* § 283c Rdn. 9; G/J/W/*Reinhart* § 283c Rdn. 4; *Wauschkuhn*, S. 73 ff.; *Ackermann*, S. 13; *Vormbaum* Jura **1980**, 421, 423; *Thilow*, S. 89 m. Fn. 301, der in Fällen des Barkaufs, die nicht der Sicherung des allg. Lebensunterhalts dienen, § 283 anwenden will.

28 Dafür *Wauschkuhn*, S. 78 ff.; *Thilow*, S. 89; *Fischer* § 283c Rdn. 2; AnwK/*Püschel* § 283c Rdn. 6; M-G/*Richter* Kap. 84 Rdn. 23; MAH/*Böttger* § 19 Rdn. 170; W/J/S/*Pelz* 9/227; HambK/*Borchardt* § 283c Rdn. 2; *Wittig* § 23 Rdn. 149; vgl. auch BGHSt **35**, 357, 361 für die Mandatierung eines Rechtsanwalts.

Manipulationsmöglichkeiten die inkongruente Befriedigung/Sicherung nur solcher Forderungen *via* § 283c Abs. 1 privilegieren, die im Vorfeld der Zahlungsunfähigkeit entstanden sind.[29] Zwischen diesen beiden Extremen steht eine Ansicht, die für das Stadium ab Zahlungsunfähigkeit danach differenziert, inwieweit die Begründung der Forderung den Anforderungen **wirtschaftlichen Handelns** genügt. Danach greift § 283, sofern die Forderung entgegen ordnungsgemäßer Wirtschaftsführung begründet wurde.[30] Diese letztgenannte, differenzierende Ansicht verdient den Vorzug, da zwar das Eingehen ordnungsgemäßer Wirtschaft widersprechender Verbindlichkeiten im Zeitpunkt der Zahlungsunfähigkeit und die anschließende Befriedigung oder Sicherung dieser Verbindlichkeiten keinesfalls privilegierungswürdig ist, eine pauschale Herausnahme von Forderungen, die nach Zahlungsunfähigkeit entstanden sind, aus dem Privilegierungstatbestand jedoch den Wertungen des § 283 Abs. 1 zuwiderliefe, der in der Krise nur wirtschaftswidrige Verhaltensweisen untersagt. Allerdings ginge es zu weit und belastete den Schuldner über Gebühr, wollte man – wie teilweise vorgeschlagen – den ordnungsgemäßer Wirtschaft widersprechenden Geschäftsabschluss gem. § 283, hingegen die Tilgung/Sicherung der hieraus resultierenden Forderung zusätzlich gem. § 283c bestrafen.[31]

2. Aus- und Absonderungsberechtigte

Schwierigkeiten bei der Anwendung des § 283c Abs. 1 ergeben sich, sobald der Schuldner nicht 9 einen „normalen“ Masse-/Insolvenzgläubiger, sondern einen **Aus- bzw. Absonderungsberechtigten** inkongruent befriedigt. Das liegt daran, dass in diesen Konstellationen neben der Gläubigerstellung des Aus- oder Absonderungsberechtigten auch die Merkmale „Begünstigung“ und „Nachteil“ zweifelhaft sind.

Gewährt der Schuldner den auszusondernden Gegenstand zurück, macht er sich richtigerwei- 10 se weder gem. § 283 Abs. 1 noch gem. § 283c Abs. 1 strafbar. Der Grund für seine Straflosigkeit liegt in dem Umstand begründet, dass der weggegebene, mit einem **Aussonderungsrecht** belastete Gegenstand auch im eröffneten Insolvenzverfahren nicht zur Masse rechnet, seine vorherige Weggabe also nicht geeignet ist, die Interessen der Gesamtgläubigerschaft zu beeinträchtigen.[32] Ob hiervon eine Ausnahme zu machen ist, sofern das Aussonderungsrecht wie im Falle des einfachen **Vorbehaltseigentums**[33] *de facto* ausschließlich Sicherungszwecken dient,[34] erscheint zweifelhaft.

29 Grdl. *Vormbaum* GA **1981**, 101, 106 f., 118; so auch schon *Ackermann*, S. 23; zust. G/J/W/*Reinhart* § 283c Rdn. 4; sympathisierend Lackner/Kühl/*Heger* § 283c Rdn. 2; wohl auch *Schäfer* wistra **1990**, 81, 89.

30 Dazu *Sch/Schröder/Heine/Schuster* § 283c Rdn. 12; zust. MK/*Petermann/Hofmann* § 283 Rdn. 9; NK/*Kindhäuser* § 283c Rdn. 4; SK/*Hoyer* § 283c Rdn. 9; *Krause*, S. 294, 317; wohl auch LK/*Tiedemann*[12] § 283c Rdn. 9; ferner anscheinend *Pelz/Grotebrune* Rdn. 541, obschon nicht ganz deutlich wird, ob der Vorbehalt ordnungsgemäßen Wirtschaftens nur für den Zeitraum nach oder sogar schon für das Stadium vor Eintritt der Zahlungsunfähigkeit gilt; gegen das Abstellen auf die Grundsätze ordnungsgemäßen Wirtschaftens, um § 283 von § 283c abzugrenzen, *Hartwig* Bemann-FS, S. 311, 325 m. Fn. 69.

31 Dafür anscheinend *Hartwig* Bemmann-FS, S. 311, 336 f.

32 Eine Einschränkung des Gläubigerbegriffs muss deshalb nicht vorgenommen werden; zutr. *Hartwig* Bemmann-FS, S. 311, 337; für Straflosigkeit der Rückgabe des mit einem Aussonderungsrecht belasteten Gegenstandes unter dem Blickwinkel des § 283c s. nur MK/*Petermann/Hofmann* § 283c Rdn. 10; S/S/W/*Bosch* § 283c Rdn. 2; AnwK/*Püschel* § 283c Rdn. 5; M-G/*Richter* Kap. 84 Rdn. 31; A/R/R/*Himmelreich* Kap. 7/1 Rdn. 215; HambK/*Borchardt* § 283c Rdn. 3; *Wauschkuhn*, S. 11, 63; *Thilow*, S. 88; *Pelz/Grotebrune* Rdn. 539; *Weyand/Diversy* Rdn. 130; *Weyand* ZInsO **2002**, 851, 855; zur Bedeutung der fehlenden Massezugehörigkeit eines Gegenstandes für die Reichweite des mit § 283c insoweit identischen § 241 KO vgl. schon RG bei *Kloeppel* JW **1910**, 679.

33 Zum Aussonderungsrecht beim Vorbehaltseigentum s. nur *Windel* JURA **1999**, 1, 4 f. m.w.N. Anderes gilt nach **hM** bei den Erweiterungs- und Verlängerungsformen des Eigentumsvorbehalts; wegen des im Vordergrund stehenden Sicherungscharakters soll insoweit nur ein Absonderungsrecht begründet sein; dazu Uhlenbruck/*Brinkmann* § 51 Rdn. 40.

34 So wohl Bittmann[1]/*Bittmann* § 14 Rdn. 7.

Zwar besteht in der Konstellation des Eigentumsvorbehalts zwischen Schuldner und Gläubiger ein Rechtsverhältnis, nämlich der Kaufvertrag über den Gegenstand, dessen Eigentum sich der Gläubiger vorbehält, und führt die Rückgabe des Gegenstandes zu einem Verlust des schuldnerischen Anwartschaftsrechts an diesem Gegenstand; mit Blick auf das Schutzgut der Gläubigerbegünstigung fehlt indes ein Bedürfnis, solches Verhalten generell zu bestrafen: So bleibt derjenige Schuldner gem. § 283c Abs. 1 straflos, der den aufschiebend bedingt übereigneten Gegenstand dem Gläubiger zurückgewährt, dafür aber – Zug um Zug – die bis dahin gezahlten Raten auf den Kaufpreis erstattet bekommt. Wollte man diesen Schuldner wegen der „Zerstörung des Anwartschaftsrechts" gem. § 283c Abs. 1 bestrafen, sanktionierte man letztlich nicht mehr als die Vereitelung des dem künftigen Insolvenzverwalter aus **§ 107 Abs. 2 S. 1 InsO** zustehenden Rechts, im Anschluss an den Berichtstermin entweder für oder gegen die Durchführung des Kaufvertrags zu votieren.[35] Dass der Insolvenzverwalter bei dieser Entscheidung ausschließlich darauf verpflichtet ist, im Interesse der Masse und damit der Gläubigerschaft zu handeln, zwingt selbst dann nicht dazu, den Schuldner gem. § 283c Abs. 1 zu pönalisieren, falls die Rückgabe des unter Eigentumsvorbehalt erworbenen Gegenstandes für die Masse ungünstiger war als die Erfüllung des Kaufvertrags. Denn der Tatbestand der Gläubigerbegünstigung schützt die Gläubiger vor solchen Schuldnern, die bestimmte „Mitgläubiger" durch die Gewährung einer diesen (so oder zu dieser Zeit) nicht gebührenden Leistung besserstellen. Dazu führt die Rückgabe des unter Eigentumsvorbehalt verkauften Gegenstandes an den Verkäufer-Gläubiger jedoch nicht, da dieser Gläubiger bei Insolvenzeröffnung ohnehin entweder Erfüllung oder Abwicklung beanspruchen kann. Vor dem Hintergrund dieser Erwägungen und der Notwendigkeit eines Nachteilseintritts bei den restlichen Gläubigern bleibt auch derjenige Schuldner wegen Gläubigerbegünstigung straflos, der nicht den Herausgabeanspruch des Vorbehaltsverkäufers erfüllt, indem er den unter Eigentumsvorbehalt erworbenen Gegenstand zurückgibt, sondern mit Mitteln der präsumtiven Masse die Kaufpreisforderung befriedigt und dadurch den massefremden Kaufgegenstand zur künftigen Masse erwirbt – freilich nur, sofern Leistung und Gegenleistung wirtschaftlich gleichwertig sind.[36] Strafwürdig ist dagegen der Fall, in dem der Gläubiger „seinen" Gegenstand zurückbekommt, ohne die vom Schuldner bezahlten Raten zu erstatten. Hier erhält der Gläubiger mehr als er von Rechts wegen beanspruchen kann, weshalb insoweit nicht § 283c Abs. 1, sondern § 283 greift.

11 Gem. § 283c Abs. 1 macht sich nach allgemeiner Meinung des Weiteren der Schuldner strafbar, der einem **absonderungsberechtigten** Gläubiger, etwa dem **Sicherungseigentümer**, im Zeitpunkt der Zahlungsunfähigkeit den zur Sicherheit übereigneten Gegenstand herausgibt.[37] Indes erweckt die pauschale Heranziehung des § 283c Abs. 1 in solchen Konstellationen Bedenken. Zwar ist der Absonderungsberechtigte Gläubiger i.S.d. Tatbestandes[38] und erfolgt die Rückgabe des Sicherungsgutes bzw. die Tilgung der gesicherten Verbindlichkeit meist in inkongruenter Weise. Jedoch dürfte es regelmäßig an einer Bevorzugung des Gläubigers und damit spiegelbildlich an einer Benachteiligung der Gesamtgläubigerschaft fehlen. Denn der absonderungsberechtigte Gläubiger ist aus den Massegegenständen, auf die sich sein Absonderungsrecht bezieht, vorrangig zu befriedigen; nur soweit der Wert des Absonderungsgutes die Forderung des Absonderungsberechtigten übersteigt, fällt er in die Masse.[39] D.h.: Entsprechen sich der Wert des Absonderungsgutes und die Höhe der gesicherten Gläubigerforderung – was gegebenenfalls mit sachverständiger Hilfe zu ermitteln ist –, macht sich der Schuldner, der das Absonderungsgut herausgibt bzw. den Absonderungsberechtigten befriedigt, nicht gem. § 283c Abs. 1 strafbar.

---

35 S.a. schon, freilich in anderem Kontext *H. W. Schmidt* NJW **1957**, 1788, 1789, dem zufolge dieses Recht kein Vermögensstück darstellt.

36 A.A. wohl *Krause*, S. 271 m. Fn. 160.

37 RGSt **16**, 402, 407 f.; AnwK/*Püschel* § 283c Rdn. 5; S/S/W/*Bosch* § 283c Rdn. 2; HambK/*Borchardt* § 283c Rdn. 2; *Weyand/Diversy* Rdn. 130; *Ackermann*, S. 12; *Vormbaum* GA **1981**, 101, 106 m. Fn. 21; *Weyand* ZInsO **2002**, 851, 855.

38 S. nur *Wauschkuhn*, S. 62.

39 S. zum Ganzen *Foerste* Rdn. 368; ferner RGSt **16**, 402, 407 sowie *Krause*, S. 252 m. Fn. 84 noch zur KO.

3. Der Schuldner als Gläubiger?

12 Es entspricht ganz herrschender Meinung, dass der Schuldner nicht gleichzeitig Gläubiger i.S.d. § 283c Abs. 1 sein kann.[40] Unmittelbare Relevanz gewinnt diese Aussage aber nur, wenn der Schuldner entweder Träger zweier getrennter Vermögensmassen ist und ihm in seiner Eigenschaft als Inhaber der einen gegen die andere eine Forderung zusteht oder das Gesetz eine ausdrückliche Ausnahme von dem Grundsatz vorsieht, wonach die Forderung erlischt, sobald sich Gläubiger- und Schuldnerstellung in einer Hand vereinigen (sog. **Konfusion**). Prototyp der erstgenannten Konstellation ist der Erbe, der i.R.d. **Nachlassinsolvenzverfahrens** eine Forderung gegen den Erblasser mit Mitteln der Masse inkongruent befriedigt oder besichert. Zur Ahndung dieses Verhaltens ist nicht § 283c Abs. 1, sondern § 283 aufgerufen, da die Stellung des „Gläubiger-Schuldners" – insolvenzstrafrechtlich – von derjenigen der übrigen Gläubiger divergiert.[41]

4. Gesellschaftsrechtliche Besonderheiten

13 Besondere Schwierigkeiten bereitet die Anwendung des § 283c, sobald eine juristische Person oder eine Personen(handels)gesellschaft die Schuldnerstellung bekleidet. Neben der Frage, ob und wenn ja wann Gesellschafter bzw. Organmitglieder Gläubiger i.S.d. § 283c sein können, stellt sich auch hier die Frage, welche Voraussetzungen vorliegen müssen, um die Schuldnerstellung auf das handelnde Organ zu „überwälzen".[42] Da juristische Personen und Personen(handels)gesellschaften unterschiedlichen Regelungsregimen unterliegen, wird im Folgenden – soweit sich die Unterschiede auswirken – zwischen diesen beiden Gruppen unterschieden.

a) Die Gesellschafter als Gläubiger i.S.d. § 283c

14 **aa) Die Rechtslage in der juristischen Person.** Nähert man sich der Debatte um die Gläubigerstellung der Gesellschafter von der **GmbH** als der insolvenzanfälligsten Rechtsform her kommend,[43] müssen folgende Aspekte auseinandergehalten werden: Der Gesellschafter kann als Gläubiger seiner Einlage (1), als Gläubiger eines der GmbH gewährten Darlehens (2) oder als Gläubiger eines mit der GmbH geschlossenen, einem Drittvergleich standhaltenden regulären Austauschvertrags (3) angesprochen sein.

15 Gewährt der GmbH-Geschäftsführer einem Gesellschafter die geleistete **Einlage** nach Eintritt der Zahlungsunfähigkeit zurück, ist – von den Anforderungen des § 14 abgesehen – das Ergebnis eindeutig: Eine Privilegierung dieses Verhaltens gem. § 283c Abs. 1 kommt nicht in Betracht.[44] Der Grund für dieses Ergebnis liegt in der Ratio des § 283c: Der Tatbestand begünstigt Schuldner bzw. deren Organwalter, weil sie die Mittel der künftigen Masse immerhin zugunsten eines Teils desjenigen Personenkreises verwenden, dem sie nach Verfahrenseröffnung ohnehin zustehen. Im Falle

40 Zu diesem Grundsatz s. nur BGHSt **34**, 221, 226; BGHSt **35**, 357, 359; *Sch/Schröder/Heine/Schuster* § 283c Rdn. 12; NK/*Kindhäuser* § 283c Rdn. 3; MK/*Petermann/Hofmann* § 283c Rdn. 12; G/J/W/*Reinhart* § 283c Rdn. 3; AnwK/*Püschel* § 283c Rdn. 7; M-G/*Richter* Kap. 84 Rdn. 22, 28; MAH/*Böttger* § 19 Rdn. 170; *Wittig* § 23 Rdn. 150; *Weyand/Diversy* Rdn. 130; *Maurer/Wolf* wistra **2011**, 327, 334; a.A. aber *Hartwig* Bemann-FS, S. 311, 321 ff.; *Achenbach* BGH-FG, S. 593, 607 f.; *Wauschkuhn*, S. 136 f.; *Thilow*, S. 152.

41 Näher RGSt **68**, 368, 370 f.; *Habetha*, S. 228 f.; ferner *Sch/Schröder/Heine/Schuster* § 283c Rdn. 12; *Winkelbauer* JR **1988**, 33, 36, der das Ergebnis mit der Fiktion des § 1976 BGB begründet; a.A. *Wauschkuhn*, S. 138 f.

42 Dazu Vor §§ 283 ff. Rdn. 16 ff.

43 Zu diesem Befund s. etwa *Wietz*, S. 19 m. Fn. 24; *Radtke* GmbHR **2008**, 729, 730.

44 I.E. ebenso NK/*Kindhäuser* § 283c Rdn. 3; SK/*Hoyer* § 283c Rdn. 6; *Fischer* § 283c Rdn. 2; G/J/W/*Reinhart* § 283c Rdn. 3; M/R/*Altenhain* § 283c Rdn. 4; AnwK/*Püschel* § 283c Rdn. 7; M/G/*Rotsch/Wagner* 8/296; *Wauschkuhn*, S. 107 f.; *Kruse*, S. 43; *Pattberg*, S. 191; *Hendel* NJW **1977**, 1943, 1946; *Hartwig* Bemann-FS, S. 311, 332; *Maurer/Wolf* wistra **2011**, 327, 334; wohl auch *Schäuble*, S. 197; *Winkelbauer* JR **1988**, 33, 36.

der Einlagenrückgewähr fehlt es hieran jedoch, da die Gesellschafter Zahlungen auf die geleisteten Einlagen erst beanspruchen können, nachdem sämtliche Gläubiger vollständig befriedigt wurden (vgl. § 73 GmbHG)[45] – ein Szenario, das im Rahmen eines Insolvenzverfahrens allenfalls theoretisch vorkommen dürfte.[46] Anders gewendet: es mangelt an einem Konkurrenzverhältnis zwischen Gesellschaftern und Gläubigern im Wettbewerb um die Verteilung des schuldnerischen Vermögens.[47]

16 Zu demselben Ergebnis – keine Privilegierung gem. § 283c – gelangte die überwiegende Meinung in Rspr. und Schrifttum, wenn sie die Rückzahlung sog. **eigenkapitalersetzender Gesellschafterdarlehen** unter insolvenzstrafrechtlichen Vorzeichen beurteilte.[48] Mit dem Attribut „eigenkapitalersetzend" belegte man solche Darlehen, die von Gesellschaftern oder ihnen nahestehenden Personen gewährt, unter bestimmten Voraussetzungen dem haftenden Gesellschaftsvermögen gleichgestellt wurden und deren vorzeitige Rückzahlung u.a. den Sanktionsmechanismus der §§ 30 f. GmbHG auslöste.[49] Durch das Gesetz zur Modernisierung des GmbH-Rechts und zur Bekämpfung von Missbräuchen (MoMiG) vom 23.10.2008[50] hat der Gesetzgeber mit § 30 Abs. 1 S. 3 GmbHG die Unterscheidung von eigenkapitalersetzenden und „normalen" Gesellschafterdarlehen abgeschafft. Stattdessen hat er sämtliche Gesellschafterdarlehen und wirtschaftlich vergleichbare Rechtshandlungen[51] *via* **§ 39 Abs. 1 Nr. 5 InsO** einem Nachrang in der Insolvenz unterworfen. D.h.: Die darlehensgewährenden Gesellschafter können eine (quotale) Befriedigung ihres Rückzahlungsanspruchs erst beanspruchen, nachdem alle anderen Insolvenzgläubiger und sonstigen nachrangigen Gläubiger (§ 39 Abs. 1 Nr. 1–4 InsO) befriedigt wurden.[52] Die insolvenzstrafrechtlichen Konsequenzen, die aus dieser gesetzgeberischen Neuorientierung resultieren, sind noch nicht abschließend ausgelotet. Teilweise scheint sich die Ansicht Bahn zu brechen, wonach der darlehensgewährende Gesellschafter Gläubiger i.S.d. § 283c ist, die inkongruente Befriedigung seines Rückzahlungsanspruchs im Zeitpunkt der Zahlungsunfähigkeit mithin der Privilegierung des § 283c Abs. 1 unterfällt.[53] Das soll selbst bei fälligem Rückzahlungsanspruch gelten. Die Inkongruenz der Leistung ergebe sich in diesem Fall regelmäßig aus dem Umstand, dass die Rückzahlung der Darlehensvaluta gegen die **Zahlungsverbote** der §§ 64 S. 3 GmbHG, 130a, 177a HGB a.F. = § 15b Abs. 1 S. 1 InsO n.F. verstieße.[54] Eine andere

45 S. nur *Kruse*, S. 36.

46 S. etwa *Maurer/Wolf* wistra **2011**, 327, 330 m. Fn. 33, die von einem „in der Praxis wenig wahrscheinlichen Fall" sprechen; ferner *Thilow*, S. 63.

47 Dazu *Hendel* NJW **1977**, 1943, 1946.

48 Ausführl. *Wauschkuhn*, S. 111 ff.; ferner SK/*Hoyer*[7] § 283c Rdn. 6; HambK/*Borchardt* § 283c Rdn. 3; *Weyand/Diversy* Rdn. 70, 154; *Thilow*, S. 100 f.; *Mohr*, S. 55 f.; *Habetha*, S. 209 f., 232; *Bieneck* StV **1999**, 43, 45; *Richter* GmbHR **1984**, 137, 146 f.; *Hendel* NJW **1977**, 1943, 1947; *Muhler* wistra **1994**, 283, 285 f. (allerdings nur für die Darlehen, die den sog. „Rspr.-Regeln" unterfielen); indifferent – Gläubigerbegünstigung, Bankrott oder Untreue denkbar – aber *Tiedemann* ZIP **1983**, 513, 515; zu dieser früheren Rechtslage vgl. auch die Ausführungen bei M-G/*Richter* Kap. 82 Rdn. 13 und Kap. 84 Rdn. 28 ff.; zur Untreuerelevanz solcher Verstöße gegen die sog. „Rechtsprechungsregeln" s. B/*Quedenfeld/Bechtel/Richter* Kap. 22 Rdn. 163; *Maurer* GmbHR **2004**, 1549, 1555; angedeutet ferner schon bei *Blankenbach/Richter* wistra **1982**, 222, 224; aA freilich *Hartwig* Bemmann-FS, S. 311, 333 ff.; diff. Ansatz bei *Kruse*, S. 35 ff., 48 ff., der zwischen „nennkapitalersetzenden" Darlehen i.S.d. „Rechtsprechungsregeln" und (schlicht) eigenkapitalersetzenden Darlehen i.S.d. §§ 32a, b GmbHG a.F. unterscheidet, und die Rückzahlung letzterer in der Krise nur über § 283c sanktionieren will.

49 Ausführl. zu den Voraussetzungen *Groth*, S. 38 ff.; s. ferner M-G/*Richter* Kap. 82 Rdn. 3 ff.

50 BGBl. S. 2026.

51 Etwa eine atypische stille Beteiligung, die in ihrer Ausgestaltung der Position eines Kommanditisten nahekommt; vgl. BGHZ **193**, 378, 387; zur Erstreckung des § 39 Abs. 1 Nr. 5 InsO auf Darlehen von Nicht-Gesellschaftern s. ferner BGHZ **188**, 363, 365 ff.

52 *Maurer/Wolf* wistra **2011**, 327, 334; *Bittmann* GmbHR **2007**, 70, 74; zur alten Rechtslage *Bieneck* StV **1999**, 43, 45.

53 OLG Celle BeckRS **2014**, 14248; AnwK/*Püschel* § 283c Rdn. 7; MAH/*Böttger* § 19 Rdn. 294; wohl auch *Sch/Schröder/Heine/Schuster* § 283c Rdn. 12; G/J/W/*Reinhart* § 283c Rdn. 3; *Pattberg*, S. 170, 191; offen gelassen von *Fischer* § 283c Rdn. 2.

54 LK[12]/*Tiedemann* § 283c Rdn. 10; *Schäuble*, S. 197; anscheinend zust. G/J/W/*Reinhart* § 283c Rdn. 3; hiergegen dezidiert *Weiß* GmbHR **2011**, 350, 354 f., der darauf hinweist, dass die Zahlungsverbote nur an den Geschäftsführer adressiert sind, der Gesellschaft jedoch gegenüber ihren Gläubigern kein Leistungsverweigerungsrecht einräumen; a.A. für die Rückzahlung fälliger eigenkapitalersetzender Darlehen wohl auch *Kruse*, S. 9.

Meinung im Schrifttum vertritt demgegenüber den Standpunkt, die Rückzahlung von Gesellschafterdarlehen führe nicht zu § 283c, sondern – soweit sie pflichtwidrig erfolgt – zu einer Bestrafung wegen Untreue bzw. Bankrott.[55] Vermittelnd wird zum Teil vorgeschlagen, die Darlehensrückzahlung an den Gesellschafter zumindest dann gem. den §§ 266 Abs. 1, 283 zu pönalisieren, falls die Rückzahlung mit § 64 S. 3 GmbHG a.F. = § 15b Abs. 5 S. 1 InsO n.F. bzw. dem Existenzvernichtungsverbot kollidiert.[56] Denkt man diese Argumentation konsequent zu Ende, bliebe es in allen anderen Fällen bei der Anwendung des § 283c Abs. 1. Den Vorzug verdient keine der genannten Ansichten: Denn die Bankrottlösung streicht zu sehr den Umstand heraus, wonach die Rückzahlungsansprüche aus Gesellschafterdarlehen wegen des gem. § 39 Abs. 1 Nr. 5 InsO gesetzlich angeordneten Rangrücktritts regelmäßig nicht an der Verteilung der Insolvenzmasse teilnehmen.[57] Dabei verliert sie jedoch den von § 39 Abs. 1 Nr. 5 InsO akzentuierten Fremdkapitalcharakter dieser Forderungen völlig aus dem Blick. Demgegenüber versperrt sich die Gläubigerbegünstigungslösung den Weg zu einer sachgerechten Lösung für die Fälle, in denen derGesellschafter-Gläubiger trotz eines von ihm erklärten qualifizierten Rangrücktritts sein Darlehen bei bestehender Gesellschaftskrise abzieht.[58] Die vermittelnde Ansicht schließlich verkennt, dass § 64 S. 3 GmbHG a.F. = § 15b Abs. 5 S. 1 InsO n.F. bzw. das Existenzvernichtungsverbot keine Antwort auf die Frage geben, ob ein Begünstigter Gläubiger i.S.d. § 283c ist.[59] Ob der Geschäftsführer, der ein Gesellschafter-Darlehen bei eingetretener Zahlungsunfähigkeit der GmbH zurückführt, sich gem. § 283 Abs. 1 Nr. 1 oder aber „nur" gem. § 283c strafbar macht, richtet sich vielmehr danach, ob der Gesellschafter für seinen Darlehensrückzahlungsanspruch einen **qualifizierten Rangrücktritt** erklärt hat. Fehlt es an einem solchen Rangrücktritt, haftet der Geschäftsführer lediglich gem. § 283c. Führt er das Darlehen, für das der Gesellschafter einen qualifizierten Rangrücktritt erklärt hat, trotz Zahlungsunfähigkeit der Gesellschaft inkongruent zurück, begeht er hingegen einen Bankrott.[60]

17 Abweichend von vorstehend bei Rdn. 16 Gesagtem gestaltet sich die Rechtslage, sobald der Geschäftsführer Gesellschafterdarlehen bedient, die nur deshalb diesen Status besitzen, weil der Forderungsinhaber im Rahmen eines durch das Gesetz zur weiteren Erleichterung der Sanierung von Unternehmen (ESUG)[61] eingeführten **debt-to-equity-swap** (vgl. § 225a Abs. 2 InsO) die Position eines Gesellschafters erworben hat. Gem. **§ 39 Abs. 4 S. 2 InsO** nehmen die Darlehen bzw. vergleichbaren Rechtshandlungen solcher Gesellschafter solange nicht am Nachrang des § 39 Abs. 1 Nr. 5 InsO teil, bis die Gesellschaft nachhaltig saniert ist. D.h.: Befriedigt der Geschäftsführer ein Darlehen i.S.v. § 39 Abs. 4 S. 2 InsO macht er sich lediglich bei Inkongruenz gem. § 283c strafbar; andernfalls – das rückgeführte Darlehen war fällig und durchsetzbar – bleibt er straflos.

18 Mit der Rückzahlung von Gesellschafterdarlehen eng zusammen hängt die Begleichung solcher **Drittdarlehen**, für die sich ein Gesellschafter bspw. verbürgt hat. Erfolgt die Befriedigung des Darlehnsgebers kongruent, aber in der Gesellschaftskrise – im Fall der Inkongruenz wäre § 283c ohnehin einschlägig – stellt sich die Frage, ob dem zahlenden Geschäftsführer mit Blick auf die erloschene Bürgschaftsverpflichtung des Gesellschafters (insolvenz-)strafrechtliche Konsequenzen drohen. Was die Haftung wegen Gläubigerbegünstigung anbelangt, fehlt es bereits an einer unmittelbaren Leistung aus dem Schuldnervermögen, die nach dem insoweit eindeutigen

---

55 M/R/*Altenhain* § 283c Rdn. 4; HambK/*Borchardt* § 283c Rdn. 3; *Weyand/Diversy* Rdn. 155; *Schäuble*, S. 198 f.; *Bittmann* wistra **2009**, 102, 103; *Maurer/Wolf* wistra **2011**, 327, 334; für Untreue ferner, allerdings ohne auf die Abgrenzung zu § 283c einzugehen, *Leplow* wistra **2009**, 351, 353; *Maurer* JR **2008**, 389, 391; *Klein* BLJ **2014**, 30, 32 f.

56 So M-G/*Richter* Kap. 84 Rdn. 30a und Kap. 82 Rdn. 32, 35; *Rönnau* Schünemann-FS, S. 675, 681 ff., 686 f.

57 Dazu, allerdings unter Geltung der alten Rechtslage, *Hartwig* Bemmann-FS, S. 311, 328; vgl. ferner *Schäuble*, S. 198 f.; *Vallender* MDR **1999**, 280, 283.

58 *Brand/Brand* GmbHR **2015**, 1125, 1130 f.

59 Näher zur Kritik an dieser Ansicht *Brand/Brand* GmbHR **2015**, 1125, 1131 f.; a.A. aber MAH/*Böttger* § 19 Rdn. 294, der mithilfe der Rückzahlungsverbote die Gläubigerstellung des darlehensgewährenden Gesellschafters i.S.v. § 283c begründet.

60 Ausführl. zu dieser Lösung *Brand/Brand* GmbHR **2015**, 1125, 1132.

61 RegE BTDrucks. 17/5712; Rechtsausschuss BTDrucks. 17/7511.

Wortlaut Voraussetzung für das Eingreifen des § 283c ist.[62] Nicht die darleihende Gesellschaft, sondern die gesetzliche Anordnung, wonach die Bürgschaftsverpflichtung mit der Hauptforderung erlischt, befreit den Gesellschafter von dieser Verbindlichkeit. Allerdings wäre es nicht überzeugend, stattdessen § 283 zu aktivieren. Zwar ließe sich vor dem Hintergrund des **§ 135 Abs. 2 InsO** argumentieren, in erster Linie sei der bürgende Gesellschafter für die Befriedigung der getilgten Darlehensforderung zuständig, ihre Erfüllung mit Mitteln des Gesellschaftsvermögens beeinträchtige mithin die Interessen der Gesellschaftsgläubiger. Jedoch wäre es widersprüchlich, den Geschäftsführer, der aus Gesellschaftsmitteln inkongruent einen Gesellschafter befriedigt „nur" wegen Gläubigerbegünstigung, hingegen denjenigen, der in kongruenter Weise ein Drittdarlehen tilgt und dabei eine Gesellschafterbürgschaft zum Erlöschen bringt, wegen Bankrotts haften zu lassen. Richtigerweise bleibt der Geschäftsführer straflos.

19 Kaum behandelt wird die dritte oben in Rdn. 14 genannte Konstellation, in der der Gesellschafter „seiner" Gesellschaft wie ein außenstehender Gläubiger gegenübersteht und eine Forderung aus einem **gewöhnlichen Austauschvertrag** geltend macht. Zur Lösung könnte auf die insolvenzstrafrechtliche Behandlung der Organwalter verwiesen werden, die sich bei Zahlungsunfähigkeit der von ihnen vertretenen Gesellschaft in inkongruenter Weise Befriedigung/Sicherung für ihre noch offenen Gehaltsforderungen gewähren. Nach **h.M.** soll hier wegen der Nähe zum Schuldner keine Privilegierung gem. § 283c stattfinden.[63] Ob dies zutrifft, braucht an dieser Stelle noch nicht entschieden zu werden.[64] Der **Gläubiger-Gesellschafter** jedenfalls rückt weder über § 14 in die Gemeinschuldnerstellung noch ist seine Forderung aus einem regelmäßigen, mit den Grundsätzen ordnungsgemäßer Wirtschaftsführung vereinbaren Austauschvertrag in der Gesellschaftsinsolvenz nachrangig, weshalb die inkongruente Befriedigung/Sicherung lediglich die Verteilungsgerechtigkeit, nicht aber den Massebestand tangiert. Richtigerweise ist daher § 283c anzuwenden.[65]

20 **bb) Die Rechtslage in der Personen(handels)gesellschaft.** Vorab gilt es festzuhalten: Ein **vermögenszuordnungstechnischer Unterschied** zwischen Personen(handels)gesellschaften und juristischen Personen besteht richtigerweise nicht, da die Ausgestaltungsämtlicher Personengesellschaften in ihrer nach außen auftretenden Variante als rechtsfähige Einheiten dazu führt, das überkommene Gesamthandsprinzip zugunsten von Alleineigentum der Gesellschaft am Gesellschaftsvermögen aufzugeben.[66] D.h. für die Reichweite des § 283c: Erstattet der Geschäftsführer in seiner Eigenschaft als „Schuldner kraft Zurechnung" einem Gesellschafter nach Eintritt der Zahlungsunfähigkeit seine **Einlage** zurück, findet genausowenig wie im Recht der juristischen Personen die Privilegierung des § 283c Anwendung,[67] weil ein Anspruch auf Rückgewähr der Einlageleistung erst entsteht, sobald sämtliche Gläubiger befriedigt wurden. Anders gestaltet sich die Rechtslage hingegen auf dem Feld der **Gesellschafterdarlehen**: Da § 39 Abs. 1 Nr. 5 InsO hier nicht gilt – Ausnahmen bilden nur die **GmbH & Co. KG** sowie vergleichbare Gestaltungsformen, vgl. § 39 Abs. 4 S. 1 InsO – stehen die darleihenden Gesellschafter mit den „normalen" Gläubigern auf einer Stufe, weshalb ihre inkongruente Befriedigung bzw. Sicherung allenfalls zu § 283c und nicht zu den §§ 283, 266 führt. Gleiches gilt für Forderungen, die dem Gesellschafter aus einem Rechtsverhältnis zustehen, das seine *causa* nicht im Mitgliedschaftsverhältnis, sondern in einer **regulären Austauschbeziehung** hat.

---

62 Ausführl. dazu und zu weiteren Arg. gegen die Heranziehung des § 283c in dieser Konstellation *Kruse*, S. 32 ff.; s. ferner auch *Alsberg* Pinner-FS, S. 215, 221.

63 Zum Ganzen s. Rdn. 21 ff.

64 Dazu s. Rdn. 21 f.

65 So schon *Wauschkuhn*, S. 106 f.; in diese Richtung für den Kaufpreisanspruch eines oHG-Gesellschafters gegen „seine" Gesellschaft auch Bittmann[1]/*Bittmann* § 14 Rdn. 14.

66 Ausführl. dazu *Brand*, S. 198 f. und *passim*; *ders.* VersR **2009**, 306, 311; *ders.* NJW **2013**, 3594 f.; *ders.* ZWH **2014**, 23.

67 *Winkelbauer* JR **1988**, 33, 36.

b) Die Organwalter als Gläubiger und taugliche Täter des § 283c. Fast schon ein Klassiker der Gläubigerbegünstigung ist die Fragestellung, ob einem Geschäftsführer, der sich im Stadium der Zahlungsunfähigkeit bspw. für noch offene Gehaltsforderungen oder der Gesellschaft gegebene Darlehen inkongruente Befriedigung oder Sicherung gewährt, die Privilegierung des § 283c zur Seite springt. Während die Rspr. und das ihr folgende Schrifttum eine solche Privilegierung unter Hinweis auf die **autonome strafrechtliche Begriffsbildung**,[68] andernfalls entstehende **Beweisschwierigkeiten**[69] und die **erheblichen Manipulationsgefahren** verneinen,[70] wendet die Gegenansicht den § 283c auch in diesen Konstellationen an.[71] Zu Recht: Denn der Geschäftsführer steht – etwa in Bezug auf seine Gehaltsforderungen – einem „normalen" Insolvenzgläubiger gleich; seine inkongruente Befriedigung oder Sicherung tangiert nicht den Massebestand, sondern „lediglich" die Gläubigergleichbehandlung.[72] Auch der Hinweis auf die eigennützige Zielrichtung der Befriedigung oder Sicherung vermag die Heranziehung des § 283c nicht zu erschüttern, geben doch die §§ 283 ff. keinen Hinweis auf ein strukturelles Erfordernis der (fehlendenr) Eigennützigkeit.[73] Dagegen dürfte der Einwand, wonach die von der Rspr. praktizierte Herausnahme der Organwalter aus dem Gläubigerbegriff des § 283c zur – nicht gewollten – Straflosigkeit führe, weil die Ahndung gem. § 266 am Nachteil,[74] diejenige gem. § 283 Abs. 1 Nr. 1 an der Hürde der Interessentheorie scheitere,[75] nicht mehr greifen. Nachdem der BGH die **Interessentheorie**[76] aufgegeben und sich weitgehend einem **organisationsbezogenen Zurechnungsmodell** zugewendet hat,[77, 78] erscheint es zumindest möglich, den Geschäftsführer, der sich trotz Zahlungsunfähigkeit „seiner" Gesellschaft inkongruent befriedigt, statt nach § 283c gem. § 283 Abs. 1 Nr. 1 zu bestrafen. Richtig wäre das – aus den eben genannten Gründen – aber nicht. 21

Der Geschäftsführer einer GmbH[79] sieht sich womöglich einem weitaus erheblicheren Strafbarkeitsrisiko als seine in Personen(handels)gesellschaften tätigen Kollegenausgesetzt, wenn er einzelne Gesellschaftsgläubiger im Zeitpunkt der Zahlungsunfähigkeit inkongruent befriedigt bzw. besichert. Dieser Befund resultiert aus der bis heute nicht abschließend geklärten **untreuestrafrechtlichen Bedeutung** des § 64 S. 1 GmbHG a.F., der inhaltlich dem an seine Stelle getretenen § 15b Abs. 1 S. 1, Abs. 4 S. 1 InsO n.F. entspricht. Geht man mit einzelnen Stimmen im Schrifttum 22

---

68 Krit. gegenüber diesem Topos in der konkreten Situation der Auslegung des Merkmals „Gläubiger" *Thilow*, S. 151.

69 Zur Kritik an diesem Argument s. *Wauschkuhn*, S. 129; *Thilow*, S. 153.

70 Grdl. BGHSt **34**, 221, 225 f.; BGH NJW **1969**, 1494, 1495 = BGH/H GA **1971**, 33, 36; W/J/S/*Pelz* 9/232; M-G/*Richter* Kap. 84 Rdn. 22; M/R/*Altenhain* § 283c Rdn. 4; HambK/*Borchardt* § 283c Rdn. 2; *Weyand/Diversy* Rdn. 130; *Schäuble*, S. 196; *Habetha*, S. 229 f.; *Brackmann*, S. 304; zust. unter ausführl. Auseinandersetzung mit den Argumenten *pro* und *contra* LK[12]/*Tiedemann* § 283c Rdn. 11; so wohl auch MAH/*Böttger* § 19 Rdn. 170; *Schulte* NJW **1983**, 1773.

71 Dafür: SK/*Hoyer* § 283c Rdn. 6; Lackner/Kühl/*Heger* § 283c Rdn. 2; G/J/W/*Reinhart* § 283c Rdn. 3; AnwK/*Püschel* § 283c Rdn. 7; *Wauschkuhn*, S. 131 ff.; *Kruse*, S. 17 ff.; *Thilow*, S. 152; *Achenbach* BGH-FG, S. 593, 607 f.; *Schäfer* wistra **1990**, 81, 88; *Weber* StV **1988**, 16, 18; *Renkl* JuS **1973**, 611, 613; ferner wohl *Winkelbauer* JR **1988**, 33, 36.

72 So ausdrückl. *Wauschkuhn*, S. 132 f.; *Schäfer* wistra **1990**, 81, 88.

73 Zutr. *Weber* StV **1988**, 16, 18; *Winkelbauer* JR **1988**, 33, 35; *Hartwig* Bemann-FS, S. 311, 322; *Wauschkuhn*, S. 27 f., 32, 123, 126; *Kruse*, S. 16; *Thilow*, S. 98 f., der aber *de lege ferenda* für die Fälle der Selbstbegünstigung die Schaffung eines Qualifikationstatbestandes vorschlägt (a.a.O., S. 174); ferner schon *Vormbaum* GA **1981**, 101, 124 f., der die altruistische resp. egoistische Motivation in der Strafzumessung berücksichtigen will; vgl. aber auch *Böhle-Stamschräder* KTS **1957**, 177, 182, der die privilegierende Wirkung der Gläubigerbegünstigung aus deren altruistischer Zielrichtung ableiten will.

74 Dazu schon *Kruse*, S. 18.

75 So noch *Richter* GmbHR **1984**, 137, 146; verkannt wohl von *Kruse*, S. 18, dem zufolge sich der Geschäftsführer auf dem Boden der von der Rspr. und ihren Anhängern vertretenen Ansicht selbst im Falle kongruenter Deckung seiner Ansprüche gegen die Gesellschaft wegen Bankrotts strafbar machen könne, was unter dem Regime der Interessentheorie nicht zutreffen dürfte (vgl. aber auch a.a.O., S. 48).

76 Zur Bedeutung der Interessentheorie im Kontext des § 283c s. die Andeutungen von *Kruse*, S. 35.

77 Dazu Vor §§ 283 ff. Rdn. 21.

78 BGH Beschl. v. 15.9.2011, 3 StR 118/11, m. krit. Anm. *Brand* NZWiSt 2012, 64 f.

79 Für die AG und die Mischformen aus Personen(handels)gesellschaften und Kapitalgesellschaften, bei denen keine natürliche Person unbeschränkt persönlich haftet, gilt insoweit nichts anderes.

davon aus, dass bereits die kongruente Befriedigung eines Gesellschaftsgläubigers während der von § 64 GmbHG = § 15b Abs. 1 S. 1 InsO n.F. umschriebenen Gesellschaftskrise bei fehlender Vereinbarkeit mit der Sorgfalt eines ordentlichen Geschäftsmanns (vgl. § 64 S. 2 GmbHG = § 15b Abs. 1 S. 2 InsO n.F.) einen Nachteil i.S.d. § 266 begründet und schließt man hiervon wegen des darin liegenden Verstoßes gegen das allgemeine Schädigungsverbot auf die Pflichtwidrigkeit dieses Handelns,[80] dürfte die inkongruente Gläubigerbefriedigung erst Recht zur Untreuestrafbarkeit führen. Denn die Gewährung inkongruenter Leistungen entspricht niemals dem Maßstab des § 64 S. 2 GmbHG = § 15b Abs. 1 S. 2 InsO n.F., weshalb die Befreiung der Gesellschaft von einer solchen Verbindlichkeit ausnahmslos zu einem Schaden führen müsste. Dies zugrunde gelegt, machte sich der GmbH-Geschäftsführer, der bei Zahlungsunfähigkeit der Gesellschaft einen Gläubiger inkongruent befriedigt, neben § 283c Abs. 1 immer auch gem. § 266 Abs. 1 strafbar. Die von § 283c Abs. 1 intendierte Privilegierung wäre somit durch die Hintertür einer extensiven Interpretation des Merkmals „Nachteil" i.S.d. § 266 Abs. 1 ausgehebelt. Das überzeugt nicht. Richtigerweise fehlt es schon an einem Nachteil, da die Gesellschaft immerhin die Befreiung von einer bestehenden Verbindlichkeit erhält. Diesen Befund zu überspielen, indem man den Nachteil mithilfe der Figur des **individuellen Schadenseinschlags** für all diejenigen Fälle begründet, in denen die (sogar kongruente) Tilgung der Verbindlichkeit nicht dem Sorgfaltsmaßstab des § 64 S. 2 GmbHG = § 15b Abs. 1 S. 2 InsO n.F. entspricht,[81] erscheint angesichts der notorischen Uferlosigkeit des § 266 und den Anforderungen, die das BVerfG für den Schadensnachweis aufgestellt hat,[82] wenig plausibel.[83] Hinzu kommt: Verneint man wie hier bereits den Nachteil, bedarf es keiner – angesichts der unterschiedlichen Schutzwecke von Untreue einer-, und Gläubigerbegünstigung andererseits, fragwürdigen[84] – **Erweiterung der Sperrwirkung** des § 283c auf § 266.[85] Resümierend lässt sich mithin festhalten: Befriedigt der GmbH-Geschäftsführer im Zeitpunkt der Zahlungsunfähigkeit einzelne Gesellschaftsgläubiger inkongruent, macht er sich – vorbehaltlich der Anforderungen des § 14 Abs. 1 Nr. 1 – trotz des Verstoßes gegen § 64 S. 1 GmbHG = § 15b Abs. 1 S. 1 InsO n.F. „nur" gem. § 283c Abs. 1 strafbar. Befriedigt er die Gläubiger in kongruenter Weise, bleibt er straflos.[86]

23 Offen geblieben ist bis jetzt, unter welchen Voraussetzungen dem geschäftsführenden Organwalter im Einzugsbereich des § 283c die Gemeinschuldnerstellung zugerechnet werden kann. Obschon sich diese Zurechnung für den Geschäftsleiter einer juristischen Person nach § 14 Abs. 1 Nr. 1, für den Geschäftsleiter einer Personen(handels)gesellschaft hingegen nach § 14 Abs. 1 Nr. 2 richtet, folgen beide, was die Auslegung der Partikel „als" anbelangt, richtigerweise denselben Maßgaben.[87] Geht man bei der Interpretation dieser Partikel von dem an anderer Stelle entwickelten[88] und auch hier vertretenen **organisationsbezogenen Ansatz** aus,[89] rückt nur derjenige Geschäftsleiter *via* § 14 Abs. 1 Nr. 1, 2 in die Gemeinschuldnerstellung ein, der eine (zivil-)rechtlich wirksame Tilgung oder Sicherheit leistet. Fehlt es daran, ist die auf Befriedigung bzw. Sicherheitenbestellung gerichtete Rechtshandlung also nichtig, hat nicht der Gemeinschuldner „juristische Person/Personen(handels)gesellschaft" selbst gehandelt, weshalb bei Vorliegen eines Nachteils Be-

80 Für ein solches Vorgehen *Weiß* GmbHR **2011**, 350, 353 f.; ähnl. allerdings mit Blick auf § 64 S. 3 GmbHG a.F. *Schäuble*, S. 190 f.; dezidiert aA *Klein* BLJ **2014**, 30, 34.

81 *Weiß* GmbHR **2011**, 350, 353; *Lechner*, S. 211 f.

82 BVerfGE **126**, 170, 206 ff., das i. Grds. die Forderung aufgestellt hat, den eingetretenen (Gefährdung-)Schaden wertmäßig – nötigenfalls unter Zuhilfenahme der Bilanzrechtsgrundsätze – zu bestimmen.

83 Näher dazu *Brand/Strauß* GmbHR **2019**, 214, 218 ff.

84 *Hartung* NJW **1995**, 1186, 1190; *Klein* BLJ **2014**, 30, 34; *Schäuble*, S. 199; diesen Skeptizismus teilen *Rönnau/Becker* NZWiSt **2014**, 441, 443 m. Fn. 31.

85 Dafür aber, allerdings noch zum Rechtszustand vor dem MoMiG *Bittmann* GmbHR **2007**, 70, 73; *ders.* wistra **2007**, 321, 325; ebenso wohl B/*Quedenfeld/Bechtel/Richter* Kap. 22 Rdn. 225.

86 So i.E. auch *Bittmann* GmbHR **2007**, 70, 73; *ders.* wistra **2007**, 321, 325.

87 Ausführl. dazu *Brand*, S. 285.

88 *Brand*, S. 234 ff.; *ders.* NStZ **2010**, 9, 12 f.

89 Dazu Vor §§ 283 ff. Rdn. 20.

strafung nur wegen Untreue in Betracht kommt.[90] Anders liegen die Dinge vom Standpunkt des **Zurechnungsmodells** bzw. der **Funktionstheorie**: Da der Geschäftsleiter sowohl im Falle der inkongruenten Gläubigerbefriedigung als auch bei inkongruenter Sicherheitenbestellung rechtsgeschäftlich im Rechtskreis des Gemeinschuldners tätig wird, dürften diese beiden Interpretationsmodelle im Kontext des § 283c immer zu einer Zurechnung der Gemeinschuldnereigenschaft gelangen. Der BGH fordert – wie bereits erwähnt[91] – bei rechtsgeschäftlichen Schädigungshandlungen die wirksame Verpflichtung des Vertretenen und liegt somit ganz auf der Linie des organisationsbezogenen Ansatzes. Eine generelle Überwälzung der Gemeinschuldnerrolle – jedenfalls soweit § 283c betroffen ist,[92] – ist deshalb nicht zwingend.

III. Sicherung oder Befriedigung aus dem Schuldnervermögen

Von einer **Sicherheit** i.S.d. § 283c Abs. 1 spricht man, wenn der Schuldner seinem Gläubiger eine Rechtsstellung verschafft, vermöge derer der Gläubiger „eher, besser, gewisser befriedigt [wird], als er zu beanspruchen hat“.[93] Inhaltlich geht die ganz **h.M.** von einem weiten Verständnis des Terminus „Sicherheit“ aus und fasst hierunter keinesfalls nur die in § 232 BGB gelisteten Sicherungsmittel.[94] Vielmehr unterfallen dem Merkmal „Sicherheit“ angesichts der vergleichbaren Gefährdungslage für die Gläubigerinteressen neben den rechtsgeschäftlich bestellten Sicherungsmitteln, wie der Sicherungsübereignung/-abtretung, der Hypotheken- und Pfandrechtsbestellung sowie der Hinterlegung von Geld und Wertpapieren[95] auch Realakte, die zu einem Abfluss künftigen Massevermögens führen – bspw. die Übertragung des Besitzes an bestimmten Sachen.[96] Allerdings genügt es nicht, wenn die intendierte Sicherungshandlung dem begünstigten Gläubiger im späteren Insolvenzverfahren einen **besseren Rang** verschafft[97] oder die **Beweislage** zu seinen Gunsten verbessert.[98] Deshalb erfüllt den Tatbestand nicht, wer einem Gläubiger eine vollstreckbare Urkunde[99] oder einen anderen **Vollstreckungstitel** verschafft, etwa indem er gegen ein Versäumnisurteil keinen Einspruch einlegt.[100, 101] Ob sich dieses Ergebnis – i.e. Straflosigkeit des Schuldners – ändert, sobald der Gläubiger von dem „inkongruent erlangten“ Titel Gebrauch macht und Vermögensbestandteile des Schuldners pfänden lässt,[102] erscheint zumindest zweifelhaft. Zwar hat der Schuldner, indem er „inkongruent“ den Titel schuf, die Gefahr heraufbeschworen, dass sich der so begünstigte Gläubiger mithilfe des Titels selbst Sicherheiten beschafft, weshalb man daran denken könnte, ersterem die im Wege der Zwangsvollstreckung erwirkte Sicherung über die Regeln der objektiven Zurechnung zuzurechnen. Angesprochen ist insoweit die Anknüpfung an eine vom Täter geschaffene Erstgefahr, die durch die Handlung des Zweittäters nicht abbricht, sondern – gleichsam als Basis – im Enderfolg fortwirkt. Überzeugend ist dies jedoch 24

---

90 Zum Ganzen, allerdings im Kontext der Abgrenzung zwischen § 266 und § 283 Abs. 1 Nr. 1, *Brand* NStZ **2010**, 9, 12 f.

91 S.o. Rdn. 21 und Vor §§ 283 ff. Rdn. 21.

92 I.E. so aber HambK/*Borchardt* § 283c Rdn. 2, allerdings vom Standpunkt der Interessentheorie.

93 Allg.M.; s. nur RGSt **30**, 261, 262; MK/*Petermann*/*Hofmann* § 283c Rdn. 17; *Sch*/*Schröder*/*Heine*/*Schuster* § 283c Rdn. 4; M/R/*Altenhain* § 283c Rdn. 5; SK/*Hoyer* § 283c Rdn. 10; NK/*Kindhäuser* § 283c Rdn. 6; SSW/*Bosch* § 283c Rdn. 4; AnwK/*Püschel* § 283c Rdn. 9; G/J/W/*Reinhart* § 283c Rdn. 5; HambK/*Borchardt* § 283c Rdn. 4; *Weyand*/*Diversy* Rdn. 131; *Wittig* § 23 Rdn. 155; *Thilow*, S. 87; *Ackermann*, S. 24.

94 Zu letzterem s. *Wauschkuhn*, S. 46.

95 Allg.M.; s. nur *Thilow*, S. 87.

96 MK/*Petermann*/*Hofmann* § 283c Rdn. 10; NK/*Kindhäuser* § 283c Rdn. 6; G/J/W/*Reinhart* § 283c Rdn. 5.

97 BGH LM Nr. 14 zu § 239 KO.

98 LK[12]/*Tiedemann* § 283c Rdn. 14; tendenziell aA wohl G/J/W/*Reinhart* § 283c Rdn. 5.

99 Zu einem solchen Fall s. den Sachverhalt bei RGSt **30**, 46.

100 Zur Problematik der Begehung des § 283c durch Unterlassen s.u. Rdn. 42.

101 Dazu, dass solche Verhaltensweisen den Tatbestand der Gläubigerbegünstigung nicht verwirklichen, s. *Sch*/*Schröder*/*Heine*/*Schuster* § 283c Rdn. 4; SK/*Hoyer* § 283c Rdn. 10; M/R/*Altenhain* § 283c Rdn. 6; M/G/*Rotsch*/*Wagner* 8/297.

102 Dafür aber RGSt **30**, 46, 48; zust. *Ackermann*, S. 25 f.; ferner wohl NK/*Kindhäuser* § 283c Rdn. 7.

nicht: Denn die Tathandlung des § 283c gründet in der inkongruenten Bestellung von Sicherheiten bzw. der Befriedigung einzelner Gläubiger, der Taterfolg in der Begünstigung des inkongruent besicherten/befriedigten Gläubigers und der Benachteiligung aller übrigen Gläubiger. Da der vom Schuldner geschaffene **Vollstreckungstitel** weder der Tathandlung „Sicherheitenbestellung" unterfällt noch die Grenzen zum **unmittelbaren Ansetzen** hierzu überschreitet – erforderlich sind noch die Vornahme zahlreicher Zwischenschritte, ehe die Vollstreckungsorgane eine Pfändung von Schuldnervermögen bewirken[103] –, leuchtet es nicht ein, an diese **Vorfeldhandlung** einen Strafbarkeitsvorwurf wegen vollendeter vorsätzlicher Gläubigerbegünstigung zu knüpfen. Dies gilt erst recht, wenn der Vollstreckungstitel entstand, als der Schuldner noch zahlungsfähig war, da andernfalls die Koinzidenz zwischen Tathandlung und Zahlungsunfähigkeit überspielt würde.

25 Ob die bestellte Sicherheit **werthaltig** sein muss, diskutieren Rspr. und Schrifttum kontrovers. Herrschend ist die Ansicht, wonach selbst die Bestellung eines Grundpfandrechts an einem **überbelasteten Grundstück** dem Merkmal der Sicherung unterfällt,[104] da für die übrigen Gläubiger die Gefahr besteht, dass der Inhaber dieses Pfandrechts bspw. aufgrund von Rangveränderungen aufrückt und dadurch in den Genuss einer werthaltigen Sicherheit gelangt.[105] Mit Blick auf das Begünstigungserfordernis genügt der Gegenansicht die Leistung einer wertlosen Sicherheit nicht, um den Schuldner gem. § 283c Abs. 1 zu bestrafen.[106] Dem ist zuzustimmen, sofern der Gläubiger die Wertsteigerung seiner zuvor wertlosen Sicherheit nicht unmittelbar dem Schuldner, sondern anderen Faktoren zu verdanken hat.

26 Die Variante der Befriedigung erfasst neben der Erfüllung i.S.d. § 362 BGB auch **Leistungen an Erfüllungs statt** (vgl. § 364 BGB).[107] Zu einer Befriedigung kommt es hingegen nicht, wenn der Schuldner einem bestimmten Gläubiger einen Scheck oder Wechsel auf sich ausstellt, weil er dadurch lediglich eine neue Verbindlichkeit begründet, ohne Vermögen aus dem Bestand der präsumtiven Masse wegzugeben.[108] Damit darf indes nicht der Fall verwechselt werden, in dem der Schuldner seinem Gläubiger zur Tilgung einer Forderung Kundenschecks oder -wechsel übergibt. Dieses Verhalten unterfällt bei vorbehaltloser Gutschrift zugunsten des Gläubigers dem Merkmal der Befriedigung, vorher dem Merkmal der Sicherheitsgewährung.[109]

27 Umstritten ist, ob die Rechtshandlung, mithilfe derer der Schuldner die inkongruente Befriedigung/Sicherung leistet, (zivilrechtlich) wirksam sein muss. Drei Ansichten stehen zur Lösung des Problems bereit: Während sich die engste an den §§ 362 ff. BGB orientiert und für die Tatbestandserfüllung **rechtlich wirksame** Sicherungs- oder Tilgungsleistungen fordert, nimmt die weiteste den Standpunkt ein, wonach es auf die (zivilrechtliche) Wirksamkeit nicht ankommt.[110] Der **BGH** hat eine **vermittelnde Position** bezogen: Ihm zufolge hindert die (zivil)rechtliche Unwirksamkeit der Befriedigung oder Sicherung die Annahme einer vollendeten Gläubigerbegünstigung nur, wenn sie auf fehlender Bestimmtheit der Befriedigungs- oder Sicherungsabrede be-

---

103 AA RGSt **30**, 46, 48; LK[12]/Tiedemann § 283c Rdn. 34.

104 RGSt **30**, 261 ff.; *Sch/Schröder/Heine/Schuster* § 283c Rdn. 4; MK/*Petermann/Hofmann* § 283c Rdn. 17; NK/*Kindhäuser* § 283c Rdn. 6; M/R/*Altenhain* § 283c Rdn. 5, 9; *Ackermann*, S. 25; G/J/W/*Reinhart* § 283c Rdn. 5, der allerdings konstatiert, dass es in solchen Fällen nur selten zu einer Benachteiligung der Gläubiger kommen wird.

105 So die Argumentation von RGSt **30**, 261, 262, das allerdings auf die Feststellung eines Nachteils bei den übrigen Gläubigern ausdrücklich verzichtete; zust. *Ackermann*, S. 25; vgl. auch, freilich im Bankrottkontext, RG DRiZ **1934**, 314.

106 SK/*Hoyer* § 283c Rdn. 7.

107 Allg.M., s. nur MK/*Petermann/Hofmann* § 283c Rdn. 18; SK/*Hoyer* § 283c Rdn. 11; AnwK/*Püschel* § 283c Rdn. 10; G/J/W/*Reinhart* § 283c Rdn. 6; M/R/*Altenhain* § 283c Rdn. 5; HambK/*Borchardt* § 283c Rdn. 4; M/G/*Rotsch/Wagner* 8/297; *Weyand/Diversy* Rdn. 131; *Thilow*, S. 88; *Weyand* ZInsO **2002**, 851, 856; zu einer Mischung der beiden Befriedigungsformen s. den Sachverhalt bei RGSt **40**, 105.

108 Ganz hM s. nur BGHSt **16**, 279, 280; RG (Z) LR **1918**, 770; RG GA 39 (**1892**), 230, 231; SK/*Hoyer* § 283c Rdn. 11; G/J/W/*Reinhart* § 283c Rdn. 6; M-G/*Richter* Kap. 84 Rdn. 32; *Bendix* JW **1927**, 1106.

109 Ausführl. zum Ganzen RG JW **1890**, 400; SK/*Hoyer* § 283c Rdn. 11; *Weyand/Diversy* Rdn. 131; s.a. *Bendix* JW **1927**, 1106; ferner *Wittig* § 23 Rdn. 159.

110 Grdl. RG JW **1934**, 1289; ferner SK/*Hoyer* § 283c Rdn. 10; G/J/W/*Reinhart* § 283c Rdn. 5; HambK/*Borchardt* § 283c Rdn. 4; wohl auch AG Siegen wistra **1985**, 196 f.; *Wauschkuhn*, S. 26.

ruht.[111] Gründet die Nichtigkeit der Tilgungs- oder Sicherungsabrede dagegen auf einem Verstoß gegen § 138 BGB oder § 134 BGB, soll dies an einer Befriedigung bzw. Sicherung i.S.d. § 283c nichts ändern.[112] Als zutreffend erweist sich die Auffassung des BGH – allerdings mit einer Einschränkung: Die Nichtigkeit der Tilgungs- bzw. Sicherungsabrede gem. den §§ 134, 138 BGB steht der Annahme einer vollendeten Gläubigerbegünstigung immer dann im Wege, wenn der Gegenstand, auf den sich die Abrede bezieht, das Schuldnervermögen – wie im Falle der Sicherungsübereignung üblich – nicht verlassen hat. In dieser Situation besteht angesichts des Umstandes, dass die Übereignung fehlgeschlagen ist, für die Gesamtgläubigerschaft keine Gefahr einer Benachteiligung.[113] Möglich bleibt aber die Strafbarkeit wegen versuchter Gläubigerbegünstigung.

Gründet der zahlungsunfähige Schuldner eine **Auffanggesellschaft** und überträgt er auf die- 28
se sämtliche Aktiva, jedoch nur einige Passiva, macht er sich – soweit die Befriedigung der Gläubiger in Rede steht, deren Forderungen auf die Auffanggesellschaft übergeleitet wurden –, richtigerweise nicht nur gem. § 283c Abs. 1,[114] sondern wegen des strengeren § 283 Abs. 1 Nr. 1 bzw. Nr. 8[115] strafbar. Denn der Gläubiger erlangt unmittelbare Befriedigung von der zahlungsfähigen Auffanggesellschaft und nicht von seinem zahlungsunfähigen Schuldner.[116] Zwar stammen diese Mittel aus dem Schuldnervermögen und haftete dieser „lediglich“ nach § 283c Abs. 1, wenn er die Gläubiger, deren Forderungen auf die Auffanggesellschaft übergingen, ohne diesen Zwischenschritt direkt aus seinem Vermögen befriedigt bzw. besichert hätte. So aber liegen die Dinge gerade nicht, weshalb dieses hypothetische Geschehen unberücksichtigt bleiben muss, zumal es dem Schuldner, der die Auffanggesellschaft gründet, in erster Linie nicht darum geht, die Forderungen einzelner Gläubiger zu tilgen. Vielmehr verfolgt er mit der Auffanggesellschaft allein den Zweck, Teile seines kriselnden Unternehmens zu sanieren.

Schließlich soll nach teilweise vertretener Ansicht der Schuldner, der seinen Betrieb mithilfe 29
der **Insolvenzgeldvorfinanzierung** weiterführt, in das Fahrwasser des § 283c geraten, falls die vorübergehende Betriebsfortführung diejenigen schuldnerischen Gegenstände veredelt, die der Schuldner zuvor der Bank sicherungsübereignet hat, die die Insolvenzgeldvorfinanzierung ermöglichte, indem sie den schuldnerischen Arbeitnehmern ihre Nettolohnforderungen abkaufte.[117] Unter dem Regime des **Konkursausfallgeldes** mag diese These zwar eine gewisse Überzeugungskraft besessen haben, sollte doch das Konkursausfallgeld dem insolventen Arbeitgeber nicht als zusätzliches Finanzierungsinstrument zur Verfügung stehen.[118] Nachdem aber der Gesetzgeber – aktuell unter den Voraussetzungen des **§ 170 Abs. 4 SGB III** – den Sanierungscharakter des Insolvenzgeldes anerkannt hat,[119] überzeugt es nicht (mehr), den an einer ordnungsgemäßen Insolvenzgeldvorfinanzierung Beteiligten mit der Strafbarkeit wegen Gläubigerbegünstigung zu drohen. Andernfalls könnten nur solche Banken die Insolvenzgeldvorfinanzierung begleiten, die bis *dato* in keinem geschäftlichen Kontakt zum Schuldner stehen, was den Einsatz dieses Sanierungsinstru-

---

111 BGH/H GA **1958**, 45, 48; insoweit zust. Lackner/Kühl/*Heger* § 283c Rdn. 4; M/R/*Altenhain* § 283c Rdn. 5; M-G/*Richter* Kap. 84 Rdn. 38.

112 BGH/H GA **1958**, 45, 48; zust. *Sch/Schröder/Heine/Schuster* § 283c Rdn. 4; NK/*Kindhäuser* § 283c Rdn. 6; Lackner/Kühl/*Heger* § 283c Rdn. 4; *Vormbaum* GA **1981**, 101, 109 f.; *ders.* Jura **1980**, 421, 422 m. Fn. 3.

113 Zu diesem Aspekt s.a. *Vormbaum* GA **1981**, 101, 110, der aber der Nichtigkeit des Verfügungsgeschäfts nur dann tatbestandliche Relevanz attestiert, wenn diese auf einem Einigungsmangel beruht.

114 Dafür aber NK/*Kindhäuser* § 283c Rdn. 8; LK[12]/*Tiedemann* § 283c Rdn. 23 und *ders.* KTS **1984**, 539, 545 f., der diese Konstellation allerdings unter dem Gesichtspunkt der Inkongruenz behandelt und hierin die Stellung einer Sicherheit erblickt, die der Gläubiger „nicht in der Art“ zu beanspruchen hatte; vgl. des Weiteren *Tiedemann* ZIP **1983**, 513, 517; ähnl. G/J/W/*Reinhart* § 283c Rdn. 8, der Inkongruenz in Form der ersten Variante annimmt.

115 Zust. MK/*Petermann*/*Hofmann* § 283c Rdn. 21. – Zur Abgrenzung von Nr. 1 und Nr. 8 siehe § 283 Rdn. 5.

116 Hierauf stellt SK/*Hoyer* § 283c Rdn. 10 entscheidend ab, dem zufolge die Sicherheit/Befriedigung in solchen Fällen gerade nicht aus der (präsumtiven) Insolvenzmasse stammt.

117 Für die Anwendung des § 283c in solchen Konstellationen grdl. LK[12]/*Tiedemann* § 283c Rdn. 15; s.a. M-G/*Richter* Kap. 84 Rdn. 35.

118 *Uhlenbruck* KTS **1980**, 81, 86.

119 S. dazu etwa *Hunold* NZI **2015**, 785, 788.

ments über Gebühr erschweren dürfte. Ungeachtet der Frage, ob insolvenzrechtlich ein Anfechtungstatbestand im Raum steht,[120] spricht deshalb mehr dafür, dem Schuldner, der eine Insolvenzgeldvorfinanzierung initiiert und dabei die Voraussetzungen des § 170 Abs. 4 SGB III einhält, selbst dann nicht den Vorwurf strafbarer Gläubigerbegünstigung zu machen, wenn die aufgrund der Insolvenzgeldvorfinanzierung ermöglichte Betriebsweiterführung die Sicherheiten der Bank wertmäßig erhöht, die die Nettolohnforderungen der schuldnerischen Arbeitnehmer erworben hat.

IV. Die Inkongruenz der Befriedigung/Sicherung

30 Sichtet man die vorhandenen Kommentierungen des § 283c, hat es den Anschein, als ob sich hinter dem Terminus der **Inkongruenz** eine Besonderheit des Tatbestandes verbirgt. Dem ist aber nicht so: Richtigerweise steht der Begriff „Inkongruenz" nur als Abkürzung für die Modalitäten **„nicht"**, **„nicht in der Art"** und **„nicht zu der Zeit"**.[121] Anders gewendet: Ergibt die Prüfung, dass der Gläubiger die vom Schuldner erhaltene Leistung „nicht", „nicht in der Art" oder „nicht zu der Zeit" zu beanspruchen hatte, erfolgte seine Befriedigung bzw. Sicherung inkongruent.[122] Mehr muss insoweit nicht ermittelt werden. Der häufig anzutreffende Hinweis auf den ähnlich gefassten **§ 131 InsO**[123] dürfte zur Erhellung weniger beitragen als gemeinhin angenommen,[124] gestattet doch die Insolvenzordnung die Insolvenzanfechtung wegen inkongruenter Leistungen auch für Konstellationen, die im Lichte des § 283c Abs. 1 nicht als inkongruent erscheinen.[125] Gleichwohl mag ein Blick in die umfangreiche Kasuistik zu § 131 InsO dann weiterhelfen, wenn es darum geht, in unbekannten Fallgestaltungen die schuldnerische Leistung unter dem Aspekt zu würdigen, ob diese dem Gläubiger „nicht", „nicht in der Art" oder „nicht zu der Zeit" zustand, da diese Termini in beiden Vorschriften im Wesentlichen[126] identisch ausgelegt werden.[127]

31 Der Schuldner, der seinen Gläubiger **vertragsgemäß** befriedigt oder sichert, bleibt – auch nach Eintritt der Zahlungsunfähigkeit – straflos, da § 283c Abs. 1 nur solche Verstöße gegen den Gläubigergleichbehandlungsgrundsatz mit Kriminalstrafe belegt, die dem Verdikt der Inkongruenz i.S.d. § 283c Abs. 1 unterfallen. Ob die Befriedigung bzw. Sicherung des Gläubigers kongruent oder inkongruent erfolgte, bestimmt sich ausschließlich nach den zwischen Schuldner und Gläubiger bestehenden vertraglichen Vereinbarungen.[128] Ist hierin die Befugnis enthalten, konkrete Sicherheiten zu verlangen oder wird dem Schuldner das Recht eingeräumt, die Leistung auf andere Art und Weise zu bewirken als vorrangig vorgesehen (sog. **Ersetzungsbefugnis**), führt ein entsprechendes Vorgehen nicht zur Inkongruenz.[129] Anderes gilt aber, wenn die Ersetzungsbefugnis vor

120 S. etwa *Uhlenbruck* KTS **1980**, 81, 84 f. zur Rechtslage unter dem Regime der KO.

121 RGSt **71**, 227, 231 vgl. auch *Ackermann*, S. 23; *Vormbaum* GA **1981**, 101, 111; skept. gegenüber diesem Erfordernis *Zweigert* DJZ **1907**, 1112, 1115.

122 Ausführl. Kritik an der Beschränkung des Tatbestandes auf inkongruente Leistungen bei *Thilow*, S. 165 f. und *passim*, der deshalb *de lege ferenda* für eine Ausdehnung des § 283c Abs. 1 auf die Fälle kongruenter Deckung plädiert.

123 S. schon RGSt **48**, 18, 20 zur Vorgängerregelung des § 30 Nr. 2 KO; vgl. ferner exemplarisch *Weyand/Diversy* Rdn. 131.

124 Krit. etwa *Ackermann*, S. 10, der auf den unterschiedlichen Adressatenkreis von Konkursanfechtung einer- und Strafbarkeit andererseits hinweist; skeptisch auch M-G/*Richter* Kap. 84 Rdn. 2 f.

125 S. etwa RGSt **3**, 190, 196 f.; auf die größere Reichweite des § 131 InsO weist auch *Vormbaum* GA **1981**, 101, 113 hin.

126 Zu den Abweichungen, etwa bei der Befriedigung anfechtbarer oder verjährter Forderungen, die richtigerweise nicht unter § 283c Abs. 1 fallen, s. Rdn. 31.

127 Für einen „Auslegungsgleichlauf" s. RGSt **48**, 18, 20; so auch HambK/*Borchardt* § 283c Rdn. 4; M/G/*Rotsch(Wagner* 8/298; *Thilow*, S. 90; *Kruse*, S. 22; *Vormbaum* GA **1981**, 101, 115; *Bendix* JW **1927**, 1106.

128 Vgl. auch BGH/H GA **1953**, 75, wonach die Grundsätze des bürgerlichen Rechts maßgebend sind; ebenso schon RGSt **40**, 105, 108 sowie RGSt **5**, 116, 118; s. ferner W/J/S/*Pelz* 9/226; Lackner/Kühl/*Heger* § 283c Rdn. 5; *Weyand/Diversy* Rdn. 132.

129 RGSt **63**, 78, 80; BGH Beschl. v. 13.2.2014, 1 StR 336/13, Rdn. 67 (insoweit in NStZ **2014**, 469 nicht abgedr.); *Sch/Schröder/Heine/Schuster* § 283c Rdn. 10; SK/*Hoyer* § 283c Rdn. 16; G/J/W/*Reinhart* § 283c Rdn. 9; *Thilow*, S. 35; *Bendix* JW **1927**, 1106.

dem Hintergrund der sich abzeichnenden Zahlungsunfähigkeit des Schuldners vereinbart wurde. Solche Konstellationen legen den Verdacht nahe, Schuldner und Gläubiger hätten die Ersetzungsvereinbarung nur getroffen, um auf diese Weise das insolvenzrechtliche Prinzip der Gläubigergleichbehandlung zu umgehen. Wird dies i.R.d. Ermittlungen bestätigt, ist der Ersetzungsvereinbarung die Wirksamkeit zu versagen.[130] Leistungen, die auf ihrer Grundlage gewährt werden, stellen sich dann als inkongruent dar.[131] Kongruent und mithin straflos sind indes sog. **Bargeschäfte** (vgl. § 142 InsO), bei denen der Schuldner in unmittelbarer zeitlicher Nähe zum Erhalt der Leistung diese – auch unbar – vergütet.[132] Allerdings treten – je nach Fallgestaltung – die §§ 266, 283 auf den Plan, wenn Leistung und Gegenleistung in einem **auffälligen Missverhältnis** zueinander stehen, der Schuldner also mehr leistet, als er vertraglich bewirken müsste.[133]

1. Die Inkongruenzmodalität „nicht"

Die Modalität **„nicht"** bereitet deshalb einige Schwierigkeiten, weil sie den offensichtlichen Fall – der Leistungsempfänger ist kein Gläubiger des Schuldners und hat deshalb die Leistung „nicht" zu beanspruchen – wegen des tatbestandlichen Erfordernisses der Befriedigung oder Sicherung eines Gläubigers richtigerweise nicht erfasst.[134] Mit Gewissheit unterfallen dieser Variante daher nur die **unvollkommenen Verbindlichkeiten**, die bei Eingehung eines „Spiel-" oder „Wettvertrags" (vgl. § 762 BGB) entstehen.[135] 32

„Nicht" zu beanspruchen hat der Gläubiger auch Sicherheiten, deren Stellung das Vertragsverhältnis zwischen ihm und dem Schuldner nicht vorsieht. Unter diesem Blickwinkel verdienen solche Konstellationen die besondere Aufmerksamkeit der Strafverfolgungsbehörden, in denen die Sicherheit eine vermeintlich neue Leistung des Gläubigers absichern soll, tatsächlich aber nur bereits bestehende Verbindlichkeiten sichert. Folglich macht sich gem. § 283c Abs. 1 strafbar, wer seinem Gläubiger dafür Sicherheit gewährt, dass dieser bspw. eine **interne Kreditlinie** nach deren Ausschöpfung auf eine vertragliche Grundlage stellt oder eine uneinbringliche Forderung stundet.[136] 33

Umstritten ist dagegen, ob auch diejenige Leistung inkongruent i.S.d. ersten Variante ist, die der Schuldner erbringt, obschon er das zugrunde liegende Rechtsverhältnis anfechten bzw. seiner Inanspruchnahme hieraus die Einrede der Verjährung oder des unerfüllten Vertrages entgegenhalten könnte. Die **h.M.** bejaht Inkongruenz und erblickt in diesen Fallgestaltungen einen Prototyp der ersten Variante.[137] Zutreffend ist indes die Gegenansicht, die der h.M. vorwirft, mit ihrer Interpretation der Variante „nicht" den Schuldner *de facto* zur Ausübung dieser **Gestaltungsrech-** 34

130 Krit. gegenüber diesem Vorgehen aber *Thilow*, S. 161 m. Fn. 559.

131 Zu einem solchen Fall s. RGSt **63**, 78, 79 ff.; der Bewertung des Gerichts zust. *Sch/Schröder/Heine/Schuster* § 283c Rdn. 8; SK/*Hoyer* § 283c Rdn. 15; G/J/W/*Reinhart* § 283c Rdn. 9; vgl. auch M-G/*Richter* Kap. 84 Rdn. 42.

132 Zu den Voraussetzungen s. nur *Thilow*, S. 27.

133 S.o. Rdn. 3.

134 G/J/W/*Reinhart* § 283c Rdn. 8; *Weyand/Diversy* Rdn. 132; Böttger/*Verjans/Rixe* 4/120; *Vormbaum* GA **1981**, 101, 115 f.; aA noch *Ackermann*, S. 26.

135 Dazu NK/*Kindhäuser* § 283c Rdn. 13; G/J/W/*Reinhart* § 283c Rdn. 8; M/R/*Altenhain* § 283c Rdn. 7; MAH/*Böttger* § 19 Rdn. 172; M-G/*Richter* Kap. 84 Rdn. 45; *Ackermann*, S. 26; vgl. aber auch *Wauschkuhn*, S. 84 f., der mit beachtlichen Gründen die These vertritt, wonach eine unvollkommene Verbindlichkeit keine Gläubigerstellung i.S.d. § 283c begründet, ihre Erfüllung daher zu § 283 führt.

136 Dazu nur M-G/*Richter* Kap. 84 Rdn. 42 f.

137 Dafür *Sch/Schröder/Heine/Schuster* § 283c Rdn. 9; MK/*Petermann/Hofmann* § 283c Rdn. 23; *Fischer* § 283c Rdn. 6; Lackner/Kühl/*Heger* § 283c Rdn. 5; NK/*Kindhäuser* § 283c Rdn. 13; SK/*Hoyer* § 283c Rdn. 15; SSW/*Bosch* § 283c Rdn. 6; M/R/*Altenhain* § 283c Rdn. 7; W/J/S/*Pelz* 9/225 f.; G/J/W/*Reinhart* § 283c Rdn. 8; MAH/*Böttger* § 19 Rdn. 172; M/G/*Rotsch/Wagner* 8/298; *Weyand/Diversy* Rdn. 132; *Wittig* § 23 Rdn. 159; *Habetha*, S. 225; *Ackermann*, S. 26; *Vormbaum* GA **1981**, 101, 116; wohl auch HambK/*Borchardt* § 283c Rdn. 6; M-G/*Richter* Kap. 84 Rdn. 45; *Weyand* ZInsO **2002**, 851, 856.

te zu zwingen.[138] Das bedeutet aber keinesfalls, dass der Schuldner, der einen solchen anfechtbaren bzw. einredebehafteten Anspruch erfüllt, wegen Untreue oder Bankrotts strafbar wäre.[139] Sofern sich die Inkongruenz der Leistung nicht aus einem anderen Umstand ergibt, bleibt er vielmehr straflos.

2. Die Inkongruenzmodalität „nicht in der Art"

35 Die Modalität **„nicht in der Art"** ist einschlägig, wenn der Gläubiger eine Leistung erhält, die gegenüber der geschuldeten andersartig ist,[140] wenn also die Ist-Leistung von der (vertraglichen) Soll-Leistung abweicht.[141] Klassische Beispiele sind Leistungen **erfüllungshalber** (vgl. § 364 Abs. 2 BGB) oder an **Erfüllungs statt** (vgl. § 364 Abs. 1 BGB)[142] – der Schuldner befriedigt eine Geldschuld, indem er z.B. Waren mit einem entsprechenden Wert übereignet[143] bzw. Forderungen in dieser Höhe abtritt[144] oder indem er Kundenschecks oder -wechsel[145] begibt.[146] Inkongruent i.S.d. zweiten Variante handelt darüber hinaus, wer eine Sicherheit bestellt, obschon das zugrunde liegende Verpflichtungsgeschäft etwa wegen Verstoßes gegen die guten Sitten oder ein gesetzliches Verbot nichtig ist.[147] Dies gilt selbst für den Fall, dass der Gläubiger gegen den Schuldner einen fälligen Erfüllungsanspruch hat, der Schuldner ihm statt Erfüllung aber nur Sicherung gewährt, da die Erfüllung die Leistung einer Sicherheit nicht als Weniger umfasst, sondern zu dieser im Verhältnis eines *aliud* steht.[148] Allerdings wird es regelmäßig an einer Begünstigung mangeln.[149] Die Schwierigkeiten bei der Abgrenzung einer **„Minus-Leistung"** – dann keine Inkongruenz aufgrund der zweiten Variante – von einer **„Aliud-Leistung"** – dann Inkongruenz i.S.d. zweiten Variante – werden besonders anschaulich, wenn der Schuldner im Stadium der Zahlungsunfähigkeit den fälligen Anspruch seines Gläubigers bspw. auf Übereignung von Möbeln mangels Fertigstellung derselbigen erfüllt, indem er entweder die unvollständigen Möbelstücke oder nur die zur Herstellung erforderlichen Rohstoffe übereignet. Während die überwiegende Meinung wohl zur Annahme von Inkongruenz neigt[150] – jedenfalls was das zuletzt genannte Szenario anbelangt[151] – dürfte es schon unter Bestimmtheitsgesichtspunkten vorzugswürdig sein, sämtliche Erfüllungssur-

---

138 So Bittmann[1]/*Bittmann* § 14 Rdn. 35.

139 In diese Richtung zielen die Ausführungen von LK[12]/*Tiedemann* § 283c Rdn. 21.

140 So LK[12]/*Tiedemann* § 283c Rdn. 22; ferner *Vormbaum* GA **1981**, 101, 112; *Bendix* JW **1927**, 1106.

141 So der Wortlaut bei Bittmann[1]/*Bittmann* § 14 Rdn. 36.

142 S. nur BGH/H MDR **1979**, 454, 457; RGSt **2**, 439; Lackner/Kühl/*Heger* § 283c Rdn. 5; M/R/*Altenhain* § 283c Rdn. 7; HambK/*Borchardt* § 283c Rdn. 6; M/G/*Rinjes* 8/168; M-G/*Richter* Kap. 84 Rdn. 46; *Weyand*/*Diversy* Rdn. 132.

143 RG Rspr. **5**, 449, 450.

144 Eine solche Konstellation lag der Entscheidung des AG Nürnberg, ZInsO **2012**, 339, 341 f. zugrunde; s. ferner BGH Beschl. v. 13.2.2014 – 1 StR 336/13, Rdn. 67 (insoweit in NStZ **2014**, 469 nicht abgedr.).

145 Zu einem solchen Fall RG JW **1927**, 1106.

146 Allg.M.; s. nur BGHSt **16**, 279 f. = LM Nr. 4 zu § 241 KO (Ls.) m. Anm. *Geier*; RGSt **5**, 116, 119; *Sch/Schröder/Heine/Schuster* § 283c Rdn. 10; NK/*Kindhäuser* § 283c Rdn. 14; G/J/W/*Reinhart* § 283c Rdn. 9; M-G/*Richter* Kap. 84 Rdn. 46; *Thilow*, S. 35; *Böhle-Stamschräder* KTS **1957**, 177, 182; *Weyand* ZInsO **2002**, 851, 856.

147 LK[12]/*Tiedemann* § 283c Rdn. 23.

148 Allg.M.; s. nur RGSt **48**, 18, 19 f.; RGSt **5**, 116, 120 f. (freiwilliger Abschluss eines sofort vollstreckbaren Vergleichs; ähnl. auch RG GA 45 **[1897]**, 427, 428); RGSt **3**, 190, 198; BGH/H MDR **1979**, 454, 457; *Sch/Schröder/Heine/Schuster* § 283c Rdn. 8; SK/*Hoyer* § 283c Rdn. 15; G/J/W/*Reinhart* § 283c Rdn. 8; M/G/*Rotsch/Wagner* 8/298; MAH/*Böttger* § 19 Rdn. 172; *Ackermann*, S. 22; *Vormbaum* GA **1981**, 101, 116 u. Fn. 60; *ders.* Jura **1980**, 421, 424; *Weyand* ZInsO **2002**, 851, 856.

149 Zutr. LK[12]/*Tiedemann* § 283c Rdn. 26; SK/*Hoyer* § 283c Rdn. 7; aA Bittmann[1]/*Bittmann* § 14 Rdn. 41, wo er aber immerhin für eine Heranziehung des § 153 StPO plädierte.

150 RGSt **67**, 1: „Die Erwägung, daß ein unfertiges Möbelstück immer nur eine geringere Leistung als ein fertiges sei, ist abwegig; […]".

151 LK[12]/*Tiedemann* § 283c Rdn. 22, der nach dem Grad der Fertigstellung differenzieren will und zumindest die Lieferung von Holz statt der versprochenen Möbel als inkongruent einstuft; ähnl. *Sch/Schröder/Heine/Schuster* § 283c Rdn. 10; ferner *Thilow*, S. 145 f.; *Weyand* ZInsO **2002**, 851, 856.

rogate, die mit der vertraglich versprochenen Leistung in einem wie auch immer gearteten Zusammenhang stehen, als kongruent einzustufen.

Gewährt der Schuldner seiner Bank Sicherheiten, die sie gem. **Nr. 13 Abs. 1 der AGB-Banken** beanspruchen kann, soll dies trotz des schuldrechtlichen Anspruchs zur Inkongruenz aufgrund der zweiten Variante führen, da wegen der pauschalen Formulierung der Klausel nicht ersichtlich sei, welche konkrete Sicherheit der Bank zustehe.[152] Abweichend hiervon bewertet eine Minderheitsmeinung im Schrifttum die Sicherheitsleistung dann als kongruent, wenn dem Schuldner im Zeitpunkt ihrer Bestellung nur noch diese eine Sicherheit zur Verfügung stand.[153] Beides überzeugt nicht. Richtigerweise hat die Bank, sofern Nr. 13 Abs. 1 der AGB-Banken wirksam in den Darlehensvertrag einbezogen ist und einer Klauselkontrolle gem. den §§ 307 ff. BGB standhält, einen umfassenden Anspruch auf („bankmäßige") Sicherung, weshalb Inkongruenz unter dem Gesichtspunkt der zweiten Variante nicht in Betracht kommt.[154, 155] 36

Der Modalität „nicht in der Art" unterfällt ferner das bewusste Herbeiführen einer **Aufrechnungslage.**[156] Dazu schließen Schuldner und Gläubiger bspw. einen Kaufvertrag über einen Gegenstand der präsumtiven Masse, den der Schuldner sodann an den Gläubiger übereignet, der aber seinerseits die Zahlungspflicht nicht durch die Übergabe des Kaufpreises, sondern dadurch begleicht, dass er gegen die Kaufpreisforderung des Schuldners mit einer bereits bestehenden Verbindlichkeit aufrechnet.[157] Wirtschaftlich betrachtet steht er damit so, als ob der Schuldner ihm den Gegenstand übereignet hätte, um seine ältere Forderung zu befriedigen.[158] Der Kaufvertrag dient mithin nur dazu, diesen Vorgang zu verschleiern. Straflos *sub specie* der Gläubigerbegünstigung bleibt hingegen der Schuldner, der sich gegenüber einer **eigenmächtigen Verrechnung** durch einen Gläubiger passiv verhält.[159] 37

Erteilt der Schuldner und Inhaber eines **Urheberrechts** im Stadium seiner Zahlungsunfähigkeit einem Gläubiger, der im Besitz eines vollstreckbaren Titels ist, die zur Zwangsvollstreckung in das Urheberrecht gem. § 113 UrhG erforderliche Einwilligung, soll er dadurch nach teilweise vertretener Ansicht eine inkongruente Deckung i.S.d. zweiten Variante leisten und somit den Tatbestand des § 283c Abs. 1 erfüllen.[160] 38

Nicht zur Inkongruenz i.S.d. zweiten Variante führt die Begleichung einer Geldschuld im Wege der **Überweisung**. Auch wenn eine ausdrücklich hierauf gerichtete Vereinbarung zwischen Schuldner und Gläubiger fehlt, überzeugt es nicht, die dennoch vorgenommene Überweisung als inkongruent einzustufen, rechnet doch diese Zahlungsmodalität zu den gängigen Formen der Forderungsbegleichung.[161] Wollte man dies anders sehen und Inkongruenz bei fehlender (konkludenter) Vereinbarung bejahen, scheiterte die Bestrafung des Schuldners aus § 283c Abs. 1 jedenfalls am Merkmal der Benachteiligung. 39

---

152 Grdl. BGHZ **33**, 389, 393 ff.; bestätigt von BGH NJW **1969**, 1718 f. und BGH MDR **1968**, 664; bezogen auf Pfandrechte i.S.d. Nr. 14 Abs. 1 AGB-Banken auch BGH NJW **2002**, 1722, 1723; ferner Jaeger/*Henckel* § 131 Rdn. 32; M-G/*Richter* Kap. 84 Rdn. 44; B/*Quedenfeld*/*Bechtel*/*Richter* Kap. 22 Rdn. 226; *Weyand*/*Diversy* Rdn. 132; *Thilow*, S. 35; *Weyand* ZInsO **2002**, 851, 856; wohl auch LK/*Tiedemann* § 283c Rdn. 22.

153 Ausführl. zu diesem Ansatz *Vormbaum* GA **1981**, 101, 118 f.

154 Ausführl. dazu Bittmann/*Brand* § 28 Rdn. 59.

155 So schon *Krause*, S. 158 m. Fn. 19, noch zu § 19 Abs. 1 AGB-Banken a.F.; ferner, freilich in Bezug auf das Konkursanfechtungsrecht *Scholz* NJW **1961**, 2006 f.; bzgl. § 283c wohl auch *Gallandi* wistra **1992**, 10, 13.

156 Ganz **h.M.**; s. nur RGSt **6**, 149, 150 ff.; BGH/H GA **1961**, 359; *Sch*/*Schröder*/*Heine*/*Schuster* § 283c Rdn. 10; SK/*Hoyer* § 283c Rdn. 11; M/R/*Altenhain* § 283c Rdn. 5; *Krause*, S. 298 f.; *Weyand* ZInsO **2002**, 851, 856; *Radischat* NJW **1961**, 1707, 1708; s.a. M/G/*Rinjes* 8/164.

157 Zu einem solchen Sachverhalt (Verkauf einer Tischlerei) s. RGSt **6**, 149, 150; s. ferner *Krause*, S. 298.

158 So wohl RGSt **6**, 149, 151 f.; ähnlich *Ackermann*, S. 27; in der Begründung abw. *Thilow*, S. 158 f., der in der Schaffung einer Aufrechnungslage im Zeitpunkt der schuldnerischen Zahlungsunfähigkeit die Gewährung einer inkongruenten Sicherheit erblickt.

159 BGH/H GA **1958**, 45, 48; *Wittig* § 23 Rdn. 156.

160 *Skauradszun* DZWIR **2009**, 279 ff.; s.a. M/R/*Altenhain* § 283c Rdn. 5.

161 M-G/*Richter* Kap. 84 Rdn. 46; *Thilow*, S. 35.

3. Die Inkongruenzmodalität „nicht zu der Zeit"

40 Die Modalität **„nicht zu der Zeit"** erfasst Befriedigungen bzw. Sicherungen, die der Schuldner seinem Gläubiger gewährt, obschon der hierauf gerichtete Anspruch im Zeitpunkt der Leistung **nicht fällig** bzw. die zu seiner Entstehung erforderliche Bedingung noch nicht eingetreten ist.[162] Beachtung erheischt auch hier die zivilrechtliche Rechtslage: So erfolgt die Befriedigung eines an sich vorleistungspflichtigen Gläubigers dann in kongruenter Form, wenn dieser aufgrund des schuldnerischen Zahlungsverfalls die **Einrede der Kreditgefährdung** (vgl. § 321 BGB) erheben und damit seine **Vorleistungspflicht** beenden kann. „Nicht zu der Zeit" und damit inkongruent erfolgt die vorzeitige Ablösung eines Darlehens, das Schuldner und Gläubiger im Zeitpunkt der eingetretenen Zahlungsunfähigkeit per Änderungsvertrag fällig gestellt haben.[163] Nicht tatbestandsmäßig ist hingegen die verspätete Zahlung.

V. Das Merkmal „gewähren"

41 Der Schuldner muss dem Gläubiger die inkongruente Befriedigung bzw. Sicherung **gewähren**. An diesem Merkmal entzündet sich die Frage, wie die **Mitwirkungshandlung des Gläubigers** an seiner inkongruenten Befriedigung bzw. Sicherung beschaffen sein muss. Zu Recht begnügt sich eine im Vordringen befindliche Meinung mit den Anforderungen, die das Zivilrecht an die Mitwirkungshandlung stellt.[164] Konkret heißt das: Der aktiven Mitwirkung des Gläubigers bedarf es bspw. bei der Übereignung von Schuldnervermögen zu Erfüllungs- und Sicherungszwecken, wohingegen die reale Leistungsbewirkung etwa im Falle einer Überweisung ausreicht.[165]

42 Mit dem Merkmal „gewähren" eng zusammen hängt darüber hinaus die Diskussion, ob der Tatbestand des § 283c Abs. 1 auch durch **Unterlassen** begangen werden kann.[166] Paradigmatisch für diese Fragestellung stehen Fallgestaltungen, in denen der Schuldner entweder den Insolvenzantrag in der Absicht nicht rechtzeitig stellt, dem Gläubiger Vollstreckungschancen zu erhalten bzw. zu verschaffen[167] oder er ein gegen ihn ergangenes Versäumnisurteil nicht angreift, damit der Gläubiger hieraus die Zwangsvollstreckung betreiben kann.[168] Strafbar ist dieses Verhalten unter dem Blickwinkel des Unterlassens nur, wenn den Schuldner eine nach allgemeinen Grundsätzen zu ermittelnde **Garantenpflicht** trifft, die dahin geht, den Begünstigungserfolg etwa durch Stellen des Insolvenzantrags oder durch Einlegen eines Einspruchs zu verhindern.[169] Jedoch folgt eine solche Garantenpflicht weder aus der Schuldnereigenschaft[170] noch aus der Pflicht, unter

162 *Sch/Schröder/Heine/Schuster* § 283c Rdn. 11; MK/*Petermann/Hofmann* § 283c Rdn. 26; SK/*Hoyer* § 283c Rdn. 16; G/J/W/*Reinhart* § 283c Rdn. 10; HambK/*Borchardt* § 283c Rdn. 6; M/G/*Rotsch/Wagner* 8/298; M-G/*Richter* Kap. 84 Rdn. 47; *Weyand/Diversy* Rdn. 132; *Thilow*, S. 35; *Vormbaum* GA **1981**, 101, 116.

163 Zu einem solchen Sachverhalt s. BGH NZI **2013**, 888, 889.

164 SK/*Hoyer* § 283c Rdn. 12; G/J/W/*Reinhart* § 283c Rdn. 11; in diese Richtung auch schon *Ackermann*, S. 28.

165 So auch G/J/W/*Reinhart* § 283c Rdn. 11; a.A. in Bezug auf letzteres *Weyand/Diversy* Rdn. 131; *Weyand* ZInsO **2002**, 851, 856: allenfalls Versuch des § 283c.

166 Dagegen etwa *Ackermann*, S. 28; *Geers*, S. 171; dafür *Richter* GmbHR **1984**, 137, 147.

167 Für Strafbarkeit in diesem Fall RGSt **48**, 18, 19 f.; S/S/W/*Bosch* § 283c Rdn. 9; Lackner/Kühl/*Heger* § 283c Rdn. 4; *Weyand/Diversy* Rdn. 131; *Richter* GmbHR **1984**, 137, 147; *Weyand* ZInsO **2002**, 851, 856; vgl. ferner BGH WM **1973**, 1354, 1355.

168 Zu diesen Konstellationen s. nur MK/*Petermann/Hofmann* § 283c Rdn. 20; SK/*Hoyer* § 283c Rdn. 13; s. ferner *Fischer* § 283c Rdn. 4.

169 **H.M.**; s. nur M-G/*Richter* Kap. 84 Rdn. 33; *Tiedemann* KTS **1984**, 539, 544.

170 Dazu grdl. *Tiedemann* KTS **1984**, 539, 541 ff.; ferner SK/*Hoyer* § 283c Rdn. 13; MK/*Petermann* § 283c Rdn. 20; M/R/*Altenhain* § 283c Rdn. 6; Böttger/*Verjans/Rixe* 4/117.

den Voraussetzungen des § 15a Abs. 1 InsO Insolvenzantrag zu stellen.[171] Was die Pflicht des § 15a Abs. 1 InsO anbelangt, ist diese *via* § 15a Abs. 4 und 5 InsO selbstständig in Form eines echten Unterlassensdelikts strafbewehrt, weshalb ihr eine (weitergehende) Garantenpflicht nicht entnommen werden kann.[172]

VI. Die Begünstigung des inkongruent befriedigten bzw. besicherten Gläubigers

Der von § 283c Abs. 1 vorausgesetzte tatbestandliche Erfolg ist die **Begünstigung** des vom Schuldner inkongruent befriedigten oder besicherten Gläubigers vor den übrigen Gläubigern.[173] Hierzu wird ermittelt, ob der begünstigte Gläubiger mit Blick auf seine **Befriedigungsaussichten** besser steht als er ohne die Bevorzugung stünde.[174] Gelangt diese Operation zu einem positiven Ergebnis, hätte also der Gläubiger – denkt man die in Rede stehende inkongruente Befriedigungs- oder Sicherheitsleistung des Schuldners hinweg – weniger, etwa nur eine Quote auf seine Forderung erhalten, muss das Merkmal „Begünstigung" bejaht werden. Zur Ablehnung dieses Merkmals gelangt man dagegen, wenn der Gläubiger gleichzeitig oder Zug um Zug mit seiner Befriedigung bzw. Sicherung durch den Schuldner eine äquivalente Gegenleistung erbringt[175] sowie in dem eher theoretischen Fall, dass der Schuldner allen Gläubigern dieselbe Begünstigung einräumt.[176] War der Gläubiger indes vorleistungspflichtig und hatte er seine Leistung bereits erbracht als der zahlungsunfähige Schuldner ihm hierfür inkongruent Befriedigung gewährte, entfällt der Vorteil nicht, da dem Gläubiger andernfalls nur eine Quote zugestanden hätte. Keinen Einfluss auf die Annahme eines Vorteils hat schließlich die Möglichkeit, die inkongruent weggegebenen Bestandteile des schuldnerischen Vermögens im Weg der **Insolvenzanfechtung** zur Masse zurückzuholen.[177] 43

VII. Die Benachteiligung der nicht bevorzugten Gläubigergesamtheit

Als Kehrseite der Begünstigung des bevorzugten Gläubigers fordert der objektive Tatbestand des § 283c Abs. 1 darüber hinaus die Feststellung eines **Nachteils** bei den übrigen Gläubigern.[178] Zumeist genügt jedoch der Hinweis auf die Begünstigung des inkongruent befriedigten oder besicherten Gläubigers, da diese regelmäßig mit einer Benachteiligung der Gläubigerschaft einhergeht.[179] Sollte dies einmal anders sein,[180] ermittelt die **h.M.** den Nachteil, indem sie die Befriedigungsaus- 44

---

171 Zu letzterem G/J/W/*Reinhart* § 283c Rdn. 12; M/R/*Altenhain* § 283c Rdn. 6; A/R/R/*Himmelreich* Kap. 7/1 Rdn. 221; *Tiedemann* KTS **1984**, 539, 541; eine Garantenpflicht insoweit aber bejahend (freilich noch zu § 84 GmbHG a.F.) *Richter* GmbHR **1984**, 137, 147; ähnlich *Sch/Schröder/Heine/Schuster* § 283 Rdn. 10; sympathisierend wohl auch *Krause*, S. 300 m. Fn. 63.

172 SK/*Hoyer* § 283c Rdn. 13; zust. MK/*Petermann/Hofmann* § 283c Rdn. 20; AnwK/*Püschel* § 283c Rdn. 11; krit. auch schon Tiedemann KTS **1984**, 539, 541f.: aus § 84 GmbHG a.F. kann „nicht ohne weiteres eine Garantenstellung für § 283c abgeleitet werden".

173 Allg.M.; s. nur *Sch/Schröder/Heine/Schuster* § 283c Rdn. 13; *Weyand/Diversy* Rdn. 133.

174 MK/*Petermann/Hofmann* § 283c Rdn. 29; SK/*Hoyer* § 283c Rdn. 7; Lackner/Kühl/*Heger* § 283c Rdn. 6; AnwK/*Püschel* § 283c Rdn. 13; G/J/W/*Reinhart* § 283c Rdn. 13; M/R/*Altenhain* § 283c Rdn. 8; *Wittig* § 23 Rdn. 163; *Vormbaum* GA **1981**, 101, 120.

175 S.o. Rdn. 1.

176 Zu letzterem s. nur G/J/W/*Reinhart* § 283c Rdn. 13; *Thilow*, S. 92; *Vormbaum* GA **1981**, 101, 120.

177 S. G/J/W/*Reinhart* § 283c Rdn. 13; M/R/*Altenhain* § 283c Rdn. 8; *Skauradszun* DZWIR **2009**, 279, 282.

178 S.o. Rdn. 1.

179 *Thilow*, S. 63; W/J/S/*Pelz* 9/228.

180 S. die Konstellation bei BGH/H GA **1954**, 312: Benachteiligungsabsicht zweifelhaft, weil der Schuldner mit der vorrangigen Befriedigung einzelner Gläubiger diese zum Stillhalten bewegen wollte, um die Mittel zu erwirtschaften, die zur Befriedigung sämtlicher Gläubiger nötig gewesen wären.

sichten der Gläubigerschaft mit und die ohne die Begünstigungshandlung des Schuldners vergleicht. Hätten die nicht bevorzugten Gläubiger ohne die inkongruente Befriedigung bzw. Sicherung eine höhere Quote erhalten oder wäre ein absonderungsberechtigter Gläubiger in größerem Umfang befriedigt worden, liegt ein Nachteil i.S.d. § 283c Abs. 1 vor. Hingegen ist es nicht erforderlich, dass sich der Nachteil auch tatsächlich, bspw. in der Auszahlung einer geringeren Quote, realisiert.[181] Vielmehr genügt die **konkrete Gefährdung**.[182] Andernfalls könnte der Schuldner in den Fällen der Zahlungseinstellung und der Abweisung des Insolvenzantrags mangels Masse immer nur wegen Versuchs bestraft werden – eine Einschränkung, die im Tatbestand des § 283c an keiner Stelle angelegt ist.[183]

VIII. Subjektiver Tatbestand und Irrtum

45 In **subjektiver Hinsicht** muss der Schuldner den inkongruent befriedigten bzw. besicherten Gläubiger **absichtlich** oder **wissentlich** vor den übrigen Gläubigern begünstigen wollen, gleichzeitig ihre Benachteiligung als notwendige Folge seines Handelns zumindest erkannt haben und um seine Zahlungsunfähigkeit sicher wissen.[184] Dabei reicht es aus, dass der Schuldner die Umstände kennt, die zu seiner Zahlungsunfähigkeit führen.[185] *Dolus eventualis* genügt indessen nicht. Vor diesem Hintergrund bleibt derjenige Schuldner *sub specie* der Gläubigerbegünstigung straflos, der ernsthaft darauf vertraute, durch die inkongruente Befriedigung oder Besicherung eines Gläubigers bspw. die **Sanierung** seines krisengeschüttelten Unternehmens und damit eine Begünstigung aller Gläubiger zu erreichen.[186] Was die übrigen Merkmale des objektiven Tatbestandes insbes. aber die Inkongruenz der gewährten Befriedigung oder Sicherung anbelangt, begnügt sich die **h.M.** mit der Feststellung von *dolus eventualis*.[187] Dem widerspricht eine Minderheitsmeinung im Schrifttum, die den subjektiven Tatbestand des § 283c dahingehend reduzieren will, dass derjenige Schuldner, der seinen Gläubiger „nur" wissentlich begünstigt auch von der Inkongruenz seiner Begünstigung positive Kenntnis haben muss.[188] Zur Begründung wird auf einen Gleichlauf zwischen Begünstigung und Inkongruenz verwiesen, der unterschiedlichen Vorsatzanforderungen entgegenstehe.[189] Die **h.M.** ist dem zu Recht entgegengetreten: Zum einen enthält der Tatbestand des § 283c Abs. 1 keine Anhaltspunkte für eine solche Reduktion, zum anderen wird ein Gleichlauf der Vorsatzformen im Falle der absichtlichen Gläubigerbegünstigung systemwidrig gerade nicht gefordert.[190]

46 Gem. **§ 16 Abs. 1 S. 1** entfällt der Vorsatz und damit die Strafbarkeit, sofern der Schuldner glaubt, entweder zahlungsfähig zu sein, oder den begünstigten Gläubiger in kongruenter Art und Weise befriedigt zu haben. Erliegt der Schuldner einem solchen Irrtum, bleibt ihm der soziale

---

181 S.o. aber *Thilow*, S. 91 f., dem zufolge auch erst dann Vollendung eintritt. Bei seiner Kritik an der **h.M.** verkennt er jedoch, dass eine Gefährdung der Gesamtgläubigerinteressen einen Nachteil – nicht zuletzt auf dem Boden der neueren Rspr. des BVerfG zum Gefährdungsschaden bei der Untreue – nur begründet, wenn die Gefährdung wirtschaftlich messbar ist. Versuchsunrecht wird somit gerade nicht zu Vollendungsunrecht „hochstilisiert".

182 Ganz h.M.; s. nur W/J/S/*Pelz* 9/228; *Weyand/Diversy* Rdn. 133; *Vormbaum* GA **1981**, 101, 120.

183 Dazu überzeugend und ausführl. Bittmann¹/*Bittmann* § 14 Rdn. 43.

184 RG GA 54 **(1907)**, 306 f.; LK¹²/*Tiedemann* § 283c Rdn. 30 fordert wegen des engen Zusammenhangs zur Zahlungsunfähigkeit Wissentlichkeit auch bzgl. der Gläubiger- und Schuldnerstellung; ähnlich *Vormbaum* GA **1981**, 101, 121 f., der darüber hinausgehend fordert, dass der Schuldner seine Leistung an den Gläubiger gerade in dieser seiner Gläubigereigenschaft erbracht hat, wodurch § 283c zu einem Delikt mit „überschießender Innentendenz" werde.

185 Zu letzterem *Thilow*, S. 93 f.

186 BGH LM Nr. 2 zu § 241 KO; *Thilow*, S. 94; ebenso LK¹²/*Tiedemann* § 283c Rdn. 30.

187 LK¹²/*Tiedemann* § 283c Rdn. 30; G/J/W/*Reinhart* § 283c Rdn. 16; *Thilow*, S. 95.

188 *Vormbaum* GA **1981**, 101, 122; zust. *Fischer* § 283c Rdn. 8; S/S/W/*Bosch* § 283c Rdn. 10; *v. d. Heydt*, S. 54; *Skauradszun* DZWIR **2009**, 279, 283.

189 Vgl. die knappe Begründung bei *Vormbaum* GA **1981**, 101, 122.

190 Dazu *Thilow*, S. 95; s.a. *v. d. Heydt*, S. 54.

Bedeutungsgehalt dieser normativen Tatbestandsmerkmale verschlossen. Anders gewendet misslingt ihm die zur Annahme des Vorsatzes zumindest erforderliche **Parallelwertung in der Laiensphäre.**[191] Geht der Schuldner hingegen davon aus, aufgrund bestimmter Umstände zu inkongruenten Leistungen trotz der von ihm erkannten Zahlungsunfähigkeit berechtigt zu sein, erliegt er einem **Verbotsirrtum,**[192] der gem. § 17 S. 2 i.d.R. lediglich den Weg zu einer fakultativen Strafmilderung nach § 49 eröffnet.

IX. Objektive Bedingung der Strafbarkeit

Neben der Verwirklichung des objektiven und subjektiven Tatbestandes erfordert eine Bestrafung 47
wegen Gläubigerbegünstigung darüber hinaus den Eintritt einer **objektiven Strafbarkeitsbedingung** (vgl. § 283c Abs. 3 i.V.m. § 283 Abs. 6). Hierfür ist erforderlich, dass entweder der Schuldner seine Zahlungen eingestellt hat oder das Insolvenzverfahren über das schuldnerische Vermögen eröffnet bzw. seine Eröffnung mangels Masse abgelehnt wurde.[193]

X. Versuch

Mit dem 1. WiKG hat der Gesetzgeber auch den **Versuch der Gläubigerbegünstigung** unter Strafe 48
gestellt (vgl. § 283c Abs. 2) und damit einen Ausgleich für die restringierende Umwandlung des Tatbestandes von einem Absichts- in ein Erfolgsdelikt geschaffen.[194] Der Schuldner macht sich gem. § 283c Abs. 2 wegen versuchter Gläubigerbegünstigung strafbar, sobald er unmittelbar dazu ansetzt (vgl. § 22), einem Gläubiger inkongruente Befriedigung/Sicherung zu gewähren. Unter diesen Voraussetzungen überschreitet der Schuldner, der einen Überweisungsauftrag gegenüber seiner Bank erteilt oder einen Kundenscheck bzw.-wechsel an seinen Gläubiger versendet, die Schwelle zum unmittelbaren Ansetzen.[195] Dagegen verwirklicht der Schuldner, der es unterlässt, rechtzeitig Insolvenzantrag zu stellen, um dadurch einem Gläubiger inkongruente Vollstreckungsoptionen zu eröffnen, die Anforderungen des § 22 nicht,[196] da auf dem Weg zum tatbestandlichen Erfolg noch weitere wesentliche Zwischenschritte verwirklicht werden müssen, deren Erfüllung weder vom Schuldner selbst noch von einem durch ihn gesteuerten Werkzeug (vgl. § 25 Abs. 1 Var. 2) abhängen. Der Hinweis, wonach der Schuldner das Geschehen in diesen Konstellationen „aus der Hand gegeben habe", verfängt *sub specie* des § 22 mithin nicht.

Erliegt der Schuldner dem Irrtum, eine Forderung zu erfüllen, obschon diese aufgrund eines 49
Gesetzesverstoßes nichtig ist, macht er sich **entgegen der h.M.** nicht wegen versuchter,[197] sondern wegen vollendeter Gläubigerbegünstigung strafbar. Denn objektiv verwirklicht sein Verhalten den Tatbestand des § 283 Abs. 1 Nr. 1 und nicht den des § 283c Abs. 1. Träfe seine Fehlvorstellung zu, wäre er lediglich aus dem privilegierenden § 283c zu bestrafen, weshalb **§ 16 Abs. 2** und nicht

---

191 Ganz h.M.; vgl. nur W/J/S/*Pelz* 9/230; *Vormbaum* GA **1981**, 101, 128; aA wohl G/J/W/*Reinhart* § 283c Rdn. 15, der einen Tatbestandsirrtum nur annehmen will, wenn der Täter die Tatsachen verkennt, die seine Zahlungsunfähigkeit begründen, hingegen zu § 17 gelangt, falls der Täter bei vollständiger Tatsachenkenntnis seine Zahlungs(un)fähigkeit falsch einschätzt.

192 W/J/S/*Pelz* 9/230; G/J/W/*Reinhart* § 283c Rdn. 16; *Vormbaum* GA **1981**, 101, 128; vgl. auch M-G/*Richter* Kap. 84 Rdn. 49: Irrige Annahme anstelle von Geld Gegenstände leisten zu dürfen; s. ferner zum Verbotsirrtum i.R.d. § 283c bei anwaltl. Ratschlägen BGH NJW **2021**, 247, 248.

193 Zu den Einzelheiten, insbes. zu dem Erfordernis eines tatsächlichen Zusammenhangs zwischen Taterfolg und Strafbarkeitsbedingung s. Vor §§ 283 ff. Rdn. 61 ff.

194 LK[12]/*Tiedemann* § 283c Rdn. 33.

195 W/J/S/*Pelz* 9/234; G/J/W/*Reinhart* § 283c Rdn. 18.

196 A.A. aber und damit die Voraussetzungen des § 22 bejahend LK[12]/*Tiedemann* § 283c Rdn. 34; W/J/S/*Pelz* 9/234; G/J/W/*Reinhart* § 283c Rdn. 18.

197 Dafür aber LK[12]/*Tiedemann* § 283c Rdn. 35.

§ 23 Abs. 2 Anwendung findet.[198] Zu einem **untauglichen Versuch** des § 283c führt hingegen die irrige Annahme des Schuldners, die von ihm gewährte Deckung sei inkongruent.[199] Ebenso liegen die Dinge, wenn der Schuldner trotz zutreffender Tatsachenkenntnis glaubt, er sei zahlungsunfähig. Richtiger Ansicht nach begründet diese Fehlvorstellung einen umgekehrten Tatumstandsirrtum,[200] der als untauglicher Versuch strafbar ist.[201]

XI. Täterschaft und Teilnahme

50 Da § 283c als **Sonderdelikt** ausgestaltet ist, dessen Täter nur der Schuldner bzw. ein für ihn Handelnder (vgl. § 14) sein kann, machen sich Deliktsbeteiligte, die außerhalb dieses Kreises stehen, allenfalls wegen Anstiftung oder Beihilfe zur Gläubigerbegünstigung strafbar.[202] Den Gegenstand einer Kontroverse bildet in diesem Zusammenhang die Frage, inwieweit der **Gläubiger**, der eine inkongruente Befriedigung oder Sicherung entgegennimmt bzw. fordert, eine Bestrafung wegen **Teilnahme zur Gläubigerbegünstigung** befürchten muss. Von Nuancen im Detail abgesehen, verläuft die Demarkationslinie zwischen strafloser und strafbarer Beteiligung an der Begünstigungstat des Schuldners in folgenden Bahnen: Straflos geht der Gläubiger aus, dessen Teilnahmehandlung sich auf die (notwendige; dazu s.o. Rdn. 41) Entgegennahme der inkongruent gewährten Leistung beschränkt.[203] Dogmatisch gründet dieses Ergebnis in der **Lehre von der notwendigen Teilnahme**. Danach bleibt solches Verhalten unter dem Blickwinkel der Beihilfe straflos, ohne das der Tatbestand der Strafnorm überhaupt nicht erfüllt werden kann.[204] Anderes gilt, wenn der Gläubiger seine tatbestandliche Rolle des „Entgegennehmenden" verlässt und aktiv auf den Schuldner dahingehend einwirkt, ihn inkongruent vor den übrigen Gläubigern zu befriedigen bzw. zu besichern – er haftet dann, der Intensität seiner Einflussnahme entsprechend, entweder wegen Anstiftung oder wegen Beihilfe.[205] Allerdings ist seine Strafe gem. § 28 Abs. 1 i.V.m. § 49 Abs. 1 zu mildern, da dem Gläubiger die Schuldnereigenschaft fehlt, die richtigerweise ein **täter-**

---

198 Zutr. *Vormbaum* GA **1981**, 101, 127; ebenso M/R/*Altenhain* § 283c Rdn. 11; wohl auch M-G/*Richter* Kap. 84 Rdn. 40.

199 W/J/S/*Pelz* 9/235; G/J/W/*Reinhart* § 283c Rdn. 16; AnwK/*Püschel* § 283c Rdn. 16; *Vormbaum* GA **1981**, 101, 128; a.A. S/S/W/*Bosch* § 283c Rdn. 12: strafloses Wahndelikt.

200 Vgl. erg. § 283 Rdn. 188.

201 Zutr. *Fischer* § 283c Rdn. 9; S/S/W/*Bosch* § 283c Rdn. 12; W/J/S/*Pelz* 9/235; A/R/R/*Himmelreich* Kap. 7/1 Rdn. 225; G/J/W/*Reinhart* § 283c Rdn. 15; a.A. LK[12]/*Tiedemann* § 283c Rdn. 35; HambK/*Borchardt* § 283c Rdn. 7; M-G/*Richter* Kap. 84 Rdn. 51.

202 Allg.M.; s. nur LK[12]/*Tiedemann* § 283c Rdn. 36.

203 Ganz **h.M.**; s. nur BGH NJW **1278**, 1279; RGSt **20**, 214, 216; RGSt **5**, 435, 437; RGSt **2**, 439, 440 f.; RG JW **1890**, 400; LK/*Schünemann* Vor § 26 Rdn. 26; *Tiedemann* ZIP **1983**, 513, 515; MK/*Petermann*/*Hofmann* § 283c Rdn. 37; *Sch*/*Schröder*/*Heine*/*Schuster* § 283c Rdn. 21; NK/*Kindhäuser* § 283c Rdn. 21; *Fischer* § 283c Rdn. 10; Lackner/Kühl/*Heger* § 283c Rdn. 8; M-G/*Richter* Kap. 84 Rdn. 24; W/J/S/*Pelz* 9/233; MAH/*Böttger* § 19 Rdn. 173; G/J/W/*Reinhart* § 283c Rdn. 22; B/*Quedenfeld*/*Bechtel*/*Richter* Kap. 22 Rdn. 227; HambK/*Borchardt* § 283c Rdn. 8; Böttger/*Verjans*/*Rixe* 4/117; *Weyand*/*Diversy* Rdn. 135; *Ackermann*, S. 40 f.; *Neumeyer*, S. 189 ff.; *Dohmen*, S. 62; *Vormbaum* GA **1981**, 101, 131 f.; *ders.* Jura **1980**, 421, 426; *Renkl* JuS **1973**, 611, 614 m. Fn. 29; *Wolter* JuS **1982**, 343, 345; *Weyand* ZInsO **2002**, 851, 856; *ders.* StuB **1999**, 178, 183; *Niesert*/*Hohler* NZI **2010**, 127, 130; aA *Sowada* GA **1995**, 60, 70 f.

204 Zum Erfordernis der „Begriffsnotwendigkeit" des Tatbeitrags s. BGHE **126** IV, 5 ff.; RGSt **61**, 314, 316; *Vormbaum* GA **1981**, 101, 131; *Sowada* GA **1995**, 60, 60 sowie *Brand*/*Sperling* ZStW 121 **(2009)**, 281, 316.

205 Ganz **h.M.**; s. nur BGH NJW **2021**, 247, 249; BGH NJW **1993**, 1278, 1279; BGH/H GA **1953**, 75 f.; RGSt **5**, 435, 437; RGSt **5**, 275, 276 f.; *Tiedemann* ZIP **1983**, 513, 515; MK/*Petermann*/*Hofmann* § 283c Rdn. 26; NK/*Kindhäuser* § 283c Rdn. 21; *Fischer* § 283c Rdn. 10; M-G/*Richter* Kap. 84 Rdn. 24; W/J/S/*Pelz* 9/233; G/J/W/*Reinhart* § 283c Rdn. 22; B/*Quedenfeld*/*Bechtel*/*Richter* Kap. 22 Rdn. 227; MAH/*Böttger* § 19 Rdn. 173; HambK/*Borchardt* § 283c Rdn. 8; *Weyand*/*Diversy* Rdn. 135; *Dohmen*, S. 62; *Vormbaum* GA **1981**, 101, 132; *ders.* Jura **1980**, 421, 426; *Otto* Lange-FS, S. 197, 214; *Richter* GmbHR **1984**, 137, 146; *Wolter* JuS **1982**, 343, 348 f.; *Weyand* ZInsO **2002**, 851, 856; *ders.* StuB **1999**, 178, 183; *Niesert*/*Hohler* NZI **2010**, 127, 130; a.A. *Ackermann*, S. 41 f.; *Neumeyer*, S. 190 f.; weitergehend wohl noch RGSt **4**, 1, 2, das den Fall der notwendigen Teilnahme nicht erwähnt.

bezogenes und nicht lediglich ein tatbezogenes besonderes persönliches Merkmal umschreibt.[206, 207]

XII. Konkurrenzen und Verjährung

Wie bereits ausgeführt, steht § 283c zu § 283 Abs. 1 im Verhältnis der **Privilegierung**.[208] Darüber hinaus sperrt § 283c die Heranziehung des Bankrotttatbestandes in all denjenigen Fällen, in denen sich die Tathandlung des Schuldners zwar strukturell im Kontext des § 283c abspielt, er aber aus tatbestandsimmanenten Gründen nicht wegen dieser Vorschrift belangt werden kann, etwa weil er die inkongruente Deckung im Stadium der Überschuldung oder drohenden Zahlungsunfähigkeit erbrachte.[209] Hierauf beschränkt sich die Sperrwirkung des § 283c jedoch nicht. Richtigerweise hindert § 283c auch den Rückgriff auf **§ 283d**, sofern der Schuldner, dem der Täter des § 283d Hilfe geleistet hat, selbst nur wegen Gläubigerbegünstigung haftet.[210] Der Vorschlag, den Dritten, der den Schuldner bei dessen Gläubigerbegünstigung unterstützt, zwar aus § 283d zu verurteilen, das Strafmaß aber dem § 283c Abs. 1 zu entnehmen, überzeugt nicht, da die – insoweit von § 309 der Preußischen KO abweichende[211] – Beschränkung des Täterkreises der Gläubigerbegünstigung auf Schuldner ansonsten ausgehebelt würde.[212] Allenfalls unter Teilnahmegesichtspunkten kommt eine Strafbarkeit des Dritten in Betracht.[213, 214] **Tateinheit** zwischen Gläubigerbegünstigung und Bankrott besteht, wenn der Schuldner dem bevorzugten Gläubiger quantitativ mehr zuwendet, als dieser ausweislich seiner Forderung zu beanspruchen hat.[215] Gewährt er ihm hingegen qualitativ mehr, bestellt er etwa statt der geschuldeten zweitrangigen eine erstrangige Grundschuld an seinem Grundstück, soll dieses Zuviel nicht zu § 283, sondern lediglich zur Inkongruenz i.S.d. zweiten Variante („nicht in der Art") führen.[216] 51

Nach dem Grundsatz *in dubio mitius* nur wegen § 283c haftet derjenige Schuldner, dessen Tathandlung insoweit nicht aufgeklärt werden kann, als offen bleibt, ob er seine (inkongruente) Leistung auf einen wirksamen (dann § 283c) oder einen unwirksamen (dann § 283 bzw. § 266) Vertrag erbracht hat.[217] Begeht der Schuldner mehrere Taten des § 283c, stehen diese im Verhältnis 52

---

206 Näher und ergänzend zum Ganzen § 283 Rdn. 194.

207 Dafür G/J/W/*Reinhart* § 283c Rdn. 21; a.A. *Vormbaum* GA **1981**, 101, 133.

208 S.o. Rdn. 2f.

209 Hierzu und zu weiteren Anwendungsfällen der Sperrwirkung s. BGH LM Nr. 3 zu § 241 KO (strafloser Versuch der Gläubigerbegünstigung darf nicht als strafbarer Versuch des Bankrotts geahndet werden); W/J/S/*Pelz* 9/236; M-G/*Richter* Kap. 84 Rdn. 52; AnwK/*Püschel* § 283c Rdn. 19; G/J/W/*Reinhart* § 283c Rdn. 24; *Vormbaum* GA **1981**, 101, 126 f.; *Hombrecher* JA **2013**, 541, 545.

210 Ganz **h.M.**; BGHSt **35**, 357, 359; *Vormbaum* GA **1981**, 101, 130; *Schäfer* wistra **1990**, 81, 89; *Otto* JK 89, § 283d/1; M-G/*Richter* Kap. 84 Rdn. 52.

211 Krit. zu § 309 der Preuß. KO, der dem Gläubiger, der an seiner Begünstigung durch den zahlungsunfähigen Schuldner mitwirkte, mit Strafe bedroht, s. *Goltdammer* GA **1866**, 538, 540 f.

212 Zu diesem Argument s. nur *Vormbaum* GA **1981**, 101, 130.

213 S. ergänzend § 283d Rdn. 5.

214 Dazu s. BGHSt **35**, 357, 360; G/J/W/*Reinhart* § 283d Rdn. 1; *Otto* JK 89, § 283d/1; *Hombrecher* JA **2013**, 541, 545.

215 S. nur M-G/*Richter* Kap. 84 Rdn. 52; *Ackermann*, S. 45 und *Böhle-Stamschräder* KTS **1957**, 177, 182. A.A. aber LK[12]/*Tiedemann* § 283c Rdn. 40, der dafür plädiert, nur den § 283 heranzuziehen, und die teilweise Privilegierungssituation, die daraus resultiert, dass bis zu einer bestimmten Höhe des weggegebenen Betrags immerhin ein Gläubiger befriedigt wurde, i.R.d. Strafzumessung zu berücksichtigen; zust. jedenfalls was die Verdrängung des § 283c durch § 283 anbelangt G/J/W/*Reinhart* § 283c Rdn. 24.

216 Zu der Unterscheidung in qualitative und quantitative Mehrleistungen s. G/J/W/*Reinhart* § 283c Rdn. 8.

217 LK[12]/*Tiedemann* § 283c Rdn. 40; W/J/S/*Pelz* 9/237; G/J/W/*Reinhart* § 283c Rdn. 24; i.E. ebenso BGH/H GA **1955**, 365, der allerdings einer Verurteilung auf wahldeutiger Grundlage das Wort redet; zust. *Kollmar*, S. 85.

der **Tatmehrheit** zueinander.[218] Weitgehend ungeklärt ist das Konkurrenzverhältnis des § 283c Abs. 1 zu **§ 2 BauFordSiG**. Verwendet der Baugeldempfänger und Schuldner Baugeld, um damit Gläubiger, die nicht zum Kreis der Baugläubiger rechnen, inkongruent zu befriedigen, verwirklicht er – die übrigen Voraussetzungen unterstellt – sowohl den Tatbestand des § 2 BauFordSiG als auch den Tatbestand der Gläubigerbegünstigung.[219] Wenn zur Lösung des Konkurrenzproblems einerseits vorgeschlagen wird, diesen Schuldner nur gem. § 283c zu bestrafen,[220] bzw. andererseits für einen Vorrang des § 2 BauFordSiG plädiert wird,[221] überzeugt das nicht. Richtigerweise stehen § 283c und § 2 BauFordSiG im **Verhältnis der Tateinheit** zueinander[222] und verdrängt § 283c den § 2 BauFordSiG nicht im Wege der *lex specialis* bzw. *vice versa*. Zur Begründung dieses Ergebnisses genügt ein Blick auf die Klarstellungsfunktion der Tateinheit, da im Geltungsbereich des BauFordSiG keinesfalls jede Gläubigerbegünstigung mit einem Verstoß gegen § 2 BauFordSiG einhergeht und nicht jede Missachtung der Baugeldverwendungspflicht (vgl. § 1 BauFordSiG) zu einer Gläubigerbegünstigung führt.

53 Die **Verjährungsfrist** einer Gläubigerbegünstigung beginnt erst mit dem Eintritt der objektiven Strafbarkeitsbedingung zu laufen und richtet sich nach § 78 Abs. 3 Nr. 4. Danach verjährt die Tat in fünf Jahren.

---

218 So LK[12]/*Tiedemann* § 283c Rdn. 42; *Fischer* § 283c Rdn. 11; G/J/W/*Reinhart* § 283c Rdn. 23; M-G/*Richter* Kap. 84 Rdn. 52; a.A. *Ackermann*, S. 44, dem zufolge die Konkurseröffnung/Zahlungseinstellung die mehreren Begünstigungshandlungen zu einer juristischen Handlungseinheit zusammenfasst.

219 A.A. aber *Krause*, S. 296, der den zweckwidrigen Einsatz von Baugeld nicht gem. § 283c privilegieren, sondern gem. § 283 Abs. 1 Nr. 2 als unwirtschaftliche Ausgabe bestrafen will.

220 Dafür aber unter Rekurs auf ein *lex-specialis*-Verhältnis zwischen § 283c und § 2 BauFordSiG LK[12]/*Tiedemann* § 283c Rdn. 43.

221 So Bittmann[1]/*Bittmann* § 14 Rdn. 60.

222 Dafür MK/Weyand § 2 BauFordSiG Rdn. 43; A/R/R/*Himmelreich* Kap. 7/1 Rdn. 228; *Fischer* § 283c Rdn. 11; AnwK/*Püschel* § 283c Rdn. 19; ferner wohl G/J/W/*Reinhart* § 283c Rdn. 25.

§ 283d Schuldnerbegünstigung

(1) Mit Freiheitsstrafe bis zu fünf Jahren oder mit Geldstrafe wird bestraft, wer
1. in Kenntnis der einem anderen drohenden Zahlungsunfähigkeit oder
2. nach Zahlungseinstellung, in einem Insolvenzverfahren oder in einem Verfahren zur Herbeiführung der Entscheidung über die Eröffnung des Insolvenzverfahrens eines anderen

Bestandteile des Vermögens eines anderen, die im Falle der Eröffnung des Insolvenzverfahrens zur Insolvenzmasse gehören, mit dessen Einwilligung oder zu dessen Gunsten beiseite schafft oder verheimlicht oder in einer den Anforderungen einer ordnungsgemäßen Wirtschaft widersprechenden Weise zerstört, beschädigt oder unbrauchbar macht.

(2) Der Versuch ist strafbar.

(3) In besonders schweren Fällen ist die Strafe Freiheitsstrafe von sechs Monaten bis zu zehn Jahren. Ein besonders schwerer Fall liegt in der Regel vor, wenn der Täter
1. aus Gewinnsucht handelt oder
2. wissentlich viele Personen in die Gefahr des Verlustes ihrer dem anderen anvertrauten Vermögenswerte oder in wirtschaftliche Not bringt.

(4) Die Tat ist nur dann strafbar, wenn der andere seine Zahlungen eingestellt hat oder über sein Vermögen das Insolvenzverfahren eröffnet oder der Eröffnungsantrag mangels Masse abgewiesen worden ist.

Schrifttum

Siehe Vor und zu § 283, insbes. *Brand/Sperling* Die Bedeutung des § 283d im GmbH-Strafrecht, ZStW **121** (2009) 281; *Krezer* Die Kapitalgesellschaft als Schuldnerin der Schuldnerbegünstigung, 2012.

Entstehungsgeschichte

Siehe Rdn. 1ff. Vor § 283.

Übersicht

https://doi.org/10.1515/9783110490220-022

I. Aufbau und Einordnung des Tatbestandes

1 Der Tatbestand des § 283d droht demjenigen Kriminalstrafe an, der entweder zugunsten des Schuldners oder aber mit dessen Einwilligung Bestandteile des schuldnerischen Vermögens beiseiteschafft, verheimlicht, zerstört, beschädigt oder unbrauchbar macht. Damit normiert § 283d ein Allgemeindelikt. Dass das Beiseiteschaffen etc. von Schuldnervermögen durch einen Dritten nicht *per se* strafrechtliches Unrecht begründet, sondern weitere Voraussetzungen wie etwa die Einwilligung des Schuldners hinzukommen müssen, hängt mit der fehlenden Verantwortlichkeit des Dritten gegenüber den Gläubigern zusammen.[1] Ein außenstehender Dritter ist den Gläubigern nicht in gleichem Maße verantwortlich wie der Schuldner. Um dieses Verantwortungsdefizit auszugleichen und der Gefahr vorzubeugen, jede vorsätzliche Beeinträchtigung fremden Vermögens in die Nähe einer Insolvenzstraftat zu rücken, hat der Gesetzgeber die Strafbarkeit gem. § 283d von einem Handeln zugunsten oder mit Einwilligung des Schuldners abhängig gemacht.[2] – Anders als § 283c (vgl. dort Rdn. 3) sperrt § 283d die Strafbarkeit wegen anderer Delikte des vierundzwanzigsten Abschnitts nicht. D.h.: Bleibt der Dritte gem. § 283d straflos, weil er bspw. um die dem Schuldner drohende Zahlungsunfähigkeit nicht wusste (vgl. § 283d Abs. 1 Nr. 1), hindert dieses Ergebnis den Rechtsanwender nicht daran, den Dritten wegen Beihilfe zu einer Tat des § 283 Abs. 1 Nr. 1 zu verurteilen.[3]

2 Gem. § 283d Abs. 2 ist auch der Versuch der Schuldnerbegünstigung strafbar. Darüber hinaus normiert § 283d Abs. 3 Regelbeispiele, die dem Tatbestand des § 283a entsprechen. Die Strafbarkeit des außenstehenden Dritten, der zugunsten des Schuldners oder mit dessen Einwilligung Bestandteile des schuldnerischen Vermögens beiseiteschafft etc. hängt gem. § 283d Abs. 4 davon ab, dass entweder der Schuldner seine Zahlungen eingestellt hat oder über sein Vermögen das Insolvenzverfahren eröffnet bzw. mangels Masse nicht eröffnet wurde.

3 Indem § 283d Abs. 1 die Tathandlungen des § 283 Abs. 1 Nr. 1 übernimmt und ihre Vornahme durch einen außenstehenden Dritten unter bestimmten Kautelen zum strafrechtlichen Unrecht erklärt, erweitert er quasi den auf den Schuldner beschränkten Täterkreis des § 283 Abs. 1 Nr. 1. Missverständlich, wenn auch pointiert spricht das Schrifttum gelegentlich davon, § 283d normiere einen Fall der „zur Täterschaft heraufgestufte[n] Unterstützungshandlung".[4] Problematisch ist diese Umschreibung des § 283d, weil sie suggeriert, Schuldner und außenstehender Dritter müssten zusammenwirken, um den Dritten gem. § 283d bestrafen zu können. Wie die Begünstigungsvariante (§ 283d Abs. 1 Var. 2) zeigt, ist ein solches Zusammenwirken zwischen Schuldner und außenstehendem Dritten jedoch nicht erforderlich. Vielmehr macht sich auch der Dritte gem. § 283d Abs. 1 Var. 2 strafbar, der ohne Kenntnis des Schuldners Bestandteile des schuldnerischen Vermögens zugunsten des Schuldners beiseiteschafft.[5] Auch hängt die Strafbarkeit des Dritten gem. § 283d nicht davon ab, dass der Schuldner seinerseits den Tatbestand des § 283 Abs. 1 Nr. 1 verwirklicht; § 283d normiert einen gegenüber § 283 Abs. 1 Nr. 1 selbständigen Tatbestand.

4 Geschütztes Rechtsgut des § 283d ist wie bei § 283 das **Befriedigungsinteresse der Gläubiger.**[6] Darüber hinausgehende Kollektivinteressen – wie die Kredit- oder Gesamtwirtschaft – schützt § 283d genausowenig wie § 283 (zu den Gründen s. Vor §§ 283 ff. Rdn. 9). – Da die Tathandlungen, deren Vornahme § 283d Abs. 1 unter Strafe stellt, die Gläubigerinteressen weder beeinträchtigen noch konkret gefährden müssen, jedoch eine Synchronität zwischen Bankrotthandlung und Krise bestehen muss, rechnet auch § 283d Abs. 1 zur Kategorie der **konkret-abstrakten Gefährdungsdelikte** (näher dazu Vor §§ 283 ff. Rdn. 5).

---

1 Amtl. Begr. BTDrucks. 7/3441 S. 39; BGHSt **35** 357, 359.

2 *Brand/Sperling* ZStW 121 (**2009**) 281, 282.

3 S. nur amtl. Begr. BTDrucks. 7/3441 S. 39; *Fischer* Rdn. 2.

4 *Krezer*, S. 3; ferner *Lohoff*, S. 5.

5 S. schon RG Rspr. **9** 684, 685 zu § 242 KO a.F., dem Vorläufer des heutigen § 283d.

6 BGHSt **35** 357, 359.

Schwierige Abgrenzungsfragen entstehen, wenn § 283d mit § **283c** zusammentrifft. Unterstützt der Dritte den Schuldner dabei, einen Gläubiger inkongruent zu befriedigen und erfüllt er dadurch nach dem Buchstaben des Gesetzes den Tatbestand des § 283d, hindern den Rechtsanwender Wertungsgesichtspunkte daran, den Dritten gem. § 283d zu bestrafen.[7] Zum einen schmälert sein Verhalten nicht die Masse, da mit der Weggabe von Schuldnervermögen an einen Gläubiger gleichzeitig eine entsprechende Verbindlichkeit erlischt. Schaden erleidet bei Inkongruenz der Tilgungsleistung folglich nur die *„par conditio creditorum"*, deren Schutz § 283c und nicht § 283d bewerkstelligt. Zum anderen wäre es wertungswidersprüchlich, den Schuldner trotz seiner größeren Verantwortung für den Zusammenhalt der künftigen Masse milder – nämlich nach § 283c – zu bestrafen als den Dritten, der den Schuldner bei dieser Tat lediglich unterstützt. Aus diesen Gründen verdient die Ansicht den Vorzug, die den Dritten allenfalls wegen Beteiligung an der Gläubigerbegünstigung des Schuldners bestraft und, sollte es an einer vorsätzlichen rechtswidrigen Haupttat fehlen, straflos lässt.[8] Der Vorschlag, den Dritten, der den Schuldner bei dessen Gläubigerbegünstigung unterstützt hat, gem. § 283d zu bestrafen, den Strafrahmen jedoch dem § 283c zu entnehmen,[9] überzeugt nicht. Andernfalls würde die von § 283c vorgenommene Beschränkung des Täterkreises auf den Schuldner umgangen (dazu § 283c Rdn. 51).[10] 5

II. Täterkreis und Tatsituation (Krise)

1. Tauglicher Täter

Der Tatbestand des § 283d ist insofern ein Solitär unter den Insolvenzdelikten als er – wie bereits erwähnt – kein Sonderdelikt normiert. Täter des § 283d kann vielmehr jedermann sein (Rdn. 1). Auch ein Gläubiger des Schuldners kommt als Täter des § 283d in Betracht. Erschöpft sich sein Beitrag jedoch darin, vom Schuldner inkongruente Befriedigung eigener Verbindlichkeiten zu erhalten, führen die o. Rdn. 5 genannten Wertungen allenfalls dazu, ihn wegen Beihilfe bzw. Anstiftung zur Gläubigerbegünstigung zu bestrafen, sofern sein Beitrag über die Annahme der inkongruenten Befriedigung hinausgeht (vgl. § 283c Rdn. 50).[11] Aus dem Täterkreis des § 283d heraus fällt hingegen der Schuldner, da er schon begrifflich sich nicht selbst begünstigen kann. Wirkt er an der Tat des Dritten, die zu dessen Strafbarkeit gem. § 283d führt, täterschaftlich mit, verwirklicht der Schuldner den Tatbestand des § 283 Abs. 1 Nr. 1. Macht der Beitrag des Schuldners ihn nicht zum Täter, bleibt die Möglichkeit einer Strafbarkeit wegen Teilnahme zu § 283d. Keinesfalls haftet der Schuldner, der um das Verhalten des Dritten weiß und diesen nicht hindert gem. §§ 283 Abs. 1 Nr. 1, 13 Abs. 1, da seine Schuldnereigenschaft allein nicht genügt, um ihn zum Garanten der Gläubigerinteressen zu machen (s. näher § 283 Rdn. 9). 6

Aus dem Täterkreis des § 283d herausfallen sollen nach allg. Ansicht die gem. § 14 an die Stelle des Schuldners tretenden Organe, Vertreter und Beauftragte. Das überzeugt freilich nur insoweit, als der Organwalter, Vertreter etc. tatsächlich gem. § 14 in die Gemeinschuldnerposition einrückt, wenn es also gelingt, ihm diese Position zuzurechnen. Misslingt diese Zurechnungsoperation, weil der Vertreter nicht „als Organ" des Schuldners handelt (zur Auslegung dieses Merkmals s. Vor §§ 283 ff. Rdn. 16 ff.), besteht die Möglichkeit, ihn gem. § 283d zu bestrafen.[12] 7

---

7 Ganz h.M.; BGHSt **35** 357, 359; *Vormbaum* GA **1981** 101, 130; *Schäfer* wistra **1990** 81, 89; *Otto* JK 89, StGB § 283d/1; M-G/*Richter* Kap. 84 Rdn. 52.

8 Dazu nur BGHSt **35** 357, 360; G/J/W/*Reinhart* § 283d Rdn. 1; *Otto* JK 89, StGB § 283d/1; *Hombrecher* JA **2013** 541, 545.

9 Dafür SK-StGB/*Hoyer* Rdn. 9.

10 Zu diesem Argument s. nur *Vormbaum* GA **1981** 101, 130.

11 BGHSt **35** 357, 359 f. mit zust. Anm. *Marxen* EWiR **1989** 505 f.; *Fischer* Rdn. 2; Lackner/Kühl/*Heger* Rdn. 2; *H. Schäfer* wistra **1990** 89; *Vormbaum* GA **1981** 101, 130.

12 Näher dazu *Brand/Sperling* ZStW 121 **(2009)** 281,307 ff.

2. Tatsituation (Krise)

8 Das Beiseiteschaffen etc. von Schuldnervermögen durch einen Dritten ist gem. § 283d nur strafbar, wenn es in der **wirtschaftlichen Krise des Schuldners** erfolgt. Die Krise umschreibt § 283d Abs. 1 umständlicher als § 283 Abs. 1, was mit der fehlenden Verantwortlichkeit des außenstehenden Dritten für die Gläubigerinteressen und der daraus gefolgerten gesetzgeberischen Annahme zusammenhängen dürfte, die Strafbarkeit des Dritten wegen Beiseiteschaffens etc. von Schuldnervermögen müsse höhere Hürden nehmen als die Strafbarkeit des Schuldners wegen desselben Verhaltens (s.o. Rdn. 1). Der Tatbestand des § 283d Abs. 1 unterscheidet zwei Tatsituationen: Zum einen die Vornahme der Tathandlung nach Eintritt der drohenden Zahlungsunfähigkeit (§ 283d Abs. 1 Nr. 1), zum anderen das Beiseiteschaffen etc. von Schuldnervermögen, nachdem der Schuldner seine Zahlungen eingestellt hat, im eröffneten Insolvenzverfahren oder in einem Verfahren, das darauf gerichtet ist, eine Entscheidung über die Insolvenzverfahrenseröffnung herbeizuführen (§ 283d Abs. 1 Nr. 2).

9 **a) Die Konstellation des § 283d Abs. 1 Nr. 1.** Der Tatbestand des § 283d Abs. 1 Nr. 1 macht die Strafbarkeit des Dritten, der schuldnerisches Vermögen beiseiteschafft, davon abhängig, dass dem Schuldner bei Vornahme der Tathandlung die Zahlungsunfähigkeit droht. Droht dem Schuldner die Zahlungsunfähigkeit nicht nur, sondern ist dieser Zustand bereits eingetreten, wenn der Dritte Bestandteile des Schuldnervermögens beiseiteschafft, sind die Voraussetzungen des § 283d Abs. 1 Nr. 1 erst recht erfüllt. Methodisch handelt es sich um einen Schluss *a maiore ad minus.*[13] Hingegen soll den Tatbestand nicht verwirklichen, wer Vermögensbestandteile des **überschuldeten** Schuldners zu dessen Gunsten oder mit dessen Einwilligung beiseiteschafft. Das überzeugt nicht ganz. Denn die Fortführungsprognose, die über den Eintritt von Überschuldung entscheidet, prüft letztlich nichts anderes als die Frage, ob der Schuldner innerhalb der nächsten zwölf Monate seine Verbindlichkeiten wird erfüllen können. Insofern besteht zwischen der Fortführungsprognose i.S.d. Überschuldungstatbestands und der Feststellung der drohenden Zahlungsunfähigkeit eine erhebliche Schnittmenge. Einziger Unterschied ist die Dauer des Prognosezeitraums: Während § 19 Abs. 2 Satz 1 InsO einen Prognosezeitraum von zwölf Monaten nennt, sollen es gem. § 18 Abs. 2 Satz 2 InsO in aller Regel vierundzwanzig Monate sein. Das heißt: Nicht selten wird die drohende Zahlungsunfähigkeit der Überschuldung vorangehen.[14] Dann aber spricht nichts dagegen, den Dritten, der Vermögen des überschuldeten Schuldners bspw. zu dessen Gunsten beiseiteschafft, gem. § 283d Abs. 1 Nr. 1 zu bestrafen, sofern die objektive Bedingung der Strafbarkeit eingetreten ist.[15]

10 **b) Die Konstellation des § 283d Abs. 1 Nr. 2.** Anders als § 283 Abs. 1 sieht § 283d Abs. 1 Nr. 2 ausdrücklich eine Strafbarkeit des Beiseiteschaffens etc. von Schuldnervermögen für den Zeitraum nach **Zahlungseinstellung** bzw. **Insolvenzverfahrenseröffnung** vor. Damit reicht § 283d Abs. 1 Nr. 2 weiter als § 283 Abs. 1, bei dem hier vertretener Ansicht zufolge die Vornahme von Bankrotthandlungen nach Eintritt der objektiven Strafbarkeitsbedingung grds. nicht genügt, um den Schuldner wegen Bankrotts zu strafen (s.o. Vor §§ 283 ff. Rdn. 10). Missverständlich ist allerdings der Gesetzeswortlaut, der von einem Handeln **„in"** einem Insolvenzverfahren etc. spricht. Herrschend dürfte die Ansicht sein, die die Präposition „in" i.S.v. **„während"** liest, da andernfalls nur Gläubiger und der Insolvenzverwalter als Akteure des Insolvenzverfahrens den Tatbestand des § 283d Abs. 1 Nr. 2 verwirklichen könnten. Mit dem Wortlaut ist diese Lesart vereinbar. Denn

---

13 S. nur *Fischer* Rdn. 5; Lackner/Kühl/*Heger* Rdn. 3.

14 S. etwa Penzlin NZG **2000** 464, 468.

15 Näher zum Ganzen *Brand/Sperling* ZStW 121 (**2009**) 281, 287 ff.

die Präposition „in" verfügt neben ihrer örtlichen auch über eine zeitliche („während") Komponente.[16]

Insolvenzverfahren umschreibt einen Zeitraum, der vom Erlass des rechtskräftigen Eröffnungsbeschlusses bis zur Aufhebung des Verfahrens gem. § 258 Abs. 1 InsO reicht. Die dritte Variante des § 283d Abs. 1 Nr. 2 meint traditionell das Insolvenzeröffnungsverfahren, also das Verfahren, das auf einen Insolvenzantrag (vgl. § 13 InsO) hin erfolgt und seinen Abschluss entweder mit der Eröffnung oder der Nichteröffnung des Insolvenzverfahrens mangels Masse findet.[17] Soweit ersichtlich noch nicht aufgeworfen wurde bislang die Frage, ob auch der Antrag auf Erlass einer **Stabilisierungsanordnung** gem. **§ 50 Abs. 1 StaRUG** ein Verfahren i.S.d. § 283d Abs. 1 Nr. 2 darstellt. Da der Erlass einer Stabilisierungsanordnung dazu dient, einen Restrukturierungsplan umzusetzen und folglich das schuldnerische Unternehmen zu sanieren, spricht mehr dafür, diese Frage zu verneinen. Denn die Eröffnung eines Insolvenzverfahrens – wie es der Wortaut des § 283d Abs. 1 Nr. 2 Var. 3 fordert – ist gerade nicht das Ziel dieses Antrags. 11

III. Tathandlung und subjektiver Tatbestand

1. Tathandlung und Vermögensbegriff

Die Tathandlung des § 283d ist identisch mit der des § 283 Abs. 1 Nr. 1 – auf die dortigen Ausführungen sei deshalb verwiesen (Rdn. 5 ff.). Auch der Vermögensbegriff des § 283d Abs. 1 deckt sich mit dem des § 283 Abs. 1 Nr. 1 (Rdn. 2 ff.). Bloßes Unterlassen ist hier wie bei § 283 Abs. 1 Nr. 1 nicht tatbestandsmäßig. Das Erfordernis der Wirtschaftswidrigkeit folgt denselben Regeln wie bei § 283 Abs. 1 (Vor §§ 283 ff. Rdn. 27 ff.). 12

2. Handeln zugunsten oder mit Einwilligung des Schuldners

Weil der außenstehende Dritte gegenüber den Gläubigerinteressen nicht in gleicher Weise verantwortlich ist wie der Schuldner, hat der Gesetzgeber – wie gesehen – seine Strafbarkeit von einem Handeln zugunsten des Schuldners bzw. mit dessen Einwilligung abhängig gemacht (Rdn. 1). Entgegen dem Gesetzeswortlaut, der die Einwilligungsvariante zuerst erwähnt und damit suggeriert, es handele sich bei diesen Fällen um die typischen Konstellationen der Schuldnerbegünstigung, ist – wie die Entstehungsgeschichte erweist – die Tatvariante des Handelns zugunsten des Schuldners der primäre Anwendungsbereich der Vorschrift.[18] Die Einwilligungsvariante schuf der Gesetzgeber erst, als Bedenken aufkamen, ob es möglich ist, die Tathandlungen des Zerstörens, Beschädigens oder Unbrauchbarmachens zugunsten des Schuldners zu verwirklichen.[19] 13

a) Handeln zugunsten des Schuldners. Das Handeln zugunsten des Schuldners rechnet zu den **subjektiven Merkmalen** des § 283d. Prototypisch für diese Variante stehen die Fälle, in denen es dem Täter darum geht, Bestandteile der künftigen Masse dem Schuldner zu erhalten bzw. zukommen zu lassen. Allerdings ist nach allg. Meinung ein Handeln im wirtschaftlichen Interesse des Schuldners nicht erforderlich. Zugunsten des Schuldners handelt vielmehr auch, wer den Vermögensbestandteil einer Person zuwendet, mit der den Schuldner immaterielle Interessen verbinden. 14

16 *Wahrig* Deutsches Wörterbuch.
17 *Fischer* Rdn. 6; *Sch/Schröder/Heine/Schuster* Rdn. 5.
18 BGHSt **35** 357, 360.
19 BTDrucks. 7/3441 S. 39.

15 Die Anforderungen an die Vorsatzintensität i.R.d. Begünstigungsvariante sind nicht abschließend geklärt. Fest steht nur, dass *dolus eventualis* keinesfalls genügt.[20] Auch handelt nicht zugunsten des Schuldners, wer in erster Linie den eigenen oder den Vorteil eines Dritten bezweckt.[21] Die Einigkeit endet bei der Frage, ob es dem Täter darauf ankommen muss, den Schuldner zu begünstigen, oder ob es genügt, wenn der Täter weiß, dass sein Handeln dem Schuldner einen Vorteil bringt. Die Ansicht, der zufolge **Wissentlichkeit** genügt, beruft sich zum einen auf einen von § 283d vermeintlich vorgelagerten Rechtsgüterschutz und zieht insofern eine Parallele zu § 257.[22] Zum anderen verweist sie auf den Gesetzeswortlaut, der das Erfordernis eines **absichtlichen Handelns** nicht hergeben soll.[23] Beide Argumente überzeugen nicht. Während der Gesetzeswortlaut indifferent ist und sowohl das Erfordernis absichtlichen als auch bloß wissentlichen Handelns trägt, dient die Begünstigungsvariante des § 283d Abs. 1 gerade nicht dazu, den Rechtsgüterschutz gegenüber § 283 Abs. 1 Nr. 1 vorzuverlagern, sondern verfolgt lediglich den Zweck, das Verantwortungsdefizit des Dritten für die Gläubigerinteressen auszugleichen (s.o. Rdn. 1). Wissentlichkeit – d.h. positive Kenntnis des Begünstigungseffekts – genügt folglich nicht. Vielmehr muss der Täter die Begünstigung des Schuldners zielgerichtet bezwecken.[24] Dass er darüber hinaus noch weitere Ziele verfolgt, schadet nicht, solange nur die Schuldnerbegünstigung das dominante Motiv bleibt.[25]

16 **b) Handeln mit Einwilligung des Schuldners.** Von der Annahme geleitet, dass das Zerstören, Beschädigen und Unbrauchbarmachen von Schuldnervermögen nur selten im Interesse des Schuldners liegen wird, hat der Gesetzgeber des 1. WikG dem § 283d Abs. 1 die **Einwilligungsvariante** hinzugefügt. Anders als bei der Begünstigungsvariante handelt es sich bei der Einwilligungsvariante um ein objektives Tatbestandsmerkmal. Hat der Schuldner in das Verhalten des Täters eingewilligt, ist ein Handeln zugunsten des Schuldners nicht zusätzlich erforderlich, um den Täter gem. § 283d zu strafen.

17 Um den Dritten, der Schuldnervermögen beiseitegeschafft etc. hat, gem. § 283d Abs. 1 bestrafen zu können, müssen die Feststellungen eine schuldnerische Einwilligung im Zeitpunkt der Tathandlung ergeben. Nachträglich kann der Schuldner nicht einwilligen.[26] An eine einmal erteilte Einwilligung ist der Schuldner nicht gebunden; solange der Dritte die Tathandlung noch nicht vorgenommen hat, kann der Schuldner seine Einwilligung jederzeit widerrufen und damit die Grundlage für eine Bestrafung des Dritten nach der Einwilligungsvariante beseitigen.[27] Die Einwilligung muss der Schuldner nicht ausdrücklich erteilen; vielmehr genügt es, wenn er mittelbar oder konkludent in die Vornahme der Tathandlung einwilligt.[28] Ob ein **nonverbales Verhalten** des Schuldners als konkludente Einwilligung zu deuten ist, darüber entscheidet die Verkehrsanschauung.[29] Bspw. soll der Schuldner, der den Abtransport von Gegenständen seines Vermögens durch Dritte duldet, dadurch in das Beiseiteschaffen einwilligen.[30] – Ob auch der Fall einer **mutmaßlichen Einwilligung** vorstellbar ist, kann offenbleiben, da diese Form der Einwilligung ein Handeln im Interesse des Schuldnerns voraussetzt und es folglich bereits die zweite Variante des § 283d Abs. 1 erfasst.[31]

20 Ganz h.M.; s. nur Bittmann/*Sperling* § 23 Rdn. 21; a.A. aber SK/*Hoyer* Rdn. 6.
21 *Weyand/Diversy* Rdn. 139; Bittmann/*Sperling* § 23 Rdn. 21.
22 *Sch/Schröder/Heine/Schuster* Rdn. 9.
23 *Sch/Schröder/Heine/Schuster* Rdn. 9; zust. Bittmann/*Sperling* § 23 Rdn. 21.
24 So auch *Weyand/Diversy* Rdn. 132.
25 BGH bei Herlan GA **1967** 265.
26 *Fischer* Rdn. 3; NK/*Kindhäuser* Rdn. 4; *Sch/Schröder/Heine/Schuster* Rdn. 3.
27 *Sch/Schröder/Heine/Schuster* Rdn. 3.
28 *Sch/Schröder/Heine/Schuster* Rdn. 3.
29 *Tiedemann* NJW **1981** 948.
30 *Weyand/Diversy* Rdn. 131.
31 Richtig LK[12]/*Tiedmann* Rdn. 15.

Umstritten ist, ob die durch **Täuschung** oder **Drohung** erwirkte Einwilligung des Schuldners genügt. Vereinzelt findet sich die Ansicht, die die Auswirkungen einer Täuschung oder Drohung auf die Einwilligung i.R.d. § 283d Abs. 1 davon abhängig machen will, ob diese Einwilligung zur Kategorie des Einverständnisses rechnet, oder ob sie insofern den Regeln der rechtfertigenden Einwilligung folgt.[32] Mit dieser Frage hat die Einwilligung des § 283d Abs. 1 jedoch nichts zu tun. Weder wirkt sie tatbestandsausschließend noch rechtfertigend. Ihre Besonderheit besteht vielmehr darin, die Strafbarkeit erst zu begründen. Vor diesem Hintergrund überzeugt es nicht, täuschungs- oder drohungsbedingt zustandegekommenen Einwilligungen Wirksamkeit zu attestieren.[33] Denn in solchen Fällen fehlt es am Zusammenwirken zwischen Schuldner und Dritten, das es rechtfertigt, den Dritten in gleicher Weise für die Gläubigerinteressen einstehen zu lassen wie den Schuldner. Vielmehr greift der Dritte, der den Schuldner durch Täuschung oder Drohung dazu veranlasst, Bestandteile seines Vermögens preiszugeben, quasi von außen auf das Schuldnervermögen zu. Solches Verhalten zu ahnden, dafür stehen indes Tatbestände wie Erpressung und Betrug bereit. 18

c) Der Personenverband in der Rolle des Schuldners. Schwierige Rechtsprobleme entstehen, sobald nicht eine natürliche, sondern eine **juristische Person** oder **rechtsfähige Personengesellschaft** die Rolle des Schuldners bekleidet. Historisch ist der Tatbestand des § 283d von der natürlichen Person als Schuldner geprägt. Die Rechtswirklichkeit sieht heute freilich anders aus. Unternehmerische Tätigkeit findet vielfach im Gewand der juristischen Person statt. Folglich spielen sich auch Insolvenzstraftaten vermehrt in diesem Kontext ab. Die Insolvenzdelikte des StGB sind darauf nur bedingt vorbereitet – insbes. § 283d ist nicht in der Lage, das Beiseiteschaffen etc. von Gesellschaftsvermögen in der Gesellschaftskrise (§ 283d Abs. 1 Nrn. 1, 2) durch Dritte angemessen zu erfassen. Am Beispiel der insolvenzanfälligsten Rechtsform, der **GmbH**, sei das nachfolgend illustriert. Für alle anderen Rechtsformen gilt indes nichts anderes.[34] 19

Wie gesehen soll die **Begünstigungsvariante** nach der Vorstellung des Gesetzgebers den primären Anwendungsbereich des § 283d darstellen (s.o. Rdn. 13). Das gilt jedoch nicht, wenn eine GmbH die Rolle des Schuldners inne hat. Denn sobald das Insolvenzgericht das Insolvenzverfahren über das Gesellschaftsvermögen eröffnet bzw. mangels Masse nicht eröffnet, kommt es gem. § 60 Abs. 1 Nrn. 4, 5 GmbHG zur Auflösung der Gesellschaft. Rechtstatsächlich folgt hierauf regelmäßig die Liquidation, da es nur selten einmal gelingt, die Gesellschaft zu sanieren. Damit fehlt es aber am Schuldner, den der Dritte durch das Beiseiteschaffen etc. von Gesellschaftsvermögen begünstigen könnte. Allenfalls ließe sich daran denken, die Begünstigungsvariante zu bejahen, falls der Dritte Gesellschaftsvermögen zugunsten der Gesellschafter beiseiteschafft. Da die Gesellschafter jedoch nicht die Rolle des Schuldners einnehmen, führt dieser Weg in die Irre.[35] Damit verbleibt der Begünstigungsvariante lediglich ein marginaler Anwendungsbereich, sobald eine GmbH die Schuldnerposition bekleidet.[36] Der Einwand, entscheidend sei das Vorhandensein eines begünstigungsfähigen Schuldners bei Vornahme der Tathandlung,[37] überzeugt schon deshalb nicht, weil niemand Vermögen zugunsten eines Rechtsträgers beiseiteschaffen oder verheimlichen wird, dessen Existenz in nächster Zeit endet. 20

Da ein Personenverband nicht selbst handeln und wollen kann, hat der Gesetzgeber diese Entitäten mit Organen ausgestattet, die für den Verband handeln und seinen Willen bilden. Von der jeweiligen **Organisationsverfassung** hängt es somit ab, welches Organ dazu berufen ist, die Einwilligung i.S.d. § 283d Abs. 1 Var. 1 zu erteilen. Nimmt eine GmbH die Schuldnerrolle ein, sind 21

32 Umf. *Krezer,* S. 55 ff.; s. auch Bittmann/*Sperling* § 23 Rdn. 16.
33 So aber Bittmann/*Sperling* § 23 Rdn. 16.
34 Umf. u. verdienstvoll dazu *Krezer,* S. 98 ff.
35 Ausf. zu diesem Aspekt *Brand/Sperling* ZStW 121 (**2009**) 281,291 f.
36 Näher dazu *Brand/Sperling* ZStW 121 (**2009**) 281, 290 f.
37 *Krezer,* S. 49 f.

es die Gesellschafter, die als das Willensbildungsorgan der GmbH den Beschluss fassen müssen, in das Beiseiteschaffen etc. von Gesellschaftsvermögen einzuwilligen. Zwar genügt für die Einwilligung i.S.d. § 283d Abs. 1 Var. 1 ein **natürlicher Wille**. Einen solchen natürlichen Willen kann die GmbH jedoch nicht bilden. Ihr Wille ist immer der ihr wirksam zugerechnete Wille des zuständigen Gesellschaftsorgans. Das heißt: Eine Einwilligung i.S.d. § 283d Abs. 1 Var. 1 der GmbH hängt davon ab, ob die Gesellschafter einen entsprechenden Beschluss wirksam gefasst haben. In der Tatsituation des § 283d Abs. 1 dürfte es daran regelmäßig fehlen. Denn nach Eintritt der drohenden Zahlungsunfähigkeit (vgl. § 283d Abs. 1 Nr. 1) und erst recht nachdem die GmbH ihre Zahlungen eingestellt hat (vgl. § 283d Abs. 1 Nr. 2 Var. 1), verstößt die Weggabe von Gesellschaftsvermögen entweder gegen **§ 30 Abs. 1 GmbHG** oder das **Existenzvernichtungsverbot**. Ein hierauf gerichteter Beschluss ist folglich analog § 241 Nr. 3 AktG nichtig. Nichts anderes gilt für das Stadium nach Insolvenzverfahrenseröffnung (§ 283d Abs. 1 Nr. 2 Var. 2), da den Gesellschaftern zu diesem Zeitpunkt die Befugnis fehlt, über das Gesellschaftsvermögen zu verfügen (vgl. § 80 InsO). Damit bleiben die besonders strafwürdigen Fälle *sub specie* des § 283d straflos. Dieses Ergebnis ist paradox, aber nach geltendem Recht nicht zu ändern.

3. Die Vorsatzanforderungen

22 Der Vorsatz des Täters muss sich sowohl auf die Tathandlung als auch auf das Vorhandensein der Einwilligung erstrecken; *dolus eventualis* genügt.[38] Irrt der Täter über die Zugehörigkeit des beiseitegeschafften oder verheimlichten Gegenstands zur künftigen Insolvenzmasse, befindet er sich in einem **Tatumstandsirrtum**, der gem. § 16 Abs. 1 Satz 1 seinen Vorsatz entfallen lässt.[39] Zum Tatumstandsirrtum gem. § 16 Abs. 1 Satz 1 führt auch die irrtümliche Annahme, der Gegenstand werde einem Gläubiger zugewendet.[40]

23 Im Hinblick auf die Krisenmerkmale des § 283d Abs. 1 Nr. 2 ist *dolus eventualis* ebenfalls ausreichend. Hingegen fordert der eindeutige Wortlaut des § 283d Abs. 1 Nr. 1 sichere Kenntnis von der **drohenden Zahlungsunfähigkeit**. Erliegt der Täter einem Irrtum und glaubt, der Schuldner sei bereits zahlungsunfähig, obschon ihm die Zahlungsunfähigkeit tatsächlich nur droht, führt das genausowenig zum Entfallen des Vorsatzes wie die Annahme, das Insolvenzverfahren sei bereits eröffnet, obschon im Zeitpunkt der Tat noch das Eröffnungsverfahren läuft. Die irrige Annahme, ein Insolvenzverfahren sei bereits eingeleitet, kann als solche allenfalls einen Versuch nach § 283d Abs. 2 begründen, es sei denn, der Täter hat sichere Kenntnis vom Eintritt oder Drohen der Zahlungsunfähigkeit. – Vom Tätervorsatz nicht umfasst sein muss die objektive Bedingung der Strafbarkeit (vgl. § 283d Abs. 4).

4. Objektive Bedingung der Strafbarkeit

24 § 283d Abs. 4 normiert eine objektive Strafbarkeitsbedingung, die an § 283 Abs. 6 angelehnt ist. Die Formulierung des § 283d Abs. 4 weicht insofern von § 283 Abs. 6 ab, als nicht der Täter – *i.e.* der außenstehende Dritte –, sondern der Schuldner angesprochen wird. Ansonsten verlaufen die objektiven Strafbarkeitsbedingungen der §§ 283 Abs. 6, 283d Abs. 4 in denselben Bahnen. Insbesondere ein wie auch immer gearteter **tatsächlicher Zusammenhang** zwischen der Tathandlung und der objektiven Strafbarkeitsbedingung ist hier genausowenig erforderlich wie bei § 283 Abs. 6 (s.o. Vor §§ 283 ff. Rdn. 64 f.).

---

38 *Fischer* Rdn. 7; *Sch/Schröder/Heine/Schuster* Rdn. 7.
39 *Sch/Schröder/Heine/Schuster* Rdn. 7.
40 *Sch/Schröder/Heine/Schuster* Rdn. 7.

IV. Versuch (Absatz 2)

25 Die von Absatz 2 angeordnete Strafbarkeit des Versuchs entspricht § 283 Abs. 3. Es kann daher auf Rdn. 187 ff. zu § 283 verwiesen werden; diese Ausführungen gelten, soweit sie sich auf § 283 Abs. 1 Nr. 1 beziehen, hier sinngemäß. Jedoch muss zusätzlich jedenfalls im Zeitpunkt des unmittelbaren Ansetzens (§ 22) der Täter entweder mit Begünstigungsabsicht handeln oder aber die tatsächlich erklärte Einwilligung des Schuldners kennen.[41] Ein **unmittelbares Ansetzen** zur Tatbestandsverwirklichung ist insbesondere in solchen Akten zu sehen, die das Beiseiteschaffen, Verheimlichen, Zerstören oder Beschädigen usw. einleiten. Dagegen ist die bloße Anfrage an den Schuldner, ob er mit der vom Täter geplanten Handlung einverstanden ist, grundsätzlich nur straflose Vorbereitung. – Strafbar ist auch der **untaugliche Versuch.**[42] Stellt sich der Täter Tatsachen nur vor, glaubt er also bspw. dem Schuldner drohe die Zahlungsunfähigkeit, obschon dieser wirtschaftlich noch gesund ist, begeht er gleichwohl gem. § 283d Abs. 3 einen untauglichen Versuch, wenn er Vermögensgegenstände des Schuldners beiseiteschaft und später die objektive Strafbarkeitsbedingung des § 283d Abs. 4 eintritt.

26 Zu beachten ist, dass auch der Versuch der Schuldnerbegünstigung nach Absatz 4 nur strafbar ist, wenn der Schuldner seine Zahlungen eingestellt hat oder über sein Vermögen das Insolvenzverfahren eröffnet oder der Eröffnungsantrag mangels Masse abgewiesen worden ist. Zu dem Problem des Zusammenhanges der Versuchshandlung mit dieser objektiven Strafbarkeitsbedingung vgl. § 283 Rdn. 187.

V. Beteiligung

1. Allgemeines

27 Da § 283d kein Sonderdelikt normiert, kann mit Ausnahme des Schuldners jedermann Täter, Mittäter oder mittelbarer Täter sein (vgl. bereits Rdn. 6). Die Abgrenzung der Täterschaftsformen untereinander sowie ihre Abgrenzung zur Teilnahme richten sich nach allgemeinen Grundsätzen (§§ 25 ff.). Danach begründet die eigenhändige Tatausführung in der von § 283d geforderten Begünstigungabsicht bzw. in Kenntnis der schuldnerischen Einwilligung grundsätzlich Täterschaft, bei arbeitsteiligem Zusammenwirken mehrerer Mittäterschaft (§ 25 Abs. 2). Bedient sich der Täter einer vorgeschobenen bösgläubigen Person, die selbst ohne Begünstigungsabsicht handelt und auch die Einwilligung des Schuldners nicht kennt, liegt mittelbare Täterschaft des Veranlassers und Gehilfenschaft der absichtslos handelnden beteiligten Person vor.[43] Für den Anstifter oder Gehilfen, dem die Begünstigungsabsicht fehlt (und der um die Einwilligung des Schuldners nicht weiß), ist die Strafe nach § 28 Abs. 1 zu mildern, da die Begünstigungsabsicht als **besonderes persönliches Merkmal** anzusehen ist.[44]

2. Beteiligung des Schuldners

28 Der Schuldner kann zwar – wie gesehen – nicht Täter des § 283d (o. Rdn. 6), wohl aber Anstifter oder Gehilfe sein. Hat sich der Schuldner mit dem Vorgehen des Täters einverstanden erklärt und damit i.S.d. § 283d Abs. 1 Var. 1 eingewilligt, ist eine Strafbarkeit des Schuldners als Anstifter oder Gehilfe zu § 283d richtigerweise nicht nach den Grundsätzen der **notwendigen Teilnahme** ausge-

---

41 Bittmann/*Sperling* § 23 Rdn. 27.

42 AnwK/*Püschel* Rdn. 9; Bittmann/*Sperling* § 23 Rdn. 27.

43 LK[8]/*Schaefer* § 242 KO Anm. V.

44 Dafür NK/*Kindhäuser* Rdn. 10; Bittmann/*Sperling* § 23 Rdn. 31; a.A. *Sch/Schröder/Heine/Schuster* Rdn. 12; M/S/M/*Maiwald* § 48 Rdn. 42.

schlossen. Zum einen und anders als bei § 283c ist eine Mitwirkung des Schuldners nämlich nicht zwingend erforderlich, um den Tatbestand des § 283d zu verwirklichen. Das zeigt die Begünstigungsvariante, der zufolge den Tatbestand auch erfüllt, wer Schuldnervermögen zugunsten des Schuldners beiseiteschafft etc., ohne dass dieser darum weiß. Zum anderen ist der Schuldner – im Unterschied zu den Gläubigern – Adressat der Tatbestände des Insolvenzstrafrechts und folglich auch tauglicher Teilnehmer.[45] – Hat der Schuldner die Tat des Dritten veranlasst und folglich neben der Teilnahme an § 283d zusätzlich täterschaftlich den Tatbestand des § 283 Abs. 1 Nr. 1 verwirklicht, tritt seine Anstiftung oder Beihilfe zu § 283d dahinter zurück. Ist der Schuldner dagegen ausnahmsweise nur wegen Anstiftung oder Beihilfe zu § 283d strafbar, kann seine Strafe nicht deshalb gemildert werden, weil ihm in technischem Sinne die Begünstigungsabsicht fehlt. Vielmehr ist **§ 28 Abs. 1** nach seinem Grundgedanken nicht anwendbar, da auch die Verselbständigung des § 283d nicht darüber hinwegtäuschen kann, dass der Schuldner, der an § 283d mitwirkt, zum Zwecke seiner eigenen Begünstigung handelt.

VI. Besonders schwere Fälle (Absatz 3)

29 Die Vorschrift des § 283d Abs. 3 entspricht weitgehend dem Wortlaut des § 283a. Abweichend von § 283a Satz 2 Nr. 2 ist lediglich § 283d Abs. 3 Satz 2 Nr. 2 gefasst. Danach müssen die Vermögenswerte – und insoweit stellt die abweichende Formulierung den Gleichlauf mit § 283a Satz 2 Nr. 2 gerade wieder her – dem Schuldner anvertraut sein. Folglich kann hier umfassend auf die Kommentierung zu § 283a verwiesen werden.

VII. Konkurrenzen

1. Verhältnis zu den übrigen Insolvenzdelikten

30 Im Unterschied zu § 283c entfaltet § 283d keine **Sperrwirkung**. Bleibt der Dritte, der den Schuldner bspw. dabei unterstützt, Vermögensgegenstände der künftigen Masse beiseite zu schaffen, aus tatbestandsimmanenten Gründen gem. § 283d straflos, hindert das den Rechtsanwender nicht, den Dritten wegen Beihilfe zum Bankrott des Schuldners zu bestrafen. Trifft eine Beihilfe zu § 283 Abs. 1 Nr. 1 mit der täterschaftlichen Begehung des § 283d Abs. 1 zusammen, tritt die Beihilfe zum Bankrott hinter der Schuldnerbegünstigung zurück.

2. Konkurrenzen innerhalb des § 283d

31 Der Eintritt der objektiven Strafbarkeitsbedingung verbindet mehrere Begünstigungshandlungen richtigerweise nicht zu einer Tat; vielmehr stehen sie tatmehrheitlich (§ 53) zueinander. Zu diesem Ergebnis ist bereits das RG mit der Begründung gelangt, dass zwar für den Gemeinschuldner „alle seine verschiedenen vom Recht missbilligten Machenschaften nur seinen *einen* Konkurs zum Bankrott machen", dagegen der Dritte in Bezug auf „einen fremden wirtschaftlichen Zusammenbruch" agiert.[46] Nur eine Tat liegt dagegen vor, wenn der Täter sowohl mit Einwilligung als auch zugunsten des Schuldners handelt. Bleibt offen, welche dieser Modalitäten einschlägig ist, ist angesichts ihrer weitgehenden rechtlichen und psychologischen Gleichwertigkeit **Wahlfeststellung** möglich.

---

45 Bittmann/*Sperling* § 23 Rdn. 33.
46 RGSt **66** 268, 269.

3. Verhältnis zu anderen Tatbeständen

Tateinheit ist bspw. mit § 257 möglich,[47] wenn sich das Verheimlichen oder Beiseiteschaffen auf einen Vermögensgegenstand bezieht, den der Schuldner deliktisch – etwas durch Betrug – erlangt hat. Darüber hinaus kommt Tateinheit mit den Delikten des Betrugs oder der Untreue in Betracht. 32

47 RG Rspr. **9** 684, 685.

Sachregister

https://doi.org/10.1515/9783110490220-023

C

D

G

V

www.ingramcontent.com/pod-product-compliance
Lightning Source LLC
LaVergne TN
LVHW080851300926
849162LV00003B/397